LENIO LUIZ STRECK

CB043951

gen | Editora FORENSE

JURISDIÇÃO
CONSTITUCIONAL

O GEN | Grupo Editorial Nacional – maior plataforma editorial brasileira no segmento científico, técnico e profissional – publica conteúdos nas áreas de concursos, ciências jurídicas, humanas, exatas, da saúde e sociais aplicadas, além de prover serviços direcionados à educação continuada.

As editoras que integram o GEN, das mais respeitadas no mercado editorial, construíram catálogos inigualáveis, com obras decisivas para a formação acadêmica e o aperfeiçoamento de várias gerações de profissionais e estudantes, tendo se tornado sinônimo de qualidade e seriedade.

A missão do GEN e dos núcleos de conteúdo que o compõem é prover a melhor informação científica e distribuí-la de maneira flexível e conveniente, a preços justos, gerando benefícios e servindo a autores, docentes, livreiros, funcionários, colaboradores e acionistas.

Nosso comportamento ético incondicional e nossa responsabilidade social e ambiental são reforçados pela natureza educacional de nossa atividade e dão sustentabilidade ao crescimento contínuo e à rentabilidade do grupo.

LENIO LUIZ STRECK

JURISDIÇÃO CONSTITUCIONAL

7ª edição revista, atualizada e ampliada

- O autor deste livro e a editora empenharam seus melhores esforços para assegurar que as informações e os procedimentos apresentados no texto estejam em acordo com os padrões aceitos à época da publicação, e todos os dados foram atualizados pelo autor até a data de fechamento do livro. Entretanto, tendo em conta a evolução das ciências, as atualizações legislativas, as mudanças regulamentares governamentais e o constante fluxo de novas informações sobre os temas que constam do livro, recomendamos enfaticamente que os leitores consultem sempre outras fontes fidedignas, de modo a se certificarem de que as informações contidas no texto estão corretas e de que não houve alterações nas recomendações ou na legislação regulamentadora.

- Fechamento desta edição: *16.09.2022*

- O Autor e a editora se empenharam para citar adequadamente e dar o devido crédito a todos os detentores de direitos autorais de qualquer material utilizado neste livro, dispondo-se a possíveis acertos posteriores caso, inadvertida e involuntariamente, a identificação de algum deles tenha sido omitida.

- **Atendimento ao cliente:** (11) 5080-0751 | faleconosco@grupogen.com.br

- Direitos exclusivos para a língua portuguesa
  Copyright © 2023 by
  Editora Forense Ltda.
  Uma editora integrante do GEN | Grupo Editorial Nacional
  Travessa do Ouvidor, 11 – Térreo e 6º andar
  Rio de Janeiro – RJ – 20040-040
  www.grupogen.com.br

- Reservados todos os direitos. É proibida a duplicação ou reprodução deste volume, no todo ou em parte, em quaisquer formas ou por quaisquer meios (eletrônico, mecânico, gravação, fotocópia, distribuição pela Internet ou outros), sem permissão, por escrito, da Editora Forense Ltda.

- Capa: Aurélio Corrêa

- **CIP – BRASIL. CATALOGAÇÃO NA FONTE.**
  SINDICATO NACIONAL DOS EDITORES DE LIVROS, RJ.

S895j
Streck, Lenio Luiz

Jurisdição constitucional / Lenio Luiz Streck. – 7. ed. – Rio de Janeiro: Forense, 2023.

Inclui bibliografia e índice
ISBN 978-65-5964-612-8

1. Direito constitucional – Brasil. 2. Direitos fundamentais. I. Título.

22-79691 CDU: 342.7(81)

Gabriela Faray Ferreira Lopes – Bibliotecária – CRB-7/6643

AGRADECIMENTOS

Especial agradecimento ao Prof. Dr. Jorge Miranda, pela acolhida em além-mar, por sua amizade, pela colaboração e pelo incansável apoio na pesquisa.

Minha gratidão também pela fidalguia dos professores e funcionários da Universidade de Lisboa; dos juízes e funcionários do Tribunal Constitucional de Portugal; dos funcionários e da direção do Instituto Max Planck, de Munique.

Meu reconhecimento à Unisinos pelo apoio do PPGD – Programa de Pós-Graduação em Direito.

Aos alunos do Mestrado e Doutorado em Direito da Unisinos e aos membros do Núcleo de Estudos Hermenêuticos – DASEIN, principalmente aos que ajudaram na elaboração desta nova edição (Ziel Ferreira Lopes, Gilberto Morbach, Giancarlo Coppelli, Pablo Malheiros, Luísa Giuliani, Luã Jung, Vinicius Quarelli, Victor Rebelo e Felipe Phillip); e ao Instituto de Hermenêutica Jurídica – IHJ. Agradecimento especial a Daniel Picolo Catteli e Gustavo Augusto Freitas de Lima, pelo inestimável auxílio na pesquisa.

SOBRE O AUTOR

Doutor em Direito pela Universidade Federal de Santa Catarina (UFSC). Pós-Doutor em Direito Constitucional pela Universidade de Lisboa. Professor Titular da Universidade do Vale do Rio dos Sinos (Unisinos) e da Universidade Estácio de Sá (Unesa). Membro da Comissão Permanente de Direito Constitucional do Instituto dos Advogados Brasileiros (IAB), bem como do Observatório da Jurisdição Constitucional Instituto Brasiliense de Direito Público (do IDP). Membro Catedrático da Academia Brasileira de Direito Constitucional (ABDConst.). Presidente de Honra do Instituto de Hermenêutica Jurídica (IHJ). Ex-Procurador de Justiça. Considerando obras de sua autoria, coautoria, enquanto coordenador e organizador, Lenio Streck possui mais de uma centena de livros já publicados. Ademais, também 250 artigos em revistas especializadas em diversas línguas. Também é o criador da Crítica Hermenêutica do Direito (CHD). Coordenador do Núcleo de Estudos Hermenêuticos (Dasein).

SUMÁRIO

CAPÍTULO 1 – AS MATRIZES DO CONSTITUCIONALISMO E AS FORMAS DE CONTROLE DE CONSTITUCIONALIDADE 1

1.1 O movimento constitucionalizador 1

1.2 O modelo inglês 3

    1.2.1 A supremacia do *common law* e a ausência de Constituição escrita – A tradição que se mantém 3

    1.2.2 A administração da justiça inglesa. A organização judiciária 6

        1.2.2.1 Tribunais Superiores: *The Senior Courts of England and Wales* 6

        1.2.2.2 A Câmara dos Lordes e o fim da jurisdição-legislativa 7

        1.2.2.3 Comissão judiciária do Conselho Privado 9

    1.2.3 Jurisdições inferiores 9

        1.2.3.1 *County courts* 9

        1.2.3.2 *Magistrates* 10

        1.2.3.3 Contencioso "quase judiciário" 10

    1.2.4 A doutrina dos precedentes obrigatórios 11

        1.2.4.1 Significado e alcance da regra 15

    1.2.5 A experiência do constitucionalismo inglês 17

    1.2.6 O modelo inglês e o modelo continental de controle de constitucionalidade: diferenças ou similitudes? Uma reflexão necessária 23

1.3 O modelo (judicial) norte-americano 27

    1.3.1 O triunfo do *common law* em solo norte-americano 27

    1.3.2 A estrutura do direito dos Estados Unidos da América 31

        1.3.2.1 A organização judiciária norte-americana 34

    1.3.3 A jurisprudência americana. Alcance da regra do precedente 36

    1.3.4 Os Estados Unidos e o modelo da Constituição rígida – O nascedouro do controle jurisdicional de constitucionalidade 40

1.4 O modelo francês 53

    1.4.1 A Revolução e o triunfo da soberania popular 53

    1.4.2 A vontade geral rousseauniana e sua influência no constitucionalismo francês 56

1.5 A história da jurisdição constitucional e os novos aportes classificatórios 62

1.6 A construção de mecanismos e instrumentos aptos a controlar a constitucionalidade das leis – O percurso de um longo caminho 66

JURISDIÇÃO CONSTITUCIONAL • Lenio Luiz Streck

1.7 O controle de constitucionalidade nos países europeus que adotaram a fórmula dos "tribunais *ad hoc*" 67

    1.7.1 Alemanha.. 68

    1.7.2 Áustria 71

    1.7.3 Espanha... 73

    1.7.4 Grécia 75

    1.7.5 Itália 76

    1.7.6 Portugal 77

1.8 A América Latina e a jurisdição constitucional.. 82

    1.8.1 América Latina: exploração, libertação e democracia. É possível uma teoria geral do constitucionalismo latino-americano?.......................... 82

    1.8.2 Argentina: exclusividade do controle judicial repressivo................... 85

    1.8.3 A Bolívia e sua (ainda) recente Constituição 87

    1.8.4 Peru: da ditadura ao Tribunal Constitucional 90

    1.8.5 Uruguai e seu controle concentrado concreto................................... 92

    1.8.6 Venezuela e sua Corte Suprema de Justiça 94

    1.8.7 México e sua resistente Constituição Social...................................... 96

    1.8.8 Chile: jurisdição constitucional pós-Pinochet................................... 99

    1.8.9 Colômbia: supremacia constitucional e controle misto 100

1.9 As razões da criação dos tribunais *ad hoc* para a apreciação da constitucionalidade das leis: lições para a discussão da jurisdição constitucional no Brasil ... 104

CAPÍTULO 2 – O DIREITO NO BRASIL: DO IMPÉRIO AO PROCESSO CONSTITUINTE DE 1986-1988.. 113

2.1 A Constituição do Império e a ausência de controle jurisdicional de constitucionalidade.. 113

2.2 A Proclamação da República e a convocação da Assembleia Constituinte 126

2.3 A implantação do controle difuso de constitucionalidade – Uma tradição que atravessará os séculos 134

2.4 A participação do Senado no controle difuso de constitucionalidade na Constituição de 1934.. 144

2.5 O retrocesso da Carta de 1937 148

2.6 O controle de constitucionalidade na Constituição de 1946 149

2.7 O golpe militar e a Constituição de 1967-1969. O longo período de arbítrio. A implantação do controle concentrado em 1965.. 150

2.8 O processo constituinte de 1986-1988 156

CAPÍTULO 3 – O MODELO DE JUSTIÇA CONSTITUCIONAL NO BRASIL PÓS-1988 163

Primeira parte – O controle difuso de constitucionalidade 163

3.1 A manutenção da forma mista de controle de constitucionalidade.................. 163

SUMÁRIO | **XI**

3.2 O controle difuso e os problemas decorrentes da não suscitação do incidente de inconstitucionalidade (quando fora das hipóteses de dispensa) 166

    3.2.1 O controle difuso e a Súmula Vinculante 10 do STF 180

    3.2.2 O problema (dos limites) da dispensa da suscitação do incidente de inconstitucionalidade (art. 949, parágrafo único, do CPC/2015) 183

    3.2.3 Da (in)dispensabilidade da resolução do Senado Federal. Eficácia declaratória ou constitutiva? Ou por que essa discussão possui, atualmente, apenas valor acadêmico, uma vez que o STF a considera superada – o inciso X do art. 10 já não possui validade 186

    3.2.4 As razões pelas quais a discussão acerca do art. 52, X, da Constituição, estão relegadas apenas a pesquisas históricas sobre direito constitucional 197

    3.2.5 A "inconstitucionalidade" de ato normativo anterior à Constituição: o problema da inconstitucionalidade superveniente e do direito intertemporal 199

    3.2.6 Sobre os mecanismos de desconstituição de "sentenças inconstitucionais": arts. 525, § 12, e 535, inciso III, § 5º, do CPC/2015 200

    3.2.7 O controle difuso, as ações constitucionais e a possibilidade do controle difuso (incidental) em sede de ação civil pública 206

    3.2.8 O dever de todos os tribunais e juízes de exercer o controle difuso de constitucionalidade 213

    3.2.9 A (impossibilidade de) "declaração de constitucionalidade" em sede de incidente de inconstitucionalidade 222

3.3 O recurso extraordinário como forma (preponderante) *incidenter tantum* de acesso à jurisdição constitucional do Supremo Tribunal Federal. A criação do instituto da repercussão geral 225

3.4 A interpretação conforme a Constituição, a nulidade parcial sem redução de texto: As possibilidades de aplicação em sede de controle difuso pelos demais tribunais da República 245

    3.4.1 A interpretação conforme a Constituição e a inconstitucionalidade parcial sem redução de texto – A desnecessidade da suscitação do incidente de inconstitucionalidade 248

    3.4.2 Os recursos das decisões que aplicam a interpretação conforme a Constituição e a nulidade parcial sem redução de texto no controle difuso 252

        3.4.2.1 Considerações gerais 252

        3.4.2.2 Os recursos de decisões que aplicam a interpretação conforme a Constituição 259

        3.4.2.3 Os recursos de decisões que aplicam a nulidade parcial sem redução de texto 262

        3.4.2.4 Os recursos das decisões que rejeitam a interpretação conforme ou a nulidade parcial sem redução de texto 263

    3.4.3 A aplicação da interpretação conforme a Constituição e a nulidade parcial sem redução de texto pelos tribunais *lato sensu* 265

XII JURISDIÇÃO CONSTITUCIONAL • Lenio Luiz Streck

3.5	Controle difuso e a questão prejudicial como condição de possibilidade – A questão dos princípios constitucionais	268
	3.5.1 Ainda o problema representado pelo uso irracional da ponderação – A fragilização do direito pelo uso do "princípio da proporcionalidade"	277
	3.5.1.1 O problema da distinção estrutural entre regra e princípio	277
	3.5.1.2 Advertência necessária sobre a ponderação e sobre "o modo voluntarista" de aplicação da proporcionalidade	282
3.6	O Supremo Tribunal Federal como instância originária e o controle *incidenter tantum* – A importância dos *writs* constitucionais	292
	3.6.1 Considerações gerais	292
	3.6.2 O *habeas corpus*: um julgamento que abalou o país – HC 152.752	301
3.7	As súmulas vinculantes em *terrae brasilis*	304
	3.7.1 Os requisitos para a aprovação da súmula vinculante, seu objeto e suas finalidades	307
	3.7.2 A exigência de controvérsia atual, grave insegurança jurídica e possibilidade de "relevante multiplicação de processos sobre questão idêntica"	310
	3.7.3 Do que trata uma súmula (vinculante)?	311
	3.7.4 Uma advertência que se impõe: súmulas não são enunciados assertóricos	315
	3.7.5 A publicação da súmula e a vinculação de todos os órgãos da administração direta e indireta	317
	3.7.6 Súmula vinculante e reclamação constitucional	318
	3.7.7 A (im)possibilidade de declarar a inconstitucionalidade de uma súmula	323

CAPÍTULO 4 – O MODELO DE JURISDIÇÃO CONSTITUCIONAL NO BRASIL 325

Segunda Parte – O controle concentrado de constitucionalidade	325
4.1	Considerações (iniciais) acerca da Lei 9.868/1999: simples regra de direito processual?	325
4.2	A ação direta de inconstitucionalidade	327
	4.2.1 A legitimidade na ação direta de inconstitucionalidade	329
	4.2.2 Do cabimento de cautelar, seus efeitos e peculiaridades	333
	4.2.3 A inadmissibilidade da intervenção de terceiros e a admissão de *amicus curiae* na ação direta de inconstitucionalidade	337
	4.2.4 O objeto da ação direta de inconstitucionalidade. A inconstitucionalidade reflexa, as leis de efeitos concretos, a exigência de prognose, os atos (tidos como) *interna corporis* e as medidas provisórias	339
	4.2.4.1 Os limites da impugnação do ato e a inconstitucionalidade por arrastamento	340
	4.2.4.2 As leis de efeitos concretos	341
	4.2.4.3 A (falta de) prognose como parâmetro para a arguição de inconstitucionalidade de uma lei	345

4.2.4.4	Atos *interna corporis* e a discussão acerca de sua sindicabilidade perante a Constituição	351
4.2.4.5	As medidas provisórias: a regulamentação tardia	354
4.2.4.6	As medidas provisórias e os Estados-membros: a decisão do STF na ADI 425/TO	358
4.2.4.7	A inconstitucionalidade reflexa	363

4.2.5 O efeito vinculante nas ações diretas de inconstitucionalidade e nas ações declaratórias de constitucionalidade 365

4.2.5.1	Considerações preliminares	365
4.2.5.2	Eficácia (ou efeito) *erga omnes* na declaração de inconstitucionalidade proferida em ação declaratória de constitucionalidade ou em ação direta de inconstitucionalidade	366
4.2.5.3	A eficácia (ou efeito) *erga omnes* da declaração de nulidade e os atos singulares praticados com base no ato normativo declarado inconstitucional	366
4.2.5.4	A eficácia (ou efeito) *erga omnes* da declaração de inconstitucionalidade e a superveniência de lei de teor idêntico	367
4.2.5.5	Conceito de efeito vinculante	368
4.2.5.6	Os limites objetivos do efeito vinculante – A força (efeito-eficácia) "vinculante" dos motivos determinantes no âmbito do Supremo Tribunal Federal	369
4.2.5.7	Limites subjetivos do efeito vinculante	380
4.2.5.8	Efeito vinculante da cautelar em ação declaratória de constitucionalidade	381
4.2.5.9	Efeito vinculante da decisão concessiva de cautelar em ação direta de inconstitucionalidade	382
4.2.5.10	Efeito vinculante de decisão que indefere cautelar em ação direta de inconstitucionalidade	383
4.2.5.11	Efeito vinculante de decisão proferida em ação direta de inconstitucionalidade	384

4.3 O caráter "ambivalente" do controle abstrato introduzido pela Lei 9.868/1999 385

4.4 O efeito vinculante na interpretação conforme a Constituição e na inconstitucionalidade (nulidade) parcial sem redução de texto: um necessário questionamento teórico 386

4.4.1 A interpretação conforme a Constituição. A estrutura "aberta" dos textos e as possibilidades hermenêuticas (sentenças interpretativas, construtivas, manipulativas, aditivas e redutivas) 388

4.4.1.1	A interpretação conforme a Constituição e a nulidade parcial sem redução de texto (e as sentenças interpretativas) à luz do paradigma hermenêutico, ou de como é impossível falar em "interpretação literal", em "vontade da lei" e no "espírito do legislador"	393

4.4.1.2	O limite da tensão legislação-jurisdição. As decisões redefinitórias em geral: as sentenças aditivas, apelativas, manipulativas, modificativas, redutivas e construtivas. As súmulas e os "verbetes-com-força-de-lei"	396
4.4.1.3	A interpretação conforme a Constituição e a inconstitucionalidade parcial sem redução de texto como decisões "interpretativas"	411
4.4.1.4	A interpretação conforme a Constituição e o efeito vinculante como um problema a desafiar os juristas: é compatível com o Estado Democrático de Direito essa vinculação (sem uma adequada teoria da decisão)?	412
4.4.1.5	De como não é pacífica a tese da vinculatividade	414
4.4.1.6	Da similitude existente entre a decisão que rejeita a inconstitucionalidade por meio da interpretação conforme, a decisão que rejeita a ação direta de inconstitucionalidade e a decisão que declara a constitucionalidade em sede de ADC	421
4.4.1.7	O efeito vinculante em sede de nulidade parcial sem redução de texto	429
4.4.1.8	A nulidade parcial sem redução de texto e os vários sentidos (normas) de um texto – Revisitando a Súmula 400 do STF	433
4.4.1.9	Mecanismos vinculantes num paradigma de (in)coerência (s)e(m) integridade	436

4.5	Modulação de efeitos		439
	4.5.1	A origem do fenômeno e sua recepção em *terrae brasilis*	439
	4.5.2	Questões relevantes acerca da modulação	443
		4.5.2.1 Modulação de efeitos e segurança jurídica, ou o que fazer com uma eficácia "duradoira" de uma cautelar em ADI?	447
	4.5.3	Modulação de efeitos no controle difuso e no controle concentrado	451
4.6	A inconstitucionalidade superveniente		453
4.7	Reforma constitucional e controle de constitucionalidade		459
4.8	O controle de constitucionalidade, os tratados internacionais e as leis estrangeiras		465
	4.8.1	O problema da recepção dos tratados internacionais	465
	4.8.2	O controle de constitucionalidade de leis estrangeiras	472
4.9	A ação direta de inconstitucionalidade nos Estados-membros		476
	4.9.1	Lei estadual incompatível com a Constituição do Estado	477
	4.9.2	Lei municipal incompatível com a Constituição Estadual	479
	4.9.3	Lei municipal incompatível com preceitos da Constituição Federal	479
		4.9.3.1 A incidência da arguição de descumprimento de preceito fundamental na colmatação da "lacuna"	480
	4.9.4	Lei municipal incompatível com matéria de repetição obrigatória pelas Constituições Estaduais: a vinculação dos princípios da Constituição Federal	480

SUMÁRIO | **XV**

4.9.5 Consequências das decisões prolatadas pelos Tribunais Estaduais 485

    4.9.5.1 Decisão de procedência ou de improcedência da ação direta de inconstitucionalidade de lei municipal ou estadual 485

    4.9.5.2 Decisão de improcedência da ação direta de inconstitucionalidade de lei municipal ou estadual, sem a interposição de recurso extraordinário ao Supremo Tribunal Federal 485

    4.9.5.3 Decisão de procedência da ação direta de inconstitucionalidade de lei municipal ou estadual, sem a interposição de recurso extraordinário ao Supremo Tribunal Federal 486

4.9.6 A opção que pode ser feita entre a competência do Supremo Tribunal e o Tribunal do Estado-membro – A hipótese de tramitação de ações paralelas 486

4.9.7 O problema da delimitação dos limites das competências 487

4.10 A tese do "Estado de coisas inconstitucional" na ADPF 347 496

4.10.1 O que é isto – o Estado de coisas inconstitucional (no Brasil)? 496

4.10.2 Estado de coisas inconstitucional e ativismo judicial – Uma relação necessária 498

CAPÍTULO 5 – AÇÃO DECLARATÓRIA DE CONSTITUCIONALIDADE (ADC), AÇÃO DE INCONSTITUCIONALIDADE POR OMISSÃO (ADO) E ARGUIÇÃO DE DESCUMPRIMENTO DE PRECEITO FUNDAMENTAL (ADPF): AS INOVAÇÕES NO SISTEMA DE CONTROLE DE CONSTITUCIONALIDADE CONCENTRADO BRASILEIRO PÓS-1988 E A "PRECEDENTALIZAÇÃO" NO DIREITO PROCESSUAL BRASILEIRO 503

5.1 A Ação Declaratória de Constitucionalidade (ADC) 503

5.1.1 Breve histórico do surgimento da ação declaratória de constitucionalidade 503

5.1.2 A Lei 9.868/1999 e a ação declaratória de constitucionalidade 509

    5.1.2.1 A legitimação 509

    5.1.2.2 Os requisitos para a propositura: a arguição de relevância 509

    5.1.2.3 A manifestação de outros órgãos ou entidades interessadas na matéria objeto de ação declaratória de constitucionalidade 516

    5.1.2.4 Da medida cautelar em ação declaratória de constitucionalidade 517

    5.1.2.5 Da decisão de mérito na ação declaratória de constitucionalidade: o problema do efeito vinculante decorrente da "ambivalência" constante do art. 24 da Lei 9.868/1999 521

5.1.3 Síntese da problemática gerada pelo efeito vinculante constante na ADC, na decisão que rejeita a ADI, na interpretação conforme e na nulidade parcial sem redução de texto. A eficácia *erga omnes* e a coisa julgada (formal e material) 529

5.2 A Ação de Inconstitucionalidade por Omissão (ADO) 534

5.2.1 Omissões totais e parciais. A colmatação da omissão por meio da interpretação conforme a Constituição 543

	5.2.2 Efeitos das decisões na ADO	547
5.3	A Arguição de Descumprimento de Preceito Fundamental (ADPF)	549
	5.3.1 A Arguição de Descumprimento de Preceito Fundamental (ADPF): o longo período sem regulamentação	550
	5.3.2 A arguição de descumprimento fundamental e o direito estrangeiro	553
	5.3.3 Os avanços e os recuos da Lei 9.882/1999	556

	5.3.3.1 Da (in)constitucionalidade do parágrafo único do art. 1º da Lei 9.882/1999 – Aplicação da *verfassungskonforme Auslegung*	556
	5.3.3.2 A exigência do esgotamento de todos os meios para o saneamento do ato lesivo: outra necessária correção por meio de interpretação conforme a Constituição	558
	5.3.3.3 Arguição de descumprimento de preceito fundamental: forma de controle difuso e concentrado	561
	5.3.3.4 A medida cautelar em sede de arguição de descumprimento de preceito fundamental: o efeito avocatório – a impossibilidade de avocação *sponte sua* do STF e a inconstitucionalidade de eventual lei que autorize a suspensão e remessa de processos ao STF pelos demais tribunais	563
	5.3.3.5 A (in)constitucionalidade do art. 10, *caput* e § 3º, da Lei 9.882/1999	569
	5.3.3.6 De como o efeito avocatório não encontrou guarida na Constituição de 1988	571
	5.3.3.7 Os efeitos da arguição de descumprimento de preceito fundamental	574
	5.3.3.8 O objeto da ADPF: o descumprimento de preceitos fundamentais	574

5.4	Precedentes e sua configuração jurídica no Direito Brasileiro	577
	5.4.1 O *stare decisis* no *common law*	579
	5.4.2 Os problemas filosóficos subjacentes ao precedentalismo brasileiro	581
	5.4.3 Questões persistentes	582

POST SCRIPTUM – O FUTURO DA JURISDIÇÃO CONSTITUCIONAL 585

1.	Os problemas jurídicos na crise das democracias	586
2.	Os novos arranjos institucionais em democracias divididas	588
3.	A nova jurisdição constitucional: relacionando mudança institucional e teorias da interpretação	591
4.	Balanço e perspectivas	596

BIBLIOGRAFIA 597

Capítulo 1
AS MATRIZES DO CONSTITUCIONALISMO E AS FORMAS DE CONTROLE DE CONSTITUCIONALIDADE

1.1 O MOVIMENTO CONSTITUCIONALIZADOR

O Estado Moderno, fruto do rompimento com a fragmentação própria da forma estatal medieval, nasce sem Constituição (entendida *stricto sensu*). A primeira versão do Estado Moderno é, pois, absolutista. Mas é exatamente o absolutismo que, dialeticamente, vai engendrar as condições para o surgimento de formas de controle do poder, por meio da exigência de mecanismos para conter o poder do príncipe. Assim ocorre com a Inglaterra no decorrer do século XVII, com a França revolucionária em fins do século XVIII e com a Declaração de Independência das colônias americanas, que culmina com a Constituição de 1787.

Há, desse modo, um movimento constitucionalizador (Canotilho) que gerará aquilo que contemporaneamente ficou conhecido como "a Constituição de um país". De algum modo, isso já evidencia o amplo significado de uma *Constituição*, para muito além de (mera, simples ou necessariamente) documentos escritos, declarações expressas. Esse movimento se deu em diferentes formas nos diversos Estados em que se forjou. Pelas especificidades de cada engendramento histórico, pode-se falar em diferentes constitucionalismos, que vão gerar, mais tarde, derivações em diferentes Estados-Nacionais. O constitucionalismo, pelas suas características contratualistas, vai se firmar como uma teoria que tem a Constituição como lei fundamental apta a limitar o poder, porém, mais do que isso, limitar o poder em benefício de direitos, os quais, conforme a evolução histórica, vão se construindo no engate das lutas políticas (direitos de primeira, segunda, terceira e quarta dimensões, que demonstram as diversas fases pelas quais passou o Estado de Direito a partir da revolução francesa até os dias atuais). O constitucionalismo é, assim, um movimento que objetiva colocar limites no político. E essa limitação assume diferentes matizes, chegando ao seu ápice no segundo pós-guerra, a partir da noção de Constituição dirigente e compromissória e da noção de Estado Democrático de Direito. Nesse sentido, o Direito assume, no constitucionalismo, a materialização de uma de suas funções mais fundamentais: função que venho chamando, com minha Crítica Hermenêutica do Direito, de *filtro institucional do político*. E o leitor atento já notará aqui uma concepção de Direito que perpassa esta obra: uma concepção de Direito não como fruto ou produto, menos ainda como instrumento da política, mas como critério e padrão de filtragem.

Como o leitor poderá perceber no seguimento, é desses movimentos constitucionais (em especial, o constitucionalismo inglês, o americano e o francês) que nasce o Constitucionalismo,[1] que se tornou crucial para a garantia dos direitos fundamentais dos indivíduos,

---

[1] Muito embora esse consenso acerca das origens do constitucionalismo, não se deve desprezar a experiência portuguesa de controle prevista nas Ordenações Filipinas. Com efeito, embora tradicionalmente

bem como para traçar os marcos da atividade estatal, não só pela limitação de seus poderes como também pela divisão de suas funções – isto é, o Direito não *somente* como limitação do poder, numa ótica estritamente liberal, mas *também* de *distribuição* desses poderes.[2] O Constitucionalismo, corretamente compreendido, ultrapassa versões mais ingênuas de liberalismo que veem no Direito somente uma função de barreira (assim como ultrapassa, também, versões mais ingênuas de uma espécie de socialismo jurídico, que se emprestam muito facilmente à instrumentalização do Direito). Observar-se-á, inclusive, na esteira de Cappelletti, que, dialética e paradoxalmente, a supremacia do parlamento na Inglaterra é que irá favorecer, mais tarde, o nascimento da denominada "supremacia dos juízes" nos Estados Unidos; ao mesmo tempo, são as teses da supremacia da vontade popular que darão suporte à criação de tribunais *ad hoc*, retirando do Poder Judiciário a atribuição de controlar a constitucionalidade das leis.

Nesse sentido, é importante registrar que o movimento de expansão do Poder Judiciário – ou *judicialization*, nos termos de C. Neal Tate – vincula-se diretamente com outro movimento: o novo constitucionalismo. O mesmo autor assevera as condições que facilitaram essa expansão, que se poderia resumir nos seguintes aspectos: a) a ruptura da ideia (simples) de democracia como "vontade da maioria" (*democracy as majority rule and popular responsibility*), ampliando o papel do Judiciário como um poder contramajoritário;[3] b) a separação dos poderes, que, mesmo não sendo uma causa da *judicialização* da política, facilitou-a; c) a (falta de) implementação de políticas públicas; d) o interesse de certos grupos em utilizar as Cortes muitas vezes para expandir o rol de "direitos" e incluir interesses que não estavam vinculados diretamente à Constituição; e) o controle

---

a literatura constitucional dê ênfase aos modelos inglês, norte-americano e francês como sendo as autênticas matrizes do constitucionalismo, é necessário pôr os olhos naquilo que já acontecia no nascedouro da modernidade no reino de Portugal. Assim, não se pode desprezar a contribuição dos juristas portugueses, que, ainda nos primórdios do século XVII, tiveram uma clara compreensão do fenômeno do controle da "constitucionalidade" dos atos normativos. Já então se previa que, ocorrendo antagonismo entre uma ordenação do Reino e uma lei municipal, cabia ao corregedor das comarcas decretar a nulidade desta, a fim de salvar a autoridade daquela. Assim, bem antes do nascimento do constitucionalismo norte-americano, já se lia nas Ordenações Filipinas (Livro I, tít. 58, n. 17): "E informar-se-á *ex officio*, se há nas comarcas algumas posturas prejudiciais ao povo e ao bem comum, pôsto que sejão feitas com a solenidade devida, e nos escreverá sobre ellas com seu parecer. E achando que algumas não foram feitas, guarda da a forma de nossas Ordenações, as declarará por nullas e mandará que se não guardem". Exsurgem daí duas ideias marcantes: a) a exigência de uma hierarquia de leis, cedendo a inferior ao império da autoridade da superior; b) a competência atribuída a um órgão judiciário de decretar a nulidade de lei, incompatível com as Ordenações – cf. Buzaid, Alfredo. A ação direta de declaração de inconstitucionalidade no direito brasileiro. *Revista Forense*, Rio de Janeiro: Forense, n. 179, p. 15 e ss., 1958.

2   Ver, nesse sentido, Krygier, Martin. Tempering power. In: Adams, Maurice; Ballin, Ernst Hirsch; Meuwese, Anne (eds.). *Bridging Idealism and Realism in Constitutionalism and the Rule of Law*. Cambridge: Cambridge University Press, 2016.

3   Uma vez mais, ultrapassando noções ingênuas, como aquelas que consideram todo e qualquer movimento contramajoritário como "antidemocrático" – noções a partir das quais a própria democracia pode vir a sabotar a si mesma, degradando-se em mera expressão do arbítrio de uma maioria eventual.

Cap. 1 · AS MATRIZES DO CONSTITUCIONALISMO E AS FORMAS DE CONTROLE DE CONSTITUCIONALIDADE | **3**

de constitucionalidade (*constitutional review*) tem ampla ligação entre o sistema político nacional e a *judicialização*, já que, muitas vezes, acabou sendo utilizado pela oposição parlamentar para barrar as iniciativas do governo; f) a inefetividade das "instituições majoritárias" (*majoritarian institutions*), não somente do Legislativo, mas também do Executivo, que não conduz de forma satisfatória a Administração, principalmente no que tange a implementação de políticas públicas; g) por fim, a delegação de poderes pelas próprias "instituições majoritárias" para não gerar controvérsias políticas para o congressista (ou administrador): por exemplo, em vez de definir lei que proíbe (ou permita) o aborto, o legislador coloca nas mãos do juiz essa decisão, não entrando em conflito, nem polêmica, com os seus eleitores – e, principalmente, com seus opositores.[4]

1.2 O MODELO INGLÊS

1.2.1 A supremacia do *common law* e a ausência de Constituição escrita – A tradição que se mantém

Não é novidade afirmar que o direito inglês tem sido historicamente o resultado da atividade dos tribunais reais de justiça desde o início do segundo milênio, quando os normandos invadem a Inglaterra. O direito inglês não é um direito de universidades – é um direito de processualistas e de práticos. Isso significa dizer, correndo o risco da simplificação, que o grande jurista na Inglaterra é o juiz, saído da fileira dos práticos, e não o professor da universidade, isso porque, outrora, somente uma minoria de juristas estudou nas universidades – nenhum dos grandes juízes do século XIX possuía título universitário. O essencial foi, até o século XIX, na Inglaterra, encontrar uma forma de ação que permitisse convocar os tribunais reais e evitar as ciladas que se apresentavam num processo muito formalista. Se se chegar ao termo do processo, pode-se depositar confiança no júri para reconhecer a justiça da causa. Mas a dificuldade é chegar até o fim do processo, e para isso é necessário concentrar a atenção nos obstáculos de todos os gêneros que podem se encontrar nele.[5]

A história do direito inglês pode ser resumida em quatro principais períodos. O *primeiro* é o que precede a conquista normanda de 1066. O *segundo*, que se estende daquela data até o advento da dinastia Tudor (1485), que corresponde à formação do *common law*, durante o qual surge um novo sistema jurídico sobre os costumes locais anteriores; as condições do *common law* têm exercido uma influência que ainda subsiste sobre esse sistema. A aplicação se dava em circuitos periódicos dos condados e posteriormente em Londres, nas Cortes Reais. Por motivo de coerência, os juízes depositavam muita confiança

---

[4] Para um maior aprofundamento nesse tema, ver: TATE, C. Neal; VALLINDER, Torbjörn. The global expansion of judicial power: the judicialization of politics. In: TATE, C. Neal (org.). *The global expansion of judicial power*. New York: New York University Press, 1995; e SWEET, Alex Stone. *Governing with judges*: constitutional politics in Europe. Oxford: Oxford University Press, 2000, em especial o capítulo Judicialization of law-making (p. 194 e ss.).

[5] Cf. DAVID, René; JAUFFRET-SPINOSI, Camile. *Les grands systèmes de droit contemporains*. 9. ed. Paris: Dalloz, 1988. p. 400 e ss.

nos julgamentos anteriores de casos semelhantes, o que deu origem à doutrina do precedente judicial. Por volta do século XIII, começaram a circular as decisões dos magistrados, reduzidas a termo. Criaram-se anuários que foram os precursores dos *law reports*. O sistema do *common law*, desse modo, desenvolveu-se na estrita dependência de processos formalistas e, a partir de um determinado momento, passa a encontrar dificuldades para desenvolver-se e atender às necessidades da época.[6]

O *terceiro* período vai de 1485 a 1832, que corresponde à época de maior florescimento do *common law*. Nesse período surge a *equity*, caracterizada por ser um recurso à autoridade real diante da injustiça flagrante de alguns casos concretos. Encaminhavam-se petições ao rei ou ao seu conselho, que eram despachadas pelo Chanceler (*Keeper of the King's Conscience*), encarregado de orientar e guiar o rei em sua decisão. Aos poucos, o Chanceler vai se constituindo em juiz autônomo. Em determinadas matérias, o tribunal do Chanceler foi capaz de criar direitos não conhecidos no *common law* (caso de fideicomisso e do direito de propriedade, mesmo que limitado, para mulheres casadas). Em outros casos, ofereceu alternativa eficiente para prover um remédio ou algum direito que se perdera. Ajudou a forçar a revelação de fatos e documentos. Assegurou ao querelante, caso vencedor, os benefícios do litígio, bem como a proteção de terceiros diante de eventuais danos decorrentes da lide. As regras da *equity* foram se tornando sistemáticas, sem, contudo, se contraporem ao *common law*, havendo, pelo contrário, uma complementação entre ambas.[7] Entra-se, então, no *quarto* período com a primeira Lei de Organização Judiciária (*Judicature Act*), que, no ano de 1873, fundiu as jurisdições de *common law* e de *equity*, porém manteve a distinção dos remédios baseados no *common law* e daqueles tratados na *equity*. A partir dos *Judicature Acts*, uma única corte passou a aplicar as diferentes regras para o caso. É necessário frisar, ainda, que outra contribuição importante dos *Judicature Acts* para o direito inglês foi a edição de um código procedimental: *Rules of the Supreme Court*, denominado *The White Book*, emendado de tempos em tempos. Já o *Apellate Act* de 1876 estabeleceu regras para a revisão das decisões por uma corte superior.[8]

As reformas processuais de 1873-1875 implicaram uma nova organização judicial centralizada, uma vez que desapareceu a distância entre tribunais de *common law* e tribunais de *equity*. A partir de então, todas as jurisdições inglesas resultaram competentes para aplicar tanto um como outro sistema. Assim, os juízes de *equity* inspiraram-se nas soluções dadas por seus antecessores, e essa evolução institucional levou o parlamento a assumir a função inovadora que teve a seu cargo – nas centúrias precedentes – o chanceler.[9]

---

[6] Idem.

[7] Sobre *equity* e a tradição do *common law*, ver BAKER, J. H. The Common Lawyers and the Chancery: 1616. In: BAKER, J. H. *The Legal Profession and the Common Law: Historical Essays*. Londres: Hambledon, 1986, p. 205-221. Ver também, fundamentalmente, HAKE, Edward. *Epiekeia: A Dialogue on Equity in Three Parts*. New Haven: Yale Law Library, 1953.

[8] Idem.

[9] Idem. Ver também: SÉROUSSI, Roland. *Introdução ao direito inglês e norte-americano*. São Paulo: Landy, 2001, que descreve, brevemente, a *estrutura dual do direito inglês* (*common law* e *equity*) e a fusão dos dois sistemas (p. 21 e ss.).

Cap. 1 · AS MATRIZES DO CONSTITUCIONALISMO E AS FORMAS DE CONTROLE DE CONSTITUCIONALIDADE | **5**

Ainda sobre as origens, mas numa outra perspectiva – e de modo a ressaltar o desenvolvimento do *common law* na qualidade de *direito comum* propriamente dito, enquanto *sistema* –, é possível encontrar, na literatura de historiadores do direito inglês, uma atribuição das origens do *common law* inglês ao período de reinado de Henrique II (1154-1189).[10] Muito embora – como vimos – já houvesse e se verificasse, antes, monarcas estabelecendo códigos e normas centralizadas para a resolução de disputas, foi nesse período que se assentaram os alicerces para um *sistema*, em sentido próprio, com remédios jurídicos estabelecidos e administrados por um Poder Judiciário profissionalizado, técnico, com registros próprios. Foi a partir daí que se viu, o que se pode dizer com Van Caenegem, "um Direito nacional, e não uma série de costumes regionais e locais".[11]

As profundas transformações sociais que ocorreram durante os séculos XIX e XX proporcionaram uma criação legislativa ignorada nas épocas anteriores. O triunfo das ideias democráticas, com a consequente necessidade de reformas jurídicas, e o racionalismo transformador, ao qual não foi alheia a influência de pensadores como Bentham e os filósofos utilitaristas, foram traduzidas em um incremento considerável da criatividade legislativa. Por meio dele, tornou-se viável programar rápidas modificações da realidade social, cujo acelerado ritmo resultava difícil de conceber dentro das pautas jurídicas tradicionais.[12]

Nos dias atuais, lembra Laclau, a proliferação de leis e regulamentações administrativas tem levado a que o *statute law* vá se constituindo em um novo sistema complementar do *common law*. As novas jurisdições administrativas se encontram sob controle do Poder Judiciário. Porém, esse controle, em muitos casos, exerce-se de forma restringida, toda vez que a revisão não chega ao exame da matéria de fundo, senão que se reduz aos procedimentos administrativos. O papel relevante que a lei tem assumido em vários campos da vida social, tais como a seguridade social, o direito do trabalho e, em geral, o direito econômico, se apresenta como um novo desafio para os juristas, que resistem a se desprender da concepção jurisprudencial tradicional, o que explica, em grande medida, a crise pela qual passa a ciência jurídica britânica.[13]

---

[10] Cf. POLLOCK, Sir Frederick; MAITLAND, F. W. *The History of English Law Before the Time of Edward I*. 2. ed. Cambridge: Cambridge University Press, 1968.

[11] VAN CAENEGEM, R. C. *The Birth of the English Common Law*. 2. ed. Cambridge: Cambridge University Press, 1988.

[12] Cf. DAVID, René; JAUFFRET-SPINOSI, Camile. *Les grands systèmes de droit contemporains*, op. cit., p. 400 e ss. Ver também, fundamentalmente, BAKER, J.H. *An Introduction to English Legal History*. 4. ed. Londres: Butterworth's, 2002; BAKER, J.H. *The Oxford History of the Laws of England*. Oxford: Oxford University Press, 2003.

[13] Cf. LACLAU, Martin. Los supuestos del pensamiento jurídico en los países de habla inglesa. *Anuário de Filosofia Jurídica y Social*, Asociación Argentina de Derecho Comparado, Buenos Aires, Abeledo-Perrot, 1983. p. 32.

1.2.2 A administração da justiça inglesa. A organização judiciária

A organização judiciária inglesa foi durante muito tempo extremamente complexa e ainda hoje é bastante desconcertante para os juristas de outros países, apesar das reformas que durante uma centena de anos a simplificaram e, em certa medida, a racionalizaram.[14]

De pronto, com David[15] e Jauffret-Spinosi,[16] deve-se esclarecer que na Inglaterra é feita uma distinção básica, desconhecida no Continente, entre o que se pode chamar a "alta justiça" (*haute justice*), administrada pelos tribunais superiores, e a "baixa justiça" (*basse justice*), administrada numa série de jurisdições inferiores ou por organismos "quase-judiciários". A atenção dos juristas vai se concentrar especialmente sobre a atividade dos tribunais superiores, pelo fato de estes não se limitarem a resolver processos. Das decisões de tais cortes é que surgem os precedentes, que devem ser seguidos no futuro, pelo estudo dos quais se poderá conhecer qual é o direito na Inglaterra.

1.2.2.1 *Tribunais Superiores: The Senior Courts of England and Wales*

O *Constitutional Reform Act* de 2005 modificou a sistemática dos tribunais superiores. Chamada *The Senior Courts of England and Wales*, esta cadeia de tribunais é composta por três organizações: a *High Court of Justice*, a *Crown Court* e a *Court of Appeal*.[17] A *High Court of Justice* é formada por três seções: seção do *Queen's Bench Division*, seção da *Chancery Division* e seção da *Family Division*. Esta Corte é integrada por um máximo de setenta *puisne judges*, que são juízes assessores, eleitos entre os *barristers* com o requisito

---

[14] Cf. JAUREGUI, Carlos. *Generalidades y peculiaridades del sistema legal inglés*. Buenos Aires: Depalma, 1990. p. 25, sob o título *The English administration of justice*, os juristas ingleses incluem os seguintes componentes: a) *the royal prerrogative* (a prerrogaiva real); b) *the courts* (os tribunais); c) *the judiciary* (os magistrados e juízes); d) *the legal profession* (o advogado); e) *legal aid and advice* (assistência e consultoria jurídicas). Deve-se ressaltar, ainda, que a organização posta em funcionamento pelos *Judicatures Acts* foi modificada várias vezes, particularmente pelo *Administration of Justice Act* de 1970 e pelo *Courts Act* de 1971. Subsistem ainda alguns tribunais locais oriundos do sistema judiciário dos burgos medievais, os quais exercem uma jurisdição semelhante à dos tribunais distritais, *v.g.*, *Liverpool Court of Passage*.

[15] Cf. DAVID, René; JAUFFRET-SPINOSI, Camile. *Os grandes sistemas de direito contemporâneo*. Trad. Hermínio Carvalho. São Paulo: Martins Fontes, 1986. p. 332.

[16] Cf. DAVID; JAUFFRET-SPINOSI, op. cit., p. 415.

[17] A especificação da organização judiciária inglesa foi compilada dos seguintes autores e obras: DAVID; JAUFFRET-SPINOSI, op. cit.; JAMES, Philip S. *Introduction to English law*. 4. ed. London: Butterworth, 1959; CUETA RÚA, Julio. *El common law*. Buenos Aires: La Ley, 1957; idem, La ley en el mundo contemporáneo. *Anuario de Filosofia Jurídica y Social*, n. 6, Buenos Aires, Abeledo-Perrot, 1986; LACLAU, op. cit.; SCHWARTZ, Bernard. The law and its development: civil and common law systems compared. *Revista de Direito Civil*, v. 6, p. 159, 1978, onde o autor compara o sistema de criação do direito preponderantemente jurisprudencial com o sistema de criação do direito com a prevalência da lei; SCARMAN, Lorde Leslie. *O direito inglês: a nova dimensão*. Porto Alegre: Fabris, 1978; CROSS, Rupert. *Statutory interpretation*. London, ButteRworths, 1976; OSBORN. *A concise law dictionary*. London: Sweet & Maxwel, 1964; KIRALFY, A. K. R. *The English legal system*. London: Sweet & Maxwel, 1973; BAKER, J. H. *An introduction to English legal history*. 2. ed. London: Butterworths, 1979; SÉROUSSI, Roland. *Introdução ao direito inglês e norte-americano*, op. cit.

Cap. 1 · AS MATRIZES DO CONSTITUCIONALISMO E AS FORMAS DE CONTROLE DE CONSTITUCIONALIDADE | **7**

mínimo de dez anos de exercício profissional. A estes se acrescenta o *Lord Chief Justice*, que preside a seção do *Queen's Bench*, o *Vice-Chancellor*, que preside a seção da Chancelaria (Equidade), e o *President*, que preside à seção da Família. A repartição das questões entre as diferentes seções tem apenas um caráter de conveniência de serviço, sendo cada uma delas destinada a estatuir sobre qualquer causa que seja da alçada da *High Court of Justice*. A formação na seção do *Queen's Bench*, de uma *Admiralty Court* e de uma *Commercial Court*, ou, na Chancelaria, a criação de uma *Companies Court* e de uma *Bankruptcy Court* significa apenas que, no seio dessas seções, podem existir juízes especializados e certas regras especiais de processo para o exame de diferentes tipos de assuntos.

A *Crown Court* é uma organização relativamente nova no direito inglês, instituída pelo *Courts Act* de 1971, com a atribuição de julgar causas criminais.

A *Court of Appeal* constitui, no interior da agora intitulada *The Senior Courts of England and Wales*, um segundo grau de jurisdição. É composta por trinta e sete *Lords Justices*, presididos pelo *Master of the Rolls*. As questões são aí submetidas, em princípio, a um colégio de três juízes. O recurso é rejeitado se não houver uma maioria para modificar a decisão contra a qual foi interposta. Um dos colégios do tribunal, a *Criminal Division* do *Court of Appeal*, ocupa-se especialmente das questões criminais. As causas são geralmente julgadas por um *Lord Justice* e por dois juízes da *Queen's Bench Division*. Ao contrário do que acontece nas seções que julgam matéria civil, não é costume que os juízes colocados em minoria levem a matéria ao conhecimento da *Criminal Division*.

1.2.2.2 A Câmara dos Lordes e o fim da jurisdição-legislativa

Até o dia 1º de outubro de 2009, a competência para julgamento dos recursos oferecidos contra as decisões tomadas pela *Court of Appeal* pertencia ao Comitê de Apelação da Câmara dos Lordes (*Appellate Committee of The House of Lords*). Ou seja, até esta data, não existia a Suprema Corte do Reino Unido (criada em 2005, instalada em 2009), o que tornava a Câmara dos Lordes "última instância recursal em matéria penal da Inglaterra, do País de Gales e da Irlanda do Norte. Em matéria cível, além dessas partes do Reino Unido, a Câmara também exercia a jurisdição em último grau sobre a Escócia".[18] Quando este papel era exercido pelo Comitê de Apelação, o uso deste recurso era excepcional: a Câmara dos Lordes proferia de 80 a 90 decisões por ano. Entre os Lordes, os únicos habilitados a julgar eram o *Lord Chancelier* (que preside a Câmara), os Lordes (*Lords of Appeal in Ordinary*), em número de onze, conforme a lei, que foram especialmente elevados à dignidade de pares (não hereditários) com esta intenção, e os Lordes que ocuparam anteriormente certas funções judiciárias enumeradas por uma lei. As questões eram normalmente examinadas por cinco e, no mínimo, por três Lordes. Cada Lorde exprimia separadamente a sua opinião,

---

[18] Cf. RODRIGUES JÚNIOR, Otávio Luiz. A reforma da Câmara dos Lordes chega ao seu clímax. *Consultor Jurídico*. 2012. Disponível em: [http://www.conjur.com.br/2012-ago-15/direito-comparado-reforma-camara-lordes-chega-climax]. Ainda, notícia sobre a alteração na Câmara dos Lordes. Disponível em: [http://www.judiciary.gov.uk/about-the-judiciary/introduction-to-justice-system/the-house-of-lords]. Acesso em: dez. 2012.

8 | JURISDIÇÃO CONSTITUCIONAL • *Lenio Luiz Streck*

chamada *speech*, e o recurso seria rejeitado se não formasse uma maioria para admiti-lo. O direito inglês ignora a prática francesa da cassação com reenvio. A Câmara dos Lordes estatui, quanto ao fundo, sobre o recurso para que foi consultada.[19]

Foram cerca de 600 anos de história exercendo jurisdição, como corte de apelação final, em paralelo com o ofício da legislatura, na *House of Lords*. Conta-se que, com o bombardeio da *House of Commons* durante a segunda guerra mundial, os *Law Lords* tiveram de atender em salas afastadas do *parliament*, por conta do barulho das reformas. A experiência revelou-se evolução, cujo processo só veio aos últimos termos com a *Constitutional Reform Act* de 2005.[20]

Como mencionado acima, o papel de corte de apelação agora pertence à *United Kingdom Supreme Court – UKSC*, composta por 12 *Justices*, que, apesar de *lords* pertencentes à *House of Lords*, estão legalmente impedidos de lá atuar.

A Suprema Corte do Reino Unido pode ser acessada pelos Poderes Judiciários da Inglaterra, do País de Gales, da Escócia e da Irlanda do Norte. Questões de grande relevância, larga repercussão, de todo o Reino Unido podem ser trazidas à Corte, em sede de jurisdição civil. Quanto às questões criminais, apenas as oriundas da Inglaterra, do País de Gales e da Irlanda do Norte. A UKSC também julga as chamadas *devolution issues*, ou seja, questões em que as autoridades executivas e/ou legislativas da Escócia, País de Gales e Irlanda do Norte agiram, ou pretenderam agir, usurpando competência da Suprema Corte (isso inclui ações e atos praticados em desconformidade com os direitos e deveres previstos na *European Convention on Human Rights* e na *European Community law*), ou ainda em dissonância com os deveres impostos a tais autoridades.

Por fim, ela fica localizada no *Middlesex Guildhall*, no lado oeste da *Parliament Square*. Essa localização, apartada da *House of Lords*, segundo seu *website*, é "altamente simbólica acerca da separação dos poderes no Reino Unido, equilibrando a jurisdição e a legislatura, uma em cada ponta da Praça do Parlamento, sendo os outros dois lados ocupados pelo Poder Executivo (*the Treasury building*) e pela Igreja (Westminster Abbey)".[21]

Destaque-se que há muito tempo a Câmara dos Lordes vem passando por crises. Em 2012, o primeiro-ministro David Cameron havia apresentado um projeto de reforma. Este projeto transformou-se em lei em transformou-se em 14 de maio de 2014, chamado *House of Lords Reform Act 2014*. Como menciona Otavio Luiz Rodrigues Junior, esta lei "[...] introduziu medidas inéditas no regime parlamentar britânico, no que se refere ao modo como são tratados os pares do reino que integram a câmara alta", podendo ser referidas: permitir a aposentadoria ou a renúncia de um *lord*; consequências para o não comparecimento dos lords às sessões parlamentares; possibilidade de condenação do *lord* por *serious offence*. Tudo isso aponta para a crise do modelo parlamentar no Reino Unido, o que se agravou durante a administração do primeiro-ministro Tony Blair. Como se pode

---

[19]   DAVID, op. cit., p. 334-335.

[20]   Cf. *A Suprema Corte britânica*. Disponível em: [http://www.supremecourt.gov.uk/about/the-supreme-court.html]. Acesso em: dez. 2012.

[21]   Ver: [http://www.supremecourt.gov.uk/about/the-supreme-court.html].

Cap. 1 • AS MATRIZES DO CONSTITUCIONALISMO E AS FORMAS DE CONTROLE DE CONSTITUCIONALIDADE | 9

perceber, há uma inclinação para reformar esta instituição, assunto que tem figurado em pleno debate no Parlamento.[22]

1.2.2.3 Comissão judiciária do Conselho Privado

Nessa qualidade, a Comissão – formada pelos juízes da Câmara dos Lordes – tem a incumbência de julgar os recursos interpostos contra as decisões dos supremos tribunais dos territórios britânicos de além-mar ou dos Estados da *Commonwealth* que até agora não aboliram esse tipo de recurso (Austrália, para determinados assuntos, Nova Zelândia, Gâmbia etc.). As decisões da Comissão têm, quando se referem a questões de *common law*, uma autoridade praticamente idêntica aos acórdãos da Câmara dos Lordes.[23]

Com o *Constitutional Reform Act* de 2005, o *Judicial Committee of the Privy Council* manteve sua competência, cedendo para a Suprema Corte apenas as *devolution issues*, tratadas acima.

1.2.3 Jurisdições inferiores

1.2.3.1 County courts

Conhecidos como tribunais de condado ou tribunais distritais, os *county courts* foram criados em 1846, por meio dos *County Courts Acts*, de modo que os distritos por eles servidos tenham abrangência sobre toda a Inglaterra. Haverá sempre um tribunal distrital dentro de uma distância razoável. Contemporaneamente, registre-se a preocupação com o acesso do cidadão à jurisdição, ilustrada na definição da missão da agência executiva do Ministério da Justiça *Her Majesty's Courts Service* (HMCS) criada em 2005: "All citizens according to their differing needs are entitled to *access to justice*, whether as victims of crime, defendants accused of crimes, consumers in debt, children in need of care, or business people in commercial disputes. Our aim is to ensure that access is provided *as quickly as possible* and at the *lowest cost* consistent with open justice and that citizens have greater confidence in, and *respect for, the system of justice*"[24].

Até 2008, havia 216 *country courts*, que recebem a maior parte dos processos cíveis. Destes, a principal causa é o não pagamento de dívida. Figuram também demandas sobre: danos pessoais; não cumprimento de contrato relativo a bens ou propriedade; questões de família, como divórcio e adoção; recuperação de imóveis. Roland Sèroussi descreve que as *country courts* não podem atuar em demandas que excedam certas somas – exemplificando,

---

[22] Cf. RODRIGUES JUNIOR, Otavio Luiz. Parlamento britânico aprova lei de reforma da câmara dos lordes. *Consultor Jurídico*. 2014. Disponível em: [http://www.conjur.com.br/2014-jul-16/direito--comparado-parlamento-britanico-aprova-lei-reforma-camara-lordes].

[23] Cf. DAVID; JAUFFRET-SPINOSI, op. cit., p. 335.

[24] "Todos os cidadãos de acordo as suas diferentes necessidades possuem o direito ao acesso a justiça, sejam enquanto vítimas de crime, réus acusados de crimes, consumidores em débito, crianças que necessitam de cuidado, ou empresários em disputas comerciais. Nosso objetivo é garantir que o acesso seja provido o mais rápido possível e ao menor custo coerente com uma justiça aberta em que os cidadãos tenham a maior confiança no, e respeito pelo, sistema de justiça" (Tradução livre).

nos casos de responsabilidade civil, o montante não deve ultrapassar 5.000 libras esterlinas.[25] Como há um grande número de processos, foram criadas faixas de valores para a organização do sistema de justiça. Ou seja, controvérsias que envolvam questões abaixo de 5.000 libras esterlinas estão na faixa denominada *Small Claims Track* e são resolvidas por meio das *country courts* (por isso, elas são conhecidos como *Tribunais de Pequenas Causas*, apesar de não serem verdadeiramente tribunais). As reclamações entre 5.000 e 25.000 libras esterlinas estão na faixa denominada *Fast Track*, e aquelas com valores acima de 25.000, *Multi Track*.[26]

Essa competência é fixada pelo *High Court of Justice*, que, embora tenha competência ilimitada, se recusa, em princípio, a apreciar questões inferiores à *Small Claims Track*. Os recursos, quando autorizados, vão diretamente para a *Court of Appeal*.[27]

Decisões que dizem respeito ao pagamento de débitos são quase todas gravadas no registro das decisões da *country court*. A informação é usada por bancos, sociedades de construção e empresas de crédito para verificar a credibilidade de um indivíduo e pode, portanto, afetar a situação financeira do devedor.

1.2.3.2 *Magistrates*

As infrações penais menores são julgadas por simples cidadãos (não juristas ou *lay*), chamados de *magistrates*, aos quais foi conferido o título de *justice of peace*. Exercem suas funções com o auxílio de um secretário jurista (*clerk*), de forma gratuita (exercem o cargo a dois nos vilarejos). Também têm competência para apreciar infrações maiores, na fase preliminar, quando decidem se existem ou não indícios suficientes para levar o acusado a ser julgado perante a *Crown Court*.[28] Os juízes que julgam os casos penais mais importantes ou infrações maiores (*indictable offences*) são remunerados pela coroa, denominados *Stipendiary Magistrates*, e atuam nas grandes aglomerações urbanas. Serão eles que decidirão se haverá o comparecimento do acusado perante a *Crown Court*.[29]

1.2.3.3 *Contencioso "quase judiciário"*

No âmbito de abrangência da matéria administrativa, assim como determinadas peculiaridades surgidas diante de certas leis, há alguns órgãos especiais criados para a resolução dos litígios a eles pertinentes. São os denominados *Boards* ou *Commissions* ou, ainda, *Tribunals*, conforme a área de atuação. Assim, existem para dirimir conflitos na área econômica, em matéria fiscal, social e em matéria de inquilinato.

---

[25]   SÉROUSSI, op. cit., p. 29-30.

[26]   Maiores informações podem ser acessadas pela plataforma do Ministério da Justiça, disponível em: [http://www.justice.gov.uk/], ou por meio da agência executiva do Ministério da Justiça *Her Majesty's Courts Service* (HMCS), disponível em: [http://www.hmcourts-service.gov.uk/].

[27]   Cf. DAVID; JAUFFRET-SPINOSI, op. cit., p. 336.

[28]   Idem.

[29]   SÉROUSSI, op. cit., p. 30.

Cap. 1 · AS MATRIZES DO CONSTITUCIONALISMO E AS FORMAS DE CONTROLE DE CONSTITUCIONALIDADE | 11

Vale referir que existe um *Council on Tribunals* que desde 1958 fiscaliza o funcionamento desses organismos, que chegam a mais de 2.000. Esses tribunais às vezes estão ligados à administração, mas também podem ser independentes, como é o caso dos que cuidam das questões trabalhistas e de inquilinato.[30]

1.2.4 A doutrina dos precedentes obrigatórios

A doutrina dos precedentes obrigatórios (*doctrine of binding precedent*), também chamada *stare decisis, case law*, está estreitamente ligada ao sistema denominado de *Law Reports*.[31] De pronto, deve ser dito (e repetido) que uma das características históricas mais marcantes da lei inglesa é ser produto do trabalho dos juízes (*judge made law*). Ou seja, a maior parte do *common law* não é produto do Parlamento, mas sim do trabalho de séculos dos juízes aplicando regras consuetudinárias estabelecidas, aplicando regras a casos novos, à medida que foram surgindo. O princípio que respalda a doutrina dos precedentes consiste em que, em cada caso, o juiz deve aplicar o princípio legal existente, isto é, deve seguir o exemplo ou precedente das decisões anteriores (*stare decisis*).[32]

O exposto representa bem o aspecto histórico da formação da lei inglesa. Porém, na atualidade, devido à maior sistematização e clarificação das fontes do direito – a maior parte do direito atual encontra-se nos *law reports* e nas leis originárias do Parlamento –, já não se pode seguir afirmando, sem reserva, que o juiz faz o direito, uma vez que sua função é a de decidir os casos conforme as regras legais existentes. Pound, citado por Cueto Rua, já discutia, no início do século, o problema derivado da presença de dois tipos de normas jurídicas – as legisladas e as jurisprudenciais –, ambas aplicáveis na mesma jurisdição pelos mesmos juízes:

---

[30] Cf. DAVID; JAUFFRET-SPINOSI, op. cit., p. 337.

[31] Sobre o tema, consultar TAMELLO, Ilmar. La *ratio decidendi* et la règle de droit. In: PERELMAN, C. H. *Travaux du Centre National de Recherches de Logique*. Bruxelles: Bruylant, 1978. p. 123-130; CUETA RÚA, La ley, op. cit.; LOSANO, Mário G. *Os grandes sistemas jurídicos*. Lisboa: Presença, 1979; RE, Edward D. *Stare decisis*. Trad. Ellen Gracie Northfleet. *Revista Jurídica*, n. 198, Porto Alegre, Síntese, 1994. DAVID, op. cit., p. 344, lembra que "uma certa flexibilidade é trazida ao funcionamento da regra do precedente pelas condições em que é assegurada a publicação das decisões judiciais. Essa publicação está sujeita a uma certa seleção: 75% dos acórdãos da Câmara dos Lordes, 25% dos acórdãos da *Court of Appeal* e unicamente 10% das decisões da *High Court of Justice* são publicados. Torna-se, assim, possível eliminar um grande número de decisões que não são dignas de serem consideradas como precedentes. Evita-se, por outro lado, que os juristas ingleses sejam submersos pela avalanche de precedentes". Ver, também, DAVID; JAUFFRET-SPINOSI, op. cit., p. 429-430.

[32] A respeito da força da doutrina dos precedentes, lembra CUETO RUA, Julio. La ley, op. cit., p. 252, que tradicionalmente os juízes e advogados do *common law* têm considerado a legislação como uma intrusa, que viria perturbar a sábia e experimentada *common law*. Nesse sentido, cita passagem de Roscoe Pound (*Harvard Law Review*, n. 21, p. 383): "Juristas que recogen escrupulosamente de las más remotas esquinas las sentencias más obsoletas, para citarlas a todas, raras veces citan a las leyes, excepción hecha de las grandes leyes que se han transformado en parte del *common law*, o cuando citan leyes, lo hacen a través de las sentencias que las aplican. Los tribunales, de la misma manera, se inclina a ignorar legislación importante, no meramente por considerarla declaratoria (del *common law*) sino presumiendo, a veces, silenciosamente, que es declaratoria, sin dar razones, citando precedentes jurisprudenciales y haciendo caso omiso de las leyes".

"Pueden concebirse cuatro maneras en que los Tribunales encaren la innovación legislativa en un sistema como el nuestro. 1. Ellos podrían recibirla plenamente en el seno del derecho (jurisprudencial) como suministrando no sólo una norma para ser aplicada sino como un principio en base al cual razonar, y considerarla, por ser la más reciente y directa expresión de la voluntad general, de autoridad superior a las normas creadas por los jueces [...]. 2. Ellos podrían recibirla plenamente en el seno del derecho (jurisprudencial), utilizándola como punto de referencia para el razonamiento analógico, como cualquiera otra norma jurídica, considerándola, sin embargo, como de autoridad igual o coordinada en este particular con las normas jurisprudenciales (*judge made law*) aplicables en el mismo tema general. 3. Ellos podrían rehusarse a recibirla plenamente en el seno del derecho y darle solo efecto directo, negándose a utilizarla como base para el razonamiento analógico, pero dándole, ello no obstante, una interpretación amplia para cubrir toda la materia que se quería cubrir. 4. Ellos podrán no solo negarse a utilizarla como base para el razonamiento analógico y aplicarla sólo de manera directa, sino, además, darle una interpretación estricta y estrecha, aplicándola rígidamente a eses casos que ella cubre de manera expresa. La cuarta hipótesis representa la actitud ortodoxa del *common law* hacía las innovaciones legislativas. Sin embargo, la tercera hipótesis probablemente representa con mayor precisión la actitud hacía la cual, estamos marchando. La segunda y la primera, sin duda, le parecen absurdas al abogado del *common law*. El difícilmente puede pensar que una norma de origen legislativo pueda ser considerada como una parte permanente del cuerpo normativo general. Pero se sugiere que el corso del desarrollo jurídico en el que hemos entrado debe llevarnos a adoptar el método de la segunda hipótesis y, eventualmente, el método de la primera hipótesis". Convém frisar que isso foi escrito por Roscoe Pound há mais de oitenta anos. Hoje, há suficientes indícios, segundo assevera Cueto Rua, de que os tribunais ingleses e americanos tenham se acercado dessa posição, operando em termos muito próximos à segunda hipótese de Pound, com sinais cada vez mais visíveis de se aproximarem da hipótese primeira.

É relevante frisar, em síntese, que o juiz não se remete às decisões precedentes como simples orientação ou guia, mas sim que está obrigado a aplicar as regras legais contidas em tais decisões. É importante ressaltar, nesse sentido, lembra Jauregui, que os precedentes se aplicam somente aos pontos ou questões de direito, ainda que em alguns casos a questão de direito esteja diretamente inter-relacionada com os fatos. Por outro lado, o princípio legal no qual se baseia um precedente deve ser essencial para a decisão a tomar. Essa parte substancial do princípio legal é chamada de *ratio decidendi* do caso. A ideia principal é que a aplicação da lei a determinado conjunto de fatos sempre é baseada em um princípio legal que dá suporte à decisão. Esse princípio constitui o elemento vinculante. Isso não significa necessariamente que a *ratio* pode ser encontrada sempre no que está estabelecido na regra que aparece na sentença da Corte que se aplica ao caso particular, uma vez que é também um princípio estabelecido que *os casos são unicamente vinculantes em relação a outros casos quando estes são precisamente similares (precisely similar)*.[33] O mesmo autor alerta, ainda, para o fato de que não é o mesmo dizer "similar" e "precisamente similar", já que, neste último caso, se estreita a possibilidade interpretativa do julgador. Isso é bastante comum

---

[33] Cf. JAUREGUI, op. cit., p. 57.

Cap. 1 · AS MATRIZES DO CONSTITUCIONALISMO E AS FORMAS DE CONTROLE DE CONSTITUCIONALIDADE | 13

na lei inglesa, que, com frequência, utiliza palavras e expressões como *beyond reasonable doubt, fairness, equity*, que têm um conteúdo semântico muito amplo e que, porém, ao mesmo tempo, limitam o arbítrio do intérprete. Já David e Jauffret-Spinosi[34] chamam atenção para o fato de que "le juge dans l'arrêt ne précise pas quelle est la *ratio decidendi*, celle-ci sera déterminée ultérieurement par un autre juge, examinant si cet arrêt est ou non un précédent applicable au litige dont il est saisi". Os juízes, em suas sentenças, fazem, por vezes, observações sobre a lei que, em realidade, são alheias ao caso. Tais observações, ditas de passagem (*obiter dicta*), não são vinculantes como precedente.

Dito de outro modo: em linhas gerais, *obiter dicta* são aqueles argumentos utilizados pelos juízes, ou mesmo comentários *en passant*, que são prescindíveis para o cerne da discussão, para a resolução da questão jurídica posta. Não há muitos problemas até aí. A *ratio decidendi*, por sua vez, é o que constitui a essência, o âmago da tese jurídica suficiente e responsável por decidir o caso concreto. Evidentemente, a *ratio decidendi* inaugura um problema complexo;[35] tanto é que a questão da *identificação* da *ratio* é algo que a doutrina do *common law* já debateu muito (e ainda debate).[36]

Seja como for, com relação às abordagens, de pronto, já se pode mencionar a doutrina de Melvin Eisenberg. Somente ela já destaca três possíveis interpretações acerca da *ratio decidendi*, o que já denota, no mínimo, uma pluralidade de definições. São elas (i) a abordagem minimalista, (ii) a abordagem focada no resultado, e (iii) a abordagem declaratória. Para a primeira, a regra de um precedente consiste naquela norma enunciada na sentença precedente e que foi necessária à decisão. Desse modo, reduz-se a regra enunciada pela corte ao mínimo indispensável, o que dá a essa abordagem a alcunha de minimalista. Já para a abordagem focada no resultado, a regra de um precedente consiste na proposição segundo a qual, com base nos fatos do precedente (ou alguns deles), deveria ser alcançado o resultado do precedente. O que importa para essa abordagem é o que a Corte *fez*, e não aquilo que ela *disse*. Por fim, a abordagem declaratória considera que a *ratio decidendi* de um precedente consiste na regra que ele exprime na medida em que seja relevante para as questões levantadas pela controvérsia diante do juiz. Nessa perspectiva, ao enunciar a regra no julgamento do caso – que servirá como precedente –, o Tribunal estaria exercendo a função de enriquecimento das normas jurídicas, atividade que, apesar de não ter um valor em si, seria conexa com a função de composição de controvérsias.[37]

---

[34] Cf. DAVID; JAUFFRET-SPINOSI, p. 428.

[35] Não apenas a *ratio* é, por vezes, de difícil separação do que é *dictum*; às vezes, sequer é possível localizá-la claramente. Cf. DUXBURY, Neil. *The Nature and Authority of Precedent*. Cambridge: Cambridge University Press, 2008. p. 69, 71.

[36] Ver EISENBERG, Melvin Aron. *The Nature of the Common Law*. Harvard: Harvard University Press, 1991.

[37] Sobre a questão do precedente em geral, e sobre o problema da identificação da *ratio decidendi*, ver *equity* e a tradição do *common law*, ver DUXBURY, op. cit., 2008. Ver também COLLIER, Charles W. Precedent and Legal Authority: A Critical History. In: *Wisconsin Law Review*. Madison, 1988, n. 771; CROSS, Rupert. *Precedent in English Law*. Oxford: Clarendon Press, 1977; GOODHART, Arthur L. Determining the ratio decidendi of a case. In: *The Yale Law Journal*, v. 40, n. 2, dez. 1930, p. 161-183. GREENAWALT, Kent. Reflections on Holding and Dictum. In: *Journal of Legal Education*, v. 39, n. 03, set. 1989, p. 431-442; MARSHALL, Geoffrey. What is Binding in a Precedent. In: MacCORMICK, Neil; SUMMERS, Robert S.; GOODHART, Arthur L. (orgs.). *Interpreting Precedents*. Nova York: Routledge, 2016.

Há, no entanto, como dito, uma série de posições diferentes sobre o tema. Alguns autores dizem que a teoria clássica acerca do conceito de *ratio decidendi* consiste em considerá-lo a regra ou o princípio que a Corte considera necessário para o resultado encontrado em um caso, ao passo que uma outra visão – tributada a Goodhart – considera a *ratio decidendi* como sendo os fatos materiais e a decisão judicial que se baseou em tais fatos. Nessa perspectiva, importaria mais a decisão e os fatos que lhe são subjacentes que as razões de decidir, ao passo que, na primeira, o que sobreleva é o princípio que serve de base para a decisão. Justamente nesse sentido é a doutrina de Rupert Cross para quem a *ratio decidendi* é definida pela norma jurídica expressa ou implicitamente tratada pelo juiz como um passo necessário para alcançar sua conclusão judicial. Tem em conta, assim, a linha de raciocínio adotada por ele, como parte necessária para a direção do seu julgamento. A *ratio*, portanto, deve ser lida de duas formas concomitantes. A primeira, como sendo uma norma jurídica de autoridade obrigatória para o caso em que formulada. E a segunda, como a norma jurídica encontrada no raciocínio atual do julgador, e que expressa a base da sua decisão. Explica-se: Goodhart propõe que a *ratio decidendi* seja determinada a partir da verificação dos fatos, tratados como fundamentais ou materiais pelo juiz. Algumas das visões que divergem dessa proposta, por exemplo, dizem que ela é falha por não levar devidamente em consideração alguns elementos que podem ter influenciado a decisão do juiz, como, por exemplo, a relação do caso em questão com outros casos passados. Mesmo assim, e muito embora tenha sido desenvolvida há vários anos, a teoria de Goodhart ainda é considerada por muitos juízes ao decidirem casos em Cortes norte-americanas.[38]

A proposta de Goodhart, apesar de pioneira, passou longe de solucionar o debate. Além de ter sido, como vimos, alvo de algumas críticas – vide, a título de exemplo, as de Julius Stone,[39] para quem a ideia de Goodhart, de insistir em dedicar atenção à escolha de fatos materiais feita pelo juiz, não seria satisfatória uma vez que cada um desses fatos pode ser declarado em diferentes níveis de generalização, podendo levar a uma solução distinta para o caso –, não foi a única visão a adquirir relevância sobre o tema. Uma versão bastante diferente daquela de Goodhart foi a de Eugene Wambaugh, para quem a *ratio decidendi* deve ser uma regra identificável a partir do elemento da decisão sem o qual o caso em questão deveria ter sido decidido de outra maneira, distinta da que foi. É o chamado "teste de Wambaugh".[40] Alguns autores, como, por exemplo, Allen, apesar de não adotarem o teste, concedem que a *ratio decidendi* é um elemento necessário à decisão.[41]

---

[38] Cf. SCOFIELD, Robert G. Goodhart's Concession: Defending Ratio Decidendi From Logical Positivism and Legal Realism in the First Half of the twentieth Century. In: *The King's College Law Journal*, v. 16, 2005, p. 311-328. Ver também DUXBURY, op. cit., 2008, p. 84.

[39] Cf. STONE, Julius. The ratio of the ratio decidendi. In: *The Modern Law Review*, v. 22, n. 06. Oxford, nov. 1959, p. 597-620.

[40] Cf. WAMBAUGH, Eugene. *The study of cases*: a course of instruction in reading and stating reported cases, composing head-notes and briefs, criticising and comparing authorities, and compiling digests. 2. ed. Boston: Little, Brown & Co., 1894.

[41] Cf. ALLEN, Carleton Kemp. *Law in the Making*. 3. ed. Oxford: Clarendon Press, 1939.

Cap. 1 · AS MATRIZES DO CONSTITUCIONALISMO E AS FORMAS DE CONTROLE DE CONSTITUCIONALIDADE | **15**

Wambaugh não foi o único. J. L. Montrose, por exemplo, também ofereceu uma contraposição à teoria de Goodhart, ao dispor que sua tese de identificação da *ratio*, atrelada demasiadamente aos fatos do caso, acarretava a hipótese de a decisão pronunciada pelo juiz fosse ignorada pelas cortes responsáveis por julgar casos subsequentes. A. W. B. Simpson, por outro lado, dizia que a tese de Goodhart era incapaz de dizer algo para além da concepção clássica da *ratio decidendi*, que dispunha, genericamente, que a *ratio* vinculante é extraída dos "princípios" da decisão.[42] A conclusão é nítida: ainda que não tenha havido qualquer consenso, e embora a discussão acerca do que constitui a *ratio decidendi* de um caso seja, em certa medida, indeterminada, evidentemente em nenhum desses entendimentos é possível equiparar a *ratio* de um caso a uma tese generalizante, enunciada pelo Tribunal previamente com esse fim.[43]

Considerando que a doutrina dos precedentes tem força obrigatória dentro da estrutura do direito inglês, como pode a lei se desenvolver se os casos sempre devem ser julgados tendo por base os princípios perenes? – pergunta Jauregui.[44] Ele mesmo responde, ao dizer que, na prática, existem vários caminhos para que a doutrina não perca flexibilidade. Primeiro, as cortes superiores têm poder para rechaçar decisões das cortes inferiores, e, em certos casos, podem também passar por cima (*override*) de suas próprias decisões anteriores. *Ademais, qualquer regra legal pode ser mudada pela legislação (statute).* Em consequência, ressalta, toda regra legal está sujeita a mudança, seja pelos juízes, seja pelo Parlamento.

1.2.4.1 *Significado e alcance da regra*

Demonstra David[45] que se analisa a regra do precedente,[46] teoricamente, em três proposições muito simples: "1º – As decisões tomadas pela Câmara dos Lordes constituem precedentes obrigatórios, cuja doutrina deve ser seguida por todas as jurisdições, salvo excepcionalmente por ela própria; 2º – As decisões tomadas pela *Court of Appeal* constituem precedentes obrigatórios para todas as jurisdições inferiores hierarquicamente a este tribunal e, salvo em matéria criminal, para a própria *Court of Appeal*; 3º – As decisões tomadas pela *High Court of Justice* impõem-se às jurisdições inferiores e, sem serem

---

[42] Cf. SIMPSON, Alfred W. Brian. Determining the ratio decidendi of a case. In: *Modern Law Review*, v. 21, n. 2, mar. 1958, p. 155-160.

[43] Eis aí, pois, uma clara – e importantíssima – distinção entre o *stare decisis* do *common law* e tentativas de, no Brasil, se chamar de "precedentes" teses gerais e abstratas produzidas pelos tribunais.

[44] Cf. JAUREGUI, op. cit., p. 53.

[45] Cf. DAVID, op. cit., p. 343 e ss.

[46] As decisões judiciárias inglesas não devem ser citadas como as decisões nos julgamentos franceses. A maneira correta de citá-las é a seguinte: "Read *v.* Lyons (1947) A.C. 156. Normalmente o primeiro nome é o do autor, e o segundo, o do réu, mas para os acórdãos da Câmara dos Lordes o primeiro nome é o do apelante, e o segundo, o do recorrido. A letra v., que separa estes dois nomes, é a abreviação de *versus*, mas deve-se pronunciar, quando se cita o caso, *and* ou *against*, e não *versus*. As indicações que os acompanham significam que o acórdão foi publicado na coleção *Law Reports*, na série *Appeal Cases* (onde são publicados os acórdãos do Tribunal de Recursos, da Câmara dos Lordes e da Comissão Judiciária do Conselho Privado). Sobre o assunto, ver DAVID; JAUFFRET-SPINOSI, op. cit., p. 426-427.

rigorosamente obrigatórias, têm um grande valor de persuasão e são geralmente seguidas pelas diferentes divisões da própria *High Court of Justice* e pela *Crown Court*".

Desse modo, o tratadista francês explica que "as proposições assim enunciadas simplificam muito o problema. Uma certa tendência parece manifestar-se hoje, sem que os princípios sejam postos em causa, para aumentar o número de exceções que eles comportam ou para tornar mais rigorosas as condições em que são aplicados. Até 1966 foi admitido que a Câmara dos Lordes estivesse estritamente vinculada aos seus precedentes; uma declaração solene, feita pelo Lorde Chanceler em 1966, deu a conhecer que, no futuro, a Câmara dos Lordes poderia afastar-se dessa regra, se razões prementes parecessem exigi-lo no interesse da justiça. [...] É conveniente sublinhar que os únicos precedentes obrigatórios são constituídos pelas decisões emanadas dos tribunais superiores, isto é, da *Supreme Court of Judicature* e da Câmara dos Lordes. As decisões emanadas de outros tribunais ou organismos 'quase judiciários' podem ter um valor de persuasão; não constituem nunca precedentes obrigatórios". Sobre esse assunto, Lloyd chama a atenção para o fato de que "muito pode depender da atitude do tribunal da instância superior em face da decisão anterior. O tribunal subsequente pode adotar um ponto de vista favorável ao princípio consubstanciado num caso anterior e estar disposto a aplicá-lo amplamente em quaisquer situações análogas. Foi isso o que aconteceu depois que a decisão majoritária da Câmara dos Lordes, no caso Donoghue *v.* Stevenson (1932) A.C. 562, estabeleceu a obrigação de um fabricante de ter razoável cuidado em assegurar que seus produtos não se encontravam em condições suscetíveis de acarretar danos aos consumidores potenciais. Esse caso envolveu tão claramente uma regra judiciosa que ela foi tratada como possuidora da mais vasta aplicação. Portanto, foi rapidamente consagrada como expressão da essência do critério legal de negligência, ao impor uma obrigação geral de cuidado sempre que se possa prever razoavelmente, pela conduta de qualquer pessoa, a possibilidade de causar danos físicos a outrem. Por outro lado, se o resultado de uma decisão vinculatória for mais tarde visto de modo desfavorável, os tribunais subsequentes podem empenhar-se em limitá-lo rigorosamente aos 'seus próprios fatos' e, assim, *mediante algumas distinções sutis* (que o leigo e, na verdade, muitos advogados encaram como 'bizantinismo'), *dar ao caso anterior um campo muito limitado de operação ou tirá-lo virtualmente de circulação.* Desse modo, lembra o autor, como exemplo, duas incursões maciças foram feitas em duas doutrinas estabelecidas, mas impopulares, do antigo direito consuetudinário, ou seja, as regras segundo as quais numa ação por negligência, qualquer grau de negligência do próprio acusado que contribuísse para o acidente invalidaria a totalidade de suas alegações, e que um patrão não é responsável pelos danos causados a seu empregado por negligência de um colega deste último. Não obstante, essas duas doutrinas ainda mantiveram um papel ingrato, embora declinante, por muitas décadas, até que o Parlamento finalmente aboliu ambas há poucos anos".[47]

O que se vê é que a discussão doutrinária sobre o precedente, sua força, alcance, papel e até mesmo interpretação, no *common law,* portanto, é ampla. À luz do debate sobre a

---

[47] Cf. LLOYD, Denis. *A ideia de lei.* Trad. Álvaro Cabral. São Paulo: Martins Fontes, 1985. p. 243.

ratio decidendi, há também, no mesmo sentido, um outro debate, que, em linhas gerais, vai decorrer exatamente das diferentes interpretações acerca do que constitui a *ratio* em uma decisão; enquanto o debate sobre a *ratio* já elencava o que constituiria exatamente o núcleo fundamental do precedente, este segundo, por sua vez, acaba por dar voz a três interpretações distintas acerca de como o precedente deve ser entendido, quais sejam: (i) o precedente como regra imposta (*rule-stating model*); (ii) o precedente como a aplicação de princípios subjacentes à decisão (*principle-exemplifying model*); e (iii) o precedente como uma decisão a partir do balanço de razões existentes na decisão do caso individual, ou de analogia particular (*model of particular analogy*). De pronto, assim, já se pode perceber a complexidade do tema e, portanto, a simplificação excessiva operada pela doutrina brasileira. Para cada um desses modelos, haverá divergências quanto à forma por meio da qual os precedentes devem ser tomados – sempre a partir de seus casos – como vinculantes. Há quem diga que isso deve ser dado de acordo com seus fatos particulares, como em um modelo de analogia; há quem sustente que a *ratio* também, em alguma medida, explicita uma regra determinada; há quem sustente que a vinculação deve dar-se através dos princípios que estão pressupostos e podem ser extraídos a partir da fundamentação da decisão.[48]

1.2.5 A experiência do constitucionalismo inglês

Observe-se, de qualquer modo, que a experiência do "constitucionalismo inglês" difere substancialmente das experiências norte-americana e francesa. Com efeito, muito embora até hoje não haja uma Constituição formalizada (escrita), com previsão de hierarquia de leis e controle de constitucionalidade, a ideia de superioridade normativa não é de todo estranha à tradição inglesa, tendo tido uma importância ímpar para as colônias americanas. A obra de David T. Ball, *The historical origins of judicial review: the duty to resist tyranny*, faz uma detalhada análise da história inglesa, referente ao período de 1536-1803. O autor menciona que, tradicionalmente, se está acostumado a contar a história das origens do *judicial review* a partir de 1803, com a decisão do caso Marbury *vs.* Madison, o que, para ele, constitui uma lacuna no desenvolvimento da ideia de controle de constitucionalidade (a "missing explanation of the origins of the judicial review"). Desse modo, sua proposta é demonstrar como o processo histórico de nascimento do *judicial review* (que teve seu ápice na decisão de Marshall) está vinculado à limitação do poder – ao dever de resistir à tirania –, relacionando tudo isso fundamentalmente com as disputas religiosas existentes no território inglês antes mesmo de 1803. Nas palavras de Ball: "The thesis of this book is that the origins of the constitutional power of judicial review lie in the historical development and application of the duty to resist tyranny [...] The lack of scholarly attention to the possibility that the origins of judicial review may lie in the early Reformation's duty to resist tyranny may best be explained as a consequence of a pronounced trend in historical

---

[48] Cf. LAMOND, Grant. Precedent and analogy in legal reasoning. In: ZALTA, Edward N. (ed.). *The Stanford Encyclopedia of Philosophy*. Spring 2016 ed. Stanford: Metaphysics Research Lab, Stanford University, 2011. Disponível em: <https://plato.stanford.edu/archives/spr2016/entries/legal-reas--prec/>.

18 | JURISDIÇÃO CONSTITUCIONAL • *Lenio Luiz Streck*

scholarship toward defining the scope of historical inquiry so clearly that pertinent material lying outside these self-imposed limits tends to be ignored".[49]

Desse modo, é possível afirmar que a ideia de um direito fundamental, superior ao direito ordinário (de origem parlamentar), desenvolveu-se no início do século XVII. Na verdade, a vitória do constitucionalismo na Inglaterra se explica a partir da aliança orgânica feita entre os juristas e os parlamentares.[50]

Há que se recordar, aqui, as origens do problema, que remonta à virada do século XVI. Com efeito, o processo de estabilização da igreja anglicana (nacional) na Inglaterra exigiu todo um século; somente quando esse processo se tornou concluso e o rei-papa Jaime I pretendeu exercer uma autoridade totalitária é que nasce o constitucionalismo moderno.[51] Com efeito, o constitucionalismo impõe-se como um contraponto ao absolutismo, que por sua vez se instaura com os Estados centralizados (Suécia e Inglaterra figuram entre os primeiros países que passaram pelo processo de unificação nacional, e, com isso, conseguiram emancipar-se do sistema medieval). *Contra as pretensões absolutistas dos Stuarts, Sir Edward Coke invocava um direito superior à prerrogativa régia e ao direito estatutário: era o direito proveniente do* common law, *de cuja interpretação os juízes eram donos e senhores.*[52]

Figura exponencial no nascimento do constitucionalismo inglês, Sir Edward Coke (1552-1634) foi presidente do *Common Pleas* (Tribunal de Petições Comuns) desde 1603 até 1613, e presidente, até 1616, do *King's Bench*. Edward Coke era um grande teórico que se contrapunha a Jean Bodin e Thomas Hobbes, que, aliás, dedicou-lhe a obra *A dialogue between a philosopher and a student of the common laws of England* (1666, publicada em 1781). Como bem assinala Matteucci, em certos aspectos Coke pertence ao passado, uma vez que foi o grande inventor do mito da Magna Carta; em outros aspectos foi o precursor de uma solução alternativa para a construção jurídica do Estado, ao princípio da soberania que levará a uma cada vez mais estreita identificação do direito com a força, do *ius* com o *iussum*. É necessário identificar os momentos importantes de seu pensamento, a partir dos inúmeros *Reports* por ele redigidos, que não deixaram de fascinar até mesmo o seu adversário Francis Bacon. O pensamento de Coke encontrou logo uma expressão orgânica

---

[49] Cf. BALL, David T. *The historical origins of judicial review, 1536-1803: the duty to resist tyranny.* Lewiston: The Elwin Mellen Press, 1950. p. 7. A tese deste livro é que as origens do poder constitucional de revisão judicial repousa no desenvolvimento histórico e aplicação do dever de resistir a tirania. A falta da atenção acadêmica para possibilidade de que as origens da revisão judicial podem repousar no inicial dever da Reforma em resistir à tirania pode melhor ser explicado como uma consequência de uma tendência proferida em estudos históricos direcionados a definir o escopo da investigação histórica de forma tão clara que o material pertinente deitado fora destes limites autoimpostos tendem a ser ignorados (Tradução livre).

[50] Cf. MATTEUCCI, *Organización del poder y libertad*, op. cit.

[51] Cf. FRIEDRICH, Carl. *Teoría y realidad de la organización democrática.* Trad. Vicente Herrero. México: Fondo de Cultura Económico, 1946. p. 19.

[52] Cf. TREMPS, Pablo. *Tribunal constitucional y poder judicial.* Madrid: Centro de Estudios Constitucionales, 1985. p. 18 e ss.

Cap. 1 • AS MATRIZES DO CONSTITUCIONALISMO E AS FORMAS DE CONTROLE DE CONSTITUCIONALIDADE | **19**

nos quatro volumes dos *Institutes of the Laws of England* (1628, 1642, 1644, 1644), considerados uma das mais importantes obras de jurisprudência inglesa.[53]

Com Carl Friedrich, vale registrar, ainda, que, em face da supremacia parlamentária que acabou por ser dominante na Inglaterra, os historiadores têm menosprezado as posições de Edward Coke. É certo que Cromwell estava profundamente convencido da necessidade de alguma norma fundamental que limitasse o poder do parlamento. Inclusive Bacon, adversário de Coke, que defendia a posição do monarca, admitia que o direito inglês estava baseado no direito natural. Porém, depois da evolução da responsabilidade do gabinete no século XVIII, essa noção veio a ser uma fórmula vazia, como já o era na época do absolutismo dos Tudor, primeira ocasião em que a supremacia do direito veio a significar a supremacia do parlamento. O fato de que os juristas ingleses não colocassem nunca nenhum obstáculo considerável no caminho desse desenvolvimento teve consequências muito importantes para a Constituição inglesa e o direito inglês. O fato, porém, de o sistema haver funcionado bem durante um largo período não prova que seja fundamentalmente sólido. Tampouco é certo que seu êxito haja sido tão contínuo como às vezes se supõe. Sem embargo, havia na Inglaterra uma grande acumulação de direito criado pelos juízes, e foi contra esse poder dos juízes que Bentham centrou suas críticas em favor da legislação aprovada pelo parlamento.[54]

Enquanto para Bacon – então Lorde Chanceler – os juízes deviam ser leões abaixo do trono, e por isso não podiam obstaculizar nenhuma função do rei, para Coke os juízes eram leões que deviam custodiar, frente ao rei, os direitos dos cidadãos. Com efeito, para defender os direitos dos ingleses, sistematicamente, Coke negou o direito da "prerrogativa real", interpretando sempre de um modo restritivo os poderes da prerrogativa régia. Isso aparece em vários arestos que trazem a marca de Coke, que vão desde os direitos de aduana, subsídios e impostos, até as sentenças proferidas contra as decisões da Alta Comissão, consideradas arbitrárias e sem fundamento. Além disso, insurgia-se contra o costume do rei de ouvir o voto dos juízes separadamente, *extra iudicium*, limitando, ainda, o poder do Tribunal da Chancelaria, que julgava com base na *equity*.[55]

As teses e decisões de Coke não visavam apenas a uma batalha política – *tratava-se, fundamentalmente, de uma proposta constitucional, profundamente inovadora*, no momento em que a *iurisdictio* estava em plena crise e estourava o conflito entre a prerrogativa real e a *iurisdictio*. Três sentenças se tornaram famosas, que bem caracterizam o pensamento

---

[53] Cf. MATTEUCCI, Nicola. *Organización del poder y libertad*, op. cit., p. 88-89.

[54] Cf. FRIEDRICH, Carl. *Teoría y realidad*, op. cit., p. 219. Para ver como determinadas teorias brasileiras deturparam aquilo que Bentham defendeu, sustentando a ideia de "precedentes obrigatórios" partindo de sua obra, ver STRECK, Lenio Luiz; RAATZ, Igor; MORBACH, Gilberto. Desmistificando o positivismo de Jeremy Bentham: sua codificação utilitarista e a rejeição ao *stare decisis* como autorização para errar por último. *Revista Brasileira de Direito Processual*, Belo Horizonte, ano 25, n. 99, jul.-set. 2017.

[55] Cf. MATTEUCCI, Nicola. *Organización del poder y libertad*, op. cit.

inovador e corajoso de Edward Coke: as sentenças sobre os *writs of prohibition*, as *Proclamations* (ordenanças administrativas) e a sentença do processo Bonham.[56]

Segundo o pensamento medieval, somente ao rei, como vigário de Deus na Terra, podia dizer a justiça, sendo que, para facilitar-lhe o trabalho, era concedida ao rei a possibilidade de delegar essa função aos juízes. Pois bem. Na sentença sobre os *writs of prohibition*, datada de 13 de novembro de 1608, Coke teve um violento enfrentamento com o rei Jaime I. Explicando: o arcebispo de Canterbury, irritado pela invasão que os tribunais de *common law* faziam na jurisdição eclesiástica (Alta Comissão) por intermédio dos *writs of prohibition*, afirmou que o rei, enquanto juiz supremo, segundo a palavra de Deus, podia avocar dos juízes as causas que entendesse conveniente. Coke contrapôs o *common law* à esta tradição, sustentando que, pelo *common law*, o rei não podia julgar nenhuma causa, sendo que todos os casos deviam ser decididos pelos tribunais de justiça, em conformidade com a lei e os costumes da Inglaterra, existindo um Estatuto vigente desde Henrique IV, pelo qual se transferia o poder judicial do rei a diversos tribunais. O rei se ofendeu ao ouvir que estava submetido à lei, afirmando que era uma traição sustentar essa tese. Mais do que isso, disse que é o rei quem protege o direito, e não o direito que protege o rei; o rei faz os juízes e os bispos. Coke, entretanto, permaneceu irredutível e não abriu mão do poder judicial baseado no *common law*. Já no caso das *Proclamations*, que eram ordenações de caráter administrativo, de origem real, pelas quais o rei regulava determinadas questões, houve um novo conflito entre a prerrogativa real e a jurisdição do *common law*. Observe-se que algumas ordenações chegaram a estabelecer que determinadas ações eram consideradas criminosas, sendo que os autores eram julgados pela *Chambre of Stars*, à revelia dos tribunais. Coke afirmou, então, que o rei não podia violar uma lei, mediante a expedição de ordenações, isso porque as ordenações não se encontravam entre as fontes do direito inglês. Mais ainda, sustentou que somente o Parlamento pode fazer leis (*statutes*).[57]

Mas é a sentença do caso Bonham que, certamente, é a mais famosa e a mais discutida, uma vez que a ela se pode creditar a moderna instituição do controle de constitucionalidade das leis por parte do Poder Judiciário. Afirmou Coke que o *common law* regula e controla os atos do Parlamento e às vezes os julga em todo nulos e sem eficácia, uma vez que, se um ato do parlamento é contrário ao direito e à razão comum, o *common law* o controla e o declarará nulo. Ou seja, ficou estabelecido que existe um direito superior à lei do parlamento: um estatuto legal tem uma validade formal quando deriva do Parlamento, uma validade substancial quando é racional; o controle do seu conteúdo corresponde aos juízes do *common law*.[58]

---

[56] Idem.

[57] Idem.

[58] Nas palavras de Coke: "[…] and it appears in our books, that in many cases, the common law will control acts of Parliament, and sometimes adjudge them to be utterly void: for when an act of parliament is against common right and reason, or repugnant, or impossible to be performed, the common law will control it, and adjudge such act to be void […]. Herle saith, some status are made against law and right, which those who made them perceiving, would not put them in execution".

Cap. 1 · AS MATRIZES DO CONSTITUCIONALISMO E AS FORMAS DE CONTROLE DE CONSTITUCIONALIDADE | 21

Desse modo, o projeto constitucional de Edward Coke, naquela época de crise, resulta suficientemente claro: *de um lado estabelece a autonomia do Poder Judiciário frente ao Poder Executivo* (prerrogativa real); de outro, no momento em que o parlamento se convertia em um órgão legislativo, *transfere a função judicial, que era própria do Poder Legislativo como "Alto Tribunal", aos tribunais de* common law, *considerados por Coke como os leões que deveriam manter sob a império da lei tanto o rei como o Parlamento*. Coke não podia intervir no problema da relação entre o Poder Executivo e o Parlamento porque, de direito, todos reconheciam a prerrogativa real no pertinente à política exterior e à manutenção da paz no reino; porém, de fato, poucos confiavam nos Stuart, e todos queriam controlar politicamente a prerrogativa real. Era um problema político, mas também um problema constitucional. Entretanto, os tempos não estavam maduros para afrontar o rei, porque, amiúde, os contendores tinham ambos razão, com base nos precedentes. Era necessária, então, uma solução política, e esta foi a guerra civil.[59]

Em síntese, mais do que opor o *common law* ao poder régio, Coke defendia a prevalência do *common law* sobre o parlamento, ao referir que "aparece em nossos livros que em muitos casos o *common law* controla atos do parlamento e que às vezes os relega à absoluta nulidade; porque quando um ato do parlamento se opõe ao direito comum e à razão, ou repugna ou é de impossível aplicação, o *common law* controla esse ato e se impõe sobre ele, anulando-o".[60] "Nenhum homem", dizia Sir Coke, "deve ser mais sábio que o direito, que é a razão aperfeiçoada."[61]

A doutrina de Coke predominou até a Revolução Gloriosa de 1688, tendo grande influência nos Estados Unidos, por meio do *judicial review* e da supremacia do Poder Judiciário. *A partir de 1688, vinga na Inglaterra a supremacia do Parlamento*. Na atualidade, é possível dizer que, *stricto sensu*, comparando com os diversos sistemas de controle estabelecidos nos diversos países do mundo, não há controle de constitucionalidade na Inglaterra. Como já dito, no *common law* inglês toda regra legal está sujeita a mudança, seja pelos juízes, seja pelo Parlamento, mas, em *ultima ratio*, o que vai valer é a palavra do Parlamento. É assim que funciona o "controle de constitucionalidade" do direito inglês.

A Constituição inglesa descansa, pois, a partir de 1688, sobre a soberania (ilimitada) do Parlamento, a ponto de, no século XIX, Blackstone[62] afirmar acerca do poder do Parlamento inglês: "Sua autoridade soberana é sem freio; pode fazer, confirmar, estender, restringir, ab-rogar, revogar, renovar, e interpretar as leis, sobre as matérias de toda denominação, eclesiásticas ou temporais, civis, militares, marítimas ou criminais. É ao parlamento que a constituição desses reinos confiou este poder despótico e absoluto, que em todo governo deve residir em alguma parte. Todos os males, as desgraças, os remédios a

---

[59] Cf. Matteucci, Nicola. *Organización del poder y libertad*, op. cit.

[60] Consultar Tremps, op. cit.; também Jennings, W. I. *A constituição inglesa*. Brasília: UnB, 1983.

[61] Em Lobban, Michael; Pattaro, Enrico (ed.). *A Treatise of Legal Philosophy and General Jurisprudence*, v. 8. A History of the Philosophy of Law in The Common Law World, 1600-1900. Nova York: Springer, 2016, p. 35. Ver Postema, Gerald J. Classical Common Law Jurisprudence (Part II). In: *Oxford University Commonwealth Law Journal*, v. 3, n. 1, 2003, p. 01-28.

[62] Cf. Bandeira de Mello, Oswaldo Aranha. *A teoria das constituições rígidas*. São Paulo: Bushatsky, 1980. p. 52 e ss.

trazer, as determinações fora do curso ordinário das leis, tudo é atingido por este tribunal extraordinário. Pode regular ou mudar a sucessão ao trono, como fez sob os reinados de Henrique VIII e Guilherme III; pode alterar a religião nacional estabelecida, como fez em diversas circunstâncias sob o reinados de Henrique VIII e seus três filhos; pode mudar e criar de novo a constituição de um reino e do próprio parlamento, como fez pelo Ato de União da Inglaterra e Escócia, e por diversos estatutos para as eleições trienais e setenais. Em uma palavra, pode fazer tudo o que não é naturalmente impossível. Por isso, não se teve escrúpulo em chamar o seu poder, por uma figura muito audaz: 'O "todo poderoso parlamento"'... Pois, sabe-se, Lord Burleigh disse que a ruína da Inglaterra não podia jamais ser operada senão pelo parlamento; e, como observa Sir Marthieu Hales, formando este corpo a corte mais elevada, sobre a qual nenhuma outra do reino podia ter jurisdição, se, por qualquer causa, viesse a adotar maus princípios, o povo inglês estaria absolutamente sem recurso. E, assim, Montesquieu previa, e eu creio ser previsão muito arriscada, que, do mesmo modo, como perderam Roma, Esparta e Cartago a sua liberdade e pereceram, a Constituição inglesa perecerá com o tempo; e isto, quando o poder legislativo se tornar mais corrompido que o poder executivo... Podemos, pois, afirmar que, enquanto durar a Constituição inglesa, o poder do parlamento será absoluto e sem freio".

Do ponto de vista formal, a história constitucional da Inglaterra data da Revolução Gloriosa de 1688. Essa Constituição foi aprovada por um poder constituinte autêntico. Mas desde aquela época, relata Friedrich, a Constituição inglesa havia sofrido uma série de mudanças profundas sem que haja mediado uma decisão explícita de nada. Os ingleses qualificam encantados este processo de "resolver questões segundo se vão apresentando" (*muddling through*). Em realidade, isso é parte de seu astuto realismo político. Essas convenções constitucionais – pois tal é o nome que recebem na Inglaterra – desenvolvem-se à base de precedentes. Assim, por exemplo, a forma de dirigir o governo de Walpole criou uma série de precedentes que se converteram em base e reforma do governo parlamentar. As análises magistrais de autores como Bagehot e Jennings se produzem depois. A troca se produz sem que nada mais que os homens que estão no secreto compreendem o que está ocorrendo. O desenrolar constitucional inglês está em qualquer caso menos sujeito a formas, pelo motivo de que o poder de reforma corresponde à maioria parlamentar. Sem embargo, essa característica tem o complemento da convenção que exige a convocação de novas eleições no caso de a oposição decidir atribuir muita importância ao problema, pois subsiste de todos os modos o eixo de que as trocas fundamentais têm sido graduais. Tudo isso tem confirmado nossa afirmação anterior: de que muitas vezes se produzem revoluções sem que entre no jogo nenhum grupo constituinte. O poder aparentemente ilimitado do parlamento, ou da oligarquia de que era portador, foi limitado sem nenhuma ação explícita por obra da evolução dos grandes partidos. Esse artifício constitucional, que hoje se reconhece geralmente que foi de fundamental importância durante o século XIX, não se baseia em nenhuma decisão explícita. Alguns poderão considerá-la como uma limitação bastante débil. Por tal debilidade, se é que existe, a Constituição inglesa, como processo político, está mais que compensada com o forte tradicionalismo na Inglaterra.[63]

---

[63] Cf. FRIEDRICH, Carl. *Teoría y realidad*, op. cit., p. 138-139.

Cap. 1 · AS MATRIZES DO CONSTITUCIONALISMO E AS FORMAS DE CONTROLE DE CONSTITUCIONALIDADE | **23**

Pelas peculiaridades com que é engendrado o constitucionalismo inglês a partir da Gloriosa, ele *não reconhece ideia alguma como a das leis fundamentais*; os estatutos, que regulam a sucessão do trono, podem ser reformados do mesmo modo como os que regulam a venda de licores exóticos. Não se pode abarcar de um só golpe o sistema de limitações do poder do governo e, por conseguinte, do Estado. Algumas vezes, como no *Habeas Corpus Act*, se encarnam em um estatuto; outras vezes, como no caso Entick *v.* Cawington, se encontram em uma decisão judicial.[64]

Releva anotar que essa perspectiva de supremacia parlamentária tem origem, além dos debates ocorridos após as crises das primeiras décadas dos anos seiscentos, *nas teses contratualistas de Locke*. A partir da metáfora do contrato social, somente é possível sair do estado de natureza por meio de um pacto: não um pacto qualquer, senão somente aquele que tem, como finalidade, um acordo recíproco, para estabelecer uma única comunidade e formar um único corpo político, no qual estejam garantidos os direitos naturais do indivíduo. Por isso, o homem renuncia, via "contrato", à liberdade e às igualdades naturais, cedendo ao governo político o próprio poder de defender a propriedade (vida, liberdade, bens), uma vez que fica instituído um poder político destinado a governar conforme leis fixas e preestabelecidas, um juiz imparcial sobre a Terra. Uma vez estabelecida a sociedade política, mediante o consenso de todos os indivíduos, entra em vigor a regra da maioria, que tem o direito de deliberar e decidir por todo o corpo político. Existem, entretanto, dois pontos sobre a natureza deste contrato que têm uma enorme relevância constitucional. Repetidamente Locke afirma que o *Poder Legislativo, apesar de ser o poder supremo da sociedade política, está sempre limitado*, não somente pelos direitos naturais e pela finalidade para a qual tenha sido instituído (a certeza da lei), senão também está limitado por aquela "primeira e fundamental lei positiva" que o institui, isto é, pelo contrato social, que aparece assim como um autêntico e próprio poder constituinte, superior ao Poder Legislativo. Com isso, *Locke estabeleceu a base teórica para uma distinção entre normas constitucionais e normas legislativas derivadas.*[65]

1.2.6 O modelo inglês e o modelo continental de controle de constitucionalidade: diferenças ou similitudes? Uma reflexão necessária

Classicamente, são as seguintes diferenças que têm sido contrapostas aos modelos britânico e continental:

a) a condição de não escrita da Constituição britânica;

b) conforme o princípio exsurgente da doutrina do *stare decisis*, o direito britânico é um direito jurisprudencial cuja fonte principal seria o precedente judicial; já no direito constitucional continental, seria o direito codificado;

---

64   Cf. LASKI, H. J. *El estado moderno*, apud BANDEIRA DE MELLO, op. cit., p. 53.

65   Cf. LOCKE, John. *Segundo tratado sobre o governo civil*. São Paulo, Abril Cultural, 1983 (coleção Os Pensadores); tb. MATTEUCCI, Nicola. *Organización del poder y libertad*, op. cit., p. 99-101.

c) nos países continentais, a jurisdição constitucional está concentrada em um Tribunal Constitucional especializado;[66] na Grã-Bretanha, ao contrário, a jurisdição constitucional é eminentemente difusa e competente aos órgãos judiciais ordinários;

d) os Tribunais Constitucionais europeus exercem o controle das leis parlamentárias, cuja declaração de inconstitucionalidade produz efeitos *erga omnes* e *ex nunc*; na Grã-Bretanha, ao contrário, vige o princípio da supremacia do parlamento, cujas normas não poderiam ser declaradas inconstitucionais (portanto, nulas).[67]

Tais diferenças, entretanto, não são tão nítidas assim, na visão de Lafuente Balle. Com efeito, para ele, em primeiro lugar, que a Constituição britânica não esteja codificada em um único corpo legal não obsta a que uma grande parte de seu conteúdo esteja, de fato, escrito. As leis parlamentárias (*statutes*, *v.g.*, o *Crown Proceedings Act* ou o *Local Government Act*) ou os instrumentos legais (*statutory instruments*) de conteúdo constitucional estão escritos e formam parte da Constituição. Em qualquer caso, este velho tópico está a ponto de ser derrubado. Em 1998, entrou em vigor a Lei dos Direitos Humanos (*Human Rights Act* 1998), em que está codificada toda a parte dogmática da Constituição. Seu preâmbulo manifesta que a lei é promulgada para conferir eficácia aos direitos e liberdades garantidos na Convenção Europeia dos Direitos Humanos. Assim, todos os direitos que se reconhecem em qualquer Constituição continental (tutela jurisdicional, expressão etc.) aparecem igualmente regulados nessa lei de 1998. Além da enumeração dos direitos e liberdades, a Lei dos Direitos Humanos regula dois novos procedimentos. O primeiro é a declaração de incompatibilidade (*declaration of incompatibility*). Sobre a base de que os juízes e tribunais estão obrigados a interpretar a legislação nacional de maneira que se tornem compatíveis o Convênio e a jurisprudência do Tribunal Europeu de Direitos Humanos (arts. 2(1) (a) – 3 (1), a *House of Lords* pode declarar que uma lei parlamentária ou uma norma de desenvolvimento é incompatível com a Convenção Europeia e o *Human Rights Act* (arts. 4(1), 4(2), 4(3), 4(4). Desse modo, conforme o princípio do *stare decisis*, cada órgão judicial está limitado pelos precedentes de seus tribunais superiores, numa estrita ordem hierárquica, onde no vértice está a *House of Lords*, cujas decisões vinculam todas as instâncias judiciárias. Sendo assim, qualquer juiz ou tribunal britânico está vinculado a uma declaração de incompatibilidade ditada pela *House of Lords*.[68] A consequência será

---

[66] O Poder Judiciário europeu, assim como o americano (e o nosso), defende a *hierarquia normativa*, estando a Constituição no seu ponto máximo. Mas, diferentemente do que acontece nos Estados Unidos e Grã-Bretanha, o Poder Judiciário europeu continental não possuía jurisdição sobre a Constituição: *"The constitutional law is formally detached from hierarchy of laws which European judges are otherwise responsible for applying and defending"* – SWEET, Alex Stone. *Governing with judges*, op. cit., p. 33. Para tanto, a solução encontrada em muitos desses países foi a criação de uma nova instituição: o Tribunal Constitucional.

[67] Cf. BALLE, José Maria Lafuente. *La judicialización de la interpretación constitucional*. Madrid: Colex, 2000. p. 155 e ss.

[68] Não se pode esquecer que somente no ano de 2005, por meio do Ato de Reforma Constitucional, foi criada a Suprema Corte do Reino Unido, pois havia certa desconfiança em relação à existência de

que uma lei declarada incompatível, ainda não sendo nula, deixará de ser aplicada pelos tribunais. Do ponto de vista prático, dá no mesmo que uma lei seja nula ou que, sendo válida, não seja aplicada.[69]

O outro procedimento regulado pelo *Human Rights Act* é o *judicial remedy*. Conforme a sua regulamentação, qualquer pessoa que acredite possuir um interesse suficiente ou ser vítima de um ato contrário aos direitos da Convenção e da Lei pode intentar um procedimento judicial frente ao poder público – incluída a judicatura – que o tenha ditado. O Tribunal aplicará o remédio que considere apropriado para resolver a controvérsia – *In relation to any act (or proposed act) of a public authority which the courts finds is (or would be) unlawful, it may Grant such relief or remedy, or make such order, whithin its powers as it considers just and appropriate*. Parecem, pois, inegáveis as similitudes entre a *declaration of incompatibility* e os procedimentos continentais para o controle da constitucionalidade das leis. Do mesmo modo, parece indiscutível que o procedimento do *judicial remedy* apresenta importantes coincidências com os recursos de amparo alemão e espanhol.[70]

Já com relação à suposta diferença entre o caráter jurisprudencial do direito constitucional britânico e o caráter codificado das Constituições continentais, Balle refere que o princípio do precedente está tão arraigado nos tribunais constitucionais continentais como no *stare decisis* na Corte Suprema britânica. Também os tribunais constitucionais continentais adequam suas atividades aos seus próprios precedentes. Por derradeiro, com relação ao controle de constitucionalidade das leis nos dois modelos e a polêmica acerca do princípio da supremacia do parlamento no direito britânico, o autor coloca em dúvida a tese dominante na doutrina constitucional. Nesse sentido, lembra a lição de A. W. Bradley (*The sovereignity of parliament in perpetuity?*), para quem o *European Communities Act* quebrou o princípio da supremacia do parlamento, defendendo, por isso, a necessidade de uma nova Carta de Direitos que reconhecesse aquele fato. Os tribunais dizem aplicar o princípio da supremacia do parlamento e afirmam sua incompetência para revisar as leis parlamentarias. Não obstante a isso, reclamam sua faculdade interpretativa para decidir os direitos e os deveres que a legislação impõe. Os arts. 2(1), 2(4) e 3 do *European Communities Act 1972* estabelecem a direta aplicabilidade das normas comunitárias e o caráter

---

um órgão judiciário dentro do Parlamento. Instalada apenas em 2009, ela é composta por 12 *Justices* e é responsável por decidir as apelações advindas da Inglaterra, País de Gales, Irlanda do Norte e Escócia, resolvendo questões de grande interesse público, excluindo matéria criminal. Além disso, exerce a importante função de verificar a compatibilidade de sua legislação com a da União Europeia e da Convenção Europeia de Direitos Humanos. Como há pouca movimentação na atividade desta Suprema Corte, ela é composta por somente 42 funcionários. Junto à Suprema Corte, há um órgão responsável por julgar os recursos dos Tribunais Ultramarinos e países da Confederação, que é formado por dez *Justices* da Suprema Corte. Ver: SUPREME *court opens – erasing constitutional wrinkle after 600 years. The Guardian*, 2009. Disponível em: [https://www.theguardian.com/uk/2009/oct/05/supreme-court-opens]. Acesso em: 25 de jun. 2019. CONSTITUCIONAL *Reform Act 2005*. Disponível em: [https://www.theguardian.com/uk/2009/oct/05/supreme-court-opens]. Acesso em: 25 de jun. 2019.

[69] BALLE, José Maria Lafuente. *La judicialización de la interpretación constitucional*, op. cit., p. 155.

[70] Idem.

vinculante das decisões da Corte Europeia de Justiça. Nesse contexto, Balle considera que *os desenvolvimentos dos sistemas constitucionais continental e britânico estão convergindo.* É verdade que os tribunais constitucionais continentais estão autorizados a declarar nula aquela lei que contradiga a Constituição nacional. Entretanto, é uma faculdade em desuso, uma vez que os Tribunais Constitucionais buscam socorro no princípio da conservação das leis, ou no princípio da interpretação das leis em conformidade com a Constituição para evitar a sua anulação. Ou seja, os Tribunais, fazendo uso de processos interpretativos, ditam sentenças criativas e, em lugar de anular as leis inconstitucionais, interpretam-nas até criar uma nova norma e incorporá-la ao ordenamento jurídico nacional. Pois bem, arremeta Balle: é exatamente isso que faz a *House of Lords.* Acata o princípio da suprema-cia parlamentária e reconhece que não pode anular a legislação do Parlamento. Assim, a *House of Lords* interpreta as normas do mesmo modo que os Tribunais continentais. Como qualquer tribunal, dita sentenças corretivas, aditivas, manipulativas, redutivas ou diretivas. Não anula leis parlamentárias, porém dita os mesmos tipos de sentenças criativas que os Tribunais Constitucionais continentais. A técnica para isso é a mesma: a interpretação.[71]

A tese de Balle não deve ser descartada. A partir de uma perspectiva hermenêutica, parece evidente que a ideia dominante da supremacia do parlamento no modelo inglês merece ser questionada. É cediço que os Tribunais continentais trabalham com a ideia de precedentes jurisprudenciais, que se aproximam em muito da doutrina do *stare decisis,* em face da vinculação, não formal, mas pragmática, aos seus próprios julgamentos (pre-cedentes). Além disso, quando os tribunais ingleses, em especial a Câmara dos Lordes, anula decisões que contrariam textos constitucionais (afinal, não há dúvida que os ingleses possuem uma Constituição), embora não retirem a eficácia formal do texto, na prática, a partir da vinculação pela doutrina do *stare decisis,* ocorre uma nova norma que é obe-decida pelo restante do sistema. Por outro lado, cada aplicação baseada em interpretação

---

[71]   Idem. O autor traz à colação um vasto leque de decisões proferidas pela *House of Lords,* que de-monstram sua tese: Ridge *v.* Baldwyn – Ridge era chefe de polícia em Brighton. Foi acusado de conspiração para obstruir a atuação da justiça. O Comitê de Vigilância o suspendeu do cargo e o despediu alegando as faculdades que lhe conferia o art. 191 (4) do *Municipal Corporation Act 1882.* A decisão foi confirmada pelo Ministro do Interior. A *House of Lords* revogou a sentença da *Court of Appeal,* declarando que a despedida de Ridge era *ultra vires,* ilegal e nula. A *Court of Appeal* ha-via fundamentado sua decisão na Lei Policial de 1927, que estabelecia que as decisões do Ministro do Interior eram irrecorríveis. A *House of Lords* deixou assentado que a Lei de 1882 contrariava o princípio constitucional *audita alteram partem,* pelo qual um policial não pode ser legalmente despedido sem que previamente seja notificado das alegações que pesam contra ele e lhe examinem sua defesa. No caso R. *v.* Home Secretary *Ex Parte* Khawaja, onde dois imigrantes recorreram de uma decisão da *Court of Appeal,* ambos haviam obtido licença para entrar no Reino Unido, sendo que, mais tarde, a autoridade de imigração declarou-os imigrantes ilegais, ordenando sua expul-são. A Câmara dos Lordes anulou a decisão da *Court of Appeal.* O relator, Lord Scarman, trouxe à colação dois precedentes, dos quais se afastou parcialmente. Refira-se que o art. 33 (1) da Lei de Imigração de 1971 facultava ao Secretário de Estado ou à autoridade imigratória deter e expulsar um imigrante ilegal. Lord Scarman sustentou a sujeição das decisões administrativas ao controle judicial, porque afetam o direito à liberdade dos sujeitos afetados. E como a Lei de Imigração não previa esse controle, invocou uma lei constitucional: o *Habeas Corpus Act de 1816.* Vale referir também o caso Anisminic *v.* Foreign Compensation Commision [1962] 2 A. C. 147.

Cap. 1 · AS MATRIZES DO CONSTITUCIONALISMO E AS FORMAS DE CONTROLE DE CONSTITUCIONALIDADE | 27

conforme a Constituição não deixa de ser uma decisão absolutamente similar ao que ocorre no sistema continental. Agregue-se a isso o novo paradigma representado pela adesão da Inglaterra aos tratados e convenções da União Europeia, como bem frisado pelo autor espanhol. Nesse ponto, é possível encaminhar a discussão rumo a uma nova perspectiva, longe da tradicional dicotomia "ausência de controle constitucional, representada pela tese da supremacia parlamentária", *versus* "controle *stricto sensu* realizado pelos tribunais constitucionais de índole continental".

1.3 O MODELO (JUDICIAL) NORTE-AMERICANO

1.3.1 O triunfo do *common law* em solo norte-americano

A título introdutório, é necessário apontar, com Jorge Miranda, a importância da experiência americana: foi o primeiro grande Estado de tipo europeu formado fora da Europa; primeira revolução vitoriosa que se revela também anticolonial, mas que encerra contradições de caráter racial (algumas ainda hoje por resolver); primeira e mais duradoura Constituição escrita em sentido moderno; Constituição de base legal moderada pela jurisprudência, em conexão com o controle de constitucionalidade; primeiro Estado federal (forma de Estado mais evoluída que a união real); primeiro Estado a decretar a separação das confissões religiosas; primeira república alicerçada no princípio democrático; primeiro sistema de governo presidencial por aplicação direta da doutrina da separação de poderes. Assim, a noção de Constituição e do seu valor superior a todos os demais atos da Federação e dos Estados federados e, em especial, a autoridade reconhecida aos tribunais na sua interpretação e na sua concretização são notas tão profundas do sistema e tão específicas que, com o mesmo sentido ou com a mesma intensidade, não poderiam passar para qualquer outra parte. Transplantáveis, embora ainda com refrações, viriam a ser a fiscalização judicial da constitucionalidade (o caso do Brasil e da maioria dos países latino-americanos é bem característico, assim como a adoção do sistema de controle difuso por alguns países europeus), o federalismo e o presidencialismo. Dessa forma, pode-se falar em sistemas de matriz norte-americana com relação aos países que recepcionaram, pelo menos, estes três elementos.[72]

Em linhas gerais, o direito norte-americano pode ser dividido em *três períodos* ou fases: de 1800 até a Guerra Civil; desta até a I Grande Guerra; e daí até os nossos dias. Assim, quando irrompeu a revolução das colônias, o direito inglês era o único que os americanos conheciam. Daí surgiu a primeira questão: deveria o direito inglês continuar a ser aplicado? A Constituição americana procurou resolver o problema, ao atribuir ao Congresso e ao sistema judiciário federal a responsabilidade de determinar a maioria das questões da lei substantiva. Uma parte seria reservada aos tribunais (e legislativos) estaduais, mas somente no que se referia a questões locais. Mas o tipo de direito a ser aplicado deveria ser resolvido pela Suprema Corte. De qualquer sorte, a nação, devido ao trauma revolucionário e ao ódio contra os ingleses, *não aceitava a ideia da absorção do direito consuetudinário inglês*. Entre os anos de 1776 e 1820, formou-se uma jurisprudência

---

[72] Cf. MIRANDA, Jorge. *Manual de direito constitucional*. Coimbra: Coimbra Editora, 1996. t. I. p. 142.

tipicamente americana, surgindo, também, a corrente de pensamento que não atribuía grande valor ao precedente, aconselhando, inclusive, com entusiasmo, aos juízes, a criação de leis, quanto mais melhor.[73]

Esse mesmo período registra ainda dois acontecimentos relevantes. O primeiro diz respeito a não formação de um sistema legal americano, devido principalmente à extraordinária transformação dos Estados Unidos com o florescimento da Revolução Industrial. O segundo acontecimento diz respeito a não uniformização das leis, em virtude do dogma que vedava ao Governo Federal e aos tribunais federais o poder de garantir a aplicação das leis em todo o território americano, uma vez que tanto os poderes da União como os dos Estados eram rigidamente limitados.[74]

Embora rejeitada a ideia de federalização global da lei substantiva, o Supremo Tribunal, com suas soberanas decisões, tentou sempre criar um direito uniforme para todo o território, principalmente por meio do método de dar uma interpretação extensiva e ampla aos poderes conferidos pela Constituição ao governo federal e aos tribunais federais.[75]

A *segunda fase* do direito norte-americano pode ser denominada de "era do estilo formal". Sob a inspiração de que um governo não pode ser de homens, mas sim de leis,[76] os juristas americanos começaram a formular teorias sobre amplas áreas do direito consuetudinário, com o objetivo de reduzir todo o acervo a uma unidade controlada, como, por exemplo, em matéria de contratos, uma teoria geral dos contratos. Ao mesmo tempo, os juristas, tendo à frente o pai da metodologia no direito americano, Langdell, procuravam

---

[73] Cf. GILMORE, Grant. *As eras do direito americano.* Rio de Janeiro: Forense Universitária, 1978. p. 31-46; consultar também FARNSWORTH, E. Allan. *Introdução ao sistema jurídico dos Estados Unidos.* Trad. Antonio Carlos Diniz de Andrada. Rio de Janeiro: Forense, 1963; BERMAN, Harold J. *Aspectos do direito americano.* Trad. Janine Yvone Ramos Peres e Arlete Pastos Centurion. Rio de Janeiro: Forense, 1963; SCHWARTZ, Bernard. *Direito constitucional americano.* Trad. Carlos Nayfeld. Rio de Janeiro: Forense, 1966; DAVID e JAUFFRET-SPINOSI, op. cit.; SESMA, Iturralde Victoria. *El precedente en el common law.* Madrid: Civitas, 1995; e LOBO, Jorge. O sistema jurídico americano: a crescente importância da legislação e o especial significado da decisão judicial. *Revista dos Tribunais,* São Paulo: RT, n. 654, 1991.

[74] Idem.

[75] Idem.

[76] Importa destacar que essa concepção de "governo da lei" foi importantíssima para a afirmação (e legitimidade) do *judicial review*. Na verdade, a intervenção das Cortes na revisão dos frutos do processo legislativo é resultado da compreensão da existência de um "governo das leis" (*rule of law*), à distinção de "governo dos homens", como *império* da soberania popular (*rule of people*). Ou seja, não bastaria a legalidade para que se substituísse o "governo dos homens" pelo das leis, mas seria necessária uma correspondência entre a legislação e a afirmação dos direitos civis e políticos. Com isso, houve uma "desvalorização da legislação parlamentar como fonte do direito", fortalecendo o papel das Cortes de tal forma que a tradição norte-americana ficou *marcada* pelo "risco de uma passagem da supremacia das Constituições à supremacia das Cortes Constitucionais", devido à existência de um controle de constitucionalidade fortalecido. Sobre o tema, ver: CASALINI, Brunella. Soberania popular, governo da lei e governo dos juízes nos Estados Unidos da América. In: COSTA, Pietro; ZOLO, Danilo (org.). *O estado de direito: história, teoria e crítica.* Trad. Carlo Alberto Dastoli. São Paulo: Martins Fontes, 2006. p. 264-307.

Cap. 1 · AS MATRIZES DO CONSTITUCIONALISMO E AS FORMAS DE CONTROLE DE CONSTITUCIONALIDADE | **29**

encontrar uma saída para o elevado número de casos e precedentes, já então decididos e formulados pelos tribunais federais e estaduais. Christopher Colombus Langdell revolucionou os estudos do direito nos Estados Unidos, a partir de 1870, introduzindo o método dos casos práticos com que os estudantes liam e debatiam processos já julgados pelos tribunais de apelação. Implantou também o método socrático de ensino, mediante perguntas e respostas. De certa maneira, Langdell também criou a figura do catedrático de direito. Antes dele, os professores de direito tinham sido juízes e advogados. O ensino para esses era uma atividade secundária. Langdell terminou com essa prática, contratando James Ames, recém-saído da faculdade de direito. Ames não tinha qualquer experiência profissional como advogado. Langdell incentivou-o a ser professor. Considerava irrelevante a tese de que, para ser professor, tinha de ser, primeiro, advogado ou juiz. Os métodos de Langdell eram revolucionários, recebendo forte oposição, inclusive em Harvard. *Pouco a pouco, porém, o método foi triunfando.* Na segunda década do século XX, o método de Harvard de estudo da jurisprudência era quase universal. *Ainda hoje o método criado por Landgell segue sendo o mais utilizado.*[77] Nessa segunda fase, surge o juiz Holmes,[78] que deu ao direito americano seu verdadeiro conteúdo, a partir do movimento que ficou conhecido como realismo jurídico. Para ele, o primeiro requisito de uma lei correta é o de corresponder aos sentimentos reais e às exigências da comunidade, quer estejam certas ou erradas.[79]

Os tribunais, a seu turno, continuavam a criar jurisprudência, cada vez mais torrencial, quando então, numa tentativa de minimizar o problema da imensidão de casos julgados, surgiu o *National Report System*, o qual, terminados quinze anos, reunia tão grande número de casos que tornava impossível a pesquisa.[80]

Em face dessa problemática, ressurge o interesse pela codificação, cujo projeto, porém, foi abandonado. Engendram-se, assim, as condições para a *terceira fase*, denominada de "era do grande estilo". Com efeito, o fracasso do movimento pela codificação pode ser debitado ao fato de que os princípios gerais do direito são sempre os mesmos, e os acidentais mudam em função de fatores de ordem econômica, social, política etc. Portanto, não havia benefício em codificar as decisões judiciais, chamadas precedentes, uma vez que, constatando os tribunais a necessidade da reformulação da lei, ela seria feita pelo próprio Poder Judiciário. Dessa tendência foi exemplo maior, nessa época, o juiz Cardozo, sucessor de Holmes, para o qual "o passado domina o presente e somente em

---

[77] Cf. FRIEDMAN, Lawrence M. *A history of American law*. 2. ed. New York: Simon & Simon, 1985. p. 288-289.

[78] Oliver Wendell Holmes (1841-1935), graduado pela Universidade de Harvard, exerceu a advocacia em Boston, lecionou algum tempo como professor em Harvard e serviu, depois, durante vinte anos, como juiz e, mais tarde, como presidente da Suprema Corte de Justiça de Massachusetts. Em 1902, foi nomeado juiz da Suprema Corte dos Estados Unidos, onde, pela qualidade de seus votos discordantes, recebeu o título "O Grande Dissidente". Renunciou, por motivos de saúde, em 1932 – HOLMES, O. W. *O direito comum: as origens do direito anglo-americano*. Trad. J. L. Melo. Rio de Janeiro: O Cruzeiro, 1967.

[79] Idem.

[80] BALLE, José Maria Lafuente. *La judicialización de la interpretación constitucional*, op. cit., p. 155.

30 | JURISDIÇÃO CONSTITUCIONAL • Lenio Luiz Streck

raros casos o processo judicial possibilita um ato criativo por parte do juiz".[81] Essa fase do direito americano é marcada pelo rompimento com a doutrina de Langdell e pela adoção da doutrina de Llewellyn, de se estudar todos os casos análogos.[82]

Como diz Gilmore, o campo escolhido por Llewellyn já estava codificado. Por esse motivo, seus artigos consistiam basicamente em ataques à Lei de Vendas Uniforme, com propostas para que fosse substituída por um estatuto que refletisse (ao contrário do que ocorria com a Lei de Vendas) as práticas reais dos comerciantes do século XX. Raramente um reformador tem a oportunidade de executar as reformas que defende. Mas Llewellyn foi o principal elaborador do que foi inicialmente conhecido como a Lei de Vendas Uniforme Revisada e que mais tarde se tornou o Código Comercial Uniforme (que atualmente está em vigor em todas as jurisdições dos EUA, à exceção da Louisiana). O resultado dos esforços de Llewellyn e muitos outros, ao longo de quase vinte anos, é o melhor exemplo das confusões e contradições do direito americano durante o prolongado período da elaboração do Código.[83]

Muito embora essas sístoles e diástoles que marcaram a história norte-americana, o sistema do *common law* triunfou. A língua inglesa e o povoamento originariamente inglês dos Estados Unidos, além de obras de juristas magistrais, entre os quais Kent, Blackstone e Story, contribuíram de forma decisiva para que os Estados Unidos da América adotassem essa modalidade de sistema jurídico. Não mais se discute, pois, o triunfo do *common law*. Num grande número de Estados, as leis estabeleceram que o *common law*, tal como se apresentava nessa ou naquela data, era o direito em vigor no Estado. Em outros Estados, não se julgou útil fazer uma proclamação desse teor. Contudo, o conflito que, como se viu, atravessou décadas e décadas não foi estéril, uma vez que deu ao *common law* americano características próprias e particulares em confronto com o *common law* inglês. O direito

---

[81] Benjamin Cardozo assumiu a vaga de Holmes, em 1932. Em seis anos apenas, pois morreu em 1938, deixou inscrito seu nome entre os maiores juízes da Suprema Corte Americana. Suas memoráveis decisões e votos vencidos demonstram algumas de suas ideias expostas em livros: o juiz é o agente ativo, e não mero declarador mecânico do direito; a Constituição americana tinha o mesmo poder de adaptação, flexibilidade e maleabilidade da *common law*; o princípio da separação dos poderes devia ser aplicado com elasticidade, e não com rigor pedante; as leis estaduais não deviam criar barreiras entre os Estados, "neutralizando as consequências do livre comércio entre eles", mas deviam ser julgadas válidas sempre que não contivessem ameaça à solidariedade nacional e não fossem inconstitucionais. Outra tese de Cardozo se refere ao fato de que a inconstitucionalidade da lei só devia ser declarada em face de necessidade manifesta, explorando-se e liquidando-se toda dúvida razoável antes de chegar a essa grave conclusão. Consultar, sobre o *Justice* Cardozo, RODRIGUES, Lêda Boechat. Notícia bibliográfica. *A natureza do processo e a evolução do direito*. 2. ed. Rio de Janeiro: Editora Nacional de Direito, 1956. p. I-XXXIII; ibidem, *A Corte Suprema e o direito constitucional americano*. Rio de Janeiro: Civilização Brasileira, 1992.

[82] Ver OST, François; VAN DE KERCHOVE, Michel. *Jalons pour une théorie critique du droit*. Bruxelles: Facultés Universitaires Saint-Louis, 1987. p. 194-196. Também sobre o assunto consultar LLEWELLYN, K. N. *My philosophy of law*. Boston: Hein, 1941. p. 22 e ss.; e A realistic jurisprudence, the next step. In: CHRISTIE, G. *Jurisprudence. Texts and readings on the philosophy of law*. Saint-Paul: Thomson West, 1973. p. 729-735.

[83] Cf. GILMORE, op. cit., p. 98.

Cap. 1 · AS MATRIZES DO CONSTITUCIONALISMO E AS FORMAS DE CONTROLE DE CONSTITUCIONALIDADE | 31

americano evoluiu sob a influência de fatores próprios, e é profundamente diferente do tipo inglês. Os próprios conceitos tornaram-se diferentes, e os dois direitos já não se identificam pela sua estrutura. Não se deve, contudo, exagerar nas diferenças. Apesar delas, existe um fundo comum aos dois direitos que é muito importante: o bastante para que os americanos se considerem membros da família do *common law.*[84]

1.3.2 A estrutura do direito dos Estados Unidos da América

O direito, tanto para o jurista inglês como para o americano, desenvolve-se sob a forma jurisprudencial. Os juristas desses países têm as regras de direito produzidas pelo legislador (*statutes*) como algo "anormal" no sistema. De qualquer maneira, tais regras (*statutes*) são sempre mais bem assimiladas *depois de devidamente interpretadas pelos tribunais*, mormente se se tratar do direito norte-americano. Quando não existe precedente, diz-se que *there is no law on the point*, mesmo que exista uma lei que preveja a situação sob análise.[85]

Os tribunais, conforme Friedman,[86] em muitos aspectos, são a parte mais familiar do sistema jurídico vigente nos Estados Unidos. Quando se pensa em "direito", vem à mente a imagem dos "tribunais". No capítulo que trata do *Federal Judicial Power*, Laurence Tribe afirma que as características do Poder Judiciário nos Estados Unidos envolvem três questões: *a*) o papel das Cortes federais de interpretar e cumprir a Constituição como lei (considerado seu mais importante/marcante poder); *b*) a restrição da atuação da Corte ao que dispõe o *Article III*, isto é, a exigência de que as Cortes federais exerçam seu poder somente diante de "casos" ou "controvérsias"; e, por fim, *c*) o fato de que o Poder Judiciário federal deve descrever as restrições que são impostas em face da existência de Estados (questão que envolve o federalismo e a organização judiciária). Para o autor norte-americano, "um número de características constitucionais do 'Poder Judicial dos Estados Unidos' envolve três questões distintas, que, por sua vez, irão ocupar este capítulo. Primeiro, deve-se abordar o aspecto mais notável do poder dos tribunais federais, o seu poder de interpretar e fazer cumprir a Constituição como lei. Segundo, como parte do Poder Judiciário federal, deve descrever a limitação principal que o art. III impõe ao Judiciário federal: a exigência de que os tribunais federais exerçam o seu poder apenas para resolver 'casos' ou 'controvérsias'. A Suprema Corte tem desenvolvido um corpo de doutrina elaborado sobre possibilidade de ser julgado em um esforço para dar sentido à exigência de caso ou controvérsia. A doutrina incorpora dois elementos constitucionais e inconstitucionais; uma tarefa principal da análise constitucional é fornecer alguma explicação para esse corpo exclusivamente amalgamado de direito. Finalmente, uma parte do Poder Judiciário federal deve descrever as restrições que a existência dos Estados, concebidos como espaços institucionais distintos, exerce sobre a competência dos tribunais federais. Um número desses constrangimentos

---

[84] Cf. DAVID; JAUFFRET-SPINOZI, op. cit., p. 425 e 453.

[85] Ver, para tanto, DAVID; JAUFFRET-SPINOSI, op. cit., p. 458; também FARNSWORTH, op. cit., e DAVID, op. cit., p. 367.

[86] Cf. FRIEDMAN, op. cit., p. 67.

federalistas, associados com a Emenda XI e considerações relacionadas com a soberania do Estado, é de longa data; outros, limitando a disponibilidade de remédios equitativos federais, são de origem relativamente recente".[87]

É principalmente em relação a esta última característica apontada por Tribe que se pode afirmar que a organização judiciária americana é complexa: em parte por causa do sistema federal. Isso significa que *cada Estado tem sua própria organização e não há dois exatamente iguais, o que, sem dúvida, torna a questão mais complicada, pela dupla organização dos tribunais do país*. Existe uma rede de tribunais nacionais (federais) no topo da hierarquia, além dos tribunais dos Estados-membros. Em cada Estado, desde o Alabama até o Wyoming, há pelo menos um tribunal federal. A pessoa que vive na Filadélfia se acha sob duas jurisdições bem distintas: a do tribunal local e a do tribunal federal.

Existe, pois, uma *hierarquia de jurisdições*: as jurisdições federais e as estaduais. Ocorre que a divisão da competência entre essas jurisdições não se baseia nos mesmos fundamentos que determinam a competência legislativa do Congresso e dos Legislativos estaduais. Assim, as Cortes Federais situadas nos Estados podem julgar litígios referentes a matérias sobre as quais o Congresso não pode legislar, bastando, para isso, que as partes sejam naturais de Estados diferentes e que o contencioso seja relevante. Coloca-se aí um problema: as jurisdições federais podem ter sua própria jurisprudência, mesmo quando a causa se refere a uma matéria que escapa à competência legislativa das autoridades federais?[88] Responde

---

[87] Cf. Tribe, Laurence H. *American constitutional law*, op. cit., 3. ed., v. 1. Na versão original: "An account of the constitutional characteristics of the 'judicial Power of the United States' involves three distinct inquires, which this chapter [Capítulo 3 – acrescentei] will take up in turn. First, such an account must address the most remarkable aspect of the power of federal courts, their power to interpret and enforce the Constitution as law. Second, as account of federal judicial power must describe the chief limitation which Article III itself imposes upon the federal judiciary: the requirement that federal courts exercise their power only to resolve 'cases' or 'controversies'. The Supreme Court has developed an elaborated body of justiciability doctrine in an effort to give meaning to the case-or-controversy requirement. The doctrine incorporates both constitutional and nonconstitutional elements; a chief task of constitutional analysis is to provide some explanation for this uniquely amalgamated body of law. Finally, an account of federal judicial power must describe the constraints which the existence of the states as distinct institutions places upon the power of federal courts. A number of these federalism constraints, associated with the Eleventh Amendment and related considerations of state sovereignty, are longstanding; others, limiting the availability of federal equitable remedies, are of relatively recent origin" (p. 207).

[88] Isso porque praticamente em 99% dos casos em que o cidadão estiver diante de *diversity cases*, conhecidos como aqueles em que os litigantes são de diferentes Estados, e onde o valor controvertido é superior a U$ 75.000,00, de regra quem julgará o litigio será uma Corte Federal, pois a parte que vem do outro Estado certamente buscará a transferência do caso da Corte Estadual para uma Corte Federal, pois sempre existiu um certo receio de falta de imparcialidade do juiz estadual em favor da parte litigante de seu Estado. Assim, o julgamento por um juiz federal é compreendido como mais imparcial, nos casos que envolvem cidadãos de diferentes Estados. Mas o juiz federal, por sua vez, julgará de acordo com os precedentes estaduais, como se juiz estadual fosse. Nesse sentido o caso Erie *v.* Tompkins, citado adiante, definindo que, sempre que um juiz federal tiver de julgar matéria que envolve direito material estadual, ele o fará como se juiz estadual fosse, seguindo a jurisprudência do Estado. O caso definiu também que as regras procedimentais serão as federais, ou seja,

Cap. 1 • AS MATRIZES DO CONSTITUCIONALISMO E AS FORMAS DE CONTROLE DE CONSTITUCIONALIDADE | **33**

David[89] que "uma lei federal, promulgada em 1789, deveria, aparentemente, dissipar toda dúvida quanto à solução a ser adotada. De fato, essa lei prescreve às jurisdições federais, para as matérias não abrangidas por uma lei federal, a aplicação das leis (*the laws*) de um Estado determinado, aquele que for designado pelas normas de conflitos de leis em vigor no lugar em que a jurisdição federal em questão é estabelecida. Essa disposição parece determinar que, exceto quando existir lei federal, se deve aplicar o direito de um Estado. Mas surge uma dúvida acerca da interpretação a dar a esta expressão: *the laws*".

Decisão momentosa para as relações entre a União e os Estados foi proferida em 1938, no caso Erie Railroad *v.* Tompkins. Reformou-se, então, jurisprudência pacífica de quase um século,[90] segundo a qual não era obrigatória a aplicação do direito estadual, pelos tribunais federais, nas hipóteses de diversidade de cidadania dos litigantes, mas simples questão de cortesia. Sustentou a Corte no caso Erie Railroad *v.* Tompkins:[91] salvo quando se tratar de matéria regulada pela Constituição ou por leis do Congresso, o direito aplicável é estadual, seja decorrente de lei ou de decisão judicial, uma vez que "não existe um *common law* federal e geral". O juiz Brandeis, como relator do acórdão, afirmou ser a jurisprudência anterior errônea e inconstitucional, por invadir os poderes reservados aos Estados. Adotava-se, assim, a opinião sustentada dez anos antes por Holmes, em voto vencido: "A *common law* executada num Estado, quer a denominemos *common law* ou não, não é a *common law* em geral, mas o direito daquele Estado, cuja existência deriva da

---

de sua Corte. O precedente Erie definiu que as Cortes federais aplicarão direito material estadual e direito procedimental federal ao julgarem os *diversity cases*, tanto que existe o *Federal Rules of Civil Procedure*, que é utilizado por todas as Cortes federais, e os Estados, na atualidade, quase em sua totalidade, adequaram suas regras procedimentais a este "Código".

[89] Cf. David, op. cit., p. 371-372.

[90] Sobre a aplicação da jurisprudência desse caso, consultar Corwin, Edward S. *The Constitution of the United States: analysis and interpretation*. Washington D.C.: U.S. Printing Office, 1953. p. 603-608. Trata-se da revogação do caso Swift *v.* Tison, 16 Peter 1 (1842). A questão suscitada era a de saber se o portador de uma letra de câmbio devia beneficiar-se do princípio de inoponibilidade das exceções. Seria assim se ele tivesse adquirido tal letra de câmbio a título oneroso, fornecendo uma *consideration*. Mas trata-se desse caso? Era duvidoso, segundo o direito do Estado de Nova Iorque. O juiz Story considerou que não devia se referir a este direito, uma vez que a questão não estava regulada por uma lei do Estado de Nova Iorque, e decidiu que existia uma *consideration* segundo a *general common law*.

[91] Um certo Tompkins seguia, à noite, no Estado da Pensilvânia, por um caminho de terra ao longo de uma ferrovia, quando passou um comboio de mercadorias. Tompkins foi derrubado e ferido pela portinhola aberta de um dos vagões. O trem era de Erie Railroad Corporation, registrada no Estado de Nova Iorque. Tompkins ingressou com ação de perdas e danos no Tribunal deste Estado. A competência dos tribunais federais não era duvidosa. Também não era discutido que estes tribunais devessem julgar segundo *the laws of Pennsylvania*, conforme a seção 34 do Ato Judiciário de 1789. A tese da ré era no sentido de que, segundo a jurisprudência do Supremo Tribunal da Pensilvânia, Tompkins não tinha direito à indenização, por ser um *trespasser*. A tese do autor era de que, quando o *Judiciary Act* obriga o juiz federal a aplicar *the laws of Pennsylvania*, esta expressão deve ser entendida como *statutes*. Como não havia lei nesse sentido, o juiz deveria aplicar a *common law*. Por *common law* deveria se entender a general *common law* dos Estados Unidos, e não a jurisprudência (*common law*) do Estado da Pensilvânia. Vencedor em primeiro grau, Tompkins foi derrotado na Suprema Corte, que anulou a decisão, mandando que fosse aplicada a *common law* da Pensilvânia – cf. David; Jauffret-Spinosi, op. cit., p. 468.

autoridade do mesmo, sem considerar o que possa ser na Inglaterra ou em qualquer outro lugar. A autoridade e única autoridade é o Estado, e, se assim é, o entendimento adotado pelo Estado deveria ser a última palavra a respeito".[92]

Viu-se, destarte, que não existe um *common law* federal. Essa fórmula, afirmada no *case* Erie Co. *v.* Tompkins, tornado *precedent*,[93] não tem, porém, um alcance absoluto, alerta David, uma vez que pode acontecer que exista um *common law* em certas matérias que são da competência legislativa das autoridades federais. Existe, por exemplo, uma lei federal sobre marcas e patentes. Considera-se que, nessas matérias, o direito federal ocupou inteiramente o campo, fazendo desaparecer a autonomia dos Estados. A questão é mais delicada quando se trata de matéria para a qual, se bem que tenha direito de legislar, o poder federal não estabeleceu regras. Foi de forma excepcional que se admitiu, nesse caso, que os juízes possam decidir em nome de um *common law* federal. Essa admissão ocorreu em certos domínios, notadamente no que diz respeito ao direito marítimo (*admiralty law*), sem dúvida em virtude do particularismo desse direito, que não foi formado nem aplicado pelos tribunais de *common law*.[94]

1.3.2.1 A organização judiciária norte-americana[95]

a) A organização judiciária dos Estados-Membros. A primeira instituição da justiça estadual é a Justiça de Paz, originária da Inglaterra. Tem competência para realizar casamentos, atividades notariais e decidir questões civis e penais de menor potência. Os *Justices of the Peace* são eleitos, com mandatos que variam em regra de 2 a 6 anos. Além da Justiça de Paz, existem as denominadas *Municipal Courts*, que são cortes estaduais (*Traffic Court, City Court, Night Court, Police Court*). Há também as *County Courts*, que têm jurisdições civis e penais em áreas geograficamente maiores. Acima delas se situam as *Appellate Courts*. Nos Estados, existem, como instância final, as *Final Courts of Appeals*, denominadas, na prática, de *Supreme Courts*.

b) Organização judiciária federal. No âmbito federal,[96] existem três instâncias, sendo a primeira constituída pelas *U.S. District Courts*, a segunda pelas *Circuit Courts of Appeal*,

---

[92] Ver, para isso, Rodrigues, Lêda Boechat. *A Corte Suprema*, op. cit., p. 199-200.

[93] Há controvérsia entre os autores americanos acerca dessa decisão. Se, por um lado, alguns a consideram, como Robert H. Jackson, sob alguns aspectos, uma das mais importantes na história da Suprema Corte, outros, como William W. Crosskey, a encaram como um dos maiores erros cometidos pela Corte Suprema em toda a sua história – idem, p. 200.

[94] Cf. David, op. cit., p. 374.

[95] A organização judiciária dos Estados Unidos da América foi compilada das seguintes obras: Friedman, op. cit.; David, op. cit.; Maciel, Adhemar Ferreira. Apontamentos sobre o judiciário americano. In: Teixeira, Sálvio de Figueiredo (org.). *O Judiciário e a Constituição*. São Paulo: Saraiva, 1994; e Farnsworth, op. cit.

[96] "Los tribunales *federales están organizados en tres niveles*. Les falta, sin embargo, un nivel inferior de base. No hay tribunales de pequeñas reclamaciones ni jueces de paz federales (aunque el tribunal superior del Distrito de Columbia tiene una sección de pequeñas reclamaciones y concili aciones). En los estados, un nivel federal inferior es el tribunal de distrito; *este es* el tribunal federal básico para el enjuiciamiento. Los otros dos niveles, los tribunales de circuito y el Tribunal Supremo de los Estados Unidos se limitan, en general, a las apelaciones." Alerta, porém, que "esto no siempre ha sido así. Hoy en día damos por

Cap. 1 · AS MATRIZES DO CONSTITUCIONALISMO E AS FORMAS DE CONTROLE DE CONSTITUCIONALIDADE | **35**

que são equivalentes, em nosso país, aos Tribunais Regionais Federais,[97] e no vértice está a *U.S. Supreme Court*, com competência originária descrita na Constituição.[98] A Suprema Corte seleciona, a princípio, os milhares de casos trazidos, via recurso, para julgamento. Em 1982, houve uma recusa de 93%. As apelações, que são poucas (10%), fazem parte dos *mandatory cases*, ou seja, devem ser obrigatoriamente examinadas pela Corte. Hoje, mais da metade das causas decididas recursalmente têm cunho penal, envolvendo questões relacionadas a direitos e garantias individuais.[99] A U.S. *Supreme Court* é composta, atualmente, por nove juízes, nomeados pelo Presidente da República, com aprovação do Senado (art. 2º, seção 2, cláusula 2ª, da Constituição). Inicialmente a Corte Suprema tinha

---

sentada la estricta separación entre los tribunales de enjuiciamiento y los tribunales de apelación. Esta distinción no era tan clara a principios del siglo diecinueve. Los jueces de los tribunales superiores, estatales y federales, a menudo también celebraban juicios. Incluso los magistrados del Tribunal Supremo de los Estados Unidos ejercían también como *jueces itinerantes* o de circuito. A cada magistrado le era asignada una determinada región del país. Cada año el juez hacía su circuito itinerante y iba viendo las causas. Esta carga no fue suprimida hasta finales del siglo diecinueve. En 1891, el Congreso convirtió en opcional este trabajo itinerante; el trabajo de circuito fue menos frecuente. En el siglo veinte fue completamente abolido. Hay, aproximadamente, un centenar de tribunales de distritos federales. Cada estado *tiene, al* menos, uno. En los estados más pequeños, el distrito está formado por todo el estado; en los mayores *suele haber* más de un distrito" – cf. FRIEDMAN, op. cit., p. 72.

[97] "Durante muchos años hubo diez tribunales de esta clase. El Congreso, *recientemente*, creó el décimo-primero, partiendo en dos el antiguo Distrito Quinto, que se extendía desde Florida hasta Texas y había aumentado muy rápidamente de población. Los tribunales de circuito, contrariamente a los tribunales de distrito, no son unipersonales. Los jueces administran justicia formando sala de tres. El número total de jueces varía y va desde cuatro, en el Circuito primero (este circuito abarca Massachusetts, New Hamshire, Maine y Puerto Rico), hasta veintitrés en el Circuito Noveno; un circuito gigante que incluye a California, a ocho estados más del Oeste, a la isla de Guam y a las Marianas del Norte. Si una causa es lo bastante importante, la oirá no una sala, sino el pleno, esto es, todos los jueces del distrito. [...]. En muchos casos, ciertamente en la gran mayoría, los tribunales de circuito son el final del trayecto. Por encima de ellos se divisa, con toda su majestad, el Tribunal Supremo de los Estados Unidos" – idem, p. 73.

[98] Sobre a Suprema Corte hoje e seu perfil, ver importante texto de MATHÍOT, André. La Cour Suprême aujourd'hui. *Pouvoirs – Revue Française d'Études Constitutionnelles et Politiques*, Paris, n. 29, p. 5975, 1984; tb. RANGEL, Paulo Castro. *Repensar o poder judicial: fundamentos e fragmentos*. Porto: Universidade Católica, 2001. p. 58 e ss. Em *The Supreme Court: the personalities and rivalries that defined America*, Jeffrey Rosen conta a história da Suprema Corte americana por meio da narrativa de quatro rivalidades públicas, quais sejam: do juiz John Marshall com o Presidente Thomas Jefferson; de John Marshall Harlan com Olivies Wendell Holmes; do liberal Hugo Black com William O. Douglas; e do conservador William H. Rehnquist com Antonin Scalia. Além disso, traz casos notórios que fizeram parte da história da Corte (e que serviram de base para o direito de muitos países, incluindo o Brasil), tais como Dred Scott *v.* Sandford, Brown *v.* Board of Education e Marbury *v.* Madison – ROSEN, Jeffrey. *The Supreme Court: the personalities and rivalries that defined America*. New York: Holt, 2007.

[99] Consultar MACIEL, op. cit. Acerca da *U.S. Supreme Court*, cabe referir que o estatuto remuneratório dos juízes goza de uma cláusula constitucional de salvaguarda, pré-ordenada a impedir a diminuição dos respectivos vencimentos (*espécie de cláusula de proibição do retrocesso "social" dos magistrados*). Nesse sentido, ver RANGEL, Paulo Castro. *Repensar o poder judicial*, op. cit., p. 63; tb. MASON, Anthony. Judicial independence and separation of powers – Some problems old and new. *The University of New South Wales Law Journal*, v. 13, n. 2, p. 179-181, 1990.

JURISDIÇÃO CONSTITUCIONAL • Lenio Luiz Streck

seis componentes, consoante dispunha a Lei de Organização Judiciária de 1789. Sucessivas leis alteraram essa composição para cinco, sete, nove, dez, sete e novamente nove. A composição atual advém do longínquo ano de 1869. O Presidente da Corte Suprema é nomeado pelo Presidente da República, não havendo requisito de antiguidade. Também não há limite mínimo ou máximo de idade para o exercício do cargo de juiz da Corte e tampouco para o cargo de Presidente. Os cargos são vitalícios, somente podendo ocorrer a destituição de um juiz (inclusive dos demais tribunais) mediante processo de *impeachment*, previsão que consta no art. 2º da Constituição.

1.3.3 A jurisprudência americana. Alcance da regra do precedente

Ao contrário do sistema romano-germânico, a jurisprudência no *common law* ultrapassa os limites da lide entre as partes, *constituindo fonte básica de criação do direito*. Como já demonstrado por ocasião do estudo do *common law* inglês, desde o século XIX a regra do *precedent* impõe aos magistrados regras de direito destacadas de outras decisões.[100] Nos Estados Unidos existe a mesma regra, denominada de *stare decisis*,[101] que, porém, não funciona com o mesmo rigor da inglesa. A existência de um sistema federativo faz com que seja necessário abrandar o sistema de precedentes,[102] uma vez que é preciso evitar que se estabeleçam entre os direitos dos diversos Estados-membros diferenças consideráveis.

A decisão judicial apresenta dupla função: a primeira, que não é peculiar àquele direito, é definir e dirimir a controvérsia apresentada ao tribunal, pois na doutrina da *res judicata* as partes não podem tornar a discutir questões já decididas. A segunda função da decisão judicial, característica da tradição inglesa, é estabelecer um precedente em face do qual um caso análogo, a surgir no futuro, será provavelmente decidido dessa forma.[103]

Tudo o que de certo se pode dizer, acerca da regra do *stare decisis* nos Estados Unidos, é que ela comporta uma importante limitação: o Supremo Tribunal e os Supremos Tribunais dos diferentes Estados não estão vinculados às suas próprias decisões e podem desviar-se de sua jurisprudência, desde que o caso em julgamento seja distinto do precedente em questão. Por outro lado, como já se demonstrou, os Estados são soberanos, e a regra do *stare decisis* apenas funciona, no tocante às matérias do domínio de competência dos Estados federados – às quais é necessário acrescentar, depois do já especificado caso Erie Co. *v.* Tompkins, as jurisdições federais, quando têm de aplicar o direito de um Estado.[104]

---

[100] Ver HANSFORD, Thomas G.; SPRINGS II, James F. *The politics of precedent in the U.S. Supreme Court*. Princeton: Princeton University Press, 2006.

[101] A expressão é abreviatura de *decisis et non quieta movere*, que pode ser traduzida como "aderir aos precedentes e não alterar as coisas que já estão estabelecidas" – ver verbete no *Black's law dictionary*.

[102] Conforme o juiz da Suprema Corte Benjamin Cardozo, "atrás dos precedentes se encontram as bases das concepções jurídicas, postulados do pensamento judicial, e ainda mais atrás estão os hábitos de vida, das instituições das sociedades, que são a origem daquelas concepções e que, por um processo de ação recíproca, são, por sua vez, modificados por elas. Não obstante, em um sistema altamente desenvolvido como o nosso, o campo já está de tal modo coberto de precedentes que eles constituem o ponto de partida do trabalho do juiz" – cf. FARNSWORTH, op. cit., p. 68.

[103] Para tanto, ver FARNSWORTH, op. cit., p. 48 e ss.

[104] Ver DWORKIN, Ronald. *Law's empire*, op. cit.; tb. FRIEDMAN, op. cit.

Cap. 1 · AS MATRIZES DO CONSTITUCIONALISMO E AS FORMAS DE CONTROLE DE CONSTITUCIONALIDADE | 37

É justamente por isso que Laurence Tribe, quando trata do *stare decisis* em seu livro *American constitutional law*, afirma que o direito constitucional norte-americano não é apenas composto pelas disposições da Constituição, mas também pelas decisões judiciais das Cortes. Na sequência, coloca em questão a possibilidade de mudança de entendimento/ interpretação, mencionando que, por uma questão de contextualização histórica, é possível que se modifique o posicionamento da Corte – e a história constitucional norte-americana bem demonstra isso. Entretanto, destaca que há limites para isso, que consistem, justamente, na concepção da Constituição, desde Marbury *v.* Madison, como *law* ("... 'constitution as hard law, law written in virtually capital letters [LAW], law meaning reliable law' ..."), fato que se expressa na ideia do *stare decisis*, porquanto este é o núcleo do *rule of law*: "But 'i[f] the Constitution predominates because it is law, its interpretation must be constrained by the values of the rule of law, which means that courts must construe it through a process of reasoning that is replicable, that remains fairly stable, and that is consistently applied'. In the American legal system, given its common law character, the principle of *stare decisis* has been at the very heart of the rule of law".[105]

Pode-se dizer, destarte, que, atualmente, a lei escrita (*statutes*) e as decisões judiciais estão em plano de igualdade nos Estados Unidos. Para Farnsworth, embora a jurisprudência constitua tradicionalmente o núcleo no sistema do direito de tradição inglesa, a legislação cresceu de tal maneira em quantidade e importância nos Estados Unidos que é a força criadora dominante em muitos setores. Isso é particularmente verdadeiro no que se refere às leis federais, mas a legislação brota também de inúmeros corpos legiferantes nos níveis estaduais e regionais.[106]

No início do século, era comum a distinção entre função judicial e legislativa. Os tribunais decidiam de acordo com o direito consuetudinário ou as leis escritas.[107] Somente o Legislativo é que podia alterar as leis, cabendo aos tribunais a obrigação de executá-las. Mas verificou-se, mais tarde, que tal distinção não era sustentável. Segundo já asseverava o juiz Holmes, os tribunais, na verdade, legislam, ou seja, alteram as leis. Com a progressiva codificação da lei substantiva neste século, uma parte considerável da produção legislativa

---

[105] Cf. TRIBE, Laurence H. *American constitutional law*, op. cit., p. 82. Mas se a Constituição predomina porque ela é direito, esta interpretação deve ser constrangida por valores do Estado de Direito (*rule of law*), isto significa que as cortes devem construí-la por intermédio de um processo de raciocínio que possa ser replicável, que permanece razoavelmente estável, e que seja consistentemente aplicado. No sistema jurídico americano, dado o seu caráter de direito comum, o princípio do *stare decisis* tem sido o coração do Estado de Direito (Tradução livre).

[106] Cf. FARNSWORTH, op. cit., p. 74.

[107] Na tradição jurídica romano-germânica – claro que o Brasil constitui uma exceção –, a jurisprudência possui uma maior autolimitação em relação à legislação. A jurisprudência encontra seu limite direto na lei, na medida em que prevalece o sistema de direito escrito. Convém ressaltar que a jurisprudência se apresenta com força normativa inferior em relação à legislação, uma vez que as regras advindas dela seriam mais frágeis, porque suscetíveis de serem abandonadas ou modificadas a qualquer momento. Para tanto ver meu livro que trata sobre as relações e as (in)compatibilidades do precedente judicial e das súmulas vinculantes – cf. STRECK, Lenio Luiz; ABBOUD, Georges. *O que é isto: o precedente judicial e as súmulas vinculantes?*, op. cit., p. 31. No mesmo sentido ver: RAMIRES, Maurício. *Crítica*, op. cit.

tem sido nada mais do que a confirmação das decisões baseadas no direito consuetudinário.[108] Já no ano de 1947, o juiz da Suprema Corte Felix Frankfurther, citado por Farnsworth,[109] dizia, a respeito do tema, que o trabalho da Suprema Corte não pode deixar de refletir a grande oscilação no centro de gravidade da criação do direito. De modo geral, o número de casos solucionados pelas decisões da Corte Suprema não sofreu modificação. No entanto, mesmo numa data tão afastada quanto 1875, mais de 40% das controvérsias trazidas à Corte consistiam em litígios com base no direito de tradição inglesa; 50 anos depois, apenas 5%, e hoje os casos não baseados em leis estão reduzidos a zero. É, portanto, acertado dizer que os tribunais deixaram de ser os principais autores do direito, no sentido de que eles "legislam" o direito de tradição inglesa. E arremata, afirmando: "Não há dúvida na Corte Suprema de que quase cada caso tem uma lei em seu íntimo ou perto dele".

Sobre essa dicotomia *statute-common law*, Edward D. Re[110] lembra que, hoje, a legislação cobre tão extensamente quase todos os ramos do direito, tanto público como privado, que não se pode mais pressupor que o ponto de partida seja um precedente judicial. Normalmente, o ponto de partida deve ser a política legislativa expressa num texto legal significativo. Os tribunais, naturalmente, devem interpretar e aplicar a legislação. O sistema, no entanto, exige que os tribunais examinem os precedentes judiciais que a interpretaram e aplicaram anteriormente. Nesse ponto, no entanto, continua o professor da Faculdade de Direito da St. John's University, de Nova Iorque, uma questão mais séria é introduzida no processo. Os juízes podem tender a atribuir maior significado aos precedentes do que à legislação que aqueles precedentes pretenderam interpretar e aplicar. Os tribunais se defrontam, portanto, com a difícil tarefa de determinar o peso relativo a ser atribuído à política legislativa, de um lado, e ao precedente jurisprudencial, de outro. Naturalmente, constitui função judicial interpretar e aplicar um texto legal. Porém, chama a atenção para o fato de que, no sistema jurídico americano – governo tripartite –, "*o tribunal deve ser fiel aos propósitos e política legislativa. O juiz não pode se olvidar de que o governo comporta três poderes e que, ao decidir o processo, ele está cumprindo uma responsabilidade institucional da Corte*".

Importa referir, ainda sobre a relação lei-jurisprudência (*statute-common law*), que o crescimento das leis (*statutes*) está invadindo áreas que estavam reguladas completamente pelo *common law*. Quando isso ocorre, o problema que se apresenta diz respeito a em que medida o *common law* segue sendo direito válido ou, pelo contrário, considera-se revogado pelo direito legislado. Assim:

1) algumas leis declaram expressamente que elas revogam totalmente o *common law* nas áreas que regulam. Outras, ainda que não o digam expressamente, são promulgadas com o propósito de pôr o *common law* existente em forma de lei. Tais leis denominam-se códigos (não no sentido do *civil law*);

---

[108] Cf. GILMORE, op. cit., p. 25-26.
[109] Cf. FARNSWORTH, op. cit., p. 74.
[110] Cf. RE, op. cit., p. 31.

Cap. 1 · AS MATRIZES DO CONSTITUCIONALISMO E AS FORMAS DE CONTROLE DE CONSTITUCIONALIDADE | **39**

2) os casos mais difíceis são os das leis que contemplam uma área previamente regulada pelo *common law*, porém não estabelecem claramente a sua relação com esta. Ocorre então: 2.1) lei contrária ao *common law*: nesses casos, os tribunais tendem a interpretar as leis em sentido estrito, havendo uma tendência a presumir que não foi alterado o *common law*; 2.2) lei que não contraria o *common law*: as dificuldades são muitas, porque, primeiro, as respectivas esferas de aplicação podem não ser claras; segundo, se o tribunal pode exercer sua jurisdição segundo o *common law* ou segundo a lei, pode existir o perigo de que o tribunal prefira confiar no *common law* e eventualmente desenvolvê-la de uma maneira que seja contrária ao *statute*; terceiro, porque causa inconsistência nas decisões, até que um tribunal haja decidido sobre a questão; e

3) muitas vezes se promulgam leis que se confrontam com o âmago do *common law* existente, porém, por outro lado, são insuficientes, isto é, repletas de lacunas. Nesses casos, as leis terão de ser supridas/suplementadas pelo direito preexistente. Em geral, existe uma regra interpretativa segundo a qual "as leis que derroguem o *common law* devem ser interpretadas restritivamente". Essa regra – não isenta de críticas – tem sido utilizada reiteradamente pelos tribunais, que a empregam principalmente quando haja dúvidas sobre se a lei modifica o *common law* preexistente. Nesse caso, o argumento usado é de que, se o legislador queria, de fato, modificar o *common law*, a vontade legislativa teria de ter sido expressa de forma clara.[111]

Finalmente, no que tange à doutrina do *precedent* no sistema americano,[112] deve ficar claro que a autoridade obrigatória é a das decisões dos tribunais superiores da mesma jurisdição e das decisões do próprio tribunal. Como não se é de esperar que o Tribunal inferior ignore uma decisão anterior do tribunal superior na mesma jurisdição, com poder de revisão, o que interessa saber é até que ponto um tribunal seguirá uma de suas próprias decisões anteriores. A questão é posta ao ser tomada uma decisão isolada, pois, embora o peso da autoridade persuasória varie em número de decisões análogas, basta uma decisão anterior para constituir precedente. Para resolver tal problemática é importante distinguir entre decisão, conhecida no sistema americano como *holding* (no direito inglês se chama *ratio decidendi*), e fundamento, chamada pelos americanos de *dictum*.[113]

---

[111] Cf. SESMA, Iturralde Victoria. *El precedente en el common law*. Madrid: Civitas, 1995. p. 200-202.

[112] Sesma resume o funcionamento da doutrina do precedente norte-americano: a) a Suprema Corte nunca se considerou a si mesma obrigada por suas próprias decisões, sendo que os demais tribunais federais e estaduais têm seguido essa mesma regra em relação às suas próprias decisões; b) uma decisão da Corte Suprema é obrigatória em questões federais em todos os demais tribunais (federais e estaduais); c) uma decisão de um tribunal federal, versando sobre matéria federal, pode ter um efeito persuasivo em um tribunal estadual, porém não é vinculante, porque um tribunal estadual só deve obediência a um único tribunal federal, é dizer, à *Supreme Court of Justice*; d) as decisões dos tribunais federais não são obrigatórias para os demais tribunais federais de igual grau (idem, p. 154).

[113] Ver, para tanto, FARNSWORTH, op. cit., p. 64-65, que ensina que essa distinção provém do direito inglês, caracterizado pela boa-fé na honestidade processual da parte adversária e pela consequente convicção de que os juízes, em sua qualidade de árbitros imparciais, têm competência para decidir somente a

JURISDIÇÃO CONSTITUCIONAL • *Lenio Luiz Streck*

Em magistral síntese, Brumbauch[114] diz que as decisões não são proferidas para que possam servir de precedentes no futuro, mas, antes, para solver as disputas entre os litigantes. *A autoridade do precedente dependerá e estará limitada aos "fatos e condições particulares do caso que o processo anterior pretendeu adjudicar".* Em razão disso, os precedentes não devem ser aplicados automaticamente. Estuda-se o precedente para determinar se o princípio nele deduzido constitui a fundamentação da decisão ou tão somente um *dictum*, que goza somente de força persuasória. Os fatores que afetam ou determinam o grau de persuasão que podem alcançar os *dicta* têm relevância no contexto da decisão de que é integrante? Mais ainda, pergunta o autor: "A corte ou o juiz que o proferiu goza de especial respeito por sua sabedoria ou cultura jurídica? O *dictum* é razoável?"

A distinção entre os fundamentos de uma decisão e seus *dicta* é garantida pela natureza do sistema contraditório que prevalece no *common law*. A razão para a distinção foi assim expressada por John Marshall, Presidente da Suprema Corte: "Constitui máxima que não deve ser desconsiderada o fato de que as expressões gerais em qualquer decisão devam ser consideradas em relação ao caso no qual tais expressões sejam utilizadas. Se elas tiverem uma amplitude que exceda ao caso, elas podem ser respeitadas, mas não devem controlar o julgamento em processo subsequente quando a questão propriamente dita for apresentada para decisão. A razão dessa máxima é óbvia. A questão que de fato está submetida ao juízo é cuidadosamente investigada e considerada em toda sua extensão. Outros princípios que podem servir para ilustrá-la são considerados na sua relação com o caso decidido, mas sua possível influência sobre todos os outros casos é raramente investigada em profundidade".[115]

1.3.4 Os Estados Unidos e o modelo da Constituição rígida – O nascedouro do controle jurisdicional de constitucionalidade

Como se poderá observar mais adiante, há diferenças bem marcantes nos processos revolucionários ocorridos na França e nos Estados Unidos. Em apertada síntese, Fioravanti lembra que os revolucionários franceses, em face do absolutismo e do sistema de privilégios do antigo regime, tiveram de se empenhar na tarefa da destruição sistemática do antigo regime, circunstância que implicava um forte componente estatalista no processo de ruptura com o velho, uma vez que, contra os antigos privilégios, era necessário afirmar a autoridade do legislador soberano que, com o instrumento da lei geral e abstrata, tornaria possível, ao mesmo tempo, os direitos em sentido individual e a unidade do povo ou nação, mediante o artifício da representação. A seu turno, a revolução americana se afirma precisamente contra toda versão estatalista dos direitos e liberdades. Se os colonos decidem em 1776 romper o cordão umbilical com a Coroa, é porque pensam que ela dispensou todo o

---

matéria em litígio. No que se refere a essa matéria, suas decisões constituem precedente e têm autoridade obrigatória. *Ao contrário dos legisladores, os juízes não podem estatuir regras para casos que não lhes foram submetidos e o que dizem sobre essa outra matéria não tem força vinculante (dictum).*

[114] Cf. Re, op. cit., p. 28.

[115] Idem, p. 28-29.

Cap. 1 · AS MATRIZES DO CONSTITUCIONALISMO E AS FORMAS DE CONTROLE DE CONSTITUCIONALIDADE | 41

patrimônio histórico de direitos e liberdades, agora em mãos de um parlamento que, de fato, se crê soberano e onipotente, e, por isso, pretende impingir sua vontade à Colônia independentemente do consentimento dos seus súditos. Ou seja, enquanto a Revolução Francesa confia na obra do legislador virtuoso, combinando individualismo e estatalismo, a Revolução Americana, combinando individualismo e historicismo, desconfia das virtudes do "virtuoso legislador", preferindo confiar os direitos e as liberdades à Constituição, isto é, à possibilidade de limitar o legislador por meio de uma norma de âmbito rigidamente superior. Desse modo, na Declaração de Independência, e depois nas Constituições dos distintos Estados federados, a proclamação dos direitos naturais individuais se confunde e se mescla com o contínuo reclamo aos precedentes históricos e, em particular, à tradição britânica, que parte do art. 39 da Magna Carta para fundar a tutela das liberdades sobre as regras do *due process of law*, na linha do binômio *liberty and property*. Observa-se, aí, a visível influência de Locke na revolução americana, enquanto a influência de Rousseau se estabelece mais claramente no processo revolucionário francês.[116]

Tanto na revolução americana como na revolução francesa, agrega o mesmo autor, o poder constituinte teve absoluta importância, embora as nítidas diferenças ocorridas nos respectivos processos: a realidade primária e originária da experiência constitucional – o poder constituinte – é concebida pelos revolucionários franceses como um dado político capaz de querer o novo e romper com um passado de privilégios, denominado povo ou nação; para os revolucionários americanos, essa realidade primária e originária é concebida como um conjunto inviolável de regras, denominado "Constituição". Desse modo, a afirmação do poder constituinte do povo americano serve para classificar a Constituição como lei suprema do país (art. VI) e estabelecer particulares pareceres que dificultam sobremodo sua revisão (art. V). É sobre essa base, e sobre a base do *Bill of Rights* adotado como emenda à Constituição em 1791, que se desenvolverá, mais tarde, o conhecido controle difuso de constitucionalidade dos juízes norte-americanos.[117]

Tais questões explicam o aparente paradoxo, representado pelo fato de que, embora caudatários do modelo do *common law* originário do colonizador inglês, os Estados Unidos adotaram um modelo de Constituição rígida, onde esta aparece como autêntica lei fundante/fundamental, a começar pelo próprio texto que a define como a *"supreme law of the land"*. Embora o texto da Constituição americana não tenha explicitado o controle de constitucionalidade nem de que forma deveria ser feito, uma decisão já no nascedouro da república inaugura no mundo aquilo que se convencionou chamar de controle jurisdicional de constitucionalidade das leis (*judicial review*).[118] Sempre é bom lembrar que os norte-americanos não tinham nenhum compromisso com a desconfiança que os franceses, por exemplo, tinham para com seus magistrados.

---

[116] Cf. FIORAVANTI, Maurizio. *Los derechos fundamentales*, op. cit., p. 75 e ss.

[117] Idem.

[118] O livro *Judicial review and the Constitution*, editado por Christopher FORSYTH (Oxford: Hart, 2000), traz um importante debate acerca do controle de constitucionalidade, sua instituição, desenvolvimento e aplicação, o embate *legislative intention v. judicial review, legislative intention v. judicial creativity* e, principalmente, a polêmica sobre a ideia da *ultra vires doctrine*.

Não é desarrazoado afirmar que a doutrina do *judicial review* deita raízes na Europa.[119] Ou seja, inspirada na Inglaterra, mais tarde ela retorna ao velho continente, assumindo novas formas de controle de constitucionalidade. A ideia de controle judicial, como já se pôde verificar anteriormente, vem de antes da Revolução Gloriosa, a partir da supremacia do *common law* defendida e praticada por Sir Edward Coke, no enfrentamento da prerrogativa real. De registrar que a doutrina do *judicial review* não estava reconhecida de forma explícita na Constituição de 1787, surgindo e se fortalecendo a partir da prática judicial, iniciada, por sinal, antes do famoso caso Marbury *v.* Madison, de 1803.

Entre 1776 e 1787, estava em vias de consolidação o princípio segundo o qual "*issues of constitutionality might be raised in litigation*". Nesse sentido, as razões para a implantação do *judicial review* estão na concepção radicalmente nova da forma de governo adotada nos Estados Unidos, estando já a pulsar com intensidade na própria Declaração de Independência e que encontra seu suporte naquilo que se pode denominar de filosofia política da liberdade: "Sostenemos como evidentes – puede leerse en el párrafo segundo de la declaración de Independencia – estas verdades: que todos los hombres son creados iguales; que son dotados por su creador de ciertos derechos inalienables, que entre éstos están la vida, la libertad y la búsqueda de la felicidad; que para garantizar estos derechos se instruyen entre los hombres los gobiernos, que derivan sus poderes legítimos del consentimiento de los gobernados; que cuando quiera que una forma de gobierno se haga destructora de estos principios, el pueblo tiene derecho a reformarla o abolirla e instituir un nuevo gobierno que se hunde en dichos principios, y a organizar sus poderes en la forma que a su juicio ofrezca las mayores probabilidades de alcanzar su seguridad y felicidad".[120]

A prova de que já na Convenção de 1787 se falava no *judicial review* está no comentário de Hamilton em *O federalista*: a interpretação das leis é própria e peculiarmente de incumbência dos tribunais. Uma Constituição é de fato uma lei fundamental e assim deve ser considerada pelos juízes. A eles pertence, portanto, a função de determinar seu significado assim como de qualquer outra lei proveniente do Poder Legislativo (art. LXXVIII de *O federalista*).[121] O autor Robert Lipkin, na obra *Constitutional revolutions: pragmatism and the role of judicial review in American constitutionalism*,[122] defende uma teoria para explicar como a interpretação das constituições se altera ao longo do tempo sem que o seu texto inicial seja alterado.

A ideia central é a existência de inúmeras *revoluções constitucionais*: "American constitutional law is driven by 'constitutional revolutions', constitutional judgments that translate political and cultural attitudes into formal judicial decisions, which themselves do

---

[119]   BALL, David T. *The historical origins of judicial review, 1536-1803*, op. cit.

[120]   Cf. SEGADO, Francisco Fernández. Jurisdicción constitucional en España. *Direito constitucional.* Brasília: Consulex, 1998. p. 382, explicitando a tese de David Deener.

[121]   Idem.

[122]   LIPKIN, Robert Justin. *Constitutional revolutions: pragmatism and the role of judicial review in American constitutionalism*. Durham: Duke University Press, 2000. p. 238-240.

Cap. 1 · AS MATRIZES DO CONSTITUCIONALISMO E AS FORMAS DE CONTROLE DE CONSTITUCIONALIDADE | **43**

not follow from – and may even contradict – previous decisions".[123] A *teoria das revoluções constitucionais* é formada por uma estrutura dualista de mudança constitucional, que traz um novo significado para a ideia de uma Constituição viva (*living Constitution*). Segundo o autor, a Constituição "vive" quando juízes transcrevem fatores éticos e culturais para o campo formal do direito constitucional por meio de *revolutionary adjudication*. Lipkin assevera que, sem esta teoria, não seria possível explicar como a *American constitutional law changes*. Entretanto, o autor caiu no mesmo equívoco em que tantos juristas brasileiros incorrem: *as conclusões dependem dos valores de cada juiz*. É por meio da *teoria das revoluções constitucionais* que o autor vislumbra uma explicação para decisões (tão) diferentes a partir de uma mesma Constituição: "The theory [of constitutional revolutions] explains how judges of all political ideologies use the same constitutional methodology and arrive at very different substantive conclusions. When judges have different substantive values, the theory of constitutional revolutions explains why the same judicial methodology yields different constitutional conclusions"[124].

Em 1803, Marshall toma como suporte essa ideia de supremacia da Constituição. Como já explicitado, muito embora haja notícias de decisões de Cortes estaduais ressaltando essa tese, historicamente tem-se como paradigmática a decisão da Suprema Corte norte-americana no julgamento do caso Marbury *v.* Madison, ocorrido em 1803, quando o Juiz John Marshall declarou a supremacia da Constituição, que não poderia ser afrontada por um mero ato legislativo de cunho ordinário. O caso surgiu quando o cidadão Marbury ingressou com uma ação originária (*writ*) na *Supreme Court*, pleiteando que esta compelisse o Secretário da Justiça Madison a lhe entregar o título de nomeação de juiz de paz do Distrito de Columbia (a nomeação ocorreu em 2 de março de 1802, sendo imediatamente ratificada pelo Senado). É que o Presidente Adams, nos últimos 16 dias de seu governo, queria preencher 67 vagas de juiz, recentemente criadas pelos federalistas, mas exatamente antes da posse do Presidente Jefferson que, como republicano, não tinha qualquer interesse na nomeação. A causa se assemelhava a uma disputa entre os Poderes Executivo e Judiciário. Havia mesmo a suspeita de que Jefferson não tinha intenção de cumprir a Ordem da Corte – se esta assim determinasse – ou mesmo de que a Marshall seria decretado o *impeachment*. A decisão do *Chief* Marshall foi no sentido de que o art. 13 do *Judiciary Act* de 1789,[125] ao adicionar ao poder originário da Suprema Corte o de

---

[123] O Direito Constitucional Americano é dirigido por "revoluções constitucionais", julgamentos constitucionais que traduzem atitudes políticas e culturais na forma de decisões judiciais, estas mesmas não seguiam, e podem até contradizer, decisões anteriores (Tradução livre).

[124] A teoria [das revoluções constitucionais] explica como juízes de todas as ideologias políticas usam a mesma metodologia constitucional e chegam conclusões substantivas muito diferentes. Quando juízes têm diferentes valores substantivos, a teoria das revoluções constitucionais explica porque a mesma metodologia judicial produz diferentes conclusões constitucionais (Tradução livre).

[125] A seção décima terceira autorizava a Supreme Court a "to issue *writs of mandamus* in cases warranted by the principles and usages of law, to any courts appointed, or persons holding office, under the authority of the United States". Convém mencionar que Charles A. Beard e Mary R. Beard afirmam que o *Judiciary Act of 1789* faz parte de uma estratégia política do então presidente George Washington para reforçar as novas leis emanadas em sua administração, sendo que a criação do que

conhecer *writs*, era inconstitucional, porque excedia o poder do Congresso dado pela Constituição (a Constituição dizia, originariamente, que a Suprema Corte é uma instância recursal). Outra decisão da Corte de Marshall se deu no caso Fletcher *v.* Peck, em 1810, quando o Tribunal afirmou a tese de que também os atos legislativos dos Estados ficam sujeitos ao teste da constitucionalidade pela *Supreme Court*.[126]

Marshall baseou-se em duas fontes para exercer o *judicial review* no caso Marbury *v.* Madison: a primeira era a própria tradição jurídica americana. Por uma parte, durante a época colonial, o *Privy Council* era o órgão encarregado de fiscalizar a legislação colonial, as ordenações e a administração, assegurando assim sua conformidade com as estipulações da Constituição outorgada pelo império inglês ou a carta da colônia em questão, garantindo em definitivo sua conformidade com "os princípios do direito constitucional em geral". De frisar que a instituição funcionou de forma efetiva, tendo sido anuladas mais de seiscentas leis coloniais entre os anos de 1696 e 1792. Por outro lado, como segunda fonte, a doutrina cunhada por Edward Coke foi exportada para os Estados Unidos, o que se pode ver em muitas sentenças anteriores à Constituição de 1787. Com efeito, os colonos encontram em Coke e em Locke seus mentores jurídicos diretos. Ambos são herdeiros da grande tradição jusnaturalista europeia, na medida em que expressamente apoiam sua concepção de um parâmetro normativo superior às leis positivas: o direito natural, que é a expressão de uma *lex eterna* e *lex legum*, Lei para todas as leis. O *Bonham's case* de 1610 recorda expressamente esses dois caracteres: "Even in Act of Parliament made against Natural Equity is void in itself; for *iura naturae sunt immutabilia* and they are *leges legum*". Locke, que efetuou a capital conversão técnica do abstrato direito natural nos direitos do homem (direitos que procedem do estado de natureza do homem, que este não transmite no pacto social, antes bem o pacto social se ordena justamente a sua salvaguarda e garantia), conclui estabelecendo o *supreme power* da comunidade para preservar as liberdades e propriedades dos cidadãos *of anybody, even their legislators* (frente a qualquer pessoa, até mesmo aos legisladores), com o que os direitos naturais passam a ser o último *test* de validez das leis positivas. Mas esta doutrina oferece algo mais que uma mera filosofia: oferece uma técnica jurídica concreta, a de que, nos termos de *Bonham's case, the common law will control acts of Parliament and sometimes adjudge them to be utterly void* (o

---

os autores chamam de "um novo judiciário federal" foi considerado um meio de contribuir para tanto. Nas palavras dos autores: "The growing body of federal officers engaged in enforcing the new laws under Washington's executive direction was supplemented by a new federal judiciary. By the Judiciary Act of 1789, Congress established the Supreme Court prescribed by the Constitution and a federal district court in each state, with a set of officials and agents for each court. (...) As soon as the new courts went into operation, citizens everywhere could look to federal judges for the protection and enforcement of their rights under the Constitution" – cf. BEARD, Charles A.; BEARD, Mary R. *A basic history of the United States.* Philadelphia: New Home, 1944. p. 162.

[126] No art. III, seção 2ª, da Constituição americana lê-se *"The judicial power shall extend to all cases, in law and equity, arising under this Constitution, the laws of the United States, and treaties made, or which shall be made, under their authority".* No art. VI consta: *"This Constitution and the laws of the United States which shall be made, under the authority of the United States, shall be the supreme law of the land".* Sobre o assunto e o caso Marbury *v.* Madison, consultar também: TREMPS, op. cit.; RODRIGUES, Lêda Boechat. *A Corte Suprema,* op. cit.

Cap. 1 · AS MATRIZES DO CONSTITUCIONALISMO E AS FORMAS DE CONTROLE DE CONSTITUCIONALIDADE | 45

common law – em seu aspecto de *ius naturae* – controlará as leis do Parlamento e, em algumas ocasiões, as declarará totalmente nulas); o juiz pode controlar o Parlamento. "Uma vez que a força vinculante do *higher law* se há traduzido a estas novas bases, a noção de soberania do órgão legislativo ordinário desaparece automaticamente, posto que não pode ser soberano um corpo criador de Direito que está subordinado a outro corpo criador do Direito; mas, em segundo lugar, abaixo da forma escrita constitucional dificilmente se haveria mantido o *higher law* como uma proteção para os indivíduos se não houvesse aprovado sobre a *judicial review*".[127]

Além de tudo isso, Marshall contava com o apoio dos membros da Convenção, que por várias vezes se expressaram publicamente favoráveis a conceder aos tribunais a faculdade de controlar o Poder Legislativo, incluindo-se aí os próprios Madison e Hamilton, que no texto de *O federalista* defendiam a independência completa dos tribunais e a Constituição como "uma lei fundamental", cabendo ao Poder Judiciário determinar o seu significado, assim como de qualquer lei que provenha do Poder Legislativo.[128] Aqui vale lembrar parte de *O federalista*: "Relativamente à competência de os tribunais declararem nulos os atos legislativos, quando contrários à Constituição, surgiu uma perplexidade, imaginando-se que a doutrina implicaria a superioridade do Judiciário em face do Legislativo. Alegou-se que a autoridade, que pode declarar vãos os atos de outra, devia necessariamente ser superior àquela... Como essa doutrina é de grande importância em todas as Constituições americanas, uma breve discussão sobre o fundamento em que repousa não é despicienda. É absolutamente claro e incontroverso que qualquer ato de uma autoridade delegada, contrário aos termos do mandato, é nulo. Nenhum ato legislativo, contrário à Constituição, pode ser, portanto, válido. Negá-lo equivaleria a afirmar que o mandatário é superior ao mandante; que o criado está acima do senhor; que os representantes do povo opõem-se ao próprio povo; e que os homens que agem em virtude de determinados poderes fazem não só o que seus poderes não autorizam senão também o que proíbem... Cabe aos tribunais, por função própria e peculiar, interpretar as leis. Uma Constituição é de fato a Lei Magna e assim deve ser considerada pelos juízes. Compete-lhes fixar o seu sentido, assim como a significação de qualquer lei emanada do corpo legislativo. Ocorrendo uma discrepância inconciliável entre elas, deve ser naturalmente preferida a lei dotada de força obrigatória e validez superior; ou, em outras palavras, a Constituição deve ser preferida à lei, do mesmo modo que a intenção do povo a seus representantes. Esta conclusão não supõe, de forma alguma, a supremacia do Poder Judiciário sobre o Poder Legislativo".

Vale registrar, ainda, o contexto em que ocorreu a citada decisão, uma vez que a "doutrina Marshall" demorou muito tempo para se firmar. Não esqueçamos o contexto histórico e o caldo político que engendrou o famoso *case*. Com efeito, como menciona o autor norte-americano Charles A. Beard, a atuação de Marshall foi por muitos considerada uma usurpação de poderes do Judiciário, ocasionando intensos debates sobre o caso. Entretanto, por meio de um estudo que visa a analisar o contexto histórico anterior

---

[127]   Cf. García de Enterría, Eduardo. *La constitución como norma y el tribunal constitucional*. Madrid: Civitas, 1982. p. 52; tb. Tremps, op. cit., p. 31.

[128]   Cf. Tremps, op. cit., p. 31.

ao julgamento de Marbury *v.* Madison, o autor conclui: "À vista dos princípios sustentados pelos membros mais influentes da Convenção, conhecidos de Marshall, à vista da doutrina tão claramente emitida no número 78 do *The federalist*, à vista dos argumentos tantas vezes apresentados por advogados ilustres perante a Suprema Corte, à vista do caso Hayburn e Hylton *v.* Estados Unidos, à vista de tanta opinião repetidamente expressa, à vista do propósito e do espírito da Constituição, não se pode compreender a temeridade daqueles que consideram o poder afirmado por Marshall no caso Marbury *v.* Madison uma 'usurpação'".[129]

Ainda teria de se esperar até 1857 para que o Tribunal Supremo voltasse a considerar inconstitucional uma lei do Congresso. Ou seja, durante os primeiros 75 anos de sua existência, a Corte Suprema declarou apenas duas leis inconstitucionais. De 1865 a 1936, desde a "revolução constitucional" (disputa de F. D. Roosevelt com a Suprema Corte), houve mais setenta e um casos, na média de um por ano.[130]

Observe-se que o próprio Marshall não estava muito convicto sobre a jurisprudência por ele assentada no caso Marbury *v.* Madison. Segundo as crônicas da época, relata Tremps, um ano após a célebre decisão, Marshall propôs uma apelação ante o Congresso, contra as sentenças da Suprema Corte. De qualquer sorte, independentemente dos fatos que geraram a decisão paradigmática, o certo é que se instituiu um princípio básico do constitucionalismo norte-americano, seguido depois pelo mundo (sob as mais variadas formas). *O Poder Judiciário, em especial a Corte Suprema, se converteu assim em garantidor da Constituição, não somente no que tange à distribuição do poder entre a federação e os Estados-membros, mas também frente à atuação dos poderes federais, e em especial o Poder Legislativo.*[131]

Desde a célebre decisão até os dias atuais, podem ser descritas três fases da Suprema Corte americana, no que se refere ao controle judicial de constitucionalidade: a *primeira*, denominada de "tradicional", abarca o período que vai de 1798 até fins do século XIX. Esta etapa se caracterizou pela presunção de que a Constituição era ao mesmo tempo inteligível – porque teria um conteúdo real ou verdadeiro, que poderia ser percebido se lido corretamente – e substantiva – porque estabelecia princípios tão claros e definidos que podiam aplicar-se como regras de direito e não se limitava a proclamar vagas generalidades. O controle judicial consistia em estabelecer, simplesmente, a supremacia da regra constitucional sobre qualquer ato legislativo ou executivo que poderia se opor a ela. Sobre a *traditional era*, Christopher Wolfe afirma que ela se caracteriza por uma nova

---

[129] Cf. BEARD, Charles A. *A Suprema Corte e a Constituição.* Trad. Paulo Moreira da Silva. 2. ed. Rio de Janeiro: Forense, 1938. p. 114. Convém mencionar que a estrutura da obra (A Suprema Côrte e a Constituição) demonstra a intenção do autor de justamente analisar a legitimidade da decisão de Marshall – e, com isso, de toda uma tradição que se firmou a partir dela –, pois, composto por sete capítulos, o livro é desenvolvido por meio de uma abordagem histórica que vai desde a análise do papel do Judiciário na Convenção Constituinte de 1787 até o julgamento de 1803, que constitui, portanto, o sétimo e último capítulo.

[130] Cf. BALEEIRO, Aliomar. *O STF, esse outro desconhecido,* op. cit., p. 36.

[131] Cf. TREMPS, op. cit.

visão de Constituição, que se dá a partir de duas perspectivas. Trata-se de compreender que do texto constitucional é possível construir sentidos quando realizada uma leitura adequada e, ao mesmo tempo, de perceber que, em decorrência disso, a Constituição estabelece princípios a serem cumpridos tais como são as leis, rompendo com a ideia de que o constitucionalismo estaria restrito a estabelecer "generalidades vagas". Tudo isso pode ser resumido na substancial concepção de Constituição.[132]

Com base nisso, nesse primeiro momento, o *judicial review* poderia ser visto tão somente como uma postura da Corte de dar preferência à aplicação da Constituição em face das leis. Numa segunda análise, simbolizou o intuito dos juízes (*Justices*) de cumprir o texto constitucional, numa espécie de compromisso com que havia sido exposto pelos *founders*. Não havia, assim, qualquer intenção de se fazer aparecer o exercício da jurisdição ou, sob uma ótica mais moderna (no sentido trabalhado por Wolfe), de se reforçar o papel do juiz – existiam, de fato, "julgamentos", e não "vontades". A diferença entre estes primeiros tribunais e os que se seguiram não estava no fato de que aqueles não estivessem dispostos a defender as prerrogativas judiciais. Presidentes do Tribunal como Marshall e Taney, cuja atividade abarcou a maior parte desse período (1801 a 1863), são conhecidos por haver afirmado e defendido com energia conceitos de poder judicial com frequência controvertidos por sua amplitude. A diferença estava no fato de que seu conceito de poder judicial era limitado por estar muito mais estreitamente vinculado a uma interpretação equitativa do documento e no fato de que atuavam com as limitações impostas por uma opinião pública republicana para a qual era impensável a ideia de uma forma "legislativa" de controle judicial.[133]

Ao final do século XIX produziu-se uma mudança profunda na prática do controle judicial, isso porque, após a Guerra Civil, começaram a surgir dissidências que refletiam uma opinião cada vez mais estendida entre os juristas, que se infiltrou na Suprema Corte. Essa corrente de pensamento transformou o controle judicial em uma defesa não tanto da Constituição como do direito natural, sobretudo no que diz respeito ao direito de propriedade. Durante essa segunda etapa, a Suprema Corte adotou uma interpretação peculiar, a do *laissez-faire* capitalista, dos direitos de propriedade garantidos pelo direito natural. Baseando-se nessa filosofia política, impediram-se os intentos de regular a vida econômica no período compreendido entre 1890 e 1937. Dito de outro modo, se na primeira fase a preocupação maior é a defesa da unidade dos Estados Unidos, e a fiscalização serve de arbitragem entre a União e os Estados federados, na *segunda fase* a *Supreme Court* interpreta a Constituição num sentido conservador da ordem liberal capitalista e afirma a sua autoridade frente ao Poder Legislativo, de onde se começa a

---

[132] WOLFE, Christopher. *The rise of modern judicial review*, op cit., p. 4.

[133] Cf. WOLFE, Christopher. *La transformación de la interpretación constitucional*. Madrid: Civitas, 1991. p. 15 e ss. Roosevelt não aludiu aos verdadeiros motivos de seu ato, mas feriu o calcanhar de Aquiles da Corte – o atraso dos julgamentos, a recusa de subida dos recursos em 87% dos pedidos, a velhice da maior parte dos juízes, a necessidade de sangue novo, a conveniência de dividir o Tribunal em turmas, para maior rapidez e rendimento dos trabalhos – cf. BALEEIRO, op. cit., p. 51.

falar de um "governo de juízes".[134] Um dos mais famosos casos julgados nesse período foi o Lochner *v.* New York (1905), no qual a Suprema Corte reconheceu que o poder de legislação dos Estados deveria ser limitado, motivo pelo qual, em face da liberdade de contratar, o Estado de Nova Iorque não estaria autorizado a expedir uma lei que viesse a fixar a jornada máxima de trabalho em padarias. Com isso, se abria espaço para que a Corte tivesse liberdade para invalidar aquela lei que considerasse intrusiva demais na política econômica do Estado. Nas palavras de Wolfe, "isso demonstrou ser muito mais uma questão de vontade (*will*) – ou de legislação – da Corte do que propriamente de julgamento e interpretação".[135]

Veja-se que, a princípio, a tendência é de se identificar esse período como marcado pelo exercício de uma política judiciária de contenção (*self-restraint*), no sentido de que a decisão da Suprema Corte não possibilita a interferência do Estado no âmbito das relações privadas, especialmente as econômicas. Entretanto, a realização de um estudo com mais acuidade, como faz Christopher Wolfe, demonstra que é possível perceber o quanto de ativismo há em um posicionamento como este. Isso porque, na verdade, havia um caráter eminentemente político na decisão da Suprema Corte, que invadia o âmbito de produção legislativa. Dessa forma, fica claro que, mesmo um comportamento conservador do Judiciário, de não intervenção, pode revelar um perfil ativista.

Convém mencionar que a decisão da Suprema Corte de não se poder legislar sobre questões de política econômica estava assentada no direito de propriedade, que, para dar uma roupagem jurídica a seu entendimento, a Corte afirmava ser decorrente de um direito natural ou, inclusive, de uma leitura adequada da Constituição (e perceba-se que ainda se podem encontrar resquícios da *traditional era*). Isso foi alvo de duras críticas feitas pelo realismo jurídico, que, partindo da ideia de que todos os julgamentos possuem caráter legislativo, afirmava que a defesa do direito à propriedade não passava de uma decisão judicial (novamente, uma questão de *will*), não possuindo nem relação com o direito natural, nem com a Constituição. Esse embate entre o que a Corte afirmava fazer – cumprir a Constituição – e o que os juristas norte-americanos, em especial os adeptos do realismo jurídico, pensavam que ela efetivamente fazia (ou deveria fazer) é que inspirou a nomeação da existência um momento transitório.

A transição da *segunda* para a *terceira fase* ficou parcialmente obscurecida. Ninguém pôs em dúvida em 1937 que havia ocorrido uma mudança fundamental – foi uma "revolução constitucional limitada", como a chamou o famoso jurista Edward Corwin. Nos anos imediatamente anteriores a 1937, a Suprema Corte utilizou a cláusula do devido processo legal e a cláusula de comércio para acabar com uma parte importante da legislação estatal,

---

[134] Idem.

[135] Christopher Wolfe, quando caracteriza a segunda era do *judicial review*, aduz que, à diferença da primeira, o poder judicial está muito mais para uma questão de vontade do que de julgamento ou interpretação: "Such Power seems much more a matter of will – legislation, in the Federalist's term – than judgement or adjudication or 'intepretation'" – WOLFE, Christopher, *The rise of modern judicial review*, op. cit., p. 4-5.

Cap. 1 · AS MATRIZES DO CONSTITUCIONALISMO E AS FORMAS DE CONTROLE DE CONSTITUCIONALIDADE | 49

que redundou em derrotas significativas do *New Deal*.[136] Em 1937, depois da proposta de Roosevelt de modificar o Tribunal,[137] este deu um giro e passou a defender a legislação controvertida, e, à medida que se incorporavam a ele juízes designados por Roosevelt, virtualmente abandonou todo o intento de revisar seriamente a legislação econômica. A interpretação constitucional e o controle judicial posteriores a 1937 foram, sem dúvida, muito importantes em outro aspecto. Refletiam o triunfo de uma interpretação moderna do poder judicial como fundamentalmente legislativo. Esse ponto de vista resultava sobremodo da análise do *common law*, no âmbito em que os juízes resolviam os casos baseando-se nos precedentes judiciais, na ausência de legislação. *Há aí um importante componente legislativo de ativismo judicial, uma vez que os juízes modificavam as regras dos precedentes à luz de novas situações e experiências. O resultado foi o triunfo quase total da opinião, entre os juristas, de que os juízes – incluídos aí os membros da* Supreme Court *– são inevitavelmente legisladores.* Esta opinião adota formulações radicais (por exemplo, a de um realista como Jerome Franck) ou moderadas (como o juiz Felix Frankfurther); porém se alguém se tivesse oposto a essa tendência como questão de princípio, suas ideias teriam sido descartadas, rotuladas como ingênuas. Com efeito, a tendência moderna do Tribunal começou afirmando seu poder, sobretudo, nos casos de liberdade de expressão e liberdade religiosa, assim como em outros casos, menos conhecidos, relativos à regulação estatal de comércio.[138]

A "era moderna" do *judicial review* é predominantemente marcada por um protagonismo judicial,[139] no qual é reforçada a característica destacadamente legislativa das Cortes.

---

[136] "Judicial Power was used instead to uphold congressional actions taken pursuant to the commerce clause, the necessary and proper clause, and other constitutional sources of legislative power" – FISHER, Louis. Introduction. In: LEVY, Leonard W.; KARST, Kenneth L.; MAHONEY, Dennis J. (org.). *Judicial power and the Constitution – Selections from the Encyclopedia of the American Constitution.* New York: Macmillan, 1990. p. IX.

[137] Importante lembrar que, quando Roosevelt empreende a realização do *New Deal*, a Suprema Corte anulou uma série de medidas propostas pelo Poder Executivo. Como contraponto, o Presidente Roosevelt mobilizou a opinião pública contra a Suprema Corte e apresentou um projeto de lei visando reorganizá-la e limitar as suas funções. Depois de um debate que durou cento e sessenta e oito dias, o projeto foi derrotado. Dois juízes, considerados inimigos do *New Deal*, demitiram-se de suas funções, com o que o projeto de reformar a Suprema Corte de Roosevelt perdeu força. Entretanto, os debates do Congresso e a indignação da opinião pública foram suficientes para que a Suprema Corte modificasse a sua atitude, passando a aprovar as medidas de Roosevelt. Ver, para tanto, GARCÍA-PELAYO, Manuel. *Derecho constitucional comparado.* Madrid: Alianza, 1999. p. 440. Todavia, ainda não se tem muita convicção sobre se as mudanças no modo de interferência judicial instituídas pelo *New Deal* foram significativas a tal ponto de ensejarem o início de um novo período, a nomeada *modern era*, atual momento do Judiciário norte-americano – WOLFE, Christopher. *The rise of modern judicial review*, op. cit., p. 3-11.

[138] Cf. GARCÍA-PELAYO, Manuel. *Derecho constitucional comparado*, op. cit. Ainda, MIRANDA, Jorge. *Manual*, op. cit., t. I, p. 149; ainda, REVORIO, Francisco Javier Diaz. *La constitución como orden abierto.* Madrid: Estudios Ciencias Jurídicas, 1997.

[139] Como já mencionado, esta noção de "protagonismo judicial" não ficou restrita apenas ao cenário norte-americano. Com autores como Ran Hirschl, é possível afirmar que as transformações ocorridas no constitucionalismo acabaram colocando em destaque a atividade jurisdicional por todo o mundo, dando azo ao que ele chama de *juristocracy* – cf. RAN, Hirschl. *Towards juristocracy: the origins and consequences of the new constitutionalism.* Cambridge: Harvard University Press, 2004.

50 | JURISDIÇÃO CONSTITUCIONAL • Lenio Luiz Streck

Inseridos na tradição do *common law*, os juízes passaram não apenas a atribuir às leis caráter secundário, mas a reescrevê-las. Como mesmo escreve Wolfe no subtítulo de seu livro, parte-se *from constitucional interpretation to judge-made law*.[140] Dessa forma, não seria demais afirmar que a atual concepção de *judicial review* distorceu completamente a pretensão de Marshall quando introduziu o controle de constitucionalidade, pois sua ideia nasce não de uma noção de sobreposição do Judiciário, mas de um agir enquanto pertencente a determinado sistema jurídico, isto é, surge de uma *me too position*, contraditória ao atual perfil de jurisdição, que se encontra fundado na *me superior* ou até mesmo *me only view*.[141]

Um marco fundamental no desenvolvimento do moderno poder judicial se produziu em 1954 com o caso Brown *v.* Board of Education, onde foi declarada a ilegalidade da segregação existente nas escolas públicas. E já nos anos sessenta uma série de assuntos foi sendo submetida ao exame do poder judicial. Nos anos setenta parecia difícil que algum assunto pudesse escapar da intervenção de algum juiz federal em alguma parte para estabelecer o direito aplicável. Importa referir que nessa terceira fase os tribunais derrogaram leis que estabeleciam um período mínimo de residência em um Estado como requisito para a percepção de subsídios; anularam presunções de posse de filhos derivadas da presença, no lar, de um "substituto de pai"; os tribunais federais de distrito derrogaram complicadas normas de manipulação de alimentos, operações hospitalares, instalações desportivas, emprego e educação de presos, limpeza, lavanderia, pintura e melhoria em determinadas prisões, ao mesmo tempo que determinaram o fechamento de outras; os tribunais estabeleceram programas amplos para o cuidado e tratamento dos internos de manicômios; ordenaram a homogeneidade de gastos de escolas no que tange aos salários de professores, estabeleceram procedimentos de audiências públicas para os casos que envolviam problemas disciplinares em escolas públicas; decidiram que as crianças de origem mexicana-americana deveriam receber educação bilíngue, além de suspenderem a utilização do Exame Nacional de Professores e de exames similares para os tutores pelos conselhos escolares; eliminou-se o requisito da educação secundária para a admissão no quadro de bombeiro; obrigaram à construção de rodovias e pontes para proteger o meio ambiente, para citar apenas algumas atividades "intervencionistas" do poder judicial norte-americano. Especificamente com relação à Suprema Corte, característica dessa fase moderna foi a doutrina Warren ou o assim denominado "Tribunal Warren". A assunção

---

[140] WOLFE, Christopher. *The rise of modern judicial review*, op. cit., p. 6-7.

[141] Nas palavras de Gerald Gunter: "Marshall's argument that court also have competence to take the Constitution into account in their work was essentially a 'me too' position. Modern variants on justifications for judicial reviews – and a number of statements from the modern Supreme Court itself – lend stronger support than anything in Marshall's reasoning to a 'me superior' or even a 'me only' view" – GUNTHER, Gerald. *John Marshall's defense of McCulloch* v. *Maryland 8-11.* Stanford: Stanford University Press, 1969. p. 7. Tradução livre: O argumento de Marshall de que a corte também tem a competência de levar a Constituição em consideração era, essencialmente, uma posição *me too* (N.T. Posição *eu também*. Adoção e/ou imitação das políticas e visões de outra pessoa/instituição para fins de obtenção de uma vantagem). Variações modernas de justificações para *reviews* judiciais – e um vasto número de pronunciamentos da própria Suprema Corte moderna – dão um suporte maior que qualquer ponto na argumentação de Marshall a uma visão *me only* ou *me superior* (N.T. diferente da posição *me too*. Posição *somente eu*, ou *eu superior*).

Cap. 1 · AS MATRIZES DO CONSTITUCIONALISMO E AS FORMAS DE CONTROLE DE CONSTITUCIONALIDADE | **51**

de Earl Warren à presidência da Suprema Corte ocorre em 1953, passando a enfocar do mesmo modo a interpretação constitucional e o controle judicial da constitucionalidade, desenvolvendo a categoria dos direitos fundamentais, passando a estabelecer uma ampla política social em campos controvertidos da sociedade americana. Foi o Tribunal mais "ativista" da história dos Estados Unidos,[142] tendo enfrentado a questão da segregação racial (Brown *v.* Board of Education – 1954), problemática que volta à tona na década de 1960, em face do problema da execução da doutrina decidida pelo Tribunal. Enfrentou o problema da redistribuição dos distritos eleitorais, além de deixar assentada a cláusula do devido processo legal no âmbito da defesa dos acusados de crimes, e a "criação" da cláusula do "necessário e adequado" (proporcionalidade-razoabilidade). Foram marcantes, outrossim, *cases* como Griswold *v.* Connecticut, quando a Suprema Corte anulou uma lei que proibia o uso de contraceptivos entre pessoas casadas, e Roe *v.* Wade, no qual foi anulada uma lei que proibia o aborto, baseando-se no direito de privacidade da mãe.[143]

Consoante relata Baracho, os estudiosos da evolução constitucional nos Estados Unidos mencionam o retorno ao conservadorismo no fim do século XX. Sob o efeito das nomeações efetuadas pelos presidentes republicanos, a jurisprudência, pouco a pouco, transforma-se, cada vez mais, em conservadora. A Corte Burger, de 1969 a 1986, em certo sentido, pretendeu preservar e até aprofundar a orientação liberal da Corte Warren. Essa atitude estava vinculada às grandes liberdades clássicas, reafirmando a liberdade de imprensa, ameaçada durante a guerra do Vietnã, pelas decisões New York Times *v.* U.S. e U.S. *v.* Washington Post em 1971, onde a reafirmação da liberdade de ir e vir surge ao lado dos problemas de controle de identidade, bem como certos problemas da sociedade como a igualdade de sexos e o aborto, e o direito a uma remuneração equivalente, a igualdade perante o emprego e, sobretudo, a constitucionalidade do aborto: Delaware *v.* Prouse, em 1979; Corning Glass Works *v.* Brenan, em 1974; Califano *v.* Goldfarb, em 1977; Roe *v.* Wade, em 1973. A Corte Burger foi criticada pela decisão Regents of the University of California *v.* Bakke,[144] em 1978, que declarou inconstitucional o sistema de quotas criadas

---

[142] Veja-se que, mesmo com os avanços produzidos por esta Suprema Corte ativista, como no caso mencionado, autores, como Christopher Wolfe, consideram a existência de um tribunal que traga a marca do ativismo como prejudicial, ou seja, nas palavras do autor: "I am firmly convinced that judicial activism is an unfortunate phenomenon and that the United States would be better without it" – cf. WOLFE, Christopher. *Judicial activism: bulwark of freedom or precarious security?* New York: Rowman & Littlefield, 1997. p. X (prefácio).

[143] Cf. GARCÍA-PELAYO, Manuel. *Derecho constitucional comparado*, op. cit. Ainda, MIRANDA, Jorge. *Manual*, t. I, op. cit., p. 149; ainda, REVORIO, Francisco Javier Diaz. *La constitución como orden abierto*, op. cit.

[144] A faculdade de medicina da Universidade da Califórnia em Davis utilizou um sistema dicotômico para avaliar os candidatos: uma cota foi separada para os candidatos pertencentes a uma minoria, os quais competiam somente entre si por um determinado número de vagas, com a consequência de que se aceitariam alguns negros cuja pontuação nos exames e em outras qualificações convencionais ficavam muito aquém daqueles de brancos que eram rejeitados. Alan Bakke estava entre estes últimos, e no litígio que provocou reconheceu-se que ele teria sido aceito se fosse negro. Bakke afirmou que esse sistema de cotas era ilegal porque não dispensava tratamento igual na disputa por vagas, e a Suprema Corte, justificando sua decisão em um conjunto de opiniões divididas e um tanto confusas, concordou com o argumento de Bakke – cf. DWORKIN, Ronald. *O império do direito*, op. cit., p. 469.

por uma faculdade de medicina, para reservar lugares a estudantes originários de minorias étnicas desfavorecidas. As quotas estavam exclusivamente fundadas sobre a raça, o que foi condenado pela Corte e pela política da *affirmative action*, em seu conjunto. A constitucionalidade da *affirmative action* foi confirmada recentemente, com a aplicação de um controle mais rigoroso (Adarand Construction Co. *v.* Pena, Secretary of Transportation and al, em 1995).[145]

Com William Rehnquist, a Corte toma várias posições conservadoras, que alguns consideram como excessivas. A Corte Suprema considerou constitucionais leis estaduais de criminalização do adultério e as que reprimem a sodomia e a *fellatio* entre os homossexuais e mesmo entre as cópulas maritais. A constitucionalidade do direito ao aborto foi fortemente restringida em 1989, em Webster *v.* Reproductive Health Service. Por outro lado, admitiu a pena de morte para condenados menores de idade e débeis mentais.[146]

Conforme se pode ver, a fase mais "ativista" da Suprema Corte coincide com uma série de decisões – do mesmo quilate – de outros tribunais do sistema norte-americano, a maioria delas – as mais candentes – tratando também da interpretação da Constituição. Isso ocorre porque o sistema norte-americano de controle de constitucionalidade é difuso, não tendo a Suprema Corte o monopólio da interpretação e aplicação da Constituição.[147] Com efeito, o controle de constitucionalidade vigente nos Estados Unidos, desde o seu nascedouro, é estritamente difuso, funcionando a *Supreme Court* como o órgão recursal final. O *quorum* para votações é de seis juízes. A *Supreme Court* recebe aproximadamente 1500 casos novos, dos quais julga aproximadamente 10%, isso porque a jurisdição não é obrigatória, e, sim, discricionária. Essa discricionariedade é exercida mediante a escolha dos casos por intermédio do *certiorari*; os litigantes pedem à Corte o *writ of certiorari*, solicitando que ouça e decida um caso no mérito. A Corte, então, na sua discrição, decide se o faz. Nesse procedimento, a Corte emprega a "regra dos quatro", ou seja, se quatro dos nove juízes desejam conceder o *writ of certiorari*, o caso será levado à decisão. Esse procedimento de *certiorari* é essencial à sobrevivência da Corte. Trata-se, pois, de um juízo de admissibilidade sofisticado, embora os juízes não necessitem se manifestar por escrito, para admitir ou não o recurso, nem fundamentar com profundidade as razões. Agregue-se que, mesmo nos casos selecionados (admitidos), não há maior fundamentação, a maioria sendo

---

[145] Cf. BARACHO, José Alfredo de Oliveira. As especificidades e os desafios democráticos do processo constitucional. In: SAMPAIO, José Adercio Leite; CRUZ, Álvaro Ricardo de Souza (org.). *Hermenêutica e jurisdição constitucional*. Belo Horizonte: Del Rey, 2001. p. 113 e ss.

[146] Idem.

[147] Para aprofundar o tema e comparar diferentes modos de aplicação do instituto do *judicial review* e de implementação de políticas públicas, ver TATE, C. Neal Tate; JACKSON, Donald W. *Comparative judicial review and public policy*. Westport: Greenwood Press, 1992. A partir desses dois motes, os autores discorrem sobre o estabelecimento do controle judicial de constitucionalidade como um instrumento político, descrevendo a realidade em diversos países, como Japão, Estados Unidos, Canadá, Itália, Filipinas, Suécia, Reino Unido, Israel, Europa Ocidental e Rússia (esta a partir do berço soviético).

julgada sem sustentação oral nem sentença, senão com apenas duas palavras: confirmada ou reformada. Somente a extrema minoria de casos é abertamente julgada.[148]

Em síntese, como bem lembrou Lambert, quando a Corte Suprema dos Estados Unidos decreta a inconstitucionalidade de uma lei federal, ou um tribunal superior do Estado a de uma lei de sua legislatura local, essa afirmação liga, daí por diante, não só as jurisdições subordinadas, como também a jurisdição que a emitiu. Pelo jogo da *authoritative opinion*, a Corte que, por ocasião de um processo determinado, declara nula uma lei, em virtude de inconstitucionalidade, firma de uma vez por todas a aplicação judiciária. Nenhum ato complementar se torna necessário. A decisão vale por si e obriga a todos. O Judiciário deixa de aplicar a lei, que subsiste como um ente morto no corpo legislativo. O prestígio dessa solução foi tal que um eminente autor norte-americano, embora reconhecendo que a decisão que decreta a inconstitucionalidade só vale para o caso concreto, qualificou o provimento de *veto judicial*.[149]

1.4   O MODELO FRANCÊS

1.4.1   A Revolução e o triunfo da soberania popular

É exatamente o contratualista Rousseau que exercerá grande influência nos revolucionários franceses que inauguram, em 1789,[150] uma nova fase do Estado Moderno.[151] Com efeito, enquanto instituição centralizada, o Estado, em sua primeira versão absolutista, foi fundamental para os propósitos da burguesia no nascedouro do capitalismo, quando esta, por razões econômicas, abriu mão do poder político, delegando-o ao soberano. Na virada do século XVIII, entretanto, essa mesma classe não mais se contentava em ter o poder econômico – queria, sim, agora, tomar para si o poder político, até então privilégio da aristocracia. Como bem lembra Bonavides, *a monarquia absolutista não foi jamais a burguesia politicamente no poder*. A contradição enfeixada pelo poder monárquico absoluto no seu comportamento perante as classes sociais conduz por vezes àquele equívoco de interpretação. A monarquia favoreceu consideravelmente os interesses da burguesia nascente, mormente na área econômica. Contudo, já lhe era impossível represá-los. A monarquia absoluta, já sem meios de qualquer ação impeditiva à expansão capitalista da primeira idade do Estado Moderno, entra a estimulá-la com a adoção da política mercantilista, política de reis sequiosos de fundos com que manter a burocracia e os exércitos permanentes, política da qual a aristocracia tirava também sua fatia de participação ociosa, mas, sobretudo, política, verdadeira, profunda, necessária, dos interesses arraigados da classe mercantil e industrial.[152]

---

[148]   Cf. BENETI, Sidnei Agostinho. O processo na Suprema Corte dos Estados Unidos. In: *O judiciário e a Constituição*. São Paulo: Saraiva, 1994. p. 291 e ss.

[149]   Apud BUZAID, Alfredo. A ação direta de declaração de inconstitucionalidade, op. cit.

[150]   Nesse sentido, consultar STRECK e BOLZAN DE MORAIS, op. cit., 44 e ss.

[151]   A tese de um Estado liberal é fruto das doutrinas de Locke e Montesquieu, onde a doutrina de Rousseau comparece com a expansão da noção de soberania, embora a noção de vontade geral não pudesse ser epitetada de "liberal" nos dois primeiros. Veja-se a dificuldade da concretização da vontade geral rousseauniana no âmbito da Revolução Francesa, em especial o fracasso da Constituição de 1793.

[152]   Cf. BONAVIDES, Paulo. *Teoria do estado*. 3. ed. São Paulo: Malheiros, 1995. p. 69-70.

54 JURISDIÇÃO CONSTITUCIONAL • Lenio Luiz Streck

A monarquia absoluta não dispunha de outro remédio senão exercitar a política que a mantivesse no poder, uma vez que qualquer vacilação poderia ser fatal. Aí avulta toda a contradição, aduz Bonavides: *a superestrutura política do feudalismo abrindo à infraestrutura econômica da burguesia caminhos que lhe eram fatais*, o absolutismo real aparelhando, enfim, a *crise revolucionária* que teria como corolário sua própria destruição.[153]

O palco ideal para o desencadeamento desse processo de contradições foi a França. Relembremos que na França pré-revolucionária o clero e a nobreza não pagavam qualquer tipo de impostos. Por duas vezes o rei – na primeira em 1774, assistido por Turgou[154] (economista e Fiscal-Geral do Reino), e na segunda em 1787, assistido por Necker (banqueiro e Fiscal-Geral) – propôs, convocando os notáveis, suprimir privilégios e obrigar o clero e a nobreza a pagarem impostos. Em ambas as ocasiões os ministros foram forçados à renúncia, e o Conselho dos Notáveis, insubmisso, insistindo em manter privilégios e resistindo ao gravame tributário, dissolvido. Esses ministros, entretanto, embora não tenham conseguido acabar com os privilégios, precipitaram a emergência de forças sociais até então contidas, incentivando uma política de liberação do comércio de cereais, abolição do trabalho gratuito dos camponeses na construção de estradas, supressão dos grêmios corporativos e emancipação das fazendas reais. A combinação das demandas das novas forças sociais-populares com as exigências da burguesia enriquecida pelas atividades comerciais nas cidades forneceu o caldo de cultura para os acontecimentos que viriam. Com efeito, em 1788, o rei, como alternativa viável para superar a crise social e institucional, concordou, em 8 de agosto, na convocação novamente dos Estados-Gerais. Os Estados-Gerais não se reuniam desde 1614.[155]

Não era propriamente um parlamento, mas, em tese, um Conselho Consultivo do rei. Nesse Conselho assentavam-se desproporcionalmente procuradores do clero, dos nobres e da classe laboriosa – os homens das cidades, os comerciantes enriquecidos, os fabricantes da indústria incipiente e do campesinato – que politicamente eram denominados de Terceiro Estado. De observar que, na França, o fortalecimento do poder central se processou a partir do século XIII, quando o rei capeto Filipi II promoveu uma importante reforma judiciária, que debilitou as atribuições judiciais dos senhores feudais e fortaleceu o poder real, obtendo o apoio de cavaleiros menores, do clero paroquial e dos camponeses. Anos depois, Filipi IV, o Belo, no ano de 1302, criou os Estados-Gerais. Convocados pouquíssimas vezes, os Estados-Gerais perderam sua importância, inclusive o poder de se autoconvocarem (grande ordenação), adquirido no início da guerra dos cem anos. Luís XI (1461-1483), conhecido como aranha universal, sucedeu a Carlos VII, enfraquecido em guerras com os senhores feudais, especialmente com Carlos, o Temerário (Duque de Borgonha), que, finalmente, vencido, perdeu os seus domínios. Essa vitória sobre o Duque de Borgonha caracteriza o início da formação do Estado Nacional francês.[156]

---

[153] Idem, p. 70.

[154] Cf. KOSELLECK, Reinhart. *Crítica e crise: uma contribuição à patogênese do mundo burguês*. Trad. Luciana Villas-Boas Castelo-Branco. Rio de Janeiro: UERJ, 2000. p. 120 e ss.

[155] Cf. BASTOS, Aurélio Wander. *Introdução à teoria do direito*. Rio de Janeiro: Liber Juris, 1992.

[156] Cf. BASTOS, Aurélio Wander. Para a compreensão de Sieyès: notas e fragmentos sobre a história da França feudal. In: SIEYÈS, Emmanuel Joseph. *A constituinte burguesa: qu'est-ce que le Tiers État?* Rio de Janeiro: Liber Juris, 1986. p. 9 e ss.; tb. *Introdução*, op. cit., p. 34 e ss.

Cap. 1 • AS MATRIZES DO CONSTITUCIONALISMO E AS FORMAS DE CONTROLE DE CONSTITUCIONALIDADE | **55**

Até então as votações dos Estados-Gerais eram feitas por ordem, e não por cabeça. O Abade Sieyès, que mais tarde proporia que os Estados-Gerais se transformassem em Assembleia Constituinte, *denunciava que duzentos mil privilegiados franceses eram representados pelas duas ordens (nobreza e clero), contra o Terceiro Estado, que representava de vinte e cinco a vinte e seis milhões de pessoas.* Em 27 de dezembro, o rei autoriza a duplicação do número de representantes do Terceiro Estado, nos Estados-Gerais, convocados para o dia 1º de maio de 1789. A burguesia obtém, desse modo, o dobro dos representantes, isto é, 600 membros contra 300 da nobreza e 300 do clero.[157] Os Estados-Gerais são instalados em 5 de maio de 1789, repondo no quadro da conturbada ação política, ao lado do clero e da nobreza, um Terceiro Estado reforçado e prenhe de reivindicações, que se podiam ver nos Cadernos de Queixas elaborados pelas assembleias de eleitores. Os notáveis (clero e nobreza) queriam sessões separadas e as votações por Estado, o que lhes assegurava sempre dois votos; já o Terceiro Estado, conforme preconizava Sieyès, pretendia sessões conjuntas e votação nominal, por cabeça, *o que lhes garantiria a metade dos votos sem contar as presumíveis adesões.*[158]

Esse impasse e as dificuldades para superá-lo provocaram a desagregação dos Estados-Gerais e consequentemente a eclosão dos fatos revolucionários. A partir de 12 de junho de 1789, ampliaram-se as adesões à proposição de reunirem-se os três estados conjuntamente: inicialmente os sacerdotes paroquiais e, depois, quase todos os representantes do clero. Já em 17 de junho, por proposta do Abade Sieyès, o Terceiro Estado se declarou em Assembleia Nacional. O rei determinou que os deputados se reunissem por estado e suspendessem as reuniões. Representantes do clero e da nobreza aderiram ao Terceiro Estado. Em 9 de julho, a Assembleia Nacional, constrangida pelo impacto da insurreição popular, *declarou-se Assembleia Constituinte*, para dias depois ocorrer a queda da Bastilha.[159] O quadro cronológico que ocorre em seguida ao 14 de julho pode ser resumido da seguinte maneira: *1789* – 4 de agosto: abolição dos privilégios; 20-26 de agosto: a Assembleia adota os artigos da Declaração dos Direitos do Homem e do Cidadão; *1790* – 12 de julho: constituição civil do clero; *1791* – 2 de março: decreto de Allarde que suprime as corporações; 16 de maio: voto sobre a reeleição dos constituintes para legislatura sucessiva; 14 de junho: a lei Le Chapelier sobre a proibição das associações de trabalhadores; 13 de setembro: a Constituição entra definitivamente em vigor; 11 de novembro: veto do rei sobre os decretos que tratavam dos imigrantes; 19 de dezembro: veto do rei ao decreto relativo aos sacerdotes refratários; *1792* – 27 de maio: decreto sobre a deportação dos sacerdotes refratários; 11 de junho: o rei veta os decretos de 27 de maio e de 8 de junho; 10 de agosto: queda da monarquia; 21 de setembro: reunião da Convenção e proclamação da República; *1793* – 21 de janeiro: execução do rei; 6 de abril: criação do Comitê de saúde pública; 24 de junho: voto do texto da Constituição; 5 de setembro: o terror está na ordem do dia; 10 de outubro: proclamação do governo revolucionário (a aplicação da Constituição fica

---

[157] As eleições se realizavam da seguinte maneira: um grupo de cidadãos votava nos eleitores e estes nos deputados procuradores, sendo que somente poderiam ser eleitos os contribuintes de impostos com domicílio fixo.

[158] Consultar BASTOS, Aurélio Wander. *Introdução*, op. cit., p. 56 e ss.

[159] Idem.

suspensa até o restabelecimento da paz); *1794* – 11 de junho: o grande terror; 27 de julho: caída de Robespierre.[160]

Com a revolução francesa, a burguesia inaugura seu poder político como classe: "... acabava ela de suprimir a contradição com o passado. Quando, porém, a propaganda jacobina aliciava adeptos para as teses de Rousseau e a Convenção elaborava a Constituição inaplicada de 1793, quando Babouef caía moribundo aos pés do cadafalso pagando com a vida a primeira conspiração socialista dos novos tempos, o Terceiro Estado, castigado ironicamente pela história, via abrir-se-lhe aos olhos a contradição do futuro: *a contradição burguesia-operariado, aquela que na sequência do conflito ideológico lhe haveria de ser fatal à conservação intacta dos privilégios econômicos adquiridos*".[161]

Como se viu, a doutrina do contrato social tornou-se um importante componente teórico para os revolucionários de então. A reivindicação de uma Constituição embasava-se exatamente na tese de que o contrato social encontra sua explicitação na Constituição[162], ainda que, filosoficamente, esta não fosse o contrato social propriamente dito. O contratualismo tem no seu cerne a ideia de *indivíduo*, seja em Hobbes, seja em Locke. O consentimento era dado pelo indivíduo, sendo que o último o aprofunda, tornando-o periódico e condicional, moldando uma política de confiança, coerente com suas invocações anteriores.

Assim, o "contratualismo de Locke representou a apoteose do direito natural no sentimento individualista moderno [...] os direitos pessoais provêm da natureza, como dádiva de Deus, e estão longe de dissolver-se no pacto social [...]. Entronizando o direito de resistência, ele ampliou o princípio individualista de vontade e consentimento. E consentimento, em lugar de tradição, é a principal característica de legitimidade em política liberal".[163]

1.4.2 A vontade geral rousseauniana e sua influência no constitucionalismo francês

A influência do contratualismo de Rousseau e a doutrina da separação dos Poderes de Montesquieu foram decisivas para os rumos que tomou o constitucionalismo na França e

---

[160] Ver, nesse sentido, FIORAVANTI, Maurizio. *Los derechos fundamentales*, op. cit., p. 56 e ss.

[161] Cf. BONAVIDES, Paulo. *Teoria do estado*, op. cit., p. 74, que acrescenta o dizer de Marx em *Do socialismo utópico ao socialismo científico*, no sentido de que *a revolução de 1789 foi o triunfo do Terceiro Estado*, "da grande massa da Nação empenhada na produção e no comércio, sobre o clero, a nobreza e as classes sociais, até então privilegiadas. Mas a vitória do Terceiro Estado logo se desmascarou como vitória exclusiva de uma pequena parte desse Estado, como conquista do poder político através da camada socialmente privilegiada, a burguesia proprietária".

[162] É evidente que o ideário liberal não nasce com a formulação inglesa de Locke e tampouco com a Revolução Francesa. A vertente de tal pensamento é mais antiga, podendo ser pensada a partir da "reivindicação de direitos – religiosos, políticos e econômicos – e da tentativa de controlar o poder político. Nesse quadro referencial a tolerância religiosa se insere angularmente na teoria liberal. Ao lado, a reformulação da teoria do direito natural, o modelo contratualista cimenta uma "explicação individualista da sociedade" – ver MERQUIOR, José Guilherme. *O liberalismo: antigo e moderno*. Rio de Janeiro: Nova Fronteira, 1991.

[163] MERQUIOR, op. cit., p. 45. Sobre liberalismo, consultar também SANTOS, Francisco de Araújo. *O liberalismo*. Porto Alegre: Universidade Federal do Rio Grande do Sul, 1991.

Cap. 1 · AS MATRIZES DO CONSTITUCIONALISMO E AS FORMAS DE CONTROLE DE CONSTITUCIONALIDADE | **57**

sua forma de controle. Assim, a vontade popular propalada por Rousseau e a importância que Montesquieu deu ao Legislativo (e a pouca importância que deu ao Judiciário), aliadas ao fato de os juízes, por ocasião da Revolução, serem todos oriundos da aristocracia (*ancién régime*), fizeram com que se olhasse com extrema desconfiança a possibilidade de um Poder não popular modificar leis elaboradas pela vontade geral do povo.

Para os revolucionários, somente duas funções de Estado eram importantes: fazer leis e executá-las. A apreciação judiciária não se afigurava relevante, até porque o juiz era tão somente *la bouche de la loi*, máquina de silogismos, sem margem de criação. Tais circunstâncias ficaram explicitadas já no art. 12 da Lei de 16-24 de agosto de 1790, onde ficou estabelecido que os tribunais não poderiam fazer regulamentos, sendo que deveriam dirigir-se ao parlamento sempre que fosse necessário interpretar uma lei ou fazer uma nova. A fraqueza do Poder Judiciário ficava nítida no art. 121 da Lei de 17 de dezembro do mesmo ano, que dispunha que quando uma sentença tivesse sido cassada duas vezes, e um terceiro tribunal tivesse de decidir em última instância no mesmo sentido que as anteriores, a questão somente poderia ser debatida junto ao Tribunal de Cassação depois de submetida ao Legislativo, ao qual cabia ditar um decreto interpretativo/aclaratório da citada lei, sendo que, uma vez sancionado esse decreto pelo Rei, o Tribunal de Cassação apenas se ajustaria a este. O Tribunal de Cassação, calcado na Constituição de 1791, aparecia, assim, como controlador do Poder Judiciário. O que a origem da Cassação põe de manifesto não é outra coisa senão a supremacia do Parlamento e a ideia de plenitude do ordenamento, entendido como conjunto de leis escritas. Dito de outro modo: se o Poder Judiciário ficou excluído do controle da administração, com muito maior razão se nega a ele a possibilidade de fiscalizar as leis procedentes do Poder Legislativo. São expressivas, pois, as palavras de Sieyès, ao expor seu projeto de Júri Constitucional, justificando a exclusão do juiz ordinário do exercício das funções a aquele órgão encomendadas.[164]

A falta de fé nos juízes baseia-se no trabalho que estes haviam realizado em favor do monarca absoluto, trabalho esse caracterizado pelo conformismo e pela docilidade, questão que foi bem apanhada por Tremps, a partir de Alexis de Tocqueville: "Não se pode esquecer jamais que se, por um lado, o Poder Judiciário no Antigo Regime se estendia sem cessar além da esfera natural de sua autoridade, por outro, nunca a completava por inteiro". Desde então se fomentou uma tradição na França que se estendeu até nossos dias. A desconfiança com os juízes teve como reflexo a exclusão dos tribunais da tarefa de garantir a Constituição, exclusão que marcou o sistema francês e que influenciou o pensamento europeu sobre essa matéria.[165] Como veremos mais adiante, apenas com a

---

[164] Cf. Tremps, op. cit., p. 39 e ss.

[165] Idem. Cappelletti enumera diversas razões para justificar a solução antijudicialista francesa adotada na França: a) razões ideológicas: basta pensar em Montesquieu e em sua doutrina da divisão de poderes, doutrina que em sua mais rígida formulação dos juízes se colocou como de todo modo inconciliável com a possibilidade de interferência dos juízes na esfera do Poder Legislativo, considerada como emanação direta da soberania popular; b) razões práticas: é um fato que as instituições jurídicas tendem a adequar-se às exigências mutáveis da vida prática, talvez por uma certa defasagem temporal. E a exigência prática que prevalece, sentida na história francesa de mais de um século e meio, tem sido de assegurar, especialmente por meio do Conselho de Estado, uma tutela frente à

reforma constitucional de 2008 esta realidade foi parcialmente alterada, com a chamada Questão Prioritária de Constitucionalidade (QPC). Deste modo, o Conselho Constitucional passou a ter a prerrogativa de declarar uma lei inconstitucional, desconstituindo assim o ato legislativo, ainda que apenas em circunstâncias específicas.

Cappelletti lembra que, se o arquétipo do atual juízo de cassação pode ser encontrado na *querela nullitatis* e na *demande en cassation* pré-revolucionária, o verdadeiro ato de nascimento da Cassação moderna se tem, porém, tão só com a legislação e com as ideologias da Revolução. As ideologias eram aquelas teorizadas por Montesquieu e Rousseau, da onipotência da lei, da igualdade dos cidadãos perante a lei e da rígida separação dos Poderes, na qual o juiz exercia papel secundário. Já no início do século XIX, com o atenuar-se do rigor das ideologias revolucionárias, também o Tribunal de *Cassation*, depois denominado *Cour de Cassation*, foi radicalmente se transformando: e é assim transformado que ele penetrou na Itália e em outros países, entre os quais, além da Bélgica, da Holanda, de Luxemburgo e da Grécia, também a Espanha, da qual passou para o México. Reconhecido aos juízes, com o *Code*, o poder de interpretação das leis, a *Cour de Cassation* tornou-se, na realidade, o supremo órgão judiciário de controle dos erros de direito cometidos pelos juízes inferiores. Com a lei de 1º de abril de 1837, foi abolido o *référé obligatoire* e foi disposto que, verificando-se sobre um ponto de direito um contraste entre o primeiro *giudice di rinvio* e a *Cour de Cassation*, o novo pronunciamento da Corte, emitido pelas seções reunidas, tivesse não mais apenas um efeito negativo – de anulação –, mas, igualmente, um efeito positivo, vinculatório para o segundo *giudice di reinvio*, obrigado a conformar-se à decisão da *Cour de Cassation* sobre o ponto de direito por ela julgado. A partir, pois, da fundamental lei de 1º de abril de 1837, a Corte de Cassação tornou-se o que ela hoje é, ou seja, a Suprema Corte reguladora da interpretação jurisprudencial, isto é, a corte que exercita o controle da legalidade que, ainda agora, se distingue, e por isso não se contrapõe, nem é, de longe, de modo algum, idealmente inconciliável também com um controle da constitucionalidade das leis.[166]

A Constituição em vigor, que data de 1958, a exemplo do que a Constituição de 1946 chamou de Comitê Constitucional, confere ao Conselho Constitucional a atribuição de controlar a constitucionalidade das leis (art. 61) e dos regulamentos das Câmaras, assim como das obrigações internacionais (art. 54).[167] Para os limites destas reflexões, interessa registrar a atribuição do Conselho Constitucional de controlar a constitucionalidade das

---

    ilegalidade e os abusos do Poder Executivo, mais do que contra aqueles procedentes do Legislativo; c) razões históricas acima de tudo: poderiam subsumir-se na confiança sem limites, na vontade geral e no extremado receio do poder dos juízes, fruto da permanente lembrança das graves interferências perpetradas pelos juízes antes da Revolução. Ver, também, SEGADO, Francisco Fernandez. Evolución histórica y modelos de control constitucional. In: *Revista Pensamiento Constitucional*, Lima. v. 4. n. 4, 1997 p. 384 e ss.

[166] Cf. CAPPELLETTI, Mauro. *O controle judicial de constitucionalidade das leis no direito comparado.* Trad. Aroldo Plinio Gonçalves. Porto Alegre: Fabris, 1984. p. 42 e ss.

[167] O Conselho Constitucional tem ainda outras atribuições, previstas nos arts. 7, 16, 37, 41, 58, 59, 60, além de funções originárias não atribuídas diretamente pelo texto constitucional, como o controle das inelegibilidades e incompatibilidades dos parlamentares e a vacância do mandato presidencial.

Cap. 1 · AS MATRIZES DO CONSTITUCIONALISMO E AS FORMAS DE CONTROLE DE CONSTITUCIONALIDADE | 59

leis, considerada a mais relevante função do Conselho, muito embora, como relata Falcón,[168] não fosse esta a tarefa principal quando de sua criação no ano de 1958. Em realidade, a função de controle de constitucionalidade foi concebida de uma forma marginal, para que a ela se recorresse esporadicamente. Isso era algo facilmente perceptível no caso das leis orgânicas e dos regulamentos das assembleias, normas sobre as quais o Conselho Constitucional efetuaria um controle preventivo, porém esgotando boa parte de sua competência no momento de exercê-la, uma vez que sua própria natureza as fazia especialmente perenes e, portanto, pouco suscetíveis a excessivas modificações posteriores que poderiam dar lugar a um novo controle (preventivo), pelo menos em períodos relativamente curtos de tempo. Algo semelhante se prognosticava em relação aos tratados internacionais, que tampouco deviam ser objeto de controle pelo Conselho com muita frequência. Também o controle sobre as leis ordinárias foi idealizado para que fosse exercido de maneira muito excepcional. A limitação do parâmetro constitucional (formado em princípio exclusivamente pelo texto de 1958) e da legitimação para recorrer ao próprio Conselho (somente por órgãos representantes das maiorias políticas) fazia presumir que seriam raras as vezes em que o controle seria posto em prática. Provavelmente somente se recorreria ao Conselho se fosse necessária a proteção de alguns dos princípios políticos fundamentais instaurados pelo novo regime político (como, por exemplo, o sistema de parlamentarismo limitado ou o princípio da soberania nacional frente a qualquer tentativa de federalização da Europa). Não obstante isso, uma vez que ambas as limitações desapareceram, a natureza do controle se alterou quase por completo, manifestando-se em sua verdadeira dimensão, em particular em matéria de proteção de direitos fundamentais e liberdades públicas, questões não imagináveis quando da criação do Conselho, conclui o autor.

Discute-se acerca da natureza da função do Conselho Constitucional. Quem tem qualificado o Conselho Constitucional de órgão político assim tem procedido baseando suas teses em dois argumentos absolutamente distintos.[169] Assim, conforme Falcón, os primeiros detratores do Conselho firmaram posição, por um lado, na natureza das próprias competências do órgão, que consideravam em si mesmas *políticas* apesar de sua aparência, e, por outro, em sua mesma composição, a qual, condicionada pelo sistema de seleção dos membros, privava a instituição das mais elementares garantias de independência. A este setor doutrinal opõe-se outro, que, ademais de ser maior em número, agrupa também quem mais se tem distinguido na França no estudo da instituição sob comento, isto é, aqueles sustentam que o Conselho Constitucional, quando desempenha o controle de constitucionalidade ou de reparo das competências normativas, comporta-se como um verdadeiro órgão *jurisdicional*. Tais autores, assevera Falcón, partem basicamente da ideia, exposta por M. Waline, de que os elementos caracterizadores de uma *jurisdição* são somente dois: um material, a resolução da questão fundada segundo considerações de direito e não de

---

[168] Cf. FALCÓN, Javier Pardo. *El consejo constitucional francés.* Madrid: Centro de Estudios Constitucionales, 1990. p. 113 e 144.

[169] Nesse sentido, BOUZART, Gabriel. El control constitucional – Un estudio comparativo. *Fundamentos y alcances del control judicial de constitucionalidad.* Madrid: Centro de Estudios Constitucionales, 1991. p. 70. Também CAPPELLETTI, Mauro. *O controle judicial*, op. cit., p. 29.

equidade; e outro formal, a *autoridade de coisa julgada*, em virtude da qual essa resolução não pode ser posta em entendimento. Pelo que se refere à primeira delas, parece claro que o Conselho Constitucional não se comporta como um órgão político no sentido estritamente técnico, *atuando também como um verdadeiro operador jurídico também nestes casos, inclusive como um órgão jurisdicional.* Desde logo, é inegável que, quando exercita o controle de constitucionalidade das leis, a intervenção do Conselho Constitucional formalmente tem lugar em pleno processo legislativo, e que, em não poucas ocasiões, longe de ser um mero legislador negativo, o Conselho participa materialmente na própria criação da lei por meio de técnicas como a conformidade sob reservas ou o controle à *double détente*. *Mas também é inegável que em nenhum momento o Conselho Constitucional aborda o texto legal da mesma maneira que o fazem a Assembleia Nacional e o Senado.* Com efeito, enquanto estas câmaras operam fundamentalmente com base em considerações de oportunidade (política), *o Conselho o faz com base em considerações exclusivamente jurídicas*, devidamente motivadas, e com a única *finalidade de tornar compatível o projeto ou proposição de lei com a Constituição*, o que pode significar a impossibilidade de introduzir neste projeto ou proposição de lei mais modificações que as estritamente necessárias para ele. Este é, pois, o único critério realmente válido para diferenciar uma função política de outra jurídica ou jurisdicional, e no momento do *iter* legislativo em que ela tem lugar.[170]

O controle da constitucionalidade francês era, pois, exclusivamente preventivo. Conforme preceitua o art. 61, as leis orgânicas, antes da promulgação, e os regimentos das duas Câmaras do Parlamento, antes de começarem a ser aplicados, devem ser submetidos ao Conselho Constitucional a fim de que este se pronunciasse sobre a sua conformidade com a Constituição. Para o mesmo efeito, as leis podem, antes da promulgação, ser deferidas ao Conselho Constitucional pelo Presidente da República, pelo Primeiro-Ministro, pelo Presidente da Assembleia Nacional, pelo Presidente do Senado ou por sessenta Deputados ou sessenta Senadores. Nesses casos, o Conselho Constitucional tem um mês para decidir, podendo, porém, este prazo ser reduzido a oito dias, a requerimento do Governo. O envio dos diplomas ao Conselho Constitucional suspende o prazo de promulgação. Nos termos do art. 62, não pode ser promulgado nem aplicado nenhum preceito declarado inconstitucional, sendo que as decisões do Conselho Constitucional não admitem recurso e são obrigatórias para os Poderes Públicos e para todas as autoridades administrativas e jurisdicionais.

Nesse sentido, após a entrada em vigor do texto normativo, nenhum juiz ou tribunal, nem mesmo o Conselho Constitucional, tampouco os cidadãos, podiam discutir a constitucionalidade da lei.[171] Esse era o entendimento que imperava na França até a Reforma Constitucional aprovada em 23 de julho de 2008,[172] que incluiu o art. 61-1 na Constituição,[173] atribuindo novas funções de controle de constitucionalidade ao Conselho Constitucional.

---

[170] Cf. FALCÓN, op. cit., p. 530 e ss.
[171] Sobre o assunto, consultar LOBATO, Anderson Cavalcanti. Para uma nova compreensão do sistema misto de controle de constitucionalidade: a aceitação do controle preventivo. *Revista de Informação Legislativa*, Brasília, Senado Federal, ano 31, n. 124, p. 172, out.-dez. 1994.
[172] Lei Constitucional 2008-724, de 23 de julho de 2008, em vigor desde 1º de março de 2010.
[173] Incluído pelo art. 29 da Lei Constitucional 2008-724.

Cap. 1 • AS MATRIZES DO CONSTITUCIONALISMO E AS FORMAS DE CONTROLE DE CONSTITUCIONALIDADE | **61**

A Reforma introduziu no sistema jurídico um novo modelo de controle de constitucionalidade (repressivo), numa ruptura paradigmática, marcando a jurisdição constitucional francesa, conhecida pelo seu caráter exclusivamente preventivo. Atualmente, qualquer interessado, no curso do processo judicial, pode recorrer ao Conselho Constitucional, questionando a constitucionalidade de determinado ato ou instrução normativa,[174] por meio da chamada *Question Prioritaire de Constitutionalité* (QPC), possibilitando, assim, que o Conselho se pronuncie a respeito de uma disposição legal vigente que viole os direitos e liberdades garantidos pela Constituição. Cabe salientar que somente as leis aprovadas pelo Parlamento Europeu (*loi, loi organique ou ordonnance ratifiée par le Parlement*) podem ser objeto da *Question Prioritaire de Constitutionalité*.[175] Em outras palavras, os atos considerados administrativos (*Les ordonnances qui n'ont pas été ratifiées, les décrets, les arrêtés ou les décisions individuelles*) estão sob a égide da jurisdição dos tribunais administrativos.[176] Se o Conselho Constitucional considerar inconstitucional determinada disposição legal com base no art. 61-1 da Constituição, tal disposição deverá ser revogada, nas condições e limitações definidas pelo próprio Conselho.[177] A questão prioritária de constitucionalidade foi regulamentada pela Lei Orgânica 2009-1523, de 10 dezembro de 2009, que somente entrou em vigor em 1º de março de 2010. Essa lei disciplinou o procedimento do controle de constitucionalidade sobre leis já promulgadas. Desde a vigência desse regramento o Conselho Constitucional ampliou significativamente sua atuação, seja no controle repressivo de constitucionalidade, seja na densificação dos direitos fundamentais.[178]

O Conselho é composto por nove membros, com mandato de nove anos, não renovável. De três em três anos renova-se um terço do Conselho. Três membros são nomeados

---

[174] Todavia, tal suscitação deve passar por uma análise prévia de relevância pelo Conselho de Estado ou pela Corte de Cassação, que, posteriormente, encaminha a questão para o Conselho Constitucional.

[175] A Lei orgânica de 10 de dezembro de 2009 atribuiu caráter de "prioridade" ao controle de constitucionalidade, por duas razões principais, quais sejam: o fato de a questão suscitada fazer parte do processo original, logo, deve ser resolvida de forma célere; além da nova perspectiva francesa da jurisdição constitucional.

[176] No dia 28 de maio de 2010 houve a primeira decisão de uma *Question Prioritaire de Constitutionalité* na França (Decisión 2010-1 QPC). Disponível em: [http://www.conseil-constitutionnel.fr/conseil--constitutionnel/francais/les-decisions/acces-par-date/decisions-depuis-1959/2010/2010-1-qpc/decision-n-2010-1-qpc-du-28-mai-2010.48290.html]. Acesso em: 07 set. 2010. Entretanto, mesmo com a experiência de outros países, a França ainda não instituiu determinadas ações constitucionais para a efetiva prestação da jurisdição constitucional, tais como o mandado de injunção.

[177] Constituição da França: "Article 62 – Une disposition déclarée inconstitutionnelle sur le fondement de l'article 61 ne peut être promulguée ni mise en application. Une disposition déclarée inconstitutionnelle sur le fondement de l'article 61-1 est abrogée à compter de la publication de la décision du Conseil constitutionnel ou d'une date ultérieure fixée par cette décision. Le Conseil constitutionnel détermine les conditions et limites dans lesquelles les effets que la disposition a produits sont susceptibles d'être remis en cause. Les décisions du Conseil constitutionnel ne sont susceptibles d'aucun recours. Elles s'imposent aux pouvoirs publics et à toutes les autorités administratives et juridictionnelles".

[178] Sobre o tema ver CARVALHO FILHO, José dos Santos. A evolução da jurisdição constitucional na França. Disponível em: [http://www.conjur.com.br/2013-jun-15/observatorio-constitucional--historico-perspectivas-jurisdicao-constitucional-franca#autores]. Acesso em: 17 jun. 2013.

62 | JURISDIÇÃO CONSTITUCIONAL • *Lenio Luiz Streck*

pelo Presidente da República, três pelo Presidente da Assembleia e três pelo Presidente do Senado. Além desses nove membros, fazem parte do Conselho Constitucional, por direito próprio e a título vitalício, os antigos Presidentes da República (art. 56). O Presidente do Conselho Constitucional é nomeado pelo Presidente da República e tem voto de qualidade em caso de empate.

Em resumo – e para uma melhor compreensão do sistema francês –, cumpre anotar que a jurisdição judiciária está escalonada em três níveis: na primeira instância, os tribunais têm competência especializada, onde, em matéria civil, as causas de menor valor são julgadas pelos *tribunaux d'instance* e os de maior valor pelos *tribunaux de grande instance*, em matéria comercial, a competência é dos *tribunaux de commerce*, constituídos exclusivamente por juízes eleitos pelos seus pares entre comerciantes ou pessoas que desempenham funções de direção em empresas comerciais; em matéria de relações de trabalho, as ações são decididas pelos *conceils de prudhommes*, formados paritariamente por juízes eleitos por e dentre trabalhadores assalariados e entidades patronais; em matéria penal e contravencional, a competência é dos *tribunaux de police* (nome que tomam os *tribunaux d'instance* quando julgam contravenções), (nome que tomam os *tribunaux de grande instance* quando julgam crimes) e *cour d'assises*, tribunais de composições mista (escabinato), que julgam crimes mais graves. A segunda instância é formada por *cours d'appel* (trinta no território metropolitano), cuja principal competência consiste no julgamento dos recursos de sentenças proferidas pelos tribunais de primeira instância, com exceção das *cours d'assises*. A *Cour de Cassation* está dividida em cinco câmaras civis (por sua vez especializadas em matérias como a comercial e a social) e uma câmara criminal. Sua competência é a de examinar os recursos restritos a matéria de direito, interpostos de decisões das *cours d'appel* e das *cour d'assises*. Desde 1991, a *Cour de Cassation* recebeu a função de uniformização da jurisprudência, com a *saisine pour avis*, isto é, a admissibilidade de, por iniciativa dos juízes dos tribunais inferiores e antes da decisão destes, emitir decisões sobre matéria de direito (exceto em matéria penal). Ao lado da jurisdição judiciária há a jurisdição administrativa, a exemplo do que ocorre em Portugal.[179]

1.5 A HISTÓRIA DA JURISDIÇÃO CONSTITUCIONAL E OS NOVOS APORTES CLASSIFICATÓRIOS

A classificação retro delineada obedeceu a uma narrativa tradicional no seio da jurisdição constitucional do mundo ocidental. Autores como Lucio Pegoraro[180] apontam atualmente para a necessidade de novos esquemas classificatórios.

Com efeito, Cappelletti, em 1968, classificou os modelos constitucionais, dividindo-os em políticos e judiciais. Analisou-os sob três perspectivas: estrutural, relacionado ao controle da lei; processual, sobre o acesso aos tribunais; e sobre os efeitos da sentença. Rejeitou qualquer padrão "geográfico". O trabalho apresentou as três metodologias utilizadas: os modelos austríaco, americano e o francês, sendo este último não mais exclusivamente

---

[179] Cf. ALMEIDA, Carlos Ferreira de. *Introdução ao direito comparado.* 2. ed. Coimbra: Almedina, 1998.

[180] PEGORARO, Lucio. *La justicia constitucional – Una perspectiva comparada.* Madrid: Dykinson, 2004.

Cap. 1 • AS MATRIZES DO CONSTITUCIONALISMO E AS FORMAS DE CONTROLE DE CONSTITUCIONALIDADE | **63**

com o controle preventivo. Estabeleceu as dicotomias entre o modelo americano e o austríaco, o primeiro com o controle difuso, incidental, sentenças declarativas, e o segundo com o controle concentrado, incidental (após a reforma constitucional de 1975), direto e sentenças constitutivas.

Podemos também fazer a divisão de forma geográfica, de um lado França e países socialistas, com o controle majoritariamente político, e de outro o restante do mundo, com o controle jurisprudencial. Dentre os que utilizam este controle, há a divisão entre o sistema americano e o austríaco, e poderíamos sugerir uma terceira categoria, representada por sistemas de controle incidental, como a Alemanha e a Itália.

A classificação de Cappelletti tem diversas vantagens: "En primer lugar, se mantenía (y se mantiene) sólidamente enclavada en la historia de las doctrinas políticas, en la evolución del pensamiento filosófico, jurídico y sobre todo constitucional, evidenciando así la importancia de los modelos en su evolución histórica. En segundo lugar, distinguía (y distingue) entre los prototipos y su recepción y adaptación, evidenciando los elementos de novedad aportados por los ordenamientos receptores. En tercer lugar tenía (y tiene) en cuenta diversos elementos a efectos clasificatorios (estructura, procedimientos, eficacia), acentuando las analogías y diferencias recíprocas. Finalmente, y como consecuencia, se prestaba (y se presta) a ser manejada, conforme evoluciona el derecho constitucional, con mayor ductilidad que otras propuestas clasificatorias".[181]

No entanto, os modelos construídos em laboratório, mesmo baseados em experiências históricas, criados pela academia e de funcionamento prático da jurisdição constitucional, que advêm do aumento da atuação jurisdicional, não são iguais.

Existem diferenças entre os sistemas constitucionais e como eles operam nos ordenamentos históricos. Historicamente, podemos definir os EUA como um controle difuso, a Itália predominante incidental e a França predominantemente preventivo e abstrato, mas não podemos fazer isso com as categorias clássicas da Espanha, da Alemanha ou da Áustria. Vários ordenamentos apenas recentemente têm adotado a justiça constitucional.

Para Pegoraro, os modelos construídos pela doutrina exigem uma adaptação. O sistema americano e o austríaco foram aperfeiçoados desde sua criação. O sistema francês também se modificou trazendo o controle posterior. Assim, o caráter público da jurisdição constitucional e o aumento de sua demanda têm contribuído para melhorar a motivação das decisões constitucionais: "... en ellas los Tribunales no se limitan a describir los nexos del discurso lógico, con meras referencias *per relationem* a las disposiciones afectadas. Al contrario, se valen de todos los instrumentos de la retórica, hacen amplias referencias a los precedentes, acuden al derecho comparado y a la jurisprudencia de otros Tribunales, operan *excursus* históricos de institutos y disciplinas, expresan valoraciones y ponderaciones de valores, critican, sugieren, aconsejan, armonizan los poderes del Estado".[182]

A complexidade dos sistemas políticos implantados a partir do segundo pós-guerra e o "ingresso" de um expressivo número de novos países que adotaram a jurisdição

---

[181] Idem, p. 141.

[182] Idem, p. 144.

constitucional (com ou sem Tribunal Constitucional), aliados à relevante circunstância de que os tribunais têm sido investidos de funções adicionais que os colocam em posição peculiar no âmbito das formas de Estado e de governo, fazem com que, cada vez mais, se devem lançar novos olhares às classificações advindas da tradição constitucional. Funções que ficavam alheias à justiça constitucional em sentido estrito hoje representam uma significativa parte dos instrumentos do Judiciário, devendo ser incorporadas ao núcleo histórico da classificação tradicional.

Surgem novas funções, na linha do que afirma Pegoraro: "... *impeachment*, con varias modalidades y en el control de constitucionalidad de partidos políticos, o la declaración de pérdida de derechos individuales, operativa solo en Alemania; o bien a la forma de gobierno (como, además del juicio sobre conflictos entre órganos, importados de la experiencia italiana y española, la intervención en el procedimiento de *impeachment*, con varias modalidades y en varias fases, la intervención para aceptar el impedimento del Jefe del Estado, que hallamos diseñada en los prototipos estadounidense, francés, portugués, la actividad de consulta de los Tribunales); otros casos afectan por fin tanto a la forma de estado como de gobierno, como el control de las elecciones presidenciales, según el modelo francés, recogido en Austria y Portugal, que reaparece en Rumania, Bulgaria, Lituania; el control de las elecciones generales, bastante difuso en occidente (Alemania, Austria, Portugal, Francia, España); el control del referéndum con diversas connotaciones en Italia (donde es previo en el referéndum abrogativo), y en Portugal; la declaración de pérdida del mandato electoral, que encontramos en Francia, Austria, Portugal, contemplada también en la Constitución de la República Eslovaca; el control de la iniciativa legislativa popular, que en Europa occidental está previsto en la Constitución austriaca, y ha sido recepcionado en Rumania. Por no hablar de la intervención de los Tribunales en procedimientos de reforma constitucional – cuyo ejemplo más espectacular es el ofrecido por el proceso que ha guiado la transición en Sudáfrica – del que se hablado *supra* y que está recogido en las Constituciones de Moldavia, Bolivia, Rumania, Colombia".[183]

Segundo o autor, a atribuição de mais funções aos Tribunais Constitucionais reflete a confiança neles depositada. Com efeito, a história dos diferentes tribunais constitucionais tem apontado para isso. Destarte, torna-se necessário complementar a classificação dos modelos constitucionais para atender às condições dos sistemas constitucionais na contemporaneidade. Por exemplo, o modelo austríaco atual pode estar incorreto se não houver referência à figura original, assim como o modelo americano, que destaca suas características históricas, mas não sua configuração atual.

Adicionalmente, os modelos podem se diferenciar em relação à estrutura em que estão inseridos os organismos constitucionais, operando em um sistema unitário ou em um sistema plural. Essa classificação enfatiza a dicotomia entre o controle difuso e o controle concentrado e como se faz o controle, entre juízes ordinários ou *ad hoc*.

Da mesma forma, em relação a seu objeto, os sistemas de justiça constitucional podem ser integrais, quando podem conhecer a ilegitimidade de leis, atos administrativos,

---

[183] Idem, p. 153.

Cap. 1 • AS MATRIZES DO CONSTITUCIONALISMO E AS FORMAS DE CONTROLE DE CONSTITUCIONALIDADE | **65**

eventos políticos, tratados, ou mesmo de leis de reforma constitucional, e parciais, com o controle somente de leis. Neste sistema, o poder de reforma é mais livre e as emendas constitucionais estão sujeitas a menos vínculos formais ou substanciais.

Uma configuração híbrida não é somente a oposição do modelo austríaco ao modelo americano, mas a formação de um modelo misto, no qual o Tribunal Constitucional opera diferentemente, com uma câmara especializada no Supremo Tribunal. Juízes ordinários também têm a função de afastar a lei inconstitucional.

O sistema pode distinguir o modelo totalmente concentrado, um único tribunal exercendo todos os poderes (Espanha, Itália, Bélgica, França), e parcialmente concentrado, no qual "la hibridación de modelos desde la perspectiva propuesta comporta que cada nivel territorial tiene un solo órgano habilitado para hacer justicia constitucional, pero en el interior del ordenamiento general conviven con competencias diversas más tribunales constitucionales (Alemania, Austria); sistemas *parcialmente desconcentrados*, allí donde la función se distribuye entre varios jueces y una Corte suprema, pero sin superposición de niveles (ordenamientos de *common law* no federales, Portugal, Grecia y otros antes mencionados); y sistemas *integralmente desconcentrados* (países federales de *common law, in primis* Estados Unidos, e incluso Rusia, algunos países federales de América Latina como Brasil y Argentina, etc.)".[184]

Mais ainda, complementa Pegoraro, podem-se dividir os modelos de jurisdição constitucional pela extensão funcional, quando exercem uma única atividade (alguns tribunais da América Latina e do Norte Europeu) ou várias atividades, além do controle de constitucionalidade das leis (Itália, Espanha, França, Alemanha). Essas outras, mesmo sendo algumas eventuais, são de grande relevância constitucional, como no controle do processo eleitoral.

Já os países latino-americanos possuem uma forma peculiar de controle das leis. Isso ocorre devido à evolução dos regimes latinos, que passam do autoritarismo e populismo para a democracia liberal. O mesmo ocorreu nos países socialistas, que, com a queda dessa forma de governo, passaram para a democracia. Na América Latina, em Portugal, no norte europeu e na Rússia um juiz pode deixar de aplicar uma lei inconstitucional, mesmo existindo tribunais que declaram a constitucionalidade das leis. Esse sistema misto ocorre na fase de implementação do processo, e também nas sentenças. Muitos desses países têm procedimentos específicos para a proteção dos direitos, como o *habeas corpus*, o mandado de segurança, o *habeas data*, assim havendo a coexistência entre esses institutos e o controle de constitucionalidade misto.

Nesses casos podemos falar em sistemas mistos, com tipologias próprias. A atribuição de um instituto para determinado ordenamento estabelecerá qual é sua função normativa, sua funcionalidade. Portanto, é necessário estabelecer quais são os itens que devemos levar em consideração nas classificações.

---

[184] Idem, p. 155.

66 | JURISDIÇÃO CONSTITUCIONAL • *Lenio Luiz Streck*

Um elemento essencial é a estrutura do Estado, como o federalismo, e a relação com a jurisdição constitucional. Nos países federalistas, como EUA e Estados alemães, conseguiu-se superar a resistência de um "juiz das leis" formando a jurisdição constitucional atual.

Podemos pensar no sentido inverso, por meio da descentralização que está ocorrendo, por exemplo, no Reino Unido, na França, na Itália e na União Europeia. Todos necessitam do Tribunal Constitucional para solucionar conflitos entre o centro e as unidades autônomas. A existência desses tribunais que resolvem os conflitos de competência, enquanto outros não fazem a resolução de competências, pode contribuir para distinguir os modelos constitucionais.

Além da resolução de competências, deve haver a proteção dos direitos. A extensão do parâmetro da constitucionalidade deve ser levada em conta por várias razões.

Outra questão é a incorporação de tratados e declarações internacionais em defesa dos direitos, o que mudou a clássica ideia da Constituição como Lei Maior. Mas, ao mesmo tempo, esses instrumentos do direito internacional se incorporam ao ordenamento de alguns Estados por meio de leis.

Por fim, podemos também identificar a existência de sistemas fechados, que limitam as pessoas legitimadas aos órgãos estatais, e sistemas abertos, nos quais há como protagonistas outras entidades, até juízes, pessoas físicas e pessoas jurídicas.

1.6 A CONSTRUÇÃO DE MECANISMOS E INSTRUMENTOS APTOS A CONTROLAR A CONSTITUCIONALIDADE DAS LEIS – O PERCURSO DE UM LONGO CAMINHO

O pioneirismo dos Estados Unidos em conceder aos juízes, de quaisquer tribunais, a tarefa de garantir o conteúdo da Constituição segue um caminho inverso à trajetória da Inglaterra, que, na contramão, consolida a supremacia do Legislativo a partir da Revolução Gloriosa. Ao mesmo tempo, na França, que, no auge da Revolução, desencadeia um processo de desconfiança dos juízes (veja-se que a primeira criação foi o Júri Constitucional), ocorre um movimento que toma outro rumo a partir da Restauração, onde nem a lei nem a Constituição representam a vontade do povo, uma vez que é o Chefe do Estado o garantidor da Constituição, representando uma espécie de "poder moderador" ("neutral"), ideia, aliás, recuperada posteriormente na Constituição brasileira de 1824, não sendo surpresa, portanto, que não houvesse controle jurisdicional de constitucionalidade (nem em França nem em *terrae brasilis* de então). Enquanto no Brasil essa questão assume outro patamar a partir de 1891, com a introdução do *judicial review*, a França até hoje, em sua maior parte, mantém o Judiciário afastado do controle de constitucionalidade, o que já se pôde perceber desde as Constituições do ano VIII e de 1852.

Na segunda metade do século XIX, produz-se um fenômeno – a consolidação territorial dos Estados – que auxiliará na formação da ideia de superioridade normativa da Constituição no continente europeu e na criação de técnicas jurídicas para garantir a aplicação desse princípio. Consequentemente, surgem tentativas de organização federal, como a Suíça e a Alemanha, sem esquecer o projeto de Constituição Federal espanhola de 1873. Há, pois, uma nítida vinculação entre federalismo e justiça constitucional, questão

Cap. 1 · AS MATRIZES DO CONSTITUCIONALISMO E AS FORMAS DE CONTROLE DE CONSTITUCIONALIDADE | **67**

que já ficara clara na consolidação do *judicial review* norte-americano. Na Alemanha e em toda a sua zona cultural de influência, a estruturação federal do Estado produziu um germe que acabaria dando seu fruto na Constituição de Weimar de 1919. A constituição austro-húngara de 1869 e a alemã de 1871 abriram caminho para a jurisdição constitucional (*Staatsgerichtsbarkeit*) de resolução de conflitos entre órgãos de Estado, que tinha seus antecedentes no Tribunal do Império, configurado na Constituição da Assembleia Nacional reunida na Igreja de São Paulo, em Frankfurt em 1849, cujas competências eram, inclusive, mais amplas que as atribuídas nas posteriores Constituições ao Tribunal Imperial (muito embora a Constituição de 1849 nunca tenha chegado a ter qualquer efetividade). De qualquer sorte, a jurisdição constitucional que se forja na segunda metade do século XIX desemboca em dois pontos diferentes: por um lado, a organização da justiça constitucional na Constituição de Weimar; por outro lado, a construção teórica de Kelsen, plasmada nas Constituições da Áustria e da Checoslováquia.[185]

Esse processo de institucionalização de um mecanismo de controle de constitucionalidade ocorre concomitantemente com o surgimento do constitucionalismo, uma vez que, conforme será possível perceber no decorrer do século XX, a justiça constitucional será de fundamental importância para a consolidação do modelo de direito do Estado Democrático de Direito. Nesse sentido, ocorre o engendramento de um tipo de justiça constitucional que tenta superar o problema da falta de legitimidade de um poder de Estado de controlar os atos dos demais.

É nesse contexto que surgem os modelos de justiça constitucional que serão conhecidos como tribunais *ad hoc*, representados por tribunais com a específica função de controlar a constitucionalidade das leis e dos atos dos poderes do Estado, afirmando, sobremodo, a supremacia das Constituições, mormente aquelas forjadas a partir da 2ª Guerra Mundial. Sem dúvida, o modelo de justiça constitucional com tais características mostrar-se-á eficaz para a consolidação das democracias e dos direitos sociais e fundamentais nas nações europeias, principalmente nos países que possuíam regimes autoritários.

1.7 O CONTROLE DE CONSTITUCIONALIDADE NOS PAÍSES EUROPEUS QUE ADOTARAM A FÓRMULA DOS "TRIBUNAIS *AD HOC*"

De início, releva registrar, com Rui Medeiros, que o modelo de justiça constitucional moldado em tribunais *ad hoc*, que correntemente tem sido creditado a Kelsen, não era novo e não foi uma descoberta do mestre de Viena: "As ideias de Kelsen sobre a justiça constitucional, mais do que ponto de partida, indicam um ponto de chegada. Assim, mesmo omitindo o precedente introduzido poucos meses antes da Checoslováquia ou os antecedentes austríacos do sistema desenhado pela Constituição de 1º de outubro de 1920, não se pode ignorar que o referido compromisso estava subjacente a alguns modelos filosóficos, projetos políticos, precedentes jurisprudenciais e doutrinas jurídicas que um pouco por toda a Europa prepararam o terreno da justiça constitucional no século XX".[186]

---

[185] Na especificidade, ver TREMPS, op. cit.

[186] Cf. MEDEIROS, Rui. *A decisão de inconstitucionalidade*. Lisboa: Universidade Católica, 2000. p. 53.

68 | JURISDIÇÃO CONSTITUCIONAL • *Lenio Luiz Streck*

De qualquer sorte, a característica principal do modelo de justiça constitucional concebido por Hans Kelsen consiste em atribuir a um tribunal *ad hoc* o controle da constitucionalidade das leis e atos normativos, excluindo dessa atribuição o juiz ordinário. Esse tribunal *ad hoc* não pertence ao Poder Judiciário, sendo formado, levando em conta o pioneiro exemplo da Áustria e da Alemanha, por magistrados, professores, advogados e membros do Parlamento. No fundo, a instituição de um tribunal de controle de constitucionalidade fora da estrutura do Poder Judiciário tinha o nítido objetivo de proteção do legislador, influência da Revolução Francesa.

Tratava-se da construção de mecanismos que, ao mesmo tempo que preservariam a vontade geral proveniente da lei, poderiam pôr freios aos demais Poderes. Mas, mais do que isso, a ideia de uma justiça constitucional, nos moldes dos tribunais *ad hoc*, tem uma relação direta com a importância que passaram a ter as Constituições. E, ao lado disso, a construção da ideia de Estado Democrático de Direito, com um algo "a mais", complementa o quadro que deu origem à contemporânea jurisdição constitucional. Assim, alguns países europeus merecem ser destacados.

1.7.1 Alemanha

Na República Federal da Alemanha, a jurisdição constitucional está a cargo do *Bundesverfassungsgericht*, criado em 1951, e dos tribunais constitucionais dos *Länder*.[187] Ao lado da jurisdição especial, que é a constitucional, existem na Alemanha tribunais ordinários, que decidem em matéria civil e penal; tribunais administrativos comuns, que decidem as questões que não entram na competência dos tribunais administrativos especiais; tribunais de finanças, que são competentes para litígios fiscais; tribunais sociais, que decidem litígios relativos à segurança social e à atividade dos médicos ligados às caixas públicas de seguro de saúde; e, finalmente, tribunais do trabalho, que são competentes para os litígios relativos aos contratos individuais e coletivos de trabalho, bem como para os relativos à organização interna das empresas e à participação dos trabalhadores na sua gestão. Os tribunais de cúpula são, respectivamente, o Tribunal Federal de Justiça, o Tribunal Federal Administrativo, o Tribunal Federal de Finanças, o Tribunal Federal Social e o Tribunal Federal do Trabalho.

---

[187] Ver nesse sentido: Landesgesetzgebung: Bad.-Wirtt. Art. 68 Abs. 1 n. 3 Verf.; §§ 8 Abs. 1 n. 3, 51 Gesetz über den Staatsgerichthof vom 13.12.1954; Bayern Art. 65, 84, 92 Verf.; Art. 2 n. 5, 44 f. Gesetz über den Verfassungsgerichtshof vom 22.7.1947; Bremen Art. 142 Verf; § 1 n. 2 Gesetz über den Staatsgerichthof vom 21.6.1949; Hamburg Art. 64 Abs. 2, 65 Abs. 2 n. 4 Verf.; §§ 14 n, 39 ff. Gesetz über das Hamburgische Verfassungsgericht vom 2.10.1953; Hessen Art. 113 Verf.; §§ 41 ff. Gesetz über den Staatsgerichthof vom 11.12.1947; Niedesachen Art. 42 Abs. 1 n. 3 Verf.; §§ 17 n. 7, 38 ff. Gesetz über den Staatsgerichthof vom 31.3.1955; Nordhein-Westfalen §§ 13 n. 7, 48 f. Gesetz über den Verfassungsgerichtshof vom 4.3.1952; Rheinland-Pfalz Art. 130 Abs 3, 135 Abs. 1 Verf.; §§ 2 n. 1, 24 Landesgesetz über Verfassungsgerichtshof vom 23.7.1949; Saarland §§ 7, n. 7, 45 f. Gesetz über den Verfassungsgerichtshof i.d. F. vom 8.2.1961; Schleswig-Holstein Art. 37 Landessatzung. Cf. Maunz-Dürig até Landessatzung. Cf. Maunz-Dürig. Grundgesetz. Kommentar. München: Beck, 2000, 100, 6.

Cap. 1 • AS MATRIZES DO CONSTITUCIONALISMO E AS FORMAS DE CONTROLE DE CONSTITUCIONALIDADE | **69**

O Tribunal Constitucional Federal é composto por dezesseis membros, escolhidos entre juízes federais e outros membros (professores, juristas), sendo metade eleita pelo Parlamento Federal (*Bundestag*)[188] e metade eleita pelo Conselho Federal (*Bundesrat*),[189] representando, assim, simultaneamente, o povo da federação e os do *Länder*. O mandato é de 12 anos, não renovável. O Tribunal é composto por dois senados, tendo cada um oito membros. Dos juízes de cada Senado, três são escolhidos dentre os juízes dos tribunais federais superiores. A idade mínima dos magistrados do Tribunal Constitucional é de quarenta anos. Os juízes de cada Senado serão escolhidos da seguinte forma: metade pelo *Bundestag* e metade pelo *Bundesrat*.

Dos juízes a serem nomeados dentre os integrantes dos tribunais superiores (três em cada Senado), um será eleito por um órgão eleitoral e os outros dois pelo outro órgão, sendo que, dos juízes restantes, três serão escolhidos por um e dois pelo outro. O *Bundestag* e o *Bundesrat* elegem, alternadamente, o Presidente e o Vice-Presidente do Tribunal Constitucional, sendo que o vice não pode pertencer ao mesmo Senado ao qual pertence o Presidente. O Presidente do Tribunal será o Presidente de um Senado, e o Vice, do outro. Cada Senado necessita de *quorum* de seis juízes para deliberar. Os Senados convocam, para o início do ano, várias Câmaras, cada uma constituída de três juízes. *Se um Senado necessita afastar-se, em determinada questão jurídica, da jurisprudência dominante em outro Senado, a questão será remetida ao plenário do Tribunal.*

A competência dos Senados está regulamentada da seguinte forma: o primeiro Senado examina os processos relativos ao controle normativo, onde se discute a incompatibilidade de uma prescrição normativa com direitos fundamentais ou com os direitos previstos nos arts. 33, 101, 103 e 104 da Lei Fundamental. Compete também ao primeiro Senado o exame dos recursos constitucionais, com exceção do recurso com fundamento no art. 91 e os recursos relativos ao direito eleitoral. Ao segundo Senado compete examinar os casos previstos nos arts. 13, n. 1-5, 7-9, 12 e 14, além dos procedimentos de controle normativo e os recursos constitucionais, não incluídos na competência do primeiro Senado.

Consoante o art. 100 da Lei Fundamental da Alemanha, quando um Tribunal considerar inconstitucional uma lei, de cuja validade dependa a decisão, terá de suspender o processo e submeter a questão à decisão do Tribunal do Estado (*Länder*) competente em assuntos constitucionais, quando se tratar de violação da Constituição de um Estado, e ao Tribunal Constitucional Federal (*Bundesfervassungsgericht*) se a violação for da Lei Fundamental. Isso também ocorrerá quando uma lei estadual violar a Constituição Federal ou existir incompatibilidade entre lei federal e estadual.

---

[188] O *Bundestag* elege, de forma proporcional, uma comissão composta por doze membros, onde cada grupo parlamentar pode fazer uma proposta. Da soma dos votos dados para cada proposta será calculado, segundo o procedimento da média máxima, o número dos nomes eleitos em cada proposta. Serão considerados eleitos na ordem em que os nomes aparecem na proposta. O juiz estará eleito quando atingir o número de oito votos (art. 6º da Lei do Tribunal Constitucional Federal).

[189] Ver, para tanto, ZEIDLER, Wolfgang. A justiça constitucional no quadro das funções do Estado. *Justiça constitucional e espécies, conteúdo e efeitos das decisões sobre a constitucionalidade das normas.* Lisboa: Tribunal Constitucional, 1987. p. 52.

70 | JURISDIÇÃO CONSTITUCIONAL • *Lenio Luiz Streck*

Desse modo, num litígio, quando surgirem dúvidas sobre se uma norma do direito internacional público é parte integrante do direito federal e fonte direta de direitos e deveres para o indivíduo (art. 25), o tribunal tem de solicitar a decisão do *Bundesverfassungsgericht*. Mais ainda, quando, na interpretação da Lei Fundamental, o tribunal constitucional de um Estado divergir de uma decisão do *Bundesverfassungsgericht* ou do tribunal constitucional de outro Estado, *deve submeter a questão à decisão do Tribunal Constitucional Federal*. Trata-se, pois, de um procedimento de remessa *per saltum* ao Tribunal Constitucional. Em síntese, o Tribunal Constitucional Federal decide litígios entre os órgãos supremos da federação, como, por exemplo, entre o *Bundestag* e o Governo, entre o *Bundestag* e o *Bundesrat*, que é um órgão de participação dos *Länder* na legislação e na administração federais, entre o Presidente federal e o Chanceler federal, entre a maioria e a minoria parlamentares, entre a federação e um *Land* (Estado) ou entre diferentes *Länder*.

Não há previsão de controle preventivo, com exceção estabelecida pela jurisprudência (BverfGE 1, 396) para os casos de aprovação de tratados internacionais cuja constitucionalidade pode ser objeto de fiscalização logo que o processo legislativo se conclua, mas da entrada em vigor de tais leis, para que não haja vinculação internacional antes da apreciação da constitucionalidade.[190]

Importante ressaltar que o Tribunal Constitucional é competente para apreciar queixa constitucional ou recurso constitucional (*Verfassungsbeschwerde*), instituto do qual dispõe o cidadão para buscar junto à justiça constitucional a preservação dos direitos fundamentais previstos na Lei Fundamental. Também uma omissão legislativa pode ser objeto de decisão do Tribunal Constitucional. Este tipo de caso tem relação com o problema e as novas perspectivas de decisão, em especial com a mera declaração da inconstitucionalidade de uma dada situação jurídica e os apelos ao legislador. Como exemplos, cabe lembrar as incumbências constitucionais não executadas; o imperativo constitucional de definição legal de direitos e deveres básicos de um determinado círculo de pessoas; o dever constitucional do legislador de ter em conta mudanças de situação de fato e disparidades inconciliáveis com o princípio da igualdade. A escala se estende desde os casos de omissão propriamente dita – o legislador, contrariamente a seu dever constitucional, mantém-se inativo –, passando pela falta de atualização legislativa – o legislador deixa passar muito tempo sem agir –, até os casos de desigualdade de tratamento censurável – o legislador agiu, omitindo, porém, a consideração de determinado grupo.[191]

A questão acerca da constitucionalidade pode ser posta diretamente ao Tribunal Constitucional ou por meio da remessa *per saltum* feita pelos demais tribunais. O Tribunal alemão, a exemplo do Tribunal Constitucional de Portugal, atua como corte de cassação, cabendo ao tribunal de origem julgar o caso concreto de acordo com a questão constitucional decidida pelo *Bundesverfassungsgericht*. Muito embora a possibilidade de os tribunais comuns serem competentes para apreciar, em primeira instância, a inconstitucionalidade de normas dos *Länder*, não podem eles proferir decisão sem que seja conhecido o acórdão

---

[190] Idem.
[191] Idem, p. 55-56.

Cap. 1 • AS MATRIZES DO CONSTITUCIONALISMO E AS FORMAS DE CONTROLE DE CONSTITUCIONALIDADE | 71

pertinente do Tribunal Constitucional. Tal circunstância, entretanto, não permite afirmar que haja, por isso, a admissão de um verdadeiro processo de fiscalização concreta da constitucionalidade pelos tribunais ordinários, porque, ao contrário do previsto no sistema português, os mesmos tribunais não podem decidir sozinhos acerca da aplicação da norma que entendem constitucional.[192]

As decisões do *Bundesverfassungsgericht* são vinculantes para todos os órgãos da Federação e dos Estados, bem como para todos os tribunais e autoridades, consoante o art. 31 da Lei do Tribunal Constitucional. Nos casos do art. 13, n. 6, 11, 12 e 14, a decisão do Tribunal Constitucional Federal tem força de lei, o mesmo valendo para as hipóteses do art. 13, n. 8, quando o Tribunal Constitucional Federal declara uma lei compatível ou incompatível com a Lei Fundamental.

1.7.2 Áustria

O controle de constitucionalidade na Áustria encontra detalhada especificação nos arts. 137 a 148 da Constituição austríaca, que estabelecem a estrutura e o funcionamento do Tribunal Constitucional (*Verfassungsgerichtshof* – VfGH), que é composto por um Presidente, um Vice-Presidente, outros 12 membros e 6 suplentes. O Presidente, o Vice-Presidente, 6 membros e 3 suplentes são nomeados pelo Presidente da República e escolhidos entre magistrados, funcionários administrativos e professores catedráticos das faculdades de direito e ciências políticas. Os restantes 6 membros e 3 suplentes são designados pelo Presidente da República, sob proposta do Conselho Nacional, para três membros e um suplente. Três dos membros titulares e dois dos suplentes devem ter a sua residência fora de Viena. Aos 70 anos, os membros do Tribunal devem afastar-se da atividade.

Ao contrário da Alemanha, na Áustria, não obstante ser também uma federação, os Estados não dispõem de jurisdição constitucional própria. Interessa registrar, nesse contexto, que *o monopólio da jurisdição constitucional por parte do Tribunal Constitucional não exclui que também outros órgãos jurisdicionais baseiem as suas decisões no direito constitucional*. Com efeito, em sede de interpretação conforme a Constituição, compete a todos os órgãos estatais, sobretudo aos demais tribunais, e entre estes ao Supremo Tribunal Administrativo e ao Supremo Tribunal de Justiça (em ações cíveis e criminais), *aplicar o direito constitucional aos casos concretos*. Entretanto, a supressão de normas gerais do ordenamento por motivo de inconstitucionalidade ou ilegalidade é reservada ao Tribunal Constitucional.

O Tribunal Constitucional ocupa-se das ações de caráter patrimonial contra a Federação, os Estados, os Distritos, os Municípios que não possam ser resolvidas pela via judicial ordinária nem por decisão de uma autoridade administrativa. Além disso, tem competência para conhecer dos litígios entre tribunais e autoridades administrativas, entre o Tribunal Administrativo e os restantes dos Tribunais, entre os Estados, bem como entre um Estado e a Federação. Pronuncia-se sobre a ilegalidade dos regulamentos das autoridades

---

[192] Nesse sentido, ver ROGÉRIO, Nuno. *A lei fundamental da República Federal da Alemanha: ensaio e anotações de Nuno Rogério*. Coimbra: Coimbra Editora, 1996. p. 218.

federais ou regionais, a pedido de um tribunal administrativo independente. Decide sobre a constitucionalidade de leis federais ou estaduais, a pedido do Tribunal Administrativo, do Tribunal Supremo ou de qualquer tribunal chamado a resolver em segunda instância, ou de um tribunal administrativo independente, bem como quando o próprio Tribunal Constitucional tiver de aplicar a lei a um litígio pendente. Do mesmo modo, decide sobre a inconstitucionalidade das leis estaduais, a pedido do Governo Federal, e a inconstitucionalidade das leis federais, a pedido de um Governo estadual.

O Tribunal Constitucional decide também sobre a inconstitucionalidade das leis a pedido de qualquer pessoa que afirme ter sido diretamente lesada nos seus direitos por essa inconstitucionalidade, sob condição de a lei ter tido efeito sobre essa pessoa sem necessidade de ter sido objeto de uma decisão judicial ou administrativa. Observe-se que, consoante construção jurisprudencial, o requerimento individual de controle de normas está subordinado ao princípio da subsidiariedade, *o que significa que a instauração de um processo de controle individual somente terá viabilidade quando não exista para o efeito qualquer outra via adequada, a exemplo do que ocorre com o direito de amparo espanhol, o recurso constitucional alemão e a arguição de descumprimento de preceito fundamental brasileira.*

Não há possibilidade de controle de omissão inconstitucional no sistema austríaco. Entretanto, é possível que a falta de um preceito legal, decorrente de inatividade do legislador, conduza à inconstitucionalidade de um outro preceito. De qualquer sorte, o objeto de apreciação é, e continua a ser, assim, uma lei já editada. Porém, a inconstitucionalidade de tal lei pode ser mero resultado da omissão de uma atividade legislativa complementar.[193]

De observar que o Tribunal Constitucional somente pode declarar a inconstitucionalidade de uma lei se for provocado para tal. No exercício de sua competência revogatória, o Tribunal está limitado pelo pedido de apreciação da lei, o qual deve precisar o mais aproximadamente possível o âmbito da revogação pretendida. No processo de controle concreto de normas, assim como nos processos instaurados de ofício pelo próprio Tribunal, o âmbito de apreciação e de revogação encontra-se limitado pelo âmbito de aplicação da lei ao caso pretexto. A revogação apenas parcial da lei, que constitui quase regra, e que pode ficar limitada a uma palavra ou a algumas poucas palavras, coloca o Tribunal Constitucional perante a questão da possibilidade de tal resultar numa alteração do significado do texto da lei remanescente.

O Tribunal firmou a seguinte jurisprudência: "Toda revogação de partes individualizadas da lei traz necessariamente consigo uma alteração da lei apreciada. O tipo e importância dos efeitos desta alteração no caso concreto dependem essencialmente da sistemática legislativa, portanto, de circunstâncias sobre as quais o VfGH não tem qualquer influência... O VfGH considera tarefa sua delimitar quais as disposições a apreciar e, no caso de antijuridicidade, quais as disposições a revogar, de tal modo que, por um lado, não se retire à norma jurídica mais do que aquilo que é necessário no caso pretexto e que,

---

[193] Cf. OBERNDORFER, Peter. A justiça constitucional no quadro das funções estaduais. *Justiça constitucional e espécies*, op. cit., p. 145.

Cap. 1 · AS MATRIZES DO CONSTITUCIONALISMO E AS FORMAS DE CONTROLE DE CONSTITUCIONALIDADE | **73**

por outro lado, o texto remanescente não sofra qualquer alteração no seu significado. É evidente que nunca se poderão alcançar completamente ambos os objetivos. Portanto, o VfGH deve ponderar em cada caso concreto se e em que medida deve ser dada primazia a um ou a outro dos objetivos".[194]

A Constituição da Áustria prevê expressamente o fenômeno da repristinação. Com efeito, declarada a inconstitucionalidade de uma lei, as disposições legais que tenham sido revogadas por essa lei são repristinadas. Na publicação da decisão, o Tribunal especificará quais as disposições ou leis que ficam repristinadas. É caso, no direito brasileiro, de disposição constante na Lei 9.868/1999.

Do mesmo modo que ocorre em países como Alemanha e Espanha, o controle de constitucionalidade concreto somente pode ser feito na forma *per saltum*. Isso significa dizer que, quando o Supremo Tribunal Administrativo, o Supremo Tribunal de Justiça ou um Tribunal competente para decidir em segunda instância tenham dúvidas quanto à aplicação de uma lei com base na sua inconstitucionalidade, *devem suscitar a questão ao Tribunal Constitucional*, ficando o processo suspenso até a decisão da Corte Constitucional.

Por fim, e essa questão interessa sobremodo à discussão que se estabeleceu no Brasil a partir da Lei 9.868/1999, declarada a inconstitucionalidade de uma lei, continuar-se-á a aplicar a lei em questão às situações de fato consumadas antes da anulação, exceto àquela que deu origem à sentença, se o Tribunal Constitucional não tiver disposto de outro modo na sua sentença. Se o Tribunal tiver fixado um prazo, a lei é aplicada a todos os fatos consumados antes do prazo expirar, com exceção, precisamente, do caso que deu origem à decisão de inconstitucionalidade.

1.7.3 Espanha

Na Espanha, o Tribunal Constitucional,[195] colocado à parte do Poder Judiciário, é composto por doze membros nomeados pelo Rei. Entre eles, quatro são propostos pelo Congresso por maioria de três quintos dos seus membros; quatro são propostos pelo Senado, com idêntica maioria; dois são propostos pelo Governo e outros dois pelo Conselho Geral do Poder Judicial. Estabelece a Constituição (art. 159, 2) que os membros do Tribunal Constitucional deverão ser nomeados entre magistrados, fiscais, procuradores, professores universitários, funcionários públicos e advogados, todos eles juristas de reconhecida competência com mais de quinze anos de exercício profissional. Seu mandato é de nove anos, sendo renovados por grupos de três a cada três anos. O Presidente do Tribunal Constitucional, que detém voto de qualidade (art. 90.1, 2º, da Lei Orgânica do Tribunal Constitucional), é nomeado, dentre os seus membros, pelo Rei, sob proposta do Tribunal reunido em sessão plenária, por um período de três anos.

O Tribunal Constitucional atua na forma plenária e em "Salas", em número de duas. O Pleno do Tribunal tem competência para apreciar as seguintes matérias: recursos e

---

[194]   Idem, p. 156-157.

[195]   O funcionamento, a competência e a composição do Tribunal Constitucional está regulamentada pela Lei Orgânica 2/1979, de 3 de outubro.

questões de constitucionalidade; conflitos constitucionais de competência entre o Estado e as Comunidades Autônomas e destas entre si; conflitos entre os órgãos constitucionais do Estado; controle prévio de constitucionalidade; as impugnações previstas no n. 2 do art. 161 da Constituição;[196] verificação do cumprimento dos requisitos exigidos para a nomeação de magistrado do Tribunal Constitucional; nomeação dos magistrados que integrarão cada uma das Salas; aprovação e modificação dos regimentos do Tribunal; finalmente, qualquer outro assunto que, sendo competência do Tribunal, o Pleno avoque para si, por proposta do Presidente ou de três magistrados, assim com os demais assuntos que possam ser atribuídos por lei ao Tribunal.

As Salas têm competência para apreciar os assuntos que, atribuídos à justiça constitucional, não sejam da competência do Pleno, como os recursos por violação aos direitos fundamentais (recurso de amparo). A exemplo do que ocorre com os dois Senados do Tribunal Constitucional alemão, quando uma Sala considerar necessário apartar-se em qualquer ponto da jurisprudência preponderante assentada pelo Tribunal, submeterá a decisão ao Pleno.

De duas formas ocorre o controle de constitucionalidade: por via de ação, direta, abstrata, denominada de "recurso de inconstitucionalidade"; e incidental ou concreta, denominado "questão de inconstitucionalidade", feita por juízes ou tribunais. O controle preventivo ou prévio está limitado ao exame dos Tratados internacionais. Assim, compete ao Tribunal Constitucional apreciar o recurso de inconstitucionalidade contra leis e disposições normativas com força de lei.[197] A declaração de inconstitucionalidade de uma norma jurídica com força de lei, interpretada pela jurisprudência, afetará também esta última, mas a sentença ou sentenças pronunciadas não perderão o valor de coisa julgada. A admissão de um recurso de constitucionalidade ou de uma questão de inconstitucionalidade não suspenderá a vigência nem a aplicação da lei, da disposição normativa ou do ato com força de lei, exceto no caso em que o Governo se ampare no disposto no art. 161, n. 2, da Constituição para impugnar, por meio de seu Presidente, leis, disposições normativas ou atos com força de lei das Comunidades Autônomas.

---

[196] O n. 2 do art. 161 estabelece que o Governo poderá impugnar perante o Tribunal Constitucional as disposições e resoluções adotadas pelos órgãos das Comunidades Autônomas. A impugnação produzirá a suspensão da disposição ou resolução recorrida, porém o Tribunal deverá ratificá-la ou revogá-la em um prazo não superior a cinco meses.

[197] Na Espanha, assim como em Portugal e na Costa Rica, o controle de constitucionalidade abrange não somente o texto constitucional *stricto sensu*, mas também o "bloco de constitucionalidade" (Espanha), que abrange, no âmbito da distribuição de competências legislativas entre o Estado e as Comunidades Autônomas, além das pertinentes normas da Constituição, os Estatutos das diferentes Comunidades Autônomas. Em Portugal, são inconstitucionais as normas que violam preceitos da Constituição (normas-preceito, normas-disposição, ainda que programáticas) e os princípios constitucionais expressos (normas-princípio) ou apenas implícitos. Já na Costa Rica, a Constituição é apenas a fonte principal do direito, que é formado pelas normas, princípios e valores consagrados, expressa ou implicitamente, pela Constituição formal, pela Constituição material, pelo direito internacional ou comunitário aplicável àquele país, e ainda pelos precedentes e jurisprudência constitucionais.

Cap. 1 • AS MATRIZES DO CONSTITUCIONALISMO E AS FORMAS DE CONTROLE DE CONSTITUCIONALIDADE | 75

São legitimados: a) para interpor o recurso de inconstitucionalidade, o Presidente do Governo, o defensor do Povo, cinquenta deputados, cinquenta senadores, os órgãos colegiais executivos das Comunidades Autônomas, e, se for o caso, as suas assembleias; b) para interpor recurso de amparo, qualquer pessoa do povo que invoque um interesse legítimo, assim como o Defensor do Povo e o Ministério Público.

Quando um órgão judicial considerar, em algum processo, que uma norma com força de lei, aplicável ao caso, e de cuja validade dependa a sentença, possa ser contrária à Constituição, apresentará a questão de inconstitucionalidade ao Tribunal Constitucional, na forma e com os efeitos que a lei estabeleça, que em nenhum caso serão suspensivos.

De observar, portanto, que, na Espanha, a inconstitucionalidade é examinada pelo Tribunal Constitucional mediante apreciação direta (concentrada) e *per saltum* (art. 35, 1 e 2, da Lei Orgânica 2/1979), não havendo previsão de controle difuso de constitucionalidade.

Quando o Tribunal Constitucional declara uma inconstitucionalidade, declara igualmente a nulidade dos preceitos impugnados, assim como, se for o caso, de outros da mesma lei, disposição ou ato com força de lei aos quais deva estender-se por conexão ou consequência. As sentenças declaratórias de inconstitucionalidade não permitem revisar processos findos mediante sentença com força de coisa julgada nos quais se tenham aplicado as leis, disposições ou atos com força de lei, salvo nos processos penais ou contencioso-administrativos referentes a um procedimento sancionador em que, como consequência da nulidade da norma aplicada, resulte uma redução da pena ou da sanção ou uma exclusão, isenção ou limitação da responsabilidade.

1.7.4 Grécia

Consoante a Constituição da Grécia (art. 100), é constituído um Tribunal Especial Superior competente para: a) o julgamento dos recursos previstos no art. 58 (verificação e contencioso das eleições legislativas, contra cuja validade tenham sido apresentados recursos); b) o controle da validade e dos resultados do referendo efetuado conforme o art. 44, n. 2; c) o julgamento das incompatibilidades ou a perda do mandato parlamentar; d) o julgamento dos conflitos de atribuições entre as jurisdições e as autoridades administrativas, ou entre o Conselho de Estado e os tribunais administrativos ordinários, de um lado, e os tribunais civis e penais, do outro, ou, por fim, entre o Tribunal de Contas e as outras jurisdições; e) o julgamento dos litígios sobre a inconstitucionalidade material, ou sobre o sentido das disposições de uma lei formal, no caso de o Conselho de Estado, o Tribunal de Cassação ou o Tribunal de Contas terem pronunciado decisões contraditórias a esse respeito; f) o julgamento dos litígios que respeitem as regras de direito internacional geralmente reconhecidas, conforme o n. 1 do art. 28 (as regras de direito internacional fazem parte do direito interno grego e têm prevalência sobre qualquer disposição legal contrária).

O sistema grego se diferencia, de algum modo, do sistema de controle de constitucionalidade dos demais países europeus que adotaram a fórmula de Tribunais *ad hoc*. O sistema não reconhece a unicidade de jurisdições. Dispõe sobre uma ordem de jurisdições administrativas, em um direito administrativo inspirado no modelo francês. A multiplicidade de jurisdições requer a presença de uma jurisdição que sintetize e decida sobre as contradições decorrentes das atribuições geradas pelas decisões de diferentes juízes. É nesse contexto que o art. 100 da Constituição estabeleceu uma Corte Especial Superior, cuja finalidade é decidir os desacordos entre as três jurisdições supremas gregas – Conselho de Estado, Corte de Cassação e Corte de Contas –, quando envolvem o sentido e a constitucionalidade das leis.[198]

O Tribunal Especial Superior é composto pelos Presidentes do Conselho de Estado, do Tribunal de Cassação e do Tribunal de Contas, bem como por quatro conselheiros do Tribunal de Cassação. Quem preside o Tribunal Especial Superior é o mais antigo dos presidentes do Conselho de Estado ou do Tribunal de Cassação. Nos casos das letras *d* e *e* do art. 100, participam também da composição deste Tribunal dois professores de matérias jurídicas das faculdades de direito das universidades do país, designados por sorteio.

1.7.5 Itália

O funcionamento do Tribunal Constitucional da Itália vem regulado pelos arts. 134 e ss. da Constituição, sendo constituído por quinze juízes: um terço é nomeado pelo Presidente da República, um terço pelo Parlamento reunido em sessão conjunta e um terço pelas magistraturas supremas, ordinárias e administrativas. Os juízes do Tribunal Constitucional são escolhidos entre os magistrados, mesmo que reformados, pertencentes às jurisdições superiores, ordinárias e administrativas, os professores universitários titulares que lecionam matérias jurídicas e os advogados com pelo menos vinte anos de atividade profissional. Seu mandato é de nove anos, vedada a recondução, modificação feita pela Lei de 1967, que alterou o mandato original de doze anos. O Tribunal elege, entre seus membros, o seu Presidente, cujo mandato é de três anos, com possibilidade de reeleição, respeitados, sempre, os limites temporais de seu cargo como juiz constitucional. Releva notar que, muito embora a Constituição italiana estivesse em vigor desde 1948, o Tribunal Constitucional somente iniciou seu funcionamento em 1956.

Compete ao Tribunal Constitucional italiano o julgamento das controvérsias relativas à legitimidade constitucional das leis e dos atos com força de lei adotados pelo Estado e pelas regiões, os conflitos de atribuição entre os diferentes Poderes de Estado, entre o Estado e as regiões e entre as regiões, e as acusações contra o Presidente da República.

Para o controle abstrato (principal) estão legitimados o Conselho de Ministros e as Juntas das Regiões. Também se reconhece em favor do Estado uma forma de controle prévio que permite o reenvio de uma lei regional à assembleia respectiva para novo exame, podendo-se impugnar a lei se a assembleia ratificá-la depois do reenvio.

Em termos de controle concreto (incidental), este ocorrerá sempre no bojo de uma ação, levantada por um juiz ou tribunal, desde que haja *rilevanza* e *non manifesta infondatezza*. Ou seja, o juiz *a quo* deve fundamentar com especificidade a questão de inconstitucionalidade a ser examinada pelo Tribunal Constitucional. O juízo comum, ao levantar

---

[198] Cf. BARACHO, José Alfredo de Oliveira. *Processo constitucional*. Rio de Janeiro: Forense, 1984. p. 128.

Cap. 1 • AS MATRIZES DO CONSTITUCIONALISMO E AS FORMAS DE CONTROLE DE CONSTITUCIONALIDADE | **77**

uma inconstitucionalidade, funciona como uma antecâmara da Corte Constitucional, onde o juiz deve abrir o portão que dá acesso à Corte, como bem explicita Calamandrei.

Pizzorusso assevera que, para traçar um quadro completo das funções do Tribunal Constitucional italiano, é preciso, antes de tudo, lembrar que a Constituição lhe atribui três tipos de competências diferentes: a primeira concerne à decisão sobre "os litígios relativos à legitimidade constitucional das leis e dos atos com força de lei, do Estado e das Regiões; a segunda, à resolução dos "conflitos de atribuições entre os poderes do Estado" e "aqueles entre o Estado e as Regiões, e entre as Regiões"; e a terceira, ao julgamento das "acusações contra o Presidente da República e os ministros". A primeira dessas competências divide-se em um controle "incidente", que concerne às questões de constitucionalidade da lei que a Corte deve examinar por provocação de um juiz que a vai aplicar; e um controle "principal", que diz respeito às questões propostas pelo governo contra as leis regionais (ou das províncias de Bolzano e Trento), quando do controle preventivo delas, ou pelas Regiões ou províncias mencionadas contra as leis do Estado ou de outras Regiões ou Províncias.[199]

Quando o Tribunal Constitucional declara a inconstitucionalidade de uma norma ou de um ato com força de lei, a norma cessa a sua eficácia vinte e quatro horas depois da publicação da decisão.

A exemplo do direito português, não há na Itália formas de acesso do cidadão à jurisdição constitucional, por meio de mecanismos como o recurso de amparo espanhol, o recurso constitucional alemão ou os diversos mecanismos existentes no direito brasileiro.

1.7.6 Portugal

O Tribunal Constitucional da República Portuguesa é composto por treze juízes, sendo dez designados pela Assembleia da República e três cooptados por estes. Seis dentre os juízes designados pela Assembleia da República ou cooptados são obrigatoriamente escolhidos entre juízes dos restantes tribunais e os demais de entre juristas. O mandato dos juízes é de nove anos, sendo vedada a recondução. De frisar que, até a revisão constitucional de 1997, o mandato dos juízes-conselheiros do Tribunal Constitucional era de seis anos, com possibilidade de renovação. O período do mandato conta-se a partir da data da posse perante o Presidente da República, terminando com a posse do juiz designado para o seu lugar. Os juízes dos restantes tribunais que sejam designados para o Tribunal Constitucional e que, durante o período de exercício, completem 70 anos podem se manter em funções até o término do mandato.

As candidaturas para o preenchimento das dez vagas de juízes-conselheiros são apresentadas em lista completa firmada por um mínimo de vinte e cinco e um máximo de cinquenta deputados perante o Presidente da Assembleia da República, até cinco dias antes da reunião marcada para a eleição.

---

[199] Apud Corrêa, Oscar Dias. *O Supremo Tribunal Federal, corte constitucional do Brasil.* Rio de Janeiro: Forense, 1987. p. 87.

Nenhum deputado pode subscrever mais de uma lista de candidaturas. Até dois dias antes da reunião marcada para a eleição, o Presidente da Assembleia da República organiza a relação nominal dos candidatos, que é publicada no Diário da Assembleia da República.

Consideram-se eleitos os candidatos que obtiverem o voto de dois terços dos deputados presentes, desde que superior à maioria absoluta dos deputados na efetividade das funções.

Ocorrendo vagas de juízes eleitos e de cooptados, são aquelas preenchidas em primeiro lugar.

Os cooptados, em número de três, são eleitos em votação secreta pelos dez juízes escolhidos pela Assembleia da República. Considera-se designado o candidato que obtiver um mínimo de sete votos na mesma votação.

Compete ao Tribunal Constitucional apreciar a inconstitucionalidade e a ilegalidade, nos termos do art. 277 e ss. Expressamente, o art. 277 estabelece que são inconstitucionais as normas que infrinjam o disposto na Constituição ou os princípios nela designados. A fiscalização da constitucionalidade é preventiva e sucessiva. Observe-se que o art. 278 trata da fiscalização preventiva da constitucionalidade, por meio da qual o Presidente da República pode requerer ao Tribunal Constitucional a apreciação preventiva da constitucionalidade de qualquer norma constante de tratado internacional que lhe tenha sido submetido para ratificação, de decreto que lhe tenha sido enviado para promulgação como lei ou como decreto-lei ou de acordo internacional cujo decreto de aprovação lhe tenha sido remetido para assinatura. Os Ministros da República também podem requerer a fiscalização preventiva da constitucionalidade de qualquer norma constante de decreto legislativo regional ou de decreto regulamentar de lei geral da República que lhe tenha sido enviada para assinatura. Também podem requerer ao Tribunal Constitucional a apreciação preventiva de qualquer norma constante de decreto que tenha sido enviado ao Presidente da República para promulgação como lei orgânica, além do Presidente da República, o Primeiro-Ministro ou um quinto dos Deputados à Assembleia da República. O Presidente da Assembleia da República na data em que enviar ao Presidente da República decreto que deva ser promulgado como lei orgânica, dará disso conhecimento ao Primeiro-Ministro e aos grupos parlamentares da Assembleia da República. Há fiscalização preventiva, em qualquer das hipóteses. O Tribunal Constitucional tem o prazo máximo de vinte e cinco dias para apreciar a matéria. Se o Tribunal Constitucional se pronunciar pela inconstitucionalidade de qualquer decreto ou acordo internacional, deve este ser vetado pelo Ministro ou Presidente da República.

A fiscalização sucessiva é feita de forma concentrada ou difusa. O controle concentrado (abstrato) é feito a requerimento do Presidente da República, do Presidente da Assembleia da República, do Primeiro Ministro, do provedor de Justiça, do Procurador-Geral da República, de um décimo dos deputados da Assembleia da República e, quando o pedido de declaração de inconstitucionalidade tratar de normas das Regiões Autônomas, dos Ministros da República, assim como das Assembleias Legislativas Regionais, dos respectivos presidentes ou de um décimo dos seus deputados e dos presidentes dos governos regionais. Podem ser objeto de controle sucessivo de constitucionalidade quaisquer normas, declarando-as inconstitucionais ou ilegais com força obrigatória geral. Mais ainda, pode

Cap. 1 · AS MATRIZES DO CONSTITUCIONALISMO E AS FORMAS DE CONTROLE DE CONSTITUCIONALIDADE | **79**

o Tribunal declarar a ilegalidade de quaisquer normas constantes de diploma regional com fundamento em violação do estatuto da região ou da lei geral da República; e a ilegalidade de quaisquer normas constantes de diploma emanado dos órgãos de soberania com fundamento em violação dos direitos de uma região consagrados no seu estatuto.[200]

O Tribunal Constitucional tem ainda a competência de:

a) verificar a morte e declarar a impossibilidade física permanente do Presidente da República, bem como verificar os impedimentos temporários ao exercício das suas funções;

b) verificar a perda do cargo de Presidente da República, nos casos previstos no n. 3 do art. 129º e no n. 3 do art. 130º;

c) julgar em última instância a regularidade e a validade dos atos de processo eleitoral, nos termos da lei;

d) verificar a morte e declarar a incapacidade para o exercício da função presidencial de qualquer candidato a Presidente da República, para efeitos do dispositivo do disposto no n. 3 do art. 124º;

e) verificar a legalidade da constituição de partidos políticos e suas coligações, bem como apreciar a legalidade das suas denominações, siglas e símbolos, e ordenar a respectiva extinção nos termos da Constituição e da lei;

f) verificar previamente a constitucionalidade e a legalidade dos referendos nacionais, regionais e locais, incluindo a apreciação dos requisitos relativos ao respectivo universo eleitoral;

g) julgar a requerimento dos deputados, nos termos da lei, os recursos relativos à perda de mandato e às eleições realizadas na Assembleia da República e nas Assembleias Legislativas Regionais;

h) julgar as ações de impugnação de eleições e deliberações de órgãos de partidos políticos que, nos termos da lei, sejam recorríveis.

Compete, ainda, ao Tribunal Constitucional declarar que uma organização política perfilha a ideologia fascista e decretar a respectiva extinção. Além disso, compete ao Tribunal verificar previamente a constitucionalidade e a legitimidade das propostas de referendo nacional, regional e local. A lei que regulamenta o Tribunal Constitucional elenca ainda outras competências, como a de aceitar a inscrição de partidos políticos em

---

[200] No controle concentrado, a discussão é feita pelo plenário do Tribunal. De frisar que, tanto no controle concentrado (preventivo ou sucessivo) como no difuso, o processo constitucional é escrito, sem previsão de intervenção oral das partes. Não há audiências públicas, e o único a ser ouvido é o órgão autor da norma impugnada. Por vezes, o TC tem recebido pareceres das mais diversas entidades, fazendo-os juntar aos autos e distribuir aos seus membros, questão que está especificada no art. 64-A da LTC. Nesse sentido, ver ARAÚJO, Antonio de; COSTA, Joaquim Pedro Cardoso da. Relatório português. *III Conferência da Justiça Constitucional da Ibero-América, Portugal e Espanha.* Lisboa: Tribunal Constitucional, 1999 (inédito).

registro próprio existente no Tribunal, apreciar a legalidade das denominações, siglas e símbolos dos partidos políticos e das coligações e frentes de partidos, julgar as ações de impugnação de eleições e de deliberações de órgãos de partidos políticos, apreciar as contas dos partidos e ordenar a extinção de partidos e coligações.

De ressaltar que, ao contrário do que ocorre nos países que adotaram a fórmula de Tribunais *ad hoc*, o sistema português admite o controle difuso de constitucionalidade, consoante previsão no art. 280. Com efeito, cabe recurso ao Tribunal Constitucional das decisões dos tribunais:

a) que recusem a aplicação de qualquer norma com fundamento na sua inconstitucionalidade;

b) que apliquem norma cuja inconstitucionalidade haja sido suscitada durante o processo;

c) que recusem a aplicação de norma constante de ato legislativo com fundamento na sua ilegalidade por violação da lei com valor reforçado;

d) que recusem a aplicação de norma constante de diploma regional com fundamento na sua ilegalidade por violação do estatuto da região autônoma ou de lei geral da República;

e) que recusem a aplicação de norma constante de diploma emanado de órgão de soberania com fundamento na sua ilegalidade por violação do estatuto de uma região autônoma;

f) que apliquem norma cuja ilegalidade haja sido suscitada durante o processo com qualquer dos fundamentos referidos nas alíneas *c*, *d* e antes citadas. Tal como ocorre no Brasil, onde se exige o prequestionamento, em Portugal a suscitação da questão de inconstitucionalidade durante o processo é condição de possibilidade para o conhecimento dos recursos pelo Tribunal Constitucional. Consoante a Lei do Tribunal Constitucional (art. 70º, n. 1, alínea *f*), é necessário suscitar a questão de constitucionalidade ou de ilegalidade de modo processualmente adequado perante o tribunal de origem. Também à semelhança do que ocorre no Brasil, o recurso é dirigido ao tribunal *a quo*, que pode admiti-lo, circunstância que, porém, não vincula o Tribunal Constitucional; não admiti-lo, circunstância que dá possibilidade de o recorrente fazer uma reclamação ao Tribunal Constitucional (no Brasil, é a figura do agravo); ou, ainda, pode convidar o recorrente a prestar os elementos faltantes no prazo de dez dias. Também o juiz-relator do Tribunal Constitucional pode convidar o recorrente a prestar informações. Da decisão de inadmissão por parte do juiz-relator no Tribunal Constitucional do recurso cabe reclamação para a conferência, conforme preceitua o n. 3 do art. 78-A da Lei do Tribunal Constitucional. O juiz também pode decidir de plano o recurso, cabendo também reclamação para a conferência. Pode, ainda, ordenar a produção de alegações por um prazo de, em regra, trinta dias. Produzidas as alegações, o juiz-relator deve elaborar um memorando ou projeto de acórdão, que deve acompanhar o processo quando se dá vista, pelo prazo de dez dias, a cada um dos juízes da seção (o Tribunal Constitucional possui três seções). O projeto de acórdão será discutido em sessão pelos juízes, a partir da qual será promulgada a decisão.

Cabe ainda recurso para o Tribunal Constitucional, obrigatório para o Ministério Público, das decisões dos tribunais que apliquem norma anteriormente julgada inconstitucional ou ilegal pelo próprio Tribunal Constitucional.

Releva notar que sempre que a mesma norma tiver sido julgada inconstitucional ou ilegal em *três casos concretos*, pode o Tribunal Constitucional, por iniciativa de qualquer de seus juízes ou do Ministério Público, *promover a organização de um processo com as cópias das correspondentes decisões, o qual será concluso ao Presidente, seguindo-se os termos do processo de controle concentrado de constitucionalidade* (fiscalização abstrata).

Por outro lado, é relevante ressaltar que a decisão do recurso faz coisa julgada no processo quanto à questão da inconstitucionalidade ou ilegalidade suscitada. Se o Tribunal Constitucional der provimento ao recurso, ainda que só parcialmente, os autos baixam ao tribunal de onde vieram, a fim de que este, consoante o caso, reforme a decisão ou mande reformá-la em conformidade com o julgamento sobre a questão da inconstitucionalidade ou da ilegalidade. No caso de o juízo de constitucionalidade ou da legalidade, sobre a norma que a decisão recorrida tiver aplicado, ou a que tiver recusado aplicação, se fundar em determinada interpretação da mesma norma, esta deve ser aplicada com tal interpretação, no processo em causa. Observa-se, assim, que, diferentemente do sistema adotado no Brasil, *em Portugal as decisões do Tribunal Constitucional em sede de controle difuso são cassatórias*, como ocorre com a Corte de Cassação em França. Como se sabe, no Brasil, o STF, além de resolver o problema da constitucionalidade em sede de controle difuso, julga a controvérsia, não devolvendo, portanto, a causa para o tribunal recorrido.

Os efeitos da declaração de inconstitucionalidade ou de ilegalidade estão regulados no art. 282 da Constituição. Assim, a declaração de inconstitucionalidade ou de ilegalidade com força obrigatória geral produz efeitos desde a entrada em vigor da norma declarada inconstitucional ou ilegal e determina a repristinação das normas que, eventualmente, haja revogado. Tratando-se, porém, de inconstitucionalidade ou de ilegalidade por infração de norma constitucional ou legal posterior, a declaração só produz efeitos desde a entrada em vigor desta última. O texto constitucional estabelece que ficam ressalvados os casos julgados, salvo decisão em contrário do Tribunal Constitucional, quando a norma for relativa a matéria penal, disciplinar ou de ilícito de mera ordenação e for de conteúdo menos favorável ao arguido. Estabelece a Constituição, ainda, que, *quando a segurança jurídica, razões de equidade ou interesse público de excepcional relevo, que deverá ser fundamentado, o exigirem, poderão ser fixados efeitos da inconstitucionalidade ou da ilegalidade com alcance mais restrito*, que serviu de paradigma para a alteração recentemente introduzida no sistema brasileiro.

Como se pode perceber, o sistema português é misto, admitindo o controle concentrado e o difuso, o que, de certo modo, aproxima-o do sistema adotado no Brasil (com a relevante diferença de que, no Brasil, não há Tribunal Constitucional).

Por último, ressalta-se que o sistema português de controle de constitucionalidade é exclusivamente normativo, uma vez que inexistem instrumentos de proteção aos direitos fundamentais. Ou seja, a Constituição de Portugal não contempla institutos que permitam ao cidadão, individual ou coletivamente, reclamar o descumprimento de direitos fundamentais, ao contrário do que ocorre nas Constituições do Brasil (mandado de injunção, mandado de segurança individual e coletivo, *habeas data*, *habeas corpus*, arguição de descumprimento de preceito fundamental, ação popular), da Alemanha (*Verfassungsbeschwerde*), Espanha (recurso de amparo).

De qualquer sorte, essa ausência de instrumentos não enfraquece a cidadania, uma vez que, pela estrutura do controle de constitucionalidade difusa, o sistema português permite o exame de violações no caso concreto, quando do exame dos recursos extraordinários interpostos contra decisões dos tribunais da República. Na reforma constitucional de 1997, tentou-se inserir uma modalidade de recurso semelhante ao amparo espanhol, cuja proposta resultou inexitosa.

Muito embora a não existência de tais mecanismos, é importante registrar que o art. 268, 4, garante aos administrados tutela jurisdicional efetiva dos seus direitos ou interesses legalmente protegidos, incluindo, nomeadamente, o reconhecimento desses direitos ou interesses, a impugnação de quaisquer atos administrativos que os lesem, independentemente de sua forma, a determinação da prática de atos administrativos legalmente devidos e a adoção de medidas cautelares adequadas. Além disso, o cidadão tem direito de impugnar as normas administrativas com eficácia externa lesiva dos seus direitos ou interesses legalmente protegidos. Trata-se de uma espécie de ação de cumprimento de ato administrativo que pode ser intentado pelo cidadão junto aos tribunais administrativos e fiscais. Ao contrário do que ocorre no Brasil, a Constituição portuguesa prevê uma estrutura de tribunais administrativos, que inclui o Supremo Tribunal Administrativo no topo da pirâmide.

Assim, no plano formal, é possível dizer que, no conceito de Estado Democrático de Direito, o *plus* normativo representado pelos mecanismos de proteção dos direitos fundamentais encontra-se mais reforçado nas Constituições do Brasil, da Alemanha e da Espanha, para citar apenas algumas.

1.8   A AMÉRICA LATINA E A JURISDIÇÃO CONSTITUCIONAL

1.8.1   América Latina: exploração, libertação e democracia. É possível uma teoria geral do constitucionalismo latino-americano?

A historicidade das nações compreendidas como América Latina apresenta pontos de encontro, encaixes que demonstram que países de uma mesma região costumam desenvolver-se de forma homogênea. Os fatos históricos ligados ao descobrimento, à forma de colonização, à natureza exploratória das relações colônia-metrópole, ao crescimento sempre aprisionado pelos interesses das elites, bem como os processos emancipatórios financiados sempre pelo capital estrangeiro (para dizer o mínimo), desde sempre influenciaram o surgimento, implementação e exercício da jurisdição constitucional e do controle de constitucionalidade.

Em sua atualidade, quase a completude dos sistemas jurisdicionais latino-americanos se assenta sobre repúblicas democráticas, ou ao menos assim autointituladas. As histórias constitucionais desenham idiossincrasias, que limitadamente constroem uma tradição constitucional própria, como se verá.

Sabendo que não existe uma (única) teoria da Constituição, que dê conta de todas as Constituições, e sim teorias das Constituições, em salvaguarda das especialidades, quando incorrem, em disputa, mais de uma teoria para o mesmo texto constitucional, indaga-se se é possível cogitar de uma teoria *geral* do novo constitucionalismo latino-americano.

Uma vez verificada a existência de elementos fáticos, textuais e normativos comuns entre as experiências constitucionais da América Latina, ainda mais no que concerne ao *novo constitucionalismo latino-americano*, a academia é instada a produzir uma teoria que dê conta do fenômeno: uma *teoria geral do novo constitucionalismo latino-americano*.

E essas novas Constituições, identificadas em características comuns capazes de configurar um conjunto afinado, embora não uniformizado (como nem poderia ser, em função das especificidades), foram celebradas não apenas nas respectivas sociedades constitucionais, vez que despertaram a atenção e/ou admiração positiva pelo continente americano e inclusive para além dele. Então, nossos olhos, vidrados na Europa e nos Estados Unidos, encontraram olhares direcionados para a América Latina e, assim, com espanto e alguma incredulidade, acompanhamos tais visões e voltamos nossos rostos para a nossa proximidade geográfica. E o espanto se deu: Constituições com alta carga inovadora, rompendo padrões arraigados, emancipadoras de povos tradicionalmente oprimidos, postos à margem do debate público, uma constitucionalidade revolucionária, programática, social, pluralista, a exemplo da inédita expressão *Estado Plurinacional*, empregada pela Carta da Bolívia.

Contudo, o *novo constitucionalismo latino-americano*[201] assume outras características nucleares de agrupamento. Entre elas, ferramentas de democracia participativa, direta. Iniciativa popular de emenda constitucional, *revocatoria del mandato*, mandato e mesmo eleição direta para o tribunal constitucional (e judiciário), autoconvocação (*iniciativa ciudadana*) de plebiscito e referendo, imperiosidade de manifestação popular direta para reforma da Constituição. Ademais da intensa ascensão dos povos *indígenas*, alçando-os a um patamar inédito de reconhecimento, autonomia, valorização. O *novo constitucionalismo latino-americano* dispôs um ponto de equilíbrio entre procedimento e materialidade, entre a conversação pública e a diretividade. A cidadania ativa/participativa em favor do programa constitucional.

---

[201] Interessantes estudos estão sendo lançados acerca do assim denominado novo constitucionalismo latino-americano. Nesse sentido, cabe destacar BELLO, Enzo. *A cidadania no constitucionalismo latino--americano*. Caxias do Sul: Educs, 2013. p. 90 e ss., em que é traçada a evolução do fenômeno em três ondas: de 1982 a 1988 (experiências do Canadá, da Guatemala e da Nicarágua; em 1988, a promulgação da Constituição do Brasil, com o reconhecimento de um vasto catálogo de direitos fundamentais; surgimento do multiculturalismo); de 1989 a 2005 (reconhecimento do Estado pluricultural e do pluralismo jurídico: Colômbia, Paraguai, Peru, Equador, Venezuela e Bolívia); e de 2006 em diante, com a afirmação da livre determinação dos povos e do modelo de Estado plurinacional (novas Constituições do Equador em 2008 e da Bolívia em 2009, viabilizadas por imensas mobilizações populares, enfatizando a questão étnica e promovendo a ideia de refundação do Estado, calcada na harmonia das diversas culturas sob o pálio de um Estado plurinacional ou pluricultural.

Este neoconstitucionalismo latino-americano, também denominado de "constitucionalismo sin padres" teria como referências básicas a Constituição da República Bolivariana da Venezuelana (1999) e as constituições do Equador (2008) e da Bolívia (2009). Como já colocado, é perceptível neste movimento um repensar acerca da soberania popular, buscando outras formas de legitimação das instituições e do próprio Estado. Ou seja, direciona-se a uma nova configuração do poder. Cumpre destacar que umas das principais críticas apresentadas a esta tendência seria o fortalecimento do Poder Executivo em democracias ainda não consolidadas, o que poderia redundar numa dominação política do direito. Passadas algumas décadas, é possível verificar que esta análise comprovou-se correta, não sendo poucos os exemplos neste sentido, tais como: "a nacionalização de multinacionais e a tentativa de um quarto mandato por Evo Morales, ambos na Bolívia; a ampliação do mandato presidencial e a prorrogação da posse (ante a doença de Hugo Chávez), a estatização da mídia, o uso da máquina estatal nas eleições e a ampliação de poderes interventivos a Nicolás Maduro, todos na Venezuela; a restrição à compra de moeda estrangeira pelos cidadãos, a reforma constitucional para eleições políticas no Judiciário, a tentativa de alterar a Constituição visando a um terceiro mandato eleitoral por Cristina Kirchner e a medida de expropriar a mídia – grupo O Clarín – em suposta retaliação às críticas ao governo, na Argentina; a deposição relâmpago de Fernando Lugo,[202] no Paraguai".[203]

De todo modo, a formulação de uma teoria constitucional que explique a realidade latino-americana é um trabalho por fazer e que, na verdade, já está em andamento. Comenta Uprimny: "*No conozco un estudio general que sistematice las posibles tendencias comunes del reciente constitucionalismo latinoamericano con el fin de evaluar sus orientaciones, potencialidades y limitaciones*".[204] Não resta dúvida, pelo menos no que tange ao *novo constitucionalismo*, que há fatores para a empreitada, que estão a demandar maior elaboração doutrinária. Essas Constituições, a bem inclusive da efetividade das suas disposições, estão a demandar novas teorias constitucionais que sejam capazes de alicerçar as suas pautas. Que deem conta, *v.g.*, dos instrumentos/arranjos da democracia direta, da plurinacionalidade, da integração latino-americana e da anunciada solapada no paradigma antropocêntrico. As novas teorias constitucionais podem convergir para uma teoria geral.

Viciano Pastor e Martínez Dalmau assinalam que o *novo constitucionalismo latino-americano* surgiu *extrarradio de la Academia*, antes fruto dos pleitos de movimentos sociais do que dos professores de direito constitucional: nasceu sem um arcabouço teórico gestado,

---

[202] O caso paraguaio de deposição do presidente Fernando Lugo é emblemático. Naquele episódio, fizeram uma emenda constitucional em um dia e o retiraram do poder no outro. Mas onde estavam as cláusulas pétreas? Quando a Constituição não é um remédio contra os casuísmos, contra as maiorias, torna-se apenas um instrumento do poder.

[203] FERREIRA, Rafael. *Internacionalização da Constituição*: diálogo hermenêutico, perguntas adequadas e bloco de constitucionalidade. Rio de Janeiro: Lumen Juris, 2016. p. 11.

[204] UPRIMNY YEPES, Rodrigo. Las transformaciones constitucionales recientes en América Latina: tendencias y desafíos. In: GARAVITO, César Rodríguez. *El derecho en América Latina*. Buenos Aires: Siglo Veintiuno, 2011. p. 110.

Cap. 1 · AS MATRIZES DO CONSTITUCIONALISMO E AS FORMAS DE CONTROLE DE CONSTITUCIONALIDADE | 85

amadurecido na academia.[205] A rigor, nada propriamente extravagante. Não é incomum a doutrina ter de alcançar os textos constitucionais a fim de produzir um conhecimento concatenado. É certo dizer que *uma teoria geral da nueva ola de Constituciones da América Latina* é uma *"corriente constitucional en periodo de conformación"*,[206] ou seja, não sedimentada, não sistematizada. Todavia, esforços neste sentido se somam e é possível divisar já alguns assentamentos.[207]

1.8.2 Argentina: exclusividade do controle judicial repressivo

A Argentina não conheceu um modelo político de controle de constitucionalidade, ou seja, um controle preventivo. Assim, constitucionalidade se afere apenas perante os tribunais. Trata-se do controle difuso de constitucionalidade, ou seja, *"se ha seguido ideológicamente la doctrina de Hamilton y de Marshall, partiendo de la base que cualquier judicante, en su función de juzgar, está obligado – dentro del campo interpretativo – a inaplicar el dispositivo legal que no encaja en los andariveles de la Carta Suprema"*.[208] Não há, portanto, um controle de constitucionalidade nos moldes brasileiros. A Corte Suprema Nacional faz as vezes de um tribunal de pacificação jurisprudencial. A Ley 48 é a norma de organização judicial nacional da Corte Suprema argentina, sendo que estatui, em seu art. 14, o seguinte:

> "Artículo 14. Una vez radicado un juicio ante los tribunales de provincia, será sentenciado y fenecido en la jurisdicción provincial, y *sólo podrá apelarse a la Corte Suprema* de las sentencias definitivas pronunciadas por los tribunales superiores de provincia en los casos siguientes:
>
> 1) cuando en el pleito se haya puesto en *cuestión la validez de un tratado, de una ley del Congreso,* o de una autoridad ejercida en nombre de la Nación, y la decisión haya sido *contra su validez*;
>
> 2) cuando la *validez de una ley, decreto o autoridad de provincia* se haya puesto en cuestión bajo la pretensión de *ser repugnante a la* Constitución Nacional, a los tratados o leyes del Congreso, y la decisión haya sido en favor de la validez de la ley o autoridad de provincia;

---

[205] Martínez Dalmau, Rubén; Viciano Pastor, Roberto. Se puede hablar de un nuevo constitucionalismo latinoamericano como corriente doctrinal sistematizada? Ponencia apresentada no VIII Congreso Mundial de la Asociación Internacional de Derecho Constitucional, Universidad Nacional Autónoma de México, dez. 2010, p. 4. Tb., dos mesmos autores, El nuevo constitucionalismo latino-americano: fundamentos para una construcción doctrinal. *Revista General de Derecho Público Comparado*, n. 9, 2011.

[206] Idem, p. 4.

[207] Sobre o tema, ver: Streck, Lenio Luiz; Oliveira, Fábio Côrrea Souza de. Um direito constitucional comum latino-americano – Por uma teoria geral do novo constitucionalismo latino-americano. *Revista do Instituto de Hermenêutica Jurídica (RIHJ) – Doutrina*, Belo Horizonte, ano 10, n. 11, p. 121-149, jan.-jun. 2012.

[208] Hitters, Juan Carlos. La jurisdicción constitucional en Argentina. In: Belaunde, Domigo García; Segado, Francisco Fernandez (org.). *La jurisdicción constitucional en Iberoamerica*. Madrid: Dykinson, 1997. p. 288.

3) cuando la inteligencia de alguna cláusula de la Constitución, o de un tratado o ley del Congreso, o una comisión ejercida en nombre de la autoridad nacional haya sido cuestionada y la decisión sea contra la validez del título, derecho, privilegio o exención que se funda en dicha cláusula y sea materia de litigio"[209] (sem grifos no original).

Discorrendo sobre sua atuação no controle de constitucionalidade, a Suprema Corte argentina, em 05.12.1865, enunciou que é elemento daquela organização judicial a atribuição e dever dos tribunais de justiça de examinar as leis nos casos concretos que são trazidos até eles, sempre sob as luzes da Constituição, como que as comparando aos mandamentos da Carta Magna, sempre realizando juízos de conformidade. Toda vez que uma lei ferir os intentos da lei maior, cabe ao Poder Judiciário esse ofício moderador, de assegurar aos cidadãos a plena defesa de seus direitos, especialmente contra o Poder Público.[210]

Esse sistema não significa a completa inexistência de um controle centralizado: o art. 683 do *Código Procesal Civil y Comercial* institui uma ação conhecida por "acción de inconstitucionalidad". Ela é interposta perante o Superior Tribunal da Província, o que equivale ao Tribunal de Justiça estadual brasileiro. Apesar de judicial e concentrado, pois interposto sem o caso concreto que justificaria uma análise pela Suprema Corte (e demais juízes), esse mecanismo não expurga o dispositivo/lei do ordenamento.

O poder normativo da Constituição Federal é reconhecido pela doutrina argentina, sendo que leis, decretos, ordenanças, regulamentos, atos administrativos, sentenças, tratados internacionais, atividades dos particulares e reformas constitucionais precisam guardar consonância com o texto maior, sob pena de controle judicial. Há, porém, um conteúdo político considerado *incontrolável*. Diz-se das substâncias decididas ancoradas na discricionariedade administrativa ou legislativa. Por longos anos se acreditou que *las resoluciones de los tribunales de enjuiciamiento no eran judiciables,*[211] mas isso virou passado nos casos "Graffigna Latino" (1986), "Juzgado de Instrucción de Goya" (1992) e "Nicosia" (1993), oportunidades em que se concluiu que o conteúdo do *não judiciável* deve ser o mais restrito possível, já que o controle de constitucional advém da própria força normativa da Constituição, do princípio da supremacia da Constituição. Ou seja, concluiu-se que *todos los actos y normas están sujetos al control judicial de constitucionalidad.*[212]

A *Corte Suprema de Justicia de la Nación* já pacificou que não é possível o exercício do controle de constitucionalidade sem a devida petição, ou seja, de ofício. Os argumentos erigidos para evitar o controle de ofício são: 1) tal ato afetaria o princípio do equilíbrio e a separação dos poderes, já que o jugo do Poder Judiciário seria o último, portanto, o privilegiado, já que revisor dos demais; 2) tal ato iria contra a presunção de legitimidade dos atos normativos e das leis, colocando a inconstitucionalidade como algo comum, não excepcional; e 3) tal postura atentaria contra o princípio do dispositivo, ou da correlação entre petição inicial e sentença, que impede julgamentos *extra petita*, já que a inconstitucionalidade seria declarada sem o devido requerimento.

---

[209] Idem, p. 288-289.
[210] Idem, p. 289.
[211] Idem, p. 291.
[212] Idem, p. 292.

Cap. 1 • AS MATRIZES DO CONSTITUCIONALISMO E AS FORMAS DE CONTROLE DE CONSTITUCIONALIDADE | **87**

As críticas a esse posicionamento se baseiam na questão da desconfiança generalizada endereçada à pessoa do juiz. Afinal de contas, *el tema constitucional es una típica* quaestio iuris *que debe ser valorada por los jueces aunque los litigantes no lo pongan sobre el tapete.*[213]

Embora os efeitos de tais decisões, reconhecendo a inconstitucionalidade de determinados dispositivos, sejam próprios de um controle difuso, o certo é que, quando a decisão é emanada da Corte Suprema, por sua própria posição na cadeia jurisprudencial, os tribunais inferiores decidem, a rigor, da mesma forma, embora não haja previsão de um *binding effect*, um efeito vinculante.

As decisões da Corte Suprema não possuem apenas uma "aptidão negativa", de expungir conteúdos normativos lesivos aos ditames constitucionais, mas possuem um componente positivo, entendido como *la tarea de interpretar las leyes con fecundo y auténtico sentido constitucional, en tanto la letra o el espíritu de aquéllas lo permita.* Ou seja, existe uma preocupação com a interpretação dada pela Corte, de modo que sua forma de dispor acerca do que dizem as leis e a Constituição perfila os entendimentos do Poder Judiciário, como um todo.

Como o controle de constitucionalidade se dá pelo veio incidental, é necessário que se promova o chamado *recurso extraordinario*, caminho pelo qual a Corte conhece a *cuestión federal* ou *constitucional*. A questão federal pode ser *simples* ou *complexa*. Quando se tratar apenas da *interpretação* – da Constituição, de leis federais etc. –, será uma *questão simples*. Porém, quando houver *conflito* de leis e normas com a Constituição, ter-se-á uma *questão complexa*.

Outro ponto que merece atenção é o *recurso extraordinário por sentencia arbitraria*, ou seja, uma exceção criada no sistema argentino para que a Corte conheça de ofício as decisões notadamente arbitrárias, ou que atentem contra a ordem institucional. Arbitrariedade, ou decisão arbitrária, no entendimento da doutrina argentina, *es aquella únicamente fundada en la decisión de los jueces, o que decide lo contrario de lo que inequívocamente surge de la causa; y sin apoyo en los hechos comprobados, o que implica un exceso de ritual; o que oculta la verdad objetiva, etc.*

A mais alta corte argentina já disse que a sentença arbitrária não é ato jurisdicional válido, já que atenta contra o exercício da administração da justiça, pois carece das linhas constitucionais da razoabilidade.[214]

1.8.3 A Bolívia e sua (ainda) recente Constituição

A jurisdição constitucional na Bolívia encontra-se ainda incipiente, especialmente em face do recente marco constitucional de 25 de janeiro de 2009. Cumpre recordar que, na maioria dos casos, uma nova Constituição é o resultado de uma ruptura com o modelo (agora considerado) antigo, o que sempre determina estudos genealógicos da história constitucional, mormente no caso boliviano.

---

[213] Idem, p. 293.

[214] "Por ello el más Alto Tribunal dice que la sentencia arbitraria no debe ser considerada como acto jurisdiccional válido, esto es en definitiva sostener que el ejercicio de la administración de justicia no ha acatado la pauta constitucional de razonabilidad" – idem, p. 298-299.

A Constituição Federal anterior, de 1967, teve profunda importância para a sociedade boliviana, ao acrescentar um importante mecanismo de defesa de seus direitos fundamentais: *el recurso de amparo*. O *amparo* tem natureza muito parecida com o *mandado de segurança* brasileiro, visando a tutelar direitos e garantias fundamentais dos cidadãos violados por qualquer ato originado do Poder Público, por qualquer de suas esferas e poderes, desde que diferentes do direito de ir, vir e permanecer, tutelado pelo *habeas corpus*.[215]

Essa mesma Constituição sofreu profunda alteração no que tange à jurisdição constitucional em 1993-1994. A chamada *Reforma Constitucional en la Legislatura* deu cabo de substituir a Corte Suprema, encerrando sua competência de guardiã da Constituição e alterando toda esquematização do controle de constitucionalidade. Além disso, ela incorporou três grandes instituições: *el Tribunal Constitucional, el Consejo Nacional de la Judicatura y el Defensor del Pueblo*.[216]

Assim, até o ano de 1994, a justiça constitucional foi exercida pela Corte Suprema de Justiça, responsável por *conocer en única instancia de los asuntos de puro derecho de cuya decisión depende la constitucionalidad o inconstitucionalidad de las leyes, decretos y de cualquier género de resoluciones", siendo que el fallo tenía efectos sólo para el demandante (artículo 127, párrafo 5, de la Constitución de 1967)*. Com a tal reforma, o Tribunal Constitucional assumiu as funções de centralizador da jurisdição constitucional, ficando sua competência desenhada para atuar perante as seguintes questões: a) conhecer a inconstitucionalidade das leis em única instância; b) responder às consultas dos Presidentes da República, do Congresso Nacional e da Corte Suprema sobre a constitucionalidade de seus projetos; e c) julgar os *recursos de amparo* e *habeas corpus*. Como se pode notar, ao Tribunal Constitucional é atribuída a tarefa de "interpretar a Constituição", fato também reconhecido ao Congresso Nacional, porque a ele é permitido criar leis interpretativas da Constituição.

As últimas e mais relevantes modificações legislativas foram a Lei 2.650, de 2004, e a nova Constituição aprovada em 2009. Ambos não fizeram mais do que garantir que o modelo colocado em vigor desde 1994 permanecesse em vigor, realçando a importância dada ao Tribunal Constitucional e ao seu papel central na jurisdição constitucional e no controle de constitucionalidade.

A Carta de janeiro de 2009 também inseriu um paradigma internacionalista na Bolívia: as alterações à estrutura legal e constitucional do país são agora fundadas no princípio da multinacionalidade, de forma que a Constituição opere como um filtro do

---

[215] Uma das melhores descrições do referido recurso encontra-se no art. 43 da Constituição Federal da Argentina, *in verbis*: "Artículo 43: Toda persona puede interponer acción expedita y rápida de amparo, siempre que no exista otro medio judicial más idóneo, contra todo acto u omisión de autoridades públicas o de particulares, que en forma actual o inminente lesione, restrinja, altere o amenace, con arbitrariedad o ilegalidad manifiesta, derechos y garantías reconocidos por esta Constitución, un tratado o una ley (...)".

[216] HARB, Benjamin Miguel. La jurisdicción constitucional en Argentina. In: BELAUNDE, Domingo García; Segado, Francisco Fernandez (orgs.). *La jurisdicción constitucional en Iberoamerica*. Madrid: Dykinson, 1997. p. 341.

Cap. 1 · AS MATRIZES DO CONSTITUCIONALISMO E AS FORMAS DE CONTROLE DE CONSTITUCIONALIDADE | **89**

conteúdo jurídico internacional, para o direito interno. Esse novo modelo oportunizou a criação de justiças especiais (semelhantes aos juizados brasileiros), como as indígenas e as agroambientais. O Tribunal Constitucional ganhou o termo *Plurinacional* ao fim, dando clara prova dessa importância voltada ao direito público internacional. Sua competência também sofreu alterações, visando a adequar-se às novas inclinações.[217]

Um estudo de 2007 comprovou que mais de 80% do trabalho desempenhado no Tribunal Constitucional Plurinacional não diz respeito a um controle de constitucionalidade concentrado e abstrato, propriamente dito, mas sim (apenas) a julgamentos de *recursos de amparo* e de *habeas corpus*.[218]

Como já dito anteriormente, o constitucionalismo latino-americano tem como uma das suas marcas distintivas o fortalecimento do Poder Executivo. Esta característica se nota também na(s) tentativa(s) de perpetuação do poder como ocorreu na Venezuela em 2009 e que poderá acontecer na Bolívia. Já no atual terceiro mandato, o presidente Evo Morales

---

[217] "Artículo 202. Son atribuciones del Tribunal Constitucional Plurinacional, además de las establecidas en la Constitución y la ley, conocer y resolver: 1. En única instancia, los asuntos de puro derecho sobre la inconstitucionalidad de leyes, Estatutos Autonómicos, Cartas Orgánicas, decretos y todo género de ordenanzas y resoluciones no judiciales. Si la acción es de carácter abstracto, sólo podrán interponerla la Presidenta o Presidente de la República, Senadoras y Senadores, Diputadas y Diputados, Legisladores, Legisladoras y máximas autoridades ejecutivas de las entidades territoriales autónomas; 2. Los conflictos de competencias y atribuciones entre órganos del poder público; 3. Los conflictos de competencias entre el gobierno plurinacional, las entidades territoriales autónomas y descentralizadas, y entre éstas; 4. Los recursos contra tributos, impuestos, tasas, patentes, derechos o contribuciones creados, modificados o suprimidos en contravención a lo dispuesto en esta Constitución; 5. Los recursos contra resoluciones del Órgano Legislativo, cuando sus resoluciones afecten a uno o más derechos, cualesquiera sean las personas afectadas; 6. La revisión de las acciones de Libertad, de Amparo Constitucional, de Protección de Privacidad, Popular y de Cumplimiento. Esta revisión no impedirá la aplicación inmediata y obligatoria de la resolución que resuelva la acción; 7. Las consultas de la Presidenta o del Presidente de la República, de la Asamblea Legislativa Plurinacional, del Tribunal Supremo de Justicia o del Tribunal Agroambiental sobre la constitucionalidad de proyectos de ley. La decisión del Tribunal Constitucional es de cumplimiento obligatorio; 8. Las consultas de las autoridades indígenas originario campesinas sobre la aplicación de sus normas jurídicas aplicadas a un caso concreto. La decisión del Tribunal Constitucional es obligatoria; 9. El control previo de constitucionalidad en la ratificación de tratados internacionales; 10. La constitucionalidad del procedimiento de reforma parcial de la Constitución; 11. Los conflictos de competencia entre la jurisdicción indígena originaria campesina y la jurisdicción ordinaria y agroambiental; 12. Los recursos directos de nulidad."

[218] "1. Revisión de Amparo Constitucional: 8.922 – (57,79%); 2. Recurso de Habeas Corpus: 4.211 – (27,28%); 3. Recurso Directo de Nulidad: 992 – (06,43%); 4. Recurso Indirecto de Nulidad: 922 – (05,97%); 5. Recurso Directo o Abstracto de Inconstitucionalidad: 212 – (00,21%); 6. Recurso contra Tributos en General: 79 – (00,51%); 7. Consulta sobre constitucionalidad de leyes y decretos: 33 – (00,21%); 8. Recurso contra Resoluciones Legislativas: 20 – (00,13%); 9. Conflictos de competencia: 18 – (00,12%); 10. Consulta sobre la constitucionalidad de proyectos de leyes: 13 (00,08%); 11. Recurso de Habeas Data: 12 – (00,08%); 12. Recurso de Habeas Corpus y Amparo Constitucional: 4 – (00,03%); 13. Demandar de procedimientos de reforma constitucional: 1 (00,01%)" – cf. SANTANA, Isaías José de. A justiça constitucional na Bolívia. In: TAVARES, André Ramos (org.). *Justiça constitucional e democracia na América Latina*. Belo Horizonte: Fórum, 2008. p. 147.

poderá se tornar o mandatário com maior permanência no poder na história boliviana.[219] Com a maioria na Assembleia Legislativa é possível que o governo faça uma reforma constitucional como o objetivo de incorporar a reeleição por tempo indefinido. Não é demais acentuar que esta possibilidade se apresenta em contradição aos preceitos democráticos e, principalmente, ao que dispõe a Constituição do país, por isso a necessidade de uma reforma. Porém, além desta, alguns argumentam que a proibição constitucional de uma nova reeleição poderia ser também afastada por um novo referendo, convocado desta vez por "iniciativa popular"; pela renúncia do presidente seis meses antes do encerramento do atual mandato; ou então por intermédio do Tribunal Constitucional.

1.8.4 Peru: da ditadura ao Tribunal Constitucional

Em vários momentos da história da República do Peru, diversos esforços foram dispensados para introduzir na Constituição um controle judicial de constitucionalidade, que só viria a ocorrer na Constituição de 1979. Nesta, o controle de que tratava era o difuso – antecipado pelo Código Civil de 1936.[220] Ademais, ela trouxe uma notável inovação: o Tribunal de Garantias Constitucionais. Assim, *la vigente Carta de 1993 mantiene los dos controles: por un lado, el judicial y difuso, y por otro, el concentrado, a cargo del ahora denominado Tribunal Constitucional.*[221] Com esse passo, o sistema passou a assemelhar-se com a realidade brasileira, contando, desde 1979, com os dois controles de constitucionalidade: um difuso, a cargo de todos os juízes; outro concentrado, realizado pelo Tribunal Constitucional.

A razão fundamental para a incorporação do sistema concentrado em 1979 é puramente política. Em 1968, foi instaurada uma ditadura militar, que perdurou até 1980. Nesse período, o Poder Judiciário não foi um defensor efetivo dos direitos fundamentais, por medo, temor ou, talvez, conveniência, passando a ser visto com descrença pela população. Então, com a Assembleia Constituinte de 1979, os membros desta – em sua maioria, opositores do governo autoritário – tentaram configurar uma instituição judicial independente, livre das pressões políticas e que pudessem defender a Constituição. *Por un lado, trataron de configurar una institución judicial independiente, que no viviera acicateada por tantas presiones, pero por otro, desconfiaban de él, pues en el inmediato pasado no había sido un defensor de la constitucionalidad.*[222]

Em relação ao controle de constitucionalidade, é ele direcionado principalmente às leis. Todavia, ao lado das leis, outros tipos de normas são alvo e objeto desse controle,

---

[219] Entenda a crise política na Bolívia: http://glo.bo/3PXwk3W.

[220] "El controle difuso se introduce por vez primera en el Perú en 1936, y de ahí inicia un desarrollo y consolidación paulatina. Luego se eleva a rango constitucional en 1979, y se reitera en la vigente Carta de 1993. Este control, como se sabe, se ejerce ante cualquier juez, ya que no existe preferencia alguna en esta materia" – cf. BELAUNDE, Domingo García. La jurisdicción constitucional en Peru. In: BELAUNDE, Domingo García; SEGADO, Francisco Fernandez (orgs.). *La jurisdicción constitucional en Iberoamerica*. Madrid: Dykinson, 1997. p. 835.

[221] BELAUNDE, op. cit., p. 833.

[222] Idem.

Cap. 1 • AS MATRIZES DO CONSTITUCIONALISMO E AS FORMAS DE CONTROLE DE CONSTITUCIONALIDADE | **91**

como os decretos-leis, os decretos legislativos, o Regulamento do Congresso, os tratados internacionais, os decretos de urgência, as normas regionais e as municipais.

O órgão que o exerce, o Tribunal Constitucional, tem duas funções privativas e de sua exclusiva incumbência: o controle abstrato de constitucionalidade e o conhecimento dos conflitos de competência (*proceso competencial*).[223] Nos demais casos, ele atua como última instância, logo que se esgotam todos os recursos cabíveis no Poder Judiciário, mas somente em casos de decisões improcedentes.

Veja-se que não se pode considerar a jurisdição constitucional do Peru como um modelo misto de controle de constitucionalidade – como, por exemplo, na Colômbia e Venezuela. Analisando mais profundamente a realidade desses sistemas, nota-se que os controles difuso e concentrado peruanos são distintos e independentes, não sendo fundidos na mesma instituição – característica própria do modelo misto.[224]

No sistema difuso, como qualquer juiz pode declarar a inaplicação de uma norma frente à Constituição, qualquer pessoa poderia pedir a declaração de inconstitucionalidade. Entretanto, o efeito de tal decisão será sempre *inter partes*.

No caso do Tribunal Constitucional, as ações de inconstitucionalidade só podem ser ajuizadas pelas seguintes pessoas ou grupos, conforme art. 203 da Carta de 1993:

> "Están facultados para interponer acción de inconstitucionalidad:
>
> a) El Presidente de la República.
>
> b) El Fiscal de la Nación.
>
> c) El Defensor del Pueblo.
>
> d) El veinticinco por ciento del número legal de congresistas.
>
> e) Cinco mil ciudadanos con firmas comprobadas por el Jurado Nacional de Elecciones. Si la norma es una ordenanza municipal, está facultado para impugnarla el uno por ciento de los ciudadanos del respectivo ámbito territorial, siempre que este porcentaje no exceda del número de firmas anteriormente señalado.
>
> f) Los presidentes de Región con acuerdo del Consejo de Coordinación Regional, o los alcaldes provinciales con acuerdo de su Concejo, en materias de su competencia.
>
> g) Los colegios profesionales, en materias de su especialidad."

---

[223] "Corresponde al Tribunal Constitucional: 1. Conocer, en instancia única, la acción de inconstitucionalidad; 2. Conocer, en última y definitiva instancia, las resoluciones denegatorias de hábeas corpus, amparo, hábeas data, y acción de cumplimiento; 3. Conocer los conflictos de competencia, o de atribuciones asignadas por la Constitución, conforme a ley."

[224] "Pero luego, analizar la realidad de estos países, llegué a la conclusión que no era una mixtura, pues en un solo ordenamiento se daban las características de ambos sistemas en forma independiente, es decir, no había una fusión, un *mixtum*, que originara nueva realidad distinta de las dos anteriores. A diferencia de los modelos mixtos, en el peruano no había tal fusión, sino que ambas instituciones, el Tribunal Constitucional y el Poder Judicial tenía cada cual su propio ámbito competencial, y coincidían tan sólo en un punto: en el conocimiento de las acciones o procesos de garantías (defensa de los derechos humanos) que fuesen denegatorios, pero guardando cada uno su identidad" – cf. BELAUNDE, Domingo García. La jurisdicción constitucional en Peru, op. cit., p. 837.

JURISDIÇÃO CONSTITUCIONAL • *Lenio Luiz Streck*

O efeito de uma decisão de inconstitucionalidade realizada pelo Tribunal, por sua vez, se diz *erga omnes*, já que a lei deixará de ter efeito para todos, conforme art. 204 da Constituição do Peru: "La sentencia del Tribunal que declara la inconstitucionalidad de una norma se publica en el diario oficial. Al día siguiente de la publicación, dicha norma queda sin efecto. No tiene efecto retroactivo la sentencia del Tribunal que declara inconstitucional, en todo o en parte, una norma legal".

O controle difuso de constitucionalidade do Peru fora muito escasso, até os tempos atuais, quase não havendo vestígios dele, principalmente devido às restrições que se deram no biênio 1992-1993, de contorno totalmente autoritário.

E, por ser uma criação relativamente recente – se comparado com outros países da América Latina –, o Tribunal Constitucional ainda não pode ser alvo de muitos juízos de valor a seu respeito, visto que ainda não teve tempo de provar a real efetividade do controle abstrato de constitucionalidade para que foi objetivamente criado.[225]

De qualquer forma, é de suma importância tudo o que está sendo construído em matéria de jurisdição constitucional no Peru, principalmente se comparado com a produção anterior. *El control constitucional de las leyes, sea en su versión difusa o concentrada, ha sido en el Perú muy cauto y escaso. Lo sucedido en los últimos años es muy poco, pero es valioso en comparación con décadas pasadas.*[226]

1.8.5 Uruguai e seu controle concentrado concreto

A primeira Constituição da República Oriental do Uruguai (rígida e codificada) é de 1830. Em seu texto, não foi consagrado nenhum procedimento efetivo para fazer valer a supremacia da Constituição. Durante a vigência dessa Carta, foram expostas duas opiniões preponderantes sobre a faculdade dos juízes de declarar, no caso concreto, a inaplicação de uma disposição legal por razão de inconstitucionalidade: a) uma sustenta que não existia nenhum texto que desse a competência para os juízes declarar a inconstitucionalidade de uma lei e deixar de aplicá-la – ou seja, corresponderia apenas ao Poder Legislativo interpretá-la (art. 152); b) a outra afirmava a faculdade dos juízes de não aplicar as leis inconstitucionais. Os defensores dessa posição qualificavam a outra interpretação do art. 152 (a) como a mais "desgraçada" de todas as interpretações constitucionais, já que, dessa forma, se mutilava a autoridade constitucional do Poder Judiciário uruguaio.

O Uruguai teve mais três Constituições (1908, 1913 e 1919) sem positivar a supremacia da Carta. Até que, em 1934, pela primeira vez, é colocada em seu texto a possibilidade do controle constitucional. *La Constitución de 1934 consagró, pues, por primera vez en su*

---

[225] "El Tribunal Constitucional, creado por la Carta de 1993 y sucesor del Tribunal de Garantías Constitucionales, acaba de instalarse, y tiene varias causas pendientes de resolver. En el pasado, el control abstracto vía Tribunal de Garantías Constitucionales, fue discreto, como ya se indicó. En cuanto al futuro, esto todavía incierto, y debemos esperar antes de emitir un juicio al respecto" – cf. BELAUNDE, op. cit., p. 839.

[226] Idem.

Cap. 1 · AS MATRIZES DO CONSTITUCIONALISMO E AS FORMAS DE CONTROLE DE CONSTITUCIONALIDADE | **93**

texto para Uruguay, la posibilidad de defensa de su supremacía respecto de las leyes formales ordinarias posteriores a su entrada en vigor.[227]

Existiram outras Constituições formais (1936 e 1938) que introduziram reformas parciais, atendendo a situações políticas conjunturais, mas nenhuma dessas alterou o disposto na Carta de 1934. A oitava Constituição (1942) – fruto da ruptura da ordem institucional do Uruguai – conservou o texto também, mas acrescentou um inciso ao art. 75: *A la Asamblea General compete: ... 20) Interpretar la Constitución sin prejuicio de la facultad que corresponde a la Suprema Corte de Justicia, de acuerdo con los artículos 229 a 232.*

Durante sua vigência, foram apresentados vários projetos para implementar e regulamentar os procedimentos de controle da constitucionalidade, todavia nenhum logrou aprovação.

A Constituição de 1952 criou a legitimidade para a ação a *todo aquél que se considere lesionado en su interés directo, personal e legítimo*, e estabeleceu que o Tribunal do Contencioso Administrativo – não integrante do Poder Judiciário, competente para anular atos administrativos contrários às regras do direito – poderia formular petições de declaração de inconstitucionalidade de ofício.[228] No entanto, o controle se quedou inerte, pois *durante la vigencia de la Constitución de 1952 tampoco fué cumplido por el legislador el mandato de expedir la reglamentación de los procedimientos*. Só após a décima Constituição (de 1967) foi promulgada a Lei 13.747, de 10 de julho de 1969, que finalmente regulamentou os procedimentos de declaração de inconstitucionalidade.

No Uruguai vige o sistema concentrado de controle de constitucionalidade, que, uma vez declarado, determinada a inaplicabilidade dos atos legislativos formais para qualquer caso concreto subsequente. Com fundamento constitucional, o único órgão competente para tal declaração é a Suprema Corte de Justiça.[229]

Os atos legislativos passíveis de declaração de inconstitucionalidade pela Suprema Corte de Justiça são aqueles que a Constituição uruguaia considera como *leyes*, bem como *los decretos de los Gobiernos Departamentales que tengan fuerza de ley en su jurisdicción, podrán también ser declarados inconstitucionales, con sujeción a lo establecido en los artículos anteriores* (art. 260, Constitución de la República de Uruguay).

---

[227] GALLICCHIO, Eduardo G. Esteva. La jurisdicción constitucional en Uruguay. In: BELAUNDE, Domingo García; SEGADO, Francisco Fernandez (org.). *La jurisdicción constitucional en Iberoamerica.* Madrid: Dykinson, 1997. p. 903.

[228] "Legítimo para formular la solicitud por las vías de acción o de excepción, a "todo aquél que se considere lesionado en su interés directo, personal e legítimo"; y estableció que el Tribunal de lo Contencioso Administrativo – órgano no integrante del Poder Judicial, con posición institucional similar a la de los órganos cabeza de los Poderes del Gobierno, competente para anular actos administrativos contrarios a reglas de Derecho –, en su caso, podrá formular la solicitud de declaración de inconstitucionalidad por vía de oficio" – GALLICCHIO, op. cit., p. 904.

[229] "En Uruguay rige el llamado método concentrado para la resolución de la declaración de inconstitucionalidad y consiguiente inaplicabilidad al caso concreto de los actos legislativos formales (leyes y decretos con fuerza de ley en su jurisdicción de los Gobiernos Departamentales). Su fundamento es constitucional e el único órgano competente para formular la declaración de marras es la Suprema Corte de Justicia – en adelante, C. –, arts. 256 a 261, especialmente, 257" – cf. GALLICCHIO, op. cit., p. 905.

A Constituição uruguaia prevê três tipos de petitório visando a declaração de inconstitucionalidade de atos legislativos formais, denominados de *acción, excepción* e *de oficio* (art. 258).[230] O primeiro se refere à interposição direta ante a Suprema Corte de Justiça de ação versando sobre a inconstitucionalidade abstrata de um dispositivo. O destaque é para a ampla legitimidade, principal inovação da Constituição de 1952, já descrita. O segundo trata de uma inconstitucionalidade advinda de caso concreto, incidental, sendo suspenso o feito para averiguação da constitucionalidade do dispositivo atacado pelo demandante, pelo demandado, ou por terceiro. Por fim, o terceiro meio advém da apresentação de questão de inconstitucionalidade de ofício, por parte do órgão judicante (ou do Tribunal do Contencioso Administrativo), sem provocação das partes.[231]

A decisão que declara a inconstitucionalidade do dispositivo atacado determina sua imediata inaplicabilidade, porém *los efectos no son, pues,* erga omnes, e sim *inter partes*.[232] A modulação temporal dos efeitos é sempre do *decisum* para o futuro. Criada a coisa julgada, não mais se fala na aplicação daquele dispositivo para o caso concreto.

1.8.6 Venezuela e sua Corte Suprema de Justiça

A Venezuela também enfrentou recentes alterações constitucionais. A última reforma foi em 15 de fevereiro de 2009 (*Enmienda n. 01*). Em 2017, de forma inconstitucional, o Presidente da República convocou uma nova assembleia constituinte, à revelia do Parlamento. Essa nova assembleia assumiu poderes totais, substituindo-se ao próprio parlamento, problemática que gerou perplexidade nos demais países do continente.

Ainda neste momento, em 2017, o sistema de controle de constitucionalidade vigorante é o de 1999. As alterações de 2009 não modificaram esta parte da Constituição, razão pela qual o mecanismo de adequabilidade das leis para com a Constituição pode ser estudado. Resta saber como a nova Constituição tratará desse assunto.

De todo modo, cabe registrar que a Constituição de 1999 foi elaborada com base no que já havia sido determinado pela anterior, de 1961. A maior alteração consistiu na substituição da Corte Suprema de Justiça pelo Tribunal Supremo de Justiça. O sistema venezuelano apresenta-se misto: há um controle difuso previsto no art. 20 do *Código de Procedimiento Civil*, que dispõe: "*Cuando la ley vigente, cuya aplicación se pida, colidiere con alguna disposición constitucional, los jueces aplicarán ésta con preferencia*". A autorização impõe um dever de controle constante de constitucionalidade por parte de todo e qualquer

---

[230] "Artículo 258 – La declaración de inconstitucionalidad de una ley y la inaplicabilidad de las disposiciones afectadas por aquélla, podrán solicitarse por todo aquel que se considere lesionado en su interés directo, personal y legítimo: 1°) Por vía de acción, que deberá entablar ante la Suprema Corte de Justicia. 2°) Por vía de excepción, que podrá oponer en cualquier procedimiento judicial. El Juez o Tribunal que entendiere en cualquier procedimiento judicial, o el Tribunal de lo Contencioso Administrativo, en su caso, también podrá solicitar de oficio la declaración de inconstitucionalidad de una ley y su inaplicabilidad, antes de dictar resolución. En este caso y en el previsto por el numeral 2°), se suspenderán los procedimientos, elevándose las actuaciones a la Suprema Corte de Justicia."

[231] Idem, p. 913-915.

[232] Idem, p. 917.

Cap. 1 • AS MATRIZES DO CONSTITUCIONALISMO E AS FORMAS DE CONTROLE DE CONSTITUCIONALIDADE | **95**

juiz exercendo jurisdição. Ou seja, *"el juez posee la atribución-deber, para proceder de oficio a desaplicar la ley que estima inconstitucional, en las sentencias interlocutorias durante el proceso, o en la sentencia definitiva".*[233]

Por outro lado, o sistema possui outro mecanismo de controle de constitucionalidade, por meio de uma ação principal de amparo constitucional prevista na *Ley Orgánica de Amparo sobre Derechos y Garantías Constitucionales (LOA) (artículos 3,4 y 5)*.[234]

Mediante pedido do Poder Executivo, a Corte Suprema de Justiça pode ser inquirida a se manifestar sobre uma lei (nacional, estadual ou municipal) possivelmente inconstitucional. Esse tipo de controle é nominado "concentrado prévio". "En este caso, el Presidente de la República dentro del término de esos (10) diez días, puede "ocurrir a la Corte Suprema de Justicia solicitando su decisión acerca de la inconstitucionalidad alegada", la Corte "decidirá en el término de 10 días, contados desde el recibo de la comunicación del Presidente de la República".[235]

Dessa forma, o mesmo órgão, a Corte Suprema de Justiça, exerce essas duas funções simultaneamente: controla a constitucionalidade dos atos emanados pelo Poder Público e, por outro lado, atua como a mais alta corte no sistema jurisdicional venezuelano, efetuando um controle também pela via difusa.[236]

Em princípio, todos os atos normativos estão submetidos ao controle de constitucionalidade exercido pela Corte Suprema de Justiça, por meio do pleno. De forma geral, além desses, cabe controle sobre qualquer ato administrativo, dada a já pacificada supremacia da Constituição.

O controle difuso de constitucionalidade está atribuído a todos os tribunais da República. Qualquer um que for parte poderá pedir ao juiz a inaplicação de uma norma frente à Constituição. Poderá ser trazida para debate também por qualquer terceiro interessado, pelo Ministério Público ou Procurador Geral da República – por tratar-se de matéria de ordem pública. O juiz, de ofício, também pode afastar a aplicação com base na inconstitucionalidade reconhecida.[237] Os efeitos das decisões em sede de controle difuso são *inter partes* e geralmente de modulação temporal *ex tunc*.

Já o controle concentrado pode ser exercido mediante ação popular de inconstitucionalidade, contra leis ou demais atos normativos, perante a Corte Suprema de Justiça. A pretensão é a de anulação do ato normativo inconstitucional, resultando da declaração efeito *erga omnes*, com a possibilidade de modulação dos efeitos temporais da decisão (*ex nunc* ou *ex tunc*, conforme o caso).[238] A legitimidade para interpor tal ação direta de

---

[233] CORAO, Carlos M. Ayala. La jurisdicción constitucional en Venezuela. In: BELAUNDE, Domingo García; SEGADO, Francisco Fernandez (org.). *La jurisdicción constitucional en Iberoamerica*. Madrid: Dykinson, 1997. p. 939.

[234] Idem, p. 937.

[235] Idem, p. 940.

[236] Idem, p. 940.

[237] Idem, p. 943.

[238] Idem, p. 942-943.

inconstitucionalidade pertence aos chefes do Poder Executivo de cada esfera federal, ou seja, ao Presidente da República, ao Governador do Estado ou ao Prefeito Municipal, se for uma lei federal, uma lei estadual ou municipal, respectivamente.[239]

O controle de constitucionalidade das leis na Venezuela é uma instituição com tradição. A abertura de um controle concentrado, direto, não representou um abuso, mas ao contrário: poucas vezes foi utilizado. O índice de leis vigentes impugnadas perante a Constituição é razoavelmente baixo. Da mesma forma o controle de constitucionalidade difuso, que não é tão difundido perante advogados e juízes, mais imersos em conteúdos civis e comerciais. Na área penal houve avanços, notadamente devido às garantias constitucionais violadas, devidamente atacadas por recursos endereçados à Corte Suprema de Justiça (*apelaciones conocidas por la Sala de Casación Penal de la CSJ*).[240]

A ideia de criar um Tribunal Constitucional na Venezuela já está sendo discutida. Isso faria com que se "especializassem" as discussões em matéria constitucional, já que os integrantes da Corte Suprema de Justiça, além de integrar as "Salas" de diversas áreas (Penal, Civil etc.), ainda estão abarrotados de trabalho. Há uma *variedad de órganos de control de la constitucionalidad en Venezuela*, o que conduz a *plantear la necesidad de la creación en el seno de la CSJ de una Sala Constitucional especializada*.[241]

O governo do ex-presidente Hugo Chávez sofreu acusação de interferência na Corte Suprema de Justiça. Um documento da Human Rights Watch (HRW), intitulado "Apertando o cerco: concentração e abuso de poder na Venezuela de Chávez", demonstra o uso da Suprema Corte como uma peça central do chavismo, eis que "ela se identifica com alegria e entusiasmo com o governo e é, voluntariamente, usada para convalidar e legitimar a agenda oficial".[242] Desde a época de Chávez, a justiça na Venezuela é criticada por silenciar os poucos meios de comunicação opositores ainda existentes, e que poderiam fazer críticas ao governo.

1.8.7 México e sua resistente Constituição Social

A histórica e ainda vigente Constituição mexicana data de 1917. Os avanços daquela Carta ainda são estudados sempre que o assunto é um Estado de cariz social. Pois, em 1988, se fixou a última instância de solução dos conflitos constitucionais na Suprema Corte de Justiça, que até então funcionava como tribunal de cassação.[243]

Atribuiu-se à Suprema Corte a competência exclusiva para decidir em única ou última instância as controvérsias pela aplicação das normas constitucionais, mormente

---

[239] Idem, p. 942.

[240] Idem, p. 943-944.

[241] Idem, p. 945.

[242] Cf. Venezuela: concentração e abuso de poder no governo Chávez. Disponível em: [http://www.hrw.org/node/108979]. Acesso em: dez. 2012.

[243] CARPIZO, Jorge; DÍAZ, José Ramon Cossió; FIX-ZAMUDIO, Héctor. La jurisdicción constitucional en México. In: BELAUNDE, Domingo García; SEGADO, Francisco Fernandez (org.). *La jurisdicción constitucional en Iberoamerica*. Madrid: Dykinson, 1997. p. 757.

Cap. 1 • AS MATRIZES DO CONSTITUCIONALISMO E AS FORMAS DE CONTROLE DE CONSTITUCIONALIDADE | 97

o controle de constitucionalidade, desenhando-a como um verdadeiro tribunal constitucional especializado, sem, porém, uma estrutura propriamente formal.[244] Por outro lado, nas reformas de 1995, se ampliou a esfera de admissão das controvérsias constitucionais, estabelecendo-se pela primeira vez uma *acción directa de inconstitucionalidad*, de natureza abstrata, que demonstra a possibilidade de impugnação de disposições legislativas aprovadas pela maioria parlamentar.

Em virtude disso, pode-se afirmar que a impugnação das normas legislativas no ordenamento mexicano compreende três instrumentos de diferentes níveis de aplicação. Em primeiro nível se tem o *amparo contra leyes*, o de maior eficácia; seguido pelas *controversias constitucionales*; e figurando em último nível a *acción directa de inconstitucionalidad*.[245] Esta última é um instrumento processual que guarda estreita relação com o que na Europa se conhece por "recurso de inconstitucionalidade" ou "controle abstrato". O segundo pode ser comparado às "questões de inconstitucionalidade" ou "controle concreto".[246]

O *amparo contra leyes* opera-se contra toda disposição legislativa em um sentido material, ou seja, compreende tanto as leis em sentido estrito geradas pelo *Congreso de la Unión* e as *legislaturas de los Estados*, assim como pela *Asamblea de Representantes del Distrito Federal*, promulgadas pelo *Presidente de la República* e pelos *Gobernadores de los Estados*; os regramentos expedidos pelo Executivo Federal e dos Estados, assim como os tratados internacionais ratificados pelo Executivo Federal e aprovados pelo *Senado de la República*.[247]

Finalmente, deve-se destacar que a Suprema Corte de Justiça e os tribunais colegiados podem estabelecer jurisprudência obrigatória, se formada em sede de amparo, a partir de cinco decisões no mesmo sentido, ininterruptas, ou seja, não intercaladas com alguma que diga o contrário, variando-se o número de votos necessários conforme as integrações dos organismos jurisdicionais.[248]

As controvérsias constitucionais possuem como legitimados passivos aquele que *hubiere emitido y promulgado la norma general o pronunciado el acto que sea objeto de la controversia*, e ativos o prejudicado (ou terceiro interessado), desde que afetado pelo ato. O Procurador-Geral da República deverá intervir em todas as controvérsias representando o interesse social, bem como a ordem constitucional.[249]

O objeto da pretensão é amplo: a constituição mexicana não restringe o uso do mecanismo, dizendo apenas que *las controversias constitucionales pueden suscitarse entre órganos o bien entre órdenes de autoridad*.[250]

---

[244] Idem, p. 761.
[245] Idem, p. 762.
[246] Idem, p. 764.
[247] Idem, p. 765.
[248] Idem, p. 770.
[249] Idem, p. 772.
[250] Idem, p. 772.

As sentenças deverão conter a literalidade das normas gerais ou atos objeto do ataque da controvérsia e, se for o caso, a valoração das provas fundamentais, os preceitos em que se fundam, as considerações de fato, seus alcances e efeitos, os pontos resolutivos e, se necessário, o prazo dado ao sucumbente para que tome alguma atitude. A própria lei estabelece também a obrigação para a Suprema Corte de Justiça de corrigir "*los errores que advierta en la cita de los preceptos invocados y examinará en su conjunto las razones de las partes a fin de resolver la cuestión efectivamente planteada*" (art. 35); além de suprir, sempre que necessário, a deficiência da demanda, da contestação e dos recursos (art. 40).[251]

Já a ação direta de inconstitucionalidade tem sua regulamentação, no que tange à legitimação, presente no ponto II do art. 105 da Constituição Federal, *in verbis*:

> "Artículo 105. La Suprema Corte de Justicia de la Nación conocerá, en los términos que señale la ley reglamentaria, de los asuntos siguientes:
>
> (...)
>
> II. De las acciones de inconstitucionalidad que tengan por objeto plantear la posible contradicción entre una norma de carácter general y esta Constitución.
>
> Las acciones de inconstitucionalidad podrán ejercitarse, dentro de los treinta días naturales siguientes a la fecha de publicación de la norma, por:
>
> a) El equivalente al treinta y tres por ciento de los integrantes de la Cámara de Diputados del Congreso de la Unión, en contra de leyes federales o del Distrito Federal expedidas por el Congreso de la Unión;
>
> b) El equivalente al treinta y tres por ciento de los integrantes del Senado, en contra de leyes federales o del Distrito Federal expedidas por el Congreso de la Unión o de tratados internacionales celebrados por el Estado Mexicano;
>
> c) El Procurador General de la República, en contra de leyes de carácter federal, estatal y del Distrito Federal, así como de tratados internacionales celebrados por el Estado Mexicano;
>
> d) El equivalente al treinta y tres por ciento de los integrantes de alguno de los órganos legislativos estatales, en contra de leyes expedidas por el propio órgano, y
>
> e) El equivalente al treinta y tres por ciento de los integrantes de la Asamblea de Representantes del Distrito Federal, en contra de leyes expedidas por la propia Asamblea.
>
> f) Los partidos políticos con registro ante el Instituto Federal Electoral, por conducto de sus dirigencias nacionales, en contra de leyes electorales federales o locales; y los partidos políticos con registro estatal, a través de sus dirigencias, exclusivamente en contra de leyes electorales expedidas por el órgano legislativo del Estado que les otorgó el registro.
>
> g) La Comisión Nacional de los Derechos Humanos, en contra de leyes de carácter federal, estatal y del Distrito Federal, así como de tratados internacionales celebrados por el Ejecutivo Federal y aprobados por el Senado de la República, que vulneren los derechos humanos consagrados en esta Constitución y en los tratados internacionales de los que México sea parte. Asimismo, los organismos de protección de los derechos humanos equivalentes en los estados de la República, en contra de leyes expedidas por

---

[251] Idem, p. 774.

Cap. 1 · AS MATRIZES DO CONSTITUCIONALISMO E AS FORMAS DE CONTROLE DE CONSTITUCIONALIDADE | 99

> las legislaturas locales y la Comisión de Derechos Humanos del Distrito Federal, en contra de leyes emitidas por la Asamblea Legislativa del Distrito Federal.
>
> La única vía para plantear la no conformidad de las leyes electorales a la Constitución es la prevista en este artículo.
>
> Las leyes electorales federal y locales deberán promulgarse y publicarse por lo menos noventa días antes de que inicie el proceso electoral en que vayan a aplicarse, y durante el mismo no podrá haber modificaciones legales fundamentales.
>
> Las resoluciones de la Suprema Corte de Justicia sólo podrán declarar la invalidez de las normas impugnadas, siempre que fueren aprobadas por una mayoría de cuando menos ocho votos. (...)."

Por meio deste mecanismo é possível atacar leis federais, tratados internacionais, disposições normativas em geral e as leis produzidas pelas assembleias. O Procurador-Geral da República pode impugnar *leyes de carácter federal, estatal y del Distrito Federal, así como de tratados internacionales celebrados por el Estado Mexicano.* A Constituição dispõe expressamente que a *dicha acción no procede en contra de ninguna norma general relativa la materia electoral.*[252] As sentenças adotarão os mesmos efeitos das sentenças prolatadas em controvérsias constitucionais.[253]

1.8.8 Chile: jurisdição constitucional pós-Pinochet

No Chile existiram três formas de controle de constitucionalidade: (a) um controle político, operado pelo Congresso Nacional durante o império, pela Constituição Política de 1833; (b) um controle judicial, surgido na Constituição de 1925, exercido pela Corte Suprema de Justiça (CSJ) na forma concentrada, com efeitos *inter partes*, desde que a controvérsia constitucional tenha surgido em entrância diversa da Corte, conduzida até a CSJ pela *impugnación de inconstitucionalidad*, sem efeito suspensivo (ressaltando que tal recurso só trata de inconstitucionalidade material e formal, pois a competência da CSJ restringe-se a *sólo conocer y fallar los recursos de inaplicabilidad de las leyes por vicios de fondo, afirmándose en la doctrina de la separación de poderes*);[254] e, por fim, (c) um controle pelo Tribunal Constitucional, surgido pela *Ley de Reforma Constitucional de 1970*, criado para julgar os feitos constitucionais residuais da CSJ. O tribunal operou até o golpe de Estado de 1971.

Atualmente, segundo a Constituição Federal de 1980, existem apenas dois mecanismos de controle de constitucionalidade: o judicial concentrado (com efeitos *inter partes*) e o exercido pelo Tribunal Constitucional, que tem efeitos *erga omnes* e considerado *preventivo*.

---

[252] Idem, p. 776-777.

[253] Idem, p. 777-778.

[254] Ribeiro, Gustavo Enrique Zacharias. A justiça constitucional do Chile sob a óptica democrática. In: Tavares, André Ramos (org.). *Justiça constitucional e democracia na América Latina*. Belo Horizonte: Fórum, 2008. p. 539.

JURISDIÇÃO CONSTITUCIONAL • *Lenio Luiz Streck*

O controle de constitucionalidade concentrado é exercido por meio do *recurso de inaplicabilidad por inconstitucionalidad*, que é regulamentado pelo art. 80 da Constituição: "La Corte Suprema, de oficio o a petición de parte, en las materias de que conozca, o que le fueren sometidas en recurso interpuesto en cualquier gestión que se siga ante otro tribunal, podrá declarar inaplicable para esos casos particulares todo precepto legal contrario a la Constitución. Este recurso podrá deducirse en cualquier estado de la gestión, pudiendo ordenar la Corte la suspensión del procedimiento".

Assim, a finalidade deste recurso é somente declarar inaplicável uma norma em um caso específico, razão pela qual esse controle é considerado concreto. Isso significa que *la Corte Suprema ordena al tribunal respectivo no aplicar el precepto legal, el cual cede frente a la norma constitucional que es de mayor jerarquía, pero los jueces no pueden afectar la vigencia de la norma legal. El efecto que produce la sentencia estimatoria de inconstitucionalidad provoca efectos sólo para el caso en que actualmente se esta pronunciando, tiene efectos inter partes para el caso concreto.*[255]

Veja-se que, com o fim da ditadura de Pinochet em 1988, começou-se um processo de reabertura democrática no Chile, que teve como última manifestação a reforma constitucional de 2005, que atribuiu um papel muito importante ao Tribunal Constitucional, seja por haver expandido sua composição, seja por ter criado mecanismos de exercício de uma efetiva jurisdição constitucional.

Embora outras modificações constitucionais já tivessem sido levadas a cabo, foi somente com a reforma de 2005 que os resquícios do período autoritário foram totalmente extirpados do âmbito constitucional. Entre os avanços alcançados está a competência do Tribunal Constitucional para reconhecer a *acción de inaplicabilidad por inconstitucionalidad de los preceptos legales y la posibilidad de atribuir efecto* erga omnes *a la decisión*.

De forma sintética, foram estas algumas das principais alterações: a) ampliação da composição do Tribunal Constitucional – de sete para dez, sendo dois indicados por livre eleição; b) controle preventivo e repressivo exercido por um único órgão, o Tribunal Constitucional (fixada uma só jurisdição constitucional); c) o Tribunal Constitucional passa a exercer o controle de constitucionalidade das decisões das instâncias inferiores; d) o Tribunal Constitucional pode declarar a inconstitucionalidade, com efeito *erga omnes*, da regra que tenha sido previamente declarada inaplicável (de ofício ou por meio de ação popular); e) possibilidade de controle de constitucionalidade dos decretos supremos (mesma natureza das medidas provisórias, no Brasil); f) previsão constitucional do efeito *ex tunc* para as decisões do Tribunal Constitucional.

1.8.9 Colômbia: supremacia constitucional e controle misto

Em 1991, a Assembleia Nacional Constituinte criou a Corte Constitucional e outros mecanismos (recursos e ações) para garantir a supremacia da Constituição. Atualmente

---

[255] Idem, p. 541.

Cap. 1 · AS MATRIZES DO CONSTITUCIONALISMO E AS FORMAS DE CONTROLE DE CONSTITUCIONALIDADE | **101**

há um sistema misto de controle de constitucionalidade, pois pode ser exercido pela Corte Constitucional e por todos os juízes e tribunais.

O controle pode ser exercido das seguintes formas: (a) Controle concentrado e abstrato (*acción de inconstitucionalidad*). Esta ação pode ser proposta por qualquer cidadão e será julgada pela Corte Constitucional. Por tal razão é considerada um mecanismo muito democrático, pois permite que qualquer um (pessoas naturais, nacionais com cidadania e também os funcionários do Estado, como o *Defensor del Pueblo*) a proponha, ou seja, ela garante *"el derecho (...) de participar en la conformación, ejercicio y control del poder político".*[256] Se pode dizer assim que ela tem um caráter abstrato – por não ter um vínculo com outro processo em específico – e participativo.

A sentença que decide pela inconstitucionalidade expulsa a norma do ordenamento jurídico, ou seja, já não se pode mais fazer uso de seu conteúdo material, o que a caracteriza como *cosa juzgada constitucional absoluta*. Embora esta seja a regra, a Corte Constitucional já demonstrou que defende a existência de uma espécie de *cosa juzgada relativa*, que seria "la que se configura cuando la misma Corte expresamente limita los efectos de sus fallos a los artículos o disposiciones de la Constitución a los que se ha contraído el examen. [...] Entre otros casos, la anterior situación se presenta cuando la demanda contiene una censura global o general – no particularizada en relación con sus distintas disposiciones – contra una ley y ésta no prospera".[257]

Por este modelo de controle de constitucionalidade uma lei pode ser considerada inconstitucional seja porque há um vício de forma (caso em que o prazo para oferecimento da ação de inconstitucionalidade é de um ano) ou porque há um vício de fundo, de natureza material. É importante assinalar que a Corte Constitucional decidiu que os defeitos de competência não são vícios formais, e sim materiais, de fundo, portanto.

Por outro lado, o controle de constitucionalidade preventivo é exercido pela Corte Constitucional. Nos casos das *leyes estatutarias* (tipos especiais de leis que para sua aprovação exigem voto da maioria absoluta e regulam, por exemplo, direitos e deveres fundamentais), a Corte faz a revisão antes da sanção, mas depois do Congresso aprovar. Como há essa participação da Corte, qualquer cidadão pode fazer a impugnação do projeto.

Quase a mesma coisa ocorre com os tratados internacionais: é examinada a constitucionalidade da sanção da lei que aprova o tratado e também seu instrumento antes da ratificação, que somente ocorre se a sentença decidir pela constitucionalidade.

O controle de constitucionalidade preventivo é, todavia, exercido quando o executivo impugna o projeto de lei por inconstitucionalidade e, voltando à Câmara, a discussão permanece. Nessa situação, a Corte Constitucional é chamada para resolver o conflito, decidindo pela constitucionalidade (que pode ser parcial) ou não.

---

[256] MUÑOZ, Eduardo Cifuentes. La jurisdicción constitucional en Colombia. In: BELAUNDE, Domingo García; SEGADO, Francisco Fernandez (org.). *La jurisdicción constitucional en Iberoamerica*. Madrid: Dykinson, 1997. p. 475.

[257] Idem, p. 476.

Quanto ao controle automático e posterior, destina-se aos *decretos legislativos* editados com fundamento em estado de exceção (guerra exterior, comoção interna e emergência), que devem ser enviados à Corte Constitucional no dia seguinte ao da sua expedição. Nesse caso, também está autorizada a participação dos cidadãos, seja como impugnantes ou defensores do ato.

Não se trata de analisar somente se o estado de exceção foi declarado conforme os requisitos formais estabelecidos pela Constituição – há também um controle material, ou seja, é verificado se há uma situação real para se declarar o estado de exceção. Esse controle material está apoiado, segundo Eduardo Cifuentes Muñoz, nas seguintes razões: "a) en el Estado de derecho, no existen poderes omnímodos; b) el control circunscrito a los aspectos formales, carece de relevancia y no amerita que se adscriba al máximo órgano de jurisdicción constitucional; c) la Constitución atribuye a la Corte el control constitucional de los decretos dictados al amparo de los estados de excepción, sin hacer entre ellos distinción alguna; d) el control integral es el único que asegura la primacía de la Constitución como norma de normas; e) si se omite el control material, los poderes del Presidente, en la materia, serian supraconstitucionales. f) a la Corte corresponde la guarda de la 'integridad' y de la 'supremacía' de la Constitución".[258]

No que tange ao controle de constitucionalidade concreto, em específico, a *acción de tutela*, verifica-se caráter subsidiário, apesar de ser o principal meio de proteção dos direitos fundamentais, pois se trata de uma forma protetiva imediata ante as ações ou omissões das autoridades públicas ou dos particulares que lesionem ou ameacem os direitos.

Em relação às sentenças, a Corte entendia ser inconstitucional o dispositivo que assegurava o direito de interpor *acción de tutela* contra as decisões judiciais, em razão da garantia de segurança jurídica e da coisa julgada. Mas isso mudou: foi decidido que, quando as sentenças violassem direitos fundamentais de forma arbitrária, grosseira ou manifestamente, seria possível a interposição de *acción de tutela. La Corte ha precisado que el sentido de la acción de tutela contra particulares, cuando ella es procedente, es el de controlar el ejercicio del poder privado.*[259]

Como essa ação tem um caráter subsidiário, ela também pode ser interposta como mecanismo emergencial, de urgência, no caso de um prejuízo irremediável, sendo que posteriormente deve ser interposta a ação correta para o caso concreto. "Las sentencias de tutela pronunciadas en las diferentes instancias se envían a la Corte Constitucional para su revisión, la que es discrecional por parte de este último órgano. Sobre las sentencias unilateralmente seleccionadas por la Corte, se debe producir el fallo de revisión dentro de los tres meses siguientes a la fecha en la que se realizó su selección."[260]

Em relação ao controle difuso (*excepción de inconstitucionalidad*), partindo-se da premissa de que a Constituição não pode ser violada, ou seja, este mecanismo independe de um pedido formal de qualquer parte, os juízes têm, então, o dever de *dar aplicación preferente a la Constitución frente a cualquier otra norma.*[261]

---

[258] Idem, p. 481.

[259] Idem, p. 485.

[260] Idem, p. 487.

[261] Idem, p. 489.

Assim, sobre a exceção de inconstitucionalidade, "debe igualmente ser declarada por parte de las autoridades administrativas competentes, tan pronto adviertan la clara y manifiesta oposición entre la Constitución y una norma inferior que hubiere servido de fundamento a sus actuaciones, salvo que se trate de una 'norma jurídica de contenido particular, individual y concreto, que crea derechos a favor de un particular, la cual no puede dejar de aplicarse a través de la excepción de inconstitucionalidad en presencia de la garantía de que gozan los derechos adquiridos con justo título y con arreglo a las leyes civiles, hasta tanto no sean anulados o suspendidos por la jurisdicción competente o recovados por la misma administración con el consentimiento expreso y escrito de su titular'".[262]

Os principais mandamentos acerca do controle de constitucionalidade na Constituição colombiana estão contidos no seu art. 241:

"Artículo 241. A la Corte Constitucional se le confía la guarda de la integridad y supremacía de la Constitución, en los estrictos y precisos términos de este artículo. Con tal fin, cumplirá las siguientes funciones:

1. Decidir sobre las demandas de inconstitucionalidad que promuevan los ciudadanos contra los actos reformatorios de la Constitución, cualquiera que sea su origen, sólo por vicios de procedimiento en su formación.

2. Decidir, con anterioridad al pronunciamiento popular, sobre la constitucionalidad de la convocatoria a un referendo o a una Asamblea Constituyente para reformar la Constitución, sólo por vicios de procedimiento en su formación.

3. Decidir sobre la constitucionalidad de los referendos sobre leyes y de las consultas populares y plebiscitos del orden nacional. Estos últimos sólo por vicios de procedimiento en su convocatoria y realización.

4. Decidir sobre las demandas de inconstitucionalidad que presenten los ciudadanos contra las leyes, tanto por su contenido material como por vicios de procedimiento en su formación.

5. Decidir sobre las demandas de inconstitucionalidad que presenten los ciudadanos contra los decretos con fuerza de ley dictados por el Gobierno con fundamento en los artículos 150 numeral 10 y 341 de la Constitución, por su contenido material o por vicios de procedimiento en su formación.

6. Decidir sobre las excusas de que trata el artículo 137 de la Constitución.

7. Decidir definitivamente sobre la constitucionalidad de los decretos legislativos que dicte el Gobierno con fundamento en los artículos 212, 213 y 215 de la Constitución.

8. Decidir definitivamente sobre la constitucionalidad de los proyectos de ley que hayan sido objetados por el Gobierno como inconstitucionales, y de los proyectos de leyes estatutarias, tanto por su contenido material como por vicios de procedimiento en su formación.

9. Revisar, en la forma que determine la ley, las decisiones judiciales relacionadas con la acción de tutela de los derechos constitucionales.

10. Decidir definitivamente sobre la exequibilidad de los tratados internacionales y de las leyes que los aprueben. Con tal fin, el Gobierno los remitirá a la Corte, dentro de

---

[262] Idem, p. 489.

los seis días siguientes a la sanción de la ley. Cualquier ciudadano podrá intervenir para defender o impugnar su constitucionalidad. Si la Corte los declara constitucionales, el Gobierno podrá efectuar el canje de notas; en caso contrario no serán ratificados. Cuando una o varias normas de un tratado multilateral sean declaradas inexequibles por la Corte Constitucional, el Presidente de la República sólo podrá manifestar el consentimiento formulando la correspondiente reserva.

11. Darse su propio reglamento.

PÁRRAFO. Cuando la Corte encuentre vicios de procedimiento subsanables en la formación del acto sujeto a su control, ordenará devolverlo a la autoridad que lo profirió para que, de ser posible, enmiende el defecto observado. Subsanado el vicio, procederá a decidir sobre la exequibilidad del acto."

O principal princípio do procedimento constitucional é a participação popular. É por isso que qualquer cidadão pode atuar como defensor ou impugnante de uma norma submetida ao controle de constitucionalidade da Corte.

Para que haja um melhor debate, o autor da norma é notificado – o Presidente e o Congresso – e também aqueles que ajudaram em sua elaboração. Como a Corte tem liberdade para conduzir o procedimento, pode ordenar a realização de audiência pública.

A sentença produz coisa julgada, ou seja, o conteúdo material da norma considerada inconstitucional não pode ser utilizado, pelo menos enquanto a Constituição não for alterada. Em relação aos efeitos, a *ley estatutaria de la administración de la justicia* dispõe em seu art. 45: "Las sentencias que profiera la Corte Constitucional sobre los actos sujetos a su control en los términos del artículo 241 de la Constitución Política, tienen efecto hacia el futuro a menos que la Corte resuelva lo contrario".

Por fim, ressalta-se que o mecanismo da interpretação conforme a Constituição é utilizado na Colômbia, manejado pela CSJ, podendo expungir do ordenamento interpretações inconstitucionais. São as "sentenças interpretativas": "En atención al valor que en una sociedad democrática representan la decisiones del Congreso, la Corte ha introducido en el repertorio de sus sentencias los fallos que ha denominado interpretativos o condicionados. Si bajo alguna interpretación plausible se logra mantener la constitucionalidad de una legal, la Corte descarta las interpretaciones que no se avengan con la Constitución, y declara que la constitucionalidad se supedita a la interpretación que resulta congruente con su texto".[263]

1.9 AS RAZÕES DA CRIAÇÃO DOS TRIBUNAIS *AD HOC* PARA A APRECIAÇÃO DA CONSTITUCIONALIDADE DAS LEIS: LIÇÕES PARA A DISCUSSÃO DA JURISDIÇÃO CONSTITUCIONAL NO BRASIL

Importante registrar que a exclusão do juiz ordinário ou dos Tribunais ordinários da tarefa de controlar a constitucionalidade das leis tem como fundamento antigas teses que levaram os revolucionários franceses à vitória no final do século XVIII. Ou seja, se a

---

[263] Idem, p. 496.

Cap. 1 • AS MATRIZES DO CONSTITUCIONALISMO E AS FORMAS DE CONTROLE DE CONSTITUCIONALIDADE | **105**

desconfiança nos juízes levou à radicalização na França, onde o controle de constitucionalidade, a partir de 1958, é preventivo e feito por um órgão político, *essa mesma desconfiança levou, em outro nível, à exclusão dos juízes e/ou tribunais ordinários na maioria dos países da Europa, por meio do estabelecimento de Tribunais Constitucionais, fora da estrutura do Poder Judiciário.* Registre-se, aqui, a alteração – já explicitada anteriormente – ocorrida no modelo de controle de constitucionalidade na França, no ano de 2008.

Os juízes norte-americanos, pela especificidade com que ocorreu o processo de independência e a formação do Estado nacional, não sofreram o desgaste dos magistrados franceses, por ocasião do advento da Revolução de 1789. A decisão de Marshall de 1803 foi uma decisão interventiva, que teve o condão de colocar o Poder Judiciário como moderador de uma querela que tinha como foco de tensão principal o Poder Executivo. Esse poder moderador, que tem raízes nas ideias liberais de Benjamin Constant, ganhou considerável relevo na história dos Estados Unidos e dos países latino-americanos.

Entretanto, em face da experiência francesa, essa "moderação" não poderia ser feita na Europa pelo Poder Judiciário. Havia que buscar um *tertio genus*, que pudesse intervir nas disputas entre os Poderes do Estado. E novamente aqui assume relevância a herança da Revolução Francesa. Com efeito, esse *tertio genus* não poderia ser o Poder Judiciário, porque lhe faltava legitimidade.

Não se deve esquecer, nesse ponto, que a Europa continental possui uma estrutura judiciária burocrática na base, ao contrário dos Estados Unidos, que possui um sistema por eleição na base; os juízes europeus são magistrados de carreira, não tendo legitimidade política, devendo interpretar a lei em um sistema onde o Poder Legislativo historicamente tem posição proeminente; já nos Estados Unidos, a separação dos Poderes é um dogma, o juiz tem lugar especial no equilíbrio constitucional, dizendo o direito não com base em princípios abstratos, como ocorre com o legislador, mas procurando concretamente as soluções para os litígios. O modelo francês serve, nesse contexto, de inspiração para suprir esse déficit de legitimidade do Poder Judiciário.

Surgiu, assim, a ideia de um tribunal que, não sendo parte do Poder Judiciário, pudesse assumir a moderação do sistema, a partir do controle acerca da interpretação da Constituição. Nesse ponto, Louis Favoreu faz a seguinte indagação e reflexão a respeito do Tribunal Constitucional: Quarto Poder ou controlador dos demais poderes? E responde, dizendo: "Desde 1968, Vezio Crisafulli já havia formulado em relação ao Tribunal Constitucional italiano uma explicação que hoje é aceita por muitos especialistas em diversos países: '... verdade ... que o Tribunal não se encaixa, não só no Judiciário, mas também no sistema judicial no sentido mais amplo do termo, ou seja, o conjunto de órgãos que exercem funções judiciais ... O Tribunal Constitucional ... permanece fora dos poderes estatais tradicionalmente conhecidos: forma um poder independente cujo papel consiste em assegurar o respeito à Constituição, em todos os campos'. Pode-se encontrar uma confirmação dessa configuração dos poderes no fato de que, após a Segunda Guerra Mundial, quase todas as novas Constituições que criam tribunais constitucionais lhes dedicam um 'título' diferente daquele reservado para o Judiciário: é o caso das Constituições belga, espanhola, francesa, italiana, portuguesa, búlgara, croata, húngara, lituana, macedônia, polonesa, romena e eslovena. Foi também o caso de uma das primeiras Constituições que criaram um Tribunal Constitucional, a Constituição austríaca de 1920.

> "O Tribunal Constitucional, portanto, não faz parte de qualquer um dos três poderes clássicos, e, também, é tratado com igual respeito a esses três poderes no Texto Fundamental. Isso reafirma a classificação tradicional em três poderes, como sustentam, por outro lado, algumas Constituições. O Tribunal Constitucional faz respeitar as normas constitucionais pelos três poderes – executivo, legislativo e judicial – não somente com respeito aos indivíduos, mas também sobre cada um deles. A separação de poderes assume toda a sua importância e o seu significado quando existe um Tribunal Constitucional que assegura que cada um deles observe os limites de suas competências. Pode-se até dizer que, na França, o Judiciário (ou mais precisamente jurisdicional) só apareceu e se afirmou como tal a partir do momento em que o Conselho Constitucional desenvolveu uma jurisprudência que estabelecia as garantias constitucionais reconhecidas às jurisdições administrativas e judiciais. O embate mais difícil de examinar, depois de aceitar, foi entre o poder legislativo e o Tribunal Constitucional, não só porque se considerou por muito tempo a lei um ato incontestável e incontrolável, mas também pelo fato de que na Europa a lei controlada – ao contrário do que acontece nos Estados Unidos – quase sempre foi a lei nacional ou federal. Na verdade, muitas vezes se esquece de notar que o controle exercido pelos tribunais norte-americanos – de que o louvor de mérito é audácia – é, na maioria dos casos, um controle de leis que derivam das legislaturas dos Estados. Como se esquece, na França, que o controle de constitucionalidade suíço diz apenas respeito às leis cantonais. Esta é uma razão pela qual o controle de tipo americano tem conseguido se implementar na maior parte dos países europeus, pois uma coisa é declarar inconstitucional uma lei infranacional e outra é fazer isso sobre uma lei nacional. Apenas um Tribunal Constitucional está em condições de opor-se ao legislador nacional e forçá-lo a respeitar a Constituição. O 'legislador negativo' deve estar, pelo menos, à altura do 'legislador positivo'. Saber se o Tribunal Constitucional está acima dos outros ramos ou a sua altura pode ser a questão discutida. Em vez disso, se ele está fora deles realmente não se presta à discussão. É suficiente para convencer-se considerar que o Tribunal Constitucional pode invalidar ou anular os atos de cada um dos três ramos, enquanto nenhum desses pode contradizer ou cassar uma decisão do Tribunal Constitucional. Este tem a última palavra e todos devem se inclinar às suas decisões. Por isso, parece difícil reconhecer plenamente a natureza do Tribunal Constitucional a instâncias que somente podem dar conta da inconstitucionalidade de uma lei sem declarar sua posterior anulação. De acordo com este sistema, bastante difundido antes nos antigos países ex-comunistas da Europa Oriental, as Cortes, os Tribunais Constitucionais, polaco e eslovaco, não podem mais que reenviar a lei declarada inconstitucional para o Parlamento, que deve ajustá-la à Constituição. Este sistema não se encontra nas Constituições mais recentes da Romênia, Eslovênia, Bulgária etc. No entanto, pode haver a possibilidade de o Parlamento confirmar de alguma forma a sua própria lei por uma maioria especial (dois terços na maioria das vezes): isso acontece, por exemplo, em Portugal. Mas, então, em geral, a maioria necessária é a mesma que se exige para emendar a Constituição, de modo que novamente nos encontramos em uma situação conforme a lógica dos tribunais constitucionais, porque estes podem ter suas decisões questionadas pelo poder constituinte".[264]

---

[264] FAVOREU, Louis. Los tribunales constitucionales. In: BELAUNDE, Domingo García; SEGADO, Francisco Fernandez (org.). *La jurisdicción constitucional en Iberoamerica*. Madrid: Dykinson, 1997. p. 106 e ss.

Mas, por evidente, a composição desse tribunal *ad hoc* não poderia ser feita aos moldes dos tribunais que constituem a cúpula do Judiciário, e, sim, buscou-se construí-la apelando à *volonté générale*, ainda que indireta, a partir da efetiva participação do Poder Legislativo na composição desse *tertium genus*.

Não é suficiente, desse modo, a explicação baseada na tese de que a Europa optou por Tribunais *ad hoc* em face de não existir, no modelo romano-germânico, a figura do *stare decisis*, apto a conceder efeito *erga omnes* às decisões. Essa explicação não convence. É razoável sustentar, destarte, que a razão da exclusão do juiz ordinário do controle da constitucionalidade baseia-se muito mais em motivações de ordem política, com raízes na Revolução Francesa, em especial na discussão acerca da noção de soberania popular.

Ou seja, como bem assinalam Tremps e Enterría, a existência/consolidação de Tribunais *ad hoc* fundamenta-se no caráter político que têm suas competências. Assentado de antemão que a transcendência política da atuação da justiça constitucional não priva esta de sua função de caráter jurisdicional, o certo é que essa especificidade ajuda a compreender a exclusão do juiz ordinário do juízo de constitucionalidade. Registre-se, ademais, que foi o desejo de juridificar toda a atividade estatal que levou Kelsen a criar a justiça constitucional. Para tanto, afasta-se da linha política de garantia de norma fundamental que inicia com Sieyès, depositando-a em um Tribunal. Porém, o espírito da época, "da revolta dos juízes contra a lei" imperante no início do novo século, leva Kelsen a criar um tribunal especial alheio à jurisdição ordinária. A desconfiança tradicional existente na Europa sobre os juízes desde a Revolução Francesa, que contribuiu, por exemplo, junto a outras razões, para a configuração dos tribunais contenciosos-administrativos como tribunais especiais, agudiza-se no mundo centro-europeu no início do século XX. É certo, sem dúvida, que a criação de um tribunal constitucional acarreta certos problemas técnicos e racionaliza a justiça constitucional. *Porém, sua natureza de tribunal especializado, ad hoc, situado fora da jurisdição ordinária, somente pode ser explicada plenamente por essa desconfiança política acerca dos juízes*. Para tanto, chegou-se a afirmar que a justiça constitucional é um mecanismo que, delimitando melhor o espaço dentro do qual o legislador pode se mover, protege-o dos perigosos ataques dos juízes (A. Giovannelli). De qualquer maneira, diz Tremps, o intento de Kelsen, em reforçar o sistema democrático parlamentarista por intermédio do fortalecimento do direito, procura reservar essa tarefa para aqueles juízes que estejam mais comprometidos com os princípios a defender que os juízes ordinários. A transcendência da função conduz, assim, à exclusão dos últimos e à busca de juízes especiais que, ligados por sua eleição pelo Parlamento, se encontrem mais comprometidos com os valores democráticos que este encarna.[265]

A criação de um órgão ou tribunal *ad hoc*, fora do âmbito do Poder Judiciário, surge, assim, no dizer de Medeiros, como uma forma de superar, ao mesmo tempo, os defeitos da velha ideia de Constituição como norma (meramente) programática, não diretamente invocável nem aplicável, e os riscos da debilitação do papel do Poder Legislativo numa democracia moderna inerentes ao controle difuso de constitucionalidade. Em síntese, a introdução

---

[265] Cf. Tremps, op. cit., p. 55 e ss. Também García de Enterría, Eduardo. *La lucha contra las inmunidades del poder*, apud Tremps, op. cit.

de um sistema de fiscalização da constitucionalidade concentrado em um Tribunal *ad hoc* serviu, na Europa, para sustentar a permanência do mito da força da lei e da efetiva proeminência da lei ordinária. É certo que, nos Estados Unidos, a pátria da fiscalização difusa, os juízes da *Supreme Court* são nomeados pelo Presidente depois de obtido o consentimento do Senado e revelam uma grande sensibilidade às consequências políticas das decisões de inconstitucionalidade das leis e uma notável preocupação em respeitar os poderes do legislador. Não é por acaso que surge, lá, a teoria do *self-restraint in exercise of judicial review* ou que se fala em *political question*. Em outras palavras, na Europa, a rejeição do controle difuso e a consequente adoção da fórmula dos tribunais *ad hoc* não significava que não se pretendesse salvaguardar, no velho continente, a obra legislativa. É que, na Europa, a opção que se colocava não era entre a criação de um Tribunal Constitucional e a adoção de um controle difuso à americana. A instituição de um sistema de fiscalização concentrado visou antes afastar os magistrados europeus do controle da constitucionalidade.[266]

É razoável afirmar, nesse contexto, que sempre estiveram em jogo, de um lado, os pressupostos liberais, de preservação da legislação, onde o controle difuso-jurisdicional sempre assumiu enorme relevância, e, de outro, *as perspectivas político-jurídicas relacionadas à transcendência do problema da função do direito.*

É dizer, mais do que o problema da legitimidade (ou da ausência de legitimidade) de os juízes poderem decidir se uma lei é ou não constitucional, ganhou força o papel dirigente do constitucionalismo. Neste a própria Constituição, fruto de um pacto constituinte-fundante de uma nova ordem, já por si só passa a estabelecer os caminhos político-econômico-sociais do Estado (normas autoexecutáveis, p. ex.). E, para dar efetividade a tais normas, tornava-se absolutamente insuficiente um mecanismo meramente difuso de controlar a compatibilidade dos textos ordinários com a Constituição. Observe-se que as perspectivas que assumiram os tribunais no pós-guerra, onde a justiça constitucional assumiu papel preponderante, não guardam simetria com a ideia original kelseniana.

Com efeito, o estrutural-normativismo kelseniano não tinha em mente, com certeza, Constituições dirigentes e tribunais com perspectivas substancialistas. Ao contrário do que pretendia Kelsen, as Constituições (como a espanhola, a portuguesa e a brasileira, para citar as mais contemporâneas) estão repletas de disposições com forte carga de conflitividade, além de conceitos indeterminados, e, desde logo, não estão construídas de forma simétrica como os jardins de Genebra, enfim, como na ordem em que se encontram os dispositivos na Constituição austríaca de 1920, por ele idealizada. Isso significa, precisamente, que, para adequar a lei ordinária a esse modelo de Constituição, o juiz constitucional, ao instaurar seu monopólio, teve de desenvolver, levando em conta os diferentes processos sociais, um tipo de interpretação (e procedimento) distinto daquele que Kelsen havia previsto para a Constituição austríaca, isto é, a da simples derrogação da lei. Por isso, os diversos tipos de sentenças que têm sido elaboradas pelos distintos tribunais constitucionais (sentenças aditivas, manipulativas, construtivas etc.), são dirigidas à atuação e efetivação dos preceitos constitucionais nos diversos sentidos que a interpretação pode conduzir, isso porque o juiz

---

[266] Cf. MEDEIROS, Rui. *A decisão de inconstitucionalidade.* Lisboa: Universidade Católica, 2000. p. 42.

Cap. 1 · AS MATRIZES DO CONSTITUCIONALISMO E AS FORMAS DE CONTROLE DE CONSTITUCIONALIDADE | **109**

constitucional conta com esse poder de interpretação, que é bilateral, enquanto referida tanto à norma constitucional, como à lei que se coloca como contraponto ao texto constitucional.[267]

A toda evidência, dentro de tais perspectivas, é possível concluir que o controle difuso, entendido como forma isolada de controle de constitucionalidade, tornava-se absolutamente incompatível com as perspectivas do modelo de Constituição que se forjou no pós-guerra. Daí a necessidade do estabelecimento dessa (nova) forma de justiça constitucional, que, *embora estruturalmente fincada no modelo kelseniano, transcendeu, em muito, ao sentido de controle pretendido pelo mestre de Viena.*

Dito de outro modo, quando o próprio texto das Constituições superara a mera programaticidade é que se tornou necessário buscar uma fórmula de "cortar caminho" entre o (velho) sistema judiciário e as políticas públicas que deveriam advir do novo texto constitucional.

Aliado a isso, há um forte liame histórico com a Revolução Francesa. Nesse sentido, a *volonté générale*, que serviu para afastar a figura do juiz e do Judiciário no controle dos atos do Legislativo, *vem, agora, por meio dos Tribunais* ad hoc, *revificada, mediante a participação efetiva do Poder Legislativo na escolha dos juízes/membros dos tribunais* ad hoc.

De certo modo, os Tribunais Constitucionais recuperam a noção de *volonté générale*, por meio da fórmula de escolha dos juízes, com mandato fixo, não renovável, reservando o Poder Legislativo, para si, a tarefa do controle da legitimidade do Tribunal encarregado de fiscalizar a constitucionalidade dos atos normativos emanados dos Poderes Executivo e Legislativo. Veja-se, de forma exemplificada, a fórmula de escolha dos juízes constitucionais da Alemanha e de Portugal.

Outro elemento que pode ser acrescentado a essa discussão diz respeito ao problema da democracia, entendida a partir do sistema de governo adotado em cada Estado. Com efeito, os Tribunais Constitucionais indubitavelmente têm uma relação quase umbilical com as democracias parlamentares. Nelas – em sua maioria – o Poder Executivo (governo propriamente dito) confunde-se com a maioria parlamentar (portanto, com o Poder Legislativo). Na medida em que o Poder Judiciário não tem atribuições para a interpretação da Constituição, a tensão – nesse âmbito – fica restrita aos dois Poderes. Na medida em que a composição do Tribunal Constitucional é controlada *lato sensu* pelo Poder Legislativo, diminui-se o déficit de legitimidade das decisões contramajoritárias.

Na mesma linha, esse raciocínio pode ser invocado para demonstrar as razões pelas quais o modelo de Tribunais Constitucionais pouco vingou nos países que adotaram regimes presidencialistas. Nestes, formam-se duas maiorias, a do parlamento e a do Poder Executivo. Na medida em que o Poder Judiciário (como é o caso do Brasil, da Argentina, Estados Unidos etc.) possui a atribuição de zelar pela interpretação das questões constitucionais, os focos de tensão (entre aquelas duas maiorias) deságuam neste último, que, ao contrário do que ocorre nos países europeus, acaba se fortalecendo sobremodo, assumindo um protagonismo que fragiliza, em muitas oportunidades, a democracia. Veja-se, nesse

---

[267] Ver, para tanto, LA PERGOLA, Antonio. La constitución como fuente suprema del derecho. In: *División de poderes y interpretación: hacía una teoría de la praxis constitucional.* Edición e prólogo Antonio Lopez Pina. Madrid: Tecnos, 1987. p. 149.

sentido, que Habermas, embora acentue que a presença/formação de Tribunais Constitucionais não é autoevidente, torna visível a sua preferência pelo modelo europeu, colocando reticências principalmente ao controle difuso de constitucionalidade (*judicial review*).

Evidentemente, toda essa discussão assume relevância para o entendimento da problemática (brasileira) relacionada àquilo que é aqui denominado de "*baixa constitucionalidade*". Com efeito, somente em 1965 é que o Brasil adota, de forma *stricto sensu*, uma forma de controle concentrado *objetivo* de constitucionalidade. Não é muito difícil concluir que a ausência de uma forma de controle concentrado já constitui, por si, um modo de preservar a legislação, *acarretando um desvalor à Constituição*, enfim, reforçando a ideia de mera programaticidade ao texto constitucional.

Parte da doutrina e da jurisprudência brasileira considera as leis infraconstitucionais superiores à Constituição, como o exemplo da lei que modificou o interrogatório das testemunhas no processo judicial, alterando o art. 212 do Código do Processo Penal, no qual a Lei 11.690, de 2008, não foi efetivada. Parcela considerável do Judiciário considerou que a lei não havia modificado o sistema de inquirição das testemunhas, devendo continuar sendo aplicado o Código de Processo Penal de natureza inquisitória. No entanto, a partir da Constituição de 1988, o sistema é tornou-se acusatório, cabendo ao Ministério Público o papel de produzir provas, tarefa que lhe é atribuída constitucionalmente. Na verdade, ao fim e ao cabo, trata-se simplesmente do dever – inerente ao Estado Democrático de Direito – de cumprir a lei (constitucional), pois este, como se sabe, é um dos preços impostos pelo direito e, sobretudo, pela democracia!

Como resultado, tem-se que essa fraca tradição vai gerar efeitos negativos no *modo-de-aplicar-a-Constituição pós-entrada em vigor do texto dirigente da Constituição de 1988*. Os pré-juízos da comunidade jurídica estão condicionados pela tradição de "*baixa constitucionalidade*", razão do elevado grau de inefetividade do texto constitucional. São, pois, no plano daquilo que se entende como direito constitucional exsurgente do Estado Democrático de Direito, *pré-juízos inautênticos*, que obstaculizam o *desvelamento* do sentido de Constituição, produto daquilo que Jorge Miranda argutamente chamou de *revolução copernicana* do direito constitucional.

Dito de outro modo, o pensamento dogmático do direito, ao insistir na ideia/tese da função da justiça constitucional (e, portanto, da força normativa da Constituição) a partir (meramente) de uma concepção de legislação (entendida não como "legislação constitucional", mas, sim, como legislação infraconstitucional, que sustenta as práticas de índole liberal-individualista), produz um discurso hermeneuticamente inautêntico. Isso porque a tradição, para Gadamer,[268] além de carregar consigo historicamente as possibilidades de compreensão, também nos lega os pré-juízos, que se distinguem em falsos e verdadeiros (autênticos ou inautênticos). Em *Verdad y método*, traça um conceito de pré-juízo, em que, em si mesmo, pré-juízo quer dizer um juízo que se forma antes da convalidação definitiva de todos os momentos que são objetivamente determinantes. O problema acentua-se no

---

[268] Ver GADAMER, Hans-Georg. *Verdad y método I*, op. cit., p. 349, 369; também HEKMAN, Susan J. *Hermenêutica e sociologia do conhecimento*. Lisboa: Edições 70, 1986. p. 166-167.

Cap. 1 · AS MATRIZES DO CONSTITUCIONALISMO E AS FORMAS DE CONTROLE DE CONSTITUCIONALIDADE | **111**

que diz respeito à legitimação dos pré-juízos. *Para isso, a razão crítica possui a inquestionável tarefa de distinguir pré-juízos autênticos dos inautênticos.*

Gadamer esclarece que os pré-juízos inautênticos se fundam a partir da autoridade. E a autoridade não se outorga, mas se adquire, pois repousa sobre o reconhecimento. E esse reconhecimento, acrescenta, está sempre relacionado com a ideia de que o que disse a autoridade não é irracional nem arbitrário, senão que em princípio pode ser reconhecido como certo. Pré-juízos verdadeiros ou falsos distinguem-se pela manifestação, ou não, da autoridade, pois a reconhecendo, não há o que falar acerca de um intérprete inserido num tempo e num espaço, um ser histórico e finito. Fala-se num texto que tem seu sentido viciado pela imposição. Daí que, *na tese gadameriana, a razão crítica manifesta-se como sendo a superação dos pré-juízos verdadeiros frente a todos os outros pré-juízos.*

Dessa forma, a tradição deve ser vista essencialmente como sendo conservação, e como tal nunca deixa de estar presente nas trocas históricas. Para Gadamer, a conservação é um ato de razão, ainda que caracterizado pelo fato de não atrair a atenção sobre si. A tradição e a razão devem estar em sintonia, é dizer, *a tradição como sendo um momento de liberdade e de história, e a razão como sendo uma conservação que representa uma conduta tão livre como a transformação e a inovação.* É nessa perspectiva que Gadamer propõe a razão crítica como sendo o filtro capaz de separar pré-juízos válidos de pré-juízos falsos.

Por isso, é possível dizer que os pré-juízos considerados como inautênticos aproximam-se daquilo que aqui denominamos de sentido comum teórico dos juristas (*habitus*), *pois ambos existem pela autoridade e ambos nos levam a mal-entendidos*, isto é, interpretações descontextualizadas do sentido da história, desbordantes do Estado Democrático de Direito e de tudo o que este representa no processo histórico (tradição).

De outro modo, não é temerário afirmar – e a tradição brasileira nos tem revelado essa problemática com riqueza de detalhes – que é mais fácil efetuar reformas no texto constitucional do que no Código Civil. Isso porque, no imaginário dos juristas, permeia a ideia de que o texto constitucional não pode assumir a função dirigente, com eficácia plena. Já vimos anteriormente os diversos fatores que colabora(ra)m para esse desiderato, entre eles a prevalência de um sentido comum teórico reproduzido nas faculdades de direito e nos manuais jurídicos, onde ainda predomina uma cultura estandardizada e *prêt-à-porter*, refratária aos novos paradigmas (filosóficos e jurídicos).

É como se o texto constitucional viesse para regular as relações públicas da sociedade, e estas contivessem um mal-em-si, ficando reservado ao privado o espaço efetivo das relações sociais, como um *déjà vu* do que ocorreu na virada do século XVIII para o XIX. Por isso, a crítica de Dallari, para quem, muito embora tenhamos calcado nosso constitucionalismo no modelo norte-americano, mormente no que tange ao controle jurisdicional da constitucionalidade, na prática seguimos (cada vez mais) a vertente do constitucionalismo resultante da revolução burguesa de 1789, onde a Constituição era considerada uma revelação de intenções, um código das relações públicas (e o que era público era ruim!), dando-se maior valor ao Código Civil, instrumento que regulava as relações privadas...

A concepção liberal-individualista da superioridade do privado sobre o público ainda está presente em *terrae brasilis*, sendo obstáculo ao Constitucionalismo Contemporâneo de caráter compromissório e dirigente, sendo que a democracia permanece com os olhos do velho, o qual é claramente insustentável numa verdadeira República. A crise constitucional brasileira ocorre por meio de uma tradição que não se reinventa, conservando-se estanque em uma compreensão incorreta.

Com isso explica-se também a enorme resistência oposta por expressiva parcela dos juristas brasileiros à implantação de um tribunal constitucional *ad hoc* durante os debates da Assembleia Constituinte de 1986-1988. A continuidade do velho modelo implantado no nascedouro da República mostrava-se como condição de possibilidade para a manutenção do paradigma liberal-individualista-normativista, construindo-se, desde logo, um processo de legitimidade fragilizada, na contramão dos ordenamentos jurídicos europeus que optaram pela fórmula dos tribunais *ad hoc*.

Não é difícil constatar esse problema, bastando para tanto uma análise do que ocorre no quotidiano das práticas jurídicas. A equivalência (metafísica) entre vigência e validade de um texto constitui forte componente de enfraquecimento da Constituição e, consequentemente, do papel da jurisdição constitucional, mormente no controle difuso de constitucionalidade. Todo ato interpretativo (e, portanto, aplicativo) é um ato de jurisdição constitucional. O texto infraconstitucional somente pode ser aplicado depois de passar pelo processo hermenêutico-constitucional. Ora, se um texto normativo, muito embora inconstitucional, é aplicado, é porque não foi sequer feito o sopesamento entre sua vigência e validade. Essa equiparação entre vigência e validade ignora a dicotomia texto-norma, escondendo o texto constitucional, e, portanto, a sua força normativa, enquanto fundamento último de validade. Há um apego quase fundamentalista ao âmbito da vigência dos textos.

O ponto, fundamentalmente, está na necessidade de uma concepção adequada de Constituição, como *constituir-a-ação*. Discursos inautênticos, que fragilizam a força normativa do texto constitucional, são sempre produtos de um ponto de partida equivocado – há um problema anterior, na própria concepção de Direito que orienta esses discursos. Eis aí, numa palavra final, a importância da teoria do Direito, de conceitos claros e de uma epistemologia robusta na sua formação. Uma ideia de Direito ainda baseada em falsas dicotomias, em uma velha oposição positivismo/jusnaturalismo (geralmente, com entendimentos errados acerca desses dois conceitos, como se positivismo fosse "aplicar a letra da lei" e jusnaturalismo fosse "lei injusta não é lei"), será incapaz de dar conta da força normativa do texto, e não só dos *princípios e dos contextos que alicerçam a própria ideia constitucional em sentido amplo*.

O déficit constitucional é (também) um déficit de teoria do Direito, razão pela qual é imperativo avançar nessa direção. *O que é isto – a Constituição?*, é pergunta que passa antes por *o que é isto – um princípio?* e, fundamentalmente, pela mais importante das perguntas: *o que é isto – o Direito?* Se concebido como mero produto ou instrumento do político, como fruto de poder e não como seu critério de filtragem, será tudo menos Direito. Se concebido como mera barreira ou freio ao Estado, será empobrecido em suas funções de distribuição de poderes e judicialização da política (que, friso sempre, é diferente e deve ser sempre diferenciada do ativismo judicial, sempre deletério, que acaba fragilizando a própria Constituição). E a jurisdição constitucional, corretamente compreendida, passa antes por essa concepção teórica mais ampla.

Capítulo 2

O DIREITO NO BRASIL: DO IMPÉRIO AO PROCESSO CONSTITUINTE DE 1986-1988

2.1 A CONSTITUIÇÃO DO IMPÉRIO E A AUSÊNCIA DE CONTROLE JURISDICIONAL DE CONSTITUCIONALIDADE

A Constituição de 1824 estabeleceu um Estado centralizado, com fortes poderes nas mãos do Imperador, por meio do Poder Moderador. É significativa a resenha de Faoro acerca do assunto, ao acentuar que a Constituição de 1824, fiel à direta lição de Benjamin Constant, autor que, na hora, ofusca Rousseau, situa no Poder Moderador[1] "a chave de toda organização política", poder delegado "privativamente ao imperador, como chefe supremo da nação e seu primeiro representante, para que, incessantemente, vele sobre a manutenção da independência, equilíbrio e harmonia dos demais poderes políticos" (art. 98). O *pouvoir royal* do escritor francês, o *pouvoir neutre*, evocado para ajustar os três poderes clássicos, colocando-os na sua órbita constitucional, a *chef de toute organisation politique*, assume, na tradução infiel, caráter ativo. Em lugar de um mecanismo de contenção dos demais poderes, alheio às suas atribuições específicas, *autorité à la fois supérieure et intermédiaire, sans interêt à déranger l'équilibre, mais ayant au contraire tout interêt à le maintenir*[2], o Poder Moderador, apropriado pelo chefe do Poder Executivo, comanda a administração e a política: "Poder, assim composto de tantos poderes de acentuado característico político, mais político do que administrativo, não podia ser poder neutro. Tinha que ser ativo, mais do que isso dinâmico e, por isso mesmo, personalíssimo"[3], como é de se anotar a partir de Mário Losano: "Com base no poder moderador, o imperador tinha um direito de veto suspensivo sobre as leis aprovadas pelo parlamento; nomeava os senadores e ministros; podia julgar em última revisão as sentenças dos tribunais; nomeava não apenas os altos

---

[1] Como bem vai mostrar Raymundo Faoro, o "esquema [da Independência] procurará manter a igualdade sem democracia, o liberalismo fora da soberania popular. Linha doutrinária que flui de Montesquieu, passa por Sieyès e se define em Benjamin Constant, não por acaso o pai do Poder Moderador da Carta de 1824. A soberania – se de soberania se trata – será a nacional, que pressupõe um complexo grupo de tradições e de comunidades e de continuidade histórica, e não a popular, que cria e abate os reis". FAORO, Raymundo. *Os donos do poder*. Formação do patronato político brasileiro. Editora Globo, 2012, p. 321 (colchetes nossos).

[2] Faoro cita os *Principes de politique*, de Benjamin Constant. FAORO, Raymundo. *Os donos do poder*. Formação do patronato político brasileiro. Editora Globo, 2012, p. 333. Em tradução livre, "autoridade superior e intermediária, sem interesse em perturbar a balança, mas tendo, pelo contrário, interesse em mantê-la".

[3] Cf. FERREIRA, Waldemar Martins. *História do direito constitucional brasileiro*. São Paulo: Max Limonad, 1954. p. 59.

funcionários, mas também os bispos"[4]. A distinção entre a monarquia constitucional e a monarquia absolutista se esgarça, num sistema criado para separá-las, ensejando a crítica ao poder pessoal do imperador, constante azedume das correntes liberais. A irresponsabilidade do soberano coloca fora de controle parlamentar as atividades mais profundas e amplas da estrutura. Em torno desse núcleo racionalizado de poder sem confronto, arma-se toda a rede de governo, prolongada imediatamente no conselho de estado (novembro de 1823 a 1834 e 1841-1889) e no ministério, com a assistência da aristocracia de recente nomeação. Na cúpula do sistema, a segunda câmara, o senado vitalício, cujo papel conservador e refreador da opinião pública foi ressaltado por D. Pedro I.

A Câmara temporária seria, nesse quadro, o viveiro experimental do recrutamento dos estadistas, eleitos seus membros, cada vez mais, pelo influxo das chefias políticas, articuladas ao centro e dele dependentes. No fundo, uma estrutura que disfarça seu cunho autoritário, com o aproveitamento vertical dos elementos políticos cevados nas áreas permitidas de influência. O estamento se rearticula, com tintas liberais e cerne absolutista, no controle das províncias, presas à corte pela nomeação de seus presidentes. O funcionamento do corpo político, apesar da institucionalização das categorias sociais, dependerá do feitio do chefe do Estado, que deve limitar-se a funções bonapartistas, superior e árbitro das ambições, dos interesses e dos grupos. O talhe político de D. Pedro I não se coadunará com o arcabouço por ele montado, mas encontrará em D. Pedro II, conjugado à maturidade do plano, o príncipe perfeito para conduzir a máquina, maciamente. O esquema andradino, com outras vestes, enfeitado de uma aristocracia improvisada, enrijecer-se-á, ganhando respeitabilidade e irradiando prestígio aos políticos. Um núcleo de estadistas, constante pela apropriação dos postos de comando, dependente, para mandar e governar, da boa vontade do ápice da pirâmide, permanece no centro do tabuleiro. Nesse sentido, acima dos grandes proprietários de terra, dos comerciantes e dos traficantes de escravos, principais representantes da elite econômica do Império, encontrava-se o estamento burocrático, dedicando-se unicamente a tomar conta dos cargos oferecidos pela administração pública, o que, consequentemente, levava as atividades econômicas e intelectuais a ficarem sopitadas diante do prestígio social e dos privilégios financeiros garantidos pelo cargo público. Não por acaso, o artigo 254 do projeto constitucional, que previa "a emancipação lenta dos negros", não estava na Carta de 1824[5]. Desta forma, analisando as relações políticas estabelecidas pelo estamento burocrático durante o Império, Raymundo Faoro assinalava que "o cargo público, a velha realidade do estamento, será o único foco de poder, poder que dá prestígio, enobrece, propicia e legitima a riqueza. Para conquistá-lo e para conservá-lo desencadeiam-se as energias, ferozes ou manhosas, de acordo com as circunstâncias e com a oportunidade".[6]

---

[4] Losano, Mario. *Os grandes sistemas jurídicos*. Introdução aos sistemas jurídicos europeus e extraeuropeus. Trad. Marcela Varejão. São Paulo: Martins Fontes, 2007, p. 288.

[5] Schwarcz, Lilia Moritz; Starling, Heloisa Murgel. *Brasil*: uma biografia. São Paulo: Companhia das Letras, 2015, p. 231.

[6] Cf. Faoro, Raymundo. *Os donos do poder – Formação do patronato político brasileiro*, op. cit., 3. ed., p. 310.

Cap. 2 · O DIREITO NO BRASIL: DO IMPÉRIO AO PROCESSO CONSTITUINTE DE 1986-1988 | **115**

Prevalecia assim o poder despótico do monarca, sempre exercido em causa própria e de seus aliados. Essa situação pode ser observada no sistema político constituído pelo Império. Certamente, durante este período, o centro da disputa eleitoral acontecia na formação da mesa, reduto de todo tipo de manipulações, fraudes e violências eleitoreiras.[7] De fato, diante da ausência de um órgão institucional, com a devida capacidade para organizar e fiscalizar a disputa eleitoral,[8] a mesa eleitoral, formada nas paróquias municipais, tornou-se a maior responsável por esta atividade. De acordo com a forma do duplo grau, primeiramente os cidadãos ativos,[9] considerados votantes, reuniam-se em assembleias paroquiais para a escolha dos eleitores de província, que, mais tarde, determinavam os representantes da nação e províncias. Cabia à mesa a realização da eleição primária, utilizando todos os desvios possíveis para determinar o resultado mais interessante para o partido governista. Para a presidência deste órgão, havia o juiz de fora ou ordinário, na maioria das vezes envolvido diretamente com um dos partidos políticos, já que a legislação eleitoral não levantava nenhuma incompatibilidade entre o cargo e a militância político-partidária dos magistrados. No dia marcado para a realização do pleito, o pároco reunia o povo na matriz, e, após a celebração da missa, tomava assento na mesa juntamente com o juiz, determinando a

---

[7] Idem, p. 436. De acordo com Faoro, "feita a mesa está feita a eleição, dizia-se há um século – fazer a mesa significava compô-la, fabricá-la, e ocupá-la. Terminada a obra da violência, começava a fraude, com o voto manipulado, com as incompatibilidades de ocasião, com a contagem arbitrária. Em torno da década de 40, os costumes mudam, sem a permissão, antes concedida, da presença dos adversários, que, se não elegiam os deputados, faziam os suplentes. O tumulto das eleições não se repetia no segundo turno: os eleitores eram, agora, de um só partido e não disputavam lugares com a oposição. A eleição, na verdade, está feita – a apuração, escoimadas as duplicatas, recursos do partido vencido, proclama os eleitos, escolhendo entre as atas falsas as mais consentâneas com a tendência dos escrutinadores. O órgão apurador, no ciclo final, tal a balbúrdia dos resultados, faz a sua própria eleição, remotamente ligada à vontade do eleitorado. Em tempo de eleição, ficam suspensas as garantias da honra e probidade – será um dito conhecido".

[8] Cf. Leal, Victor Nunes. *Coronelismo, enxada e voto*. 5. ed. São Paulo: Alfa-Omega, 1986. p. 232. A Justiça Eleitoral apareceu apenas em 1932, após a ascensão política de Getúlio Vargas ao poder. Assim, todo o trabalho de alistamento, apuração e reconhecimento dos eleitos deixou de ser controlado pelas mesas eleitorais e passou a ser fiscalizado diretamente pela Justiça Eleitoral. Neste sentido, segundo Victor Nunes Leal, "perderam as mesas receptoras, nos códigos de 1932 e 1935, a atribuição de apurar os votos, fonte permanente de atas falsas. A contagem das cédulas passou a ser feita pelos Tribunais Regionais e, nas eleições municipais, pelas juntas apuradoras, compostas, como já se anotou, de juízes vitalícios. Por outro lado, tendo-se confiado a proclamação dos eleitos e a expedição dos diplomas aos Tribunais Regionais e ao Tribunal Superior, ficaram abolidos os vergonhosos reconhecimentos das assembleias legislativas".

[9] Cf. Lopes, *O direito na história*, op. cit., p. 289. Durante o Império a Constituição de 1824 reconhecia duas categorias de cidadãos: os passivos e os ativos. Os primeiros tinham os direitos civis de liberdade, propriedade e segurança de suas vidas e bens reconhecidos pelo Estado, mas não gozavam do direito de votarem e serem votados; já os cidadãos ativos tinham todos esses direitos reconhecidos pelo Estado e, ao mesmo tempo, gozavam plenamente de todos os direitos políticos. É importante destacar que os escravos não estavam incluídos em nenhuma dessas duas categorias de cidadãos existentes na Constituição do Império. Dessa forma, o voto, durante todo este período, foi censitário, exigindo a renda de 100$000 para o votante e de 200$000 para o eleitor. Mais tarde, com as alterações da moeda, o decreto de 1846 determina que tais valores sejam duplicados.

escolha de mais dois cidadãos para secretários e escrutinadores, numa questão de vida ou morte para os partidos envolvidos, pois, para aqueles que eram derrotados na indicação dos componentes da mesa, o pleito já estava irremissivelmente perdido. Para se chegar a um resultado, não havia acordo entre as partes envolvidas, pois tudo se decidia por meio da violência generalizada. Neste sentido, o subdelegado de polícia, ligado diretamente ao ministro da Justiça, exercia um papel extremamente importante para assegurar a vitória do partido governista, pois representava o único elemento armado próximo desta autoridade superior. Assim, todo o processo eleitoral era feito conforme as conveniências políticas dos integrantes da mesa, com uma máquina eleitoral autoritária, montada exclusivamente para o inteiro proveito do partido que se encontrava no exercício do poder.

Após a escolha dos eleitores, a eleição de um deputado dependia inteiramente das relações estabelecidas na corte, numa situação que exigia um contato muito próximo com os membros mais ilustres do estamento burocrático: políticos influentes, senadores, ministros ou algum conselheiro de Estado, que, de alguma maneira, facilitasse o contato direto com o próprio monarca. Dessa forma, a riqueza não era suficiente para garantir o domínio da máquina eleitoral, pois sem a proteção do estamento o rico proprietário de terras não dispunha dos meios necessários para assegurar a vitória eleitoral, já que tudo dependia do auxílio do poder oficial, num processo que se resumia no comando da influência geral para nomear e promover a ascensão política do aspirante a deputado. Portanto, segundo Victor Nunes Leal, "apesar das sucessivas reformas, as eleições no Império sempre deixaram muito a desejar. Para julgá-las em conjunto, basta observar a feição peculiar do nosso parlamentarismo, com a rotação dos partidos dependendo predominantemente, quando não exclusivamente, do critério pessoal do monarca".[10]

O sistema criado pela Carta de 1824 e calcado sobre a tradição portuguesa assume caráter próximo à oligarquia que o imperador preside. A supremacia da Coroa mitiga-se por órgãos de controle saídos das entranhas monárquicas, o Senado e o Conselho de Estado, e por via de um órgão dependente da eleição, a Câmara dos Deputados. A inautenticidade eleitoral, derivada menos do censo, que restringe o número de eleitores, do que de circunstâncias sociais, aptas a selecionar o corpo deliberante, e de circunstâncias legais, engendradas para filtrar a vontade primária, reduz a importância, o peso e a densidade do elo popular e representativo. Em síntese, conclui Faoro, a Constituição não desempenha, senão remotamente, por tolerância ou consentimento, o papel de controle, em nome dos destinatários do poder, dos cidadãos convertidos em senhores da soberania. Constituição puramente nominal, incapaz de disciplinar, coordenar, imperar, ideal teórico de uma realidade estranha à doutrina e rebelde à ideologia política importada.[11]

A primeira Constituição brasileira, jurada na Catedral do Império em 25 de março de 1824, "seguia o modelo liberal francês, prevendo um sistema representativo baseado na teoria da soberania nacional. A forma de governo era monárquica, hereditária, constitucional e representativa, dividindo-se o país entre províncias. A novidade ficava por conta

---

[10]   Cf. LEAL, Victor Nunes. *Coronelismo, enxada e voto*, op. cit., p. 224.

[11]   Cf. FAORO I, op. cit., p. 290-291.

Cap. 2 • O DIREITO NO BRASIL: DO IMPÉRIO AO PROCESSO CONSTITUINTE DE 1986-1988 | 117

da introdução não de três poderes, mas de quatro poderes, seguindo-se e adaptando-se a proposta de Benjamin Constant, que defendia a existência de cinco poderes: o real, o executivo, o representativo da continuidade, o representativo da opinião e o poder de julgar"[12]. Em relação a seu formato, a Carta de 1824 era semirrígida[13] (ou semiflexível, no dizer de Afonso Arinos), conforme se pode perceber pelo conteúdo dos arts. 174 a 178. O art. 178 dividia a matéria constante no texto da Carta em constitucional e não constitucional. Com efeito, somente era constitucional o que dizia respeito aos limites e atribuições respectivas dos poderes políticos e aos direitos políticos, e individuais dos cidadãos. Tudo que não era constitucional poderia ser alterado sem as formalidades referidas pelas legislaturas ordinárias.[14] As mudanças não constitucionais poderiam ser empreendidas por meio de maioria simples. As mudanças relativas às matérias constitucionais deveriam obedecer ao seguinte procedimento: a proposição, apoiada por no mínimo um terço dos membros da Câmara dos Deputados, será lida por três vezes com intervalos de seis dias uma da outra; e depois da terceira, deliberará a Câmara se poderá ser admitida para discussão (art. 175). Admitida à discussão, será expedida Lei, que será sancionada e promulgada pelo Imperador, em forma ordinária, e na qual se ordenará aos eleitores dos deputados, para a seguinte legislatura, que nas procurações lhes confiram especial faculdade para a pretendida alteração ou reforma (art. 176). Na legislatura seguinte, e na primeira sessão será a matéria proposta e discutida, e o que se vencer, prevalecerá para a mudança ou adição à Lei Fundamental, e, juntando-se à Constituição, será solenemente promulgada (art.

---

[12] SCHWARCZ, Lilia Moritz; STARLING, Heloisa Murgel. *Brasil:* uma biografia. São Paulo: Companhia das Letras, 2015, p. 234.

[13] Cf. BANDEIRA DE MELLO, Oswaldo Aranha, op. cit., p. 55: "As Constituições classificadas nesta categoria consideram propriamente constitucionais apenas alguns dos seus preceitos, reformáveis somente pelos poderes constituintes; os demais não entram nesta esfera, cabendo a modificação deles ao Legislativo, de forma ordinária, como para qualquer outro dispositivo legal". Assim, segundo o mesmo autor, a Constituição do Império "só considerava constitucional o que dizia respeito aos limites, às atribuições respectivas dos poderes públicos e aos direitos políticos e individuais dos cidadãos".

[14] Entre outras reformas, marcou essa transição a "reforma tributária", que derrubou todo o amontoado de fórmulas obsoletas vindas do regime colonial: "O primeiro ato, destinado a preparar o terreno para a reforma tributária, foi, precisamente, a Lei de 15 de novembro de 1831, a qual, com intuito de uniformizar a arrecadação dos impostos e evitar a multiplicidade de taxas, aboliu todas as imposições, qualquer que fosse sua denominação, sobre a importação e exportação de todos os gêneros e mercadorias de um província para outra, e estabeleceu uma só razão aduaneira para a mercadoria estrangeira. Um passo adiante foi dado, ainda, com as Leis de 24 de outubro de 1832 e de 8 de outubro de 1833, que estabeleceram uma ordem mais criteriosa na organização financeira do País, distinguindo as rendas públicas em receita geral e receita provincial, ou rendas gerais e rendas provinciais. No Ato Adicional de 12 de agosto de 1834, as províncias figuraram como entidades autônomas, em relação ao governo central. Com base nesse princípio constitucional, pois, a Lei de 3 de outubro de 1834 transmitiu o imposto predial a favor das províncias. [...] A Regência procedeu em harmonia com o ritmo dos acontecimentos, promulgando a Lei de 31 de outubro de 1835, em que ficaram assentados os seguintes princípios fundamentais: a) divisão das rendas em gerais e provinciais; b) especificação das rendas para o governo central, ficando para as províncias todas as demais" – TRIPOLI, Cesar. *História do direito brasileiro*, op. cit., v. 2, p. 311-314.

177). A Constituição de 1824, pela sua especial forma de alteração, somente foi emendada pela forma ordinária (maioria simples). Até mesmo mudanças mais substanciais, como a adoção de eleições diretas no governo liberal do conselheiro Antonio José Saraiva, foram feitas por meio de emenda simples. A Lei de n. 16, de 12 de agosto de 1834, também foi responsável por um processo de descentralização política, estabelecendo Assembleias e garantindo outros privilégios para as Províncias.[15] A participação política era restrita e censitária, no que acompanhava as Constituições do século XIX, inclusive a americana, que criava colégios eleitorais por escolhas indiretas sem esquecer que só os "cidadãos ativos" (com renda suficiente) e do sexo masculino poderiam ter voz eleitoral.[16]

Duas das instituições do Império foram objeto de longa polêmica entre os juristas, o *Poder Moderador* e o *Conselho de Estado*, nos quais os liberais viam a sobrevida do absolutismo monárquico. O Poder Moderador – "que atribuía ao imperador poder para nomear e demitir livremente ministros de Estado, membros vitalícios do Conselho de Estado, presidentes de província, autoridades eclesiásticas, o Senado vitalício, magistrados do Poder Judiciário, bem como nomear e destituir ministros do Poder Executivo"[17] – era um quarto Poder, devendo funcionar como um "poder neutro", acima dos demais, conforme especificavam os arts. 98 a 101 da Carta do Império, acumulando as funções de Chefe do Executivo (arts. 102 a 104), que exercia por meio de seus Ministros de Estado, não confundidas com as do Poder Moderador. Como o Poder Moderador pertencia ao Imperador e como estava acima dos outros Poderes, não havia responsabilidade institucional para seus atos. Com a reforma liberal de 1834, de onde redundou o Ato Institucional (Lei 16, de 12 de agosto de 1834), foram dados mais poderes às Assembleias Provinciais (inclusive para legislar sobre organização judiciária, instrução pública, polícia, desapropriações, criação

---

[15] Sobre o assunto, consultar VIEIRA, Oscar Vilhena. *A Constituição e sua reserva de justiça*. São Paulo: Malheiros, 1998. p. 114 e ss.

[16] Além das restrições de renda e sexo, o sufrágio também continha restrições quanto à religião. O voto era descoberto, com cédulas assinadas (Instruções de 19 de junho de 1822 e de 26 de março de 1824 e Lei 387, de 19 de agosto de 1843), e somente com a 2ª República é que efetivamente temos o sigilo do voto. Embora durante quase todo o período republicano fora negado o sufrágio aos analfabetos; no Império lhes foi concedido o direito ao voto, por vezes expressamente, por vezes de modo indireto, quando se permitiam não fossem assinadas as cédulas, ou o fossem por outrem, a rogo do votante. Valeu o voto por procuração, a partir das Instruções de 1824, sendo abolido pela Lei 387, de 1846. A apuração das eleições obedeceu, inicialmente, à fórmula majoritária. Foi distrital por mais de sessenta anos; os distritos, com relação aos deputados à Assembleia Geral, foram, primeiramente, uninominais (Decreto 842, de 1855) e, depois, de três deputados (Decreto 1.082, de 1860). Na 1ª República, de cinco, valendo, então, o voto cumulativo (Lei 1.269, de 1904). Para garantir, também, a representação das minorias, tentou-se o voto incompleto, com o Decreto 2.65, de 1875 – cf. PORTO, op. cit., p. 93). Ademais, Pedro Lessa já censurava duramente o modo como se davam as eleições no Brasil: "Um dos nossos vícios primordiais é a corrupção e a fraude nas eleições, de que decorre como consequência necessária uma verdadeira repulsão do exercício do voto pela parte mais instruída, moralizada e independente da sociedade. Corrompe-se o eleitorado, já prometendo e dando empregos públicos. Fraudam-se as eleições, desnatura-se o sufrágio, fazendo-o exprimir resultado diverso da realidade. Vota-se num candidato e aparece votado outro" – cf. LESSA, op. cit., p. 25.

[17] SCHWARCZ, Lilia Moritz; STARLING, Heloisa Murgel. *Brasil:* uma biografia. São Paulo: Companhia das Letras, 2015, p. 235.

Cap. 2 • O DIREITO NO BRASIL: DO IMPÉRIO AO PROCESSO CONSTITUINTE DE 1986-1988 | **119**

de empregos, prisões, suspensão de magistrados etc.), além da extinção do Conselho de Estado constitucional, que foi, entretanto, recriado em 1841.[18]

Esse Conselho de Estado[19] é por muitos referido como um "Quinto Poder",[20] tendo em vista sua influência política e jurídica, principalmente no que diz respeito ao Poder Moderador. Vale notar que, no seu funcionamento efetivo, o Imperador confirmou 84% das opiniões (741 consultas) da Seção de Justiça expressas por unanimidade ou por maioria. Logo, tivemos no Império a convivência de um Conselho muito prestigiado, *um verdadeiro conselho de jurisconsultos*, como refere José Reinaldo de Lima Lopes, ao qual, porém, não se atribuiu nunca a função de interpretar "autenticamente" as leis, sendo considerado apenas um órgão consultivo.[21]

Este órgão era ouvido em questões que dissessem respeito ao Poder Moderador e também em pelo menos duas hipóteses que terminavam por interferir em controvérsias que hoje seriam caracterizadas como judiciais, uma vez que se pronunciava em conflitos de jurisdição entre as autoridades administrativas e entre estas e as judiciárias, e sobre decretos, regulamentos e instruções para a "boa execução das leis", além de opinar sobre propostas que o poder executivo enviasse à Assembleia Geral e sobre "abusos das autoridades eclesiásticas", além de consultar, preparar e esclarecer as propostas ou projetos de lei que o Governo oferecia à Assembleia Geral. Em razão desse caráter preliminar e complementar ao Poder Legislativo, o Conselho de Estado desempenhava o papel de "primeira Câmara Legislativa".[22] Ademais, na Seção de Justiça, anualmente se examinava a legislação provincial do ano anterior para verificar sua conformidade com a Constituição e com os termos do Ato Adicional (Decreto 124, art. 21).[23]

---

[18] Cf. LOPES, Reinaldo Lima. *O direito na história*, op. cit., p. 317 e ss.

[19] A reconstrução sobre o Conselho de Estado foi desenvolvida especialmente com base na obra de LOPES, José Reinaldo Lima. *O Oráculo de Delfos: o Conselho de Estado no Brasil Império*. São Paulo: Saraiva, 2010; e, complementarmente, pelo estudo elaborado pelo SENADO FEDERAL, chamado O Conselho de Estado: o Quinto Poder?, organizado por José Honório Rodrigues (disponível em: [http://www.senado.gov.br/publicacoes/anais/pdf/ACE/O_Quinto_Poder.pdf]). Desse modo, trataremos fundamentalmente do Conselho de Estado de 1842-1889, sabendo que houve, a partir da distinção feita por José Honório Rodrigues, outros dois Conselhos anteriores: o Conselho de Procuradores das Províncias (1822-1823) e o Conselho da Carta de 1823 (1823-1834).

[20] "Na verdade, o Conselho de Estado tornou-se, no reinado de D. Pedro II, um Quinto Poder, desconhecido na Constituição, mas suficientemente forte para influir, pressionar e preponderar na opinião dos poderes constituídos" (SENADO FEDERAL, O Conselho de Estado, op. cit., p. 9).

[21] Cf. LOPES, José Reinaldo Lima. *O Oráculo de Delfos*, op. cit., p. 120 e ss.: "Na esfera contenciosa, isto é, nos conflitos que poderiam ser resolvidos com força de decisão judicial, a Lei Eusébio de Queirós (Lei 581, de 04.09.1850), sobre o tráfico de escravos, parece que pretendeu transformar o Conselho em verdadeiro tribunal, pois as presas de navios negreiros deveriam ser decididas pela Auditoria da Marinha do caso (que julgava as presas boas ou não) em primeira instância, e obrigatoriamente revistas pelo Conselho (por meio da Seção de Justiça) para confirmá-las ou não (Lei 581, de 1850, art. 8º). A despeito dos termos da lei, o Conselho considerou-se apenas uma instância consultiva, conforme consulta de outubro de 1850, justamente porque remetia sua opinião ao Imperador para resolvê-la" (p. 161).

[22] Cf. SENADO FEDERAL, O Conselho de Estado, op. cit., p. 69.

[23] Cf. LOPES, José Reinaldo Lima. *O Oráculo de Delfos*, op. cit., p. 115 e ss.

Na dúvida sobre a interpretação das leis, era possível que a controvérsia chegasse ao Conselho em forma de consulta (exemplo desse caso é a interpretação dada pelo Conselho por meio do Aviso 276, de 1874, para esclarecer o problema decorrente da suspensão da pena de açoite na hipótese de o "paciente" não suportar as chibatadas). Os conselheiros eram vitalícios, escolhidos pelo Imperador e também por ele dispensados *ad nutum,* operando em quatro seções: negócios do Império, Justiça e Estrangeiros, Fazenda e Guerra e Marinha.

Além do *"controle de legalidade-constitucionalidade",* o Conselho de Estado tinha papel importante na organização judiciária: "Como o Ministro da Justiça era encarregado da administração do aparelho judiciário, era perante a Seção de Justiça que se processavam os pedidos relativos a todos os empregos e ofícios de justiça". Ademais, pela Seção de Justiça passavam algumas das questões mais *candentes* do debate jurídico e político do Império por um mecanismo não previsto no regulamento do Conselho: trata-se da *resolução de dúvidas surgidas na aplicação de lei.* "Foram encontradas 378 consultas em que se pedia a resolução de dúvidas na aplicação da lei ou regulamento. Destas, 185 procederam de juízes e/ou tribunais judiciários, e 193 de autoridades administrativas. É um número significativo que ocupa um terço de todas as consultas publicadas".[24] De um lado, agia de forma não contenciosa, examinando leis e decretos e outros negócios, propondo leis e regulamentos para os assuntos que examinava. Por outro lado, funcionava como um tribunal administrativo e como órgão de recurso para decisões administrativas contenciosas.

Das *questões estruturais* para a sociedade brasileira e constituição do Império que ocuparam a Seção, a escravidão foi um dos temas mais importantes. Muitas vezes apareceu na interpretação da Lei de 10 de junho de 1835 sobre o homicídio de senhores por seus escravos, fazendo notar que, no processo de primeira instância, a pressa e o rigor na punição haviam feito os juízes abandonar as formas do processo, aceitando como prova plena a simples confissão por parte do escravo. Também foi apreciada uma proposta da Assembleia Provincial de São Paulo (sessão de 30 de outubro de 1854) sugerindo o aumento das penas para os escravos, visto que os escravos preferiam as penas ao cativeiro e não temiam cometer delitos que, por sua condenação, terminavam por livrá-los dos seus senhores.[25] Os conselheiros, por diversas vezes, conduziram a votação a favor dos escravos, como em um caso de 1872, em que, na Corte, o escravo havia sido condenado a galés perpétuas e obtivera, no entanto, o perdão da pena. A questão era: devia ou não voltar ao seu senhor? O argumento de Nabuco, que conduzia a votação, acompanhado por Sayão Lobato, dizia que a pena perpétua imposta ao escravo tivera como resultado a perda da propriedade do senhor. Um escravo condenado perpetuamente é uma propriedade perdida... A implicação disso era que o escravo se transformara em livre, embora condenado. Sobrevindo o perdão, não poderia ser reconduzido à escravidão. Entretanto, as opiniões do Conselho eram, claro, moderadas e alinhavam-se a uma estratégia de impedir a expansão da escravidão e simultaneamente ao controle dos abusos dos senhores. Muitas leis da época tinham o propósito precípuo de incutir temor nos escravos, como o da Lei de 1835, segundo o próprio Conselho. Esse é o teor da consulta de 14 de janeiro de

---

[24] Idem, p. 163 e ss.

[25] Idem, p. 177 e ss.

Cap. 2 · O DIREITO NO BRASIL: DO IMPÉRIO AO PROCESSO CONSTITUINTE DE 1986-1988 | **121**

1861, em que se estendeu a lei para abarcar os crimes dos escravos praticados contra seus feitores, mesmo que esses também fossem escravos: "É para reforçar a obediência que a lei fora feita, e o feitor representa o senhor mesmo, de modo que a ele também é devida obediência. Atentar contra a vida do feitor equivaleria, portanto, a atentar contra a vida do próprio senhor". Nota-se a curiosidade de uma lei de processo penal ser interpretada de maneira menos favorável ao réu.[26]

Assim sendo, o nosso *Oráculo de Delfos*, fazendo remissão ao título atribuído por José Reinaldo Lima Lopes, exerceu influência tão determinante na vida dos brasileiros daquela época que não é possível hoje estudar o Império sem revolver a atividade fundamental desempenhada pelo Conselho de Estado.

De outra banda, o Poder Judiciário, na sua formação durante o Império, foi sendo moldado de modo que o cargo de magistrado nunca se consolidou como uma carreira burocrática moderna, capaz de atuar com padrões bem assentados de racionalidade e legalidade – antes apresentou-se como uma forma privilegiada de ingresso na política, preparando os filhos das famílias mais abastadas para a ocupação dos cargos políticos mais importantes na hierarquia estatal, o Senado e o Conselho de Estado. Nesse contexto, não havia nenhum impedimento legal para a filiação político-partidária dos magistrados e, portanto, era comum a acumulação de vários cargos públicos em outros poderes. Consequentemente, o cargo de magistrado, durante este período, serviu apenas como instrumento político para as articulações entre os grupos dominantes, facilitando as relações de troca de favores e deixando os futuros integrantes da elite política imperial numa posição privilegiada para a colonização do espaço público.[27] De acordo com Lima Lopes, "os magistrados, além dos advogados, foram sempre um grupo importante na política imperial. Muitos magistrados candidatavam-se a deputado e assim havia na Câmara, em 1850, 34 juízes de direito e 8 desembargadores dentre 111 deputados".[28] Neste sentido, o diploma de bacharel em direito tornou-se condição essencial para a formação do patronato político brasileiro, já que o ensino jurídico,[29] durante o Império, estava voltado principalmente

---

[26] Idem, p. 288 e ss.

[27] Cf. KOERNER, Andrei. *Judiciário e cidadania na Constituição da República brasileira*. São Paulo: Hucitec, 1998. p. 48. O autor afirma: "Assim a magistratura era a forma privilegiada de ingresso na elite política imperial. A carreira dos magistrados era dirigida para este objetivo e podia assumir caminhos diversos, de caráter judicial, político ou administrativo. A sua situação política era ao mesmo tempo a de representantes do poder imperial, de membros de um partido, e, portanto, de aliados ou adversários das facções locais, e de juízes".

[28] Cf. LOPES, José Reinaldo de Lima. *O direito na história*, op. cit., p. 291.

[29] Cf. FAORO, Raymundo. *Os donos do poder – Formação do patronato político brasileiro*, op. cit., p. 389. De acordo com o autor: "O caminho da nobilitação passava pela escola, pelos casarões dos jesuítas, pela solene Coimbra ou pelos acanhados edifícios de Olinda, São Paulo e Recife. O alvo seria o emprego e, por via dele, a carruagem do estamento burocrático, num processo de valorização social decorrente do prestígio do mando político. Educação inútil para a agricultura, talvez nociva ao infundir ao titular o desdém pela enxada e pelas mãos sujas de terras, mas adequada ao cargo, chave do governo e da administração".

para o estabelecimento de contatos pessoais que, de alguma forma, facilitassem uma futura ocupação de cargos na estrutura burocrática do Estado imperial.[30]

Sérgio Adorno anota que, desde cedo, os cursos jurídicos nasceram ditados muito mais pela preocupação de se constituir uma elite política coesa, disciplinada, devota as razões do Estado, que se pusesse à frente dos negócios públicos e pudesse, pouco a pouco, substituir a tradicional burocracia herdada da administração joanina, do que pela preocupação em formar juristas que produzissem a ideologia jurídico-política do Estado Nacional emergente.[31] Os jovens acadêmicos do direito, em sua maior parte, demonstravam pouco interesse pelas atividades curriculares e dedicavam a maior parte do seu tempo às articulações políticas, à participação em clubes literários ou à atividade jornalística, em vez de construir, no ambiente acadêmico, um lugar voltado principalmente para a produção intelectual no âmbito jurídico. Assim, o ensino jurídico serviu principalmente como celeiro do patronato político imperial, em vez de constituir um verdadeiro quadro de juristas. Dessa forma, como lembra Andrei Koerner, "após a formatura, o investimento intelectual do bacharel em direito no conhecimento técnico-jurídico era reduzido, porque na sua carreira entrelaçavam-se perspectivas de atividades de caráter judicial e político, nas quais a ascensão se dava por intermédio de bons padrinhos, em vez de algum sistema institucionalizado de mérito".[32]

A estrutura do Poder Judiciário no Império tinha no Supremo Tribunal de Justiça o seu órgão de cúpula, composto de 17 juízes, escolhidos dentre os desembargadores das Relações, tendo como competência (art. 164 da Constituição) conceder ou denegar recursos de revistas, conhecer dos delitos e erros de Ofício que cometessem os seus ministros, os das Relações, os funcionários do Corpo Diplomático e os Presidentes das Províncias, além de

---

[30] Cf. KOERNER, op. cit., p. 46. De acordo com o mesmo autor, "a partir de sua nomeação para juiz municipal, o jovem bacharel tinha diversas possibilidades, como a nomeação para juiz de direito, a eleição para a assembleia provincial ou para a câmara, que poderia acumular com um cargo de juiz de direito. Se não conseguisse eleger-se, poderia continuar na carreira de magistrado. A nomeação e a remoção de magistrados serviam ao governo tanto como preparação para os processos eleitorais, quanto para premiar amigos e cooptar aliados promissores. Por não ser proibida a atividade político--partidária dos juízes, era comum que ocupassem mais de um cargo simultaneamente. Havia forte presença de magistrados em cargos eletivos e de nomeação de outros poderes".

[31] Cf. ADORNO, Sérgio. *Os aprendizes do poder: o bacharelismo liberal na política brasileira*. Rio de Janeiro: Paz e Terra, 1988. p. 235-236.

[32] Cf. KOERNER, op. cit., p. 45, destacando, ademais, que a militância política, desenvolvida pelos acadêmicos desta época, não pode ser compreendida independentemente de suas bases sociais, associadas principalmente aos interesses agrários e escravocratas. Nesse sentido, em um ambiente tão elitizado, as reivindicações políticas associadas às camadas populares estiveram minimamente presentes, o que demonstra claramente o distanciamento desses acadêmicos, adeptos da arte da prudência e da moderação política, de uma militância voltada principalmente para a democratização da sociedade brasileira. Durante o Império, os principais movimentos populares foram constantemente associados ao radicalismo político e repudiados diretamente pela prudência política, virtude tão cultuada entre os acadêmicos.

Cap. 2 • O DIREITO NO BRASIL: DO IMPÉRIO AO PROCESSO CONSTITUINTE DE 1986-1988 | **123**

conhecer e decidir sobre os conflitos de jurisdições e competências das relações provinciais. Cinco dos dezessete juízes eram portugueses de nascimento. Sete eram brasileiros natos.

Ao contrário da função que o Supremo Tribunal passou a assumir a partir da República, o Supremo Tribunal de Justiça era um Tribunal de Cassação (como já era o Tribunal de Cassação da França e são hoje os Tribunais Constitucionais de Portugal, Espanha e Alemanha). Nas principais províncias, havia os Tribunais de Relação, que eram os Tribunais de segundo grau. Nas Comarcas havia o Juiz de Direito e os Jurados, havendo ainda os Juízes Municipais, que atuavam nos Termos e substituíam os Juízes de Direito, e, finalmente, os Juízes de Paz, que atuavam nos distritos, com a função de conciliação nas causas cíveis e de presidir a instrução penal nos casos criminais.

A Constituição de 1824 não estabeleceu um controle *stricto sensu* de constitucionalidade. Por inspiração francesa, não foi concedida ao Poder Judiciário a prerrogativa de declarar a inconstitucionalidade de leis ou atos legislativos. Como já visto anteriormente, o contexto em que ocorreu a Revolução Francesa e a influência das ideias de Rousseau e Montesquieu foram decisivos no papel (secundário) que foi dado ao Judiciário no que concerne ao controle de constitucionalidade das leis.

Nesse aspecto, a herança francesa aparece nitidamente na Constituição do Império de 1824, *v.g.*, por meio dos incisos VIII e IX do art. 15, delegando ao Poder Legislativo não só a tarefa de elaborar as leis, mas, também, interpretá-las, suspendê-las e revogá-las, além de velar pela Constituição e promover o bem geral da nação.[33] Era, enfim, a consagração da *volonté génerále* em um país de escravos e onde o voto "popular" era censitário. Para votar, era necessária a comprovação do já mencionado *status* de "cidadão ativo", o que significava ser maior de 25 anos, proprietário e dono de uma renda anual de 100.000 réis[34]. Observem-se, ademais, os graves problemas que decorriam dessa outorga de poderes ao Legislativo, sem controle de uma instância de controle. Como exemplo, vale citar que, enquanto a Constituição de 1824, pelo art. 179, XIX, estabeleceu que "*desde já ficam abolidos os açoites, a tortura, a marca de ferro quente e todas as mais penas cruéis*", o superveniente Código Criminal de 1830 estabeleceu no art. 60 que, se o réu fosse escravo e incorresse em pena que não a capital ou a de galés, seria condenado na de açoites, e, depois de sofrê-los, será entregue a seu senhor, que se obrigará a trazê-lo com um ferro pelo tempo e maneira que o juiz determinar[35]. O número de açoites era fixado na sentença e não podia passar

---

[33] De fato, o controle de constitucionalidade meramente preventivo, em tempos de Brasil Império, entregue ao Parlamento constituído de aristocratas, não podia ser algo diferente de uma ilustração caricatural. Daí por que não havia um juízo de averiguação de conformidade, do texto normativo incipiente, para com a Constituição previamente estabelecida. Se o Poder Legislativo tivesse interesse na vigência imediata de uma lei em formação, durante o procedimento legislativo, não seria a Constituição que interromperia tal pretensão. Não havia controle, pois.

[34] Já para candidatar-se ao cargo de deputado, era necessário comprovar renda de 400.000 réis. Para senador, um cargo vitalício, o dobro, 800.000 réis, reforçando o traço estamental do poder no Brasil, bem denunciado na já citada obra de Raymundo Faoro.

[35] Registre-se, para além do Código Penal de 1830, que a década também é marcada pelo Código de Processo Penal de 1832, "a abolição da pena de morte para crimes políticos, a instituição de parlamentos provinciais em 1834 (os quais, ao atribuir uma certa autonomia às aristocracias locais,

de cinquenta por dia. Além disso, a Lei 4, de 10.06.1835, estabeleceu a pena de morte aos escravos que matassem, propinassem veneno, ou ferissem gravemente a seus senhores, suas mulheres, descendentes ou ascendentes, que em sua companhia morassem, ou ainda a seus administradores, feitores e suas mulheres, que com eles vivessem, esclarecendo ainda que, se os ferimentos ou ofensas físicas fossem leves, a pena seria a de açoites, na proporção das circunstâncias mais ou menos agravantes.[36]

Mais ainda, o Código Criminal, no art. 308, § 4º, estabeleceu que os crimes contra a polícia e a economia particular das povoações, nele não especificados, deveriam ser objeto de regulamentação pelas Posturas Municipais, do que resultou, por exemplo, que a Lei 10, de 11.05.1849, da Câmara Municipal de Vila da Serra, no Espírito Santo, punia com cinquenta açoites o escravo que portasse arma de fogo, e com vinte e cinco se se tratasse de instrumento cortante. As Posturas da Cidade de Mauá, no Rio de Janeiro, do ano de 1852, previam cinquenta açoites para a imoralidade em público e para quem fosse encontrado jogando. *Observe-se que se distinguiam os açoites como castigo dos açoites impingidos como pena.* Ou seja, como castigo, os açoites não poderiam passar de cinquenta (Aviso de 03.11.1831), aplicados em dias alternados, e nunca de uma só vez (Aviso de 08.08.1836). Já as lamboradas aplicadas como pena dependiam do arbítrio do juiz, com a única reserva de que o escravo não poderia levar mais de cinquenta chibatadas por dia.[37]

Como os açoites provocavam mutilações e muitas vezes a morte do escravo, o Imperador, por Circular datada de 10.06.1861, recomendou aos Juízes de Direito que *agissem com cautela no particular*, devendo graduar *a pena* segundo a idade e a robustez do réu, visto dizerem os médicos que mais de duzentos açoites seguidos sempre provocavam funestas consequências, e que, assim, deveriam eles suspender o castigo tão logo o paciente, a juízo médico, mostrasse não poder suportar mais os açoites restantes. A Circular imperial proporcionou vários problemas de interpretação, mormente na parte final: afinal, a suspensão do açoitamento, em face do estado de saúde do "paciente", implicaria a suspensão definitiva da pena? Qual a autoridade apta a determinar a referida suspensão? Os problemas hermenêuticos foram "sanados" treze anos depois, por meio do Aviso 276/1874, da Secretaria de Justiça do Conselho do Estado, que esclareceu que a pena seria apenas suspensa e não definitivamente cessada, completando-se tão logo o permitisse o estado de saúde do réu, sendo o médico a autoridade competente para determinar a suspensão da pena. Consultar, para tanto, a excelente obra de Nequete, que mostra o quadro aterrador da justiça ao tempo da escravidão. Especificamente quanto ao Aviso 365, que "recomendava aos juízes graduarem a pena de açoite", o mesmo autor relata episódio ocorrido em Paraíba do Sul, no ano de 1886. O Juiz de Direito João Ricardo condenou quatro escravos

---

atenuavam a resistência destas ao governo central e, assim, consolidavam a unidade policêntrica do império brasileiro) e uma primeira e tímida lei sobre a abolição da escravidão". Losano, Mario. *Os grandes sistemas jurídicos.* Introdução aos sistemas jurídicos europeus e extraeuropeus. Trad. Marcela Varejão. São Paulo: Martins Fontes, 2007, p. 289.

[36] Consultar, para tanto, a excelente obra de Nequete, Lenine. *O escravo na jurisprudência: Magistratura e ideologia no Segundo Reinado.* Porto Alegre: Tribunal de Justiça, 1988. p. 10 e ss.

[37] Idem.

Cap. 2 • O DIREITO NO BRASIL: DO IMPÉRIO AO PROCESSO CONSTITUINTE DE 1986-1988 | 125

à pena de 300 açoites, por se terem amotinado contra o fazendeiro Domiciano Caetano do Vale. Na presença do Juiz Municipal e do escrivão, cada um deles levou 30 açoites, dia sim, dia não, ao todo 150, em dez dias. Ao fim desse tempo, tornara-se evidente que os infelizes não resistiriam ao resto do castigo. Os infelizes, que se chamavam Laurindo, Tadeu, Alfredo e Benedito, foram entregues aos capitães-do-mato João Corrêa Ventura, João Corrêa Machado, José Rodrigues e Prudêncio Vieira, que, acompanhados por um escravo, os levaram, a pé, algemados e atados à cauda de seus cavalos, para a fazenda do dono: o escravo que auxiliava a expedição era incumbido de os chicotear, para que não atrasassem a marcha. Alfredo e Benedito morreram na viagem. O Ministro da Justiça, em suas explicações ao Senado, já que instado pelos Senadores Dantas e José Bonifácio (o Moço), disse que um médico local atestara que eles tinham morrido, não de pancadas ou de exaustão, mas de congestão pulmonar. A *Revista Ilustrada*, de Ângelo Agostini, consagrou o fato em um desenho, em página dupla, com o seguinte comentário: "Já que os poderes públicos não dão remédio a tantos horrores, não era de admirar que um dia as vítimas se voltem contra os seus algozes e façam justiça por suas mãos, obrigando-os a morrer de congestão pulmonar. Providências, enquanto é tempo".[38]

Assim, não obstante a Lei Maior estabelecer o fim da pena de açoites, esta continuou a ser aplicada até a abolição da escravatura em 1888, de forma teratológica, como se pode perceber pelos exemplos citados. A escandalosa inconstitucionalidade não foi enfrentada, uma vez que a Constituição somente se aplicava aos homens livres...

Esse problema não era privilégio brasileiro. Nos Estados Unidos, o caso Dread Scott *v.* Sandford também demonstra como a Constituição somente se destinava aos "cidadãos". Dread Scott mudou-se em 1834 com seu "proprietário" de Missouri para Illinois e, posteriormente, para Minesotta, então parte do território da Louisiana. Tanto a Constituição de Illinois quanto uma lei aprovada pelo Congresso Nacional, em 1820, proibiam a escravidão em seus respectivos territórios. Em 1838, retornando para Missouri, Scott foi vendido como escravo para John Sandford, de Nova Iorque, tendo posteriormente ação na justiça federal contra Sandford, buscando a liberdade, pois, após sua passagem por dois territórios sem escravidão, transforma-se em homem livre. A Suprema Corte analisou a questão em duas etapas. Em primeiro lugar, apreciou a questão da cidadania. Scott não era cidadão. Como fazia parte de uma "classe de seres subordinados e inferiores", incapazes de se associarem com a raça branca, seja em relações sociais ou políticas", não poderia buscar direitos em juízo. Na segunda parte da decisão, a Suprema Corte declarou inconstitucional o ato do Congresso Nacional que proibia a escravidão ou servidão involuntária em todo o território cedido pela França. Para a Suprema Corte, a Constituição em nenhum momento autoriza o Congresso a assegurar liberdade aos escravos ou a restringir o direito de propriedade dos seus senhores.[39]

---

[38] Cf. MAGALHÃES JÚNIOR, Raimundo. *A vida turbulenta de José do Patrocínio*. Rio de Janeiro: Sabiá, 1969. p. 202-203. In: NEQUETE, Lenine. *O escravo na jurisprudência*, op. cit., p. 12.

[39] Cf. VIEIRA, Oscar Vilhena. *A Constituição e sua reserva de justiça*, op. cit., p. 70; também Scott *v.* Sandford, 60 U.S. (19 How.) 393 (1856).

Compare-se, entretanto, a decisão da Suprema Corte americana com o caso dos escravos Lino e Lourenço, ocorrido no Rio Grande do Sul, no ano de 1875, quando a Relação de Porto Alegre confirmou sentença do juiz Antonio Vicente Pereira Leitão, concedendo a liberdade a dois escravos que, incorporados a uma comitiva que levou víveres para soldados brasileiros no Paraguai, atravessaram território livre (Argentina), tendo, no retorno, requerido sua liberdade, com base no art. 1º da Lei de 7 de novembro de 1831. Dizia a citada lei que todos os escravos que entrarem no território ou portos do Brasil, vindos de fora, ficam livres, exceptuados os escravos matriculados no serviço de embarcações pertencentes ao País, onde a escravidão é permitida, enquanto empregados ao serviço das mesmas embarcações. A argumentação do magistrado foi no sentido de que era o caso de aplicar-se a citada lei, porque seu objetivo era o de impor condições mais difíceis para os escravagistas, "para que se vá perdendo a vontade de sustentar o vício com que foi criada (a escravidão), e paulatinamente se resignando a cumpri-la". Em suma, "a intenção do legislador é que seja livre o escravo que esteve em país onde não se admita a escravidão; que ainda que venha de país onde ela se admita, fique livre".[40]

2.2 A PROCLAMAÇÃO DA REPÚBLICA E A CONVOCAÇÃO DA ASSEMBLEIA CONSTITUINTE

Em 1889, o Brasil contava com 237 clubes republicanos e 74 jornais contrários à monarquia[41], entre eles, o *Diário de Notícias*, que tinha em Rui Barbosa um colaborador, e *O País*, que contava com Quintino Bocaiúva. Contudo, o declínio monárquico começara bem antes. A queda do Império tem seu início nos idos de 1868, a partir do conflito do Imperador D. Pedro II com o gabinete de Zacarias de Góes e Vasconcelos, que abrira suas baterias contra o então Barão de Caxias, acusando-o de prolongar a guerra do Paraguai, para efeitos meramente orçamentários. Este conflito instala uma crise política, culminando com a queda de Zacarias em 17 de julho de 1868. Em seu lugar entra o Barão de Itaboraí. A dissolução parlamentar de 1868 teve efeitos políticos de suma importância:[42] de uma parte, uniu dentro do partido dos liberais, com a formação do Centro Liberal, órgão a serviço de novas diretrizes, as distintas correntes ou dissidências; de outra parte, contribuiu consideravelmente, de forma indireta, para o cisma político de que nasceu,

---

[40] Do acórdão da Relação que confirmou a sentença de primeiro grau foi interposta revista ao Supremo Tribunal de Justiça, que, em decisão de 15 de dezembro de 1875, não conheceu do recurso, por caber a causa na alçada da Relação – cf. Nequete, Lenine. *O escravo na jurisprudência*, op. cit., p. 123 e ss.

[41] Viana, J. F. Oliveira. *O ocaso do império*. Rio de Janeiro: José Olympio Editora, 1959.

[42] Segundo Felisbello Freire, "a queda de 1868 foi extraordinariamente sentida e teve repercussão imensa no Partido Liberal; a dissolução da Câmara foi qualificada pelos seus pró-homens como um verdadeiro atentado, um golpe de Estado; o estribilho do *poder pessoal* passou a ser glosado com tal insistência pelos seus publicistas, como se fora o tema predileto de que se servem os *mestres* no enfeixamento dos acordes com que compõem as suas partituras. O movimento era, pois, o mais oportuno para um pronunciamento republicano, e surgiu o manifesto de 3 de dezembro de 1870" – Freire, Felisbello. *História constitucional da República dos Estados Unidos do Brasil*. Brasília: UnB, 1983. p. 252.

Cap. 2 · O DIREITO NO BRASIL: DO IMPÉRIO AO PROCESSO CONSTITUINTE DE 1986-1988 | **127**

com o Manifesto de 70, o Partido Republicano, vanguarda de um movimento muito mais amplo e radical que já não se satisfazia com a mera reforma das instituições vigentes, senão que batalhava abertamente pela sua remoção. Na verdade, em menos de dois anos, dois manifestos abalaram o Império: o Manifesto do Partido Republicano e, um ano antes, o Manifesto de março de 1869, firmado pelos Liberais. Com efeito, a profundidade do protesto e da revolta no ânimo liberal, fazendo prever um retorno às nascentes puras da Abdicação, fez-se sentir na pena de nomes como Nabuco, Zacarias, Paranaguá, Teófilo Otoni e Souza Franco, todos a postos para combater os vícios do regime: "Ou a reforma, ou a revolução. A reforma para conjurar a revolução. A revolução como consequência necessária da natureza das coisas, da ausência do sistema representativo, do exclusivismo e oligarquia de um partido".[43]

As reformas objetivavam o princípio federativo da descentralização, a supressão ou reorganização do Conselho de Estado, a queda da vitaliciedade do Senado, o ensino livre, a abolição da guarda nacional, a eleição dos Presidentes das Províncias e, a mais importante de todas as reivindicações, a extinção do Poder Moderador. Já o segundo Manifesto basicamente endossava o reformismo liberal prévio, criando, porém, um fato novo, depois decisivo para a sorte das instituições monárquicas: a presença do terceiro partido, sem compromisso com o regime (não se pode esquecer que, mesmo os liberais, faziam parte do *establishment*); antes pelo contrário, resolutamente devotado, por meios pacíficos, a aluir as bases e instituir no País a forma republicana de governo e de organização do Estado. Desnecessário lembrar que os descontentes com a solução reformista dos liberais foram aliar-se aos republicanos. Importa referir que os liberais apoiavam, na base, as teses dos republicanos, com exceção da extinção da Monarquia. Como bem assinalou Faoro, os próprios radicais, nas suas mais expressivas figuras – Silveira Martins, Joaquim Nabuco, Rui Barbosa –, não se afastam do trono.[44] *Afinal, os liberais não eram republicanos; eram monarquistas.* O órgão de divulgação da causa era o diário *A República*, em cujo primeiro número estampou-se o manifesto de 3 de dezembro de 1870. Uma questão unia sobremodo republicanos e liberais: a introdução do modelo federativo no País, a ponto de, nos cinco anos que antecederam o fim do Império, dois projetos de monarquia federativa terem sido apresentados à Câmara, por Joaquim Nabuco: um em 1885 e outro em 1888. De registrar que a defecção de Rui Barbosa do campo liberal e monarquista somente ocorreu depois de sacrificada a última esperança de uma reforma federativa pelo Gabinete do Império, às vésperas do golpe de 15 de novembro.[45]

Desse modo, é possível identificar três crises que coadjuvaram a ação republicana: a primeira, a crise do trabalho escravo[46], já não se compreendendo que a sociedade pudesse

---

[43] Ver, para tanto, BONAVIDES, Paulo; ANDRADE, Paes de. *História constitucional do Brasil*. Brasília: OAB, 2002. p. 211 e ss.; CELSO, Afonso. *Oito anos de parlamento*. Brasília: Senado Federal, 1998; FREIRE, op. cit.; BARRETO LIMA, op. cit.

[44] Cf. FAORO, Raymundo. *Os donos do poder*. São Paulo: Globo, 2001. p. 513.

[45] Idem.

[46] A título ilustrativo do contexto dessa mencionada crise, anota-se que a "entrada dos anos 1880 encontrou a monarquia cercada por desafios de todo tipo. Em 1880, foi fundada a *Sociedade*

sobreviver com a metade da Nação no cativeiro; a segunda, a crise militar, latente desde o fim da Guerra do Paraguai e ostensiva com a indisciplina dos coronéis Madureira e Cunha de Matos, em oposição desrespeitosa ao titular civil da pasta de Guerra.[47] Constituiu a atitude destes militares o ponto de partida da chamada Questão Militar, em que acabaram se envolvendo primeiro Deodoro da Fonseca e depois Benjamin Constant, em circunstâncias gravíssimas para a segurança, sustentação e continuidade do regime imperial. A terceira, finalmente, foi a crise envolvendo a questão religiosa, que também contribuiu de modo considerável para solapar as bases morais da autoridade do Império.[48] A sustentação do

---

Brasileira contra a Escravidão, e em 1883 a Confederação Abolicionista. Também neste ano foi publicado postumamente, do poeta romântico Castro Alves, *Os escravos* e Joaquim Nabuco lançou *O abolicionismo*, duas obras que não só tinham como autores líderes do movimento de emancipação como se tornaram – na literatura e na ciência política – livros de referência sobre a questão. Os tempos mudavam e pediam novos intérpretes e poetas para corrigir injustiças e acertos". Como se vê, como há muito já digo em minhas obras, a literatura sempre chega antes. SCHWARCZ, Lilia Moritz; STARLING, Heloisa Murgel. *Brasil:* uma biografia. São Paulo: Companhia das Letras, 2015, p. 305. Contudo, é também de se registrar, a abolição não fez parte da agenda do dia dos republicanos, em boa medida, grupo composto por cafeicultores dependentes desse tipo de mão de obra, como igualmente recordam Heloisa Starling e Lilia Schwarcz. Mais: para Francisco Bosco, a própria Proclamação da República freou o aspecto democratizante da abolição da escravatura, frente aos objetivos de parte dessa mesma elite latifundiária. Ver, para tanto, BOSCO, Francisco. *O diálogo possível*. Por uma reconstrução do debate público brasileiro. São Paulo: Todavia, 2022.

[47] Ressaltando esta situação, Felisbello Freire afirma: "A época era de agitação, de indisciplina, de rebeldia, de desfalecimentos da lei e do governo, de capitulações da autoridade em face das exigências das classes armadas. Os elementos que lhe davam este aspecto já vinham de longe, de uma elaboração lenta e demorada" – FREIRE, op. cit., p. 199.

[48] O último gabinete que comandou o Império foi organizado pelo Visconde de Ouro Preto, em 7 de junho de 1889. O Partido Conservador, que até então tinha estado na posse do poder, perdera a confiança da Coroa, a ponto de não ter nos seus quadros um estadista que pudesse amparar e dominar os golpes das dificuldades da situação. Como relata Felisbello Freire, a mudança ministerial foi em favor do Partido Liberal, sempre mais realista do que o próprio rei, inimigo encarniçado dos republicanos, intolerante e intransigente na sua imprensa, a enfrentar a propaganda. Foi por esses precedentes e em nome desses serviços que se organizou a situação liberal, sendo eles a causa que ditou a escolha dos membros do gabinete. Seu programa era mais do que um programa partidário, era um programa institucional. Contra a expectativa da opinião e dos amigos do governo, o ministério apresenta-se com dois militares, nas duas pastas técnicas, rompendo-se um hábito antigo das organizações ministeriais – de só retirar da Câmara os ministros e de não entregar a militares as pastas da Guerra (General de Guerra Visconde de Maracaju) e Marinha (Almirante Barão de Ladário). Por mais falsificado e corrompido que estivesse entre nós o regime parlamentar, todavia ele ainda respeitava um dos princípios essenciais: tirar das maiorias parlamentares os ministros. Nesse ponto é fundamental trazer a lume o noticiário da época – *Diário de Notícias* –, que prenunciava a revolução republicana: "Os novos ministros da Guerra e do Império não representam nada neste País, senão a corte imperial com a qual também se acha em relação de semiafinidade o terceiro ministro extraparlamentar que, na pasta da Marinha, concorre para a formação do estupendo gabinete. [...] Ainda não tornamos a nós do espanto dessa notícia, que derrama sobre este novo período político uma triste claridade reveladora de futuras lutas *das quais há de sair em muito menos tempo do que até ontem se supunha a revolução republicana... [...]* Parlamentarmente, é um ministério de bastardia. Moralmente, é um ministério falido. Liberalmente, é um ministério de inconfidência. Monarquicamente, é um ministério perigoso. Patrioticamente, é um ministério de mau exemplo,

Cap. 2 · O DIREITO NO BRASIL: DO IMPÉRIO AO PROCESSO CONSTITUINTE DE 1986-1988 | **129**

establishment imperial estava nos altos empregos, na distribuição de favores e honrarias nas chefias partidárias. É exatamente por isso que, na hora derradeira da monarquia, os gabinetes se voltarão ainda mais para esses sustentáculos tradicionais, cortejando-os com os títulos nobiliárquicos. Para se ter uma ideia, João Alfredo, que antecedeu Ouro Preto, concedeu 129 títulos: 84 de barão, 33 de visconde, 7 de conde e 5 de marquês. Já Ouro Preto, em apenas cinco meses de governo, prodigalizou 93 títulos: 83 de barão, 9 de visconde e 1 de conde.[49] Essa distribuição de títulos fazia parte de um plano antiexército: dos 93 títulos nobiliárquicos distribuídos por Ouro Preto, nada menos que 40 douram o peito de oficiais da Guarda Nacional, contra 15 do total de 129 de João Alberto. Acrescente-se o elevado número de patentes prodigalizadas na Corte e no interior, escandalosa fúria paramilitarizante. De frisar que, em 1831, a Guarda Nacional neutralizou o Exército[50] – em 1889 ela deveria combatê-lo, aniquilá-lo, como meio de repressão, segundo a palavra exata de Ouro Preto. A Guarda Nacional, numa avidez histérica de aristocracia, cobre-se de comendas e põe as dragonas do coronelato aos ombros dos mutuários eleitorais do governo. Não apenas os adversários do governo, do Partido Liberal e do Partido Conservador, sentiram o peso da manobra política. Fora desse campo, já agora secundário, a ameaça chega ao endereço, advertindo o Exército do golpe contra ele urdido. Nesse segundo semestre de 1889, só havia na arena o governo, insciente de que representa a monarquia e o Exército, e todo o conceito de disciplina tinha desaparecido da consciência do Exército. Dominado pela paixão de zelar por aquilo que supunha um direito contestado pela autoridade civil, o que fez não só em nome dos precedentes como da própria índole do Exército, ele, no programa firmado naquela região, não fazia mais do que exercer a maior pressão sobre as deliberações do governo, obrigando-o a retirar ordens expedidas e executadas e a anular atos que já tinham chegado às últimas consequências: "[...] Afigurava-se como um conflito entre dois poderes constituídos da Nação girando cada um em sua órbita constitucional e não como uma contenda entre o governo e uma classe criada por lei e cujas atribuições nela mesma estão traçadas. E na execução que o General Deodoro deu do mandato de que fora investido pelos seus companheiros, por meio das cartas dirigidas ao Imperador,

---

de má vida e de mau fim". Se esta a opinião da imprensa, veja-se que, no dia em que foi apresentado à Câmara o novo programa de governo, dois deputados declararam-se republicanos, o Pe. João Manoel e o Dr. Cesário Alvim, terminando o seu discurso com as palavras: *Abaixo a Monarquia e viva a República* – cf. FREIRE, op. cit., p. 299 e ss.

[49] Para melhor ilustrar esta situação, Afonso Taunay afirma: "De 1826 a 1889, contou o Senado no seu grêmio um duque, vinte e seis marqueses, dois condes, quarenta e quatro viscondes e dezenove barões ou, ao todo, portanto, noventa e dois titulares. Assim, pois, aos vinte e quatro de Dom Pedro I se contrapõem os sessenta e oito de seu filho" – cf. TAUNAY, Afonso de E. *O Senado do Império*. Brasília: Senado Federal, 1978. p. 60.

[50] Marcello Cerqueira ressalta que "o exército, vindo da Guerra da Cisplatina, apoia o 7 de abril, de que resultou a abdicação do primeiro Imperador, manifestação que levou então a aristocracia a criar a Guarda Nacional – cujos oficiais, por lei de 18 de setembro de 1831, seriam 'iguais em nobreza aos das tropas de linha' –, que, além de proteger os interesses das oligarquias, deveria vigiar um Exército pouco confiável" – cf. CERQUEIRA, Marcello. *A Constituição na história: origem e reforma – Da Revolução Inglesa de 1640 à crise do Leste Europeu*. 2. ed. Rio de Janeiro: Revan, 2006. p. 433.

o Exército já tomava as feições de um poder, já interpretava suas funções, seus deveres como supremo árbitro de disposições legais".[51]

Para o exército se voltam, em busca de aliança, os adversários do regime e do gabinete. O exército se separa da camada dirigente, preocupada em extingui-la. Ao lado disso, há as pressões das bases regionais, sedentas de maior influência. Selando o pacto, as inquietações urbanas, das camadas médias, já despertadas na campanha abolicionista, aproximam-se das tendências desagregadoras da monarquia. E os federalistas, antes cautelosos e dúplices no seu convívio com o exército, sentem que nada têm a perder. É nesse contexto que o trono naufraga.[52]

Por outro lado, deve-se dar o devido peso ao que representou o conjunto de ideias positivistas, movimento filosófico de ideias cuja ação ingressou na academia militar e fascinou a jovem oficialidade. O positivismo trazia às instituições um suposto teor de racionalização que tropeçava nas estruturas arcaicas do sistema imperial, já petrificado com os excessos de uma centralização absurda para as dimensões do País. A consciência militar dos mais jovens, sensível ao magistério de Benjamin Constant, perdera a confiança no poder civil da monarquia. A ordem e o progresso, divisa futura da bandeira do Brasil, eram o lema positivista daqueles que, como Miguel Lemos e Teixeira Mendes, tão logo proclamada a República, propuseram a "Ditadura Constitucional Federativa", um esdrúxulo projeto de Constituição, em que o autoritarismo se fizera a nota confessadamente dominante na proposta. De outro lado, os positivistas gaúchos sustentavam a necessidade de um processo eleitoral para legitimar politicamente a nova instituição republicana.[53]

---

[51] Cf. FREIRE, op. cit., p. 193.

[52] Cf. FAORO, op. cit., p. 503 e ss.

[53] Idem, p. 217. Baleeiro dá conta de que, desde o primeiro dia após a proclamação da República, os positivistas que tinham infiltrações nos círculos de jovens militares, os "cadetes filosóficos", procuraram implantar no País a "ditadura científica" das ideias de Augusto Comte. Além dos pronunciamentos de Demétrio Ribeiro, Ministro do Governo Provisório, e de alguns oficiais do Exército e da Marinha nos postos iniciais da carreira, batia-se por isso, convencionada e tenazmente, o Apostolado Positivista, com sede no Rio de Janeiro e forte influência no Rio Grande do Sul. Em manifestação a Demétrio Ribeiro, sob a presidência de Benjamin Constant, em 11 de dezembro de 1889, pela posse no Governo Provisório, os militares fizeram profissão de fé comtiana e ditatorial. O capitão-tenente Nelson de Vasconcelos e Almeida, mais tarde deputado à Constituinte, declarou com toda a franqueza: "Para termos uma República estável, feliz e próspera, é necessário que o governo seja ditatorial e não parlamentar, que seja temporal e não espiritual". O homenageado Demétrio agradeceu, casando o seu propósito de um "regime da mais completa liberdade espiritual" com um "governo ditatorial e não despótico, constantemente fiscalizado pela opinião, provocando-a mesmo a manifestar-se sobre todos os seus atos". Mas os positivistas tinham suas divisões. De Miguel Lemos e Teixeira Mendes e de sua interpretação e maneira de aplicar os ensinamentos de Comte afastara-se Benjamin Constant desde 1882, mantendo-se fiel à diretriz do chefe do positivismo ortodoxo na França, Pierre Laffitte, que, além de Benjamin, continuou a contar no Brasil com muitos adeptos, que, distanciados do Apostolado, faziam sérias restrições à orientação de Lemos e Mendes. Registre--se que Pierre Laffitte influenciou decisivamente Benjamin Constant, no sentido de ser afastada a tese ditatorial pregada pelo Apostolado – cf. BALEEIRO, Aliomar. *Constituições brasileiras.* Brasília: Senado Federal, 2000. v. 2 – 1891, p. 31-33.

Cap. 2 · O DIREITO NO BRASIL: DO IMPÉRIO AO PROCESSO CONSTITUINTE DE 1986-1988 | **131**

Muito embora esse "assédio" positivista, Deodoro da Fonseca convence-se da necessidade de convocar eleições. Um problema, porém, preocupava sobremodo os republicanos. Eram eles ainda minoria. As raízes do *ancién régime* estavam incrustadas por todo o País. A realização de uma eleição sob os auspícios da legislação em vigor fatalmente acabaria por dar maioria aos monarquistas (liberais e conservadores). O sistema baseado no voto distrital puro inexoravelmente "amassaria" os candidatos republicanos. Décadas de revezamento no poder entre conservadores e liberais forjaram estruturas partidárias impossíveis de serem derrotadas sem uma radical mudança no sistema eleitoral. Ou seja, o risco político que os republicanos corriam era de que os partidos ligados ao Império, em sendo majoritários na Constituinte, não aprovassem a nova Constituição (pelos menos nos moldes do projeto do governo entrante).[54] E isso, a toda evidência, não seria admitido pelos republicanos. Na verdade, a não aprovação do texto constitucional redundaria em (novo) golpe de Estado. *A solução encontrada foi a de alterar o processo eleitoral.*

Com efeito, pela Lei vigente, cada Província era dividida em distritos eleitorais, cujas eleições ocorriam por voto majoritário. Era, pois, o voto distrital puro. Como os partidos ligados ao Império estavam organizados por todo o País, fatalmente liberais e conservadores sairiam vitoriosos no modelo distrital. Surge, então o regulamento Cesário Alvim[55] (Decreto 511, de 23 de junho de 1890), para balizar exclusivamente as eleições para a Assembleia Constituinte, transformando o sistema eleitoral de distrital puro para o de listas (cada Estado, ex-Província, passaria a indicar, em distrito único, seus representantes). Pelo Decreto 78-B, de 21 de dezembro de 1889, foi convocada a Assembleia Constituinte, cujas eleições foram marcadas para 15 de setembro do ano seguinte, com o início dos trabalhos para o dia 15 de novembro. Foram escolhidos 63 senadores, sendo 3 por Estado, e 205 deputados, distribuídos do seguinte modo: Amazonas, 2; Pará, 7; Maranhão, 7; Piauí, 4; Ceará, 17; Alagoas, 6; Sergipe, 4; Bahia, 22; Espírito Santo, 2; Rio de Janeiro, 17; São Paulo, 22; Paraná, 4; Santa Catarina, 4; Rio Grande do Sul, 16; Minas Gerais, 37; Goiás, 3; Mato Grosso, 2; e Distrito Federal, 10. O partido republicado, em face do sistema de listas, conseguiu ampla maioria na Assembleia. E o projeto de Constituição foi aprovado, sem traumas. A primeira batalha havia sido vencida.

---

[54] Nas palavras de FAORO, op. cit., p. 627, para o governo provisório: "Na verdade, os representantes do povo – os futuros deputados e senadores – deveriam ser os agentes dóceis da ditadura, escolhidos por regime eleitoral compressivo, em listas organizadas ou aprovadas no Rio de Janeiro, compostas, em algumas unidades federativas, com nomes de que ninguém, nas províncias, jamais ouvira falar. Seria de prever que a carta constitucional não passaria de homologação de um acordo prévio, aprovadas as bases do sistema instalado no poder".

[55] Reafirmando que a nomeação de deputados e senadores seria feita "por eleição popular direta", estabelecendo a distribuição por Estados e pelo Distrito Federal, o Regulamento Alvim impunha a "pluralidade relativa de votos" para a decisão das eleições: seriam declarados eleitos os deputados que tivessem a maioria dos votos necessariamente até o número que o Estado ou o Distrito Federal devesse eleger e os três mais votados para senadores. Esclarecia, finalmente, que "aos cidadãos eleitos para aquele primeiro Congresso entendiam-se conferidos poderes especiais para exprimir a vontade nacional acerca da Constituição, bem como eleger o primeiro presidente e vice-presidente da República" – PORTO, op. cit., p. 155.

132 | JURISDIÇÃO CONSTITUCIONAL • *Lenio Luiz Streck*

Mas havia ainda muito por fazer, como a legislação ordinária e a regulamentação da Constituição, tarefa que seria das próximas legislaturas. Com efeito, logo depois da promulgação da nova Constituição, o País deveria eleger um novo parlamento, sob os auspícios de uma nova Lei Eleitoral (Lei 35, de 26 de janeiro de 1892),[56] que voltava ao sistema de distritos eleitorais.

Ou seja, mesmo correndo o risco de se verem em minoria no próximo Congresso, os republicanos sabiam que, concluído o trabalho constituinte, os conservadores e liberais deveriam ser trazidos de volta ao cenário político. Não era mais possível continuar "sob a proteção" do regulamento Alvim. Tratava-se de uma questão pragmática: a necessária busca de uma (certa) legitimidade do novo regime. É por isso que os republicanos trazem de volta o sistema de distritos, embora com algumas modificações, uma vez que a nova lei não mais estabelecia distritos com apenas um deputado, mas, sim, com três, sendo que o eleitor votava em dois nomes (art. 36, § 3º).[57] Esse novo parlamento, de incerta composição, iria votar o Código Civil, normas de Direito Comercial e de Direito Econômico, para falar apenas de algumas leis de importância fundamental para o novo regime.

Era por demais evidente a existência do risco da eleição de um parlamento adverso. É por tais razões que, levando em conta esse quadro político-institucional, o Congresso republicano vai entregar a garantia da instituição e da afirmação da República na lei infraconstitucional aos juízes e ao Supremo Tribunal Federal. O novo regime sabia que poderia não ter maioria para fazê-lo. Nas palavras de Jobim, ninguém renunciaria a esse poder e ninguém entregaria o poder para um órgão não majoritário e não democrático, como é o Poder Judiciário, cujo fundamento é o concurso público e não o voto popular, se isso não fosse necessário. No fundo, aduz a "transferência" do poder do Congresso Nacional

---

[56] Mesmo com a proclamação da República, a Constituição de 1891 não eliminou as fraudes do sistema eleitoral, mas, pelo contrário, permitiu que elas se perpetuassem ainda mais na estrutura política brasileira, por meio, principalmente, da política dos governadores. Dessa forma, com a ascensão do federalismo, o presidente da República passou a negociar diretamente com os Estados a formação de um sólido bloco de apoio no parlamento, para que, em troca, os governadores pudessem receber todas as benesses do poder central. Assim, as manipulações eleitorais começavam nos Estados, por meio das mesas eleitorais, comandadas pelos presidentes das câmaras e compostas por mais quatro mesários, sendo dois vereadores e dois eleitores. A mesa era responsável por fazer a apuração dos votos e lavrar a ata respectiva, deixando a apuração final para as câmaras municipais do Distrito Federal e das capitais dos Estados. Desse modo, as falsificações feitas pelo *bico de pena* dominavam este primeiro momento do processo eleitoral, fazendo com que tudo dependesse exclusivamente da vontade dos mesários para favorecer o partido governista, ao permitir que vários nomes fossem inventados, que pessoas ausentes comparecessem às urnas e até mesmo os mortos pudessem votar. Logo depois entrava em cena a *degola* ou *depuração*, um método utilizado pelas câmaras legislativas para burlar a vontade dos eleitores e impedir a vitória eleitoral de deputados oposicionistas. Portanto, mesmo que um candidato oposicionista conseguisse escapar do *bico de pena*, na fase seguinte ele não sobreviveria ao golpe fatal da *degola*, movido pela comissão de verificação de poderes – LEAL, Victor Nunes. *Coronelismo, enxada e voto*, op. cit., p. 229.

[57] Na verdade, o art. 36 estabelecia que os Estados seriam divididos em distritos eleitorais de três deputados. Ocorre que, em alguns casos, poderia haver distritos de quatro ou cinco deputados, em face das frações e no caso dos distritos das capitais, conforme previsto no § 2º. Nesses casos, o eleitor votava em dois terços do número previsto de deputados no distrito.

republicano ao Poder Judiciário (observe-se que a Justiça Federal foi criada ainda no Governo Provisório, antes, portanto, da promulgação da Constituição), o que ocorre pela exata razão de que a República corria o risco de a monarquia voltar pela lei infraconstitucional: "Por isso, outorgou aos juízes essa função, a função de garantir a República via sentença".[58]

---

[58] O processo de institucionalização do novo regime e o papel a ser desempenhado pelo Supremo Tribunal Federal podem ser vistos sob vários ângulos. Nesse sentido, a tese da alteração do processo eleitoral como fator preponderante para a consecução dos objetivos dos republicanos e a visão prospectiva destes relativamente aos riscos que essa institucionalização correria na fase pós-constituinte – a partir da necessidade de elaboração da legislação infraconstitucional – mostram-se adequadas à compreensão do processo que envolveu a ruptura com o *ancién régime*. Do mesmo modo, a tese da criação do Supremo Tribunal Federal, com a função de ser o Tribunal da Federação e o remédio contra a formação de maiorias eventuais, encontrou guarida nessa mesma linha de raciocínio. A leitura dessa problemática é feita adequadamente por Nelson Jobim (conferência proferida na Faculdade de Direito do CESUPA – Centro de Ensino Superior de Porto Alegre, em 12 de dezembro de 2002). De resto, também Baleeiro aponta para tal direção, entendendo que essa atribuição política do Supremo Tribunal Federal *era exigência da federalização*, diferentemente, portanto, das atribuições do antigo Supremo Tribunal de Justiça, que não ensejavam esse papel de *tertius* – cf. BALEEIRO, Aliomar. *O STF, esse outro desconhecido*, op. cit., p. 19. Nesse contexto, é possível dizer que a diferença entre o Supremo Tribunal de Justiça e o Supremo Tribunal Federal estabelece-se exatamente no fato de que o primeiro desempenhava um papel secundário em um Estado unitário e parlamentarista, e o segundo um papel primordial em um sistema federativo e presidencialista, antitético à monarquia unitarista. Não se pode esquecer que o controle jurisdicional de constitucionalidade nasce, *stricto sensu*, no sistema federalista (e presidencialista) norte-americano e a partir de um conflito de índole federalista (caso Marbury v. Madison). É nesse sentido que Baleeiro vai dizer que "*a República inevitavelmente teria que ser presidencialista do tipo norte-americano, porque a fraca resistência esboçada na Constituinte para a restauração do sistema de gabinete não poderia vencer a ação conjunta de Rui Barbosa, por suas convicções federalistas e até pelas esperanças que nutria acerca do papel corretivo e modelador da Corte Suprema dos EUA, nem as pressões dos militares inspirados pelos positivistas, com Benjamin Constant à frente, o qual recebia, nesse sentido, sugestões dos apóstolos do comtismo da França*" – BARBOSA, Rui. *Escritos e discursos seletos*. Rio de Janeiro: Nova Aguilar, 1997. Rui Barbosa também sempre deixou bem clara sua visão do papel do Supremo Tribunal Federal: uma organização de justiça capaz de contrapor-se aos excessos do Governo e aos das maiorias legislativas, uns e outros dez vezes mais arriscados e amiudados nas repúblicas do que nas monarquias, nas federações do que nas organizações unitárias, no Presidencialismo do que no Parlamentarismo (p. 550). O Supremo Tribunal Federal é, assim, o Tribunal da Federação, seguindo o modelo norte-americano. "A revolução jurídica encerrada nesta mudança era, entretanto, difícil de assimilar ao nosso temperamento e aos nossos costumes. O poder político é, de sua natureza, absorvente e invasivo, mais invasivo e absorvedor ainda nas câmaras legislativas do que no Governo. As nossas tradições haviam-nos educado no dogma da supremacia parlamentar. Esta, a norma inglesa estabelecida com a Revolução de 1688, a norma francesa decorrente da Revolução de 1789, a norma europeia generalizada com a propagação do governo constitucional, desde 1830, nas monarquias limitadas, a norma brasileira, introduzida com a nossa Constituição de 1823, e praticada em 66 anos de regime imperial. Substituí-lo pelo regime presidencial, sem buscar na criação de uma justiça, como a americana, posta de guarda a Constituição contra as usurpações do presidente e as invasões das maiorias legislativas, contra a onipotência de governos ou congressos igualmente irresponsáveis, era entregar o País ao domínio de facções e dos caudilhos. *Eis por que a Constituição brasileira de 1891, armando a justiça federal da mesma autoridade em que investe a Constituição dos Estados Unidos, dotou-a de garantias ainda mais numerosas e cabais, para arrostar as facções acasteladas no Executivo e no Congresso Nacional*" (p. 552).

JURISDIÇÃO CONSTITUCIONAL • *Lenio Luiz Streck*

Nesse sentido, bem disse Rui que "um Estado constituído por uma união indissolúvel de Estados[59], como é a Federação, não pode manter a comunhão estabelecida entre estes, sem um grande conciliador judiciário, um tribunal, que lhe dirima os conflitos. O presidencialismo, por sua vez, não tendo, como não tem, os freios e contrapesos do governo parlamentar, viria a dar na mais tremenda forma de absolutismo tumultuário e irresponsável das maiorias legislativas, das multidões anônimas e das máquinas eleitorais, se os direitos supremos do indivíduo e da sociedade, subtraídos pela Constituição ao alcance de agitações efêmeras, não tivessem na justiça o asilo de um santuário impenetrável".

Portanto, para o bem e para o mal, é desse caldo político-jurídico-institucional que se forjará a jurisdição constitucional e o papel do Supremo Tribunal Federal em *terra brasilis*. Os sucessos históricos e o estado da arte da justiça constitucional pós-Constituição de 1988 é que demonstrarão os erros e os acertos das opções feitas pelos republicanos.

2.3 A IMPLANTAÇÃO DO CONTROLE DIFUSO DE CONSTITUCIONALIDADE – UMA TRADIÇÃO QUE ATRAVESSARÁ OS SÉCULOS

Antes mesmo de iniciarem os trabalhos da Assembleia Constituinte, o Governo Provisório tratou de organizar a Justiça Federal, mediante a edição do Decreto 848, de 11 de outubro de 1890, depois ampliado pelo Decreto 1.420-A, de 21 de fevereiro de 1891, e, mais tarde, já sob o regime constitucional, completado por meio da Lei 221, de 20 de novembro de 1894. A exposição de motivos que acompanhou o Decreto 848 dizia, entre outras coisas: "A magistratura que agora se instala no País, graças ao regime republicano, não é um instrumento cego ou mero intérprete na execução dos atos do Poder Legislativo. Antes de aplicar a lei cabe-lhe o direito de exame, podendo dar-lhe ou recusar-lhe sanção, se ela lhe parecer conforme ou contrária à lei orgânica. O poder de interpretar as leis, disse o honesto e sábio juiz americano, envolve necessariamente o direito de verificar se elas são conformes ou não a Constituição, e, neste último caso, cabe-lhe declarar que elas são nulas e sem efeito. Por esse engenhoso mecanismo consegue-se evitar que o legislador, reservando-se a faculdade da interpretação, venha a colocar-se na absurda situação do juiz em sua própria causa. É a vontade absoluta das assembleias legislativas que se extingue, nas sociedades modernas, como se vão extinguindo as doutrinas do arbítrio do soberano Do Poder Executivo. A função do liberalismo no passado [...] foi opor um limite ao poder violento dos reis; o dever do liberalismo na época atual é opor um limite ilimitado dos parlamentos. Essa missão histórica incumbe, sem dúvida, ao Poder Judiciário, tal como o arquitetam poucos povos contemporâneos e se acha consagrado no presente decreto".

---

[59] Reforçando esse contexto, acrescenta-se, "o Brasil republicano e federal apresentava-se como um conjunto de vinte Estados, aos quais a nova Constituição de 24 de fevereiro de 1891 reconhecia uma ampla autonomia", como bem vai lembrar LOSANO, Mario. *Os grandes sistemas jurídicos*. Introdução aos sistemas jurídicos europeus e extraeuropeus. Trad. Marcela Varejão. São Paulo: Martins Fontes, 2007, p. 291. Evidentemente, essa característica realçou tanto o paroquialismo expresso nos Estados da Federação quanto, por sua vez, a pretensão de unidade depositada no presidencialismo – condição, claro, aguçada a partir da chamada *República de 46* – e reflexiva do papel do Judiciário na *Primeira República*.

Cap. 2 · O DIREITO NO BRASIL: DO IMPÉRIO AO PROCESSO CONSTITUINTE DE 1986-1988 | **135**

É possível depreender, dessa exposição, a preocupação política do governo provisório para com a função a ser exercida pelo Poder Judiciário na República. Observe-se que o Decreto 25, de 30 de novembro de 1889, já apontava para um novo perfil a ser assumido pelo Poder Judiciário. Embora suprimisse os títulos de Majestade e Senhor – que pelo Alvará de 20 de maio de 1769 davam-se aos tribunais superiores –, dispôs o Decreto que as cartas de sentença e quaisquer outros atos e documentos judiciários seriam passados pelos juízes e tribunais competentes em seu nome e com a autoridade que lhes conferia a lei, sem dependência ou invocação de poder estranho à magistratura judicial (salvo as requisições do necessário auxílio da força pública, ou de providências administrativas que lhes incumbisse fazer a outras autoridades competentes, estabelecidas ou reconhecidas pelo Governo dos Estados Unidos do Brasil). Mais ainda, o Decreto 210, de 20 de fevereiro de 1890, atendendo aos princípios garantidores da independência do Poder Judiciário e às justas ponderações da Relação de São Paulo, que fazia sua o Ministro da Justiça, determinou que o Presidente do Supremo Tribunal de Justiça e, assim, os das Relações fossem dali por diante eleitos dentre os membros do respectivo Tribunal e por votação de seus pares, em caso algum a nomeação podendo recair na pessoa do Procurador da Fazenda Nacional e Promotor de Justiça.[60]

A justiça federal era criada já com a ideia de atuar como remédio contra maiorias parlamentares reacionárias que, em face do enraizamento das ideias centralistas/monarquistas forjadas durante décadas em uma sociedade que foi uma das últimas a abandonar o modo de produção escravagista, poderiam vir a ocorrer futuramente, por ocasião do processo de feitura das leis e da regulamentação da futura Constituição. A discussão que foi posta dizia respeito ao fato de se o Brasil republicano necessitava ter uma justiça ou duas. Havia a tese de que deveria haver apenas a justiça federal, e que, portanto, os Estados não deveriam ter justiças próprias.[61] A toda evidência, essa tese era defendida pelos juízes que vinham do Império, porque, assim, eles permaneceriam vinculados à União e não aos Estados.

Embora a ideia de controle de constitucionalidade já estivesse estampada na exposição de motivos do Decreto 848, sob nítida inspiração no *judicial review* norte-americano, somente com a Constituição de 1891 a tese republicana ganha forma e estrutura, a partir da designação de um órgão de cúpula do Poder Judiciário que seria encarregado de realizar esse controle. Por isso é possível afirmar que a teoria constitucional brasileira nasce com a República e a Constituição de 1891. Sua interpretação clássica fundamenta-se na obra de Rui: pensamento que analisa a problemática política a partir do direito, considerando que da existência de uma Constituição liberal democrática dependeriam a legitimidade e a estabilidade das instituições. A racionalidade do Estado seria garantida pelo direito. Para Rui, a existência de uma Constituição, garantida pelo Poder Judiciário, fiador do poder de Estado e do acesso às demandas individuais, caracterizaria mais um qualificativo de sua

---

[60] Cf. NEQUETE, Lenine. *O Poder Judiciário no Brasil a partir da Independência. II – República*. Porto Alegre: Sulina, 1973. p. 12 e ss.; também BARBALHO, João. *Constituição Federal brasileira: comentários*. Rio de Janeiro: Briguiet, 1902.

[61] De certo modo essa problemática deitará raízes no tempo, como a questão relacionada a se o Supremo Tribunal Federal tinha ou não competência para uniformizar a interpretação do direito substantivo, querela que somente teve solução com a reforma de 1926.

democracia racional, espécie de "democracia juridicista", isto é, uma concepção liberal do poder mediatizada pelo direito. Essa teoria, devido ao seu conteúdo juridicista, é acusada de "idealista" pelas correntes "realistas", originárias do final da Primeira República, as quais, afirmando a necessidade de efetuar análises sociológicas da política nacional, negam a validade do pensamento de Rui Barbosa, visto como distante dos verdadeiros problemas do País. Essa maneira de pensar, que persiste ainda hoje no seio da crítica brasileira, foi elaborada por Oliveira Viana e Alberto Torres, que, defendendo a racionalização política, com ênfase no Estado, mais do que no direito, assim como desprezando o ideal democrático liberal, ajudaram a construir a matriz autoritária nacionalista do pensamento brasileiro.[62]

Não há qualquer dúvida que a inspiração do sistema de controle adotado na República veio do sistema de controle de constitucionalidade eminentemente jurisdicional implantado nos EUA, cujas características principais já foram delineadas em capítulo específico. Essa nítida inspiração aparece com toda a clareza no preâmbulo do Decreto 848 e no próprio texto do aludido Decreto. Releva notar que, com a proclamação da República, o governo provisório do Marechal Deodoro da Fonseca editou o Decreto 29, criando uma comissão de cinco membros, com o fito de elaborar um projeto de Constituição republicana (Saldanha Marinho, Rangel Pestana, Antonio Luiz Santos Werneck, Américo Brasiliense de Almeida Mello e José Antonio Magalhães Castro). Recebido o projeto da "comissão dos cinco", o governo provisório entregou-o à revisão de Rui Barbosa, para reexaminá-lo antes da publicação em decreto, *ad referendum* da Assembleia Constituinte. Rui Barbosa efetuou uma série de emendas ao projeto. Suprimiu as atribuições do Legislativo de estabelecer a interpretação autêntica e de velar pela guarda da Constituição; ampliou a competência do Supremo Tribunal Federal para todas as questões decididas pelos juízes e tribunais estaduais que negassem a validade das leis federais, que afirmassem a validade de leis e atos dos governos estaduais contestadas em face da Constituição ou das leis federais, ampliação essa que foi estendida aos juízes federais, que passaram a ter a competência para julgar as causas em que alguma das partes se baseasse em disposições da Constituição.[63] É possível perceber que, muito embora a República tenha, desde o início, procurado fortalecer os Estados, como uma forma de derrotar o *ancién régime* naquilo que ele tinha de mais forte – o centralismo –, o projeto desenhado por Rui aponta para variadas formas de controle de atos provenientes das justiças dos Estados, onde, a toda evidência, havia forte influência dos governantes estaduais nos respectivos juízes.

Mesmo assim, a Constituição de 24 de fevereiro de 1891 – que trazia uma série de significativas rupturas com a Carta de 1824, como o presidencialismo, o federalismo e a separação da Igreja em relação ao Estado, introduzindo o registro civil de nascimentos, casamentos e mortes – não trouxe grandes inovações na organização da justiça, cujos traços principais já haviam sido delineados no Decreto 848, que, aliás, explicitava, em linhas gerais, as disposições da Constituição Provisória de 22 de junho de 1890. O exame

---

[62] Cf. ROCHA, Leonel Severo. *A democracia em Rui Barbosa. O projeto político liberal-racional*. Rio de Janeiro: Liber Juris, 1995. p. 137-139.

[63] Sobre o Poder Judiciário na República, consultar: KOERNER, op. cit., p. 158 e ss. Também: NEQUETE, Lenine. *O Poder Judiciário no Brasil*, op. cit.; BARBALHO, op. cit.; RODRIGUES, Lêda Boechat. *História do Supremo Tribunal Federal*, op. cit.

Cap. 2 · O DIREITO NO BRASIL: DO IMPÉRIO AO PROCESSO CONSTITUINTE DE 1986-1988 | **137**

dos documentos da época demonstra que o Poder Judiciário,[64] do modo como foi concebido no projeto governamental, mereceu o apoio irrestrito do Congresso. A Constituição estabeleceu o sistema de jurisdição única, isto é, a do controle administrativo pela justiça comum, suprimindo-se o contencioso administrativo, circunstância que deixa ainda mais clara a vinculação do modelo brasileiro ao *rule of law* e ao *judicial control* da Federação americana. Por outro lado, entendeu-se que o sistema republicano-federal, em essência dualista, obrigava à coexistência de uma dupla justiça: a federal e a dos Estados-membros.[65]

Assim, na Constituição de 1891, o controle difuso ficou demarcado no art. 59, § 1º, *a* e *b*, atribuindo ao Supremo Tribunal Federal competência para julgar recursos das sentenças das justiças dos Estados em última instância:

> *a*) quando se questionar sobre a validade ou a aplicação de tratados e leis federais e a decisão do tribunal do Estado for contra ela;
>
> *b*) quando se contestar a validade de leis ou de atos dos governos dos Estados em face da Constituição, ou das leis federais, e a decisão do tribunal do Estado considerar válidos esses atos, ou essas leis impugnadas.

Já o art. 60 outorgava competência aos juízes ou tribunais para processar e julgar as causas em que alguma das partes fundar a ação, ou a defesa, em disposição da Constituição Federal.

Entretanto, o Supremo Tribunal Federal entendeu, no seu nascedouro, que a Constituição de 1891 não lhe outorgara um *judicial control* pleno, e, sim, apenas um *judicial control* restrito à apreciação de inconstitucionalidades de leis estaduais: "O Supremo Tribunal Federal brasileiro em parte obedeceu às lições do seu paradigma norte-americano. Mas, no regime instituído em 1889, e sem que houvesse formal determinação daquele atributo na Carta Federal, não podia esse tribunal, que herdara a tradição do Judiciário do Império, criar e engrandecer um princípio que se não harmonizava com as nossas praxes políticas... qual o da jurisprudência a derrubar a lei, contra a autoridade, em favor dos direitos individuais".[66]

Por isso, chegou-se a pensar que essa "anomalia" (*judicial control* restrito à apreciação de leis estaduais) somente teria sido corrigida em 1894, com a promulgação da Lei 221, que em seu art. 13, § 10, dizia que "os juízes e tribunais apreciarão a validade das leis e regulamentos e deixarão de aplicar aos casos ocorrentes as leis manifestamente inconstitucionais e os regulamentos manifestamente incompatíveis com as leis ou a Constituição". A competência outorgada ao Supremo Tribunal, assim como aos juízes,[67] de apreciar

---

[64] Muito embora criado pelo Decreto 848, de 11.10.1890, o Supremo Tribunal Federal foi instalado somente em 28.02.1891.

[65] Nesse sentido, ver *Anais da Constituinte*, vol. II, p. 101; também NEQUETE, Lenine. *O Poder Judiciário no Brasil*, op. cit., p. 14 e ss.

[66] Cf. CALMON, Pedro. *Curso de direito constitucional brasileiro*. Rio de Janeiro: Freitas Bastos, 1937. p. 187.

[67] Mesmo já sob a vigência da Lei 221, o exercício do controle difuso de constitucionalidade custou ao juiz gaúcho Alcides de Mendonça Lima uma condenação em primeira instância, por ter deixado de aplicar a Lei 10, de 16.12.1895, na parte referente às recusas de jurados e ao voto a descoberto, mandando observar em tais pontos a lei antiga. Denunciado pelo crime previsto no art. 207, § 1º,

inconstitucionalidades de leis estaduais e federais, já estava expressa no preâmbulo do Decreto 848, que criou a Justiça Federal. Isto é, antes mesmo de o Supremo Tribunal ser criado, essa prerrogativa já existia, baseada no caso Marbury *v*. Madison.

Além das dificuldades dos primeiros anos, decorrentes, dentre outras razões, da própria formação dos seus membros, outro problema assolou o Supremo Tribunal, que, lamentavelmente, somente foi solucionado com a reforma de 1926. Com efeito, em face da inexistência de uma clara explicitação na Constituição, o Supremo Tribunal entendeu que a ele não competia uniformizar a interpretação do direito substantivo, quando do exame dos recursos que lhe chegassem dos tribunais. No fundo, com essa posição, o Supremo Tribunal pouco diferia do Supremo Tribunal de Justiça do Império, ficando indiferente às múltiplas e contraditórias interpretações que às leis uniformes do País davam as Relações revisoras, decidindo em última e derradeira instância. Releva notar que os próprios defensores dessa tese restritiva confessavam os males que esse procedimento causava ao País, tornando os tribunais locais onipotentes. Essa discussão já aparece no início do século XX.

A respeito do tema, dizia Rui: "Seria um absurdo que, reservando-se a função de legislar acerca do direito civil, comercial e penal, entregasse a União esse direito, criação sua, à variedade de interpretações da justiça dos Estados, sem lhe opor ao menos, em última instância, um corretivo, uma garantia de unificação".[68]

Em acórdão de 11.07.1908, o Ministro Pedro Lessa votou vencido, acatando a tese de Rui. O Supremo Tribunal, entretanto, não anuiu à doutrina. Ainda em 28.08.1918, o Tribunal deixou assentado que, se a justiça local interpretava os preceitos da lei substantiva, *quaisquer que fossem os defeitos dessa interpretação*, não se ensejava o recurso extraordinário. Essa posição foi ratificada em 30.12.1922. Foi necessário que o País aguardasse a reforma de 1926 para que se pudesse ter a uniformização da jurisprudência.[69]

Assim, a reforma de 1926 (emenda constitucional de 3 de setembro) estabeleceu, no art. 60, § 1º:

---

do Código Penal, com as agravantes do art. 39, §§ 2º e 4º, Mendonça Lima foi condenado à pena de nove meses de suspensão do cargo, em acórdão lavrado na sessão de 10.02.1897, pelo Superior Tribunal de Justiça do Estado do Rio Grande do Sul. Apreciando a matéria, rendeu-se o Supremo Tribunal Federal à argumentação de seu advogado, Rui Barbosa: reconheceu que o acusado, declarando nula, em parte, por inconstitucional, a lei rio-grandense, e deixando de aplicá-la, não excedera os limites das funções de seu cargo; pelo contrário, exercera-as regularmente: "Os juízes estaduais, assim como os federais, têm faculdade para, no exercício das funções, deixarem de aplicar as leis inconstitucionais, como é expresso na Constituição da República, art. 59, n. 3, Lei 221, de 20.11.1895, art. 8º" – cf. Nequete, Lenine. *O Poder Judiciário no Brasil*, op. cit., p. 20 e ss.

[68] É necessário referir que juristas como Carlos Maximiliano, muito embora crítico contumaz do uso da interpretação literal, optou por este método, ao sustentar que não havia autorização no texto da Constituição de 1891 para a uniformização da jurisprudência. Nesse sentido, ver seu *Comentários*, op. cit., p. 660 e ss.

[69] Ver, para tanto: Nequete, Lenine. *O Poder Judiciário no Brasil*, op. cit., p. 26 e ss.; Sodré, A. Moniz. *O Poder Judiciário na reforma constitucional*. São Paulo: Acadêmica, 1929; Nunes, José de Castro. *Teoria e prática do Poder Judiciário*. Rio de Janeiro: Forense, 1943. p. 180 e ss.; 1929, p. 20 e ss.

"Das sentenças das justiças dos Estados em última instância haverá recurso para o Supremo Tribunal Federal:

a) quando se questionar sobre a vigência ou a validade das leis federais em face da Constituição e a decisão do Tribunal do Estado lhes negar aplicação;

b) quando se contestar a validade de leis ou de atos de governos dos Estados em face da Constituição ou das leis federais, e a decisão do tribunal do Estado considerar válidos esses atos, ou essas leis impugnadas;

c) quando dois ou mais Tribunais locais interpretarem de modo diferente a mesma lei federal, podendo o recurso ser também interposto por qualquer dos Tribunais referidos ou pelo Procurador-Geral da República;

d) quando se tratar de questões de direito criminal ou civil internacional".

Vê-se, assim, que aquilo que desde o nascedouro da República estava implícito no Decreto 848, e que, mais do que qualquer coisa, era ingrediente importante para a afirmação do sistema federativo, somente ganhou forma a partir de uma emenda constitucional. Dito de outro modo, o Supremo Tribunal Federal, criado pelos republicanos para ser uma instituição para a manutenção da união nacional, como um autêntico "tribunal da federação",[70] ao não elaborar um processo hermenêutico mais "agressivo/criativo" pelo qual se autoconcedesse a competência para uniformizar a jurisprudência, colaborou para o enfraquecimento institucional do País.[71]

Nesse sentido, a denúncia do Ministro Pedro Lessa (que votava vencido, entendendo que essa prerrogativa estava estampada na ideia de federação e na própria exposição de motivos do Decreto 848), dizendo que se estava diante de um "manifesto desacato ao Poder Legislativo da União" e de um "desrespeito à autoridade da Federação". De fato, é absolutamente incompreensível que o sistema federativo convivesse com um sistema jurídico

---

[70] Daí a nítida inspiração que o constituinte brasileiro de 1890 buscou no *judicial review* norte-americano, que, muito embora não estivesse previsto como figura constitucional *stricto sensu*, nasce da própria lógica que preside a natureza da Constituição, uma vez que o pacto federativo que ela exprimia reclamava um *tertius* para a limitação dos poderes exercidos por cada "departamento do governo" ao lado da proteção das "liberdades" dos Estados, implicando que o governo de leis assumisse a forma de um complexo empreendimento entre diferentes competências e prerrogativas – cf. VIANNA, Luiz Werneck; BURGOS, Marcelo. Revolução processual do direito e democracia progressiva. In: VIANNA, Luiz Werneck (org.). *A democracia e os três poderes no Brasil*. Belo Horizonte/Rio de Janeiro: UFMG/IUPERJ/FAPERJ, 2002. p. 365.

[71] Muito embora tais fatos apontem para o enfraquecimento do sistema federativo, autores como Leda Boechat Rodrigues apontam na direção contrária. Nesse sentido, diz a autora, num momento em que o Presidente Campos Sales inaugurava a chamada política dos governadores e proclamava a soberania dos Estados ao lado da soberania da União, o STF, por meio do exercício do controle da constitucionalidade das leis estaduais, funcionou de certo modo como um fator de equilíbrio do sistema federal: "Sem a sua ação vigilante e corretiva – entregues como estavam os Estados aos desmandos de uma legislação antinacional e perturbadora do livre fluxo do comércio interestadual – provavelmente o federalismo, como a democracia, teria também funcionado de maneira ainda mais defeituosa no Brasil e se teriam agravado ainda mais os problemas econômicos, já excepcionalmente graves, de todo o País".

que não contemplasse uma instância de concentração, de reparação, de uniformização da jurisprudência. Parafraseando as palavras de Rui: sendo o direito entre nós obra da União, ele não podia, sob qualquer hipótese, sob pena de colocar em risco o sistema federativo, ficar sem reserva à mercê dos Estados.

Apesar disso – e não são poucas as críticas feitas ao Supremo Tribunal Federal no decorrer de sua história –,[72] não se pode olvidar a importante atuação da Suprema Corte no campo da defesa das liberdades civis, mormente se forem levados em conta os tempos sombrios dos primeiros anos da República, que, já sob a vigência da nova Constituição, sofreu o primeiro golpe de Estado em 3 de novembro de 1891 – comandado pelo mesmo militar que fora um dos corifeus da Proclamação da República – e um contragolpe do Marechal Floriano, vinte dias depois.[73] Afinal de contas, séculos de escravidão e de exclusão social, aliados à ausência, durante o período imperial, de um sistema judiciário que pautasse suas ações na defesa dos direitos individuais, forjaram uma sociedade autoritária, cujas sequelas podem ser sentidas ainda na aurora do século XXI.

E não foram poucas as vezes que as decisões do ainda jovem Tribunal causaram a ira dos governantes. Assim, quando, em 1893, o STF declarou a nulidade do Código Penal da Marinha, Aristides Lobo, líder governista, escreveu que o Tribunal incorrera em crime de abuso de autoridade. E tendo o Tribunal despertado a ira política de Floriano Peixoto, em razão daquele julgamento, ficou meses sem funcionar, porque Floriano não provia as vagas que iam ocorrendo, além de recusar-se a dar posse ao Presidente eleito do Tribunal. No final do quatriênio do Presidente Prudente de Morais, ao firmar, em rumoroso *habeas corpus*, o princípio das imunidades parlamentares durante o estado de sítio, não só foi o STF criticado em mensagem presidencial, como sofreu violenta campanha da imprensa governista. Acontecimentos ligados à revolução federalista iniciada no Rio Grande do Sul, em fevereiro de 1893, ensejariam novos julgamentos de enorme repercussão pela Suprema Corte. Em 19.09.1895, julgando a Apelação Cível 112, em que era apelado o Mal. José de Almeida Barreto, reformado contra a sua vontade, o STF estabeleceu que "é nulo o ato do Poder Executivo que reforma forçadamente um oficial militar, fora dos casos previstos em lei". De forma similar, o acórdão proferido na Apelação Cível 148, do mesmo ano de 1895. Outro julgamento de repercussão diz respeito à inconstitucionalidade do Decreto Legislativo 310, de 21.10.1895, que concedeu anistia, com restrições, às pessoas envolvidas em movimentos revolucionários ocorridos até 23.08.1895, o que fez com que o parlamento, em 1898, editasse lei suprimindo as aludidas restrições. O STF também cuidou do

---

[72] Assim, vejam-se, por todos, as críticas de João Mangabeira, para quem o STF foi o poder que mais falhou na República, e José Honório Rodrigues, ao asseverar que, dentre os Poderes no Brasil, "o Executivo foi sempre mais progressista e mais receptivo às aspirações populares; o Congresso mais antirreformista e mais retardatário; a Justiça esteve sempre a favor das forças dominantes" – cf. RODRIGUES, Lêda Boechat. *História do Supremo Tribunal*, op. cit., p. 5; também: RODRIGUES, José Honório. *Conciliação e reforma no Brasil: um desafio histórico-político*. Rio de Janeiro: Civilização Brasileira, 1965. p. 14-125.

[73] Observe-se a complexidade da situação, a partir do fato de dois Ministros do STF, Barão de Lucena e Tristão de Araripe, terem apoiado o golpe de Estado chefiado pelo Marechal Deodoro.

fortalecimento da liberdade de reunião e dos limites do poder de polícia, quando concedeu *habeas corpus* a favor dos membros do Centro Monarquista de São Paulo, no ano de 1897.[74]

Havia, entretanto, um problema que afetava, sobremodo, as possibilidades do florescimento de uma jurisdição constitucional mais efetiva no Brasil, e que somente foi percebido no processo constituinte de 1933-1934, sem, contudo, a necessária suficiência, uma vez que sanado tão somente no ano de 1965. Com efeito, o maior problema dessa nossa embrionária forma de controle decorria do fato de que não havia como dar efeito *erga omnes* e vinculante às decisões do Supremo Tribunal Federal. Ou seja, o controle difuso – enquanto mecanismo isolado – somente funciona no sistema do *common law*; ou, *contrario sensu*, o sistema romano-germânico não pode prescindir do controle concentrado de constitucionalidade. Explicando: nos Estados Unidos, modelo que nos inspirou, vige o sistema jurídico denominado *common law*, onde, por meio da doutrina do *stare decisis*, cada decisão da *Supreme Court* tem efeito vinculante. Observe-se que o *stare decisis* é regra costumeira, na medida em que não consta nem na Constituição nem nos *statutes* (leis escritas). Assim, se a *Supreme Court*, ao examinar um recurso – porque somente por recurso um *case* de índole constitucional chega até lá, pela inexistência do controle concentrado de constitucionalidade –, decidir que determinada lei ou dispositivo de lei é inconstitucional, pela regra do *stare decisis* nenhum juiz ou tribunal inferior poderá voltar a aplicar tal lei ou dispositivo. Estará, pois, vinculado ao *precedent*, mecanismo cujo funcionamento já foi delineado em capítulo específico.[75]

No nascedouro da República, pois, embora praticantes do modelo de direito romano-germânico, optamos pelo controle difuso de constitucionalidade, *sem qualquer mecanismo que estendesse o efeito da decisão para o restante da sociedade*. Ou seja, formal e tecnicamente, a decisão do Supremo Tribunal Federal acerca da inconstitucionalidade de um ato normativo, até o ano de 1934, ficava restrito às partes contendoras. Mesmo que o STF, apreciando recurso extraordinário, julgasse inconstitucional uma lei, qualquer outro juiz ou tribunal poderia continuar a aplicá-la, exatamente pela ausência de um mecanismo que fizesse com que a decisão do Supremo Tribunal alcançasse todo o sistema jurídico.

De qualquer modo, mesmo sem a previsão do correspondente brasileiro ao *stare decisis* do direito norte-americano, o estabelecimento de um controle de constitucionalidade constituía inovação em *terra brasilis*, eis que, como já visto, no Império não se cogitou sequer de controle de constitucionalidade. Entretanto, como a maioria dos membros do Supremo Tribunal eram provenientes do Supremo Tribunal de Justiça do Império, *estes trouxeram para dentro do novo sistema a velha tradição*. A velha Corte Judiciária do Império influiu na primeira fase do Supremo Tribunal Federal, apenas porque lhe forneceu os primeiros juízes, por via do aproveitamento e espírito de economia. Aproveitamento contraproducente, assinala Baleeiro, pois "os antigos juízes da Corte monárquica, já muito idosos e de espírito conservador, como o é geralmente o dos magistrados de carreira,

---

[74] Cf. RODRIGUES, Lêda Boechat. *História do Supremo Tribunal*, op. cit., p. 5 e ss.; também COSTA, Edgard. *Os grandes julgamentos do STF: 1892 a 1962*. Rio de Janeiro: Civilização Brasileira, 1964.

[75] Para maiores esclarecimentos a respeito dessa tradição, ver: ABBOUD, Georges; STRECK, Lenio Luiz. *O que é isto: o precedente judicial e as súmulas vinculantes?* op. cit.

JURISDIÇÃO CONSTITUCIONAL • *Lenio Luiz Streck*

foram chamados à missão política, extremamente complexa, e de todo diversa daquela a que se acostumaram em longa e rotineira existência. Devia ser algo de revolucionário a provectos juízes de instituições áulicas – no sentido jurídico-político e nobre da palavra áulico – a ideia de declararem inconstitucionais as leis, negando-lhes a eficácia no caso concreto trazido a seu julgamento, ou anulando atos do Legislativo e do Executivo. Sólidos no Direito Romano e Reinol, afeiçoados alguns deles à cultura francesa e inglesa, distantes da norte-americana, tradicionalistas, leais às instituições monárquicas, esses magistrados, cujos nomes estão esquecidos, aderiram à República, mas, no fundo da mentalidade, eram prisioneiros do passado a que pertenciam".[76]

Observa-se, assim, que se repetia o mesmo problema ocorrido com a transição da Casa de Suplicação para o Supremo Tribunal de Justiça. Novos paradigmas passaram a ser trabalhados a partir de velhas estruturas de saber (e de poder).[77] No caso do Supremo Tribunal Federal republicano, a questão assumia foros de dramaticidade, uma vez que, no Império, não havia forma de controle jurisdicional de constitucionalidade. Mais do que isso, criado para ser o Tribunal da Federação, o que implicou "transferência" de poder por parte dos demais poderes em favor de um *tertius* – o Supremo Tribunal Federal –, que deveria agir como um remédio contra eventuais maiorias parlamentares descontentes com o novo regime, além de manter o devido controle sobre as decisões dos tribunais dos Estados, para evitar decisões que conspurcassem os objetivos da União, o Supremo Tribunal Federal não detinha, na sua composição, capital político-jurídico suficiente para cumprir tal desiderato. Afinal, como esperar que provectos magistrados, afetos a um modelo imperial-escravocrata, pudessem entender e perfectibilizar um modelo de Constituição e de controle judicial de constitucionalidade? Como olhar o novo com os olhos do velho?

O Supremo Tribunal Federal nasceu com 15 juízes, que foram nomeados 48 horas depois da promulgação da Constituição e instalados quatro dias depois no edifício da Relação do Rio de Janeiro, na rua do Lavradio. Foi aproveitada a maior parte do Supremo Tribunal de Justiça, inclusive quatro conselheiros septuagenários, sete sexagenários e apenas quatro com menos de 60 anos. Alguns eram viscondes e barões. O baiano Freitas Henrique foi eleito presidente, o que irritou sobremodo o mais velho, o Visconde de Sabará, o consagrado Saião Lobato. Observe-se que o Presidente Deodoro esqueceu-se da aprovação prévia do Senado, exigida pela Constituição. Tal lacuna foi suprida por iniciativa do Senador Amaro Cavalcanti. Rui Barbosa elaborou o Regimento Interno do Senado no que se refere às regras adequadas à aprovação dos Ministros, inspirando-se nas praxes norte-americanas.

---

[76] Cf. BALEEIRO, Aliomar. *O Supremo Tribunal Federal*, op. cit., p. 18 e ss.

[77] Esse fenômeno parece ser recorrente no Brasil. Com efeito, a cada novo texto constitucional há enorme dificuldade para a assimilação do novo fundamento de validade. Forma-se uma tradição (inautêntica, no sentido gadameriano) que subjuga as possibilidades do exsurgimento do novo. Para tanto, basta um exame no texto constitucional de 1988. Muito embora seja o mais rico em direitos e perspectivas de transformação social que este País já teve, até o momento, passados quinze anos, parcela considerável de seus preceitos e princípios continua ineficaz. A toda evidência, trata-se de uma crise de paradigma (já explicitada anteriormente), que, enquanto não for superada, continuará obstaculizando as possibilidades transformadoras do direito.

No primeiro parecer sobre as nomeações, a Comissão do Senado vetou os nomes dos Ministros Barão de Lucena e Tristão Araripe, ex-titulares da pasta da Fazenda, "nos quais, por circunstâncias e fatos notórios, a Comissão deixa de reconhecer a precisa idoneidade". O Senador Ubaldino do Amaral, mais tarde ministro do STF, chegou a admitir que outros ministros não estariam à altura da missão. Como não poderia deixar de acontecer, Tristão de Araripe e o Barão de Lucena escaparam da guilhotina do Senado. A aprovação não sofreu restrições na votação do plenário, em relação a qualquer dos ministros.[78]

O fenômeno da "baixa constitucionalidade" que nos assola até hoje estava apenas em sua segunda fase. Com efeito, foi Rui Barbosa quem, em 1893, debatendo uma causa que patrocinava, demonstrou aos membros do Supremo Tribunal Federal o óbvio, isto é, que não somente tinham o direito, mas, sobretudo, o dever de declarar inconstitucionais atos normativos incompatíveis com a Constituição. Na ocasião, disse Rui que, ao contrário do que ocorrera nos Estados Unidos da América do Norte, em que o controle da constitucionalidade pelo Poder Judiciário tinha sido uma construção jurisprudencial devida ao gênio de Marshall, no caso Marbury *v.* Madison, pois essa competência não resultava de texto constitucional expresso, a Constituição brasileira de 1891 era clara a esse respeito, quanto às Justiças Federal e Estadual.

As características básicas do controle difuso de constitucionalidade, que vigora até nossos dias, foram assim resumidas por Lúcio Bittencourt, na década de 1940:

"O Poder Judiciário só se pronuncia em face de um caso concreto, para cuja decisão seja mister o exame da constitucionalidade da lei aplicável à espécie;

– presumem-se constitucionais os atos do Congresso;

– na dúvida, decidir-se-á pela constitucionalidade;

– o juiz deve abster-se de se manifestar sobre a inconstitucionalidade, toda vez que, sem isso, possa julgar a causa e restaurar o direito violado;

– sempre que possível, adotar-se-á a exegese que torne a lei compatível com a Constituição;

– a tradicional aplicação dos princípios constantes de uma lei, sem que se ponha em dúvida sua constitucionalidade, é elemento importante no reconhecimento desta;

– não se declaram inconstitucionais os motivos da lei. Se esta, no seu texto, não é contrária à Constituição, os tribunais não lhe podem negar eficácia;

– na apreciação da inconstitucionalidade, o Judiciário não se deixará influenciar pela justiça, conveniência ou oportunidade do ato do Congresso;

– se, apenas, algumas partes da lei forem incompatíveis com a Constituição, estas serão declaradas ineficazes, sem que fique afetada a obrigatoriedade dos preceitos sadios; e

– a inconstitucionalidade é imprescritível, podendo ser declarada em qualquer tempo".[79]

---

[78] Cf. Baleeiro, Aliomar. *O Supremo Tribunal Federal*, op. cit., p. 18 e ss.

[79] Cf. Bittencourt, Lucio. *O controle jurisdicional da constitucionalidade das leis.* Rio de Janeiro: Forense, 1949. p. 91 e ss.

Observe-se que essa tese, que, de certo modo, ainda domina o imaginário dos juristas brasileiros, possui clara afinação com a ideia prevalecente no *judicial review* norte-americano: a presunção de constitucionalidade das leis; a abstenção nas chamadas "questões políticas"; a necessidade de configuração de um caso ou controvérsia; a exclusão do julgamento dos motivos, da justiça ou da sabedoria da lei; a persistência das partes da lei não abrangidas pela declaração de inconstitucionalidade; e o princípio cada vez mais limitado do *stare decisis* ou da obrigatoriedade dos precedentes.[80]

É nesse leque de características que reside um descompasso do sistema difuso (que no Brasil pode ser estendido ao controle concentrado, bastando, para tanto, examinar a posição *self-restraint* do STF nos julgamentos de ações como mandado de injunção, arguição de descumprimento de preceito fundamental, para citar apenas algumas) com aquilo que se entende contemporaneamente por Estado Democrático de Direito e o papel a ser desempenhado pelos textos constitucionais (dirigentes e compromissários, como o brasileiro) nas democracias do segundo pós-guerra.

Desse modo, a presunção da constitucionalidade das leis fica fragilizada diante de uma acentuada alteração na teoria da separação dos poderes; a positivista equiparação entre vigência e validade perde espaço para a força normativa dos textos constitucionais; por outro lado, em face do conteúdo social dos textos constitucionais e da própria função assumida pelo direito e pela justiça constitucional no paradigma instituído pelo Estado Democrático de Direito, a "abstenção nas chamadas questões políticas", além de colocar-se na contramão das democracias constitucionais, enfraquece a substantividade das Constituições.

2.4 A PARTICIPAÇÃO DO SENADO NO CONTROLE DIFUSO DE CONSTITUCIONALIDADE NA CONSTITUIÇÃO DE 1934

A constituinte e a nova Constituição de 1934[81] nasceram de duas revoluções: a de 1930 e a de 1932. A primeira tinha um ideário liberal em política, embora os acontecimentos posteriores a transformassem em um projeto social-democrático e, em seguida, nas

---

[80]   Nesse sentido, ver: RODRIGUES, Lêda Boechat. *A Corte Suprema*. op. cit., p. 15; CORWIN, Edward S. *The Constitution of the United States*, op. cit., p. 561-566.

[81]   "A nova Constituição refletia os esforços modernizadores e democratizantes dos deputados – a racionalização da autoridade, a manutenção do federalismo, o reforço para o desenvolvimento das instituições políticas, a inclusão de novos setores sociais por meio de um processo eleitoral mais alargado. Mas ela também expunha os limites dessa mesma República, que continuavam em vigência após 1930: conservou inalterada a estrutura agrária do país e manteve o trabalhador rural fora da legislação protetora do trabalho. Os analfabetos continuavam excluídos do processo eleitoral, e os imigrantes foram submetidos a uma política restritiva em suas garantias individuais, que permitia ao Estado expulsar estrangeiros considerados politicamente perigosos à ordem pública ou aos interesses nacionais. O texto constitucional também assegurava ao Executivo o uso de um instrumento coercitivo que trazia embutida a concessão de plenos poderes – o estado de sítio –, além de permitir a adoção da censura para todo tipo de publicação. Mesmo assim, essa era uma Constituição inovadora, que ampliava as condições para o exercício da cidadania". SCHWARCZ, Lilia Moritz; STARLING, Heloisa Murgel. *Brasil: uma biografia*. São Paulo: Companhia das Letras, 2015, p. 367.

palavras de Poletti, na causa eficiente de uma ditadura bajuladora do fascismo europeu. Já a revolução paulista de 1932 pode ter tido causas econômicas não identificadas na época (reação política dos fazendeiros de café contra a ameaça a sua hegemonia pelas novas forças da economia, situadas na cidade e na indústria) ou os motivos políticos sediados no regionalismo (a política do café com leite) desalojado do poder pela revolução de 1930. Foi chamada de "revolução constitucionalista". Note-se que a revolução paulista ocorreu depois de o Governo fixar a data das eleições da futura constituinte. De qualquer sorte, foram os revolucionários que levaram o Governo a formar a Comissão e a anunciar as eleições. Assim sendo, as ideias mestras que governaram os espíritos dos homens com influência nos trabalhos constituintes eram, de um lado, o binômio da propaganda da Revolução de 1930: justiça e representação; de outro, a constitucionalização do País, cobrada por uma revolução derrotada pelas armas, mas cuja força espiritual iria marcar de forma indelével a política nacional. Falava-se, na época, em República Velha e República Nova. Para que a República Nova se efetivasse, era preciso uma Constituição fiel aos novos tempos, capaz de ser a síntese das aspirações nacionais. A Constituinte reuniu-se em assembleia no dia 15 de novembro de 1933, no Palácio Tiradentes, no Rio de Janeiro.[82]

Do ponto de vista formal, os constituintes se inspiraram na Constituição de Weimar e na Constituição republicana espanhola de 1931. O anteprojeto de 1933 adotava o unicameralismo, a eleição indireta do Presidente da República, um Conselho Supremo, a unidade do processo judiciário e, em parte, da magistratura; tratava da liberdade sindical e da expropriação do latifúndio, da assistência aos pobres e do salário mínimo, além de instituir a justiça eleitoral. Um dos pontos cruciais da discussão constitucional era o da Federação. O projeto aumentava consideravelmente os casos de intervenção federal, proclamava incumbir a cada Estado prover, a expensas próprias, as necessidades de sua administração, golpeava de morte os impostos interestaduais e intermunicipais, procurava coibir, em suma, os excessos do ultrafederalismo e buscava fortalecer a União, submetendo-lhe as polícias militares, organizadas pelos Estados à revelia do Poder Central. Não vingou, na Constituição, o unicameralismo previsto no anteprojeto, mas deu ao Senado a função de Poder Coordenador, atribuída ao Conselho Supremo projetado. Ao Senado incumbia promover a coordenação dos poderes federais entre si, manter a continuidade administrativa, velar pela Constituição e colaborar na feitura das leis.[83]

Uma das inovações da Constituição de 1934 – que se insere mais especificamente nos limites desta abordagem – está exatamente no papel atribuído ao Senado no âmbito do controle difuso de constitucionalidade. Com efeito, é pelo texto de 1934 que começa a ser resolvido o problema do efeito *erga omnes* inexistente na Constituição de 1891.

Assim, em face do art. 91, IV, da citada Carta, o Supremo Tribunal Federal, depois que, em sede de recurso extraordinário ou em julgamento originário, declarasse a

---

[82] Cf. POLETTI, Ronaldo. *Constituições brasileiras.* Brasília: Senado Federal/Centro de Estudos Estratégicos/Escola da Administração Fazendária, 2001. v. III – 1934. p. 13 e ss.

[83] Ver, nesse sentido, POLETTI, ibidem.

inconstitucionalidade de ato normativo, deveria comunicar o Senado, ao qual competia suspender a execução da lei.

Com isso, *inter partes* o efeito era *ex tunc*; para o restante da sociedade, desde que suspensa a execução do ato normativo pelo Senado, o efeito era *ex nunc* e *erga omnes*. Dito de outro modo, enquanto o Supremo Tribunal não mandasse ao Senado a lei declarada inconstitucional, e o Senado não suspendesse a execução dela, qualquer juiz ou tribunal poderia continuar a aplicá-la.

Desnecessário referir os problemas que tal circunstância acarretava. À evidência, como já explicitado anteriormente, a ausência de um mecanismo de controle concentrado de constitucionalidade e do correspondente efeito *erga omnes* denotava a índole liberal--individualista do sistema jurídico, que relegava a Constituição a um plano secundário, alçando a legislação infraconstitucional, construída para a regulação das relações privadas, a um lugar de comando das relações sociais.

Desse modo, o controle de constitucionalidade difuso mantido pela Constituição de 1934 não acompanhou o viés social constante no corpo da Constituição, inspirada na Constituição de Weimar, que, como se sabe, ao lado da Constituição do México de 1917, inaugura uma nova fase do constitucionalismo no mundo.

Ou seja, o componente social da Constituição ficou incompatível com a forma de controle de constitucionalidade, pela falta de um mecanismo para dar efeito *erga omnes* com efeito *ex tunc* e pela ausência de um controle concentrado de constitucionalidade. O acesso à jurisdição constitucional postou-se como um obstáculo ao cumprimento das metas da Constituição de 1934.

A preocupação com os efeitos das decisões e o próprio papel da justiça constitucional não passaram despercebidos na constituinte de 1934. Nesse sentido, releva registrar a emenda de autoria do Deputado Nilo Alvarenga, criando uma Corte Constitucional, nos moldes kelsenianos, que, se aprovada, por certo teria revolucionado o sistema de controle de constitucionalidade no Brasil, valendo, pois, a sua reprodução:

> "Compete à Corte de Justiça Constitucional, originária e privativamente, conhecer da arguição, suscitada por qualquer parte interessada ou pelo Ministério Público, em qualquer feito e perante qualquer juiz ou tribunal, de conflito de uma lei ou disposição de lei federal, ou de uma constituição ou lei estadual ou alguma de suas disposições, com a Constituição Federal, ou de uma lei estadual ou alguma de suas disposições, com a respectiva constituição estadual.
>
> § 1º Levantada a preliminar de inconstitucionalidade, o juiz ou tribunal sobrestará no prosseguimento da causa, depois de assegurar, quando necessário, a eficácia do direito reclamado, até que o tribunal se pronuncie.
>
> § 2º O juiz ou tribunal mandará prosseguir o feito se a alegação de inconstitucionalidade for manifestamente improcedente ou protelatória, cabendo desta decisão carta testemunhável para a Corte de Justiça Internacional que, a requerimento da parte, poderá mandar sustar o andamento do processo, até o seu pronunciamento.
>
> Art. Qualquer pessoa de direito público ou privado, individual ou coletivamente, ainda mesmo quando não tenha interesse direto, poderá pedir originariamente à Corte de Justiça Constitucional a declaração da nulidade no todo, ou em parte, de uma lei ou de

Cap. 2 · O DIREITO NO BRASIL: DO IMPÉRIO AO PROCESSO CONSTITUINTE DE 1986-1988 | **147**

qualquer ato, deliberação ou regulamento, emanado do Poder Executivo, manifestamente contrários aos direitos e garantias estabelecidos por esta Constituição.

§ 1º A Corte só poderá conhecer do pedido, depois de informada, no prazo máximo de trinta dias, pelo poder do qual emanou a lei, o ato, deliberação ou regulamento.

§ 2º A lei ordinária determinará a forma rápida pela qual se processará o pedido.

§ 3º A sentença anulatória da Corte de Justiça Constitucional invalidará e tornará inexequível para todos, em parte ou no todo, a lei, ato, deliberação ou regulamento por ela atingida e produzirá estes efeitos na data de sua publicação.

Art. A Corte de Justiça Constitucional terá sua sede na Capital da República e compor-se-á de nove ministros, brasileiros natos, de notável saber jurídico e ilibada reputação, dois dos quais serão indicados pelo Supremo Tribunal Federal, dois pela Assembleia Nacional, dois pelo Presidente da República e três pelo Instituto da Ordem dos Advogados Brasileiros, entre as mais notáveis expressões culturais e morais de sua classe, especializados em direito público e constitucional.

§ 1º Igual número de suplentes será simultaneamente indicado pelos poderes e pelo instituto acima indicados.

Art. Os ministros da Corte de Justiça Constitucional exercerão as funções que lhes são atribuídas por esta Constituição pelo prazo de três anos, podendo ser renovadas as suas indicações e nomeações.

§ 1º Os ministros não poderão ser destituídos de suas funções antes de findo o prazo para o qual forem nomeados e terão os mesmos vencimentos dos Ministros do Supremo Tribunal Federal".

A proposta de instauração de uma Corte Constitucional no Brasil naufragou em meio ao processo constituinte de 1934, do mesmo modo que não teve êxito no processo constituinte mais de cinquenta anos depois. De todo modo, não se pode deixar de registrar que, muito embora o sistema difuso tenha sido mantido pela Constituição de 1934, com ligeiro aperfeiçoamento mediante a previsão da remessa ao Senado para que este suspendesse a execução da lei inquinada como inconstitucional, aquela Constituição instituiu uma ação direta que, muito embora não tenha inaugurado um mecanismo abstrato de fiscalização da constitucionalidade (na medida em que o julgamento da ação constituía pressuposto da decretação da intervenção federal), *não se reconduz à configuração da fiscalização incidental.*

O procedimento da ação interventiva ficou *a meio caminho* entre o controle em tese e o controle incidental (concreto). Com efeito, de acordo com o texto constitucional de 1934, competia ao Congresso Nacional decretar a intervenção federal nos Estados quando estes deixassem de observar os princípios constitucionais previstos no art. 7º, denominados de princípios constitucionais sensíveis. A ação interventiva, proposta pelo Procurador-Geral da República, destinava-se a submeter à apreciação do STF não o ato estadual apontado como violador do princípio sensível, mas, sim, a lei federal de intervenção, cuja constitucionalidade deveria ser apreciada. Reconhecida pelo STF a constitucionalidade da lei interventiva, podia a intervenção ser efetivada (art. 12 e parágrafos). Bonavides[84] anota que a ação (representação)

---

[84] Cf. BONAVIDES, Paulo. *Curso de direito constitucional.* São Paulo: Malheiros, 2001. p. 257.

interventiva foi uma das mais importantes inovações do texto constitucional de 1934, porque "o exame de constitucionalidade pelo Pretório Excelso já não ocorreria apenas incidentalmente, no transcurso de uma demanda, mas por efeito de uma provocação cujo objeto era a declaração mesma de constitucionalidade da lei que decretava a intervenção federal". Outro avanço considerável foi a introdução do instituto do mandado de segurança.

Na Constituição de 1934 constou ainda outra inovação, não repetida nas demais Constituições, consistente na competência de o Senado examinar, em confronto com as respectivas leis, os regulamentos expedidos pelo Poder Executivo e suspender a execução dos dispositivos ilegais (art. 91, II). Não se tem notícia, entretanto, de que essa prerrogativa tenha sido exercida alguma vez, na curta vigência do Texto Magno de 1934.

2.5 O RETROCESSO DA CARTA DE 1937

A Carta de 1937 outorgada por Getúlio Vargas representou um visível retrocesso para a incipiente democracia brasileira. A Revolução Liberal de 1930 havia rompido com a República Velha, o coronelismo e a política do café com leite, representada pela hegemonia de Minas Gerais e São Paulo. De uma economia agrário-exportadora, caminhamos em direção ao processo de substituição de importações. O processo democrático, de certa maneira, fincava raízes, mormente a partir da constituinte de 1934, que redundou na Constituição que inovava em termos de perspectiva do constitucionalismo, eis que inspirada na Constituição de Weimar.

A outorgada Carta, batizada de "a polaca", estabelecia um presidencialismo forte e um parlamento com características bem diferenciadas. Com efeito, o parlamento era composto por duas Câmaras: a dos Deputados e o Conselho Federal. A Câmara dos Deputados era composta de representantes eleitos por voto indireto. Constituindo cada unidade federada um círculo eleitoral, eram eleitores dessa Câmara os vereadores das Câmaras Municipais e, em cada Município, os cidadãos eleitos por voto direto no mesmo ato da eleição da Câmara Municipal. O número de deputados por unidade federada deveria ser proporcional à população, não podendo ser superior a dez nem inferior a três por Estado-membro. O Conselho Federal era composto por representantes das unidades federadas e dez membros nomeados pelo Presidente da República. Cada Assembleia Legislativa elegia um representante ao Conselho. A duração do mandato dos deputados era de quatro anos, e a dos membros do Conselho, seis anos, sendo que, em cada Município, os cidadãos eram eleitos por voto direto.

Para se ter uma ideia do grau de autoritarismo da Carta "polaca", um dispositivo transitório estabelecia que "as Constituições estaduais serão outorgadas pelos respectivos governos, que exercerão, enquanto não se reunirem as Assembleias Legislativas, as funções destas nas matérias da competência dos Estados". Outro dispositivo extinguia a Justiça Federal.

No que se relaciona ao Poder Judiciário, a Carta de 1937 manteve o controle difuso de constitucionalidade (sem remessa ao Senado), estabelecendo que, no caso de uma lei ser declarada inconstitucional pelo Poder Judiciário, que, a juízo do Presidente da República, fosse relevante/necessária para o bem-estar do povo, à promoção ou defesa de interesse nacional de alta monta, poderia o Chefe do Poder Executivo submetê-la novamente ao

Cap. 2 · O DIREITO NO BRASIL: DO IMPÉRIO AO PROCESSO CONSTITUINTE DE 1986-1988 | 149

Parlamento – se este confirmasse a citada lei por 2/3 dos votos, em cada uma das Casas, a decisão do Supremo Tribunal ficaria sem efeito.

Formalmente é possível dizer, com Loewenstein, que a Carta Polaca nem sequer entrou em vigor, pois, consoante o art. 187, "esta Constituição entrará em vigor na sua data e será submetida ao plebiscito nacional na forma regulada em decreto do Presidente da República". O art. 186, entretanto, estabelecia o estado de emergência em todo o País, sendo que durante esse estado emergencial a Constituição ficava suspensa, nos termos dos arts. 168 e 170.[85]

2.6 O CONTROLE DE CONSTITUCIONALIDADE NA CONSTITUIÇÃO DE 1946

O segundo pós-guerra trouxe alterações na política brasileira. Vargas foi deposto (29.10.1945), e o País ingressa em um processo de redemocratização. Em 30 de novembro de 1945, foi promulgada a Lei Constitucional 16, revogando o art. 186 da Constituição de 1937. A nova Constituição manteve os princípios liberais-sociais da Constituição de 1934 e a legislação corporativa fruto da era Vargas. De frisar que o Brasil não aproveitou os debates em torno do constitucionalismo que se realizavam na Europa naquele momento. Os constituintes preferiram seguir a trajetória iniciada em 1891, interrompida em 1937, com pequenas inovações. No que tange ao controle de constitucionalidade, não houve alterações substanciais em relação ao texto de 1934. Não seguiram qualquer projeto inicial, ao contrário do que ocorreu nas constituintes de 1890 e 1933. O texto foi promulgado no dia 18 de setembro de 1946, repondo "a exigência da democracia e do exercício dos direitos políticos como condições incontornáveis para a vida pública brasileira. Seu texto previa uma rotina democrática para as instituições republicanas, com eleições diretas para os postos de governo no âmbito do Executivo e do Legislativo e nas três esferas da federação – União, Estados e Municípios. Também garantia a liberdade de imprensa e de opinião, reconhecia a importância dos partidos políticos[86] e ampliava o escopo democrático da República, incorporando, como eleitores, mais de um quarto da população com idade a partir de dezoito anos"[87].

De qualquer sorte, é importante ressaltar que a Constituição de 1946 era tão semelhante à de 1934 que se podia ter a impressão de um decalque. Trinta constituintes de 34 participaram da constituinte de 1945-1946. O que mais contribuiu para essa semelhança foi a coincidência dos fatores políticos, que inspiraram a elaboração constitucional, orientada, nos dois momentos, pelo pensamento de uma reação contra os exageros do presidencialismo da República Velha, ou contra as tendências ditatoriais, que modelaram a Carta de 1937. Foi o mesmo surto de espírito democrático que nos deu as duas Constituições, impondo os preceitos que a técnica jurídica do momento recomendava para a correção dos males que eram levados para a conta de demasias do Poder Executivo. Voto secreto,

---

85   Cf. VIEIRA, Oscar Vilhena. *A Constituição e sua reserva de justiça*, op. cit., p. 123.

86   Não por acaso, Francisco Weffort endereça a esse período – de incorporação das massas na política nacional – a emergência do populismo. WEFFORT, Francisco Côrrea. *O populismo na política brasileira*. Rio de Janeiro: Paz e Terra, 2003.

87   SCHWARCZ, Lilia Moritz; STARLING, Heloisa Murgel. *Brasil:* uma biografia. São Paulo: Companhia das Letras, 2015, p. 395.

regime de partidos, representação proporcional, instituição da suplência, validade dos diplomas, Justiça Eleitoral para o julgamento de todas as fases do pleito, são conquistas incorporadas à Constituição de 1946.[88]

No que tange à jurisdição constitucional, não houve alterações substanciais com relação à de 1934. O controle difuso com remessa para o Senado, a partir da declaração de inconstitucionalidade feita pelo Supremo Tribunal Federal mediante *quorum* de maioria absoluta (nos mesmos termos do art. 97 da atual Constituição), seguiu o modelo inaugurado em 1891, levemente aperfeiçoado em 1934.

Por outro lado, a Constituição de 1946 emprestou à ação interventiva uma configuração que ela, basicamente, mantém até hoje. Assim, pelo art. 8º, parágrafo único, a intervenção era decretada por lei federal nos casos dos incisos VI e VII do art. 7º. No caso do inciso VII, o ato arguido de inconstitucionalidade deveria ser submetido ao exame do STF pelo Procurador-Geral da República, e, em sendo declarado inconstitucional, a intervenção poderia ser decretada. Já o inciso VII do art. 7º enumerava os princípios denominados como sensíveis.

Ou seja, a partir de 1946, diferentemente do que ocorria na Constituição de 1934, agora a intervenção deveria se fazer preceder de um julgamento sobre a inconstitucionalidade do ato estadual.[89] Importa referir que a ação direta interventiva, instituída no Brasil a partir de 1934, longe estava de poder ser considerada modalidade de controle concentrado de constitucionalidade de lei em abstrato, pela singela razão de que a ação direta interventiva dizia respeito sempre a um caso concreto de intervenção federal, e, por consequência, a um conflito envolvendo o princípio federativo.

Portanto, a intervenção do Supremo Tribunal Federal não tinha efeito *erga omnes*, tendo por objetivo tão somente constatar a ocorrência de violação de princípio constitucional sensível, para legitimar o decreto de intervenção da União no Estado. Como se verá adiante, a ação interventiva foi o caminho que culminou na criação, no ano de 1965, da ação direta de inconstitucionalidade, denominada de representação contra inconstitucionalidade de lei ou ato de natureza normativa federal ou estadual, a ser encaminhada pelo Procurador-Geral da República (EC 16, de 26.11.1965).

2.7 O GOLPE MILITAR E A CONSTITUIÇÃO DE 1967-1969. O LONGO PERÍODO DE ARBÍTRIO. A IMPLANTAÇÃO DO CONTROLE CONCENTRADO EM 1965

Antes de tudo, é necessário registrar que o regime instaurado em 1945, com a posterior promulgação de Constituição em 1946, foi marcado por vários eventos, que culminaram no golpe militar em 1964 e no ingresso do Brasil na obscuridade do regime ditatorial que iria durar por longos vinte e cinco anos:

---

[88] Cf. BALEEIRO, Aliomar; LIMA SOBRINHO, A. J. Barbosa. *Constituições brasileiras.* Brasília: Senado Federal/Centro de Estudos Estratégicos/Escola da Administração Fazendária, 2001. v. V, p. 13 e ss.

[89] Cf. CLÈVE, Clèmerson Merlin. *A fiscalização abstrata da constitucionalidade no direito brasileiro.* São Paulo: Ed. RT, 1995. p. 99 e ss.; também: LOURENÇO, Rodrigo Lopes. *Controle da constitucionalidade à luz da jurisprudência do STF.* Rio de Janeiro: Forense, 1999. p. 12 e ss.

Cap. 2 • O DIREITO NO BRASIL: DO IMPÉRIO AO PROCESSO CONSTITUINTE DE 1986-1988 | **151**

a) a agitação em torno da tese da maioria absoluta, em 1951, como indispensável à eleição presidencial de Vargas – não foi possível submeter o caso ao Supremo Tribunal Federal porque militares getulistas fizeram pressão sobre os civis;

b) o manifesto dos coronéis (janeiro de 1954), forçando a exoneração de João Goulart como Ministro do Trabalho, provocando também a queda do Ministro da Guerra, Ciro Espírito Santo;

c) a deposição de Vargas, entre 22 e 24 de agosto de 1954, pelos generais, brigadeiros e almirantes, após a tentativa de assassinato de Carlos Lacerda e o homicídio do Major Rubens Vaz (reação dos oficiais da Aeronáutica, "República do Galeão" etc.) – a opinião pública apoiou esse levante emocionada com as ameaças da "República Sindicalista", de Jango, o escândalo da Última Hora e o atentado contra Lacerda;

d) o golpe de estado do General Lott, Ministro da Guerra, em 10 de novembro de 1955, depondo o Presidente interino Antonio Carlos Luz, que se transferira para o cruzador Tamandaré, alvejado pelas fortalezas da barra do Rio;

e) o golpe de Lott contra Café Filho, o Presidente que o nomeou, sequestrando-o e impedindo-o de reassumir suas funções, quando se recuperou de um incômodo circulatório que o fizera transmitir o cargo para Carlos Luz e recolher-se a uma casa de saúde – foi decretado, então, o único estado de sítio depois da Constituição de 1946;

f) os levantes de Aragarças e Jacareacanga contra o Presidente Kubitschek, prontamente sufocados em 1956 e 1957;

g) as tentativas de golpe dos Ministros militares (Deny, Rademacker e Moss), de 25 a 30 de agosto de 1961, para evitar a posse do Vice-Presidente João Goulart, quando da renúncia de Jânio Quadros a 25 de agosto de 1961 – resolveu-se o problema com a edição da EC 4, estabelecendo o parlamentarismo;

h) o levante dos sargentos de Brasília, em setembro de 1963;

i) o comício na Central do Brasil, promovido por Jango, em 13 de março de 1964;

j) o levante dos marinheiros na Semana Santa, em março de 1964.[90]

Em 31 de março de 1964, forças militares derrubaram o governo constitucional. Jango foi para o exílio, assumindo o Presidente da Câmara, Ranieri Mazzili. A toda evidência, o golpe militar, que contou com visível apoio dos Estados Unidos, representava uma reação das forças conservadoras do País ao sistema democrático vigente. A América Latina é pródiga em exemplos como o do Brasil, assumindo lugar cimeiro o golpe militar que derrubou o governo socialista de Salvador Allende, no Chile, no ano de 1973.

A Constituição de 1946 sofreu várias modificações com o golpe militar de março de 1964. Uma sucessão de atos institucionais mutilou seu caráter democrático. Havia uma forte preocupação do Estado burocrático autoritário em preservar uma aparente legalidade de seus atos.[91]

---

[90] Cf. BALEEIRO; LIMA SOBRINHO, op. cit.

[91] De acordo com Anthony Pereira, a ditadura brasileira apresentou uma maior preocupação em legalizar e legitimar os atos da repressão, contando com a colaboração de juristas para consolidar uma espécie de "legalidade" autoritária conveniente aos seus planos políticos. Nesse sentido, enquanto

Assim:

a) por meio do Ato Institucional 1, de 9 de abril de 1964, foram mantidas a Constituição de 1946 e as Constituições Estaduais e respectivas emendas, com as modificações constantes naquele Ato;

b) a eleição do Presidente e do Vice-Presidente da República foi transformada em eleição indireta, a ser realizada pela maioria absoluta dos membros do Congresso Nacional;

c) o *quorum* para emenda constitucional foi reduzido para maioria absoluta, em duas votações, em reunião conjunta do Congresso Nacional;

d) projetos de lei enviados pelo Presidente da República, não apreciados ou aprovados pelo Congresso no prazo de trinta dias, eram tidos como aprovados;

e) foram suspensas as garantias constitucionais ou legais de vitaliciedade e de estabilidade, pelo prazo de seis meses;

f) mediante investigação sumária, os titulares de tais garantias podiam ser demitidos ou dispensados;

g) o controle jurisdicional desses atos ficou limitado ao exame das formalidades extrínsecas, vedada a apreciação de fatos que os motivaram, assim como a sua conveniência e oportunidade;

h) o mesmo AI 1 estabeleceu, ainda, que, no interesse da paz e da honra nacional, e sem os limites previstos na Constituição, os Comandantes em Chefe, responsáveis pelo Ato Institucional, tinham o poder de suspender os direitos políticos pelo prazo de dez anos e cassar mandatos legislativos federais, estaduais e municipais, excluída a apreciação judicial desses atos;

i) o AI 2 ampliou os poderes do Governo Militar, limitando ainda mais o controle jurisdicional da legalidade/constitucionalidade dos atos praticados em nome da Revolução, o que se pode perceber pelo conteúdo do art. 19:

> "Ficam excluídos da apreciação judicial:
>
> I – os atos praticados pelo Comando Supremo da Revolução e pelo Governo Federal, com fundamento no Ato Institucional de 9 de abril de 1964, no presente Ato Institucional e nos atos complementares;

---

no Chile e na Argentina as instituições constitucionais foram afastadas de forma mais explícita, impedindo que, em diversos casos, os processos de presos políticos fossem julgados pela Justiça comum, no Brasil o funcionamento quase permanente das instituições permitia aos perseguidos políticos um julgamento aparentemente legal, ocultando-se a real instrumentalização do direito pelo estamento burocrático-militar. Para uma análise comparativa dos regimes de exceção erguidos no Brasil, Chile e Argentina nas décadas de 1960 e 1970, ver: PEREIRA, Anthony. *Ditadura e repressão: o autoritarismo e o Estado de direito no Brasil, no Chile e na Argentina.* São Paulo: Paz e Terra, 2010.

Cap. 2 • O DIREITO NO BRASIL: DO IMPÉRIO AO PROCESSO CONSTITUINTE DE 1986-1988 | 153

II – as resoluções das Assembleias Legislativas e Câmara de Vereadores que hajam cassado mandatos eletivos ou declarado o impedimento de Governadores, Deputados, Prefeitos ou Vereadores, a partir de 31 de março de 1964, até a promulgação deste Ato."

No AI 3, igualmente, o novo regime assegurou a exclusão da apreciação judicial de atos decorrentes dos atos institucionais e complementares (art. 6º), questão que foi omitida quando da edição do AI 4, de 7 de dezembro de 1966, uma vez que tal Ato estabeleceu a convocação do Congresso Nacional para discussão, votação e promulgação do projeto de Constituição apresentado pelo Presidente da República, no período compreendido entre 12 de dezembro de 1966 e 24 de janeiro de 1967.

Os partidos políticos então em funcionamento foram extintos pelo AI 2, sendo estabelecidas exigências rígidas para a constituição de novos partidos, o que redundou na criação da ARENA – Aliança Renovadora Nacional, partido de sustentação do governo militar – e do MDB – Movimento Democrático Brasileiro, de oposição[92]. Com a extinção dos partidos, a cassação de mandatos parlamentares, a suspensão das eleições diretas para Presidente da República e para governador, a suspensão das garantias constitucionais, a proibição de recorrer ao Judiciário contra os atos decorrentes dos Atos Institucionais, *o país ingressou em um regime de obscuridade que se estendeu até 1985*, com a eleição de Tancredo Neves para a presidência da República. Observe-se, por exemplo, o teor do art. 16 do AI 2:

"A suspensão de direitos políticos, com base neste Ato e no art. 10 e seu parágrafo único do Ato Institucional n. 1, além do disposto no art. 337 do Código Eleitoral e no art. 6º da Lei Orgânica dos Partidos Políticos, acarreta simultaneamente:

I – a cessação de privilégios de foro por prerrogativa de função;

II – a suspensão do direito de votar e de ser votado nas eleições sindicais;

III – a proibição de atividade ou manifestação sobre assunto de natureza política;

IV – a aplicação, quando necessária à preservação da ordem política e social, das seguintes medidas de segurança:

a) liberdade vigiada;

b) proibição de frequentar determinados lugares;

c) domicílio determinado."

---

[92] O Ato Institucional n. 2 exigia um mínimo de vinte senadores (de um total de 66) e de cento e vinte deputados (entre 350 parlamentares) para a criação de novas siglas, representativas dos mais variados interesses, natural para um país de proporções continentais como o Brasil. De toda sorte, com as exigências do AI-2, na prática, era possível apenas a criação de dois únicos partidos. Surgia, assim, "um sistema bipartidário do tipo oposição *versus* situação, MDB (Movimento Democrático Brasileiro) e Arena (Aliança Renovadora Nacional), siglas vigentes até o final da década de 1970. Reformadores de gabinete e da caserna pretendiam com isso superar a fragmentação de interesses e as disparidades regionais – diagnosticadas como os grandes males da realidade brasileira – e criar algo como a verdadeira unidade da nação. O resultado ruinoso é conhecido. O que é bem menos conhecido é o papel que teve esse projeto autoritário na moldagem da cultura política brasileira a partir da redemocratização dos anos 1980". NOBRE, Marcos. *Imobilismo em movimento*. Da abertura democrática ao governo Dilma. São Paulo: Companhia das Letras, 2013, p. 39.

JURISDIÇÃO CONSTITUCIONAL • *Lenio Luiz Streck*

Importa ressaltar que, ainda no regime da Constituição de 1946, foi promulgada a Emenda Constitucional 16, de 26 de novembro de 1965, estabelecendo "a representação contra inconstitucionalidade de lei ou ato de natureza normativa, federal ou estadual, encaminhada pelo Procurador-Geral da República".[93]

Para alguns pode parecer um paradoxo o fato de o regime militar, em 1965, ter introduzido o controle concentrado de constitucionalidade – ou seja, aquilo que duas Constituições anteriores, fruto de processos constituintes, não fizeram, o regime autoritário fez.

Para Clèmerson Clève, o paradoxo está "no fato da representação genérica de inconstitucionalidade ter sido instituída em nosso país pelo regime militar, especialmente porque esse mecanismo, contrariando a dinâmica de qualquer ditadura, presta-se admiravelmente para a proteção e garantia dos direitos fundamentais".

Não vejo paradoxo no proceder do regime militar. Ao contrário, a preocupação dos militares era justamente de estabelecer um mecanismo rápido e eficaz para evitar que juízes e tribunais, com pensamento democrático, mediante decisões no controle difuso de constitucionalidade, obstaculizassem ações do *establishment*.

Não se deve esquecer que a Constituição de 1946, quando da aprovação da EC 16/1965, longe estava de seu texto original. Além disso, o próprio regime preparava uma nova Constituição. Desse modo, o controle concentrado, naquele momento, representava um meio para manter o controle do sistema jurídico-judiciário, uma vez que, como se viu logo em seguida, o próprio Supremo Tribunal Federal sofreu pesadas baixas.

Essa interferência direta do Poder Executivo, nos temas que, em tese, deveriam estar relacionados à atuação exclusiva do Poder Judiciário, demonstra o nível de instrumentalização

---

[93] Acerca do instituto da representação de inconstitucionalidade, cumpre tecer algumas considerações, especialmente em face de texto produzido pelo Ministro Gilmar Mendes, aduzindo que o instrumento era dotado de "caráter dúplice ou natureza ambivalente", o que permitiria ao Procurador-Geral submeter a questão constitucional ao STF, mesmo quando estivesse convencido da inconstitucionalidade da norma ou em casos em que, convencido da higidez da situação jurídica, surgissem controvérsias relevantes sobre sua legitimidade. Com isso, Mendes sugere que ali já estava o gérmen da ação declaratória de constitucionalidade – Mendes, Gilmar Ferreira. Considerações sobre o papel do Procurador-Geral da República no controle abstrato de normas sob a Constituição de 1967/69: proposta de releitura. *Brasília*, Brasília, ano 34, n. 135, jul.-set. 1997. Disponível em: [http://www.gilmarmendes.org.br/index.php]. Acesso em: 10 dez. 2012). Com fundamento em "propósito inequívoco do legislador", afirma: "Não se pretendia, pois, que o Procurador-Geral instaurasse o processo de controle abstrato com o propósito exclusivo de ver declarada a inconstitucionalidade da lei, até porque ele poderia não tomar parte na controvérsia constitucional ou, se dela participasse, estar entre aqueles que consideravam válida a lei". Diante disso, a mera controvérsia constitucional seria suficiente para ensejar o "encaminhamento" da representação pelo Procurador-Geral ao STF, que o faria mesmo que seu intuito fosse o de ver a norma declarada constitucional, para o que se utilizaria de parecer contrário à inconstitucionalidade. Segundo Mendes, tal tese restaria confirmada pelo Regimento Interno do STF de 1970, especificamente em seu art. 174, § 1º ("Provocado por autoridade ou por terceiro para exercitar a iniciativa prevista neste artigo, o Procurador-Geral, entendendo improcedente a fundamentação da súplica, poderá encaminhá-la com parecer contrário"). A tese é sedutora, com a reserva de que pode implicar a interpretação da Constituição a partir de um ato infralegal.

Cap. 2 · O DIREITO NO BRASIL: DO IMPÉRIO AO PROCESSO CONSTITUINTE DE 1986-1988 | **155**

que o direito alcançou durante a ditadura militar. Mecanismos constitucionais instituídos no contexto europeu e estadunidense, para exercerem a necessária limitação do poder político, foram completamente distorcidos pelo estamento burocrático-militar. Na verdade, em regimes autoritários, como no Estado burocrático-militar formado em 1964,[94] o direito perde a sua autonomia e passa a ser colonizado por decisões políticas arbitrárias que refletem apenas as vontades ou opções ideológicas de quem detém o poder.

Contra esse tipo de dominação, que se baseia mais na força do que nas vinculações jurídicas exigidas pelo direito, o controle difuso e o controle concentrado são incapazes de funcionar como mecanismos de defesa da supremacia constitucional. Nesse sentido, as constantes interferências do Poder Executivo no Supremo Tribunal Federal ajudam a compreender os entraves à jurisdição constitucional deste período.

Em 1965 a Corte teve sua composição interna alterada para beneficiar os objetivos políticos do estamento burocrático-militar. Por meio do AI 2 o regime de exceção aumentou o número de ministros de onze para dezesseis, nomeando cinco ministros com histórica militância nas fileiras da UDN. Foram indicados os seguintes nomes: Adalício Coelho Nogueira, José Eduardo Prado Kelly, Osvaldo Trigueiro de Albuquerque Melo, Aliomar de Andrade Baleeiro e Carlos Medeiros Silva.

Mais tarde, três ministros que não estavam alinhados ideologicamente com o regime foram aposentados compulsoriamente pelos generais, sendo eles: Evandro Lins e Silva, Hermes Lima e Vitor Nunes Leal.[95] Esta situação do STF reflete o quadro deprimente em que o constitucionalismo brasileiro se encontrava naquele contexto.

Em certos momentos de maior tensão institucional alguns ministros mais próximos da ditadura chegaram a assumir posições divergentes com relação às decisões políticas tomadas pelo Poder Executivo. Este foi o caso do Ministro Adauto Lúcio Cardoso, que no passado havia sido membro da UDN e forte opositor da Ditadura Vargas. Visto como um político alinhado com o golpe de estado de 1964, acabou indicado ao posto de ministro do STF pelo presidente Castelo Branco, no ano de 1967. Contudo, no decorrer dos anos em que atuou na Corte, suas posições políticas se modificaram paulatinamente, assumindo certa insatisfação diante das constantes intervenções do Poder Executivo no STF.

O estopim dessa situação ocorreu no julgamento da Reclamação 849, de 10 de março de 1971, encaminhada pelo MDB e rejeitada pela maioria dos ministros em favor da posição que atribuía ao Procurador-Geral da República a competência exclusiva de encaminhar ou não as ações de inconstitucionalidade ao STF. Diante do resultado adverso, o Ministro Adauto tirou a toga e a jogou no chão, retirando-se intempestivamente do plenário onde ocorrera o julgamento. Apesar de descrever o ato do ministro como um gesto teatral, Evandro Lins e Silva afirmou: "A verdade, parece-me, é que a atitude do ministro Adauto Lúcio Cardoso foi única, continua única, e provavelmente nunca se repetirá".[96]

---

[94] O'DONNELL, Guillermo. *Reflexões sobre os estados burocrático-autoritários*. São Paulo: Vértice, 1987.

[95] Cf. COSTA, Emília Viotti da. *O Supremo Tribunal Federal e a construção da cidadania*. 2. ed. São Paulo: Unesp, 2006. p. 166-168.

[96] Cf. RODRIGUES, Lêda Boechat. *História do Supremo Tribunal Federal*, op. cit., v. 1, p. 480.

Com a promulgação da Constituição de 1967, foram suprimidas as restrições de acesso ao Judiciário, estabelecidas pelos atos institucionais. No que se relaciona ao controle de constitucionalidade, a Constituição de 1967 manteve o controle difuso, nos mesmos moldes das Constituições anteriores, o mesmo ocorrendo com a representação interventiva.

A Emenda 1, de 1969, fundamentada no malsinado AI 5, não alterou o sistema de controle estabelecido pelo texto de 1967, a não ser na admissão do controle de constitucionalidade de lei municipal a ser feito pelo Tribunal de Justiça do Estado, em caso de violação de princípios sensíveis, para fins de intervenção do Estado no Município.

O novo texto, por muitos considerado como uma nova Constituição, representou a institucionalização do arbítrio. Com base na Constituição (e, portanto, no AI 5), o Brasil mergulhou na segunda fase do golpe militar. Como já referido, o AI 5 foi o ato jurídico/político mais draconiano já promulgado em território brasileiro.

Poucos dias antes de ser revogado, o então líder do MDB na Câmara, Tancredo Neves, resumiria o AI 5 em uma frase: "*Quando se escrever a história deste período, a Nação vai curvar-se de tanta vergonha*". Com efeito, além das consequências funestas para a democracia, o ato institucional atingiu diretamente 1.577 cidadãos brasileiros: suspendeu 454 pessoas em cargos eletivos; aposentou 548 funcionários civis; reformou 241 militares; demitiu sumariamente 334 servidores públicos; cassou 6 senadores, 110 deputados federais, 161 deputados estaduais, 22 prefeitos, 22 vice-prefeitos, 22 vereadores, 3 ministros do Supremo Tribunal Federal; afastou 23 professores da USP; afastou 10 cientistas do Instituto Oswaldo Cruz; proibiu ou mutilou cerca de 500 filmes de longa-metragem; proibiu ou mutilou aproximadamente 450 peças teatrais; proibiu ou mutilou mais de 100 revistas; proibiu ou mutilou mais de 500 letras de música; proibiu ou mutilou mais de 200 livros.

Observe-se que, ainda no ano de 1977, o Congresso Nacional foi fechado (mais uma vez), com a cassação de mandatos, o cancelamento de eleições majoritárias (para governadores) e a criação da figura do senador biônico. O art. 11 do AI 5 restabeleceu a redação dos primeiros atos institucionais, excluindo de qualquer apreciação judicial todos os atos praticados de acordo com o AI 5 e seus atos complementares, bem como os respectivos efeitos.

Ainda no que se refere ao controle de constitucionalidade, cabe registrar a Emenda Constitucional 7, que introduziu a possibilidade de o Supremo Tribunal Federal conceder medida cautelar em representação de inconstitucionalidade, questão que, aliás, já fazia parte da jurisprudência do STF e do próprio Regimento Interno da Corte Maior.

No ano de 1977, foi introduzida a ação de interpretação de direito federal, especificando a Emenda Constitucional 7 que, a partir da data da publicação da ementa do acórdão no Diário Oficial da União, a interpretação nele fixada terá força vinculante, implicando sua não observância negativa de vigência do texto interpretado.

Começava ali a introdução do efeito vinculante no direito brasileiro.

2.8 O PROCESSO CONSTITUINTE DE 1986-1988

Muito embora o regime militar tenha vigorado durante longos vinte e cinco anos, nunca deixou de ser contestado. Passando por um período de endurecimento, ocorrido

Cap. 2 · O DIREITO NO BRASIL: DO IMPÉRIO AO PROCESSO CONSTITUINTE DE 1986-1988 | 157

com a edição do AI 5 em 1968, quando o regime enfrentava desde a contestação pacífica da oposição representada pelo MDB – Movimento Democrático Brasileiro até a oposição armada representada por grupos guerrilheiros, o regime começa um leve movimento de distensão a partir do Governo Geisel, embora nesse mesmo período (1974-1978) tenha havido o fechamento do parlamento, a cassação de mandatos, o cancelamento das eleições para governadores, a criação dos senadores biônicos, até culminar com a extinção do AI 5 e a formação de vários partidos políticos.

Desde a década de 1970, enfim, movimentos da sociedade civil reivindicavam a convocação de uma Assembleia Nacional Constituinte, mormente no período em que Raymundo Faoro ocupou a presidência da OAB. Os primeiros anos da década de 1980, já com o funcionamento dos novos partidos políticos, foram marcados pelo movimento que visava à realização de eleições diretas para Presidente da República.

A emenda constitucional das "diretas já" foi derrotada no Congresso Nacional, mas marcou indelevelmente a política brasileira, uma vez que, a partir dela, surge a ideia de derrotar o regime militar a partir das próprias regras do jogo por ela impostas: as eleições indiretas.

Com efeito, a campanha de Tancredo Neves à presidência trazia em seu bojo o compromisso da convocação de uma Assembleia Constituinte. Vencedor no Colégio Eleitoral, Tancredo Neves morreu antes da posse. Seu sucessor, José Sarney, encaminhou ao Congresso Nacional proposta de Emenda à Constituição, aprovada em 27 de novembro de 1985, com a seguinte redação: "Os membros da Câmara dos Deputados e do Senado Federal reunir-se-ão, unicameralmente, em Assembleia Nacional Constituinte, livre e soberana, no dia 1º de fevereiro de 1987, na sede do Congresso Nacional".

Como se pode perceber, a emenda continha dois problemas: primeiro, não era uma Assembleia Constituinte exclusiva; segundo, um terço dos senadores não foi eleito, porque foram renovados apenas dois terços do Senado.

Tal circunstância aponta para uma questão importante: a Assembleia Constituinte, ao derivar dos integrantes políticos do Congresso Nacional, não estaria comprometida tão somente com a renovação democrática das instituições político-sociais, mas guardaria também, no seu âmago, a (in)consciente tendência de manutenção do *statu quo ante* desenvolvido no regime autocrático militar-empresarial vivido até então.[97]

Quer dizer: apesar da necessidade de democratização das instituições, o cenário político era dominado pelo PMDB, partido que elegera o Presidente da República e que tinha como filiados 21 dos 22 governadores estaduais e 306 dos 559 constituintes. Contudo, durante o processo constituinte a unidade do partido ruiu, dando oportunidade para o crescimento do *lobby* dos partidos de esquerda. Nesse contexto, a liderança do PMDB e a ala

---

[97] Em análise da conjuntura política em que se desenvolveu o processo constituinte, concentrando--se nas votações de questões materiais sobre propriedade, recursos minerais e telecomunicações, sistema de governo e mandato presidencial, empresa nacional, monopólios, reforma agrária, ciência, tecnologia e comunicação, destaca-se o estudo de PILATTI, Adriano. *A constituinte de 1987-1988: progressistas, conservadores, ordem econômica e regras do jogo.* Rio de Janeiro: Lumen Juris, 2008.

esquerdista formaram uma bancada majoritária que ficou conhecida como "progressista". Essa reorganização política foi determinante para a aprovação de questões relevantes da Constituição material por meio de maiorias pontuais no processo constituinte.[98]

É nesse sentido que Bonavides afirma que o embate político e os *lobbies* a ele inerentes perpassaram as diversas fases de criação, sistematização e votação do texto constitucional.[99]

O processo constituinte funcionou do seguinte modo:

a) iniciou a partir da subdivisão dos parlamentares em oito Comissões Temáticas, divididas cada uma delas em três Subcomissões;

b) cada um desses vinte e quatro grupos temáticos seria responsável por elaborar uma parte da Constituição;

c) da conjunção de todos esses trabalhos, houve sobreposição de capítulos e títulos;

d) após a sistematização, houve a apresentação de 14.911 emendas;

e) no trabalho de organizar e redigir as propostas, a Comissão de Sistematização apresentou um primeiro anteprojeto, em 26 de junho de 1987, que continha 501 artigos, reduzidos a 496 em 15 de julho do mesmo ano, no que foi denominado de Projeto Zero, apresentado pelo relator Bernardo Cabral, após cinco meses de trabalho;

f) antes de ir para o plenário, o projeto recebeu 20.790 emendas;

g) em 18 de setembro de 1987, o relator apresenta projeto substitutivo que continha 264 artigos no corpo da Constituição e 72 artigos transitórios.

h) em 30 de setembro, a Comissão de Sistematização chega finalmente ao Projeto de Constituição;

i) esse projeto sofreu muitas críticas por ser considerado fruto de um grupo de parlamentares ligados à esquerda, o que gerou a formação do movimento parlamentar chamado Centrão, composto de mais de 280 constituintes;

j) alterando o Regimento Interno, abre-se novo período para emendas, que foram apresentadas em número de 2.021; em substituição da Comissão de Sistematização, foi criada a figura do relator individual;

k) no segundo turno, mesmo à revelia do regimento, muitos tópicos sofreram modificação, por pressão do Centrão (o Regimento não permitia emendas com novo conteúdo, podendo os parlamentares apresentar apenas emendas supressivas ou corretivas);

l) para a redação do texto final, foi nomeada uma Comissão de Redação, cujo trabalho recebeu 833 emendas de redação, sendo o texto aprovado em 22 de setembro de 1988;

---

[98] Idem, p. 3-4.

[99] Cf. BONAVIDES, Paulo. A constituinte e a Constituição. In: BONAVIDES, Paulo; ANDRADE, Paes de. *História constitucional do Brasil.* 3. ed. Rio de Janeiro: Paz e Terra, 1991. p. 449-519.

Cap. 2 • O DIREITO NO BRASIL: DO IMPÉRIO AO PROCESSO CONSTITUINTE DE 1986-1988 | 159

m) agregue-se que o texto final, muito embora aprovado, ainda veio a sofrer algumas alterações, feitas a pretexto de correção e adaptação.[100]

O texto resultante desse complexo processo sem dúvida representou o mais avançado texto jurídico-político já produzido no Brasil. Inspirado nas Constituições do segundo pós-guerra, o texto da Constituição de 1988 filia-se ao constitucionalismo dirigente, compromissário e social, que tão bons frutos rendeu nos países em que foi implantado.

O catálogo de direitos fundamentais, os direitos sociais, as ações constitucionais, enfim, tudo o que havia sido reivindicado pela sociedade no processo constituinte foi positivado. A Constituição estabelece, já de início, que o Brasil é uma República que se constitui em Estado Democrático de Direito, trazendo explicitamente seus objetivos de construir uma sociedade mais justa, com a erradicação da pobreza, cumprindo com as promessas da modernidade.

Apesar disso, ocorreram críticas ao texto constitucional. As principais objeções à Constituição partiram dos setores conservadores da sociedade, acusando-a de ser excessivamente longa[101] e utópica[102]. Da dialética resultante dos confrontos políticos e sociais ocorridos no decorrer da Assembleia Nacional Constituinte de 1987-1988, optou-se por constitucionalizar as mais diversas questões, pela exata razão de que, no Brasil, a efetividade do sistema jurídico sempre deixou a desejar. Daí por que as diferentes correntes de opinião e grupos que participaram do processo constituinte – mormente as ligadas ao constitucionalismo comunitarista –, em face desse grave problema de efetividade, optaram por colocar diretamente no texto constitucional os seus anseios, esperando que, desse modo, haveria o cumprimento das regras.

---

[100] Ver, para tanto, Vieira, Oscar Vilhena. *A Constituição e sua reserva de justiça*, op. cit., p. 127 e ss.; Coelho, João Gilberto Lucas. O processo constituinte. In: Guran, Milton. *O processo constituinte: 1987-1988*. Brasília, UnB, 1988; *Anais da Assembleia Nacional Constituinte*. Brasília, Senado Federal, 1987.

[101] Por todos os exemplos, ver a crítica de Sérgio Abranches, ao destacar que a "própria Constituição é fonte de incertezas e dúvidas, porque muitos de seus artigos permanecem sem regulamentação apropriada. Além disso, e talvez mais importante, a Carta é extensa demais e regula aspectos que estariam mais bem localizados na legislação ordinária. A extensão da Constituição dá muito espaço para controle de constitucionalidade de grande quantidade de decisões da própria legislação ordinária, ampliando demasiadamente o papel do Judiciário. Dessa forma, a Constituição, que deveria ser a carta de fundamentos, foi rotinizada, banalizada". ABRANCHES, Sérgio. *Presidencialismo de coalizão*. Raízes e evolução do modelo político brasileiro. São Paulo: Companhia das Letras, 2018, p. 365-367.

[102] Como contundente exemplo, basta relembrar as críticas associadas a Roberto Campos, economista, diplomata e político cuiabano, falecido em 2001. Campos via na nossa "democratice" à brasileira um acolhedor espaço a uma "desastrosa Constituição". E com essa pejorativa adjetivação, dirigida à Carta de 1988, considerava-a uma "peça tragicômica", que "tornaria o país ingovernável". Uma "favela jurídica", segundo ele anunciava, "onde os três Poderes viverão em desconfortável promiscuidade". Dizia ele que a Constituição era não mais que "um camelo desenhado por um grupo de constituintes que sonhavam parir uma gazela". Ver, nesse sentido, ALMEIDA, Paulo Roberto (Org.). *A Constituição contra o Brasil*: ensaios de Roberto Campos sobre a constituinte e a Constituição de 1988. São Paulo: LVM Editora, 2018. SCHWARCZ, Lilia Moritz; STARLING, Heloisa Murgel. *Brasil: uma biografia*. São Paulo: Companhia das Letras, 2015.

Não se pode deixar de registrar que não havia uma clara maioria parlamentar no processo constituinte, o que pode explicar o excessivo número de dispositivos de eficácia limitada ou contida, cuja regulamentação foi relegada à lei ordinária. De observar que, muito embora houvesse uma ampla participação de movimentos sociais no processo constituinte, também não se pode subestimar a participação de entidades ligadas aos grandes grupos econômicos e a corporativismos os mais variados. Havia, contudo, a clara percepção, de ambos os lados, de que não era mais possível manter os abissais *gaps* sociais existentes no país[103], embora isso também seja apontado como a condição de possibilidade para o controle da velocidade das transformações exigidas[104]. De qualquer sorte, o texto resultante desses embates guardou direta relação com o constitucionalismo engendrado em países europeus como Portugal e Espanha, com grande ênfase na proteção dos direitos fundamentais e o albergamento no texto da ideia de Estado Social.[105]

Conforme já demonstrado, após a promulgação da Constituição não houve um "acontecer constitucionalizante" no País. A falta de uma teoria constitucional adequada e a própria crise do direito foram fatores preponderantes para a inefetividade do texto.

Agregue-se a esses fatores a eleição de um Presidente da República de feição fortemente populista e que sofreu, logo depois, o processo de *impeachment*, o plebiscito sobre

---

[103] "A transição democrática aconteceu no Brasil a partir da formação de um grande pacto político democrático-popular que começou a se formar no final dos anos 1970. Essa coalizão de classes foi se tornando cada vez mais ampla à medida que o tempo passava, e chegou ao ápice na campanha das "Diretas Já". Ela envolveu, como pude presenciar, um duplo acordo social informal. Todos os participantes concordavam que não era apenas o problema da democracia que deveria ser enfrentado; era preciso também diminuir a enorme desigualdade existente no país que o regime militar aprofundara. Dado esse acordo de princípio, discutiu-se em seguida como diminuir a desigualdade. [Foi] uma construção política". Bresser-Pereira, Luiz Carlos. *Prefácio. In*: Kerstenetzky, Celia Lessa. *O estado do bem-estar na idade da razão*. A reinvenção do estado social no mundo contemporâneo. Rio de Janeiro: 2012 – colchetes nossos.

[104] "Com o declínio da ditadura militar, em ambiente de redemocratização, a abismal desigualdade brasileira se tornou insustentável. Uma lógica diferente da distribuição de renda, de poder, de recursos naturais e de reconhecimento social se configurou e se estabeleceu pouco a pouco a partir da década de 1980. Configurou-se um novo modelo de sociedade, internamente vinculado à democracia. Ainda que reprimida por décadas de ditadura e por uma cultura política autoritária, a população pobre e miserável não deixaria de usar o poder de sua mobilização e de seu voto para combater desigualdades de todos os tipos. Por outro lado, do ponto de vista da elite no poder, passou a ser essencial pelo menos o controle da velocidade e da amplitude de diminuição das desigualdades, especialmente, em um primeiro momento, das desigualdades de renda e poder. Uma maneira, enfim, de controlar o passo da implantação de novo modelo de sociedade que nascia com a redemocratização". Nobre, Marcos. *Imobilismo em movimento*. Da abertura democrática ao governo Dilma. São Paulo: Companhia das Letras, 2013, p. 39.

[105] A tentativa de definir um perfil ideológico único do texto constitucional não seria possível diante dos interesses muitas vezes contraditórios abarcados pela Carta; todavia, arriscando com Bonavides, a Assembleia Constituinte poderia ser qualificada como de *centro-esquerda ou esquerda moderada* – cf. Bonavides, Paulo; Andrade, Paes de. *História constitucional do Brasil*, 9. ed., p. 479. Ainda, citando pesquisa de David Fleischer sobre a formatação político-ideológica dos constituintes, haveria 12% de direita, 24% de centro-direita, 32% de centro, 23% de centro-esquerda e 9% de esquerda (ibidem).

Cap. 2 · O DIREITO NO BRASIL: DO IMPÉRIO AO PROCESSO CONSTITUINTE DE 1986-1988 | **161**

a forma e o sistema de governo, além da revisão constitucional que pretendia retalhar o texto constitucional, a partir de um verdadeiro desmanche constitucional, cuja empreitada, felizmente, foi malsucedida.

É, entretanto, a partir do quinto e sexto aniversário da Constituição que se intensificam os debates acerca do papel da Constituição e do Poder Judiciário, com a produção de intensa literatura. Hoje, passados mais de trinta anos da promulgação da Constituição que o Presidente da Assembleia Constituinte, Ulisses Guimarães, apelidou de "Constituição Cidadã", muita coisa há por realizar. Dezenas de emendas – como a chamada *PEC do Teto* – comprometem já em parte o núcleo essencial da Carta. Todavia, a previsão de cláusulas pétreas tem oferecido forte obstáculo às tentativas desregulamentadoras/desconstitucionalizadoras advindas dos setores desregulamentadores, ávidos por uma agenda reformista cada vez mais limitadora das funções do Estado (Social, Democrático e de Direito), em amplo aspecto – transitando do *trabalho* à *justiça*[106]. De outro lado, a disfuncionalidade do sistema jurídico-processual tem dado azo às reformas, algumas de índole constitucional e outras de índole infraconstitucional, que colocam em xeque o acesso à justiça, um dos pilares da ideia de Estado Democrático de Direito. São tais questões que serão debatidas nos capítulos que se seguem.

---

[106] Tal observação não apenas acena à precariedade da linguagem pública construída pelos jogos de linguagem estabelecidos pelo processo de redemocratização do país como, ainda, desvela a precariedade do sistema político e institucional brasileiro. Afinal, com Sérgio Abranches, "não é possível desprezar o fato de que, sem exceção, todos os presidentes da Terceira República se empenharam para fazer 'reformas'. 'Reforma' se transformou numa entidade permanente e quase mítica da política brasileira [predando não de hoje a autonomia do Direito]". ABRANCHES, Sérgio. *Presidencialismo de coalizão*. Raízes e evolução do modelo político brasileiro. São Paulo: Companhia das Letras, 2018, p. 364 – colchetes nossos.

Capítulo 3
O MODELO DE JUSTIÇA CONSTITUCIONAL NO BRASIL PÓS-1988

PRIMEIRA PARTE
O CONTROLE DIFUSO DE CONSTITUCIONALIDADE

3.1 A MANUTENÇÃO DA FORMA MISTA DE CONTROLE DE CONSTITUCIONALIDADE

Os problemas relacionados à (in)efetivação do texto constitucional já foram analisados anteriormente. Importa ressaltar aqui o tratamento que o constituinte deu à justiça constitucional, uma vez que no Estado Democrático de Direito há um vínculo indissociável entre Constituição e justiça constitucional. Ao contrário daquilo que ficou estabelecido nas Constituições que serviram de modelo para o Brasil (Portugal e Espanha), não adotamos a fórmula dos tribunais constitucionais (*ad hoc*) existentes em países como Alemanha, Itália, Espanha e Portugal.

A Constituição de 1988 manteve a fórmula de controle misto de constitucionalidade (controle direto, "abstrato", incidental, concreto), agregando a ação de inconstitucionalidade por omissão, inspirada no constitucionalismo português e iugoslavo (de antes da desintegração da federação), a arguição de descumprimento de preceito fundamental – ADPF e a ação declaratória de constitucionalidade – ADC, introduzida pela EC 3.[1]

Assim, a modalidade de controle difuso com remessa ao Senado foi mantida no texto, atravessando, pois, as Constituições de 1934, 1946, 1967 e 1969. Pelo controle difuso de constitucionalidade, permite-se que, no curso de qualquer ação, seja arguida/suscitada a inconstitucionalidade da lei ou de ato normativo, em âmbito municipal, estadual ou federal. Qualquer das partes pode levantar a questão da inconstitucionalidade, assim como também o Ministério Público e, de ofício, o juiz da causa. Afinal, não há questão de ordem pública mais relevante que a inconstitucionalidade de um texto normativo.

Desse modo, ao contrário do que ocorre na maioria dos países da Europa[2] – que a partir do segundo pós-guerra estabeleceram Tribunais Constitucionais com a tarefa de controlar a constitucionalidade, onde a questão da inconstitucionalidade é julgada *per saltum* (exceção feita a Portugal, que manteve, ao lado do controle concentrado, preventivo

---

[1] A ADPF, no texto originário, estava prevista no parágrafo único do art. 102. Com o advento da EC 03/1993, passou a figurar no § 1º do referido artigo.

[2] De ressaltar que esse modelo de Tribunais Constitucionais foi seguido, mais recentemente, pelos países que faziam parte da ex-URSS.

e sucessivo, o controle difuso) –, no Brasil qualquer juiz de direito de primeira instância pode deixar de aplicar uma lei, se entendê-la inconstitucional.

Note-se que o juiz singular não declara a inconstitucionalidade de uma lei, apenas deixa de aplicá-la, isso porque somente na forma do art. 97 da CF é que pode ocorrer a declaração de inconstitucionalidade. Essa questão pode suscitar discussões, em face da confusão que pode ser feita entre "declarar" e "deixar de aplicar". Tecnicamente – e o direito é alográfico, porque as palavras têm significado próprio –, não se trata da mesma coisa. Nem poderia. A declaração da inconstitucionalidade é reservada aos plenários (*full bench*). Controle difuso é apenas o caminho para chegar a esse desiderato. Isso porque, se o juiz "declarasse" a inconstitucionalidade, esse ato deveria ter efeitos correlatos à declaração objetiva. Se ele "declarasse", sua decisão teria de ter efeito *ex tunc* ou deveria ele "modular" esses efeitos.

Evidentemente que o modelo adotado pelo Brasil (e por Portugal) não se coaduna com a tese de que "declarar" é o mesmo que "deixar de aplicar". Trata-se de uma questão de legitimidade democrática. Se um juiz pudesse declarar a inconstitucionalidade, os demais juízes, de algum modo, deveriam ser afetados por esse ato "declaratório".

O que ocorre – e esse é o busílis – é que o controle difuso tem, na sua *ratio*, sempre uma questão prejudicial. E essa questão prejudicial tem a ver com o conteúdo de uma ação. Tanto é que o próprio Supremo Tribunal Federal já decidiu que, quando do controle difuso se tratar, não de uma questão prejudicial, mas apenas diretamente da inconstitucionalidade, esse ato não terá guarida no sistema de controle. Simples, pois.

Veja-se que, em face da tendência – equivocada – de o Supremo Tribunal Federal buscar a equiparação entre o controle concentrado e o controle difuso, circunstância que pode ser observada a partir, especialmente, da Reclamação 4335-4/AC, até mesmo começou-se a fazer a modulação de efeitos nas decisões que declaram a inconstitucionalidade em sede de controle difuso. Claro que essa declaração diz respeito aos casos de obediência ao art. 97 da Constituição e não ao ato do juiz singular. Isso é elementar. Nesse sentido o RE 442.683/RS, o HC 82.959/SP e o RE 197.917/SP. No julgamento deste último recurso, o Tribunal entendeu inconstitucional o parágrafo único do art. 6º da Lei Orgânica 226, de 1990, do Município de Mira Estrela/SP – caso da proporcionalidade do número de vereadores –, determinando, no entanto, que se respeitasse o mandato dos atuais vereadores, atribuindo-se efeito *pro futuro*[3] à decisão.

Na mesma linha, no RE 197.917/SP merece destaque a citação do voto do Ministro Gilmar Mendes, versando sobre o efeito *pro futuro* (RE 442.683/RS). O Ministro afirma

---

[3] Sobre o tema dos efeitos *pro futuro*, Georges Abboud afirma que, de fato, "a dicotomia nulidade/anulabilidade apresenta-se defasada para o enfrentamento dos efeitos da decisão de inconstitucionalidade". Contudo, ressalta, também, que a aplicação dos efeitos da inconstitucionalidade *pro futuro* deve ser excepcional, apenas quando se estiver diante de situações que "possam acarretar consequências extremamente gravosas, um estado de anomia, no qual toda legalidade fica suspensa, permitindo a manifestação do estado de exceção, diante do qual as relações jurídicas estabelecidas entre os particulares e os direitos subjetivos delas provenientes ficariam totalmente fulminados" – cf. ABBOUD, Georges. *Jurisdição constitucional e direitos fundamentais*. São Paulo: Ed. RT, 2011. p. 298.

Cap. 3 · O MODELO DE JUSTIÇA CONSTITUCIONAL NO BRASIL PÓS-1988 | **165**

que, nos próprios Estados Unidos, onde a doutrina acentuara tão enfaticamente a ideia de que a expressão "lei inconstitucional" configurava uma *contradictio in terminis* (uma vez que *"the inconstitutional statute is not law at all"*),[4] passou-se a admitir, após a Grande Depressão, a necessidade de se estabelecerem limites à declaração de inconstitucionalidade.[5] A Suprema Corte americana vem considerando o problema proposto pela eficácia retroativa de juízos de inconstitucionalidade a propósito de decisões em processos criminais. Se as leis ou atos inconstitucionais nunca existiram como tais, eventuais condenações nelas baseadas quedam ilegítimas e, portanto, o juízo de inconstitucionalidade implicaria a possibilidade de impugnação imediata de todas as condenações efetuadas sob a vigência da norma inconstitucional.[6]

Por outro lado, se a declaração de inconstitucionalidade afeta tão somente a demanda em que foi levada a efeito, não há cogitar de alteração de julgados anteriores. Vê-se, pois, que o sistema difuso ou incidental mais tradicional do mundo passou a admitir a mitigação dos efeitos da declaração de inconstitucionalidade e, em casos determinados, acolheu até mesmo a pura declaração de inconstitucionalidade com efeito exclusivamente *pro futuro*. Não só a Suprema Corte americana (caso Linkletter *v.* Walker), mas também uma série expressiva de Cortes Constitucionais e Cortes Supremas adotam a técnica da limitação de efeitos – *v.g.*, a Corte Constitucional austríaca (Constituição, art. 140), a Corte Constitucional alemã (Lei Orgânica, § 31, 2, e 79, 1), a Corte Constitucional espanhola (embora não expressa na Constituição, adotou, desde 1989, a técnica da declaração de inconstitucionalidade sem a pronúncia da nulidade),[7] a Corte Constitucional portuguesa (Constituição, art. 282, n. 4), o Tribunal de Justiça da Comunidade Europeia (art. 174, 2, do Tratado de Roma), o Tribunal Europeu de Direitos Humanos (caso Markx, de 13.06.1979). Por isso, conclui Mendes, no que interessa para a discussão da questão em apreço, ressalte-se que o modelo difuso não se mostra incompatível com a doutrina da limitação dos efeitos.[8]

Importa referir que as críticas aqui feitas ao controle difuso referem-se a sua existência desacompanhada de qualquer mecanismo de extensão dos efeitos das decisões. Ou seja, se o Supremo Tribunal Federal tivesse sufragado, em definitivo, a tese constante nos votos dos Ministros Gilmar Mendes e Eros Grau na Reclamação 4335/AC, de fato o

---

[4]   Cf. Willoughby, Westel Woodbury. *The constitutional law of the United States*. New York: Baker, Voorhis, 1910. vol. 1, p. 9-10. Ainda, Cooley, Thomas M. *A treatise on the constitutional limitations.* New York: Little, Brown, 1878. p. 227.

[5]   Cf. Tribe, Laurence. *American constitutional law*, op. cit., 1988; tb. RE 197.917/SP.

[6]   Cf. RE 197.917/SP.

[7]   Cf. García de Enterría, Eduardo. La doctrina prospectiva en la declaración de ineficacia de las leyes inconstitucionales. *Revista de Direito Público*, n. 92, p. 5, out.-dez. 1989.

[8]   Ademais, a possibilidade de manipulação dos efeitos das decisões em RE, MS, RO ou HC representa o que se vem denominando como "objetivação dos efeitos do controle difuso". Registre-se, todavia, haver no Supremo Tribunal Federal posicionamento contrário: "IPTU – Progressividade – Taxas – Pretendida modulação, no tempo, dos efeitos da declaração de inconstitucionalidade – Não incidência, no caso em exame – Utilização dessa técnica no plano da fiscalização incidental – Necessária observância do postulado da reserva de Plenário – Consequente incompetência dos órgãos fracionários do Tribunal (Turmas) – Embargos de declaração rejeitados" (AI 417.014-AgRg/EDcl).

166 JURISDIÇÃO CONSTITUCIONAL • *Lenio Luiz Streck*

controle difuso deixaria de ter especificidade própria, pois estaria, na prática, equiparado ao controle concentrado. Contudo, não foi o que ocorreu, permanecendo a distinção entre as formas de controle de constitucionalidade. Dessa questão tratarei mais adiante, mostrando que o controle difuso, nesses casos de remessa ao Senado, diz respeito à vigência de lei (porque ao Senado compete suspender à execução do ato normativo, segundo o art. 52, X) e o controle concentrado à retirada da validade de um ato normativo. Isso porque, convivendo acoplado a um amplo sistema de controle concentrado, o controle difuso de constitucionalidade pode representar um importante instrumento de filtragem constitucional, conforme procuro demonstrar em vários pontos desta obra.

Com efeito, o controle difuso de constitucionalidade, mantido até hoje inclusive em países como Portugal, retira do órgão de cúpula do Poder Judiciário o monopólio do controle de constitucionalidade, servindo de importante mecanismo de acesso à justiça e, consequentemente, à jurisdição constitucional. A importância do mecanismo do controle difuso mostra-se absolutamente relevante, uma vez que permite que juízes de primeiro grau e tribunais em suas composições plenárias, mediante incidente de inconstitucionalidade devidamente suscitado, realizem a filtragem constitucional, que vai desde a simples expunção de um texto inconstitucional até a correção de textos por meio dos institutos da interpretação conforme a Constituição e da inconstitucionalidade parcial sem redução de texto.

3.2 O CONTROLE DIFUSO E OS PROBLEMAS DECORRENTES DA NÃO SUSCITAÇÃO DO INCIDENTE DE INCONSTITUCIONALIDADE (QUANDO FORA DAS HIPÓTESES DE DISPENSA)

De pronto é necessário deixar claro que qualquer ato judicial é ato de jurisdição constitucional. Se entendermos o sistema jurídico a partir da Constituição, poderemos afirmar que o juiz sempre faz jurisdição constitucional. É dever do magistrado examinar, antes de qualquer outra coisa, a compatibilidade do texto normativo infraconstitucional com a Constituição. Nesse sentido, há uma diferença entre o controle difuso exercido pelo juiz singular e o controle exercido pelos tribunais. Ao contrário dos tribunais, o juiz não declara a inconstitucionalidade do texto normativo, deixa de aplicá-lo. Como bem assinala Paulo de Tarso Brandão[9] – roborando a tese aqui explicitada –, o juiz nunca "declara" inconstitucionalidade, mas, sim, o conteúdo de sua decisão recai sempre sobre a relação jurídica. Por isso, não há nenhum problema de a coisa julgada ter efeito *erga omnes*, pois esse efeito diz respeito apenas à relação jurídica (e não *erga omnes* pela inexistência do texto de incidência). A retirada pela declaração somente ocorre nas hipóteses de controle concentrado e nas hipóteses do efeito decorrente do incidente de inconstitucionalidade e de sua eventual dispensa, como será visto a seguir.

Já nos Tribunais de 2ª instância (Tribunais de Justiça dos Estados-membros, no âmbito da Justiça Comum; Tribunais Regionais Federais, no âmbito da Justiça Federal), o controle difuso se estabelece com a *instalação do incidente de inconstitucionalidade*, ocasião em que o processo fica suspenso, e a questão constitucional é remetida ao Órgão Especial do

---

[9] Cf. BRANDÃO, Paulo de Tarso. *Ações constitucionais*, op. cit., 2006.

Tribunal, acompanhado do respectivo acórdão (hipótese disciplinada pelos arts. 948 até 950 CPC/2015, que, no CPC/1973, aparecia nos arts. 480 até 482).[10] O *quorum* exigido para a declaração da inconstitucionalidade é o de maioria absoluta (art. 97 da CF).

Convém mencionar que o parágrafo único do art. 949 do CPC/2015 estabeleceu que os órgãos fracionários dos tribunais não submeterão ao *full bench* a arguição de inconstitucionalidade, quando já houver pronunciamento destes ou do plenário do Supremo Tribunal Federal sobre a questão (elemento que já estava presente no CPC/1973, art. 481, parágrafo único). A não submissão ao *full bench* surge como alteração legislativa já na década de 1990 do século passado, com o acréscimo do parágrafo único ao art. 481 do CPC/1973, desobrigando os órgãos fracionários dos tribunais a submeter ao plenário ou ao órgão especial a arguição de inconstitucionalidade quando houvesse pronunciamento destes ou do plenário do Supremo Tribunal Federal. Com efeito, antes mesmo disso, o Supremo Tribunal já havia assentado jurisprudência no sentido de que a existência de precedente firmado pelo Plenário do STF autoriza o julgamento imediato de causas que versem o mesmo tema (RISTF, art. 101). Assim, conjugando isso ao texto do CPC, a declaração de constitucionalidade ou de inconstitucionalidade, emanada do Plenário, por maioria qualificada, aplica-se aos novos processos submetidos à apreciação das Turmas ou à deliberação dos juízes que integram a Corte, viabilizando, em consequência, o julgamento imediato das causas que versem sobre o mesmo tema, ainda que o acórdão plenário – que firmou o precedente no *leading case* – não tenha sido público, ou, caso já publicado, não tenha transitado em julgado, ressalvando-se a possibilidade de qualquer dos Ministros, com apoio no que dispõe o art. 103 do RISTF, propor ao Pleno a revisão da jurisprudência assentada em matéria constitucional.

Vale referir, para relembrar o histórico do que hoje aparece no parágrafo único do art. 949 do CPC/2015, que a alteração introduzida no art. 481, parágrafo único, do CPC/1973 convalidou, em parte, posição do STF, de iniciativa do Ministro Marco Aurélio, no sentido de que, versando a controvérsia sobre ato normativo já declarado inconstitucional pelo STF, descabe o deslocamento previsto no art. 97 da CF. Assim, conforme o STF, o julgamento de plano pelo órgão fracionário homenageia não só a racionalidade, como também implica interpretação teleológica do art. 97 em comento, evitando a burocratização dos atos judiciais, nefasta ao princípio da economia e da celeridade. Para o STF, a razão de ser do preceito está na necessidade de evitar-se que órgãos fracionários apreciem, pela vez primeira, a pecha de inconstitucionalidade arguida em relação a um certo ato normativo.

Assim, a Suprema Corte já confirmava a tese da plena aplicabilidade do dispositivo, ou seja, que o parágrafo único introduzido no art. 481 do Código de Processo Civil de 1973 pela Lei 9.756/1998 – que dispensa a submissão ao plenário, ou ao órgão especial, da arguição de inconstitucionalidade, quando já houver pronunciamento destes ou do

---

[10] Nem todos os Tribunais de Justiça da Federação possuem órgãos especiais, mormente nos pequenos Estados, cujo número de desembargadores não demanda tal formação. Nesses casos, o incidente é apreciado pelo Pleno do Tribunal. O Procurador-Geral de Justiça e o Procurador-Geral da República, nas hipóteses em que ocorrer incidente de inconstitucionalidade, sempre serão ouvidos previamente.

plenário do Supremo Tribunal Federal sobre a questão – alinhou-se à construção jurisprudencial já então consolidada no Supremo Tribunal, que se fundara explicitamente na função outorgada à Corte, de árbitro definitivo da constitucionalidade das leis.[11]

Desde a vigência do Código de 1973 já havia sérias dúvidas acerca da adequação constitucional do que era previsto no parágrafo único do art. 481, que agora se repete no parágrafo único do art. 949 do CPC/2015. Ainda na vigência do CPC/1973, já propugnava pela inconstitucionalidade do art. 481 do CPC, opinião também compartilhada por Alexandre Freitas Câmara.[12] Observe-se que – seja na antiga ou na atual legislação processual – o dispositivo vai ao ponto de dispensar o incidente pelos tribunais inferiores na hipótese de pronunciamentos originários deles mesmos, o que proporciona uma vinculação jurisprudencial imprópria para o sistema romano-germânico. Um olhar constitucional sobre a matéria indica que a dispensa da suscitação do incidente é bem-vinda quando a decisão vem do plenário do Supremo Tribunal Federal. Entretanto, quando a decisão advém de outro tribunal, o incidente não poderia ser dispensado pelo referido dispositivo, estando presente, aqui, a violação do art. 97 da Constituição.

Ou seja, ao se admitir que decisões dos próprios tribunais, que não o Supremo Tribunal Federal, constituam condição suficiente para a dispensa do incidente, estar-se-á "consolidando" interpretação constitucional que pode não ser a do Supremo Tribunal Federal (embora, como referirei a seguir, tal circunstância possa vir a ser elemento de oxigenação de determinadas posições assumidas pela Suprema Corte). Nesse sentido, vale refletir acerca da lição do direito português, onde somente é vinculante a jurisprudência do Tribunal Constitucional, e isso no controle concentrado, sendo que, na hipótese de os órgãos fracionários do Tribunal Constitucional assim entenderem, depois de três decisões no mesmo sentido, podem provocar a intervenção do Pleno do Tribunal que, ainda assim, não determinará a automaticidade da obrigatoriedade da jurisprudência, pois deverá reexaminar, *in totum*, agora em controle concentrado, aquela questão constitucional. Nesse contexto, torna-se relevante também uma discussão acerca da própria constitucionalidade da alteração da dispensa de suscitação do incidente de inconstitucionalidade.[13]

Entretanto, vale referir que o STF posicionou-se de maneira favorável à possibilidade de que os órgãos fracionários dos Tribunais deixem de aplicar o art. 97 da Constituição se já houver pronunciamento não apenas do Plenário do Supremo, mas do órgão especial do próprio Tribunal *a quo*. Isto é, estará violando a Súmula 10[14] e o art. 97 da CF o acórdão

---

[11]   Cf. RE 433.101-AgRg.

[12]   *Lições de direito processual civil.* 23. ed. São Paulo: Atlas, 2014, v. 2, p. 47.

[13]   Vale referir a advertência de Nelson Nery Jr. e Rosa Maria Nery: "No entanto, não há vedação de que o órgão fracionário submeta a questão ao plenário ou órgão especial, notadamente quando houver fundamento novo ou modificação na composição do plenário ou órgão especial, circunstância que caracteriza a potencialidade de modificação daquela decisão anterior" – Nery Jr., Nelson; Nery, Rosa Maria. *Código do Processo Civil comentado e legislação civil extravagante em vigor.* São Paulo: Ed. RT, 1999. p. 937.

[14]   "Viola a cláusula de reserva de plenário (CF, artigo 97) a decisão de órgão fracionário de Tribunal que, embora não declare expressamente a inconstitucionalidade de lei ou ato normativo do poder público, afasta sua incidência, no todo ou em parte."

Cap. 3 · O MODELO DE JUSTIÇA CONSTITUCIONAL NO BRASIL PÓS-1988 | **169**

que – embora sem o explicitar – afasta incidência da norma ordinária pertinente à lide para decidi-la sob critérios diversos alegadamente extraídos da Constituição (RE 240.096). A Súmula Vinculante 10 deve ser sempre lida à luz dos precedentes que a informaram, especialmente do RE 482.090. Segundo estes, apenas em razão de pronunciamento do próprio STF ou de órgãos especiais e do plenário dos Tribunais é que se pode dispensar a aplicação da exigência constante do art. 97 da Constituição, sob pena de, como disse, se incorrer em inconstitucionalidade.

Diante disso, ao fim e ao cabo, antes mesmo do CPC de 2015, o STF já havia afirmado a constitucionalidade da possibilidade inserida no parágrafo único do art. 481 do CPC/1973, de que haja dispensa da cláusula constitucional do *full bench* no caso de já ter havido pronunciamento do próprio Tribunal *a quo*, desde que respeitada esta exigência, deslocando considerável parcela de sua competência em tal sentido. Como referi anteriormente, corre-se sempre o risco de a decisão de algum dos órgãos fracionários estabelecer inconstitucionalidades à revelia da posição do STF. Claro que, paradoxalmente, tal circunstância também pode vir a colaborar para a oxigenação da posição que o STF tenha acerca de determinada lei, problemática que sempre poderá ser resolvida no plano da reclamação constitucional ou do recurso extraordinário.

No que se refere ao nosso controle difuso, a questão da inconstitucionalidade, como já referido, pode ser suscitada pelas partes, pelo Ministério Público ou de ofício pelo juiz ou pelo órgão fracionário. A controvérsia da inconstitucionalidade tem cabimento e pertinência, no controle difuso, se tiver conexão com o objeto da demanda, quando tal exame é imprescindivelmente necessário ao julgamento do pleito.[15] Ou seja, deve ser, de fato, uma questão prejudicial, verdadeira condição de possibilidade para o deslinde da controvérsia. Releva notar que, em sede de tribunal pleno ou órgão especial, suscitada, no voto de um dos juízes do colegiado, a questão de inconstitucionalidade da lei a aplicar, deve o Tribunal decidir a respeito. Omitindo-se e persistindo na omissão, viola as garantias constitucionais da jurisdição e do devido processo legal (CF, art. 5º, XXXV e LIV), sobretudo quando, com isso, possa obstruir o acesso da parte ao recurso constitucional.[16]

A questão constitucional não pode, por outro lado, ser "desviada" (ou "driblada"). Com efeito, mesmo que o órgão fracionário "apenas afaste" a aplicação da norma infraconstitucional, por ser esta inconstitucional, não estará liberado de suscitar o respectivo incidente. Nesse sentido é o pronunciamento do Supremo Tribunal no RE 179.170/CE, ao assentar que a declaração de inconstitucionalidade de norma jurídica *incidenter tantum* e, portanto, por meio de controle difuso de constitucionalidade, é o pressuposto para o juiz ou o Tribunal, no caso concreto, afastar a aplicação da norma tida como inconstitucional. No caso, o Supremo Tribunal rejeitou o argumento contido no acórdão recorrido, no qual se sustentou não existir declaração de inconstitucionalidade de uma norma jurídica *incidenter tantum* quando o acórdão não a declarar inconstitucional, mas, sim, afastar a

---

[15] Cf. Veloso, Zeno. *Controle jurisdicional de constitucionalidade*. 3. ed. Belo Horizonte: Del Rey, 2003. p. 44.

[16] STF, Tribunal Pleno, RE 198.346/DF, rel. Min. Sepúlveda Pertence, j. 02.10.1997.

sua aplicação, porque tida como inconstitucional. Para a Suprema Corte, trata-se de um desvio hermenêutico no art. 97 da Constituição. Dizer que se afasta é apenas um problema semântico. Esse afastamento nada mais é do que um mascaramento da declaração de inconstitucionalidade.

De repetir que o incidente de inconstitucionalidade somente será dispensado na hipótese de já existir pronunciamento do Supremo Tribunal Federal ou do Órgão Especial do respectivo Tribunal. Trata-se da reserva do plenário estabelecida no art. 97 da Constituição. O Superior Tribunal de Justiça interpretou corretamente a matéria no julgamento do REsp 89.297/MG, ao ratificar aquilo que é evidente, isto é, que, "se o juiz tem a prerrogativa de deixar de aplicar uma lei, os órgão fracionários não, porque estes devem suscitar o respectivo incidente (art. 97, CF), salvo se já houver pronunciamento destes ou do plenário do Supremo Tribunal Federal sobre a questão (CPC, art. 481, parágrafo único). Recurso especial conhecido e provido".

É de referir que, para a incidência do art. 481, parágrafo único, do CPC/1973, ora sucedido pelo art. 949, parágrafo único do CPC/2015, é necessário sempre que *se trate de uma mesma lei*, sendo absolutamente vedada a aplicação da "analogia constitucional". É indispensável que se trate da mesma lei e do mesmo dispositivo cotejado. Caso contrário, se o órgão fracionário não suscitar o incidente de inconstitucionalidade, estará malferindo, de frente, o disposto no art. 97 da Constituição Federal.

A questão é tão relevante (e grave) que o STJ já deu provimento a recurso especial, remetendo a matéria ao Supremo Tribunal Federal, em um processo que tratava de uma lei estadual cuja inconstitucionalidade já havia sido declarada na vigência da Constituição anterior, frente a dispositivo absolutamente idêntico ao da Constituição atual. Entendeu o Superior Tribunal de Justiça que, tratando-se de novo enfoque constitucional, impunha-se o prévio pronunciamento do Pleno do Tribunal de origem para que a aludida Câmara pudesse vir a declarar a inconstitucionalidade. Nada mais correto, pois, afinal, além do problema de que hermenêutica é sempre aplicação, não se pode olvidar a tese de que um novo texto constitucional é mais do que o simples texto, defluindo dele uma nova norma, que estabelece o novo fundamento de validade, que deve ser interpretado de acordo com a principiologia e o núcleo político da Constituição.

Uma questão merece reflexão mais acurada no ponto que diz respeito ao fato de o controle difuso, muito embora vigente entre nós há mais de um século, ainda não alcançou a devida importância. Ainda há, de fato, um excessivo apego à legislação infraconstitucional, que não é devidamente confrontada com a Constituição. Na prática, parcela expressiva da comunidade jurídica continua separando a legalidade da constitucionalidade, como se fosse possível separar a jurisdição ordinária da jurisdição constitucional. Como resultado, tem-se aquilo que se pode denominar de "baixa" aplicação do controle difuso pelo juízo singular, secundado por um pequeno número de incidentes de inconstitucionalidade suscitados pelos órgãos fracionários dos tribunais.

É evidente – e isso não pode ser ignorado – que dispensar a suscitação do incidente em determinadas hipóteses é fator importante na diminuição do número de incidentes. Entretanto, mesmo antes, esse número não era suficiente adequado à grandeza do

Cap. 3 · O MODELO DE JUSTIÇA CONSTITUCIONAL NO BRASIL PÓS-1988 | **171**

significado do controle difuso, como instrumento de acesso à jurisdição constitucional realizado a partir do caso concreto. Por outro lado, há que referir alguns equívocos cometidos pelos tribunais, que, muitas vezes, ignoram a regra da reserva de plenário e a cisão de competência constantes no art. 97 da Constituição e, em outros, confundem conceitos relacionados com a matéria. Veja-se, para tanto, julgados do TJDF, nos quais o Tribunal negava a possibilidade de que, em sede de *habeas corpus*, pudesse ser suscitada a questão de inconstitucionalidade. Textualmente, disse o Tribunal que "a inconstitucionalidade de uma lei, ou ato normativo, sabidamente, não se presume, nem seria possível declará-la no âmbito restrito do *habeas corpus*".[17]

Num dos acórdãos, é preciso referir que, mesmo que os julgadores tenham entendido que a Lei 8.072/1990 não carecia de vício de inconstitucionalidade,[18] houve um equívoco quanto ao alcance do controle difuso, que, como já especificado, pode ser suscitado/requerido no âmbito de qualquer processo, mormente em *habeas corpus*. Aliás, foi em sede de *habeas corpus* que Rui Barbosa, em 1893, fez um veemente discurso no Supremo Tribunal Federal reclamando da Corte Suprema a aplicação do controle difuso de constitucionalidade, único existente naquele momento.

Não se pode concordar, na mesma linha, com o seguinte acórdão assim ementado: "Ação rescisória. Fundamento em incompetência da Turma julgadora e violação literal de lei. Procedência pelo segundo fundamento. O controle de constitucionalidade das leis no sistema pátrio é feito pelo Judiciário de duas formas: o controle direto ou concentrado e o controle incidental ou difuso. O controle direto é da exclusiva competência do Supremo Tribunal Federal (arts. 102, I, *a*, e 103 da CF), dizendo respeito à lei em tese. Nessa forma de controle, o vício da inconstitucionalidade é declarado diretamente com efeito *erga omnes*. A essa forma de controle é que diz respeito o art. 97 da CF. O controle difuso da constitucionalidade das leis ocorre quando qualquer órgão judicial (monocrático ou colegiado), para decidir a causa, tenha de examinar, previamente, a questão de ser ou não constitucional a norma legal que tenha incidência na demanda. Por esse exame, que independe de arguição do incidente de inconstitucionalidade, não declara o órgão judicial a inconstitucionalidade da lei. Simplesmente deixa de aplicá-la em face do caso concreto, por considerá-la inconstitucional. Há diferença entre declarar-se que a lei é inconstitucional (controle direto, com efeito *erga omnes*) e deixar-se de aplicar a lei por se a considerar inconstitucional (controle difuso, com efeito apenas no caso concreto)".[19]

O acórdão acima confunde os conceitos de controle difuso e controle concentrado. Em primeiro lugar, cabe referir que o art. 97 da Constituição, que estabelece a reserva de plenário (*full bench*), não é aplicável tão somente ao controle concentrado/direto/abstrato de constitucionalidade. Ao contrário, exatamente em face da reserva de plenário é que o art. 97 se aplica ao controle difuso. É por ele que ocorre a cisão de competência, fazendo com

---

[17] Cf. TJDFT, Ac. 94.116, *DJU* 14.05.1997, p. 9.378. No mesmo sentido, Ac. 94.117.

[18] Registre-se que o STF, em sede de controle difuso, mais especificamente no HC 82.959/SP, rel. Min. Marco Aurélio, decidiu pela inconstitucionalidade do dispositivo da Lei dos Crimes Hediondos que estabelecia o regime integralmente fechado, depois derrogado pela Lei 11.464/2007.

[19] Cf. TJDFT, 1ª Câm. Cív., Ac. 108914.

que, *per saltum*, a questão constitucional (portanto, questão prejudicial) seja catapultada do órgão fracionário para o plenário do tribunal (ou órgão especial).[20]

Numa palavra: se o órgão fracionário entender que a lei é inconstitucional, não pode ele deixar de aplicá-la sem suscitar o respectivo incidente (a exceção consta no parágrafo único do art. 949 do CPC/2015, antigo parágrafo único do art. 481 do CPC/1973). Ao deixar de aplicar a lei por entendê-la inconstitucional, estará o órgão fracionário subtraindo do plenário do tribunal a prerrogativa (que é só dele, neste caso) de declarar a inconstitucionalidade da lei, no âmbito do controle difuso, ocorrendo, destarte, flagrante violação do art. 97 da Constituição.

Dito de outro modo: tanto no controle difuso, que ocorre a partir da cisão de competência, com remessa *per saltum* ao *full bench*, como no controle concentrado, que ocorre em abstrato, no bojo de ação direta de inconstitucionalidade (e não advém de um caso concreto, que é a *ratio* do sistema difuso), há declaração de inconstitucionalidade da lei. A diferença é que, no primeiro caso (controle difuso), embora a lei tenha sido declarada inconstitucional pelo plenário, os efeitos ficam restritos àquele caso concreto (estendendo-se os efeitos, depois, para os demais órgãos fracionários). Já no segundo caso (controle concentrado), os efeitos são *erga omnes* (agora vinculantes), em face da Lei 9.868/1999.

Como referido, há pouca experiência em *terrae brasilis* no manejo do controle difuso de constitucionalidade. Se, de um lado, Tribunais negam a própria possibilidade do exercício do controle difuso, de outro é possível perceber a motivação e a justificativa de o Supremo Tribunal Federal ter elaborado a Súmula Vinculante 10. Veja-se, a propósito, acórdão[21] em que o órgão fracionário nega provimento a mandado de segurança porque o direito invocado estava albergado em dispositivos inconstitucionais, sem, no entanto, suscitar o incidente.[22]

No caso, importa referir que, na ocasião do julgamento, a Assembleia Legislativa (apelante) requereu a suspensão do julgamento para que fosse suscitado o respectivo incidente de inconstitucionalidade. A tese da Assembleia Legislativa foi afastada, pelo

---

[20]   Veja-se, nesse sentido, decisão da 2ª Câmara Cível do TJDFT, fazendo exata e corretamente esse procedimento: "Arguição de incidente de inconstitucionalidade de lei. Arts. 206 a 209 do RITJDFT. Lei Distrital 464/1993. Isenção por lei local de pagamento de tarifa de energia elétrica. Suscitação de incidente de inconstitucionalidade acolhido. O incidente de inconstitucionalidade de lei ou de ato normativo do Poder Público pode ser suscitado pela parte, como via de defesa, até a sustentação oral, inclusive sendo lícito ao órgão fracionário suscitá-lo *ex officio*, desde que em momento anterior à proclamação do acórdão. [...] Remessa ao órgão especial do Tribunal para análise do acórdão e prolação da declaração de inconstitucionalidade (art. 97 da CF)" (*DJU* 19.06.1996, p. 10.172).

[21]   Cf. TJRS, Ap. e ReexNec 70000205609.

[22]   Na mesma linha, o Ac. 134.600, da 2ª Turma Cível do TJDFT, que, sem suscitar o respectivo incidente, "declarou" a inconstitucionalidade de uma lei em sede de ação civil pública: "Ação civil pública. Declaração de inconstitucionalidade. Possibilidade. Legitimidade passiva. Danos ao meio ambiente. Responsabilidade objetiva. Construção irregular em área pública. Demolição. Indenização. 1. Admite-se, em sede de ação civil pública, como simples prejudicial da postulação principal, declaração incidente de inconstitucionalidade, sobretudo quando a inconstitucionalidade, na verdade, deveria apenas constituir causa de pedir" (*DJU* 14.03.2001, p. 27).

Cap. 3 · O MODELO DE JUSTIÇA CONSTITUCIONAL NO BRASIL PÓS-1988 | **173**

seguinte argumento: "Embora no Regimento Interno deste Tribunal seja possível a um Órgão Fracionário levar ao Órgão Especial uma possível arguição de inconstitucionalidade de lei municipal ou mesmo estadual, frente à Constituição Estadual, o Órgão Especial não tem competência para decidir matéria de lei estadual que fira a Constituição Federal. Então, a matéria não está na competência deste Tribunal nem deste Órgão Fracionário".

Daí não se poder concordar com a aludida decisão, uma vez que é evidente que o Órgão Especial do Tribunal tem competência para declarar a inconstitucionalidade, via controle difuso, de leis municipais, estaduais e federais, e até mesmo de normas constitucionais da Constituição Federal resultantes de processo constituinte derivado. No caso em tela, somente duas hipóteses afastariam a exigência da suscitação do incidente de inconstitucionalidade:

- *a uma*, se já houvesse pronunciamento acerca da específica inconstitucionalidade do dispositivo da Lei Estadual objeto da controvérsia;
- *a duas*, se a decisão do órgão fracionário não se baseou, como questão prejudicial, na específica inconstitucionalidade do dispositivo da lei infraconstitucional, ou seja, a controvérsia pôde ser resolvida sem o afastamento do dispositivo inquinado como inconstitucional. Entretanto, não foi o que ocorreu.

Pela sua relevância, uma vez demonstrada a equivocidade com que a matéria do controle difuso vem sendo tratada em diversos tribunais da República, importa trazer à colação decisão oriunda da 1ª Câmara Cível do Tribunal de Justiça do Rio Grande do Sul – e que tem sido ratificada em diversos julgamentos –, na qual aquele órgão fracionário deixou de aplicar, na sua especificidade, ato normativo federal sem suscitar o respectivo incidente de inconstitucionalidade e sem que estivessem presentes as hipóteses que exoneram os tribunais da respectiva remessa da matéria ao *full bench* (ou seja, quando a lei for anterior à Constituição e nas situações previstas no parágrafo único do art. 481 do CPC/1973, atual art. 949, parágrafo único, do CPC/2015).

A ementa é a seguinte: "1. São devidos horários de execução, inclusive contra a Fazenda Pública, bastando que seja observado o princípio da moderação (CPC, art. 20, § 4º). 2. Deixa-se de aplicar, no caso, medida provisória que exclui honorários advocatícios em execução não embargada contra a Fazenda Pública porque a medida, tratando-se de matéria processual civil, é destituída do requisito da urgência (CF, art. 62, *caput*). 3. É entendimento firmado na Câmara, relativamente às demandas repetitivas contra o IPERGS, no sentido de que, se no processo de conhecimento a verba advocatícia foi de 5% sobre o débito, no processo executório, menos trabalhoso do que o primeiro, é razoável, face ao princípio da moderação, fixar os honorários de execução em 2,5%".[23]

No caso em tela, ainda sob a vigência do CPC/1973, a parte agravante sustentou seu direito aos honorários advocatícios no dispositivo do CPC (art. 20) com a redação que lhe foi dada pela Lei 8.952/1994, pelo qual são devidos honorários advocatícios "nas execuções,

---

[23] TJRS, 1ª Câm. Cív., AI 70007571045.

embargadas ou não".[24] Já o Estado do Rio Grande do Sul, agravado, sustentou a tese de que é aplicável à espécie a Medida Provisória 2.180-35, de 24.08.2001, que acresceu o art. 1º-D à Lei 9.494, de 10.09.1997, que diz que não serão devidos honorários advocatícios pela Fazenda Pública nas execuções não embargadas.[25] Mais, a EC 32/2001, que alterou o art. 62, vedando a edição de medida provisória em matéria processual, deixou excepcionadas as MPs editadas em data anterior à da publicação da EC 32/2001, continuando em vigor até que medida provisória ulterior as revogue explicitamente ou até deliberação do Congresso Nacional.

Dando razão à parte agravante, o órgão fracionário sustentou a inadmissibilidade do uso de medida provisória em matéria processual civil:

> "Na prática, a EC 32, de 12.09.2001, apenas explicitou a impossibilidade já contida no art. 62, § 1º, *b*. De outra parte, o disposto no art. 2º da citada EC não tem a mágica de transformar em constitucional aquilo que antes não o era.
>
> Por outro lado, a medida provisória é de uso restrito aos casos de relevância e urgência (CF, art. 62). A conjunção aditiva 'e' informa não bastar a relevância nem a urgência isoladamente. É preciso ambas ao mesmo tempo. Se é difícil ao Judiciário adentrar no exame da relevância, visto envolver juízo de valor do Presidente da República, de acordo com as circunstâncias, não o é, por certo, o requisito da urgência, pelo menos no que tange a determinados temas."

O Estado do Rio Grande do Sul opôs embargos de declaração. Alegou que, muito embora o órgão fracionário tenha "declarado a inconstitucionalidade" da Medida Provisória 2.180, deixou de submetê-la ao Pleno, contrariando a CF e a legislação infraconstitucional. No voto condutor dos embargos, que foram rejeitados na sua integralidade, o desembargador relator deixou assentado:

> "O controle da constitucionalidade se opera no Judiciário – é sabido – de modo *direto* e *indireto*, também chamados por via *de ação* e por via *de exceção*, ou *em abstrato* e *em concreto*. Quer dizer: pela ação direta de inconstitucionalidade e difusamente nos processos.
>
> É sabido que, tratando-se de *declaração* de inconstitucionalidade por via de *ação direta*, não precisa de ato algum dos demais poderes para que a lei perca a vigência, para que seja apagada do mundo jurídico. Tanto vale nos casos de competência do STF quanto nos de competência dos Tribunais de Justiça dos Estados.
>
> Porém, quando a *declaração* acontece por via de *exceção*, há necessidade de um ato do Poder Legislativo. Se a decisão for do STF, o Senado emite ato suspendendo a execução (CF, art. 52, X); e se a decisão for do TJ Estadual, esse ato, por princípio de simetria, é emitido pela respectiva Assembleia Legislativa. Em nosso Estado, essa previsão está no art. 53, XIII, da CE.

---

[24] Um registro necessário: como se pode notar, o Tribunal lançou mão do "princípio da moderação", que não possui qualquer guarida constitucional. Na verdade, o referido princípio não possui normatividade; consequentemente, é apenas um álibi teórico. Como se sabe, os princípios são deontológicos: possuem normatividade, funcionando à base do código lícito-ilícito. Fora disso, a invocação de um "princípio" desse jaez apenas configura hipótese de um argumento teleológico.

[25] Veja-se, todavia, que o STF declarou, incidentalmente, a constitucionalidade do referido artigo no julgamento do RE 420.816/PR (*DJU* 10.11.2006).

Cap. 3 · O MODELO DE JUSTIÇA CONSTITUCIONAL NO BRASIL PÓS-1988 | 175

Assim sendo, o pressuposto para, na esfera estadual, os órgãos fracionários estarem obrigados a enviar o exame da matéria ao Tribunal Pleno ou, onde houver, ao Órgão Especial é que haja competência para *declarar* a inconstitucionalidade, conforme diz o art. 97 da CF.

A contrário senso: quando tal colegiado não tiver competência para, no regular exercício da jurisdição, *declarar* a inconstitucionalidade da lei ou ato do Poder Executivo, de tal modo que – saliento isso – resulte encaminhamento à Assembleia Legislativa de pedido de suspensão, não há por que os órgãos fracionários fazerem o envio.

Fora desses casos, não apenas não há por que fazer o envio, pois não haverá consequência prática alguma, como não pode acontecer o envio, máxima vênia, pois, então, estará configurada alguma das seguintes hipóteses: (*a*) ou os órgãos fracionários estarão *delegando jurisdição* a um colegiado administrativo ou jurisdicional, o qual se transforma em tribunal de exceção, o que é inconstitucional, inclusive pelo efeito vinculante em relação ao caso; ou (*b*) o colegiado se transforma em órgão consultivo, o que também é inadmissível, porquanto possui função deliberativa, e não opinativa.

Esta é a compreensão que se deve ter a respeito do exame de inconstitucionalidade das leis no 2º grau, e, por conseguinte, dos arts. 480-1 do CPC, e do próprio Regimento Interno desta Corte.

Em suma: a competência para *declarar* a inconstitucionalidade é a mesma, tanto na ação direta quanto no controle difuso.

Destarte, no controle difuso, quando o Tribunal Pleno ou Órgão Especial não tem competência para *declarar* a inconstitucionalidade de tal modo que provoque a suspensão da execução pela Assembleia Legislativa, a competência é do órgão fracionário, que examinará a matéria em relação ao STF, assim como o juízo de 1º grau em relação ao 2º. O juiz *não declara* inconstitucional a lei ou ato porque a competência pertence ao STF ou ao Pleno ou Órgão Especial do TJ, mas deixa de aplicá-los por considerá-los inconstitucionais. Assim também faz o órgão fracionário em tais casos. Se a competência para *declarar* é do Pleno ou Órgão Especial do Tribunal de Justiça, faz o envio; e se a competência é do STF, deixa de aplicá-los por considerá-los inconstitucionais. Neste caso – repito – não deve nem pode fazer o envio, pois estará delegando jurisdição, e qualquer manifestação do Pleno ou do Órgão Especial, sob o ponto de vista constitucional, é inócua.

Por isso mesmo o voto refere a questão dos efeitos externos e a competência exclusiva do STF. Desacolho."[26]

A tese esboçada nos acórdãos (agravo de instrumento e embargos de declaração) merece vários reparos:

a) O primeiro deles diz respeito ao fato de que uma declaração de inconstitucionalidade, em sede de controle concentrado, não opera no plano da vigência da lei, mas, sim, no de sua validade. Uma decisão do STF, em sede de controle concentrado, declarando a inconstitucionalidade de um ato normativo, *não retira a vigência deste ato*. A decisão tão somente opera no plano da validade.

---

[26] TJRS, 1ª Câm. Cív., AI 70003602152, rel. Des. Irineu Mariani, j. 04.09.2002.

b) Em segundo lugar, não é possível concordar com a afirmação – explicitada no corpo do acórdão dos embargos de declaração – de que, "quando a *declaração* acontece por via de *exceção*, há necessidade de um ato do Poder Legislativo". Com efeito, para que a decisão emanada do Órgão Especial do Tribunal, no controle difuso e, portanto, em sede de incidente de inconstitucionalidade, opere efeitos, é absolutamente despicienda a intervenção do Poder Legislativo.

c) Aliás, é esta a *ratio* do sistema difuso: operar apenas *inter partes* (caso contrário, não seria difuso). A intervenção do Poder Legislativo – no plano federal com o Senado emitindo resolução suspensiva (CF, art. 52, X) e, no plano estadual, por ato emitido pela Assembleia Legislativa, se a lei declarada inconstitucional pelo Órgão Especial for estadual ou municipal – somente será necessária para alargar os efeitos (eficácia) do ato nulificador. É quando uma decisão de inconstitucionalidade, que pode iniciar em uma longínqua comarca (no ato de um magistrado que deixe de aplicar uma lei[27] inconstitucional), depois de passar por um Tribunal, com suscitação do incidente respectivo, chega, por meio de recurso extraordinário, até o Supremo Tribunal Federal, e, em este declarando inconstitucional a respectiva lei (no controle difuso, mas mediante o *quorum full bench*), remete-a ao Senado que, ao suspendê-la, finalmente estará conferindo efeito *erga omnes* e *ex nunc* à referida decisão.

Portanto, insisto, quando a declaração acontece por via de exceção (controle difuso), não há a necessidade de um ato do Poder Legislativo. Isso somente será necessário para que a decisão emanada do controle difuso tenha efeitos *erga omnes*.

Não se deve olvidar que a falta de previsão, na Constituição de 1891, de remessa da decisão declaratória de inconstitucionalidade para o Senado somente foi sanada com a Constituição de 1934. Mais ainda: o controle concentrado somente foi introduzido no Brasil em 1965. São, pois, absolutamente distintos os sistemas. Aliás, é bom lembrar que, inicialmente, o sistema de controle de constitucionalidade adotado no Brasil apenas operava *inter partes*, porque não estava previsto qualquer mecanismo de extensão dos efeitos, ao contrário do que ocorria nos Estados Unidos, onde existia a doutrina do *stare decisis*, próprio do *common law*.

Assim, não se pode confundir a possibilidade que tem um juiz de deixar de aplicar uma lei com aquilo que ocorre em sede de órgão fracionário. Parece paradoxal, mas, se assim se quiser comparar, uma Câmara pode "menos" que um juiz. Por isso, quando um órgão fracionário entender que está em face de uma lei inconstitucional (é o que se chama de questão prejudicial), deverá, para cumprir os ditames do art. 97 da CF, suscitar o respectivo incidente de inconstitucionalidade.

As exceções são:

a) quando se estiver na hipótese do art. 949, parágrafo único, do CPC/2015. Explicando melhor: se o órgão fracionário se inclinar pela inconstitucionalidade de

---

[27] Como já explicitado, o juiz não declara a inconstitucionalidade da lei, apenas deixa de aplicá-la.

Cap. 3 · O MODELO DE JUSTIÇA CONSTITUCIONAL NO BRASIL PÓS-1988 | **177**

uma lei federal (ou até de emenda à Constituição Federal), uma vez suscitado o incidente e o Órgão Especial declarar a inconstitucionalidade deste ato por maioria absoluta, a referida declaração retorna para o órgão fracionário, que estará vinculado a essa decisão. Essa decisão do Órgão Especial somente terá efeito *inter partes*. Entretanto, em razão do disposto no referido artigo um outro órgão fracionário, estando em face do mesmo ato normativo, estará, agora sim, dispensado do respectivo incidente. Desse modo, não é possível concordar com a afirmação de que a suscitação do incidente configurará uma delegação de jurisdição a um colegiado jurisdicional, que se transformaria em "tribunal de exceção". Da mesma forma, é incorreto dizer que o colegiado (Órgão Especial) se estaria transformando em órgão consultivo. Esse fenômeno será analisado mais amiúde na sequência, no item 3.2.2;

b) quando se tratar de decisão das turmas recursais de Juizado Especial, segundo jurisprudência do STF;[28]

c) quando ocorrer declaração de não recepção (incompatibilidade material do direito pré-constitucional), pois na hipótese há, segundo a maioria da Corte, revogação da legislação anterior.[29] Isso é assim desde a ADI 2 e a Questão de Ordem na ADI 438, conforme será detalhado no item 3.2.4;

d) nos casos de declaração de constitucionalidade, já que, *in casu*, a *presunção de constitucionalidade* de que é dotada toda a lei não é abalada;[30]

e) na hipótese de interpretação conforme à Constituição e nulidade parcial sem redução de texto, porquanto "a interpretação que restringe a aplicação de uma norma a alguns casos, mantendo-a com relação a outros", não se identifica com a previsão do art. 97 da Constituição.[31]

Por último, também não é possível concordar com a afirmativa – feita no julgado sob comento – de que, "no controle difuso, quando o Tribunal Pleno ou Órgão Especial não tem competência para declarar a inconstitucionalidade de tal modo que provoque a suspensão da execução pela Assembleia Legislativa, a competência é do órgão fracionário, que examinará a matéria em relação ao STF, assim como o juízo de primeiro grau em relação ao segundo". Entendo que de modo algum ocorre essa "delegação" de competência

---

[28] Difícil entender as razões pelas quais os Juizados Especiais não necessitem obedecer ao art. 97 da CF. Trata-se de uma exceção sem fundamento constitucional. A organização e as peculiaridades dos Juizados Especiais não podem representar uma razão plausível para a dispensa do cumprimento do art. 97. Nesse caso, deveria ter sido implementado um incidente *per saltum*, no modo como se faz nos modelos concentrados da Espanha e da Alemanha. Lá, um juiz ou Tribunal não pode deixar de aplicar uma lei por entendê-la inconstitucional. Nos casos em que assim entender, o juiz ou o Tribunal deve suspender o julgamento e remeter a querela ao Tribunal Constitucional. Essa medida deveria ser adaptada para os casos de Juizados Especiais, guardadas as especificidades de atribuição e competência.

[29] Cf. RE-AgRg 395.902.

[30] Cf. RE-AgRg 147.702.

[31] Cf. RE 184.093.

para o órgão fracionário. Se assim ocorresse, isto é, se o incidente de inconstitucionalidade somente fosse exigível na hipótese de possibilidade de remessa da decisão do Órgão Especial à Assembleia Legislativa, estar-se-ia, de forma inexorável, exterminando com o controle difuso de leis federais, ficando esse mecanismo restrito apenas aos atos normativos municipais e estaduais.

De qualquer modo, e muito embora o equívoco da referida decisão, o exemplo serve para demonstrar a complexidade da matéria, problemática que fica bem assentada pelos vários casos aqui discutidos. Como se pode perceber,

a) algumas decisões apontam para a confusão entre os efeitos de decisões em controle difuso e as do controle concentrado;

b) outras atribuem equivocadamente ao STF a competência exclusiva para apreciação de inconstitucionalidade de atos normativos federais;

c) há, como visto, até mesmo decisões de segundo grau que entendem inaplicável o controle difuso em sede de *habeas corpus*;

d) em outros casos, percebe-se que a circunstância de "deixar de aplicar a lei" tem o condão de subtrair a apreciação da inconstitucionalidade do modo *full bench*, previsto no art. 97 da Constituição. Ora, quando um órgão fracionário deixa de aplicar uma lei por entendê-la contrária à Constituição, deve suscitar, antes, o incidente (como veremos, exceção aos casos de interpretação conforme a Constituição e nulidade parcial sem redução de texto);

e) nem o juiz de primeiro grau nem o órgão fracionário de tribunal declaram inconstitucionalidades: o primeiro deixa de aplicar a lei que entender contrária à Constituição; o segundo, em sendo a lei inquinada de inconstitucional uma questão prejudicial (condição de possibilidade), não estará dispensado da suscitação. O processo fica suspenso até o pronunciamento do Tribunal Pleno (ou Órgão Especial nos Estados que tenham mais de 25 desembargadores).

Ainda neste ponto, não poderia deixar de registrar decisão proferida pela 9ª Câmara de Férias do Tribunal de Justiça de São Paulo, em data de 24 de janeiro de 2003, cujo mérito teve repercussão nacional, porque tratou da inconstitucionalidade do "foro privilegiado instituído pela Lei 10.628/2002". Conforme relatam os autos, o Prefeito de Dracena-SP ingressou com agravo de instrumento, com pedido de efeito suspensivo, nos autos da ação civil pública com pedido de liminar que lhe foi promovida pelo Ministério Público. A liminar consistia na suspensão, até decisão final da ação civil pública, da nomeação e atribuição de aulas para professores, em virtude de problemas no concurso público promovido por aquela administração municipal. A principal alegação do prefeito estava sustentada no art. 84, § 2º, do CPP, com a redação dada pela Lei 10.628, de 24.12.2002. Segundo a nova redação do aludido dispositivo, a ação civil pública, mesmo em andamento, deveria ser julgada pelo Tribunal de Justiça de São Paulo, e não pelo juiz da comarca.

Embora o agravante tenha levantado, ainda, outros argumentos, importa referir que o órgão fracionário rejeitou a preliminar principal do Prefeito, que tratava da incompetência de foro por prerrogativa de função, baseado na tese de que a Lei Federal 10.628/2002 não

Cap. 3 · O MODELO DE JUSTIÇA CONSTITUCIONAL NO BRASIL PÓS-1988 | **179**

encontra fundamento na Constituição Federal de 1988. O art. 37, § 4º, da Magna Carta trata da suspensão dos direitos políticos, perda da função pública, indisponibilidade dos bens e ressarcimento ao erário, para os atos de improbidade administrativa, sem prejuízo da ação penal cabível. A ação proposta tem natureza eminentemente civil, não obstando possa ser ajuizada a competente ação penal.[32]

A partir de uma análise apressada, poder-se-ia afirmar que a decisão foi processualmente correta. Afinal de contas, tratando a Constituição Federal do foro para o julgamento dos prefeitos na esfera criminal, não poderia uma lei ordinária estender essa prerrogativa de foro para ações de índole não penal. Entretanto, uma análise constitucionalmente adequada aponta para a relevante circunstância de que aquele órgão fracionário não tinha competência para "declarar a inconstitucionalidade" do art. 84 do CPP, na parte alterada pela Lei 10.628/2002. Tampouco poderia "deixar de aplicar" o aludido dispositivo, sob a alegação de ser inconstitucional. Na medida em que a Lei 10.628/2002 deu novo tratamento à matéria da competência para o processamento de ações de improbidade, transferindo-a para os Tribunais de Justiça (no caso dos Prefeitos), *essa questão passou a ser prejudicial para o deslinde da controvérsia*. Desse modo, a Câmara necessariamente deveria ter suscitado o incidente de inconstitucionalidade, suspendendo o julgamento até que o Órgão Especial apreciasse a matéria, em obediência ao art. 97 da Constituição Federal. Portanto, muito embora acertada na questão de fundo, a decisão do órgão fracionário é nula, porque desobedeceu ao modo *full bench, ratio* do sistema de controle difuso de constitucionalidade.

Enfim, o que deve ficar claro é que o controle difuso de constitucionalidade, quando realizado no âmbito dos tribunais, não pode prescindir da suscitação do incidente, salvo as exceções já destacadas exaustivamente.

O art. 97 da Constituição, que estabelece a reserva de plenário, funciona como uma *holding*, de onde emana o fundamento que legitima as duas variantes do nosso sistema de controle de constitucionalidade.

Embora os efeitos sejam diferentes (no controle concentrado, é *erga omnes*, e no controle difuso, é *inter partes*), há sempre uma declaração de inconstitucionalidade, ou seja, uma decisão que retira a validade da norma jurídica. Muito embora cumpra frisar que a retirada pela declaração somente ocorre nas hipóteses de controle concentrado e nas hipóteses do efeito decorrente do incidente de inconstitucionalidade e de sua eventual dispensa; e que o juiz não declara a inconstitucionalidade do texto normativo, mas sim deixa de aplicá-lo (diferentemente dos tribunais).

---

[32] Cf. AI 313.238-5/1-00. Observe-se que, em 15.09.2005, o Plenário do Supremo Tribunal Federal julgou a ADI 2.797, ocasião em que reconheceu a inconstitucionalidade dos §§ 1º e 2º do art. 84 do CPP, inseridos pela Lei 10.628/2002, fato que elimina a discussão que havia sobre a matéria na época da impetração do *habeas corpus*. É patente a incompetência do órgão sentenciante, uma vez que, quando proferida a sentença, o paciente não mais ostentava a condição de prefeito da cidade de Cabo Frio-RJ" (HC 86.398, rel. Min. Joaquim Barbosa, j. 07.03.2006, *DJ* 18.08.2006). No mesmo sentido: Inq 2.010-QO, rel. Min. Marco Aurélio, j. 23.05.2007, *Informativo* 468; ACO 853, rel. Min. Cezar Peluso, j. 08.03.2007, *DJ* 27.04.2007.

Nesse sentido, o correto e bem lançado acórdão do órgão especial do TJRS, assentando que o art. 97 da CF não é regra de competência, e sim forma de julgamento da questão constitucional, em virtude do *quorum* exigido em julgamentos desse jaez.[33]

3.2.1 O controle difuso e a Súmula Vinculante 10 do STF

Nesse contexto até aqui examinado, é importante registrar que a burla recorrente nos tribunais da regra do art. 97 da CF/1988[34] ensejou a edição, pelo Supremo Tribunal Federal, da Súmula Vinculante (SV) 10, vazada nos seguintes termos: "Viola a cláusula de reserva de plenário (CF, art. 97) a decisão de órgão fracionário de Tribunal que, embora não declare expressamente a inconstitucionalidade de lei ou ato normativo do poder público, afasta sua incidência, no todo ou em parte".

O verbete versa sobre a chamada "declaração de inconstitucionalidade velada ou disfarçada", em que o tribunal decide simplesmente não aplicar um dispositivo legal, invocando normalmente os "métodos tradicionais de interpretação" para furtar-se de seu mister constitucional. Na verdade, geralmente o tribunal local atua dessa forma para não dar ensejo à interposição de recurso extraordinário, utilizando-se da ausência de referência expressa à Constituição como óbice para a admissão do apelo extremo – uma vez que o STF não conhece recurso extraordinário quando a matéria é de cunho eminentemente infraconstitucional, sendo a violação ao Texto Maior apenas *reflexa*. Também é possível que o órgão fracionário dispense (indevidamente) o incidente pelo relativo dispêndio que ele ocasiona na ordem dos serviços.

Registre-se que a edição do verbete da SV 10 ocorreu depois do julgamento de recurso extraordinário interposto em face de acórdão do Superior Tribunal de Justiça que, sem observância da cláusula de reserva de plenário, afastara, em decisão de Turma, a incidência da Lei Complementar 118/2005.[35]

A referida Súmula, entretanto, não se aplica à *inconstitucionalidade superveniente*, isto é, não se pode exigir que os tribunais (órgãos fracionários) suscitem incidente de leis anteriores à Constituição. Em outros termos, a declaração de *não recepção*, pela Constituição, de uma norma a ela anterior não exige julgamento *full court*. Nesse ponto, é bom lembrar que a ADPF veio para suprir "lacuna" no sistema, ao estabelecer que leis anteriores à Constituição podem ter arguida a sua inconstitucionalidade por intermédio dessa modalidade de controle abstrato/concentrado.

Se a decisão do órgão fracionário ou do Tribunal apenas se restringe à *interpretação* de um determinado dispositivo ou à delimitação de sua incidência a algumas hipóteses, sem qualquer motivo de inconstitucionalidade, não declarará a inconstitucionalidade no sentido da dicção do art. 97, não implicando, portanto, a incidência da Súmula Vinculante 10. Essa também é a hipótese quando o órgão fracionário ou o Tribunal aplica a

---

[33]   Ac. 70000802074, rel. Araken de Assis.

[34]   Regra essa que, não é desarrazoado afirmar, constitui verdadeira condição de eficácia jurídica da declaração de inconstitucionalidade.

[35]   Veja-se, pois, o RE 580.108-QO, rel. Min. Ellen Gracie, j. 18.06.2008, *Informativo* 511.

Cap. 3 · O MODELO DE JUSTIÇA CONSTITUCIONAL NO BRASIL PÓS-1988 | **181**

interpretação conforme a Constituição (*verfassungskonforme Auslegung*) e a declaração de inconstitucionalidade parcial sem redução de texto (*Teilnichtigerklärung ohne Normtext Reduzierung*). No primeiro caso, trata-se de uma declaração positiva, ou seja, a interpretação conforme a Constituição é uma decisão interpretativa de rejeição, que ocorre quando uma norma julgada inconstitucional pelo Tribunal *a quo* (decisão positiva) é considerada como constitucional pelo STF, desde que ela seja interpretada num sentido conforme a Constituição (interpretação adequadora). Já a segunda (inconstitucionalidade parcial sem redução de texto) é uma decisão interpretativa de acolhimento (ou de acolhimento parcial), ou inconstitucionalidade parcial qualitativa, ideal, ou vertical, ou, ainda, decisão redutiva qualitativa.[36]

Na inconstitucionalidade parcial sem redução de texto, ocorre a exclusão, por inconstitucionalidade, de determinada(s) hipótese(s) de aplicação (*Anwendungsfälle*) do programa normativo, *sem que se produza alteração expressa do texto legal*. Trata-se, nestes dois casos, da relação "texto-norma". Altera-se tão somente a norma e não o texto. Dito de outro modo: se no primeiro caso se "salva" a lei, não teria sentido o incidente por não haver inconstitucionalidade. Já no segundo caso, embora haja a exclusão de uma hipótese de aplicação, por ser inconstitucional, esta apenas ocorre no plano ideal, sem alteração expressa do texto, isto é, ocorre a construção de um sentido diferente de um mesmo texto. Por isso a dispensa do incidente[37] e a não incidência da SV 10.

---

[36] Marinoni sustenta que a interpretação conforme a Constituição e a nulidade parcial sem redução de texto, embora não declarem a inconstitucionalidade, constituem técnicas de controle de constitucionalidade; consequentemente, a aplicação dessas técnicas está reservada aos órgãos plenos ou órgãos especiais, onde houver (MARINONI, Guilherme; SARLET, Ingo; MITIDIERO, Daniel. *Curso de direito constitucional*. São Paulo: Ed. RT, 2012. p. 824). Penso que a tese de Marinoni enfraquece o controle difuso de constitucionalidade. Na relação "texto-norma", a interpretação conforme e a nulidade parcial sem redução de texto apenas alteram a norma. O texto permanece na íntegra. Logo, torna-se impossível elaborar o incidente. Se não impossível, no mínimo é inadequado fazer a exigência ao órgão fracionário. A tese de Marinoni não esclarece se o juiz ordinário pode lançar mão da interpretação conforme a Constituição e da nulidade parcial sem redução de texto. Seria uma grande perda para a atividade jurisdicional impedirmos que juízes lancem mão desses vigorosos instrumentos hermenêuticos.

[37] Emílio Meyer (MEYER, Emílio. *A decisão*, op. cit.), na esteira de Marinoni, sustenta que a nulidade parcial sem redução de texto está reservada ao *full bench*. Não é possível concordar com a tese. Como fazer um incidente de uma abdução de sentido? Na relação texto e norma, a nulidade parcial é estritamente um exemplo típico. Muda-se apenas a norma. O texto permanece. É um dos sentidos que será inconstitucional. Por isso a impossibilidade de se fazer um incidente nos casos de nulidade parcial sem redução de texto. Embora seja uma decisão parcialmente procedente, esta não declara o texto inconstitucional, mas, sim, apenas a norma e, mesmo assim, parte da norma, a partir de um dos sentidos que é considerado inconstitucional. Não há notícia de incidente – *stricto sensu* – de um caso de inconstitucionalidade parcial sem redução de texto. Afinal, o instituto se chama "sem redução de texto". Ora, se o texto fica e só altera a norma, como fazer o incidente? Apenas no plano de uma *real juridik* é que se poderia admitir esse procedimento, embora de difícil execução, em face da relação "texto-norma". Observe-se, ademais, que Meyer cai em uma contradição sobre o instituto. Com efeito, ele faz uma crítica ao juiz (e professor) Alexandre Morais da Rosa, que proferiu decisão em ação civil pública interposta pelo Ministério Público de Joinville-SC contra o Município por não ter incluído, entre as prioridades orçamentárias e administrativas, abertura de vagas de crianças

182 | JURISDIÇÃO CONSTITUCIONAL · *Lenio Luiz Streck*

Todavia, é sempre importante ter em mente que a decisão que aplica as "técnicas" da interpretação conforme a Constituição e a declaração de inconstitucionalidade sem redução de texto pode, em algumas circunstâncias, constituir verdadeira *decisão manipulativa de efeitos aditivos*, o que recomendaria o julgamento *en banc*.[38]

Se a prudência – no comportamento dos tribunais – que subjaz à regra do *full bench* se justifica em razão da atuação do tribunal como *legislador negativo*, na hipótese de declaração de inconstitucionalidade de lei ou ato normativo também estará presente essa razão justificadora da regra constitucional do art. 97 nos casos em que o tribunal, ao interpretar o texto da lei, adiciona a ele, ainda que de forma indireta, novo conteúdo normativo não previsto originariamente pelo legislador. A impossibilidade de previsão, *ex ante*, da ocorrência de hipóteses tais (decisões interpretativas de efeitos aditivos) recomenda que os tribunais estejam atentos, nos casos concretos, à aplicação do art. 97 em decisões de conteúdo interpretativo da lei ou ato normativo.[39]

Com relação ao controle de constitucionalidade difuso no âmbito das Turmas Recursais, o Supremo Tribunal Federal já decidiu que a regra é inaplicável. Igualmente, como já explicitado, não é exigida a suscitação do incidente de inconstitucionalidade nos casos de leis anteriores à Constituição, casos em que a incompatibilidade se resolve pela constatação de que houve revogação pura e simples, isto é, o ato normativo tem-se como não recepcionado,[40] questão que confirma tese adotada, entre outros, por Hans Kelsen em sua *Teoria pura do direito*. De ressaltar que essa antiga posição do Supremo Tribunal Federal foi parcialmente revista no julgamento da ADI 3.833, em que o Tribunal, ao não conhecer a ação, deixou assentado, na parte dispositiva do acórdão, que a norma impugnada estaria revogada por emenda constitucional a ela posterior.

---

em lista de espera em educação infantil. Meyer diz que Morais se equivocou por ter interpretado erroneamente minha crítica à teoria discursiva habermasiana. Assim, diz Meyer, Morais da Rosa concedeu liminar na ACP, embora a vedação da concessão de liminares contra a Fazenda Pública. *In verbis:* "... dever-se-ia, no caso concreto, decretar a nulidade parcial sem redução de texto do art. 1º da Lei 9.494/1997". Pois bem. Se Meyer considera que somente em *full bench* é possível a *Teilnichtigerklärung ohne Nortextreduzierung*, como é possível que o juiz possa "decretar" essa nulidade parcial? De todo modo, mesmo que Meyer admita a nulidade parcial feita pelo juízo singular, ainda assim jamais seria uma "decretação" (o juiz não decreta sequer a inconstitucionalidade "total" de uma lei). Na verdade, o juiz deixaria de aplicar um dos sentidos inconstitucionais da lei, ou seja, "a Lei 9.494 será inconstitucional se aplicada no sentido de...".

[38] Expressão francesa muito utilizada no *common law* – significa julgamento por um bloco de juízes, o equivalente, aqui, ao Tribunal Pleno ou ao Órgão Especial.

[39] Este tema é problematizado por Georges Abboud, na sua obra *Jurisdição constitucional e direitos fundamentais* (op. cit., p. 203 e ss.), onde o autor aborda a questão das chamadas sentenças interpretativas e sua relação com a Súmula 10, demonstrando também a desnecessidade de atender ao *full bench* para o caso da interpretação conforme a Constituição e a aplicação da reserva de plenário para o uso da arguição de nulidade sem redução de texto, especificamente quando, "ao declarar inconstitucional um dos sentidos da lei, culminar na não aplicação ao caso concreto, quando a própria lei previa sua aplicação ao caso" (p. 208).

[40] Ver, a respeito, ponto 3.2. acerca dos precedentes do STF para as diversas hipóteses de inaplicabilidade da regra do art. 97 da CF.

Cap. 3 · O MODELO DE JUSTIÇA CONSTITUCIONAL NO BRASIL PÓS-1988 | 183

3.2.2 O problema (dos limites) da dispensa da suscitação do incidente de inconstitucionalidade (art. 949, parágrafo único, do CPC/2015)

É importante lembrar que a declaração de constitucionalidade ou de inconstitucionalidade, emanada do Plenário do STF, por maioria qualificada, aplica-se aos novos processos submetidos à apreciação das Turmas ou à deliberação dos juízes que integram o tribunal, viabilizando, em consequência, o julgamento imediato das causas com tema idêntico, ainda que o acórdão plenário – que firmara o precedente no *leading case* – não tenha sido público ou, caso já publicado, não tenha transitado em julgado, ressalvando-se a possibilidade de qualquer dos Ministros, com apoio no que dispõe o art. 103 do RISTF, propor ao Pleno a revisão da jurisprudência assentada em matéria constitucional.

Ainda assim, uma questão acerca do art. 949, parágrafo único, do CPC/2015 não pode passar despercebida. Com efeito, o parágrafo estabelece duas exceções ao princípio da reserva de plenário insculpido no art. 97 da Constituição. Examinando o referido texto, é possível concluir que há uma equivalência entre as duas hipóteses (disjuntivas) que retiram a obrigatoriedade da suscitação do incidente de inconstitucionalidade, ou seja, pronunciamento do plenário do Supremo Tribunal Federal ou do órgão especial (ou pleno) do próprio tribunal em sede do qual ocorre a demanda. Basta, pois, a ocorrência de um dos dois pronunciamentos para que o incidente esteja dispensado.

De pronto, parece óbvio entender que o dispositivo trata de pronunciamento do Supremo Tribunal Federal exclusivamente em sede de controle difuso de constitucionalidade, uma vez que, se se tratasse de decisão em sede de controle concentrado, não teria qualquer sentido e importância a lei estabelecer a exceção, pois, julgada a questão constitucional em sede de ação direta de inconstitucionalidade, o efeito *erga omnes* exsurge *de per se*, isto é, se a lei ou o dispositivo em discussão no tribunal já tiver sido declarado inconstitucional, deixa de ter eficácia, sendo, assim, írrito, nenhum. Logo, o aludido parágrafo único somente adquire importância se disser respeito à decisão do Supremo Tribunal no âmbito do controle difuso. Neste caso, uma vez aceita tal evidência, surgem várias questões um tanto paradoxais.

Em primeiro lugar, se o STF declarou a inconstitucionalidade da lei ou do dispositivo objeto da controvérsia em sede de controle difuso (e, para tanto, por óbvio, assim o fez por maioria absoluta, porque também o STF deve obediência ao art. 97 da CF), *deveria* ter remetido a decisão para o Senado, para os fins do art. 52, X, da CF (suspensão da execução da lei). Claro que aqui voltamos à discussão acerca da Rcl 4.335, na qual se discutia se o art. 52, X, da CF deve ou não ser seguido pelo Supremo Tribunal Federal, problemática abordada em item específico.

Em segundo lugar, se o STF assim proceder, e o Senado cumprir com sua missão, a dispensa da suscitação do incidente perde igualmente significado, porque a resolução que suspende a execução da lei emanada do Senado produz efeito *erga omnes e ex nunc*.

Em terceiro lugar, se o Supremo Tribunal Federal não remeter ao Senado sua decisão,[41] esperando, portanto, consolidar melhor sua jurisprudência, o parágrafo único acarreta

---

[41] Sempre lembrando ao leitor a querela relacionada à Rcl 4.335-4/AC. Sobre o assunto faço agudas críticas aos votos dos Ministros Eros Grau e Gilmar Mendes nesta obra (3.2.3).

prejuízos hermenêuticos ao sistema jurídico, porque, se o STF ainda precisa consolidar sua posição acerca da questão constitucional (por exemplo, por ter alcançado escassa maioria), *não se torna aconselhável a vinculação a essa decisão, desde logo, dos demais tribunais da República*, em face da própria ideia da construção de uma sociedade aberta dos intérpretes da Constituição de que fala Peter Häberle. Não se pode olvidar o fato de que o sistema jurídico brasileiro é de índole romano-germânica, onde o corolário é a lei, conforme estatuído no art. 5º, II, da Constituição Federal.

Em quarto lugar, e como consequência do problema anterior, se o Supremo Tribunal Federal continuar a discussão (mediante novas apreciações da mesma questão) sem remeter sua decisão para que o Senado suspenda a execução do dispositivo ou da lei, poder-se-ia concluir que o próprio STF considera que a regra do parágrafo único do art. 949 do CPC/2015 não se aplica a ele mesmo. Dito de outro modo: se o STF aprecia, no modo *full bench*, apenas uma vez a questão constitucional relacionada a determinada lei ou dispositivo e, portanto, encerra a discussão, deve obedecer ao disposto no art. 52, X, da CF, remetendo a decisão de inconstitucionalidade para o Senado. De outra feita, se a questão é levada mais de uma vez ao plenário e, desse modo, esta não é remetida ao Senado, é porque a questão, em sede de controle difuso, não está suficientemente assentada. Consequentemente, também não se poderá exigir que, enquanto a decisão de inconstitucionalidade não for remetida ao Senado, os tribunais estejam vinculados a tal decisão, mediante a dispensa da suscitação do respectivo incidente, o que nada mais é do que aceitar a matéria como definitiva. A leitura dos arts. 52, X, e 97 da Constituição não permite que se conclua que, em sede de controle difuso, possa haver discricionariedade por parte do Supremo Tribunal para remessa de decisão de inconstitucionalidade de ato normativo por ele declarado inconstitucional ao Senado da República.

Resumindo, pode-se concluir que a imposição da exceção prevista no parágrafo único do art. 949 do CPC/2015 só adquire significado nas hipóteses em que o Supremo Tribunal Federal, ao decidir a questão constitucional em sede de controle difuso, *já tenha remetido a decisão para o Senado* (porque só então estará consolidada a posição do STF) e o Senado ainda não tenha promulgado a resolução suspensiva da execução da lei. Fora de tal hipótese, é temerária (e inconstitucional) a dispensa de suscitação do incidente de inconstitucionalidade pelos tribunais da República, porque decorrência, nestes casos, de decisão do Supremo Tribunal *que não cumpriu o disposto no art. 52, X, da CF*.

Se, entretanto, o Supremo Tribunal cumprir o disposto no art. 52, X, remetendo, desde logo, a decisão de inconstitucionalidade ao Senado, e existir inércia do Senado, a dispensa da suscitação do incidente se justifica, porque, nesse caso, a modalidade de concessão de efeito *erga omnes* que decorre do próprio perfil do sistema misto de controle de constitucionalidade adotado no Brasil não foi efetivada. O STF, ao remeter a decisão ao Senado, esgota sua apreciação acerca daquela questão, não havendo, assim, razão para que se continue a suscitar incidentes.

Em quinto lugar, é possível concluir que a segunda hipótese de dispensa de suscitação, advinda de prévio pronunciamento do plenário ou do órgão pleno de outro tribunal que não o STF, pode ocorrer tão somente quando não existir a primeira hipótese (pronunciamento do pleno do Supremo Tribunal Federal). Com efeito, se já existir pronunciamento do STF pela inconstitucionalidade do ato normativo, perde toda importância o fato de

Cap. 3 · O MODELO DE JUSTIÇA CONSTITUCIONAL NO BRASIL PÓS-1988 | **185**

existir ou não pronunciamento do tribunal local, a menos que se entenda que, mesmo havendo decisão do STF, outro tribunal possa elaborar decisão em outro sentido, questão que, logicamente, fica absolutamente sem sentido, pela simples razão de que se está a discutir, sempre, a questão da inconstitucionalidade do ato normativo, e não o seu inverso (a sua constitucionalidade). Ou seja, se algum tribunal discorda do STF, tal posição somente pode exsurgir de um incidente que foi julgado improcedente.

Por tudo isso, a análise da dispensa do incidente de inconstitucionalidade em face de decisão anterior do tribunal local somente se coloca quando *ainda não existir decisão do Supremo Tribunal Federal acerca da matéria*, pela singela razão de que o disposto no parágrafo único somente diz respeito à decisão que trata de inconstitucionalidade, não havendo, por absoluta obviedade, incidente para declarar a constitucionalidade de um ato normativo. Consequentemente, já deverá ter havido incidente anterior (ou decisão em sede de competência originária do tribunal na modalidade *full bench*).

Desse modo, e sempre ainda como decorrência da discussão em tela, há que se lembrar que o ponto central da problemática é o questionamento da necessidade ou não da suscitação do incidente de inconstitucionalidade, *ratio* do controle difuso. Isso significa não olvidar que a questão da inconstitucionalidade de um ato normativo somente se coloca como questão prejudicial no interior da discussão de uma causa.

Logo, para que a dispensa do incidente ocorra em sede dos demais tribunais da República, torna-se necessária a ocorrência de uma causa idêntica, onde a questão prejudicial seja rigorosamente idêntica. Caso contrário, outros fundamentos poderão ser aduzidos, podendo o tribunal local, no modo *full bench*, rever a tese. Registre-se que o incidente sempre ocorre a partir de uma fundamentação, sendo, daí, lavrado acórdão que será remetido, *per saltum*, ao plenário do tribunal com parecer prévio do Ministério Público.

Por último, é necessário lembrar que, caso o órgão fracionário entenda que não é caso de inconstitucionalidade, poderá julgar o mérito da causa, desconsiderando a questão tida como prejudicial. Aqui, entretanto, vale uma observação: caso o órgão fracionário se negue a suscitar o incidente, poderá estar violando a Súmula Vinculante 10, razão pela qual estará dando ensejo à interposição de reclamação junto ao Supremo Tribunal Federal.

Em face do que até aqui foi exposto, é possível elaborar o seguinte quadro:

1. O Supremo Tribunal Federal decide, em sede de controle difuso no modo *full bench* (por exemplo, no bojo de um recurso extraordinário ou como instância originária), que determinado ato normativo é inconstitucional:

   Hipótese *a* – remete a decisão para o Senado, em obediência ao art. 52, X, da Constituição (lembremos aqui, novamente, do episódio envolvendo a Rcl 4.335);

   Consequência: independentemente de o Senado se pronunciar, os órgãos fracionários estarão dispensados da suscitação do incidente que tenha como objeto a mesma questão constitucional;

   Hipótese *b* – o Senado suspende a execução do ato normativo;

   Consequência: perde significado jurídico a suscitação do incidente, porque o efeito da suspensão é *erga omnes* e *ex nunc*;

Hipótese *c* – o Supremo Tribunal, muito embora tenha declarado a inconstitucionalidade do ato normativo, conforme o item 1, não remete a decisão para o Senado;

Consequência: o art. 52, X, da CF estará descumprido. Entretanto, os órgãos fracionários dos tribunais não precisarão suscitar o incidente. Nesse caso, é necessário registrar que o art. 52, X, não estará descumprido se o STF decidir não remeter a decisão para o Senado por ter alcançado escassa maioria e a matéria não estar, ainda, devidamente assentada. De qualquer modo, não pode haver dispensa da suscitação do incidente pelos demais tribunais.

2. Não há, ainda, qualquer pronunciamento do Supremo Tribunal acerca da matéria. E outro tribunal, apreciando incidente de inconstitucionalidade, declara a inconstitucionalidade do aludido ato normativo:

Consequência: em sede daquele tribunal, os órgãos fracionários estarão dispensados da suscitação do incidente, *desde que se trate de uma mesma questão prejudicial*, na apreciação de causa idêntica, porque se trata de controle concreto (difuso) de constitucionalidade.

3.2.3 Da (in)dispensabilidade da resolução do Senado Federal. Eficácia declaratória ou constitutiva? Ou por que essa discussão possui, atualmente, apenas valor acadêmico, uma vez que o STF a considera superada – o inciso X do art. 10 já não possui validade

Essa é uma discussão antiga. Implantado o *judicial review* em *terrae brasilis* com a Constituição Republicana de 1891, restou uma lacuna somente resolvida com a Constituição de 1934. Com efeito, a Constituição não tratou de um problema crucial para o controle de constitucionalidade: o de conceder efeito *erga omnes*, problemática resolvida no sistema norte-americano por meio da doutrina do *stare decisis*.

Com a previsão de remessa para o Senado da decisão declaratória de inconstitucionalidade em sede difusa na Constituição de 1934, repetida nas Constituições seguintes com exceção da de 1937, tudo indicaria que o problema estaria resolvido.

Mas não foi o que a história recente nos mostrou. Aquilo que deveria ser o marco "regulatório" da diferença entre uma decisão proferida em sede difusa (concreta) e uma decisão resultante de controle concentrado acabou sendo erodido com o passar do tempo. Isso porque, de forma discricionária, o Supremo Tribunal Federal remetia, até pouco tempo atrás, apenas as decisões que julgava relevantes. As demais permaneciam no âmbito restrito dos efeitos próprios do sistema difuso. Essa circunstância acabou vindo à tona no ano de 2006, por ocasião do julgamento da Rcl 4.335-5/AC.

Sem dúvida, do resultado desse julgamento dependia o futuro do controle difuso no Brasil. Ou seja, se prevalecesse a tese constante dos votos dos Ministros Gilmar Mendes e Eros Grau, não haveria diferença nos efeitos dos tipos de decisões (difuso e concentrado). Isso porque, *primeiro*, o caminho para a decisão que equipara os efeitos do controle difuso aos do controle concentrado, que só pode ser realizado a partir do que – nos votos – foi denominado de "mutação constitucional", e que consistiu, na verdade, não na atribuição

Cap. 3 · O MODELO DE JUSTIÇA CONSTITUCIONAL NO BRASIL PÓS-1988 | **187**

de uma nova norma a um texto *Sinngebung*, mas sim na substituição de um texto por outro texto (construído pelo Supremo Tribunal Federal); *segundo*, é preciso saber se é possível atribuir efeito *erga omnes* e vinculante às decisões emanadas do controle difuso, dispensando-se a participação do Senado Federal ou transformando-o em uma espécie de diário oficial do STF em tais questões.

O cerne da discussão da Rcl 4.335 reside nos votos dos Ministros Gilmar Mendes e Eros Grau. Fundamenta o entendimento do Ministro-relator Gilmar Mendes o fato de que, de acordo com a jurisprudência do STF (Rcl 1.880, 23.05.2002), o Tribunal reconhece o cabimento de reclamações que comprovem "prejuízo resultante de decisões contrárias às teses do STF, em reconhecimento à eficácia vinculante *erga omnes* das decisões de mérito proferidas em sede de controle concentrado". A questão envolve aspectos sobre a natureza do poder constituinte – brasileiro – e, ainda, elementos acerca do caráter sofisticado do controle da constitucionalidade no Brasil, isto é, caracterizado pela coexistência dos modelos de controle concentrado e difuso.

Para Eros Grau, *in casu*, tratava-se de uma alteração do próprio texto constitucional, uma vez que teríamos passado de um texto pelo qual compete privativamente ao Senado Federal suspender a execução, no todo ou em parte, de lei declarada inconstitucional por decisão definitiva do Supremo Tribunal Federal, a outro texto, que passa a ser ditado do seguinte modo: "Compete privativamente ao Senado Federal dar publicidade à suspensão da execução, operada pelo STF, de lei declarada inconstitucional, no todo ou em parte, por decisão definitiva do Supremo".

Ora, neste ponto, pretendiam uma alteração "formal" do texto constitucional. Com efeito, a Constituição estabelece a remessa ao Senado (art. 52, X) das decisões em sede de controle difuso emanadas do plenário da Corte Maior. Ou seja, o pronunciamento do Senado é condição de validade final da decisão do STF, exatamente em face do princípio federativo e da divisão de Poderes.

Esta diferenciação entre os dois tipos de controle de constitucionalidade possui outros desdobramentos possíveis no quadro do sistema constitucional. Se o controle concentrado é exercido pelo Supremo Tribunal, por outro lado poderá existir, neste controle, a participação da sociedade civil. A decisão do Supremo estará, então, legitimada não somente porque emanou da corte que possui em última instância a complexa responsabilidade da guarda da Constituição. Principalmente, a decisão estatal estará legitimada por ser o resultado de um processo jurisdicional em que a sociedade poderá vir a ter participação.

Entretanto, o modelo de participação democrática no controle difuso também se dá de forma indireta, pela atribuição constitucional deixada ao Senado Federal. Excluir a competência do Senado Federal – ou conferir-lhe apenas um caráter de tornar público o entendimento do Supremo Tribunal Federal – significa reduzir as atribuições do Senado Federal à de uma secretaria de divulgação intralegislativa das decisões do Supremo Tribunal Federal; significa, por fim, retirar do processo de controle difuso qualquer possibilidade de chancela dos representantes do povo deste referido processo, o que não parece ser sequer sugerido pela Constituição da República de 1988.

Como se não bastasse reduzir a competência do Senado Federal à de um órgão de imprensa, há também uma consequência grave para o sistema de direitos e de garantias fundamentais. Dito de outro modo, atribuir eficácia *erga omnes* e efeito vinculante às decisões do STF em sede de controle difuso de constitucionalidade é ferir os princípios constitucionais do devido processo legal, da ampla defesa e do contraditório (art. 5º, LIV e LV, da Constituição da República), pois assim se *pretende* atingir aqueles que não tiveram garantido o seu direito constitucional de participação nos processos de tomada da decisão que os afetará.

Não estamos em sede de controle concentrado! Tal decisão aqui terá, na verdade, efeitos avocatórios. Afinal, não é à toa que se construiu ao longo do século que os efeitos da retirada pelo Senado Federal do quadro das leis daquela definitivamente declarada inconstitucional pelo Supremo Tribunal Federal são efeitos *ex nunc* e não *ex tunc*.[42] Eis, portanto, um problema central: a lesão a direitos fundamentais.

Se a Constituição – seja na sua versão original, seja naquela que decorreu das reformas realizadas pelo poder constituinte derivado – elabora tão preciosa diferenciação entre controle concentrado e controle difuso, não há como se imaginar que os efeitos do controle concentrado sejam extensivos ao controle difuso de forma automática.

É preciso entender que a questão do papel do Senado no controle difuso de constitucionalidade diz respeito aos efeitos da decisão. Isso parece claro. O texto do art. 52, X, da Constituição do Brasil somente tem sentido se analisado – portanto, a norma que dele se extrai – a partir de uma avaliação do sistema constitucional brasileiro. O sistema é misto, e não se pode admitir a tese de que o art. 52, X, tenha sido objeto de mutação constitucional, argumento utilizado pelo Ministro Eros Grau, no julgamento da Rcl 4.335-5/AC.

Não é possível concordar com a posição de Grau.[43] O processo histórico não pode delegar para o Judiciário a tarefa de alterar, por mutação ou ultrapassagem, a Constituição

---

[42] Entendo que a inconstitucionalidade parcial sem redução de texto não demanda incidente de inconstitucionalidade e, assim compreendido, uma declaração desse jaez feita pelo Supremo Tribunal em sede de controle difuso estaria dispensada da remessa ao Senado. No fundo, trata-se do mesmo problema da interpretação conforme a Constituição. Como há vários sentidos, e o Tribunal decide por um deles (na interpretação há uma adição de sentido), na nulidade parcial qualitativa o resultado hermenêutico faz com que o texto permaneça com um *minus*. Na medida em que, em ambas as hipóteses, o texto permanece em sua literalidade, não há falar em suspensão da execução. Aliás, o Senado suspende a execução da lei e não de uma das possíveis interpretações da lei. O Legislativo atua na produção (positiva e negativa) de textos normativos, não nas interpretações destes. Do contrário, estar-se-ia a repristinar uma espécie de *référé législatif*, instituto próprio do paleojuspositivismo, oposto a todo o histórico evolutivo constatado na teoria do direito.

[43] Sobre a polêmica da Recl 4.335-4/AC, consultar Streck, L .L.; Cattoni, Marcelo; Barreto Lima, Martonio. A nova compreensão do STF sobre o controle difuso de constitucionalidade: mutação constitucional e limites da legitimidade da jurisdição constitucional. *Revista da Faculdade Mineira de Direito*, Belo Horizonte, v. 10, p. 37-58, 2007. O texto se constitui na crítica mais veemente à tese da mutação constitucional. Veja-se que autores como Guilherme Marinoni nada têm a objetar em relação a essa decisão ativista do Supremo Tribunal Federal. Segundo ele, em obra conjunta com Ingo Sarlet e Daniel Mitidiero, "bem vistas as coisas, exigir a comunicação ao Senado Federal é admitir algo que deixou de ter razão de ser. Não há qualquer razão para se exigir a comunicação do Senado Federal, ao menos para o efeito de se atribuir eficácia geral à decisão de inconstitucionalidade" (Marinoni, Guilherme et al. op. cit.). A essa conclusão de Marinoni apenas me permito dizer: a

Cap. 3 • O MODELO DE JUSTIÇA CONSTITUCIONAL NO BRASIL PÓS-1988 | 189

do País (veja-se, nesse sentido, só para exemplificar – e esse é o ponto da presente discussão –, o "destino" dado, em ambos os votos, ao art. 52, X, da Constituição do Brasil). Paremos para pensar: uma súmula do STF, elaborada com oito votos (que é o *quorum* mínimo), pode alterar a Constituição.

Para revogar essa súmula, se o próprio STF não o fizer, são necessários três quintos dos votos do Congresso Nacional, em votação bicameral e em dois turnos. Ao mesmo tempo, uma decisão em sede de controle de constitucionalidade difuso, proferida por seis votos, pode proceder a alterações na estrutura jurídica do País, ultrapassando-se a discussão acerca da tensão entre vigência e eficácia de uma lei. Não se pode deixar de frisar, destarte, que a mutação constitucional apresenta um grave problema hermenêutico, no mínimo, assim como também de legitimidade da jurisdição constitucional.

Com efeito, a tese da mutação constitucional é compreendida mais uma vez como solução para um suposto hiato entre texto constitucional e realidade social, a exigir uma "jurisprudência corretiva", tal como aquela de que falava Bülow, em fins do século XIX (veja-se, pois, o contexto histórico): uma "jurisprudência corretiva desenvolvida por juízes éticos, criadores do direito (*Gesetz und Richteramt*, Leipzig, 1885) e atualizadores da Constituição e dos supostos envelhecimentos e imperfeições constitucionais", ou seja, mutações constitucionais são reformas informais e mudanças constitucionais empreendidas por uma suposta interpretação evolutiva.[44] Essa tese foi formulada pela primeira vez em fins do século XIX e inícios do século XX por autores como Laband (*Wandlungen der deutschen Reichsverfassung*, Dresden, 1895) e Jellinek (*Verfassungsänderung und Verfassungswandlung*, Berlim, 1906), e mereceu mais tarde conhecidos desenvolvimentos por Hsu Dau-lin (*Die Verfassungswandlung*, Leipzig, 1932).

Como bem afirmam os professores Artur J. Jacobson (New York) e Bernhard Schlink (Berlim) em sua obra *Weimar: a jurisprudence of crisis*,[45] o dualismo metodológico – positivismo legalista-positivismo sociológico – que perpassa toda a obra de Jellinek (*v.g.*, *Verfassungsänderung und Verfassungswandlung*)[46] e que serve de base para a tese da mutação constitucional (*Verfassungswandlung*) impediu o jurista alemão de lidar normativamente com o reconhecimento daquelas que seriam "as influências das realidades sociais no direito".

---

razão para se exigir do STF a remessa ao Senado é muito singela: porque essa obrigação está no art. 52, X, da CF, e tem uma importância ímpar na relação entre os Poderes e na consolidação da democracia. Marinoni, na hipótese, não leva em conta esses "detalhes", além da relevante circunstância de que há uma diferença entre os planos da vigência e da validade. Se admitirmos que o Supremo Tribunal esteja acima da Constituição, estaremos admitindo a Suprema Corte não tem limites. E, assim, pode(re)mos dar razão à máxima de que "a Constituição é aquilo que o Supremo Tribunal Federal diz que é". Por isso, o contundente texto elaborado por Barreto Lima, Cattoni e por mim, ainda no calor dos debates do ano de 2006.

[44] Cf. SIMON, Helmut. La jurisdicción constitucional. In: BENDA, MAIHOFER, VOGEL, HESSE, HEIDE. *Manual de derecho constitucional*. 2. ed. Madrid: Marcial Pons, 2001. p. 843.

[45] Cf. JACOBSON, Artur J.; SCHLINK, Bernhard. *A jurisprudence of crisis*. Berkeley: University of California, 2000. p. 45-46.

[46] Cf. JELLINEK, Georg. *Verfassungsänderung und Verfassungswandlung*. Berlin: Häring, 1906.

A mutação constitucional é assim tida como fenômeno empírico, que não é resolvido normativamente: "Jellinek não apresenta um substituto para o positivismo legalista, mas apenas tenta suplementá-lo com uma análise empírica ou descritiva dos processos político-sociais".[47] De todo modo, lembremos que Hsu Dau-lin escreveu o seu texto no contexto da República de Weimar, havendo todo um debate sob a Lei Fundamental, por exemplo, com Konrad Hesse e Böckenförd). Na verdade, o conceito de mutação constitucional mostra apenas a incapacidade do positivismo legalista da velha *Staatsrechtslehre* do Reich alemão de 1870 em lidar construtivamente com a profundidade de sua própria crise paradigmática. E não nos parece que esse fenômeno possui similaridade no Brasil.

E mesmo Hsu Dau-lin (referido pelo Ministro Eros Grau), e sua classificação "quadripartite" do fenômeno da mutação constitucional, não leva em conta aquilo que é central para o pós-segunda guerra e em especial para a construção do Estado Democrático de Direito na atualidade: o caráter principiológico do direito e a exigência de integridade que este direito democrático expõe, muito embora, registre-se, Lin tenha sido discípulo de Rudolf Smend, um dos primeiros a falar em princípios e espécie de fundador da doutrina constitucional alemã pós-segunda guerra. Em síntese, a tese da mutação constitucional advoga em última análise uma concepção decisionista da jurisdição e contribui para a compreensão das cortes constitucionais como poderes constituintes permanentes.[48] Ora, um tribunal não pode mudar a Constituição; um tribunal não pode "inventar" o direito: este não é seu legítimo papel como poder jurisdicional numa democracia.

Portanto, parece óbvio que, se se entendesse que uma decisão em sede de controle difuso tem a mesma eficácia que uma proferida em controle concentrado, cairia por terra a própria diferença. É regra que o controle concentrado tenha efeitos *ex tunc* (a exceção está prevista na Lei 9.868/1999). O controle difuso tem na sua *ratio* o efeito *ex tunc* entre as partes.[49]

---

[47] Cf. JACOBSON, Artur J.; SCHLINK, Bernhard. Op. cit., p. 46 e 54-57.

[48] HORTA, Raul Machado. *Direito constitucional*. Belo Horizonte: Del Rey, 2002. p. 104-105; GARCÍA-PELAYO, Manuel. *Derecho constitucional comparado*, op. cit., p. 137-138; VERDÚ, Pablo Lucas. *Curso de derecho político*. Madrid: Tecnos, 1984. v. 4, p. 179-180.

[49] Não se desconhece, naturalmente, que hoje se tem falado no fenômeno da "objetivação do recurso extraordinário" (instrumento por excelência do controle difuso), que se expressa, por exemplo, pela negativa de repercussão geral – que impede a admissão de novos REs sobre o tema, por não ser a questão constitucional ou não transcender o âmbito das partes – e pela aplicação, praticamente em massa, dos precedentes do STF (mesmo turmários) pelos demais tribunais. A denominada *objetivação*, no entanto, está longe de configurar uma vinculação propriamente dita, corroborando tal afirmação o fato de a Corte não admitir reclamação para impugnar a "violação" do decidido em sede de RE com repercussão geral reconhecida. Nesse sentido, o STF decidiu que "a via estreita da reclamação prestar-se-ia às hipóteses abrangidas pela súmula vinculante ou quando se tratasse de decisão proferida na lide individual de que se cuida. Reputou-se que, de acordo com a sistemática inaugurada pela EC 45/2004, caberia aos juízes e desembargadores respeitar a autoridade da decisão tomada em sede de repercussão geral, na medida em que, no exercício de sua função, deveriam observar o entendimento do STF. Afirmou-se o intuito da citada reforma no sentido de desafogar esta Corte e liberá-la para a solução das grandes questões constitucionais, de modo que sua atuação haveria de ser subsidiária, quando o Tribunal *a quo* negar observância ao *leading case*

Cap. 3 · O MODELO DE JUSTIÇA CONSTITUCIONAL NO BRASIL PÓS-1988 | **191**

Então, qual é a função do Senado (art. 52, X)? Parece evidente que esse dispositivo constitucional não pode ser inútil. Veja-se: em sede de recurso extraordinário, o efeito da decisão é *inter partes* e *ex tunc*.

Assim, na hipótese de o Supremo declarar a inconstitucionalidade da lei ou do ato normativo em sede de recurso extraordinário, remeterá a matéria ao Senado da República para que este suspenda a execução da referida lei (art. 52, X, da CF). Caso o Senado da República efetive a suspensão da execução da lei ou do ato normativo declarado inconstitucional pelo STF, agregará aos efeitos anteriores a eficácia *erga omnes* e *ex nunc*.

Nesse sentido, há que se fazer uma diferença entre o que é retirada da validade da lei, em sede de controle concentrado, e o que significa a suspensão que o Senado faz de uma lei declarada inconstitucional em sede de controle difuso. Suspender a execução da lei não pode significar retirar a validade da lei. Caso contrário, não haveria diferença, em nosso sistema, entre o controle concentrado e o controle difuso. Suspender a vigência ou a execução da lei é como revogar a lei. Pode-se agregar ainda outro argumento: a suspensão da lei somente pode gerar efeitos *ex nunc*, pela simples razão de que a lei está suspensa (revogada), à espera da retirada de sua eficácia.

Daí a diferença entre suspensão/revogação e retirada da validade. Sem validade, a lei fica nula. Sendo nula a lei, é como se nunca tivesse existido. Não se olvide a diferença nos efeitos das decisões do Tribunal Constitucional da Áustria (agora adotada no Brasil), de onde deflui a diferença entre os efeitos *ex tunc* (nulidade) e *ex nunc* (revogação). Dito de outro modo, quando se revoga uma lei, seus efeitos permanecem; quando se a nulifica, é esta írrita, nenhuma. Não fosse assim, bastaria que o Supremo Tribunal mandasse a lei declarada inconstitucional, em sede de controle difuso, ao Senado, para que os efeitos fossem equiparados aos da ação direta de inconstitucionalidade (que historicamente, seguindo o modelo norte-americano, sempre foram *ex tunc*).

Se até o momento em que o Supremo Tribunal declarou a inconstitucionalidade da lei no controle difuso a lei era vigente e válida, a decisão no caso concreto não pode ser equiparada à decisão tomada em sede de controle concentrado. Repetindo: a valer a tese de que os efeitos da decisão do Senado retroagem, portanto, são *ex tunc*, qual a real modificação que houve com a implantação do controle concentrado em 1965? Na verdade, se os efeitos da decisão desde sempre tinham o condão de transformar os efeitos *inter partes*

---

da repercussão geral, ensejando, então, a interposição do apelo extremo [RE]. Aduziu-se existirem reiteradas decisões no sentido da inviabilidade da reclamação como sucedâneo de recursos e ações cabíveis, objetivando o acesso *per saltum* a este Tribunal" (Rcl 10793/SP, rel. Min. Ellen Gracie, j. 13.04.2011). A redação original do inciso IV do artigo 988 do CPC/2015 previa o cabimento da reclamação para garantir a observância de enunciado de súmula vinculante e de precedente proferido em *julgamento de casos repetitivos* ou em incidente de assunção de competência. Contudo, a redação do dispositivo foi alterada pela Lei 13.256/2016, que cingiu a reclamação à garantia da observância de acórdão proferido em *julgamento de incidente de resolução de demandas repetitivas (IRDR) ou de incidente de assunção de competência (IAC)*. Ou seja, excluiu-se do texto a reclamabilidade *per saltum* de afrontas a enunciado de SV e a *acórdão de RE com repercussão geral reconhecida ou a acórdão proferido em julgamento de REsp e RE repetitivos*. Tais afrontas se tornaram reclamáveis, porém, desde que esgotadas as instâncias ordinárias (CPC/2015, art. 988, § 5º, II).

em efeitos *erga omnes* e *ex tunc*, a pergunta que cabe é: por que, na prática, desde o ano de 1934 até 1965, o controle de constitucionalidade tinha tão pouca eficácia? Desse modo, mesmo que o próprio Supremo Tribunal assim já tenha decidido (RMS 17.976), temos que a razão está com aqueles que sustentam os efeitos *ex nunc* da decisão suspensiva do Senado.

A discussão sobre se o Senado está ou não obrigado a elaborar o ato é outra coisa. Todavia, parece lógico o raciocínio de que o Senado não está obrigado a "obedecer" a decisão do STF. Que a lei é inconstitucional, não há mais dúvida. O que o Senado faz é dar a decisão final acerca dos efeitos. Este é o ponto. De registrar que não há unanimidade com relação ao papel a ser representado pelo Senado. Com efeito, o Senado, ao receber a decisão do STF proferida no RE 150.764-1/PE, negou-se a dar eficácia *erga omnes* à referida decisão, *deixando, assim, de suspender a execução da lei declarada inconstitucional pelo Supremo Tribunal.* Isso demonstra que a matéria não é pacífica naquilo que se refere à obrigatoriedade ou não do Senado de suspender a execução das leis declaradas inconstitucionais pelo STF.[50] Para o Ministro Moreira Alves, a expressão "suspensão" é imprópria, já havendo o STF, ao julgar o MS 16.512, decidido que, se é certo que o Senado pode deixar de suspender a vigência da norma declarada inconstitucional, não pode, porém, revogar resolução que a tenha suspendido, nem restringir o alcance da inconstitucionalidade declarada. Desse julgado se extrai, também, a tendência para o entendimento de que a resolução do Senado generaliza a eficácia da decisão de inconstitucionalidade. Ao que tudo está a indicar, a polêmica pende para a supremacia do entendimento de que o Senado não está obrigado a suspender a execução da lei ou do ato normativo declarado inconstitucional pela Suprema Corte. Com efeito, é ele o juiz exclusivo do momento em que convém exercer a competência – e só a ele atribuída – de suspender lei ou decreto declarado inconstitucional por decisão definitiva do Supremo Tribunal. Nesse sentido, aliás, é a posição do próprio Supremo Tribunal.[51]

De ressaltar que o STF enfrentou questão onde se propugna pela suspensão cautelar da Resolução 7/2007. Nesse sentido veja-se que o STF resolveu questão de ordem – suscitada em ação direta ajuizada pelo Governador do Estado de São Paulo contra a Resolução 7/2007 do Senado Federal, que suspendeu a eficácia dos arts. 3º, 4º, 5º, 6º, 7º, 8º e 9º da Lei 6.556/1989 e das Leis 7.003/1990, 7.646/1991 e 8.207/1992, todas do Estado de São Paulo – no sentido de autorizar a Presidência do STF a prosseguir com o relatório do referendo da cautelar. Entendeu o Tribunal haver peculiaridades a recomendar que a própria presidência do STF levasse ao crivo do Plenário os fundamentos por ela utilizados para a concessão da medida cautelar, quais sejam: de o processo que antecedera a resolução impugnada, norteado pelo art. 52, X, da CF, ter sido deflagrado por comunicações falhas, elaboradas e expedidas pela presidência do STF, as quais contribuíram de forma decisiva para a problemática surgida com a suspensão *erga omnes*, levada a efeito pelo ato normativo contestado, da eficácia de importantes dispositivos legais referentes à cobrança de ICMS no Estado de São de Paulo, e de não ser de todo incomum o exercício pela presidência da circunstancial relatoria de ação direta de inconstitucionalidade pelo menos para apreciação

---

[50]   Nesse sentido, ver Clève, Clèmerson. *A fiscalização abstrata*, op. cit., p. 185.

[51]   Idem, p. 121-122.

Cap. 3 · O MODELO DE JUSTIÇA CONSTITUCIONAL NO BRASIL PÓS-1988 | 193

de referendo da cautelar por ela concedida. Em seguida, o Tribunal referendou a medida cautelar deferida, para suspender os efeitos da Resolução 7/2007, do Senado Federal, tão somente com relação aos arts. 6º e 7º da Lei 7.003/1990 e aos arts. 4º, 8º, 9º, 10, 11, 12, e 13 da Lei 7.646/1991, ambas do Estado de São Paulo. Considerou-se o fato de a Resolução ter suspenso a eficácia integral desses diplomas quando o Tribunal declarara, *incidenter tantum*, apenas sua inconstitucionalidade parcial, na parte que tratou da prorrogação da majoração da alíquota fulminada.[52]

Por isso, o que está em jogo na presente discussão é a própria sobrevivência do controle difuso e os efeitos que dele devem ser retirados. Parece que a diferença está na concepção do que seja vigência, validade e eficácia. Pensar – como parece se inclinar o Supremo Tribunal Federal – que qualquer decisão do Supremo Tribunal em controle difuso gera os mesmos efeitos que uma proferida em controle concentrado (abstrato) é, além de tudo, tomar uma decisão que contraria a própria Constituição.

Lembremos, por exemplo, uma decisão apertada de 6 a 5, ainda não amadurecida. Ora, uma decisão que não reúne sequer o *quorum* para fazer uma súmula não pode ser igual a uma súmula (que tem efeito vinculante – e aqui, registre-se, falar em "equiparar" o controle difuso ao controle concentrado nada mais é do que falar em efeito vinculante). E súmula não é igual a controle concentrado.

Afinal, o STF julgou procedente a Rcl 4.335, mas sem que os demais votos aderissem à tese da mutação constitucional do art. 52, X, da CF. Enquanto quatro ministros votaram pela improcedência da reclamação, mas concedendo o *habeas corpus* de ofício, outros quatro votaram pela procedência com fundamento na superveniência da Súmula Vinculante 26, que já dava o efeito *erga omnes* à decisão do STF cujo descumprimento se reclamava nesse caso. Como restou ementado: "Reclamação. 2. Progressão de regime. Crimes hediondos. 3. Decisão reclamada aplicou o art. 2º, § 2º, da Lei nº 8.072/90, declarado inconstitucional pelo Plenário do STF no HC 82.959/SP, Rel. Min. Marco Aurélio, DJ 1.9.2006. 4. Superveniência da Súmula Vinculante n. 26. 5. Efeito ultra partes da declaração de inconstitucionalidade em controle difuso. Caráter expansivo da decisão. 6. Reclamação julgada procedente" (Rcl 4.335, rel. Min. Gilmar Mendes, Tribunal Pleno, j. 20.03.2014, *DJe-208* divulg. 21.10.2014 public. 22.10.2014 Ement VOL-02752-01 PP-00001).

E no extrato da ata: "Decisão: Após o voto do Senhor Ministro Gilmar Mendes (Relator), julgando procedente a reclamação, pediu vista dos autos o Senhor Ministro Eros Grau. Presidência da Senhora Ministra Ellen Gracie. Plenário, 1º.02.2007. Decisão: Após o voto-vista do Senhor Ministro Eros Grau, que julgava procedente a reclamação, acompanhando o Relator; do voto do Senhor Ministro Sepúlveda Pertence, julgando-a improcedente, mas concedendo habeas corpus de ofício para que o juiz examine os demais requisitos para deferimento da progressão, e do voto do Senhor Ministro Joaquim Barbosa, que não conhecia da reclamação, mas igualmente concedia o habeas corpus, pediu vista dos autos o Senhor Ministro Ricardo Lewandowski. Ausentes, justificadamente, o Senhor Ministro Celso de Mello e a Senhora Ministra Cármen Lúcia. Presidência da Senhora Ministra Ellen Gracie.

---

[52] ADI 3.929 QO-MC/DF, rel. Min. Ellen Gracie, j. 29.08.2007.

Plenário, 19.04.2007. Decisão: Colhido o voto-vista do Ministro Ricardo Lewandowski, que não conhecia da reclamação, mas concedia habeas corpus de ofício, pediu vista dos autos o Ministro Teori Zavascki. Não votam os Ministros Luiz Fux e Dias Toffoli. Presidência do Ministro Joaquim Barbosa. Plenário, 16.05.2013. Decisão: O Tribunal, por maioria, conheceu e julgou procedente a reclamação, vencidos os Ministros Sepúlveda Pertence, Joaquim Barbosa, Ricardo Lewandowski e Marco Aurélio, que não conheciam da reclamação, mas concediam habeas corpus de ofício. Não participaram da votação os Ministros Luiz Fux e Dias Toffoli, que sucederam aos Ministros Eros Grau e Sepúlveda Pertence. Ausentes, justificadamente, a Ministra Cármen Lúcia, em viagem oficial para participar da 98ª Comissão de Veneza, na cidade de Veneza, Itália, e, neste julgamento, o Ministro Joaquim Barbosa (Presidente), que votou em assentada anterior. Presidiu o julgamento o Ministro Ricardo Lewandowski (Vice-Presidente no exercício da Presidência). Plenário, 20.03.2014".

A Rcl 4.335, teve como voto vencedor o do Ministro Teori Zavascki admitindo que a Reclamação possa ser manejada para preservar autoridade de decisões que, a despeito de não possuírem eficácia vinculante, teriam uma "forca expansiva". Caberia reclamação de decisões proferidas pelo STF, em controle difuso de constitucionalidade (e, pois, com "forca expansiva"). Registre-se que a Rcl 4.335 tratava sobre a fração de pena a ser cumprida nos crimes hediondos, e foi ajuizada em 2006. A ideia inicial (votos dos Ministro Gilmar Mendes e Eros Grau) era mesmo de dar efeito "vinculante" ao HC 82.959, que era controle difuso. Ocorre que, em 2009 (portanto, durante a tramitação da reclamação), o STF editou a Sumula Vinculante 26, na qual sacramentou o entendimento posto no HC 82.959. Nessa época, o julgamento estava 3 a 2 pelo indeferimento da Rcl 4.335. Quando o caso voltou a pauta, o Ministro Teori votou pelo deferimento. Mas, embora tenha flertado com os efeitos *ultra partes* das decisões do STF, declarou expressamente que "a reclamação somente é admitida quando ajuizada por quem tenha sido parte na relação processual em que foi proferida a decisão cuja eficácia se busca preservar". Portanto, não concordava com a tese de simples equiparação de uma decisão de controle difuso a uma em controle concentrado. E disse que "considerada apenas a situação jurídica existente à data da sua propositura, a presente reclamação não seria cabível". Por fim, deixou claro que somente votou pelo deferimento do pedido por ver no caso o descumprimento (superveniente) da súmula vinculante, e não pelo descumprimento do "precedente" posto no HC. Observe-se que o voto do Ministro Teori foi seguido pelos Ministro L. R. Barroso, Rosa Weber e Celso de Mello. Com os quatro que indeferiam a reclamação completamente (Sepúlveda Pertence, Joaquim Barbosa, Ricardo Lewandowski e Marco Aurélio), tem-se oito votos que, por meios diversos, são contrários à proposta de estender eficácia vinculante à decisão de controle difuso.

É verdade que o Ministro Teori defendeu a "forca expansiva" no seu voto, mas essa não foi a *ratio decidendi* (*holding*) da decisão. Foi, entretanto, um mero *obiter dictum,* e não decisão capaz de conformar um precedente. De todo modo, pode-se ver a complexidade da questão que envolve o papel da reclamação e seus efeitos.

Assim,

a) se o Supremo Tribunal Federal pretende – em futuros julgamentos – dar efeito vinculante em controle difuso, deve editar uma súmula (ou seguir os passos do sistema, remetendo a decisão ao Senado);

Cap. 3 · O MODELO DE JUSTIÇA CONSTITUCIONAL NO BRASIL PÓS-1988 | **195**

b) ou isso, ou as súmulas perderam sua razão de ser, porque valerão tanto ou menos que uma decisão por seis votos a cinco (sempre com o alerta de que não se pode confundir súmulas com declarações de inconstitucionalidades);

c) uma decisão de inconstitucionalidade – em sede de controle dito "objetivo"– funciona como uma derrogação da lei feita pelo Poder Legislativo. O Supremo Tribunal Federal, ao declarar uma inconstitucionalidade no controle concentrado, supostamente funciona como "legislador negativo";

d) por isso, inclusive, são bem distintos os efeitos das decisões de inconstitucionalidade em países que possuem controle difuso ou controle misto (concentrado-difuso) e naqueles que possuem apenas o controle concentrado, bastando ver, para tanto, como funcionam os tribunais constitucionais europeus em comparação com os Estados Unidos (controle difuso *stricto sensu*) ou o Brasil (controle misto);

e) em face disso é que, em sede de controle difuso, torna-se necessário um *plus* eficacial à decisão do Supremo Tribunal, introduzido em 1934 com o objetivo de conceder efeito *erga omnes* às decisões de inconstitucionalidade (hoje o art. 52, X).

Observemos: tanto no controle concentrado como no difuso, o Supremo Tribunal Federal decide por meio de *full bench*. A diferença é que, na primeira hipótese, o controle é "objetivo" (é "em tese", como diz a doutrina, embora saibamos que não há decisões *in abstracto*); no segundo caso, o julgamento representa uma questão prejudicial de um determinado "caso jurídico". Mas, então, há que se perguntar: se em ambos os casos o julgamento é feito em *full bench* e o *quorum* é o mesmo (mínimo de seis votos), o que realmente diferencia as decisões? Se são iguais, por que são diferentes? Aí é que está o problema: as decisões exsurgentes do controle difuso não possuem autonomia, pois dependem do "socorro" do Poder Legislativo para adquirir força vinculante *erga omnes*.

Esta é uma questão de cumprimento do princípio democrático e do princípio do devido processo legal. É nesse sentido que o Senado, integrante do Poder Legislativo, ao editar a resolução que suspende a execução da lei, atuará não no plano da eficácia da lei (essa é feita em controle concentrado pelo STF), mas, sim, no plano da vigência da lei. Daí que, no primeiro caso – controle concentrado –, o efeito pode ser *ex tunc*; no segundo caso – controle difuso –, o efeito somente poderá ser *ex tunc* para aquele caso concreto e *ex nunc* após o recebimento desse *plus* eficacial advindo de um órgão do Poder Legislativo.

Na verdade, o que faz a riqueza do sistema são essas possibilidades de divergir. Consequentemente, não é qualquer decisão que pode ser vinculante. E isso é absolutamente relevante. Afinal, nosso sistema não é o do *common law*. Aliás, mesmo no sistema do *common law*, há que se levar em conta, como bem lembra Dworkin, a força gravitacional dos precedentes. Uma decisão só pode ser considerada como sendo "um precedente" retrospectivamente se for considerado o caso concreto objeto de apreciação aqui e agora. Caso contrário, adotaríamos a tese da aplicação mecânica dos precedentes, típica do positivismo exegético, enfim, do convencionalismo estrito.

Deve ser ressaltado ainda que, se entendermos que uma decisão do STF em controle difuso vale contra tudo e contra todos, além de ter efeito *ex tunc*, também teremos de entender que uma decisão afirmando a constitucionalidade de uma lei deve ter igual efeito.

E teremos de suportar as consequências. E os efeitos colaterais. Assim, por uma exigência de integridade no direito (Dworkin), parece óbvio afirmar que a norma constitucional que estabelece a remessa ao Senado (art. 52, X) não poderia ser "suspensa" em nome de argumentos políticos ou pragmáticos.

Deixar de aplicar o art. 52, X, da CF significa não só abrir precedente de não cumprimento de norma constitucional – enfraquecendo sobremodo a força normativa da Constituição –, mas também suportar as consequências, uma vez que a integridade também supõe integridade da própria Constituição. E não se pode esquecer que a não aplicação de uma norma é uma forma de aplicação. Incorreta, mas é.

Em nome de efetividades quantitativas, optou-se, por aqui, por conceder efeito vinculante a qualquer decisão sobre (in)constitucionalidade (e agora, conforme a tendência do STF, também para decisões em controle difuso de constitucionalidade). Agregue-se que, na Alemanha – e a lembrança é de Helmut Simon –, o próprio Tribunal constitucional já rechaçou sua vinculação a posições prévias e rapidamente realizou alterações nos critérios de julgamento. O Tribunal foi muito criticado porque na sentença sobre o *Grundlagenvertrag* insistia em demasia na força vinculativa dos fundamentos jurídicos – BverfGE 36, 1 (36).

Especificamente com relação à interpretação conforme a Constituição, há um acordo em relação a que unicamente pode ser vinculante o veredicto acerca de interpretações contrárias à Constituição (BverfGE 40, 88 (93 s.), assim como a resolução do Pleno (BverfGE 54, 277). Tal interpretação compadece bem com a ideia dinâmica que deve ter uma Constituição, assim como o fato de que é tarefa do *Bundesverfassungsgericht* defender a Constituição e não se dedicar a canonizar suas posições de outro tempo.

Uma ideia restritiva da força vinculante parece mais aconselhável que proibições constitucionais que, em caso de erro, resultam dificilmente corrigíveis, além do que a simples ameaça de que se vá buscar guarida junto ao tribunal constitucional gera reações antecipadas de preparação de novos projetos de lei.

Dizendo de outro modo, a argumentação constante dos votos dos Ministros Gilmar Mendes e Eros Grau na Rcl 4.335, no sentido de que o próprio STF optou pela dispensabilidade de se encaminhar ao Pleno da Corte decisão tomada por uma de suas Turmas sobre constitucionalidade/inconstitucionalidade, desde que já tenha ocorrido manifestação do STF no mesmo sentido, não pode ser comparada ao caso que se tem em exame. No caso, não se extrapola o limite de poder concedido pela Constituição, não se invade outra esfera de poder.

Já para a situação que almeja a extensão dos efeitos de controle concentrado ao difuso, não há nada que autorize o STF a operar mencionada sistemática no texto de nossa Constituição, tampouco na tradição de nossa doutrina de controle de constitucionalidade. Portanto, o primeiro caso é aceitável porque se tem uma inovação produzida no âmbito de uma competência constitucionalmente delineada e já consolidada. No segundo, não somente pela razão de ser novo posicionamento, mas fundamentalmente por não encontrar respaldo autorizador constitucional expresso, exigência igualmente razoável em virtude de termos um sistema jurídico escrito, herdeiro da noção romano-germânica de direito. Ao contrário, o art. 52, X, aponta em outro sentido.

Na verdade, há uma questão que se levanta como condição de possibilidade na discussão acerca da validade (e da força normativa) do art. 52, X, da Constituição do Brasil. Trata-se

Cap. 3 · O MODELO DE JUSTIÇA CONSTITUCIONAL NO BRASIL PÓS-1988 | 197

de uma questão paradigmática em uma Constituição dos tempos de Estado Democrático de Direito, uma vez que sua ratificação (o que vem sendo repetido pelo menos desde 1934) dá-se exatamente pela exigência democrática de participação da sociedade no processo de decisão acerca da (in)constitucionalidade de uma lei produzida pela vontade geral.

Por isso, o art. 52, X, é muito mais importante do que se tem pensado. Ele consubstancia um deslocamento do polo de tensão do solipsismo das decisões do Judiciário em direção à esfera pública de controle dessas decisões. Nesse aspecto, o constitucionalismo do Estado Democrático de Direito deve ser compreendido no contexto da ruptura paradigmática ocorrida no campo da filosofia.

Dito de outro modo, o direito não está imune ao pensamento que move o mundo. A derrocada do esquema sujeito-objeto (ponto fulcral das reflexões das teorias democráticas que vão desde as teorias do discurso à hermenêutica) tem repercussão no novo modelo de Estado e de direito exsurgido a partir do segundo pós-guerra.

3.2.4 As razões pelas quais a discussão acerca do art. 52, X, da Constituição, estão relegadas apenas a pesquisas históricas sobre direito constitucional

Diante de tudo, a questão é muito mais dramática do que parece. Em 2017, foi julgada a ADI 3.470, cujo objeto era o pedido de inconstitucionalidade da Lei estadual 3.579/2001 do Rio de Janeiro, que proíbe a extração do amianto em todo território daquele ente da Federação e prevê a substituição progressiva da produção e da comercialização de produtos que o contenham. A Corte declarou improcedente o pedido, entendendo que a referida lei é constitucional. Ocorre que, em sentido contrário à lei declarada constitucional pelo pleno do STF, a Lei federal 9.055/1995, em seu art. 2º, permitia a extração e produção de amianto.

Assim, ao julgar a ADI 3.470, o tribunal, de forma incidental, declarou a inconstitucionalidade da lei federal, partindo do pressuposto de que as declarações de inconstitucionalidade com caráter incidental encontram-se em sede de controle difuso, o que, por sua vez, determinaria efeitos apenas *inter partes* à declaração de inconstitucionalidade da lei federal. Assim, o Supremo Tribunal Federal acabou por atribuir ao resultado da decisão efeitos *erga omnes*, mesmo acreditando estar em sede de controle difuso, em virtude do caráter incidental da declaração. Para tanto, utilizou-se, entre outros argumentos, da tese da mutação constitucional do art. 52, X, para que não se fizesse necessário o apagar da eficácia do dispositivo maculado como inconstitucional por parte do Senado Federal.

Não são raras as vezes em que acabamos por buscar respostas para os problemas de nossa práxis jurídica fora do Direito, inclusive respostas, por vezes, contrárias aos próprios alicerces institucionais do nosso sistema jurídico e político – como é o caso do princípio de separação dos poderes, ameaçado com a vitória jurisdicional da tese da mutação constitucional, como foi defendida neste julgamento –, que na verdade poderiam (e deveriam) ser dadas de maneira simples, clara e, o mais importante, dentro do conteúdo dogmático e legal que permeia a nossa tradição jurídica. Eis o problema[53].

---

[53] Cf. STRECK, Lenio Luiz. *30 anos da CF em 30 julgamentos*: uma radiografia do STF. Rio de Janeiro: Forense, 2018.

As longas explicações trazidas anteriormente sobre o art. 52, X, da Constituição, que foi sepultado pelo Supremo Tribunal Federal, demonstram a luta travada pela preservação e cumprimento de um importante dispositivo constitucional que trata do nosso *judicial review*.

Como vimos, por razões pragmáticas, a Suprema Corte decidiu equiparar as decisões no âmbito do controle difuso àquelas do controle concentrado.

Trata-se de um bom (ou mau) exemplo que confirma o triunfo do realismo jurídico no nosso Direito. Contra claro texto constitucional, o Supremo Tribunal esgrimiu a tese da mutação constitucional, ignorando dezenas de anos de pesquisas no âmbito da teoria do Direito sobre o que chamamos, desde Friedrich Müller, de relação "texto-norma".

O texto não diz tudo; não contém uma essência; o texto não contém uma textitude. Todavia, também não admite qualquer norma, ou seja, é vedado que o intérprete atribua o sentido que quiser ao texto. Tão importante é essa discussão que Müller chega a advertir: *Die Texten können zurück schlagen* (os textos podem revidar), numa alusão à força normativa da Constituição.

Por isso, mesmo admitindo que, no campo das práticas jurídicas, a discussão está encerrada em face do entendimento firmado pela Suprema Corte, considerei relevante revolver o chão linguístico em que está assentada a polêmica; fiz a reconstrução da história institucional do fenômeno relacionado ao controle difuso e ao papel do Senado da República e permiti que o fenômeno viesse à luz, deixando aos estudiosos e pesquisadores do Direito a tarefa de emitirem os respectivos juízos a respeito. É o que denomino de "método hermenêutico-fenomenológico", que venho desenvolvendo no seio da Crítica Hermenêutica do Direito e que pode ser melhor examinado no meu *Dicionário de Hermenêutica*, no verbete respectivo.

Nesse sentido, torna-se importante indicar que ainda há doutrina que sublinha a dramaticidade da problemática. A título de exemplo, Georges Abboud pontua que:

> "Em termos constitucionais, a nossa argumentação contrária à mutação constitucional da CF 52, inc. X, se dá não pela própria funcionalidade em si do controle Legislativo, mas sim pela preservação normativa do texto constitucional. Em termos práticos e funcionais, a tese da mutação não é ruim, o problema se dá pelo fato de que se trata de mutação dada contra a semântica do texto constitucional"[54].

Ainda sobre o aludido dispositivo e sobre a Rcl. 4.335, Anna Cândida da Cunha Ferraz acrescenta que:

> "Não tem o Poder Judiciário – poder constituído – atribuição de modificar letra expressa da Constituição nem fazer às vezes do Constituinte Originário, sob pena de ultrapassar suas funções constitucionais e produzir, como se acentuou, verdadeira mutação inconstitucional. (...). É certo que, desde que se instituiu no Brasil a súmula vinculante, existe uma situação paradoxal com relação à função senatorial contida no art. 52, inciso X. É

---

[54] ABBOUD, Georges. *Processo constitucional brasileiro*. 5. ed. São Paulo: Thomson Reuters Brasil, 2021. p. 685.

Cap. 3 · O MODELO DE JUSTIÇA CONSTITUCIONAL NO BRASIL PÓS-1988 | **199**

que, se o Senado Federal não é 'obrigado' a expedir a resolução suspensiva e se, de outro lado, o Supremo Tribunal Federal, após enviar ofício ao Senado, ante o silêncio deste, continua decidindo pela inconstitucionalidade da norma questionada, poderá ocorrer a hipótese de o STF expedir súmula vinculante decidindo, em definitivo, a questão e, por óbvio, fixando os efeitos a serem produzidos pela norma julgada inconstitucional. Parece, portanto, impor-se, com urgência, reforma constitucional que solucione tais questões, de modo a evitar que o Supremo Tribunal Federal se transforme em Poder Constituinte, lance mão de mutação inconstitucional e torne letra morta disposição expressa da Constituição"[55].

Por fim e para além da Rcl 4.335, cumpre salientar que as ADIs 3.406 e 3.470 – mesmo considerando todas as suas peculiaridades (controle concentrado de lei estadual, como questão prejudicial) – parecem ter revivido discussões sobre o significado do art. 52, X, da Constituição. Ao menos até então, o Supremo Tribunal Federal (i) admitiu a mutação do referido dispositivo, (ii) prescreveu que o papel do Senado seria apenas o de dar publicidade às decisões e (iii) assentou que o efeito *erga omnes* e vinculante decorreria da própria decisão judicial. Para compreendermos o tamanho desse impasse, resta aguardar que o Tribunal volte a se manifestar sobre o tema e sobre o alcance desse entendimento. A ver.

3.2.5 A "inconstitucionalidade" de ato normativo anterior à Constituição: o problema da inconstitucionalidade superveniente e do direito intertemporal

Desde a QO 2 na ADI 435,[56] tem-se que a regra é que os Tribunais brasileiros, diante da incompatibilidade entre uma lei anterior e uma Constituição posterior (como a Constituição de 1988), resolvam o problema pela constatação de que se registrou, em tal situação, revogação pura e simples da espécie normativa hierarquicamente inferior (o ato legislativo, no caso), não se verificando, por isso mesmo, hipótese de inconstitucionalidade.

Isso significa que a discussão em torno da incidência, ou não, do postulado da recepção – precisamente por não envolver qualquer juízo de inconstitucionalidade (mas sim, quando for o caso, o de simples revogação de diploma pré-constitucional) – dispensa, por tal motivo, a aplicação do princípio da reserva de Plenário (CF, art. 97), legitimando, por isso mesmo, a possibilidade de reconhecimento, por órgão fracionário do Tribunal, de que determinado ato estatal não foi recebido pela nova ordem constitucional (*RTJ* 191/329-330), além de inviabilizar, porque incabível, a instauração do processo de fiscalização normativa abstrata (*RTJ* 95/980; *RTJ*, AI 582.280-AgRg).

Assim, cabe à jurisdição ordinária, tanto quanto ao Supremo Tribunal Federal, examinar a vigência e validade do direito pré-constitucional no âmbito do controle incidente de normas, uma vez que, nesse caso, cuidar-se-ia de simples aplicação do princípio *lex posterior derogat priori*, e não de um exame de constitucionalidade. Também aqui devemos

---

[55] CANOTILHO, José Joaquim Gomes; MENDES, Ferreira Gilmar; SARLET, Ingo Wolfgang; STRECK, Lenio Luiz; LEONCY, Léo Ferreira. *Comentários à Constituição do Brasil*. 2. ed. São Paulo: Saraiva Educação, 2018. p. 1143.

[56] *RTJ* 145/339, *RTJ* 169/763.

notar que a Lei 9.882/1999, no parágrafo único de seu art. 1º, altera o rumo das discussões. É que, consoante o teor deste dispositivo, a arguição de descumprimento de preceito fundamental (ADPF) poderá ser utilizada para – de forma definitiva e com eficácia geral – solver controvérsia relevante sobre a legitimidade do direito ordinário pré-constitucional em face da nova Constituição.

Vale lembrar que o grande número de emendas constitucionais deu azo a uma nova discussão envolvendo o destino do direito intertemporal. É que a alteração substancial do parâmetro de controle por emendas constitucionais supervenientes tem levado o Tribunal a considerar prejudicada a ação direta.[57] O Supremo Tribunal assentou que, em tal hipótese, não se justifica o prosseguimento da ação tendo em vista o caráter objetivo do processo, devendo o tema ser discutido no âmbito do sistema difuso.

O reconhecimento da prejudicialidade no caso em apreço, embora reflita a orientação defensiva que tem presidido a jurisprudência do Supremo Tribunal, contribui, decisivamente, para a indefinição do tema, remetendo a questão, inicialmente submetida ao controle abstrato, para o sistema difuso. Subsistiria, porém, a indagação quanto ao exame da norma impugnada em face da norma constitucional superveniente (ADI 2.670). Não parece haver razão que impeça o prosseguimento do feito em relação ao parâmetro alterado ou revogado. A problemática relacionada à recepção (tese constante já na *Teoria pura do direito*) deve ter aplicação no conflito entre leis anteriores à Constituição e uma nova Constituição. Já no âmbito de um novo direito (nova Constituição), não parece aconselhável que não se aplique a parametricidade constitucional em relação ao ato normativo tido como revogado.

3.2.6 Sobre os mecanismos de desconstituição de "sentenças inconstitucionais": arts. 525, § 12, e 535, inciso III, § 5º, do CPC/2015

O art. 525 tem sua aplicação na fase do cumprimento de sentença, mais especificamente na defesa do executado. Destaca-se aqui o conteúdo da defesa do executado, consoante pode ser visto pela leitura dos §§ 12 a 15:

> "Art. 525. Transcorrido o prazo previsto no art. 523 sem o pagamento voluntário, inicia--se o prazo de 15 (quinze) dias para que o executado, independentemente de penhora ou nova intimação, apresente, nos próprios autos, sua impugnação.
>
> [...]
>
> III – inexequibilidade do título ou inexigibilidade da obrigação;
>
> [...]
>
> § 12. Para efeito do disposto no inciso III do § 1º deste artigo, considera-se também inexigível a obrigação reconhecida em título executivo judicial fundado em lei ou ato normativo considerado inconstitucional pelo Supremo Tribunal Federal, ou fundado em aplicação ou interpretação da lei ou do ato normativo tido pelo Supremo Tribunal Federal como incompatível com a Constituição Federal, em controle de constitucionalidade concentrado ou difuso.

---

[57] Cf., *v.g.*, ADI [MC] 949, ADI [QO] 1.836, ADI 1.137, ADI [QO] 1.907, ADI [MC] 2.830 e ADI 909.

§ 13. No caso do § 12, os efeitos da decisão do Supremo Tribunal Federal poderão ser modulados no tempo, em atenção à segurança jurídica.

§ 14. A decisão do Supremo Tribunal Federal referida no § 12 deve ser anterior ao trânsito em julgado da decisão exequenda.

§ 15. Se a decisão referida no § 12 for proferida após o trânsito em julgado da decisão exequenda, caberá ação rescisória, cujo prazo será contado do trânsito em julgado da decisão proferida pelo Supremo Tribunal Federal."

O art. 535, inciso III, § 5º, do CPC tem redação semelhante, aplicando-se nas execuções contra a Fazenda Pública.[58] O CPC de 1973 tratava a matéria nos artigos 475-L, § 1º, e 471, parágrafo único.[59] Existia controvérsia sobre o âmbito de aplicação de referidos artigos: alguns, como Nelson Nery Jr. e Rosa Nery,[60] entendem que tais dispositivos eram inconstitucionais; outros, como Didier Jr. e Teori Albino Zavascki, sustentam a constitucionalidade dos referidos artigos. Estes últimos, aliás, defendem que a inconstitucionalidade da lei em que se baseou a sentença impugnada pode ter sido reconhecida em sede de controle difuso.

Nelson Nery Jr. e Rosa Maria de Andrade Nery referem que decisão posterior, muito embora oriunda do Supremo Tribunal Federal, não pode se sobrepor à coisa julgada já constituída e que corporifica o título executivo judicial. Observam, também, que a eficácia retroativa das decisões do STF, mesmo declaratórias de inconstitucionalidade de lei ou ato normativo, encontram limite no respeito à coisa julgada, garantia individual, sustentando a inconstitucionalidade do dispositivo acrescentado pela MP 2.180-35/2001,[61] de teor semelhante aos arts. 741, parágrafo único, e 475-L, § 1º, ambos do CPC de 1973: "Inconstitucionalidade material do CPC 741, parágrafo único. Título judicial é sentença transitada em julgado, acobertada pela autoridade da coisa julgada. Esse título judicial

---

[58] "Art. 535. A Fazenda Pública será intimada na pessoa de seu representante judicial, por carga, remessa ou meio eletrônico, para, querendo, no prazo de 30 (trinta) dias e nos próprios autos, impugnar a execução, podendo arguir: [...] III – inexequibilidade do título ou inexigibilidade da obrigação; [...] § 5º Para efeito do disposto no inciso III do *caput* deste artigo, considera-se também inexigível a obrigação reconhecida em título executivo judicial fundado em lei ou ato normativo considerado inconstitucional pelo Supremo Tribunal Federal, ou fundado em aplicação ou interpretação da lei ou do ato normativo tido pelo Supremo Tribunal Federal como incompatível com a Constituição Federal, em controle de constitucionalidade concentrado ou difuso."

[59] "Art. 475-L. A impugnação somente poderá versar sobre: [...] II – inexigibilidade do título; [...] § 1º Para efeito do disposto no inciso II do *caput* deste artigo, considera-se também inexigível o título judicial fundado em lei ou ato normativo declarados inconstitucionais pelo Supremo Tribunal Federal, ou fundado em aplicação ou interpretação da lei ou ato normativo tidas pelo Supremo Tribunal Federal como incompatíveis com a Constituição Federal."; "Art. 741. Na execução contra a Fazenda Pública, os embargos só poderão versar sobre: [...] II – inexigibilidade do título; [...]. Parágrafo único. Para efeito do disposto no inciso II do *caput* deste artigo, considera-se também inexigível o título judicial fundado em lei ou ato normativo declarados inconstitucionais pelo Supremo Tribunal Federal, ou fundado em aplicação ou interpretação da lei ou ato normativo tidas pelo Supremo Tribunal Federal como incompatíveis com a Constituição Federal."

[60] NERY JR., Nelson; NERY, Rosa. *Código de Processo Civil comentado*, op. cit., 7. ed.

[61] Idem, p. 1060.

goza de proteção constitucional, que emana diretamente do Estado Democrático de Direito (CF 1º *caput*), além de possuir dimensão de garantia constitucional fundamental (CF 5º XXXVI). Decisão posterior, ainda que do STF, não poderá atingir a coisa julgada que já havia sido formada e dado origem àquele título executivo judicial. A decisão do STF que declara inconstitucional lei ou ato normativo tem eficácia retroativa *ex tunc*, para atingir situações que estejam se desenvolvendo com fundamento nessa lei. Essa retroatividade tem como limite a coisa julgada (Canotilho, *Dir. Const.*, p. 1001). Não pode alcançar, portanto, as relações jurídicas firmes, sobre as quais pesa a *auctoritas rei iudicatae*, manifestação do Estado Democrático de Direito (do ponto de vista político-social-coletivo) e garantia constitucional fundamental (do ponto de vista do direito individual, coletivo ou difuso). A esse respeito, ressalvando a coisa julgada dos efeitos retroativos da decisão de inconstitucionalidade, embora nem precisasse fazê-lo, é expressa a CF portuguesa (art. 282, n. 3, 1ª parte). Caso se admita a retroação prevista na norma ora comentada como possível, isso caracterizaria ofensa direta a dois dispositivos constitucionais: CF 1º *caput* (Estado Democrático de Direito, do qual a coisa julgada é manifestação) e 5º XXXVI (garantia individual ou coletiva da intangibilidade da coisa julgada). A norma, instituída pela Med. Prov. 2.180-35 10, é, portanto, materialmente inconstitucional. V. Coments. CPC 467".[62]

Fredie Didier,[63] defensor da constitucionalidade dos dispositivos, sintetizava a aplicação dos novos casos de desconstituição da coisa julgada material do seguinte modo: "O § 1º do art. 475-L do CPC [1973] traz mais uma hipótese de desconstituição da coisa julgada material, tendo em vista que permite que o executado/embargante oponha resistência à satisfação do crédito suscitando matéria atinente à formação do próprio título executivo, quando ele estiver fundado em preceito tido por inconstitucional pelo STF ou quando se tenha conferido a este preceito interpretação tida pelo mesmo STF como inconstitucional. Dessa forma, em casos tais, admite-se a rescisão da sentença pelo acolhimento de argumento de defesa deduzido na impugnação".

Refere o autor, ainda:

> "Não é toda hipótese de sentença inconstitucional que pode ser desconstituída com base nesse dispositivo. 'São apenas três, portanto, os vícios de inconstitucionalidade que permitem a utilização do novo mecanismo: (a) a aplicação de lei inconstitucional; ou (b) a aplicação da lei a situação considerada inconstitucional; ou, ainda, (c) a aplicação da lei com um sentido (= uma interpretação) tido por inconstitucional. Há um

---

[62] Nesse sentido, igualmente, o recente voto do Ministro Celso de Mello no RE 594.350/RS. No mesmo sentido, ABBOUD, Georges. *Jurisdição constitucional*, op. cit., p. 309 e ss.

[63] Nesse sentido: DIDIER JR., Fredie; BRAGA, Paulo Sarno; OLIVEIRA, Rafael. *Curso de direito processual civil*. Salvador: JusPodivm, 2007. v. 2, p. 465. Vejam-se, também, sobre o tema, as seguintes obras: BRANDÃO, Fabrício dos Reis. *Coisa julgada*. São Paulo: MP, 2005; WAMBIER, Teresa Arruda Alvim; MEDINA, José Miguel Garcia. *O dogma da coisa julgada: hipóteses de relativização*. São Paulo: Ed. RT, 2003; PORTO, Sérgio Gilberto. *Coisa julgada civil*. 3. ed. São Paulo: Ed. RT, 2006; NASCIMENTO, Carlos Valder do (coord.). *Coisa julgada inconstitucional*. 3. ed. Rio de Janeiro: América Jurídica, 2003; MARINONI, Luiz Guilherme. Sobre a chamada "relativização" da coisa julgada material. Disponível em: [http://www.professormarinoni.com.br/artigos.php]. Acesso em: 20 nov. 2012.

Cap. 3 · O MODELO DE JUSTIÇA CONSTITUCIONAL NO BRASIL PÓS-1988 | **203**

elemento comum às três hipóteses: o da inconstitucionalidade da norma aplicada pela sentença. O que as diferencia é, apenas, a técnica utilizada para o reconhecimento dessa inconstitucionalidade. No primeiro caso (aplicação de lei inconstitucional) supõe-se a declaração de inconstitucionalidade com redução de texto. No segundo (aplicação da lei em situação tida por inconstitucional), supõe-se a técnica da declaração de inconstitucionalidade parcial sem redução de texto. E no terceiro (aplicação de lei com um sentido inconstitucional), supõe-se a técnica da interpretação conforme a Constituição".

"A decisão do STF pode ter sido resultado do controle difuso ou concentrado da constitucionalidade das leis, desde que, em ambos os casos, tenha sido proferida pelo Pleno. É importante ressaltar que mesmo as decisões proferidas em controle difuso servem como paradigma para a aplicação do mencionado dispositivo, tendo em vista a eficácia *ultra partes* e paradigmática que vem sendo dada pelo STF a tais decisões, em fenômeno que já designamos de 'objetivação do controle difuso de constitucionalidade'. Para a aplicação do dispositivo é desnecessária a resolução do Senado (art. 52, X, CF/1988) suspendendo a vigência da lei".[64]

Didier Jr., Braga e Oliveira[65] entendem que, além dos pressupostos acima elencados, outros ainda são necessários para sua aplicação:

a) que a decisão do Supremo Tribunal Federal tenha sido anterior à prolação da sentença;

b) que, além de o título judicial ter sido constituído anteriormente à decisão do STF, tenha a Corte dotado o *decisum* de eficácia retroativa, de modo a atingir a coisa julgada. Na hipótese, Didier defende que – para não deixar a coisa julgada eternamente instável, vulnerando-se garantia individual – seria o caso aplicar analogicamente o prazo da ação rescisória e não admitir a rescisão da sentença se a decisão do STF ocorrer após o lapso de dois anos, contados do trânsito em julgado da decisão exequenda, ainda que lhe tenha sido atribuída eficácia retroativa ao julgado;

---

[64] Didier invoca doutrina de Teori Zavascki, que também entende que a decisão emanada do pleno do STF se enquadra na hipótese do aludido § 1º, sendo despicienda a resolução do Senado: "É indiferente, também, que o precedente tenha sido tomado em controle concentrado ou difuso, ou que, nesse último caso, haja resolução do Senado suspendendo a execução da norma. Também essa distinção não está contemplada no texto normativo, sendo de anotar que, de qualquer sorte, não seria cabível resolução do Senado na declaração de inconstitucionalidade parcial sem redução de texto e na que decorre da interpretação conforme a Constituição. Além de não prevista na lei, a distinção restritiva não é compatível com a evidente intenção do legislador, já referida, de valorizar a autoridade dos precedentes emanados do órgão judiciário guardião da Constituição, que não pode ser hierarquizada em função do procedimento em que se manifesta" – ZAVASCKI, Teori Albino. Inexigibilidade de sentenças inconstitucionais. In: DIDIER JR., Fredie (org.). *Relativização da coisa julgada – Enfoque crítico*. 2. ed. Salvador: JusPodivm, 2006. p. 337. Pela necessidade de resolução do Senado para aplicação do dispositivo, vejam-se: ASSIS, Araken de. *Cumprimento da sentença*. Rio de Janeiro: Forense, 2010; MAZZEI, Rodrigo. *Reforma do CPC*. São Paulo: Ed. RT, 2006; e TALAMINI, Eduardo. Embargos à execução de título judicial eivado de inconstitucionalidade (CPC, art. 741, parágrafo único). In: DIDIER JR., Fredie (org.). *Relativização da coisa julgada – Enfoque crítico*. Salvador: JusPodivm, 2004.

[65] Nesse sentido: DIDIER JR., Fredie; BRAGA, Paulo Sarno; OLIVEIRA, Rafael. Op. cit., vol. 2, p. 465.

c) não incidência em relação a coisas julgadas anteriores à vigência do dispositivo. "Convém lembrar que a regra já existia antes da Lei Federal 11.232/2005", consoante aponta Didier, e que as "coisas julgadas existentes até 11 de abril de 2000 não sofrem qualquer repercussão desse parágrafo, sob pena de afronta à garantia da irretroatividade da lei (art. 5º, XXXVI, da CF)".

O Tribunal Superior do Trabalho[66] e o Superior Tribunal de Justiça,[67] a propósito, já se pronunciaram pela irretroatividade da MP 2.180/2001, entendendo inaplicável o art. 741, parágrafo único, do CPC de 1973 nas hipóteses de sentença proferida antes da declaração de inconstitucionalidade do STF.

Nesse contexto, entendo, em conformidade com o que sustentam Nelson Nery Jr. e Georges Abboud, que referidos dispositivos legais não podem ser aplicados de forma a se admitir a retroatividade ilimitada dos efeitos da declaração de inconstitucionalidade, permitindo inclusive a desconstituição dos casos julgados cujo trânsito formou-se antes da decisão de inconstitucionalidade. Na Constituição portuguesa há dispositivo expresso nesse sentido art. 283, n. 3. Nossa CF vigente, apesar de não possuir dispositivo legal idêntico ao português, em seu art. 5º elenca a coisa julgada como garantia individual do cidadão – com maior razão, portanto, não pode ser desconstituída pela decisão de inconstitucionalidade.[68]

Em suma, os mencionados dispositivos legais "precisam ser interpretados em conformidade com a Constituição Federal. Esses dispositivos legais não seriam inconstitucionais quando incidissem para desconstituir título executivo judicial cujo trânsito em julgado ocorresse após decisão do STF. Ainda assim, essa aplicação somente poderia ser feita no prazo de trinta dias (art. 1º-B da Lei 9.494/1997) ou quinze dias no caso do art. 475-J, § 1º, do CPC [de 1973]. Passados esses prazos, ainda restaria ao devedor a utilização da ação rescisória – após o prazo bienal, a coisa julgada passa a ser inatacável, formando-se a coisa julgada soberanamente julgada".[69]

Como se pode perceber, a discussão tem – ou deveria ter – como pano de fundo a autonomia do direito ou a preservação de seu adequado grau de autonomia alcançado no paradigma do Estado Democrático de Direito. Os autores (Fredie Didier, Paulo Braga e Rafael Oliveira, por exemplo) que sustentam a validade constitucional dos dispositivos que permitem desconstituir decisões nos moldes antes assinalados acabam por fragilizar o direito. O enfraquecimento do instituto da coisa julgada é um forte elemento predador da autonomia do direito.

Por sua vez, o art. 525, § 14, do CPC de 2015 corrigiu as disposições do 475-L, § 1º, e 741, parágrafo único do CPC de 1973. De fato, segundo Nelson Nery Jr. e Rosa Maria de

---

[66] Cf. ROAG 38/2006-000-21-40, Tribunal Pleno; e ROAG 111840-69.2004.5.21.0000, Órgão Especial.

[67] Cf. Corte Especial, EREsp 806.407/RS.

[68] Cf. NERY JR., Nelson. *Princípios do processo na Constituição.* 10. ed. São Paulo: Ed. RT, 2010. n. 4, p. 51; ABBOUD, Georges. *Jurisdição constitucional,* op. cit., p. 304-305.

[69] Cf. ABBOUD, *Jurisdição constitucional,* op. cit., p. 313-314 – entendimento fundamentado em NERY JR., Nelson; NERY, Rosa. *Código de Processo Civil comentado,* op. cit., p. 773 e 1133.

Andrade Nery,[70] "Em boa hora o texto normativo comentado veio corrigir as disposições anteriores, revogadas, do CPC/1973 475-L, § 1º e 741, parágrafo único, que não fazia a ressalva constante do CPC de 2015, § 14. Já apontávamos essa inconstitucionalidade existente no sistema do CPC de 1973, agora corrigida.

No entanto, a inconstitucionalidade permanece no caso de aplicação da regra de transição prevista no art. 1.057 CPC de 2015, na medida em que estabelece que às decisões transitadas em julgado antes da entrada em vigor do CPC, aplica-se a regra dos arts. 475-L, § 1º, e 741, parágrafo único, do CPC de 1973.

Observam-se outros problemas no tratamento dado ao tema pelos artigos do novo Código, como alerta Georges Abboud:

> "Ponto problemático do CPC/2015 diz respeito ao § 15 do art. 525 do CPC que estabelece o *dies a quo* para a ação rescisória a ser contado do trânsito em julgado da decisão proferida pelo STF. Nelson Nery Junior e Rosa M. A. Nery criticam o dispositivo, apontando que ele, de forma teratológica, criaria dois prazos para a ação rescisória. O primeiro de dois anos a contar do trânsito em julgado da própria sentença e o segundo também de dois anos a contar do trânsito em julgado do acórdão do STF que reconheceu a inconstitucionalidade da lei. De forma esdrúxula, a decisão do STF *ressuscitaria* a pretensão rescisória das partes, que já teria se esvaído após dois anos. Assim, o § 15 do art. 525 do CPC/2015 deve ser interpretado conforme a Constituição para privilegiar a garantia constitucional da segurança jurídica e a coisa julgada, no sentido de apenas poder ser 'iniciado o prazo da rescisória a partir do trânsito em julgado da decisão do STF, se ainda não tiver sido extinta a pretensão rescisória cujo prazo tenha-se iniciado do trânsito em julgado da decisão exequenda' [Nelson Nery Junior e Rosa M. A. Nery"][71].

Além disso, Georges Abboud também tece importantes críticas ao parágrafo 12, ao discutir a inaplicabilidade dos dispositivos legais a partir de decisão de inconstitucionalidade oriunda de controle difuso de constitucionalidade:

> "O § 12 do art. 525 do CPC/2015, de forma expressa em seu texto legal, equipara as decisões do controle concentrado e difuso de constitucionalidade para fins de desconstituição do título executivo exequendo. Discordamos do posicionamento supracitado, bem como § 12 do art. 525 do CPC/2015, porque é inconstitucional. Entendemos que apenas os provimentos com efeito *erga omnes* e efeito vinculante (logo, apenas os provenientes do controle concentrado de constitucionalidade) permitem a aplicação dos mencionados dispositivos. Também entendemos que a incidência desses dispositivos apenas pode ser aplicada em decisões provenientes do controle concentrado que declaram a inconstitucionalidade de determinada lei (ou mediante aplicação do art. 52, X, CF/1988), desde que não tenham tido seus efeitos modulados *pro futuro,* não se incluindo a decisão denegatória descendente de ADC, afinal, somos contrário à atribuição de caráter dúplice

---

[70] NERY JR., Nelson; NERY, Rosa. *Código de Processo Civil comentado*, op. cit., 16. ed. p. 1412.

[71] ABBOUD, Georges. *Processo constitucional brasileiro*. 5. ed. São Paulo: Thomson Reuters Brasil, 2021. p. 898.

JURISDIÇÃO CONSTITUCIONAL • Lenio Luiz Streck

às ações constitucionais. Ressalvando, ainda, que sempre o transito em julgado deverá ser posterior à decisão de inconstitucionalidade ou à Resolução do Senado"[72].

3.2.7 O controle difuso, as ações constitucionais e a possibilidade do controle difuso (incidental) em sede de ação civil pública

A utilização das ações constitucionais implica uma variada gama de problemas, em face das especificidades de algumas delas. Assim, enquanto o uso do *habeas corpus* em sede de controle difuso de constitucionalidade não se reveste de complexidade, uma vez que a decisão somente aproveita à parte impetrante,[73] discutem-se os limites da suscitação de inconstitucionalidade em sede de mandado de segurança, questão que pode ser estendida à ação popular, em determinados casos, e à ação civil pública. Nesse sentido, segundo Zeno Veloso, é ponto pacífico que o objeto do mandado de segurança não abrange a possibilidade de impugnar a lei, em abstrato, é dizer, atacá-la em tese.[74] Mas é impugnável, por esta via, o ato concreto, a decisão objetiva da autoridade, com base na lei inconstitucional. Aqui, então, se o ato é ilegítimo ou abusivo, embora com assento em lei, sendo esta inconstitucional, para afastar o ato lesivo ou declará-lo insubsistente torna-se necessário, previamente, decretar a inconstitucionalidade da lei. Indo mais longe do que

---

[72] ABBOUD, Georges. *Processo constitucional brasileiro*. 5. ed. São Paulo: Thomson Reuters Brasil, 2021. p. 899.

[73] Veja-se, por exemplo, o controle difuso exercido pelo Supremo Tribunal Federal por meio de *habeas corpus*, em pleno regime militar, declarando a inconstitucionalidade do art. 48 da Lei de Segurança Nacional (Dec.-lei 314/1967). O dispositivo estava assim vazado: "A prisão em flagrante delito ou o recebimento da denúncia, em qualquer dos casos previstos neste Decreto-lei, importará, simultaneamente, na suspensão do exercício da profissão, emprego em atividade privada, assim como de cargo ou função na Administração Pública, autarquia, em empresa pública ou sociedade de economia mista, até a sentença absolutória". Lançando mão do princípio da proporcionalidade, o STF afastou o dispositivo, por ferir os arts. 150, *caput* e § 35, da Constituição, porque as medidas preventivas que importam na suspensão dos direitos ao exercício das profissões e ao emprego em empresas privadas tiram ao indivíduo as condições para prover a vida e a subsistência. O § 35 do art. 150 compreende todos os direitos não enumerados, mas que estão vinculados às liberdades, ao regime de direito e às instituições políticas criadas pela Constituição. A inconstitucionalidade não atinge as restrições ao exercício da função pública porque a legislação vigente sobre funcionários, aplicável à espécie, assegura uma parte dos vencimentos dos funcionários atingidos pelo art. 48 do referido decreto-lei. A inconstitucionalidade estende-se aos parágrafos do art. 48, porque estes referem-se à execução das normas previstas no artigo e consideradas inconstitucionais" (HC 45.232, j. 21.02.1968). Agregue-se que esse pronunciamento ficou restrito ao controle difuso de constitucionalidade, uma vez que não houve propositura de representação de inconstitucionalidade (atual ADI). Não se olvide que, na vigência da Constituição de 1967-1969, a ação direta de inconstitucionalidade somente poderia ser proposta pelo Procurador-Geral da República, que, por sua vez, era demissível *ad nutum* pelo Presidente da República. Atualmente, a questão tornou-se controvertida, inclusive no STF. O Tribunal, na Rcl 4.335-5/AC, julgada em 20.03.2014, discutiu a tese do Ministro Gilmar Mendes, no sentido da vinculação de todas as decisões do STF, desde que proferidas pelo Pleno. Sobre o assunto ver comentário sobre a Rcl 4.335, *retro*.

[74] Nesse sentido a antiga Súmula 266 do STF: "Não cabe mandado de segurança contra lei em tese". Essa interpretação permanece com o advento da Lei 12.016/2009.

Cap. 3 · O MODELO DE JUSTIÇA CONSTITUCIONAL NO BRASIL PÓS-1988 | **207**

a posição dominante, o autor acrescenta que o mandado de segurança é ação cabível para decretação, ante o caso concreto, da inconstitucionalidade de lei, sendo que, embora inadmissível, por via de *mandamus*, o ataque frontal e direto ao próprio ato legislativo, é possível, por esta ação, atacar-se os procedimentos que dele façam aplicação, ainda que o argumento principal seja o da inconstitucionalidade do dito ato legislativo.[75]

A fronteira (hermenêutica) entre a impugnação da lei e o ato emanado da lei é deveras muito tênue. Assim, há decisões que, mais do que admitir mandado de segurança contra lei em tese, declaram a inconstitucionalidade da lei, a partir de incidente de inconstitucionalidade, *verbis*: "As reedições sucessivas da Medida Provisória 560/1994, ao regular o aumento do desconto na contribuição previdenciária incidente sobre a remuneração de servidores públicos, afrontam o disposto no parágrafo único do art. 62 da Constituição Federal, eis que o disciplinamento das relações jurídicas desta natureza, advindas por edição de medida provisória, constitui atribuição privativa indeclinável do Congresso Nacional. Cabível o *mandamus*, demonstrado o direito líquido e certo do impetrante, com efeitos financeiros a partir da lesão então praticada".[76]

Já com relação à ação civil pública, é necessário lembrar que durante um longo período não se admitiu a sua utilização em sede de controle difuso de constitucionalidade, uma vez que se entendia que a decisão que afastava a incidência de dada norma por eventual incompatibilidade com a ordem constitucional tinha o mesmo efeito das ações diretas de inconstitucionalidade. Tal questão, a toda evidência, deve ser revisitada pela doutrina.

Com efeito, não resta dúvida que as partes na ação civil pública atuam não na defesa de interesse jurídico específico, mas, sim, na proteção do interesse público, com o que qualquer pretensão no sentido de limitar a eficácia das decisões proferidas nesses processos apenas às partes formais do processo redundaria na sua completa nulificação.

Tal circunstância levou Gilmar Mendes a posicionar-se contra a possibilidade de se utilizar a ação civil pública como mecanismo de controle difuso de constitucionalidade. Com efeito, para ele, admitida a utilização da ação civil pública como instrumento adequado de controle de constitucionalidade, tem-se *ipso jure* a outorga à jurisdição ordinária de primeiro grau de poderes que a Constituição não assegura sequer ao Supremo Tribunal Federal, uma vez que a decisão sobre a constitucionalidade da lei proferida pelo Pretório Excelso no caso concreto tem apenas eficácia *inter partes*, dependendo a sua extensão da decisão do Senado Federal.

Por isso, ainda que se desenvolvam esforços no sentido de formular pretensão diversa, toda vez que, em sede de ação civil pública, ficar evidente que a medida ou providência que se pretende questionar é a própria lei ou ato normativo, restará inequívoco que se trata mesmo é de uma impugnação direta da lei. Com relação a isso, muito embora a Suprema Corte ainda não tenha se pronunciado em sede de controle direto, há um importante julgado de 1994, na Reclamação 434, podendo se ler no voto do relator, Ministro Francisco

---

[75] Ver, nesse sentido, VELOSO, Zeno. *Controle jurisdicional de constitucionalidade*. Belo Horizonte: Del Rey, 2000.

[76] Cf. TJDF, Órgão Especial, Ac. 133832.

Rezek, que não se pode dissimular "a inconstitucionalidade, isto é, a medida não pode visar a decretar a ilegalidade da medida quando a 'medida tida por ilegal' é a própria lei".[77]

Também contrariamente à possibilidade de o controle difuso ser manejado em sede de ação civil pública posicionam-se Carvalho Filho e Arruda Alvim. Para o primeiro, não é cabível a ação civil pública nessa hipótese, uma vez que a arguição de inconstitucionalidade de lei ou ato normativo suscitada como matéria incidental em qualquer ação, como forma de controle difuso da constitucionalidade, é normalmente admissível nas ações que têm por objeto a proteção de direitos individuais. Mas no caso da ação civil pública, em que o objeto visa à tutela de interesses coletivos e difusos, esse tipo de arguição será inadmissível.[78] Para o segundo, a inconstitucionalidade levantada em ação civil pública, como pretenso fundamento da lide, na qual se persiga a própria constitucionalidade, é arguição incompatível com essa ação e, na verdade, com qualquer ação, por implicar usurpação da competência do Supremo Tribunal Federal.[79]

Merece referência ainda a posição de André Ramos Tavares, para quem não é possível conceber que se tenha engendrado um sistema próprio, criado pela Constituição, com uma instituição também própria (Supremo Tribunal Federal) para tratar da questão da constitucionalidade das leis com decisões *erga omnes* e, paralelamente, admitir que qualquer órgão da Justiça realize, por via da ação civil pública, essa tão delicada tarefa, muitas vezes fazendo-o também em abstrato, ou seja, sem qualquer referibilidade a um caso concreto específico (tal como deveria ocorrer apenas no exercício da jurisdição constitucional concentrada). Assim, embora se possa afirmar que, teoricamente, não há usurpação de competência própria do Supremo Tribunal Federal, já que o objeto da ação civil pública não é propriamente a declaração de inconstitucionalidade, na prática, admitir-se de modo amplo a possibilidade de controle difuso em virtude de ação civil pública pode desembocar em situações que só se deveriam alcançar por força das ações de controle concentrado da constitucionalidade, perante o Supremo Tribunal Federal.[80]

Muito embora essas posições doutrinárias e a posição do Supremo Tribunal Federal proferida nas Reclamações 434 e 601, de há muito podem ser encontradas várias decisões nos tribunais admitindo a declaração incidental de inconstitucionalidade em sede de ação civil pública. Assim, o Superior Tribunal de Justiça considerou legítima a atuação do Ministério Público no manejo de ação civil pública para proibir a cobrança de taxa ilegal, ao dizer ser viável, em processo de ação civil pública, a declaração incidente de inconstitucionalidade.[81] Também o Tribunal de Justiça do Distrito Federal decidiu na mesma linha, em

---

[77] Cf. MENDES, Gilmar Ferreira. *Direitos fundamentais e controle de constitucionalidade.* São Paulo: Instituto Brasileiro de Direito Constitucional, 1999. p. 355 e ss.

[78] Cf. CARVALHO FILHO, José dos Santos. *Ação civil pública.* 3. ed. Rio de Janeiro: Lumen Juris, 2001. p. 86 e ss.

[79] Cf. ARRUDA ALVIM, *Ação civil pública* apud CARVALHO FILHO, op. cit.

[80] Cf. TAVARES, André Ramos. *Tratado da arguição de descumprimento de preceito fundamental.* São Paulo: Saraiva, 2001. p. 287.

[81] Cf. STJ, REsp 109013.

Cap. 3 · O MODELO DE JUSTIÇA CONSTITUCIONAL NO BRASIL PÓS-1988 | 209

caso de danos ao meio ambiente na construção irregular de área pública.[82] O Tribunal de Justiça do Rio Grande do Sul julgou procedente incidente de inconstitucionalidade de lei estadual que instituiu meia-entrada para estudantes em espetáculos culturais e esportivos.[83]

Parecem corretas as referidas decisões e, consequentemente, não corretas, embora bem fundamentadas, as posições de Mendes, Carvalho Filho, Arruda Alvim e André Tavares. Com efeito, o fato de que a regra do art. 97 da Constituição, exigindo sempre maioria absoluta para declarar a inconstitucionalidade de uma lei, aproximar as duas modalidades de controle de constitucionalidade, isso não tem o condão de transformar a declaração de inconstitucionalidade incidental em sede de ação civil pública em sucedâneo de ação direta de inconstitucionalidade. Registre-se que o Supremo Tribunal Federal, em decisão na Reclamação 1.733/SP, decidiu que é legítimo o manejo da ação civil pública como instrumento idôneo de fiscalização incidental de constitucionalidade, pela via difusa, de quaisquer leis ou atos do Poder Público, mesmo quando contestados em face da Constituição da República, desde que, nesse processo coletivo, a controvérsia constitucional, longe de identificar-se como objeto único da demanda, se qualifique como simples questão prejudicial, indispensável à resolução do litígio principal.

Já antes da Reclamação 1.733/SP já havia posição no Supremo Tribunal no sentido da possibilidade de fazer-se o controle difuso de constitucionalidade em sede de ação civil pública, conforme se pode ver do julgamento da Reclamação 597-6/SP, onde já se assentava que o exercício por qualquer outro órgão jurisdicional do controle difuso e incidente de constitucionalidade – no nosso difícil e complexo sistema de convivência quase paralela entre controle concentrado e o controle difuso – não usurpa a competência do Supremo Tribunal para o controle direto e abstrato mediante ação direta de inconstitucionalidade. No caso, o relator, Ministro Sepúlveda Pertence, foi enfático, ao dizer que "foram raras as vezes em que temos afirmado tal obviedade, mas tivemos oportunidade de fazê-lo na Reclamação 410, de 11.1992". Isso quer dizer que nada no sistema permite afirmar que, em sede de ação civil pública de natureza condenatória – que se distingue, ademais, da ação direta de inconstitucionalidade, de um lado, pela legitimação para agir, de outro, pelos efeitos da coisa julgada – esteja vedado o controle incidente da constitucionalidade da lei que constitua questão prejudicial do provimento condenatória que se postula.

O uso da ação civil pública relaciona-se, diretamente, com a utilização de uma "questão prejudicial". Veja-se, nesse sentido, decisão proferida pela Suprema Corte na Reclamação 602-6/SP, demonstrando a não incompatibilidade entre o controle difuso de constitucionalidade e a ação civil pública. Com efeito, ficou assentado que a decisão que, em ação civil pública, condenou instituição bancária a complementar os rendimentos de caderneta de poupança de seus correntistas, com base em índice até então vigente, após afastar a aplicação da norma que o havia reduzido, por considerá-la incompatível com a Constituição, não constitui usurpação de competência do Supremo Tribunal Federal, prevista no art. 102, I, *a*, da CF. Isso porque tratou-se de ação ajuizada, entre as partes contratantes, na persecução de

---

[82] Cf. TJDF, ApCiv 134600.
[83] Cf. TJRS, Ac. 70000385567.

bem jurídico concreto, individual e perfeitamente definido, de ordem patrimonial, objetivo que jamais poderia ser alcançado pelo reclamado em sede de controle *in abstracto* de ato normativo. Quadro em que não sobra espaço para falar de invasão, pela Corte reclamada, da jurisdição concentrada privativa do Supremo Tribunal Federal.

Ficou decidido, ainda, que, embora haja um parentesco entre a ação civil pública e a ação direta de inconstitucionalidade, pois em ambas se faz o controle de constitucionalidade das leis, na primeira é feito o controle difuso, declarando-se a inconstitucionalidade *incidenter tantum*, enquanto na segunda é feito o controle concentrado e com efeito *erga omnes*. No demais, as ações civis públicas estão sujeitas a toda a cadeia recursal prevista nas leis processuais, onde se inclui o recurso extraordinário para o Supremo Tribunal Federal, enquanto as ações diretas são julgadas em grau único de jurisdição, de instrumentos para sustentarem as suas razões, como se pode ver nos fundamentos das Reclamações 597/SP e 602/SP.[84]

De registrar, ainda, a doutrina de Hugo Mazzilli, no sentido de que não há obstáculo no sentido de que por intermédio de ação civil pública possa ser realizado não o controle concentrado e abstrato de constitucionalidade das leis, mas, sim, o controle difuso ou incidental. Assim como ocorre nas ações populares e mandados de segurança, aduz o autor, nada impede que a inconstitucionalidade de um ato normativo seja objetada em ações individuais ou coletivas (não em ações diretas de inconstitucionalidade, apenas), como causa de pedir (não o próprio pedido) dessas ações individuais ou dessas ações civis públicas ou coletivas.[85]

É importante ressaltar, como contributo para a sustentação da tese da admissibilidade da utilização do controle difuso em sede de ação civil pública, que, neste caso, a declaração de inconstitucionalidade apenas produz efeito *inter partes* (não estou considerando, aqui, as consequências pragmáticas dos efeitos exsurgentes da aplicação do parágrafo único do art. 949 do CPC).[86] O ato normativo (municipal, estadual ou federal) *não perde a sua validade*. Os efeitos da declaração incidental ficarão suspensos quando o Supremo Tribunal Federal remeter a decisão de inconstitucionalidade em sede de controle difuso ao Senado. Essa é a regra. Especificamente no caso da ação civil pública, muito embora os efeitos de uma decisão que declara a inconstitucionalidade de um ato normativo tenham extensão que perpassa uma mera relação *inter partes*, não se pode entender que a ação civil pública se alce a sucedâneo de controle concentrado de constitucionalidade.

Há que se reafirmar, pois, em face dos diferentes efeitos que decorrem do controle concentrado e do controle difuso, que não se pode concluir que a ação civil pública atue como sucedâneo de controle concentrado. Desse modo, a própria decisão do Supremo Tribunal Federal antes especificada, ao estabelecer a viabilidade do manejo da ação civil pública em sede de controle difuso de constitucionalidade, colocando como condicionante

---

[84] Cf. Rcl 559.

[85] Cf. MAZZILLI, Hugo N. *O inquérito civil*. São Paulo: Saraiva, 2000. p. 134. Na mesma linha, posicionando-se pela admissibilidade do controle difuso de constitucionalidade em sede de ação civil pública, CÂMARA, Alexandre Freitas. CPI do Judiciário. Ação civil pública. Legitimidade do IAB. Controle incidental de constitucionalidade. Competência. *Escritos de direito processual*, op. cit., p. 329 e ss.

[86] Sobre o assunto, ver também BRANDÃO, Paulo de Tarso. *Ações constitucionais*, op. cit., 2006.

Cap. 3 · O MODELO DE JUSTIÇA CONSTITUCIONAL NO BRASIL PÓS-1988 | **211**

a discussão da constitucionalidade do ato normativo enquanto questão prejudicial, e não o próprio objeto da demanda, está a merecer uma crítica.

Com efeito, em sede de controle difuso, não há como separar a questão prejudicial daquilo que se poderia denominar de "o próprio objeto da demanda". Sabe-se que, em sede de controle concentrado de constitucionalidade, a inconstitucionalidade da lei é o próprio objeto. Entretanto, em sede de controle difuso, a lei inquinada de inconstitucional será sempre uma questão prejudicial.

Observe-se o seguinte exemplo: determinada Lei Orgânica de Município estipula, em um de seus dispositivos, que "*o Poder Legislativo do Município é exercido pela Câmara de Vereadores, que se compõe de Vereadores, representantes da comunidade, eleitos pelo sistema proporcional, sujeitos às disposições da Lei Orgânica e seu Regimento Interno*", sendo que, no parágrafo único, estabelece que "o número de vereadores é de 21 (vinte e um)".

Pois bem. Suponha-se que, em sede de ação civil pública, o Ministério Público inquine como inconstitucional o citado parágrafo único, por afronta ao art. 29, inciso IV, da Constituição Federal. Facilmente, levando em conta a posição do STF, poderá ser dito que a inconstitucionalidade do aludido parágrafo único é o próprio objeto da ação civil, e não uma questão prejudicial ao deslinde da demanda. Entendo, entretanto, que uma decisão nesse sentido seria equivocada, pelos exatos fundamentos anteriormente elencados. Parece razoável dizer, aqui, que o Judiciário, ao declarar a inconstitucionalidade do parágrafo único que estabelece em vinte e um o número de vereadores, não estará declarando a inconstitucionalidade da lei com efeito *erga omnes*, retirando-lhe a eficácia nos moldes em que ocorre em sede de controle concentrado de constitucionalidade.

A propósito, também vale registrar a decisão do STF no RE 197.917-8, que teve como relator o Ministro Maurício Corrêa, versando sobre temática semelhante ao que aqui vem sendo tratado. Com efeito, o Ministério Público ajuizou ação civil pública visando reduzir de onze para nove o número de vereadores da Câmara Municipal de Mira Estrela, exatamente sob o fundamento de que a Lei Orgânica contrariava a proporção estabelecida no art. 29, IV, *a*, da CF. Em primeiro grau, a ação foi julgada procedente, tendo sido decretada a extinção dos mandatos que ultrapassaram o patamar constitucional. Em grau de recurso, o Tribunal de Justiça de São Paulo deu provimento ao apelo, sob o fundamento de que não havia violação frontal do texto constitucional. Dessa decisão foi interposto recurso extraordinário, provido pelo Supremo Tribunal Federal, que declarou inconstitucional, *incidenter tantum*, o art. 6º da Lei Orgânica do Município de Mira Estrela. Ressalte-se que o STF fez constar, ao final, a ressalva de que "a jurisprudência consolidada desta Corte tem admitido a ação civil pública para, pela via do controle difuso, discutir a constitucionalidade de lei ou ato de conteúdo normativo – aí incluídas as Leis Orgânicas das Câmaras Municipais –, desde que, como ocorre no caso concreto, se caracterize como questão prejudicial à solução da lide, não consistindo no pedido unido da demanda. [...] Como visto, a presente ação pretendeu a redução do número de vereadores de onze para nove, o afastamento dos excedentes, a devolução dos subsídios indevidamente pagos e, como consequência, a declaração incidente de inconstitucionalidade da norma local". Retomando o julgamento, o Ministro Gilmar Mendes, embora tenha acompanhado o voto do relator, proferiu voto-vista no sentido de restringir a declaração da inconstitucionalidade *pro futuro*, de modo que tal declaração não afete a composição da atual legislatura da Câmara Municipal, cabendo ao Legislativo municipal estabelecer nova disciplina sobre a matéria, em tempo hábil para que se regule o próximo pleito eleitoral.[87]

Creio desnecessária a ressalva constante no voto do Ministro-relator, no sentido de que somente é possível discutir – via ação civil pública – a constitucionalidade de lei ou ato de conteúdo normativo – aí incluídas as Leis Orgânicas das Câmaras Municipais – desde que, como ocorre no caso concreto, se caracterize como questão prejudicial à solução da lide, não consistindo no pedido único da demanda. Com efeito, e como explicitado no decorrer desta obra, entendo que o pedido da inconstitucionalidade, na hipótese aqui tratada, versando sobre o número de vereadores que ultrapasse o patamar constitucional, sempre será uma questão prejudicial, pela simples razão de que o objeto da demanda será a redução do número de vereadores, o afastamento dos excedentes, bem como a devolução dos subsídios.

Na verdade, quando uma lei é declarada inconstitucional em sede de controle concentrado, esta perde sua validade, ou seja, não poderá jamais ser aplicada novamente. É nula, írrita, nenhuma, pois. Já em sede de controle difuso, a lei somente perde sua validade para as partes envolvidas, podendo ser aplicada para os não envolvidos na demanda. No exemplo em tela, mesmo com a especificidade dos efeitos da ação civil pública, em que a lei não poderá ser aplicada a outros casos por ausência destes, porque abarcados em sua totalidade no interior dos efeitos da própria decisão que retirou a validade da lei, tal circunstância não significa que a referida lei não possa ser aplicada novamente, desde que o suporte fático a que se destina a lei venha a sofrer modificações. Na hipótese sob exame, no caso de o referido município, no ano seguinte, alcançar o número de eleitores suficientes para o enquadramento no número de vinte e um vereadores, nada obsta a que a lei volte a ter efeitos. A questão fica mais clara, ainda, quando se tratar, por exemplo, de uma lei tributária, que viole o princípio da anterioridade. Declarada inconstitucional a lei em sede de controle difuso, no bojo de uma ação civil pública, nada obsta que, no seguinte, a lei venha a ser (novamente) aplicada.

Trata-se, assim, da aplicação dos conceitos de vigência e eficácia da lei, a partir de suas consequências exsurgentes das especificidades emanadas do controle concentrado de constitucionalidade (que, no sistema jurídico, tem a função de nulificar a lei, com efeito *erga omnes*) e do controle incidental-difuso de constitucionalidade.

---

[87] Julgado o mérito do RE em 24.03.2004, fora este provido por maioria (restaram vencidos os Ministros Sepúlveda Pertence, Marco Aurélio e Celso de Mello), dando ensejo à edição da Resolução 21.702 do TSE, que estabeleceu os novos números de corte para o cálculo da quantidade de vereadores por habitante que vigoraria no pleito eleitoral vindouro. Prevaleceu, pois, o entendimento de Mendes, nos termos do acórdão: "Efeitos. Princípio da segurança jurídica. Situação excepcional em que a declaração de nulidade, com seus normais efeitos *ex tunc*, resultaria grave ameaça a todo o sistema legislativo vigente. Prevalência do interesse público para assegurar, em caráter de exceção, efeitos *pro futuro* à declaração incidental de inconstitucionalidade". Posteriormente, a EC 58/2009 firmou na Lei Maior os atuais (e substancialmente mais amplos) parâmetros.

Cap. 3 · O MODELO DE JUSTIÇA CONSTITUCIONAL NO BRASIL PÓS-1988 | 213

3.2.8 O dever de todos os tribunais e juízes de exercer o controle difuso de constitucionalidade

Antes de mais nada, é necessário frisar que a regra que exige a suscitação do incidente de inconstitucionalidade também se aplica ao Superior Tribunal de Justiça, conforme dispõem os arts. 199 e 200 do Regimento Interno.[88] Há certa indefinição sobre a matéria, confundindo-se, por vezes, as hipóteses de admissibilidade do recurso especial com o exame incidental de matéria pelo Superior Tribunal de Justiça em sua função jurisdicional.

Vale conferir, para tanto, o voto do Ministro Marco Aurélio, no RE 208.639/RS quando, a certa altura, diz: "Indaga-se: o STJ enfrentou o tema, decidiu tendo presente o que se contém nesse preceito constitucional? Não! Tanto assim que, atento, o Estado interpôs embargos declaratórios, instando o Colegiado, portanto, a emitir entendimento explícito sobre o alcance desse preceito. O que fez o Colegiado? Rejeitou esses declaratórios e disse que – a meu ver, numa visão distorcida – ao STJ não cabe adentrar questão constitucional...".[89]

Veja-se, neste ponto, que não somente em sede de recurso especial poderão surgir questões constitucionais, como questões infraconstitucionais estarão presentes em sede de recurso extraordinário.

Outra hipótese de declaração de inconstitucionalidade de lei pelo Superior Tribunal de Justiça pode ocorrer por ocasião do julgamento, perante o Órgão Pleno, de causa ou recurso de sua competência. Interessante notar que no Supremo Tribunal Federal não é exigida a formação do incidente (arts. 176, 177 e 178 do RISTF). Com efeito, feita a arguição em processo de competência da Turma, e considerada relevante, será ele submetido ao Plenário, independentemente de acórdão, depois da manifestação do Ministério Público. Assim, diferentemente do que ocorre nos demais Tribunais, onde a suscitação do incidente é condição indispensável, no Supremo Tribunal Federal é o plenário que julga, em conjunto, a prejudicial de inconstitucionalidade e as demais questões (mérito da causa), independentemente da lavratura de acórdão.

Destaca-se que, nos últimos anos, com o crescimento da busca de "efetividades quantitativas", o juízo monocrático passou a ser a regra nos Tribunais. Sob pretexto de descomplexizar o sistema, ele se tornou mais complexo ainda, porque essa "descomplexização" gerou um efeito perverso, uma vez que passamos à condição de reféns de estatísticas. Na verdade, o juiz, para cumprir as "metas", passou a, *grosso modo*, "livrar-se do processo". Atualmente, um novo fenômeno se forma no Superior Tribunal de Justiça. Trata-se de "passar por cima" de vários dispositivos legais, sob o pretexto de buscar "efetividades quantitativas". Com efeito, o STJ, por seu Órgão Especial, por maioria de votos, decidiu (em 2008) "que as partes não podem desistir do recurso especial depois de ele

---

[88] A propósito, o STJ, por meio de sua Corte Especial, em acórdão reformado pelo STF em razão de ofensa à regra do art. 97 da CF/1988, acolheu a arguição de inconstitucionalidade do art. 4º, segunda parte, da LC 118/2005 (AI nos EDiv em REsp 644.736/PE).

[89] *Revista Ajuris*, n. 75, set. 1999, p. 749. No mesmo sentido e também em relação ao STJ: RE 544.246/SE, rel. Min. Sepúlveda Pertence, j. 15.05.2007, *DJ* 08.06.2007.

ter sido afetado para julgamento por meio da Lei de Recursos Repetitivos [...] instruído e colocado na pauta do tribunal".

Ainda no ano de 2012 repetiu-se o fenômeno. A 3ª Turma rejeitou pedido de desistência de recurso e decidiu julgar um recurso mesmo contra a vontade das partes. Como foi isso? Em decisão unânime e inédita em questão de ordem, a 3ª Turma do STJ rejeitou pedido de desistência de um recurso especial que já estava pautado para ser julgado. Na véspera do julgamento, as partes fizeram acordo e protocolaram a desistência. A relatora, Ministro Nancy Andrighi, ressaltou que o recurso especial de uma grande empresa trata de questão de interesse coletivo em razão do número de usuários que utilizam os serviços da empresa, da difusão das redes sociais virtuais no Brasil e no mundo e de sua crescente utilização em atividades ilegais. Por isso, a Ministra sugeriu à Turma que o julgamento fosse realizado.

A Ministra manifestou "profundo aborrecimento" (as palavras são dela) com a desistência de processos depois que eles já foram analisados e estão prontos para ir a julgamento, tendo em vista a sobrecarga de trabalho dos magistrados. "Isso tem sido constante aqui. A gente estuda o processo de alta complexidade, termina de fazer o voto e aí vem o pedido de desistência", lamentou. Ora, em que pese a Ministra possa até ter ficado aborrecida, o pedido tinha amparo no art. 501 do CPC de 1973, que simplesmente estabelecia que "o recorrente poderá, a qualquer tempo, sem a anuência do recorrido ou dos litisconsortes, desistir do recurso". Embora o claro teor da lei (falo aqui do que chamo de "limites semânticos" ou o sentido minimamente entificável), para a Ministra Andrighi "infere-se que o julgamento dos recursos submetidos ao STJ ultrapassa o interesse individual das partes envolvidas, alcançando toda a coletividade para a qual suas decisões irradiam efeitos". De agregar que, no julgamento de 2008, *mutatis mutandis*, a argumentação foi a mesma: para essa parcela de Ministros do STJ, se o processo estiver pautado, não pode haver desistência, sendo que tal interpretação estaria em consonância com os "princípios" (as aspas são por minha conta) da razoabilidade e da proporcionalidade. Além disso, o interesse particular não pode preponderar sobre o interesse público.

Desde logo, penso que a decisão do STJ nitidamente descaracteriza o instituto do recurso especial como forma de impugnação de decisões, dando prolongamento ao processo, por disposição dos diretamente interessados (as partes), transformando-o, a partir da sua interposição, em um processo quase objetivo (no que diz respeito não apenas àquele processo, mas aos efeitos nos outros). Ora, as partes não têm legitimidade para discutir algo como "a aplicação da lei em tese", ou seja, acerca de quais seriam as aplicações que, em princípio, uma lei teria para além do caso. As partes no recurso não representam nem substituem a sociedade – estão ali na defesa dos seus direitos. E se aquela decisão pode vir a afetar outros processos em razão de uma suposta eficácia *erga omnes*, o que ocorre é a violação do devido processo, do contraditório, da ampla defesa em relação aos demais.

Em outras palavras, o que fica claro nessa decisão do STJ é que o recurso especial, agora, mais do que nunca, não "pertence" às partes; não as "serve", mas apenas (ou quase tão somente) ao "interesse público", que, convenhamos, não passa de uma expressão que sofre de intensa "anemia significativa", nela "cabendo qualquer coisa", mormente se for a partir do "princípio" da razoabilidade, álibi para a prática de todo e qualquer pragmati(ci)smo. Como já referido nesta obra, o argumento da proporcionalidade só tem sentido,

Cap. 3 • O MODELO DE JUSTIÇA CONSTITUCIONAL NO BRASIL PÓS-1988 | **215**

atualmente, se for para "fincar as bases" da isonomia e da igualdade, ou, melhor dizendo, com apoio em Dworkin, estabelecer a equanimidade (*fairness*). Fora disso, os "princípios" da razoabilidade e da proporcionalidade tornam-se enunciados performativos.

Reitere-se: a desistência do recurso, nos moldes do art. 501 do CPC de 1973, constitui ato unilateral do recorrente que, na dicção do CPC, independe da anuência da parte contrária ou do juízo. Se a parte desistir, não há recurso. É nesse ponto que reside a autonomia que as partes possuem na relação processual, como bem aponta Dierle Nunes. Parece não restar dúvida que a Constituição garante a "dispositividade" de recursos que tratam de relações que só às partes dizem respeito. E não se diga que tudo "acaba sendo público", ou que "tudo é interesse público"...!

Continua a haver uma nítida diferença entre processo civil e processo penal. Frise-se: aquilo que sempre se denominou de "autonomia privada" – e que, mesmo com redefinições à luz do Estado Democrático de Direito, continua tendo um forte caráter de "autonomia privada" – cada vez mais vem sendo erodido por atitudes pragmati(ci)stas do Poder Judiciário, sendo que, em determinados casos, essa fragilização advém do próprio legislador.

Não podemos esquecer que a técnica de "abdução de processos" (art. 1.036 do CPC) não permite uma participação efetiva dos interessados, eis que os "recursos representativos da controvérsia" serão escolhidos (separados) pelo Poder Judiciário a jusante e a vazante, sem que se levem em conta as especificidades/peculiaridades das causas. Isto é, as mais diferentes argumentações – consistentes ou não – esgrimidas pelas partes acabam sendo colocadas em um mesmo patamar. E o resultado dessa "abdução" acabará por atingir esse disperso e complexo universo de interesses jurídicos. A parte, na verdade, perde a sua "qualidade de parte", porque deixa de poder influir no resultado final. Em outras palavras: a partir dessa técnica de "abdução", os Tribunais Superiores já não julgam todos os recursos (quer dizer, causas); na verdade, examinam a pertinência de "temas", uma vez que as causas são transformadas em "conceitos". E, pior, "conceitos sem coisas", porque buscam uma universalidade (metafísica).

Numa palavra: a decisão do STJ, negando validade ao art. 501 do CPC de 1973, acaba fragilizando um instituto que constitui um dos baluartes do processo no Estado Democrático (veja-se o perigo de uma "estatização processual"). Para utilizar um dos argumentos do STJ, não parece razoável utilizar a tese da "prevalência do interesse público" para alterar o instituto da desistência. Cria-se uma exceção interpretativa, uma ficção jurídica, além de se aumentar o grau de complexidade normativa na utilização da sistemática processual, para se resolver um problema pragmático do Tribunal Superior na utilização da técnica. Trata-se de discutir, fundamentalmente, qual é o papel das partes no processo em tempos de Estado Democrático de Direito e qual é o papel do Poder Judiciário.

Tudo isso nos leva a outro ponto que não pode deixar de ser assinalado, sob pena de esquecermos o valor da Constituição. Explico: em nenhum momento, a questão da jurisdição constitucional foi trazida a discussão no aludido julgamento. Sim, porque, para que, *in casu*, o art. 501 do CPC de 1973 não fosse aplicado, haveria apenas uma solução: a sua nulificação, ou seja, a retirada de sua validade (no todo ou em parte), o que só pode ser feito por intermédio de controle de constitucionalidade, nos termos do art. 97 da CF (despiciendo lembrar que também o STJ faz controle difuso de constitucionalidade, devendo seguir as regras do art. 97, como qualquer outro Tribunal da República). É só assim que, em uma democracia, um Tribunal pode deixar de aplicar uma lei. Em uma democracia, quem faz as leis é o parlamento e o Judiciário as faz cumprir.[90]

Neste caso, os magistrados poderiam ter dito, fundamentadamente, que o dispositivo só é constitucional se entendido no sentido de que, nos casos de recursos afetados ao plenário, em determinadas circunstâncias "que tais", a desistência implicará violação dos seguintes dispositivos constitucionais (e elencariam os artigos e incisos atinentes à espécie); ou, quem sabe, "o art. 501 do CPC de 1973 será inconstitucional se a sua aplicação der azo ao locupletamento das partes..." (neste caso, estar-se-ia em face de uma nulidade parcial sem redução de texto), e teria de ficar estabelecido amiúde, nessa fundamentação, que o dispositivo, lido desse modo, viola a Constituição (ou "que essa leitura entra em choque com a Lei dos Recursos Repetitivos..."). Ou seja, não é simplesmente dizendo que o dispositivo não se mostra razoável que, na democracia, será possível negar validade a um dispositivo legal. Por exemplo, poderia ser feito um intenso trabalho de fundamentação no sentido de buscar a compatibilização da dicção do art. 501 do CPC de 1973 com a Lei dos Recursos Repetitivos. Desses textos sairia uma nova norma, com fulcro em uma leitura constitucionalmente adequada. Ou isso, ou teremos de admitir que a) o Judiciário constrói leis; b) a elas se sobrepõe; e c) revoga-as.

Despiciendo lembrar que não estou a fazer uma ode formalista em favor de uma lei (no caso, o CPC). A questão é bem mais complexa – e isso já deve ter ficado bem claro –, porque diz respeito ao debate contemporâneo entre democracia e constitucionalismo e ao dilema que dele se extrai: de que forma podemos controlar o poder de quem decide, para, com isso, evitar que o Judiciário atropele as decisões da vontade geral. Isso significa dizer que não é apenas a lei que "segura" o direito de as partes desistirem do recurso – é o papel do processo civil (e das partes) no Estado Democrático de Direito que aponta na direção dessa autonomia de desistir a qualquer momento. Ou seja, mesmo que se faça uma lei "incorporando" a nova decisão do STJ, ainda assim será difícil compatibilizá-la com a Constituição. "Legalidade" significa, assim, nesse caso, "constitucionalidade".

Pois bem. Depois de todas essas considerações, devemos lembrar que o CPC/2015 positivou o seguinte entendimento sobre a multicitada desistência de recursos:

> "Art. 998. O recorrente poderá, a qualquer tempo, sem a anuência do recorrido ou dos litisconsortes, desistir do recurso.
>
> Parágrafo único. A desistência do recurso não impede a análise de questão cuja repercussão geral já tenha sido reconhecida e daquela objeto de julgamento de recursos extraordinários ou especiais repetitivos".

O dispositivo ao mesmo tempo em que permite – *como não poderia deixar de ser* – franqueia à parte a possibilidade de desistência do recurso (afetado como repetitivo ou sobre o qual

---

[90] Para ver quais são as seis hipóteses em que um juiz (ou Tribunal) pode deixar de aplicar uma lei, consultar o meu *Verdade e consenso:* Constituição, hermenêutica e teorias discursivas. 6. ed. rev., mod. e ampl. São Paulo: Saraiva, 2017.

Cap. 3 · O MODELO DE JUSTIÇA CONSTITUCIONAL NO BRASIL PÓS-1988 | 217

se reconheceu a repercussão geral), mas ao mesmo tempo e de forma paradoxal, permite o julgamento da questão subjacente. Em outras palavras, ter-se-ia um julgamento com potencial *tese* firmada, desgarrada do *caso*. Metafisicamente haveria conceitos sem coisas; tese sem o caso, decisão sem recurso. Teremos um genuíno precedente à brasileira.[91]. Nesse sentido é que Jorge Amaury Nunes argumenta que "(p)arece que, aqui, ocorreu um processo legislativo às avessas. Primeiro, o Judiciário, mais especificamente o Superior Tribunal de Justiça, de forma desautorizada, passou a não acolher a desistência de recurso que havia sido selecionado para julgamento na forma do art. 543-C do Código de Processo Civil de 1973 (Recurso Repetitivo); depois, o legislador federal regrou esse proceder, dando-lhe a garantia da legalidade positiva"[92].

Tudo isso me leva a dizer que, muito embora o controle difuso de constitucionalidade esteja presente entre nós desde a Constituição de 1891, passados, pois, mais de 120 anos, ainda não se pode dizer – nem de longe – que os operadores jurídicos tenham se dado conta da importância desse instituto. A área de conhecimento que menos tem recepcionado o instituto é a do direito penal. Com efeito, é praticamente impossível encontrar incidentes de inconstitucionalidade relacionados a matéria penal. Uma das causas desse uso rarefeito advém da própria crise que atravessa a dogmática jurídica, que (ainda) confunde vigência com validade, dando a esses dois âmbitos o mesmo *status* jurídico.

Além disso, há uma crença dogmática naquilo que se denomina de "liberdade de conformação do legislador". Ora, não há diferença entre o processo legislativo relacionado ao direito tributário, por exemplo, e ao direito penal. Entretanto, é no direito tributário e financeiro que se encontra o maior número de questionamentos no plano do controle difuso de constitucionalidade. Tais questões assumem foros de dramaticidade, em determinadas circunstâncias, quando se examina, por exemplo, a antinomia existente entre a Lei 11.941/2009, nos seus arts. 68 e 69, e o art. 16 do Código Penal.

Na mesma linha, calha registrar o episódio envolvendo "um dispositivo fantasma" lançado no sistema jurídico, e que passou a ser aplicado por juízes e tribunais. Trata-se do episódio *envolvendo o advento da Lei 9.639/1998*. Com efeito, o Poder Executivo enviou projeto de lei ao Congresso Nacional concedendo anistia aos agentes políticos que tivessem sido responsabilizados pela prática dos crimes previstos na alínea *d* do art. 95 da Lei 8.212/1991 (atualmente revogado pela Lei 9.983/2000) e no art. 86 da Lei 3.807/1960 (retenção de contribuições previdenciárias dos segurados da previdência social, sem que fosse atribuição legal sua).

Tal matéria constou no art. 11 da Lei que levou o n. 9.639/1998. O projeto foi votado, aprovado e enviado para sanção do Presidente da República. Ocorre que, de forma "fantasmagórica", foi introduzido um parágrafo único "pirata" ao citado art. 11, estendendo a anistia aos "*demais responsabilizados pela prática dos crimes previstos na alínea* d *do art.* 95 *da Lei 8.212/1991 e no art. 86 da Lei 3.807/1960*, isto é, o dispositivo "acrescentado" estendia de forma irrestrita a citada anistia.

---

[91] Rossi, Júlio César. *Precedente à brasileira*: a jurisprudência vinculante no CPC e no Novo CPC. São Paulo: Atlas, 2015.

[92] Streck, Lenio Luiz; Nunes, Dierle; Cunha, Leonardo Carneiro da (org.). Freire, Alexandre. (coord.). *Comentários ao Código de Processo Civil*. 2. ed. São Paulo: Saraiva, 2017. p. 1357.

Surpreendentemente, a Lei foi sancionada com a inclusão do parágrafo único "pirata". Ora, parece desnecessário dizer que um dispositivo não votado e não aprovado pelo parlamento jamais existiu no mundo jurídico. Constatado o manifesto equívoco, de imediato foi enviada mensagem ao Presidente da República comunicando o fato, o que ensejou a republicação da lei, o que veio a ocorrer no dia seguinte ao da publicação original. Pois bem: com base na "vigência" do aludido parágrafo único do art. 11, começaram a ser concedidas anistias a todas as pessoas envolvidas nos crimes de retenção de contribuições sociais, sob os mais variados argumentos, tais como "em nome da segurança jurídica, o texto foi publicado, apesar do erro, existe e entra em vigor, devendo ser protegidos os direitos decorrentes dessa vigência..." etc., aduzindo-se, ainda, citações doutrinárias acerca da interpretação do art. 1º, § 4º, da Lei de Introdução às normas do Direito Brasileiro.

Em face disso, o Ministério Público Federal passou a recorrer das (centenas de) decisões judiciais concessivas das anistias irrestritas *baseadas no inexistente parágrafo único*, tendo a matéria, finalmente, de ser decidida pelo Supremo Tribunal Federal, que, em decisão plenária de 04.11.1998 (HC 77724-3, rel. Min. Marco Aurélio), julgou inconstitucional o citado parágrafo único do art. 11 da Lei 9.639/1998, em sua publicação no *Diário Oficial da União* de 26.05.1998, explicitando o STF que a decisão tinha caráter *ex tunc*, atingindo todas as decisões concessivas anteriores.

A argumentação do Supremo Tribunal Federal foi singela – porque singela era a questão, sem dúvida –, baseando o acórdão no fato de que o parágrafo único em tela não cumpriu, no Congresso Nacional, o rito de discussão e votação de projeto de lei, previsto no art. 65 da CF. Ou seja, a publicação por engano do parágrafo único não poderia gerar efeitos no mundo jurídico. Simples e óbvio, pois! Entretanto, para o senso comum teórico dos juristas, o parágrafo único em questão "valeu" por um dia.

O episódio sob comento, envolvendo um parágrafo "fantasma" de uma lei federal, demonstra bem a dimensão da crise existente no plano da hermenêutica brasileira, comprovando aquilo que Ferraz Jr. tão bem chamou de astúcia da razão dogmática, mediante o deslocamento discursivo do plano do mundo da vida para o plano das abstrações jurídicas. As decisões concessivas da anistia irrestrita não levaram em conta a gravidade do crime de retenção de tributos no Estado Democrático de Direito. Poder-se-ia, inclusive, discutir, desde logo, a própria constitucionalidade do *caput* do art. 11, porque o "legislador" não é livre para conceder anistias, devendo seguir os ditames da principiologia do Estado Democrático de Direito. Não se olvide que os delitos de retenção tributária põem em xeque o Estado fiscal, ínsito ao Estado social-intervencionista-promovedor. Daí que, em face do princípio da isonomia, poder-se-ia perguntar, por exemplo, do porquê em não anistiar também os autores de pequenos delitos contra o patrimônio, que, sem dúvida, não colocam em risco o Estado fiscal... Por outro lado, não fosse o parágrafo único do art. 11 inconstitucional por vício de forma, *também o seria pela matéria*, na medida em que não tinha qualquer relação com o *caput*. Ou seja, se o *caput* do art. 11 concedia anistia aos agentes políticos que foram responsabilizados *sem que fosse atribuição legal sua*, é porque não tinham agido com dolo e tampouco se poderia falar do necessário nexo de causalidade entre a conduta e o fato. Já o parágrafo

Cap. 3 · O MODELO DE JUSTIÇA CONSTITUCIONAL NO BRASIL PÓS-1988 | **219**

único, ao estender a anistia às demais pessoas que cometeram os crimes previstos da alínea *d* do art. 95 da Lei 8.212/1991 (atualmente revogado pela Lei 9.983/2000) e no art. 86 da Lei 3.807/1960, por si só padecia do vício da inconstitucionalidade material. Isso porque "os demais responsabilizados" de que falava o parágrafo único são os agentes privados (responsáveis por empresas) que fazem retenção de contribuições da previdência social, onde, à evidência, não se colocou, jamais, a questão acerca de quem é a atribuição legal de repassar as contribuições ao Estado!

Enfim, vários argumentos existiam para afastar a incidência do texto normativo "fantasma". Entretanto, no interior do sentido comum teórico, o problema não se colocou, até porque um problema só é (ou se torna) um problema quando se tem possibilidade de apreendê-lo (nomeá-lo, dizê-lo, simbolizá-lo) *como* tal (*etwas als etwas* – algo como algo). Frise-se, ademais, que, no caso sob análise, mergulhados no sentido comum teórico, os operadores do direito nem sequer fizeram a distinção entre vigência e validade da lei.

Observe-se: os exemplos aqui citados apresentam-se em uma "zona limite", uma vez que pertencem a um território considerado – mormente por uma parcela considerável de doutrinadores da área do direito penal – como "blindado" à jurisdição constitucional. Essa é uma discussão que a dogmática jurídico-penal-constitucional se tem recusado a enfrentar. Quais são os limites da liberdade de conformação do legislador em matéria penal?

Essa é uma questão "chave" na disputa acerca de qual projeto de jurisdição constitucional queremos para o Brasil, pois coloca na ordem do dia seu papel, deveres e limites. A resposta está alicerçada na ideia de uma Constituição compromissória e dirigente, onde o Estado – além de outras atribuições – tem o dever de proteger os direitos fundamentais não somente contra o excesso (*Übermassverbot*), mas também contra a proteção insuficiente (*Untermassverbot*).

Ao longo dos anos, junto à 5ª Câmara Criminal do TJRS, suscitei uma série de incidentes de inconstitucionalidade ou a não recepção (quando se trata de leis anteriores à Constituição). Este é o caso do art. 107, VII, do Código Penal, que permitia a extinção da punibilidade do crime de estupro nas hipóteses de casamento da vítima com o autor ou com terceiros, sendo nítido caso de violação da cláusula de proibição de proteção insuficiente – *Untermassverbot*.

Registre-se que o Judiciário – em face de um arraigado imaginário de feição liberal-individualista, que ainda contrapõe o indivíduo ao Estado –, à época, não aceitou a tese. Tampouco a doutrina penal dominante se importou com a referida inconstitucionalidade (não há registro de alguma publicação que tenha se insurgido contra esse *favor legis* que violava a dignidade da pessoa humana). Aliás, desde a reforma penal de 1977, esse dispositivo constava no Código Penal, solidificando "jurisprudência" que vinha desde a década de 1940. Somente depois de 17 anos do advento da nova Constituição é que o parlamento revogou o dispositivo. Mas a dogmática penal jamais colocou qualquer obstáculo ao dispositivo (*favor legis*).

Nesse sentido, o julgamento do RE 418.376 pelo Supremo Tribunal Federal – onde se discutiu a aplicação da extinção de punibilidade prevista no art. 107, VII, do Código Penal – foi emblemático. Isso porque trata da primeira aplicação do princípio da proibição de proteção insuficiente/deficiente (*Untermassverbot*), constante do voto do Ministro Gilmar Mendes.[93]

O art. 107, VII, extinguia a punibilidade dos chamados crimes contra os costumes, definidos nos Capítulos I, II e III do Título VI da Parte Especial do Código Penal (estupro, atentado violento ao pudor, sedução, rapto, corrupção de menores, posse sexual e atentado ao pudor mediante fraude), na hipótese de casamento da vítima com o réu. Já o inciso VIII estabelecia a extinção da punibilidade, inclusive em caso de casamento da vítima com terceiros.

Diante disso, três posicionamentos se formaram na Suprema Corte: o primeiro sustentava a aplicação do dispositivo por interpretação analógica, dando-lhe, assim, o máximo de eficácia (foram nesse sentido os votos dos Ministros Marco Aurélio, relator, Celso de Mello e Sepúlveda Pertence). A segunda posição, defendida pela maioria (Ministros Joaquim Barbosa, Eros Grau, Cezar Peluso e Ellen Gracie), impedia a concessão do *favor legis*, não podendo ser aplicada a interpretação jurisprudencial que estendia – à época do fato – o conceito de "casamento" para os casos de concubinato e união estável. O terceiro posicionamento, que denomino de "adequado à Constituição", foi do Ministro Gilmar Mendes. O julgamento foi emblemático, porque levantou a possibilidade de controlar a constitucionalidade de leis penais por vício de proteção insuficiente, afinando-se, assim, ao sentido do paradigma constitucional em que estamos inseridos.

Outro posicionamento importante, também nesse sentido e tratando dessa questão da proibição da proteção insuficiente (*Untermassverbot*), pode ser visto no julgamento da ADI 3.112, mais especificamente no voto do Ministro Gilmar Mendes, de onde se podem extrair as seguintes questões:

a) Os mandatos constitucionais de criminalização impõem ao legislador o dever de observância do princípio da proporcionalidade como proibição de excesso (*Übermassverbot*) e como proibição de proteção insuficiente (*Untermassverbot*). A ideia é a de que a intervenção estatal por meio do direito penal, como *ultima ratio*, deve ser sempre guiada pelo princípio da proporcionalidade.

b) Abre-se a possibilidade do controle da constitucionalidade da atividade legislativa em matéria penal. Se é certo, por um lado, que a Constituição confere ao legislador uma margem discricionária para avaliação, valoração e conformação quanto às medidas eficazes e suficientes para a proteção do bem jurídico penal, e, por outro, que a mesma Constituição também impõe ao legislador os limites do dever de respeito ao princípio da proporcionalidade, é possível concluir pela viabilidade da fiscalização judicial da constitucionalidade dessa atividade legislativa.

---

[93] O tema da proteção dos direitos fundamentais contra o excesso (*Übermassverbot*), mas também da proteção insuficiente (*Untermassverbot*) foi objeto de estudo da obra de Maria Luiza Streck. Nessa obra, abordando o papel do direito penal no contexto democrático, a autora traz um adequado e inovador modo de compreender a proibição de proteção deficiente (*Untermassverbot*), apresentando, também, o modo como essa questão vem sendo tratada no contexto brasileiro e estrangeiro – cf. STRECK, Maria Luiza Schäfer. *Direito penal e Constituição*, op. cit.

Cap. 3 · O MODELO DE JUSTIÇA CONSTITUCIONAL NO BRASIL PÓS-1988 | 221

c) O Tribunal está incumbido de examinar se o legislador considerou suficientemente os fatos e prognoses e se utilizou de sua margem de ação de forma adequada para a proteção suficiente dos bens jurídicos fundamentais. Assim, um controle de evidência em matéria penal será exercido pelo Tribunal com observância da ampla margem de avaliação, valoração e conformação conferida constitucionalmente ao legislador quanto à adoção das medidas mais adequadas para a proteção do bem jurídico penal. Uma eventual declaração de inconstitucionalidade deve basear-se na patente inidoneidade das medidas escolhidas pelo legislador para os objetivos perseguidos pela política criminal.

d) O Tribunal deve deixar claro que as leis penais devem ser controladas rigidamente, no que diz respeito à proteção dos direitos e garantias fundamentais. O Tribunal deve sempre levar em conta que a Constituição confere ao legislador amplas margens de ação para eleger os bens jurídicos penais e avaliar as medidas adequadas e necessárias para a efetiva proteção desses bens.

e) Porém, uma vez que se ateste que as medidas legislativas adotadas transbordam os limites impostos pela Constituição – o que poderá ser verificado com base no princípio da proporcionalidade como proibição de excesso (Übermassverbot) e como proibição de proteção deficiente (*Untermassverbot*) –, deverá o Tribunal exercer um rígido controle sobre a atividade legislativa, declarando a inconstitucionalidade de leis penais transgressoras de princípios constitucionais.

Disso tudo se pode dizer que nem mesmo nas zonas "não blindadas" do direito o controle difuso atingiu uma margem adequada de utilização. Dimensione-se, com isto, o tamanho da crise da operacionalidade do direito em *terrae brasilis*!

Ou seja, problemas que poderiam facilmente ser resolvidos por meio do controle difuso de constitucionalidade passaram a se constituir em anomalias do sistema, muitos dos quais até hoje sem solução. Muitas vezes, a simples aplicação de um princípio constitucional, em sede de controle difuso, poderia pôr fim à controvérsia. Isso ocorre porque, como já referido, no plano da dogmática jurídica ainda se confundem as noções de vigência e validade de um texto normativo.

Agregue-se que a questão da ausência do (necessário) controle de constitucionalidade por parte dos tribunais não aflige somente o direito brasileiro. Com efeito, questão semelhante apresentou-se em Portugal, que resultou no Acórdão 200/98, quando o Supremo Tribunal de Justiça deixou de exercer o controle difuso de constitucionalidade. Comentando o citado acórdão, Jorge Miranda mostrou a sua estranheza pelo aparente desconhecimento, por parte dos juízes do mais alto tribunal judicial, das regras básicas do sistema português de garantia da constitucionalidade – um sistema misto em que os tribunais em geral e o Tribunal Constitucional em especial desempenham papéis bem marcados. Isso porque, ao não aplicar a lei da anistia, mas sem assumir um juízo sobre sua constitucionalidade – por ficar a aguardar a decisão do TC em processo diferente, o de fiscalização abstrata –, o STJ desconsiderou o seu próprio poder (e dos demais tribunais) de conhecer e decidir todas as questões de inconstitucionalidade surgidas nos feitos submetidos a julgamento (art. 204º da Constituição, sucessor do art. 63º da Constituição de 1911 e do art. 123º da

Constituição de 1933). Por outro lado, dir-se-ia ter ignorado a natureza dos processos de fiscalização sucessiva – por definição processos objetivos, sem partes. Ora, assim, conclui Miranda, "as pessoas envolvidas no caso concreto, beneficiárias das amnistias, ficavam impedidas de intervir e, por conseguinte, tinham os seus direitos de defesa atingidos".[94]

De observar, por último, que, nos termos do art. 950 do CPC, os titulares do direito de propositura referidos no art. 103 da Constituição Federal poderão se manifestar, por escrito, sobre a questão constitucional objeto da apreciação pelo órgão especial ou pelo Pleno do Tribunal, sendo-lhes assegurado o direito de apresentar memoriais ou de pedir a juntada de documentos. Esse dispositivo estende ao incidente de inconstitucionalidade a figura do *amicus curiae*, previsto para a ação direta de inconstitucionalidade pela Lei.

3.2.9 A (impossibilidade de) "declaração de constitucionalidade" em sede de incidente de inconstitucionalidade

Com o advento da Lei 9.868/1999, regulamentou-se o procedimento das ações de inconstitucionalidade e de constitucionalidade da competência da Suprema Corte. Assim, o art. 24 estabeleceu os "efeitos cruzados" das ações diretas de inconstitucionalidade e de constitucionalidade, ou seja, uma ADI improcedente se transforma em ADC e uma ADC improcedente se transforma em ADI. Despiciendo referir que se trata da regulamentação do processo de arguição de (in)constitucionalidade em sede de controle concentrado. O único aspecto em que a lei se destina também ao controle difuso é nas disposições gerais e finais, quando trata do *amicus curiae*. As peculiaridades desse "cruzamento" serão analisadas em parte específica na presente obra (em dois momentos, nos itens 4.3 e 5.1.2.5).

A complexidade do sistema jurídico brasileiro e do modelo de controle misto de constitucionalidade parece não ter limites. Dia a dia exsurgem novas questões a desafiar a doutrina e a jurisprudência. Com efeito, veja-se o incidente de inconstitucionalidade julgado pelo Órgão Especial do Tribunal de Justiça do Rio Grande do Sul, em que foi questionada a constitucionalidade da Lei Estadual 12.913/2008 e do Edital 58/2008, emanado pelo Conselho da Magistratura/RS. O incidente se originou de um *habeas corpus*, alegando o órgão fracionário, com amparo na tese do "bloqueio de competência", que, ao permitir a ampliação e efetivamente alargar o rol de competência do Juizado da Infância e da Juventude, previsto exaustivamente no art. 148 do Estatuto da Criança e do Adolescente (Lei 8.069/1990), os atos normativos estaduais violaram ao art. 22, I, da Constituição Federal, que estabelece a competência privativa da União para legislar sobre direito processual. A Lei Estadual 12.913/2008 acrescentou o § 3º ao art. 2º da Lei Estadual 9.896/1993, esta que criou os Juizados Regionais da Infância e da Juventude. O aludido parágrafo define que o Conselho da Magistratura poderá, excepcionalmente, atribuir competências adicionais e que digam respeito à matéria de direito de família, que diretamente envolva interesse de criança ou de adolescente, ou de processar e julgar os crimes tipificados nos arts. 129, 136, 213, 215, 216-A, 218, 225, 226, 227, 228, 229, 230, 233 e 234 do Código Penal, além dos arts.

---

[94] Cf. MIRANDA, Jorge. O Tribunal Constitucional em 1998. Separata da revista *O Direito*, ano 130, 1998, III-IV, p. 377-378.

Cap. 3 · O MODELO DE JUSTIÇA CONSTITUCIONAL NO BRASIL PÓS-1988 | **223**

240 e 244-A, ambos do ECA, e, finalmente, o art. 1º da Lei Federal 9.455/1997, ressalvada a competência do Juizado Criminal em que sejam vítimas crianças ou adolescentes. Já o Edital 58/2008 do Comag detalhou o especificado na lei estadual.

O incidente foi julgado improcedente pelo Órgão Especial. Embora pareça claro que a lei estadual, indevidamente, ampliou a competência do Juizado da Infância e da Juventude, com flagrante violação do art. 22, I, da Constituição Federal, o Tribunal gaúcho perfilhou tese que contraria jurisprudência do Superior Tribunal de Justiça, naquele momento dizendo que já existia no ordenamento pátrio lei federal específica elencando as hipóteses de competência do Juizado da Infância e Juventude, e, mais recentemente, do Supremo Tribunal Federal (ADI 4.424 e ADC 19, que examinou a Lei Maria da Penha). A discussão da matéria, em si, não é relevante para os objetivos da abordagem. O que quero ressaltar é que o acórdão relativo à improcedência foi lavrado e publicado sem inovações no âmbito do que se entende por jurisdição constitucional difusa. A emenda fez constar que o "incidente de inconstitucionalidade foi julgado improcedente, por maioria".[95]

Passado algum tempo, outro órgão fracionário levantou novo incidente,[96] que foi assim ementado:

> "Arguição de inconstitucionalidade. Art. 211 do RITJRS. Art. 97 da CF. Cláusula de reserva de plenário. Técnica da interpretação conforme a Constituição. Revisão da decisão do Órgão Especial no julgamento da Arguição 70042148494.
>
> Cláusula de reserva de plenário. Art. 97 da CF. SV 10 do STF. Órgãos fracionários do Tribunal que não detêm competência para o exame de inconstitucionalidade de lei ou ato normativo e, que, por consequência, não se podem dizer indevidamente vinculados às decisões de quem detém competência para fazê-lo.
>
> Interpretação conforme a Constituição. Método de controle de constitucionalidade. Norma de sentido unívoco, impossibilidade da técnica de interpretação constitucional.[97]
>
> Entendimento deste Tribunal pela constitucionalidade da Lei Estadual 12.913/2008 e do Edital 58/2008, emanado do Conselho da Magistratura (Comag). Fundamentos que, por ora, não são suficientes a modificar o entendimento deste órgão especial, mormente

---

95   Cf. Ac. 70042148494/RS.

96   Cf. Ac. 70049261142/RS.

97   Despiciendo lembrar que a interpretação conforme não guarda relação com a "univocidade sígnica", como sustenta, por exemplo, Pedro Lenza, citado, aliás, na decisão do TJRS. Além de ser problemática a própria conceituação do que seja "sentido unívoco", há toda uma relação "texto e norma" que não pode ser deixada de lado. O sentido unívoco da palavra homem ou da palavra mulher não impediu o Supremo Tribunal Federal de aplicar a interpretação conforme no julgamento das uniões homoafetivas, na questão da equiparação da união estável ao casamento (ADPF 132). Isso para dizer o mínimo. Sentido unívoco? Pois bem. Qualquer um sabe o que quer dizer "perguntas complementares" (art. 212 do CPP). E o que decidiu o STJ sobre a matéria? Decidiu que o juiz poderia ignorar essa dicção do dispositivo do CPP e continuar a conduzir a audiência como sempre fez. Por isso, de há muito está superada essa discussão meramente sintática ou semântica dos textos legais. Ver, nesse sentido, STRECK, L. L. *Hermenêutica jurídica e(m) crise*, op. cit., passim.

considerando que ajuizada ação direta de inconstitucionalidade com o mesmo objeto junto ao STF, a qual pendente, ainda, de julgamento.

Incidente julgado improcedente. Unânime."

Onde reside o problema? O Tribunal do Rio Grande do Sul não se equivocou ao examinar o novo incidente. O equívoco está em não declarar a inconstitucionalidade da referida lei estadual, embora isso não esteja em discussão para os objetivos deste comentário. De todo modo, a questão relevante a ser discutida é: em sede incidental – *ratio* do controle difuso –, pode ser "declarada constitucional" uma lei? Os efeitos cruzados previstos no art. 24 da Lei 9.868/1999 se aplicam ao controle difuso, inclusive dos Tribunais? A resposta é negativa. Uma coisa é a dispensa da suscitação do incidente quando já houve julgamento no próprio Tribunal ou de Tribunal Superior acerca da inconstitucionalidade. Outra é a "transformação" do julgamento improcedente do incidente em uma "declaração de constitucionalidade". Aqui, no mínimo, exsurgem os limites semânticos do art. 949 do CPC, que em nenhum momento abre a possibilidade de os efeitos do incidente serem "cruzados" nos termos do art. 24 da Lei 9.868/1999.

Assim, o que há de equivocado no caso em discussão é a invocação, no corpo do acórdão, do disposto no art. 211 do RITJRS (que, na redação vigente do Regimento, equivale ao artigo 259), que prevê que "a decisão declaratória ou denegatória da inconstitucionalidade, se proferida por maioria de dois terços, constituirá para o futuro decisão de aplicação obrigatória em casos análogos, salvo se algum órgão fracionário, por motivo relevante, entender necessário provocar novo pronunciamento do Órgão especial sobre a matéria".

O referido dispositivo inova em matéria processual. Portanto, fere o art. 22, I, da Constituição Federal. Não há como prever a hipótese de o Tribunal "declarar a constitucionalidade" de uma lei, nem no controle difuso, nem no controle concentrado. A decisão de constitucionalidade é prerrogativa do Supremo Tribunal Federal. A regulação na Lei 9.868/1999 diz respeito aos processos que tramitam no Supremo Tribunal. Portanto, o regimento interno, neste ponto, é inconstitucional, não somente no que tange à previsão de declaração de constitucionalidade como também na previsão de *quorum* de dois terços que tornaria vinculantes as decisões. Não há qualquer indício de que um Tribunal possa prever, em termos processuais (e não meramente procedimentais), um *quorum* que não existe no Código de Processo Civil nem na Constituição. O *quorum* para declaração de inconstitucionalidade é de maioria absoluta. Também neste caso a inovação é inconstitucional.

Outra questão que confronta a Constituição é a previsão de novo incidente, como disposto na parte final do art. 211 do RITJRS. Nos casos de "decisão de constitucionalidade" – que, como referido, é inconstitucional –, a previsão é inócua. Por tradição, toda lei goza de presunção de constitucionalidade, daí que despiciendo o reconhecimento expresso dessa presunção. Ademais, uma declaração de constitucionalidade, mesmo em sede de controle concentrado no STF, não impede novo questionamento, conforme demonstrarei na sequência desta obra. Assim, o problema do art. 211 do RITJRS está no caso de um incidente de inconstitucionalidade ter sido declarado procedente. De que modo uma lei que, no âmbito do Tribunal, é nula, írrita, nenhuma, poderia tornar a ser vivificada? Mesmo que os efeitos de uma decisão em sede de controle difuso se restrinjam ao âmbito

Cap. 3 · O MODELO DE JUSTIÇA CONSTITUCIONAL NO BRASIL PÓS-1988 | 225

do Tribunal e mesmo que ainda não haja pronunciamento do Supremo Tribunal Federal, ainda assim não parece adequado à jurisdição constitucional a previsão de "reconstitucionalizar" determinado dispositivo já declarado, em *full bench*, contrário à Constituição.

Por isso, qualquer previsão em sede de Regimento Interno de Tribunal que estabeleça, a uma, os efeitos cruzados da decisão decorrente do incidente de inconstitucionalidade; a duas, a previsão de que, em caso de procedência do incidente, haja pedido de "reconstitucionalização" do mesmo dispositivo; e a três, a previsão de efeito vinculante em face de *quorum* de dois terços, será inconstitucional, ferindo o art. 22, I, e art. 96, I, da Constituição, pelos quais os regimentos internos dos tribunais não podem abranger matéria de processo. A rigor, fosse constitucional o Regimento Interno no que concerne à previsão de "declaração da constitucionalidade" em sede de incidente, não haveria mais óbice a que os Estados estabelecessem a ação declaratória de constitucionalidade. Ou os Regimentos Internos estabelecessem essa modalidade de controle. Nesse sentido os impedimentos de índole constitucional acima elencados.

3.3 O RECURSO EXTRAORDINÁRIO COMO FORMA (PREPONDERANTE) *INCIDENTER TANTUM* DE ACESSO À JURISDIÇÃO CONSTITUCIONAL DO SUPREMO TRIBUNAL FEDERAL. A CRIAÇÃO DO INSTITUTO DA REPERCUSSÃO GERAL

Em sede de controle *incidenter tantum*, o meio processual-recursal privilegiado para levar uma questão constitucional ao Supremo Tribunal Federal é o recurso extraordinário (art. 102, III, *a*, *b*, *c* e *d*, da CF). Ao contrário do que ocorre em países como Portugal, França, Espanha e Alemanha, por meio do recurso extraordinário-constitucional brasileiro resolve-se, no julgamento, não apenas a questão constitucional, mas também a questão de mérito. Lá a decisão é cassada e determinado ao tribunal de origem que emita outra; aqui, apenas o instituto da reclamação segue os moldes cassatórios.

Para ensejar o recurso extraordinário, a decisão recorrida – oriunda de qualquer Tribunal da República, desde que definitiva – deve contrariar dispositivo da Constituição, declarar a inconstitucionalidade de tratado ou lei federal, julgar válida lei ou ato normativo de governo local contestado em face da Constituição ou, ainda, julgar válida lei local contestada em face de lei federal.[98]

O recurso extraordinário deve ser interposto no prazo de quinze dias, junto ao Tribunal de origem, dirigido ao Supremo Tribunal Federal. Seu juízo de admissibilidade é feito, em um primeiro momento, pelo próprio Tribunal recorrido[99]. O art. 1.029, § 5º, do CPC estabelece a possibilidade de efeito suspensivo para o recurso extraordinário. Contudo,

---

[98] Antes da EC 45/2004 tal situação configurava hipótese de cabimento de recurso especial. No entanto, o conflito entre lei local e federal tem feição marcadamente constitucional, uma vez que se discutem os limites das competências federativas previstas no Texto Maior, razão pela qual foi modificada a redação da Constituição. Sobre a competência do STF para examinar a matéria anteriormente à EC 45, veja-se o AI-QO 132.755.

[99] Art. 1.030, inciso V, do CPC.

mesmo antes da previsão expressa no novo Código de Processo Civil, a jurisprudência do STF decidiu em favor da possibilidade do recebimento do recurso extraordinário no duplo efeito, questão que foi regulamentada pelas Súmulas 634[100] e 635,[101] ambas editadas no ano de 2003, atribuindo competência ao Tribunal de origem para a concessão do efeito suspensivo quando ainda não houver sido realizado o juízo de admissibilidade do RE (exigindo-se, portanto, o requisito da admissibilidade do RE para que o STF possa decidir sobre tal questão). Como veremos a seguir, este tema gerou muitas controvérsias, especialmente a partir das mudanças ocorridas com a Emenda Constitucional 45/2004.

De todo modo, importa ressaltar que, em matéria criminal, o Supremo Tribunal Federal passou a admitir, inclusive, a possibilidade de esse provimento cautelar ser feito pelo próprio Tribunal recorrido. Nesse sentido, no julgamento da Reclamação 1.509/PB, ficou definido que compete ao STF a apreciação de pedido de reconsideração do despacho de Presidente de Tribunal de Justiça estadual que, admitindo o recurso extraordinário, lhe atribui efeito suspensivo, ainda que os autos não se encontrem no STF.

Assim, com base nesse entendimento, o Tribunal, por maioria, reconhecendo a possibilidade de o Presidente do Tribunal *a quo* atribuir efeito suspensivo a recurso extraordinário criminal, julgou procedente reclamação ajuizada contra decisão do Vice-Presidente do Tribunal de Justiça do Rio de Janeiro que deferira pedido de reconsideração para cassar efeito suspensivo atribuído a recurso extraordinário criminal (concedido anteriormente, quando do despacho de admissibilidade).

A toda evidência, o recurso extraordinário representa um privilegiado instrumento de garantia dos direitos fundamentais e remédio contra inconstitucionalidades praticadas pelos demais Tribunais da República (no caso da exceção às Súmulas 634 e 635, o Tribunal de origem, ao negar a admissibilidade de forma indevida, estará violando a Constituição no plano do devido processo legal).

O seguinte julgado (RE 273.351/SP) dá mostras da importância do manejo desse instituto de proteção e filtragem constitucional, assim como da complexidade dos mecanismos de acesso à justiça no Brasil. No caso, o Superior Tribunal de Justiça negara seguimento a agravo regimental interposto contra o despacho que indeferira o processamento do REsp sob o fundamento de que a "alegação de ofensa a Convênio, celebrado entre Estados, não enseja a interposição de recurso especial". O Supremo Tribunal Federal entendeu que, ante a ausência de lei complementar dispondo sobre o ICMS, os Estados e o Distrito Federal podem, mediante convênio, fixar normas para regular provisoriamente a matéria (ADCT, art. 34, § 8º), normas essas que têm força de lei para ensejar o exercício da competência recursal especial do STJ.

Com isso, conheceu do RE e o proveu, para que, afastado o fundamento posto pelo STJ, este prossiga no julgamento do agravo como entender de direito. A discussão, portanto,

---

[100] "Não compete ao Supremo Tribunal Federal conceder medida cautelar para dar efeito suspensivo a recurso extraordinário que ainda não foi objeto de juízo de admissibilidade na origem."

[101] "Cabe ao Presidente do Tribunal de origem decidir o pedido de medida cautelar em recurso extraordinário ainda pendente do seu juízo de admissibilidade."

Cap. 3 · O MODELO DE JUSTIÇA CONSTITUCIONAL NO BRASIL PÓS-1988 | **227**

estava na conceituação do que se entende por "lei federal". Para o STJ, as normas fixadas por convênio, nos termos da ADCT, não se caracterizavam como lei. Logo, não estava satisfeito o requisito de violação de lei federal. O Supremo Tribunal, ao dar uma interpretação de que, no caso concreto, as normas fixadas por convênio estavam equiparadas à lei, o fez exatamente em face da escassez de normatização que disciplinasse o assunto, na condição de ato normativo primário, mas que, em verdade, fazias as vezes deste. O RE, então, teve o condão de obrigar a que o STJ decidisse o agravo interposto. No caso, o STF preservou o direito de acesso à jurisdição, emitindo um juízo com características cassatórias, eis que ele mesmo, o Tribunal Maior, não julgou a causa (até porque não lhe competia). Afinal, matéria de lei federal e a discussão de sua validade são da competência do Superior Tribunal de Justiça. O que aconteceu é que o STJ estava negando a sua própria competência.

A dimensão e o alcance do recurso extraordinário vêm demonstrados também no acórdão proferido no RE 190.104/RJ: "Definida a área de competência de ambas as Cortes, certo está que o Supremo Tribunal Federal, pela competência excepcional e incontrastável prevista no *caput* do art. 102 da Lei Maior, enquanto guarda da Constituição, pode, em princípio, conhecer de recurso extraordinário também de decisão proferida pelo STJ, quer no exercício da competência originária, quer de competência recursal ordinária, quer em recurso especial (CF, art. 105, I, II e III), desde que o julgado contrarie dispositivo da Constituição, inclusive o (próprio) art. 105 e seus incisos. Assim, *ad exemplum*, se o Superior Tribunal de Justiça julgar, em recurso especial, causa não enquadrável nas hipóteses *a*, *b* e *c* do inciso III do art. 105 aludido, pode, eventualmente, configurar-se espécie submetida a recurso extraordinário *ut* art. 102, III, *a*, da Constituição, precisamente por ofensa ao art. 105, III, da Lei Maior".

Outro exemplo da importância do recurso extraordinário pode ser encontrado no RE 888.815/RS, julgado em 12 de outubro de 2018, no qual foi requerido o reconhecimento da constitucionalidade do instituto do *homeschooling* no Brasil. Ressalta-se que, ao negar provimento ao recurso, em seu voto, o Ministro Gilmar Mendes aplicou parte de minha teoria da decisão,[102] fazendo as seguintes perguntas (que fazem parte daquilo que denomino "três perguntas fundamentais"):[103] de fato, há um direito dos pais de não mais mandarem seus filhos à escola? Se há, o Estado pode transferir recursos das pessoas que não optam pelo *homeschooling* para fazer a felicidade dos que optaram por essa comodidade sem ferir a isonomia e a igualdade? Ao entender que a primeira pergunta já teria uma resposta negativa, o Ministro fundamentou o seu não provimento ao recurso. Trata-se, assim, de um exemplo claro e objetivo da aplicação da RAC – Resposta Adequada à Constituição – que desenvolvo no bojo da CHD – Crítica Hermenêutica do Direito. Em matéria recursal, a grande inovação deu-se com a introdução do instituto da repercussão geral, no § 3º do

---

[102] No contexto da minha Teoria da Decisão e na busca da resposta correta (adequada à Constituição), existem, ainda, os cinco princípios/padrões que são fundantes da decisão jurídica, que estão explicitados em Jurisdição Constitucional e Decisão Jurídica, *Comentários à Constituição do Brasil* (ver, especialmente, o capítulo "Princípios da Interpretação da Constituição") e Verdade e Consenso.

[103] Ver, nesse sentido, o verbete Resposta Adequada, in STRECK, Lenio Luiz. Dicionário de hermenêutica: cinquenta temas fundamentais da teoria do direito à luz da crítica hermenêutica do direito. 2. ed. Belo Horizonte: Casa do Direito, 2020.

art. 102 da Constituição da República: "No recurso extraordinário o recorrente deverá demonstrar a repercussão geral das questões constitucionais discutidas no caso, nos termos da lei, a fim de que o Tribunal examine a admissão do recurso, somente podendo recusá-lo pela manifestação de dois terços de seus membros".

A repercussão geral possui como antecedentes históricos a jurisprudência defensiva e a arguição de relevância. A jurisprudência defensiva surgiu em resposta à previsão que tratava do recurso extraordinário, inserida no art. 101, III, *a* a *d*, da Constituição de 1946, e no art. 119, III, *a* a *d*, e § 1º, da Constituição de 1967, por meio da Emenda Constitucional 1/1969, consistindo em mecanismos jurisprudenciais instituídos com o intuito de promover a redução do número de recursos extraordinários a serem enfrentados pelo STF, em face das possibilidades geradas pelas mencionadas prescrições normativas.[104]

A arguição de relevância, por sua vez, foi inspirada no "*Judicary Act*, de 1925, que deu à Corte Suprema dos EUA ampla discrição na concessão do *writ of certiorari*, providência pela qual se torna possível a revisão de mérito de certas decisões de outros tribunais".[105] O surgimento do instituto no Brasil ocorreu com a introdução da Emenda Regimental 3/1975 no RISTF, encontrando fundamento na EC 1/1969. Com o advento da EC 7/1977, a previsão da arguição de relevância da questão federal foi inserida no texto constitucional de forma expressa. Veja-se que a demonstração da relevância não era exigida em todas as hipóteses, mas tão somente nos casos previstos nas alíneas *a* – negativa de vigência de tratado ou lei federal – e *d* – divergência na interpretação de lei federal – do art. 119 da Constituição de 1967 (alterada pela EC 1/1969, verdadeira Constituição em sentido material). Nos termos do § 1º do art. 327 do RISTF, considerava-se questão federal aquela que, "pelos reflexos na ordem jurídica, e considerados os relevantes aspectos morais, econômicos, políticos ou sociais da causa, exigir a apreciação do recurso extraordinário pelo Tribunal".[106]

---

[104] Claros exemplos são a necessidade de prequestionamento, instituída pelas Súmulas 282 ("É inadmissível o recurso extraordinário, quando não ventilada, na decisão recorrida, a questão federal suscitada") e 356 ("O ponto omisso da decisão, sobre o qual não foram opostos embargos declaratórios, não pode ser objeto de recurso extraordinário, por faltar o requisito do prequestionamento"), ambas do STF, datadas de 1963, da mesma forma que a jurisprudência da ofensa reflexa à Constituição, que trata da impossibilidade de uma pretensa análise primária de normas infraconstitucionais, que apenas refletiriam o que posto na Constituição. Além destes, cumpre citar a Súmula 735 ("Não cabe recurso extraordinário contra acórdão que defere medida liminar") do STF, que aponta o não cabimento de recurso extraordinário em face de acórdão que defere medida liminar, e as Súmulas 636 ("Não cabe recurso extraordinário por contrariedade ao princípio constitucional da legalidade, quando a sua verificação pressuponha rever a interpretação dada a normas infraconstitucionais pela decisão recorrida") e 733 ("Não cabe recurso extraordinário contra decisão proferida no processamento de precatórios"), as quais versam sobre a impossibilidade de manejo de recurso extraordinário em razão de genérica violação do princípio da legalidade e do não cabimento de recurso extraordinário contra decisão proferida em processamento de precatórios, respectivamente. Todas as últimas três súmulas já foram estabelecidas quando da vigência da Constituição de 1988.

[105] Cf. BERMUDES, Sérgio. Arguição de relevância da questão federal. *Enciclopédia Saraiva do Direito*. São Paulo: Saraiva, 1978. v. 7, p. 437-438.

[106] Cf. MACHADO, Antônio Carlos Marcondes. Arguição de relevância: a competência para o seu exame. O ulterior conhecimento do recurso extraordinário. *RePro*, ano XI, n. 42, abr.-jun. 1986; e SANCHES, Sydney. *Arguição de relevância da questão federal*. Brasília: Instituto Tancredo Neves, 1988.

Cap. 3 · O MODELO DE JUSTIÇA CONSTITUCIONAL NO BRASIL PÓS-1988 | 229

A arguição de relevância não foi recepcionada pela Constituição de 1988. Por esse motivo, passados alguns anos depois da promulgação, com a EC 45, foi introduzido o instituto da repercussão geral. Tal dispositivo foi regulamentado pela Lei 11.418/2006, que acrescentou os arts. 543-A e 543-B do CPC de 1973, representando, assim, uma profunda alteração na forma de admissão dos recursos extraordinários.[107] Com o novo Código de Processo Civil, a matéria passou a ser regulamentada pelos arts. 1.035 e 1.036 do CPC de 2015.[108]

---

[107] Para um exame da jurisprudência acerca do tema, ver os seguintes julgados do Supremo Tribunal Federal: AI 664.567-QO; RE 559.607-QO; RE 569.476-AgRg; RE 579.431-QO; AI 715.423-QO; RE 540.410-QO; AC 2.168-REF-MC; AC 2.177-QO-MC; RE 559.994-QO; RE 513.473-EDcl; AI 760.358-QO.

[108] "Art. 1.035. O Supremo Tribunal Federal, em decisão irrecorrível, não conhecerá do recurso extraordinário quando a questão constitucional nele versada não tiver repercussão geral, nos termos deste artigo. § 1º Para efeito de repercussão geral, será considerada a existência ou não de questões relevantes do ponto de vista econômico, político, social ou jurídico que ultrapassem os interesses subjetivos do processo. § 2º O recorrente deverá demonstrar a existência de repercussão geral para apreciação exclusiva pelo Supremo Tribunal Federal. § 3º Haverá repercussão geral sempre que o recurso impugnar acórdão que: I – contrarie súmula ou jurisprudência dominante do Supremo Tribunal Federal; II – (Revogado); III – tenha reconhecido a inconstitucionalidade de tratado ou de lei federal, nos termos do art. 97 da Constituição Federal. § 4º O relator poderá admitir, na análise da repercussão geral, a manifestação de terceiros, subscrita por procurador habilitado, nos termos do Regimento Interno do Supremo Tribunal Federal. § 5º Reconhecida a repercussão geral, o relator no Supremo Tribunal Federal determinará a suspensão do processamento de todos os processos pendentes, individuais ou coletivos, que versem sobre a questão e tramitem no território nacional. § 6º O interessado pode requerer, ao presidente ou ao vice-presidente do tribunal de origem, que exclua da decisão de sobrestamento e inadmita o recurso extraordinário que tenha sido interposto intempestivamente, tendo o recorrente o prazo de 5 (cinco) dias para manifestar-se sobre esse requerimento. § 7º Da decisão que indeferir o requerimento referido no § 6º ou que aplicar entendimento firmado em regime de repercussão geral ou em julgamento de recursos repetitivos caberá agravo interno. § 8º Negada a repercussão geral, o presidente ou o vice-presidente do tribunal de origem negará seguimento aos recursos extraordinários sobrestados na origem que versem sobre matéria idêntica. § 9º O recurso que tiver a repercussão geral reconhecida deverá ser julgado no prazo de 1 (um) ano e terá preferência sobre os demais feitos, ressalvados os que envolvam réu preso e os pedidos de *habeas corpus*. § 10. (Revogado). § 11 A súmula da decisão sobre a repercussão geral constará de ata, que será publicada no diário oficial e valerá como acórdão."; "Art. 1.036. Sempre que houver multiplicidade de recursos extraordinários ou especiais com fundamento em idêntica questão de direito, haverá afetação para julgamento de acordo com as disposições desta Subseção, observado o disposto no Regimento Interno do Supremo Tribunal Federal e no do Superior Tribunal de Justiça. § 1º O presidente ou o vice-presidente de tribunal de justiça ou de tribunal regional federal selecionará 2 (dois) ou mais recursos representativos da controvérsia, que serão encaminhados ao Supremo Tribunal Federal ou ao Superior Tribunal de Justiça para fins de afetação, determinando a suspensão do trâmite de todos os processos pendentes, individuais ou coletivos, que tramitem no Estado ou na região, conforme o caso. § 2º O interessado pode requerer, ao presidente ou ao vice-presidente, que exclua da decisão de sobrestamento e inadmita o recurso especial ou o recurso extraordinário que tenha sido interposto intempestivamente, tendo o recorrente o prazo de 5 (cinco) dias para manifestar-se sobre esse requerimento. § 3º Da decisão que indeferir o requerimento referido no § 2º caberá apenas agravo interno. § 4º A escolha feita pelo presidente ou vice-presidente do tribunal de justiça ou do tribunal regional federal não vinculará o relator no tribunal superior, que poderá

Como procedimento, nos termos do art. 1.035 do CPC (e as normas regimentais referidas que lhe dão procedibilidade), tem-se que, recebida a remessa do recurso extraordinário proveniente da instância inferior, o caso será distribuído a algum dos ministros, que proferirá parecer a respeito da existência ou não de repercussão geral no caso. Será analisada, em primeiro lugar, pela Presidência do Tribunal e, após, pelo relator sorteado (se o recurso já não tiver sido liminarmente rejeitado pelo primeiro), a existência de preliminar formal e fundamentada a respeito da repercussão geral.[109]

Nesse contexto, se necessário, o relator poderá solicitar *ex officio*, ou a requerimento das partes, a manifestação de terceiros (*amicus curiae*) sobre questões relativas à repercussão geral.[110] O parecer será encaminhado pelo relator aos demais ministros por meio eletrônico.[111] No prazo de 20 dias, eles deverão se manifestar a respeito, concordando ou não com o relator. Decorrido o prazo sem manifestação de no mínimo 2/3[112] dos ministros declarando a existência de repercussão geral, esta se presumirá existente.[113] Restando vencido o posicionamento defendido pelo relator, o recurso extraordinário será redistribuído com exclusão do relator e demais ministros que o acompanharam,[114] para julgamento do mérito e de eventuais incidentes processuais.

Julgado o mérito recursal que lhe foi apresentado, a depender do caso, os órgãos colegiados declararão prejudicados os demais recursos versando sobre idêntica controvérsia ou as decidirão aplicando a tese firmada pelo STF,[115] promovendo verdadeira vinculação vertical da decisão proferida pela Corte Superior.

No caso de manutenção da decisão contrária à orientação do STF, o recurso extraordinário deverá ser remetido para apreciação de tal Corte, que poderá cassar[116] ou reformar,[117] liminarmente, o acórdão que se apresentar contrário à orientação firmada, da mesma forma que poderá, também de forma liminar, dar provimento ao recurso que lhe for apresentado.[118] Dispõe o CPC/2015:

---

selecionar outros recursos representativos da controvérsia. § 5º O relator em tribunal superior também poderá selecionar 2 (dois) ou mais recursos representativos da controvérsia para julgamento da questão de direito independentemente da iniciativa do presidente ou do vice-presidente do tribunal de origem. § 6º Somente podem ser selecionados recursos admissíveis que contenham abrangente argumentação e discussão a respeito da questão a ser decidida".

[109] Art. 327, parte inicial, do RISTF.

[110] Art. 323, § 3º, do RISTF.

[111] Art. 323, *caput*, do RISTF.

[112] Art. 102, § 3º, da CF.

[113] Art. 324, § 1º, do RISTF.

[114] Art. 324, § 3º, do RISTF.

[115] Art. 1.039 do CPC.

[116] O que exige a verificação de vício capaz de efetivamente invalidar a decisão proferida.

[117] Esta exige apenas a existência de entendimento contrário já proferido acerca do tema tratado pelo Tribunal *a quo*.

[118] Art. 932, inciso V, do CPC.

Cap. 3 · O MODELO DE JUSTIÇA CONSTITUCIONAL NO BRASIL PÓS-1988 | 231

"Art. 1.039. Decididos os recursos afetados, os órgãos colegiados declararão prejudicados os demais recursos versando sobre idêntica controvérsia ou os decidirão aplicando a tese firmada.

Parágrafo único. Negada a existência de repercussão geral no recurso extraordinário afetado, serão considerados automaticamente inadmitidos os recursos extraordinários cujo processamento tenha sido sobrestado".

Desse modo, estará impedida a remessa do Recurso Extraordinário ao STF, exigindo-se que os Tribunais de origem juntem aos autos da controvérsia cópia da decisão que externa o pronunciamento da Corte Suprema acerca da matéria que demonstra a inexistência de repercussão geral.

Não se pode deixar de referir que, visando otimizar o instituto, o Supremo Tribunal Federal editou a Emenda Regimental 21, de 30.04.2007, sendo a principal novidade o estabelecimento de sessão eletrônica de julgamento da repercussão geral, dispondo que, quando não for o caso de inadmissibilidade do recurso extraordinário por outro motivo, o relator submeterá a sua manifestação, sobre a existência ou não de repercussão geral, por meio eletrônico, aos demais ministros. A alteração regimental também previu a "repercussão geral presumida", isto é, quando a questão já tiver sido reconhecida ou quando o recurso extraordinário impugnar decisão contrária a súmula ou jurisprudência dominante da Corte. Uma vez caracterizada, dispensa-se o procedimento de análise eletrônica da repercussão.

Em síntese, tem-se que:

a) a sessão eletrônica tem a duração de vinte dias corridos, passados os quais o próprio sistema fará a contagem dos votos sobre a existência ou não de repercussão geral;

b) se decorrido o prazo sem manifestações dos Ministros do Supremo Tribunal Federal, considerar-se-á existente a repercussão (não esqueçamos que há a necessidade da manifestação expressa de pelo menos oito Ministros recusando a repercussão geral, para que seja reputada a sua inexistência);

c) as decisões pela inexistência da repercussão geral são irrecorríveis, valendo para todos os recursos que versem sobre questão idêntica;

d) uma vez decidida a repercussão geral, a Presidência do STF deverá promover ampla e específica divulgação do teor dessas decisões, bem como diligenciar para a formação e atualização de banco de dados eletrônico sobre o assunto;

e) a Presidência do Supremo Tribunal Federal ou qualquer relator de recursos extraordinários que possam reproduzir-se em múltiplos feitos poderá comunicar o fato aos Tribunais *a quo* para fins de cumprimento do art. 1.036, Código de Processo Civil;

f) quando se verificar a subida ou a distribuição de múltiplos recursos com fundamento em idêntica controvérsia, a Presidência do Tribunal ou o relator selecionará dois ou mais representativos da questão e determinará a devolução dos demais aos tribunais ou turmas de juizado especial de origem, para aplicação dos parágrafos do arts. 1.035 e 1.036 do Código de Processo Civil.

Decidiu também o STF que a repercussão geral deve ser exigida em todos os recursos extraordinários, sejam em matéria cível, criminal, eleitoral ou trabalhista (AI 664.567-QO).

A Corte, todavia, reconhece que o recurso extraordinário criminal possui "um regime jurídico dotado de certas peculiaridades que, no entanto, não afetam substancialmente a disciplina constitucional comum reservada a todos os recursos extraordinários" (AI 664567). Nesse sentido, não foi admitida a tese de que há repercussão geral presumida para os recursos extraordinários criminais, mesmo que envolvido, em quase todos os casos, o *status libertatis*, como se conclui do voto do Ministro Sepúlveda Pertence, para quem não há falar em uma imanente repercussão geral de todo recurso extraordinário em matéria criminal, porque em jogo, de regra, a liberdade de locomoção. As razões são as seguintes:

1. Primeiro, porque o recurso extraordinário, mais que a justa solução do caso concreto, busca preservar a autoridade e a uniformidade da inteligência da Constituição, o que se reforça com a necessidade de repercussão geral das questões constitucionais nele versadas, assim entendidas aquelas que "ultrapassem os interesses subjetivos da causa".

2. Isto é, para as partes, sempre haverá especial relevo em um conflito entre a pretensão de punir do Estado e o direito de liberdade de determinado cidadão. Para efeito da repercussão geral, contudo, considera-se, mais do que isso, a existência, ou não, de questões relevantes do ponto de vista econômico, social ou jurídico, que ultrapassem os interesses subjetivos em causa (CPC [1973], art. 543-A, § 1º, com a redação dada pela Lei 11.418/2006) [veja-se o CPC/2015, art. 1.035, § 1º].

3. De qualquer modo, para obviar a ameaça ou lesão à liberdade de locomoção – por remota que seja –, há sempre a garantia constitucional do *habeas corpus* (CF, art. 5º, LXVIII).

4. Em tese, não há uma questão sequer passível de discussão no recurso extraordinário da defesa que não possa ser discutida, com muito mais vantagens, em *habeas corpus*: dá-se, com efeito, que o *habeas corpus* não está sujeito a prazo; nele, pouco importa se a ofensa à Constituição se dá de modo indireto ou reflexo; não se exige prequestionamento e, enquanto no recurso extraordinário devem ser considerados os fatos da causa "na versão do acórdão recorrido" (*v.g.*, AI 130.893-AgRg, Velloso, *RTJ* 146/291; RE 140.265, Marco Aurélio, *RTJ* 148/550), o *habeas corpus* também permite a análise de prova documental inequívoca; não é raro, de outro lado, que a instrução do *habeas corpus* seja complementada por diligências determinadas pelo relator; e, dentre outros benefícios, a prioridade de julgamento tem feito, quase sempre, com que as questões suscitadas cheguem ao Supremo Tribunal Federal antes mesmo do julgamento definitivo do processo principal.

5. Hoje, é certo que, excepcionalmente, se tem até mesmo admitido *habeas corpus* contra decisão denegatória de liminar, ainda que se trate de réu solto e o processo esteja na fase do interrogatório (*v.g.*, HC 85.185, 10.08.2005, Pleno, Cezar Peluso, *DJ* 01.09.2006).

Cap. 3 · O MODELO DE JUSTIÇA CONSTITUCIONAL NO BRASIL PÓS-1988 | 233

6. Segundo a nova orientação do Tribunal (cf. HC 86.834, Plenário, Marco Aurélio, *Inf.* 440), quando se tratar de causa de competência dos Juizados Especiais Criminais, é possível, em tese, o acesso sucessivo ao juiz de primeiro grau, à Turma Recursal, ao Tribunal de Justiça, ao Superior Tribunal de Justiça e, como última instância de qualquer *habeas corpus* denegado, ao Supremo Tribunal Federal. É prestação jurisdicional a mais não poder.

7. Grande parte dos recursos de natureza extraordinária do réu em matéria criminal desvela-se como instrumentos utilizados para ganhar tempo, na expectativa da prescrição, sobretudo pelo nosso sistema, que admite se tome por base a pena concretizada na sentença (CP, art. 110, § 1º).

8. Em conclusão, o requisito constitucional da repercussão geral (CF, art. 102, § 3º), com a regulamentação da Lei 11.418/2006 e as normas regimentais necessárias à sua execução, aplica-se aos recursos extraordinários em geral e, em consequência, às causas criminais.

É de observar, na decisão em tela, que, posteriormente, o Supremo Tribunal Federal colocou objeções ao próprio suporte do acórdão, isto é, a questão relacionada ao uso do *habeas corpus*. Relembremos: no acórdão em tela (AI 664.567), sustenta-se que, como contraponto – ou compensação – ao fato de que nem todo recurso extraordinário criminal teria repercussão geral "automática" por envolver o *status libertatis*, poder-se-ia utilizar o *habeas corpus* (mas, recentemente, ocorreu uma reviravolta nessa posição, conforme se pode ver no item 3.6 deste livro). Portanto, mantida a tese de que a repercussão geral em matéria criminal não tem automaticidade e firmada a nova tese de que o *habeas corpus* terá uso restringido no STF, há que se construir outro modo de resolver o problema do acesso à jurisdição constitucional do STF em sede de discussão de *status libertatis*.

O Supremo Tribunal Federal firmou entendimento, ainda, que cabe exclusivamente ao Tribunal reconhecer a efetiva existência da repercussão geral, não obstante tanto o STF quanto os demais tribunais de origem possam verificar a existência da demonstração formal e fundamentada da repercussão geral.

O Tribunal tem sido implacável na exigência de fundamentação específica quanto à repercussão geral da questão constitucional versada no recurso extraordinário. Assim – e veja-se o RE 569.476-AgRg –, todo recurso interposto contra decisão publicada após o dia 3 de maio de 2007 deve apresentar preliminar formal e fundamentada de repercussão geral. Nesse caso, não há falar em fundamentação implícita, devendo a petição do recurso trazer tópico destacado a respeito da repercussão geral da matéria discutida, mesmo nas hipóteses em que essa repercussão deva ser tida como presumida, isto é, quando ela já tenha sido reconhecida em momento anterior pelo STF ou quando haja contrariedade a súmula ou jurisprudência dominante desse Tribunal.

Veja-se que, nesse caso, o Supremo Tribunal Federal tem mostrado exagerado formalismo. Com efeito, se o escopo do instituto é, como prenunciado, a maximização da feição objetiva do recurso extraordinário, merece, no mínimo, uma rediscussão a circunstância de que a falta do destaque formal da repercussão deva impedir o Tribunal de conhecer da controvérsia.

Dizendo de outro modo: ou bem o recurso interposto possui questão que oferece repercussão geral, e nessa hipótese cabe ao Tribunal prover a respeito do tema, ou bem não a possui e não merece, por isso, conhecimento.

Se a questão veiculada na causa transcende a relação jurídica privada que a subsidia, não há razões ponderáveis para que o seu enfrentamento dependa de formalística a ser preenchida pelo titular de interesse particular.

Note-se que não há, na supressão da exigência formal, uma ingerência indevida na autonomia privada do recorrente: este já a exerceu quando, voluntariamente, *recorreu*.

Tudo isso porque – uma vez assimilada a repercussão geral como um instituto devidamente justificado no emaranhado principiológico que serve de *holding* da Constituição – cabe à Corte assumir sem pejo o seu papel de preservação da chamada *autonomia pública*, entendida como a pretensão de impositividade do direito democraticamente produzido, de sua melhor interpretação na lente da coerência de princípios. Em definitivo, não se maximiza a feição objetiva de um recurso apostando fichas em uma questão secundária, de caráter subjetivo, privado e formal.

Em setembro de 2007, o Plenário do Supremo Tribunal Federal determinou a suspensão do envio de recursos extraordinários e agravos de instrumento à Corte, colocando em prática, assim, o novo filtro criado pela Reforma. Na ocasião, o Supremo Tribunal aplicou a disciplina do art. 328 do RISTF, que determina, especificamente em relação aos processos múltiplos, o sobrestamento e/ou devolução dos feitos aos tribunais de origem.

Consignou-se que, ao se verificar a subida ou a distribuição de múltiplos recursos com fundamento em idêntica controvérsia, a Presidência do Tribunal ou o relator selecionará um ou mais representativos (dois ou mais, pelo CPC/2015) da questão e determinará a devolução dos demais aos Tribunais ou Turmas do Juizado Especial de origem para aplicação dos parágrafos do art. 1.036 do CPC/2015.[119] Com tal medida, o Tribunal deu consecução ao modelo desenvolvido para evitar o acúmulo de processos repetidos na Corte.

Sobre o efeito suspensivo do RE, ponto que foi referido logo no começo deste tópico, importa mencionar que, depois da criação da repercussão geral, o tema voltou a ganhar destaque. Registre-se que as Súmulas 634 e 635 passaram a ser abrandadas pelo STF, podendo ser citados dois julgamentos: o da AC 1.550 MC/RO (em 06.02.2007) e o da AC 1.821 QO (em 11.02.2009). Por ambos, restou assentado que, em *situações excepcionais*, nas quais são patentes a *plausibilidade jurídica do pedido* – decorrente do fato de a decisão recorrida contrariar jurisprudência ou súmula do STF – e o *perigo de dano irreparável ou*

---

[119] Como bem ressalta Bernardo Gonçalves Fernandes, mostra-se curiosa essa possibilidade de o Presidente do Tribunal *a quo* poder, em face de múltiplos recursos com fundamento em idêntica controvérsia, escolher por amostragem, enviando-o(s) para exame do STF. Esse tratamento deve se dado aos agravos de instrumento que visarem recorrer das decisões dos Tribunais *a quo* com relação à inadmissão do RE. Bernardo cita – acertadamente – doutrina de Calmon de Passos e Kelsen, para demonstrar que medidas como essas solapam o devido processo legal e o acesso do cidadão à justiça. Qualquer causa levada à justiça já por si – e a invocação é de Dworkin – tem o condão de irradiar para toda a comunidade jurídica em termos de história institucional – FERNANDES, Bernardo Gonçalves. *Curso de direito constitucional*, op. cit., p. 967 e ss.

de difícil reparação – consubstanciado pela execução do acórdão recorrido –, o Tribunal poderá deferir a medida cautelar mesmo que o recurso extraordinário tenha sido objeto de juízo negativo de admissibilidade e o agravo de instrumento interposto contra essa decisão ainda não se encontre sob a jurisdição do Supremo Tribunal Federal.

Interessante notar que o STF, na AC 1.821-QO, explicitou que isso "não configurou exceção à aplicação das Súmulas 634 e 635". Permitiu-se, destarte, a suspensão dos efeitos do acórdão impugnado pelo recurso extraordinário, até que o agravo de instrumento fosse julgado. Aqui se nota uma atenção especial da Corte em relação às peculiaridades da situação concreta. Ou seja, é tão grave a situação jurídica *sub judice* que, mesmo que o Tribunal de origem obstaculizasse a subida do recurso extraordinário e o remédio contra essa inadmissibilidade não tivesse sequer chegado ao Supremo Tribunal, ainda assim era de ser concedida a medida cautelar. Em termos de teoria da decisão, dessa decisão tem de ser extraído um princípio, para que outros casos similares possam ser resolvidos do mesmo modo. Isso quer dizer que, mesmo que a decisão em sede cautelar tenha esse caráter de excepcionalidade, é exatamente esta que constitui a abertura de uma cadeia discursivo-decisional aplicável a todas as situações excepcionais, sempre que presentes determinadas condições factuais que ensejam o uso da exceção. O princípio pode ser "deduzido" do seguinte modo: o juízo de inadmissibilidade da instância de origem e a falta de processamento do agravo respectivo não constituem, por si sós, empecilho para a apreciação de medida cautelar pelo Supremo Tribunal Federal.

De todo modo, em face da existência das Súmulas 634 e 635 (anteriores à EC 45/2004) e do surgimento da repercussão geral, mais uma vez o tema voltou a ser debatido no STF. Assim, no julgamento da Questão de Ordem em Ação Cautelar sob o n. 2.177, em novembro de 2008, o STF passou a adotar uma posição um pouco diferenciada de suas súmulas, bem como, regra geral, afastada dos julgados acima referidos (AC 1.550 MC/RO e AC 1.821/QO), ficando definido:

1. *Para a concessão do excepcional efeito suspensivo a recurso extraordinário*, são necessários o juízo positivo de sua admissibilidade no tribunal de origem, a sua viabilidade processual pela presença dos pressupostos extrínsecos e intrínsecos, a plausibilidade jurídica da pretensão de direito material nele deduzida e a comprovação da urgência da pretensão cautelar.

2. *Para os recursos anteriores à aplicação do regime da repercussão geral ou para aqueles que tratem de matéria cuja repercussão geral ainda não foi examinada*, a jurisdição cautelar deste Supremo Tribunal somente estará firmada com a admissão do recurso extraordinário ou, em caso de juízo negativo de admissibilidade, com o provimento do agravo de instrumento, não sendo suficiente a sua simples interposição.

3. *Compete ao tribunal de origem apreciar ações cautelares*, ainda que o recurso extraordinário já tenha obtido o primeiro juízo positivo de admissibilidade, quando o apelo extremo estiver sobrestado em face do reconhecimento da existência de repercussão geral da matéria constitucional nele tratada.

4. Questão de ordem resolvida com a *declaração da incompetência desta Suprema Corte para a apreciação da ação cautelar que busca a concessão de efeito suspensivo a recurso extraordinário sobrestado na origem*, em face do reconhecimento da existência da repercussão geral da questão constitucional nele discutida.[120]

Assim, não era de outro modo que vinham sendo ementadas as decisões, como foi o caso do julgamento da Medida Cautelar na Ação Cautelar 3.217/SP, na qual foi reforçado o entendimento da Corte:

> "Registre-se, por oportuno, ante a ausência de prolação do concernente juízo de admissibilidade, que, na específica fase de processamento em que se acha o recurso extraordinário em questão, incumbe, ao próprio Presidente do Tribunal *a quo* – enquanto não exercer o controle de admissibilidade sobre o apelo extremo –, praticar os atos inerentes à jurisdição cautelar (Súmula 635/STF), em ordem a impedir, desse modo, que se possa consumar dano irreparável aos direitos alegadamente titularizados pela parte ora requerente.
>
> Cabe salientar, ainda, que esse entendimento – que reconhece a competência do Presidente do Tribunal de origem para exercer, em casos como o destes autos, o poder geral de cautela – não se altera em situações nas quais o Supremo Tribunal Federal tenha proclamado, como na espécie, a existência de repercussão geral da controvérsia constitucional suscitada no processo (AC 2.569-AgRg/RS; AC 2.867/SP; AC 2.883/PR; AC 2.888/RS; AC 3.023-MC/DF; AC 3.207-MC/SP)".

Percebe-se, desse modo, que o entendimento da Suprema Corte sobre o fenômeno da concessão ou não de cautelares em sede de recurso extraordinário passa por sístoles e diástoles. Com efeito, pelas AC 1.550 MC/RO e AC 1.821/QO, havia um alargamento da possibilidade de juízo de concessão de cautelar (efeito suspensivo). A sobrevinda do instituto da repercussão geral fez com que o torniquete epistêmico fosse apertado. Afinal, a repercussão geral foi instituída como um modo de fechar o gargalo dos recursos junto ao STF.

É evidente que um enunciado (súmula) ou um entendimento jurisprudencial não abrange todas as hipóteses de aplicação. E o STF, consciente ou inconsciente, foi vencido por essa premissa. Ou seja, sempre haverá hipóteses em que, no limite, o garrote da repercussão geral não pode ser aplicado *tabula rasa*. Caso contrário, que importância teriam os princípios constitucionais? Assim, sobrevindo um caso concreto que coloque em xeque os pressupostos ônticos de um enunciado, a Suprema Corte abre – com todos os cuidados, é claro – uma nesga significativa por onde podem passar casos complexos. É como aquilo que denomino de "o fator cego e seu cão guia", pelo qual, se uma lei claramente proíbe o trânsito de cães pela plataforma do trem ou ônibus, um cego, com seu cão guia, "quebre" as barreiras ônticas da regra, provocando as fissuras pelas quais entrará (ou entrarão) o(s) princípio(s).

---

[120] Cf. AC 2.177-MC-QO/PE.

Assim, é importante referir que, no julgamento da AC 3.065/DF (em 26.03.2012), o STF voltou a retomar a tese das ações 1.550 MC/RO e 1.821/QO, publicando a seguinte ementa:

> "Medida liminar em ação cautelar. Efeito suspensivo em agravo regimental no agravo de instrumento. Reconhecimento da existência de repercussão geral da questão constitucional. Excepcionalidade configurada. Medida liminar deferida.
>
> [...]
>
> 5. Este Supremo Tribunal assentou que, excepcionalmente, é possível o deferimento de efeito suspensivo a recurso extraordinário com juízo de admissibilidade negativo pelo Tribunal *a quo*, desde que demonstrada a plausibilidade jurídica do pedido e a possibilidade de dano irreparável. Nesse sentido: 'Questão de ordem em ação cautelar. Efeito suspensivo a recurso extraordinário não admitido pelo tribunal de origem. Agravo de instrumento ainda não recebido nesta Corte. Medida cautelar concedida para suspender os efeitos do acórdão recorrido. 2. Em situações excepcionais, em que estão patentes a plausibilidade jurídica do pedido – decorrente do fato de a decisão recorrida contrariar jurisprudência ou súmula do Supremo Tribunal Federal – e o perigo de dano irreparável ou de difícil reparação a ser consubstanciado pela execução do acórdão recorrido, o Tribunal poderá deferir a medida cautelar ainda que o recurso extraordinário tenha sido objeto de juízo negativo de admissibilidade perante o Tribunal de origem e o agravo de instrumento contra essa decisão ainda não tenha sido recebido nesta Corte. 3. Hipótese que não constitui exceção à aplicação das Súmulas 634 e 635 do STF. 4. Suspensão dos efeitos do acórdão impugnado pelo recurso extraordinário, até que o agravo de instrumento seja julgado. 5. Liminar referendada em questão de ordem. Unânime' (AC 1.821-QO, rel. Min. Gilmar Mendes, 2ª Turma, *DJ* 26.02.2008)".

O exercício do juízo de retratação ou a declaração de prejudicialidade do recurso pelo órgão judicial *a quo* não pode ser combatido via agravo de instrumento perante o Supremo Tribunal Federal. O STF vinha entendendo que não é cabível agravo de instrumento da decisão do tribunal de origem que, em cumprimento do disposto no § 3º do art. 543-B do CPC/1973, aplica decisão de mérito do STF em questão de repercussão geral. O Supremo Tribunal vinha entendendo (AI 760.358-QO) que, ao decretar o prejuízo de recurso ou exercer o juízo de retratação, no processo em que interposto o recurso extraordinário, o tribunal de origem não está exercendo competência do STF, mas atribuição própria, de forma que a remessa dos autos individualmente ao STF apenas se justificará, nos termos da lei, na hipótese em que houver expressa negativa de retratação.[121]

O Tribunal tem admitido a possibilidade de que seja reconhecida a repercussão geral e, assim, aplicado o seu regime especial de regras às matérias objeto de súmula ou jurisprudência consolidada antes mesmo da data marco do dia 3 de maio de 2007. Nessas hipóteses, deve o Tribunal se pronunciar expressamente sobre a existência de repercussão geral e a incidência dos efeitos de seu regime nos recursos sobre o mesmo tema presentes nas

---

[121] Nessas hipóteses, o STF entendeu cabível que a impugnação perante o tribunal *a quo* seja feita por meio de agravo interno/regimental.

instâncias inferiores, para que estas possam aplicar as regras desse regime, em especial para fins de retratação ou declaração de prejudicialidade de recursos. Reconhecida a repercussão geral e aplicado o seu regime de regras nas instâncias inferiores, o Tribunal poderá seguir duas vias quanto ao mérito do recurso: (a) manifestar-se pela subsistência do entendimento já consolidado em súmula ou jurisprudência; (b) deliberar pela renovação da discussão sobre a questão constitucional suscitada no recurso. Na primeira hipótese, a Presidência do Tribunal poderá negar distribuição e devolver à origem todos os recursos idênticos que chegarem ao STF, para adoção, pelas instâncias inferiores, do procedimento previsto no art. 1.036 do CPC. Na segunda hipótese, o recurso será distribuído normalmente a um relator, para que tenha seu mérito rediscutido pelo Plenário (RE 579.431-QO). Ressalte-se, ainda, que, ocorrida a primeira hipótese e sobrestado o recurso extraordinário no órgão judicial *a quo*, antes mesmo de exercido o juízo de admissibilidade, o Supremo Tribunal Federal poderá, em caráter excepcional, conceder medida cautelar de efeito suspensivo ao recurso (AC 2.168-REF-MC).[122]

No CPC/2015, o art. 1.029, § 5º, com a redação dada pela Lei 13.256/2016, acabou por incorporar o teor dos verbetes sumulares.

> "Art. 1.029. O recurso extraordinário e o recurso especial, nos casos previstos na Constituição Federal serão interpostos perante o presidente ou o vice-presidente do tribunal recorrido, em petições distintas que conterão:
>
> [...]
>
> § 5º O pedido de concessão de efeito suspensivo a recurso extraordinário ou a recurso especial poderá ser formulado por requerimento dirigido:
>
> I – ao tribunal superior respectivo, no período compreendido entre a publicação da decisão de admissão do recurso e sua distribuição, ficando o relator designado para seu exame prevento para julgá-lo;
>
> II – ao relator, se já distribuído o recurso;
>
> III – ao presidente ou ao vice-presidente do tribunal recorrido, no período compreendido entre a interposição do recurso e a publicação da decisão de admissão do recurso, assim como no caso de o recurso ter sido sobrestado, nos termos do art. 1.037."

Em relação à irrecorribilidade por meio de agravo do art. 1.042 (544 do CPC revogado), o STF vem mantendo sua posição após a entrada em vigor do CPC/2015.

Considerando a interposição do recurso de agravo pela União na vigência do CPC/2015 é importante destacar que o art. 1.042 do CPC (equivalente ao art. 544 do CPC/1973) assim dispõe:

> "Art. 1.042. Cabe agravo contra decisão do presidente ou do vice-presidente do tribunal recorrido que inadmitir recurso extraordinário ou recurso especial, *salvo quando fundada*

---

[122] Nesse sentido, ver CANOTILHO, J. J. Gomes; MENDES, Gilmar; STRECK, L. L.; SARLET, Ingo W. (org.). *Comentários à Constituição do Brasil*. São Paulo/Coimbra: Saraiva/Almedina, 2013.

na aplicação de entendimento firmado em regime de repercussão geral ou em julgamento de recursos repetitivos." (grifou-se)

Assim, o recurso interposto não era cabível. Nesse sentido, a orientação jurisprudencial do Plenário do STF:

"Agravo Regimental no Recurso Extraordinário com Agravo. Direito processual civil. Aplicação da sistemática da Repercussão Geral na origem. Ausência de previsão legal de recurso para o Supremo Tribunal Federal. Recurso manifestamente incabível. Precedentes. Contrarrazões apresentadas. Verba honorária majorada em 1%, percentual o qual se soma ao fixado na origem, obedecidos os limites do art. 85, § 2º, § 3º e § 11, do código de processo civil/2015, com a ressalva de eventual concessão do benefício da justiça gratuita. Agravo Regimental ao qual se nega provimento."[123]

"Agravo Regimental no Recurso Extraordinário com Agravo. Regência: Código de Processo Civil/1973. Aplicação da sistemática da Repercussão Geral na origem. Ausência de previsão legal de recurso para o Supremo Tribunal Federal. Recurso manifestamente incabível. Precedentes. Agravo Regimental ao qual se nega provimento."[124]

"Agravo Regimental no Recurso Extraordinário com Agravo. Regência: Código de Processo Civil/1973. Aplicação da sistemática da Repercussão Geral na origem. Ausência de previsão legal de recurso para o Supremo Tribunal Federal. Recurso manifestamente incabível. Precedentes. Agravo Regimental ao qual se nega provimento."[125]

"Agravo Regimental no Recurso Extraordinário com Agravo. Regência: Código de Processo Civil/1973. Aplicação da sistemática da Repercussão Geral na origem. Ausência de previsão legal de recurso para o Supremo Tribunal Federal. Recurso manifestamente incabível. Precedentes. Agravo Regimental ao qual se nega provimento."[126]

"Agravo Regimental no Recurso Extraordinário com Agravo. Regência: Código de Processo Civil/1973. Aplicação da sistemática da Repercussão Geral na origem. Ausência de previsão legal de recurso para o Supremo Tribunal Federal. Recurso manifestamente incabível. Precedentes. Agravo Regimental ao qual se nega provimento."[127]

"Agravo Regimental no Recurso Extraordinário. Direito Tributário. IPTU. Imunidade tributária recíproca do responsável tributário por sucessão. Tema n. 224 (Recurso Extraordinário n. 599.176-rg). Aplicação da sistemática da Repercussão Geral na origem. Ausência de previsão legal de recurso para o Supremo Tribunal Federal. Recurso manifestamente incabível. Verba honorária majorada em 1%, percentual que se soma

---

[123] ARE 965.583 AgR, rel. Min. Cármen Lúcia (Presidente), Tribunal Pleno, j. 14.10.2016, *DJe* 28.10.2016, public. 03.11.2016.

[124] ARE 703.092 AgR, rel. Min. Cármen Lúcia (Presidente), Tribunal Pleno, j. 14.10.2016, *DJe* 28.10.2016, public. 03.11.2016.

[125] ARE 709.917 AgR, rel. Min. Cármen Lúcia (Presidente), Tribunal Pleno, j. 14.10.2016, *DJe* 03.11.2016, public. 04.11.2016.

[126] ARE 687.833 AgR, rel. Min. Cármen Lúcia (Presidente), Tribunal Pleno, j. 14.10.2016, *DJe* 03.11.2016, public. 04.11.2016.

[127] ARE 661.354 AgR, rel. Min. Cármen Lúcia (Presidente), Tribunal Pleno, j. 14.10.2016, *DJe* 03.11.2016, public. 04.11.2016.

ao fixado na origem, obedecidos os limites do art. 85, § 2º, § 3º e § 11, do Código de Processo Civil/2015, ressalvada eventual concessão do benefício da justiça gratuita, e multa aplicada no percentual de 1%, conforme art. 1.021, § 4º, do Código de Processo Civil. Agravo Regimental ao qual se nega provimento."[128]

Note-se que após a entrada em vigor do CPC a interposição do agravo nos termos do art. 1.042 do CPC só é autorizada na hipótese de realização de juízo de admissibilidade positivo na origem, situação em que, interposto o recurso, caberá ao Tribunal local encaminhar os recursos excepcionais ao STF e/ou STJ.

A aplicação rigorosa da sistemática da repercussão geral tem resultado numa abrupta diminuição da quantidade recursos no Supremo Tribunal Federal. Desde 2006, houve uma redução de cerca de 70% do número de recursos extraordinários e a redução de dois terços do estoque de processos do STF. Tais dados são referendados por artigo produzido por Luciano Felício Fuck e publicado no sítio "Os Constitucionalistas",[129] que ainda mostra a gradual evolução de tais números, desde 1980:

Ano	Protocolados	Distribuídos	Julgados	Estoque
1980	9.555	9.308	9.007	722
1990	18.564	16.226	16.449	11.445
2000	105.307	90.839	86.138	118.368
2006	127.535	116.216	110.284	150.001
2007	119.324	112.938	159.522	129.623
2008	100.781	66.873	130.747	112.080
2009	84.369	42.729	95.524	100.634
2010	71.670	41.014	103.869	90.295
2011	59.581	35.476	90.607	67.395
2012	66.930	43.190	80.730	66.831

Parece não haver dúvida de que o instituto da repercussão geral – que não estava previsto originalmente na Constituição – representou uma resposta "darwiniana" do sistema jurídico ao modo fragmentário de decidir vigorante no País.

---

[128] RE 952.984 AgR, rel. Min. Cármen Lúcia (Presidente), Tribunal Pleno, j. 14.10.2016, *DJe* 03.11.2016, public. 04.11.2016.

[129] Disponível em: [http://www.osconstitucionalistas.com.br/seis-anos-de-repercussao-geral]. Acesso em: 18 jun. 2013.

Dados atualizados fornecidos pelo STF[130] informam o seguinte:

Ano	Processos		Processos Julgados	
	Recebidos	Distribuídos	Monocráticos	Colegiados
2010	74.819	48.483	98.358	11.342
2011	63.635	51.226	89.314	13.095
2012	73.487	71.223	77.775	12.091
2013	72.098	66.975	76.150	14.103
2014	80.018	71.253	97.383	17.074
2015	93.558	92.538	98.947	17.716
2016	89.973	90.923	102.954	14.533
2017	102.213	107.094	113.629	12.894
2018	98.254	99.305	112.214	14.529
2019	91.746	88.865	98.153	17.735
2020	73.244	76.743	81.358	18.213
2021	76.708	82.962	82.779	15.417

O instituto ingressa no ordenamento de modo similar às súmulas com efeito vinculante. Embora as críticas que possa provocar, parece não restar dúvida que a repercussão geral se apresenta como um importante instrumento que pode vir a fortalecer a *integridade* e *coerência* (no sentido hermenêutico) da jurisprudência.

Isso pode ser explicado da seguinte forma: a tarefa do intérprete, para falar como Dworkin, é compreender o instituto na sua *melhor luz* (lembremos a *hipótese estética*), oferecer uma forma de compreendê-lo que se harmonize, o melhor possível, com o propósito geral da prática do direito democrático. Nessa coordenada, diante da necessidade de produção de decisões coerentes em princípio, e da estruturação constitucional do Poder Judiciário brasileiro, não se nega que medidas de otimização da função do STF devem ser recebidas como um avanço, como uma forma de aproximação do modelo de uma efetiva Corte Constitucional.

---

[130] Disponível em: https://transparencia.stf.jus.br/extensions/corte_aberta/corte_aberta.html. Acesso em: 14 jun. 2022.

Dito de outro modo, a repercussão geral pode vir a ser um importante mecanismo para a reconstrução histórico-institucional do direito, na medida em que possibilita uma generalização minimamente necessária dos casos, evitando a continuidade do processo de fragmentação das decisões judiciais. É preciso entender que cada decisão judicial contém uma *holding*, cujo conteúdo deve conter esse grau de generalização. É como se o direito tivesse um DNA, que, no caso dos recursos extraordinários, deve conter um elevado grau de transcendência.

Nesse sentido, tanto a repercussão geral quanto as súmulas vinculantes podem ser articuladas como remédio para aquilo que pode ser chamado de *ideologia do caso concreto* (que compreende o direito como um conjunto aleatório de casos julgados), retirando um elemento de generalização dos casos que permite identificar os marcos que compõem a história institucional do direito. Com isso também será possível construir um conceito mais avançado de jurisprudência, que deixará de ser "qualquer conjunto" de casos "arranjados" *ad hoc*, para se transformar em instrumento para a demonstração de uma cadeia discursivo-decisória, cujo fio condutor tem compromissos com o passado, o presente e o futuro do direito em jogo.

Nessa medida, a repercussão geral – se utilizada de maneira adequada, respeitando os parâmetros democráticos – pode contribuir para barrar esse processo de "ressurreição" desse tipo de "direito livre", na medida em que contribui para a identificação e a certificação dos elementos que compõem a integridade e a coerência das decisões. Ou seja, o instituto pode ser um importante componente para diminuir o grau de discricionariedade das decisões judiciais.

Por isso, é importante dizer que a própria formação das matérias em que se reconhece repercussão geral deve respeitar a integridade e coerência do direito, refletindo, de maneira ampla, os elementos que compõem a história institucional do direito. Isso quer dizer que – na esteira do que venho desenvolvendo especialmente em *Verdade e consenso* – não há "grau zero" nas decisões judiciais. Isto é, cada decisão judicial deve respeitar o DNA daquele tema específico e que consubstancia a causa. A definição de uma repercussão geral não pode ser equivalente a um enunciado sumular, por exemplo. A aceitação pelo STF da existência da repercussão geral não pode se transformar em um enunciado assertórico, como se fosse uma universalidade conceitual. Nesse caso, o instituto caminharia na contramão da hermenêutica, porque serviria para obnubilar as distinções que separam um caso do outro.

De todo modo, se o instituto serve para garantir coerência principiológica e integridade ao direito, não se devem mascarar as incoerências deflagradas pela aplicação corrente do instituto.

Veja-se: por um lado, dá-se ao recurso extraordinário contornos "objetivos", exigindo-se que a violação direta a dispositivos constitucionais tenha uma repercussão transcendente; por outro, quando se infringem dispositivos infraconstitucionais, dispensa-se o caso de tal coloração. Aqui, tendo em mente que toda a jurisdição é constitucional, fica bem presente que se privilegia a interpretação da Constituição via lei infraconstitucional, e não da lei pela Constituição, como seria o correto. Lamentavelmente, o sistema é atropelado pela *realjuridik*.

Seja como for, é necessário chamar a atenção para a necessidade de revisão da aplicação da Súmula 126 do STJ, que, lida sem maiores reflexões, pode induzir o recorrente a uma espécie de litigância temerária obrigatória. Entenda-se: não se pode mais exigir um duplo recurso (extraordinário/especial) contra o acórdão que se assenta, simultaneamente, em fundamento constitucional e em fundamento infraconstitucional, mesmo quando qualquer deles seja suficiente para mantê-lo, na hipótese de questão constitucional sem repercussão geral.

Uma palavra final, agora, sobre o que a lei infraconstitucional disciplina como uma questão de *repercussão geral*. Lê-se no § 1º do art. 1.035 do CPC que, "para efeito da repercussão geral, será considerada a existência, ou não, de questões relevantes do ponto de vista econômico, político, social ou jurídico, que ultrapassem os interesses subjetivos do processo".

Nesse sentido, não podemos esquecer que o tribunal (mormente o STF) é *fórum do princípio* (Dworkin) e que, portanto, decisões judiciais (mesmo as que enfrentam a questão sobre o reconhecimento, ou não, da repercussão geral) *devem ser geradas por princípios, e não por políticas*. Quer dizer, por argumentos jurídicos, voltados à defesa de direitos, e não por argumentos *econômicos, políticos, sociais* ou *morais* (teleológicos).

Essa ressalva parece necessária para explicitar que a compreensão do que seja *econômica, política* ou *socialmente relevante* somente terá validade quando puder ser traduzida em *relevantes argumentos jurídicos*. Além disso, e para dizer o mínimo, adverte-se que, ainda que uma questão jurídica possa ser relevante do ponto de vista econômico, político ou social, caso ela não configure primeiro uma infração *imediata* a dispositivos constitucionais (lembremos que o STF já não vinha admitindo recursos extraordinários com base em violação dita *reflexa* à Constituição), ela não deverá chegar ao Supremo. Pelo menos não via recurso extraordinário.

Ainda: não se pode olvidar que o escopo da Constituição – e uma de suas garantias fulcrais – é o acesso à justiça. Não se pode, portanto, sucumbir ao canto da sereia das "efetividades quantitativas", deixando de lado as "efetividades qualitativas".

Mecanismos como a repercussão geral e a súmula vinculante devem ser utilizados para aprimorar o acesso à justiça e não para barrá-lo. Por vezes, esse equívoco é cometido pela doutrina processual e pela jurisprudência. Veja-se que, no ano de 2011, o Presidente da Suprema Corte, Cezar Peluso, começou uma discussão acerca do "papel do recurso extraordinário" e da "funcionalidade do sistema recursal brasileiro". Assim, as ações judiciais teriam fim no segundo grau, ao cabo do qual a sentença seria executada.[131]. Ao fim e

---

[131] Acaso aprovada a emenda constitucional, quem quiser levar a causa ao STF deverá fazê-lo por intermédio de ação própria. Esse mecanismo seria também adotado pelo Superior Tribunal de Justiça. Trata-se de uma medida nitidamente inspirada no ideário eficientista e gestional que hoje domina o imaginário dos Tribunais Superiores. A par de inconstitucional, uma emenda nesse sentido provocaria um retrocesso no que pertine ao acesso à justiça. E se o Tribunal de segundo grau toma decisão absurda? Despiciendo lembrar, hoje, as diferenças existentes entre os diversos órgãos fracionários das dezenas de Tribunais da República. Além da fragmentação no plano aplicacional, não se pode esquecer que também no segundo grau de jurisdição impera o imaginário eficientista

ao cabo, um canto das sereias que, com novas roupagens e com as mesmas promessas de trazer mais celeridade ao trâmite processual, não se deixa desaparecer do cenário jurídico. Mais recentemente, por exemplo, Alberto Zacharias Toron e sua proposta de extinguir recursos especiais e extraordinários para que tudo seja tratado via *writ* às cortes superiores, transitando em julgado acórdãos nos tribunais de segunda instância.[132]

Numa palavra: a repercussão geral foi uma resposta darwiniana dada pelo *establishment* dogmático-político contra as próprias idiossincrasias permitidas por ele mesmo, ao longo da história. Foi uma construção com claros objetivos de desafogar o sistema, por intermédio de efetividades quantitativas. Foi uma opção que sacrificou, inexoravelmente, a qualidade, especialmente aquilo que é mais caro para o direito: a individualização de um direito concreto, enfim, o "caso concreto".

O conjunto de permissividades teorético-dogmáticas fragiliza tanto o instituto da repercussão geral como das súmulas vinculantes. Talvez o mais grave deles seja o da "amostragem", isto é, a escolha a ser feita pelo Tribunal *a quo* dos recursos que representarão a aludida controvérsia. Quais as condições de possibilidade que tem o Tribunal *a quo* para essa aferição? Não qualquer elemento objetivo que informe o *modus operandi*, a não ser "a empírica observação" a ser feita, por certo, pela assessoria de cada Tribunal. No fundo, ocorre uma espécie de terceirização da jurisdição, situação que assume foros de maior gravidade por se tratar do acesso ao Supremo Tribunal Federal.

A nossa frágil tradição acerca do que seja "um caso concreto" ou "uma causa" faz com que os casos sejam obnubilados pelos ementários. O resultado disso é o enfraquecimento dos direitos de liberdade e os demais atinentes ao exercício dos direitos fundamentais-sociais.

Chegamos a esse estágio – que exigiu a radical aprovação da repercussão geral – porque não investimos nas efetividades qualitativas. A institucionalização de uma cultura *prêt-à-porter*, representada pela proliferação de manuais de baixa densidade jurídica, fez com que o jurista (juízes, promotores, advogados) se contentasse com migalhas de significação. A agravar esse quadro o surgimento desta espécie de pós-modernidade fragmentadora, em que somos invadidos por informações e deixamos de lado a busca pelo saber e pela sabedoria.

---

e gestional. Ou seja, os julgamentos monocráticos, que antes eram exceção, hoje se transformam em regra; em face da tecnologia, os julgamentos (sessões) se transformaram em simulacros, em que é praticamente impossível que ocorra uma mudança de posição já constante no voto escrito; não é difícil constatar que mais de 90% dos acórdãos se dão por unanimidade, ficando nas mãos do relator a condução do julgamento. Isso sem falar dos julgamentos virtuais, em que os votos são disponibilizados para os pares antes da sessão, tornando-se esta apenas o chancelamento do que já ficou virtualmente decidido. Sustentações orais, nessa dimensão de julgamento prévio, tornam-se inúteis diante de uma preclusão consumativa informal: já houve a decisão. Todas essas questões deve(ria)m ser levadas em conta quando da discussão da função e da estrutura do sistema jurídico de *terrae brasilis*, antes de impedirmos o acesso, via recursos (extraordinário e especial), aos tribunais superiores.

[132] RODAS, Sérgio. Para aumentar celeridade, Toron sugere substituir recursos para a defesa por HC. *Revista Eletrônica Consultor Jurídico – Conjur*. Disponível em: https://www.conjur.com.br/2022--abr-14/alberto-toron-sugere-substituir-recursos-defesa-hc. Acesso em: 14 jun. 2022.

Cap. 3 · O MODELO DE JUSTIÇA CONSTITUCIONAL NO BRASIL PÓS-1988 | **245**

Investir em efetividade qualitativa quer dizer compreender o exercício da jurisdição como um trabalho de profunda necessidade de fundamentação das decisões[133]. Decisões mal fundamentadas geram embargos, que geram outros embargos e que geram agravos e assim por diante. Tenho que os embargos declaratórios nunca foram uma solução, e sim um problema. Na verdade, ao introduzirmos os embargos declaratórios, institucionalizamos a permissividade de se fundamentar de qualquer modo. O primeiro passo para se construir um Judiciário que tenha em efetividades qualitativas o seu norte é a eliminação desse perverso mecanismo denominado "embargos declaratórios". Em uma democracia, não é crível que uma decisão possa ser contraditória, obscura ou omissa. Isso tudo quando a Carta Magna estabelece que a fundamentação é obrigatória, sendo, verdadeiramente, um direito fundamental da parte. Há um conjunto de recursos que são criações sistêmicas com perfil de autopoiese, que, em vez de descomplexizar o sistema, complexiza mais ainda. Esse é o paradoxo a ser enfrentado.

3.4 A INTERPRETAÇÃO CONFORME A CONSTITUIÇÃO, A NULIDADE PARCIAL SEM REDUÇÃO DE TEXTO: AS POSSIBILIDADES DE APLICAÇÃO EM SEDE DE CONTROLE DIFUSO PELOS DEMAIS TRIBUNAIS DA REPÚBLICA

Uma pergunta se impõe, desde logo: a nulidade parcial sem redução de texto e a interpretação conforme a Constituição podem ser aplicadas pelo juízo singular[134] e pelos demais Tribunais, ou tal aplicação afigura-se como prerrogativa exclusiva do Supremo Tribunal Federal? Entendo que não há qualquer óbice constitucional que impeça juízes e tribunais de aplicarem a interpretação conforme e a nulidade parcial sem redução de texto. Entender o contrário seria admitir que juízes e tribunais (que não o STF) estivessem

---

[133] Sobre o tema, ver STRECK, Lenio Luiz; RAATZ, Igor. O dever de fundamentação das decisões judiciais sob o olhar da Crítica Hermenêutica do Direito. *Revista Opinião Jurídica*, Fortaleza, v. 15, p. 160-179, 2017.

[134] O juiz federal Eduardo Appio aplicou o instituto da interpretação conforme no seguinte caso: o art. 20, § 3º, da Lei 8.742/1993, que regulamentou o art. 203 da Constituição Federal, estabelece que o benefício de prestação continuada é a garantia de 1 (um) salário mínimo mensal à pessoa portadora de deficiência e ao idoso com 70 anos ou mais e que comprovem não possuir meios de prover à própria manutenção nem de tê-la provida por sua família. A Lei considera incapaz de prover a manutenção da pessoa portadora de deficiência ou idosa a família cuja renda mensal *per capita* seja inferior a um salário mínimo. Na hipótese, foi proposta ação civil pública pelo Ministério Público Federal, alegando a inconstitucionalidade do dispositivo, por ferir o art. 203, V, da CF. O magistrado, diante da questão posta, interpretou o texto impugnado de modo que este somente é constitucional se interpretado no sentido de que a comprovação de hipossuficiência de que fala a lei (isto é, renda familiar *per capita* que não ultrapasse o "teto" do salário mínimo vigente) não pode constituir-se em único instrumento para comprovação desta (hipossuficiência), que pode ser provada por meio de outros critérios postos à disposição do juiz da causa, tais como a prova testemunhal (Proc. 2000.71.07.000576-3, Caxias do Sul-RS). Em sentido similar, remeto o leitor ao Acórdão da ADI 1.232-1 – STF.

obrigados a declarar inconstitucionais dispositivos que pudessem, no mínimo em parte, ser salvaguardados no sistema, mediante a aplicação das citadas técnicas de controle.[135]

Observe-se que a Lei 9.868/1999, no parágrafo único do art. 28, ao estabelecer o efeito vinculante às decisões decorrentes do controle abstrato de constitucionalidade, equiparou a declaração de inconstitucionalidade *stricto sensu* à declaração de inconstitucionalidade parcial sem redução de texto e até mesmo à interpretação conforme a Constituição.

Isso significa dizer que, no caso específico, qualquer tribunal pode, além de declarar a inconstitucionalidade de uma lei – em sede de acolhimento total ou parcial –, entender, por exemplo, que esta é somente parcialmente inconstitucional, permanecendo o dispositivo em sua literalidade.

Ou seja, assim como o controle de constitucionalidade não é prerrogativa do Supremo Tribunal, os seus diversos mecanismos – incluídos aí a interpretação conforme e a nulidade parcial – também não o são.

Por que um juiz de direito – que, desde a Constituição de 1891, sempre esteve autorizado a deixar de aplicar uma lei na íntegra por entendê-la inconstitucional – não pode, também hoje, em pleno Estado Democrático de Direito, aplicá-la tão somente em parte? O mesmo se aplica aos Tribunais, que, neste caso, estão dispensados de suscitar o incidente de inconstitucionalidade, quando se trata da técnica da nulidade parcial sem redução de texto.

Dito de outro modo, a possibilidade de os tribunais e até mesmo o juiz singular fazerem uso dos citados mecanismos fundamenta-se no controle difuso de constitucionalidade. Impedir esse uso pelos juízes e tribunais inferiores seria restringir a própria modalidade de controle difuso – seria uma espécie de meio-controle.

E não se objete com o exemplo dos Tribunais Constitucionais europeus, como, *v.g.*, o da Alemanha, isso porque, no modelo germânico, existe o instituto do incidente de inconstitucionalidade, pelo qual toda questão constitucional deve ser submetida diretamente à Corte Constitucional (Lei Fundamental, art. 100, I; Constituição austríaca, art. 140) (1). Na Alemanha, na Áustria e na Espanha, para citar alguns modelos, os Tribunais Constitucionais detêm o monopólio do controle de constitucionalidade.

---

[135] No que tange à interpretação conforme a Constituição, os Tribunais de São Paulo (Ap 514169520098260000/SP 0051416-95.2009.8.26.0000), Rio de Janeiro (Ap 586722020058190002/RJ), (0058672-20.2005.8.19.0002), Rio Grande do Sul (ADI 70043592922/RS e AI 70041296070), Bahia (AI 3648-9/2009) e Minas Gerais (MS 1.0000.12.115393-6/000; ApCrim 1.0079.10.025689-4/001) fazem uso do instituto. Da mesma forma ocorre com os TRFs: TRF1: AC 0002485-21.2009.4.01.4000/PI e AC 0049058-82.2002.4.01.3800/MG; TRF2: ApReex 201051010004467/RJ e AC 200950010049458/RJ; TRF3: AMS 0048047-53.1999.4.03.6100 e ACR 0009611-79.2010.4.03.6119; TRF4: Ag 5021121-30.2012.404.0000, Ag 5018602-82.2012.404.0000 e AC 5002642-67.2010.404.7110; e TRF5: REO547975/AL, AC543426/CE e ApReex 23116/PB. Já no que diz respeito à nulidade parcial sem redução de texto, a situação é diferente. Dos tribunais pesquisados, apenas foi encontrada aplicação no TJRS (ApCrim 70006895916) e no TJRJ (Ap 0126014-85.2004.8.19.0001). A mesma situação se confirma com relação aos TRFs: apenas no TRF4, é possível encontrar aplicação deste instituto (ACR 0001880-94.2009.404.7200 e ACR 5002992-76.2010.404.7200). Vale referir que, nas decisões em que é aplicada a nulidade parcial sem redução de texto (TJRS, TJRJ e TRF4), a doutrina citada é a do presente livro.

Já no Brasil, não existe esse monopólio *stricto sensu*, em face da vigência do controle difuso (incidental) de constitucionalidade. Desse modo, se entre os vários modos de controlar a constitucionalidade inserem-se mecanismos como o da interpretação conforme e o da nulidade parcial sem redução de texto, parece razoável sustentar que tais instrumentos também podem ser manejados no âmbito do controle *incidenter tantum*.

Em apoio à tese da possibilidade de Tribunais e juízes aplicarem a interpretação conforme a Constituição e a nulidade parcial sem redução de texto vem o texto de Vitalino Canas, para quem, seja a interpretação conforme a Constituição uma regra para a concretização de direitos constitucionais, uma regra de fiscalização da constitucionalidade, ou uma regra de interpretação, sempre o juiz ordinário terá competência para a sua utilização. Na verdade, ele encontra-se diretamente subordinado à Constituição, sendo, também, os Tribunais órgãos de fiscalização da constitucionalidade e competindo-lhes a interpretação da lei.[136] No mesmo sentido, Rui Medeiros,[137] que entende que não há fundamento para atribuir ao fiscal da constitucionalidade (Tribunal Constitucional) uma maior liberdade no recurso à interpretação conforme do que aquela de que dispõem os tribunais em geral.

O exemplo austríaco vem corroborar a tese aqui exposta. Lá, o uso da interpretação conforme não constitui um monopólio do Tribunal Constitucional, não obstante ser um sistema em que não há controle difuso de constitucionalidade. Com efeito, todo órgão estadual aplicador de normas, especialmente os demais Tribunais Superiores, tem de entender o material jurídico a aplicar em cada caso em conformidade com a Constituição. De referir que, quando o Tribunal Constitucional, no controle abstrato ou concreto de normas, interpreta uma lei em conformidade com a Constituição, ele apenas afasta aquela(s) hipóteses(s) de interpretação que conduz(em) a um resultado inconstitucional. Ao contrário de outros órgãos aplicadores da lei, ele não tem, pois, competência para declarar qual dentre as várias interpretações conforme a Constituição possíveis é a correta. O Tribunal Constitucional devia, desse modo, limitar-se também, ao fazer uso da interpretação conforme a Constituição, à função do "legislador negativo", não atribuindo à lei um único sentido, a seu ver o mais correto. Ou seja, constitui tarefa do Tribunal Constitucional, no âmbito da interpretação conforme a Constituição, apenas o afastamento do sentido da lei considerado inconstitucional, e não o apuramento de um conteúdo único conforme a Constituição. A prática do Tribunal, no entanto, não observa tais considerações em toda a sua extensão.[138]

Resta saber, no quadro de aplicação dos referidos institutos, a forma de recurso que pode ser interposta, questão que será abordada mais adiante.

---

[136] Cf. CANAS, Vitalino. *Introdução* às *decisões de provimento do Tribunal Constitucional*. Lisboa: Cognitio, 1994. p. 38. Embora o autor trate do sistema jurídico português, é importante notar que, como no Brasil, Portugal adota a dúplice fórmula de controle de constitucionalidade: concentrado e difuso.

[137] Cf. RUI. *A decisão de inconstitucionalidade*, op. cit., p. 309.

[138] Cf. OBERNDORFER, Peter. A justiça constitucional no quadro das funções estaduais. *Justiça constitucional e espécies, conteúdo e efeitos das decisões sobre a constitucionalidade das normas jurídicas.* Lisboa: Tribunal Constitucional, 1987. p. 159 e ss.

3.4.1 A interpretação conforme a Constituição e a inconstitucionalidade parcial sem redução de texto – A desnecessidade da suscitação do incidente de inconstitucionalidade

Sendo pacífica, pois, no direito comparado, a possibilidade de os tribunais inferiores e os juízes singulares lançarem mão da interpretação conforme a Constituição e da inconstitucionalidade parcial qualitativa (sem redução de texto), há que discutir acerca da necessidade ou não da suscitação do respectivo incidente de inconstitucionalidade pelos órgãos fracionários dos Tribunais da República. Pelas peculiaridades com que se revestem tais institutos, entendo dispensável tal suscitação. Afinal, como bem diz a lição de Gilmar Mendes, quando, pela interpretação conforme, se fixa uma dada interpretação, o Tribunal não declara – nem poderia fazê-lo – a inconstitucionalidade de todas as possíveis interpretações de certo texto normativo. No âmbito da interpretação conforme, a norma não é declarada inconstitucional, mas, sim, constitucional, sendo que esta continuará, após a declaração, carecendo de interpretação em suas outras aplicações, e os Tribunais ordinários, que também são competentes para a aplicação do direito, podem desenvolver outras interpretações em conformidade com a Constituição.[139]

Em se tratando de decisão de acolhimento parcial qualitativa, isto é, quando uma das incidências (preceito ideal) é abduzida do texto, permanecendo, portanto, o texto em sua integralidade, o raciocínio deve ser o mesmo. Desse modo, a solução está justamente na diferença entre o que seja inconstitucionalidade parcial qualitativa e inconstitucionalidade parcial quantitativa. Com efeito, enquanto na primeira o texto permanece, na segunda ocorre a expunção formal de uma parte do dispositivo ou da lei.

Veja-se, por exemplo, o seguinte caso, que pode compreender as duas hipóteses de inconstitucionalidade parcial: a Lei 10.826/2003, em seu art. 12, que estabelece configurar crime "*possuir ou manter sob sua guarda arma de fogo, acessório ou munição, de uso permitido, em desacordo com determinação legal ou regulamentar, no interior de sua residência ou dependência desta, ou, ainda no seu local de trabalho, desde que seja o titular ou o responsável legal do estabelecimento ou empresa*". Se se considerar que, no caso, há inconstitucionalidade de algum dos verbos do tipo, por exemplo, a hipótese de possuir ou transportar arma de fogo – porque configura incriminação de responsabilidade objetiva, p. ex. –, basta que se elabore uma decisão de inconstitucionalidade parcial quantitativa. Neste caso, deve ser suscitado o incidente de inconstitucionalidade, porque não é somente um sentido do texto que será retirado, mas o próprio texto, na sua parte especificamente inconstitucional, que será expungido. Mas não é esta a melhor solução.

Com efeito, poder-se-á entender que o ato de possuir ou transportar somente será crime se a arma estiver municiada e que, sem perquirir as razões dessa posse ou transporte, até porque o Código Penal estabelece o direito de legítima defesa, não é lícito pronunciar juízo de condenação. Estar-se-ia procedendo, *in casu*, como o Tribunal Constitucional de Espanha, na sentença STC 105/88. Com efeito, o art. 509 do Código Penal espanhol penalizava com pena de prisão todo aquele que *fosse detido na posse de gazúas ou outros*

---

[139] Cf. MENDES, Gilmar F. *Jurisdição constitucional*. 6. ed. São Paulo: Saraiva, 2014.

Cap. 3 · O MODELO DE JUSTIÇA CONSTITUCIONAL NO BRASIL PÓS-1988 | **249**

instrumentos destinados a praticar furtos e não pudesse dar suficientes explicações acerca de sua aquisição ou posse. Apreciando um caso concreto, o Tribunal entendeu que era contrária à Constituição (princípio da presunção de inocência) qualquer interpretação do tipo penal que castigasse a simples posse dos instrumentos idôneos, isto é, *"en cuanto se interprete que la posesión de instrumentos idóneos para ejecutar el delito de robo presume que la finalidad y el destino que les da su poseedor es la ejecución de tal delito"*. No caso hispânico, o texto permaneceu na íntegra, sendo inconstitucional somente se (ou "enquanto", "na medida em que" ou "na parte que", para utilizar a fórmula do Tribunal Constitucional de Portugal) interpretado de determinada maneira.

Se se adotar semelhante tese (frise-se, não necessariamente a tese jurídica, mas a fórmula de decisão de inconstitucionalidade) para o caso da Lei 10.826/2003, poder-se-á fazer uma interpretação no sentido de que a posse ou o transporte de arma somente é crime se interpretado no sentido de que a arma esteja municiada ou que a arma venha a ser utilizada para algum delito.

Tecnicamente, "será contrária à Constituição (por conter norma que caracteriza responsabilidade objetiva, violando os princípios da presunção da inocência e da proporcionalidade, somente para citar algumas fundamentações)[140] a interpretação da Lei 10.826/2003

---

[140] De pronto, cabe referir (e denunciar) a extrema vagueza e ambiguidade com que estava redigido o citado dispositivo da Lei 9.437/1997, problema que se repete no atual Estatuto do Desarmamento (Lei 10.826/2003). Qual a diferença, por exemplo, entre possuir e deter uma arma? Qual a diferença entre possuir uma arma em casa e transportá-la em veículo automotor? Além disso, o dispositivo é antigarantista, porque estabelece, em outras palavras, que *quem-de-qualquer-modo-se-aproximar-de-arma-de-fogo estará sujeito às penas da lei*!!! Não bastasse isso, trata-se de um tipo penal que incrimina mera conduta, estabelecendo crimes de perigo abstrato, incompatíveis com o moderno Estado Democrático de Direito. Não se coloca em dúvida, *ab initio*, a necessidade de criminalizar determinadas condutas relacionadas ao emprego de armas, sua fabricação, venda etc. Parece que ninguém é contra a criminalização do uso (indiscriminado), venda e fabricação de armas. O que deve cientificamente ser questionado é a *tabula rasa* que fez o legislador (des)valorar, com o mesmo rigor, condutas como possuir, deter, portar, fabricar, adquirir, vender, alugar, expor à venda ou fornecer, receber, ter em depósito, transportar, ceder, ainda que gratuitamente, emprestar, remeter, empregar, manter sob guarda e ocultar arma de fogo. Fez o legislador, pois, uma isonomia às avessas (como o fez também na Lei 9.714/1998, ao colocar no mesmo patamar delitos como sonegação de impostos e corrupção, que lesam bens de índole transindividual, com delitos de índole interindividual, como furto e estelionato!). Não é difícil chegar à conclusão de que o simples fato de alguém "possuir arma de fogo sem autorização" (tendo-a em casa ou a transportando no seu veículo, por exemplo) não pode significar – per se – lesão a qualquer bem jurídico. Nesse sentido, concordo com Paulo Eduardo Bueno, para quem o delito em tela deve ser examinado sob o prisma da danosidade social: "Nas mãos de um criminoso, a arma é um instrumento altamente perigoso, mas, nas mãos de um cidadão honesto, a arma é um instrumento de defesa. O grande problema da Lei 9.437/1997, que se manteve na Lei 10.826/2003, é que atingiu substancialmente não os criminosos, mas aqueles cidadãos honestos que mantinham uma arma exclusivamente para a própria defesa, mesmo porque aqueles que vivem à margem da lei, de regra, não se subordinam às regulamentações administrativas. Na prática, portanto, o desejado controle de armas de fogo veio prejudicar as possibilidades de defesa dos cidadãos honestos e não resolveu o problema da violência" (BUENO, Paulo Eduardo. O crime de porte irregular de arma de fogo e a questão do bem jurídico. *Revista Jurídica*, São Paulo, jul. 1999, p. 47 e ss.). Sem considerar o fato, acrescenta o autor,

do elevado valor da tarifa cobrado para regularizar a arma. Mais ainda, é de registrar, por relevante – e o pensamento de Bueno (op. cit.) vai no mesmo sentido –, que a simples hipótese de guardar ou possuir arma de fogo sem registro *não constitui qualquer violação a bem jurídico*. Desnecessário dizer que não há crime sem vítima. E não se venha dizer que a vítima desse crime "é a sociedade, porque a sociedade é sempre vítima (a ideia de crime implica de per si uma conduta antissocial). Ou seja, é muito simplório dizer que a vítima, no caso sob análise, seja a sociedade. E a criminalização não pode ser produto de simples discricionariedade do legislador! Vários princípios, no caso em pauta, estão sendo violados: o princípio da subsidiariedade, da secularização (não esquecer que o Estado não pode punir meras condutas e comportamentos, sob pena de introduzir uma espécie de behaviorismo criminal) e, o principal deles, o da presunção da inocência. No fundo, a aplicação da lei *tabula rasa* acarreta uma proibição de o indiciado provar o contrário. Assim, não se pode admitir que o legislador incrimine meras atividades (e comportamentos) como ilícitos, *sem exigir um efetivo dano a algum bem* jurídico. Dito de outro modo, o art. 12 e ss. da Lei 10.826/2003, em algumas de suas modalidades, introduz em nosso direito uma nova modalidade de crime: o crime de dano normativo, à identidade do que fazia o art. 10 da revogada Lei 9.437/1997! Ora, será demais lembrar que somente a lesão concreta ou a efetiva possibilidade de uma lesão imediata a algum bem jurídico é que pode gerar uma intromissão penal do Estado? Caso contrário, estará o Estado estabelecendo responsabilidade objetiva no direito penal, punindo condutas *in abstracto*, violando os já explicitados princípios da razoabilidade, da proporcionalidade e da secularização, conquistas do Estado Democrático de Direito. É de se perguntar: onde está o perigo concreto decorrente da atitude/conduta do réu? Mais ainda: onde está a razoabilidade da punição de um cidadão que guarda em sua casa uma espingarda ou um revólver, ainda que sem autorização? E o que dizer dos camponeses que têm em casa velhas espingardas e que mesmo assim estão sendo condenados por "possuírem" ou "transportarem" armas sem autorização legal? Não se deve olvidar que o Código Penal estabelece que o cidadão tem o direito de se defender, em caso de agressão atual ou iminente. É o caso, pois, da conhecida legítima defesa. A vingar a tese da *tabula rasa* produzida pelo tipo penal previsto no art. 10, estar-se-á, metafisicamente, estabelecendo uma universalização abstrata, impedindo, desde logo, a possibilidade de o cidadão exercer o direito penal-constitucional de autodefesa. Por tudo isso, é perfeitamente aplicável à espécie a técnica nulidade parcial sem redução de texto (*no caso em exame*, o art. 12 da Lei 10.826/2003 é inconstitucional, se aplicável à hipótese do simples "possuir", "deter" ou "transportar", sem que essa conduta coloque em risco qualquer bem jurídico), para citar apenas algumas hipóteses das tantas cominações constantes no aludido art. 10, tudo sob pena de estarmos incorrendo na responsabilidade penal objetiva. Não obstante a crítica veiculada, deve-se fazer referência à tentativa frustrada, em um primeiro momento, de "flexibilização" do porte de arma encabeçada pelo Governo de Jair Messias Bolsonaro, com o Decreto 9.785/2019, que colocou o atual governo em uma espécie de "cabo de guerra" com o Parlamento, o que resultou na edição de outros três Decretos (9.845, 9.846 e 9.847). Sobre o tema, dada a complexidade do atual momento político, marcado por incertezas, pouco se pode dizer de definitivo. No entanto, necessário é dizer que, até o momento, a atuação política do Executivo, com relação à edição de Decretos à revelia das manifestações do Parlamento, tem aparência não muito positiva. Cf. STRECK, L. L. O crime de porte de arma à luz da principiologia constitucional e do controle de constitucionalidade. *Revista ITEC*, Porto Alegre, n. 1, 2001. Aplicou a técnica da interpretação conforme a Constituição (*verfassungskonforme Auslegung*), entendendo que "*os crimes previstos nos arts. 16, 17 e 18 são insuscetíveis de liberdade provisória se – e somente se – estiverem presentes os requisitos da prisão preventiva*" (RSE 70008497232, rel. Aramis Nassif). Foi também salientado, no parecer – reproduzido no acórdão –, que o dispositivo feria o princípio da presunção de inocência. Em 2007, o STF pronunciou-se sobre o referido artigo, no seguinte sentido: "Quanto ao art. 21 da lei impugnada, que prevê serem insuscetíveis de liberdade provisória os delitos capitulados nos arts. 16 (posse ou porte ilegal de arma de fogo de uso restrito), 17 (comércio ilegal de arma de fogo) e 18

Cap. 3 · O MODELO DE JUSTIÇA CONSTITUCIONAL NO BRASIL PÓS-1988 | **251**

se aplicável ao simples porte ou transporte de arma, quando estiver desmuniciada ou não ficar comprovada a intenção de utilizá-la para a prática de crime.[141]

Outro caso interessante de aplicação da nulidade parcial sem redução de texto advém da 5ª Câmara Criminal do TJRS: "Penal. Roubo majorado. Circunstância agravante. Crime cometido contra irmã. Controle da constitucionalidade. Agressão aos princípios da igualdade, secularização e racionalidade. Inconstitucionalidade parcial sem redução de texto do art. 61, II, *e*, do Código Penal. – O patrimônio e a integridade da irmã do denunciado, enquanto bens jurídicos, merecem a mesma proteção que é alcançada a qualquer do povo, sob pena de violação ao princípio constitucional da igualdade. – Se a condição parental não facilitou a consumação do crime, tampouco revestiu descumprimento de dever jurídico assistencial ou causou dano psicológico à vítima, não há razão alguma para o acréscimo de pena, pois a valoração de circunstância que em nada altera o juízo de reprovação agride o princípio da racionalidade. – A exasperação da pena, calcada tão somente no descumprimento de um dever moral de fidelidade de um irmão para com o outro, agride o princípio constitucional da secularização. – Compete ao julgador fiscalizar a constitucionalidade da lei, suprimindo, dentre seus sentidos possíveis, aqueles incompatíveis com os preceitos constitucionais utilizando-se da técnica da inconstitucionalidade parcial sem redução de texto (lição do Prof. Lenio Luiz Streck). – À unanimidade, deram parcial provimento ao apelo" (TJRGS, Ap. 70004388724, rel. Des. Amilton Bueno de Carvalho).

De observar que não é o fato de a nulidade parcial sem redução de texto ser uma técnica de controle de constitucionalidade que terá o condão de obrigar à suscitação do incidente de inconstitucionalidade, até porque a interpretação conforme também é um mecanismo de controle e não há falar em suscitar incidente para tal. Na verdade, *a característica de sentenças interpretativas* é que torna *dispensável o incidente*. Apenas um dos sentidos da lei (portanto, repita-se, o texto permanece) é que afrontará a Constituição. O texto, do mesmo modo como ocorre com a interpretação conforme a Constituição, foi otimizado.[142] Em síntese, a suscitação do incidente somente tem fundamento quando um texto é expungido do sistema.

(tráfico internacional de arma de fogo), entendeu-se haver afronta aos princípios constitucionais da presunção de inocência e do devido processo legal (CF, art. 5º, LVII e LXI). Ressaltou-se, no ponto, que, não obstante a interdição à liberdade provisória tenha sido estabelecida para crimes de suma gravidade, liberando-se a franquia para os demais delitos, a Constituição não permite a prisão *ex lege*, sem motivação, que viola, ainda, os princípios da ampla defesa e do contraditório (CF, art. 5º, LV)" (*Informativo* 465) – ADIs 3.112, 3.137, 3.198, 3.263, 3.518, 3.535, 3.586, 3.600, 3.788 e 3.814.

[141] Veja-se que agora o STF – e os demais tribunais – vêm enfrentando problemas similares repetidos pelo atual Estatuto do Desarmamento, que substituiu a Lei 9.437/1997. Uma das questões mais controversas da Lei 10.826 é o crime de porte de munição (há decisões do STF entendendo pela aplicabilidade do dispositivo). Outra é a do art. 21, que veda a liberdade provisória.

[142] Observe-se a decisão do Tribunal Constitucional da Alemanha, de 30.10.1963, interpretando restritivamente o art. 129 do Código Penal alemão (*Strafgesetzbuch*), que estabelecia penas de prisão aos membros de associações que promovessem determinadas atividades inconstitucionais. O dispositivo foi considerado válido, desde que se excluísse da noção de "associações" os partidos políticos. Cf. BÉGUIN, Jean-Claude. *Le contrôle de la constitutionnalité des lois en République Fédérale d'Allemagne*. Paris: Economica, 1982. p. 194.

252 | JURISDIÇÃO CONSTITUCIONAL • Lenio Luiz Streck

Por último, releva anotar, parafraseando Medeiros e Prüm, que não se justifica aplicar o regime de fiscalização concreta, ou seja, suscitar o incidente de inconstitucionalidade – que é o modo previsto no sistema jurídico brasileiro de aferir a constitucionalidade no controle difuso de forma *stricto sensu* – aos casos em que esteja em causa tão somente a inconstitucionalidade de uma *das possíveis interpretações da lei*, pois o juízo de inconstitucionalidade de uma determinada interpretação da lei não afeta a lei em si mesma, não pondo em causa, portanto, a obra do legislador.[143] De novo, aqui, a importância da hermenêutica, no sentido de que a interpretação implica, sempre, um processo de *applicatio*, ou seja, há sempre uma hipótese em que o texto tem uma determinada incidência, emanando daí uma norma. Não há um texto que não esteja relacionado com uma determinada "situação" hermenêutica.

Ainda aqui vale referir uma questão que, de certo modo, já foi exposta, no sentido de que, mesmo que se equiparem (como querem autores do porte de Wassilius Skouris, Albert Von Mutius e Karl Bettermann), isto é, mesmo que se dê o mesmo tratamento aos institutos da interpretação conforme a Constituição e da nulidade parcial sem redução de texto, sempre se estará excluindo os sentidos do texto normativo que o conduzem à inconstitucionalidade. Permanece, pois, o texto normativo no sistema, afastando-se tão somente aquele (ou um dos) sentido(s) contrário(s) à Constituição. Por isso a desnecessidade da suscitação do incidente.

3.4.2 Os recursos das decisões que aplicam a interpretação conforme a Constituição e a nulidade parcial sem redução de texto no controle difuso

3.4.2.1 *Considerações gerais*

Na medida em que todos os Tribunais podem aplicar os mecanismos da interpretação conforme e da nulidade parcial sem redução de texto, conforme já se pôde ver à saciedade com base no direito comparado, surge a questão acerca dos recursos a serem interpostos de tais decisões ao Supremo Tribunal Federal, uma vez que, em ambos os casos, trata-se de interpretação de norma constitucional. Há que se ter especial atenção com a matéria exatamente pela peculiaridade de que se revestem tais decisões interpretativas, respectivamente, de rejeição e de acolhimento de inconstitucionalidade (parcial).

Essa questão foi muito discutida em Portugal (não se olvide que Portugal possui um sistema misto de controle de constitucionalidade à semelhança do brasileiro, com a diferença de que o Tribunal Constitucional é instância de cassação) e ainda tem gerado polêmica, mais recentemente por Rui Medeiros, que chega a sustentar a inconstitucionalidade do art. 80º, n. 3, da Lei do Tribunal Constitucional. Segundo ele, o Tribunal Constitucional careceria de competência qualificada para interpretação de lei ordinária e, se pudesse conhecer da constitucionalidade de outros sentidos da lei diferentes daquele que lhe foi conferido pelo tribunal recorrido, as suas decisões contrariariam o princípio do pedido e

---

[143] Ver, nesse sentido, MEDEIROS, Rui. *A decisão de inconstitucionalidade*, op. cit., p. 330, citando PRÜM, Hans Paul. *Verfassung und Methodik*. Berlin: Duncker & Humblot, 1977. p. 188 e ss.

Cap. 3 · O MODELO DE JUSTIÇA CONSTITUCIONAL NO BRASIL PÓS-1988 | **253**

frustrariam a garantia da dupla apreciação que envolve o sistema de recursos. Alude que o art. 80º, n. 3, permitiria que o Tribunal Constitucional se convertesse em senhor não só da Constituição, mas também de leis ordinárias com ela confrontadas, preterindo a independência dos outros tribunais. O problema, pois, em Portugal decorre, fundamentalmente, do caráter cassatório que tem o Tribunal Constitucional. No aludido art. 80º, n. 3, consta que, "no caso de o juízo de constitucionalidade ou de ilegalidade sobre a norma que a decisão recorrida tiver aplicado, ou a que tiver recusado aplicação, se fundar em determinada interpretação da mesma norma, esta deve ser aplicada com tal interpretação, no processo em causa". Nesse sentido, Jorge Miranda diz que, na fiscalização concreta, a decisão que venha a ser tomada, mediante recurso, pelo Tribunal Constitucional, sob o fundamento do art. 280º, só produz efeitos na questão concreta levada a julgamento. E, naturalmente, prossegue, se o Tribunal Constitucional fizer interpretação conforme a Constituição, ela impor-se-á ao tribunal *a quo*; no caso de o juízo de constitucionalidade sobre a norma que a decisão recorrida tiver aplicado, ou a que tiver recusado aplicação, se fundar em determinada interpretação da mesma norma, esta deve ser aplicada com tal interpretação no processo em causa.[144]

De qualquer sorte, o núcleo da questão, nos limites desta análise, que se restringe às decisões interpretativas (interpretação conforme e inconstitucionalidade parcial qualitativa), é determinar se nos recursos extraordinários dirigidos ao Supremo Tribunal Federal, com fundamento no art. 102, III, *a, b, c* ou *d*, a norma em causa a ser reexaminada pelo Tribunal Maior é a norma em abstrato ou a norma com o sentido concreto que o tribunal recorrido lhe atribui, em uma das decisões interpretativas. A doutrina e a jurisprudência portuguesa podem servir de subsídio para um enquadramento da problemática sob comento.

Com efeito, segundo Nunes de Almeida, juiz do Tribunal Constitucional, dada pelo tribunal recorrido uma determinada interpretação à norma por ele aplicada, é a essa interpretação que o Tribunal Constitucional se há de ater na decisão do recurso de constitucionalidade para ele interposto ao abrigo do art. 280º, n. 1, alínea *a*, da Constituição de Portugal,[145] é a lei do Tribunal Constitucional; ou, por outras palavras, se o tribunal recorrido julgou inconstitucional a norma numa certa interpretação, ao Tribunal Constitucional cumpre tão somente aferir da inconstitucionalidade de tal norma nessa interpretação, não lhe sendo permitido impor ao tribunal recorrido outra interpretação que considere não ser inconstitucional. Sendo os recursos para o Tribunal Constitucional "restritos à questão da inconstitucionalidade suscitada", a solução contrária atenta contra a independência do tribunal *a quo*.[146]

---

[144]   Cf. MEDEIROS, Rui. *A decisão de inconstitucionalidade*, op. cit., p. 359 e ss.

[145]   "Cabe recurso para o Tribunal Constitucional das decisões dos tribunais que recusem a aplicação de qualquer norma com fundamento na sua inconstitucionalidade."

[146]   Cf. NUNES DE ALMEIDA, Luis. O Tribunal Constitucional e o conteúdo, a vinculatividade e os efeitos das suas decisões. In: COELHO, M. Baptista (org.). *Portugal – O sistema político e constitucional*. Lisboa: Instituto de Ciências Sociais/Universidade de Lisboa, 1987. p. 941; Confira também: BRITO, Mário de. Sobre as decisões interpretativas do Tribunal Constitucional. *Revista do RMP*, 1995, p. 64.

Nesse contexto, Mário de Brito traz à colação alguns acórdãos do Tribunal Constitucional português. Assim, no primeiro acórdão, tem-se que o n. 3 do art. 26º do Decreto-lei 85-C/75, de 26 de fevereiro (Lei de Imprensa), dispõe que, "para os efeitos de responsabilidade criminal, o director do periódico presume-se autor de todos os escritos não assinados e responderá como autor do crime se não se exonerar da sua responsabilidade, pela forma prevista no número anterior".

Em acórdão da Relação do Porto julgou-se inconstitucional essa norma, por violação do princípio da presunção de inocência do arguido, estabelecido no n. 2 do art. 32º da Constituição, na parte em que ela presume ser autor dos textos subscritos, por pessoas insusceptíveis de serem responsabilizadas, o diretor do periódico.

Interposto recurso para o Tribunal Constitucional, este, no Acórdão 63/85, de 16 de março,[147] começou por entender que a interpretação correta da norma é a de que a presunção de autoria abrange apenas os escritos não assinados. Mas conheceu da inconstitucionalidade dessa norma, tal como ela foi interpretada na decisão recorrida. E, porque chegou à conclusão de que ela, nessa interpretação, é inconstitucional, apreciou a sua constitucionalidade na interpretação que teve por correta. Não a considerando inconstitucional nessa interpretação, ordenou então a reforma da decisão recorrida, nos termos do art. 80º, n. 2 e 3, da Lei 28/82.[148]

A justificar a sua posição disse o citado acórdão que, apesar dessa discordância quanto à interpretação da norma, não cabe ao Tribunal Constitucional, pela especificidade da sua competência, impor de imediato à Relação do Porto a interpretação que tem por correta da norma em causa. Antes, na óptica que lhe é peculiar, tem de considerar, quer a hermenêutica do Tribunal *a quo*, quer a sua própria hermenêutica, como interpretações possíveis da norma do n. 3 do art. 26º do Decreto-lei 85-C/1975. E, arrancando dessa posição, passar a confrontar com a Constituição a interpretação dada pela Relação do Porto àquela norma.

Assim, se se inclinar para a constitucionalidade desta última leitura, não terá de ir mais longe na indagação. De pronto, e em consequência, haverá de determinar a reforma do acórdão recorrido para aplicação da parte da norma do n. 3 do art. 26º que fora utilizada. Ao contrário, se propender para a inconstitucionalidade da interpretação da Relação do Porto, deverá o Tribunal Constitucional prosseguir a análise em ordem a apurar se a interpretação que lhe parece certa (mas agora considerada apenas como uma das interpretações possíveis) se harmoniza com a Constituição, hipótese em que necessariamente haverá de fazer uso dos poderes que lhe são reconhecidos pelo art. 80º, n. 3, da Lei 28/82, de 15 de novembro.

---

[147] Cf. *Diário da República*, série II, de 12 de junho, e os *Acórdãos do Tribunal Constitucional*, v. 5, p. 503.

[148] A tese de que o n. 3 do art. 26º do Decreto-lei 85-C/1975, ao imputar ao diretor do periódico a autoria de escritos *não assinados*, não é inconstitucional e veio a ser reafirmada nos acórdãos do Tribunal Constitucional 270/87, de 10 de julho (no *Diário da República*, série II, de 28 de agosto de 1987, e nos *Acórdãos do Tribunal Constitucional*, v. 10, p. 291), 447/87, de 18 de novembro (no *Diário da República*, série II, de 19 de fevereiro de 1988, e nos *Acórdãos do Tribunal Constitucional*, v. 10, p. 547), e 448/87, de 18 de novembro (no *Diário da República*, série II, de 19 de fevereiro de 1988).

Cap. 3 · O MODELO DE JUSTIÇA CONSTITUCIONAL NO BRASIL PÓS-1988 | 255

Está-se assim a afirmar a faculdade que o Tribunal Constitucional tem, no domínio da fiscalização concreta, de fundar o juízo de constitucionalidade em determinada interpretação da norma a que a decisão recorrida recusou aplicação, caso em que a norma terá de ser aplicada pelo tribunal recorrido, dentro do processo, com tal interpretação.[149]

Outro acórdão referido por Brito diz respeito à discussão acerca do art. 664º do Código de Processo Penal lusitano aprovado pelo Decreto 16.489, de 15 de fevereiro de 1929: "Os recursos, antes de irem aos juízes que têm de os julgar, irão com vista ao Ministério Público, se a não tiver tido antes".

Em acórdão da Relação de Lisboa julgou-se (implicitamente) que a norma é inconstitucional no entendimento de que ela consente que o Ministério Público se pronuncie sobre o objeto do recurso. Interposto recurso para o Tribunal Constitucional, este, no Acórdão 398/89, de 18 de maio,[150] decidiu não ser inconstitucional a referida norma, interpretada no sentido de que, quando os recursos lhe vão com vista, o Ministério Público pode pronunciar-se sobre o respectivo objeto, com um dos seguintes limites: não lhe ser consentido emitir parecer que possa agravar a posição dos réus ou, quando isso aconteça, ser dada aos réus a possibilidade de responderem.

Justificando a decisão, escreveu-se nesse acórdão tratar-se, no fundo, de interpretar a norma em causa em conformidade com a Constituição, justamente em obediência ao chamado princípio da interpretação conforme a Constituição, ou seja, o princípio segundo o qual, no caso de normas polissêmicas ou plurissignificativas, deva dar-se preferência à interpretação que lhe dê um sentido de conformidade com a Constituição.[151]

---

[149] Idêntica justificação constava já do Acórdão 55/85, de 25 de março (no *Diário da República*, série II, de 28 de maio de 1985, e nos *Acórdãos do Tribunal Constitucional*, v. 5, p. 461). De notar, porém, que os conselheiros Vital Moreira e Costa Mesquita votaram esse acórdão sem aderir à posição nele adotada, "nos termos e com extensão ilimitada em que é expendida, sobre a possibilidade de o Tribunal impor aos restantes tribunais, em sede de fiscalização concreta, uma interpretação de normas infraconstitucionais divergente daquela que foi adoptada na decisão recorrida".

[150] Cf. *Diário da República*, série II, de 14 de setembro de 1989, e os *Acórdãos do Tribunal Constitucional*, v. 13, t. II, p. 1121.

[151] O apelo ao "princípio da interpretação conforme a Constituição" terá aqui sido feito porque já no acórdão recorrido ele havia sido invocado: como se vê do relato feito no Tribunal Constitucional, a Relação, entendendo que o "art. 664º do Código de Processo Penal de 1929 não é inconstitucional, mas dele se deve fazer uma interpretação e aplicação conforme a Constituição", ordenou "o cumprimento do artigo [...], indo os autos com vista ao Ministério Público para os fins referidos no art. 707º, n. 1, aplicável por força dos arts. 752º, n. 1, e 749º, todos do Código de Processo Civil, e do art. 649º do Código de Processo Penal de 1929, ou outros análogos, incluídos nas suas funções, designadamente de fiscalização e verificação da legalidade das medidas restritivas de liberdade, e não para se pronunciar sobre o mérito da causa ou o objecto do recurso". Isso, por um lado. Por outro, terá sido intenção do Tribunal alterar a posição anteriormente tomada – no Acórdão 150/87, de 6 de maio (no *Diário da República*, série II, de 18 de setembro de 1978, e nos *Acórdãos do Tribunal Constitucional*, vol. 9, p. 709) – no sentido da inconstitucionalidade, por violação do art. 32º, n. 1 e 5, da Constituição, da norma em questão, sem mais (como se diz na respectiva "decisão"), ou da mesma norma "quando interpretada no sentido de conceder ao Ministério Público, para além já de qualquer resposta ou contradita da defesa, a faculdade de trazer aos autos uma nova e eventualmente mais aprofundada argumentação contra o arguido" (como se lê na sua "fundamentação").

O terceiro acórdão trata da seguinte questão: ocupando-se do prazo para a proposição da ação de investigação de maternidade, diz o art. 1.817° do Código Civil (na redação que lhe foi dada pelo Decreto-lei 496/77, de 25 de novembro), no seu n. 4, que, se o investigante for tratado como filho pela pretensa mãe, a ação pode ser proposta dentro do prazo de um ano, a contar da data em que cessar aquele tratamento. E o aqui disposto é aplicável à ação de investigação de paternidade, por força do art. 1.873° do mesmo Código (também na redação do referido Decreto-lei).

Em acórdão ao Supremo Tribunal de Justiça foi essa norma julgada inconstitucional por se ter entendido que ela viola o disposto no art. 26°, n. 1, da Constituição da República Portuguesa, que consagra o *direito à identidade pessoal*, conjugado com o art. 25°, n. 1, da mesma Lei Fundamental, referente à garantia da *integridade moral*, na medida em que não excetua da sua previsão a cessação do tratamento por parte do investigado quando este ainda está vivo, durante mais de um ano a partir daquele evento.

Interposto recurso para o Tribunal Constitucional, este, no Acórdão 370/91, de 25 de setembro,[152] concluiu o seguinte: com o falecimento do pretenso pai, cessa o tratamento como filho; mas, estando aquele vivo, só ocorre a cessação do tratamento como filho quando, a ser possível esse tratamento, o pretenso pai lhe ponha voluntariamente termo. Ora, com este sentido, a norma constante do art. 1.873°, com referência ao n. 4 do art. 1.817°, ambos do Código Civil, não é inconstitucional. Assim, o Tribunal Constitucional ordenou a reforma da decisão recorrida, para que nela se aplicasse a referida norma com a interpretação fixada pelo Tribunal.

Procedeu desse modo o Tribunal a uma interpretação da mencionada norma em conformidade com a Constituição, podendo, de fato, a locução "cessação de tratamento", na hipótese de o pretenso pai estar vivo, ser interpretada como englobando todas as situações em que ocorre o termo do tratamento, quer tenham uma natureza *voluntária*, quer *involuntária*, ou, diversamente, como abrangendo tão só as hipóteses em que o investigado deixa, de *livre vontade*, de tratar o investigante como seu filho. Ou seja, comportando a norma do n. 4 do art. 1.817° do Código Civil, como acentua J. J. Gomes Canotilho, um *espaço de decisão ou de interpretação*, no qual são admissíveis duas propostas interpretativas, uma em desconformidade com a Constituição e outra em conformidade com ela, forçoso é que o Tribunal Constitucional opte por esta última.[153]

---

[152] Cf. *Diário da República*, série II, de 2 de abril de 1992, e o *Boletim do Ministério da Justiça*, n. 409, p. 314.

[153] Em declaração de voto, Brito sustentou a não inconstitucionalidade da norma em questão. Destaca-se dessa declaração a sua parte final: "Salvo o devido respeito, entendo que o que o Tribunal Constitucional acaba de fazer é um novo julgamento da causa, em 4° grau de jurisdição, não faltando sequer no acórdão os conceitos de 'reputação como filho', 'tratamento como filho' e 'reputação pelo público'. Senão, vejamos: deu o tribunal colectivo da comarca de Arcos de Valdevez como provado, do que aqui importa, que durante os dois anos que precederam a sua morte, o investigado esteve permanentemente retido na casa onde residia, não tendo havido então qualquer contacto entre ele e a autora (resposta ao quesito 11). Daí concluiu o juiz presidente do círculo judicial de Viana do Castelo que, durante os dois anos que precederam a morte do investigado, não houve, por parte dele, tratamento da autora como sua filha ou, por outras palavras, que o tratamento da autora como

Cap. 3 · O MODELO DE JUSTIÇA CONSTITUCIONAL NO BRASIL PÓS-1988 | **257**

De todo modo, o Tribunal Constitucional, como anota Brito, não tem seguido uma orientação uniforme. Em determinados casos, tem atribuído à norma uma interpretação diferente da adotada na decisão recorrida, precisamente uma interpretação conforme a Constituição; mas enquanto em alguns deles tem começado por conhecer da questão partindo da interpretação dada à norma na decisão recorrida (Acórdãos 63/85 e 398/89), noutros limita-se a indicar a interpretação conforme, sem apreciar a inconstitucionalidade da norma na interpretação da decisão recorrida (Acórdãos 340/87 e 370/91). Por outro lado, nos Acórdãos 77/86 e 271/92 não foi feita – embora pudesse – a interpretação conforme a Constituição. No primeiro caso, foi dito expressamente que a interpretação constante da decisão recorrida é decisiva para conhecer da questão de inconstitucionalidade; no segundo, levou-se ainda em consideração o fato de que essa interpretação coincidiu com aquela feita uniformemente pelos tribunais (nomeadamente o Supremo Tribunal de Justiça).[154]

Já no Acórdão 304/94, o Tribunal estabeleceu que, sendo essa a interpretação da norma efetuada pelo tribunal *a quo*, é com essa interpretação que o Tribunal Constitucional a deve apreciar, só podendo avançar para outra interpretação se tal for exigido para fazer respeitar o disposto na lei fundamental (interpretação conforme a Constituição).

Ou seja, como arremata Brito, o que se releva dessa afirmação é que, julgada inconstitucional uma norma com determinada interpretação pelo tribunal *a quo* e podendo dela fazer-se uma interpretação conforme a Constituição, é esta que o Tribunal deve fazer e é com ela que a norma deve ser aplicada no caso concreto. Mas isso é o que não tem acontecido em todos os casos, como se viu.[155]

Nessa controvérsia, Medeiros vai afirmar que, nos recursos de inconstitucionalidade, a norma objeto de fiscalização é a norma com o sentido concreto que o tribunal recorrido lhe atribui, não podendo o Tribunal Constitucional basear a sua decisão num diferente entendimento da norma em questão. O Tribunal Constitucional não vai apreciar a questão da constitucionalidade em abstrato, mas, sim, em via de recurso no quadro da decisão recorrida, ou seja, justamente para confirmar ou revogar a decisão recorrida quanto à solução dada à questão da constitucionalidade. Na realidade, o controle concreto no direito

---

filha pelo investigado havia cessado, pelo menos, dois anos antes da sua morte. No recurso para a Relação do Porto, a autora ainda contestou que a resposta ao quesito 11 implicasse a 'cessação' do tratamento. Mas, suscitada pela mesma autora a inconstitucionalidade da norma do n. 4 do art. 1.817º, aplicável por força do art. 1.873º, e resolvida essa questão pela Relação e pelo Supremo Tribunal de Justiça, não pode deixar de se concluir que na base das respectivas decisões vai incluído o pressuposto de o tratamento ter cessado, pelo menos, dois anos antes da morte do investigado. Pois bem: o Tribunal Constitucional acaba pondo em dúvida a cessação do tratamento, já que, em seu entender, ela só ocorre 'quando, continuando a ser possível esse mesmo tratamento, o pretenso pai lhe ponha voluntariamente termo'. E, na sequência desse entendimento, até se permite ordenar uma providência que só ao Supremo Tribunal de Justiça competia tomar, nos termos do n. 3 do art. 729º do Código de Processo Civil: a ampliação da decisão de facto – que outra coisa não representa o determinar se o investigado pôs voluntariamente termo ao tratamento". Cf. BRITO, Mário de. *Sobre as decisões interpretativas...*, op. cit., p. 65-72.

[154] Idem.

[155] Idem.

português não cabe, em primeira linha, ao Tribunal Constitucional, mas ao Tribunal do processo. A questão da constitucionalidade deve ser expressa ou implicitamente tratada na decisão do tribunal *a quo*. Ora, se o Tribunal Constitucional pudesse conhecer da constitucionalidade de outros sentidos de leis diferentes daqueles que lhe foram conferidos pelo tribunal recorrido, as respectivas decisões não seriam precedidas de uma prévia tomada de posição do tribunal *a quo*. Frustrar-se-ia assim a preocupação em assegurar um efetivo diálogo entre o Tribunal Constitucional e os demais tribunais em matéria de fiscalização da constitucionalidade e a garantia de dupla apreciação que o sistema de recursos envolve. O requerimento de interposição do recurso teria apenas a função de constituir a ocasião ou o pretexto da fiscalização concentrada.[156]

Como repto, Jorge Miranda não concorda com o fato de o objeto de processo de fiscalização concreta seja apreciado restritivamente. Por isso, indaga: ao suscitar-se uma questão de inconstitucionalidade, estar-se-ia a confinar a norma impugnada a uma única interpretação? A interpretação em sede desse processo não poderá abarcar todas as virtualidades razoavelmente ínsitas na norma (ou na disposição) em causa? Ao Tribunal Constitucional fica vedado procurar outro sentido afora o emprestado pelo tribunal recorrido?[157] Por isso, o mestre da Faculdade de Direito de Lisboa afirma que, na fiscalização concreta, a decisão que venha a ser tomada, mediante recurso, pelo Tribunal Constitucional, sob o fundamento do art. 280º, só produz efeitos na questão concreta levada a julgamento. E, naturalmente, prossegue, se o Tribunal Constitucional fizer interpretação conforme a Constituição, ela impor-se-á ao tribunal *a quo*; no caso de o juízo de constitucionalidade sobre a norma que a decisão recorrida tiver aplicado, ou a que tiver recusado aplicação, fundar-se em determinada interpretação da mesma norma, esta deve ser aplicada com tal interpretação no processo em causa.[158]

O que importa, nessa discussão, é, mais do que encontrar a (única) solução correta para o problema dos recursos: é deixar assentada a possibilidade de os tribunais, e não somente o Supremo Tribunal Federal, estarem autorizados a realizar sentenças interpretativas (interpretação conforme a Constituição e nulidade parcial sem redução de texto). Veja-se a opinião de Adriana Carli, traduzindo a tese dominante na Itália, no sentido de que a negação da competência do juiz para encontrar a solução interpretativa conforme (ou mais conforme) a Constituição afetaria a sua competência institucional para declarar o direito, pois um dos critérios hermenêuticos de que ele se deve servir quotidianamente é o elemento sistemático-teleológico.

Na mesma linha, comporta-se o direito tedesco, onde os tribunais têm, em geral, competência para apreciar a constitucionalidade das leis e, uma vez que o monopólio do Tribunal Constitucional respeita apenas a rejeição das leis inconstitucionais, são também competentes para realizar uma interpretação conforme a Constituição.

---

[156] Cf. Medeiros, Rui. *A decisão de inconstitucionalidade*, op. cit., p. 860.
[157] Cf. Miranda, Jorge. *Apreciação*, op. cit., p. 270-271.
[158] Cf. Miranda, Jorge. *Manual*, op. cit., t. II, p. 269.

Cap. 3 · O MODELO DE JUSTIÇA CONSTITUCIONAL NO BRASIL PÓS-1988 | **259**

É nesse sentido que Harald Bogs vai dizer que qualquer tribunal pode efetuar uma interpretação conforme a Constituição, pois este elemento de interpretação cabe na instrumentária utilizável pelos juízes em geral e não constitui um simples *minus* de uma competência de cassação de normas.[159] Canotilho e Vital Moreira[160] acrescentam, quando falam especificamente da fiscalização concreta, ser evidente que cada um dos tribunais comuns deve efetuar, se necessário, uma interpretação conforme a Constituição; depois, o Tribunal Constitucional não vai apreciar a questão da constitucionalidade em abstrato, mas, sim, em via de recurso, no quadro da decisão recorrida, ou seja, justamente para confirmar ou revogar a decisão recorrida quanto à solução dada à questão da constitucionalidade. Em seguida, aduzem os autores: a dificuldade está, pois, em saber se o TC pode fazer interpretação conforme a Constituição da norma em questão lá onde o tribunal recorrido não o fez, revogando, portanto, a decisão deste que julgou inconstitucional certa norma, e impondo-lhe a aplicação da norma com o sentido fixado pelo TC. Inversamente, também é questionável, nos mesmos termos, se o TC pode julgar inconstitucional uma norma por entender não ser possível a interpretação conforme a Constituição efetuada pelo tribunal recorrido.

3.4.2.2   *Os recursos de decisões que aplicam a interpretação conforme a Constituição*

Trazendo, pois, a questão para a problemática dos recursos das decisões prolatadas com base em interpretação conforme a Constituição e nulidade parcial sem redução de texto (inconstitucionalidade parcial qualitativa, repita-se, e não quantitativa), no direito brasileiro parece que o cabimento do recurso extraordinário restringir-se-á às letras *a* e *c* (esta, em hipóteses restritas às leis estaduais) do art. 102, III, da CF.[161] Assim, a primeira questão a ser enfrentada é se o Supremo Tribunal estará vinculado à questão constitucional deduzida no recurso. Neste caso, não se pode olvidar a acepção de causa decidida, *ratio* daquilo que se denomina de prequestionamento. Podem exsurgir duas situações: *a uma*, se o juiz de primeiro grau julga aplicando uma interpretação conforme a Constituição, essa questão constitucional deve estar embutida já na apelação. No caso de o Tribunal confirmar a decisão de primeiro grau nos termos da interpretação conforme já elaborada, o recurso extraordinário deverá ser interposto nesses mesmos termos; *a duas*, se somente no

---

[159]   *Apud* MEDEIROS, Rui. *A decisão de inconstitucionalidade*, op. cit., p. 323 e ss.

[160]   Cf. CANOTILHO, J. J. Gomes; MOREIRA, Vital. *Fundamentos da Constituição*, op. cit., p. 270-271.

[161]   Com o advento da EC 45/2004, inseriu-se a alínea *d* ao inciso III: "Art. 102. [...] III – julgar, mediante recurso extraordinário, as causas decididas em única ou última instância, quando a decisão recorrida: *a)* contrariar dispositivo desta Constituição; *b)* declarar a inconstitucionalidade de tratado ou lei federal; *c)* julgar válida lei ou ato de governo local contestado em face desta Constituição; *d) julgar válida lei local contestada em face de lei federal*". O fundamento para tal alteração foi que, de fato, quando se questiona a aplicação de lei, antes de mais nada, tem-se um conflito de constitucionalidade, uma vez que é a Constituição que estabelece as regras de competência legislativa federativa. Por sua vez, ao questionarmos a validade de ato de governo local em face de lei federal, preponderantemente, temos uma questão de legalidade (mantida com a EC 45 na esfera do STJ).

segundo grau a questão constitucional é ventilada, e o órgão fracionário aplica a interpretação conforme (de ofício ou não), o prequestionamento evidentemente é desnecessário.[162]

Suponha-se que o órgão fracionário, no exame de determinada matéria, tenha julgado matéria interpretando um dispositivo que tivesse a seguinte redação: "Serão nulos, de pleno direito, quaisquer aumentos de mensalidades escolares autorizados após a data *x*, em desacordo com a política de estabilização de preços e salários do Governo", deixando assentando que a lei não é inconstitucional se interpretada conforme a Constituição, no sentido de que devem ser respeitados o direito adquirido, o ato jurídico perfeito e a coisa julgada (a exemplo do que constava no art. 2º, § 5º, da Lei 8.039/1990, ao qual o Supremo Tribunal deu interpretação conforme, no sentido de que o dispositivo somente é aplicável nas hipóteses de não ocorrência de direito adquirido, ato jurídico prefeito ou coisa julgada – ADI 1.417).

Nessa hipótese, há que se indagar: o Supremo Tribunal examinará em sede de recurso extraordinário a constitucionalidade do texto do dispositivo objeto da interpretação da decisão *a quo* ou examinará a constitucionalidade da decisão que deu pela constitucionalidade mediante interpretação conforme a Constituição? Em sede de recurso extraordinário, poderia ele dar outro sentido, diferente do que foi dado pelo Tribunal *a quo*? *A resposta deve ser positiva*, uma vez que a interpretação que o STF fizer desse dispositivo poderia ser outra, como, por exemplo, entender que a interpretação conforme não era sequer cabível, porque extrapolava os desígnios do legislador. Poderia também não conhecer do recurso, uma vez que a decisão não contrariou dispositivo da Constituição. Parece que esta última solução, para o caso *sub examine*, apresenta-se como a mais adequada.

Ou seja, para que a interpretação conforme enseje recurso extraordinário, deve contrariar frontalmente a Constituição. Neste caso, veja-se o exemplo português (sempre ressaltando que devem ser observadas as devidas peculiaridades do sistema português, mormente pelo caráter cassatório dos recursos),[163] no qual podem ocorrer as seguintes hipóteses:

---

[162] O manejo do REsp e RE pressupõe a existência do que se convencionou chamar de prequestionamento (termo este que, inclusive, foi incorporado nos arts. 1.025 e 941, § 3º, do Código de Processo Civil de 2015), que é uma forma pouco técnica de chamar o real requisito de admissibilidade desses recursos a causa decidida. Conforme Nelson Nery Jr. e Rosa Maria Nery: "Por meio do REsp, o STJ somente revê julgamentos dos tribunais inferiores. A competência do STJ para julgar o REsp não é originária, mas sim recursal, o que significa que o STJ somente rejulga questões já julgadas na instância inferior. Assim, apenas quando tiver sido decidida a causa é que, em tese, cabe REsp ao STJ, se o recorrente alegar que o tribunal *a quo* proferiu julgamento com infringência ao texto legal federal. Questão não decidida na instância inferior não enseja revisão por meio do REsp: o que não foi decidido não pode ser redecidido (revisto)" – NERY JR., Nelson; NERY, Rosa Maria de Andrade. *Constituição Federal comentada e legislação constitucional*. 3. ed. São Paulo: Ed. RT, 2012. coment. 17 CF 105, III, p. 680-681. Destarte, o prequestionamento entendido como causa decidida sempre precisa estar presente no acórdão recorrido: ainda que não haja referência expressa e numérica ao dispositivo legal apontado como violado, a questão jurídica deve ter sido decidida pelo acórdão do tribunal de origem.

[163] No Brasil, o julgamento do REsp e do RE é duplo; há previamente o juízo de cassação e em seguida o de revisão, quando os recursos excepcionais reúnem condições de admissibilidade: "RE e REsp. Juízo de cassação. Cassar significa desconstituir, anular. Há países – por exemplo, Itália e França – nos quais existem o recurso de cassação e o correspondente tribunal de cassação, constituindo sistema

Cap. 3 · O MODELO DE JUSTIÇA CONSTITUCIONAL NO BRASIL PÓS-1988 | **261**

a) uma norma pode ser considerada constitucional pelo tribunal *a quo* e ser julgada inconstitucional pelo TC sob o fundamento de que a interpretação da norma no sentido da constitucionalidade feita pelo tribunal *a quo* é manifestamente insustentável, ou por entender que os sentidos possíveis e razoáveis da norma conduzem à sua inconstitucionalidade;

b) o Tribunal Constitucional pode considerar constitucional a norma inquinada como inconstitucional pelo tribunal *a quo*, desde que ela seja interpretada num sentido conforme a Constituição (interpretação adequadora), diferente do atribuído pelo tribunal recorrido.[164] A questão torna-se mais complexa quando, na origem, no bojo da decisão recorrida, há interpretação conforme e nulidade parcial sem redução de texto, cujas questões já foram examinas anteriormente, em item *retro*.

---

separado do recurso de revisão, com o seu correspondente tribunal de revisão. Nesse caso, ao dar provimento ao recurso, o tribunal de cassação apenas cassa, anula a decisão recorrida, devolvendo os autos à instância inferior para que esta possa rejulgar a causa, aplicando necessariamente a interpretação e a conclusão dadas pelo tribunal de cassação. *Este tribunal de cassação não tem o poder de rejulgar a causa (juízo de revisão). Nessa função de cassação, o tribunal superior apenas controla a higidez do acórdão ou decisão de última ou única instância recorrida: o que não estiver na decisão (o que não tiver sido decidido) não pode ser sindicado pelo tribunal superior,* ainda que seja matéria de ordem pública, pois esse exame, pela primeira vez, sem decisão anterior do tribunal *a quo*, não está autorizado pela CF 102 III (RE) nem pela CF 105 III (REsp). Ao exercer a função de tribunal de cassação, STF, STJ e TST só poderão analisar questões de direito que tiverem sido efetivamente decididas pelo órgão jurisdicional inferior (STF 282 e 356), protegendo a CF, o respeito à lei federal e uniformizando o entendimento da lei federal no País, sendo-lhes vedado o simples reexame de prova (STF 279 e STJ 7). Verificando, *v.g.*, o desrespeito à CF ou à lei federal, o tribunal superior dará provimento ao recurso excepcional, cassando (anulando) a decisão incorreta. Somente se for provido o recurso excepcional é que o tribunal poderá passar ao segundo juízo: o de revisão" – Nery Jr., Nelson; Nery, Rosa Maria de Andrade. *Código de Processo Civil comentado*, op. cit., 11. ed., p. 962-963. No juízo de cassação, não pode haver a apreciação de matérias de ordem pública que não estejam decididas, ou seja, prequestionadas. No juízo de revisão é quando se dá a solução do mérito da lide que teve previamente seu acórdão de origem sindicado. Aplica-se o disposto na Súmula 456 do STF. No juízo de revisão, que é posterior ao de cassação, torna-se possível o conhecimento das matérias de ordem pública *ex officio*, seja pelo STF, seja pelo STJ: "RE e REsp. Juízo de revisão. Revisar significa rejulgar, julgar de novo. É atributo típico da competência recursal de tribunal. O conteúdo e os limites do juízo de revisão são dados pelo sistema legal que disciplina o recurso. Para que se possa proferir adequada e corretamente o juízo de revisão, o tribunal superior deverá ingressar livremente no exame da prova constante dos autos, funcionando como verdadeiro tribunal de apelação, podendo inclusive corrigir injustiça. No juízo de revisão, porque exerce funções de tribunal de apelação (2º grau de jurisdição), pode o tribunal superior examinar pela primeira vez as questões de ordem pública, que devem ser examinadas em qualquer grau ordinário de jurisdição (CPC 267, § 3º, e 301, § 4º), circunstância decorrente do efeito translativo dos recursos (v. Nery, *Recursos*, n. 3.5.4, p. 482 e ss.). Está correta a disposição do STF 456: 'O Supremo Tribunal Federal, conhecendo do [*rectius*: dando provimento ao] recurso extraordinário, julgará a causa, aplicando o direito à espécie'. Esse verbete aplica-se também, por extensão, ao STJ quando do julgamento do REsp, conforme previsto no RISTJ 257" (idem, p. 963).

[164] Consultar, nesse sentido, Canotilho, J. J. Gomes. *Direito constitucional e teoria da Constituição*, op. cit., p. 975.

No exemplo referido anteriormente (cujo mérito não se torna relevante, servindo tão somente para a discussão do problema recursal em discussão), o Supremo Tribunal Federal estará diante das seguintes hipóteses: não conhecer do recurso, por não estar configurada violação frontal da Constituição, portanto, não caracterizada a hipótese da letra *a* do inciso III do dispositivo constitucional atinente à espécie; não conhecer do recurso, por ausência de repercussão geral (§ 3º do art. 102 da CF/1988); negar provimento ao recurso extraordinário, por entender que a interpretação conforme a Constituição foi razoável, ou seja, o sentido adjudicado ao texto normativo é condizente com a Constituição; prover o recurso, por considerar a interpretação manifestamente insustentável da norma no sentido da constitucionalidade, elaborando uma outra interpretação que torne o texto normativo conforme com a Constituição; prover o recurso, entendendo que os sentidos possíveis e razoáveis da norma, inclusive outros não ventilados na questão *a quo*, conduzem à inconstitucionalidade *in totum* do dispositivo.

De qualquer sorte, em caso de provimento de recurso extraordinário que tenha por fundamento uma decisão que procedeu a uma interpretação conforme a Constituição, o Supremo Tribunal Federal, para elaborar uma interpretação conforme diferente da elaborada pelo tribunal *a quo*, deve, antes, concluir pela inconstitucionalidade da decisão (interpretação) recorrida. Esse detalhe parece absolutamente relevante, porque, se não o fizer, estará admitindo que também a interpretação *a quo* é condizente com a Constituição, fazendo, então, uma outra, "mais conforme" com a Constituição que a do tribunal recorrido. Na verdade, no recurso estará em causa não o texto original do dispositivo, mas a interpretação conforme que lhe foi dada pelo tribunal recorrido. Assim, para prover o recurso, torna-se condição de possibilidade a declaração anterior da inconstitucionalidade da interpretação conforme feita *a quo*. Esse será o núcleo do recurso extraordinário.

3.4.2.3 Os recursos de decisões que aplicam a nulidade parcial sem redução de texto

Na hipótese de inconstitucionalidade parcial sem redução de texto, parece não haver muitas diferenças em termos recursais. Sendo a nulidade parcial sem redução de texto (inconstitucionalidade parcial qualitativa) uma interpretação que, muito embora declare inconstitucional uma incidência (ou preceito ideal, vertical) do texto, não gera mutilação deste. A decisão do tribunal será recorrível apenas pela letra *a* do inciso III do art. 102 da CF. Com efeito, uma decisão em sede de nulidade parcial sem redução de texto não pode ser enquadrada na hipótese da letra *b*, eis que tal decisão não declara inconstitucionalidade de lei, mas, sim, tão somente um preceito ideal, uma incidência (um sentido) da lei. Ou seja, com a nulidade parcial sem redução do texto, há uma (nova) norma que exsurge, a partir da redução de uma das incidências. Logo, não é a determinada lei ou o determinado dispositivo que estará em questão, mas a determinada lei ou o determinado dispositivo que foi interpretado no sentido de que, se lido de tal maneira, será inconstitucional.

Consequentemente, em sede de recurso extraordinário dever-se-á verificar se o sentido adjudicado ao texto é condizente ou não com a Constituição. Tecnicamente, a decisão é feita da seguinte maneira: "*A lei* x *ou o dispositivo* x é inconstitucional se aplicado a tal hipótese; a lei x é inconstitucional se autorizativa da cobrança de tributo em

Cap. 3 · O MODELO DE JUSTIÇA CONSTITUCIONAL NO BRASIL PÓS-1988 | **263**

determinado exercício financeiro;[165] *o art. 12 da Lei 10.826/2003 é inconstitucional se aplicado às hipóteses de porte de arma desmuniciada, e sem que o agir do agente represente perigo concreto para a incolumidade pública".* Desse modo, não se pode manejar recurso extraordinário sob o fundamento de que o tribunal declarou a inconstitucionalidade da lei *x* ou do dispositivo *x*. Repita-se, não houve declaração de inconstitucionalidade do dispositivo ou da lei, mas, sim, *de um dos sentidos* possíveis, isto é, de uma aplicação que a lei teve, em face de um caso concreto. Somente será possível, pois, intentar um recurso extraordinário (a hipótese de recurso especial não entra em causa nessa discussão) com fundamento em que a declaração parcial qualitativa violou determinado dispositivo da Constituição. O Supremo Tribunal deverá examinar, antes de mais nada, como no caso do recurso de decisão em interpretação conforme a Constituição, a constitucionalidade da interpretação realizada pelo tribunal recorrido, para, em momento posterior, decidir pelo provimento ou desprovimento.

Claro que toda essa matéria deve ser submetida à repercussão geral, a partir do exame dos requisitos desse instituto.

3.4.2.4 Os recursos das decisões que rejeitam a interpretação conforme ou a nulidade parcial sem redução de texto

Resta, ainda, uma última questão. Trata-se de decisões dos tribunais que rejeitem a interpretação conforme ou a nulidade parcial sem redução de texto. Sendo a Constituição o fundamento de validade de todo o sistema jurídico, nenhuma questão que tenha cunho constitucional pode ficar de fora do exame do Tribunal Constitucional. Se, como já se viu, há um entendimento pacífico no velho continente de que os juízes e os tribunais têm o dever de fazer interpretação conforme a Constituição – e, portanto, de suas variantes, como a inconstitucionalidade parcial qualitativa –, não há por que negar a possibilidade de recurso extraordinário à decisão que rejeite qualquer uma dessas hipóteses, desde que o fundamento seja razoável e haja a indicação do dispositivo (letra *a* do art. 102, III, da CF) que tenha sido violado em face da negativa do tribunal *a quo*.

A conclusão parece decorrer de um raciocínio lógico, pois, se um tribunal pode acolher a tese da interpretação conforme e da nulidade parcial, também pode recusá-la. Consequentemente, o manejo do recurso extraordinário impõe-se desde uma análise da força normativa da Constituição, mormente quando se tratar de violação de direitos fundamentais. Veja-se o mesmo exemplo do art. 10 da revogada Lei 9.437 – em grande parte reproduzida pelo atual diploma regulador da matéria, o Estatuto do Desarmamento, Lei 10.826/2003, em seu art. 12 e ss. –, em que pode ser apontado como violado, em caso de crime de porte de arma, o princípio da presunção de inocência.

Assim, tenho que o Constitucionalismo Contemporâneo admite as mais variadas formas de acesso à jurisdição constitucional e aos mecanismos de filtragem constitucional. Por isso, há que se examinar tais questões sob um olhar constitucionalizante, superando a

---

[165] O exemplo é de MENDES, Gilmar F. *Moreira Alves e o controle de constitucionalidade no Brasil.* São Paulo: Saraiva, 2004. p. 55.

dicotomia jurisdição ordinária-jurisdição constitucional. O processo somente é processo constitucional(izado). Na medida em que se recupera a especificidade do jurídico por meio do *plus* normativo proporcionado pelo Estado Democrático de Direito, é necessária uma profunda reflexão sobre os aspectos processuais do direito. Nesse sentido, Georges Abboud vai propor algo próximo de uma teoria geral da jurisdição constitucional, onde o processo constitucional(izado) é "elemento de consolidação da democracia e de proteção às distopias modernas".[166] Há que se ter claro, nesse contexto, que a efetividade do processo constitui um direito fundamental, estando processo e Constituição intimamente relacionados.[167] O processo não pode (mais) ser um obstáculo à realização do direito material. O processo (constitucionalizado) é a vida do direito, na feliz expressão de Carnelutti.[168]

Aliás, cabe destacar aqui que uma série de autores, partindo do fio condutor da *Crítica Hermenêutica do Direito*, vêm trabalhando com a disciplina processual não mais sob uma perspectiva instrumentalista ou formalista-valorativa que aposta em posturas voluntaristas e discricionárias do julgador no processo, mas sim, tratando o processo como *condição*

---

[166] O autor trabalha na última edição de sua obra uma teoria geral do controle de constitucionalidade, inédita na doutrina de *tarrae brasilis* onde se encontra, com Peter Häberle, o que seriam "requisitos para uma jurisdição constitucional autônoma". Entre eles, estariam: *(i)* a existência de uma jurisdição e um órgão cuja função precípua seja a guarda da Constituição; *(ii)* a legitimação democrática deste órgão, onde as escolha dos membros de sua composição deveria ser feita com a participação de todos os Poderes, permitindo inclusive a participação da sociedade civil; *(iii)* a publicidade, onde todos os atos processuais, com especial atenção às decisões com ampla repercussão social, devem ser publicizados; *(iv)* a necessidade de uma jurisdição constitucional racional, ou seja, da Corte Constitucional, tendo a consciência das implicações políticas de suas decisões, tem o dever de criar um arcabouço jurisprudencial amplamente fundamentado, "cuja alteração não ocorra de forma a criar decisões surpreendentes ao jurisdicionado; *(v)* o estabelecimento, pelo texto constitucional, de um *standard* mínimo de competências e funções a ser exercido pelo Tribunal Constitucional; *(vi)* onde o próprio Häberle demonstra algumas dessas possíveis funções: (a) garantir a proteção e a concretização de direitos fundamentais, dialogando inclusive com os pactos internacionais de direitos humanos; (b) permitir a proteção da democracia e do Estado Democrático de Direito, ou seja, a primazia da Constituição Federal; (c) assegurar o equilíbrio entre os poderes; (d) resguardar o pluralismo e com ele a proteção das minorias de todo tipo; (e) contribuir para a inserção pacífica do Estado Constitucional nas Comunidades de responsabilidade regionais e internacionais (*e.g.*, a União Europeia); (f) assegurar a atualização cautelosa do texto constitucional, devendo a Corte Constitucional exercer exaustiva e pormenorizada fundamentação quando julgar adequado alterar seu posicionamento já consolidado em sua jurisprudência; e *(vii)*, que consiste na autoconsciência que todo Tribunal Constitucional precisa ter acerca dos limites de sua atividade para continuar escrevendo o contrato social de uma comunidade política. HABERLE, Peter. El tribunal constitucional como modelo de una jurisdicción constitucional autónoma. In: Idem. *Estudios sobre la jurisdicción constitucional*. México: Editorial Porrúa, 2005. *Apud* ABBOUD, Georges. *Processo constitucional brasileiro*, op. cit., p. 530-534.

[167] Cf. SILVA, Clarissa Sampaio. A efetividade do processo como um direito fundamental: o papel das tutelas cautelar e antecipativa. In: GUERRA FILHO, Willis (coord.). *Dos direitos humanos aos direitos fundamentais*. Porto Alegre: Livraria do Advogado, 1997. p. 183 e ss. Também CANOTILHO, J. J. Gomes. *Direito constitucional e teoria da Constituição*, op. cit., p. 349 e ss.

[168] CARNELUTTI, Francesco. Profilo dei raporti tra diritto e processo. *Rivista di Diritto Processuale*, v. 35, n. 4, p. 539-550, 1960.

Cap. 3 · O MODELO DE JUSTIÇA CONSTITUCIONAL NO BRASIL PÓS-1988 | 265

de possibilidade.[169] Pode-se, assim, afirmar que vem se formando uma verdadeira *Escola Hermenêutica do Processo*.[170]

A propósito, para arrematar, é relevante lembrar o que já dizia Liebman sobre a relação processo-Constituição: "O estudo dos institutos do processo, se é realizado ignorando ou negligenciando a ligação com outros ramos do direito e em particular com o direito constitucional, torna-se tedioso e estéril cômputo de formalidades e termos; ele adquire, ao contrário, o seu verdadeiro significado e se enriquece de razões diversamente importantes, quando é entendido como o estudo do aparato indispensável de garantias e modalidades de exercício, estabelecido para a defesa dos direitos fundamentais do homem, no rigor da disciplina necessária de uma função pública".[171]

3.4.3 A aplicação da interpretação conforme a Constituição e a nulidade parcial sem redução de texto pelos tribunais *lato sensu*

De tudo que foi dito, parece evidente que não há óbice de também os demais tribunais – e não somente o Supremo Tribunal Federal – aplicarem os institutos da interpretação conforme a Constituição e a nulidade parcial sem redução de texto.

Registre-se, a propósito, a decisão do Órgão Especial do Tribunal de Justiça do Rio Grande do Sul: "Com efeito, o dispositivo guerreado permite que, em casos especiais, mediante requerimento fundamentado, e com autorização da Câmara de Vereadores, seja possível a nomeação de parentes para cargos em comissão ou a sua contratação para função pública remunerada. Verifica-se, então, que a expressão 'em casos especiais' possibilita tanto uma interpretação mais ampla, permitindo a autorização de 'qualquer parente para qualquer cargo ou função', quanto uma interpretação mais restrita, permitindo apenas a nomeação ou contratação de 'servidores públicos para cargo ou função que não esteja sob a direção direta de parente seu ou de colegas deste'. A primeira interpretação, sem dúvida, ofende ao princípio da moralidade administrativa e viola o § 5º do art. 20 da Constituição do Estado. A segunda, apesar de excepcionar a vedação posta na Constituição Estadual apenas aos parentes que forem servidores de carreira, respeita o princípio da moralidade e emprega razoabilidade à proibição. Está, portanto, de acordo com os princípios do ordenamento jurídico vigente. E não se diga que a vedação, constante na CE e aplicável

---

[169] Para uma crítica aos autores das correntes instrumentalistas do processo, ver STRECK, Lenio Luiz; RAATZ, Igor; DIETRICH, William Galle. O que o processo civil precisa aprender com a linguagem? *Revista Brasileira de Direito IMED*, v. 13, p. 317-335, 2017.

[170] Para citar apenas alguns, percebe-se tal diretriz nos trabalhos de Lúcio Delfino, Igor Raatz, Francisco José Borges Motta, Ziel Ferreira Lopes etc.

[171] LIEBMAN, Enrico Tullio. Diritto costituzionale e processo civile. *Rivista di Diritto Processuale*, Padova, v. VII, parte I, p. 327-332, 1952. No original: "Lo studio degli istituti del processo, se viene compiuto ignorando o trascurando il collegamento con gli altri rami del diritto e in particolare col diritto costituzionale, diventa un tedioso e sterile computo di formalità e di termini; esso acquista invece il suo vero significato e si arrichese di motivi ben altrimenti importanti, quando venga inteso come lo studio dell'indispensabile apparato di garanzie e di modalità di esercizio, stabilito per la defesa dei fondamentali diritti dell'uomo, nel rigore della disciplina necessaria di una pubblica funzione".

aos Municípios, não possa ser por estes restringida. Ora, não vejo por que não possa o Município, no âmbito de sua autonomia, restringir preceito constitucional, desde que, é claro, esta restrição apresente-se razoável, não colida com princípios constitucionais e não descaracterize o núcleo da proibição posta na Constituição Estadual. No caso em tela, o dispositivo da LOM, além de ser razoável e respeitar o princípio da moralidade, ainda confere, como se demonstrou, melhor regramento à matéria do chamado 'nepotismo' do que aquele disciplinado na CE, respeitados os direitos dos servidores de carreira. Assim, havendo mais de uma interpretação possível para a norma e sendo uma delas constitucional, não é caso de declaração de inconstitucionalidade da norma, mas de interpretação conforme a Constituição. [...] Concluindo o voto, verifica-se a inconstitucionalidade da exigência de *quorum* de maioria absoluta para a autorização da nomeação de parentes, o que, por sua vez, não abrange todo o § 2º do inciso XXII do art. 85 da LOM, mas apenas a expressão 'por voto da maioria absoluta de seus membros'. [...] Verifica-se, ainda, a necessidade de se conferir ao restante do dispositivo interpretação conforme a Constituição, excluídas todas as demais, para que a expressão 'em casos especiais' seja entendida como 'em casos de servidores de carreira para nomeação ou contratação em cargo ou função que não esteja sob a direção de parente ou colega deste'".[172]

Entre as várias decisões, cabe destacar voto proferido pelo Des. Araken de Assis, na ADI 70001665314: "Quando utiliza este mecanismo de controle de constitucionalidade, elegendo a alternativa interpretativa que é compatível com a Carta Magna, o órgão jurisdicional está afirmando que a norma impugnada é constitucional, com a interpretação que a concilia com a Lei Fundamental, e, por conseguinte, está declarando a inconstitucionalidade do dispositivo, segundo a interpretação que apresenta antagonismo à Constituição. Nessa linha de raciocínio, pouco importa se é virtude de o texto ensejar livre interpretação do seu aplicador e a circunstância de que o EIA (Estudo de Impacto Ambiental) somente se torna obrigatório perante a possibilidade de o projeto causar dano ambiental. Por meio do acolhimento do pedido, restringe-se a interpretação do texto normativo, naturalmente constrangendo a autoridade administrativa a segui-la".[173]

Em outra decisão, o Tribunal gaúcho optou pela via da interpretação conforme, enfrentando temática relativa à lei que tratava de promoções no âmbito da polícia militar do Estado. Alguns integrantes daquela corporação ingressaram com mandado de segurança contra ato do Comandante-Geral da Brigada Militar que os excluiu da promoção a 3º sargento, em benefício de praças menos graduados. Salientaram os autores que ocorreu uma profunda alteração na carreira militar pelo conteúdo da Lei Complementar 10.992/1997, que possibilitou a quebra do princípio da hierarquia, a partir da viabilização da promoção de soldados diretamente ao posto de 3º sargento, afastando, no caso dos autores, aqueles que detinham graduação superior, consoante disposição do art. 16 da LC 10.992/1997.[174]

---

[172] Cf. ADI 598478543. Ver também DELLA GIUSTINA, Vasco. *Leis municipais e seu controle constitucional pelo Tribunal de Justiça*. Porto Alegre: Livraria do Advogado, 2001. p. 191-192.

[173] Cf. ADI 70001665314; consultar também DELLA GIUSTINA, ibidem, p. 194.

[174] "Art. 16. As graduações de Cabo e Subtenente, previstas na Lei 9.741/1992, ficam extintas, à medida que vagarem os respectivos cargos. § 1º A graduação de Terceiro-Sargento será provida, respeitado

Cap. 3 · O MODELO DE JUSTIÇA CONSTITUCIONAL NO BRASIL PÓS-1988 | **267**

Acatando parecer do Procurador de Justiça Roberto Neumann, a 3ª Câmara Cível do TJRS entendeu que a citada regra, insculpida no art. 16 da Lei 10.992/1997, necessitava ser interpretada conforme a Constituição Federal para o efeito de não impor uma clara e esdrúxula violação a princípio essencial do regramento das forças militares. Afinal, a disciplina e a hierarquia são as bases institucionais das forças militares. Portanto, não se poderia fazer interpretação do dispositivo em questão que viabilizasse aos soldados, com vinte anos de serviço, serem promovidos antes dos cabos, porque na organização militar estes ocupam graduação superior àqueles. Estaria quebrado aí o princípio da hierarquia, inserto este, explicitamente, no art. 142 da Carta Federal. Muito embora isso, entendeu a Câmara que não seria necessário decretar-se a inconstitucionalidade do dispositivo em tela (art. 16, § 1º, da LC 10.992/1997), haja vista a possibilidade de se incrementar uma interpretação conforme a Constituição, interpretação esta que redundaria no afastamento da promoção dos soldados, antes dos cabos, garantindo-se destarte, aos soldados, sua promoção direta ao cargo de 3º sargento, quando não mais existentes cabos a serem promovidos. Afinal, segundo o acórdão, os cabos, na hierarquia, estão logo abaixo do 3º sargento, podendo ser promovidos independentemente de atingirem o termo marcado na lei. Assim, segundo o Tribunal gaúcho, deve-se entender que é possível a promoção dos soldados, diretamente à graduação de 3º sargento, quando não existirem mais cabos a serem promovidos, e atendidos os requisitos da lei.[175]

Essa ampla possibilidade de aplicação do mecanismo da interpretação conforme a Constituição (*verfassungskonforme Auslegung*) em sede de controle difuso e no âmbito do controle concentrado dos Tribunais da República[176] deve ser estendida à inconstitucio-

---

o efetivo para ela fixado na Lei citada, mediante a formação em serviço dos atuais Soldados e Cabos que contarem com mais de 20 (vinte) anos de serviço militar e tiverem classificação, no mínimo, no comportamento 'Bom'. § 2º Em caso de empate, para o provimento referido no parágrafo anterior, terá preferência, em ordem sucessiva, o servidor militar que for mais antigo e o que apresentar melhor desempenho. § 3º O provimento das vagas previstas conforme o § 1º dar-se-á mediante autorização do Chefe da Poder Executivo, ouvido o Secretário de Estado da Justiça e da Segurança. § 4º Aos servidores militares beneficiados pelo § 1º deste artigo não se aplica a regra de promoção à graduação imediatamente superior quando da transferência para a reserva remunerada, a pedido, ou da reforma. § 5º As vagas preenchidas na graduação de Terceiro-Sargento, conforme os parágrafos anteriores, integram o total do efetivo fixado para a graduação de Soldado. § 6º Não havendo mais candidatos passíveis de formação em serviço, a graduação de Terceiro-Sargento entrará em extinção, revertendo os cargos, à medida em que vagarem, para a graduação de Soldado". Anota-se que em 2002, a LC 11.832 alterou a redação dos §§ 1º, 2º e 3º do art. 16 da Lei 10.992/1997, revogando os demais.

[175] Cf. Proc. 70002493914.

[176] Vale trazer à colação interessante julgamento proferido pelo Órgão Especial do Tribunal de Justiça do RS, no qual se julgou improcedente uma ADI intentada pelo Procurador-Geral de Justiça, em que era requerida a interpretação conforme a Constituição de dispositivo de lei municipal. Entendeu o Tribunal pela impossibilidade de se aplicar à hipótese a interpretação conforme a Constituição. Assim: "ADI. Interpretação segundo a Constituição, sem redução de texto impugnado. Caso em que dispositivo de lei complementar municipal sobre o plano diretor prevê a verificação da necessidade de realização de estudos de impacto ambiental, o que está na mesma linha da prescrição constitucional sobre a questão tanto na Carta Federal como no Estatuto-Mor do Estado. Ação julgada improcedente" (Proc. 70001665314). Entendo como correta a posição da maioria do Tribunal (os votos vencidos

nalidade parcial sem redução de texto (*Teilnichtigerklärung ohne Normtextreduezirung*), que se enquadra, como a interpretação conforme, nas modernas técnicas de controle de constitucionalidade.

Assim, enquanto a primeira é uma fórmula de rejeição parcial de inconstitucionalidade, impedindo-se a declaração da inconstitucionalidade do texto, a segunda é uma técnica de provimento parcial de inconstitucionalidade (nulidade parcial qualitativa). Em ambos os casos, como é cediço, não há expunção de texto, que permanece na sua literalidade no sistema. O que ocorre, nesses casos, é a atribuição de um novo sentido, que redunda em uma nova norma, sem alteração do texto, o que bem demonstra que o direito é alográfico, porque a norma é sempre o resultado da interpretação do texto. Aqui, a importância da diferença ontológica entre texto e norma, que é, pois, a enunciação do texto, aquilo que dele se diz, isto é, o seu sentido (aquilo dentro do qual o significado pode se dar), que exatamente representa a ruptura dos paradigmas objetivista-aristotélico-tomista e da subjetividade (filosofia da consciência).[177]

3.5 CONTROLE DIFUSO E A QUESTÃO PREJUDICIAL COMO CONDIÇÃO DE POSSIBILIDADE – A QUESTÃO DOS PRINCÍPIOS CONSTITUCIONAIS

Vê-se, assim, que, no plano do controle difuso da constitucionalidade, a via de acesso à jurisdição constitucional *stricto sensu* do cidadão (parte em um processo), como questão incidental/prejudicial em uma ação judicial, provoca, *individual e isoladamente*, a discussão da (in)constitucionalidade da lei e do ato normativo. Assim, uma querela jurídica que tem início em uma pequena comarca, ocasião em que um juiz deixa de aplicar uma lei (ou ato normativo) federal, estadual ou municipal por entendê-la inconstitucional, pode chegar até o Supremo Tribunal Federal, depois de percorrer toda a cadeia recursal. O efeito da decisão do Supremo Tribunal, de início, ficará limitado às partes litigantes, com retroação (*ex tunc*); remetida a decisão para o Senado, e suspensa a execução da lei ou do ato normativo

---

foram no sentido de que é possível apreciar e julgar pedido, em sede de ADI, de declaração de que determinada norma só é constitucional se interpretada em determinado sentido). Com efeito, a interpretação conforme é uma decisão de rejeição parcial qualitativa de inconstitucionalidade (e não quantitativa, que ocorre quando se expunge um dispositivo ou parte dele). Ou seja, é diferente da inconstitucionalidade parcial sem redução de texto, esta sim, a toda evidência, uma decisão de acolhimento de inconstitucionalidade parcial qualitativa (e não quantitativa). Logo, a decisão do Tribunal, fosse pelo provimento do pedido de interpretação conforme a Constituição, seria uma decisão de não acolhimento de uma inconstitucionalidade. Isso criaria um paradoxo, porque o acolhimento do pedido implicaria a sua própria rejeição! Dito de outro modo: o paradoxo surge pelo fato de que a interpretação conforme é mecanismo utilizado para *não declarar* a inconstitucionalidade de um texto, salvando-o a partir de uma adição de sentido, sem que este (o texto) seja atingido. A possibilidade de se buscar uma interpretação conforme por meio de ADI, como pedido principal, somente seria possível se se entendesse que a interpretação conforme é uma decisão de declaração parcial de inconstitucionalidade (sem redução de texto), a partir de uma absoluta similitude desta com a nulidade parcial sem redução de texto. Essa similitude, entretanto, não encontra guarida na melhor doutrina.

[177] Para um maior aprofundamento sobre a questão da diferença ontológica, consultar o meu *Verdade e consenso*: constituição, hermenêutica e teorias discursivas. 6. ed. São Paulo: Saraiva, 2017.

Cap. 3 · O MODELO DE JUSTIÇA CONSTITUCIONAL NO BRASIL PÓS-1988 | **269**

(art. 52, X, da CF), o efeito alastrar-se-á para o restante da sociedade (efeito *erga omnes* e *ex nunc*, havendo teses que sustentem que o efeito é *ex tunc*, conforme já se viu *retro*).

Tem suscitado debates a problemática relacionada ao sentido do que seja "violação de lei ou ato normativo em face da Constituição". Com efeito, cabe registrar que o Supremo Tribunal Federal não tem admitido a interposição de recurso extraordinário por violação de princípio, como é o caso do princípio do direito adquirido ou do ato jurídico perfeito. Na espécie, em havendo invocação do princípio em sede de recurso extraordinário, o Supremo Tribunal Federal não tem conhecido, historicamente, do remédio, sob o argumento de que se trata de uma "inconstitucionalidade reflexa", uma vez que violada estaria, de fato, a lei ordinária (Lei de Introdução às normas do Direito Brasileiro). Entretanto, há um interessante julgado que aponta para novos caminhos, no sentido de que a intangibilidade do preceito constitucional que assegura o devido processo legal direciona ao exame da legislação comum, com o que se torna insubsistente a tese de que a ofensa à Carta da República a ensejar o conhecimento de extraordinário há de ser direta e frontal. Ou seja, caso a caso, compete ao Supremo apreciar a matéria, distinguindo os recursos protelatórios daqueles em que versada, com procedência, a transgressão a texto do Diploma Maior, muito embora se torne necessário, até mesmo, partir-se do que previsto na legislação comum. Entendimento diverso implica relegar à inocuidade dois princípios básicos em um Estado Democrático de Direito: o da legalidade e o do devido processo legal, com a garantia da ampla defesa, sempre a pressuporem a consideração de normas estritamente legais.[178]

Nessa linha de argumentação, releva notar que, já no ano de 1950, o *Verfassungsgerichthof* da Baviera decidia que a nulidade inclusivamente de uma disposição constitucional não está *a priori* e por definição excluída pelo fato de tal disposição, ela própria, ser parte integrante da Constituição. Há princípios constitucionais tão elementares, que obrigam o próprio legislador constitucional e que, por infração deles, outras disposições da Constituição sem a mesma dignidade podem ser nulas.

Não se desconhece, contudo, que o Supremo Tribunal Federal, há décadas, aplica princípios como o da proporcionalidade e o da razoabilidade, mormente em sede de controle concentrado. E, por vezes, a sua inovação é desacompanhada da inovação de outros preceitos ou princípios.

Com efeito, talvez a primeira decisão de que se tenha notícia é a resultante do RE 18.331, que tratava da majoração do imposto de licença sobre cabines de banho na cidade de Santos, tendo o relator, Ministro Orozimbo Nonato destacado: "O poder de taxar não pode chegar à desmedida do poder de destruir, uma vez que aquele somente pode ser exercido dentro dos limites que o tornem compatível com a liberdade de trabalho, de comércio e indústria e com o direito de propriedade. É um poder, em suma, cujo exercício não deve ir até o abuso, o excesso, o desvio, sendo aplicável, ainda aqui, a doutrina fecunda do *détournement de pouvoir*. Não há que estranhar a invocação dessa doutrina ao propósito da inconstitucionalidade, quando os julgados têm proclamado que o conflito entre a norma

---

[178] RE 428.991/RS, 1ª T., j. 30.10.2008.

comum e o preceito da Lei Maior pode-se acender não somente considerando a letra, o texto, como também, e principalmente, o espírito e o dispositivo invocado".[179]

Entre dezenas de decisões, vale ressaltar o julgamento da ADIn 855-2, onde explicitamente o STF refere os princípios da proporcionalidade e razoabilidade: "Gás liquefeito de petróleo. Lei estadual que determina a pesagem de botijões entregues ou recebidos para substituição à vista do consumidor, com pagamento imediato de eventual diferença a menor. Arguição de inconstitucionalidade fundada nos arts. 22, IV e VI (energia e metrologia), 24 e parágrafos, 25, § 2º, e 238, além da violação ao princípio da proporcionalidade e razoabilidade das leis restritivas de direitos. Plausibilidade jurídica da arguição que aconselha a suspensão cautelar da lei impugnada, a fim de evitar danos irreparáveis à economia do setor, no caso de vir a declarar-se a inconstitucionalidade. Liminar deferida".

No julgamento de *habeas corpus* (HC 45.232, de 21.02.1968) em pleno regime militar, o Supremo Tribunal declarou, em sede de controle difuso, a inconstitucionalidade do art. 48 da Lei de Segurança Nacional (Decreto-lei 314/1967). O dispositivo estava assim vazado: "A prisão em flagrante delito ou o recebimento da denúncia, em qualquer dos casos previstos neste Decreto-lei, importará, simultaneamente, na suspensão do exercício da profissão, emprego em atividade privada, assim como de cargo ou função na Administração Pública, autarquia, em empresa pública ou sociedade de economia mista, até sentença absolutória".

Lançando mão do princípio da proporcionalidade, o STF afastou o dispositivo, por ferir o art. 150, *caput* e § 35, da Constituição, porque as medidas preventivas que importam na suspensão dos direitos, o exercício das profissões e o emprego em empresas privadas tiram ao indivíduo as condições para prover a vida e a subsistência. O § 35 do art. 150 compreende todos os direitos não enumerados, mas que estão vinculados às liberdades, ao regime de direito e às instituições políticas criadas pela Constituição: "A inconstitucionalidade não atinge as restrições ao exercício da função pública porque a legislação vigente sobre funcionários, aplicável à espécie, assegura uma parte dos vencimentos dos funcionários atingidos pelo art. 48 do referido Decreto-lei. A inconstitucionalidade se estende aos parágrafos do art. 48, porque estes se referem à execução das normas previstas no artigo e consideradas inconstitucionais".

Em sede de recurso em mandado de segurança, o Supremo Tribunal deixou assentando o princípio da razoabilidade: "Constitucional. Administrativo. Funcionário. Concurso público. Limite de idade. Advogado de Ofício da Justiça Militar. Lei 7.384/1985, art. 4º, II; CF, art. 7º, XXX, *ex vi* do art. 39, § 2º. I – O limite de idade, no caso, para inscrição em concurso, inscrito no art. 4º, II, da Lei 7.384/1985, não é razoável. Precedente do STF: RMS 21.046/RJ. Inteligência do disposto nos arts. 7º, XXX, e 39, § 2º, da Constituição. II – Recurso provido. Segurança deferida".[180]

---

[179]   Ver, nesse sentido, BARROS, Suzana Toledo de. *O princípio da proporcionalidade e o controle de constitucionalidade de leis restritivas de direitos fundamentais*. Brasília: Brasília Jurídica, 2000. p. 103 e ss.

[180]   Nesse sentido, a Súmula 683 do STF: "O limite de idade para a inscrição em concurso público só se legitima em face do art. 7º, XXX, da Constituição, quando possa ser justificado pela natureza das atribuições do cargo a ser preenchido".

Em outra decisão, o STF, em sede de *habeas corpus*, em decisão da lavra do Ministro Celso de Mello, entendeu que a vedação de liberdade provisória prevista na Lei do Crime Organizado, além de ferir outros mandamentos constitucionais, também violava o princípio da proporcionalidade, na sua faceta de proibição de excesso (*übermassverbot*): "*Habeas corpus*. Estrangeiro não domiciliado no Brasil. Condição jurídica que não o desqualifica como sujeito de direitos e titular de garantias constitucionais e legais. Plenitude de acesso, em consequência, aos instrumentos processuais de tutela da liberdade. Respeito, pelo poder público, às prerrogativas jurídicas que compõem o próprio estatuto constitucional do direito de defesa. Vedação legal absoluta, em caráter apriorístico, da concessão de liberdade provisória. Lei do Crime Organizado (art. 7º). Inconstitucionalidade. Ofensa aos postulados constitucionais da presunção de inocência, do *due process of law*, da dignidade da pessoa humana e da proporcionalidade, visto sob a perspectiva da proibição de excesso. Fator de contenção e conformação da própria atividade normativa do Estado. [...] Precedente: ADI 3.112. Medida cautelar deferida".[181]

Observe-se, especialmente neste último caso, que a invocação do "princípio da proporcionalidade" é despicienda, a não ser no modo de aplicação de uma devida equanimidade (o que Dworkin chama de *fairness*). Ou seja, a decisão não possui lastro na "proporcionalidade". A proporcionalidade não é condição de possibilidade. Portanto, não se constitui em fundamento. Neste ponto, releva registrar que, em casos como esse, o recurso à "proporcionalidade" não representa maiores problemas. O problema maior exsurge nas hipóteses em que a proporcionalidade é utilizada sem que a discussão esteja assentada na relação "regra-princípio". O que quero dizer, de modo mais simples, é que a proporcionalidade não subsiste isoladamente. Invocado "solo", pode vir a constituir porta aberta para decisões discricionárias (e, portanto, arbitrárias).

Partindo do princípio de que a vigência de uma lei é secundária em relação à sua validade, e essa validade somente pode ser aferida a partir de sua conformação com o texto constitucional (entendido em seu todo principiológico), qualquer texto normativo que tenha o condão de arranhar a Constituição deve passar pelo crivo do controle de constitucionalidade. Um dos caminhos principais é o recurso extraordinário.

---

[181] Cf. ADI 3.112/DF (Estatuto do Desarmamento, art. 21). Convenção de Palermo (Convenção das Nações Unidas contra o Crime Organizado Transnacional). Tratado multilateral, de âmbito global, revestido de altíssimo significado, destinado a promover a cooperação para prevenir e reprimir, de modo mais eficaz, a macrodelinquência e as organizações criminosas de caráter transnacional. Convenção incorporada ao ordenamento positivo interno brasileiro (Decreto 5.015/2004). Inadmissibilidade da invocação do art. 11 da Convenção de Palermo como suporte de legitimação e reforço do art. 7º da Lei do Crime Organizado. A subordinação hierárquico-normativa, à autoridade da Constituição da República, dos tratados internacionais que não versem matéria de direitos humanos. Jurisprudência (STF). Doutrina. Caráter extraordinário da privação cautelar da liberdade individual. Inviabilidade de sua decretação, quando fundada na gravidade objetiva do delito, na suposta ofensa à credibilidade das instituições, no clamor público e na suposição de que o réu possa interferir nas provas. Não se decreta prisão cautelar sem que haja real necessidade de sua efetivação, sob pena de ofensa ao *status libertatis* daquele que a sofre. Precedentes.

Na especificidade, a utilização dos princípios da proporcionalidade e da razoabilidade deve ser feita com muita cautela. Não há princípio sem regra e não há regra sem princípio. Veja-se que nem mesmo autores como Robert Alexy admitem a aplicação "direta" de um princípio. Aliás, cabe consignar que, no procedimento traçado por Alexy para a realização da ponderação no caso de colisão de princípios que guarnecem direitos fundamentais, o resultado não é direto e efetivamente a solução do caso concreto que deu origem à referida colisão. Em verdade, nos termos propalados por sua teoria, tal resultado consubstancia-se em uma regra (chamada pelo autor de regra de direito fundamental adscripta), que, por sua vez, será subsumida ao caso, dando a este sua normativa solução. Ainda nos termos da teoria alexyana, essa regra de direito fundamental adscripta deveria ser aplicada a todos os casos similares que fossem enfrentados judicialmente, evitando que, a cada nova colisão de princípios, fosse necessário proceder a uma nova ponderação. Vê-se, portanto, que, no modelo alexyano, a ponderação não substitui ou supera a subsunção. Na verdade, ela a pressupõe, posto que, ao fim e ao cabo, os casos serão resolvidos pela subsunção da regra de direito fundamental adscripta – que eu chamo de regra de ponderação – aos casos concretos.[182]

Essa problemática está relacionada à distinção que se faz entre regra e princípio. Na verdade, o modo de aplicação dependerá do tipo de distinção que se faz. Se a distinção for estrutural (semântica), então, de fato, é possível pensar em princípios de aplicação isolada, o mesmo acontecendo com as regras (ou preceitos). Entretanto, se a distinção for de caráter ontológico (no sentido hermenêutico da palavra), então o resultado será outro. Essa problemática vai explicitada no item seguinte, quando abordo a relação "regra-princípio", ao qual remeto o leitor.

Portanto, mesmo que a proporcionalidade seja alçada ao plano normativo (ôntico-normativo), ainda assim necessitará da "ligação" com uma regra (ou preceito). Isso porque, neste caso, também ela, a proporcionalidade, dependerá de outros princípios constitucionais.

Na Constituição de Portugal existe a previsão expressa do princípio da proporcionalidade: "I. Os preceitos constitucionais respeitantes aos direitos, liberdades e garantias são diretamente aplicáveis e vinculam as entidades públicas e privadas. II. A lei só pode restringir os direitos, liberdades e garantias nos casos expressamente previstos na Constituição, devendo as restrições limitar-se ao necessário para salvaguardar outros direitos ou interesses constitucionalmente protegidos. III. As leis restritivas de direitos, liberdades e garantias têm de revestir caráter geral e abstrato e não podem ter efeito retroativo nem diminuir a extensão e o alcance do conteúdo essencial dos preceitos constitucionais".

O Tribunal Constitucional português tem reconhecido e aplicado, em várias decisões, o princípio da proporcionalidade, aferindo frequentemente perante ele, quer normas incriminatórias – por exemplo, nos Acórdãos 634/93 (inconstitucionalidade da punição como desertor daquele que, sendo tripulante de um navio e sem motivo justificado, deixe-o partir para o mar sem embarcar, quando tal tripulante não desempenhe funções diretamente

---

[182] Cf. ALEXY, Robert. *Teoria dos direitos fundamentais*, op. cit., passim.

Cap. 3 · O MODELO DE JUSTIÇA CONSTITUCIONAL NO BRASIL PÓS-1988 | 273

relacionadas com a manutenção, segurança e equipagem do mesmo navio), 274/98 (não inconstitucionalidade de norma que pune o não acatamento de ordem de demolição), publicados nos *ATC*, respectivamente vol. 26, p. 205 e ss., e vol. 39, p. 585 e ss. –, quer normas de outro tipo, que previam encargos ou limitações a direitos fundamentais – *v.g.*, Acórdãos 451/95 (inconstitucionalidade de norma que estabelece a impenhorabilidade total de bens anteriormente penhorados pelas repartições de finanças em execuções fiscais), 1.182/96 (inconstitucionalidade de normas sobre custas nos tribunais tributários), 758/95 (inconstitucionalidade de norma que impede a participação pessoal, na assembleia geral dos bancos, e em certas condições, de acionistas que não disponham de 1/300 da soma dos votos possíveis), 176/2000 e 202/2000 (perda dos instrumentos do crime) e 484/2000 (não inconstitucionalidade de norma que prevê o indeferimento tácito do pedido de legalização de obras), publicados respectivamente nos *ATC*, respectivamente, vol. 31, p. 129 e ss., vol. 35, p. 431 e ss., v. 32, p. 803 e ss., e *DR*, série II, de 27 e 11.10.2000 e de 04.01.2001).[183]

Do mesmo modo, o Acórdão 634/93 deixou assentado que o princípio da proporcionalidade desdobra-se em três subprincípios: da adequação (as medidas restritivas de direitos, liberdades e garantias devem revelar-se como um meio para a prossecução dos fins visados, com salvaguarda de outros direitos ou bens constitucionalmente protegidos); da exigibilidade (essas medidas restritivas têm de ser exigidas para alcançar o mesmo desiderato); da justa medida, ou da proporcionalidade em sentido estrito (não poderão adotar-se medidas excessivas, desproporcionadas para alcançar os fins pretendidos).[184]

Nos Estados Unidos da América tem-se admitido, historicamente, a denominada *rule of reasonableness*, calcada na cláusula do *substantive due process of law*. Ou seja, a lei deve ser razoável, e os seus meios devem guardar uma proporção substancial com os seus fins.

O Brasil acabou por positivar o aludido princípio. Com efeito, a Lei 9.784/1999 (Lei do Processo Administrativo Federal), em seu art. 2º, trata da proporcionalidade, mencionando a noção de razoabilidade e de proporcionalidade (em especial na vertente de proibição de excesso), *verbis*:

> "Art. 2º A Administração Pública obedecerá, dentre outros, aos princípios da legalidade, finalidade, motivação, razoabilidade, proporcionalidade, moralidade, ampla defesa, contraditório, segurança jurídica, interesse público e eficiência.
>
> Parágrafo único. Nos processos administrativos serão observados, entre outros, os critérios de:
>
> I – atuação conforme a lei e o direito;
>
> [...]
>
> *VI – adequação entre meios e fins, vedada a imposição de obrigações, restrições e sanções em medida superior àquelas estritamente necessárias ao atendimento do interesse público*;
>
> [...]

---

[183] Acórdão 187/2001.

[184] Idem.

IX – adoção de formas simples, suficientes para propiciar adequado grau de certeza, segurança e respeito aos direitos dos administrados; [...].”

Observe-se que o simples fato de "positivar" a razoabilidade e a proporcionalidade não os transformam em princípios com valor plenipotenciário e deontológico.

No caso, nem seria necessária tal positivação, uma vez que toda interpretação – que é sempre um ato aplicativo – necessita respeitar um elevado grau de equanimidade (*fairness*). O problema que pode exsurgir da positivação é a transformação da proporcionalidade em um "enunciado performativo", espécie de metarregra, invocável a qualquer momento, como uma espécie de argumento de política (ou de moral). Nesse caso, em vez de auxiliar na preservação da autonomia do direito, estar-se-á em face de uma evidente fragilização.

Na verdade, a positivação acaba por transformar a proporcionalidade e a razoabilidade em enunciados assertóricos ou performativos, que dão a falsa impressão de objetividade de tais conteúdos. Ocorre que casos como os da proporcionalidade e da razoabilidade, que são desenvolvimentos históricos de certos elementos ligados à ação do Estado em relação aos seus cidadãos (seja no contexto estadunidense, onde tais conteúdos são projetados como corolários do *due process of law*, seja no caso do europeu, em que eles emergem do problema que surge com a atividade da administração pública e o exercício do seu poder de polícia), não podem ser apreendidos como conceitos universais a compor uma estrutura de protocódigo ou de uma legislação qualquer. Isso nos faria voltar à falácia conceitualista denunciada pelos partidários do Movimento do Direito Livre e da Jurisprudência dos Interesses, tendo em conta a metodologia jurídica praticada pela *Begriffjurisprudez*.

Ora, esses condicionantes (da proporcionalidade e da razoabilidade) possuem conteúdos que são decantados pelo processo histórico de formalização da história institucional do direito, que se manifestam de forma singular e que, portanto, não cabem em universalizações generalizantes próprias de certas estratégias legislativas. Por certo, isso não significa dizer, como diriam os partidários do Movimento do Direito Livre e da Jurisprudência dos Interesses, que a experiência jurídica, mormente aquela que se visualiza no âmbito da proporcionalidade e da razoabilidade, seja fruto de conceitos particulares apenas; que o direito se manifestaria apenas de forma singular. Evidentemente, existem condições mínimas de universalização dos conceitos jurídicos. Todavia, essas condições mínimas dependem de uma análise hermenêutica que possa compor com a dificuldade que se apresenta nas análises históricas sobre a tradição jurídica.

No caso, seria como se uma legislação qualquer quisesse especificar conteúdos das regras derivadas do princípio republicano da isonomia e de outros tantos condicionantes que se podem projetar de uma interpretação principiológica da história institucional do direito.

No fundo, essa tentativa de positivação dos comandos da proporcionalidade e da razoabilidade representa mais um capítulo da fracassada pretensão de dominar o *mundo prático* a partir de um "modelo de regras". Na verdade, tais tentativas apenas dão a aparência da clareza, escondendo em si – ou entulhando, no sentido heideggeriano – toda a dimensão de profundidade que a carga histórica do direito lega à interpretação jurídica.

Cap. 3 · O MODELO DE JUSTIÇA CONSTITUCIONAL NO BRASIL PÓS-1988 | 275

Cabe referir, por último, que o Supremo Tribunal Federal exige que se decline o dispositivo constitucional violado (e, como já se viu, a Constituição Federal não prevê expressamente o princípio da proporcionalidade). Essa questão restou explícita no acórdão proferido no RE 262.797, do Supremo Tribunal Federal, ficando assentado que o recurso extraordinário em que se alega que o acórdão de origem ofendeu os princípios constitucionais do devido processo legal, da ampla defesa, da acessibilidade das partes ao Poder Judiciário e da prestação jurisdicional deve explicitar quais os incisos do art. 5º da Constituição que preveem esses princípios, o que é indispensável em se tratando de recurso extraordinário em que não vigora o princípio *iura novit curia*".[185]

É exatamente nesse ponto que entra a importância da vinculação imanente dos princípios em causa com o princípio da igualdade, do devido processo legal etc., todos com assento explícito na Constituição. De forma exemplificativa, é possível afirmar que toda lei ou ato jurídico-processual que fere o princípio da igualdade, que contenha desvio de finalidade, que viole o princípio do contraditório ou o devido processo legal, também viola a devida proporcionalidade e, ao mesmo tempo, mostra-se desarrazoado. Ou seja, segundo a jurisprudência do Supremo Tribunal Federal, a violação dos princípios da proporcionalidade ou da razoabilidade deve estar conjuminado com alguns dos princípios insculpidos no texto da Constituição, para satisfazer os requisitos do recurso extraordinário, conforme se pode observar no acórdão retro. Muito embora isso, deve-se registrar que inúmeros acórdãos que tratam da violação da cláusula do *substantive due process of law* não fazem menção ao princípio da proporcionalidade ou da razoabilidade.[186]

---

[185] Sobre o tema, podem ser encontrados recentes julgados: 1) ARE 664.727 AgRg/SP – Ementa: "Agravo regimental no recurso extraordinário com agravo. Direito eleitoral. Recurso especial eleitoral. Cabimento. Recurso extraordinário deficiente. Ausência de indicação dos dispositivos constitucionais tidos por violados. Incidência da Súmula 284 do STF. Ausência da preliminar formal de repercussão geral. Agravo regimental desprovido. 1. O recurso extraordinário é inadmissível quando ausente a indicação dos dispositivos constitucionais tidos por violados. Incide no caso o disposto na Súmula 284 do STF, *verbis*: 'É inadmissível o recurso extraordinário, quando a deficiência na sua fundamentação não permitir a exata compreensão da controvérsia'"; 2) AI 195.616 AgRg/RS – Ementa: "Direito constitucional e processual civil. Recurso extraordinário. Agravo de instrumento. Direito adquirido (art. 5º, XXXVI, da CF e § 1º do art. 6º da Lei de Introdução ao Código Civil). Ofensa indireta. Correção monetária. Matéria infraconstitucional. Preclusão. Prequestionamento: Súmulas 282 e 356. 1. No presente agravo, admite a agravante que, no recurso extraordinário, realmente não indicou o dispositivo da Constituição que teria sido violado pelo acórdão extraordinariamente recorrido. 2. Ora, 'é indispensável que, na petição de recurso extraordinário, se declarem expressamente os artigos de lei ou da Constituição que se reputam ofendidos' (*RTJ* 110/1101)"; e 3) RE 235.689/ CE – Ementa: "Recurso extraordinário. Servidor público. Proventos. Recurso extraordinário que só pode ser examinado pela letra *a* do inciso III do art. 102 da Constituição. Falta de prequestionamento das questões relativas aos arts. 39, § 1º, e 40, § 4º, da Carta Magna e à Súmula 339. Não é cabível o recurso extraordinário quanto à questão relativa a direito adquirido, porquanto, no caso, o recorrente não indicou expressamente qual o dispositivo constitucional que entendeu ter sido violado pelo acórdão recorrido. Recurso extraordinário não conhecido".

[186] Os acórdãos a seguir fazem expressa menção aos princípios da proporcionalidade e da razoabilidade. Assim: "Isenção. Imposto de Importação. Extensão ao imposto de operações relativas à circulação de mercadorias. Espécies: parcial e total. O fato de a isenção do imposto de competência da União

De qualquer sorte, fica clara a abertura que, em alguns casos, o Supremo Tribunal concebe ao princípio do devido processo legal: "Defesa. Devido processo legal. Inciso LV do rol das garantias constitucionais. Exame. Legislação comum. A intangibilidade do preceito constitucional assegurador do devido processo legal direciona ao exame da legislação comum. Daí a insubsistência da óptica segundo a qual a violência à Carta Política da República, suficiente a ensejar o conhecimento de extraordinário, há de ser direta e frontal. Caso a caso, compete ao Supremo Tribunal Federal exercer crivo sobre a matéria, distinguindo os recursos protelatórios daqueles em que versada, com procedência, a transgressão a texto constitucional, muito embora torne-se necessário, até mesmo, partir-se do que previsto na legislação comum. Entendimento diverso implica relegar à inocuidade dois princípios básicos em um Estado Democrático – o da legalidade e do devido processo legal, com a garantia da ampla defesa, sempre a pressuporem a consideração de normas estritamente legais".[187]

Com esse exato fundamento (que serviu como *holding*) e deixando assentada a amplitude da cláusula do devido processo legal em sede de recurso extraordinário, o Supremo Tribunal deu provimento a recursos que reclamavam desde a omissão de prestação jurisdicional, a negativa do contraditório no processo penal, até a indevida exclusão de sócios de cooperativa, aos quais não foi dado o direito à defesa, *in verbis:*

> "Prestação jurisdicional. Inteireza. A ordem jurídico-constitucional assegura aos cidadãos o acesso ao Judiciário em concepção maior. Engloba a entrega da prestação jurisdicional da forma mais completa e convincente possível. Omisso o provimento judicial e, em que pese a interposição de embargos declaratórios, persistindo o vício na arte de proceder, forçoso é assentar a configuração da nulidade. Isso ocorre diante da recusa do órgão julgador em emitir entendimento explícito sobre a valia, ou não, de arresto indicado,

---

[187] mostrar-se parcial não implica o afastamento das regras do art. 19, § 2º, da CF/1969. As isenções podem ser totais ou parciais (Souto, Maior Borges José. *Isenções tributárias*. São Paulo: Sugestões Literárias, p. 281, 1969). Conflita com o Texto Maior, com os *princípios da proporcionalidade e da razoabilidade* nele consagrados, entender-se pelo afastamento da extensão do benefício ao tributo estadual pelo fato de a isenção não ser total" (Ac. 211043). "Competência. Juizados Especiais. Complexidade da causa. Esforços devem ser desenvolvidos de modo a ampliar-se a vitoriosa experiência brasileira retratada nos juizados especiais. A complexidade suficiente a excluir a atuação de tais órgãos há de se perquirida com parcimônia, levando-se em conta a definição constante de norma estritamente legal. Tal aspecto inexiste, quando se discute a subsistência de cláusula de contrato de adesão, sob o ângulo de ato jurídico perfeito e acabado, no que prevista a devolução de valores pagos por consorciado desistente e substituído, de forma nominal, ou seja, sem correção monetária. Consórcio. Desistência. Devolução de valores. Correção monetária. Mostra-se consentâneo com o arcabouço normativo constitucional, ante os princípios da proporcionalidade e da razoabilidade, decisão no sentido de, ao término do grupo, do fechamento respectivo, o consorciado desistente substituído vir a receber as cotas satisfeitas devidamente corrigidas. Descabe evocar cláusula do contrato de adesão firmado consoante a qual a devolução far-se-á pelo valor nominal. Precedente: Verbete n. 35 da Súmula do Superior Tribunal de Justiça" (RE 175.161).

[187] RE 158.655/PA, rel. Min. Marco Aurélio, j. 20.08.1996.

Cap. 3 · O MODELO DE JUSTIÇA CONSTITUCIONAL NO BRASIL PÓS-1988 | **277**

como paradigma, para efeito de conhecimento do recurso de revista – art. 896 da CLT. Recurso provido. Unânime."[188]

"Embargos declaratórios. Prestação jurisdicional. Os embargos declaratórios longe ficam de configurar crítica ao órgão investido do ofício judicante. Ao reverso, contribuem para o aprimoramento da prestação jurisdicional, devendo ser tomados com alto espírito de compreensão. Recurso provido. Unânime."[189]

"Prova. Contraditório. Devido processo legal. Depoimentos. Fase policial. Acidente de veículos. Responsabilidade civil. Implica flagrante transgressão ao devido processo legal, em face da inobservância do salutar princípio do contraditório, tomar de empréstimo, no julgamento da lide indenizatória, os depoimentos tomados na fase administrativo- -policial no dia do acidente, indeferindo requerimento da parte no sentido da audição em juízo. Recurso provido. Unânime."[190]

"Cooperativa. Exclusão de associado. Caráter punitivo. Devido processo legal. Na hipó- tese de exclusão de associado decorrente de conduta contrária aos estatutos, impõe-se a observância ao devido processo legal, viabilizando o exercício amplo da defesa. Simples desafio do associado à assembleia geral, no que toca à exclusão, não é de molde a atrair adoção de processo sumário. Observância obrigatória do próprio estatuto da cooperativa. Recurso provido. Unânime."[191]

Não raras vezes, decisões de tribunais extrapolam o "princípio da razoabilidade", e os recursos são fadados ao insucesso, pela dificuldade de enquadramento em determinado dispositivo da Constituição que teria sido violado. Neste ponto, em Portugal torna-se mais tranquila a hipótese de manejo de recurso ao Tribunal Constitucional com base no princípio da proporcionalidade, bastando apontar o art. 18 da Constituição como norma violada. Mas, mesmo lá, a relação com a regra é "quase umbilical", não havendo a completa desconexão do aludido princípio das diversas regras que circundam o seu "raio de alcance".

3.5.1 Ainda o problema representado pelo uso irracional da ponderação – A fragilização do direito pelo uso do "princípio da proporcionalidade"

3.5.1.1 *O problema da distinção estrutural entre regra e princípio*

Como já se viu, os princípios constitucionais assumem importância ímpar no Estado Democrático de Direito. São, pois, a própria condição de possibilidade da Constituição, porque conformadores do seu núcleo político, naquilo que se denomina, no Constitu- cionalismo Contemporâneo, de "relação de pertinência entre as normas". Nesse sentido, Celso Antônio Bandeira de Mello diz, com acerto, que a violação de um princípio viola a própria Constituição. Se não se pode dizer que os antigos princípios gerais do direito estão, hoje, constitucionalizados, uma vez que tinham função diferente da conferida aos

---

[188] Idem.

[189] RE 154.159, rel. Min. Marco Aurélio.

[190] RE 198.016, rel. Min. Marco Aurélio.

[191] RE 158.215, rel. Min. Marco Aurélio.

JURISDIÇÃO CONSTITUCIONAL • Lenio Luiz Streck

princípios exsurgentes do e no Estado Democrático de Direito, é necessário, de todo modo – em face da resistência de setores da doutrina e da jurisprudência em continuar a aplicá-los – efetuar uma filtragem constitucional dos "velhos" princípios.

Dito de outro modo, os princípios gerais do direito, porque pertencentes ao modelo liberal-individualista de direito e com função discricionário-positivista de "fechamento autopoiético do sistema jurídico", não são compatíveis com a principiologia ínsita ao Estado Democrático de Direito, podendo-se nominar, paradigmaticamente, nesse contexto, o princípio processual penal de que não há nulidade sem prejuízo. Na verdade, os velhos princípios gerais do direito eram (são) axiomas concebidos ao tempo do positivismo exegético e que, por má compreensão da comunidade jurídica, atravessaram incólumes o século XX. Observe-se que determinadas provas podem, pelo princípio dos frutos da árvore envenenada, adotado pelo Supremo Tribunal Federal, contaminar todo o restante da prova. Uma nulidade pode até não causar prejuízo, desde que esta não esteja umbilicalmente ligada a outra,[192] exsurgente de uma violação de um princípio da Constituição. Merece menção também o princípio do *ne procedat judex ex officio*, que deve sofrer uma mitigação, mormente quando a matéria é de índole constitucional.

Por isso, os princípios, mesmo não inscritos textualmente na Constituição, servem para fazer a conformação dos textos normativos infraconstitucionais com o texto da Constituição. É nesse contexto que assumem relevância os princípios (entendidos como padrões) da proibição de excesso (Übermassverbot) e da proibição de proteção insuficiente (*Untermassverbot*).[193] O grande problema, entretanto, está no modo *tabula rasa* que esses princípios têm sido utilizados, transformados, no mais das vezes, em um simples "raciocínio discricionário", pelo qual o resultado depende de um juízo subjetivo do intérprete.

A partir de uma análise hermenêutica, o sentido do texto constitucional somente adquire sentido a partir (do sentido) do princípio. É evidente que não se está a falar da dedução de um sentido a partir de uma categoria, isso porque existe uma co-originariedade, ínsita à ontologia fundamental propugnada pela fenomenologia hermenêutica, matriz teórica desta obra, que não permite que se deduza um existencial de outro existencial. Há sempre uma "já compreensão". É preciso compreender que a discussão acerca dos princípios

---

[192] Ver, nesse sentido, voto da Ministra Cármen Lúcia em sede do HC 113.382: "Dessa forma, pelo que se tem nos autos, não foi vedado à defesa nem à acusação inquirir diretamente as testemunhas. O juiz de primeira instância apenas afirmou, com base na sua interpretação do art. 212 do CPP, com a alteração da Lei 11.690/2008, que deveria inquirir primeiramente as testemunhas. O princípio do *pas de nullité sans grief* exige, em regra, a demonstração de prejuízo concreto à parte que suscita o vício, independentemente da sanção prevista para o ato, podendo ser ela tanto a de nulidade absoluta (arts. 563 e 566 do CPP; HC 81.510, rel. Min. Sepúlveda Pertence, *DJ* 12.04.2002; e HC 74.671, rel. Min. Carlos Velloso, *DJ* 11.04.1997) quanto a de nulidade relativa (HC 74.356, rel. Min. Octavio Gallotti, *DJ* 25.04.1997; e HC 73.099, rel. Min. Moreira Alves, *DJ* 17.05.1996), pois 'não se declara nulidade por mera presunção' (RHC 99.779, rel. Min. Dias Toffoli, *DJe* 13.09.2011)".

[193] O STF já tratou do princípio da proteção deficiente, valendo especial menção o voto do Ministro Gilmar Mendes, referindo doutrina de minha lavra junto a Ingo Sarlet, na ADI 3.112/DF, que versa sobre o Estatuto do Desarmamento.

Cap. 3 · O MODELO DE JUSTIÇA CONSTITUCIONAL NO BRASIL PÓS-1988 | **279**

assume uma dimensão inusitada nestes tempos de rupturas paradigmáticas, pelas quais são superados modelos de direito incompatíveis com um Estado transformador.

Em síntese, a diferença entre regra e princípio significa apenas que, nos "casos simples" (utilizando, aqui, argumentativamente, a distinção que a teoria da argumentação faz), a regra apenas encobre o princípio, porque consegue se dar no nível da pura objetivação. Havendo, entretanto, "insuficiência" da objetivação (relação causal-explicativa) proporcionada pela interpretação da regra, surge a "necessidade" do uso dos princípios. Sendo mais explícito: na hermenêutica aqui desenvolvida, não surge essa "necessidade" do uso dos princípios como "capas de sentido", justamente em face da diferença e não da distinção.

Numa palavra – e permito-me insistir –, é importante notar que essa diferenciação entre regra e princípio deve ser vista à luz do paradigma hermenêutico, sob pena de não ser compreendida e provocar confusões. Estará equivocado aquele que achar que se trata da distinção obtida pelo "critério forte", que vê nos princípios uma estrutura lógica diferenciada daquela percebida nas regras (dado A deve ser B). Essa "diferença", a rigor, somente será percebida no plano apofântico, quando criamos um mínimo de entificação necessário para transmitir mensagens. Nesse plano – e apenas nele – podemos dizer que o princípio (independentemente da sua forma textual), diferentemente das regras, traz consigo a carga de uma filosofia prática, razão pela qual acaba sendo associado aos valores. Os princípios, portanto, representam a tentativa de resgate de um mundo prático abandonado pelo positivismo (no âmbito da aplicação do direito). As regras, por outro lado, representam uma técnica para a concretização desses "valores", ou seja, meios (condutas) para garantir um "estado de coisas" desejado. É por isso, portanto, que a compreensão da regra exige esse "princípio instituidor", sob pena de uma interpretação "alienada". Mas convém notar que essa distinção somente poderá ser feita no plano apofântico, não cabendo como uma analítica constituidora de sentido. No plano hermenêutico, a pré-compreensão "chega antes" de qualquer distinção reflexiva (ou analítico-constitutiva) entre regras e princípios. Por isso o círculo hermenêutico é condição de possibilidade e não um ornamento para justificar posturas interpretativas.

Distinguir regra e princípio não pode significar que as regras sejam uma espécie de renegação do passado – e de seus fracassos – nem que os princípios traduzam o ideal da "boa norma". Regra e princípio são textos, donde se extraem normas. Regras (se se quiser, preceitos) produzidas democraticamente podem/devem, igualmente, traduzir a institucionalização da moral no direito. A distinção regra-princípio não pode significar, assim, maior ou menor grau de subjetividade. Isso é equivocado e proporciona mal-entendidos. Se assim fosse, os princípios não representariam uma ruptura com o mundo de regras. Mas regras não são "boas" nem "más"; carregam, inegavelmente, um capital simbólico que denuncia um modelo de direito que fracassou: o modelo formal-burguês, com suas derivações que cresceram à sombra do positivismo jurídico. E isso não pode ser olvidado.

É nesse contexto que deve ser compreendida a diferença entre regra e princípio (não que o princípio seja a norma da regra ou que a regra seja um "ente disperso no mundo jurídico, ainda sem sentido"). A diferença é que sempre há uma ligação hermenêutica entre regra e princípio. Não fosse assim e não se poderia afirmar que atrás de cada regra há um princípio instituidor. Esse princípio, que denominamos instituidor, na verdade, constitui o sentido da regra na situação hermenêutica gestada no Estado Democrático de

Direito. Essa é a especificidade; não é um princípio geral do direito, um princípio bíblico, um princípio (meramente) político.

No fundo, quando se diz que entre regra e princípio há (apenas) uma diferença (ontológica, no sentido da fenomenologia hermenêutica), é porque regra e princípio se dão, isto é, acontecem (na sua norma) no interior do círculo hermenêutico. O sentido depende do outro, a partir desse engendramento significativo. É possível, assim, dizer que o princípio institui a regra, no sentido de que regras e princípios possuem caráter deontológico, porém, isoladamente, não se prestam para a adequada resolução das controvérsias jurídicas surgidas no tecido social.

A percepção do princípio faz com que este seja o elemento que termina se desvelando, ocultando-se ao mesmo tempo na regra. Isto é, ele (sempre) está na regra. O princípio é elemento instituidor, o elemento que existencializa a regra que ele instituiu. Só que está encoberto. Insistindo: hermeneuticamente, pela impossibilidade de cindir interpretação e aplicação e pela antecipação de sentido que sempre é condição de possibilidade para que se compreenda, torna-se impossível "isolar" a regra do princípio, isto é, é impossível interpretar uma regra sem levar em conta o seu princípio instituidor (isso não é "criação" da hermenêutica; os princípios constitucionais são o cerne do Constitucionalismo Contemporâneo). A regra não está despojada do princípio. Ela encobre o princípio pela propositura de uma explicação dedutiva. Esse encobrimento ocorre em dois níveis: em um nível, ele se dá pela explicação causal; noutro, pela má compreensão de princípio, isto é, compreende-se mal o princípio porque se acredita que o princípio também se dá pela relação explicativa, quando ali já se deu, pela pré-compreensão, o processo compreensivo.

Em síntese: há uma essencial diferença – e não separação (se se quiser, distinção lógica) – entre regra e princípio, com o que é necessário chamar a atenção para uma espécie de senso comum que se forma em determinadas matérias. É o caso das (inadequadas) "classificações" entre "distinção fraca" e "distinção forte" que existiriam entre regra e princípio. Com efeito, pela distinção "fraca", os princípios seriam normas com elevado nível de abstração e generalidade, dando azo a uma forte subjetividade do aplicador (veja-se como essa tese é conveniente para a transformação dos princípios e das cláusulas gerais do Código Civil em álibis para discricionariedades). Já as regras não teriam esse grau de abstração, demandando um grau menor de subjetividade (essa tese é conveniente para firmar a prevalência, em determinadas situações, da regra sobre o princípio, além de servir de suporte para a institucionalização das súmulas com caráter vinculante).

Com relação à distinção forte, os princípios seriam aplicados por ponderação, ao contrário das regras, que seriam aplicadas por dedução/subsunção. Isso seria assim porque os princípios são passíveis de confronto com outros; já as regras, não. Nesse caso, há uma tendência em sempre colocar Dworkin como institucionalizador da máxima "a regra se decide no tudo ou nada". No entanto, o que não se diz é que Dworkin, além de estar inserido no sistema do *common law* e tratar da resposta correta (e essa questão não pode ser ignorada, pela sua relevância no contexto da discussão da superação do positivismo), é, fundamentalmente, ferrenho inimigo de discricionariedades, caindo por terra, consequentemente, a outra face da distinção, isto é, a aludida "abertura dos princípios".

Cap. 3 · O MODELO DE JUSTIÇA CONSTITUCIONAL NO BRASIL PÓS-1988 | **281**

Mais ainda, Dworkin *não faz a cisão* entre interpretar e aplicar; tampouco admite dedutivismos; consequentemente, não se pode colocá-lo na mesma seara, por exemplo, dos adeptos das teorias da argumentação, que aproveitam essa cisão de outro modo; mais ainda, o texto de Dworkin – *The model of rules* – é de 1967 e deve ser lido no contexto da crítica que faz ao modelo de regras de Hart. Desse modo, antes de sustentar uma distinção "lógica" entre regras e princípios (em que regra se definiria no "tudo ou nada") com base em Dworkin, é necessário ter presente que a tese dworkiana deve ser lida nessa superação da discricionariedade positivista justamente por meio dos princípios. Por isso a diferença entre regras e princípios. Regras devem ser lidas a partir de Dworkin como um contraponto ao dedutivismo, subsunção e, principalmente, a qualquer pressuposto da filosofia da consciência (esquema sujeito-objeto).

Esse "contraponto" "regra-princípio" deve ser compreendido a partir da hermenêutica filosófica (embora Dworkin tenha feito referência à obra de Gadamer poucas vezes). Mas as aproximações são múltiplas. Também a tese da "comunidade de princípios" (é nisso que o direito é visto como para "um além da regra") deve ser levada em conta na assim denominada "contraposição" entre regra e princípio. Penso que o estabelecimento das duas distinções (fraca e forte), que, na verdade, são cisões/dualismos metafísicos, dá-se *a latere* da distinção dworkiniana.

Talvez por isso até mesmo as posturas que pretendem elaborar uma crítica à essa distinção "tradicional" terminam por não superar a dualização, ou seja, embora procurem ultrapassar esse confronto ou dilema "distinção forte-fraca", acabam por autonomizar a regra e o próprio princípio. Ora, todo enunciado tem uma motivação. Desse modo, mesmo que se procure dizer, por exemplo, que as regras preveem comportamentos finalísticos e terminativos e que os princípios não possuem essa "independência" semântico-significativa, ainda assim estar-se-á "dividindo" (inadequadamente) o direito em dois mundos distintos: o das regras, que subsistiriam isoladamente, e o dos princípios, que teriam uma função complementar, representada por uma espécie de "reserva de sentido", chamado à colação apenas quando a regra não "resolver" a querela. No fundo, ocorre um retorno à semiótica: quando a sintaxe e a semântica são insuficientes, apela-se à pragmática, onde estariam alojados os valores.

De todo modo, na raiz da problemática está uma questão paradigmática, isto é, há que se compreender que, efetivamente, é a "opção" pelo paradigma representacional (ou a sua não superação) que acarreta os dualismos que proporcionam tais diagnósticos metodológicos. Refira-se, por derradeiro, que nada está a indicar esse caráter "de determinação finalístico" das regras e a "abstratalidade" dos princípios. Regras e princípios são constituídos de incertezas significativas (vaguezas e ambiguidades). Princípios podem ter mais "determinação finalística" que determinadas regras (*v.g.*, o princípio da reserva legal, o princípio da ampla defesa, da presunção da inocência, da proibição de *reformatio in pejus* etc., se comparadas com a imprecisão semântica de regras como injusta agressão, abandono material e os pressupostos para a tutela antecipada, para citar apenas estas). Por isso é que entre regra e princípio ocorre uma diferença e não distinção estrutural.

Por isso, é possível afirmar que os princípios constituem o núcleo da materialidade da Constituição. Não há como separá-los da Constituição. Quando falamos da Constituição, nesse falar já estão presentes os princípios. O princípio é a transcendentalidade da

282 | JURISDIÇÃO CONSTITUCIONAL • *Lenio Luiz Streck*

regra, conforme delineio em *Verdade e consenso* e nos verbetes "diferença entre regras e princípios" e "princípios jurídicos" do *Dicionário de Hermenêutica*.

Do mesmo modo, pode-se dizer que princípios são deontológicos, isto é, funcionam no código lícito-ilícito e não estão suscetíveis a ponderação. Ainda, deve-se entender o princípio como a inserção do mundo prático no direito, de modo a preencher a vagueza das regras, lembrando, é claro, da inserção da moral no direito. Não significa dizer, contudo, que valha qualquer moral. A moral aqui tratada é delimitada, justamente, por aquilo que se determinou pela democracia e pelo respeito aos direitos e garantias individuais. Isto é uma garantia contra a tentativa de impor uma moral "corretiva" ao direito que funcionaria de modo teleológico, podendo servir de álibi teórico que legitimaria discricionariedades e arbitrariedades impostas por um juízo solipsista.

3.5.1.2 *Advertência necessária sobre a ponderação e sobre "o modo voluntarista" de aplicação da proporcionalidade*

Sendo dever dos tribunais e dos juízes aplicar a Constituição, não é prerrogativa apenas do Supremo Tribunal Federal o manejo dos princípios constitucionais, "explícitos" ou "implícitos". A mesma filtragem constitucional que é feita no confronto de um texto normativo infraconstitucional com um preceito (que também não existe "isoladamente") da Constituição deve ser feita a partir da principiologia. Ou seja, mesmo levando em conta o fato de que os princípios de que se fala são de índole constitucional, os demais tribunais e juízes da República estão autorizados a aplicá-los em sede de controle difuso.

Nesse sentido, veja-se a seguinte decisão do Superior Tribunal de Justiça:

> "Administrativo e constitucional. Militar. Sargento do quadro complementar da Aeronáutica. Ingresso e promoção no quadro do corpo pessoal graduado. Estágio probatório não convocado. Condição *sine qua non*. Aplicação do art. 49 do Decreto 68.951/1971. Recurso especial. Limitação da discricionariedade. Moralidade pública, razoabilidade e proporcionalidade.
>
> 1. A discricionariedade atribuída ao administrador deve se usada com parcimônia e de acordo com os princípios da moralidade pública, *da razoabilidade e da proporcionalidade*, sob pena de desvirtuamento.
>
> 2. As razões para a não convocação de estágio probatório, que é condição indispensável ao acesso dos terceiros sargentos do quadro complementar da Aeronáutica ao quadro regular, devem ser aptas a demonstrar o interesse público.
>
> 3. Decisões desse quilate não podem ser imotivadas. Mesmo o ato decorrente do exercício do poder discricionário do administrador deve ser fundamentado, sob pena de invalidade.
>
> 4. A diferença entre atos oriundos do poder vinculado e do poder discricionário está na possibilidade de escolha, inobstante ambos tenham de ser fundamentados. O que é discricionário é o poder do administrador. O ato administrativo é sempre vinculado, sob pena de invalidade.
>
> 5. Recurso conhecido e provido."[194]

---

[194] REsp 79.771/DF, rel. Min. Anselmo Santiago, j. 29.04.1997.

Cap. 3 · O MODELO DE JUSTIÇA CONSTITUCIONAL NO BRASIL PÓS-1988 | **283**

Em outra ocasião, o Superior Tribunal de Justiça negou a aplicação dos princípios, fazendo, entretanto, específica menção a ambos:

"Ação de indenização por dano moral. Inscrição do nome do autor nos serviços de proteção ao crédito. *Quantum* fixado. Decisão fulcrada nas circunstâncias peculiares da causa. Inocorrência de abuso ou qualquer ofensa aos princípios da proporcionalidade e razoabilidade. Súmula 7/STF.

1. Não é porque o valor da indenização foi fixado em quantia superior àquela que a parte acha justa que houve malferimento dos *princípios da proporcionalidade e da razoabilidade*.

2. O valor fixado a título de indenização não se reveste de exorbitância capaz de provocar a intervenção desta Corte, sopesadas as circunstâncias fáticas que o determinaram (Súmula 7- STJ).

3. Recurso não conhecido."[195]

Em importante julgado, especialmente sob o ponto de vista do direito administrativo, o STJ entendeu possível o controle do mérito administrativo em face dos princípios da razoabilidade e da moralidade:

"Administrativo e processo civil. Ação civil pública. Obras de recuperação em prol do meio ambiente. Ato administrativo discricionário.

1. Na atualidade, a Administração Pública está submetida ao império da lei, inclusive quanto à conveniência e oportunidade do ato administrativo.

2. Comprovado tecnicamente ser imprescindível, para o meio ambiente, a realização de obras de recuperação do solo, tem o Ministério Público legitimidade para exigi-las.

3. O Poder Judiciário não mais se limita a examinar os aspectos extrínsecos da administração, pois pode analisar, ainda, as razões de conveniência e oportunidade, uma vez que essas razões devem observar critérios de moralidade e razoabilidade.

4. Outorga de tutela específica para que a Administração destine do orçamento verba própria para cumpri-la.

5. Recurso especial provido."[196]

No Tribunal Regional Federal da 4ª Região,[197] o princípio da proporcionalidade tem sido aplicado nas mais diversas situações, demonstrando a abrangência desse "princípio" durante os anos, abarcando as mais diversas áreas do direito, como penal, trabalho, administrativo e constitucional *stricto sensu*, conforme se pode verificar dos seguintes julgados:

"Administrativo. Servidor Público. MPU. Concurso de remoção. Artigo 28, § 1º, da Lei 11.415/2006. Permanência mínima de três anos. Ausência de prejuízo à administração. *Princípios da razoabilidade e proporcionalidade*. 1. A relotação do servidor, que já compõe a carreira, acaso seja bem sucedido em concurso de remoção, deve ser preferencial

---

[195]   REsp 208.924/SE, rel. Min. Waldemar Zveiter, j. 27.04.2000.

[196]   REsp 429.570/GO, rel. Min. Eliana Calmon, 2ª T., j. 11.11.2003, *DJ* 22.03.2004, p. 277.

[197]   No *site* do TRF4, no item Jurisprudência Selecionada, foram localizadas 3.165 ocorrências com o verbete "proporcionalidade", compreendendo o período de 1998 a dezembro de 2021.

em relação à nomeação dos candidatos aprovados no certame para provimento inicial de cargos. 2. O artigo 28, § 1º, da Lei 11.415/2006, deve ser interpretado conforme a Constituição Federal, assegurando-se, ao servidor do Ministério Público Federal oriundo de concurso anterior, na remoção/relotação para outras unidades administrativas ou localidades onde haja vagas oferecidas em concurso de remoção, a prioridade em relação aos candidatos de concurso público recente a serem nomeados para as vagas que remanescerem. 3. *A vedação à pretendida remoção vai de encontro aos princípios da razoabilidade e da proporcionalidade.*"[198]

"Direito constitucional. Direito administrativo. Princípio da proporcionalidade. Razoabilidade do ato estatal. No Estado Democrático de Direito, impõe-se a observância do princípio da proporcionalidade na prática de seus atos, sendo de rigor a adoção de meios adequados à consecução dos fins colimados, causando a menor restrição possível aos direitos dos cidadãos."[199]

"Pena de perdimento. Veículo transportador de mercadorias descaminhadas. Só se aplica a pena de perdimento ao veículo que conduziu mercadoria sujeita à mesma pena (art. 104, V, do DL 37/1966; art. 513, V, do Regulamento Aduaneiro). Se o veículo não chegou a transportá-lo, sendo flagrado o agente no momento em que a retirava da transportadora e a acondicionava em seu porta-malas, não está preenchido o suporte fático para incidência da norma apenadora. *Princípio da proporcionalidade.* Aplicação. Critério objetivo. Na aplicação do princípio da proporcionalidade para afastar a aplicação da pena de perdimento consideram-se objetivamente os valores das mercadorias descaminhadas e do veículo transportador."[200]

"Agravo em execução penal. Substituição da pena privativa de liberdade por restritivas de direitos. Pena de multa fixada na condenação. *Princípio da proporcionalidade.* [...] A substituição de dois anos, oito meses e vinte dias de pena privativa por uma pena de multa e uma pena pecuniária de dois salários mínimos não é proporcional ao delito praticado, deixando a sensação de verdadeira impunidade, não se mostrando, por consequente, necessária e suficiente para reprovação e prevenção do crime, porquanto duas penas substitutivas têm caráter eminentemente pecuniário. Elas representam, por si sós, pequeno valor pedagógico e correcional, pois se resumem no simples recolhimento dos valores, o que pode ser feito pelo condenado ou por qualquer outra pessoa."[201]

No Tribunal de Justiça do Rio Grande do Sul, igualmente, os princípios da proporcionalidade e da razoabilidade encontram aplicação em distintas matérias. Assim:

"[...] Apelação cível. Direito público não especificado. Fornecimento de energia elétrica. Suspensão do serviço. Irregularidades não comprovadas. Dano moral configurado. Quantum mantido. Em que pese a responsabilidade pela adequada instalação do ramal de entrada de energia elétrica seja do consumidor, estando autorizada a concessionária suspender imediatamente o fornecimento do serviço em caso de irregularidades ou

---

[198] Ac 5048809-11.2015.404.7000, rel. Candido Alfredo Silva Leal Junior, 12.05.2017.

[199] Remessa *Ex officio* em MS 1999.04.01.071232-6/PR, rel. Juiz Roger Raupp Rios.

[200] ApCrim 96.04.26642-0/PR, rel. Juiz João David dos Santos.

[201] Agr. em Execução Penal 2000.71.006362-1/RS, rel. Juiz Vilson Darós.

Cap. 3 · O MODELO DE JUSTIÇA CONSTITUCIONAL NO BRASIL PÓS-1988 | **285**

deficiências técnicas (art. 170 da Resolução Normativa n. 414/2010 ANEEL), no caso concreto, a parte ré não logrou êxito em demonstrar o risco iminente de danos a pessoas, bens ou ao funcionamento do sistema elétrico, mormente considerando que o restabelecimento do serviço deu-se no mesmo local, sem alteração alguma das instalações que lá se encontravam. Hipótese em que é devida a indenização pelo dano moral sofrido pela parte autora, diante da situação vivenciada e provocada pela falha na prestação de serviço público essencial, notadamente considerando também que os transtornos advindos da interrupção indevida do fornecimento de energia elétrica e a desídia da parte ré ultrapassam o mero dissabor do cotidiano, causando, inclusive, ofensa à honra objetiva da apelada. Assim, o valor da indenização deve observar *princípios da proporcionalidade* e da *razoabilidade*, vedando o enriquecimento sem causa ou vantagem exagerada ao lesado, tampouco ser ínfimo a ponto de perder o aspecto expiatório frente a parte autora, razão pela qual considerando a capacidade econômica da empresa ré, a conduta praticada pela concessionária (suspensão indevida do fornecimento de serviço público essencial), os transtornos sofridos pela parte autora e a ofensa à honra objetiva da empresa, imperiosa a manutenção da sentença que condenou a demandada ao pagamento de indenização por danos morais em quantia adequada aos transtornos sofridos pela parte autora."[202]

A questão da *razoabilidade* nas exigências (requisitos) para concurso público também foi objeto de vários julgados do TJRS, onde fica também explícita a "sinonímia"[203] entre os conceitos de razoabilidade e proporcionalidade: "Concurso público destinado ao provimento de cargo inicial da carreira de defensor público. Edital do certame que limita a prática forense ao estágio prestado junto à Defensoria Pública. Precedentes do STJ e da Câmara a respaldar a tese do apelado, ampliando o conceito de prática forense, por aplicação do princípio da razoabilidade (proporcionalidade). Apelo improvido".[204]

Uma análise das diversas formas de aplicação do "princípio" da proporcionalidade (ou da razoabilidade) aponta para três questões:

- a uma, a aplicação do princípio "substitui" a fórmula da proibição de excesso (raríssimas vezes a proibição da proteção insuficiente);

---

[202] Apelação Cível 70073334294, rel. Des. Lúcia de Fátima Cerveira, j. 31.05.2017.

[203] Não considero relevante a discussão acerca da similitude ou não entre a proporcionalidade e a razoabilidade. Trata-se de uma distinção que interessa à(s) teoria(s) da argumentação jurídica(s), porque a proporcionalidade é constituída (veja-se a teoria de Robert Alexy) de três sub-regras (adequação, necessidade e proporcionalidade em sentido estrito) e a razoabilidade seria um mero artifício retórico (sobre essa distinção, por todos, ver SILVA, Virgílio Afonso da. *O proporcional e o razoável*, op. cit., p. 23-50). Em face do uso descriterioso desses dois *standards*, o que se pode dizer é que não passam de álibis para a prática de discricionariedades, que no mais das vezes travestem decisionismos. Nesse sentido, consultar DALLA BARBA, Rafael Giorgio. *Nas fronteiras da argumentação*: a discricionariedade judicial na Teoria Discursiva de Robert Alexy. Salvador: JusPodivm, 2016.

[204] Cf. Proc. 70001161538, rel. Des. Nelson Antonio Pacheco, j. 03.08.2000. Ainda sobre a aplicação do princípio da proporcionalidade, em sede de ação direta de inconstitucionalidade, ver Proc. 599209400.

- a duas, o princípio apenas serve de álibi para uma escolha "ponderativa", disfarçando a discricionariedade (e, em muitos casos, a arbitrariedade);
- a três, antes do apelo à proporcionalidade ou à razoabilidade, há outro princípio em xeque ou, até mesmo, a violação de lei. Portanto, é equivocado o uso da proporcionalidade e razoabilidade de forma "direta".

Esse tratamento equivocado – que enxerga a proporcionalidade ou a ponderação como princípios – fica evidente a partir de uma simples pesquisa nos tribunais brasileiros, como anteriormente se pôde ver.[205] Fausto de Morais mostra o modo equivocado como o fenômeno da proporcionalidade é tratado pelo Supremo Tribunal Federal brasileiro: em 189 casos julgados em uma década, a Suprema Corte não seguiu o procedimento em nenhum deles, segundo explicitado na teoria alexyana.[206] De se consignar, por fim, que o uso da ponderação como um "verdadeiro" princípio decorre de um fenômeno muito peculiar à realidade brasileira, que venho denominando pamprincipiologismo.[207]538 Em linhas gerais, o pamprincipiologismo é um subproduto do neoconstitucionalismo que acaba por fragilizar as efetivas conquistas que formaram o caldo de cultura que possibilitou a consagração da Constituição brasileira de 1988. Esse pamprincipiologismo faz com que – a pretexto de se estar aplicando princípios constitucionais – haja uma proliferação incontrolada de enunciados para resolver determinados problemas concretos, muitas vezes ao alvedrio da própria legalidade constitucional.

Um exemplo ilustrativo desse tipo de mixagem teórica (Teoria da Argumentação e Jurisprudência dos Valores) pode ser encontrado no julgamento do HC 82.424, de 17.09.2003, que ficou conhecido como *caso Ellwanger*. Vejamos, em linhas gerais, o caso apresentado.

Nesse julgamento, o STF negou pedido de declaração da extinção da punibilidade em favor de Siegfried Ellwanger, acusado de crime de discriminação e preconceito contra judeus.[208]

---

[205] No caso específico do STF, vale lembrar a ADPF 130/DF, de 2009.

[206] Cf. MORAIS, Fausto Santos. *Ponderação e arbitrariedade*: a inadequada recepção de Alexy pelo STF. Salvador: JusPodivm, 2016.

[207] Cf. STRECK, Lenio Luiz. *Verdade e consenso*, op. cit., em especial, o posfácio.

[208] Em relação ao tema, sustenta o Professor Marcelo Cattoni de Oliveira: "O Ministro Gilmar Mendes procurou dar seguimento aos princípios da dignidade humana e da liberdade de expressão como se fossem valores, hierarquizando-os, em face do caso, seguindo o entendimento de que se tratava de uma violação, proporcionalmente injustificável, da dignidade humana, pelo exercício da liberdade de expressão. No seu entendimento, a dignidade humana seria, não somente *prima facie*, também mas em definitivo, um valor superior à liberdade de expressão. [...] Já o Ministro Marco Aurélio, no seu voto, também buscou tratar os princípios da dignidade da pessoa humana e do direito à liberdade de expressão como valores, bens ou interesses ponderáveis, hierarquizando-os, em face do caso e dos fins a que a decisão judicial deveria alcançar. [...] Esse entendimento judicial, que pressupõe a possibilidade de aplicação gradual, numa maior ou menor medida, de normas, ao confundi-las com valores, nega exatamente o caráter obrigatório do direito. [...] Com o Caso Ellwanger, o STF assume explicitamente a tarefa de empreender uma reflexão sobre o que seria uma metódica constitucional adequada à proteção dos direitos fundamentais. Contudo, a alternativa que se delineia, fortemente influenciada pela jurisprudência dos valores, não corresponde a uma garantia consistente de

Cap. 3 · O MODELO DE JUSTIÇA CONSTITUCIONAL NO BRASIL PÓS-1988 | **287**

Ellwanger era responsável pela edição, distribuição e venda de livros antissemitas de sua própria autoria (*Holocausto: judeu ou alemão? – Nos bastidores da mentira do século*) e de outros autores nacionais (e.g., *Brasil, colônia de banqueiros*, de Gustavo Barroso) e estrangeiros (e.g., *O judeu internacional*, de Henry Ford). A conduta de Ellwanger estava tipificada criminalmente no art. 20 da Lei 7.716/1989, cuja pena era de dois a cinco anos. Foi absolvido em primeiro grau, e condenado em apelação, pelo Tribunal de Justiça do Estado do Rio Grande do Sul. Perante o STF, a defesa sustentou que o fato imputado contra o paciente prescreveu, uma vez que a discriminação contra judeus – ao contrário da discriminação de cor – não seria protegida pela imprescritibilidade constitucional do crime de racismo (CF, art. 5º, XLII).

O relator, Ministro Moreira Alves, votou pelo deferimento do *habeas corpus*, sustentando que os judeus não poderiam ser vítimas de racismo, por não constituírem uma raça. Baseou seu voto (constitucionalmente inadequado) em argumentos de política, principalmente no fato de que a Assembleia Constituinte pretendera tornar imprescritíveis apenas o racismo praticado contra negros. Vale mencionar, nesse sentido, o Decreto 10.932/2022, que promulgou a Convenção Interamericana contra o Racismo, a Discriminação Racial e Formas Correlatas de Intolerância, firmado pela República Federativa do Brasil, na Guatemala, em 5 de junho de 2013.

Coube ao Ministro Maurício Corrêa inaugurar a divergência que sairia vencedora, apontando o óbvio: o nazismo que permeava as obras publicadas por Ellwanger era fundado essencialmente em uma superioridade de raça. Hitler, com embasamento pseudocientífico nas ideias de Gobineau (1816-1882), tratava os semitas como uma *raça inferior, impura*, e outras coisas do gênero. Durante o nazismo, o povo judeu passou a ser tratado como sub-raça, e eram essas as opiniões que Ellwanger professava por aqui. Assim, indiretamente, o Ministro Corrêa recolocou a questão em seu devido lugar: o critério de racismo não pode se fundar apenas em um conceito lexicográfico de *raça*, e a *raça*, para fins de proteção jurídica, não se limita a uma semelhança de características físicas, como a cor da pele. Ainda que o Ministro não tenha fundamentado dessa forma, trata-se de uma *contextualização da tradição*: a história do século XX com a perseguição antissemita e o holocausto – importa nessa análise. E, acrescento, resgata os *argumentos de princípio*, uma vez que a erradicação das discriminações e preconceitos é um objetivo da República (art. 3º, IV, da CF), o que tem caráter deontológico.

No entanto, parte do Tribunal entendeu que se estava diante de uma colisão de princípios constitucionais. Princípios esses que, por sua vez, assentavam-se em valores conflitantes entre si. Nesse sentido, o Ministro Carlos Ayres Britto, após ver no caso uma *"contradição entre princípios jurídicos"*, com "modelos normativo-principiológicos em estado de fricção e que chegam a descambar para uma recíproca excludência", entendeu,

---

direitos, já que, por um lado, submete o exercício desses direitos a um cálculo de custo/benefício, e, por outro, faz do Tribunal um poder legislativo de segundo grau, a controlar, de uma perspectiva legislativa e não jurisdicional, as escolhas políticas legislativas e executivas, assim como as concepções de vida digna dos cidadãos, à luz do que seus 11 Ministros consideram ser o melhor – e não o constitucionalmente adequado – para a sociedade brasileira. E tudo isso em função da realização de premissas materiais, elas próprias não discutidas ao longo dos votos" – cf. OLIVEIRA, Marcelo Cattoni de. *Processo constitucional*, op. cit., p. 338-341.

por juízo de *"proporcionalidade"*, que os fatos atribuídos a Ellwanger eram penalmente atípicos, frente à liberdade de expressão. O Ministro Marco Aurélio de Mello igualmente colocou a liberdade de expressão e a vedação ao racismo na balança, e, ao *fazer a ponderação dos valores* em jogo (inclusive com citação expressa de Alexy e referência ao caso Luth, julgado pelo Tribunal Constitucional da Alemanha em 1958 e tido como pioneiro na ponderação de princípios), concluiu pela primazia da liberdade.

De todo modo, é preciso anotar que, muito embora tenha sido objeto de inúmeros debates e tenha rendido uma longa discussão na Suprema Corte (o acórdão tem não menos que 488 laudas!), a solução da controvérsia era na verdade constrangedoramente simples. Não havia nada a ponderar, por uma simples razão: a liberdade de manifestação de pensamento simplesmente não abarca a liberdade de manifestar um pensamento racista. E racismo é crime. Imprescritível. Nesse sentido, foi o voto do Ministro Celso de Mello. Em linha similar, o Ministro Gilmar Mendes lembrou que as sociedades democráticas não conferem direitos de expressão aos discursos de ódio (*hate speeches*), pela singela razão de que tais discursos comprometem a própria democracia.

Como já foi adiantado, o HC acabou negado.[209] Contudo, os votos vencidos, embasados ou em argumentos de política ou em *juízos de ponderação*, bem demonstram *os perigos* que se corre com a teoria da argumentação alexyana à brasileira (que desconsidera os procedimentos formais estabelecidos por Alexy e termina por mesclar a ponderação alexyana com o modelo interpretativo próprio da chamada jurisprudência dos valores). Dito de outro modo: o recurso ao relativismo ponderativo obscurece o valor da tradição como guia da interpretação, isto é, a ponderação acaba sendo uma porta aberta à discricionariedade.

Daí que, antes de tudo, a partir da hermenêutica (filosófica) que venho trabalhando – e até revisando algumas posições minhas acerca do "princípio" da proporcionalidade –, penso que esse *standard* não tem – e não pode ter – o mesmo significado que tem para a teoria da argumentação jurídica, que nele coloca o modo de resolver colisão de princípios, a partir da ponderação de valores.

Ora, é preciso ter claro que a ponderação (*Abwägung*), que quer dizer sopesamento, embora se constitua no carro-chefe da Teoria dos princípios de Robert Alexy, foi "inventada" por Philipe Heck, na tentativa de construir uma Jurisprudência dos Interesses, forma voluntarista de superar os sintomas do positivismo exegético dominante na Alemanha a partir da Jurisprudência dos Conceitos. Em Alexy, a ponderação é uma regra produzida a partir de uma complexa equação, cuja crítica deixei explicitada em *Verdade e consenso* e *Hermenêutica jurídica e(m) crise*. O que importa referir, nos limites destas reflexões, é que a ponderação é uma regra e não um princípio. Todavia, o que é mais relevante ainda diz respeito ao modo equivocado de aplicação no Brasil, onde a ponderação de princípios é feita diretamente, colocando um "princípio" em cada "prato da balança" e disso extraindo o resultado...! Como consequência, em estando o intérprete diante de um "caso de colisão"

---

[209] Além dos já mencionados Ministros Maurício Corrêa, Celso de Mello e Gilmar Mendes, também votaram pela denegação os Ministros Carlos Velloso, Nelson Jobim, Ellen Gracie, Cezar Peluso e Sepúlveda Pertence.

de princípios, simplesmente sopesa um em relação ao outro e, *fiat lux*, está feita a "ponderação". O resultado? Na verdade, o resultado dependerá de um ato de vontade do intérprete.

Veja-se que se, no positivismo, os "casos difíceis" eram "deixados" a cargo do juiz resolver, discricionariamente, enquanto na era assim denominada de pós-positivismo (prefiro chamar de não positivismo) e naquilo que se denominou de teoria(s) da argumentação jurídica, os *hard cases* passaram a ser resolvidos a partir de ponderações de princípios. Os princípios devem ser, assim, hierarquizados axiologicamente. O problema é saber como é feita essa "escolha".

Penso, aqui, que o calcanhar de Aquiles da ponderação – e, portanto, das diversas teorias argumentativas – reside no deslocamento da hierarquização "ponderativa" em favor da "subjetividade" (assujeitadora) do intérprete, com o que a teoria da argumentação (para falar apenas desta) não escapa do paradigma representacional, como, aliás, sempre denunciou Arthur Kaufmann.

No fundo, volta-se ao problema tão criticado na discricionariedade, que, para o positivismo (por todos, Kelsen e Hart), por não se importar com a construção de uma teoria da decisão, é resolvido por delegação ao juiz. Assim também, nos casos difíceis de que falam as teorias argumentativas, a escolha do princípio aplicável "repristina" a antiga "delegação positivista" Significa dizer que cabe ao intérprete dizer qual o princípio aplicável, isto é, tal como no positivismo, cabe ao juiz decidir nas "zonas de incertezas" e das "insuficiências ônticas"[210]541 (para usar aqui uma expressão que faz parte do repertório que identifica a "dobra da linguagem" que sustenta a ausência de cisão entre *hard* e *easy cases*).

Sendo mais claro, nos casos difíceis (indeterminações, insuficiências ônticas, limitações da semântica que não conseguem apresentar uma resposta satisfatória, ou outras denominações que queiramos dar para os *hard cases*), o problema no positivismo era – assumidamente – resolvido pela discricionariedade (para tanto, o próprio ordenamento jurídico sempre foi constituído de dispositivos autorizatórios para essa completude autopoiética, a partir do recurso aos princípios gerais do direito, à experiência do juiz, aos usos e costumes e assim por diante).

Na sequência, em face da profunda alteração paradigmática ocorrida no campo do constitucionalismo, que introduziu princípios "trazendo de volta" a moral expungida pelo positivismo (lembrando que a moral foi institucionalizada no direito produzido democraticamente, sendo essa a grande revolução copernicana exsurgente do Constitucionalismo Contemporâneo), o mesmo problema se coloca novamente para o jurista: como resolver os casos difíceis? Em lugar da discricionariedade e dos mecanismos aptos para tal, as teorias procedurais de cariz argumentativo colocam a ponderação como modo de solucionar a colisão de princípios (e de regras). Para tanto, Alexy, por exemplo, apresenta a lei da colisão, de onde se extraem critérios *prima facie*. A ponderação vem a ser o mecanismo exterior pelo qual se encobre o verdadeiro raciocínio (estruturante da compreensão). Por ela, encobre-se a seguinte questão: a de que não existe semântica perfeita; enfim, não há superposição de significados. E por que não existe a semântica perfeita? Porque não há a

---

[210] Para tanto, ver STRECK, Lenio Luiz. *Verdade e consenso*, op. cit.

possibilidade de extrair analiticamente de enunciados qualquer sentido; nos enunciados é preciso um *a priori* para extrair sentidos. Assim, o "remédio" contra a ponderação é um remédio contra um mecanismo de encobrimento de um raciocínio que se faz incompleto porque é feito sobre o equívoco de duas situações que se decidem sobre a ponderação, que, assim, retorna ao método.

Disso se extrai que a ponderação, modo simples, acaba por repetir a ideia da subsunção. Mesmo que – como propõe Alexy – devam ser feitos fórmulas e critérios de hierarquização, isso não retira a ponderação – própria da teoria da argumentação – do velho problema da metodologia criticada (e superada) por Gadamer em *Verdade e método*.

Veja-se que até adeptos da teoria da argumentação, como Luis Prieto-Sanchis,[211] admitem que o "juízo de ponderação" implica uma margem (considerável) de discricionariedade. Pergunta-se, então: qual é a distância daí até a arbitrariedade interpretativa (ou, se se quiser, do decisionismo)?

Eis aqui a diferença entre a *Crítica Hermenêutica do Direito* e a teoria da argumentação: enquanto a teoria da argumentação compreende os princípios (apenas) como mandados de otimização, portanto, entendendo-os como abertura interpretativa, o que chama à colação, necessariamente, a subjetividade do intérprete (filosofia da consciência), a CHD parte da tese de que os princípios introduzem o mundo prático no direito, "fechando" a interpretação, isto é, diminuindo – em vez de aumentar – o espaço da discricionariedade do intérprete.

Nesse ponto, há que se concordar com Habermas, no sentido de que não se devem ponderar valores, nem no abstrato, nem no concreto. Por isso, a proporcionalidade não será legítima se aplicada como sinônimo de equidade. Proporcionalidade[212] será, assim, o nome a ser dado à necessidade de coerência e integridade de qualquer decisão (aqui há uma aproximação de Habermas com Dworkin).

Por isso, para a CHD, o *standard* da proporcionalidade é (apenas) um modo de explicar que cada interpretação – que nunca pode ser solipsista – deve ser razoável, isto é, deve obedecer a uma reconstrução integrativa do direito (e da legislação), para evitar interpretações discricionárias/arbitrárias sustentadas em uma espécie de "grau zero de sentido", que, sob o manto do caso concreto, venham a estabelecer sentidos para aquém ou para além da Constituição (veja-se que o próprio Habermas admite o uso da proporcionalidade, se esta ocorrer nos espaços semânticos estabelecidos nos discursos de fundamentação, que tem em uma Constituição democrática o seu corolário). A proporcionalidade somente poderá ser entendida como princípio (isto é, como um padrão aplicável a todo o sistema jurídico) se a considerarmos como a condição de possibilidade de a interpretação (que é

---

[211] Nesse sentido, ver PRIETO-SANCHIS, Luis. Neoconstitucionalismo y ponderación judicial. In: CARBONELL, Miguel (ed.). *Neoconstitucionalismo(s)*. Madrid: Trotta, 2003.

[212] Em vez da proporcionalidade – que acaba sendo utilizada como uma panaceia para resolver "qualquer problema" –, parece mais indicado utilizar as suas duas "faces": a proibição de excesso (*Übermassverbot*) e a proibição de proteção deficiente (*Untermassverbot*). Mas, evidentemente, sempre deve estar presente uma regra.

sempre aplicação) estar revestida de um conteúdo equânime (aquilo que Dworkin chamará de *fairness* – equanimidade).

De todo modo, não se pode tirar o valor da discussão e tampouco negar o avanço da discussão acerca do princípio da proporcionalidade no âmbito do Estado Democrático de Direito. Assim, é possível afirmar, com base em doutrina que vem se firmando nos últimos anos, que a estrutura do princípio da proporcionalidade não aponta apenas para a perspectiva de um garantismo negativo (proteção contra os excessos do Estado), e, sim, também para uma espécie de garantismo positivo, momento em que a preocupação do sistema jurídico será com o fato de o Estado não proteger suficientemente determinado direito fundamental, caso em que estar-se-á em face do que se passou a denominar, a partir da doutrina alemã, de "proibição de proteção deficiente" (*Untermassverbot*). A proibição de proteção deficiente, explica Bernal Pulido, pode ser definida como um critério estrutural para a determinação dos direitos fundamentais, com cuja aplicação se pode determinar se um ato estatal – por antonomásia, uma omissão – viola um direito fundamental de proteção.[213]

Ter-se-ia, então, uma espécie de dupla face de proteção dos direitos fundamentais: a proteção positiva e a proteção contra omissões estatais. Ou seja, a inconstitucionalidade pode ser decorrente de excesso do Estado, como também de deficiência na proteção. Assim, por exemplo, a inconstitucionalidade pode advir de proteção insuficiente de um direito fundamental (nas suas diversas dimensões), como ocorre quando o Estado abre mão do uso de determinadas sanções penais ou administrativas para proteger determinados bens jurídicos. Esta (nova) forma de entender a proporcionalidade decorre da necessária vinculação de todos os atos estatais à materialidade da Constituição, que tem como consequência a sensível diminuição da discricionariedade (liberdade de conformação) do legislador.

Nesse sentido, Ingo Sarlet assevera que a proteção aos direitos fundamentais não se esgota na categoria da proibição de excesso, já que vinculada igualmente a um dever de proteção por parte do Estado, inclusive quanto a agressões contra direitos fundamentais provenientes de terceiros, de tal sorte que se está diante de dimensões que reclamam maior densificação, notadamente no que diz com os desdobramentos da assim chamada proibição de insuficiência no campo jurídico-penal e, por conseguinte, na esfera da política criminal, onde encontramos um elenco significativo de exemplos a serem explorados.[214]

O mesmo autor admite a extensão da proibição de proteção deficiente ao processo penal. Com efeito, diz o autor que, na seara do direito penal (*e isso vale tanto para o direito penal material, quanto para o processo penal*), resulta inequívoca a vinculação entre os deveres de proteção (isto é, a função dos direitos fundamentais como imperativos de tutela) e a teoria da proteção dos bens jurídicos fundamentais, como elemento legitimador da intervenção do Estado nesta seara, assim como não mais se questiona seriamente, apenas

---

[213] Ver, para tanto, Bernal Pulido, Carlos. *El principio de proporcionalidad y los derechos fundamentales*. Madrid: Centro de Estudios Políticos y Constitucionales, 2002, em especial p. 798 e ss.

[214] Cf. Sarlet, Ingo. Constituição e proporcionalidade: o direito penal e os direitos fundamentais entre proibição de excesso e de insuficiência. *Revista de Estudos Criminais*. Sapucaia do Sul: NotaDez, ano 3, n. 12, p. 86 e ss., 2003. Ver, também, Streck, Maria Luiza S. *Direito penal e Constituição*, op. cit.

para referir outro aspecto, a necessária e correlata aplicação do princípio da proporcionalidade e da interpretação conforme a Constituição. Com efeito, para a efetivação de seu dever de proteção,[215] o Estado – por meio de um dos seus órgãos ou agentes – pode acabar por afetar de modo desproporcional um direito fundamental (inclusive o direito de quem esteja sendo acusado da violação de direitos fundamentais de terceiros). Essas hipóteses correspondem às aplicações correntes do princípio da proporcionalidade como critério de controle de constitucionalidade das medidas restritivas de direitos fundamentais. Por outro lado, o Estado – também na esfera penal – poderá frustrar o seu dever de proteção atuando de modo insuficiente (isto é, ficando aquém dos níveis mínimos de proteção constitucionalmente exigidos) ou mesmo deixando de atuar, hipótese, por sua vez, vinculada (pelo menos em boa parte) à problemática das omissões inconstitucionais.[216]

Desse modo, é possível manter a forma de proteção dos direitos fundamentais como aplicação por equanimidade (que, no limite, pode ser chamada de aplicação "proporcional do dispositivo legal") ou na forma da proteção contra excessos ou deficiências estatais (de um lado, a Übermassverbot e, de outro, a *Untermassverbot*), sempre com o extremo cuidado para não transformar esse *standard* em mais um modo (ou um modo especial) de estabelecer discricionariedades/arbitrariedades interpretativas.

Refira-se, por fim, que os princípios têm a função de "fechar" a interpretação e não de "abri-la", ou seja, os princípios são o modo de superação da onticidade da regra. É o "mundo prático" que penetra no direito. O princípio passa a ser a enunciação do que foi regrado. Por isso, a aplicação do direito necessita de uma teoria da decisão, como modo de preservar a força deontológica dos direitos previstos na Constituição, evitando que o Poder Judiciário fragilize esse grau de autonomia alcançado (pelo direito) no interior deste novo paradigma.

3.6 O SUPREMO TRIBUNAL FEDERAL COMO INSTÂNCIA ORIGINÁRIA E O CONTROLE *INCIDENTER TANTUM* – A IMPORTÂNCIA DOS *WRITS* CONSTITUCIONAIS

3.6.1 Considerações gerais

Não se deve olvidar que não é somente via recurso extraordinário que o Supremo Tribunal Federal exerce o controle difuso de constitucionalidade. Alinhem-se, nessa trilha, as hipóteses de competência originária do Supremo Tribunal Federal para julgar, por exemplo, *habeas corpus*, *habeas data*, mandado de segurança, mandado de injunção, reclamação e demais ações delineadas no art. 102, inciso I, e suas alíneas, sem deixar de registrar as competências originárias próprias do Supremo Tribunal para julgar autoridades com foro especial por prerrogativa de função. Assim, no curso de tais ações, sempre como questão prejudicial, também se torna possível – como ocorre no juízo singular e nos tribunais – o

---

[215] Nesse sentido, ver Canotilho, J. J. Gomes. *Direito constitucional e teoria da Constituição*, op. cit., 5. ed., p. 1243.

[216] Cf. Sarlet, Ingo. *Constituição e proporcionalidade*, op. cit. (grifei).

Cap. 3 · O MODELO DE JUSTIÇA CONSTITUCIONAL NO BRASIL PÓS-1988 | **293**

estabelecimento do controle difuso de constitucionalidade (a diferença reside no fato de que, como já referido, a Turma do STF não suscita o incidente de inconstitucionalidade, sendo a matéria constitucional, se for o caso, levada ao Pleno juntamente com a matéria de mérito, que dependerá, à evidência, do deslinde da questão constitucional, que é condição de possibilidade daquela). Tais assertivas também se aplicam aos recursos ordinários decorrentes de *habeas corpus*, mandado de segurança, *habeas data* e mandado de injunção decididos em única instância pelos Tribunais Superiores, se denegatória a decisão (art. 102, II).

Torna-se relevante deixar assentado que, em termos de controle difuso/incidental/concreto (via de exceção ou defesa, que são outros modos de nominar o instituto), provavelmente o instrumento mais pertinente pensado pelo constituinte para servir como meio de acesso à jurisdição constitucional tenha sido o mandado de injunção, previsto no inciso LXXI do art. 5º da Constituição: "Conceder-se-á mandado de injunção sempre que a falta de norma regulamentadora torne inviável o exercício dos direitos e liberdades constitucionais e das prerrogativas inerentes à nacionalidade, à soberania e à cidadania". O instituto do mandado de injunção tem como comparativo no direito alienígena o *writ of injunction* do direito anglo-americano.[217][548] O conteúdo de sua decisão deve(ria), em nosso sistema jurídico, consistir na outorga direta do direito pleiteado pelo cidadão. Ou seja, na falta de regulamentação de um dispositivo constitucional que contenha a gama de direitos alcançados pelo mandado de injunção, deveria o Poder Judiciário, como se legislador fosse, conceder o direito para aquele caso concreto. Lamentavelmente, esse importante instituto foi, por largo tempo, tornado ineficaz, como se pode perceber pelos seguintes julgados: MI 107, j. 23.11.1989 – "Não há como dar trâmite a pedido que, sob a roupagem da injunção, deduz pretensão de caráter patrimonial, incompatível com a natureza mandamental do *writ*"; MI 168, Ministro Sepúlveda Pertence – "O mandado de injunção nem autoriza o Judiciário a suprir a omissão legislativa ou regulamentar, editando o ato normativo, nem, menos ainda, lhe permite ordenar, de imediato, ato concreto de satisfação do direito reclamado"; MI 238-0, Ministro Celso Mello – "O novo *writ* não se destina, pois, a constituir direito novo, nem a ensejar ao Poder Judiciário o anômalo desempenho de funções normativas que lhe são institucionalmente estranhas. O mandado de injunção não é sucedâneo constitucional das funções político-jurídicas atribuídas aos órgãos estatais inadimplentes. A própria

---

[217] Introduzido nos Estados Unidos em 1870, o *writ of injunction* manteve seu caráter de juízo de equidade. O fundamento para a sua concessão é a ameaça de violação de direitos garantidos pela 14ª Emenda da Constituição, cuja primeira seção acentua: "Todas as pessoas nascidas ou naturalizadas nos Estados Unidos e sujeitas à sua jurisdição são cidadãos dos Estados Unidos e do Estado em que residem. Nenhum Estado fará ou executará qualquer lei restringindo os privilégios ou imunidades dos cidadãos dos Estados Unidos; nem privará qualquer pessoa da vida, liberdade ou propriedade sem processo legal regular; nem negará a qualquer pessoa dentro de sua jurisdição a igual proteção da lei". Para exemplificar: o campo de aplicação do *writ* of *injunction* nos EUA é tão amplo que, no Texas, um "tal de Warfiel conseguiu uma *injunction* para proibir um rival de cortejar a sua mulher...". Consultar STRECK, Lenio Luiz. *O mandado de injunção no direito brasileiro:* análise crítica. Rio de Janeiro: Edições Trabalhistas, 1991. Também: SILVA, José Afonso da. *O mandado de injunção e o habeas data.* São Paulo: Ed. RT, 1989; TORNAGHI, Helio. O mandado de injunção no Brasil. *Anais do Seminário sobre os Novos Direitos Fundamentais na Constituição brasileira.* Rio de Janeiro: Cepad, 1988; BARRETO LIMA, Martonio, op. cit.

excepcionalidade desse novo instrumento jurídico impõe ao Judiciário o dever de estrita observância do princípio constitucional da divisão do Poder".[218]

Não é temerário afirmar, neste ponto, que se estava diante de um paradoxo, representado pelo fato de o instrumento jurídico forjado pelo constituinte para dar eficácia às normas constitucionais ter sido tornado ineficaz pelo Poder Judiciário. Em outras palavras, o mandado de injunção, instituto que representa bem a tese do deslocamento da esfera de tensão dos Poderes Executivo e Legislativo para a justiça constitucional – típica do Estado Democrático de Direito –, acabou sendo transformado, por um largo período, em uma norma sem eficácia.

A ineficácia do *writ* injuntivo provocava reações fortes em setores da comunidade jurídica, valendo citar a manifestação, à época, de Joaquim Arruda Falcão: "O Supremo Tribunal Federal hesita em tomar decisões que o País espera que tome. Hesita em assumir responsabilidades de verdadeira Corte Constitucional. Opta por procedimentos de adiar, em vez dos de decidir conflitos [...]. Acredita que, se estabelecer, mesmo por analogia, limites legais para a greve dos servidores, invade a área do Congresso. Um poder não pode invadir o outro. Com o que todo mundo concorda. Mas todo mundo concorda também que inexiste invasão quando a própria Constituição manda que, se um Poder não cumpre a obrigação de decidir, outro o faça, para assegurar a liberdade dos cidadãos [...]. O Supremo é apenas o locutor do Congresso. Quando não tem telepronto, o locutor nada lê. Cala-se. E se o Congresso nada decidir? Quem vai garantir nossos direitos? O Supremo lava as mãos? Para que serve então a separação de Poderes se não viabiliza as liberdades?".[219]

Releva notar que, mais contemporaneamente, o mandado de injunção voltou à baila no Supremo Tribunal Federal.[220] Com a modificação da composição da Corte, a posição denominada *concretista* ganhou força. Nessa linha, a partir do julgamento dos MI 712 e

---

[218] Cf. POLETTI, Ronaldo. *O controle da constitucionalidade das leis*. Rio de Janeiro: Forense, 1998. p. 225. Mais ainda: "Não cabe mandado de injunção quando a falta de norma regulamentadora não impede o exercício ou a fruição do direito porque a norma constitucional que o define é autoaplicável" (MI 24-7, rel. Min. Célio Borja, j. 26.10.1988; MI 16-6, rel. Min. Djaci Falcão, j. 20.10.1988; MI 74-3, rel. Min. Carlos Madeira, j. 15.03.1989). "Não serve o mandado de injunção para declarar vacância de cargo, nem para compelir o Presidente da República a praticar ato administrativo, concreto e determinado, consistente em indicar nome ao Senado para ser investido no cargo de Procurador-Geral da República" (MI 14-0, rel. Min. Sydney Sanches, j. 26.10.1988). Depois do MI 107-3, o Supremo considerou a imprestabilidade desse *writ* para efeito de equiparação de vencimentos no âmbito da Administração Pública (MI 81-6-AgRg, Plenário, j. 20.04.1990). "Reparação de dano pela mora (Código Civil, art. 159). O mandado de injunção não é sucedâneo da ação de indenização. Seus limites foram riscados no MI 107-3" (MI 175-8-AgRg, rel. Min. Paulo Brossard, j. 22.03.1990, *Ementário* 1576-1).

[219] *Folha de S.Paulo*, Tendências e Debates, 17 jun. 1994.

[220] Reconheça-se, todavia, que as alterações no Supremo Tribunal ocorreram de forma gradual, mesmo com a antiga composição da Corte. Nesse sentido, vale lembrar que em 1991, no MI 283 (rel. Min. Sepúlveda Pertence), pela primeira vez o STF estipulou prazo para a colmatação de lacuna legislativa, sob pena de assegurar ao impetrante a satisfação do direito. Essa evolução interpretativa também pode se perceber pela leitura dos MIs 232 e 284, culminando com o advento dos MIs 712, 708 e 670, acima citados.

Cap. 3 · O MODELO DE JUSTIÇA CONSTITUCIONAL NO BRASIL PÓS-1988 | **295**

MI 670,[221] o STF vem promovendo importante alteração de sua jurisprudência, em prol dos direitos e garantias fundamentais,[222] com superação da posição *não concretista* do conhecido MI 107.

No mais, além do mero caráter aditivo da sentença, cabe lembrar que o Supremo Tribunal Federal, no julgamento do MI 670 e do MI 708, ambos de relatoria do Ministro Gilmar Mendes, reconheceram a possibilidade de se estenderem os efeitos da decisão de forma *erga omnes* a todos os possíveis atingidos. Com efeito, o relator do MI 712, Ministro Eros Grau, entendeu que, até o Congresso não editar a lei específica referente ao direito de greve do servidor público, deve ser aplicada a legislação pertinente aos trabalhadores celetistas (Lei 7.783/1989). Eros Grau registrou, porém, que devem ocorrer modificações necessárias ao atendimento das peculiaridades da greve no serviço público, com o objetivo de garantir o funcionamento dos serviços essenciais. Nessa perspectiva, tão somente a paralisação parcial do trabalho pode ser admitida, sob pena de consubstanciar-se "abuso de direito de greve".[223]

Veja-se importante trecho do voto do Ministro Eros Grau (MI 712):

> "Esta é a questão fundamental a considerarmos. Já não se trata de saber se o texto normativo de que se cuida – art. 37, VII – é dotado de eficácia. Importa verificarmos é se o

---

[221] Os mandados de injunção foram impetrados, com pedido de liminar, contra o Congresso Nacional por sindicatos dos servidores do Poder Judiciário dos Estados do Espírito Santo (Sindpol) e Pará (Sinjep). Os MIs tratam da regulamentação do direito de greve de servidores públicos previsto no art. 37, VII, da CF. Importante a menção, ainda, ao MI 708, da relatoria do Ministro Gilmar Mendes.

[222] Outro exemplo de tal alteração é a modificação da posição da Corte em relação à prisão do depositário infiel na alienação fiduciária, com destaque para a posição do Ministro Gilmar Mendes. Nesse sentido, o *Informativo* 470: "A Turma deferiu *habeas corpus* preventivo para assegurar ao paciente o direito de permanecer em liberdade até o julgamento do mérito, pelo STJ, de idêntica medida. No caso, ajuizada ação de execução, o paciente aceitara o encargo de depositário judicial de bens que, posteriormente, foram arrematados pela credora. Ocorre que, expedido mandado de remoção, os bens não foram localizados e o paciente propusera, ante a sua fungibilidade, o pagamento parcelado do débito ou a substituição por imóvel de sua propriedade, ambos recusados pela exequente. Diante do descumprimento do *munus*, decretara-se a prisão do paciente. Inicialmente, superou-se a aplicação do enunciado da Súmula 691 do STF. Em seguida, asseverou-se que o tema da legitimidade da prisão civil do depositário infiel, ressalvada a hipótese excepcional do devedor de alimentos, encontra-se em discussão no Plenário (RE 466.343/SP – v. *Informativos* 449 e 450) e conta com 7 votos favoráveis ao reconhecimento da inconstitucionalidade da prisão civil do alienante fiduciário e do depositário infiel. Tendo isso em conta, entendeu-se presente a plausibilidade da tese da impetração. Reiterou-se, ainda, o que afirmado no mencionado RE 466.343/SP, no sentido de que os tratados internacionais de direitos humanos subscritos pelo Brasil possuem *status* normativo supralegal, o que torna inaplicável a legislação infraconstitucional com eles conflitante, seja ela anterior ou posterior ao ato de ratificação, e que, desde a ratificação, pelo Brasil, sem qualquer reserva, do Pacto Internacional dos Direitos Civis e Políticos (art. 11) e da Convenção Americana sobre Direitos Humanos – Pacto de San José da Costa Rica, HC 90.172, rel. Min. Gilmar Mendes (art. 7º, 7), não há mais base legal para a prisão civil do depositário infiel" (em 05.06.2007, *Informativo* 470).

[223] Cf. notícia do STF de 07.06.2006.

Supremo Tribunal Federal emite decisões ineficazes; decisões que se bastam em solicitar ao Poder Legislativo que cumpra o seu dever, inutilmente.

[...]

12. A greve é a arma mais eficaz de que dispõem os trabalhadores como meio para a obtenção de melhoria em suas condições de vida. Consubstancia um poder de fato; por isso mesmo que, tal como positivado o princípio no texto constitucional [art. 9º], recebe concreção imediata – sua autoaplicabilidade é inquestionável –, como direito fundamental de natureza instrumental.

13. A Constituição, tratando dos trabalhadores em geral, não prevê regulamentação do direito de greve: a eles compete decidir sobre a oportunidade de exercê-lo e sobre os interesses que devam por meio dela defender.

[...]

26. Salvo a hipótese de – como observei, lembrando Fernando Pessoa – transformarmos anteriormente a Constituição em papel 'pintado com tinta' e aplicá-la em 'uma coisa em que está indistinta a distinção entre nada e coisa nenhuma', constitui dever-poder deste Tribunal a formação supletiva, no caso, da norma regulamentadora faltante.

27. O argumento de que a Corte estaria então a legislar – o que se afiguraria inconcebível, por ferir a independência e harmonia entre os poderes [art. 2º] e a separação dos poderes [art. 60, § 4º, III] – é insubsistente.

28. Pois é certo que este Tribunal exercerá, ao formular supletivamente a norma regulamentadora de que carece o art. 37, VII, da Constituição, função normativa, porém não legislativa.

[...]

39. Apenas para explicitar, lembro que texto e norma não se identificam. O que em verdade se interpreta são os textos normativos; da interpretação dos textos resultam as normas. A norma é a interpretação do texto normativo. A interpretação é atividade que se presta a transformar textos – disposições, preceitos, enunciados – em normas.

O Poder Judiciário, no mandado de injunção, produz norma. Interpreta o direito, na sua totalidade, para produzir a norma de decisão aplicável à omissão. É inevitável, porém, no caso, seja essa norma tomada como texto normativo que se incorpora ao ordenamento jurídico, a ser interpretado/aplicado. Dá-se, aqui, algo semelhante ao que se há de passar com a súmula vinculante, que, editada, atuará como texto normativo a ser interpretado/aplicado.

40. Ademais, não há que falar em agressão à 'separação dos poderes', mesmo porque é a Constituição que institui o mandado de injunção e não existe uma assim chamada 'separação dos poderes' provinda do direito natural. Ela existe, na Constituição do Brasil, tal como nela definida. Nada mais. No Brasil vale, em matéria de independência e harmonia entre os poderes e de 'separação dos poderes', o que está escrito na Constituição, não esta ou aquela doutrina em geral mal digerida por quem não leu Montesquieu no original.

[...]

43. A este Tribunal incumbirá – permito-me repetir –, se concedida a injunção, remover o obstáculo decorrente da omissão, definindo a norma adequada à regulação do caso concreto, norma enunciada como texto normativo, logo sujeito a interpretação pelo seu aplicador."

Cap. 3 · O MODELO DE JUSTIÇA CONSTITUCIONAL NO BRASIL PÓS-1988 | **297**

Um dos *writs* constitucionais que mais tem recebido atenção por parte do Supremo Tribunal Federal – até em face da enorme demanda – é o *habeas corpus*. Efetivamente, o Tribunal tem examinado um número de *habeas corpus* acima de qualquer previsibilidade. Nesse contexto, o Supremo Tribunal Federal, em sua jurisprudência, admitia o *habeas corpus* como substitutivo do recurso ordinário, de modo a permitir uma apreciação mais célere e expedita de eventual abuso ou ilegalidade aos direitos, liberdades e garantias fundamentais. Todavia, houve uma reviravolta paradigmática na orientação jurisprudencial, tendo por *case study* o HC 109.956, de relatoria do Ministro Marco Aurélio, que merece reflexões à luz do dever de integridade das decisões e do controle democrático do ato de julgar, a partir do que foi afirmado no voto-condutor do referido Ministro, *in verbis*:

> "Em época na qual não havia a sobrecarga de processos hoje notada – praticamente inviabilizando, em tempo hábil, a jurisdição –, passou-se a admitir o denominado *habeas* substitutivo do recurso ordinário constitucional previsto contra decisão judicial a implicar o indeferimento da ordem. Com isso, atualmente, tanto o Supremo quanto o Superior Tribunal de Justiça estão às voltas com um grande número de *habeas corpus* – este Tribunal recebeu, no primeiro semestre de 2012, 2.181 *habeas* e 108 recursos ordinários e aquele, 16.372 *habeas* e 1.475 recursos ordinários. Raras exceções, não se trata de impetrações passíveis de serem enquadradas como originárias, mas de medidas intentadas a partir de construção jurisprudencial.
>
> O direito é orgânico e dinâmico e contém princípios, expressões e vocábulos com sentido próprio. A definição do alcance da Carta da República há de fazer-se de forma integrativa, mas também considerada a regra de hermenêutica e aplicação do direito que é a sistemática. O *habeas corpus* substitutivo do recurso ordinário, além de não estar abrangido pela garantia constante do inciso LXVIII do art. 5º do Diploma Maior, não existindo sequer previsão legal, enfraquece este último documento, tornando-o desnecessário no que, nos arts. 102, II, *a*, e 105, II, *a*, tem-se a previsão do recurso ordinário constitucional a ser manuseado, em tempo, para o Supremo, contra decisão proferida por Tribunal Superior indeferindo ordem, e para o Superior Tribunal de Justiça, contra ato de Tribunal Regional Federal e de Tribunal de Justiça. O direito é avesso a sobreposições, e impetrar-se novo *habeas*, embora para julgamento por tribunal diverso, impugnando pronunciamento em idêntica medida, implica inviabilizar, em detrimento de outras situações em que requerida, a jurisdição.
>
> Cumpre implementar – visando restabelecer a eficácia dessa ação maior, a valia da Carta Federal no que prevê não o *habeas* substitutivo, mas o recurso ordinário – a correção de rumos. Consigno que, no tocante a *habeas* já formalizado sob a óptica da substituição do recurso constitucional, não ocorrerá prejuízo para o paciente, ante a possibilidade de vir-se a conceder, se for o caso, a ordem de ofício."[224]

Ora, a jurisdição constitucional, acima de tudo, é uma jurisdição das liberdades, não podendo os argumentos de política ser invocados para suplantar os argumentos de princípio. Se o *writ* vinha sendo utilizado como substituto do recurso ordinário, eventual mudança de orientação do Supremo implicou uma quebra dos precedentes (*overruling*), de modo a

---

[224] Cf. HC 109.956, 1ª Turma do STF.

exigir fundamentada justificação ética, à luz de argumentos pautados na observância das dimensões procedural e material do ato decisório, sob o crivo do devido processo legal, do contraditório e da ampla defesa.

Nessa senda, o devido processo legal possui uma dimensão substancial, emprestando homenagem ao direito fundamental à adequada e tempestiva cognição judicial, máxime em matéria penal e processual penal, onde estão em jogo as liberdades fundamentais dos cidadãos. A reviravolta jurisprudencial, sem a leitura do ato de julgar como verdadeiro romance em cadeia, tendo como pauta deontológica a integridade da jurisdição, não se releva alvissareira e reclama profunda reflexão por parte da doutrina, no sentido de lançar as balizas para um *accountability* hermenêutico.

Dito de outro modo, a quantidade de *habeas* em tramitação nas Cortes Superiores não se erige como argumento forte de princípio a ensejar a inadmissibilidade da via excepcional, nomeadamente diante de uma construção jurisprudencial em consonância com a celeridade e o tempo do processo como vetores hermenêuticos. A organicidade do direito e a interpretação devem estar associadas ao controle democrático das decisões judiciais, à luz da democracia constitucional e dos direitos fundamentais. A reconstrução da história institucional da utilização do *writ* como sucedâneo do recurso ordinário constitucional deve ser levada em conta, diante da tradição, da fusão de horizontes e da consciência histórico-efeitual como balizas fundamentais da produção democrática da atividade jurisdicional.

A reviravolta paradigmática na orientação do Supremo merece críticas à luz da concepção do "direito como integridade", de Dworkin, bem como da necessidade de objetividade na interpretação da Constituição. Logo, não é possível aos juízes e Tribunais, inclusive o STF, o desprestígio à jurisprudência constitucional e ao "romance em cadeia", segundo o referido jusfilósofo estadunidense, que brota da importância da estabilização das decisões judiciais na sociedade contemporânea. Por conseguinte, merece críticas a nova postura jurisprudencial assumida pela Corte Suprema no trato do *habeas corpus* como substitutivo do recurso ordinário, em especial diante da tradição hermenêutica que fixa um limite objetivo à interpretação conferida ao texto constitucional.

De todo modo, há que registrar que, por vezes, o STF, fazendo uso deste instrumento, também se arrisca a fragilizar direitos e garantias fundamentais. É o caso do assim denominado caso "Rondônia":

> "'Operação Dominó'. Princípio do juiz natural e imunidade parlamentar. 1. A Turma, por maioria, indeferiu *habeas corpus* impetrado em favor do Presidente da Assembleia Legislativa do Estado de Rondônia, denunciado, com terceiros, com base em investigações procedidas na denominada 'Operação Dominó', pela suposta prática, como líder de organização criminosa, dos delitos de formação de quadrilha, corrupção, exploração de prestígio, concussão, lavagem de dinheiro e outros. No caso, a prisão cautelar do paciente fora decretada em virtude do estado de flagrância decorrente do crime de quadrilha. Alegava a impetração: a) incompetência de Ministra do STJ para determinar a custódia e, em consequência, julgar a ação penal proposta perante aquela Corte; e b) nulidade da prisão, por inobservância da imunidade parlamentar (CF, art. 53, § 3º, c/c o art. 27, § 1º), haja vista que esta somente permitiria a prisão em flagrante de crime inafiançá-

vel, a qual deve ser comunicada à Assembleia Legislativa do referido Estado-membro, para que os seus pares possam resolver sobre a medida. Ainda aduzia que, na espécie, a prisão seria incabível, dada a afiançabilidade do crime de quadrilha. [...] Com relação à incompetência da autoridade coatora, considerou-se inexistente a alegada ofensa ao princípio do juiz natural. Asseverou-se que, na hipótese, a presença de membros do Tribunal de Justiça local e do Tribunal de Contas do Estado, supostos integrantes da aludida organização criminosa, atrairia a competência do STJ para processar e julgar o paciente. Assim, tendo em conta a conexão entre os processos, os demais corréus deveriam ser julgados perante o foro da autoridade detentora da prerrogativa de função. Concluiu-se, destarte, que a decisão impugnada encontrava-se em consonância com as normas constitucionais e infraconstitucionais (CPP, arts. 77 e 78), bem como com a jurisprudência prevalente sobre a matéria (Enunciado da Súmula 704 do STF). [...] No tocante à imunidade parlamentar, ressaltou-se que o presente caso não comportaria interpretação literal da regra proibitiva da prisão de parlamentar (CF, art. 53, §§ 2º e 3º), e sim solução que conduzisse à aplicação efetiva e eficaz de todo o sistema constitucional. Aduziu-se que a situação descrita nos autos evidenciaria absoluta anomalia institucional, jurídica e ética, uma vez que praticamente a totalidade dos membros da Assembleia Legislativa do Estado de Rondônia estaria indiciada ou denunciada por crimes relacionados à mencionada organização criminosa, que se ramificaria por vários órgãos estatais. Assim, tendo em conta essa conjuntura, considerou-se que os pares do paciente não disporiam de autonomia suficiente para decidir sobre a sua prisão, porquanto ele seria o suposto chefe dessa organização. Em consequência, salientou-se que aplicar o pretendido dispositivo constitucional, na espécie, conduziria a resultado oposto ao buscado pelo ordenamento jurídico. Entendeu-se, pois, que à excepcionalidade do quadro haveria de corresponder a excepcionalidade da forma de interpretar e aplicar os princípios e regras constitucionais, sob pena de se prestigiar regra de exceção que culminasse na impunidade dos parlamentares. O Min. Sepúlveda Pertence destacou em seu voto a incidência do art. 7º da Lei 9.034/1995, que veda a concessão de fiança aos integrantes de crime organizado, o qual compreende o delito de quadrilha. Vencidos os Ministros Ricardo Lewandowski e Marco Aurélio, que deferiam o *writ* ao fundamento de ser aplicável a imunidade parlamentar."[225]

No caso em pauta, parece que o Supremo Tribunal Federal apelou para um nível de generalização excessiva do direito fundamental, para, ao final, negá-lo (aproximando-se daquilo que, em outro texto,[226] denomino de "Fórmula Scalia". Vejamos: por maioria de votos, umas das Turmas do Supremo Tribunal Federal negou o *habeas corpus*, sob o fundamento de que haveria evidências da existência de um quadro de "absoluta anomalia institucional, jurídica e ética" no Estado Federado, uma vez que praticamente a totalidade dos membros do Poder Legislativo estaria indiciada ou denunciada por crimes relacionados à organização criminosa, e, consequentemente, os pares do deputado requerente do *writ* não "disporiam de autonomia suficiente para decidir sobre a sua prisão" nos termos do preceito constitucional, uma vez que ele – o impetrante – seria o suposto chefe da organização

---

[225] HC 89.417/RO, rel. Min. Cármen Lúcia, 22.08.2006.

[226] Tribe, Laurence; Dorf, Michael. *Hermenêutica constitucional*. Belo Horizonte: Del Rey, 2007. v. 8, p. 10.

criminosa. A esse quadro de excepcionalidade, segundo o STF, "deve corresponder a excepcionalidade da forma de interpretar e aplicar princípios e regras constitucionais, sob pena de se prestigiar regra de exceção que culminasse na impunidade de parlamentares".[227]

Embora a decisão do Supremo Tribunal tenha forte apelo social (combate à impunidade etc.), a decisão deve ser examinada com bastante cuidado, em face de seus "efeitos colaterais" para o futuro. Afinal, pode o Supremo Tribunal dispor das garantias fundamentais, excepcionando a sua aplicação? Evidencia-se, no caso, que o STF levou a garantia processual (portanto, um direito fundamental, que assegura o direito ao impetrante de não ser preso, a não ser por autorização do parlamento) a tal nível de especificidade que a desconectou do preceito constitucional, como se a norma da Constituição contivesse exceções do tipo "em circunstâncias como o envolvimento ou a suspeita de envolvimento da maioria dos deputados da casa legislativa, a garantia não é aplicável"... Ou seja, a imunidade parlamentar – que não é garantia personalíssima, mas, sim, da representativa parlamentar – foi transformada, no caso concreto, em "um direito ao benefício do cargo para o cometimento de crimes", para, em seguida, ter negada a sua aplicação.

Não parece que era isso que estava em discussão. Além disso, ainda poderíamos objetar, contra a decisão, que, além da impossibilidade de o STF, em tempos de normalidade democrática, suspender direitos constitucionais, houve a violação do princípio da presunção da inocência (observe-se que o próprio STF, na justificativa da decisão, faz alusão ao fato de que "a situação do Estado evidenciaria...", que o deputado "seria" o chefe da organização etc., além de expressões vagas como "praticamente a totalidade dos membros...").

Por fim, cabe registrar que, fosse correta a avaliação de que o Estado Federado (Rondônia) estaria sob crise institucional, seria o caso de pedido de intervenção federal, tarefa exclusiva do Procurador-Geral da República. Parece-me, assim, não ser desarrazoado afirmar que, exatamente porque o Procurador-Geral da República não tomou qualquer providência, se pode concluir pela inexistência da crise justificadora da excepcionalidade da aplicação do direito fundamental. Ou seja, no caso em tela, o direito fundamental foi evidenciado de um modo que gerasse sua própria contradição, a tal ponto de justificar a sua negação (não aplicação do preceito fundamental, de forma excepcional), a exemplo do que ocorreu nos casos trazidos à tona por Tribe e Dorf, em seu *On reading the Constitution*. Dito de outro modo, a especificidade é levada ao nível de uma espécie de "redução eidética", para possibilitar, *a posteriori*, um grau de generalização que sustentará, dedutivamente, a própria negação do direito fundamental. E esse "efeito colateral", por certo, embora a decisão tenha "efeitos positivos conjunturais" (combate à impunidade, restauração da ética na política, revitalização da credibilidade nas instituições), pode criar seríssimos problemas na aplicação futura dos aludidos direitos fundamentais. Essa mesma situação, aliás, pode ser percebida no voto – vencido – proferido no RO 1.069/RJ, negando a aplicação da garantia fundamental da presunção da inocência a candidato a deputado de duvidosa reputação, mas que, contra ele, não havia sentença transitada em julgado. Igualmente nesse caso, em vez de definir o princípio da presunção da inocência com um nível de abrangência (nível de generalização) que garantisse o seu cerne, isto é, "qualquer

---

[227] *Informativo* 437, de 30.08.2006.

Cap. 3 · O MODELO DE JUSTIÇA CONSTITUCIONAL NO BRASIL PÓS-1988 | **301**

cidadão, se não estiver condenado, deve ser considerado inocente", o voto vencido trilhou por caminho inverso (no referido voto, ficou delineado que os princípios constitucionais de direito coletivo – como da soberania popular e da democracia representativa – devem se sobrepor aos direitos individuais, como o princípio da não culpabilidade, isto é, o princípio da presunção da inocência). Repita-se a pergunta feita no caso anterior (HC 89.417/RO): em que circunstância pode o STF excepcionar a aplicação de um direito fundamental? Quantos processos o cidadão precisa estar respondendo para chegar no "limite" de não fazer jus à aplicação do princípio da presunção da inocência? Aqui também, pois, o problema dos "efeitos colaterais" da decisão.

3.6.2 O *habeas corpus*: um julgamento que abalou o país – HC 152.752

O julgamento do *Habeas Corpus* 152.752, impetrado pelo Ex-Presidente Luiz Inácio Lula da Silva, levou a análise da questão envolvendo a presunção de inocência ao STF, no intuito de impedir a execução provisória da pena diante da confirmação de sua condenação pelos crimes de corrupção passiva e lavagem de dinheiro pelo Tribunal Regional Federal da 4ª Região (TRF-4). O pedido foi analisado pelo Plenário do STF, que denegou a ordem em votação majoritária.

O Relator, Ministro Edson Fachin, proferiu seu voto no sentido do indeferimento do *habeas corpus* em virtude de não se verificar "ilegalidade, abusividade ou teratologia na decisão do Superior Tribunal de Justiça", decisão esta que aplicou ao caso a jurisprudência do STF, que permite a execução provisória da pena após a confirmação da condenação em segunda instância.

Argumentou, ainda, o Relator pela necessidade de estabilidade e respeito ao entendimento dos tribunais, especialmente diante de jurisprudência ainda não revisada em sede de controle concentrado. Afirmou o Ministro Edson Fachin, em suma, que a alteração do posicionamento sobre a matéria só poderia ocorrer na ocasião do julgamento de mérito das Ações Declaratórias de Constitucionalidade 43 e 44.

O Ministro Alexandre de Moraes acompanhou o voto do Relator, alegando que "não há nenhuma ilegalidade ou abuso de poder que permitiria a concessão do *habeas corpus*", uma vez que a presunção de inocência é uma presunção relativa, de modo que, desde a edição da Constituição Federal de 1988, apenas durante sete anos, entre 2009 e 2016, o STF teve entendimento contrário à prisão em segunda instância.

O Ministro Roberto Barroso também acompanhou os fundamentos do voto do Relator, ressaltando os efeitos do posicionamento adotado pelo STF entre 2009 e 2016 sobre a prisão provisória, que, segundo o Ministro, gerou descrédito do sistema de justiça penal junto à sociedade e motivou a interposição de recursos protelatórios. O Ministro Roberto Barroso também apresentou estatística segundo a qual a reversão do resultado em favor do réu em recursos interpostos nos tribunais superiores chega a pouco mais de 1% do total, restando "ilógico moldar o sistema com relação à exceção e não à regra".

A Ministra Rosa Weber também votou no sentido da denegação do *habeas corpus*, acompanhando o Relator, tendo em vista a relevância da previsibilidade das decisões judiciais, afirmando que a execução provisória de acórdão de apelação não compromete a presunção de inocência, "independentemente da minha posição pessoal quanto ao ponto e ressalvado meu ponto de vista a respeito, ainda que o Plenário seja o local apropriado para revisitar tais temas", defendendo a colegialidade.

O Ministro Luiz Fux, ao se manifestar pela improcedência do *mandamus*, afirmou que a Constituição não determina a necessidade de trânsito em julgado para que se efetive a prisão, e que a interpretação literal do texto constitucional provoca a negativa de direito fundamental do Estado de impor a sua ordem penal.

A Ministra Cármen Lúcia, presidente do STF, manteve a posição manifestada em 2009, ocasião em que mudou seu posicionamento para afirmar que o cumprimento da pena após o duplo grau de jurisdição não representa afronta ao princípio da não culpabilidade, uma vez que não impossibilita a garantia da ampla defesa, e que, por outro lado, garante a efetividade do direito penal.

O Ministro Gilmar Mendes abriu divergência para se manifestar no sentido da concessão da ordem preventiva, de modo que o eventual cumprimento da pena contra o Ex-Presidente Lula ocorresse apenas a partir do julgamento da matéria pelo STJ. Em oposição ao Relator, entendeu o Ministro que a possibilidade de antecipação do cumprimento da pena se restringe a poucas situações, apontadas em seu voto. Entre tais situações estariam os casos de condenações confirmadas em segunda instância por crimes graves, diante da garantia da ordem pública ou aplicação da lei penal.

O Ministro Dias Toffoli, reiterando os fundamentos do voto apresentado no julgamento das medidas cautelares nas ADCs 43 e 44, manifestou-se no sentido de aguardar o julgamento de recurso especial no STJ. Afirmou o Ministro que "o sistema processual penal, endossado pela jurisprudência do STF, dispõe de mecanismos hábeis para obstar o uso abusivo ou protelatório dos recursos criminais".

Também no sentido de procedência do pedido de *habeas corpus*, o voto do Ministro Ricardo Lewandowski destacou que "a vida e a liberdade não se repõem jamais", e que a presunção de inocência "representa a mais importante salvaguarda dos cidadãos, considerado o congestionadíssimo e disfuncional sistema judiciário brasileiro". No mesmo sentido, o voto do Ministro Marco Aurélio, concluindo que a possibilidade de cumprimento de pena antes do trânsito em julgado é medida precoce, e a garantia constitucional da presunção de inocência não é letra morta.

Por fim, também se manifestou pela procedência do *habeas corpus* o Ministro Celso de Mello, argumentando que o julgamento em pauta transcende a pessoa do ex-Presidente Lula, na medida em que discute a presunção de inocência como garantia fundamental assegurada pela Constituição Federal aos cidadãos, encontrando limite temporal no trânsito em julgado de sentença condenatória, que constitui limitação constitucional ao poder de investigar.

A partir da visão panorâmica aqui apresentada, é possível dizer que, sob diversas perspectivas, houve equívocos graves nesse julgamento. O primeiro deles, de fundo mais institucional – por assim dizer –, está presente no voto da Ministra Rosa Weber: o argumento da colegialidade. Ora, o fato de que o julgamento desse *habeas corpus* estava sendo levado a plenário é a prova de que se tornava impossível invocar colegialidade, pois quem

Cap. 3 • O MODELO DE JUSTIÇA CONSTITUCIONAL NO BRASIL PÓS-1988 | 303

julga HC é a turma, o que significa que, sendo o plenário afetado pelo Ministro Edson Fachin, o STF não possuía ainda um posicionamento colegiado sobre a questão.

Em outras palavras, se o Tribunal não tinha posição fixada, o HC, no plenário, só poderia ser apreciado depois da questão prejudicial, ou seja, o julgamento de HC no plenário só poderia ocorrer se já tivesse sido votada a questão constitucional constante nas duas ADCs.

Como se pode perceber, estamos diante de um sério problema técnico de manuseio da jurisdição constitucional: o deslocamento do HC do seu juízo natural da turma para o plenário. Para além dessa decisão poder ser questionada mediante ADPF, há outros impactos decorrentes da situação de colocar em pauta no plenário o julgamento de mérito do HC antes de se dar a discussão sobre as teses levantadas nas ADCs 43 e 44, como o desgaste institucional do Tribunal. Vinculado a isso, surge outro problema, o de separar a avaliação de mérito do HC da avaliação constitucional da tese objeto das referidas ADCs.

Mas não é apenas nesse aspecto que poderia ser considerado mais técnico que a decisão desse HC apresenta problemas. Há uma incoerência no fundamento das decisões dos ministros. A Ministra Rosa Weber, por exemplo, dias antes, no julgamento do Recurso Especial Eleitoral 12486-27.2009.6.20.0000/RN, em face do pedido do Ministério Público Eleitoral de prisão de acusados, decidiu na via oposta do caso objeto de análise, afirmando: "determino que se aguarde o encerramento da jurisdição deste Tribunal Superior para o início do cumprimento das penas impostas aos réus" (20 de março de 2018).

Isso significa que, na jurisdição eleitoral, ela submeteu a execução da decisão de segunda instância ao esgotamento da instância especial. Portanto, ela sufragou a tese intermediária defendida pelos ministros Gilmar Mendes e Dias Toffoli e pelo autor da ADC 43. Ou seja, a Ministra Rosa Weber fez, no recurso eleitoral, o oposto do que fez no HC de Lula, com pouco mais de dez dias de diferença entre as decisões. O que se verifica nesse voto é justamente a quebra de preceitos fundamentais, como o da igualdade, na medida em que questões idênticas foram tratadas de modo desigual, o que também poderia ser objeto de ADPF, como remédio último e, aqui, subsidiário (afinal, se os réus do Rio Grande do Norte poderiam aguardar em liberdade até o julgamento final pelo TSE, por que, no caso Lula, o critério foi outro?).

Indo além, há outra questão que gira em torno da invocada – e equivocada – colegialidade: o fato de que a Ministra faz uso do posicionamento de Ronald Dworkin para justificar sua decisão. Na verdade, quando afirmou "decido assim pois é como o Tribunal disse que deve ser, embora bem saiba que o Tribunal está errado", há nessa frase uma forte contradição à coerência e à integridade de Dworkin, que são elementos centrais para guiar o julgador no esforço de construir para o caso a resposta correta; isto é, coerência e integridade implicam, na visão de Dworkin, ver o caso sob sua melhor luz, e não admitir que se está julgando de "modo errado".

Ainda no que diz respeito aos equívocos de fundamentação, outro problema que entra em choque com uma teoria da decisão judicial construída sob pressupostos de constitucionalidade é considerar que os posicionamentos contrários à possibilidade de decretação da prisão após esgotados os recursos dentro da segunda instância estariam assentados tão somente em uma espécie de princípio de presunção da "não culpabilidade". E o que torna o argumento ainda pior é o fato de o art. 283 do CPP não ter sido enfrentado.

De todos os argumentos, os mais equivocados para denegar a ordem foram aqueles que podem ser considerados de ocasião. Em outros termos, muitos votos passaram longe de uma análise jurídica, resumindo-se a argumentos de política, utilitário-consequencialistas.

Talvez a impunidade tenha sido a justificativa que mais tenha aparecido com pretensão de fundamento jurídico, algo na linha de dar efetividade ao direito penal. O grande ponto é perceber que a ideia de efetividade não pode estar apenas associada a um critério punitivista ou temporal (agilidade processual); ela deve ser pensada no limite das garantias processuais penais. Se não se reconhecer isso, dá-se vida à efetividade penal e morte à Constituição.

Associado a isso, tem-se a insistência em um dualismo metodológico. No século XIX, falava-se que as Constituições eram folhas de papel. Havia uma realidade social que podia substituir as leis. Eram outros tempos. Hoje, em países como o nosso, uma visão da realidade social para substituir a Constituição é uma temeridade. Por quê? Porque, assim, viramos uma espécie de democracia plebiscitária, e pior: um Judiciário plebiscitário. Se o anseio popular vale mais que a Constituição, forma-se um paradoxo: uma vez que se consiga demonstrar esse tal de anseio popular, o Judiciário passa a ser inútil.

Por fim, há outro componente que torna ainda mais complexa a questão: a confusão que se faz entre prisão preventiva ou cautelar, e a prisão no cumprimento de um ato punitivo do Estado, nas vias penais. Parece-me bastante óbvio que a Constituição não exige o trânsito para que se realize uma prisão. O réu pode, sim, muito bem ser preso em caráter cautelar, se isso se mostrar necessário para manter a sanidade do ato processual. Todavia, para que um réu possa cumprir a pena, em decorrência de um ato ilícito, objeto de ação penal, existem elementos que devem estar presentes. Um elemento essencial é o da culpabilidade. E a Constituição é clara ao exigir o trânsito para que se possa fazer presente o elemento de culpa. De novo, falo o óbvio. Mas falar o óbvio é tristemente necessário em tempos nos quais dois mais dois é cinco, tempos nos quais, onde se lê "x", o juiz pode dizer que é "y".

Numa última palavra: esses casos que tratam de presunção de inocência envolvem um compromisso judicial, não apenas com as garantias constitucionais, mas, fundamentalmente, um ônus justificativo, em termos de coerência e integridade. A Teoria do Direito não pode fracassar diante da existência de argumentos teleológicos e que repristinam dualismos metodológicos.

3.7 AS SÚMULAS VINCULANTES EM *TERRAE BRASILIS*

O instituto da súmula vinculante é regulamentado pela Lei 11.417, de 19 de dezembro de 2006, e pelas Resoluções 381/2008 e 388/2008, ambas do Supremo Tribunal Federal. A SV pode decorrer de ato de ofício do Supremo Tribunal Federal ou da provocação dos legitimados para a ação direta de inconstitucionalidade (ADI), consoante consta no art. 2º do mencionado diploma normativo. A Lei 11.417/2006, em seu art. 3º, acrescentou ao rol de legitimados para a propositura de edição, revisão ou cancelamento de enunciado de súmula vinculante o Defensor Público-Geral da União e os Tribunais Superiores, os

Tribunais de Justiça de Estados ou do Distrito Federal e Territórios, os Tribunais Regionais Federais, os Tribunais Regionais do Trabalho, os Tribunais Regionais Eleitorais e os Tribunais Militares. Ademais, o § 1º do mesmo artigo confere aos municípios a legitimidade para a propositura de súmula vinculante, desde que o faça incidentalmente ao curso de processo em que seja parte, o que, ressalte-se, não autoriza a suspensão do processo.

Penso aqui que à SV deve ser aplicada a tese da pertinência temática, como ocorre com a ação direta de inconstitucionalidade. Afinal, tratando-se de jurisprudência (con) firmada no âmbito do Supremo Tribunal Federal, a aprovação, a revisão ou a extinção de uma súmula a partir da provocação, por exemplo, de confederação ou entidade com finalidades específicas deve guardar relação direta com os objetivos institucionais do respectivo órgão provocador.

Em outras palavras: não teria sentido permitir que instituições que não possuem legitimidade "universal" para propor ação direta de inconstitucionalidade possam vir a exercer uma espécie de vigilância jurisprudencial sobre o Supremo Tribunal. A aplicação da exigência da pertinência temática evita a utilização político-corporativa do instrumento. Não fosse por tais motivos, há que se ter em conta que a função de guardião da fiscalização da aplicação da Constituição é primordialmente do Ministério Público, bastando, para tanto, um breve exame dos dispositivos constitucionais que tratam do papel dessa instituição.

A proposta de edição, revisão ou cancelamento de súmula vinculante, ao ser formulada, é direcionada ao Presidente do Supremo Tribunal Federal. A partir daí os interessados podem se manifestar. Logo após, o processo vai para a Comissão de Jurisprudência, que é a comissão permanente do STF para esse fim, composta por três Ministros. Recebida a proposta de SV (PSV) com a manifestação dos interessados e o parecer da Comissão de Jurisprudência – cuja cópia deverá ser encaminhada ao Procurador-Geral da República e aos demais Ministros da Corte –, o Presidente a submeterá à apreciação do Plenário ou determinará seu arquivamento, quando ausentes os pressupostos formais. Caso não tenha sido o proponente, o Procurador-Geral da República deverá se manifestar previamente à apreciação da PSV pelo Plenário. Submetida ao Plenário, a edição, a revisão e o cancelamento de enunciado de súmula com efeito vinculante dependerão de decisão tomada por 2/3 (dois terços) dos membros do Supremo Tribunal Federal. No prazo de 10 (dez) dias após a sessão em que editar, rever ou cancelar enunciado de súmula com efeito vinculante, o Supremo Tribunal Federal fará publicar, em seção especial do Diário da Justiça e do Diário Oficial da União, o enunciado respectivo.

Importante notar que a súmula vinculante em regra terá validade imediata (embora o RISTF fale, equivocadamente, em eficácia), sendo que, entretanto, por decisão de 2/3 (dois terços) dos seus membros, a Corte poderá restringir os efeitos vinculantes ou decidir que só tenha eficácia a partir de outro momento, tendo em vista razões de segurança jurídica ou de excepcional interesse público. Uma SV poderá ser revogada ou cancelada, de ofício ou por provocação das mesmas partes legitimadas para a sua proposição.

É preciso ter presente que, a partir da EC 45/2004, a súmula com efeito vinculante passou a ter conceito próprio, com objetivos, requisitos e condições de emissão. Sem o preenchimento de tais exigências, o enunciado não será uma súmula (no sentido novo que o constituinte derivado estabeleceu). Ao instituir as súmulas vinculantes, o legislador constituinte fez clara opção acerca das matérias a serem tratadas pelos verbetes que venham a ter esse efeito. A emissão de súmula vinculante – pelas seriíssimas limitações apostas no art. 103-A – apresenta-se como exceção.

Para tanto, ficou estabelecida a reserva da matéria constitucional já no *caput* do art. 103-A; em seguida, há a exigência da reiteração de pronunciamentos do Supremo Tribunal Federal sobre o tema; em apartado, no § 1º, estão explicitados os objetivos do novo instituto (deve tratar da validade, interpretação e eficácia – *sic* – de normas acerca das quais haja controvérsia atual), além dos requisitos acerca do alcance dessa controvérsia atual, que deve se dar entre órgãos do Poder Judiciário ou entre esses e a administração pública.

Além de tais requisitos, o constituinte fez constar outras duas condições para a edição das súmulas: que essa controvérsia, além de ser atual e se originar de conflito entre órgãos do Poder Judiciário ou desses com órgãos da administração pública, deve, ainda, acarretar grave insegurança jurídica e a possibilidade da ocorrência de "relevante multiplicação de processos sobre questão idêntica". Tudo isso com a condição de que a súmula seja aprovada por dois terços dos ministros da Casa. Há que se registrar que muitas das "atuais" súmulas (a expressão é da Constituição), em muitos casos, até em face da temporalidade, não preenchem nenhum dos objetivos, requisitos ou condições exigidas pelo novel art. 103-A. Assim, a se admitir que a simples agregação do *quorum* de dois terços às atuais súmulas tenha o condão de alçá-las ao mesmo patamar das novas é permitir que o Supremo Tribunal Federal edite súmulas – porque a confirmação equivale à edição de nova súmula – de forma discricionária, na contramão da EC 45/2004, que rejeitou essa tese, colocando rígidos limites e condições para a sua edição.

O novo dispositivo constitucional também coloca como requisito para a edição da súmula vinculante a existência de reiteradas decisões, o que, de imediato, demanda o estabelecimento dos limites da aludida expressão. A expressão "reiteradas" deve ser interpretada a partir da materialidade da Constituição, em especial naquilo que diz com o mais amplo acesso à justiça ao cidadão. Afinal, o fundamento da Reforma do Judiciário, e, portanto, da alteração da Constituição, está assentado na melhoria do acesso à justiça e não na sua obstaculização. Portanto, se não há univocidade possível acerca de quantas decisões devem existir para que esteja caracterizada a "reiteração das decisões" que resultarão em uma súmula, também não é qualquer conjunto de processos cujas decisões apontam para o mesmo lado que determinará o significado da expressão.

A reiteração que aqui é exigida é a de que, em diversas ocasiões, o Supremo Tribunal venha decidindo uma matéria com maioria e, em determinado momento, por provocação ou de ofício, resolva editar a súmula, buscando o qualificado *quorum* de dois terços. Veda--se, desse modo, a possibilidade da edição de uma súmula vinculante com fundamento em decisão judicial isolada, pois é necessário que ela reflita uma jurisprudência do Tribunal, ou seja, reiterados julgados no mesmo sentido, é dizer, com a mesma interpretação. Por mais relevante que seja a matéria, não se concebe a edição de um enunciado sumular vinculante no primeiro ou no segundo julgamento. Trata-se de uma questão democrática, que tem

Cap. 3 · O MODELO DE JUSTIÇA CONSTITUCIONAL NO BRASIL PÓS-1988 | 307

na divisão de Poderes o seu ponto central. Pudesse o STF emitir súmulas vinculantes a qualquer momento, estar-se-ia admitindo que a discussão pelo restante do sistema teria sido tornada despicienda. O Supremo Tribunal, à revelia da Constituição, estaria estabelecendo um "adiantamento liminar de sentido".

3.7.1 Os requisitos para a aprovação da súmula vinculante, seu objeto e suas finalidades

O § 1º do art. 103-A da Constituição Federal estabelece que a súmula com efeito vinculante terá por objetivo a validade, a interpretação e a eficácia de normas determinadas, sobre as quais haja controvérsia atual, ficando estabelecidas, no seguimento do dispositivo, as duas situações de cabimento. O legislador constituinte derivado procedeu a uma cisão entre validade, interpretação e eficácia de normas.

Nesse sentido, é necessário fazer uma incursão na teoria do direito para esclarecer os sentidos:

Validade – É o primeiro requisito da SV. Uma lei (texto jurídico) somente é válida se estiver em conformidade com a Constituição. Daí que, antes de tudo, é necessário lembrar a diferença entre os âmbitos da *vigência* e o da *validade*. Uma lei pode ser vigente e, no entanto, inválida, nula. Portanto, se se está a falar do âmbito da "validade", é porque está superada a problemática anterior, que é o da "vigência" de uma lei. Com efeito, um juízo de vigência é aquele que se refere à mera constatação da existência de um texto jurídico (lei ou ato normativo) no interior de um sistema jurídico. Existência, nesse sentido, significa terem sido obedecidos o procedimento e a competência para o legislador sancionar. São, enfim, os requisitos formais historicamente exigidos pela teoria do direito. A aferição da validade parte da vigência, a partir do exame paramétrico que envolve o exame da compatibilidade conteudística com a hierarquia do ordenamento.

Desse modo, partindo da base analítica que informou o legislador constituinte derivado, é possível afirmar que uma súmula, para que possa vir a ter efeito vinculante, deverá, primeiro, ter, como pano de fundo, uma discussão sobre a validade de um determinado texto jurídico.

O que isso quer dizer? Significa que, nessa hipótese, a discussão do Supremo Tribunal Federal deverá versar sobre os juízos negativos ou positivos feitos pelos tribunais acerca de tal dispositivo. Sendo essa controvérsia atual e possuindo relevância, o Supremo Tribunal Federal *dirá qual a resposta adequada constitucionalmente*. A súmula tem – ou deveria ter – essa função: traduzir a resposta constitucionalmente adequada a uma determinada temática (controvertida). Como exemplo, refira-se a discussão acerca da (in) constitucionalidade da progressão de regime em sede de execução penal, cuja discussão versou sempre sobre a validade da Lei dos Crimes Hediondos, naquilo que se refere ao tema, culminando com a resposta final do STF, no sentido da invalidade do dispositivo. Na ocasião, o STF não editou súmula sobre a matéria, mas a discussão poderia evidenciar a respectiva edição do enunciado vinculante, desde que tivesse o *quorum* mínimo de oito votos. No caso, não havia esse *quorum*. Somente três anos após essa decisão é que o STF editou a SV 26: "Para efeito de progressão de regime no cumprimento de pena por crime hediondo, ou equiparado, o juízo da execução observará a inconstitucionalidade do art. 2º da Lei 8.072, de 25 de julho de 1990, sem prejuízo de avaliar se o condenado preenche, ou não, os requisitos objetivos e subjetivos do benefício, podendo determinar, para tal fim, de modo fundamentado, a realização de exame criminológico".

Interpretação – O segundo requisito é que se trate da interpretação de determinado dispositivo. Ou seja, havendo interpretações divergentes no sistema, poderá chegar o momento em que o STF ponha um fim nesse dissídio hermenêutico. Essa divergência pode ser relativa a legislação infraconstitucional ou constitucional. Aqui, uma questão parece óbvia: quando se discutir a interpretação, a questão da validade já estará previamente sacramentada.

Explicando melhor: a discussão da validade diz respeito aos juízos negativos ou positivos acerca da norma atribuída a um texto jurídico (dispositivo legal), isto é, ou a norma está sendo interpretada como estando de acordo com a Constituição ou está sendo invalidada – em diversos tribunais da República – em sede de controle difuso de constitucionalidade. Por isso, quando o § 1º alude à expressão "interpretação de normas sobre as quais haja controvérsia", quer se referir a dispositivos legais que, não interpretados como inconstitucionais (*porque, se assim o fosse, a discussão se restringiria à validade*), receberam de diversos tribunais sentidos diferentes, todos, entretanto, apontando para a *não invalidação* de todo o dispositivo ou de parte dele.

Tendo em vista a competência ampla do Supremo Tribunal Federal, as normas tanto poderão ser federais como estaduais ou municipais. É possível, porém, que a questão envolva tão somente interpretação da Constituição e não de seu eventual contraste com outras normas infraconstitucionais. Nesses casos, em geral submetidos ao Tribunal sob alegação de contrariedade direta à Constituição (art. 102, III, *a*), discute-se a interpretação da Constituição adotada pelos órgãos jurisdicionais.

Em síntese, ao tratar da *validade* de um texto, a discussão versará sobre a polêmica que os tribunais estarão travando sobre a inconstitucionalidade de uma determinada lei ou dispositivo (claro que discutir validade é interpretar; o que se faz aqui é uma distinção analítica, para uma melhor compreensão do dispositivo; e não podemos esquecer que – na esteira da matriz aqui adotada – interpretar é aplicar; consequentemente, o ato de interpretação é sempre aplicativo, isto é, uno).

A lei é válida, dirão alguns tribunais; a lei é inválida (porque inconstitucional), dirão outros (claro que isso seria assim no plano "ideal"; lamentavelmente, no plano das práticas judiciárias, os tribunais nem sempre trabalham nesse nível de aplicação da jurisdição constitucional, mesmo quando discutem parametricidades). Essa controvérsia, se relevante, poderá ensejar uma súmula (registre-se, de todo modo, que essa polêmica desaparecerá se enfrentada por meio de ADI ou ADC). No caso de *interpretações* discrepantes – seguindo-se sempre o raciocínio analítico do legislador, que optou por fazer a cisão entre validade, interpretação e eficácia –, estar-se-á diante de decisões que envolvam a afirmação da constitucionalidade (lembremos sempre que a súmula, para ser vinculante, *deve ter conteúdo constitucional*). Já não se estará trabalhando com a validade ou invalidade de um texto, porque, nesse caso – chamemos de hipóteses de "interpretação controvertida" –, a controvérsia sobre a interpretação

Cap. 3 • O MODELO DE JUSTIÇA CONSTITUCIONAL NO BRASIL PÓS-1988 | **309**

(sentido atribuído ao texto) necessariamente terá ínsita a questão de que os tribunais, de modos diferentes, *se manifestaram pela afirmação da constitucionalidade* (de modo parcial ou não). E nisso residirá o espaço para a emissão da súmula.

Eficácia – O terceiro e último elemento exige que a súmula tenha por objetivo colocar término às discussões também acerca da eficácia de normas, questão que deve ser analisada igualmente levando em conta a *base analítica* do dispositivo. Dizer que a eficácia de uma norma diz respeito às condições fáticas de sua concretização ou que a eficácia é uma qualidade de uma norma vigente, não é suficiente para a compreensão do fenômeno dos âmbitos que conformam uma norma jurídica (que, repita-se, é sempre produto de interpretação de um texto). Na verdade, a eficácia tem como condição de possibilidade a validade do texto jurídico. No plano de uma *perspectiva material* da Constituição e naquilo que contemporaneamente tem sido compreendido como concretização constitucional, a validade da norma pressupõe a possibilidade de produzir eficácia.

Assim, a norma – que, não esqueçamos, é sempre produto da interpretação de um texto – já traz ínsita a questão da validade. Norma válida e ineficaz é norma incompatível com a Constituição. Simples, pois. A norma já não é o enunciado geral e abstrato, posto e positivo, em virtude do qual "se é ilícito, então deve ser sancionado", lembra José Serrano – a norma é agora esse elemento, preceito ou proposição promulgada, mas um juízo de coerência com o sistema jurídico, incluído nos valores positivados em seu plano mais alto: a Constituição histórica, indisponível para qualquer dos três Poderes, incluído o Legislativo. A norma já não é uma unidade dada, mas, sim, uma cadeia de unidades argumentadas dinâmica (competência e procedimento) e estaticamente (coerência). E essa cadeia de argumentação no interior do sistema a que chamamos norma não está previamente dada, mas se constrói para cada caso e por cada intérprete. A norma não é um elemento, é uma relação. A norma válida não existe assim como tal, não está aí, mas se constrói e se desconstrói para cada caso e somente recebe sua existência a partir dessa construção.[228]

É preciso entender que a interpretação acerca de um texto, cujo produto será a norma (sentido do texto) a ser aplicada, implica toda uma carga de pré-compreensões, que estão forjadas na faticidade, o que significa dizer que um exame acerca da validade de uma lei será sempre uma análise fenomenológica.

Portanto, não parece que o desiderato do constituinte derivado, na sua *cisão analítica* entre validade, interpretação e eficácia, seja o de também aqui isolar o juízo sociológico acerca da eficácia da lei (o que por si já representa um problema, porque a lei não contém um conteúdo em si, porque não alberga todas as hipóteses de aplicação que decorrem da aplicação concreta).

Por certo, a acepção da expressão "eficácia" não diz respeito à análise dos efeitos concretos produzidos pelas normas e tampouco a uma compreensão sócio-fenomenológica destas. A preocupação do constituinte derivado, ao estabelecer a possibilidade de edição de súmula vinculante para sanar discrepâncias acerca da eficácia de normas, parece se restringir, de forma até mesmo singela, ao entendimento comumente adotado na doutrina

---

[228] Cf. Araújo; Serrano Jr., op. cit., p. 102-103.

310 | JURISDIÇÃO CONSTITUCIONAL • *Lenio Luiz Streck*

jurídica, pelo qual a eficácia é considerada como decorrente do efetivo comportamento dos destinatários em relação à norma posta, bem como da sua aplicação pelos tribunais por ocasião de descumprimento. Numa palavra, a eficácia está relacionada e se restringe, nesse caso, ao sentido jurídico de aplicabilidade, isto é, à aferição da possibilidade de ser aplicada, e não se efetivamente ela produz(irá) tais efeitos no mundo da vida. Obviamente, faltou tecnicidade no uso da expressão.

Eficácia teria relação, assim, com a aplicabilidade, restringindo-se a noção ao sentido jurídico, pelo qual a norma deve ter possibilidade de ser aplicada, isto é, deve ter capacidade de produzir efeitos jurídicos, não se cogitando de saber se ela produz efetivamente esses efeitos, o que remeteria a discussão a uma perspectiva sociológica, que trata da eficácia social.

De todo modo, mesmo que o conceito de eficácia venha sendo reduzido à problemática dos efeitos (*ex nunc* e *ex tunc*) e mesmo que a discussão sobre a invalidade constitucional de atos normativos seja, por vezes, confundida com o âmbito da vigência, é possível avançar na formulação teórica do problema. Destarte, é necessário empreender esforços para que ela possa vir a servir de instrumento de concretização dos direitos fundamentais-sociais, passando a compreender o problema eficacial a partir de uma perspectiva de um direito que assume acentuado grau de autonomia no Estado Democrático de Direito.

Por isso é possível afirmar que as súmulas vinculantes têm também – e primordial-mente – *a função de selo jurídico para garantir conquistas sociais relevantes*. Com efeito, não se pode olvidar que as lutas democráticas no campo político-jurídico têm acumulado um razoável conjunto de conquistas e avanços sociais, fruto de pressões de movimentos sociais, que têm recebido o *selo jurídico* a partir da jurisprudência dos tribunais.

3.7.2 A exigência de controvérsia atual, grave insegurança jurídica e possibilidade de "relevante multiplicação de processos sobre questão idêntica"

O dispositivo introdutor da súmula vinculante estabelece duas situações distintas em que a súmula poderá ser editada, atendendo a determinados requisitos: na hipótese de existir controvérsia atual entre órgãos judiciários sobre a validade, a interpretação e a eficácia de normas, questão já discutida acima; e, ainda, quando existir tal controvérsia entre os órgãos judiciários e a administração pública e essa controvérsia acarrete (isto é, esteja acarretando) grave insegurança jurídica e relevante multiplicação de processos sobre questão idêntica. Portanto, não se pode confundir a simples controvérsia entre diversos tribunais com a controvérsia dos tribunais com os órgãos da administração pública, mormente porque, neste último caso, a preocupação é nitidamente com a multiplicação de ações e com os recursos protelatórios.

Outro entrave à edição de súmulas vinculantes é a demonstração da possibilidade da ocorrência de "relevante multiplicação de processos sobre questão idêntica". Vê-se, assim, mais uma vez, o núcleo central do problema da vinculação sumular: *o da busca da integri-dade interpretativa do ordenamento*. De todo modo, também nesta hipótese, em que a *ratio* da súmula vinculante aponta para a necessidade de se evitar a multiplicação de processos judiciais, afigura-se inegável que, tendo em vista a própria formalidade do processo de

Cap. 3 · O MODELO DE JUSTIÇA CONSTITUCIONAL NO BRASIL PÓS-1988 | 311

aprovação e edição de súmula, o Tribunal não poderá afastar-se da orientação sumulada sem uma decisão formal no sentido da superação do enunciado eventualmente fixado.

A afirmação de que inexistiria uma autovinculação do Supremo Tribunal ao estabelecido nas súmulas há de ser entendida *cum grano salis*. Talvez seja mais preciso afirmar que o Tribunal estará vinculado ao entendimento fixado na súmula enquanto considerá-lo expressão adequada da Constituição e das leis interpretadas. Como já dito, a súmula, assim como a lei, é um texto do qual se extrai uma norma. Por isso, a desvinculação há de ser formal, explicitando-se que determinada orientação vinculante não mais deve subsistir. Aqui, como em toda mudança de orientação, o órgão julgador ficará duplamente onerado pelo dever de argumentar. E, não esqueçamos, a própria determinação da fundamentação das decisões (art. 93, IX) se aplica à espécie. Fundamentação que, registre-se, não pode simplesmente consignar um conjunto de julgados ou reprodução *prêt-à-porter*. A fundamentação de que trata a Constituição não é uma simples "capa de sentido", e, sim, a comprovação de uma verdadeira prestação de contas (*accountability* hermenêutica). O cidadão tem o direito fundamental à verificação dos fundamentos da decisão (é o que chamo também de "aferição do DNA daquele caso ou conjunto de casos").

Numa palavra final: a súmula vinculante somente será eficaz para reduzir a crise do Supremo Tribunal Federal e das instâncias ordinárias se puder ser adotada em tempo social e politicamente adequado. Assim, não pode haver um espaço muito largo entre o surgimento da controvérsia com ampla repercussão e a tomada de decisão com efeito vinculante. Do contrário, a súmula vinculante perderá o seu conteúdo pedagógico-institucional, não cumprindo a função de orientação das instâncias ordinárias e da Administração Pública em geral. Nesse caso, sua eficácia ficará restrita aos processos ainda em tramitação.

3.7.3   Do que trata uma súmula (vinculante)?

Uma das críticas às súmulas vinculantes diz respeito – e essa discussão veio a lume por ocasião da SV 11 (conhecida como a súmula das algemas) – a eventuais termos vagos ou ambíguos utilizados na redação dos respectivos enunciados. A linguagem jurídica é, no mais das vezes, rica em vaguezas e ambiguidades, enfim, incertezas designativas-significativas. Essa preocupação com a incerteza da linguagem deu azo ao surgimento do neopositivismo lógico, no início do século XX. Como consequência, surge a linguagem lógica, com tentativas matematizantes e de separação entre dois "mundos": o da linguagem objeto e o da metalinguagem. Esse, aliás, foi o ponto fulcral para que Kelsen pudesse construir a sua Teoria Pura do Direito (falo especialmente da segunda versão da TPD, de 1960). Na verdade, a "pureza" de sua teoria reside no fato de que ela não trata do mundo prático; ela não trata das decisões judiciais; ela diz respeito a uma metalinguagem (ciência jurídica) feita sobre uma linguagem-objeto (o direito). Pode-se afirmar que Kelsen relegou a um segundo plano a aplicação do direito, circunstância essa que não foi bem compreendida pelos juristas, especialmente no Brasil.

Mormente a partir da metade do século passado, a linguagem passou a estar na agenda das discussões da teoria do direito. Várias correntes, teorias ou posturas apostaram na construção de métodos e fórmulas lógicas para tentar solucionar essa indeterminabilidade linguística própria do direito. Registre-se, a título de ilustração, que a tríade (a) "jurisprudência dos conceitos" (positivismo primevo-legalista exsurgido na Alemanha no século XIX), (b) "jurisprudência dos interesses" (tentativa de superação da jurisprudência dos conceitos, a partir das teorias do direito "segundo" Ihering e de Philipp Heck, para citar apenas estes dois no campo do direito alemão) e (c) "jurisprudência dos valores" (teoria exsurgida no segundo pós-guerra, com fortes rasgos jusnaturalistas) não trouxe efetivamente contribuições significativas para o enfrentamento de um problema jurídico fundamental: a interpretação, a exploração do elemento hermenêutico do direito.

Na verdade, tais propostas metodológicas apenas representam o desenvolvimento de uma teoria privativista do direito alemão, que estava preocupada simplesmente em solver os problemas derivados da dogmática e dos paradoxos advindos de sua concreta aplicação. No caso, o que se tem é apenas o desenvolvimento de um espaço de abertura para a atividade do intérprete, que é praticamente inexistente na jurisprudência dos conceitos, passa a assumir uma dimensão um pouco mais livre com a jurisprudência dos interesses e chega ao ápice da irracionalidade subjetivista com a jurisprudência dos valores. No fundo, essas etapas, que Larenz chama de ciência dogmática do direito, são, na verdade, etapas do desenvolvimento da preponderância da subjetividade do intérprete no momento interpretativo.

Por outro lado, cabe lembrar que Gadamer escreve o seu *Verdade e método* em 1960. Com essa obra, Gadamer dá um passo decisivo para a superação do paradigma da subjetividade no âmbito da hermenêutica e, consequentemente, para o problema da interpretação, sendo que, embora tenha reservado pouquíssimo espaço para a interpretação do direito, estabeleceu-se um marco na questão da superação da metodologia e da subsunção (algo que ficou preservado no imaginário dos juristas desde o conceitualismo formal da jurisprudência dos conceitos).

Gadamer faz uma ruptura paradigmática, porque, ao lado de superar todas as hipóteses de subsunção na interpretação do direito, elabora esse salto a partir da ultrapassagem do esquema sujeito-objeto. Note-se que – a exemplo do que ocorre ainda nestes dias – a crítica do direito não conseguiu colocar a crise da interpretação do direito no âmbito da problemática da linguagem, isto é, embora importantes correntes do direito crítico apontem para a superação da subsunção, da dedução e até mesmo do subjetivismo, não conseguem inserir tais temáticas no âmbito da viragem linguística propriamente dita.

Dizendo de outro modo, esse giro, que, mais do que um "mero" *linguistic turn*, foi (e é) ontológico-linguístico, sempre teve enormes dificuldades de penetrar na pesada blindagem construída pela dogmática jurídica e pelo conjunto de teorias analíticas que forjaram o pensamento jurídico nestas décadas. Observe-se que, em pleno século XXI, a teoria com mais visibilidade no plano da doutrina e jurisprudência no Brasil é a teoria dos princípios de Robert Alexy, na verdade, não a teoria "em si", mas a parte que pareceu mais facilmente instrumentalizável pela comunidade jurídica: a ponderação. Na verdade, os juristas "construíram" uma vulgata da teoria alexyana, na medida em que confundiram a lei da ponderação (*Abwägungsgesetz*) – constructo que será utilizado por subsunção – com a simples contraposição de um princípio e outro, onde o intérprete "escolhe" um

Cap. 3 · O MODELO DE JUSTIÇA CONSTITUCIONAL NO BRASIL PÓS-1988 | 313

deles. Para a maioria dos juristas, isso seria a "ponderação de valores", aliás, erroneamente denominada de "princípio da ponderação".[229]

Com isso, o maior "avanço" no plano da interpretação do direito cinge-se à definição analítica, ficando no plano do *semantic sense*. Tal circunstância é, na verdade, fruto de uma errônea compreensão da superação do positivismo exegético. Ou seja, para uma parcela considerável dos juristas – leia-se, doutrina e jurisprudência –, Kelsen, sinônimo de positivismo, foi um positivista exegético. A partir disso a equivocada compreensão da transição do positivismo exegético para o positivismo normativista jogou a comunidade jurídica nos braços da discricionariedade. Para muitos "críticos" brasileiros, dizer que a interpretação da lei é um ato de vontade constitui um "ganho" pós-positivista, esquecendo-se que é exatamente um positivista (pós-exegético) que utiliza esse argumento (a vontade) para superar a razão (o velho exegetismo).

As consequências são graves. Mesmo nestes tempos de constitucionalismo principiológico, ainda grande parte dos juristas pensa que a superação do "juiz boca-da-lei" constitui, por si só, a "grande obra pós-positivista". Esquecem-se que, ao pensarem assim, entregam para o juiz o poder discricionário, principal característica do positivismo normativista.

Observe-se que até mesmo Robert Alexy, considerado não positivista (e assim autointitulado), não abre mão da discricionariedade em favor dos juízes. E é nesse contexto que se dá o constitucionalismo brasileiro, que, ao apostar na vulgata da ponderação e na tese da abertura dos princípios, apenas representa uma superação do positivismo exegético. Essa crítica, aliás, é muito bem feita por um positivista como Luigi Ferrajoli, que denuncia esse caráter protojusnaturalista presente na maioria das teorias neoconstitucionalistas.[230]

Desse modo, estando os juristas inseridos em um imaginário predominantemente voltado a pensar que o positivismo a ser vencido era o velho paleojuspositivismo (para usar a expressão de Ferrajoli), pareceu-lhes que delegar o poder discricionário (que fatalmente se tornou arbitrário) em favor do Poder Judiciário seria um avanço. A comprovar isso, basta observar a força da ponderação de valores, fruto de uma equivocada importação da Teoria da Argumentação Jurídica (uma leitura equivocada, por assim dizer), e a incorporação indevida do ativismo norte-americano, problemática por mim discutida exaustivamente e meu *Verdade e consenso*.

Mas o que tudo isso tem a ver com a institucionalização das súmulas vinculantes? Na verdade, de há muito venho referindo/denunciando que a introdução/institucionalização das súmulas vinculantes pela EC 45 nada mais é (foi) do que uma "adaptação darwiniana"

---

[229] Em busca no Google realizada no dia 30 de maio de 2022, colocada entre aspas, a expressão "princípio da ponderação" apresentou aproximadamente 89 mil resultados, enquanto "regra da ponderação" apenas 30 mil. Embora não se possa atribuir cientificidade a uma consulta nesse *site* de buscas, é intrigante a diferença entre o que a "comunidade jurídica" entende por princípio e por regra. Tais números, além de mostrarem o equívoco daquilo que Alexy apregoa, são demonstrativos também da crise de conhecimento dos setores do direito que lidam – ou que pretendem lidar – com esse complexo fenômeno que é teoria do direito e da Constituição.

[230] Cf. STRECK, Lenio Luiz; TRINDADE, André Karam (org.). *Garantismo, hermenêutica e (neo)constitucionalismo:* um debate com Luigi Ferrajoli. Porto Alegre: Livraria do Advogado, 2012.

dessa forma positivista de delegação da discricionariedade em favor do Poder Judiciário. Ou seja, o *establishment* jurídico brasileiro parece que não encontrou outro modo de controlar o poder (discricionário-arbitrário) dos juízes e tribunais a não ser pela introdução de um mecanismo que nos remete à velha jurisprudência dos conceitos alemã (*Begriffjurispru-denz*). Esse é o paradoxo das súmulas: são o resultado de uma equivocada compreensão do que seja o pós-positivismo, conforme explicito e delineio em vários artigos e livros, em especial, *Verdade e consenso*.

De todo modo – e venho insistindo de há muito neste ponto –, parece evidente que um sistema jurídico que adote mecanismos vinculativos não representa um "mal em si". Afinal, a integridade do direito também se constrói a partir do respeito às decisões judiciais. A integridade está umbilicalmente ligada à democracia, exigindo que os juízes construam seus argumentos de forma integrada ao conjunto do direito.[231] Trata-se, pois, de "consistência articulada". Com isso, afasta-se, de pronto, tanto o ponto de vista objetivista, pelo qual "o texto carrega consigo a sua própria norma" (lei é lei em si), como o ponto de vista subjetivista-pragmatista, para o qual – aproveitando a relação "texto-norma" – a norma pode fazer soçobrar o texto, ou, ainda, o que é pior, em determinadas situações, quando o juiz ou o Tribunal decidir *contra legem*, a "norma" criada é outra que não aquela "acusada" de estar (ou ter estado) no texto. Este texto, nesses casos – e estaremos voltando ao realismo jurídico –, acaba encoberto não pela nova norma (sentido), mas, sim, por um outro (novo) texto, o que pode facilmente ocorrer quando da edição de súmulas vinculantes.

O problema é que as súmulas (brasileiras) têm uma pretensão de universalização que é incompatível com um Direito que deve ser construído a partir da discussão dos casos concretos. Explicando melhor: as súmulas vinculantes – do modo como são compreendidas pela dogmática jurídica – encarnam uma instância controladora de sentidos, metafisicamente, isto é, por meio delas acredita-se que é possível lidar com conceitos sem as coisas (enfim, sem as multiplicidades e as peculiaridades dos casos concretos).

Com efeito, da maneira como são compreendidas as súmulas vinculantes no interior do pensamento dogmático do direito, elas se colocam como sucedâneos dos conceitos universais próprios da metafísica clássica-essencialista, com a agravante, aqui, de que elas são criadas a partir de uma institucionalização de subjetivismos, axiologismos e realismos, variações do esquema sujeito-objeto.

É certo que as súmulas não são respostas aos casos passados e, sim, uma pretensão de abarcamento de todas as futuras hipóteses de aplicação de determinada norma jurídica. As súmulas transformam a linguagem em um simples veículo de conceitos. São, assim, anti-hermenêuticas, porque não interrogam a origem dos significados, isto é, pelo procedimento sumular, usam-se as palavras – transformadas em verbetes – sem antes interrogá-las em sua relação com as coisas de que as palavras devem tratar.

Forma-se, desse modo, um círculo vicioso no interior da dogmática jurídica: primeiro, em face do predomínio do positivismo, admitem-se interpretações discricionárias e arbitrárias (afinal, como é sustentado por juristas dos mais variados matizes, não há

---

[231] Cf. DWORKIN, Ronald. *Law's empire*, op. cit., p. 176.

Cap. 3 · O MODELO DE JUSTIÇA CONSTITUCIONAL NO BRASIL PÓS-1988 | 315

como impedir a "criatividade" dos aplicadores, como se estivéssemos condenados ao solipsismo),[232] tudo em nome da ideologia do caso concreto, para, depois, "congelar-se" esse sentido, como se fosse possível abarcar todas as futuras hipóteses de aplicação. Isto é, em nome do "caso concreto" institucionaliza-se uma espécie de "grau zero de sentido". Só que esse "caso" desaparece no entremeio do processo de conceitualização.

Para evitar mal-entendidos: é evidente que o Direito é "uma questão de caso concreto". Mas, do modo como se procede na dogmática jurídica, o "caso concreto" – que possui particularidades (ele, afinal, não é um *standard* jurídico) – deixa de ser um caso, porque fica obnubilado pela pretensão de universalização que é feita a partir dele, problemática bem presente, *v.g.*, na Lei 11.672/2008 e na proliferação de verbetes que a cultura manualesca "institucionalizou" no campo jurídico.

Na medida em que não se respeita a integridade do direito e a fundamentação se dá a partir de conceitos *prêt-à-porters* (veja-se que a súmula, por si, serve como fundamentação para uma decisão, como, de há muito, já ocorria com qualquer verbete ou enunciado), tem--se um sistema que admite uma multiplicidade de "respostas" (decisões). A consequência é um sistema "desgovernado", a partir de uma sucessão infindável de recursos (veja-se a proliferação da esdrúxula figura dos "embargos de declaração"), que, longe de propiciarem respostas adequadas, apenas reproduzem ementários *prêt-à-porter*.

A ausência de uma tradição (no sentido de que fala Gadamer) que obrigue os juízes a obedecerem à integridade do direito transforma os juízos de primeiro grau em rito de passagem para o segundo grau e aos tribunais superiores. No seguimento, em face da multiplicação de processos (recursos dos mais variados) e para controlar esse caos, busca-se construir conceitos abstratos com pretensões de universalização, como se fosse possível uma norma jurídica abarcar todas as hipóteses (futuras) de aplicação. E cresce, consequentemente, a importância das súmulas, que passam a ter a função de corrigir aquilo que o próprio positivismo ocasionou.

O *establishment* jurídico, com forte predominância da escola instrumentalista do processo, sempre apostou no protagonismo judicial. Basta ver como o processo civil foi transformando, no decorrer dos anos, os juízos colegiados em juízos monocráticos; súmulas e jurisprudência dominantes passaram a servir de obstáculo até mesmo para a admissão dos recursos (inclusive de agravos).

3.7.4 Uma advertência que se impõe: súmulas não são enunciados assertóricos

De tudo que foi dito, insisto no ponto de que a institucionalização das súmulas vin-culantes não significa o retorno ao velho modelo de direito subsuntivo-dedutivo. Isso seria voltar ao positivismo exegético-legalista, o que parece não estar no horizonte de nenhum setor da doutrina jurídica. É evidente – e isso não pode ser esquecido – que existem setores da comunidade jurídica que entendem as súmulas como, efetivamente, "conceitos cuja

---

[232] É nesse sentido que é possível perceber uma certa imbricação – consciente ou inconsciente – dos paradigmas metafísicos clássico e moderno no interior da doutrina brasileira (e estrangeira). Trata--se, pois, de um problema paradigmático.

pretensão é abarcar todas as futuras hipóteses de aplicação". Trata-se, na verdade, de um sonho tardio da razão pandectística.

Aceitando as súmulas vinculantes, temos de compreendê-las em outro sentido. Ou seja, as súmulas (ou a jurisprudência) vinculam tanto mais quanto mais fundamentadas sejam as suas decisões ou razões decisórias, num receptáculo de orientação povoado não por uma lógica matemática, mas por uma justeza hermenêutica tributária da faticidade ínsita ao direito, num *continuum* de procedência atestado mediante pautas de equanimidade (*fairness*). Portanto, é equivocado sustentar que o sistema jurídico brasileiro está se transformando em um sistema de precedentes.

Veja-se que, no caso da "súmula das algemas", o verbete sumular preconizou prudência no manejo de dito "instrumento", contando com o contributo de responsabilidade futura do intérprete que tiver diante de si semelhante impasse. Como se trata de um enunciado, este somente alcançará sentido em face de uma situação concreta ou de uma sucessão de casos concretos, mediante os quais devemos construir uma tradição de casos concretos que darão sentido aos (vazios) enunciados. Dito de outro modo, se a SV 11 aponta, de forma geral, para a exigência de prudência no uso das algemas e consequente respeito aos direitos fundamentais, é necessário verificar, em cada "algemação", o cabimento ou não do enunciado. O importante é que, em cada súmula, exsurgem princípios com o fito de concretizar a Constituição. Para sermos mais claros: de efetivo, a SV 11 veio para retirar a "discricionariedade" – para não falar em outra coisa – da subjetividade do "algemador". Da SV 11 deve ser extraído o seguinte princípio: "algemas são excepcionais e mesmo o seu uso deve preservar os direitos fundamentais do acusado".

É equivocado – para não dizer inútil – tentar conceituar (dar o sentido "exato" de) cada vocábulo do enunciado sumular. Os casos que exigem (ou não) o uso de algemas definitivamente "não cabem na súmula". Assim como as inúmeras hipóteses de agressões injustas não "caberão" no conceito de "injusta agressão" para caracterizar a legítima defesa. Será um longo trabalho para construir uma tradição (no sentido de que fala Gadamer) sobre como devemos e/ou podemos algemar alguém. Assim como levamos vários anos para estabelecer algo que não estava no CPP: o prazo para a conclusão da instrução estando o réu preso. E assim por diante. A formação de significados de significantes depende de um existencial que é a temporalidade.

Na verdade, para que uma súmula possa ser editada, haverá uma sucessão de casos que, reconstruídos, darão azo a uma "coagulação de sentido" (é isso que é uma SV, em síntese). Dizendo de modo diferente, o que não poderá acontecer é que cada juiz, por suas convicções pessoais (argumentos morais, teleológicos etc., ou até o seu gosto pessoal), atribua, para cada caso, o sentido que lhe convier, a partir de um uso pragmático dos sentidos, como se o caso concreto estabelecesse a possibilidade de um "grau zero de sentido".

Numa palavra: não teremos jamais um "método" seguro para a aplicação da SV 11 (e, portanto, das algemas). Mas teremos, sim, *um maior respeito aos direitos fundamentais*. E quanto mais faticidade, mais estaremos "apertando" o sentido do que seja "uma aplicação das algemas de forma excepcional" e "a preservação dos direitos fundamentais", a partir da principiologia constitucional.

Cap. 3 · O MODELO DE JUSTIÇA CONSTITUCIONAL NO BRASIL PÓS-1988 | 317

Ainda uma explicação final para este ponto: eis a importância da lei, das palavras, dos enunciados, enfim, das súmulas. Se uma lei diz que é proibido transitar com automóveis aos domingos, o máximo que poderemos fazer – se essa lei não for inconstitucional – é discutir as exceções acerca de ambulâncias etc. Mas uma coisa é indiscutível: não poderemos dizer que é permitido transitar com automóveis aos domingos...". São os limites hermenêuticos de cada ato interpretativo. O instituto das súmulas vinculante pretende colocar esses limites, só que ao modo de uma espécie de "adiantamento dos sentidos mínimos", para verticalizar o processo de interpretação do direito.

Como tenho referido, a súmula não é um "mal em si". É um "mal" como é qualquer enunciado ou lei "injusta" e/ou inconstitucional. No fundo, não há maiores diferenças entre uma lei e uma súmula: a diferença é que, por incrível que pareça, as SV os juristas respeitam. E a lei? Bem, a lei acaba tendo menos força que as SV. Antes de criar mecanismos de vinculação de súmulas ou outros similares, há que se (re)discutir a dogmática jurídica e seus mecanismos de (re)produção e instrumentalização, consubstanciados no que se pode chamar de senso comum teórico dos juristas que instaurou um olhar estandardizado sobre a operacionalidade do direito em nosso País.

Há que se ter claro, pois, que, a partir de uma abordagem hermenêutica, as súmulas, a par de se constituírem em "conceitos" que pretendem aprisionar os fatos, também são textos. Como qualquer enunciado jurisprudencial o é. No Brasil, não existem precedentes no sentido de que fala o *common law*. O equívoco em *terrae brasilis* é pensar que as súmulas são como os precedentes, como demonstro em livro em conjunto com Georges Abboud (*O que é isto – o precedente judicial e as súmulas vinculantes?*). Não é a introdução das SV que representa o maior problema no direito brasileiro. O problema é o modo como a comunidade jurídica compreende as SV, pensando-as como se fossem os precedentes do *common law*. Isso implica dois equívocos: primeiro, não há qualquer relação – as SV são textos e como tal são interpretáveis; segundo, se, de fato, pudéssemos pensar que as SV são precedentes, então teríamos de aplicá-las ao modo como se faz no *common law*. Ora, não são necessárias maiores reflexões para afirmar que o Brasil caminha, de há muito, para a direção contrária à do *common law*. Logo, por que ainda tem gente que pensa que as SV se assemelham aos precedentes do *common law*?

3.7.5 A publicação da súmula e a vinculação de todos os órgãos da administração direta e indireta

O *caput* do art. 103-A estabelece que o efeito vinculante ocorrerá a partir da publicação na imprensa oficial da decisão que aprovou a súmula.

Assim, uma vez publicado, o enunciado passa a ter efeito vinculante em relação aos demais órgãos do Poder Judiciário e da administração pública federal, estadual e municipal. O caráter vinculante não abrange o Poder Legislativo. Entretanto, embora obviamente não haja vinculação no exercício de suas atividades típicas de legislar, nas demais funções administrativas essa vinculação ocorrerá (resoluções, atos da mesa, julgamentos administrativos etc.).

Veja-se, ainda, a mudança que a alteração constitucional desse jaez acarreta em órgãos públicos com expressas recomendações de recorrer quando houver sucumbência, independentemente da questão jurídica veiculada. A súmula obsta, assim, a interposição de recursos pelos diversos órgãos administrativos. O objetivo é, assim, evitar a interposição de recursos protelatórios.

3.7.6   Súmula vinculante e reclamação constitucional

O art. 7º da Lei 11.417/2006 estabelece que, da decisão judicial ou do ato administrativo que contrariar enunciado de súmula vinculante, negar-lhe vigência ou aplicá-lo indevidamente, caberá reclamação ao Supremo Tribunal Federal, sem prejuízo dos recursos ou outros meios admissíveis de impugnação. Ressalte-se que, no caso de omissão ou ato da administração pública, é imprescindível o esgotamento das vias administrativas para que seja admitida a reclamação, conforme o disposto no art. 7º, § 1º, da Lei 11.417/2006.

A decisão do Supremo Tribunal Federal, na reclamação, anulará o ato administrativo ou cassará a decisão judicial impugnada, determinando que outra seja proferida com ou sem aplicação da súmula, conforme o caso (art. 7º, § 2º, da Lei 11.417/2006).[233]

A matéria possui sustentação no art. 102, que estabelece a competência do Supremo Tribunal para "I – processar e julgar, originariamente: [...] l) a reclamação para a preservação de sua competência e garantia da autoridade de suas decisões".

A reclamação para preservar a competência do Supremo Tribunal Federal ou garantir a autoridade de suas decisões é originária de criação jurisprudencial. Data de 1952 a decisão que pode ser considerada como *leading case*, em julgamento relatado pelo Ministro Lagoa da Rocha. Somente em 1957 é que a reclamação passou a constar no regimento interno do STF, questão que foi aprimorada pelo art. 115 da Constituição de 1967.

A Constituição de 1988 alçou a reclamação ao patamar de competência do STF e do STJ, para garantir a autoridade das respectivas decisões e a preservação da competência dessas Cortes. Cumpre registrar, também, que é vetado à Corte efetuar revisão da decisão judicial ou do ato administrativo impugnado (vale dizer, não se pode alterar o conteúdo da decisão ou do ato objeto da reclamação). Apenas lhe é permitido *cassar* a decisão judicial ou *anular* o ato administrativo, hipótese em que determinará à administração ou ao órgão jurisdicional que profira outra decisão ou realize outro ato no lugar daqueles que foram cassados ou anulados. Saliente-se, ainda, que, nos casos de reclamação por usurpação de competência, sendo esta procedente, o STF avocará os autos do processo ou do recurso. Trata-se de uma exceção à sistemática brasileira, que adota o modelo de substituição de jurisdição nos casos de recursos e apelações.[234]

---

[233]   E se o juízo *a quo* não cumprir o que foi determinado, quais as consequências? Caberá nova reclamação ao STF, que, por certo, neste caso, tomará as medidas cabíveis para assegurar o cumprimento de sua decisão. Ressalte-se sempre que uma SV possui DNA jurídico. Uma aplicação fora de contexto pode vir a justificar uma espécie de *distinguishing*.

[234]   Cf. MENDES, Gilmar; STRECK, Lenio Luiz. Comentário ao art. 102 da Constituição. In: MENDES, Gilmar; STRECK, Lenio Luiz; CANOTILHO, J. J. Gomes; SARLET, Ingo W. (org.). *Comentários à Constituição do Brasil*. São Paulo/Coimbra: Saraiva/Almedina, 2013.

Cap. 3 · O MODELO DE JUSTIÇA CONSTITUCIONAL NO BRASIL PÓS-1988 | 319

Em quais hipóteses caberá a reclamação? a) quando a decisão tenha invadido a competência do STF ou STJ; ou b) tenha sido em desacordo com anterior julgamento do STF ou STJ. Observe-se que o art. 161 do RISTF prevê, inclusive, que o Plenário ou a Turma poderá avocar o conhecimento do processo em que se verifique usurpação de sua competência; ordenar que lhe sejam remetidos, com urgência, os autos do recurso para ele interposto; cassar a decisão exorbitante de seu julgado ou determinar medida adequada à observância de sua jurisdição.

Trata-se de medida jurisdicional. No fundo, a reclamação é um misto de ação e recurso, com previsão de possibilidade de medida cautelar. É um modo de "atalhar" o sistema jurídico, buscando destituir a eficacialidade de decisão que confronta, nas hipóteses consignadas, decisão do Supremo Tribunal Federal.[235] A EC 45/2004 consagrou a

---

[235] Eis uma síntese da jurisprudência do Supremo Tribunal Federal acerca da aplicação e cabimento do instituto da reclamação: Súmula 368/STF; Súmula 734/STF; Rcl 336; Rcl 3.800-AgRg; Rcl 909-AgRg; Rcl 872-AgRg; Rp. 1.092 (natureza jurídica da reclamação); Rcl 3.284-AgRg; Rcl 6.483-AgRg; MS 27.115-EDcl; Rcl 3.979-AgRg; Rcl 3.084 (não cabimento contra súmula sem efeito vinculante); Rcl 6.079-AgRg (não cabimento contra decisões que não envolvam as partes); Rcl 1.880-AgRg; Rcl 399 (legitimidade ativa ampla quando o ato suscitado possui eficácia *erga omnes* e efeito vinculante); Rcl 5.017-AgRg; Rcl 1.459 (prejuízo – resolução sem exame de mérito do ato atacado); Rcl 6.638-AgRg (não cabimento contra simples demora); RE 405.031 (impossibilidade de criação de reclamação em regimento interno no contexto da CF/1988); ADI 2.480 (possibilidade de criação de reclamação nas Constituições Estaduais para os TJs); Rcl 6.534-AgRg; Rcl 4.364-AgRg (necessidade de ajuste do caso concreto, com exatidão e pertinência, ao julgamento paradigma); Rcl 4.920-MC-AgRg (manutenção dos efeitos da reclamação com a ratificação da decisão atacada); Rcl 5.411-AgRg; Rcl 6.579-AgRg (necessidade do objeto da reclamação não extravasar o disposto no art. 102, I, da CF); Rcl 4.903-AgRg-AgRg (cabimento para resguardar liminar concedida em processo de controle abstrato); Rcl 3.939 (não cabimento contra decisão que seja anterior à decisão paradigma do STF); Rcl 5.310 (impossibilidade da utilização de reclamação como antecipação de julgamento); Rcl 2.121-AgRg-AgRg; Rcl 2.912-AgRg (extinção do paradigma e prejudicialidade da reclamação); Rcl 5.151 (reclamação e decisão atacada que se funda na coisa julgada); Rcl 4.785-MC-AgRg; Rcl 5.381-EDcl; Rcl 5.261-MC-AgRg; Rcl 4.733 (âmbito estreito de cognição da reclamação); Rcl 4.174-AgRg; Rcl 4.591-AgRg; Rcl 3.916-AgRg (cabimento somente contra atos *externa corporis*); Rcl 5.389-AgRg; Rcl 4.448-AgRg (inaplicabilidade da teoria dos efeitos transcendentes para conferir ao paradigma eficácia vinculante ou efeito *erga omnes* quando não há similitude fático-jurídica); Rcl 1.987 (possibilidade de declaração incidental de inconstitucionalidade em sede de reclamação) Rcl 3.982 (não cabimento de reclamação contra ato futuro e indeterminado); Rcl 3.424-AgRg; Rcl 2.658-AgRg, Rcl 2.811-AgRg e Rcl 2.821-AgRg (descabimento – decisão denegatória de liminar em controle concentrado não possui efeito vinculante); Rcl 5.159-AgRg; Rcl 909-AgRg (não cabimento quando há recurso apropriado e cabível contra a decisão reclamada); Rcl 2.600-AgRg (reclamação e efeitos *ex tunc* da declaração de inconstitucionalidade); Rcl 3.268-AgRg (RE retido na origem – art. 542, § 3º, do CPC; fungibilidade da reclamação com ação cautelar); Rcl 3.960-AgRg (não cabimento contra ato sobre o mérito a respeito do qual a Corte não se pronunciou); Rcl 1.190-AgRg e Rcl 1.197-AgRg; Rcl 6.167-AgRg; Rcl 5.537-AgRg; Rcl 4.857-AgRg; Rcl 3.632-AgRg (ajuizamento independe de publicação do acórdão ou da juntada do teor desse, bastando que a ata tenha sido publicada); Rcl 2.665-AgRg; Rcl 3.138 (não cabimento com fins de uniformização de jurisprudência); Rcl 1.438-QO; Rcl 4.200-AgRg; Rcl 4.702- AgRg, Rcl 4.793-AgRg, Rcl 5.838-AgRg e Rcl 7.410-AgRg; Rcl 5.718-AgRg; Rcl 2.090-AgRg; Rcl 4.706-AgRg; Rcl 2.017; Rcl 365 (não cabimento de reclamação quando já se processou a coisa julgada, por não se tratar de sucedâneo recursal da ação rescisória);

súmula vinculante, no âmbito da competência do Supremo Tribunal, e previu que a sua observância seria assegurada pela reclamação (art. 103-A, § 3º).

De ressaltar que o Supremo Tribunal Federal considerava, inicialmente, inadmissível a reclamação em sede de controle abstrato de normas. Em diversas oportunidades, o Tribunal manifestou-se no sentido do não cabimento da reclamação, como confirma a decisão da Rcl-AgRg 354. Posteriormente, passou o Tribunal a admitir o cabimento da reclamação em sede de ação direta de inconstitucionalidade, desde que ajuizada por legitimado para a propositura da própria ação direta e que tivesse o mesmo objeto (Rcl-QO 385). Em julgado de 25.11.1992, o Ministro Celso de Mello expressou a necessidade de que o entendimento jurisprudencial no sentido do não cabimento da reclamação em tal sede fosse revisto, abrindo caminho para a possibilidade de se admitir a reclamação para atacar desobediência às decisões do Supremo Tribunal Federal em sede de controle concentrado. Nesse caso, reconheceu o Tribunal que estariam legitimados aqueles entes e órgãos que, apesar de não terem sido parte na ADI em cuja decisão se fundamenta a reclamação, fossem titulares de legitimidade concorrente para requerer ação idêntica (Rcl-QO 397). Também o julgamento da Rcl 399, em 07.10.1993, representou importante avanço no uso da reclamação em sede de controle concentrado de constitucionalidade, ao admiti-la sob determinadas condições. Reconheceu-se o cabimento de reclamação quando o próprio órgão responsável pela edição da lei declarada inconstitucional persistisse em prática de atos concretos que pressuporiam a validade da norma declarada inconstitucional.[236]

Com o advento da EC 3/1993, que introduziu a ação declaratória de constitucionalidade em nosso ordenamento jurídico, admitiu-se, expressamente, a reclamação para preservar a autoridade da decisão do Supremo Tribunal no julgamento de mérito na ação declaratória. Assim, se havia dúvida sobre o cabimento da reclamação no processo de controle abstrato de normas, a EC 3/1993 encarregou-se de espancá-la, pelo menos no que concerne à ADC. Subsistiu, porém, a controvérsia sobre o cabimento de reclamação em sede de ação direta de inconstitucionalidade.

A EC 45/2004 estabeleceu que "as decisões definitivas de mérito, proferidas pelo Supremo Tribunal Federal, nas ações diretas de inconstitucionalidade e nas ações declaratórias de constitucionalidade, produzirão eficácia contra todos e efeito vinculante, relativamente aos demais órgãos do Poder Judiciário e à administração pública direta e indireta, nas esferas federal, estadual e municipal" (art. 102, § 2º). Assim, a pergunta que se põe é: a cautelar em sede de ADI tem efeito vinculante? Se afirmativo, cabe reclamação contra o seu descumprimento? A resposta deve ser positiva. Se a validade de uma lei está suspensa cautelarmente – em face da presença, é óbvio, dos requisitos do *fumus boni juris* e do *periculum in mora* – é porque houve uma "nadificação", ainda que antecipada. A integridade do sistema jurídico necessita, nesses casos, de mecanismos que unifiquem a aplicação do ordenamento. Não teria sentido que, sustada a validade de uma lei pelo

---

Rcl 399; Rcl 556 (cabimento de reclamação quando o órgão de que emanara a norma declarada inconstitucional persiste na prática de atos concretos que lhe pressuporiam a validade).

[236] Cf. MENDES; STRECK, op. cit.

Cap. 3 · O MODELO DE JUSTIÇA CONSTITUCIONAL NO BRASIL PÓS-1988 | 321

STF, os juízes continuassem a aplicá-la. Desse modo, deve ser feita uma interpretação que consagre a máxima eficácia ao instituto da reclamação, com o que se preserva a força normativa da Constituição. Essa tese tem direta relação com os "efeitos cruzados" da ADI e da ADC (veja-se, nesse sentido, a ADC 4).

Outro ponto importante diz respeito à ADPF. Na medida em que a decisão dessa ação constitucional tem efeito vinculante, também será aplicável o instituto da reclamação. Afinal, a Lei 9.882/1999 estendeu o reconhecimento desse efeito (vinculante) aos demais órgãos do Poder Judiciário, incluindo, nesse caso, o direito municipal. Nos casos de concessão de medida cautelar (liminar) em ADPF, igualmente caberá a reclamação, em face exatamente do efeito vinculante exsurgente da decisão.

Questão interessante exsurge da fórmula um tanto abrangente utilizada pelo legislador no § 3º do art. 10 da Lei 9.882/1999 e que pode suscitar algumas dúvidas. É que, levada às últimas consequências, ter-se-ia de admitir também uma vinculação do legislador à decisão proferida em ADPF. Como se sabe, cuida-se de um tema assaz difícil no âmbito da teoria da jurisdição constitucional, tendo em vista o perigo de um engessamento da ordem jurídica objetiva. Ademais, caberia indagar se a fórmula adotada pelo legislador, no § 3º do art. 10 da Lei 9.882/1999, importaria na possibilidade de abarcar, com efeito vinculante, as leis de teor idêntico àquela declarada inconstitucional.[237]

Em geral, tem-se dado resposta negativa a essa pergunta, com base no argumento relativo à não aplicação do efeito vinculante à atividade legislativa. Além de ser uma resposta sustentada na clássica divisão de Poderes, trata-se, fundamentalmente, de uma problemática de feição hermenêutica. Não é possível estender no tempo um sentido que é mutável, sensível que é ao passar do tempo. Assim, lei de teor idêntico àquela declarada inconstitucional somente poderia ser atacada por uma ação autônoma.

É possível, porém, que essa controvérsia tenha perfil hoje acentuadamente acadêmico. É que, ainda que não se empreste *eficácia transcendente* (efeito vinculante dos fundamentos determinantes) à decisão (Rcl 1.987), o Tribunal, em sede de reclamação *contra aplicação de lei idêntica àquela declarada inconstitucional*, poderá declarar, incidentalmente, a inconstitucionalidade da lei ainda não atingida pelo juízo de inconstitucionalidade. Esse entendimento foi reafirmado na Rcl 4.448/RS, que destacou a inaplicabilidade da teoria dos efeitos transcendentes para conferir ao acórdão paradigma eficácia vinculante ou efeito *erga omnes* quando não há similitude fático-jurídica. Nesse sentido, refira-se uma vez mais a Rcl 595 (rel. Sydney Sanches), na qual a Corte declarou a inconstitucionalidade de expressão contida na alínea *c* do inciso I do art. 106 da Constituição do Estado de Sergipe, que outorgava competência ao respectivo Tribunal de Justiça para processar e julgar ação direta de inconstitucionalidade de normas municipais em face da Constituição Federal.[238]

Assim, em relação à lei de teor idêntico àquela declarada inconstitucional – ainda que se afirme o não cabimento de reclamação –, poder-se-á impugnar a sua aplicação por parte da Administração ou do Judiciário, requerendo-se a declaração incidental de

---

[237] Idem.

[238] Idem.

inconstitucionalidade. Essa solução terá um inegável efeito prático, na medida em que dispensará a utilização da via específica do processo objetivo para (re)afirmar a constitucionalidade de norma já apreciada pela Corte. De fato, não faria muito sentido se o Tribunal tergiversasse, não conhecendo de reclamação por questões meramente formais, e exigisse do interessado a propositura da arguição de descumprimento de preceito fundamental para atestar a constitucionalidade de lei municipal ou estadual de teor idêntico a outra que já teve a legitimidade constitucional reconhecida pela própria Corte. Nessa perspectiva, apesar de, num caso específico, o Supremo Tribunal Federal ter negado essa possibilidade, por maioria de votos (Rcl 3.014), parece bastante lógico que, em sede de reclamação, o Tribunal analise a constitucionalidade de leis cujo teor é idêntico, ou mesmo semelhante, ao de outras leis que já foram objeto do controle concentrado de constitucionalidade perante o Supremo Tribunal Federal.[239]

Numa palavra, a tendência contemporânea aponta para o fato de que a reclamação se tornou um importante mecanismo para assegurar a integridade do sistema jurídico, além de proporcionar um grau maior de coerência ao processo de aplicação das leis (e, portanto, da Constituição).[240]

Compilando a Lei 8.038/1990 (arts. 13 a 18) e com o RISTF (arts. 156-162) – e, também, os artigos 13 e 18 da Lei 8.038/1990, revogados em 2015 pelo Código de Processo Civil – tem-se o modo procedimental a ser utilizado para o manejo da reclamação. Os legitimados são os prejudicados e o Procurador-Geral da República. Nas reclamações não formuladas pelo Procurador-Geral da República, será concedida vista ao chefe do Ministério Público, após as informações (RISTF, art. 160). Das decisões adotadas pelo relator caberá agravo regimental. Se julgada procedente a reclamação, poderá o Tribunal ou a Turma, se for o caso (RISTF, art. 161): a) avocar o conhecimento do processo em que se verifique usurpação de sua competência; b) ordenar que lhe sejam remetidos, com urgência, os autos do recurso para ele interposto; c) cassar a decisão exorbitante de seu julgado ou determinar medida adequada à observância de sua jurisdição. A Emenda Regimental 13, de 2004, autorizou o relator a decidir monocraticamente, em caso de situações repetitivas ou idênticas, objeto de jurisprudência consolidada do Tribunal (art. 161, parágrafo único, do RISTF). A ampla legitimação e o rito simples e célere, como características da reclamação, podem consagrá-la, portanto, como mecanismo processual de eficaz proteção da ordem constitucional, tal como interpretada pelo Supremo Tribunal Federal.

Por fim, é preciso ter presente que o fortalecimento do mecanismo da reclamação vem na esteira de uma vertente do direito brasileiro que, desde 1988, tem agregado efeitos vinculantes aos mais variados mecanismos da jurisdição constitucional concentrada. Certamente, o caso paradigmático é o das súmulas vinculantes, que prevê, expressamente, o manejo deste mecanismo para corrigir os desvios dos órgãos do Poder Judiciário e da administração pública na aplicação das súmulas. Dá-se, assim, uma notável *verticalização*

---

[239] Idem.

[240] O instrumento, não obstante seja vocacionado à proteção da ordem constitucional, tem sido objeto de abusos. Prova disso é que, recentemente, o STF foi obrigado a dizer o óbvio: não cabe reclamação com base em súmula da Corte sem efeito vinculante (Rcl 11.235).

da jurisprudência constitucional, cujo ápice é o STF. Essa questão transcende, inclusive, o âmbito do controle concentrado e dos problemas advindos dessa nova esfera dogmática, que é a aplicação das súmulas vinculantes. Há casos de propositura de reclamação constitucional para fazer cumprir decisões proferidas pelo STF em sede de controle difuso de constitucionalidade (*v.g.*, Rcl. 4.335- AC, que perdeu o objeto com a promulgação da Lei 11.464/2007).

3.7.7 A (im)possibilidade de declarar a inconstitucionalidade de uma súmula

Tratando-se a SV de um enunciado normativo, pareceria lógico afirmar a possibilidade de declará-lo inconstitucional. Afinal, se uma SV tem "capacidade eficacial" maior do que uma lei, não haveria razão para que não pudesse sofrer sindicância constitucional. Entretanto, não é isso que pensam os integrantes do Supremo Tribunal Federal e tampouco os demais Tribunais e juízes da República (que poderiam enfrentar a eventual inconstitucionalidade da SV via controle difuso). As razões para tanto constam na possibilidade de o próprio STF revogar ou cancelar o verbete, havendo uma ampla legitimidade para essa proposição, além do poder de fazê-lo de ofício. Portanto, havendo o remédio regular para a solução de eventual incompatibilidade da SV com a Constituição, não se pode lançar mão do modo convencional de jurisdição constitucional.

De fato, pareceria paradoxal que o próprio órgão encarregado de editar a SV viesse a declará-lo inconstitucional. Entretanto, isso não deveria ser descartado, em face da passagem do tempo e da alteração da composição da Suprema Corte. De todo modo, antes de declarar a inconstitucionalidade, é mais prudente a revogação ou o cancelamento, cujo efeito deve ser *ex nunc*, desnecessitando o STF, nesse caso, de lançar mão da modulação dos efeitos típica do controle de constitucionalidade.

Na verdade, não é desarrazoado afirmar que o procedimento de revisão/cancelamento de enunciado de súmula vinculante não seja uma forma (*sui generis*) de controle de constitucionalidade. É que, se a súmula só pode versar sobre matéria constitucional, admitir que "legitimados" proponham sua revisão nada mais é que aceitar que eles discorram sobre o tema constitucional que ensejou a edição do verbete, o que não deixa de ser um controle – ainda que estreito e concentrado, obviamente. O problema, obviamente, seria admitir o controle difuso.[241] Lógico – como acontece, aliás, com a polêmica súmula impeditiva de recursos – que a parte pode alegar que não se trata de aplicar o verbete *x*, questão que pode ser controlada mediante reclamação.

---

[241] Aqui não é desarrazoado afirmar a existência de um resquício de controle difuso no procedimento de revisão das SVs. No caso, a Lei 11.417, no art. 3º, § 1º, estabelece que o município, em processo em que seja "parte" – e a palavra parte aqui indica processo subjetivo –, poderá propor incidentalmente a revisão, sem que isso acarrete a suspensão do processo. Esse, a meu ver, é mais um obstáculo teórico para justificar a vedação da ADPF. Se cabe proposta de revisão pelos legitimados universais e especiais (inclusive pelos acanhados tribunais militares), além do município, incidentalmente, o uso da ADPF não seria eficaz, já que os legitimados para ela são mais restritos que aqueles aptos a propor a revisão da SV.

Uma questão, ainda, poderia ser aventada: a possibilidade da aplicação do art. 1º, parágrafo único, da Lei 9.882/1999, que regulamentou a ADPF. A tese é sedutora. Afinal, se não há outra forma de enfrentar a inconstitucionalidade de um verbete sumular vinculante, por que não fazer uso da arguição de descumprimento de preceito fundamental, que, exatamente, possui uma função subsidiária em nosso sistema de controle de constitucionalidade? Entretanto, penso que a resposta deve ser negativa. Se a ADPF tem caráter subsidiário e havendo modo de "revogar" a SV, não será possível o seu manejo, mesmo que presente a violação de um preceito fundamental.

Lembro que, antes mesmo da institucionalização das SVs, o Supremo Tribunal Federal teve de enfrentar um problema (quase) desse jaez. Trata-se da ADI 594, proposta pelo Partido do Movimento Democrático Brasileiro, na qual o Supremo Tribunal Federal, por maioria de votos, vencido o Ministro Marco Aurélio, decidiu pelo não conhecimento da referida ação direta contra a Súmula 16 do Superior Tribunal de Justiça.

Embora saiba-se que o artigo 38 da Lei 8.038 foi revogado pelo CPC/15, registre-se, nesse aspecto, o relevantíssimo voto dissidente a favor do conhecimento da ADI: "O art. 38 da Lei 8.038/1990 confere, a meu ver, não a quase normatividade mencionada pelo relator, mas uma verdadeira normatividade aos verbetes das súmulas do Supremo Tribunal Federal e, especificamente, do Superior Tribunal de Justiça. Este artigo contém a utilização do verbo 'negar' de forma até mesmo a revelar que, no caso, defrontando-se o relator do recurso, no STJ, com razões de recurso que contrariem verbete da súmula, deve ele – é imposição decorrente do art. 38 – negar seguimento ao pedido formulado, que é de trânsito do próprio recurso".

Discordando da posição do Ministro Marco Aurélio, o Ministro Carlos Veloso, em parte, objetou que as normas regimentais propiciam a alteração da súmula; a lei, no suposto da existência da súmula, determina que, se o recurso contrariá-la, o relator nega seguimento. E concluiu: "Os Ministros podem, tanto no Superior Tribunal de Justiça, quanto no Supremo, propor a revisão da Súmula". Em resposta, o Ministro Marco Aurélio aduziu que "a lei também pode ser revista e, no entanto, não se nega a possibilidade de ajuizamento em relação à lei; até que haja a revisão, ela surte efeito".

De acrescentar, ainda, que, na continuidade do debate, o Ministro Moreira Alves, embora votando pelo seu não conhecimento, admitiu – implicitamente – a possibilidade de o art. 38 da Lei 8.038/1990 ser inconstitucional, exatamente pelo seu caráter normativo: "O problema é o caráter normativo e não o da revisão, porque se, realmente, a lei obriga, dá caráter normativo".

Entendo, contudo, que seja possível o controle de constitucionalidade das súmulas, embora aquilo que chamo de *realjuridik* impeça que uma discussão desse jaez frutifique. Lembremos, mais uma vez, que súmulas são textos, e lembremos que textos não abarcam todas as possibilidades de aplicação. É possível que, no caso concreto, a súmula apresente um efeito inconstitucional.

Negar a possibilidade de inaplicação da súmula em determinados casos seria admitir a inexistência de particularidades no caso concreto. Não admitir a possibilidade de controle difuso de súmulas é colocar nestas um poder que não possuem, quer dizer, o poder de dar respostas corretas/adequadas a todos os casos.

Capítulo 4

O MODELO DE JURISDIÇÃO CONSTITUCIONAL NO BRASIL

SEGUNDA PARTE
O CONTROLE CONCENTRADO DE CONSTITUCIONALIDADE

4.1 CONSIDERAÇÕES (INICIAIS) ACERCA DA LEI 9.868/1999: SIMPLES REGRA DE DIREITO PROCESSUAL?

O controle concentrado de constitucionalidade é relativamente novo em nosso País. Como já referido, até novembro de 1965 vigorava no Brasil o controle difuso de constitucionalidade, sendo que somente pela EC 16 é que foi introduzida essa novidade (sempre ressalvando a ação direta interventiva, como já foi visto na parte concernente ao desenvolvimento histórico). Até então, mantínhamo-nos fiéis à matriz norte-americana, de controle eminentemente jurisdicional e difuso (*judicial review*).

Onze anos após a promulgação da Constituição, a Lei 9.868/1999 estabeleceu o processo e o procedimento das ações diretas de inconstitucionalidade (modalidade genérica – ADI) e das ações declaratórias de constitucionalidade (ADC). A primeira indagação diz respeito à natureza jurídica desse texto normativo: trata-se de dispositivos normativos processuais ou de dispositivos normativos ligados à jurisdição constitucional?

Buscando subsídios na legislação alienígena, torna-se necessário lembrar que as Constituições da Alemanha, da Itália, da Espanha e de Portugal expressamente preveem a elaboração de uma lei orgânica do Tribunal Constitucional, onde estará estabelecido tanto o processo quanto o procedimento que deverá ser seguido pelo Tribunal Constitucional no exercício da jurisdição constitucional, mediante o controle de constitucionalidade.

A Constituição do Brasil não fez qualquer previsão nesse sentido. A competência para elaboração de leis federais está prevista em seu art. 22, o qual determina que é da competência privativa da União legislar sobre direito processual. Não há previsão para estabelecer normas sobre jurisdição constitucional.

Assim, tomando a história institucional do direito a sério, é possível afirmar que a Lei 9.868/1999 não é uma simples lei de direito processual, e sim, algo novo no direito brasileiro, porque trata da especificação do funcionamento da jurisdição constitucional. Desse modo, somente por emenda constitucional que estabelecesse a possibilidade de elaboração de uma lei poderia tratar-se dessa matéria. E tudo estaria a recomendar que uma lei desse quilate devesse ser votada e aprovada por *quorum* de maioria qualificada. Aqui caberia, muito bem, a convocação do caso Marbury v. Madison, pois, se uma lei ordinária pode dizer aquilo que a Constituição não disse, é porque a noção de rigidez constitucional resta enfraquecida.

Nesse sentido, uma análise mais aprofundada apontaria para o fato de que a Lei 9.868/1999 careceria de legitimidade formal, por falta de previsão constitucional acerca da possibilidade de sua edição. As caraterísticas da Lei 9.868/1999, estabelecendo efeito vinculante, institucionalizando a interpretação conforme e a nulidade parcial sem redução de texto, a previsão de efeito avocatório em sede de liminar em ação declaratória de constitucionalidade, a inversão dos efeitos em ambas as ações, só para citar alguns detalhes, não permitem que a ela se dê o epíteto de mera lei processual, demonstrando-se incabível, portanto, no estreito caminho do art. 22, I, da Constituição Federal. Daí a sua duvidosa constitucionalidade. Entretanto, por vezes, a teoria processual-constitucional tem de ceder à pragmática ou ao que denomino de *realjuridik*. Ou seja, a esta altura a discussão parece estar superada, embora reste parte da polêmica no âmbito de duas ações diretas de inconstitucionalidade. Todavia, o resultado não deverá trazer alterações ao que já está estabelecido no âmbito do STF.

Com efeito, a mencionada polêmica reside no inconcluso julgamento das ADIs 2.154/DF e 2.258/DF por parte do STF, ajuizadas contra a Lei 9.868/1999. Entretanto, já se tem que o Tribunal rejeitou a arguição de inconstitucionalidade da parte final do art. 26 da Lei 9.868/1999, que veda que as decisões tomadas em ADI ou ADC sejam objeto de ação rescisória. Salientando a inconsistência da alegação de ofensa ao art. 5º, XXXV, da CF, aduziu-se que, adstritos os preceitos constitucionais pertinentes à competência para julgar a ação rescisória (CF, arts. 102, I, *j*; 105, I, *e*; e 108, I, *b*), a extensão e os pressupostos de sua admissibilidade constituem matéria da legislação processual ordinária, razão por que, não existindo imposição constitucional a admiti-la, a vedação por lei especial à ação rescisória da decisão de determinados processos não poderia ser reputada inconstitucional, a não ser que, por ser arbitrária ou desarrazoada, pudesse a exclusão ser considerada ofensiva a garantias constitucionais que lhe impusessem a admissão. Asseverou-se, ademais, que as decisões de mérito da ADI ou da ADC – ações dúplices –, por sua própria natureza, repelem a desconstituição por ação rescisória, delas podendo resultar tanto a declaração de inconstitucionalidade quanto de constitucionalidade. Esclareceu-se que, no caso de se declarar a inconstitucionalidade, a desconstituição dessa decisão restabeleceria a força da lei antes eliminada, o que geraria insegurança jurídica. Por sua vez, na hipótese de declaração de constitucionalidade, a segurança jurídica também estaria comprometida se essa decisão, vinculante de todos os demais órgãos da jurisdição e da administração pública, pudesse ser desconstituída por força de simples variações na composição do STF, sem mudança relevante do contexto histórico e das concepções jurídicas subjacentes ao julgado rescindido.

No que se refere à norma final do § 2º do art. 11 da Lei 9.868/1999, que prevê que a "concessão da medida cautelar torna aplicável a legislação anterior acaso existente, salvo expressa manifestação em sentido contrário", o Tribunal, por maioria, julgou improcedente o pedido formulado. Salientou-se, inicialmente, que a ação direta foi instituída como instrumento de salvaguarda da higidez da ordem jurídica e não para a tutela de pretensões de direito dos sujeitos legitimados para propô-la, e que, em razão disso, a recepção do princípio do pedido no processo objetivo da jurisdição constitucional há de ser dimensionada a partir dessa perspectiva institucional do sistema de controle abstrato de normas. Tendo isso em conta, entendeu-se, na linha adotada pela doutrina portuguesa e pequena parte da brasileira, que o Tribunal pode apreciar incidentemente a constitucionalidade da lei precedente

Cap. 4 · O MODELO DE JURISDIÇÃO CONSTITUCIONAL NO BRASIL | 327

à impugnada para, julgando-a igualmente inválida, de modo a impedir sua revivescência (repristinação) decorrente da declaração de inconstitucionalidade da que a tenha revogado. Ressaltou-se que a recusa da repristinação se baseará em juízo similar ao da declaração incidente de inconstitucionalidade de norma cuja validade seja prejudicial da decisão principal a tomar, a qual sempre se pode dar de ofício e que nada exclui possa ocorrer no julgamento de uma ADI, onde um mesmo tribunal, como o STF, cumule as funções de órgão exclusivo do controle abstrato com o de órgão de cúpula do sistema difuso. Vencido, nessa parte, o Ministro Marco Aurélio, que declarava a inconstitucionalidade da expressão impugnada por considerar que a possibilidade de o Tribunal extravasar os limites objetivos da própria ADI, declarando restabelecida ou não a legislação anterior, contrariaria os princípios da segurança jurídica e que o Judiciário atua apenas mediante provocação.

No que concerne ao art. 21 da Lei 9.868/1999,[1] que permite que o STF defira o pedido de medida cautelar na ADC, determinando aos juízes e tribunais que suspendam o julgamento dos processos que envolvam a aplicação da lei ou ato normativo objeto da ação até seu julgamento definitivo, o Tribunal, também por maioria, julgou improcedente o pedido formulado. Reportando-se aos fundamentos da solução adotada no julgamento da ADC 4-MC/DF (*DJU* 21.05.1999) para deferimento parcial do pedido de medida cautelar nela formulado, por ser essa solução similar ao dispositivo questionado, afastou-se a alegação de ofensa ao princípio do juiz natural, ao entendimento de que esse preceito, ao contrário, tem por objetivo assegurar a eficácia da futura decisão do STF, que – em se tratando da análise de constitucionalidade ou não de lei ou ato normativo – é o juízo natural da questão. Além disso, aduziu-se que a norma não remete o julgamento da causa do juiz para o STF, mas apenas a questão da constitucionalidade que a este cabe decidir com eficácia *erga omnes* e efeito vinculante. Enfatizou-se, ainda, que, apesar de o mecanismo cautelar questionado implicar a paralisação do curso do processo e, nele, do poder de controle difuso da constitucionalidade, de que disporia de regra o juiz da causa, tratar-se-ia de uma resultante do sistema brasileiro de controle de normas. Vencido, quanto a esse tópico, o Ministro Marco Aurélio, que julgava procedente o pleito por vislumbrar ofensa à garantia do livre acesso ao Judiciário (art. 5º, XXXV, da CF).

4.2 A AÇÃO DIRETA DE INCONSTITUCIONALIDADE

A ação direta de inconstitucionalidade (ADI) compreende duas modalidades:

a) *genérica*, destinada à decretação *in abstrato* de inconstitucionalidade de lei ou de ato normativo federal ou estadual, consoante previsão no art. 102, I, *a*, da

---

[1] "Art. 21. O Supremo Tribunal Federal, por decisão da maioria absoluta de seus membros, poderá deferir pedido de medida cautelar na ação declaratória de constitucionalidade, consistente na determinação de que os juízes e os Tribunais suspendam o julgamento dos processos que envolvam a aplicação da lei ou do ato normativo objeto da ação até seu julgamento definitivo. Parágrafo único. Concedida a medida cautelar, o Supremo Tribunal Federal fará publicar em seção especial do Diário Oficial da União a parte dispositiva da decisão, no prazo de dez dias, devendo o Tribunal proceder ao julgamento da ação no prazo de cento e oitenta dias, sob pena de perda de sua eficácia."

Constituição. Prefiro, nesse caso, a designação de "controle objetivo" de constitucionalidade, uma vez que a palavra "abstrata" pode levar a equívocos, como se pudéssemos elaborar raciocínios *in abstracto*. Hermeneuticamente, não há conceitos sem coisas. Assim, mesmo quando estamos falando na inconstitucionalidade "em tese", sempre estamos tratando de algo *in concreto* ou de algo projetado hipoteticamente.

> Esse mesmo controle direto e concentrado é delegado aos Estados-membros, cujos Tribunais são competentes para o julgamento de ADIs decorrentes de inconstitucionalidades de leis estaduais e municipais em relação às Constituições Estaduais. O efeito das ADIs, tanto propostas no âmbito federal como no âmbito estadual, é *erga omnes* e *ex tunc*,[2] podendo ser propostas pelas autoridades e entidades elencadas no art. 103 da CF e, nos Estados, conforme previsão nas respectivas Constituições Estaduais.
>
> É pacífica a jurisprudência do STF, antes e depois de 1988, no sentido de que não cabe aos Tribunais de Justiça dos Estados exercer o controle de constitucionalidade de leis e demais atos normativos municipais em face da Constituição Federal (por todas, a ADI 347/SP, *DJ* 20.10.2006). Mesmo no caso de a Constituição Estadual reproduzir texto (regra ou princípio) da Carta da República, ainda assim a competência será do Tribunal local, problemática explicitada amiúde na sequência da obra.[3] No tocante ao controle de constitucionalidade nos Estados, há, ainda, uma peculiaridade: o Supremo Tribunal Federal entende que, se a representação de inconstitucionalidade estadual for manejada em face de norma da Constituição local que reproduza dispositivo da Constituição da República de observância obrigatória pelos Estados, então será aceita a interposição de recurso extraordinário (RE). Tal recurso (muito embora seja instrumento típico do controle difuso) terá efeitos *erga omnes*, uma vez que sua interposição não altera a natureza de controle abstrato da representação de inconstitucionalidade estadual;[4]
>
> b) *interventiva*, que pode ser federal, cuja iniciativa é do Procurador-Geral da República e de competência do Supremo Tribunal Federal (arts. 36, III, 102, I, *a*, e 129, IV), e estadual, por provocação do Procurador-Geral de Justiça; destina-se a promover a intervenção da União nos Estados e dos Estados nos Municípios, respectivamente. A ação direta interventiva, à evidência, difere da genérica, porque não desencadeia um processo objetivo, isso porque seu objeto não é a declaração de uma inconstitucionalidade em tese de um ato estadual, mas, sim, a solução de uma controvérsia que envolve a União e o Estado-membro.

Em sede de ação direta interventiva, não ocorre declaração incidental de inconstitucionalidade ou declaração de inconstitucionalidade como objeto principal (declaração em tese). Principalmente, o que se deve ter em mente é que a decisão final não nulifica a lei.

---

[2] Como veremos mais adiante, esta tradição agora vem excepcionada pelo art. 27 da Lei 9.868/1999, que concede poderes ao STF de estabelecer efeito *ex nunc* às ADIs. Na verdade, mais do que efeito *ex nunc*, o STF pode modular os efeitos da decisão.

[3] Cf. Rcl 383/SP, *DJ* 21.05.1993, e AgRg na Rcl 425, *DJ* 27.05.1993.

[4] Nesse sentido, o *leading case* representado pela Rcl 383/SP, *DJ* 21.05.1993.

Cap. 4 · O MODELO DE JURISDIÇÃO CONSTITUCIONAL NO BRASIL | 329

Ao Supremo Tribunal Federal cabe não mais do que resolver o conflito federativo, julgando a ação procedente ou improcedente. Se procedente, a consequência será a decretação da intervenção federal no Estado.

4.2.1 A legitimidade na ação direta de inconstitucionalidade

Consoante o art. 103 da CF, podem propor ADI o Presidente da República, as Mesas do Senado, da Câmara e das Assembleias Legislativas (ou da Câmara Legislativa do DF), o Governador do Estado,[5] o Procurador-Geral da República, o Conselho Federal da OAB,[6-7] partido político com representação no Congresso Nacional[8] e confederação sindical ou entidade de classe de âmbito nacional.[9]

---

[5] É pacífico o entendimento no STF de que o Governador possui capacidade postulatória, por força do próprio Texto Constitucional, não necessitando da assistência de advogado (ADI 127-MC-QO, *DJ* 04.12.1992). Todavia, também é certo que a legitimidade é do Chefe do Poder Executivo, e não do Estado, motivo pelo qual não se admite ação subscrita unicamente pelo Procurador-Geral do Estado. Nessa linha: "O Governador de Estado é detentor de capacidade postulatória *intuitu personae* para propor ação direta, segundo a definição prevista no art. 103 da CF. A legitimação é, assim, destinada exclusivamente à pessoa do Chefe do Poder Executivo estadual, e não ao Estado enquanto pessoa jurídica de direito público interno, que sequer pode intervir em feitos da espécie – ADI (AgRg) 1.797/PE, *DJ* 23.02.2001; ADI (AgRg) 2.130/SC, *DJ* 303.10.2001; ADI (EMBS) 1.105/DF, *DJ* 23.08.2001. Por essa razão, inclusive, reconhece-se à referida autoridade, independentemente de sua formação, aptidão processual plena ordinariamente destinada apenas aos advogados (ADI MC 127/AL, *DJ* 04.12.1992), constituindo-se verdadeira hipótese excepcional de *jus postulandi*" (ADI 1.814-MC/PE, 21.12.2001). Assim, também, no julgamento da ADI 2.906/RJ, *DJ* 29.06.2011, e conforme a decisão monocrática na ADI 5.084/RO, *DJ* 20.02.2014.

[6] Cf. ADI 641-MC/DF, *DJ* 12.03.1993: "LEGITIMIDADE – AÇÃO DIRETA DE INCONSTITU-CIONALIDADE – CONSELHOS – AUTARQUIAS CORPORATIVISTAS. O rol do artigo 103 da Constituição Federal é exaustivo quanto à legitimação para a propositura da ação direta de incons-titucionalidade. Os denominados Conselhos, compreendidos no gênero 'autarquia' e tidos como a consubstanciar a espécie corporativista não se enquadram na previsão constitucional relativa às entidades de classe de âmbito nacional. Da Lei Básica Federal exsurge a legitimação de Conselho único, ou seja, o Federal da Ordem dos Advogados do Brasil. Daí a ilegitimidade 'ad causam' do Conselho Federal de Farmácia e de todos os demais que tenham idêntica personalidade jurídica – de direito público".

[7] Sobre tal legitimado, confira: "Ação direta de inconstitucionalidade. IPMF (Imposto Provisório sobre Movimentação Financeira). EC 3, de 17.03.1993, e LC 77, de 24.07.1993. Legitimidade ativa e medida cautelar. 1. Nos termos do inc. IX do art. 103 da CF, tem legitimidade o Conselho Federal da Ordem dos Advogados do Brasil para propor ação direta de inconstitucionalidade. 2. Julga-se prejudicada, *si et in quantum*, medida cautelar de suspensão das normas impugnadas, se estas já se encontram suspensas até 31.12.1993, por decisão do Tribunal, em outra ação direta de inconstitu-cionalidade. 3. Ressalva do exame do requerimento de cautelar, quanto ao exercício de 1994, se, até 31.12.1993, não tiver sido, a ação, julgada pelo mérito" (ADI 949 MC, *DJ* 12.11.1993).

[8] Ademais, em caso de perda da representação parlamentar por parte do partido político, no curso da ADI, já entendeu o STF que sua legitimidade para permanecer no polo ativo da demanda não cessa, o que faz de forma muito acertada, dado que, se assim não fosse, seria possível perpetuar uma inconstitucionalidade por meio de subterfúgios políticos, muito provavelmente ainda mais inconstitucionais do que o que discutido da demanda em causa: "Partido político. Legitimidade

O STF entende, desde o julgamento da ADI 127-MC-QO/AL (*DJ* 20.11.1989) utilizada como *leading case*, que "o Governador do Estado e as demais autoridades e entidades referidas no art. 103, incisos I a VII, da Constituição Federal, além de ativamente legitimados à instauração do controle concentrado de constitucionalidade das leis e atos normativos, federais e estaduais, mediante ajuizamento da ação direta perante o Supremo Tribunal Federal, possuem capacidade processual plena e dispõe, *ex vi* da própria norma constitucional, de capacidade postulatória".[10] Por outro lado, o partido político com representação no Congresso Nacional, a confederação sindical e a entidade de classe de âmbito nacional não possuem capacidade postulatória para a propositura da ADI.

Já no que tange à legitimidade para a propositura, é evidente que tal requisito não é o mesmo para todas as pessoas ou entidades previstas no rol do art. 103. Assim, com exceção das mesas das Assembleias, dos Governadores dos Estados e das confederações sindicais/ entidades de classe – conhecidos como legitimados especiais –, o Supremo tem entendido que os demais legitimados o são *erga omnes* (ou seja, o Presidente da República, a Mesa do

---

ativa. Aferição no momento da sua propositura. Perda superveniente de representação parlamentar. Não desqualificação para permanecer no polo ativo da relação processual. Objetividade e indisponibilidade da ação" (ADI 2.618-AgRg-AgRg). No mesmo sentido: ADI 2.427; ADI 1.396-MC; ADI 1.096-MC. Inobstante isso, há julgado contrário a tal entendimento: "A perda superveniente da bancada legislativa no Congresso Nacional descaracteriza a legitimidade ativa do partido político para prosseguir no processo de controle abstrato de constitucionalidade, eis que, para esse efeito, não basta a mera existência jurídica da agremiação partidária, sobre quem incide o ônus de manter, ao longo da causa, representação parlamentar em qualquer das Câmaras que integram o Poder Legislativo da União. A extinção anômala do processo de fiscalização normativa abstrata, motivada pela perda superveniente de bancada parlamentar, não importa em ofensa aos postulados da indisponibilidade do interesse público e da inafastabilidade da prestação jurisdicional, eis que inexiste, em favor do partido político que perdeu a qualidade para agir, direito de permanecer no polo ativo da relação processual, não obstante atendesse, quando do ajuizamento da ação direta, ao que determina o art. 103, VIII, da CF" (ADI 2.202-AgRg); "Ação direta de inconstitucionalidade. Legitimação ativa dos partidos políticos representados no Congresso Nacional. Perda intercorrente da representação parlamentar que precedentes do STF têm entendido redundar no prejuízo da ação. Orientação, de qualquer sorte, inaplicável à hipótese em que a extinção da bancada do partido é posterior ao início do julgamento da ação direta" (ADI 2.054-QO, *DJ* 17.10.2003).

9   Nesse sentido: "O fato de a associação requerente congregar diversos segmentos existentes no mercado não a descredencia para a propositura da ação direta de inconstitucionalidade. Evolução da jurisprudência. [...] Surge a pertinência temática, presente ajuizamento de ação direta de inconstitucionalidade por associação, quando esta congrega setor econômico que é alcançado, em termos de tributo, pela norma atacada" (ADI 3.413/RJ, *DJ* 01.08.2011).

10   Registre-se, também, quanto às confederações sindicais e entidades de classe de âmbito nacional, e aos partidos políticos, entende o STF pela necessidade da indicação expressa do dispositivo normativo impugnado na procuração outorgada para a propositura da ADI (ADI, 2.187-QO/BA, *DJ*, 12.12.2003, seguido no julgamento monocrático da Med. Lim. na ADI 5.448/DF em 02.02.2016, confirmada pelo Plenário ao negar provimento ao AgRg, *DJ* 01.03.2017). No mesmo sentido em ADI 2.017/DF, *DJ* 09.05.2001; ADI 2.774/GO, *DJ* 05.12.2002, ADI 2.835/PE, *DJ* 25.02.2003, ADI 3.087-MC/RJ, *DJ* 16.12.2003, ADI 3.328-MC/DF, *DJ* 28.10.2004.

Cap. 4 · O MODELO DE JURISDIÇÃO CONSTITUCIONAL NO BRASIL | **331**

Senado Federal, a Mesa da Câmara dos Deputados, o Procurador-Geral da República, o Conselho Federal da OAB e o partido político com representação no Congresso Nacional).[11]

Para os excepcionados, exige-se uma *relação de pertinência* entre o objeto da norma questionada e o interesse do proponente da ADI. Daí sua indicação como legitimados *especiais*. O Supremo Tribunal Federal denomina esse requisito de "vínculo de pertinência temática". Note-se que o STF relaciona a "pertinência temática" à *legitimatio ad causam* e não ao interesse de agir, requisito típico de processos de índole subjetiva. Essa questão já foi explicitada pela Suprema Corte em vários momentos, esclarecendo que sua vinculação deve ser com o objeto da ação.[12]

No caso do Governador do Estado e das Assembleias Legislativas, caso proponham ADI contra ato normativo oriundo de seu próprio Estado, a "pertinência temática" tem sido dispensada pelo STF, o que não ocorre quando a inconstitucionalidade arguida é oriunda de ato normativo da União ou de outro Estado.[13]

Assim, podem propor ação direta de inconstitucionalidade:[14]

a) na área sindical, somente as Confederações, excluídas as Federações, mesmo de âmbito nacional, mediante interpretação literal do art. 103, IX;[15-16]

---

[11] Nesse sentido: "Os partidos políticos possuem legitimação universal" (ADI 1.096/RS; ADIMC 1.407/DF). Em relação aos partidos políticos, é de se salientar uma importante alteração na jurisprudência do STF. Com efeito, de início, o Tribunal entendia que, se o partido perdesse seu único representante no Congresso no decorrer da ação, haveria "perda superveniente da legitimidade *ad causam*". A atual posição da Corte, em sentido oposto, pode ser aferida pelas seguintes decisões: "Partido político. Legitimidade ativa. Aferição no momento da sua propositura. Perda superveniente de representação parlamentar. Não desqualificação para permanecer no polo ativo da relação processual. Objetividade e indisponibilidade da ADI 2.618-AgRg". Esse entendimento também pode ser visto na ADI 2.427/PA, *DJ* 10.11.2006. Note-se, como já afirmado em nota anterior, que a procuração para o advogado – isso não somente em relação aos partidos políticos – deve conter poderes especiais (por todos: ADI 2.187-QO/BA, *DJ* 12.12.2003).

[12] Cf. ADI 1.507-MC-AgRg/RJ, *DJ* 26.11.1996; ADI 1.519-AL, *DJ* 06.11.1996; ADI 305/RN; ADI 1.151/MG, *DJ* 19.05.1995; ADI 1.096/RS; ADI 1.464-RJ, *DJ* 13.12.1996.

[13] Cf. ADIs: 2.656/SP, *DJ* 01.08.2003; 2.747/DF, *DJ* 17.08.2007.

[14] Há um interessante levantamento feito por Milton Flaks (FLAKS, Milton. Instrumentos processuais de defesa coletiva. *Boletim de Direito Administrativo*, São Paulo: NDJ, n. 1, p. 13, 1993), que também é referido na obra de Clèmerson Clève, quando trata do mesmo tema (CLÈVE, Clèmerson M. *A fiscalização abstrata*, op. cit., p. 122). Outra listagem pode ser encontrada em MENDES, Gilmar Ferreira. *Jurisdição constitucional*, op. cit., 5. ed., p. 164 e ss.

[15] Cf. ADI 1.442/DF, *DJ* 29.04.2005, o STF entendeu ilegítima a propositura de ADI pela Central Única dos Trabalhadores (CUT), reconhecendo que, no "plano da organização sindical brasileira, somente as confederações sindicais dispõem de legitimidade ativa 'ad causam' para o ajuizamento da ação direta de inconstitucionalidade (CF, art. 103, IX), falecendo às centrais sindicais, em consequência, o poder para fazer instaurar, perante o Supremo Tribunal Federal, o concernente processo de fiscalização normativa abstrata". Assim também em ADI 1.343-MC/AM, *DJ* 06.10.1995; ADI 1.562-QO/UF, *DJ* 09.05.1997; ADI 3.762-AgR/DF, *DJ* 24.11.2006.

[16] Mesmo com o advento da Lei 11.648/2008, reconhecendo as chamadas "centrais sindicais" como entidades de representação ao disciplinar que: "Art. 1º A central sindical, entidade de representação

b) somente os diretórios nacionais dos partidos políticos, e não os diretórios locais, ainda que se trate de lei local;[17]

c) quanto às entidades de classe,[18] só se reconhece como tais as de âmbito nacional que possuam associados ou membros em pelo menos nove Estados, por aplicação analógica da lei orgânica dos partidos políticos,[19] além de se exigir que os associados ou membros sejam pessoas físicas e estejam ligados entre si pelo exercício da mesma atividade econômica ou profissional (homogeneidade de interesses).[20]

---

geral dos trabalhadores, constituída em âmbito nacional, terá as seguintes atribuições e prerrogativas: I – coordenar a representação dos trabalhadores por meio das organizações sindicais a ela filiadas; e II – participar de negociações em fóruns, colegiados de órgãos públicos e demais espaços de diálogo social que possuam composição tripartite, nos quais estejam em discussão assuntos de interesse geral dos trabalhadores. Parágrafo único. Considera-se central sindical, para os efeitos do disposto nesta Lei, a entidade associativa de direito privado composta por organizações sindicais de trabalhadores", o STF reconheceu que "Muito embora ocorrido o reconhecimento formal das centrais sindicais com a edição da Lei nº 11.648/08, a norma não teve o condão de equipará-las às confederações, de modo a sobrelevá-las a um patamar hierárquico superior na estrutura sindical. *Ao contrário, criou-se um modelo paralelo de representação, figurando as centrais sindicais como patrocinadoras dos interesses gerais dos trabalhadores, e permanecendo as confederações como mandatárias máximas de uma determinada categoria profissional ou econômica*" (ADI 4.224-AgR/DF, *DJ* 06.09.2011) (grifo nosso).

[17] Cf. ADI 610-MC/PI, *DJ* 09.02.1992; ADI 1.528-QO/AP, *DJ* 23.8.2002; ADI 2.547/SE, *DJ* 1º.02.2002; ADI 2.782/GO, *DJ* 28.04.2003; ADI 2.788/GO, *DJ* 03.02.2003; ADI 3.122/TO, *DJ* 27.02.2004; ADI 3.134/BA, *DJ* 19.03.2004. E Decisões Monocráticas (Liminares): ADI 4.037/SC, *DJ* 11.03.2008; ADI 3.407/DF, *DJ* 25.02.2005.

[18] Cf. ADIs: 146/RS, *DJ* 19.12.2001; 23/SP, *DJ* 18.05.2001; 1.138/RJ, *DJ* 30.04.2004; 1.159/AP, *DJ* 30.04.2004; 1.336/PR, *DJ* 18.05.2007; 1.414-MC/RS, *DJ* 19.12.1996.

[19] Assim: "Carece de legitimação para propor ação direta de inconstitucionalidade a entidade de classe que, embora de âmbito estatutário nacional, não tenha representação em, pelo menos, nove Estados da Federação, nem represente toda a categorial profissional, cujos interesses pretenda tutelar" (ADI 3.617-AgRg). Entendimento a partir do seguinte dispositivo da Lei 9.096/1999 (Lei Orgânica dos Partidos Políticos): "Art. 7º O partido político, após adquirir personalidade jurídica na forma da lei civil, registra seu estatuto no Tribunal Superior Eleitoral. § 1º Só é admitido o registro do estatuto de partido político que tenha caráter nacional, considerando-se como tal aquele que comprove, no período de dois anos, o apoiamento de eleitores não filiados a partido político, correspondente a, pelo menos, 0,5% (cinco décimos por cento) dos votos dados na última eleição geral para a Câmara dos Deputados, não computados os votos em branco e os nulos, distribuídos por um terço, ou mais, dos Estados, com um mínimo de 0,1% (um décimo por cento) do eleitorado que haja votado em cada um deles". No julgamento da ADI 2.866/RN, *DJ* 17.10.2003, o critério do § 1º do art. 7º da Lei 9.096/1999 não foi aplicado, admitindo-se a legitimidade da Associação Brasileira dos Extratores e Refinadores de Sal – ABERSAL, diante da "produção de sal ocorrer em apenas alguns estados da Federação", e de que "cuida-se de uma atividade econômica de relevância nacional, haja vista ser notório que o consumo de sal ocorre em todas as unidades da federação" (Rel. Min. Gilmar Mendes).

[20] Clève, Clèmerson M. *A fiscalização abstrata*, op. cit., p. 166 e ss. Cf. ADI 4.230-AgR/RJ, *DJ* 14.09.2011: "Não se considera entidade de classe a associação que, a pretexto de efetuar a defesa de toda a sociedade, patrocina interesses de diversas categorias profissionais e/ou econômicas não homogêneas".

Cap. 4 · O MODELO DE JURISDIÇÃO CONSTITUCIONAL NO BRASIL | 333

Em relação aos membros das associações, o STF alterou seu posicionamento, entendendo possível o ajuizamento da ADI por "associação de associações".[21] Nesse sentido, o conceito de entidade de classe é dado pelo objetivo institucional classista, pouco importando que a eles diretamente se filiem os membros da respectiva categoria social ou agremiações que os congreguem, com a mesma finalidade, em âmbito territorial mais restrito. Para o STF, é entidade de classe de âmbito nacional – como tal legitimada à propositura da ação direta de inconstitucionalidade (CF, art. 103, IX) – aquela na qual se congregam associações regionais correspondentes a cada unidade da Federação, a fim de perseguirem, em todo o País, o mesmo objetivo institucional de defesa dos interesses de uma determinada classe. Desse modo, passou-se a admitir a legitimação das "associações de associações de classe", de âmbito nacional, para a ação direta de inconstitucionalidade.

Nessa mesma linha, a Associação Nacional dos Magistrados Estaduais (ANAMAGES) não tem legitimidade para propor ação direta de inconstitucionalidade contra norma de interesse de toda a magistratura. É legítima, todavia, para a propositura de ação direta contra norma de interesse da magistratura de determinado Estado-membro da Federação.[22]

4.2.2 Do cabimento de cautelar, seus efeitos e peculiaridades

A ação direta de inconstitucionalidade admite pedido de liminar, que, ressalvado o período de recesso (ou de férias),[23] não dispensa votação em plenário, com a presença de

---

[21] Cf. ADI 3.153-AgRg/DF, *DJ* 12.08.2004, envolvendo a Federação Nacional das Associações dos Produtores de Cachaça de Alambique – FENACA: "Ação direta de inconstitucionalidade: legitimação ativa: 'entidade de classe de âmbito nacional': compreensão da 'associação de associações' de classe: revisão da jurisprudência do Supremo Tribunal. 1. O conceito de entidade de classe é dado pelo objetivo institucional classista, pouco importando que a eles diretamente se filiem os membros da respectiva categoria social ou agremiações que os congreguem, com a mesma finalidade, em âmbito territorial mais restrito. 2. É entidade de classe de âmbito nacional – como tal legitimada à propositura da ação direta de inconstitucionalidade (CF, art. 103, IX) – aquela na qual se congregam associações regionais correspondentes a cada unidade da Federação, a fim de perseguirem, em todo o País, o mesmo objetivo institucional de defesa dos interesses de uma determinada classe. 3. Nesse sentido, altera o Supremo Tribunal sua jurisprudência, de modo a admitir a legitimação das 'associações de classe', de âmbito nacional, para a ação direta de inconstitucionalidade".

[22] Cf. ADI 3.617-AgR/DF, *DJ* 30.06.2011; ADI 4.462-MC/TO, *DJ* 16.11.2011; ADI 5.448 AgR/DF, *DJ* 01.03.2017.

[23] Cf. o Regimento Interno do STF: "Art. 13. São atribuições do Presidente: [...] VIII – decidir questões urgentes nos períodos de recesso ou de férias"; "Art. 78. O ano judiciário no Tribunal divide-se em dois períodos, recaindo as férias em janeiro e julho. § 1º Constituem recesso os feriados forenses compreendidos entre os dias 20 de dezembro e 6 de janeiro, inclusive". Registre-se, também, o seguinte julgamento: "Questão de ordem. Ação direta de inconstitucionalidade. Pedido de medida cautelar. Deferimento, pela presidência, no período de férias forenses do Tribunal. Artigos 10, *caput*, da Lei 9.868/1999, e 13, VIII, do RISTF. Relatoria do referendo plenário atribuída à própria presidente, por força da excepcionalidade do caso concreto. Possibilidade. 1. O *caput* do art. 10 da Lei 9.868/1999 autoriza, nos períodos de recesso da Corte, a excepcional concessão monocrática da medida cautelar em ação direta de inconstitucionalidade. 2. Por imposição do art. 21, incisos IV e V, do Regimento Interno, as decisões liminares concedidas pela Presidência nessas circunstâncias são depois submetidas a referendo do Colegiado, normalmente após a distribuição dos autos da ação direta a um

no mínimo oito ministros. O *quorum* para a concessão da medida será sempre de maioria absoluta, o mesmo exigido para a votação do mérito da ação. No pedido de liminar, se o relator julgar indispensável, ouvirá o Advogado-Geral da União e o Procurador-Geral da República.[24] Essa faculdade transforma-se em obrigatoriedade quando se tratar de julgamento do mérito da ADI, inclusive no denominado procedimento abreviado do art. 12 da Lei 9.868/1999. E, em caso de excepcional urgência, a audiência dos órgãos ou das autoridades das quais emanou a lei ou ato normativo impugnado pode ser dispensada (art. 10, § 3º).

Ponto importante a ser abordado quanto à concessão da medida cautelar diz respeito à possibilidade de sua concessão monocraticamente pelo Relator. Pela Lei 9.868/1999 (art. 10), temos a reserva de plenário para a decisão da medida cautelar, excepcionada no caso de recesso/férias, com a possibilidade de encurtamento do prazo para julgamento no caso da "excepcional urgência" que justificaria a dispensa da audiência de determinados órgãos/autoridades (art. 10, § 3º). Durante o período de recesso/férias, excepciona-se a competência do plenário entregando-a ao Presidente do STF para decidir cautelarmente (art. 13, VIII, RISTF), aplicando-se, logo após tal período, o disposto no art. 21, IV e V, do RISTF: "submeter ao Plenário ou à Turma, nos processos da competência respectiva, medidas cautelares necessárias à proteção de direito suscetível de grave dano de incerta reparação, ou ainda destinadas a garantir a eficácia da ulterior decisão da causa", e "determinar, em caso de urgência, as medidas do inciso anterior, *ad referendum* do Plenário ou da Turma". Ou seja: ao final do recesso/férias, a medida cautelar concedida monocraticamente pelo Presidente do STF deve ser levada a *full bench* (decisão do plenário em banca cheia).[25]

Tal raciocínio nos leva a considerar que a concessão monocrática da medida cautelar só detém validade durante o período excepcionado (recesso/férias). Entretanto, o STF tem demonstrado, em diversos casos, o não cumprimento imediato no disposto no art. 21, IV e V de seu Regimento Interno, descumprindo, por conseguinte, a previsão legislativa do art. 10 da

---

determinado relator superveniente. 3. Peculiaridades presentes que recomendam a exposição do caso pelo próprio órgão prolator da decisão trazida a referendo do Plenário do Supremo Tribunal Federal. 4. Questão de ordem resolvida no sentido de autorizar a Presidência, excepcionalmente, a relatar o referendo da decisão cautelar monocrática proferida nos autos da presente ação direta" (ADI 3.929-MC-QO/DF, *DJ* 11.10.2007).

[24] Cf. Lei 9.868/1999: "Art. 12-F. Em caso de excepcional urgência e relevância da matéria, o Tribunal, por decisão da maioria absoluta de seus membros, observado o disposto no art. 22, poderá conceder medida cautelar, após a audiência dos órgãos ou autoridades responsáveis pela omissão inconstitucional, que deverão pronunciar-se no prazo de 5 (cinco) dias. § 1º A medida cautelar poderá consistir na suspensão da aplicação da lei ou do ato normativo questionado, no caso de omissão parcial, bem como na suspensão de processos judiciais ou de procedimentos administrativos, ou ainda em outra providência a ser fixada pelo Tribunal. § 2º O relator, julgando indispensável, ouvirá o Procurador--Geral da República, no prazo de 3 (três) dias. § 3º No julgamento do pedido de medida cautelar, será facultada sustentação oral aos representantes judiciais do requerente e das autoridades ou órgãos responsáveis pela omissão inconstitucional, na forma estabelecida no Regimento do Tribunal".

[25] Há, nesse caso, uma dupla possibilidade: o Presidente do STF remete diretamente ao plenário, ou, finalizado o período de recesso/férias, o Relator designado leva ao plenário a medida cautelar deferida anteriormente pela Presidência. A melhor resposta é a que coloca o Relator como responsável, pois o Presidente só estava momentaneamente naquela função.

Cap. 4 • O MODELO DE JURISDIÇÃO CONSTITUCIONAL NO BRASIL | **335**

Lei 9.868/1999 em conjunto com o art. 97 da Constituição Federal: a reserva de plenário para deferimento da medida cautelar em sede de ADI. Tal situação já vinha sendo denunciada pelo Ministro Gilmar Mendes desde seu voto na ADI 4.638, em 2011, e demonstra ser hipótese de usurpação tácita de uma competência: *a decisão monocrática acaba por substituir no tempo a decisão do colegiado* (e a outro Poder, negando-se validade à lei sob mero "juízo de aparência").

Em texto publicado anteriormente, tivemos a oportunidade de nos manifestar sobre esse fenômeno abordando especificamente o caso da ADI 4.917/DF, que teve medida cautelar deferida monocraticamente (*DJ* 21.03.2013), fora dos períodos de recesso ou férias, e até o fechamento da presente edição ainda não foi levada a *full bench* para referendo. O julgamento utilizado a título de exemplo diz respeito à discussão envolvendo a Lei dos Royalties (Lei 12.734/2012).[26]

É necessário reconhecermos a existência de um direito fundamental dos cidadãos ao cumprimento dos arts. 10 da Lei 9.868/1999 e 97 da Constituição Federal. Concluindo-se, portanto, que a concessão monocrática da medida cautelar não pode ser utilizada para substituir a decisão no modo *full bench*, por isso, deve ser utilizada apenas nos casos de recesso ou férias,[27] e deve ser imediatamente levada a plenário para referendo.[28]

---

[26] Trata-se do seguinte texto publicado em 4 de dezembro de 2014 no *Conjur*: "A decisão de um ministro do STF pode valer como medida provisória?". Disponível em: http://www.conjur.com.br/2014-dez-04/senso-incomum-decisao-ministro-stf-valer-medida-provisoria.

[27] Vide, por exemplo, a decisão do Ministro Carlos Velloso, quando Presidente do STF: "A Lei 9.868, de 10.11.99, dispondo a respeito da medida cautelar em ação de inconstitucionalidade, estabelece, no art. 10: 'Art. 10. Salvo no período de recesso, a medida cautelar na ação direta será concedida por decisão da maioria absoluta dos membros do Tribunal, observado o disposto no art. 22, após a audiência dos órgãos ou autoridades dos quais emanou a lei ou ato normativo impugnado, que deverão pronunciar-se no prazo de cinco dias'. No § 1º do mencionado art. 10, faculta-se ao relator ouvir o Advogado-Geral da União e o Procurador-Geral da República, no prazo de três dias. Concede-se, no § 2º, no julgamento do pedido da medida cautelar, sustentação oral às partes. O art. 10, acima transcrito, manda observar, no julgamento da medida cautelar, o art. 22, a dizer que a decisão somente será tomada se presentes na sessão pelo menos oito ministros. A lei, está-se a ver, cerca o julgamento da cautelar de várias formalidades, ou exige, para a tomada da decisão, a existência de vários requisitos: voto da maioria absoluta dos membros do Tribunal, *quorum* especial para abertura da sessão, facultando-se às partes sustentação oral. Penso, então, que o presidente do Tribunal, no recesso, competente para despachar o pedido de cautelar, somente deverá fazê-lo em caso de efetiva necessidade, vale dizer, na ocorrência da possibilidade de perecimento de direito. Outra questão se apresenta: o Regimento Interno do Supremo Tribunal Federal distingue recesso de férias. Estabelece o art. 13, VIII, que são atribuições do Presidente decidir, nos períodos de recesso ou de férias, pedido de medida cautelar. E mais: o art. 78 do mencionado Regimento Interno dispõe que 'o ano judiciário no Tribunal se divide em dois períodos, recaindo as férias em janeiro e julho'. O § 1º do mencionado art. 78 conceitua o recesso: 'Constituem recesso os feriados forenses compreendidos entre os dias 20 de dezembro e 1º de janeiro, inclusive'. Acrescenta o § 2º que, 'Sem prejuízo do disposto no inciso VIII do art. 13, suspendem-se os trabalhos do Tribunal durante o recesso e as férias [...]' E o § 3º novamente se refere ao recesso e às férias: "Os Ministros indicarão seu endereço para eventual convocação durante as férias ou recesso'. Ora, a Lei 9.868, de 10.11.99, somente ressalva o período de recesso, ao prescrever, conforme vimos, que, 'Salvo no período de recesso...' É dizer, a Lei 9.868, de 1999, art. 10, somente permite a concessão da medida cautelar, pelo presidente do Tribunal, no período de recesso do Tribunal. Admito que, ocorrente, durante as férias, em ação direta, a possibilidade de perecimento do direito, será lícito ao presidente

O STF também vem admitindo a possibilidade de conversão do julgamento da medida cautelar em julgamento de mérito. A discussão iniciou-se a partir do julgamento da ADI 4.638- MC-Ref/DF, Plenário, 01.02.2012, concluindo-se no julgamento da ADI 4.163/SP, *DJ* 01.03.2013, com o entendimento de que, diante da desnecessidade de maiores documentos, manifestações etc., torna-se possível, já neste ponto, a realização de julgamento meritório da ADI, mesmo que inicialmente adotado o rito abreviado do art. 10.

Interessante notar que, nos termos do art. 11, § 1º, da Lei 9.868/1999, a medida liminar (cautelar) tem eficácia (efeito) contra todos, sendo concedida[29] com efeito *ex nunc*, salvo se o Tribunal entender que deva conceder-lhe eficácia retroativa (*ex tunc*). Algumas questões demandam, de pronto, algumas reflexões. Com relação à eficácia contra todos, não há nenhum problema, até porque é inconcebível que uma lei, cuja validade foi sustada por liminar, possa continuar a ser aplicada. Já o efeito *ex nunc*, estabelecido como regra, introduz novidade no sistema brasileiro. Com efeito, trata-se, *mutatis mutandis*, do mesmo fenômeno previsto no art. 27 da Lei, como veremos mais adiante, ou seja, trata-se de uma modulação de efeitos da decisão declaratória de inconstitucionalidade. O disposto no art. 11 guarda consonância com a prática que o Supremo Tribunal Federal vinha desenvolvendo até o advento da lei, ou seja, em sede de cautelar, a eficácia é *ex nunc*; no julgamento do mérito, passa a ser *ex tunc*.

Outra inovação trazida pela Lei 9.868/1999 é a expressa revigoração de lei anterior acaso existente, que tenha sido revogada ou de algum modo atingida pela lei objeto da ADI.[30] Trata-se do denominado "efeito repristinatório". Isso ocorre por exceção, ou seja, quando o Tribunal proceder nos termos do § 1º, isto é, quando conceder efeito *ex tunc* à liminar. Ou seja, se uma lei é revogada por outra que é, posteriormente, declarada inconstitucional, ocorre esse "efeito repristinatório", porque uma lei nula não pode anular outra.

Registre-se que disposição semelhante consta no art. 282º, I, da Constituição de Portugal, segundo o qual a declaração de inconstitucionalidade faz com que haja a repristinação das normas que ela, eventualmente, haja revogado. Pode ocorrer que a lei repristinada também seja inconstitucional, o que demandaria outra ação. Nesse caso, parece aconselhável que, no ajuizamento da ADI, buscando a nulidade da lei revogadora, já se faça menção – sempre aludindo à inexorabilidade da consequência advinda da aplicação do § 1º do art. 11 – à igual inconstitucionalidade da lei revogada ("efeito repristinatório indesejável"). Nesse sentido, o Supremo Tribunal Federal já decidiu – acertadamente – que, quando ocorrer o efeito repristinatório indesejado, é necessário formular pedidos sucessivos de declaração de inconstitucionalidade, tanto do diploma ab-rogado quanto das normas por

---

despachar o pedido e concedê-la, se for o caso. Fora daí, entretanto, não me parece possível, tendo em consideração o art. 10 da Lei 9.868/1999 e os dispositivos regimentais indicados, que distinguem período de recesso de período de férias. Do exposto, determino o encaminhamento destes autos à distribuição, oportunamente" (ADI 2.244/DF, *DJ* 01.08.2000).

[28] Cf. ADIs: 1.898, 1.899, 4.307, 4.635.

[29] "O deferimento da medida cautelar produz seus efeitos a partir da data da publicação da ata de julgamento no Diário da Justiça da União" (ADI 711-QO).

[30] Cf. Art. 11. "§ 2º A concessão da medida cautelar torna aplicável a legislação anterior acaso existente, salvo expressa manifestação em sentido contrário."

Cap. 4 • O MODELO DE JURISDIÇÃO CONSTITUCIONAL NO BRASIL | **337**

ele revogadas, desde que também eivadas do vício da ilegitimidade constitucional. Se, no caso, essa impugnação sucessiva não ocorrer, a ADI não deve ser conhecida, porque seu resultado traria maiores problemas do que soluções.[31]

É o que ocorre, *mutatis mutandis*, com aquilo que se denomina de inconstitucionalidade superveniente (lei anterior à Constituição), que se resolve pela revogação (neste caso, implícita; naquele, explícita, por outra lei). Por outro lado, o Supremo Tribunal Federal está jungido ao pedido especificado na inicial da ADI, não podendo declarar a inconstitucionalidade de outras normas, como regra (a exceção está na denominada declaração de inconstitucionalidade por arrastamento, a qual será tratada com maior vagar no item 4.2.4.1).

4.2.3 A inadmissibilidade da intervenção de terceiros e a admissão de amicus curiae na ação direta de inconstitucionalidade

Uma vez interposta a ADI, não se admitirá desistência. Entretanto, o Procurador-Geral da República pode, muito embora tenha sido autor, emitir parecer pela improcedência, no final da ação de inconstitucionalidade. Em sede de ADI, não se admite intervenção de terceiros. Portanto, não cabem embargos deduzidos por terceiros que se considerarem prejudicados por um julgamento do STF em ADI.

Muito embora não se admita intervenção de terceiros em ação direta de inconstitucionalidade, a Lei 9.868/1999 introduziu uma importante inovação em nosso sistema de controle de constitucionalidade: trata-se da figura do *amicus curiae* previsto no art. 7º, § 2º, com o que outras instituições ou órgãos interessados podem se manifestar acerca do mérito da ADI. A essa louvável novidade, a lei acrescenta outra de conteúdo similar. Com efeito, em caso de necessidade de esclarecimentos de matéria ou circunstância de fato ou notória insuficiência das informações existentes nos autos, o art. 9º, § 1º, prevê a hipótese de o relator requisitar informações adicionais, designar perito ou comissão de peritos para que emita parecer sobre a questão posta na ação, ou fixar data para, em audiência pública, ouvir depoimentos de pessoas com experiência e autoridade na matéria.

Veja-se que, mais recentemente, a figura do *amicus curiae* é admitida, inclusive, no procedimento de edição, revisão ou cancelamento de enunciado de súmula vinculante, nos termos do art. 3º, § 2º, da Lei 11.417/2006 e de forma ampliada pelo atual Código de Processo Civil (Lei 11.105/2015), trouxe a previsão do *amicus curiae* em sua Parte Geral (art. 138), admitindo que "o juiz ou o relator, considerando a relevância da matéria, a especificidade do tema objeto da demanda ou a repercussão social da controvérsia, poderá, por decisão irrecorrível, de ofício ou a requerimento das partes ou de quem pretenda manifestar-se, solicitar ou admitir a participação de pessoa natural ou jurídica, órgão ou entidade especializada, com representatividade adequada".

Observe-se que a prática do *amicus curiae* é utilizada em larga escala nos Estados Unidos da América, onde se assegura a mais ampla participação das mais diversas pessoas e entidades no deslinde da controvérsia. Calha relembrar o caso Webster *v.* Reproductive

---

[31] Cf. ADI 2.215/PE-MC. No mesmo sentido: ADI 2.574 e ADI 2.938.

Health Services, cujo julgamento poderia ensejar uma revisão do famoso *precedent* representado pelo caso Roe *v.* Wade (1973), sobre a possibilidade de realização do aborto[32]. Naquele caso, a *Supreme Court* recebeu, além do memorial apresentado pelo Governo, 77 outros memoriais sobre os mais variados aspectos da controvérsia – possivelmente o número mais expressivo já registrado –, por parte de 25 senadores, 115 deputados, da Associação Americana de Médicos e de outros grupos médicos, de 281 historiadores, de 885 professores de direito e de um grande grupo de organizações contra o aborto.[33]

Com efeito, a atuação de entidades na condição de *amicus curiae* é *auxiliar*, representando um nítido "fator de pluralização e de legitimação do debate constitucional", não possuindo natureza jurídica de *intervenção de terceiros*, instituto típico de processos onde se discutem direitos de cariz individual, conforme se pode ver na ADI 2.321-MC/DF, *DJ* 10.06.2005. Não esqueçamos que o direito é alográfico. Ele depende de um sentido que lhe é adjudicado. Portanto, o direito depende sempre de uma teorização, em que as palavras têm sentidos definidos. Por tais razões, as "aproximações hermenêuticas" podem ser úteis quando se trata de analogias em favor do réu ou outras questões desse jaez. O que não se pode fazer é sobrepor conceitos (Saussure já fala na "linearidade" como um dos quatro elementos do signo). Ou seja, *amicus curiae* é uma coisa; intervenção de terceiros é outra.

Outra saudável medida consta no § 2º do mesmo art. 9º, pelo qual o relator poderá solicitar informações aos Tribunais Superiores, aos Tribunais Federais e aos Tribunais estaduais acerca da aplicação da norma impugnada no âmbito de sua jurisdição.

Com isso, torna-se possível uma aproximação das diversas instâncias com o Supremo Tribunal. Para esse desiderato, torna-se relevante o processo hermenêutico praticado pelos diversos tribunais da Federação, visando conformar uma jurisprudência mais consistente, mormente quando a matéria abranger questão que transcenda interesses localizados. Assim,

---

[32] Cabe destacar que, no dia 24 de junho de 2022, a Suprema Corte, ao julgar o caso Dobbs *v.* Jackson Women's Health Organization, cujo objeto era uma lei estadual do Mississipi de 2018, que proíbe operações de aborto após as primeiras 15 semanas de gravidez, anulou a decisão de Roe *v.* Wade. A recente decisão da Suprema Corte americana ainda será objeto de análise pela crítica. De acordo com o que foi expresso na *Opinion of the Court*, proferida pelo *Justice* Alito, a decisão tomada no caso Roe era "completamente [*egregiously*] equivocada desde o início". Para Alito, "a Constituição não faz referência ao aborto, e tal direito não é implicitamente protegido por qualquer provisão constitucional". Ainda que, como referido, o novo posicionamento da Suprema Corte penda de análise crítica e aprofundada, a qual certamente excederia aos limites deste espaço, é notória a reiterada utilização das empoeiradas noções de "vontade do legislador" e "vontade da lei" na defesa de posições jurídicas conservadoras, bem como suas variantes (originalismo, textualismo etc). Adiante, neste texto, criticamos tais posturas a partir do paradigma hermenêutico. Afinal, como afirma Gadamer, interpretar é aplicar. Nessa esteira, entendemos, também com Dworkin, que o sentido da legislação/Constituição é obtido na medida em que os princípios que a sustentam se concretizam tendo-se em vista o caso concreto, contemporâneo. A interpretação jurídica, portanto, é o resultado de uma fusão de horizontes: entre o propósito abstrato da norma e a facticidade a partir da qual os seus contornos se manifestam. Ver, nesse sentido: https://www.conjur.com.br/2022-jun-30/senso--incomum-isto-textualismo-originalismo-afinal-interpretar.

[33] Cf. MENDES, Gilmar Ferreira. Controle de constitucionalidade: hermenêutica constitucional e revisão de fatos e prognoses legislativos pelo órgão judicial. *Revista Jurídica Virtual*, n. 8, p. 12-13, jan. 2000.

por exemplo, cada julgamento de incidente de inconstitucionalidade por Tribunal de Justiça será importante componente para a formação da interpretação a ser dada pelo Supremo Tribunal Federal.

4.2.4 O objeto da ação direta de inconstitucionalidade. A inconstitucionalidade reflexa, as leis de efeitos concretos, a exigência de prognose, os atos (tidos como) *interna corporis* e as medidas provisórias

De uma maneira geral, podem sofrer impugnação pela ação direta de inconstitucionalidade, nos termos do art. 102, I, *a*, da Constituição Federal, leis ou atos normativos federais ou estaduais. Todavia, alguns comentários adicionais devem ser realizados.

No julgamento da ADI 2/DF, entendeu o STF que a abrangência das ações diretas de inconstitucionalidade encontra-se restrita aos atos federais e estaduais posteriores à promulgação da Constituição Federal. Tratou-se, portanto, de um critério cronológico. Posteriormente, entendeu o STF no julgamento da ADI 3.619/SP, que no caso de dispositivos normativos (federais ou estaduais) produzidos antes da CF/1988, mas que tenham sido incorporados a outro diploma normativo pós-CF/1988, podem ser objeto de controle de constitucionalidade pela via da ADI.

Outro ponto diz respeito à possibilidade de controle de constitucionalidade via "controle abstrato". No julgamento da Repr. 1.405/AC, *DJ* 01.07.1988, entendeu o STF pela impossibilidade de controle de constitucionalidade de leis municipais perante tribunal estadual, pela via da "ADI estadual", recusando, também, sua competência para análise de tais situações. Ou seja, admitia-se, apenas, a via da ADI, para leis federais ou estaduais, e perante o STF. Com a promulgação da Constituição em 1988, tal julgamento restou-se superado pelo § 2º do art. 125,[34] e posteriormente com a Lei da ADPF, os dois pontos abordados receberam atualização nos moldes do parágrafo único do art. 1º.[35]

---

[34] Cf. "Art. 125. Os Estados organizarão sua Justiça, observados os princípios estabelecidos nesta Constituição. [...] § 2º Cabe aos Estados a instituição de representação de inconstitucionalidade de leis ou atos normativos estaduais ou municipais em face da Constituição Estadual, vedada a atribuição da legitimação para agir a um único órgão."

[35] Cf. "Art. 1º A arguição prevista no § 1º do art. 102 da Constituição Federal será proposta perante o Supremo Tribunal Federal, e terá por objeto evitar ou reparar lesão a preceito fundamental, resultante de ato do Poder Público. Parágrafo único. Caberá também arguição de descumprimento de preceito fundamental: I – quando for relevante o fundamento da controvérsia constitucional sobre lei ou ato normativo federal, estadual ou municipal, incluídos os anteriores à Constituição." Esse dispositivo encontra-se sob os efeitos da Medida Liminar na ADI 2.231/DF, *DJ* 17.12.2001: "Depois do voto do Senhor Ministro Néri da Silveira, Relator, deferindo, em parte, a medida liminar, com relação ao inciso I do parágrafo único do artigo 1º da Lei nº 9.882, de 03 de dezembro de 1999, para excluir, de sua aplicação, controvérsia constitucional concretamente já posta em juízo, bem como deferindo, na totalidade, a liminar, para suspender o § 3º do artigo 5º da mesma lei, sendo em ambos os casos o deferimento com eficácia *ex nunc* e até final julgamento da ação direta, pediu vista o Senhor Ministro Sepúlveda Pertence. Ausentes, justificadamente, neste julgamento, os Senhores Ministros Nelson Jobim, Ilmar Galvão e Marco Aurélio, Presidente. Falou, pela Advocacia-Geral da União, o Dr. Gilmar Ferreira Mendes".

340 | JURISDIÇÃO CONSTITUCIONAL • Lenio Luiz Streck

4.2.4.1 Os limites da impugnação do ato e a inconstitucionalidade por arrastamento

Releva notar, ainda com relação ao objeto da ação direta de inconstitucionalidade, que não é possível a impugnação de apenas alguns dos preceitos que integram um determinado texto normativo, deixando de questionar a validade de outros dispositivos com ele relacionados, quando a declaração da inconstitucionalidade, como pretendida na ação direta, tiver o condão de alterar o sistema da lei (ou do ato normativo *lato sensu*). Ou seja, implicitamente o Supremo Tribunal Federal "aplica" o círculo hermenêutico – da parte para o todo, do todo para a parte. Não é possível fazer interpretações *ad hoc*. Tampouco interpretar a lei em fatias. Por isso, a inconstitucionalidade não está à disposição nem do impetrante, nem do órgão julgador.

Quando confrontado com tais situações, o STF tem determinado o arquivamento das ações diretas de inconstitucionalidade por "ausência de impugnação todo o conjunto normativo".[36]

Não se pode olvidar, quanto a tal ponto, a denominada declaração de inconstitucionalidade por "arrastamento". Por meio de tal técnica, o Tribunal acaba declarando a inconstitucionalidade de dispositivos legais não mencionados na ADI, isso na hipótese de a Corte reconhecer dispositivos que logicamente dependam das normas impugnadas declaradas inconstitucionais.[37] Correto o STF. Afinal, a interpretação – que sempre é *applicatio* – não se faz por partes ou fatias. É o que se denomina de *hermeneutische Zirkel* – o círculo hermenêutico (da parte para o todo e do todo para a parte). O "arrastamento" vem a ser uma espécie de "expansão territorial" da temática inquinada de inconstitucional. A contrariedade à Constituição contamina os textos jurídicos similares.

Sobre o tema, vale transcrever alguns trechos da ADI 2.895/AL, *DJ* 20.02.2005:

> "Não obstante de constitucionalidade duvidosa a primeira parte do mencionado art. 74, ocorre, no caso, a impossibilidade de sua apreciação, em obséquio ao 'princípio do pedido' e por não ocorrer, na hipótese, o fenômeno da inconstitucionalidade por 'arrastamento' ou 'atração', já que o citado dispositivo legal não é dependente da norma declarada inconstitucional. [...] Também o Supremo Tribunal Federal, no controle concentrado, fica condicionado ao 'princípio do pedido'. Todavia, quando a declaração de inconstitucionalidade de uma norma afeta um sistema normativo dela dependente, ou,

---

[36] Cf. as ADIs: 2.174, *DJ* 07.03.2003; 1.187, *DJ* 30.05.1997; 2.133, *DJ* 09.03.2000; 2.451, *DJ* 1º.08.2001; 2.972, *DJ* 29.10.2003; 2.992, *DJ* 17.12.2004; e a 4.042, *DJ* 11.03.2009.

[37] Nesse sentido: "Ação direta de inconstitucionalidade. 2. Embargos de declaração. Questões relacionadas à violação do devido processo legal, do contraditório e à inconstitucionalidade por arrastamento. 3. Natureza objetiva dos processos de controle abstrato de normas. Não identificação de réus ou de partes contrárias. Os eventuais requerentes atuam no interesse da preservação da segurança jurídica e não na defesa de um interesse próprio. 4. Informações complementares. Faculdade de requisição atribuída ao relator com o objetivo de permitir-lhe uma avaliação segura sobre os fundamentos da controvérsia. 5. Extensão de inconstitucionalidade a dispositivos não impugnados expressamente na inicial. Inconstitucionalidade por arrastamento. Tema devidamente apreciado no julgamento da questão de ordem. 6. Inexistência de omissão, obscuridade ou contradição. 7. Embargos de declaração rejeitados" (ADI 2.982-EDcl).

Cap. 4 · O MODELO DE JURISDIÇÃO CONSTITUCIONAL NO BRASIL | **341**

em virtude de declaração de inconstitucionalidade, normas subsequentes são afetadas pela declaração, a declaração de inconstitucionalidade pode ser estendida a estas, porque ocorre o fenômeno da inconstitucionalidade por 'arrastamento' ou 'atração.'"

A admissão da técnica de inconstitucionalidade por "arrastamento" proporciona o reconhecimento da necessidade da coerência e integridade no plano do sistema jurídico, em especial, no exame da compatibilidade constitucional dos atos normativos. Admitindo-se o sistema jurídico como uma totalidade, temos que reconhecer que interpretação diversa à "expansão territorial" da declaração de inconstitucionalidade acaba por promover interpretações fragmentadas e fragmentárias.

4.2.4.2 As leis de efeitos concretos

O controle concentrado de constitucionalidade caracteriza-se pela apreciação de leis que contenham "um caráter de generalidade". Nesse ponto, não resta dúvida que uma lei que trate de cobrança de tributos tem seguramente essa característica. De outra banda, uma lei que declara um determinado prédio como integrante do patrimônio histórico e cultural, como é o caso específico da ADI 2.686/RS, *DJ* 19.12.2013,[38] tem o nítido perfil daquilo que tem sido denominado de "lei de efeitos concretos". O problema hermenêutico se coloca quando se está em face de uma zona de penumbra interpretativa, como diria Herbert Hart. Com efeito, os conceitos podem ser claros acerca do que seja um ou outro tipo de lei; entretanto, a definição dos requisitos que uma lei deve preencher para poder ser enquadrada em uma ou outra tipificação legislativa é que vai apresentar as maiores dificuldades ao intérprete.

Nesse sentido, veja-se:

"1. O STF, por maioria, não conheceu de ação direta de inconstitucionalidade ajuizada pelo Partido Democrático Trabalhista – PDT e pelo Partido dos Trabalhadores – PT contra o art. 17 da Medida Provisória 1.911-10/1999 (última reedição sob o n. 1.999-15, de 12.02.2000) na parte em que revoga a criação do Conselho Nacional de Seguridade Social e dos Conselhos Estaduais e Municipais de Previdência Social (revoga os arts. 6º e 7º da Lei 8.212/1991 e os arts. 7º e 8º da Lei 8.213/1991). Considerou-se que, para saber se a revogação ora impugnada é constitucional ou não em face do art. 194, VII, da CF – que prevê o caráter democrático e descentralizado da administração da Seguridade Social –, seria necessário analisar a legislação revogada para saber se a mesma é norma integrativa da Constituição, implicando, assim, violação indireta à CF. Ademais, considerou-se que a extinção de órgãos da administração é ato normativo de efeitos

---

[38] Tendo em vista a jurisprudência do STF – pacífica até o ano de 2008, quando do julgamento da ADI 4.048- MC/DF, *DJ* 21.08.2008 – no sentido de que não se conhece de ação direta de inconstitucionalidade contra atos normativos de efeitos concretos, o Tribunal não conheceu de ação direta ajuizada pelo Governador do Estado do Rio Grande do Sul em que se impugnava a Lei 11.744/2002, do mesmo Estado, que declara, como bem integrante do patrimônio cultural e histórico estadual, o prédio e a destinação do Quartel General da Brigada Militar em Porto Alegre (ADI 2.686, rel. Min. Celso de Mello, j. 03.10.2002).

342 JURISDIÇÃO CONSTITUCIONAL • *Lenio Luiz Streck*

concretos, que não dá margem ao controle concentrado de constitucionalidade pela ausência de generalidade e abstração.

2. Vencidos os Ministros Sepúlveda Pertence, relator, Marco Aurélio, Néri da Silveira e Carlos Velloso, que rejeitavam a preliminar de conhecimento da ação por fundamentos diversos, quais sejam: o Min. Sepúlveda Pertence, relator, tendo em vista a eficácia mínima das normas programáticas, entendia que a norma impugnada é objeto idôneo para o controle abstrato de constitucionalidade pelo STF porquanto, uma vez existente a regulamentação de um dispositivo da CF, não pode haver retroação ao vazio legislativo anterior, e que não se pode considerar a extinção de órgão como ato de efeitos concretos, no que foi acompanhado pelo Min. Marco Aurélio; os Ministros Néri da Silveira e Carlos Velloso consideraram que os dispositivos revogados pela Medida Provisória impugnada dizem respeito à matéria referente à EC 20/1998, sendo invocável, na espécie, o art. 246 da CF – que veda a adoção de medidas provisórias na regulamentação de artigos da Constituição cuja redação tenha sido alterada por meio de emenda promulgada a partir de 1995."[39]

Como se pode perceber, o STF nem de longe alcançou consenso acerca do enquadramento dos dispositivos inquinados de inconstitucionais na referida ação direta de inconstitucionalidade. Do exame da controvérsia, embora vencidos na preliminar de não conhecimento, não podem ser descartados os argumentos constantes dos votos dos Ministros Sepúlveda Pertence, Marco Aurélio, Néri da Silveira e Carlos Velloso. Destaque-se o voto do Ministro Pertence, que invocou a tese da proibição da retroação ao vazio legislativo anterior, tese variante da proibição de retrocesso social originária do direito português (em especial o AC TC 39/84), que desloca a discussão da especificidade dos órgãos extintos para a amplitude da obrigatoriedade de regulamentação que exsurge da eficácia da programaticidade da Constituição.

A discussão ocorrida no julgamento da ADI 2.295-MC/DF, *DJ* 29.08.2008, demonstra uma vez mais a complexidade e a dificuldade em se traçar um limite entre a generalidade e os efeitos concretos exsurgentes de um determinado ato normativo.

Com efeito: "Iniciado o julgamento de pedido de medida cautelar em ação direta de inconstitucionalidade ajuizada pelo Governador do Estado do Rio Grande do Sul contra a Lei estadual 11.464/2000, que introduz alterações na Lei 10.000/1993, que autoriza o Poder Executivo a promover a extinção da Companhia Riograndense de Laticínios e Correlatos – Corlac. O Tribunal não conheceu da ação relativamente ao parágrafo único do art. 11, na redação dada pelo inciso II do art. 1º da Lei estadual 11.464/2000, tendo em vista tratar-se de ato normativo de efeitos concretos ("Os débitos da Corlac para com o Tesouro do Estado permanecerão registrados como passivo até a liquidação da Companhia"). Prosseguindo no julgamento, o Tribunal, por maioria, por entender tratar-se de atos normativos dotados de generalidade, abstração e impessoalidade, conheceu da ação no tocante ao art. 5º, *caput* e §§ 2º, 3º, 4º e 5º, na redação do inciso I do art. 1º, da mesma Lei estadual (que determinam, entre outras coisas, que o Governo do Estado celebre contratos

---

[39] Cf. ADI 2.065/DF, *DJ* 04.06.2004. Parte transcrita do Informativo do STF 178, de 14 a 18 de fevereiro de 2000.

Cap. 4 · O MODELO DE JURISDIÇÃO CONSTITUCIONAL NO BRASIL | 343

de locação dos bens da ex-Corlac com as cooperativas singulares, além de assegurar às atuais cooperativas a renovação de seus contratos). Vencidos, nesse ponto, os Ministros Maurício Corrêa, relator, Ellen Gracie, Nelson Jobim e Ilmar Galvão, que não conheciam da ação, ao fundamento de que somente o prévio exame de fatos e de outras leis que cuidam da questão poderiam revelar a alegada inconstitucionalidade da norma impugnada".[40]

Aqui, do mesmo modo como ocorrido na ADI 2.065/DF, deu-se uma divisão nos votos do STF. Se na discussão anterior foram quatro votos que apontavam para uma discussão que ultrapassava a mera aferição da teleologia do ato impugnado, neste caso, tendo a maioria acatado a tese mais flexível acerca do conteúdo das normas impugnadas, ficaram vencidos novamente quatro integrantes da Corte, circunstância que demonstra a divisão de posições acerca da matéria.

Outro exemplo de entendimento variante sobre o que vem a ser "lei de efeitos concretos" ocorre em relação à lei orçamentária. Como regra – e isso pode ser verificado pela leitura da ADI 1.640/DF, *DJ* 03.04.1998[41] –, o STF entendia, pelo menos até o julgamento da ADI 4.048-MC/DF, *DJ* 21.08.2008, que a lei orçamentária, por ser um ato político, não comporta ação direta de inconstitucionalidade. A regra em matéria de ADI, todavia, foi excepcionada pela Corte, na ADI 2.925 MC/DF, *DJ* 29.08.2008, ao considerar adequado o controle concentrado de constitucionalidade quando a lei orçamentária revela contornos abstratos e autônomos, em abandono ao campo da eficácia concreta. Observe-se, sempre, a questão hermenêutica: imagine-se se o Tribunal resolvesse editar uma súmula sobre matéria que, logo depois, teria de contrariar.

Entendo que o critério para aferição do que seja uma lei de efeitos concretos não passa pela mera contraposição entre geral e individual, mas, sim, entre a perspectiva geral e a concreta (deixando de lado, aqui, qualquer perspectiva dualístico-ontológica, até porque, nesses termos, o geral é também concretude e o concreto é também abstratalidade-generalidade). O interesse estará em saber se um ato normativo pretende regular em abstrato (em tese) determinados fatos ou se se destina especialmente a certos fatos ou situações concretas. Um dos fundamentos para tanto é que uma lei pode ser geral, mas pensada em face de determinado pressuposto de fato que acabaria por lhe conferir uma dimensão individual.[42]

---

[40] Cf. Informativo do STF, 218, de 19 de fevereiro a 2 de março de 2001.

[41] Assim: "Não se pretende a suspensão cautelar nem a declaração final de inconstitucionalidade de uma norma, e sim de uma destinação de recursos, prevista em lei formal, mas de natureza e efeitos político-administrativos concretos, hipótese em que, na conformidade dos precedentes da Corte, descabe o controle concentrado de constitucionalidade como previsto no art. 102, I, *a*, a Constituição Federal, pois ali se exige que se trate de ato normativo. Precedentes. Isso não impede que eventuais prejudicados se valham das vias adequadas ao controle difuso de constitucionalidade, sustentando a inconstitucionalidade da destinação de recursos, como prevista na Lei em questão" (ADI 1.640-MC/DF).

[42] Nesse sentido, ver CANOTILHO, J. J. Gomes. *Direito constitucional e teoria da Constituição*, op. cit., p. 699.

Veja-se o caso de um ato normativo que extingue determinado órgão da administração. Visto isoladamente, é correto dizer que se trata de um típico ato normativo de efeitos concretos, portanto não passível de controle concentrado (objetivo) de constitucionalidade. Pode ocorrer, entretanto, que o aludido órgão da administração esteja cumprindo – total ou parcialmente – a função prevista em preceito ou norma (programática) da Constituição. Desse modo, o ato que extinguisse esse órgão provocaria retrocesso social ou um vazio legislativo, prejudicial à sociedade. Consequentemente, muito embora o ato extintivo, visto isoladamente, seja de efeitos concretos, uma análise constitucionalmente adequada poderá demonstrar que esse "mero ato normativo" transcende seus efeitos para além da simples "concretude". *Mutatis mutandis*, essa é a tese defendida pelos Ministros Sepúlveda Pertence e Marco Aurélio por ocasião do julgamento da ADI 2.065.

No ano de 2008, o STF, ao julgar a ADI 4.048-MC/DF, modificou sua jurisprudência de forma substancial. No caso em questão, o Partido da Social Democracia Brasileira – PSDB ajuizou ADI buscando a declaração da inconstitucionalidade da Medida Provisória n. 405/2007, que abriu crédito extraordinário, em favor da Justiça Eleitoral e de diversos órgãos do Poder Executivo. Para julgar a ação, o Tribunal teve de, preliminarmente, enfrentar a questão do cabimento de ADI em face de ato de caráter concreto. O STF, *in casu*, conheceu da ação, por entender estar o Tribunal diante de um tema ou de uma controvérsia constitucional suscitada em abstrato (*sic*) – independentemente do caráter geral ou específico, concreto ou abstrato de seu objeto – de inegável relevância jurídica e política, que deveria ser analisada a fundo. A Corte lembrou que os atos do Poder Público sem caráter de generalidade não se prestam ao controle abstrato de normas, eis que a própria Constituição adotou como objeto desse processo os atos tipicamente normativos, ou seja, aqueles dotados de um mínimo de generalidade e abstração.

Entretanto, a maioria considerou que outra deveria ser a interpretação no caso de atos editados sob a forma de lei. Com efeito, essas leis formais decorrem ou da vontade do legislador ou do próprio constituinte, que exigiria que certos atos, mesmo que de efeito concreto, fossem editados sob a forma de lei. Assim, se a Constituição submeteu a lei ao processo de controle abstrato, meio próprio de inovação na ordem jurídica e instrumento adequado de concretização da ordem constitucional, não seria admissível que o intérprete debilitasse essa garantia constitucional, isentando um grande número de atos aprovados sob a forma de lei do controle abstrato de normas e, talvez, de qualquer forma de controle.[43]

Aduziu-se, ademais, não haver razões de índole lógica ou jurídica contra a aferição da legitimidade das leis formais no controle abstrato de normas, e que estudos e análises no plano da teoria do direito apontariam para a possibilidade tanto de se formular uma lei de efeito concreto de forma genérica e abstrata quanto de se apresentar como lei de efeito concreto regulação abrangente de um complexo mais ou menos amplo de situações. Concluiu-se, nesse julgamento, que, em razão de tais argumentos, o Supremo não teria andado bem ao reputar as leis de efeito concreto como inidôneas para o controle abstrato

---

[43] MENDES, Gilmar; BRANCO, Paulo Gustavo Gonet. *Curso de direito constitucional.* 12. ed. São Paulo: Saraiva, 2017. p. 1266-1267.

Cap. 4 · O MODELO DE JURISDIÇÃO CONSTITUCIONAL NO BRASIL | **345**

de normas. No caso, votou vencido o Ministro Cezar Peluso, que não conhecia da ação, por reputar não se tratar no caso de uma lei, nem mesmo no aspecto formal.[44]

Observe-se que, mesmo que o Supremo Tribunal tenha alterado a sua jurisprudência, tal circunstância não acarreta, *per se*, que a controvérsia esteja no fim. Parece inegável que não pode haver atos normativos blindados ao controle de constitucionalidade. Mesmo assim, sempre haverá *"zona gris"* nessa matéria. Não está incorreto dizer que os atos do Poder Público sem caráter de generalidade não se prestam ao controle abstrato de normas, eis que a própria Constituição adotou como objeto desse processo os atos tipicamente normativos, ou seja, aqueles dotados de um mínimo de generalidade e abstração. Mas também não está incorreto dizer que deve caber sindicância constitucional no caso de atos editados sob a forma de lei.

Se o STF entende que um ato, uma vez revestido em lei, já por si demanda o controle de constitucionalidade, poderá estar provocando uma interpretação *tabula rasa*, no interior da qual caberão as mais variadas hipóteses de atos normativos de efetivo efeito concreto. De todo modo, se uma lei não abarca de antemão todas as hipóteses de aplicação, do mesmo modo uma decisão do STF também não terá o condão de resolver, antecipadamente, todas as futuras controvérsias acerca do sentido do que seja "lei de efeitos concretos" ou "leis gerais e abstratas". É o caso concreto, na sua especificidade, que demandará a atribuição de sentido adequada.

4.2.4.3 A (falta de) prognose como parâmetro para a arguição de inconstitucionalidade de uma lei

Como já demonstrado, o Estado Democrático de Direito é um paradigma, no interior do qual o direito assume um elevado grau de autonomia. Se no paradigma do constitucionalismo de feição liberal o legislador tinha liberdade de conformação, razão pela qual as Constituições não detinham força normativa, depois do segundo pós-guerra esse grau de "livre conformação" foi sendo diminuído. Com efeito, o Constitucionalismo Contemporâneo se caracteriza pelo tipo de texto constitucional compromissório e (ainda hoje) dirigente, mormente em países com Constituições analíticas, como a brasileira. Mas, mesmo com uma Constituição (na verdade, Lei Fundamental) sem esse grau de analiticidade e sem um catálogo de direitos sociais, a Alemanha construiu uma dogmática constitucional em que o fenômeno da intervenção do Tribunal Constitucional aparece fortemente.

Portanto, não são somente os preceitos e princípios que servem como parametricidade, mas, também, esse compromisso institucional de o legislador dever "contas" à sociedade (interesse público, portanto) nas suas atribuições de elaborar atos normativos *lato sensu*. Essa *accountability* paramétrico-constitucional é representada também – e esse é um aspecto relevante na nova composição de forças nas relações de Poderes nas democracias contemporâneas – pela obrigação de o Poder Legislativo dizer quais as razões pelas quais elaborou, derrogou ou alterou determinada lei. Ou porque se omite em regulamentar determinado tema constitucional.

---

[44] Cf. ADI 4.048-MC/DF.

346 | JURISDIÇÃO CONSTITUCIONAL • *Lenio Luiz Streck*

Há uma umbilical relação conteudística entre a Constituição e os atos a serem aprovados. Isso não quer dizer que o Poder Legislativo (ou o Poder Executivo) não disponha de liberdade de conformação. O que ocorre é que, nesse paradigma, os limites são trazidos para um patamar bem inferior àquilo que representava um constitucionalismo no qual os textos constitucionais tinham a feição meramente política.

Como bem diz Canotilho, "ao reagir contra a arraigada ideia (mas inadmissível num Estado democrático-constitucional) da 'liberdade' do fim dos atos legislativos, a doutrina constitucional procurou, através de medidas (princípios) jurídico-constitucionais – princípio do excesso, princípio da exigibilidade, princípio da proporcionalidade e princípio da adequação –, alicerçar um controlo jurídico-constitucional da liberdade de conformação do legislador e (mais concretamente no campo da Constituição dirigente) situar constitucionalmente o espaço de prognose legislativa".[45]

Prognose: esse é o nome do parâmetro que serve de mecanismo para dar maior coerência e integridade ao ordenamento jurídico (já) no nível legislativo. Por isso, Hommerding indaga se a integridade do direito, terceira via entre o pragmatismo e o convencionalismo (na perspectiva de Dworkin), também é possível na atividade legislativa. E responde afirmativamente, partindo do ponto de que "*la integridad política, en el campo de la legislación, aparecerá, así, cuando el legislativo obre según un conjunto único y coherente de principios*". Nessa linha de raciocínio, afirma que a integridade é critério que se impõe tanto aos que lidam com o ordenamento posto quanto aos que criam o direito legislando, exigindo que se mantenha a coerência com os princípios. Assim a integridade do legislador é um ideal político e o direito como integridade (à Constituição e seus princípios) ilide a possibilidade de livre conformação do legislador.[46]

A possibilidade de inconstitucionalidade por falta de/falha na prognose legislativa é confirmada por Gilmar Mendes, em especial nos casos de ameaça ao interesse público, irrelevância jurídica dos efeitos do ato legislativo ou *desproporcionalidade* nos resultados, recaindo sobre as hipóteses de proibição de excesso – Übermassverbot – ou de proteção deficiente – *Untermassverbot*.[47] Registremos, também, a previsão legislativa a respeito da possibilidade de "esclarecimento de matéria ou circunstância de fato ou de notória insuficiência das informações existentes nos autos", com a designação de peritos e fixação de audiência pública, no procedimento da ADI (assim também para a ADC, nos moldes do art. 20, § 1º, e da ADPF, nos moldes do art. 6º, § 1º, da Lei 9.882/1999).[48]

---

[45] Cf. Canotilho, J. J. Gomes. *Constituição dirigente e vinculação do legislador*. Coimbra: Coimbra Editora, 1982. p. 274.

[46] Cf. Hommerding, Adalberto. *Teoría de la legislación y derecho como integridad*. Curitiba: Juruá, 2012.

[47] Cf. Mendes, Gilmar Ferreira. *Direitos fundamentais e controle de constitucionalidade: estudos de direito constitucional*. São Paulo: Celso Bastos Ed., 1998. p. 464 e ss.

[48] Cf. Lei 9.868/1999. "Art. 9º Vencidos os prazos do artigo anterior, o relator lançará o relatório, com cópia a todos os Ministros, e pedirá dia para julgamento. § 1º Em caso de necessidade de esclarecimento de matéria ou circunstância de fato ou de notória insuficiência das informações existentes nos autos, poderá o relator requisitar informações adicionais, designar perito ou comissão de peritos para que emita parecer sobre a questão, ou fixar data para, em audiência pública, ouvir depoimentos de

Cap. 4 · O MODELO DE JURISDIÇÃO CONSTITUCIONAL NO BRASIL | **347**

Na jurisprudência do Supremo Tribunal Federal, tal tese foi defendida, especialmente, nos HCs 96.759/CE e 104.410/RS, que tratam da afastabilidade da aplicação do delito de porte ilegal de arma quando a arma está desmuniciada. Por ocasião desse julgamento, o Ministro Gilmar Mendes afirmou que, em casos tais, o Tribunal está incumbido de examinar se o legislador considerou suficientemente os fatos e prognoses e se utilizou de sua margem de ação de forma adequada para a proteção suficiente dos bens jurídicos fundamentais. Ademais, segundo Mendes – naquele caso –, os crimes de perigo abstrato devem restringir-se aos comportamentos que, segundo os diagnósticos e prognósticos realizados pelo legislador com base em dados e análises científicas disponíveis no momento legislativo – e daí a importância da verificação de fatos e prognoses legislativos em sede de controle judicial de constitucionalidade –, geralmente configuram perigo para o bem jurídico protegido, estando descartados aqueles que apenas de forma excepcional podem ensejar tal perigo.

Não há, entretanto, maiores avanços nessa discussão no âmbito do Supremo Tribunal Federal, especialmente no caso dos crimes de perigo abstrato. Houve um recuo na posição da Corte nessa questão, ou seja, neste momento a posse de arma desmuniciada acarreta a aplicação do tipo *tabula rasa*. Por exemplo, no HC 103.539, rel. Min. Rosa Weber, lê-se que, embora o STF reconheça que há três níveis de intensidade no plano do controle de constitucionalidade de leis penais (*Evidenzkontrolle* – controle de evidência; *Vertretbarkeiskontrolle* – controle de justificabilidade; e *intensivierten ihnaltichen Kontrole* – controle material de intensidade) e que são admissíveis os princípios da proibição de excesso (*Übermassverbot*) e proibição de proteção insuficiente (*Untermassverbot*), no caso do Estatuto do Desarmamento não se vislumbra qualquer violação constitucional, sendo legítima, portanto, a criminalização do porte de arma e de seu uso mesmo sem a correspondente munição. Também no RHC 91.553, o STF deixou assentado que o porte ilegal de arma de fogo é crime de perigo abstrato, consumando-se pela objetividade do ato em si.

Infelizmente, a Suprema Corte deixou de lado a possibilidade de se discutir a legitimidade dos assim denominados crimes de perigo abstrato. Mas o mais grave está no fato de o STF não permitir que os casos concretos sejam discutidos, pois ao sufragar a tese de que os crimes de perigo abstrato se efetivam "por si", de forma objetiva, deixa de discutir a aplicação do princípio da presunção da inocência (nesse sentido, ver item 4.4.1.2.3 deste livro, onde trago à colação acórdão do TC espanhol, ocasião em que sustento a aplicação da *Teilnichtigerklärung ohne Normtextreduzierung* – nulidade parcial sem redução de texto).[49] Não parece haver demonstração por parte do Poder Legislativo de uma prognose acerca da

---

pessoas com experiência e autoridade na matéria. § 2º O relator poderá, ainda, solicitar informações aos Tribunais Superiores, aos Tribunais federais e aos Tribunais estaduais acerca da aplicação da norma impugnada no âmbito de sua jurisdição. § 3º As informações, perícias e audiências a que se referem os parágrafos anteriores serão realizadas no prazo de trinta dias, contado da solicitação do relator."

[49] Ver, nesse sentido, também STRECK, L. L. A hermenêutica diante da relação "regra-princípio" e o exemplo privilegiado do crime de porte de arma. *Revista Brasileira de Ciências Criminais*, v. 98, p. 241-266, 2012.

necessidade de punir, do modo abstrato como consta no Estatuto do Desarmamento, um conjunto de condutas previstas em um mesmo tipo, o que faz com que se valore de igual maneira – porque de forma objetiva e "abstrata" – condutas díspares, como a de um traficante que porte arma ilegal e a de um camponês ou de um vigilante preso com arma com ou sem munição.

Outro exemplo da falta de prognose é o caso da Lei 11.343/2006, que proíbe o tráfico de entorpecentes. Nesse caso, tem-se que o art. 33 define o crime e a pena (5 a 15 anos), revogando a lei anterior (Lei 6.368/1976), que estabelecia a pena mínima de 3 anos. Veja-se, contudo, o ocorrido: o legislador, depois de aumentar a pena mínima, curiosamente promoveu, no § 4º do mesmo artigo,[50] um retrocesso, a ponto de alçar a nova pena mínima de 5 anos a um patamar inferior a 2 anos (na realidade, a pena pode descer ao patamar de 1 ano e 8 meses), bem abaixo da antiga pena mínima (3 anos). Desse modo, consoante o § 4º do art. 33, nos delitos definidos no *caput* e no § 1º deste artigo, as penas poderão ser reduzidas de 1/6 a 2/3, desde que o agente seja primário, de bons antecedentes, não se dedique às atividades criminosas nem integre organização criminosa.

No caso, o legislador olvidou tratar-se de crime equiparado a crime hediondo,[51] deixando, ao mesmo tempo, de explicitar as razões pelas quais, primeiro, aumenta a pena do crime e, segundo, introduz *favor legis* para "traficantes primários". Nem é necessário discutir a questão relacionada ao mandado de criminalização existente na Constituição acerca dos crimes hediondos, do terrorismo, da tortura, e do tráfico ilícito de entorpecentes e drogas afins.[52] O legislador, visivelmente, extrapolou a sua competência.

---

[50] Cf. "Art. 33. [...] § 4º Nos delitos definidos no *caput* e no § 1º deste artigo, as penas poderão ser reduzidas de um sexto a dois terços, desde que o agente seja primário, de bons antecedentes, não se dedique às atividades criminosas nem integre organização criminosa". O trecho tachado diz respeito à Resolução 5/2012, que suspendeu sua execução diante da decisão do STF no HC 97.256/RS, que entendeu pela sua inconstitucionalidade. Aplicou-se, na hipótese, o disposto no art. 52, inciso X, da Constituição Federal.

[51] Considerando-se a sua equiparação no que tange à insuscetibilidade de anistia, graça, indulto e fiança, bem como as seguintes determinações (art. 2º da Lei 8.072/1990): "§ 1º A pena por crime previsto neste artigo será cumprida inicialmente em regime fechado. (...). Somam-se também às previsões da Lei 11.343/2006, quanto ao tráfico de entorpecentes: "Art. 44. Os crimes previstos nos arts. 33, *caput* e § 1º, e 34 a 37 desta Lei são inafiançáveis e insuscetíveis de *sursis*, graça, indulto, anistia e liberdade provisória, vedada a conversão de suas penas em restritivas de direitos. Parágrafo único. Nos crimes previstos no *caput* deste artigo, dar-se-á o livramento condicional após o cumprimento de dois terços da pena, vedada sua concessão ao reincidente específico". Registre-se, por fim, que a Lei 13.344/2016, alterando o art. 83 do Código Penal, previu a possibilidade de livramento condicional quando "cumpridos mais de dois terços da pena, nos casos de condenação por crime hediondo, prática de tortura, tráfico ilícito de entorpecentes e drogas afins, tráfico de pessoas e terrorismo, se o apenado não for reincidente específico em crimes dessa natureza", além dos requisitos do parágrafo único do mesmo artigo.

[52] Cf. Art. 5º. "XLIII – a lei considerará crimes inafiançáveis e insuscetíveis de graça ou anistia a prática da tortura, o tráfico ilícito de entorpecentes e drogas afins, o terrorismo e os definidos como crimes hediondos, por eles respondendo os mandantes, os executores e os que, podendo evitá-los, se omitirem."

Na verdade, o teto de 2/3 de desconto da pena transforma o crime de tráfico ilícito de entorpecentes em crime equiparável ao furto qualificado, para citar apenas este.[53] A propósito, cumpre lembrar que o ordenamento jurídico considera como de menor potencial ofensivo crimes cujas penas máximas não ultrapassam 2 anos de reclusão. Acrescento, ainda – a partir da análise de todo o Código Penal –, que são raríssimas, em nosso sistema, as causas de diminuição de pena que alcançam o patamar de 2/3. Com efeito, há, na parte geral, as minorantes genéricas da tentativa[54] e do arrependimento posterior,[55] que alcançam esse *quantum* de desconto desde que – e aqui se enfatize –, na primeira, o *iter criminis* recém tenha iniciado e, na segunda, restrita a crimes sem violência ou grave ameaça à pessoa, haja reparação do dano ou restituição da coisa, por ato voluntário do agente, até o recebimento da denúncia.[56]

Já na Parte Especial do Código, verifico que, quando alguém comete um crime de homicídio impelido por motivo de relevante valor social ou moral ou sob o domínio de violenta emoção – veja-se que (a) não basta a paixão e que (b) a reação deve ser imediata à injusta provocação da vítima –, a pena pode ser reduzida em, no máximo, 1/3. Ainda, à maior parcela dos crimes, mesmo aqueles que não ostentam grande gravidade, não é conferida qualquer benesse específica de diminuição de pena. Observo, além disso, que a primariedade – uma vez aliada à não comprovação de envolvimento em organização criminosa – deixa de ser, no crime de tráfico ilícito de entorpecentes, uma causa que inviabiliza a "agravação" da pena para se tornar uma causa especial de sua diminuição, circunstância que subverte a Parte Geral do Código Penal.

No fundo, trata-se de uma questão que beira a teratologia, quando se constata que o legislador ordinário foi buscar na figura do furto privilegiado – art. 155, § 2º, do Código Penal – a inspiração (*sic*) para diminuir a pena do crime de tráfico ilícito de entorpecentes. Sim, porque esse – o furto privilegiado – é o único crime que recebe tratamento análogo ao recebido pelo tráfico de entorpecentes. Ou seja, o legislador, ao desvalorar a ação, na

---

[53] Outra hipótese prevista na Parte Especial diz respeito ao crime de extorsão mediante sequestro, no qual, se o crime é cometido em concurso, o concorrente que vier a denunciar à autoridade a prática do crime, facilitando a libertação do sequestrado, terá sua pena reduzida de 1/3 a 2/3 (art. 159, § 4º, do Código Penal). Contudo, como se nota, tal previsão não possui semelhança com a previsão do art. 33 da Lei 11.343/2006.

[54] Cf. art. 14, parágrafo único, do Código Penal.

[55] Cf. art. 16 do Código Penal.

[56] Apenas a título de complementação, registremos outras hipóteses nas quais é possível alcançarmos a redução de até 2/3 da pena: o caso do estado de necessidade, no qual embora sendo razoável exigir-se o sacrifício do direito ameaçado, a pena poderá ser reduzida de um a dois terços (art. 24 do Código Penal); o caso dos inimputáveis, para os quais "a pena pode ser reduzida de um a dois terços, se o agente, em virtude de perturbação de saúde mental ou por desenvolvimento mental incompleto ou retardado não era inteiramente capaz de entender o caráter ilícito do fato ou de determinar-se de acordo com esse entendimento" (art. 26, parágrafo único, do Código Penal); e o caso da embriaguez, no qual "a pena pode ser reduzida de um a dois terços, se o agente, por embriaguez, proveniente de caso fortuito ou força maior, não possuía, ao tempo da ação ou da omissão, a plena capacidade de entender o caráter ilícito do fato ou de determinar-se de acordo com esse entendimento" (art. 28, II, § 2º, do Código Penal). Contudo, nenhuma delas possui semelhanças com a previsão do art. 33 da Lei 11.343/2006.

falta de outro elemento, socorreu-se do mesmo critério utilizado para abrandar a punição nos crimes de furto cujo objeto material é de pequeno valor econômico. *Mutatis mutandis*, os parâmetros para a avaliação do desvalor da ação nessas duas modalidades delitivas – o crime hediondo de tráfico de drogas e o singelo crime de furto –, por mais espécie que isto possa causar, são "idênticos".

E mais: ao se considerar a alteração legislativa e, logo, a benesse instituída no art. 33, § 4º, da Lei 11.343/2006 como válidas, ter-se-á como legítima a atuação do legislador – em futuras alterações legislativas – na mitigação da proteção conferida a um crime equiparado, por força constitucional, a crime hediondo.

A crítica realizada acima pode, em certa medida, também ser utilizada quanto à modificação trazida pela Lei 13.344/2016, que, ao prever o crime de tráfico de pessoas,[57] com pena de 4 a 8 anos e multa, trouxe hipótese de semelhante redução: de um a dois terços se o agente for primário e não integrar organização criminosa.[58]

Além de infringir o princípio da proibição de proteção insuficiente (*Untermassverbot*) e, por consequência, o dever de proteção (*Schutzpflicht*) ínsito aos ditames do Estado nesta quadra da história, o dispositivo sob comento viola o princípio da coerência, da integridade e da igualdade.[59] Uma das exigências do direito no Estado Democrático é a manutenção de sua

---

[57] Código Penal. "Art. 149-A. Agenciar, aliciar, recrutar, transportar, transferir, comprar, alojar ou acolher pessoa, mediante grave ameaça, violência, coação, fraude ou abuso, com a finalidade de: I – remover--lhe órgãos, tecidos ou partes do corpo; II – submetê-la a trabalho em condições análogas à de escravo; III – submetê-la a qualquer tipo de servidão; IV – adoção ilegal; ou V – exploração sexual."

[58] A diferença entre o texto sobre o crime de tráfico de pessoas e o crime de tráfico de entorpecentes é que neste, é *necessário à redução que o agente seja primário, de bons antecedentes, que não se dedique às atividades criminosas nem integre organização criminosa*, e, naquele, requer apenas que o *agente seja primário e não integre organização criminosa*.

[59] Aqui, uma advertência, para evitar mal-entendidos. O exemplo da falta de prognose e da inconsistência no plano da coerência e da integridade da alteração legislativa que introduziu a benesse da diminuição da pena em até dois terços no art. 33, § 4º, da Lei 11.343/2006 tem o condão de demonstrar que não há blindagem a favor de qualquer tipo de dispositivo legal ou emenda constitucional. Não que o legislador não possa estabelecer política criminal. Ao contrário: deve fazê-lo. Entretanto, o que não pode é causar uma "esquizofrenia hermenêutica" no sistema, desmontando qualquer possibilidade da busca de integridade legislativa. Aplicado à hipótese o princípio da isonomia na sua especificidade, teríamos de estender a benesse a qualquer outro crime – equiparado a hediondo ou não – quando o acusado preenchesse os mesmos requisitos exigidos no aludido § 4º. Tem-se, assim, um problema de falta de coerência e integridade agora no plano da aplicação judiciária, porque o dispositivo passou a ser aplicado *tabula rasa* para o "primeiro tráfico" e negado para o "primeiro furto". Isso só para estabelecer um dos problemas ocasionados pela aludida alteração legislativa. Por isso, a jurisdição constitucional deve ser plena e não aplicada *ad hoc*. O direito penal não está imune à jurisdição. Tenho referido isso à saciedade. O legislador não é livre para estabelecer isenções penais. O legislador não pode descriminalizar condutas lesivas a bens jurídicos relevantes. O legislador não pode ignorar mandados de criminalização. Por outro lado, tampouco é livre para estabelecer penalizações para vícios e comportamentos, em face da secularização do direito, do que é exemplo a não recepcionada Lei das Contravenções Penais. A aplicação do princípio da proibição de proteção insuficiente não transforma, à evidência, o Judiciário em legislador. Nem poderia, porque este, ao declarar inconstitucional determinada legislação, não está criando outra. Princípios – que são

Cap. 4 · O MODELO DE JURISDIÇÃO CONSTITUCIONAL NO BRASIL | **351**

integridade e de sua coerência. Veja-se que a integridade é duplamente composta, conforme Dworkin: um princípio legislativo, que pede aos legisladores que tentem tornar o conjunto de leis moralmente coerente, e um princípio jurisdicional, que demanda que a lei, tanto quanto o possível, seja vista como coerente nesse sentido. A exigência da integridade (princípio), no dizer de Dworkin, condena, veementemente, as leis conciliatórias e as violações menos clamorosas desse ideal como uma violação da natureza associativa de sua profunda organização. A integridade é uma forma de virtude política, exigindo que as normas públicas da comunidade sejam criadas e vistas, na medida do possível, de modo a expressar um sistema único e coerente de justiça e equanimidade na correta proporção, diante do que, por vezes, a coerência com as decisões anteriores será sacrificada em nome de tais princípios (circunstância que assume especial relevância nos sistemas jurídicos como o do Brasil, em que os princípios constitucionais transformam em obrigação jurídica um ideal moral da sociedade).

A exigência de prognose, além de estar ligada umbilicalmente à *Übermassverbot* e à *Untermassverbot*, diz respeito à garantia do interesse público, isto é, trata-se de o Poder Legislativo prestar contas acerca das alterações ou proposições legislativas que faz.

Numa palavra, todas as leis devem guardar conformidade com a Constituição. Nessa conformidade, sempre há um grau de liberdade de conformação. Entretanto, o legislador deve justificar os seus atos, não elaborando "leis de conveniência", tampouco leis que proporcionem retrocesso social ou produzam um resultado não querido pelo legislador constituinte. É especialmente nesse espaço de controle que se insere a exigência de prognose. Com isso, é possível também levar para o âmbito do Legislativo (legislação) a exigência de coerência e integridade, já de há muito exigida na jurisdição. Essa exigência de prognose, obviamente, estará sempre ligada aos princípios da proibição de excesso e proibição de insuficiência, assim como a outros princípios e preceitos que conformam o ordenamento constitucional. Não será, simplesmente, de forma isolada que se poderá utilizar do argumento da "ausência de prognose", circunstância que proporcionaria um elevado grau de insegurança jurídica e aumentaria o risco do ativismo judicial.

4.2.4.4 *Atos* interna corporis *e a discussão acerca de sua sindicabilidade perante a Constituição*

No que tange aos atos administrativos denominados *interna corporis* do Poder Legislativo, especialmente do Congresso Nacional, até há muito pouco tempo o STF deteve posicionamento completamente incompatível não apenas com o Estado Democrático de Direito, mas com a própria ideia de controle de constitucionalidade. Em pesquisa realizada

---

deontológicos, e não teleológicos – servem para dar garantia a todos (ao Estado e aos utentes). Por isso, se o legislador ultrapassar seus limites, deve ser corrigido, à luz da Constituição, compreendida no seu todo principiológico, naquilo que se o entende a partir de uma tradição autêntica (no sentido hermenêutico da palavra). Trata-se, é claro, de uma tarefa difícil. Haverá críticas no sentido de que o referido princípio viola o princípio da legalidade. Ocorre que o princípio da legalidade não está apenas na legislação. Antes disso, está na própria Constituição. Na verdade, tanto a proibição de excesso como a proibição de proteção deficiente são desafios para a jurisdição constitucional. E este debate deve ser implementado. Sem preconceitos (no sentido tradicional da palavra).

no sítio eletrônico do STF, o mais antigo julgado que se encontra sobre a temática é o MS 20.247, da relatoria do então Ministro Moreira Alves, que versava acerca de ato da mesa e do presidente do Senado, praticado na direção de reunião do Congresso Nacional, ainda em 1980. Em verdade, a discussão cingiu-se à interpretação do Regimento Interno da Câmara dos Deputados, o que acabou por ser considerado pelo STF como ato (indiscutivelmente administrativo) *interna corporis* do Legislativo e, portanto, insindicável perante o Poder Judiciário, sob pena de violação da divisão de Poderes.

Em suma, ao afirmar que os atos (administrativos) não seriam passíveis de qualquer apreciação judicial, o que o STF disse foi que a Constituição e o ordenamento como um todo não penetrariam nesse âmbito, configurando-se uma espécie de "blindagem hermenêutica" ou de "imunidade à jurisdição".

Ainda em 2009, mesmo sob a égide da Constituição de 1988, é possível observar a defesa de tal posicionamento pelo Supremo Tribunal, quando, no julgamento do MS 25.588, *DJe* 08.05.2009, de relatoria do então Ministro Menezes Direito, foi decidido – e pela última vez, conforme jurisprudência do Supremo – que os atos *interna corporis* do Poder Legislativo não seriam sindicáveis perante o Judiciário.

Apesar da manutenção desse primitivo posicionamento que defendia a completa insindicabilidade de atos *interna corporis* do Poder Legislativo – que nada mais são do que meros atos administrativos –, foi possível observar o surgimento de uma segunda corrente, que entende pela sindicabilidade, levando em conta apenas uma análise formal, ou seja, examinando (sindicando) somente as exigências procedimentais de constituição.[60]

Na medida em que tais atos não se diferenciam dos demais atos administrativos, tem-se que a segunda corrente nada mais é do que uma aplicação da atual teoria do controle jurisdicional dos atos da administração, de modo que se controlam as exigências legais para a sua formação, sem entrar no chamado "mérito administrativo", que restaria reservado aos demais Poderes do Estado.

Na verdade, esse modo de compreender o controle sobre os atos administrativos enseja duas reflexões: primeiro, se é constitucionalmente adequado dar "carta branca" ao administrador (seja ele legitimado pelo voto popular ou não) para fazer o que bem entender, desde que seus atos estejam formalmente (procedimentalmente) legitimados; segundo, sobre a impossibilidade filosófica de cindir uma análise de requisitos formais de uma "outra" que trate apenas dos requisitos materiais, uma vez que os próprios requisitos formais já consubstanciam exigências materiais, como ocorre com a fixação de *quorum* para a aprovação de determinado ato pelo Poder Legislativo, o que claramente representa uma regra que traduz o princípio democrático.

Cindir exigências formais de materiais é o mesmo que cindir estruturalmente princípios e regras, o que já demonstrei ser impossível no paradigma filosófico hodierno, além de completamente incompatível com o Estado Democrático de Direito, por fazer com que a Constituição acabe por ver mitigada sua supremacia, raciocínio que justificaria a não incidência de várias de suas previsões em razão de uma pretensa hegemonia do princípio da independência dos Poderes.

---

[60] Em tal sentido, MS 26.062-AgRg, j. 10.03.2008.

Cap. 4 · O MODELO DE JURISDIÇÃO CONSTITUCIONAL NO BRASIL | **353**

Nessa linha, o STF pronunciou-se por ocasião do julgamento do MS 26.441, *DJe* 18.12.2009, de relatoria do Ministro Celso de Mello, que tratava da instalação da CPI do "apagão aéreo", admitindo a sindicabilidade dos atos *interna corporis* – ainda que não expressamente –, sob o fundamento de que eles fugiam a tal classificação por contrariarem materialmente a Constituição: "Entendo não assistir razão ao litisconsorte passivo necessário porque, ao contrário do que por ele sustentado, a discussão na presente causa não se cinge a um debate de caráter meramente regimental, eis que o fundamento em que se apoia a presente impetração mandamental concerne à alegação de ofensa a direitos impregnados de estatura constitucional, o que legitima, por si só, afastado o caráter *interna corporis* do comportamento ora impugnado, o exercício, pelo Supremo Tribunal Federal, da jurisdição que lhe é inerente".[61]

Há outros julgados também neste sentido, dos quais vale citar o MS 26.900, *DJe* 04.04.2008,[62] de relatoria do Ministro Ricardo Lewandowski, sucessor do originário relator, Ministro Eros Grau, que versava sobre a possibilidade de todos os parlamentares assistirem à sessão que deliberaria sobre a cassação do então presidente do Congresso Nacional, o Senador Renan Calheiros, na qual se decidiu pelo afastamento da classificação do impedimento de comparecimento de todos à sessão como sendo matéria *interna corporis*, por tratar de uma violação de índole constitucional.

Certamente que a matéria não poderia ser entendida como insindicável perante o Judiciário, sob pena de patente violação constitucional, como bem asseverou o Ministro-relator.[63] Mesmo assim, o "caminho" para que se admita a sindicabilidade do caso não é deixar de classificá-lo como ato *interna corporis*,[64] como efetivamente é, mas entender que nenhum desses atos foge ao exame do Judiciário, nos moldes já explicitados acima.

Por fim, calha mencionar a decisão em sede de mandado de segurança, proferida pelo Ministro Luiz Fux em dezembro de 2012. Em caráter liminar, acolheu o pedido formulado pelo impetrante, um deputado federal, para "determinar à Mesa Diretora do Congresso Nacional que se abstenha de deliberar acerca do veto parcial n. 38/2012 antes que se proceda à análise de todos os vetos pendentes com prazo de análise expirado até a presente data, em ordem cronológica de recebimento da respectiva comunicação, observadas as regras regimentais pertinentes".[65]

No caso, a determinação judicial obstaculizou a sessão legislativa convocada para apreciar o veto referente à reformulação da divisão das receitas advindas dos *royalties* do petróleo, superando a trabalhada controvérsia de estar-se a tratar de matéria *interna corporis*.

---

[61] Cf. MS 26.441, *DJe* 18.12.2009.

[62] Cf. MS 26.900-MC, *DJe* 04.04.2008.

[63] "Não fiz menção em meu voto, porque era uma liminar curtíssima, e tinha de sair logo depois de expedida, ainda em tempo hábil, mas nele estavam implícitas lições de eminentes mestres desta Corte, em especial dos Ministros Celso de Mello, Marco Aurélio e outros, no sentido de que, quando em discussão temas de índole constitucional, afasta-se a alegação de que a questão sob exame restringe-se à análise da matéria *interna corporis*."

[64] No fundo, para o STF, o ato é apenas sindicável em caso de "violação de direito subjetivo ou prerrogativa institucional de raiz ou de índole constitucional", conforme asseverado no próprio julgamento do MS 26.900, especificamente no voto então Ministro Cezar Peluso.

[65] Cf. MS 31.816-MC/DF.

Acertadamente, reafirmou-se ali a inexistência de locais imunes à jurisdição constitucional, valendo-se do que afirma Marcelo Cattoni de Oliveira:[66] "Esses requisitos formais são, de uma perspectiva normativa, condições processuais que devem garantir um processo legislativo democrático, ou seja, a institucionalização jurídica de formas discursivas e negociais que, sob condições de complexidade da sociedade atual, devem garantir o exercício da autonomia jurídica – pública e privada – dos cidadãos. O que está em questão é a própria cidadania em geral e não o direito de minorias parlamentares ou as devidas condições para a atividade legislativa de um parlamentar X ou Y. Não se deve, inclusive, tratar o exercício de um mandato representativo como questão privada, ainda que sob o rótulo de 'direito público subjetivo' do parlamentar individualmente considerado, já que os parlamentares, na verdade, exercem função pública e representação política; e é precisamente o exercício necessariamente público, no mínimo coletivo ou partidário, dessa função que se encontra em risco. Trata-se da defesa da garantia do pluralismo no processo de produção legislativa, na defesa da própria democracia enquanto respeito às regras do jogo".[67]

Numa última palavra, registre-se que em momento algum a posição externada deve confundir-se com qualquer defesa de uma hipertrofia do Judiciário ou sua elevação a patamar superior aos demais Poderes da República. Contudo, o controle dessa pretensa "ditadura do Judiciário" não pode ser feito em desrespeito à Constituição e à inafastabilidade da prestação jurisdicional, de modo que, hermeneuticamente, é possível e necessário estabelecer essa fronteira entre judicialização da política e ativismo, em que a primeira se apresenta de forma contingencial e inexorável ao paradigma vigente e o segundo como inadequado e danoso.

Contemporaneamente, não parece admissível a "blindagem" de atos do Parlamento, eis que nenhuma norma jurídica está imune à Constituição. Tratando-se de violação da Constituição, nenhum ato do Legislativo ou de qualquer outro Poder ou instituição pode estar a salvo da sindicabilidade constitucional, e isso independe de se assumir uma postura procedimentalista ou substancialista.

4.2.4.5 *As medidas provisórias: a regulamentação tardia*

Em matéria de medidas provisórias e suas (frequentes) reedições – ocorridas no sistema anterior à edição da EC 32 –, há que se prestar atenção ao seguinte julgado do Supremo Tribunal Federal: "Ação direta de inconstitucionalidade por omissão parcial. Falta de aditamento com relação às medidas provisórias que reeditaram aquela a respeito da qual se alega a omissão inconstitucional. Questão de ordem. Esta Corte já firmou o entendimento, em se tratando de ação direta de inconstitucionalidade, que, havendo reedição de medida provisória contra a qual foi proposta ação direta de inconstitucionalidade, e não sendo a inicial desta aditada para abarcar a nova medida provisória, *fica*

---

[66] OLIVEIRA, Marcelo A. Cattoni de. *Devido processo legislativo.* Belo Horizonte: Mandamentos, 2001. p. 25-26.

[67] Idem.

prejudicada a ação proposta. Essa orientação é de aplicar-se, também, quando se trata, como no caso presente, de ação direta de inconstitucionalidade por omissão parcial de medida provisória – e parcial porque não atendeu integralmente ao disposto em preceito constitucional para lhe dar efetividade plena –, porquanto a omissão parcial alegada tem de ser examinada em face da medida provisória vigente quando de seu julgamento para verificar a ocorrência, ou não, nela dessa omissão parcial. Questão de ordem que se resolve dando-se por prejudicada a presente ação direta de inconstitucionalidade por omissão".[68]

Na sequência, como referido, foi aprovada a EC 32/2001, estabelecendo novos regramentos à edição de medidas provisórias.

A redação original do dispositivo do art. 62 da Constituição estabelecia que, "em caso de relevância e urgência, o Presidente da República poderá adotar medidas provisórias, com força de lei, devendo submetê-las de imediato ao Congresso Nacional, que, estando em recesso, será convocado extraordinariamente para se reunir no prazo de cinco dias". Já o parágrafo único dava conta de que "as medidas provisórias perderão eficácia, desde a edição, se não forem convertidas em lei no prazo de trinta dias, a partir de sua publicação, devendo o Congresso Nacional disciplinar as relações jurídicas delas decorrentes".

Dois grandes problemas colocaram-se desde o início da vigência do texto constitucional: o problema da atribuição de sentido ao que seria relevância e urgência e a questão atinente ao prazo de trinta dias, quando deveria ocorrer a perda de eficácia da medida provisória. O *primeiro problema* havia sido "resolvido" a partir da tese de que a atribuição de sentido ao que fosse relevância e urgência estava reservada à esfera de discricionariedade (*sic*) do Presidente da República, tese absolutamente inconstitucional, porque conferia prerrogativa ao Poder Executivo acima de todos os demais Poderes, além de delegar ao Presidente da República um verdadeiro *skeptron* (cetro, da fala de Homero), estabelecendo, arbitrariamente, o sentido às palavras *relevância* e *urgência*, donde se podem retirar medidas provisórias que vão desde aumento de vencimentos a funcionários públicos a alterações do Código de Processo Civil, isso para dizer o mínimo[69] – tudo no melhor estilo Guilherme de Ockham. O *segundo problema* foi resolvido pela alquimia jurídica que fixou a interpretação de que as medidas provisórias não votadas pelo Congresso poderiam ser reeditadas, tese que igualmente carece de constitucionalidade. Nesse sentido, há que se fazer justiça ao Ministro Paulo Brossard, relator da ADI 295, que, em voto vencido (juntamente com os Ministros Carlos Velloso e Celso de Mello), deixou assentado, no nascedouro da Constituição, que a reedição de medidas provisórias não apreciadas pelo Congresso Nacional no prazo de trinta dias atentava "contra a letra expressa da Constituição", subvertendo os pressupostos da Lei Maior, "fazendo do provisório o permanente".

Em face do evidente abuso do poder de editar medidas provisórias – que, em 15 anos, passaram de 2.200 –, o Congresso Nacional resolveu regulamentar a matéria. Desse

---

[68] Cf. ADI 2.162-QO/DF, *DJ* 09.06.2000.

[69] Iniciando a superação – pelo menos em parte da antiga jurisprudência –, o STF entendeu que, em situações excepcionais, o Poder Judiciário poderia verificar a *relevância* e a *urgência* na edição das medidas provisórias. Nesse sentido: ADI 2.213-MC/DF, *DJ* 23.04.2004, e ADI 1.753-MC/DF, *DJ* 12.06.1998.

modo, a nova redação do dispositivo constitucional passou a vedar a edição de MPs sobre matéria relativa a: a) nacionalidade, cidadania, direitos políticos, partidos políticos e direito eleitoral; b) direito penal, processual penal e processual civil; c) organização do Poder Judiciário e do Ministério Público, a carreira e a garantia de seus membros; d) planos plurianuais, diretrizes orçamentárias, orçamento e créditos adicionais e suplementares, ressalvado o previsto no art. 167, § 3º. Também é vedado regulamentar, via medida provisória, matéria: a) que vise à detenção ou sequestro de bens, de poupança popular ou qualquer outro ativo financeiro; b) reservada a lei complementar; c) já disciplinada em projeto de lei aprovado pelo Congresso Nacional e pendente de sanção ou veto do Presidente da República.

A EC 32/2001 também deixou explicitado que medida provisória que implique instituição ou majoração de impostos, exceto os previstos nos arts. 153, I, II, IV, V, e 154, II, só produzirá efeitos no exercício financeiro seguinte se houver sido convertida em lei até o último dia daquele em que foi editada.

Com relação ao prazo de vigência da medida provisória, sua conversão em lei e as possibilidades de reedição, ficou estabelecido que, ressalvado o disposto nos §§ 11 e 12 (que tratam, respectivamente, da não edição do decreto legislativo, até sessenta dias após a rejeição ou perda de eficácia da medida provisória; e da aprovação de projeto de lei de conversão, alterando o texto original da MP, com o que esta se mantém integralmente em vigor até que seja sancionado ou vetado o projeto), perderão eficácia as MPs, desde a edição, se não forem convertidas em lei no prazo de sessenta dias, prorrogável, nos termos do § 7º, uma vez por igual período, devendo o Congresso Nacional disciplinar, por decreto legislativo, as relações jurídicas delas decorrentes. O prazo em tela contar-se-á da publicação da medida provisória, suspendendo-se durante os períodos de recesso do Congresso Nacional. Observe-se que, pelo § 7º, "prorrogar-se-á uma única vez por igual período a vigência de medida provisória que, no prazo de sessenta dias, contado de sua publicação, não tiver a sua votação encerrada nas duas Casas do Congresso Nacional". Além disso, consoante o § 10, "é vedada a reedição,[70] na mesma sessão legislativa, de medida provisória que tenha sido rejeitada ou que tenha perdido sua eficácia por decurso de prazo". Já o § 11 estabelece que, não editado o decreto legislativo – que dá forma jurídica à medida provisória votada e aprovada pelo Congresso Nacional – "até sessenta dias após a rejeição ou perda de eficácia de medida provisória, as relações jurídicas constituídas e decorrentes

---

[70] Joel de Menezes Niebuhr chama a atenção para o seguinte problema, não previsto pela EC 32: trata-se das hipóteses em que, antes da deliberação do Congresso Nacional sobre a medida provisória, o Presidente da República produz outra posterior, com algumas adequações, revogando a antecedente. Com a nova medida, o Presidente da República dispõe de outros 120 dias até que ela perca o efeito. Poder-se-á estar frente a uma reedição disfarçada, acentua o autor, isso porque o § 10 do art. 62 proíbe a reedição de MP rejeitada ou que perde os efeitos por decurso de prazo, não proibindo, entretanto, de forma expressa, a edição de medida que revogue a anterior, desde que esta não tenha sido rejeitada ou que tenha perdido os efeitos por decurso de prazo. Com efeito, se isso vier a ocorrer, o caminho será a declaração, pelo STF, da inconstitucionalidade da medida "reeditada", sob o fundamento de inconstitucionalidade formal – cf. NIEBUHR, Joel de Menezes. *O novo regime constitucional da medida provisória*. São Paulo: Dialética, 2001. p. 161.

Cap. 4 · O MODELO DE JURISDIÇÃO CONSTITUCIONAL NO BRASIL | 357

de atos praticados durante sua vigência conservar-se-ão por ela regidas". Está-se, aqui, diante de uma inconstitucionalidade, uma vez que não é possível admitir que os efeitos de uma medida provisória rejeitada pelo Poder Legislativo possam produzir efeitos após o ato de manifestação de vontade do parlamento.[71] Aprovado projeto de lei de conversão alterando o texto original da medida provisória, esta manter-se-á integralmente em vigor até que seja sancionado ou vetado o projeto.

Relativamente à questão da "relevância e urgência", a Emenda deixou assentado que a deliberação de cada uma das Casas do Congresso Nacional sobre o mérito das medidas provisórias dependerá de juízo prévio sobre o atendimento de seus pressupostos constitucionais, do que se conclui que, não atendidos os pressupostos de relevância e urgência e os requisitos objetivos acerca do tipo de matéria enquadrável na hipótese, a medida provisória poderá ser rejeitada liminarmente pelo Congresso Nacional.

Nesse ponto (verificação da relevância e urgência), como já se pôde antever nos parágrafos anteriores, reside uma das maiores inovações recentes da jurisprudência do Supremo Tribunal. No julgamento da ADI 4.048-MC/DF, *DJe* 22.08.2008, rel. Min. Gilmar Mendes, a Corte, analisando os requisitos do art. 62, combinado com o art. 167, § 3º, ambos da Constituição Federal, entendeu, majoritariamente,[72] que no caso havia um evidente desvirtuamento dos parâmetros constitucionais que autorizavam a edição de medidas provisórias para a abertura de créditos extraordinários.

Os ministros enfatizaram, inicialmente, "que a abertura de crédito extraordinário por meio de medida provisória não é vedada, em princípio, pela Constituição Federal (art. 62, § 1º, I, *d*)". Afirmaram, entretanto, que "a Constituição, além dos requisitos de relevância e urgência (art. 62), impõe que a abertura do crédito extraordinário seja feita apenas para atender a despesas imprevisíveis e urgentes, sendo exemplos dessa imprevisibilidade e urgência as despesas decorrentes de guerra, comoção interna ou calamidade pública (CF, art. 167, § 3º)". Consideraram que, "pela leitura da exposição de motivos da Medida Provisória 405/2007, os créditos abertos seriam destinados a prover despesas correntes que não estariam qualificadas pela imprevisibilidade ou pela urgência". Asseveraram que, não obstante fosse possível "identificar situações específicas caracterizadas pela relevância dos temas, como créditos destinados à redução dos riscos de introdução da gripe aviária, às operações de policiamento nas rodovias federais e de investigação, repressão e combate ao crime organizado e para evitar a invasão de terras indígenas, fatos que necessitariam, impreterivelmente, de recursos suficientes para evitar o desencadeamento de uma situação de crise, seriam aportes financeiros destinados à adoção de mecanismo de prevenção em relação a situações de risco previsíveis, ou seja, situações de crise ainda não configurada". Em divergência, o Ministro Ricardo Lewandowski indeferiu a cautelar, por considerar não estar presente o *periculum in mora*. Aduziu se tratar de medida provisória em matéria orçamentária sob o prisma do controle abstrato da constitucionalidade, portanto, ato de efeitos concretos imediatos que

---

[71]   Nesse sentido, consultar NIEBUHR, ibidem.

[72]   Nesse sentido votaram o Ministro Gilmar Mendes, relator, acompanhado pelos Ministros Eros Grau, Cármen Lúcia, Carlos Britto e Marco Aurélio, deferindo a cautelar.

iriam se exaurir no tempo, e que o *periculum in mora*, por isso, estaria invertido e militaria em favor da Administração. Além desse fundamento, o Ministro Joaquim Barbosa indeferiu a cautelar por entender que o Supremo, em sede de cautelar, não poderia se substituir ao Congresso Nacional para rejeitar uma medida provisória por este já aprovada. Na mesma linha dessa divergência se posicionou o Ministro Cezar Peluso.[73]

Ao final do julgamento restaram vencidos os Ministros Menezes Direito, Ricardo Lewandowski, Cezar Peluso, Joaquim Barbosa e Ellen Gracie, que indeferiam a cautelar. O Ministro Gilmar Mendes, relator, reformulou a parte dispositiva do seu voto, tendo em conta a publicação da lei de conversão da medida provisória impugnada em data posterior ao início do julgamento. Salientando não ter havido alteração substancial no texto original da medida provisória em exame, reiterou a orientação da Corte no sentido de que a lei de conversão não convalida os vícios existentes na medida provisória.

A Emenda cuidou também do problema relacionado à pauta de votação do Congresso Nacional. Para tanto, o § 6º estabelece que, se a medida provisória não for apreciada em até quarenta e cinco dias contados de sua publicação, entrará em regime de urgência, subsequentemente, em cada uma das Casas do Congresso Nacional, ficando sobrestadas, até que se ultime a votação, todas as demais deliberações legislativas da Casa em que estiver tramitando.

Por outro lado, a Emenda Constitucional estabelece proibição de edição de medida provisória na regulamentação de artigo da Constituição cuja redação tenha sido alterada por meio de Emenda promulgada entre 1º de janeiro de 1995 e a promulgação desta Emenda, inclusive. Por último, a EC determina uma transição com o regime anterior, na medida em que permitiu que as medidas provisórias editadas em data anterior à da publicação desta Emenda continuem em vigor até que medida provisória ulterior as revogue explicitamente ou até deliberação definitiva do Congresso Nacional.

Observa-se, desse modo, que a Emenda em tela dificulta, sobremodo, a partir de agora, a edição (e reedição) de medidas provisórias. De há muito a comunidade jurídica e a classe política clamavam por uma regulamentação desse instituto. As sequelas deixadas pelo constante abuso de edição de tais medidas são significativas. O regime de "livre edição" estabelecia uma espécie de "decretismo" do Poder Executivo, enfraquecendo sobremaneira o Poder Legislativo e culminando em constante e inevitável tensionamento do Poder Executivo com o Poder Judiciário. Parece evidente que a medida provisória não é um mal em si. Em determinadas circunstâncias, medidas urgentes e de impacto precisam ser adotadas pelo Poder Executivo. O que não pode ocorrer é a transformação do instituto da medida provisória em instrumento de substituição da representação popular.

4.2.4.6   *As medidas provisórias e os Estados-membros: a decisão do STF na ADI 425/TO*

Como já visto, a Constituição da República explicitamente cuidou apenas da edição de medidas provisórias por parte do Poder Executivo da União. Alguns Estados-membros,

---

[73]   Cf. ADI 4.048-MC/DF, *DJe* 22.08.2008.

Cap. 4 · O MODELO DE JURISDIÇÃO CONSTITUCIONAL NO BRASIL | **359**

como é o caso de Tocantins, Acre, Piauí e Santa Catarina, fizeram constar nas Constituições Estaduais a possibilidade de o governador lançar mão dessa prerrogativa, por meio de redação semelhante ao do texto do art. 62 da CF.

Tal questão veio a lume no Supremo Tribunal Federal, na discussão da ADI 425/TO, *DJ* 19.12.2003, tendo a Corte assim se manifestado: "Julgando o mérito de ação direta de inconstitucionalidade ajuizada pelo PMDB contra as Medidas Provisórias 62, 63, 64 e 65, do Estado de Tocantins, convertidas nas Leis estaduais 219, 220, 215 e 218/1990, respectivamente. O Tribunal, preliminarmente, por maioria, assentou a legitimidade do governador do Estado-membro para, acompanhando o modelo federal, e desde que existente tal previsão na Constituição Estadual, expedir medidas provisórias em caso de relevância e urgência, haja vista a inexistência no texto da CF/1988 de qualquer cláusula que implique restrição ou vedação do poder autônomo dos Estados quanto ao uso de medidas provisórias. O Tribunal salientou, ainda, o fato de que a EC 5/1995 – ao alterar o § 2º do art. 25 da CF, vedando a edição de medida provisória pelos Estados relativamente à exploração e concessão dos serviços locais de gás canalizado – implicitamente permitiu a adoção de medidas provisórias quanto às demais hipóteses. Vencido no ponto o Min. Carlos Velloso, por entender que seria necessária autorização expressa pelo CF/1988 para legitimar a adoção de medidas provisórias pelo Poder Executivo estadual".

Entendo, entretanto, que o nosso Tribunal Maior não encontrou a melhor solução para a controvérsia. Como muito bem deixou assentado o Ministro Carlos Velloso em seu voto vencido, para que fosse possível aos Estados-membros lançarem mão do instituto da medida provisória, seria necessário expressa autorização da Constituição Federal. Com efeito, sem tal previsão, parece desarrazoado entender que os Estados-membros (e quiçá os Municípios) possam lançar mão desse instrumento que, a toda evidência, constitui exceção à tradicional teoria da divisão de Poderes. Interpretar que a não previsão expressa da possibilidade de os Estados editarem medidas provisórias constitui uma lacuna da Constituição de 1988 – que seria colmatável pelo constituinte estadual – é abrir um perigoso precedente que, inexoravelmente, enfraquece o caráter rígido característico do modelo constitucional adotado em *terrae brasilis*.

Na verdade, antes de entender que a validade da adoção de medidas provisórias nos textos constitucionais estaduais esteja ancorado no princípio da simetria – e foi nesse sentido a decisão do STF –, tenho que o referido "princípio" não possui tal alcance. Com efeito, o "princípio da simetria" apresenta-se difusamente no plano do direito constitucional. Tem sido invocado para sustentar a possibilidade de estender, para o âmbito dos Estados-membros, o alcance jurídico de dispositivos previstos apenas no texto da Constituição Federal.

Tenho dúvidas sobre se é possível alçar a citada simetria ao patamar de um princípio. Na verdade, a simetria tem sido muito mais utilizada como um artifício interpretativo, na falta de uma delimitação conceitual mais acurada. Trata-se de uma espécie de "metaprincípio" ou "superprincípio", construído para servir de *plus* principiológico na ocorrência de eventual falta de previsão de competência em favor dos Estados-membros. É menos um princípio de validade geral e mais um mecanismo *ad hoc* de resolução de controvérsias que tratam da discussão de competências. Desse modo, se as Constituições dos Estados--membros devem obedecer aos princípios constantes na Constituição da República, e se esta já estabelece os limites legislativos daquelas, resta à aludida "obrigatoriedade da aplicação simétrica" apenas um caráter retórico.

Disso advém necessária indagação: afinal, o assim denominado princípio da simetria impõe aos Estados a obrigação de legislarem ou apenas representa uma faculdade? Como se pode perceber no próprio voto condutor do julgamento,[74] não há um perfil muito claro acerca do alcance do aludido princípio e tampouco sobre ser compulsória ou não a sua aplicação. De mais a mais, fossem claros e nítidos o conteúdo e o limite do "princípio da simetria", os Estados-membros, na sua maioria, teriam, a toda evidência, inserido nas respectivas Constituições a possibilidade de edição de medidas provisórias. De outra banda, é razoável afirmar que, se as Constituições dos Estados devem obedecer aos princípios da Constituição Federal, e se nesses princípios estivesse – desde sempre – incluída a possibilidade, decorrente da simetria (*sic*), de edição de tais medidas, a não previsão nos textos constitucionais constituiria, por decorrência lógica, uma violação principiológica.

Nesse sentido, importa referir que a não previsão no texto original da CF/1988 de os chefes dos Poderes Executivos dos Estados-membros editarem medidas provisórias constitui aquilo que, na hermenêutica tradicional, denomina-se de "silêncio eloquente do legislador constituinte", isto é, ao não dizer, o constituinte originário disse. Trata-se de caso similar ao que ocorre com a não previsão, no texto da CF/1988, de o Supremo Tribunal julgar ações diretas de inconstitucionalidade de leis municipais. Efetivamente, o constituinte foi explícito ao deixar de contemplar, deliberadamente, a possibilidade de o STF, no plano do controle concentrado, examinar a inconstitucionalidade de leis municipais.

O caráter rígido do texto constitucional, a toda evidência, impede que, por meio dos textos estaduais, sejam acrescidas emendas à Constituição Federal disciplinando a edição de medida provisória. Se isso ocorrer, o poder constituinte originário estará sendo usurpado. Por isso tem razão o Ministro Carlos Velloso: somente mediante emenda à Constituição Federal é que seria possível legitimar aos Estados-membros o uso de medidas provisórias.

Agregue-se que essa discussão deita raízes no nascedouro do controle de constitucionalidade. Com efeito, lá no caso Marbury *v.* Madison[75] podem ser encontrados fundamentos para elucidar a controvérsia. Como se sabe, a Constituição norte-americana assenta que a Corte Suprema é um órgão recursal. E nada mais disse. Ocorre que a Lei de Organização Judiciária de 1789, no art. 13, criou uma nova competência para a *Supreme Court*, qual seja a de conhecer *writs* (*to issue writs of mandamus in cases warranted by the principles and usages of law, to any courts appointed, or persons holding office, under the authority of the United States*). Na controvérsia do aludido *case*, Marbury invocou a seu favor a possibilidade de a *Supreme Court* deferir um *writ*, fazendo com que fosse garantida a sua posse como juiz de paz. O Presidente da Suprema Corte, John Marshall, em seu voto, disse

---

[74] Observe-se que, no voto do relator Ministro Maurício Corrêa, a linha argumentativa utilizada aponta para a obrigatoriedade da aplicação do referido princípio da simetria. Frise-se, entretanto, que no mesmo voto (item 18) consta que o modelo federal instituidor do instituto da medida provisória não é modelo "a ser absorvido compulsoriamente pela unidade federada". A questão que se põe é: como resolver essa contradição?

[75] Ver item 1.3.4, que trata do nascedouro do controle de constitucionalidade nos Estados Unidos.

Cap. 4 · O MODELO DE JURISDIÇÃO CONSTITUCIONAL NO BRASIL | 361

que o citado dispositivo do *Judiciary Act* de 1789 era inconstitucional, porque excedia o poder do Congresso dado pela Constituição. A Constituição não podia ser afrontada por um mero ato legislativo de cunho ordinário.

É claro que não se pode olvidar o cenário político que envolveu a querela norte-americana, onde, mais do que uma questão de direito constitucional, o que estava em jogo era uma disputa entre os republicanos e os federalistas e a dimensão que deveria ser dada a um poder – no caso o Judiciário – para assumir o papel de remédio contra maiorias.

Tirante essa questão, e deixando claro que a discussão da possibilidade de edição de medidas provisórias por parte dos Estados-membros também não pode ser desindexada do contexto político, parece razoável afirmar que, no confronto entre o princípio da rigidez constitucional e a simetria que deve haver entre o texto constitucional federal e os textos constitucionais estaduais, deve ser dada nítida prevalência ao primeiro. Por derradeiro, cabe ressaltar que a aludida simetria não prescinde de sua própria condição de possibilidade, isto é, os textos estaduais devem ser simétricos naquilo – e somente naquilo – que o texto maior estipular como passível de extensão.

Como já referido, deve-se ter presente a problemática relativa à Federação e aos limites legiferantes dos Estados-membros desta Federação. A Constituição de 1988 adotou a técnica da "autonomia controlada", longe do centralismo da Constituição de 1967 e do grau de autonomia da Constituição de 1891. As motivações para os excessos de 1891 e de 1967 são facilmente identificáveis: em 1891, institui-se um federalismo radical para destruir o império. Para destruir o poder imperial, era necessário destruir o centro – Rio de Janeiro. Daí a necessidade de transferir o poder para os Estados. Já em 1967, o centralismo exacerbado resulta da necessidade de firmar o poder militar resultante do golpe de 1964, enfraquecendo-se os Estados, mormente os mais desenvolvidos e populosos, onde se localizavam os focos de resistência ao novo regime. O art. 25 da CF/1988 especifica que o poder de organização constitucional dos Estados deve ficar subordinado aos "princípios desta Constituição". No art. 34, VII, o constituinte selecionou os temas relevantes, incluindo-os no leque dos princípios constitucionais fundamentais, cuja inobservância pelos Estados, no exercício de seu poder de organização, de legislação ou de administração, constituirá fundamento para intervenção federal (art. 36, III). O Ato das Disposições Constitucionais Transitórias ratificou a necessidade de os Estados obedecerem aos princípios constantes na Constituição Federal (art. 11).

Segundo Machado Horta, sob o ângulo da incidência no poder de organização do Estado, é possível localizar na Constituição de 1988 o seguinte conjunto de normas centrais, em relação não exaustiva:

> I – Princípios da Constituição: os fundamentos e os objetivos da República, a separação dos poderes, os direitos individuais e coletivos (art. 5º), as regras sobre nacionalidade e direitos políticos, preceitos aplicáveis aos Municípios, princípios da administração pública direta, indireta ou fundacional, princípios aplicáveis à Magistratura, Ministério Público, organização das justiças estaduais, princípios relativos à ordem econômica, limitações do poder de tributar, objetivos da seguridade social, diretrizes do sistema único de saúde, princípios que informam os planos da Previdência Social, os objetivos da Assistência Social, os princípios do Ensino e da Educação, a comunicação social, o meio ambiente.

Os princípios dispersam-se no corpo da Constituição e, por vezes, apresentam-se com a qualificação de objetivos e diretrizes.

II – Princípios constitucionais: forma republicana, sistema representativo e regime democrático; direitos da pessoa humana, autonomia municipal, prestação de contas da administração pública, direta e indireta (art. 34, VII).

III – Normas de competência deferidas aos Estados: competência comum (art. 23, I até XII); competência de legislação concorrente (art. 24, I a XVI); competência normativa e administrativa das Assembleias Legislativas, para dispor sobre seu regimento interno, polícia, serviços administrativos de sua secretaria e prover os respectivos cargos (art. 27, § 3º); poder de organização constitucional e de legislação própria (art. 25); poderes reservados (art. 25, § 1º); poderes expressos para explorar diretamente, ou mediante concessão à empresa estatal, os serviços locais de gás canalizado, e instituir regiões metropolitanas, aglomerações urbanas e microrregiões (art. 25, §§ 2º e 3º); competência privativa dos Tribunais (art. 96, I); competência do STF, Tribunais Superiores e Tribunais de Justiça (art. 96, II); normas sobre Tribunais de Contas e Conselhos de Contas dos Municípios (art. 75, parágrafo único); competência dos Estados para criação de Juizados Especiais e Justiça de Paz (art. 98, I e II); competência da Justiça Militar Estadual (art. 125, § 4º); competência das Polícias Civis, das Polícias Militares e dos Corpos de Bombeiros Militares (art. 144, §§ 4º, 5º e 6º); instituir tributos (art. 145, I, II e III); instituir impostos (art. 155, I, II e III).

IV– Normas de preordenação: número de deputados à Assembleia Legislativa, mandato dos deputados e remuneração (art. 27); eleição, mandato e posse do Governador e do Vice-Governador (art. 28); perda do mandato do Governador (art. 28, § 1º); regras sobre a administração pública direta, indireta ou fundacional (art. 37, I a XXII, §§ 1º a 16); servidores públicos civis (arts. 39 a 41); Polícias Militares e Corpos de Bombeiros (art. 42, §§ 1º e 3º); organização, composição e fiscalização dos Tribunais de Contas e Conselhos de Contas dos Municípios (art. 75); garantias dos juízes (art. 95, I, II e III); vedações aos juízes (art. 95, parágrafo único); normas básicas para os dez primeiros anos de criação de novo Estado (art. 235, I a XI).[76]

De todo o elenco de competências examinadas,[77] e levando em conta a especial circunstância de que o instituto da medida provisória é uma exceção ao princípio democrático da separação de poderes, além do fato de o texto constitucional originário não contemplar qualquer indício da possibilidade de extensão dessa prerrogativa (excepcional) aos Estados-membros, não há como dar guarida constitucional a texto constitucional estadual que estabeleça a medida provisória. A valer essa tese, ter-se-á de admitir que também os Municípios possam incluir nas leis orgânicas o citado instituto.

Por outro lado, se não há dúvida que os Estados devem se organizar de acordo com os princípios da Constituição Federal, o mesmo não se pode dizer acerca da possibilidade da extensão dessa tese ao seu limite, isto é, da possibilidade de se considerar uma regra (art. 62)

---

[76] Cf. Horta, Raul Machado. *Direito constitucional*, op. cit., p. 333 e ss.

[77] José Adércio Leite Sampaio traz importantíssimo levantamento acerca da posição do STF na apreciação dos limites do "poder constituinte decorrente" – cf. Sampaio, José Adércio Leite. *A Constituição reinventada pela jurisdição constitucional*. Belo Horizonte: Del Rey, 2002. p. 563 e ss.

que excepciona o princípio da separação de poderes como uma regra de "reprodução obrigatória" pelos Estados-membros, tudo com fundamento em um "princípio" que nada mais é do que um *bis in idem*,[78] na medida em que a *ratio* do federalismo brasileiro, ao contrário do norte-americano, é exatamente a de ser simétrico.

Disso se conclui que a "simetria" nada mais é do que a obrigação de as Constituições dos Estados estarem perfeitamente adequadas à Constituição Federal. Entretanto, essa adequação e seu caráter obrigatório já estão explicitamente previstos no texto da Constituição Federal. Este é o calcanhar de Aquiles do aludido "princípio da simetria": o de ser apenas um *bis in idem* e de ter a pretensão de ser um "metaprincípio".

Por derradeiro, não se pode perder de vista que o processo hermenêutico é sempre *applicatio*. As especificidades de algumas regras da Constituição Federal – e parece não haver dúvida que o instituto da medida provisória se reveste de especial peculiaridade por se constituir em exceção ao democrático princípio da separação dos poderes – implicam a obrigatoriedade de interpretar, fenomenologicamente, uma exceção exatamente como ela é: uma exceção.

Portanto, inaplicável à espécie a tese de que, pelo fato de a medida provisória fazer parte do elenco de prerrogativas do Chefe do Poder Executivo da União, implicitamente seria possível, por simetria com o desenho federal, estender-se tal prerrogativa aos Governadores dos Estados e, quiçá, aos Prefeitos Municipais (*sic*). Essa inaplicabilidade advém do fato de que a função do Poder Executivo faz parte do princípio da separação dos poderes; mas o Poder Executivo não é um princípio; do mesmo modo, a medida provisória, como exceção ao princípio da separação de poderes, nem de longe pode ser um princípio; e assim, em não sendo um princípio, o instituto não pode ser reproduzido nas Constituições dos Estados-membros.

4.2.4.7 A inconstitucionalidade reflexa

Também o Supremo Tribunal Federal não admite a apreciação de inconstitucionalidade meramente reflexa. O ato normativo considerado inconstitucional deve sofrer uma confrontação direta com a Constituição. Nesse sentido: "Ação direta de inconstitucionalidade fundada na Lei de Diretrizes Orçamentárias. Em face da jurisprudência do STF no sentido de que, em princípio, é inviável, em sede de controle abstrato de constitucionalidade, a análise da arguição de ofensa ao art. 169 da CF (a despesa com pessoal ativo e inativo não poderá exceder aos limites estabelecidos em lei complementar), porquanto, para o deslinde da questão, é indispensável o confronto da lei impugnada com a LDO, o Tribunal não conheceu da ação direta ajuizada pelo Governador do Estado de Santa Catarina contra a Lei Complementar estadual 192/2000, que criou novos cargos de juiz substituto e de

---

[78] Tenho denunciado um fenômeno que cresce no seio da doutrina e da jurisprudência brasileiras: trata-se do pan-principiologismo – cf. STRECK, Lenio Luiz. Do pan-principiologismo à concepção hipossuficiente de princípio – Dilemas da crise do direito. *Revista de Informação Legislativa*, v. 194, p. 7-21, 2012.

assessor, em que se sustentava a inexistência de prévia e específica autorização da LDO para tanto e a extrapolação do limite do Estado com pessoal".[79]

Outros julgamentos dão a dimensão interpretativa que o Supremo Tribunal confere à matéria:

> "O ato impugnado, não sendo autônomo, mas regulamento da Lei Orgânica do Ministério Público do Estado do Paraná, foge ao controle concentrado de sua constitucionalidade. O exame de compatibilidade do Ato 158/PGJ/PR com a Constituição pressupõe análise da norma infraconstitucional, tornando inviável a ADI, por tratar-se de questão de ilegalidade."[80]

> "Se a interpretação administrativa da lei, que vier a consubstanciar-se em decreto executivo, divergir do sentido e do conteúdo da norma legal que o ato secundário pretendeu regulamentar, quer porque tenha este se projetado *ultra legem*, quer porque tenha permanecido *citra legem*, quer, ainda, porque tenha investido *contra legem*, a questão caracterizará, sempre, típica crise de legalidade, e não de inconstitucionalidade, a inviabilizar, em consequência, a utilização do mecanismo processual da fiscalização normativa abstrata. O eventual extravasamento, pelo ato regulamentar, dos limites a que materialmente deve estar adstrito poderá configurar insubordinação executiva aos comandos da lei. Mesmo que, a partir desse vício jurídico, se possa vislumbrar, num desdobramento ulterior, uma potencial violação da Carta Magna, ainda assim estar-se-á em face de uma situação de inconstitucionalidade reflexa ou oblíqua, cuja apreciação não se revela possível em sede jurisdicional concentrada."[81]

À evidência, este é um assunto complexo, uma vez que os limites hermenêuticos da questão são muito tênues. Aparentemente, parece estar correto o entendimento do Supremo Tribunal Federal. Entretanto, haverá casos em que, por exemplo, a lei orçamentária estará incompatível com a lei de diretrizes orçamentárias, o que, em tese, dá a entender que o confronto é daquela com esta; entretanto, a própria Constituição estabelece que a lei orçamentária deve obedecer aos ditames da lei de diretrizes, que, por sua vez, deve estar adaptada ao plano plurianual.[82]

---

[79]   ADI 1.585/DF, *DJ* 03.04.1998.

[80]   ADI 2.426-AgRg/PR, *DJ* 11.10.2001.

[81]   ADI 996-MC/DF, *DJ* 06.05.1994. No mesmo sentido: ADI 365-AgRg/DF, *DJ* 15.03.1991.

[82]   Vejam-se, a propósito, duas decisões do Supremo Tribunal Federal, que bem demonstram a complexidade da questão: "ADI contra LDO. Não cabimento. Não se conhece de ação direta de inconstitucionalidade contra atos normativos de efeitos concretos, ainda que estes sejam editados com força legislativa formal. Com esse entendimento, o Tribunal, por maioria, não conheceu de ação direta ajuizada pelo Partido Comunista do Brasil – PC do B contra dispositivos da Lei 10.266/2001 (art. 19, § 1º, do art. 55 e art. 54), Lei de Diretrizes Orçamentárias, pela ausência de generalidade e abstração das normas atacadas. Vencido o Min. Marco Aurélio, que conhecia da ação por considerar que as normas impugnadas caracterizam-se como comandos abstratos" (ADI 2.484-MC/ DF, *DJ* 14.11.2003). "ADI contra LDO. Hipótese de cabimento. Tendo em vista a existência de grau suficiente de abstração e generalidade na norma impugnada, o Tribunal, por maioria, conheceu de ação direta ajuizada pelo Partido Social Liberal – PSL contra o § 2º do art. 37 da Lei de Diretrizes Orçamentárias do Estado do Mato Grosso (Lei estadual 7.478/2001), que subordina os precatórios

Cap. 4 · O MODELO DE JURISDIÇÃO CONSTITUCIONAL NO BRASIL | **365**

Claro que é uma incompatibilidade entre duas leis; entretanto, essa incompatibilidade advém de expressa disposição constitucional, com o que não é desarrazoado defender a tese de que, *in casu*, possa haver o exame da inconstitucionalidade, que é condição de possibilidade para a própria incompatibilidade infraconstitucional.

Na hipótese de decreto, o STF também vem admitindo a fiscalização normativa abstrata quando tal ato revelar caráter autônomo. Nesse sentido, a ADI 3.183/MS, *DJ* 20.10.2006, que considerou inconstitucionais, por ofensa à competência da União para legislar sobre sistema de consórcios e sorteios (art. 22, XX, da CF), os decretos que compõem o sistema normativo regulamentador do serviço de loterias e bingos no Estado de Mato Grosso do Sul.

4.2.5 O efeito vinculante nas ações diretas de inconstitucionalidade e nas ações declaratórias de constitucionalidade

4.2.5.1 *Considerações preliminares*

O art. 102, § 2º, da Constituição, a partir da EC 45/2004, passou a estabelecer que as decisões definitivas de mérito, proferidas pelo Supremo Tribunal Federal, nas ações diretas de inconstitucionalidade e nas ações declaratórias de constitucionalidade produzirão eficácia contra todos e efeito vinculante, relativamente aos demais órgãos do Poder Judiciário e à administração pública direta e indireta, nas esferas federal, estadual e municipal.

A primeira questão que exsurge é a aparente novidade no sentido de que decisão que declare a inconstitucionalidade – portanto, a invalidade – de uma lei tenha efeito vinculante. Ora, nada mais óbvio, sendo de estranhar que tenha sido necessário estabelecer legislativamente esse efeito. Hermeneuticamente, uma decisão que declara a inconstitucionalidade é uma decisão que "nadifica". Se uma lei é invalidada pelo Tribunal encarregado de dizer por último se uma lei é constitucional ou não, como admitir que alguém, juiz ou tribunal, pudesse dizer o contrário? E sobre o que o juiz estaria julgando? Sobre algo que deixou de ser válido? Sobre uma lei írrita? Nenhuma? Portanto, nada mais lógico que o efeito vinculante em ação que declara a invalidade de um ato normativo.

Também o art. 28, parágrafo único, da Lei 9.868/1999 estabelece o efeito vinculante da declaração de constitucionalidade ou de inconstitucionalidade, inclusive da interpretação conforme a Constituição e da declaração parcial de inconstitucionalidade sem redução de texto, problemática que será analisada mais adiante.

---

pendentes (sujeitos a parcelamento conforme a EC 30/2000) ao levantamento, com vistas à apuração do valor real, por comissão constituída de representantes de todos os Poderes e do Ministério Público, e condiciona a inclusão na lei orçamentária dos precatórios levantados à manutenção da meta fiscal de resultado primário. Considerou-se que, embora a segunda parte do mencionado § 2º consubstancie uma norma de efeitos concretos – subordinação da inclusão dos precatórios no orçamento à meta fiscal –, tal determinação é inseparável da primeira parte, porquanto os precatórios são aqueles submetidos a levantamento pela comissão, de modo que a declaração de inconstitucionalidade da primeira parte tornaria sem objeto a segunda. Vencidos, no ponto, os Ministros Ilmar Galvão e Moreira Alves, que não conheciam da ação" (ADI 2.535-MC/MT, *DJ* 21.11.2003).

Trata-se de coisas diferentes, abordadas de forma equivocada pelo legislador. Ou seja, enquanto a declaração de nulidade importa a cassação da lei, não dispõe a declaração de constitucionalidade de efeito análogo. A validade da lei não depende da declaração judicial, e a lei vige, após a decisão, tal como vigorava anteriormente.[83] Não fica o legislador, igualmente, impedido de alterar ou mesmo de revogar a norma em apreço. Tais questões serão analisadas a seguir.

4.2.5.2 *Eficácia (ou efeito)* erga omnes *na declaração de inconstitucionalidade proferida em ação declaratória de constitucionalidade ou em ação direta de inconstitucionalidade*

Por óbvio, é possível que, em julgamentos de ADC ou ADI, o STF entenda pela improcedência da primeira, ou procedência da segunda. Haverá, portanto, reconhecimento da inconstitucionalidade do dispositivo normativo que foi questionado. Diante do texto constitucional e da Lei 9.868/1999,[84] inexiste dúvida que a decisão de mérito sobre a constitucionalidade ou a inconstitucionalidade é dotada de *eficácia contra todos*. Entende-se, portanto, que no caso de declaração de inconstitucionalidade numa ação declaratória de constitucionalidade, deve-se reconhecer, *ipso jure*, a sua imediata eliminação do ordenamento jurídico, salvo se, por algum fundamento específico, puder o Tribunal restringir os efeitos da declaração de inconstitucionalidade, "modulando-o".

Assim, caso aceitemos a ideia de nulidade da lei inconstitucional, sua eventual aplicação após tal declaração de inconstitucionalidade equivaleria à aplicação de cláusula juridicamente inexistente. Por isso que, como efeito necessário e imediato da declaração de nulidade, temos a exclusão de toda ultra-atividade da lei inconstitucional. A eventual eliminação dos atos praticados com fundamento na lei inconstitucional há de ser considerada em face de todo o sistema jurídico, especialmente das chamadas "fórmulas de preclusão".[85]

4.2.5.3 *A eficácia (ou efeito)* erga omnes *da declaração de nulidade e os atos singulares praticados com base no ato normativo declarado inconstitucional*

No Brasil não dispomos de dispositivos como os do § 79 da Lei do *Bundesverfassungsgericht*, que prescreve a intangibilidade dos atos não mais suscetíveis de impugnação. Com efeito, de acordo com o aludido § 79, (1) é legítimo o pedido de revisão criminal nos termos do Código de Processo Penal contra a sentença condenatória penal que se baseia em uma norma declarada inconstitucional (sem a pronúncia da nulidade) ou nula, ou que se assenta em uma interpretação que o *Bundesverfassungsgericht* considerou incompatível com a Lei Fundamental; e (2) no mais, ressalvado o disposto no § 92 (2), da Lei do *Bundesverfassungsgericht* ou uma disciplina legal específica, subsistem íntegras as

---

[83] Cf. Gusy, Christoph. *Parlamentarischer Gesetzgeber und Bundesverfassungsgericht*. Berlin: Duncker & Humblot, 1985, passim.

[84] Respectivamente art. 102, § 2º, e art. 28, parágrafo único.

[85] Mendes, Gilmar; Branco, Paulo Gustavo Gonet. *Curso de direito constitucional*. 12. ed. rev. e atual. São Paulo: Saraiva, 2017. p. 1437-1438.

Cap. 4 · O MODELO DE JURISDIÇÃO CONSTITUCIONAL NO BRASIL | **367**

decisões proferidas com base em uma lei declarada nula, nos termos do § 78, sendo, pois, ilegítima a execução de semelhante decisão, e se a execução forçada tiver de ser realizada nos termos das disposições do Código de Processo Civil, aplica-se o disposto no § 767 do Código de Processo Civil. Excluem pretensões fundadas em enriquecimento sem causa.[86]

Mesmo diante de tal ausência, torna-se equivocada a suposição de que, em havendo declaração de inconstitucionalidade, esta afetaria todos os atos que foram anteriormente praticados com base na lei declarada inconstitucional. Deve-se, portanto, protegermos o então "ato singular", diferenciando-se o efeito da decisão no "plano normativo" do efeito no "plano do ato singular" mediante a utilização das "fórmulas de preclusão".[87] Assim, não serão afetados pela declaração de inconstitucionalidade determinados atos que tenham sido praticados com base na lei inconstitucional, não mais suscetíveis de revisão.[88-89]

4.2.5.4 *A eficácia (ou efeito)* erga omnes *da declaração de inconstitucionalidade e a superveniência de lei de teor idêntico*

Questão recorrente no âmbito doutrinário diz respeito à possibilidade de que seja editada norma com idêntico teor ao que foi anteriormente objeto de declaração de inconstitucionalidade. É possível encontrarmos a resposta de cunho positivo à questão acima na doutrina alemã, a partir do entendimento de que a eficácia *erga omnes* (e a coisa julgada) encontram-se relacionadas ao dispositivo da decisão, e também em decisões do STF sobre o tema.[90] Não parece haver muitos problemas com relação a esse aspecto, até porque

---

[86]   Ver, nesse sentido, o § 79 da lei orgânica do *Bundesverfassungsgericht* (Tribunal Constitucional da República Federal da Alemanha). Comentário sobre o dispositivo encontramos, amiúde, em MENDES, Gilmar F. *Jurisdição constitucional*, op. cit., p. 334.

[87]   Cf. RMS 17.976, *RTJ* 55/744.

[88]   Cf. MENDES, Gilmar F. *Jurisdição constitucional*, op. cit., p. 336 e ss.

[89]   Cf. RE 86.056. Destaca-se que há hipóteses na legislação brasileira, como o antigo art. 741, parágrafo único, do CPC/73, que trouxe inovações sobre os efeitos da declaração de inconstitucionalidade, com a atual redação do art. 525 e seus parágrafos, do CPC/2015: "Art. 525. [...] § 12. Para efeito do disposto no inciso III do § 1º deste artigo, considera-se também inexigível a obrigação reconhecida em título executivo judicial fundado em lei ou ato normativo considerado inconstitucional pelo Supremo Tribunal Federal, ou fundado em aplicação ou interpretação da lei ou do ato normativo tido pelo Supremo Tribunal Federal como incompatível com a Constituição Federal, em controle de constitucionalidade concentrado ou difuso. § 13. No caso do § 12, os efeitos da decisão do Supremo Tribunal Federal poderão ser modulados no tempo, em atenção à segurança jurídica. § 14. A decisão do Supremo Tribunal Federal referida no § 12 deve ser anterior ao trânsito em julgado da decisão exequenda. § 15. Se a decisão referida no § 12 for proferida após o trânsito em julgado da decisão exequenda, caberá ação rescisória, cujo prazo será contado do trânsito em julgado da decisão proferida pelo Supremo Tribunal Federal". Nossa crítica ao dispositivo do CPC/73, quanto à impossibilidade de aplicação de tal dispositivo de forma a se admitir a retroatividade ilimitada dos efeitos da declaração de inconstitucionalidade, permitindo, inclusive, a desconstituição dos casos julgados cujo trânsito formou-se antes da decisão de inconstitucionalidade, foi superada pela correta redação dos parágrafos do art. 525 do CPC/2015. Essa questão já foi abordada na análise do controle difuso de constitucionalidade.

[90]   Cf. Rcl 5.442-MC, *DJ* 06.09.2007: "O efeito vinculante e a eficácia contra todos (*erga omnes*), que qualificam os julgamentos que o Supremo Tribunal Federal profere em sede de controle normativo

não se pode confundir efeito vinculante de uma decisão com os limites da coisa julgada. Isso fica mais claro ainda a partir da tese da transcendência dos motivos (fundamentos) determinantes.

Duas questões podem ser apontadas para sustentar o acerto da tese albergada pelo Supremo Tribunal Federal: a uma, em face da problemática hermenêutica, já discutida acima, texto e norma são coisas distintas. Por vezes, a mesma dicção textual produz sentidos bem diferentes, mormente em face das alterações factuais e a passagem do tempo. A duas, em face da separação de Poderes. Se o Poder Legislativo não pudesse aprovar uma (nova) lei com conteúdo idêntico ao de uma já declarada inconstitucional, estar-se-ia impedindo esse Poder de exercer suas funções na plenitude democrática.

4.2.5.5 Conceito de efeito vinculante

Sobre tal ponto, precisamos retornar ao RISTF, o qual, ao abordar a chamada representação interpretativa, introduzida pela EC 7/1977, estabeleceu que a decisão proferida na representação interpretativa seria dotada de efeito vinculante. Conforme seu art. 187, a partir da publicação do acórdão, por suas conclusões e ementa, no Diário da Justiça da União, a interpretação nele fixada terá força vinculante para todos os efeitos. Já no ano de 1992, o efeito vinculante das decisões proferidas em sede de controle abstrato de normas foi referido em projeto de emenda constitucional apresentado pelo deputado Roberto Campos (PEC 130/1992).

Nessa proposta de emenda constitucional estava prevista a distinção entre a *eficácia geral* (*erga omnes*) e o *efeito vinculante*. A EC 3/1993 prevê, no que diz respeito à ação declaratória de constitucionalidade, inspirada direta e imediatamente na Emenda Roberto Campos, que "as decisões definitivas de mérito, proferidas pelo Supremo Tribunal Federal, nas ações declaratórias de constitucionalidade de lei ou ato normativo federal, produzirão eficácia contra todos e efeito vinculante, relativamente aos demais órgãos do Poder Judiciário e do Poder Executivo" (art. 102, § 2º).

Portanto, é possível verificarmos a partir da promulgação da EC 3/1993 que o legislador procurou distinguir ambos os institutos (eficácia *erga omnes* de efeito vinculante), registrando-se, entretanto, que tal proposta restringiu-se à ação declaratória de constitucionalidade. Já no ano de 1999, com o advento da Lei 9.868, tivemos o tratamento uniforme da matéria (art. 28, parágrafo único), ao prever que "a declaração de constitucionalidade ou de inconstitucionalidade, inclusive a interpretação conforme a Constituição e a declaração parcial de inconstitucionalidade sem redução de texto, têm eficácia contra todos e efeito vinculante em relação aos órgãos do Poder Judiciário e à Administração Pública

---

abstrato, incidem, unicamente, sobre os demais órgãos do Poder Judiciário e os do Poder Executivo, não se estendendo, porém, em tema de produção normativa, ao legislador, que pode, em consequência, dispor, em novo ato legislativo, sobre a mesma matéria versada em legislação anteriormente declarada inconstitucional pelo Supremo, ainda que no âmbito de processo de fiscalização concentrada de constitucionalidade, sem que tal conduta importe em desrespeito à autoridade das decisões do STF". Assim também em Rcl 2.617-Ag.Reg., *DJ* 20.05.2005.

Cap. 4 · O MODELO DE JURISDIÇÃO CONSTITUCIONAL NO BRASIL | **369**

federal, estadual e municipal". Contudo, indaga-se: são matérias idênticas? Conforme se pode perceber, procuro demonstrar, em toda a extensão deste livro, que o efeito vinculante e a eficácia contra todos não deveriam ter sido tratados em um mesmo dispositivo nem do mesmo modo.

4.2.5.6 Os limites objetivos do efeito vinculante – A força (efeito-eficácia) "vinculante" dos motivos determinantes no âmbito do Supremo Tribunal Federal

Conforme abordamos anteriormente, é possível analisarmos que a concepção de *efeito vinculante* prevista pela EC 3/1993 está vinculada ao modelo germânico disciplinado no § 31-2 da Lei Orgânica da Corte Constitucional alemã. Caso aprofundemos na proposta apresentada, é possível percebermos que na própria justificativa apresentada pelo deputado Roberto Campos não há dúvidas de que se pretendia outorgar não só eficácia *erga omnes*, mas também efeito vinculante à decisão, demonstrando que estes não estariam limitados apenas à parte dispositiva. Embora restrita à declaração de constitucionalidade, a EC 3/1993 podemos perceber que o *efeito vinculante*, na parte que foi positivada, deve ser estudado à luz dos elementos contidos na proposta original.

Quais seriam as decisões que estariam aptas a produzir a vinculação? E que tipo de vinculação? O que vincula uma decisão? Portanto, está-se diante da discussão acerca dos limites objetivos do *efeito vinculante*, isto é, da parte da decisão que tem efeito vinculante para os órgãos constitucionais, tribunais e autoridades administrativas. Assim como em relação à coisa julgada e à força de lei, a discussão gira em torno de se saber se o efeito vinculante está adstrito à parte dispositiva da decisão ou se ele se estende também aos chamados "fundamentos determinantes".[91]

Já de pronto, é necessário explicitar que, a partir de uma visão hermenêutica, toda decisão judicial tem um grau de abrangência e generalidade que irradia efeitos de sentido sobre a *applicatio* que será efetuada em casos similares. Isso porque a hermenêutica busca ficar distante de qualquer forma de pragmati(ci)smo ou grau zero de sentido. Trata-se daquilo que venho denominando de "o mínimo é", que dá coerência e integridade ao processo de atribuição de sentido.

Ou seja, hermeneuticamente, não tem sentido falar em vinculação de conceitos jurídicos ou vinculação de ementas jurisprudenciais. Queiramos ou não, é isso o que tem sido feito: vinculação de vulgatas de pandectas, em uma tosca *imitatio* da jurisprudência dos conceitos.

Por isso, venho alertando sobre os perigos de uma vinculação conceptualista ou cripto-conceptualista que a dogmática jurídica em *terrae brasilis* vem construindo ao longo dos anos. A produção jurídica foi se "especializando" em "vender" repositórios de verbetes jurisprudenciais. Daí para as súmulas foi um passo. E, com o advento das súmulas vinculantes, o risco aumentou, porque tais verbetes acabam se autonomizando da situação

---

[91] Cf. MAUZ, Theodor et al. *Bundesverfassungsgerichtsgesetz – Kommentar 16*. Ergänzungslieferung Stand, März 1998. München: Beck, 1995. § 31, I, n. 16.

concreta. Chamemos essa "situação" de *ratio decidendi*, motivos determinantes ou outro nome que se queira atribuir.

O que importa, efetivamente, é saber até que ponto estamos separando questão de fato de questão de direito, recuperando, equivocadamente, o velho dualismo "realidade *versus* normatividade", fenômeno que tem raízes no século XIX e em que – entendia-se – havia uma contraposição entre a realidade social e a normatividade constitucional. Por esse prisma – superado desde o século XX pelas teses de Heller, Löwenstein, Hesse, Canotilho, Müller e tantos outros – voltar-se-ia à radicalidade de Kelsen à proposta metodológica de Jellinek e Laband,[92] uma vez que a lacuna entre faticidade e normatividade não poderia – tal qual para o jurista austríaco – ser superada. Percebe-se, portanto, o elo, ainda hoje, entre a tentativa homogeneizante do efeito vinculante ao dualismo metodológico de Jellinek, como forma de compreender a aplicação do Direito na atualidade.

Contudo, com Friedrich Müller e sua *Teoria Estruturante do Direito*,[93] tem-se claro que a norma jurídica não é mais percebida como algo completamente apartado da realidade, propondo estruturada relação entre *Sein* (Ser) e *Sollen* (Dever-ser). Müller entende que a norma jurídica não é vazia, mas preenchida pela realidade. Não pode, portanto, ser reduzida a um *ato de vontade*, cujo sentido é o fato de Kelsen – campo aberto para decisionismos de toda sorte, ou, ainda, para a construção de sentidos petrificados a partir de efeitos vinculantes. Há, de um lado, influência da realidade na norma – normatividade materialmente determinada – e, de outro lado, influência da norma nessa mesma realidade – normatividade concreta.

Ocorre, entretanto, que essa *influência* não permitirá antever todas as múltiplas hipóteses de aplicação. Se uma lei abrangesse todas as possibilidades aplicativas, seria uma lei perfeita. Não é o caso, como se vê, embora pareça ser esta a pretensão das súmulas e dos demais enunciados provenientes do Supremo Tribunal Federal. E parcela significativa da comunidade jurídica parece cair nessa armadilha, a ponto de alguns juristas – e cito,

---

[92] Trata-se de um fenômeno presente no conceito de mutação constitucional do professor de direito público alemão Paul Laband e do também professor e juiz alemão Georg Jellinek. Sucintamente, recorda-se que na passagem do século XIX para o XX, havia uma espécie de disputa entre métodos e objetivos da Teoria do Direito e do Estado, e o modo de compreensão tanto da realidade social quanto do papel do Estado continha significativas implicações políticas. É nesse contexto que Jellinek irá lançar as suas indagações metodológicas, buscando delimitar "o problema da doutrina do Estado". Aparentemente mais preocupado com as questões metodológicas, o jurista alemão entende que todo o estudo "deve começar por fixar os princípios metodológicos, partindo dos resultados da nova teoria do conhecimento e das investigações realizadas na lógica", como vai assentar na sua *Teoria Geral do Estado*. Entretanto, é em Hans Kelsen que tal doutrina passa a representar mais do que a mera distinção entre o *ser* e o *dever-ser* (*Sein* – *Sollen*) como uma defesa contra a fusão de diferentes métodos de conhecimento. Ao assentar as diretrizes basilares de sua *Teoria Pura do Direito*, Kelsen – última figura de destaque da escola Laband-Jellinek – projeta, portanto, uma interpretação expansiva do dualismo metodológico – PAULSON, Stanley L. Hans Kelsen's earliest legal theory: critical constructivism. *The Modern Law Review*, v. 59, n. 6, p. 797-812, 1996. JELLINEK, Georg. *Teoría general del Estado*. Ciudad de México: Fondo de Cultura Económica, 2000. p. 73.

[93] MÜLLER, Friedrich. *Teoria estruturante do direito*. 3. ed. São Paulo: Ed. RT, 2011.

Cap. 4 • O MODELO DE JURISDIÇÃO CONSTITUCIONAL NO BRASIL | **371**

por todos, Fredie Didier Jr. – proporem uma espécie de teoria geral para a produção do precedente, para evitar ambiguidades e vaguezas nos textos dos enunciados.

Não parece ser possível, hermeneuticamente, esse controle prévio de "abrangência de situações concretas". Admitir que as súmulas – que, insisto, ao contrário do que sustenta, por exemplo, Guilherme Marinoni, não são precedentes – possam ter esse efeito é ingressar no perigoso caminho de uma ontoteologia do Direito. Se fosse feita uma súmula vinculante dizendo que "cães são proibidos de transitar em plataformas de transportes urbanos, com exceção de cães-guias de cegos", ainda assim haveria um turbilhão de situações concretas não abrangidas pela "clareza" do texto sumular, a começar por qualquer animal que não represente perigo para os transeuntes, além do problema decorrente da leitura *contrario sensu* do texto, como, por exemplo, a possibilidade de levar animais não abrangidos pela proibição explícita de cães.

Se trabalharmos com o exemplo da SV 11 (súmula das algemas), fica claro que os casos que exigem (ou não) o uso de algemas "não cabem na súmula". Isto é, na "rosa" não está o perfume da rosa, e tampouco há uma essência de todas as rosas do mundo. As coisas não cabem nas palavras. Por isso, somente o exame do caso – que envolve, obrigatoriamente, o exame completo, amiúde, daquilo que se chama *ratio decidendi* e até mesmo dos *obiter dictum* – é que permite a obtenção de uma resposta adequada da aplicação não somente de uma súmula (vinculante ou não), como de qualquer texto legal.

Desse modo, as inúmeras hipóteses de agressões injustas não "caberão" no conceito de "injusta agressão" para caracterizar a legítima defesa. O enunciado "injusta agressão" é poroso. Somente se concretizará diante de uma dada agressão injusta. E assim por diante. A formação de significados de significantes depende de um existencial, que é a temporalidade. Por isso, o tempo é o nome do ser, dirá Heidegger.

Isso exige dizer: assim como qualquer enunciado não possui "vida própria", o "precedente" não cabe na súmula. Como resolveríamos o caso de aplicação de uma súmula que estabelecesse, hipoteticamente, a exemplo de um julgado recente do TRF da 4ª Região (Proc. 2003.72.05.000103-2/TRF), que "o colarinho faz parte do conteúdo do chope"? Qual é o tamanho do colarinho? Quantos centímetros de espuma são possíveis? E mesmo que se fizesse um adendo à (essa hipotética) súmula, especificando que o colarinho somente poderá ser de um centímetro (ou dois...), ainda assim teríamos problemas, como o tamanho e a largura do copo. E quanto tempo o chope deverá ficar em repouso? De que modo a dogmática jurídica resolveria tais impasses interpretativos? Mas haveria impasses? Quais? Afinal, enunciados como "o colarinho faz parte do chope" ou, *contrario sensu*, "o chope sem colarinho não é chope" não são claros, precisos? Não é isso que a doutrina – que acredita em isomorfia entre texto e realidade – deseja para o direito? Não querem clareza e precisão?

Ora, aqui voltamos, inexoravelmente, à questão fulcral: o "precedente" não cabe no enunciado! As palavras de uma proposição jurídica (ou qualquer outra) não são claras nem obscuras, precisas ou ambíguas etc. Dito de outro modo – e levando em conta as "especificidades" da hipotética súmula acerca do colarinho do chope –, somente a construção de significados (atribuição de sentidos) a esses significantes permitirá que se evitem abusos por parte dos comerciantes vendedores de chope. Não haverá (assim como não há) um significado de *colarinho em si*. Não há qualquer relação ontológica (no sentido clássico) entre a quantidade permitida de espuma e a "essência" da coisa designada. No enunciado "o colarinho faz parte do chope" não estão "contidas as essências de todos os chopes com colarinho do mundo" (*sic*). Hermeneuticamente, a integridade e a coerência do direito exigirão que as decisões acerca da matéria contenham uma espécie de "sentido comum" (tradição autêntica no sentido gadameriano da palavra) acerca do significado do "colarinho", independentemente do tamanho do copo e do tempo de repouso do copo.

Na verdade, para que uma súmula possa ser editada, haverá uma sucessão de casos, que, reconstruídos, darão azo a uma "coagulação de sentido" (é isso que é uma SV, em síntese). *Não há grau zero na atribuição de sentido.* Insisto: o intérprete deve estar atento à tradição (e à sua autoridade), compreender os seus pré-juízos como pré-juízos, promovendo uma reconstrução do direito, perscrutando de que modo um caso similar (não somente à ementa, é evidente, lembrando, aqui, a questão hermenêutica representada pelo grau de objetivação abrangente que cada decisão deve ter/conter) vinha sendo decidido até então, confrontando a jurisprudência com as práticas sociais que, em cada quadra do tempo, surgem, estabelecendo novos sentidos às coisas e provocando um choque de paradigmas, o que valoriza, sobremodo, o papel da doutrina jurídica e a interdisciplinaridade do direito. Como bem diz Gadamer, a compreensão alcança suas verdadeiras possibilidades quando as opiniões prévias com as que se inicia não são arbitrárias.

Sendo mais claro ainda: o que não poderá acontecer é que cada juiz, por suas convicções pessoais (argumentos morais, teleológicos etc., ou até o seu gosto pessoal pelo colarinho do chope), atribua, para cada caso, o sentido que lhe convier, a partir de um uso pragmático dos sentidos, como se o caso concreto estabelecesse a possibilidade de um "grau zero de sentido".

Outro exemplo pode ajudar ainda mais na compreensão. Observemos o cuidado que se deve ter com o que seja "efeito vinculante dos motivos determinantes" ou "eficácia vinculante da *ratio decidendi*". Com efeito, vamos supor uma súmula com o seguinte enunciado: "Para a aferição do conteúdo do art. 23, II, do Código Penal, a legítima defesa não se mede milimetricamente". Embora não seja uma súmula (mas vamos fazer de conta que seja), esse enunciado foi/é utilizado como uma "proto-súmula" (afinal, consta na *RT* 604/327 e nos principais manuais de direito penal), servindo, nas práticas dos juristas, como um álibi para provar as mais diversas teses. Como toda cultura *prêt-à-porter* que se preze, o referido enunciado tem sido simplesmente citado como se fosse uma proposição assertórica, como se nele mesmo estivesse contida a substância de "todas as legítimas defesas que não podem ser medidas com um esquadro".

Fosse um precedente no sentido norte-americano, essa *holding* somente poderia ser utilizada com força vinculativa se ficassem comprovadas as especificidades do *leading case*, e seu abandono seria possível apenas a partir de uma *distinguishing*. Não esqueçamos: lá, o precedente serve para resolver um caso passado; aqui, as súmulas (ou os demais ementários jurisprudenciais) "servem" indevidamente para resolver uma infinidade de casos futuros (novamente, mais um elemento que aponta para a não similitude entre precedente e súmula!).

Também nesse exemplo é irrelevante a discussão acerca da vagueza ou clareza do enunciado. As legítimas defesas e suas densificações "não cabem no enunciado". A sua

Cap. 4 • O MODELO DE JURISDIÇÃO CONSTITUCIONAL NO BRASIL | **373**

aplicação depende de cada caso concreto, cujo sentido exsurgirá da reconstrução institucional dos casos que levaram à edição da súmula, como já especificado nos exemplos anteriores.

A propósito: o *leading case* que sustenta o verbete "*legítima defesa não se mede milimetricamente*" é produto de um acórdão assim ementado: "Legítima defesa – Proporcionalidade entre a agressão da vítima e a reação do acusado – Inexistência de excesso no uso da excludente – Absolvição mantida" (Ap 35.248-3, 2ª Câmara, j. 23.09.1985). E qual é o caso? O acusado, ao vislumbrar sua mulher conversando com outro homem, foi lhes pedir explicações; segundo os autos, disse o acusado "que fora ao local apenas para conversar com sua mulher, a quem segurou pelo braço e já atravessavam a rua, sendo que ele falava alto para a mulher que ela deveria explicar-lhe o que estava ocorrendo. Aproximou-se o ofendido e disse-lhe inicialmente 'cala a boca, não faça escândalo'. Discutiram e o ofendido deu-lhe um safanão e um empurrão, depois de chamá-lo de idiota e 'cornudo'. Foi nesse momento que o réu reagiu descarregando sua arma contra a vítima, tendo um dos tiros atingido as costas da vítima".

Desse julgado surgiu o enunciado "legítima defesa não se mede milimetricamente" (*sic*), que passou a ser aplicado a casos concretos de faca contra revólver, pedaço de pau contra espingarda, um simples puxar de um pente para justificar a legítima defesa putativa e até mesmo para justificar a "legítima defesa da honra" (*sic*), para citar apenas algumas das hipóteses.

Mais uma vez, veja-se o problema da diferença entre a aplicação de um "precedente jurisprudencial" e uma súmula, que deve ser produto de uma sucessão de casos. Este também é um tema que deve ser pautado para as discussões acerca do "direito sumular-jurisprudencial". No caso, um verbete vem funcionando há mais de vinte anos como uma "quase súmula", sendo sua *ratio decidendi* (*sic*) construída à revelia das peculiaríssimas situações do fato (na verdade, não houve sequer desproporcionalidade de armas, na medida em que a vítima não portava arma de espécie alguma).

Fosse uma súmula – e isso serve para qualquer enunciado (uma lei, uma ementa jurisprudencial, uma decisão de inconstitucionalidade ou de constitucionalidade etc.) –, sua futura aplicação dependeria exatamente da aferição desse DNA factual; desse caso e de outros que, em uma cadeia de casos, formatariam e justificariam a edição do verbete sumular. Essa situação se repete no cotidiano das práticas dos tribunais, circunstância que venho denunciando há vários anos: verbetes transformados em enunciados assertóricos, com caráter universalizante. Exemplo marcante dessa espécie de (mau) uso de verbetes é o que certifica que, "nos crimes sexuais, a palavra da vítima é de fundamental importância". E alguém duvidaria disso? Mas o que ocorre na prática? O seu uso para condenar e para absolver. O que menos se perquire é se, de fato, naquele caso, a palavra da vítima teve especial relevância.

Portanto, quando se discute a questão da "vinculação" ou "efeito vinculante",[94] há que se ter extremo cuidado para não cair em dualismos metafísicos e nas armadilhas que

---

[94] Desnecessário registrar que há dois níveis de análise do "efeito vinculante". Em um nível que poderia ser chamado de dogmático, o efeito vinculante assim se caracteriza porque, pelo seu caráter

a dogmática jurídica pode preparar para manter a velha distinção estrutural entre "fato" e "direito". Um sistema jurídico coerente no plano da hermenêutica torna despiciendo o "efeito vinculante". Aliás, cabe observar que, no sistema *common law*, o efeito vinculante não está sequer na lei – ele advém da tradição, que quer dizer *stare decisis non quiet movere*. Guardadas as especificidades, trata-se de uma questão hermenêutica de suma importância. É evidente que não se pode simplesmente transplantar para o Brasil – ou um sistema de cariz romano-germânico – a "vinculação" dos precedentes. Há uma grande diferença entre os "precedentes" brasileiros e os "precedentes do *common law*".[95] Aliás, como explícito em *Verdade e consenso*, até mesmo no *common law* há o constante perigo de desindexar a *ratio decidendi* do restante do precedente ou descontextualizar a *holding*. A vinculação própria do sistema, advinda da "fórmula" do *stare decisis*, por si só não resolve o problema. Afinal, os precedentes também são textos. E é exatamente por isso que Dworkin propõe a tese da resposta correta, a partir da coerência e da integridade.

Veja-se outro exemplo, agora do Supremo Tribunal Federal, envolvendo o julgamento do MI 107, *DJ* 16.03.1990. Com efeito, o Tribunal limitou-se a constatar que de sua competência para julgar o MI derivava também a faculdade para suspender os processos judiciais ou administrativos que, de alguma forma, afetassem a posição do impetrante. O dever das autoridades administrativas ou dos tribunais cujos atos não foram diretamente impugnados pelo mandado de injunção, de suspender os processos de sua competência, foi fundamentado pelo Tribunal, tanto quanto é possível inferir das considerações constantes no acórdão, com base na eficácia *erga omnes* de sua decisão. Aqui o ponto: embora o STF tenha reconhecido expressamente que o conceito de omissão envolvia não somente a omissão total do legislador, mas também a omissão parcial, não se posicionou sobre a situação jurídica que haveria de subsistir após a declaração da inconstitucionalidade. Como observa Gilmar Mendes, "é provável mesmo que tenha deixado essa questão em aberto de forma consciente".[96] Daí a importância de uma percuciente análise do DNA do caso. Não somente os motivos determinantes são a *holding* do problema. A questão diz respeito àquilo que se chama de "aferição do caso concreto", de acordo com as especificidades da decisão. A decisão tem limites. Esses limites são hermenêuticos. Se, por exemplo, independizarmos a ementa do julgado (no fundo, ementa e dispositivo se confundem, no mais das vezes), o risco de uma aplicação descontextualizada – e, portanto, equivocada – é imenso. Despiciendo dizer que *ratio decidendi* e dispositivo não são coisas similares.

---

obrigatório, o sistema jurídico apresenta um remédio contra o seu descumprimento (a reclamação é o típico remédio). Em outro nível, que poderíamos denominar de hermenêutico, o efeito vinculante tem um caráter transcendente, aferível a partir daquilo que chama de *applicatio*. Ele advém dos diversos elementos que caracterizam o viés hermenêutico do direito: o respeito à coerência, à integridade, a partir de uma não cisão entre interpretação e aplicação.

[95] Cf. Streck, Lenio Luiz; Abboud, Georges. *O que é isto: o precedente judicial e as súmulas vinculantes?* 3. ed. Porto Alegre: Livraria do Advogado, 2015, *passim*. Ver também Streck, Lenio Luiz; Raatz, Igor. A teoria dos precedentes à brasileira entre o solipsismo judicial e o positivismo jurisprudencialista – ou "de como o mundo (não) é um brechó". *Revista de Processo*, v. 41, p. 379-411, 2016.

[96] Cf. Mendes, Gilmar F. *Jurisdição constitucional*, op. cit., 2009, p. 380.

Cap. 4 · O MODELO DE JURISDIÇÃO CONSTITUCIONAL NO BRASIL | **375**

No Supremo Tribunal Federal essa vinculação tem nome: chama-se "eficácia vinculante dos motivos determinantes". Entendo que essa simples nomenclatura não resolve o problema, porque o próprio enunciado também é um texto que não pode ser lido de forma descontextualizada. Trata-se de um eterno retorno ao círculo hermenêutico e à fusão de horizontes.

Essa discussão vem de longe e ocorre há muito tempo. Por exemplo, na Alemanha, enquanto em relação à coisa julgada e à força da lei domina a tese de que elas hão de se limitar à parte dispositiva da decisão, sustenta o Tribunal Constitucional alemão que o efeito vinculante se estende, igualmente, aos fundamentos determinantes da decisão.[97] Segundo esse entendimento, a eficácia da decisão do Tribunal *transcende o caso singular*, de modo que os princípios dimanados da parte dispositiva e dos fundamentos determinantes sobre a interpretação da Constituição devem ser observados por todos os tribunais e autoridades nos casos futuros (*BVerfGE* 19/377).

Outras correntes doutrinárias (por todos, Norbert Wischermann) sustentam que, tal como a coisa julgada, o efeito vinculante *limita-se à parte dispositiva da decisão*, de modo que, analisando do prisma objetivo, não existiria distinção entre a coisa julgada e o efeito vinculante. A coisa julgada pode até estar ligada à parte dispositiva da decisão. Entretanto, isso não tem nada a ver com o que se deve entender como efeito vinculante de uma decisão judicial. Trata-se, pois, a meu sentir, de coisas diferentes.

No âmbito da Suprema Corte, a Rcl 1.987 tratou da aplicação da tese da vinculação. Nessa reclamação contra a Presidente do TRT da 10ª Região, alegou-se que houve desrespeito ao decidido na ADI 1.662. A ação direta de inconstitucionalidade cuidou da uniformização dos procedimentos para a expedição de precatórios e ofícios requisitórios referentes às condenações decorrentes de decisões transitadas em julgado contra a União Federal (administração direta), autarquias e fundações. Como muito bem descreve Marinoni, no caso em tela, a Presidente do TRT da 10ª Região decidiu fundando-se na EC 30/2000, promulgada no curso da ADI 1.662 e que alterava regras relativas a precatórios, mas nada em referência ao tema em debate na ADI 1.662.

O resultado, por maioria, foi assim explicitado: "Ausente a existência de preterição, que autorize o sequestro, revela-se evidente a violação ao *conteúdo essencial* do acórdão proferido na mencionada ação direta, que possui eficácia *erga omnes* e efeito vinculante. A decisão do Tribunal, em substância, teve sua autoridade desrespeitada de forma a legitimar o uso do instituto da reclamação. Hipótese a justificar a transcendência sobre a parte dispositiva dos motivos que embasaram a decisão e dos princípios por ela consagrados, uma vez que os fundamentos resultantes da interpretação da Constituição devem ser observados por todos os tribunais e autoridades, contexto que contribui para a preservação e desenvolvimento da ordem constitucional".[98]

---

[97] *V.g.*, *BVerfGE*, 1/14 [37], 4/31 [38], 5/34 [37], 19/377 [392], 20/56 [86], 24/289 [294], 33/199 [203] e 40/88 [93]. Também Mauz, Theodor et al., op. cit., § 31, I, n. 16; e Wischermann, Norbert. *Rechtskraft und Bindungswirkung*. Berlin: Duncker & Humblot, 1979. p. 42.

[98] Cf. Marinoni, Guilherme; Sarlet, Ingo W.; Mitidiero, Daniel. *Curso de direito constitucional*, op. cit., p. 860.

Veja-se, no caso, a vinculação dos motivos determinantes. Em voto dissidente, o Ministro Carlos Velloso disse: "Deve ficar claro, entretanto, que o efeito vinculante está sujeito a uma limitação objetiva: o ato normativo objeto da ação, o dispositivo da decisão vinculante, não seus fundamentos". O Ministro Carlos Ayres Britto, embora tenha acompanhado a maioria, deixou assentada a sua preocupação em relação aos "limites objetivos da reclamação". De todo modo, não se trata de discutir os limites objetivos da ação em tela (no caso, a reclamação). O que ocorreu é que o STF estendeu os efeitos da *holding* de uma ação a um caso que não tratava exatamente do mesmo caso. Ou seja, o desrespeito não foi diretamente ao que o STF havia decidido em uma determinada ADI, mas, sim, ao que a ADI sustentou tratando de um *case* que se assemelhou ao objeto da reclamação.

São relevantes as preocupações dos votos dissidentes. O histórico acerca do que se entende por "aplicação" do direito em *terrae brasilis* não recomenda(ria) uma adesão à tese sufragada na Rcl 1.987. Entretanto, está-se diante do mesmo problema do efeito vinculante nas demais ações. Pode ser um trunfo, como pode ser um perigo para a democracia. Por isso as considerações anteriores acerca da necessidade de se entender o efeito vinculante como um "efeito hermeneuticamente vinculante". Para isso, a reconstrução da história institucional do instituto em discussão, revolvendo-se o chão linguístico que sustenta a tradição até aquele momento, examinando-se a pertinência de uma aplicação ao caso semelhante. Com isso, mantêm-se a coerência e a integridade do sistema.

Na doutrina alemã, os motivos determinantes são os *tragenden Gründe*. Do voto do Ministro Gilmar Mendes na Rcl 1.987, *DJ* 21.05.2004, extrai-se interessante tese de Klaus Vogel, que denomina o fenômeno de "norma decisória concreta", que seria a ideia jurídica subjacente à formulação contida na parte dispositiva, que, concebida de forma geral, permite não só a decisão do caso concreto, mas também a decisão de casos semelhantes.[99] A tese de Vogel,[100] sufragada por Mendes, tem um nítido viés hermenêutico, deixando clara a incindibilidade entre a parte dispositiva e aquilo que lhe foi condição de possibilidade.

Nessa medida, é importante perceber que os *tragenden Gründe* (fundamentos-razões de decidir) obviamente devem ser entendidos no sentido interpretativo, isto é, a partir

---

[99] Cf. Rcl 1.987. Assim também em Marinoni, op. cit., p. 861, para quem Vogel estaria apenas rotulando a força obrigatória das decisões, peculiar o *common law*, de coisa julgada, ou, ainda, estaria conferindo à fundamentação o que o *common law* atribui à *ratio decidendi*. Em discordância, sustento que a tese de Vogel vai além dessa mixagem de fontes entre *common law* e *civil law*. A tese do jurista alemão traz implícita a relação texto e norma, ao falar da "norma decisória concreta". Há, nessa apreciação de Vogel, uma totalidade de sentido ou, melhor dizendo, uma barreira contra a tentação de se fazer a cisão entre a parte e o todo.

[100] "Das Bundesverfassungsgericht hat stehts darauf bestanden, dass binded nicht nur der Tenor seiner Entscheidungen, sondern auch deren tragende Gründe sind, Es hat ferner für sich dan Recht in Anspruch genommen, festzulegen, welche Gründe die tragenden sind. Im Vermögenstverbeschluss werden die Auführungen zur Substanz besteuerungen und zur hälftigen Teilung ausdrüchlich als tragende Gründe bezeichnet; der Senat hebt dabei noch besonders hervor das er auch für die Einkommensteuer zuständig sei. Hiernach scheint mir klar, dass es nicht nur ein obiter dictum handelt, wie manche meiner, die die Entscheidung wahrscheinlich nicht genau genung gelesen haben" (cf. Vogel, Klaus. *Verfassungsrechtsprechung zum Steuerrecht*. Berlin: De Gruyter, 1999. p. 22-23).

Cap. 4 · O MODELO DE JURISDIÇÃO CONSTITUCIONAL NO BRASIL | **377**

daquilo que se consolidou na hermenêutica, assentada especialmente nos conceitos de tradição, círculo hermenêutico, pré-compreensão e *applicatio*, cunhados por Gadamer e, de modos distintos e com variações, por autores como Dworkin, Hesse e Müller. Assim, dispositivo e *obiter dicta* não são cindíveis, convocando-se, desse modo, a superação das dicotomias fato e direito, palavra e coisa, interpretação e aplicação.

Quando se afirma que o efeito vinculante vai para além do dispositivo, isto é, transcende-o, está-se apenas sustentando que a decisão judicial é um todo em cujo contexto a parte dispositiva não pode – por impossibilidade filosófica – abarcar a complexidade da discussão.

Pensar que o dispositivo "contém o mérito" tem ares pandectísticos similares aos postulados de uma Jurisprudência dos Conceitos (*Begriffjurisprudenz*). Por outro lado, há que se ter claro que, mesmo no sistema jurídico de precedentes vinculativos (especialmente o direito norte-americano), os fundamentos determinantes para a decisão são incluídos na força vinculante do precedente. Fica de fora o que não estiver relacionado com a causa propriamente dita. Isso quer dizer que, na consideração da vinculação dos *tragenden Gründe*, é necessário identificar os elementos que foram relevantes para o desiderato final, isto é, a sentença que vinculará o sistema.

A vinculação dos *tragenden Gründe* vai exigir uma especificação das semelhanças e diferenças dos casos passíveis de serem vinculados. Isso quer dizer que somente pode ser considerado vinculado aquele caso que guarda uma similitude fundamentada a partir de cuidadosa análise judicial. Ao contrário do que se possa entender, trata-se de uma garantia maior para o cidadão. É nisso que se encontra o que denomino de "a busca do DNA da decisão, do caso e do direito".

Para além disso está a problemática contemporânea de se limitarem as decisões judiciais aos ementários, vício muito comum nas práticas cotidianas de *terrae brasilis*. Essas ementas podem produzir o risco de uma volta à *Begriffjurisprudenz*, como se a racionalidade do direito pudesse ser "aprisionada" em conceitos. Parece, assim, perfeitamente possível agregar as teses de Vogel e Kriele às teses da contemporânea teoria do direito que reivindicam para os juízes e tribunais uma tarefa de reconstrução narrativa da cadeia de decisões passadas, visando conformar um ideal de *coerência e integridade* normativa, no que a problemática se aproxima de Dworkin e daquilo que, em *Verdade e consenso*, trabalho como "resposta adequada a Constituição".

Numa palavra, fundamentos determinantes (motivos etc.) e o dispositivo fazem parte de um círculo (hermenêutico): somente se compreende a parte dispositiva em toda a sua dimensão quando se tem antecipadamente a (pré)compreensão dos fundamentos determinantes. Do mesmo modo, somente é possível transcender os fundamentos (*tragenden Gründe*) porque eles precisam estar densificados no dispositivo. Um não pode viver sem o outro. Com isso, evita-se que "ementários" tenham vida própria. Para ser mais explícito: evita-se, assim, a construção de conceitos sem coisas.

Registre-se que, se o efeito vinculante em decisões que não as declaratórias de inconstitucionalidade é problemático no plano hermenêutico – conforme já deixei claro –, muito mais perigosas serão tais decisões se "descasarmos" o dispositivo (ementa) da "substância" do caso concreto. Não podemos deixar de lembrar que os Tribunais não julgam teses, como bem lembra Alexandre Bahia. Eles julgam causas. E causas são coisas palpáveis. Demonstráveis. Não são meramente discussões dedutivas de conceitos abstratos.

Assim, já que o efeito vinculante é inexorável e contra ele não mais se pode lutar em face da *realjuridik* da dogmática jurídica, ao contrário do que possa parecer, deve ser estendido à transcendência dos *obiter dicta*. Somente desse modo ele pode contribuir para uma discussão mais aprofundada do DNA que resulta de uma cadeia de casos, passíveis ou não de serem atingidos por esse efeito.

Ou seja, é preciso entender que um dos motivos da fragmentação do direito brasileiro é o descolamento – historicamente efetuado – entre o contexto de cada caso, que aqui, *mutatis mutandis*, poderíamos chamar de *tragenden Gründe*, e aquilo que foi sendo forjado como *a ementa* do julgamento. As ementas, na medida em que utilizadas sem contexto, foram contribuindo para uma espécie de "relaxamento da obrigação de fundamentação". Não se trata de aproximar ou mixar o *civil law* com o *common law*, mas, antes disso, de construir possibilidades de o direito efetivamente ser o produto de uma cadeia coerente e íntegra daquilo que compõe a normatividade da comunidade política.

A parte dispositiva da decisão não pode ser transformada em uma norma abstrata. Veja-se, sempre, o perigo hermenêutico que representa a súmula vinculante (ou a não vinculante, em face do poder de violência simbólica que qualquer ementa representa), problemática para a qual remeto o leitor ao livro *O que é isto – os precedentes e as súmulas vinculantes?*[101]

Ora, se uma decisão judicial tem como resultado uma norma abstrata, e somente essa "abstratalidade" vincula, teríamos de admitir que as aplicações seguintes iniciariam uma cadeia de *grau zero* de significação, já que apagados os vínculos significativos que deram azo à decisão. Aceitar essa "abstração normativa" seria dar razão a alguns jusfilósofos como Neil MacCormick, que afirma ser a *ratio decidendi* exclusivamente uma proposição de direito, abstraída da "questão de fato".[102]

É importante dizer que é inevitável que ela (a *ratio decidendi*) seja *inseparável/incindível* dos fatos (enfim, da discussão, dos fundamentos) que lhe deram origem. A "exigência hermenêutica", segundo Gadamer, é justamente a de "compreender o que diz o texto a partir da situação concreta na qual foi produzido".[103] Em sentido contrário a isso, teríamos por aniquilada a historicidade que atravessa o direito. Não há direito sem história simplesmente porque não há linguagem que não seja história. Em sendo o direito linguagem, o seu componente histórico é indevassável.

Portanto, qualquer tentativa de afirmação de um "grau zero" de sentido terá de prestar contas a esse tributo que a linguagem tem com a história. Despiciendo lembrar que,

---

[101] Cf. STRECK, Lenio Luiz; ABBOUD, Georges. *O que é isto: o precedente judicial e as súmulas vinculantes?*, op. cit., passim.

[102] Cf. MACCORMICK, Neil. *Legal reasoning and legal theory*, op. cit., p. 224.

[103] GADAMER, Hans-Georg. *Verdade e método* – traços fundamentais de uma hermenêutica filosófica. Trad. Flávio Paulo Meurer. ed. 3. Petrópolis: Editora Vozes, 1999, p. 496.

mesmo no sistema de precedentes do *common law*, uma vez construído um precedente, este não se transforma numa norma abstrata. Nem mesmo sua aplicação é simplesmente dedutivista – realizada por meio do vetusto modelo de subsunção. A construção do precedente precisa ser reconstruída no caso posterior.[104]

Nesse sentido, não tem razão de ser o posicionamento de parte da doutrina brasileira (secundada por autores como Peter Häberle) que entende que a vinculação dos motivos determinantes passaria a engessar o sistema constitucional, impossibilitando a abertura e "evolução" (*sic*) desse mesmo sistema.

Na verdade, a mesma queixa que se faz das súmulas vinculantes, de que engessariam o sistema, porque aplicadas sem contexto, aqui pode ser utilizada como argumento para contestar essa preocupação. A vinculação dos fundamentos determinantes exige/exigirá uma nova postura do Judiciário brasileiro, que passa(rá) a ter o ônus de ajustar (*fit*) e justificar (*justification*) sua decisão no contexto da cadeia de decisões passadas, de modo que essa interpretação – lançada na decisão do caso – apresente um (melhor) sentido para o direito da comunidade política.

Rebata-se, ainda, outra preocupação de setores da doutrina contrários à extensão dos efeitos aos motivos determinantes. Com efeito, alguns autores apontam para o fato de que essa extensão colocaria em risco o "princípio da congruência" no processo constitucional. Não calha a preocupação. Pensamos que, se o Supremo decidir alguma questão de ofício, ele o fará para resolver *questões constitucionais*. Esse é um risco que decorre do próprio sistema constitucional. Cada decisão, em sede de controle de constitucionalidade, mesmo que para além do pedido pelas partes, terá efeitos colaterais no sistema jurídico – afinal, está-se tratando de jurisdição constitucional.

Nesses termos, resta evidente que o efeito vinculante da decisão não está restrito à parte dispositiva, mas abrange também os próprios fundamentos determinantes, sempre levando em conta a discussão hermenêutica, no sentido de que esses "fundamentos determinantes" fazem parte da reconstrução do próprio caso e que dele será possível extrair o DNA para os casos a serem vinculados à referida decisão. Ou seja, a parte dispositiva não esgota a discussão, do mesmo modo que uma súmula não "contém" o direito em causa. Súmulas, ementas ou partes dispositivas de decisões não podem ser entendidas como enunciados assertóricos. A transcendência (dos efeitos) deve ser entendida interpretativa e hermeneuticamente.

Os motivos determinantes (a real fundamentação), isto é, os enunciados argumentativos que representam a condição de possibilidade da decisão, devem ser entendidos no sentido interpretativo, ou seja, a partir daquilo que se consolidou na hermenêutica, assentada especialmente nos conceitos de tradição, círculo hermenêutico, pré-compreensão e *applicatio*, cunhados por Gadamer e, de modos distintos e com variações, por autores como Dworkin, Hesse e Müller. Assim, nem mesmo os *obiter dicta* são cindíveis da análise hermenêutica, convocando-se, desse modo, a superação das dicotomias fato e direito, palavra e coisa, interpretação e aplicação.

---

[104] Cf. Tribe, Laurence. *American constitutional law*, op. cit., p. 243 e ss.

Quando se afirma que o efeito vinculante vai para além do dispositivo,[105] isto é, transcende-o, está-se apenas sustentando que a decisão judicial é um todo em cujo contexto a parte dispositiva não pode – por impossibilidade filosófica – abarcar a complexidade da discussão.

4.2.5.7 Limites subjetivos do efeito vinculante

A abordagem do presente tópico deve levar em consideração, inicialmente, a possibilidade de a decisão proferida vincular ou não o próprio STF, discussão essa que somente se resolveu, por exemplo, no âmbito da *House of Lords*, na Inglaterra, no ano de 1966. Em termos de direito alienígena, a principal matriz é o *Bundesverfassungsgericht* (Tribunal Constitucional alemão). Sua lei orgânica não é explícita a respeito. Mas o Tribunal entende que não está vinculado às suas decisões. Essa é a melhor posição acerca do assunto. Na doutrina, por todos, vale registrar a posição de Brun-Otto Bryde, em seu *Verfassungsentwicklung Stabilität und Dynamik im Verfassungsrecht der Bundesrepublik Deutschland.* Não teria sentido hermenêutico – e hermenêutica é historicidade – o congelamento das decisões de um Tribunal, mormente aquele que está encarregado de sindicar a constitucionalidade das leis de um país.

No Brasil, não há nenhum indicador formal que possa apontar no sentido de que o STF pudesse estar vinculado às suas próprias decisões. A expressa referência ao efeito vinculante em relação "aos demais órgãos do Poder Judiciário" legitima esse entendimento. Parece evidente, entretanto, que o Tribunal, ao não sacramentar a autovinculação, tenha um extremo cuidado nas eventuais mudanças de entendimento, como bem lembra o mesmo Bryde. Afinal, hermeneuticamente, um Tribunal não pode atuar de forma pragmaticista, alterando cotidianamente seu entendimento. Pior do que isso é o Tribunal realizar interpretações *ad hoc*, "indo e vindo" sobre o mesmo tema, deixando a comunidade jurídica à mercê de composições com frágeis maiorias. Nesse ponto é bom lembrar Dworkin, quando diz que a interpretação é como um romance em cadeia e não um conto. Uma alteração de posição deve vir acompanhada de uma reconstrução da história institucional do preceito em jogo, abrindo uma nova cadeia discursivo-decisória.

Em *terrae brasilis*, ao contrário do estabelecido na proposta original, que se referia à vinculação dos órgãos e agentes públicos, o efeito vinculante consagrado na EC 3/1993 ficou reduzido, no plano subjetivo, aos órgãos do Poder Judiciário e do Poder Executivo. A EC 45/2004 passou a estabelecer que "as decisões definitivas de mérito, proferidas pelo Supremo Tribunal Federal, nas ações diretas de inconstitucionalidade e nas ações declaratórias de constitucionalidade, produzirão eficácia contra todos e efeito vinculante, relativamente aos demais órgãos do Poder Judiciário e à administração pública direta e indireta, nas esferas federal, estadual e municipal" (art. 102, § 2º).

---

[105] A discussão dos motivos determinantes não atinge a coisa julgada, até porque esta não tem a função de atribuir equanimidade ao sistema, isto é, não tem a função de conceber efeito *erga omnes*. De todo modo, no plano hermenêutico, é um desafio conseguir cindir, efetivamente, o dispositivo da decisão dos seus fundamentos determinantes (que lhe foram condição de possibilidade). Nesse sentido, trata-se – a cisão – de uma solução dogmática, no plano do que denomino de *realjuridik*.

Cap. 4 · O MODELO DE JURISDIÇÃO CONSTITUCIONAL NO BRASIL | **381**

Portanto, proferida a declaração de constitucionalidade ou inconstitucionalidade de lei objeto da ação declaratória, ficam os tribunais e órgãos do Poder Executivo obrigados a lhe guardar plena obediência. A questão do caráter transcendente da decisão já foi analisada no item anterior. Para uma vinculação, devem ser considerados não apenas o conteúdo da parte dispositiva da decisão, mas também a norma concreta (no sentido de texto e norma) que dela se extrai (lembremos Klaus Vogel).

Registremos, também, que a não observância da decisão produz grave violação de dever funcional, seja por parte das autoridades administrativas, seja por parte do magistrado (art. 143, I, do CPC). Por fim, quanto aos órgãos do Poder Judiciário, no caso de desrespeito à decisão do STF é possível o manejo da reclamação, pois estará caracterizada, nesse caso, inequívoca lesão à autoridade de seu julgado (art. 102, I, *l*, da CF).

4.2.5.8 *Efeito vinculante da cautelar em ação declaratória de constitucionalidade*

No ano de 1997, diante do advento da Lei 9.494, e sua específica previsão quanto à vedação de concessão de tutela antecipada para garantir o pagamento de vantagens ou vencimentos a servidores públicos (art. 1º), foi proposta a ADC 4, pelo Presidente da República e pelas Mesas da Câmara dos Deputados e do Senado Federal, defendendo a constitucionalidade de tal previsão. Nessa ADC 4, admitiu o STF a possibilidade de deferimento da medida cautelar, em sede de ação declaratória, mesmo diante do silêncio constitucional sobre tal tema, "enfatizando, então, no contexto daquele julgamento, que a prática da jurisdição cautelar acha-se essencialmente vocacionada a conferir tutela efetiva e garantia plena ao resultado que deverá emanar da decisão final a ser proferida naquele processo objetivo de controle abstrato".[106]

Assim, o "Plenário do Supremo Tribunal Federal, ao deferir o pedido de medida cautelar na ADC nº 4-DF, expressamente atribuiu, à sua decisão, eficácia vinculante e subordinante, com todas as consequências jurídicas daí decorrentes, inclusive aquelas de natureza processual concernentes ao emprego do instituto da reclamação".[107] Diante deste entendimento, o STF expôs que tal decisão, concessiva da cautelar, afetava não apenas os pedidos de tutela antecipada ainda não decididos, mas todo e qualquer efeito futuro da decisão proferida nesse tipo de procedimento. Assim, o efeito vinculante de tal decisão, em ação declaratória de constitucionalidade, não apenas suspende o julgamento de qualquer processo no qual se discuta a aplicação da lei questionada (suspensão dos processos), mas também retira toda ultra-atividade (suspensão de execução dos efeitos futuros) das decisões judiciais proferidas em desacordo com o entendimento preliminar adotado pelo STF.

O que fica obnubilado nessa discussão é a conveniência, em uma democracia, de o Tribunal que faz as vezes de Corte Constitucional ter o poder de, mediante provimento precário (cautelar), dizer-proclamar que um ato normativo é constitucional. Que ele possa

---

[106] Cf. Pet 1.542, rel. Min. Presidente, Decisão Proferida pelo Min. Celso de Mello, j. 02.02.1999, *DJ* 05.03.1999.

[107] Cf. Pet 1.542, rel. Min. Presidente, Decisão Proferida pelo Min. Celso de Mello, j. 02.02.1999, *DJ* 05.03.1999.

dizer que é constitucional já é, de certo modo, uma questão que surpreende o mundo jurídico do Planeta; mas, em sede provisória, esse poder parece uma "coisa bem inusitada", construída *ad hoc* para resolver problemas políticos. Trata-se de uma invenção legislativa de conveniência, e que, por isso, deve ser usada com muita cautela pelo Supremo Tribunal Federal. Uma lei é, por presunção, constitucional. Firmar essa presunção cautelarmente não auxilia em nada a configuração e formatação de uma teoria da Constituição e/ou de uma jurisdição constitucional revestida de sofisticação e de seriedade.

4.2.5.9 *Efeito vinculante da decisão concessiva de cautelar em ação direta de inconstitucionalidade*

Acompanhando o desenvolvimento do item anterior, um aprofundamento teórico sobre o tema faz com que se obstaculize entendimento acerca da possibilidade do efeito vinculante da decisão cautelar em sede de ADC, e, posteriormente, inadmita-se tal efeito da decisão em sede de ADI. Ora, se em caso de ADC, a previsão legal traz a "determinação de que os juízes e os Tribunais suspendam o julgamento dos processos que envolvam a aplicação da lei ou do ato normativo objeto da ação até seu julgamento definitivo" (art. 21), e no caso da ADI, a "medida cautelar poderá consistir na suspensão da aplicação da lei ou do ato normativo questionado, no caso de omissão parcial, bem como na suspensão de processos judiciais ou de procedimentos administrativos, ou ainda em outra providência a ser fixada pelo Tribunal" (art. 12-F, § 1º).

No quadro de evolução da nossa jurisdição constitucional, parece difícil aceitar o efeito vinculante em relação à cautelar na ação declaratória de constitucionalidade e deixar de admiti-lo em relação à liminar na ação direta de inconstitucionalidade. Na primeira hipótese, tal como resulta do art. 21 da Lei 9.868/1999, tem-se a suspensão do julgamento dos processos que envolvam a aplicação da lei ou ato normativo objeto da ação declaratória, até seu término; na segunda, tem-se a suspensão de validade da lei questionada na ação direta e, por isso, do julgamento de todos os processos que envolvam a aplicação da lei discutida. Assim, o sobrestamento dos processos, ou pelo menos das decisões ou julgamentos que envolvam a aplicação da lei que teve a sua vigência suspensa em sede de ação direta de inconstitucionalidade, haverá de ser uma das consequências inevitáveis da liminar em ação direta. Em outras palavras, a suspensão cautelar da norma afeta sua vigência provisória, o que impede que os tribunais, a administração e outros órgãos estatais apliquem a disposição que restou suspensa. Esse foi o entendimento firmado pelo STF no julgamento do RE 168.277.

Estando assente que a liminar deferida opera no plano da validade da lei, podendo ter o condão até mesmo de restaurar provisoriamente a validade de norma eventualmente revogada, não há como deixar de reconhecer que a aplicação da norma suspensa pelos órgãos ordinários da jurisdição implica afronta à decisão do STF. Em absoluta coerência com essa orientação mostra-se a decisão tomada também em questão de ordem, na qual se determinou a suspensão de todos os processos que envolvessem a aplicação de determinada vantagem a servidores do TRT da 15ª Região, tendo em vista a liminar concedida na ADI 1.244/SP, contra resolução daquela Corte que havia autorizado o pagamento do benefício. É o que foi afirmado pela Corte na ADI 1.244/SP (Questão de Ordem) (rel.

Néri da Silveira, *DJ* 28.05.1999). Vê-se, pois, que a decisão concessiva de cautelar em ação direta de inconstitucionalidade é também dotada de efeito vinculante. A concessão da liminar acarreta a necessidade de suspensão dos julgamentos que envolvam a aplicação ou a desaplicação da lei cuja vigência restou suspensa (Rcl 2.256).

4.2.5.10 *Efeito vinculante de decisão que indefere cautelar em ação direta de inconstitucionalidade*

Com alguma frequência apresenta-se ao Supremo Tribunal pedido de reclamação contra decisões tomadas pelas instâncias ordinárias que afirmam a inconstitucionalidade de uma ou outra lei federal ou estadual em face da Constituição Federal. Essas reclamações alegam que a competência pode estar sendo usurpada exatamente porque o Supremo Tribunal Federal indeferiu pedido de liminar formulado com objetivo de se suspender a norma impugnada em sede de ADI.

Outras vezes alega-se que a matéria pende de apreciação no âmbito do controle abstrato de normas perante o Supremo Tribunal, cabendo a ele conferir orientação uniforme ao tema. Na primeira hipótese, alega-se que, já no julgamento da liminar na ADI, o Supremo, ainda que em um juízo preliminar, afastou a inconstitucionalidade da lei. Assim, não poderiam as instâncias ordinárias deliberar em sentido contrário. Esse é o caso da Rcl. 2.121. A questão posta na referida reclamação mostra uma nova faceta da relação entre os dois sistemas de controle de constitucionalidade, agora no que concerne à decisão do Supremo Tribunal Federal que indefere o pedido de cautelar em ADI. Como acentuado na decisão daquela Reclamação, há casos em que, ao indeferir a cautelar, o Tribunal enfatiza, ou quase, a não plausibilidade da impugnação. Em outras hipóteses, o indeferimento assenta-se em razões formais, como o tempo decorrido da edição da lei ou a não configuração de urgência.

Na primeira hipótese, não se afigura impossível justificar a reclamação sob o argumento de violação da autoridade da decisão do Supremo Tribunal. Claro que essa possibilidade de a decisão indeferitória conter efeitos transcendentes deve ser aferida com o máximo de cautela. A decisão que indefere a cautelar em ADI deve, nesses casos, merecer uma análise *cum granu salis*, para se perquirir o que efetivamente esteve em jogo na decisão. Em outras palavras, embora o controle seja objetivo e abstrato, sempre haverá uma correlação com o mundo da vida, além do que, mesmo nos casos de apreciação de ações de (in)constitucionalidade, há peculiaridades. Volta-se – sempre à questão da importância da hermenêutica e da teoria da decisão. Uma reclamação desse jaez somente se sustenta se aferido o DNA da decisão. E o DNA está inserido na teoria da decisão que deve sempre ser consultada, conforme se pode ver em meu *Verdade e consenso*.

Na segunda, o argumento é mais tênue, uma vez que não houve sequer uma manifestação substancial do Tribunal sobre o assunto. É verdade, porém, que em ambas as situações podem ocorrer conflitos negativos para a segurança jurídica, com pronunciamentos contraditórios por parte de instâncias judiciais diversas.

Assim, talvez se pudesse cogitar, em casos parecidos (indeferimento de liminar na ADI com possibilidade de repercussão nas instâncias ordinárias), de se adotar fórmula semelhante à prevista no art. 21 da Lei 9.868/1999 para a ação declaratória de constitucionalidade: determina-se a suspensão dos julgamentos que envolvam a aplicação da lei até a decisão final do Supremo Tribunal sobre a controvérsia constitucional. A vantagem técnica dessa fórmula é a de que ela alcança resultado semelhante, no que concerne à segurança jurídica, sem afirmar, *a priori*, o efeito vinculante da decisão provisória adotada pelo Tribunal em sede de cautelar.

Todavia, do ponto de vista jurisprudencial, a questão restou sem decisão definitiva do STF, porque a Rcl 2.121 foi julgada prejudicada em 13 de fevereiro de 2008, em face da revogação da Lei Distrital 464/1993, que era o objeto da ADI 1.104-MC/DF, tida por vulnerada na citada reclamação. O melhor caminho é o STF, na apreciação da cautelar, ter em conta já a possibilidade da ambivalência dos efeitos que poderão advir, para evitar interpretações *ad hoc* e descontextualizações.

4.2.5.11 *Efeito vinculante de decisão proferida em ação direta de inconstitucionalidade*

Questão interessante dizia respeito à possível extensão do efeito vinculante à decisão proferida em ação direta de inconstitucionalidade. Aceita a ideia de que a ação declaratória configura uma ação direta de inconstitucionalidade com sinal trocado, tendo ambas caráter dúplice ou ambivalente, afigurava-se difícil admitir que a decisão proferida em sede de ação direta de inconstitucionalidade tenha efeitos ou consequências diversos daqueles reconhecidos para a ação declaratória de constitucionalidade. Argumentava-se que, ao criar a ação declaratória de constitucionalidade de lei federal, estabeleceu o constituinte que a decisão definitiva de mérito nela proferida – incluída aqui, pois, aquela que, julgando improcedente a ação, proclamar a inconstitucionalidade da norma questionada – "produzirá eficácia contra todos e efeito vinculante, relativamente aos demais órgãos do Poder Judiciário e do Poder Executivo".

Portanto, afigurava-se correta a posição de vozes autorizadas do STF, como a do Ministro Sepúlveda Pertence, segundo o qual, "quando cabível em tese a ação declaratória de constitucionalidade, a mesma força vinculante haverá de ser atribuída à decisão definitiva da ação direta de inconstitucionalidade" (Rcl 167). De certa forma, esse foi o entendimento adotado pelo STF na ADC 4, ao reconhecer efeito vinculante à decisão proferida em sede de cautelar, a despeito do silêncio do texto constitucional. Nos termos dessa orientação, a decisão proferida em ação direta de inconstitucionalidade contra lei ou ato normativo federal haveria de ser dotada de efeito vinculante, tal como ocorre com aquela proferida na ação declaratória de constitucionalidade.

Observe-se, ademais, que, se entendermos que o efeito vinculante da decisão está intimamente ligado à própria natureza da jurisdição constitucional em um dado Estado Democrático e à função de guardião da Constituição desempenhada pelo tribunal, temos de admitir, igualmente, que o legislador ordinário não está impedido de atribuir, como, aliás, o fez por meio do art. 28, parágrafo único, da Lei 9.868/1999, essa proteção processual especial a outras decisões de controvérsias constitucionais proferidas pela Corte.

Em verdade, o efeito vinculante decorre do particular papel político-institucional desempenhado pela Corte ou pelo Tribunal Constitucional, que deve zelar pela observância

Cap. 4 · O MODELO DE JURISDIÇÃO CONSTITUCIONAL NO BRASIL | **385**

estrita da Constituição nos processos especiais concebidos para solver determinadas e específicas controvérsias constitucionais. Na sessão de 07.11.2002, o STF pacificou a discussão sobre a legitimidade da norma contida no parágrafo único do art. 28 da Lei 9.868/1999, que reconhecia efeito vinculante às decisões de mérito proferidas em sede de ADI. O Tribunal entendeu que "todos aqueles que forem atingidos por decisões contrárias ao entendimento firmado pelo STF, no julgamento do mérito proferido em ação direta de inconstitucionalidade, sejam considerados como parte legítima para a propositura de reclamação" (*Informativo STF* 289). O tema está superado em razão do advento da EC 45/2004, que conferiu nova redação ao art. 102, § 2º, da Constituição.

Numa palavra: não deveria causar surpresa um dispositivo atribuindo efeito vinculante às decisões que declaram a inconstitucionalidade de uma lei. Ora, uma decisão em ADI retira a validade da lei. A decisão torna nulo o texto legal. Na medida em que essa decisão advém do Tribunal Maior da República, não se afigura plausível que algum Tribunal ou juiz pudesse aplicar um texto jurídico expungido do sistema, a partir de sua invalidade.

4.3 O CARÁTER "AMBIVALENTE" DO CONTROLE ABSTRATO INTRODUZIDO PELA LEI 9.868/1999

Por previsão do art. 97 da Constituição Federal, somente poderá ocorrer a declaração de inconstitucionalidade de lei ou ato normativo por voto de maioria absoluta dos membros dos Tribunais (órgão especial ou composição plena). Em face disso, por expressa disposição do Regimento Interno do STF e agora da Lei 9.868/1999, a decisão em sede de ação direta de inconstitucionalidade (e também no caso de ação declaratória de constitucionalidade) necessita de *quorum* de no mínimo oito ministros, dos quais seis devem votar pela (in)constitucionalidade. Se não for alcançada a maioria necessária à declaração de constitucionalidade ou de inconstitucionalidade, estando ausentes ministros em número que possa influir no julgamento, será este suspenso para aguardar o comparecimento dos ausentes, até que seja atingido o número necessário para a prolação da decisão em um ou em outro sentido.

Interessante notar que, aquilo que alguns já diziam, acertadamente ou não, como Gilmar e Clèmerson, que a ação declaratória de constitucionalidade nada mais era do que uma ação direta de inconstitucionalidade de mão trocada, agora se concretizou. Com efeito, isso fica claro pela leitura do art. 24 da Lei, ao estabelecer que, proclamada a constitucionalidade, julgar-se-á improcedente a ação direta ou procedente eventual ação declaratória; e, proclamada a inconstitucionalidade, julgar-se-á procedente a ação direta ou improcedente eventual ação declaratória. Essa questão, absolutamente controvertida, será abordada na parte atinente à ação declaratória de constitucionalidade, aduzindo-se, desde logo, ser de duvidosa constitucionalidade a possibilidade de se conceder efeito vinculante à decisão que rejeita a inconstitucionalidade da lei.

A questão não possui uma dimensão singela, como muitos pretendem dar à matéria, uma vez que não é nada pacífica a ideia de que no direito comparado a ação direta de inconstitucionalidade e a não pronúncia de inconstitucionalidade (eis que não existe sequer ação declaratória de constitucionalidade) possam constituir duas faces de uma mesma moeda.[108] Outro grave problema exsurge do efeito vinculante a ser atribuído à interpretação conforme a Constituição e à inconstitucionalidade parcial sem redução de texto. Com efeito, se em sede de ADI ou ADC for feita uma interpretação conforme a Constituição ou proclamada uma nulidade parcial sem redução de texto, é de duvidosa constitucionalidade o aludido efeito vinculante de que fala o art. 24, discussão à qual remeto o leitor a partir de então. Uma coisa é tirar a validade de uma lei; outra é firmar um dos sentidos *pro futuro*. Essa atitude positiva "quase legiferante" do Supremo Tribunal não pode se transformar em um ato normativo *stricto sensu*. Ou seja, se uma súmula vinculante necessita *quorum* de oito votos e uma série de requisitos para ser editada, por que razão uma decisão de interpretação conforme teria tanto valor quanto o de uma súmula? Ou alguém tem dúvida que uma interpretação conforme a Constituição vinculante tenha diferenças aplicativas em relação a uma súmula? Por isso a necessidade de rediscutir essa questão. Por tudo isso, toda a discussão que faço na presente obra envolvendo o efeito vinculante tem como vetor central a questão hermenêutica da teoria da decisão. Repito: se pela *realjuridik* o efeito vinculante veio para ficar, que o seja a partir de uma teoria da decisão. É por tais razões que nenhuma decisão, na sua ementa ou dispositivo, pode se independizar das razões que levaram à conclusão.

4.4 O EFEITO VINCULANTE NA INTERPRETAÇÃO CONFORME A CONSTITUIÇÃO E NA INCONSTITUCIONALIDADE (NULIDADE) PARCIAL SEM REDUÇÃO DE TEXTO: UM NECESSÁRIO QUESTIONAMENTO TEÓRICO

Conforme dispõe o parágrafo único do art. 28 da Lei 9.868/1999, a declaração de inconstitucionalidade (ou de constitucionalidade), inclusive a interpretação conforme a Constituição e a nulidade parcial sem redução de texto, têm eficácia contra todos e efeito vinculante.[109] Aparentemente, tratou o legislador, aqui, de suprir uma lacuna (axiológica) do sistema, uma vez que pairavam dúvidas acerca dos efeitos da aplicação dos mecanismos (princípios) da interpretação conforme e da nulidade parcial sem redução de texto. A questão inicial é saber se ambos os institutos – interpretação conforme e nulidade

---

[108] Como a Lei 9.868/1999 trata dessa "ambivalência" entre a ação direta de inconstitucionalidade e a ação declaratória de constitucionalidade, remeto o leitor também para a parte atinente à ação declaratória de constitucionalidade no direito alienígena.

[109] Não se pode olvidar que a coisa julgada é uma garantia constitucional. Por isso, decorrido *in albis* o prazo decadencial para a ação rescisória, a superveniência da declaração de inconstitucionalidade já não mais afeta a decisão judicial transitada em julgado. Ou seja, a inconstitucionalidade de uma lei, mesmo que declarada com eficácia *ex tunc*, não pode afetar a norma concreta decorrente de uma sentença ou acórdão que já transitou em julgado. Para tanto, consultar: MENDES, Gilmar F. *Jurisdição constitucional*, op. cit.; ROCHA, Cármen Lúcia Antunes da. *Constituição e constitucionalidade*. Belo Horizonte: Lê, 1991; CLÈVE, Clèmerson. *A fiscalização abstrata*, op. cit., p. 252; COELHO, Sacha Calmon Navarro. Da impossibilidade jurídica de ação rescisória de decisão anterior à declaração de constitucionalidade pelo STF no direito tributário. *RT*, CDTFP 15/2000. Com a edição da Lei 11.232/2005, que acrescentou artigos ao CPC, a questão da inconstitucionalidade *v.* coisa julgada já foi discutida (ver Capítulo 5).

Cap. 4 · O MODELO DE JURISDIÇÃO CONSTITUCIONAL NO BRASIL | 387

(inconstitucionalidade) parcial sem redução de texto – podem ser equiparados/elevados ao plano de técnicas de controle de constitucionalidade e se seus efeitos podem ser vinculantes.

De pronto, torna-se importante referir que os institutos (mecanismos) da interpretação conforme e da nulidade (inconstitucionalidade) parcial sem redução de texto *se enquadram na contemporânea concepção de justiça constitucional entendida sob a* ótica do Estado Democrático *de Direito*, em que a função do Poder Judiciário perpassa, de longe, a concepção de "legislador negativo" própria do Judiciário do Estado Liberal Absenteísta.[110] Vale sempre lembrar que, no paradigma liberal-individualista, trabalha-se ainda com a concepção de que o direito é ordenador, o que, à evidência, caminha na direção oposta de um direito promovedor-transformador do Estado Social e Democrático de Direito. Dito de outro modo, se no Estado Democrático o Direito assume uma função transformadora, torna-se evidente que a concretização das promessas da modernidade constantes em uma Constituição Compromissária e Dirigente demanda uma nova postura do Poder Judiciário (e em especial da Justiça Constitucional). Como bem lembra Fábio Comparato, *"no regime democrático, o atributo maior da soberania popular consiste em constitucionalizar a nação"*. Afinal, não parece óbvio que a Constituição é uma norma superior às demais e que ela – a Constituição – é o fundamento de validade das normas infraconstitucionais? Não parece redundante dizer que uma norma infraconstitucional somente tem validade jurídica se estiver em conformidade com outra norma, superior a ela, que é a Constituição da República?

A interpretação conforme e a inconstitucionalidade parcial sem redução de texto são, pois, mecanismos aptos a fazer cumprir – no limite – a função "intervencionista" do Poder Judiciário, para colocar freios – nos casos de violação da Constituição – à "liberdade de conformação do legislador" de índole liberal clássica, no interior da qual se concebe a Constituição apenas em seu aspecto formal, sendo o seu texto entendido tão somente como um anteparo do cidadão contra a arbitrariedade do Estado. Não se pode olvidar que a Constituição, mais do que outra coisa, é um remédio contra maiorias. Caso contrário, perder-se-ia a noção de rigidez constitucional!

Não há dúvida, assim, de que os citados institutos representam importantes mecanismos "corretivos" da atividade legislativa (seja do próprio Poder Legislativo, da atividade normativa proveniente do Poder Executivo, bem como dos atos normativos oriundos dos tribunais da República). Isso porque, além de a atividade interpretativa representar, sempre, um processo de atribuição de sentido (interpretar é, sempre, aplicar), há que se considerar que é impensável que um Tribunal, em sede de justiça constitucional, considere-se desligado da ordem política que o envolve, o que implica mecanismos adaptativos/corretivos a serem aplicados nos textos legais contrastados com a Constituição. Isso parece evidente.

Antes de tudo, nessa linha, pode-se dizer – a título exemplificativo, para firmar a relevância da questão – que perdem validade constitucional dispositivos como o constante

---

[110] Ver, nesse sentido, autores como Paulo Bonavides, Elías Díaz, Fábio Comparato, Eros Grau, J. J. Gomes Canotilho, Jorge Miranda, entre outros, citados no decorrer desta obra e referenciados na bibliografia.

no Código Tributário Nacional, art. 111, resquício do "modo napoleônico-exegético-de-
-interpretação-da-lei", que assevera que "interpreta-se literalmente a legislação tributária
que disponha sobre [...]". De pronto, seria aconselhável que se fizesse uma interpretação
conforme a Constituição desse dispositivo ou uma nulidade parcial sem redução de texto,
ou seja, o dispositivo somente seria constitucional se lido no sentido de que a expressão
"literalmente" se compreende na conformidade com a hermenêutica jurídica, ou "o art.
111, na parte em que exige interpretação literal, é inconstitucional, se entendido como
impedimento de outras formas de interpretação". Simples, pois.[111]

De todo modo, e deixando de lado tais obviedades hermenêuticas – sem esquecer,
jamais, que o óbvio está no anonimato, devendo ser desvelado –, a questão primordial,
a partir da leitura dos dispositivos que tratam da interpretação conforme e da inconstitucionalidade parcial qualitativa (sem redução de texto), será solucionar, no âmbito da
interpretação conforme e da nulidade parcial sem redução de texto, um problema fundamental: *o da vinculatividade de tais decisões expedidas no controle concentrado, em face
das particularidades de que se revestem.*

E, de novo, devo alertar para a relevante circunstância da *realjuridik*. Prevalecendo a
tese da vinculatividade desses dois institutos, somente uma *applicatio* hermenêutica pode
livrá-los de uma aplicação autoritária.

4.4.1 A interpretação conforme a Constituição. A estrutura "aberta" dos textos e as possibilidades hermenêuticas (sentenças interpretativas, construtivas, manipulativas, aditivas e redutivas)

A interpretação conforme a Constituição constitui-se em mecanismo de fundamental importância para a constitucionalização dos textos normativos infraconstitucionais.
A *verfassungskonforme Auslegung*, como é denominada na Alemanha, é um princípio
constitucional, justamente em face da força normativa da Constituição, no dizer de Hesse,
para quem, "segundo esse princípio, uma lei não deve ser declarada nula quando pode ser
interpretada em consonância com a Constituição. Essa consonância existe não só, então,
quando a lei, sem a consideração de pontos de vista jurídico-constitucionais, admite uma
interpretação que é compatível com a Constituição. No quadro da interpretação conforme a

---

[111] O que quero dizer quando afirmo, por vezes, a "literalidade da lei"? Aliás, não apenas eu, mas o Supremo Tribunal e todos os juristas, cotidianamente, sem se darem conta, apelam a essa "literalidade"
(principalmente quando convém para alguns...)! Ora, por óbvio, não sufrago nenhuma postura
originalista (vejam o comentário em *Verdade e consenso*, 4. ed., p. 498, nota 45) e tampouco exegética
(já escrevi demais sobre isso). Nem preciso replicar essa questão aqui, de novo. Ora, a literalidade,
com ou sem aspas, é muito mais uma questão da compreensão e da inserção do intérprete no mundo
do que uma característica, por assim dizer, "natural" dos textos jurídicos. Além disso, não há textos
sem contextos. O texto não (r)existe na sua "textitude". Ele só "é" na sua norma. Mas essa norma
tem limites. Muitos. E, por quê? Pela simples razão de que não se pode atribuir qualquer norma a
um texto ou, o que já se transformou em bordão que inventei há algum tempo, "*não se pode dizer
qualquer coisa sobre qualquer coisa*".

Cap. 4 · O MODELO DE JURISDIÇÃO CONSTITUCIONAL NO BRASIL | **389**

Constituição, normas constitucionais são, portanto, não só normas de exame, mas também normas materiais para a determinação do conteúdo das leis ordinárias".[112]

Entendo que a interpretação conforme a Constituição é mais do que um princípio, mas um modo de interpretar a legislação à luz do texto constitucional, até porque não há nada mais imanente a uma Constituição do que a obrigação de que todos os textos normativos do sistema sejam interpretados de acordo com ela. Desse modo, em sendo um princípio (imanente), os juízes e tribunais não podem (continuar a) (so)negar a sua aplicação, sob pena de violação da própria Constituição.

Consequentemente, no campo da operacionalidade do direito, no momento em que alguém, no bojo de uma ação, alegar/requerer a aplicação do princípio da interpretação conforme e não for atendido, já estará apto a interpor o recurso extraordinário constitucional, uma vez que já estará atendido o requisito de prequestionamento. Ou seja, em sendo a interpretação conforme (*verfassungskonforme Auslegung*) um princípio imanente, é direito subjetivo da parte que – em sendo efetivamente hipótese de seu cabimento – o juiz, o tribunal superior ou o Supremo Tribunal aplique o citado princípio.

Como se vê, com a edição da Lei 9.868/1999, não somente ocorre a institucionalização dos mecanismos da interpretação conforme a Constituição e da nulidade parcial sem redução de texto como formas de controle de constitucionalidade, mas, mais do que isso, o Poder Legislativo, ao aprovar a citada lei, rompe com a concepção clássica de separação de poderes e daquilo que se entendia como "liberdade de conformação do legislador". Louvável, assim, a atitude do legislador. Dito de outro modo, com a edição da lei, o Parlamento brasileiro admite que a função do Poder Judiciário não é tão somente a de agir, no plano do exame da constitucionalidade, como "legislador negativo", tese que exsurge do próprio conceito dos institutos sob comento, formas claras que são de intervenção e redefinição do papel do direito no Estado Democrático de Direito, explicitando uma posição claramente substancialista.

Isso significa dizer que, com a *institucionalização* da interpretação conforme a Constituição e da inconstitucionalidade parcial sem redução de texto por meio da Lei 9.868/1999, o Poder Legislativo brasileiro admite (explicitamente) que o Poder Judiciário possa exercer uma atividade de adaptação e adição/adjudicação de sentido aos textos legislativos, reconhecendo, ademais, que a função do Poder Judiciário, no plano do controle de constitucionalidade, não mais se reduz – repita-se – à clássica concepção de "legislador negativo".

À evidência, isso não significa dizer que o Judiciário se transformará em legislador positivo. O instituto da interpretação conforme e os demais mecanismos hermenêuticos não têm o condão de transformar o Poder Judiciário em um órgão que está acima da Constituição.

Deixar de exercer a clássica função de legislador negativo significa afirmar que o Judiciário, em face de um dispositivo legal, não precisa necessariamente declará-lo

---

[112] HESSE, Konrad. *Escritos de derecho constitucional*. 2. ed. Madrid: Centro de Estudios Constitucionales, 1992.

inconstitucional ou afirmar a sua constitucionalidade. Há inúmeras hipóteses em que, comparando o texto com a Constituição, exsurgirá a conclusão de que a declaração de inconstitucionalidade trará maiores malefícios que benefícios. De qualquer sorte, a fronteira entre uma interpretação conforme e uma nulidade parcial sem redução de texto, por exemplo, é bastante tênue, como se pode observar pela prática do Supremo Tribunal Federal. Do mesmo modo, é difícil delimitar a fronteira entre interpretações aditivas e manipulativas, em face da própria especificidade e da abertura dos textos jurídicos.

Veja-se o caso de uma decisão que estenda os direitos de uma categoria profissional a outra ou que deixe de considerar como incidente determinada alíquota de imposto. No primeiro caso, houve uma adição de sentido, que tanto pode receber a chancela do conceito de interpretação conforme como de uma sentença aditiva; no segundo caso, houve a nulidade, sem a redução do texto, de uma hipótese de incidência, o que pode configurar uma sentença redutiva. Uma questão, entretanto, parece indiscutível, qual seja a de que *o processo hermenêutico é sempre produtivo*. Quando se adiciona sentido ou se reduz o sentido (ou a própria incidência de uma norma), estar-se-á fazendo algo que vai além ou aquém do texto da lei, o que não significa afirmar que o Tribunal estará legislando. Pelo contrário. Ao adaptar o texto legal à Constituição, a partir dos diversos mecanismos interpretativos existentes, o juiz ou o tribunal estará tão somente cumprindo sua tarefa de guardião da constitucionalidade das leis.

A supremacia da Constituição, sua força normativa e seu papel de *topos* conformador da atividade hermenêutica podem ser entendidos, segundo Medeiros, sob quatro diferentes funções: "1º uma função de apoio ou de confirmação de um sentido da norma já sugerido pelos restantes elementos de interpretação; 2º uma função de escolha entre várias soluções que não se mostram incompatíveis com a letra da lei, servindo para excluir um sentido possível e para optar por um outro igualmente compatível com a letra da lei; 3º uma função de correção dos sentidos literais possíveis; 4º uma função de revisão da lei através da atribuição à Constituição de um peso decisivo e superior aos demais elementos tradicionais de interpretação".[113]

De pronto, é necessário referir que as quatro funções *se interpenetram*, exatamente porque o processo interpretativo não se faz por etapas. Ao mesmo tempo há uma função de apoio, um processo de escolha, uma função corretiva e uma função de revisão, todas produto de um processo de antecipação de sentido do intérprete. Com efeito, o intérprete, a partir de sua situação hermenêutica e, portanto, de seus pré-juízos, conformará o sentido do texto a partir de seu confronto com o texto constitucional.

Deve haver, pois, uma copertença (*Zusammengehören*) entre texto constitucional e texto infraconstitucional, isso porque, em todas as características existenciais da Crítica Hermenêutica do Direito, existe uma cooriginariedade, a partir do fato de que *um ente não se funda em outro*. Não se deduz o sentido de um texto do sentido de outro texto, assim como não se deduzem coisas de outras coisas. Por isso, é necessário frisar que a Constituição não pode ser entendida como um simples *topos* conformador de uma atividade

---

[113] Cf. Medeiros, Rui. *A decisão de inconstitucionalidade*, op. cit., p. 301.

subsuntiva, atuando como um repertório de conceitos abstratos – espécie de significante primordial-fundante – à espera de uma acoplagem proveniente da infraconstitucionalidade.

É preciso entender que o ser é sempre o ser de um ente, questão que advém do teorema hermenêutico denominado "diferença ontológica". Por isso, um *texto infraconstitucional* necessariamente exsurgirá como (*als*) *norma* a partir do sentido da Constituição. Esse processo, entretanto, não ocorre de forma separada, por partes, mas, sim, em um círculo hermenêutico – que não é um círculo vicioso, mas, sim, *um círculo virtuoso*, como bem diz Heidegger –, no interior do qual temos sempre um *ter prévio (Vorhabe)*, um *ver prévio (Vorsicht)* e um *pré-conceito (Vorgriff)*.

Mais ainda, é necessário ter claro que a Constituição não é um elemento objetivo do qual se deduzem outros elementos objetivos. Se assim pensássemos, a Constituição seria transformada em um elemento objetificador. Quando interpretamos um texto infraconstitucional (que é um ente no seu ser), fazemo-lo não deduzindo o sentido a partir de uma categoria ou substrato geral, mas, sim, a partir de uma cooriginariedade. Não percebemos as coisas primeiramente em seu "ser-objeto". As vivências sempre se dão em um mundo circundante (*Umwelt*). Ou seja, o sentido do texto manifesta-se a partir de nosso modo--de-ser-no-mundo, no qual está presente, como *ser-em*, o fenômeno da Constituição. Esta é, pois, a especificidade do direito: é correto afirmar, juridicamente, que a Constituição fundamenta a validade do sistema jurídico; entretanto, *é incorreto afirmar que esse fundamento é uma simples categoria ou um significante-primordial-fundante*.

Na verdade, esse fundamento, que é abissal, é mais que "uma categoria". Ele próprio já constitui, porque produto da circularidade hermenêutica. Daí uma das principais razões para a inefetividade da Constituição: *seu texto é objetificado/entificado, porque serve para processos dedutivistas*. A entificação se dá em uma parada produzida na espiral hermenêutica. Há um congelamento de uma "instância hermenêutica", que serve de sustentáculo do processo abstratalizante, a partir do qual ocorre o esquecimento da diferença ontológica, obnubilando-se o aparecer da singularidade. É por tais razões – lembra Villalibre – que a fenomenologia quer permanecer fiel às coisas mesmas, partindo da base das coisas, e não de hipóteses ou categorias, de construções imaginárias ou de posturas herdadas da tradição filosófica. Por isso Heidegger vai denunciar e se opor à tradição filosófica na qual se tem procedido sobremaneira por meio de inferências e deduções, falando do ser-em-si, de princípio absoluto etc. Frente a essa tradição, a ontologia fundamental quer permanecer ligada ao "anunciar-se das coisas".[114]

Disso deflui que os diversos tipos de definições acerca das funções do processo interpretativo e das consequências que terão no universo jurídico passam por esse movimento no "já compreendido" e dele devem se alimentar, *porque se movem em um círculo hermenêutico virtuoso, onde o ser não funda o ente nem qualquer ente funda o ser*, sendo que a recíproca relação entre ser e ente somente se dá porque há o *Dasein* – isto é, porque há compreensão (Stein).

---

[114] Cf. VILLALIBRE, Modesto Bercaino. *La revolución filosófica de Martin Heidegger*. Madrid: Biblioteca Nueva, 2001. p. 163.

A partir disso, é possível afirmar – naquilo que interessa à discussão da matéria aqui enfocada – que a interpretação conforme (e as demais formas de adição de sentido) é produto desse processo de síntese hermenêutica, que exsurge necessariamente de um processo aplicativo. Não há uma *subtilitas inteligendi,* uma *subtilitas interpretandi* e, por fim, uma *subtilitas applicandi.* Interpretar é aplicar. O intérprete não se depara com o texto da Constituição separado da realidade social e dos textos normativos infraconstitucionais. Mesmo quando o Tribunal realiza o controle abstrato de constitucionalidade, terá em vista o campo de aplicação daquela norma. Por isso Castanheira Neves vai dizer que uma questão de direito é sempre uma questão de fato, e uma questão de fato será sempre uma questão de direito. Não é possível separar esses âmbitos.

Dito de outro modo, a interpretação conforme, a nulidade parcial sem redução de texto, as sentenças construtivas etc., seja o nome que se dê aos diversos tipos de normas extraídas dos textos, somente ganham forma em face da inexorabilidade da plurivocidade sígnica com que se revestem os textos jurídicos, que, muito embora por vezes apareçam como claros, uma vez contextualizados no interior do conjunto de normas do sistema (não esqueçamos que o ser é sempre ser-em), perdem o sentido de base, para receber uma atribuição de sentido (*Sinngebung*) que refoge, em muitos casos, daquele mesmo significado de base.

De forma mais simples, é possível dizer que um texto normativo somente é claro quando nos colocamos de acordo com o sentido que lhe é atribuído. Havendo discordância, a clareza desaparece, exsurgindo a necessidade de estabelecer-se um sentido, sempre arbitrário e convencional, que se tornará, dependendo da conjugação de forças, prevalecente no universo dos intérpretes do direito.

O que se quer aqui referir é que os diversos tipos de interpretação, que recebem o epíteto de "construtivos" e, portanto, tidos como "invasores" da competência do Legislativo, são produto da vagueza e da ambiguidade inerente aos textos normativos. É necessário desmi(s)tificar as teses hermenêutico-interpretativas que sustentam a separação do processo interpretativo em fases/etapas, como se fosse possível estabelecer um método que assegurasse a correta interpretação. Nesse sentido, a crítica de autores como Hesse, para quem os métodos, tomados um por um, não oferecem qualquer orientação para o intérprete. Mais do que isso, assevera que a interpretação sistemática é praticamente uma carta branca, pois com a regra de que há de se colocar o sentido de um preceito não se avança nada a respeito da pergunta fundamental, a de como descobrir o sentido. Também é pouco clara a relação dos distintos métodos entre si. Não há uma norma que especifique como se devem interpretar as normas, como lembra Eros Grau. É esse o calcanhar de Aquiles do processo hermenêutico, como já frisei em capítulo específico.

Por tudo isso, não se pode tecnicizar a interpretação conforme, a nulidade parcial sem redução de texto e as demais espécies de decisões. São todas produto da complexidade com que se reveste o processo hermenêutico, que, antes de ser uma técnica ou um método, deve ser analisado filosoficamente, porque a norma é produto de nosso modo de nos comportarmos no mundo (excetuando aqueles que, na ilusão metafísica, continuam a acreditar que os sentidos exsurgem a partir de sua subjetividade, isto é, da certeza-de-si-do-pensamento-pensante, próprio do paradigma metafísico-objetificante

Cap. 4 · O MODELO DE JURISDIÇÃO CONSTITUCIONAL NO BRASIL | **393**

da filosofia da consciência, ou que o intérprete pode buscar a essência do texto, a partir de uma operação dedutiva).

4.4.1.1 A interpretação conforme a Constituição e a nulidade parcial sem redução de texto (e as sentenças interpretativas) à luz do paradigma hermenêutico, ou de como é impossível falar em "interpretação literal", em "vontade da lei" e no "espírito do legislador"

Observa-se, assim, que o problema da interpretação conforme a Constituição (e acrescento, a nulidade parcial sem redução de texto e os diversos tipos de sentenças interpretativas, redutivas, aditivas, manipulativas etc.)[115] liga-se, fundamentalmente, ao contemporâneo paradigma hermenêutico, que, rompendo com a hermenêutica clássica, aponta para a inexorabilidade da atribuição de sentido a ser feita pelo intérprete, além do papel de mutação textual/material exsurgente do sentido que um novo texto constitucional confere ao universo dos textos jurídicos.

Nesse sentido, na mesma linha dos argumentos apostos acima à posição de Canotilho, há que se discordar também de Rui Medeiros, quando este diz que a interpretação conforme a Constituição somente pode ter lugar quando a vontade do legislador não pode ser reconhecida, ou seja, a interpretação conforme a Constituição "não pode contrariar a letra e a intenção claramente reconhecível do legislador, ou, numa versão mais restritiva, a intenção que está subjacente à 'tendência' geral da lei ou às opções fundamentais nela

---

[115] José Adércio Leite Sampaio faz interessante reflexão acerca da temática, denominando tais sentenças de "intermediárias", deixando claro, com isso, que não mais se pode falar do juiz constitucional como "legislador negativo": Para o autor, "as sentenças intermediárias proferidas nos processos de fiscalização de constitucionalidade conduzem, em primeiro plano, à reconstrução do direito vigente, transformando-se em fonte formal do sistema jurídico. Tais sentenças se dividem em 'normativas' e 'transitivas ou transacionais'. As primeiras criam normas gerais. Vale dizer, a 'lei', submetida à fiscalização, sofre uma reconstrução que, se não chega a modificar radicalmente seus comandos para um sentido não querido pelo legislador, vê-se, pelo menos, moldada a um significado único, não sendo rara a inclusão de cláusulas ou artigos adicionais, supostamente implícitos por ordem e força das normas constitucionais. Aos demais juízes resta a complexa operação de aplicação, aos casos ocorrentes, da norma assim reconstruída. As sentenças transitivas, via de regra, fundadas num contexto social transitório ou na consideração dos riscos políticos e econômicos das decisões de inconstitucionalidade, terminam por realizar um 'balanceamento' entre esses riscos e a própria supremacia constitucional, limitando-se a fazer apelos, simplesmente constatar a inconstitucionalidade ou a legitimidade constitucional provisória e, quando muito, datar a produção dos efeitos ablativos da inconstitucionalidade. Nas sentenças normativas, portanto, o juiz constitucional peca pelo excesso; enquanto, nas sentenças transitivas, peca pela timidez ou pela falta de prestação jurisdicional". Em arremate, Leite Sampaio acentua que "as sentenças intermediárias têm, assim, o dom de revelar esse paradoxo que se correlaciona com um juiz constitucional ora excessivo, ora carente; ora voluntarioso, ora prudente demais". Por isso, conclui, "seja como for, em suas faltas ou em seus excessos, o juiz constitucional como um legislador negativo não passa hoje de um outro mito, dentre tantos que o repertório do direito nos conta, e, como todos os outros, também esconde uma realidade transformada, que insiste em se esconder" – Sampaio, José Adércio Leite. As sentenças intermediárias de constitucionalidade e o mito do legislador negativo. In: Cruz, Álvaro Ricardo de Souza (org.). *Hermenêutica e jurisdição constitucional*. Belo Horizonte: Del Rey, 2001. p. 189-190.

consagradas". Mais ainda, acentua que, "mesmo que não exista uma intenção claramente reconhecível do legislador ou ainda que se admita, numa lógica objetivista, o afastamento excepcional de uma tal intenção, o recurso à interpretação conforme a Constituição não pode contrariar o sentido inequívoco que se extrai da 'fórmula normativa objetivada no texto' independentemente da 'possível vontade psicológica' que esteve na sua origem".[116]

Medeiros é mais incisivo ainda, quando diz que, "ainda que o intérprete corrija a letra da lei recusando, por exemplo, a aplicação da lei a hipóteses claramente abrangidas pelo seu sentido literal –, a função corretiva que o cânone da interpretação *lato sensu* conforme a Constituição pode desempenhar não deve servir para corrigir os 'erros jurídico-políticos' do legislador ou para contrariar 'o teor e o sentido da lei'. O princípio da exclusão da interpretação conforme a Constituição *contra legem* impede que o aplicador da lei contrarie a sua letra e o seu sentido através de uma interpretação conforme a Constituição, mesmo que através desta interpretação consiga uma conformidade entre a lei e as normas constitucionais. A interpretação corretiva conforme a Constituição, no sentido restritivo aqui admitido, deve 'assentar na valoração de elementos que o texto, mesmo que defeituosamente, refere' e, sobretudo, não pode ser contrária 'à posição tomada pelo legislador, ao seu querer e ao escopo que persegue' (quebrando apenas os limites do seu sentido literal). [...] A correção da lei significa apenas correção da letra da lei, não podendo ser realizada quando os sentidos literais correspondem à intenção do legislador ou quando o resultado que se pretende alcançar não se harmonize com a teleologia imanente à lei. Para além disso, 'por mais desejável que se apresente uma alteração do sistema normativo, essa alteração pertence às fontes de direito, não ao intérprete [...]. Razões extremamente poderosas de segurança e de defesa contra o arbítrio alicerçam esta conclusão'. Isto já para não falar do princípio da separação de poderes. A interpretação corretiva da lei em conformidade com a Constituição não se traduz, portanto, numa revisão da lei em conformidade com a Lei Constitucional".[117]

Minha discordância com Medeiros se dá, fundamentalmente, com base no (novo) paradigma representado pela fenomenologia hermenêutica. Com efeito, não há como aferir a intenção do legislador[118] e tampouco a fórmula normativa objetivada no texto, a não ser que retomemos o debate entre objetivistas e subjetivistas. Com efeito, muito se tem discutido acerca das teses da *voluntas legis* versus *voluntas legislatoris*. Os juristas de todos os escalões têm-se perguntado: afinal, o que vale mais: a vontade da lei ou a vontade do legislador? Tem importância saber/descobrir o que é que o "legislador" quis dizer ao

---

[116] Cf. MEDEIROS, Rui. *A decisão de inconstitucionalidade*, op. cit., p. 312-313.

[117] Idem, p. 316-317.

[118] Herbert Hart vai dizer que a doutrina de que as leis são essencialmente ordens e, por isso, expressões da vontade ou intenção de um legislador está sujeita a muitas críticas. Alguns críticos têm-na considerado responsável por uma concepção conservadora da tarefa da interpretação das leis como uma procura da "intenção" do legislador, sem atenção ao fato de que, quando o órgão legislativo é um corpo artificial complexo, pode não só haver dificuldades em descobrir ou apresentar prova de sua intenção, como também não se dá um sentido claro à expressão "a intenção da assembleia legislativa". Mesma crítica é feita por Kelsen e Payne (The intention of the legislature in the interpretation of statute, *Current Legal Problems*, 1956) – cf. HART, Herbert. *O conceito de direito*. 2. ed. Lisboa: Fundação Calouste Gulbenkian, 1994. p. 267- 268.

Cap. 4 • O MODELO DE JURISDIÇÃO CONSTITUCIONAL NO BRASIL | 395

elaborar o texto normativo? Qual era a sua intenção? É possível descobrir "a vontade da lei"? Pode uma norma querer alguma coisa? É possível descobrir o "espírito" de uma lei? Muito embora existam, como veremos, defensores de ambos os lados, na grande maioria das vezes a adesão a uma corrente ou a outra é feita de maneira *ad hoc*, ocorrendo, não raras vezes, uma imbricação entre ambas.

Portanto, no plano da *Crítica Hermenêutica do Direito*, fica extremamente dificultado o apelo tanto à intenção do legislador como à vontade objetivada na norma, que perdem terreno em face dos novos rumos que assume a interpretação do direito, a partir da superação do paradigma objetificante sustentado na matriz clássica (aristotélico-tomista) e da matriz moderna (filosofia da consciência). Como já referido, é evidente que o intérprete não poderá construir um novo texto, espécie de nova lei, que não guarde, nem de longe, relação com aquilo que se possa entender como desvelamento do sentido decorrente da síntese hermenêutica exsurgente da copertença Constituição-texto infraconstitucional. O limite é a Constituição, enquanto manifestação ontológico-existencial. Por isso, entendo que a interpretação conforme, assim como a nulidade parcial sem redução de texto e os diversos tipos de sentenças "construtivas", por serem mecanismos de adaptação/correção da legislação, estarão sempre no limite da tensão da relação legislação-jurisdição.

Se entendermos a Constituição como mecanismo que se interpõe inclusive contra o desejo de maiorias eventuais, haverá ocasiões em que a intervenção do Judiciário será condição de possibilidade da própria validade do texto constitucional. Isso significa afirmar que, mesmo que de um texto se possam extrair a "intenção do legislador" (*sic*) e a "vontade normativa objetivada" (*sic*), o critério delimitador deverá ser o sentido que a ele devemos atribuir a partir do conjunto principiológico da Constituição.

Ou seja, haverá ocasiões em que o legislador claramente deseja um determinado efeito, que, entretanto, colide, em parte, com o desiderato constitucional. A simples expunção do texto do universo normativo poderá gerar situações que redundem em retrocesso. Nesse caso, uma interpretação conforme poderá ser o remédio que adapte a nova lei ao sentido da Constituição, mesmo que isso contrarie o desejo da maioria parlamentar. Veja-se, por exemplo, o caso da cláusula de proibição de retrocesso social que, aplicada a determinadas situações, poderá gerar interpretações antitéticas com a "vontade da norma e a intenção do legislador".

De outra banda, calha registrar que, levando em conta a superação da dicotomia *voluntas legis-voluntas legislatoris*, se torna irrelevante a discussão acerca do fato de que a norma a ser interpretada seja anterior ou posterior à Constituição. Os argumentos são precisamente os mesmos, com a agravante de que, para os textos normativos anteriores à Constituição, o novo fundamento de validade proporcionado pela nova Constituição tem o condão de ultrapassar, *in limine*, qualquer alusão a uma pretensa intenção do legislador.

A se validar a tese de que a intenção do legislador limita a interpretação conforme, ter-se-á que, no limite, se deixará de aplicar a Constituição, porque, estabelecendo a Constituição um sentido diverso do querido pelo legislador de antanho, teria este primazia sobre a Constituição. Neste caso, Medeiros admite que "as teorias subjetivistas não impedem, necessariamente, uma interpretação evolutiva e atualista". Entretanto, alude: "Mas, ainda que se aceite um subjetivismo atualista, é o conhecimento da valoração originária do legislador que permite a descoberta da atipicidade do novo problema (não previsto e decidido pelo legislador histórico). E, naturalmente, quanto mais tempo tiver decorrido desde a data da aprovação da lei, maior peso é possível atribuir aos elementos objetivos". No arremate, o mestre português retorna aos mesmos limites que apôs à interpretação conforme de leis posteriores à Constituição: "Só que, mesmo nesta hipótese, a interpretação conforme a Constituição não pode contrariar a letra e vontade claramente reconhecível do legislador".[119]

Embora sedutores os argumentos de Medeiros, insisto na tese de que, em havendo um dispositivo legal incongruente com a Constituição e não havendo o legislador tomado as necessárias providências de adaptação daquele a esta, o Tribunal necessariamente tem o dever de realizar a correção. Não importa, assim, por exemplo, a intenção do legislador de 1940 – importa, por assim dizer, a "intenção" (*sic*) do legislador constitucional de 1988.

Assim, se não há sentido imanente (se houvesse, teríamos de dar razão a Emilio Betti, para quem a interpretação é um processo reprodutivo pelo fato de interiorizar ou traduzir para a sua própria linguagem objetivações da mente por meio de uma realidade análoga à que originou uma forma significativa), parece razoável sustentar que não há como buscar o sentido originário/literal do texto normativo e tampouco será possível alcançar uma interpretação que se harmonize com a teleologia "imanente" à lei. Hermeneuticamente, o ente como ente é inacessível, uma vez que o intérprete somente tem acesso ao sentido do ser desse ente.

Dito de outro modo, não se pode olvidar que o assim entendido "sentido literal" ou o sentido "que corresponda à intenção do legislador" não exsurge por si só (até porque o direito é alográfico e não autográfico). Esse sentido deverá ser atribuído pelo intérprete, a partir de sua facticidade e temporalidade, enfim, a partir de sua condição de ser-no-mundo. Já não será o sentido em-si-mesmo do texto (sentido que tradicionalmente poderia chamar-se de "literal"), mas, sim, o sentido atribuído/adjudicado pelo intérprete, a partir de seus pré-juízos (*Vorurteil*).

É inexorável, pois, que a interpretação conforme a Constituição será um procedimento corretivo da lei, exsurgindo uma nova norma de um determinado texto (repita-se, a norma é sempre resultado da interpretação de um texto). Com isso, fica sem sentido a alusão a qualquer intenção do legislador ou a uma fictícia vontade da lei.

4.4.1.2 *O limite da tensão legislação-jurisdição. As decisões redefinitórias em geral: as sentenças aditivas, apelativas, manipulativas, modificativas, redutivas e construtivas. As súmulas[120] e os "verbetes-com-força-de-lei"*

4.4.1.2.1 A produção de sentido e a criação jurisprudencial do direito

O processo interpretativo implica sempre redefinições. Luis Alberto Warat, já na década de 1970, dizia que interpretar é redefinir. Já Eni Orlandi vai dizer que interpretar é construir sítios de significância. Mesmo quando o juiz aplicar "literalmente" a lei, estará interpretando, uma vez que, primeiro, estará em pleno exercício da jurisdição constitucional,

---

[119] Cf. Medeiros, Rui. *A decisão de inconstitucionalidade*, op. cit., p. 313.

[120] A análise das súmulas vinculantes, seus requisitos e especificidades, é feita no capítulo 3 (controle difuso), item 3.7.

Cap. 4 · O MODELO DE JURISDIÇÃO CONSTITUCIONAL NO BRASIL | **397**

porque, ao assim aplicar a lei, o faz entendendo que esta passou pelo filtro da Constituição; segundo, porque em face do texto legal há sempre um contexto.

Mais do que isso, quando o juiz aplicar a lei, estará aplicando não o texto-em-si, mas o sentido que esse texto adquiriu na tradição, exsurgindo sua interpretação a partir da necessária fusão de horizontes. Talvez por isso possa se dizer que, em realidade, o juiz não julga a favor ou contra lei, mas, sim, a favor ou contra aquilo que a hermenêutica estabeleceu como sendo o sentido da (dessa) lei. Basta lembrar, nesse ponto, a metáfora de Hermes, o semideus grego que fazia a intermediação entre a linguagem dos deuses e os mortais. E Hermes tornou-se poderoso; na verdade, nunca se soube o que os deuses diziam; somente se soube o que Hermes disse que os deuses diziam. Eis aí a hermenêutica. O ente não está em questão. O que está em questão é o sentido do ser do ente! O problema reside, exatamente, no "controle" sobre Hermes. Retorna-se, sempre, à questão "texto-norma". Se a norma é o sentido que se atribui ao texto, é certo que a norma não pode ser qualquer uma.

É evidente, pois, que todo processo de interpretação é um processo de criação. A jurisprudência, assim, é fonte de direito. Hermeneuticamente, não pode restar qualquer dúvida a esse respeito. Se examinarmos o conjunto das decisões que emanam dos juízes e dos tribunais, é possível constatar, sem muito esforço, atribuições de sentido das mais variadas. A doutrina tem elaborado uma série de classificações das sentenças, que vão desde as aditivas até as construtivas, passando pelas manipulativas, redutivas e modificativas. De qualquer sorte, não há *numerus clausus* acerca dessa problemática. Nem poderia haver, porque o mesmo texto pode dar azo a normas diferenciadas, questão que até mesmo é admitida pela dogmática jurídica, como se pode perceber pela dicção da Súmula 400 do STF, que será debatida mais adiante. Duas interpretações diferentes (e até antitéticas) acerca de um mesmo dispositivo legal podem ser ambas razoáveis, dizia o Supremo Tribunal Federal.

O que ocorre, nesse contexto em que as mais variadas espécies de decisões exsurgem quotidianamente a partir do processo aplicativo realizado por juízes e tribunais, é que há sempre – embora negada pela dogmática – uma síntese "ontológico-existencial" decorrente da inexorável inserção do intérprete no mundo. Por isso, não há sentidos unívocos. Não há um sentido apenas. Há sempre um sentido que exsurge do processo aplicativo. Entender que haja sentidos unívocos, perenes, aptos a consubstanciar as mais diversas e complexas situações fáticas, é negar a alteridade ínsita aos textos jurídicos.

Não há uma equivalência metafísica entre ser e eternidade/perenidade, questão que Heidegger deixa claro em *Ser e tempo*, ao sustentar a temporalidade do ser (não podemos esquecer que a metafísica ontoteológica trata ser e ente do mesmo modo; a ontologia clássica trata o ser como ente). Ou seja, Heidegger rejeita uma ontologia fundamental para levar a cabo uma investigação ontológica "concreta". Opta, assim, por partir do ente que compreende o ser, isto é, o único para o qual "há" ser – a saber, o próprio homem, que renuncia, no entanto, a designar como "consciência" ou "sujeito", de acordo com as denominações da sua figura moderna, e que ele batiza com o nome de *Dasein*.[121]

---

[121] Ver, para tanto, HEIDEGGER, Martin. *Ser e tempo*. 5. ed. Petrópolis: Vozes, 1995; DASTUR, Françoise. *Heidegger e a questão do tempo*. Lisboa: Instituto Piaget, 1997. p. 10.

Na medida em que um texto somente é válido se estiver em conformidade com a Constituição, tem-se no texto constitucional, entendido em sua materialidade, o horizonte do sentido que servirá para essa conformação hermenêutica. Em sendo a Constituição compreendida enquanto um "constituir", os textos infraconstitucionais necessariamente precisam passar por esse banho de imersão constitucional. Esse procedimento acarreta, inexoravelmente, tensões na relação entre os poderes. Isso, entretanto, deve ser assumido como um componente da própria formulação do Estado Democrático de Direito. A morte da tradicional tese da separação de poderes implica, a toda evidência, o abandono da tese do juiz como o "exegeta-boca-da-lei" e dos tribunais constitucionais como legisladores negativos.

E esse processo não decorre tão somente da evolução do constitucionalismo e do redimensionamento do papel da lei e das Constituições, mas também do salto paradigmático proporcionado pela viragem linguística ocorrida primordialmente no século XX. A ultrapassagem da relação sujeito-objeto em direção à relação sujeito-sujeito implicou o redimensionamento da relação do homem com a sociedade, com as coisas (e com o direito e seus textos). A invasão da filosofia pela linguagem acarreta a própria superação da epistemologia pela ontologia. Sem o essencialismo e sem a certeza-de-si-do-pensamento-pensante, o homem parte para uma nova inserção no mundo. E isso, evidentemente, tinha de provocar uma revolução hermenêutica no campo jurídico, onde as primeiras vítimas são as concepções objetivistas e objetificantes acerca do *modus* interpretativo da dogmática jurídica. É nesse contexto que a hermenêutica jurídica salta do paradigma reprodutivo para o paradigma produtivo, questão que se pretende deixar clara no decorrer desta obra.

Isso não quer dizer que venhamos a cometer o mesmo equívoco de muitos adeptos do neoconstitucionalismo ou da teoria da argumentação jurídica, que trabalham com a tese de que, para superar o positivismo clássico-exegético-legalista, confia-se na razão prática, como se a simples superação da razão pela vontade resolvesse o problema da interpretação. Na verdade, se substituirmos o juiz boca-da-lei por um juiz que se vale da razão prática, nada mais estaremos fazendo do que apostar em outra forma de positivismo (normativista, axiologista, voluntarista, inclusivo e outros nomes que se possam dar a essa fenomenologia).

4.4.1.2.2 A diversidade de decisões e as múltiplas possibilidades hermenêuticas

Nesse sentido, embora o exemplo a seguir seja absolutamente polêmico, tenho que pode demonstrar, no limite da tensão legislação-jurisdição, o problema gerado por leis absolutamente despregadas do contexto trazido pelo novo texto constitucional, sendo, pois, um terreno fértil para a atividade interpretativa/corretiva a ser realizada a partir da hermenêutica.

Veja-se, nesse sentido, de forma exemplificativa, a decisão do Supremo Tribunal Federal no paradigmático MI 708, de relatoria do Ministro Gilmar Mendes, que tratou do direito de greve para os servidores públicos. Em síntese o feito buscava dar efetividade à norma inscrita no art. 37, VII, da CF ("Art. 37. [...] VII – o direito de greve será exercido nos termos e nos limites definidos em lei específica"). O relator conheceu do mandado de injunção e acolheu a pretensão nele deduzida para que, enquanto não suprida a lacuna legislativa, seja aplicada a Lei 7.783/1989, e, ainda, em razão dos imperativos da continuidade dos serviços públicos, de acordo com as peculiaridades de cada caso concreto, e mediante solicitação de órgão competente, seja facultado ao juízo competente impor a observância a regime de greve mais severo, haja vista se tratar de serviços ou atividades essenciais, nos termos dos arts. 9º a 11 da Lei 7.783/1989.

Com a decisão, o STF se afasta da orientação inicialmente perfilhada no sentido de se limitar à declaração da existência da mora legislativa para a edição de norma regulamentadora específica, passando, sem assumir compromisso com o exercício de uma típica função legislativa, a aceitar a possibilidade de uma regulação provisória pelo próprio Judiciário. O Ministro Gilmar Mendes ainda entendeu que talvez se devesse refletir sobre a adoção, como alternativa provisória para esse impasse, de uma moderada sentença de perfil aditivo. Portanto, tendo em conta que ao legislador não é dado escolher se concede ou não o direito de greve, podendo tão somente dispor sobre a adequada configuração da sua disciplina, reconheceu-se a necessidade de uma solução obrigatória da perspectiva constitucional. Por fim, o mandado de injunção foi conhecido e, no mérito, deferido para, nos termos especificados, determinar a aplicação das Leis 7.701/1988 e 7.783/1989 aos conflitos e às ações judiciais que envolvem a interpretação do direito de greve dos servidores públicos civis.[122]

Não é novidade esse tipo de decisão. Lafuente Balle também denomina esse tipo de sentença de *aditiva*, pela qual o Tribunal dá provimento ao recurso e adiciona ao conteúdo normativo da disposição impugnada uma regulação que faltava para assegurar sua conformidade com a Constituição, ou como *sentença manipulativa*, que se caracteriza toda vez que o Tribunal acolhe um recurso e altera o conteúdo normativo da disposição impugnada, substituindo a norma contrária à Constituição por outra de acordo com a Constituição. Nas sentenças aditivas, o texto da disposição legal impugnada permanece inalterado. O Tribunal cria uma norma e a adiciona ao texto da disposição. A decisão declarará que esta nova norma se infere do conteúdo da Constituição e que sua adição à disposição recorrida resulta determinante para assegurar a constitucionalidade desta. Nas sentenças manipulativas, por outro lado, ocorre a substituição do texto impugnado.[123]

E não se diga que o princípio da legalidade impede, em matéria penal, a imposição de sentenças manipulativas. Como bem observa Medeiros, o Tribunal Constitucional italiano considera que este princípio não lhe permite intervenções modificativas da medida da pena ou da fatispécie incriminadora que agrave a posição dos réus. Aliás, atendendo à proibição de retroatividade das normas incriminadoras menos favoráveis ao réu e à exigência da relevância da decisão de inconstitucionalidade no processo *a quo*, a extensão do âmbito de uma norma incriminadora mais desfavorável ao acusado constitui uma "eventualidade totalmente remota" em sistemas, como o italiano, que assentam a fiscalização da constitucionalidade num controle concreto e incidental. Em contrapartida, *quando esteja em causa "uma espécie de reformatio in melius, a Corte Constitucional admite a opção pela decisão modificativa".*[124]

---

[122] MI 708.

[123] Cf. LAFUENTE BALLE, José Maria. *La judicialización de la interpretación constitucional*. Madrid: Colex, 2000, p. 136.

[124] Cf. MEDEIROS, Rui. *A decisão de inconstitucionalidade*, op. cit., p. 482.

Sentenças interpretativas, aditivas, manipulativas (modificativas), redutivas e construtivas não são novidade no direito alienígena, pois. No mesmo diapasão, calha registrar a sentença n. 15, de 17.02.1969, do Tribunal Constitucional da Itália, que resolveu uma questão de legitimidade constitucional acerca do art. 313.3 do Código Penal. Esse dispositivo tipificava o delito de desacato à Corte Constitucional e estabelecia que o processamento desse crime dependeria de autorização do Ministro da Justiça. O Tribunal entendeu que semelhante preceito vulnerava o art. 134 da Constituição sobre a independência e a autonomia do Tribunal Constitucional. Baseado nesse fundamento jurídico, declarou inconstitucional o art. 313.3 do CP, substituindo o requisito da decisão (autorização) do Ministro da Justiça por uma norma "construída" pela própria Corte Constitucional, *in verbis*: *"Dichiara la illegitimità constituzionale dellart. 313.3, terzo comma, cp., nei limiti in cui attibuisce il potere di dare lautorizzazione a procedere per il delitto di vilipendio della Corte Constituzionale al Ministro di grazia e giustizia anzichè allá Corte stessa"*. Outro exemplo importante advém da sentença n. 353, de 27.07.1994, na qual a Corte Constitucional italiana resolveu uma questão de legitimidade constitucional que dizia respeito ao art. 600, 3, do Código de Processo Penal. Esse dispositivo estabelecia a faculdade de o juiz da apelação condicionar a suspensão da execução provisória da sentença condenatória ao pagamento de uma determinada quantia "cuando puedan derivarse daños graves e irreparables". A Corte entendeu que a norma impugnada violava o princípio de "ragionevolezza" do art. 3 da Constituição, decidindo que deveria corresponder ao juiz de apelação um amplo espaço decisório sobre o *fumus boni juris* e o *periculum in mora*. Desse modo, substituiu o inciso "cuando puedan derivarse daños graves e irreparables" por um com a seguinte redação: "cuando concurran motivos graves".

Também o Tribunal Constitucional espanhol fornece exemplos interessantes: a sentença do TC 103/83, de 22 de novembro, resolveu uma questão de inconstitucionalidade instada pela Magistratura do Trabalho de Madrid sobre o art. 160 da Lei Geral da Seguridade Social, por possível violação dos arts. 14 (princípio da igualdade) e 41 (garantias de regime público da Seguridade Social) da Constituição. A questão de inconstitucionalidade tratava de uma demanda de um cidadão frente ao Instituto de Seguros por haver-lhe negado a pensão de viuvez decorrente da morte de sua esposa, sob o argumento de que o demandante já percebia uma pensão de invalidez permanente absoluta. A Administração negou o pedido, aplicando o art. 160 da Lei da Seguridade, cujo § 1º regulava os requisitos para que uma viúva adquirisse o direito à pensão de viuvez ("Terão direito à pensão de viuvez [...] a viúva, quando, ao falecimento de seu cônjuge, estejam presentes os seguintes requisitos: [...] prova da vivência marital e período de contribuição suficiente do cônjuge causante"). Entretanto, mais adiante, no § 2º, eram exigidos outros requisitos para o viúvo ("O viúvo terá direito a pensão unicamente se, além de cumprir os requisitos anteriores, estiver ao tempo da morte da esposa incapacitado para o trabalho"). O Tribunal Constitucional entendeu como discriminatória e contrária ao princípio da igualdade o fato de o direito à pensão do viúvo sofrer mais limitações que o da viúva. Em consequência, o Tribunal, junto às viúvas, adicionou os viúvos como sujeitos com direito a perceber a pensão de viuvez, em condições de igualdade. Em sentido similar, as sentenças n. 116/1987, 222/1992, 204/1988, 134/1996, 154/1989, entre outras. Especificamente como manipulativas, as sentenças n. 5/81 e 97/90.[125]

---

[125] Cf. Lafuente Balle, José Maria. *La judicialización de la interpretación constitucional*, op. cit.

Cap. 4 • O MODELO DE JURISDIÇÃO CONSTITUCIONAL NO BRASIL | **401**

Voltando ao direito tedesco, importa registrar decisão do Tribunal Constitucional interpretando conforme a Constituição uma disposição de direito fiscal – segundo a qual mães de filhos nascidos fora do casamento e pais adotivos gozam de certos benefícios –, estabelecendo que também os pais de filhos nascidos fora do casamento – não mencionados expressamente na lei – poderiam ser considerados pelos mesmos pais adotivos quando vivam com a mãe e a criança numa comunhão de vida, atendendo ao dever constitucional de não discriminação de crianças nascidas fora do casamento.[126]

Cabe referir, ainda, algumas outras modalidades de decisões. Assim, na Alemanha tem-se as decisões denominadas de apelativas (*Appelentscheidugen*), pelas quais se declara uma lei ou uma situação jurídica como "ainda" não inconstitucional, portanto, ainda aceitável, fazendo simultaneamente um apelo ao legislador, eventualmente dentro de um prazo expressamente determinado pelo Tribunal Constitucional. Uma das decisões dignas de nota diz respeito à incumbência constitucional expressa – sem fixação de prazo – de criar para as crianças nascidas fora do casamento condições iguais às das crianças nascidas de uma relação conjugal. Em 1969, passados vinte anos desde a promulgação da Lei Fundamental, o Tribunal Constitucional entendeu que já havia decorrido prazo suficiente para permitir ao legislador executar aquela clara imposição constitucional. Disse o Tribunal que essa omissão somente poderia ser suportada até o final do período legislativo em curso (menos de meio ano). Advertiu o Tribunal, ainda, que, caso o imperativo constitucional não fosse satisfeito pelo Parlamento no prazo fixado, poria em prática o direito, jurisprudencialmente (BverfGE 25, 167). Como se pode notar, muito embora as decisões apelativas não tenham efeitos jurídicos imediatos, contêm simultaneamente a advertência de que uma determinada situação inconstitucional não será mais aceitável no futuro – eventualmente após o decurso de um período de tempo definido precisamente pelo Tribunal Constitucional.[127]

No Brasil há registro de uma sentença apelativa, proferida pelo Supremo Tribunal Federal, em sua composição plena, em apreciação de *habeas corpus* impetrado por defensor público a favor de acusado que teve recusada sua apelação em segundo grau por intempestiva, sem que o tribunal *a quo* levasse em conta o prazo (em dobro para recorrer) estabelecido pelo § 5º do art. 5º da Lei 1.060, de 05.02.1950, acrescentado pela Lei 7.871, de 08.11.1989. O Supremo Tribunal considerou que, muito embora seja discriminatória a previsão de prazo em dobro em favor da Defensoria Pública, o prazo em dobro justificou-se no tempo em face do desequilíbrio que representava a defesa dos réus necessitados em confronto com o Ministério Público. Muito embora a Constituição tenha estabelecido a criação das Defensorias Públicas, no momento do julgamento do *habeas corpus* o Estado do Rio Grande do Sul – sede do juízo *a quo* recorrido – ainda não tinha organizado essa instituição, nos termos do art. 134 da CF. Desse modo, em face da ausência da organização da Defensoria Pública, *a lei que estabelece o prazo em dobro ainda era constitucional,*

---

[126] BverfGE 36, 126; tb. ZEIDLER, Wolfgang. A justiça constitucional no quadro das funções do Estado. *Justiça constitucional e espécies, conteúdo e efeitos das decisões sobre a constitucionalidade das normas.* Lisboa: Tribunal Constitucional, 1987. p. 60.

[127] Cf. ZEIDLER, Wolfgang. Op. cit., p. 64. Em sentido idêntico, as seguintes decisões do *Bundesverfassungsgericht*: BVerfGE 3, 225; BverfGE 33, 1; BverfGE 40, 276; BverfGE 41, 251; BverfGE 23, 242; BverfGE 65, 160.

passando a ser inconstitucional a partir do momento em que a Defensoria Pública dispuser de paridade de armas com o Ministério Público.[128]

Ainda do direito alemão vem a "simples verificação de inconstitucionalidade sem a pronúncia de nulidade" (declaração de desconformidade). Como exemplo, há o caso da regulamentação legal que permitia às viúvas, e não aos órfãos em determinadas circunstâncias, pedirem o reembolso de contribuições para o seguro de velhice. Em todos os casos em que era concedido um benefício ou uma prestação pelo Estado a um determinado grupo de pessoas e membros de um outro alegavam que a não concessão do mesmo benefício ou prestação lesava o princípio de igualdade, o dilema era óbvio: se o Tribunal Constitucional declarasse nulas as disposições legais que concedem os benefícios – no caso em tela, a favor das viúvas –, eliminar-se-ia o tratamento desigual; entretanto, desse modo, não seriam beneficiados os peticionários, uma vez que estes, em última análise, desejavam ser colocados tão bem – ou tão mal – como o outro grupo. O que o Tribunal censurou foi a existência na lei de uma lacuna que, do ponto de vista dos peticionários, era inconstitucional; mas uma lacuna dificilmente pode ser declarada nula. Acresça-se que o legislador tem mais possibilidades de remediar a violação da Constituição: afinal, pode retirar os benefícios aos que os recebiam até então, pode concedê-los ao grupo que até então não os recebia, ou pode estabelecer uma regulamentação e delimitação totalmente novas. Nesse caso, o respeito pela margem constitutiva do legislador exige que o Tribunal apenas declare que a desigualdade em questão viola a Constituição. Em termos processuais, isso significa que os tribunais que se ocupam dos litígios devem suspender o processo, a fim de esperar pela decisão do legislador (BverfGE 22, 349). De registrar que, quando uma norma é declarada incompatível com a Constituição, nesta modalidade de decisão, ela deixa de poder ser aplicada a partir do momento da decisão. Para evitar situações de incerteza, o Tribunal tem-se pronunciado, cada vez mais, sobre os efeitos jurídicos que devem vigorar no período intermédio até a emissão do novo regime legal.[129]

Para demonstrar a dificuldade e quiçá a impossibilidade de sistematizar a diversidade que assumem as decisões, vale registrar as sentenças denominadas de "complementares à lei" emanadas pelo Tribunal Constitucional da Áustria. Com efeito, o VfGH tem procurado, em alguns casos, deduzir da Constituição normas que complementem uma lei ordinária de modo a tornar esta constitucional. Esse complemento da lei, imprescindível para a sua conformidade com a Constituição, aparece decisivamente na qualidade de legislador positivo.

A decisão do VfGh VfSlg 9909/1983, tomada em um processo de queixa constitucional, demonstra muito claramente esse conteúdo complementar da lei. No caso específico, tratava-se da admissibilidade constitucional da recusa de uma autorização em matéria de telecomunicações para a instalação de um sistema de rádio (ou televisão) por cabo. Depois de o VfGh ter reconhecido a constitucionalidade do monopólio jurídico da empresa radiofônica estadual ORF, interpretou a lei constitucional federal sobre a independência

---

[128] Ver MENDES, Gilmar F. *Moreira Alves e o controle de constitucionalidade*, op. cit., p. 423.

[129] Cf. ZEIDLER, Wolfgang. Op. cit., p. 69-70.

Cap. 4 · O MODELO DE JURISDIÇÃO CONSTITUCIONAL NO BRASIL | **403**

da rádio como contendo uma proibição de realizar emissões radiofônicas enquanto não for emitida uma lei federal nesse sentido, de modo que "todas as autoridades que possam influir na realização de emissões radiofônicas fiquem obrigadas a aplicar a lei constitucional federal do rádio". No parágrafo seguinte da decisão, o Tribunal formulou a seguinte norma, considerada como "complementar": "A autorização a uma entidade de telecomunicações da instalação e funcionamento de tais estruturas de transmissão, as quais se destinam a realizar emissões radiofônicas, não pode (segundo o art. 1º, 1, da lei constitucional federal do rádio) ser atribuída enquanto não for emitida uma lei federal nos termos do art. 1º, 2, dessa lei constitucional federal".[130]

De qualquer sorte, não é necessário ir muito longe para encontrar decisões construtivas, aditivas, redutivas e/ou manipulativas, bastando, para tanto, examinar as súmulas brasileiras, que, muitas vezes, indo além da fixação de determinada interpretação, são típicas decisões enquadráveis nos conceitos anteriormente especificados.

Com efeito, há considerável número de súmulas que podem ser consideradas como *contra legem*/inconstitucionais e *extra legem*. Na primeira categoria podem ser citados os seguintes exemplos: a Súmula 554 do STF, que criou uma forma de extinção de punibilidade de crime, ao assinalar que "o pagamento de cheque emitido sem provisão de fundos, após o recebimento da denúncia, não obsta ao prosseguimento da ação penal", e que deu margem a interpretação *contrario sensu*, no sentido de que, "se o pagamento do cheque for efetuado antes do recebimento da denúncia, será causa extintiva da punibilidade", configurando flagrante contrariedade ao disposto no art. 16 do Código Penal; a Súmula 521 do STF, que estabeleceu que "o foro competente para o processo e julgamento dos crimes de estelionato, sob a modalidade da emissão dolosa de cheque sem provisão de fundos, é o do local onde se deu a recusa do pagamento pelo sacado", contrariando literalmente o art. 70 do Código de Processo Penal.

Na mesma linha, podem ser referidas: a Súmula 2 do STJ, que impediu a propositura de *habeas data* sem que haja prova da recusa de informações por parte da autoridade administrativa, em flagrante violação do art. 5º, LXXII, da Constituição Federal, que não faz tal exigência; a escandalosa Súmula 310 do TST, que havia dado "nova redação" ao inciso III do art. 8º da CF, constituindo-se em verdadeira "emenda constitucional", em dissonância com o texto da Constituição;[131] a Súmula 174 do STJ, que estabelecia que arma

---

[130] Cf. OBERNDORFER, Peter. A justiça constitucional no quadro das funções estaduais, op. cit., p. 162-163.

[131] Era o seguinte o teor da Súmula 310: "I – O *art. 8º, inciso III, da Constituição da República não assegura a substituição processual pelo sindicato.* II – A substituição processual autorizada ao sindicato pelas Leis 6.708, de 30.10.1979, e 7.238, de 29.10.1984, limitada aos associados, restringe-se às demandas que visem aos reajustes salariais previstos em lei, ajuizadas até 03.07.1989, data em que entrou em vigor a Lei 7.788/1989. III – A Lei 7.788/1989, em seu art. 8º, assegurou, durante sua vigência, a legitimidade do sindicato como substituto processual da categoria. IV – A substituição processual autorizada pela Lei 8.073, de 30.07.1990, ao sindicato alcança todos os integrantes da categoria e é restrita às demandas que visem à satisfação de reajustes salariais específicos resultantes de disposição prevista em lei de política salarial. V – Em qualquer ação proposta pelo sindicato como substituto processual, todos os substituídos serão individualizados na petição inicial e, para o início da execução, devidamente identificados pelo número da CTPS ou de qualquer documento

de brinquedo era equivalente a arma de fogo, redefinindo claramente um tipo penal, que diz respeito ao uso de arma (despiciendo dizer que arma de brinquedo não é arma, pelo simples fato de que é um brinquedo – não se pode, idealisticamente, equiparar um artefato de brinquedo ao objeto que, na tradição, denominamos de "arma"); a Súmula 203 do mesmo tribunal, que estabeleceu uma regra de processo penal, ao deixar assentado não caber recurso especial contra decisão proferida por órgão de segundo grau dos Juizados Especiais, restringindo, desse modo, o acesso à justiça, em flagrante violação aos princípios da isonomia e do devido processo legal; a Súmula 52, de igual origem, que, ao estabelecer que "encerrada a instrução criminal, fica superada a alegação de constrangimento por excesso de prazo", além de criar uma regra de processo penal, impede, metafisicamente, o exame das peculiaridades de cada caso particular de constrangimento por excesso de prazo.[132]

---

de identidade. *VI* – É lícito aos substituídos integrar a lide como assistente litisconsorcial, acordar, transigir e renunciar, independentemente de autorização ou anuência do substituto. VII – Na liquidação da sentença exequenda, promovida pelo substituto, serão individualizados os valores devidos a cada substituído, cujos depósitos para quitação serão levantados através de guias expedidas em seu nome ou de procurador com poderes especiais para esse fim, inclusive nas ações de cumprimento. VIII – *Quando o sindicato for o autor da ação na condição de substituto processual, não serão devidos honorários advocatícios*" (grifei). De frisar que esta Súmula foi editada tendo em vista o art. 8º, III, da CF, que tem a seguinte redação: "É livre a associação reajustes salariais específicos resultantes de disposição prevista em lei de política salarial. V – Em qualquer ação proposta pelo sindicato como substituto processual, todos os substituídos serão individualizados na petição inicial e, para o início da execução, devidamente identificados pelo número da CTPS ou de qualquer documento de identidade. *VI* – É lícito aos substituídos integrar a lide como assistente litisconsorcial, acordar, transigir e renunciar, independentemente de autorização ou anuência do substituto. VII – Na liquidação da sentença exequenda, promovida pelo substituto, serão individualizados os valores devidos a cada substituído, cujos depósitos para quitação serão levantados através de guias expedidas em seu nome ou de procurador com poderes especiais para esse fim, inclusive nas ações de cumprimento. VIII – *Quando o sindicato for o autor da ação na condição de substituto processual, não serão devidos honorários advocatícios*" (grifei). De frisar que esta Súmula foi editada tendo em vista o art. 8º, III, da CF, que tem a seguinte redação: "É livre a associação profissional ou sindical, observado o seguinte: [...] III – ao sindicato cabe a defesa dos direitos e interesses coletivos ou individuais da categoria, inclusive em questões judiciais ou administrativas". A Súmula 310, diante da atual posição do STF, foi cancelada pela Resolução 119 do TST, de 25.09.2003 (*DJU* 1º.10.2003). O STF, sobre o tema, editou os seguintes enunciados: "A impetração de mandado de segurança coletivo por entidade de classe em favor dos associados independe da autorização destes" (Súmula 629); e "A entidade de classe tem legitimação para o mandado de segurança ainda quando a pretensão veiculada interesse apenas a uma parte da respectiva categoria" (Súmula 630).

[132] Atualmente, o STJ vem relativizando a Súmula 52, invocando a garantia da razoável duração do processo, estabelecida no art. 5º, LXXVIII, da Constituição. Nesse sentido, as seguintes decisões: "Processual penal. *Habeas corpus*. Porte de arma e formação de quadrilha. Excesso de prazo. Processo que aguardou oito meses para o oferecimento das alegações finais do Ministério Público e que se encontra concluso para sentença há cerca de cinco meses. Constrangimento ilegal. Não aplicação da Súmula 52/STJ. Ordem concedida. [...] 2. *A Súmula 52 desta Corte não constitui* óbice *quando há dilação excessiva do prazo para a prolação da sentença não imputada à defesa, máxime após a superveniência do inciso LXXVIII do art. 5º da CF, inserido pela EC 45/2004, que eleva ao patamar de garantia fundamental a razoável duração do processo e os meios que assegurem a celeridade de sua tramitação*. [...]" (HC 77.617/PE, rel. Min. Arnaldo Esteves Lima, 5ª Turma, j. 10.05.2007, *DJ*

Cap. 4 · O MODELO DE JURISDIÇÃO CONSTITUCIONAL NO BRASIL | **405**

Na segunda categoria (*extra legem*), é possível elencar: a Súmula 7 do STJ, que estabelece que "a pretensão de simples reexame de prova não enseja recurso especial",[133] matéria que não está especificada em lei; a Súmula 400 do STF, que estipula(va) que "decisão que deu razoável interpretação à lei, ainda que não seja a melhor, não autoriza recurso extraordinário pela letra *a* do art. 101, III, da Constituição Federal", e que até há pouco tempo ainda era aplicada pelo Superior Tribunal de Justiça, estabelecendo mecanismos restritivos ao juízo de admissibilidade de recursos não previstos em lei.[134]

De outra banda, no quotidiano das práticas dos Tribunais é utilizada uma série de ementas provenientes de decisões que, embora não transformadas em súmulas, representam efetivos "comandos" legislativos *decorrentes de decisões redefinitórias das mais variadas cortes de justiça*. Exemplificadamente: "Mostra-se consentâneo com a ordem jurídica em vigor provimento judicial que, considerada pena prevista para o tipo de dois a dez anos de reclusão, fixa-a em quatro anos e seis meses, aludindo-se às circunstâncias judiciais passíveis de enquadramento no art. 59 do CP – personalidade do réu, reprovação da conduta social e gravame à ordem social e econômica" (*RT 727/420*).[135]

Salta aos olhos o caráter metafísico desse verbete, uma vez que absolutamente descontextualizado do caso concreto, mas, que, no quotidiano das práticas dos operadores, transforma-se em um *prêt-à-porter* de enorme valia. "Colocação de ofendículo configura exercício regular de direito" (*RT 607/367*).[136] "Frequência a curso superior não é possível no regime fechado"

28.05.2007, p. 382); "Processual penal. *Habeas corpus.* 1. Decreto de prisão preventiva. Inidoneidade da fundamentação. Inocorrência. Indicação de elementos concretos a justificar a prisão. 2. Excesso de prazo. Diligências complementares requeridas pelo Ministério Público. Mais de um ano para cumprimento. Flexibilização do teor da Súmula 52. Garantia da razoável duração do processo. Recurso provido. [...] 2. *Ainda que encerrada a instrução, é possível reconhecer o excesso de prazo, diante da garantia da razoável duração do processo, prevista no art. 5º, LXXVIII, da Constituição. Reinterpretação da Súmula 52* à luz do novo dispositivo. [...]" (RHC 20.566/BA, rel. Min. Maria Thereza de Assis Moura, 6ª Turma, j. 12.06.2007, *DJ* 25.06.2007, p. 300); "Processual penal. *Habeas corpus.* Receptação. Formação de quadrilha. Porte ilegal de arma. Excesso de prazo configurado. Ordem concedida. [...] 2. A segregação cautelar, por mais de dois anos, sem que a defesa tenha concorrido para a demora na formação da culpa, extrapola os limites da razoabilidade, configurando constrangimento ilegal. [...]" (HC 52.288/BA, rel. Min. Arnaldo Esteves Lima, 5ª Turma, j. 20.06.2006, *DJ* 01.08.2006, p. 482) (destaques nossos). Outro exemplo importante de mitigação ocorreu com a Súmula 691 do STF ("*Não compete ao Supremo Tribunal Federal conhecer de* habeas corpus *impetrado contra decisão do Relator que, em* habeas corpus *requerido a tribunal superior, indefere a liminar*"), verbete que sempre causou muitos equívocos na comunidade jurídica. Com efeito, o Supremo, na linha dos julgados que deram origem ao enunciado, por muitas vezes excepcionou a aplicação da referida súmula quando manifesta a ilegalidade do ato atacado e que ensejou o indeferimento da liminar pelo tribunal superior.

[133] Registre-se que o STJ diferencia "reexame de prova" de "revaloração de prova" – é o caso, por exemplo, da avaliação dos requisitos de uma perícia criminal –, admitindo recurso especial nesta última hipótese.

[134] Nesse sentido, ver STRECK, L. L. *Súmulas no direito brasileiro*, op. cit., p. 182 e ss.

[135] Cf. MIRABETE, Julio F. *Código Penal interpretado*. São Paulo: Atlas, 1999. p. 332-333.

[136] Cf. JESUS, Damásio E. de. *Código Penal anotado*. São Paulo: Saraiva, 1991. p. 88.

(*RT* 595/313).[137] "Condenado birreincidente deve iniciar o cumprimento da pena em regime fechado".[138] "Rubor na pele não é lesão corporal".[139] "Chave falsa é todo instrumento, com ou sem forma de chave, destinado a abrir fechaduras"[140] – somente para citar alguns dos milhares de verbetes (transformados em "categorias" metafísicas) que os manuais jurídicos colocam à disposição dos operadores, *que são aplicados enquanto universalidades conceituais, e que impedem o aparecer da singularidade dos casos*. Veja-se, para tanto e entre múltiplos exemplos que podem ser agregados à discussão, a aplicação descontextualizada do verbete "condenado birreincidente deve iniciar o cumprimento da pena em regime fechado",[141] na hipótese de um indivíduo reincidente em dois delitos, um deles de lesão corporal leve e outro de apropriação indébita. Cometendo um crime de lesão corporal leve, uma apropriação indébita ou um esbulho possessório, deverá o condenado iniciar a pena em regime fechado. Mais uma vez e sempre, recordo a discussão acerca da necessidade de se recorrer à teoria da decisão, para evitar a "independização" de verbetes e conceitos jurídicos em geral.

Por último, releva registrar, sobremodo, que os tribunais, quotidianamente, constroem normas jurídicas (novos textos, pois)[142] – que não necessitam sequer ser transformadas em súmulas –, que alteram o ordenamento jurídico, sem que isso cause perplexidade no imaginário dos juristas.

Não se contesta esse tipo de decisão pela simples razão de que tal procedimento faz parte do processo de atribuição de sentido, próprio de todo processo hermenêutico. Na realidade, somente causa perplexidade – e só então a questão é trazida para a discussão da dicotomia jurisdição-legislação e suas consequências –, quando determinadas decisões interpretativas (seja a classificação que se dê) se mostram em desconformidade com o sentido comum teórico (teto hermenêutico) preestabelecido pela dogmática jurídica. Ou seja, o limite do sentido e o sentido do limite ficam adstritos àquilo que o sentido comum aceita como possibilidade construtiva.

Portanto, não deve haver surpresa por parte da doutrina ou da jurisprudência com relação ao caráter das decisões que, aparentemente – e somente aparentemente – desbordam dos postulados (metafísicos) do pensamento dogmático do direito. Ou seja, historicamente (como demonstrado acima) têm sido elaboradas decisões que redefinem o conteúdo de base do texto jurídico.

---

[137] Idem.

[138] Idem, p. 117.

[139] Idem, p. 338.

[140] Idem, p. 446.

[141] Como contraponto, cabe registrar que há considerável corrente doutrinária e várias decisões de tribunais que reconhecem que a reincidência é inconstitucional. Ver, para tanto, STRECK, L. L. *Tribunal do Júri: símbolos e rituais*. 4. ed. Porto Alegre: Livraria do Advogado, 2001; CARVALHO, Salo de. Reincidência e antecedentes criminais: abordagem crítica desde o marco garantista. *Revista de Estudos Criminais*, Porto Alegre: ITEC, n. 1, p. 109 e ss., 2001. O Supremo Tribunal Federal aceitou a repercussão geral para discutir a inconstitucionalidade da reincidência. O *case* está pendente de julgamento.

[142] Além da construção *stricto sensu* de novos textos legais, os tribunais efetuam forte atividade corretiva, o que se pode ver, *v.g.*, no julgamento do HC 72862-6 (STF, 2ª T., *DJ* 25.10.1996).

Cap. 4 · O MODELO DE JURISDIÇÃO CONSTITUCIONAL NO BRASIL | **407**

Por isso, é necessário acabar com a ilusão, própria do modelo liberal-normativista e do constitucionalismo anterior ao do Estado Democrático de Direito, de que os tribunais agem como legislador negativo. "*Es del todo claro, sin embargo, que 'cualquier modificación de un sistema normativo crea reglas nuevas'* (Rubio Llorente) y que así ocurre siempre, por la plenitud que es de esencia al ordenamiento, cuando la anulación recae sobre un enunciado legal. En los casos de declaración de nulidad parcial, que afectan a incisos o fragmentos de una disposición, este resultado es apreciable aun cuando lo anulado es lógicamente separable, por tener entidad preceptiva propia, del enunciado en el que el fragmento se incluye (declaraciones de nulidad de preceptos 'en cuanto que' ordenan, de modo expreso, determinada situación; de este tipo fueron, por no poner sino un ejemplo, muchas de las declaraciones de nulidad que, por motivos competenciales, dictó la SCT 149/91, Ley de Costas). Pero el componente creador de la anulación se alcanza, en su grado máximo, cuando lo que se dicta es una nulidad 'cualitativa parcial' (Ahumana), es dicer, cuando se suprimen del texto enjuiciado incisos o palabras que alteran o innovan su sentido inescindible; así ocurrió, por poner un ejemplo temprano y bien patente, con la STC 103/83 (artículo 160 de la LGSS) que, al suprimir, en lo que ahora importa, el inciso 'la viuda' que contenía el precepto cuestionado, provocó la extensión a los viudos varones de un régimen igual al de las viudas para ele disfrute de la pensión correspondiente."[143]

Inúmeras decisões (e súmulas) claramente estabelecem novos textos, até mesmo à revelia da Constituição. Tal fato não tem recebido contestação por parte da doutrina.[144] Ao contrário, até mesmo as súmulas como a de n. 554 do STF, acerca do cheque sem fundo, são justificadas intrassistemicamente. Isso, todavia, não constitui problema maior. O que deve ser dito é que o processo interpretativo é sempre aplicativo e construtivo. Daí a diferença nítida entre texto jurídico e norma jurídica, questão muito bem resolvida no direito português, a partir do próprio texto da Constituição.

Mas, mais do que isso, é necessário ter claro que se trata uma dupla mudança paradigmática que conduz a uma compreensão da problemática exsurgente das mais variadas espécies de sentenças produzidas pelos Tribunais após o advento do Estado Democrático (e Social) de Direito. De um lado, a *viragem linguística* produz o rompimento com a hermenêutica clássica, de cunho reprodutivo e objetificante, fazendo surgir as correntes hermenêuticas concretizantes, que, de um modo ou de outro, ultrapassam o velho modo-de-interpretar, que acreditava na existência de sentidos unívocos, na possibilidade de que "na clareza da lei cessa a interpretação", e que o intérprete, a partir de sua subjetividade, fazia surgir o sentido. De outro, a falência do modelo liberal de direito e a revolução copernicana (J. Miranda) produzida pelo novo constitucionalismo. Com efeito, como descreve Medeiros, se na época liberal bastava cassar a lei, no período do Estado Social, em que se reconhece que a própria omissão de medidas soberanas pode pôr em causa o ordenamento constitucional, torna-se

---

[143] Cf. QUECEDO, Manuel Pulido. *La ley del Tribunal Constitucional anotada con jurisprudencia*. Madrid: Civitas, 1995. p. 37-38.

[144] Se examinarmos com certo cuidado a doutrina brasileira, constataremos, sem maior dificuldade, que esta, em vez de servir de *topos* orientador para a jurisprudência, na prática limita-se a descrever aquilo que os tribunais decidem. Ou seja, a doutrina não doutrina, é doutrinada pelos tribunais.

necessária a intervenção do Tribunal Constitucional (e dos demais órgãos do Poder Judiciário).[145] De fato, enquanto para eliminar um limite normativo e restabelecer uma liberdade basta(va) invalidar o texto normativo em causa, o mesmo não se pode dizer quando se trata de afastar uma omissão legislativa inconstitucional. Urgia, pois, a criação de um modelo de justiça adequado aos novos paradigmas de Estado e de direito.

Falharam as teses que tenta(va)m pôr os Tribunais em uma atividade contemplativa. Enfim, o alargamento (e o redimensionamento) das funções dos Tribunais (mormente os Tribunais Constitucionais) constituiu-se em uma resposta à própria crise das instituições democráticas.

Em suma, aduz Medeiros: "Segundo esta visão, a concepção kelseniana de legislador negativo não se adapta às constituições contemporâneas (Adriano Giovannelli), não podendo hoje a lei ser vista apenas como um produto do legislador em sentido tradicional. O próprio Tribunal Constitucional participa, em certo sentido, na função legislativa (Dominique Rousseau), não desempenhando apenas 'funções puramente jurisdicionais. Embora seja primacialmente um Tribunal, por vezes terá de desempenhar o papel de um verdadeiro órgão legislativo' (Vitalino Canas)".[146]

4.4.1.2.3 A interpretação conforme a Constituição (*Verfassungskonforme Auslegung*) e a nulidade parcial sem redução de texto (*Teilnichtigerklärung ohne Normtextreduzierung*)

Em nosso sistema jurídico, releva notar que o Supremo Tribunal Federal de há muito – embora em pouquíssimos casos – vem aplicando a interpretação conforme a Constituição (*verfassungskonforme Auslegung*) e a nulidade (inconstitucionalidade) parcial sem redução de texto (*Teilnichtigerklärung ohne Normtextreduzierung*), institutos herdados do direito alemão.[147] Muito embora alçados à condição de técnicas de controle abstrato de constitucionalidade pela Lei 9.868/1998, a ponto de terem tais decisões eficácia vinculante e efeito *erga omnes* (*sic*), não se afigura correto afirmar que os institutos se equivalem.

---

[145] Para uma análise detalhada sobre a diferenciação entre ativismo judicial e judicialização da política, ver Tassinari, Clarissa. *Jurisdição e ativismo judicial*: limites da atuação do judiciário. Porto Alegre: Livraria do Advogado Editora, 2013, *passim*.

[146] Cf. Medeiros, Rui. *A decisão de inconstitucionalidade*, op. cit., p. 493 e 495, fazendo alusão ao magistério de Brünneck, Alexander V. *Verfassungsgerichtbarkeit in den westlichen Demokratien*. Baden-Baden: Nomos, 1992. p. 166 e ss.; D'orazio, Giustino. *Soggetto privato e processo constituzionale italiano*. Torino: Giappichelli, 1992. p. 35-36; Trocker, Nicolò. Le omissioni del legislatore e la tutela giurisdizionale dei diritti di liberta. *Archivio Giurídico*, 1970, p. 88 e ss.; *Processo civile e constituzione*. Milano: Giuffrè, 1974. p. 126; Canas, Vitalino. *Introdução às decisões de provimento do Tribunal Constitucional*, op. cit., p. 96 e 97, em nota; Giovannelli, Adriano. Alcune considerazioni sul modello della Verfassungsgerichtsbarkeit kelseniana, nel contexto del dibattito sulla funzione "politica" della Corte Constituzionale. *Scritti su la giustizia constituzionale in onore di Vezio Crisafulli, I*. Padova: Cedam, 1985. p. 414 e ss.; Rousseau, Dominique. *La justice constitutionnelle en Europe*. Paris: Montchrestien, 1992. p. 141 e ss. Também Rousseau, Dominique. *Droit du contentieux constitutionnel*. Paris: Montchrestien, 1993. p. 407 e ss.

[147] Nesse sentido, remeto o leitor aos seguintes julgados do Supremo Tribunal Federal: ADI 319, rel. Min. Moreira Alves, *DJ* 30.04.1993, p. 7563; ADI 491, rel. Min. Moreira Alves, *RTJ* 137, p. 90 e ss.; ADI 1.370-0/DF.

Cap. 4 · O MODELO DE JURISDIÇÃO CONSTITUCIONAL NO BRASIL | **409**

Em Portugal, os contornos entre os dois institutos estão devidamente definidos, sendo a interpretação conforme também denominada de decisão interpretativa de rejeição, que ocorre quando uma norma julgada inconstitucional pelo Tribunal *a quo* (decisão positiva) é considerada como constitucional pelo Tribunal Constitucional, desde que ela seja interpretada num sentido conforme a Constituição (interpretação adequadora), diferente do atribuído pelo tribunal recorrido, donde é exemplo interessante o Acórdão TC 63/85. Já a inconstitucionalidade parcial sem redução de texto também é conhecida na Itália como decisão interpretativa de acolhimento (ou de acolhimento parcial), ou inconstitucionalidade parcial qualitativa, ideal, ou vertical, ou, ainda, decisão redutiva qualitativa. É, pois, o inverso da anterior (interpretação conforme). Na inconstitucionalidade parcial sem redução de texto, o resultando é obtido julgando-se inconstitucional o preceito "enquanto" ou "na medida em que" ou "na parte em que" incorpora um certo conteúdo de sentido ou uma certa dimensão aplicativa. Ou seja, *declara-se inconstitucional um certo segmento ou secção ideal da norma questionada*, donde são exemplos interessantes os acórdãos TC 75/85, 143/85, 336/86.[148]

Alguns autores entendem que não há diferenças sensíveis entre a interpretação conforme a Constituição e a inconstitucionalidade parcial sem redução de texto. Wassilios Skouris, por exemplo, comunga dessa tese, dizendo que a similitude exsurge quando se observa que a interpretação conforme, na acepção usualmente utilizada, envolve, no seu lado negativo, a rejeição de uma decisão (inconstitucional) da lei, não sendo possível nem necessária uma distinção razoável entre os dois tipos de decisão. Com essa posição não concordam Canotilho e Medeiros, aludindo este que "as afinidades que existem entre as decisões interpretativas que envolvem simultaneamente o repúdio de um sentido inconstitucional da lei e as decisões de inconstitucionalidade parcial qualitativa *não legitimam a confusão entre os dois tipos de decisão*. Enquanto na inconstitucionalidade parcial sem redução de texto (qualitativa) as diferentes normas que se extraem da disposição podem operar contemporaneamente, pois regulam *fattispecie* diversas ou determinam efeitos independentes, já na interpretação conforme a Constituição as diferentes normas que resultam das interpretações contrastantes estão destinadas a operar alternativamente".[149]

---

[148] Ver, para tanto, Canotilho, J. J. Gomes. *Direito constitucional*, op. cit., p. 992; Brito, Mário de. Sobre as decisões interpretativas, op. cit., p. 57 e ss.; Cardoso da Costa, José Manuel M. A justiça constitucional no quadro das funções do Estado. *Justiça constitucional e espécies, conteúdo e efeitos das decisões sobre a constitucionalidade das normas*. Lisboa: Tribunal Constitucional, 1987. p. 59. Ressalte-se que, ao lado da inconstitucionalidade parcial sem redução de texto (inconstitucionalidade parcial qualitativa, ideal ou vertical), há a inconstitucionalidade parcial horizontal ou quantitativa, pela qual se declara inconstitucional uma parte da disposição de um período ou de uma frase formuladora da norma. No Brasil, veja, por exemplo, a ADI 409 do STF.

[149] Consultar Medeiros, Rui. *A decisão de inconstitucionalidade*, op. cit., p. 318; Canotilho, J. J. Gomes. *Direito constitucional e teoria da Constituição*, op. cit., p. 992; Skouris, Wassilios. *Teilnichtigkeit von Gesetz*, op. cit., p. 90 e ss.; Pizzorusso, Alessandro. La motivazione delle decisioni della Corte Constituzionale: comandi o consigli? *RTDP*, 1963, p. 375 e ss.; Benda, Ernst; Klein, Eckard. *Lehrbuch des Verfassungsprozessrechts*. Heidelberg: Müller, 1991. p. 498 e ss.; Bogs, Harald. *Die verfassungskonforme Auslegung von Gesetzen – Unter besonderer Berücksichtigung der Rechtsprechung des Bundesverfassungsgerichts*. Stuttgard/Berlin/Köln/Mainz: Kolhammer, 1966. p. 259 e ss.

Com efeito, embora a confusão que se possa fazer entre a declaração de nulidade sem redução de texto e a interpretação conforme a Constituição, deve ficar claro, com Gilmar Ferreira Mendes, que, enquanto nesta se tem, dogmaticamente, a declaração de que uma lei é *constitucional* com a interpretação que lhe é conferida pelo órgão judicial, naquela ocorre a expressa exclusão, por inconstitucionalidade, de determinada(s) hipótese(s) de aplicação (*Anwendungsfälle*) do programa normativo sem que se produza alteração expressa do texto legal.[150] Essa diferença, de pronto, impõe um olhar diferente sobre cada uma das modalidades. Aliás, que se trata de dois mecanismos diferentes não há qualquer dúvida, o que se pode perceber pela própria redação do parágrafo único do art. 28 da Lei 9.868/1999.[151]

Mais ainda, diz Mendes, se se pretende realçar que determinada aplicação do texto normativo é inconstitucional, dispõe o Tribunal da declaração de inconstitucionalidade sem redução de texto, que, além de se mostrar tecnicamente adequada para essas situações, tem a virtude de ser dotada de maior clareza e segurança jurídica expressa na parte dispositiva da decisão. Por exemplo, na decisão de nulidade parcial sem redução de texto, constará que a norma *x* será inconstitucional se aplicável às seguintes hipóteses...; ou, *contrario sensu*, como constou na decisão da ADI 491, a norma impugnada só é constitucional se se lhe der a interpretação que este Tribunal entende compatível com a Constituição.[152]

As ADIs 491, 939 e 1.045 estão a mostrar que a declaração parcial de inconstitucionalidade sem redução de texto parece estar ganhando autonomia como técnica de decisão no âmbito da Suprema Corte.[153] Como sinaliza Mendes (ibidem), tudo indica, desse modo, que, gradual e positivamente, o Supremo Tribunal afastou-se da posição inicialmente fixada, que equiparava simplesmente a interpretação conforme à declaração de inconstitucionalidade sem redução de texto.

---

[150] Cf. Mendes, Gilmar F. *Jurisdição constitucional*. São Paulo: Saraiva, 1999. p. 275.

[151] "A declaração de constitucionalidade ou de inconstitucionalidade, inclusive a interpretação conforme a Constituição e a declaração parcial de inconstitucionalidade sem redução de texto, têm eficácia contra todos e efeito vinculante em relação aos órgãos do Poder Judiciário e à Administração Pública federal, estadual e municipal."

[152] Cf. Mendes, Gilmar F. *Jurisdição constitucional*, op. cit., p. 275.

[153] Muito embora essa tendência, cabe registrar que, no julgamento 1.371-8, o Supremo Tribunal trilhou pela similitude dos institutos: "O Tribunal, por votação majoritária, julgou parcialmente procedente a ação direta, para, sem redução de texto, (a) dar, ao art. 237, V, da Lomin (LC 75/1993), interpretação conforme à Constituição, no sentido de que a filiação partidária de membro do Ministério Público da União somente pode efetivar-se nas hipóteses de afastamento de suas funções institucionais, mediante licença, nos termos da lei, e (b) dar, ao art. 80 da LC 75, interpretação conforme à Constituição, para fixar como única exegese constitucionalmente possível aquela que apenas admite a filiação partidária, se o membro do Ministério Público estiver afastado de suas funções institucionais, devendo cancelar sua filiação partidária antes de reassumir suas funções, quaisquer que sejam, não podendo, ainda, desempenhar funções pertinentes ao Ministério Público Eleitoral senão dois anos após o cancelamento dessa mesma filiação político-partidária, vencido o Ministro Octavio Gallotti, que julgava totalmente improcedente a referida ação direta. Plenário, 03.06.1998". Na mesma linha, a ADI 1.377-7.

Cap. 4 · O MODELO DE JURISDIÇÃO CONSTITUCIONAL NO BRASIL | 411

4.4.1.3 A interpretação conforme a Constituição e a inconstitucionalidade parcial sem redução de texto como decisões "interpretativas"

De qualquer modo, é preciso salientar que, embora tenham diferenças, ambas as "técnicas" a interpretação conforme a Constituição e a nulidade parcial sem redução de texto – são espécies do gênero "decisões interpretativas". Entretanto, ainda antes disso é preciso salientar que o conceito de "decisões interpretativas" perde importância se entendido a partir dos pressupostos da fenomenologia hermenêutica, questão, aliás, que já ficou esclarecida em ocasiões anteriores desta obra. Ou seja, a partir do rompimento com a concepção da hermenêutica clássica (e suas variantes), que trabalhava com a concepção de *Auslegung*, a hermenêutica filosófica estabelece a noção de *Sinngebung*, isto é, não há possibilidade de reprodução de um determinado sentido, uma vez que sempre há uma atribuição de sentido (afinal, a norma será sempre o resultado da interpretação de um texto, pela simples razão de que, como o ente é inacessível, é somente possível o acesso ao sentido do ser desse ente).

Portanto, a noção de sentenças interpretativas terá somente um caráter "metodológico", para apartar tais decisões daquelas consideradas dogmaticamente como "não problemáticas", isto é, daquelas nas quais o sentido não causa perplexidades no seio da comunidade jurídica, donde nunca é demais referir que o sentido de um texto somente é claro quando há um determinado consenso acerca dele. Surgindo discrepâncias, nasce a divergência de cunho interpretativo. As decisões interpretativas constituem, em *ultima ratio*, uma espécie de decisão em que há um aditamento explícito de sentido ou uma redução de uma das hipóteses aplicáveis ao texto. Dizendo de outro modo, as decisões assim denominadas interpretativas surgem no interior de um processo hermenêutico-corretivo do texto normativo, agregando-se acepções muitas vezes aquém ou além do explicitado ou querido pelo legislador.

Por isso tudo, há que se discordar de Rui Medeiros quando classifica a interpretação conforme a Constituição como sentença interpretativa, retirando tal epíteto da nulidade parcial sem redução de texto (inconstitucionalidade parcial qualitativa).[154] Com efeito, ambas as decisões que aplicam os institutos da interpretação conforme a Constituição e a nulidade parcial sem redução de texto são interpretativas, pois se afastam do cânone tradicional da interpretação do direito.[155]

Na medida em que as duas modalidades, ao adicionarem sentidos ou reduzirem incidências dos sentidos do texto, estabelecem correções à atividade legislativa, a toda evidência podem ser enquadradas como não ortodoxas, pois são manifestações dos tribunais que longe estão da clássica função de "legislador negativo", eis que, se assim não fosse, bastaria expungir o texto normativo do sistema, declarando-o inconstitucional. Ora, ao contrário disso, quando se está fazendo uma interpretação conforme ou uma nulidade parcial sem redução de texto, está-se elaborando uma decisão que refoge à ideia, própria do paradigma

---

[154] Cf. MEDEIROS, Rui. *A decisão de inconstitucionalidade*, op. cit., p. 317 e ss.

[155] Para alguns autores, a inconstitucionalidade parcial qualitativa é uma modalidade de sentença manipulativa, o que se pode ver na STC de Espanha n. 166/1987, de 7 de julho.

do constitucionalismo liberal, de os tribunais exercerem uma função dicotômica, isto é, ou declaram a inconstitucionalidade ou rejeitam a ação de inconstitucionalidade.

Portanto, em se aceitando a classificação de "sentenças interpretativas", forçoso será admitir a existência de sentenças "não interpretativas", questão que nos remete à questão da problematização hermenêutica dos sentidos dos textos jurídicos. Em termos didático-metodológicos, as sentenças não interpretativas, desse modo, seriam aquelas que (tão somente) declaram a inconstitucionalidade de uma lei ou rejeitam a ação de inconstitucionalidade.

Tal questão, entretanto, não pode implicar a ideia de que uma decisão de declaração de inconstitucionalidade também não será interpretativa pela simples razão de que, para tal, o tribunal estará rejeitando (outros) sentidos possíveis e, desse modo, atribuíveis aos mesmos textos. Assim, aceitando a validade da concepção de "sentenças interpretativas", ela deverá ser entendida *lato sensu*, enquadrando-se, nesse contexto, também as decisões que não "criam" ou "estabelecem" sentidos fora do sentido comum teórico engendrado pela dogmática jurídica de cada campo jurídico nacional.

4.4.1.4 A interpretação conforme a Constituição e o efeito vinculante como um problema a desafiar os juristas: é compatível com o Estado Democrático de Direito essa vinculação (sem uma adequada teoria da decisão)?

Como se pode perceber, a interpretação conforme a Constituição, ao lado da nulidade parcial sem redução de texto e das variações que assumem os diversos tipos de decisões emanadas dos tribunais, são questões que, necessariamente, devem ser analisadas à luz da hermenêutica. Antes de falar em "técnicas" ou mecanismos de controle de constitucionalidade, trata-se de analisar as condições de possibilidades que exsurgem do processo interpretativo e suas repercussões no mundo jurídico. Assim, quando um órgão judicial atribui um determinado sentido a um texto jurídico, é preciso ter claro que *está estabelecendo um dos sentidos possíveis*, muito embora a dificuldade hermenêutica que isso representa.

Não se pode deixar de lembrar, também aqui, que o processo interpretativo não opõe um intérprete (sujeito) a um texto (objeto). Esse mesmo processo interpretativo igualmente não implica entender que o intérprete estará diante de (meras) proposições jurídicas (textos legais); o empreendimento hermenêutico não se dá a partir de uma operação de subsunção de um fato em uma "categoria" (texto legal). A questão dita "de direito" será sempre uma questão "de fato".

É dessa "síntese hermenêutica" (que não decorre de um processo de conhecimento, mas, sim, "se dá hermeneuticamente") que exsurgirá o sentido que o intérprete irá atribuir ao texto. Esse sentido será um dos sentidos possíveis, pois, sendo os textos "existenciais", e não "meras categorias", é a condição de ser-no-mundo (faticidade e historicidade) que será a condição de possibilidade do desvelamento da *quaestio sub exame*. Casos jurídicos diferentes *proporcionarão outros (novos) sentidos* de um mesmo texto, que, repita-se, não existe "solto", categorialmente, no mundo jurídico. Um texto sempre se refere a algo. É esse "algo enquanto algo" que constitui o elemento ontológico que consubstancia a aludida síntese hermenêutica, questão chave para a Crítica Hermenêutica do Direito.

A interpretação conforme assume uma condição privilegiada no plano hermenêutico. Trata-se de um salto paradigmático, que rompe com as concepções tradicionais de interpretação constitucional e com a própria concepção de separação de poderes de Estado. Foi na década de 1950 do século passado que surgiu o instituto. Há registro de uma decisão de interpretação conforme a Constituição proferida já em 13 de fevereiro de 1952 pelo Tribunal da Baviera, na Alemanha. Haak anota, entretanto, que a técnica da interpretação conforme possui antecedentes no Tribunal Federal da Suíça, anteriormente a essa decisão. Importa referir, nos limites dessa abordagem, que a partir de 1955, mais especificamente em 7 de maio – E 2, 266(282) –, o *Bundesverfassungsgericht* passou a frequentemente renunciar à possibilidade de declarar a inconstitucionalidade de lei, toda vez que ela pudesse ser "salva", isto é, quando fosse possível interpretá-la em conformidade com a Constituição. Trata-se, no dizer de Béguin, de um mecanismo de depuração de inconstitucionalidade.[156]

Desnecessário referir que, muito embora a própria declaração de inconstitucionalidade de uma lei também abarque um dos sentidos possíveis, a retirada da lei do mundo jurídico, por sua nulificação, produz consequências absolutamente diferentes de quando o tribunal faz uma interpretação conforme a Constituição. No primeiro caso, independentemente de o entendimento do tribunal estar correto ou não, o texto é *expungido* (plano da validade) do ordenamento. Já no caso da interpretação conforme a Constituição, o texto normativo é "salvo", a partir de uma adaptação à Constituição. Portanto, é sobre esse terreno complicado que teremos de trilhar para a elucidação do problema relacionado ao efeito vinculante da interpretação conforme a Constituição feita pelo Supremo Tribunal Federal, nos exatos termos do parágrafo único do art. 28 da Lei 9.868/1999.

Aqui é preciso dizer, de pronto, com Medeiros,[157] que, "mesmo admitindo que o sentido indicado pelo Tribunal Constitucional é 'o único compatível com a Constituição', pode acontecer que o tribunal recorrido considere que, de acordo com as regras gerais de interpretação, não é possível chegar a um tal entendimento". Aliás, como lembra o mesmo autor, a diversidade das situações com que pode ser confrontado o Tribunal dificulta uma solução unívoca, bastando pensar que, desde os casos em que o sentido inconstitucional da lei não passa de uma hipótese praticamente acadêmica desprezada pela generalidade dos intérpretes até as hipóteses em que o *dirritto vivente* atribui à lei um significado inconstitucional, tudo pode acontecer. E aduz: "Qualquer resposta tem de tomar em consideração esta realidade heterogênea".[158]

Fazendo coro com Jorge Miranda, é preciso entender, pois, que a interpretação conforme a Constituição implica uma posição ativa e quase criadora do controle de constitucionalidade e de relativa autonomia das entidades que a promovem em face dos órgãos legislativos. Não pode, no entanto, deixar de estar sujeita a um requisito de razoabilidade: implica um mínimo de base na letra da lei; e tem de se deter aí onde o preceito legal, interpretado conforme a Constituição, fique privado de função útil ou onde, segundo

---

[156]   Cf. Béguin, Jean-Claude. *Le contrôle de la constitutionnalité*, op. cit., p. 186 e ss.

[157]   Cf. Medeiros, Rui. *A decisão de inconstitucionalidade*, op. cit., p. 365.

[158]   Idem, p. 387.

JURISDIÇÃO CONSTITUCIONAL • *Lenio Luiz Streck*

entendimento comum, seja incontestável que o legislador ordinário acolheu critérios e soluções opostos aos critérios e soluções do legislador constituinte.[159]

Permito-me agregar, desde logo, que a função criativa ínsita à interpretação conforme a Constituição torna-se ainda mais incisiva quando se trata de leis anteriores à Constituição, em face do novo fundamento de validade, mormente quando se trata de saltos paradigmáticos, isto é, quando se sai de regimes autoritários para regimes democráticos, isso porque não devemos esquecer que uma Constituição nascida de um processo constituinte como o brasileiro deve(ria) significar um processo de ruptura com o sistema jurídico anterior, construído sob a vigência de um não Estado de Direito. Há, pois, um contingente de textos normativos forjados em fundamento de validade absolutamente antitético com o regime democrático. Entra aí o fenômeno da recepção (ou não) desses textos pelo novo fundamento de validade do sistema. Nesse caso, a interpretação conforme transforma-se em importante mecanismo de filtragem hermenêutico-constitucional.

Sendo a interpretação conforme a Constituição uma forma adaptativa/corretiva e, por vezes, criadora de novos sentidos, e, portanto, dela não resulta a expunção da lei do ordenamento, mas, ao contrário, recupera-se sob uma nova norma (lembrando sempre e incisivamente que a norma é sempre o resultado da interpretação de um texto), uma decisão em sede de controle concentrado que adota a interpretação conforme não pode ter efeito vinculante! Nesse sentido, a avaliação de Jorge Miranda é definitiva: se o Tribunal não concluir pela existência de inconstitucionalidade com base em certa interpretação conforme a Constituição, esta não obriga nenhum tribunal ou nenhuma autoridade e, assim, pode uma interpretação não querida pelo Tribunal vir a ser a adotada na prática por outro tribunal ou por juízes ordinários! Por isso, acentua o mestre de Lisboa, o Tribunal "não pode decretar, com força obrigatória geral, que certa norma com certo alcance é inconstitucional e, ao mesmo tempo, que com alcance diverso não o é".[160]

4.4.1.5 *De como não é pacífica a tese da vinculatividade*

Comumente tem sido afirmado que a vinculação das decisões em sede de interpretação conforme tem respaldo no direito alemão. Isso tem servido de sustentáculo às teses dos que defendem, em *terrae brasilis*, o efeito vinculante em sede de interpretação conforme a Constituição, em sede de ação declaratória de constitucionalidade e das decisões que rejeitam ação direta de inconstitucionalidade. Convocando o auxílio de Rui Medeiros, posso afirmar que a questão não é tão simples! Com efeito, no direito tedesco, se um tribunal ordinário não vislumbra uma terceira interpretação suscetível de conduzir a um resultado igualmente conforme a Constituição, ele não pode questionar a constitucionalidade da

---

[159] Cf. MIRANDA, Jorge. *Manual de direito constitucional*. Coimbra: Coimbra Editora, 1996. t. II. p. 268-269.

[160] Embora Jorge Miranda esteja falando do Tribunal Constitucional português (ibidem), a situação é absolutamente similar à brasileira. Em Portugal, as decisões do Tribunal Constitucional têm força obrigatória. Entretanto, não há qualquer dispositivo na Constituição ou em lei ordinária que faça referência à forma obrigatória da interpretação conforme a Constituição.

Cap. 4 · O MODELO DE JURISDIÇÃO CONSTITUCIONAL NO BRASIL | **415**

interpretação adotada pelo juiz constitucional (exceto, naturalmente, nos casos em que não opera o efeito vinculativo ou a força de lei). Mas isso não o impede de adotar a sua própria interpretação conforme a Constituição. Na realidade, o Tribunal Constitucional apenas é chamado a declarar que uma determinada interpretação é inconstitucional. Por isso tem na verdade de mostrar que é possível, além dessa, uma outra interpretação. Em compensação, deve deixar em aberto a questão de saber se apenas é possível esta última ou se existem também outras interpretações compatíveis com a Constituição, não podendo, pois, impor aos tribunais competentes em razão da matéria uma determinada interpretação.[161]

De resto, o efeito vinculativo das decisões do Tribunal respeita apenas à interpretação da Constituição, não abrangendo a matéria da interpretação da lei. Numa palavra, embora os tribunais ordinários não possam considerar inconstitucional o sentido adotado pelo Tribunal Constitucional, isso não os impede de adotarem uma terceira interpretação igualmente conforme a Constituição, pois o Tribunal Constitucional Federal não está autorizado a estabelecer que uma determinada interpretação é a única correta. Ou seja, é demasiado simplificadora a afirmação de que a orientação alemã vai no sentido de que o Tribunal Constitucional pode impor aos tribunais em geral sua própria interpretação da lei.[162]

Em linha similar, Helmut Simon vai dizer que o próprio Tribunal Constitucional da Alemanha já rechaçou sua vinculação a posições prévias e rapidamente realizou alterações nos critérios de julgamento. O Tribunal foi muito criticado porque na sentença sobre o *Grundlagenvertrag* insistira em demasia na força vinculativa dos fundamentos jurídicos – BverfGE 36, 1 (36). Especificamente com relação à interpretação conforme, há um acordo em relação a que unicamente pode ser vinculante o veredicto acerca de interpretações contrárias à Constituição – BverfGE 40, 88 (93 s.), assim como a resolução do Pleno – BverfGE 54, 277. Tal interpretação se compadece bem com a ideia dinâmica que deve ter uma Constituição, assim como o fato de que é tarefa do *Bundesverfassungsgericht* defender a Constituição e não se dedicar a canonizar suas posições de outro tempo. Uma ideia restritiva da força vinculante parece mais aconselhável que proibições constitucionais, que, em caso de erro, resultam dificilmente corrigíveis, além do que a simples ameaça de que se vá buscar guarida junto ao Tribunal Constitucional gera reações antecipadas de preparação de novos projetos de lei.[163]

Em alentada síntese, Cardoso da Costa registra que, na terminologia italiana, a interpretação conforme recebe o nome de decisão interpretativa de rejeição, tratando-se, em geral, de decisões cujo sentido e alcance apuram-se por meio dos respectivos fundamentos e por reenvio para estes (que pode ser um reenvio específico) do teor da decisão ou dispositivo da sentença. Mas podem assinalar-se casos em que a interpretação conforme é levada mesmo a este dispositivo: assim, no controle preventivo francês e também na prática

---

[161] Cf. MEDEIROS, Rui. *A decisão de inconstitucionalidade*, op. cit., p. 377-378.

[162] Idem. Rui Medeiros também faz menção, entre outros autores, a BOGS, op. cit., p. 93 e ss.; VON MUTIUS, Albert. Allgemeine Bindungswirkung verfassungkonformeer Gesetzesinterpretation durch das Bundesverfassungsgericht? Verwaltungs Archiv, 1976, p. 404 e ss.; e MAUZ/SCHMIDT-BLEIBTREU/F. KLEIN/ULSAMER, op. cit., p. 16-17.

[163] Cf. SIMON, Helmut. La jurisdicción constitucional, op. cit., p. 843.

do Tribunal Constitucional espanhol. Alguns problemas se apresentam, pois, em relação à amplitude e aos limites dos poderes dos Tribunais Constitucionais. Quanto ao primeiro problema, explica o Presidente do Tribunal Constitucional de Portugal, a dificuldade está em afirmar quais são os limites da interpretação conforme e em que momento há uma decisão que extrapola o texto original da lei. Mesmo que se afirme que a letra da lei e a vontade do legislador devem ser preservadas, sendo, portanto, o limite das condições e possibilidades da interpretação conforme, o processo hermenêutico tem demonstrado que há decisões que, ultrapassando a interpretação conforme, operam decisões construtivas e modificativas. Com relação ao segundo problema, deriva ele da questão de não ser ele monopólio dos Tribunais Constitucionais, questão que fica especialmente clara no direito austríaco.[164]

Daí que se pergunte – continua Cardoso da Costa – se aos Tribunais Constitucionais é lícito não apenas afastarem as interpretações desconformes com a Constituição, mas imporem a sua própria interpretação da lei. Com relação ao Tribunal alemão, a questão, embora aparentemente aponte para uma afirmativa em relação à primeira hipótese, a prática não tem demonstrado exatamente isso, de acordo com o que antes foi delineado. Com relação à Itália, é possível perceber dois tipos de interpretação conforme: *uma* segundo o direito vivente, ou seja, segundo a orientação interpretativa fixada pelos tribunais em geral, em especial pela Cassação; *outra* em que o Tribunal Constitucional define a sua própria interpretação. Na França, onde a constitucionalidade de um texto se haja baseado numa interpretação neutralizante, esta adquire um caráter obrigatório. Em Portugal, a questão da vinculação fica resumida ao controle concreto de constitucionalidade.[165]

Tem-se, assim que a questão da vinculatividade das decisões dos Tribunais, de fato, não é tão simples e pacífica, o que torna temerária uma afirmação de que o efeito vinculante é matéria vencida na maioria dos países europeus (em especial, na Alemanha, cujo modelo de "decisões vinculantes" tem sido utilizado como paradigma no Brasil, mormente por autores como Gilmar Ferreira Mendes).

Em resumo, as doutrinas italiana, espanhola e portuguesa têm-se mostrado cada vez mais reticentes com a tese de que decisões afirmativas de constitucionalidade possam ter efeito vinculante. Ou seja, dão elas eficácia reduzida à decisão de rejeição de inconstitucionalidade. Como reconhece Gilmar Mendes,[166] essa orientação, que é dominante na doutrina germânica, parece corresponder, tal como demonstrado acima, à natureza e aos objetivos do processo de controle abstrato adotado no Brasil desde a Emenda n. 16, de 1965. Deve-se assinalar, porém, que a doutrina constitucional italiana e, mais recentemente, a doutrina espanhola e a portuguesa atribuem eficácia extremamente reduzida à "sentença de rejeição de inconstitucionalidade". Tal como observado por Zagrebelsky, "le decisioni di rigetto della corte costituzionale possegono dunque un'efficacia assai limitata, e comunque non paragonabile a quella propria del giudicato di cui sono fornite regola

---

[164] Idem.

[165] Nesse sentido, consultar Cardoso da Costa, op. cit., p. 58-59.

[166] Cf. Mendes, Gilmar F. *Jurisdição constitucional*, op. cit., p. 359.

Cap. 4 · O MODELO DE JURISDIÇÃO CONSTITUCIONAL NO BRASIL | **417**

sentenze della giurisdizione comune".[167] Também Bocanegra Sierra rejeita a possibilidade de se outorgar eficácia à sentença confirmatória da constitucionalidade, porquanto "esa sentencia dispondría de un valor superior al de las leyes mismas, un valor constitucional totalmente inaceptable en un instrumento jurídico de esa clase, que vendría a poner en cuestión, por lo demás, muy seriamente, el progreso y la capacidad de cambio y adaptación de la Constitución, al volver definitivamente el sistema hacia uno de los polos que en esta materia entran en tensión".[168] No mesmo sentido é a opinião de Gomes Canotilho e de Jorge Miranda em relação à sentença de rejeição de inconstitucionalidade proferida pela Corte Constitucional Portuguesa.

Desse modo, concordando inteiramente com Jorge Miranda, tenho que a interpretação conforme não deve(ria) ter efeito vinculante. Na verdade, a partir da coerência e da integridade, uma decisão do STF definindo interpretação conforme a Constituição em um determinado contexto de um texto (do qual surge uma norma) terá efeito hermenêutico-vinculativo e não vinculativo-hermenêutico. Esse efeito hermenêutico-vinculativo se deve à *applicatio*. Deve-se ao DNA do caso, como já referido à saciedade. Ou seja, incansavelmente isso deve ser registrado: o problema do efeito vinculante é o modo abstratalizante pelo qual o formalismo jurídico utiliza o dispositivo (ementas em geral) das decisões assim consideradas. Nesse sentido, o problema se agrava, nas hipóteses de existir preceito normativo determinando o efeito vinculante. É nesse contexto que uma teoria da decisão, tratada a partir da coerência e da integridade do direito, não terá os mesmos problemas que a dogmática jurídica tem com a eficácia *erga omnes* e o efeito vinculante das decisões de indeferimento do provimento de inconstitucionalidade. Não havendo grau zero de sentido e, em cada caso, existindo a reconstrução da história institucional do dispositivo em tela, a "vinculação hermenêutica" será decorrência lógica do processo de aplicação do direito.

De todo modo, mais do que uma "técnica de controle de constitucionalidade", a interpretação conforme é um modo hermenêutico de resolução do problema exsurgente da plurivocidade sígnica dos textos normativos. Aceitar o efeito vinculante da interpretação conforme – sempre lembrando, sem uma teoria da decisão adequada – é aceitar que, em face de várias interpretações, o Tribunal possa impor ao sistema aquela (única) que considera a correta. É nesse ponto que a doutrina alemã coloca restrições à vinculação (por todos, Klaus Vogel). O resultado é que se perderá o contexto da decisão, ou seja, "o mínimo é" da decisão, representado pelo grau de generalização abrangente, que só existe a partir da situação concreta que gerou a decisão do Tribunal.

Jorge Miranda é contundente ao chamar a atenção para a significativa diferença de planos consoante se trate de fiscalização concreta e de fiscalização abstrata de constitucionalidade. O grau de aceitabilidade do método não pode ser o mesmo numa e noutra. Na fiscalização concreta, a decisão que venha a ser tomada somente produz efeito na questão

---

[167] ZAGREBELSKY, Gustavo. *La giustizia constituzionale*. Bologna: Mulino, 1977. p. 185.

[168] BOCANEGRA, Raul Sierra. *El valor de las sentencias del Tribunal Constitucional*. Madrid: Instituto de Estúdios de la Administración Local, 1982. p. 254.

418 | JURISDIÇÃO CONSTITUCIONAL • *Lenio Luiz Streck*

levada a julgamento. E, naturalmente, se o Tribunal Constitucional fizer interpretação conforme a Constituição, ela se imporá ao Tribunal *a quo*. Pelo contrário, na fiscalização abstrata, uma decisão do Tribunal Constitucional no sentido de não inconstitucionalidade não tem – nem pode ter – qualquer eficácia jurídica vinculativa; só a tem a pronúncia pela inconstitucionalidade ou a declaração de inconstitucionalidade com força obrigatória geral.[169]

Mais ainda, a interpretação conforme a Constituição, como bem lembram Miranda e Canotilho, parece mais se adaptar ao controle concreto que ao controle concentrado, uma vez que é a situação do caso a ser examinado que demandará esta ou aquela interpretação. Absolutamente corretos os mestres portugueses, uma vez que a decisão resultante de uma interpretação conforme coloca no mundo jurídico um sentido positivo/assertório do texto, que, evidentemente, não pode ter o condão de impedir outros sentidos que podem exsurgir do mesmo texto. Por isso, não é temerário afirmar que o efeito vinculante em sede de interpretação conforme sofre do mesmo vício da decisão que declara a constitucionalidade de um texto e da decisão que indefere ação direta de inconstitucionalidade. Estabelecendo um sentido conforme a Constituição ou determinando o Tribunal Constitucional que determinado texto normativo é constitucional, fatalmente estará incorrendo na entificação dos sentidos (possíveis) que esse texto tem. Nesses casos, o Tribunal estará definindo, previamente, os limites do sentido do texto, bem como o próprio sentido desses limites, obstaculizando o necessário devir interpretativo.

Por outro lado, sendo a norma sempre o resultado da interpretação do texto, o Tribunal estará sempre examinando, em grau de recurso ou diretamente, a norma que exsurge do processo interpretativo. Por isso, inaceitável que se conceda efeito vinculativo – no modo como se tem feito, abstratalizando o dispositivo da decisão – às decisões emanadas em sede de controle concentrado, que tenham por base a interpretação conforme a Constituição. A própria característica da interpretação conforme, isto é, seu caráter adaptativo/corretivo (e, por vezes, construtivo), não permite que o Tribunal estabeleça, como futuro ponto-fixo-de-sentido, dentre as várias possibilidades que se apresentam ao intérprete, a "sua" construção jurisprudencial. Até porque se trata de uma construção interpretativa, estando o caso concreto no cerne da discussão. Sem ele, sem o contexto, desaparece aquela específica interpretação conforme. Ela será "conforme a Constituição" em determinadas condições. Nunca em abstrato. Este é o ponto. Por isso, a necessidade de uma apreciação à luz da hermenêutica.

Dito de outro modo, a interpretação conforme tem a função de firmar a presunção (útil) de constitucionalidade que possuem os textos normativos. Quando o Tribunal aplica a interpretação conforme a Constituição, está optando por não decretar inconstitucional um determinado dispositivo inconstitucional, e isso de acordo com uma dada situação ou um conjunto de situações concretas (que, ao fim e ao cabo, são as "situações hermenêuticas"). Se o fizesse, esse texto seria retirado do sistema, o que acarretaria, por óbvio, força obrigatória vinculativa para todos os demais órgãos e tribunais. Raciocínio inverso não pode ser feito, uma vez que não pode o Tribunal ao mesmo tempo dizer – numa

---

[169] Cf. Miranda, Jorge. *Manual*, op. cit., t. II, p. 265-266.

dada causa – que um determinado sentido de um texto normativo é compatível com a Constituição e outro não é, fechando, com isso, as diversas possibilidades de sentido que o texto pode assumir no confronto com a realidade social.

Há um importante acórdão do Tribunal Constitucional de Portugal que ajuda a elucidar a controvérsia, deixando assentado que, para fazer interpretação conforme a Constituição, o Tribunal Constitucional tem de determinar quais as interpretações que invalidam a norma e quais as que lhe garantem subsistência válida no ordenamento jurídico, isto é, declarar, expressa ou implicitamente, algumas interpretações inconstitucionais ou ilegais, e outras não inconstitucionais ou não ilegais.[170] Observa-se, assim, a dimensão da controvérsia acerca desse intrincado instituto.

No Brasil, há uma decisão do Supremo Tribunal Federal que pode trazer importantes contributos para a discussão da matéria (limites/efeitos das decisões dos Tribunais). Com efeito, no texto do acórdão da ADI 1.417, lê-se:

> "O princípio da interpretação conforme a Constituição (*verfassungskonforme Auslegung*) é princípio que se situa no âmbito do controle da constitucionalidade, e não apenas simples regra de interpretação. [...] A aplicação desse princípio sofre, porém, restrições, uma vez que, ao declarar a inconstitucionalidade de uma lei em tese, o STF – em sua função de Corte Constitucional – atua como legislador negativo, mas não tem o poder de agir como legislador positivo, para criar norma jurídica diversa da instituída pelo Poder Legislativo. [...] Por isso, se a única interpretação possível para compatibilizar a norma com a Constituição contrariar o sentido inequívoco que o Poder Legislativo lhe pretendeu dar, não se pode aplicar o princípio da interpretação conforme a Constituição, que implicaria, em verdade, criação de norma jurídica, o que é privativo do legislador positivo. [...] Em face da natureza e das restrições da interpretação conforme a Constituição, tem-se que, ainda quando ela seja aplicável, o é dentro do âmbito da representação de inconstitucionalidade, não havendo que converter-se, para isso, essa representação em representação de interpretação, por serem instrumentos que têm finalidade diversa, procedimento diferente e eficácia distinta".

Podemos tirar disso várias questões. Disse-se que "se a única interpretação possível para compatibilizar a norma com a Constituição contrariar o sentido inequívoco que o Poder Legislativo lhe pretendeu dar, não se pode aplicar a interpretação conforme". Tal afirmação, embora tenha apoio na doutrina, tem o seu contraponto na prática da jurisprudência, pela qual não é (nem um pouco) difícil perceber a dimensão criadora das decisões dos Tribunais. Veja-se, por exemplo, que o Tribunal Superior do Trabalho, sem precisar lançar mão do recurso da interpretação conforme ou de qualquer outra modalidade de sentenças interpretativas, promulgou a Súmula 310, cancelada somente em 2003, em total incompatibilidade com o art. 8º, III, da Constituição Federal, e o Superior Tribunal de Justiça, também sem se valer do recurso da interpretação conforme, editou a Súmula 2, acrescentando exigência para a propositura de *habeas data* não constante

---

[170] Conforme o que posto no Acórdão 128/84, do Tribunal Constitucional, de 12.12.1984 (*Diário da República*, 2ª série, n. 59, de 12.03.1985, p. 2344).

420 | JURISDIÇÃO CONSTITUCIONAL · *Lenio Luiz Streck*

na Constituição,[171] estabelecendo, na verdade, uma autêntica emenda à Constituição, só para citar alguns casos – que, ao contrário do que se pode pensar, não se constituem em exceção – ocorridos no Brasil.

Mas o mais importante talvez seja a questão – constante no acórdão – que diz respeito ao fato de que a aplicação da interpretação conforme deve se dar nos quadros da ação direta de inconstitucionalidade, e não de uma ação interpretativa. É evidente que o acórdão se referia à antiga representação para interpretação de lei, decorrente da Emenda 7/1977. Entretanto, mesmo assim há que se perceber que existe uma diferença entre o entendimento acerca da interpretação conforme do STF e o significado dado pela doutrina a esse instituto e a infinidade de sentenças interpretativas emanadas dos Tribunais contemporâneos.

Nesse ponto, veja-se a advertência feita por Jorge Miranda para o fato de que são diversas as vias e diversos os resultados a que se chega por meio da interpretação conforme a Constituição, "desde a interpretação extensiva ou restritiva à redução e, porventura, à conversão (configurando o ato sob a veste de outro tipo constitucional)". Mais ainda, acentua que "a interpretação conforme a Constituição implica naturalmente uma posição muita ativa e quase criadora do controle constitucional". Isso significa admitir que, ao contrário da assertiva do Supremo Tribunal, na interpretação conforme o Tribunal sai de sua atitude de legislador negativo para ingressar na fronteira da "criação legislativa", o que se pode notar pelas sentenças interpretativas de rejeição (que nada mais são do que decisões com base em interpretação conforme), quando se estendem direitos a determinada pessoas, com base no princípio da igualdade, que o legislador expressamente não previu, *e quiçá, talvez nem quisesse* a extensão desse benefício, questão, aliás, que se torna irrelevante no plano da hermenêutica, na medida em que é impossível detectar a assim denominada "vontade do legislador". Logo, é exatamente na mudança do perfil de "legislador negativo" na direção de um perfil-de-criação-jurisprudencial que reside a impossibilidade de conceder efeito vinculante à interpretação conforme a Constituição.

Por isso, somente deve(ria) ser vinculante a decisão na qual o Tribunal atua como legislador negativo, expungindo (no plano da validade) o texto normativo do sistema. Na contramão, quando, de um modo ou de outro, o tribunal estabelecer um sentido conformador com a Constituição, necessariamente estará agregando sentido. Isso é inexorável, pois, caso contrário, o texto deve ser declarado inconstitucional. Parece evidente! Ou seja, se o texto não pode ser "salvo", deve ser retirado/expungido do ordenamento. *Contrario sensu*, se pode ser "salvo", essa circunstância demanda, sempre, uma sentença

---

[171] No ano de 1997, foi editada a Lei 9.507, regulamentando o *habeas data*, que reproduz a questionável Súmula 2 do STJ: "Art. 8º A petição inicial, que deverá preencher os requisitos dos arts. 282 a 285 do Código de Processo Civil, será apresentada em duas vias, e os documentos que instruírem a primeira serão reproduzidos por cópia na segunda. Parágrafo único. A petição inicial deverá ser instruída com prova: I – da *recusa* ao acesso às informações ou do decurso de mais de dez dias sem decisão; II – da *recusa* em fazer-se a retificação ou do decurso de mais de quinze dias, sem decisão; ou III – da *recusa* em fazer-se a anotação a que se refere o § 2º do art. 4º ou do decurso de mais de quinze dias sem decisão".

Cap. 4 · O MODELO DE JURISDIÇÃO CONSTITUCIONAL NO BRASIL | 421

interpretativa, com visível adição de sentido. E essa adição de sentido ao texto original é um dos sentidos possíveis a adicionar, não podendo, destarte, de forma vinculativa, impedir-se que os demais tribunais encontrem outras maneiras para a aplicação daquele texto. As circunstâncias histórico-factuais-temporais sempre demandarão novas incidências, novas "sínteses ontológico-existenciais".

4.4.1.6 Da similitude existente entre a decisão que rejeita a inconstitucionalidade por meio da interpretação conforme, a decisão que rejeita a ação direta de inconstitucionalidade e a decisão que declara a constitucionalidade em sede de ADC

Parece não haver dúvida em afirmar que o mesmo argumento – que se contrapõe à possibilidade de que a decisão de rejeição de ação direta de inconstitucionalidade tenha força de declaração de constitucionalidade (e consequente efeito vinculante) e a decisão que declara a constitucionalidade de uma lei em sede de ADC – pode ser utilizado para recomendar a rejeição *da possibilidade de se conceder efeito vinculativo à interpretação conforme a Constituição*. Parece acertado afirmar, desse modo, que o Tribunal, ao optar pela não declaração da inconstitucionalidade, a partir de uma interpretação conforme, estará, *mutatis mutandis*, rejeitando a inconstitucionalidade, só que por meio de uma sentença interpretativa.

De se consignar que a posição do Supremo Tribunal Federal a respeito desse problema tem sido no sentido da vinculação das decisões que aplicam a interpretação conforme a Constituição. Veja-se, nesse sentido, o que foi decidido na ADI 4.424/DF, que versava sobre a inconstitucionalidade na Lei Maria da Penha (Lei 11.340/2006). No ponto específico que interessa para a análise deste tema, entendeu o Tribunal que o art. 16 da referida lei, que estabelece que a persecução criminal de tais crimes seria realizada por meio de ação penal pública condicionada à representação, não se mostrava adequado à Constituição. Nos termos dos votos da maioria dos ministros, prevaleceu o entendimento de que a exigência da representação da mulher vítima de violência seria uma proteção insuficiente diante dos comandos constitucionais, em especial do da dignidade humana. Assim, o Supremo Tribunal, fazendo uso de interpretação conforme a Constituição, considerou que, nos crimes definidos pela referida lei (11.340/2006), a ação penal seria pública incondicionada, podendo o Ministério Público promovê-la independentemente da representação da vítima.

A decisão do STF nesse caso foi um tanto heterodoxa, no que tange à melhor técnica constitucional a regimentar a prática das sentenças interpretativas. Isso porque no julgamento em epígrafe o Tribunal considerou totalmente procedente a ação de inconstitucionalidade e, subsequentemente, determinou a interpretação conforme acima mencionada. Todavia, como é cediço, as decisões que proferem interpretação conforme a Constituição são, na verdade, decisões de constitucionalidade, sendo que a referida ação, ao menos no que tange ao art. 16, deveria ter sido julgada improcedente (ou parcialmente procedente), o que, nos termos do acórdão proferido, não ocorreu.

Importa referir, ainda, que não apenas na ADI 4.424 esse entendimento teve lugar. Com efeito, no julgamento conjunto da ADI 4.277 e das ADPFs 132 e 178, o tribunal julgou pela procedência das ações e atribuiu efeito vinculante, no sentido de dar interpretação conforme a Constituição Federal, para excluir qualquer significado do art. 1.723 do Código Civil que impeça o reconhecimento da união entre pessoas do mesmo sexo como entidade familiar. De todo modo, mesmo nos casos das sentenças aditivas *lato sensu*, o Supremo tem considerado como pacífica a atribuição dos efeitos vinculantes. Nesse sentido, podemos citar a decisão proferida pelo Tribunal no julgamento conjunto das ADIs 3.999 e 4.086, em que se questionava a constitucionalidade da resolução do TSE que regulamentou as regras atinentes à fidelidade partidária.

Esta vem sendo a atual prática do STF. Mas não se pode esquecer que, quando o Tribunal rejeita a ação direta de inconstitucionalidade, deixando de expungir um texto normativo *in totum* do sistema, também o está julgando conforme a Constituição. Em ambos os casos há uma rejeição: no desacolhimento completo da ação direta de inconstitucionalidade, todo o texto é julgado conforme com a Constituição; no desacolhimento em parte da ação direta, o texto é julgado em parte em conformidade com a Constituição, com a diferença de que, neste caso, há, necessariamente, uma adição de sentido (caso contrário, e isso parece óbvio, a decisão seria pelo acolhimento total ou pela rejeição total da ação). O mesmo ocorre com a decisão que declara a constitucionalidade em sede de ação declaratória de constitucionalidade (ADC). *São todas, enfim, decisões de não pronúncia de inconstitucionalidade*, para usar a terminologia do Tribunal Constitucional de Portugal.

Agregue-se, por relevante e para reforçar a argumentação aqui expendida, que, no direito português, quando o Tribunal Constitucional, em sede de fiscalização abstrata preventiva, examina a (in)constitucionalidade de atos normativos, e se inclina pela "constitucionalidade", assim o faz na modalidade de não pronúncia de inconstitucionalidade, que, entretanto, não tem qualquer efeito vinculante para o futuro. O que o Tribunal decide é que aquele texto não é inconstitucional; entretanto, esse mesmo texto pode ser inquinado, mais tarde, como inconstitucional, donde se depreende que não é a mesma coisa o Tribunal declarar a inconstitucionalidade e deixar de pronunciá-la. Duas negações não podem ser equivalentes a uma afirmação, isto é, quando o Tribunal decide pela não pronúncia da inconstitucionalidade, ele está dizendo que o texto normativo *não é não constitucional*.

De um modo mais simples, com a interpretação conforme a Constituição – que, repita-se, não deixa de ser uma sentença de rejeição de inconstitucionalidade, sendo, portanto, *contrario sensu*, uma decisão que "declara" a constitucionalidade de um texto, no que se assemelha claramente à decisão que exsurge de uma ação declaratória de constitucionalidade – acontece o contrário daquilo que anteriormente designei de "nadificação de um texto" (isto é, quando, em sede de ação direta de inconstitucionalidade, ocorre a expunção do texto normativo do ordenamento jurídico, nada dele restando, pois), fazendo exsurgir o desvelamento do sentido positivo do texto (ser daquele ente – texto – *sub judice* constitucional). Jorge Miranda[172] tem, pois, absoluta razão ao dizer que "ao tribunal (constitucional) cabe declarar – e apenas lhe pode ser pedido que declare – a inconstitucionalidade, não a constitucionalidade; e o processo perante ele está todo organizado nessa perspectiva. Nenhuma relevância possuem as sentenças de rejeição da inconstitucionalidade".

---

[172] Cf. MIRANDA, Jorge. Controlo de constitucionalidade em Portugal. *La jurisdicción constitucional en Iberoamérica*. Madrid: Dykinson, 1997. p. 878.

Cap. 4 • O MODELO DE JURISDIÇÃO CONSTITUCIONAL NO BRASIL | **423**

Parece evidente concluir, assim, que esse sentido desvelado/revelado – porque não nulificado/nadificado – não pode ter efeito vinculante, porque petrifica o processo hermenêutico para o futuro. A singularidade de cada caso não pode ficar amarrada a um sentido (categoria) previamente dado (ponto fixo de sentido), pois, se assim fosse, teríamos a "revelação" de um "universal" com nítido conteúdo essencialista (portanto, metafísico, em face do inexorável escondimento/esquecimento da diferença ontológica, um dos teoremas fundamentais da Crítica Hermenêutica do Direito aqui proposta).

Por último, nessa quadra, é importante lembrar que, vingando a tese da *realjuridik* acerca da atribuição de efeito vinculante às decisões baseadas no instituto da interpretação conforme a Constituição (o mesmo valendo para as decisões que, *lato sensu*, são de não pronúncia de inconstitucionalidade, como a decisão que rejeita uma ação direta de inconstitucionalidade – ADI – ou que dá provimento a uma ação declaratória de constitucionalidade – ADC), estar-se-á aproximando – assistematicamente – o sistema jurídico brasileiro, de índole romano-germânica, ao do *common law*. Cada interpretação conforme, no fundo, valerá como um *precedent*, com a diferença de que, nos sistemas norte-americano e inglês, os *precedents* não devem ser aplicados de forma automática.

Ou seja, o *precedent* deve ser analisado amiúde para que se possa determinar se existem (ou não) similitudes de fato e de direito, bem como para determinar a posição atual da corte em relação ao direito anterior.[173] Necessário alertar que, nos Estados Unidos, a força do precedente reside na tradição, não estando estabelecida em qualquer regra escrita, quer nas leis, quer na Constituição e tampouco em regra de ofício.[174]

Nem seria necessário registrar o fato de que "a denominada doutrina do *stare decisis* vale (mais) para o direito privado. Para o direito público, sobretudo para o direito constitucional, a regra do precedente já não é aceita pacificamente".[175] Ensina Westel Willoughby que "há, na verdade, boas razões pelas quais a doutrina do *stare decisis* não deve ser rigidamente aplicada às leis constitucionais e a outras leis". O Justice Brandeis, no caso State

---

[173] Ver, para tanto, RE, Edward D. *Stare decisis*. Trad. Ellen Gracie Northfleet. *Revista Jurídica*, Porto Alegre: Síntese, n. 198, 1994. p. 27 e ss.

[174] Cf. FARNSWORTH, op. cit., p. 61-62. Na mesma linha, SESMA, op. cit., p. 137, lembra-nos de que, nos Estados Unidos, os tribunais de apelação têm seguido o *precedent* como uma questão de política, porém, como disse o Tribunal da Pennsylvania, no longínquo ano de 1853, nunca pensando que "debemos consagrar las equivocaciones de los que estuvieron antesnuestro, y tropezar cada vez en el mismo sitio donde tropezaron ellos". Um exemplo paradigmático (e extremo) que bem representa essa posição foi o caso Alferitz *v.* Borgward, de 1899, "en que el tribunal no sólo se derogó a sí mismo, sino que dijo que su decisión anterior era tan mala que se tendría que saber que sería derogada y que un abogado que confiara en ella al aconsejar a su cliente habría demostrado su incompetencia".

[175] Ensina Garcia, apoiado em Dennis Lloyd, que a doutrina do *stare decisis* já não é mais aplicada rigidamente nos Estados Unidos, e mesmo na Inglaterra vem se tornando mais flexível. O princípio do *stare decisis* aplicado rigidamente "is inimical to the scientific development of the law, since bad decisions stand out like signposts directing the law into wrong paths and so impeding a rational approach" – cf. GARCIA, Dínio de Santis. Efeito vinculante dos julgados da corte suprema e dos tribunais superiores. *RT*, São Paulo: Ed. RT, n. 734, p. 41, 1996.

of Washington *v.* Dawson, em voto divergente, enfatizou: "O *stare decisis* é comumente regra sábia de agir. *Mas ele não é um comando universal, inexorável*".[176]

Acrescente-se, nessa linha, por relevante, que "la doctrina estadounidense del *stare decisis* se aproxima a la doctrina inglesa hasta siglo XX, pero *la tendencia presente está caracterizada por la derogación y distinción de los precedentes en una medida que conmocionaría a un abogado y a un juez inglés*".[177] Como já assinalava Cardozo, "estoy dispuesto a conceder que la regla de la adhesión al precedente, aunque no debería ser abandonada, tendría que relajarse en cierto grado. Pienso que cuando una regla, luego de haber sido debidamente puesta a prueba por la experiencia, es encontrada inconsistente con el sentimiento de justicia o el bienestar social, tendría que haber menos titubeo y habría que proclamarla abiertamente o abandonarla por completo".[178]

Calha registrar – pela absoluta relevância no contexto – que no direito norte-americano *as decisões não são proferidas para que possam servir de precedentes no futuro*, mas, antes, para solver as disputas entre os litigantes. A utilização do *precedent* em casos posteriores é uma decorrência incidental. *A doutrina do* stare decisis *não exige obediência cega a decisões passadas.*[179] Isso sem olvidar que "o precedente é uma concreta decisão jurisprudencial, vinculada como tal ao caso historicamente concreto que decidiu – trata-se também aqui de uma estrita decisão jurisdicional – que se toma (ou se impõe) como padrão normativo casuístico em decisões análogas ou para casos de aplicação concretamente analógica. Não se ultrapassa assim o plano do concreto casuístico – de particular a particular, e não do geral (a norma) ao particular (o caso) –, com todas as decisivas consequências, quer na intencionalidade jurídico-normativa, quer metodológicas, que esse tipo de fundamentação e decisão implica".[180]

---

[176] Cf. MACIEL, op. cit.

[177] Cf. SESMA, op. cit., p. 136.

[178] Idem.

[179] Cf. BRUMBAUGH, citado por RE, Edward D. *Stare decisis*, op. cit., p. 28. Acrescente-se que a referência a um *corpus* de precedentes reconhecidos, que funcionam como um espaço de possibilidades em cujo interior a solução pode ser procurada, é o que fundamenta racionalmente uma decisão que pode se inspirar, na realidade, em diversos, mas que ela faz aparecer como produto de uma aplicação neutra e objetiva de uma competência especificamente jurídica. Os precedentes são utilizados ora como instrumentos de racionalização, ora como razões determinantes. Também o mesmo precedente, construído de maneira diferente, pode ser invocado para justificar teses opostas, assim como a tradição jurídica oferece grande diversidade de precedentes e de interpretações, dentre os quais se pode escolher o que melhor se adapta ao caso. Por essas razões, é preciso ter cuidado para não fazer do *stare decisis* uma espécie de postulado racional próprio para garantir a constância e a previsibilidade e, ainda, a objetividade das decisões judiciais (enquanto delimitação posta ao arbítrio das decisões subjetivas). Para tanto, ver BOURDIEU, Pierre; PASSERON, Jean Claude. *A reprodução:* elementos para uma teoria do sistema de ensino. São Paulo: Francisco Alves, 1975. p. 231.

[180] Cf. NEVES, Antonio Castanheira. *O instituto dos assentos e a função jurídica dos supremos tribunais.* Coimbra: Coimbra Editora, 1983. p. 12.

Cap. 4 · O MODELO DE JURISDIÇÃO CONSTITUCIONAL NO BRASIL | **425**

Daí que – e isso é extremamente importante para a discussão da problemática brasileira – a autoridade do *precedent* no direito norte-americano vai depender e será limitada aos fatos e condições particulares do caso que o processo anterior pretendeu adjudicar.[181]

Importante registrar, ainda – e a observação é de Dworkin –, que os juristas britânicos e norte-americanos estabelecem uma distinção entre aquilo que se pode chamar de doutrina estrita e doutrina atenuada do precedente. A doutrina estrita obriga os juízes a seguir as decisões anteriores de alguns outros tribunais (em geral de tribunais superiores, mas às vezes no mesmo nível na hierarquia dos tribunais de sua jurisdição), mesmo acreditando que essas decisões foram equivocadas. A forma exata da doutrina estrita varia de lugar para lugar, sendo diferente nos Estados Unidos e na Grã-Bretanha, e difere de Estado para Estado nos EUA. De acordo com o que pensa a maioria dos juristas ingleses com relação à doutrina estrita, o Tribunal de Apelação, cuja autoridade só é inferior à da Câmara dos Lordes, não tem outra escolha a não ser seguir suas próprias decisões anteriores; já os juristas norte-americanos negam que os tribunais de hierarquia comparável tenham essa obrigação. Os juristas de uma jurisdição específica às vezes divergem – pelo menos quanto aos detalhes – da doutrina estrita tal como esta se aplica a eles; a maioria dos juristas norte-americanos pensa que os tribunais federais inferiores são absolutamente obrigados a seguir as decisões já tomadas pela Suprema Corte, mas este ponto de vista é contestado por alguns – veja-se, por exemplo, Jaffree *v.* Board of School Comm'rs 554 F Sup. 1104 (S.D. Ala. 1982) (o juiz da vara federal recusa-se a seguir o precedente da Suprema Corte), ver'd sub nom. Jaffree *v.* Wallace, 705 F. 2d 1526 (11ª Circ. 1983), aff'd 605 S. Ct. 2479 (1985).[182]

Por outro lado, continua o jusfilósofo norte-americano, a doutrina atenuada do precedente exige apenas que o juiz atribua algum peso a decisões anteriores sobre o mesmo problema, e que ele deve segui-las a menos que as considere equivocadas o bastante para suplantar a presunção inicial em seu favor. Essa doutrina atenuada pode adotar as decisões anteriores não somente de tribunais acima do juiz, ou no mesmo nível de sua jurisdição, mas também de tribunais de outros Estados ou países. Obviamente, muito depende de quão forte se considere a presunção inicial.

Uma vez mais, as opiniões variam, entre os advogados de diferentes jurisdições, mas também é provável que variem, numa mesma jurisdição, em muito maior grau do que a opinião sobre as dimensões da doutrina estrita. Contudo, é mais provável que qualquer juiz atribua mais importância a decisões de tribunais superiores e até de outros de sua própria jurisdição, e não de tribunais de outras jurisdições. Também poderá dar maior importância às decisões mais recentes, e não às mais antigas, além de favorecer decisões de juízes famosos, deixando de lado decisões proferidas por juízes medíocres.[183]

Vê-se, assim, que as diferenças acerca da natureza da doutrina estrita e a força da doutrina atenuada explicam por que certos processos são polêmicos. É comum observar

---

[181] Cf. BRUMBAUGH, citado por RE, Edward D. *Stare decisis*, op. cit., p. 28.

[182] Cf. DWORKIN, Ronald. *O império do direito*, op. cit., p. 30 e ss.

[183] Idem.

diferentes juízes divergirem sobre a obrigação ou não de seguirem decisões tomadas no passado, envolvendo a mesma questão de direito com que se deparam no momento. De qualquer sorte, conclui Dworkin, seja qual for o ponto de vista dos juristas sobre a natureza e a força do *precedent*, a doutrina só se aplica a decisões passadas que apresentem suficiente semelhança com o caso atual para serem consideradas, como dizem os advogados, "pertinentes". Por vezes, uma parte argumenta que certas decisões (passadas) são muito pertinentes, enquanto a outra afirma que essas decisões são "discrimináveis", querendo com isso dizer que são diferentes do caso atual em algum aspecto que as isente da aplicação da doutrina.[184]

À evidência, as considerações anteriores assumem absoluta relevância para uma análise comparativa com o que ocorre no direito brasileiro, onde a expressiva maioria das decisões judiciais se baseia em "precedentes sumulares" e verbetes jurisprudenciais retirados de repertórios "estandardizados", que acabam sendo utilizados, de regra, de forma descontextualizada. Isso, porém, como já visto, não ocorre no direito norte-americano, pela relevante circunstância de que lá o juiz necessita fundamentar *e justificar detalhadamente* a sua decisão.[185]

O grande problema advém do fato de que se tornou lugar comum a forma(ta)ção de decisões *verbetelizadas*, que transformam as decisões judiciais em proposições desvinculadas da singularidade dos casos. Não há a preocupação de buscar a necessária "pertinência" com os "precedentes" invocados, ou seja, com aquilo que venho denominando de DNA do direito.[186] Trata-se, pois, de uma simplista "categorialização" do direito. Tais "proposições" vinculam de forma universalizante uma infinidade de casos, "igualando-os" metafisicamente, a partir de uma "determinação" do sistema de que tais "casos particulares" devem ser "deduzidos" das sobreditas "universalidades", como se nestas estivessem contidas as "essências" comuns a todos os casos particulares. É este, pois, o nó górdio do problema

---

[184]   Idem.

[185]   Destarte, não se sustenta a importação da doutrina do *stare decisis* pela razão de que, nos Estados Unidos, por exemplo, os precedentes não se devem aplicar de forma automática. Ou seja, o precedente deve ser analisado amiúde, para que se possa determinar se existem (ou não) similaridades de fato e de direito, bem como para determinar a posição atual da Corte com relação ao direito anterior. E, continua o autor, o que é fundamental: estuda-se o *precedent* para determinar se o princípio nele deduzido constitui a fundamentação da decisão ou tão somente um *dictum*. Somente os fundamentos da decisão merecem reconhecimento e acatamento com força vinculante. Um *dictum* é apenas uma observação ou opinião e, como tal, goza tão somente de força persuasiva – cf. RE, Edward D. *Stare decisis*, op. cit., p. 28. Como acréscimo, lembra bem CALMON DE PASSOS, J. J. Súmula vinculante. *Revista do Tribunal Regional Federal da 1ª Região*, Rio de Janeiro, n. 4, p. 29, 1997, que abstrair do precedente norte-americano as questões de fato que o justificaram seria instituir um sistema jurídico anárquico, senão catastrófico.

[186]   Nesse ponto, vale relembrar que o STF chegou a editar uma súmula para solucionar o problema das interpretações equivocadas/estandardizadas feitas em relação à ADC 4 – que proclama a constitucionalidade da vedação de antecipação de tutela (*em alguns casos*) contra a Fazenda Pública ("Súmula 729. A decisão na ADC-4 não se aplica a antecipação de tutela em causa de natureza previdenciária"). Além da súmula acima, existem outros vários casos de inaplicabilidade da vedação prevista na Lei 9.494/1997.

Cap. 4 • O MODELO DE JURISDIÇÃO CONSTITUCIONAL NO BRASIL | **427**

do efeito vinculante no direito brasileiro. O efeito vinculante, ao petrificar o sentido do texto, não deixa a alteridade vir à presença.

Desnecessário alertar para o fato de que a problemática da vinculação jurisprudencial é uma discussão que não pode ser feita apartada da hermenêutica. O pensamento metafísico procura incluir tudo em um esquema de "fundação racional", não permitindo mais nenhuma alteridade; é este o sentido do desaparecimento do *Boden* (do solo) do fundo, como explica Vattimo. Para exemplificar: tão forte é a força das súmulas que, não faz muito tempo, o Supremo Tribunal Federal declarou a inconstitucionalidade de dispositivo (em parte) de medida provisória, no ponto em que alterava o Decreto-lei 3.365/1941, introduzindo o art. 15-A e seus parágrafos e alterando a redação do § 1º do art. 27, com fundamento em uma súmula. Assim, relativamente à primeira parte do art. 15-A,[187] o Tribunal, por maioria, deferiu a suspensão cautelar da expressão "de até seis por cento ao ano", por considerar juridicamente relevante a arguição de inconstitucionalidade *fundada no Verbete 618 da Súmula do Supremo Tribunal Federal*, extraído da garantia constitucional da prévia e justa indenização (na desapropriação, direta ou indireta, a taxa dos juros compensatórios é de 12% ao ano). Considerou o Tribunal que, em sede de medida cautelar, a existência do Verbete 618 da Súmula em sentido contrário ao da medida provisória impugnada é fundamento relevante para a suspensão do ato provisório, uma vez que se trata de interpretação constitucional consagrada pelo STF.[188]

Observe-se que o Supremo Tribunal Federal utilizou-se de uma súmula emitida anteriormente à Constituição de 1988 (a Súmula é de 29.10.1984), em um contexto absolutamente diferente e diferenciado. Aliás, nesse sentido foram os votos vencidos dos Ministros Moreira Alves, Ellen Gracie, Nelson Jobim e Celso de Mello, que sustentaram que a criação jurisprudencial firmada no aludido Verbete 618 surgiu em decorrência de circunstâncias econômicas, sendo possível que, em face de circunstâncias diversas, sejam estabelecidos novos parâmetros por meio de medida provisória, que tem força de lei e, portanto, suspendiam apenas o vocábulo "até", por não admitirem a variação da taxa de juros compensatórios em função da maior ou menor utilização do imóvel, por afrontar, à primeira vista, o princípio da prévia e justa indenização, porquanto os juros compensatórios constituem o rendimento do capital que deveria ter sido pago desde a perda da posse do imóvel.

O caso sob comento é muito mais importante do que se pode imaginar. Da posição dos Ministros dissidentes é possível perceber exatamente a problemática ocasionada pela vinculação sumular. A temporalidade, condição de possibilidade do processo interpretativo e, portanto, de atribuição de sentido, *obstaculizou o aparecer da singularidade do caso sub judice*. Em 1984 o País vivia (ainda) sob regime autoritário; havia outro contexto

---

[187] "Art. 15-A. No caso de imissão prévia na posse, na desapropriação por necessidade ou utilidade pública e interesse social, inclusive para fins de reforma agrária, havendo divergência entre o preço ofertado em juízo e o valor do bem, fixado na sentença, expressos em termos reais, incidirão juros compensatórios de até seis por cento ao ano sobre o valor da diferença eventualmente apurada, a contar da imissão na posse, vedado o cálculo de juros compostos."

[188] *Informativo STF* 240, de 03-07.09.2001.

econômico, com taxas de inflação espetaculares; e, mais do que isso, estávamos sob a égide de um modelo de direito que longe estava do Estado Democrático de Direito, que, a partir da Constituição de 1988, deu novos parâmetros à questão fundiária. A entificação do Verbete 618 provocou, *in casu*, o esquecimento da diferença ontológica. Não há texto sem contexto. E o contexto é sempre temporal/histórico/fatual.

É temerária – repito – a adoção do efeito vinculante das decisões em interpretação conforme a Constituição, da decisão denegatória de ação direta de inconstitucionalidade (bem como às emanadas de decisões declaratórias de constitucionalidade, questão que deve(ria) continuar a desafiar a reflexão jurídica no Brasil), nos termos em que está sendo pretendida. Nosso sistema jurídico tem a lei como paradigma, consoante o art. 5º, II, da Constituição Federal (além disso, o próprio art. 97 da Constituição estabelece *quorum* qualificado para declarar a inconstitucionalidade de leis, e não a constitucionalidade!). Fazê-lo é alterar a sua *ratio essendi*. Devemos denunciar, de pronto, que esse efeito vinculante é uma camisa-de-força que atinge, inexorável e impiedosamente, as instâncias inferiores do Judiciário brasileiro.

Necessário registrar, ainda, que a prática resultante dos efeitos vinculantes ora em discussão acarreta no Brasil um perigoso ecletismo: no sistema do *common law* o juiz necessita fundamentar e justificar a decisão. Já no sistema do *civil law*, basta que a decisão esteja de acordo com a lei (ou com uma ementa jurisprudencial!), não obstante a previsão do art. 93, IX, da Constituição, reforçada pelos incisos do § 1º do art. 489 do Código de Processo Civil. Enfim, as decisões vinculativas em sede de interpretação conforme (e do restante já referido) transformam-se, na prática, de normas individuais – válidas para cada caso – em normas gerais de validade *erga omnes*. Como já referido, decisões desse jaez acabam tendo características de lei ou de súmula (vinculante).

Dizendo de outro modo: no plano da hermenêutica, em que se trabalha com uma perspectiva produtora e não reprodutora e que a cada interpretação faz-se nova atribuição de sentido, é evidente que também as decisões decorrentes de interpretação conforme deverão ser interpretadas. Ou seja, assim como as leis não são claras, também as decisões não o são. Parece óbvio, pois!

Em síntese, para arrematar esse ponto, resta lembrar o dizer de Helmut Simon, para quem quanto maior for o efeito vinculativo atribuído à interpretação conforme a Constituição realizada pelo Tribunal Constitucional, mais intensa será a amputação da função tradicional de interpretação da lei que cabe aos tribunais ordinários.[189]

Raciocínio similar pode ser proposto à vinculação da declaração de nulidade sem redução de texto. Observe-se, como já dito, que há autores que entendem que há uma equivalência entre a interpretação conforme e a nulidade qualitativa parcial (o próprio Supremo Tribunal Federal tem imbricado os dois institutos). De qualquer modo, mesmo se entendendo que eles se diferenciam, há duas características que ligam umbilicalmente os dois institutos, quais sejam a permanência do texto original da norma e a edição de uma

---

[189] Ver, nesse sentido, MEDEIROS, Rui. *A decisão de inconstitucionalidade*, op. cit., citando SIMON, Helmut. Die verfassungskonforme Gesetzesaulegung. *EuGRZ*, 1974, p. 90.

Cap. 4 · O MODELO DE JURISDIÇÃO CONSTITUCIONAL NO BRASIL | **429**

sentença interpretativa (de rejeição ou de aceitação). Ou seja, mesmo que a interpretação conforme a Constituição seja o inverso da nulidade parcial, em nenhum dos dois casos há amputação formal de texto. No primeiro caso, há uma adição de sentido, pelo qual se alça o texto original à compatibilização com a Constituição, evitando-se a expunção do sistema. No segundo caso, há uma redução de incidência, em que se declara inconstitucional um certo segmento ou seção "ideal" do texto normativo. Mas, repita-se, o texto permanece na sua literalidade, ou seja, permanece vigente, *mas sua validade está conformada com a Constituição*: de um lado, na interpretação conforme, ocorre uma validade adequadora para mais; de outro, há uma validade também adequadora, mas com caráter redutor. Portanto, não se pode confundir a inconstitucionalidade parcial quantitativa, em que parte do texto normativo é expungido formalmente, com a inconstitucionalidade parcial qualitativa, em que apenas um sentido do texto é abduzido.

4.4.1.7 O efeito vinculante em sede de nulidade parcial sem redução de texto

Conforme já ficou demonstrado, parece não restar dúvida que, a partir de uma análise hermenêutica (mormente a partir da CHD), não é aconselhável que se conceda efeito vinculante às decisões, em sede de interpretação conforme a Constituição, às decisões em sede de ação declaratória de constitucionalidade e tampouco às decisões que rejeitam a ação direta de inconstitucionalidade. Ou seja, não é aconselhável conceder efeito vinculante nos moldes em que se constitui o discurso jurídico dominante. Reafirmo isso porque, em um sistema trabalhado no plano da integridade e da coerência, em que os casos jurídicos são reconstruídos institucionalmente, há uma vinculação hermenêutica constante. Isso tem de ficar bem claro. Hermeneuticamente, qualquer decisão está "vinculada" à anterior, de forma horizontal ou vertical. A cada decisão reconstrói-se a história institucional do dispositivo em pauta, revolvendo o chão linguístico em que está assentada a tradição que sustenta uma determinada posição. A decisão que se segue deve ser coerente e preservar a integridade do sistema. Se, na hipótese, for necessário quebrar a cadeia discursiva, essa ruptura deverá estar justificada nos mínimos detalhes, abrindo-se, a partir de então, um novo patamar de discussão.

Nessa trilha – levando em conta o modo como o efeito vinculante é percebido no âmbito da dogmática constitucional dominante – não se pode concluir que, declarada a nulidade parcial sem redução de texto, por meio da qual um determinado sentido ou incidência de um texto normativo é declarado inconstitucional, disso exsurja, *contrario sensu*, a afirmação do sentido constitucional desse mesmo texto, como se, a partir dessa interpretação, todos os demais sentidos ficassem pré-fixados/congelados.

Ou seja, se a nulidade parcial sem redução de texto diz respeito à procedência em parte da inconstitucionalidade proposta, apenas poderá ser vinculante o sentido (aquele sentido) que é retirado do sistema. Assim como não deveria haver efeito vinculante em decisão que rejeite uma ADI, também não deveria haver efeito vinculante da parte residual do texto *que não foi declarado inconstitucional*. Afinal, e isso se afigura como extremamente relevante, se se declara que determinada lei é inconstitucional se lida de uma determinada maneira, parece razoável concluir que *somente poderá ter efeito vinculante esse determinado sentido*, pela simples razão de que somente esse sentido do texto normativo teve sua eficácia retirada do sistema. Haverá diversos exemplos em que outras hipóteses de incidência poderão ser abduzidos do texto ou a ele aditados. Por isso é que, da negação/nulificação do sentido de um texto (isto é, de um dos sentidos possíveis do texto), não se poderá concluir que o seu restante será o sentido (novo e) único (portanto, constitucional).

Desse modo, levando em conta a *realjuridik* prevalecente no discurso dogmático de *terrae brasilis*, há um equívoco na Lei 9.868/1999, ao determinar que as decisões em sede de interpretação conforme a Constituição e nulidade parcial sem redução de texto terão efeito vinculante. Tenho que, além da necessidade de se afastar, de plano, a possibilidade de a interpretação conforme ter esse efeito, há que se compreender que, no que tange à nulidade parcial sem redução de texto, somente terá efeito vinculante o sentido do texto declarado inconstitucional pelo Supremo Tribunal Federal, e isso levando em conta que as razões de decidir devem ser examinadas, para evitar que o sentido do texto declarado nulo não se transforme em um "mero verbete".

Não é aconselhável transformar uma declaração de inconstitucionalidade parcial qualitativa (é esse o nome técnico-constitucional da nulidade parcial sem redução de texto) em uma declaração de constitucionalidade enquanto efeito inverso. Fosse assim, e não haveria diferença entre a interpretação conforme a Constituição e a nulidade parcial sem redução de texto, isso porque, naquela, declara-se a constitucionalidade de um texto, sem alteração formal do texto (é, portanto, uma sentença de rejeição de constitucionalidade), não podendo, por isso, ocorrer o efeito vinculante, e, nesta, há a declaração da inconstitucionalidade, a partir da retirada do sistema de um dos sentidos do texto, não havendo, de toda sorte, alteração formal dele. É somente esse sentido abduzido do sistema que autoriza a vinculação (afinal, esse sentido – e somente esse – é nulificado).

Não é demais repetir que uma decisão de inconstitucionalidade (em sede de ADI) é vinculante pela simples e singela razão de que o texto assim declarado é expungido do ordenamento. Logo, ao ser retirada a eficácia (validade) do texto normativo, a vinculação é pura decorrência. Não há residual no sistema. Já na hipótese de rejeição de ação direta de inconstitucionalidade, por exemplo, nada é retirado do texto (e, portanto, do ordenamento). Impossível, nesse caso, ocorrer o efeito vinculativo.[190]

Trazendo a questão para o âmbito da ontologia fundamental, matriz teórica destas reflexões, é possível afirmar que, se se conceder efeito vinculante à decisão em sede de interpretação conforme a Constituição, estar-se-á entificando o sentido dado ao texto jurídico-normativo. Da vinculação exsurgirá um significante-primordial-fundante (ponto pré-fixado de sentido), que impedirá o aparecer da singularidade de (outras) hipóteses

---

[190] De se ressalvar que a Suprema Corte possui precedente que afirma que decisões de declaração de constitucionalidade ou de inconstitucionalidade, inclusive aquelas que importem em interpretação conforme a Constituição e em declaração parcial de inconstitucionalidade sem redução de texto, quando proferidas em sede de fiscalização normativa abstrata, possuem efeito vinculante (neste sentido: STF, Rcl 2.143-AgRg/SP, Pleno). Explique-se, todavia, que o referido precedente simplesmente reproduz o texto do art. 28 da Lei 9.868/1999, sem, no entanto, analisar com profundidade o alcance do referido dispositivo. (NR: O art. 28 da Lei 9.868/1999 foi igualmente tido por constitucional no julgamento da Rcl 1.880/SP, AgRg-QO, STF, Pleno.)

Cap. 4 • O MODELO DE JURISDIÇÃO CONSTITUCIONAL NO BRASIL | **431**

de incidência do sentido do texto objeto da interpretação conforme. O efeito vinculante, nesse caso, aprisiona o tempo e a história do sentido do ser do ente (texto normativo). No fundo, atribuir efeito vinculante – formal – a um texto (proposição jurídica exsurgente de uma decisão) significa um retorno (melancólico) à jurisprudência dos conceitos, espécie de "paraíso dos conceitos jurídicos" para usar as palavras de Rudolf von Jhering, cuja crítica à jurisprudência dos conceitos foi muito bem retratada por Jefferson Carús Guedes e Thiago Aguiar de Pádua, em seus escritos na coluna Direito Civil Atual no site Consultor Jurídico.[191]

Observe-se, aqui, que até mesmo Gilmar Ferreira Mendes – ferrenho defensor do efeito vinculante de decisões "positivas" de constitucionalidade – admite que uma decisão que rejeite a inconstitucionalidade não é fator impeditivo de reexame da (in)constitucionalidade do texto antes "declarado" constitucional, questão que é bem desenvolvida por Paulo Castro Rangel, como já demonstrado.[192]

Aliás, importa observar, neste ponto, que Mendes, ao admitir tal tese (que pode colocar em risco – embora isso o brilhante constitucionalista jamais iria admitir – toda a base teórica de sua intransigente defesa do efeito vinculante), incorpora, implicitamente, uma das ideias-chave da fenomenologia hermenêutica, que é a questão da temporalidade. Nesse sentido, Heidegger vai indagar: "O que nos leva a nomear juntos tempo e ser? Ser significa, desde a aurora do pensamento ocidental-europeu, o mesmo que presentar. De dentro do presentar e da presença (do ser) fala o presente. Este constitui, segundo a

---

[191] CARÚS GUEDES, Jefferson; DE PÁDUA, Thiago A. O paraíso dos conceitos jurídicos do jurista alemão Rudolf von Jhering (parte 1). São Paulo, *Consultor Jurídico*, 13 fev. 2017. Disponível em: http://www.conjur.com.br/2017-fev-13/paraiso-conceitos-juridicos-alemao-rudolf-von-jhering-parte. Acesso em: 21 jul. 2017.

[192] Paulo Castro Rangel apresenta o seguinte exemplo desenvolvido para o direito português: admitamos que a Assembleia da República aprove uma lei, e o Tribunal Constitucional venha a declará-la inconstitucional, com força obrigatória geral, um ou dois anos mais tarde. Algum tempo volvido sobre essa declaração, o legislador parlamentar volta a aprovar uma lei milimetricamente igual, e a fiscalização da sua constitucionalidade é requerida, seja preventivamente, seja sucessivamente. Que deve fazer o Tribunal Constitucional? É certo que sempre se poderá brandir o argumento de que uma lei com aquele exato conteúdo já havia sido declarada inconstitucional com força obrigatória geral. É indesmentível que sempre se poderá afirmar que não intercedeu nenhuma revisão constitucional e que, por conseguinte, o texto constitucional, a sua formulação normativa, conserva-se intocada. Todavia – e é aqui que bate o ponto – nada nos garante que não tenha havido uma alteração dos valores comunitários ou uma evolução da realidade fática que tenham, por sua vez, induzido a uma alteração do sentido da norma constitucional. Isto é, não se pode afastar, liminar e sumariamente, a possibilidade de se ter operado uma "mutação constitucional", sem que tenha intercorrido qualquer modificação do texto. O que nos tempos que correm – e como "correm"! – nem sequer é improvável, tão constrangente revela-se a aceleração do processo histórico e a globalização, com alterações evidentes no plano dos contextos valorativos e das estruturas sociológicas. Mais ainda, assevera o autor português que, a partir do momento em que se aceitar que a norma constitucional que servia de parâmetro de controle se modificou, já não se poderá aceitar a invocação de uma exceção de caso julgado. Ou seja, *o Tribunal, instado a verificar a inconstitucionalidade, não pode fazer um julgamento "de forma", mas, sim, de mérito da questão constitucional* – cf. RANGEL, Paulo Castro. *Repensar o poder judicial*, op. cit., p. 165.

representação corrente, a característica do tempo junto com o passado e o futuro. Ser enquanto presença é determinado pelo tempo. Já o fato de esta ser a situação já deveria bastar para levar uma contínua inquietação ao interior do pensamento. Em que medida, isto é, por que, de que maneira e de onde fala no ser tal coisa como 'tempo'? Cada tentativa de pensar satisfatoriamente a relação entre ser e tempo com o auxílio das representações usuais e aproximativas de tempo e ser embaraça-nos imediatamente numa rede inextricável de relações não pensadas em todo o seu alcance. Nomeamos o tempo quando dizemos: 'Cada coisa tem seu tempo'. Isso quer dizer: cada coisa sempre é a seu tempo, cada ente vem e vai em tempo oportuno e permanece por algum tempo, durante o tempo que lhe é concedido. Cada coisa tem seu próprio tempo".[193]

Dito de outro modo, é por isso que o efeito vinculante das súmulas e da decisão em sede de ação declaratória de constitucionalidade é típica manifestação da ontoteologia no e sobre o fenômeno do direito. Afinal, se o tempo é o nome do ser (do ente), o efeito vinculante tem o condão de estabelecer o sequestro da manifestação da temporalidade! Cada coisa tem seu tempo e só é no seu tempo. A petrificação do sentido – pois é isso que o efeito vinculante provoca – impede o aparecer de cada coisa na sua singularidade, que só é nomeável a partir da temporalidade.

Ou seja, a vinculação da decisão em sede de interpretação conforme para todos os casos provoca o velamento do sentido possível das demais hipóteses advindas da aplicação do texto jurídico no processo aplicativo, que ocorre sempre em um determinado tempo. Além disso, a se a aceitar o efeito vinculante em sede de decisão declaratória de constitucionalidade, em sede de interpretação conforme, de nulidade parcial sem redução de texto e nas decisões que rejeitem a ação direta de inconstitucionalidade, estar-se-ia ignorando os efeitos daquilo que se denomina de mutação constitucional.

Já no caso da nulidade parcial sem redução de texto, a questão assume contornos similares, ressalvadas as especificidades próprias do instituto. Se se entende que a norma (que é sempre produto da interpretação de um texto) produzida pelo Supremo Tribunal Federal em sede de nulidade parcial sem redução de texto não exclui – nem pode excluir – outras possibilidades interpretativas, é absolutamente razoável entender-se que não há óbice de se conceder efeito vinculante à decisão que declara a nulidade parcial sem redução de texto. Sendo mais específico, é o ser daquele ente (e somente daquele ente) que exsurge do processo aplicativo (a lei x é inconstitucional se lida no sentido y).

Entretanto, se se entende que esse enunciado proveniente da aplicação da nulidade parcial é a nova norma (tornando, portanto, vinculante para o sistema esse novo e único sentido do texto), estar-se-á conformando uma generalização abstratalizante (ponto fixo/ petrificado de sentido) que vinculará as singularidades a essa universalidade, o que, convenhamos, é absolutamente metafísico.

Por isso, no plano daquilo que denomino de Crítica Hermenêutica do Direito, somente pode ser vinculante a nadificação do ser do ente (texto normativo). No caso da nulidade

---

[193] Cf. HEIDEGGER, Martin. Tempo e ser. *Conferências e escritos filosóficos*. Trad. e notas Ernildo Stein. São Paulo: Nova Cultural, 1989. p. 257 e ss.

Cap. 4 • O MODELO DE JURISDIÇÃO CONSTITUCIONAL NO BRASIL | **433**

parcial sem redução de texto, a nadificação atinge apenas um (dos) sentido(s) do texto. Mas devemos ter claro que essa nadificação (abdução de sentido) provoca, *contrario sensu*, uma "serificação", isto é, a abdução provoca a possibilidade do desvelamento de todos os demais sentidos que não estão contidos naquela nadificação.

Observe-se que a nulidade parcial sem redução de texto é um processo que evita a nadificação de todo o texto normativo (nadifica-se um sentido, mas se preservam todos os demais sentidos possíveis). Em consequência, a retirada de um dos sentidos proporciona o aparecimento de outros sentidos, que não foram nadificados pela declaração de nulidade de apenas um dos sentidos. O resultado da decisão em sede de nulidade parcial sem redução de texto não é o sentido positivo resultante da exclusão do sentido declarado inconstitucional (portanto, negativo), mas, sim, o sentido do texto resultante da abdução de sentido (daquele sentido, da coisa mesma).

Não é demais repetir que, no caso da nulidade parcial sem redução de texto, há um sentido que é abduzido do texto, ficando este formalmente intacto no sistema. Ou seja, o texto original dá azo a uma norma que exsurge com um sentido (novo), com um sentido que, paradoxalmente, é um *plus* (porque a norma é sempre o resultado de uma produção de sentido) e um *minus*, uma vez que uma das possibilidades de sentido é retirada daquele texto (isso porque, como já referido à saciedade, enquanto a interpretação conforme é uma sentença de rejeição parcial de inconstitucionalidade, a nulidade parcial é uma sentença de acolhimento parcial qualitativa, e não quantitativa de constitucionalidade). Quando ocorre uma nulidade parcial sem redução de texto, *o que fica decidido é uma questão de inconstitucionalidade. Não fica decidida*, contrario sensu, *a questão da constitucionalidade dos demais sentidos que podem exsurgir do processo interpretativo* (nem poderia, porque não é isso que estará em causa).

4.4.1.8 A nulidade parcial sem redução de texto e os vários sentidos (normas) de um texto – Revisitando a Súmula 400 do STF

Desse modo, não pode causar maior perplexidade a afirmação de que uma lei (texto normativo) pode ter mais de um sentido, havendo hipóteses em que o próprio Supremo Tribunal Federal já entendeu que duas interpretações, embora contraditórias acerca do mesmo texto, podem – ambas – ser razoáveis. Relembre-se, a esse propósito, a vigência – e validade – entre nós, durante décadas, da conhecida Súmula 400 do STF, cujo teor era (é) o seguinte: "*Decisão que deu razoável interpretação à lei, ainda que não seja a melhor, não autoriza recurso extraordinário pela letra a do art. 101, III, da CF*". Veja-se, nesse sentido, a discussão gerada no seguinte julgamento de embargos de divergência, quando o Supremo Tribunal Federal se deparou com duas interpretações sobre a mesma lei, ambas consideradas razoáveis.[194] Explicando: em sede de embargos de divergência, o acórdão embargado considerou razoável o entendimento de instâncias ordinárias segundo o qual

---

[194] Ver, nesse sentido, *RTJ* 92/1129. Consultar, também, Bonfim, Edson Rocha. *Recurso especial: prequestionamento, interpretação razoável, valoração jurídica da prova*. Belo Horizonte: Del Rey, 1992. p. 99 e ss.

paga o imposto de renda pela alíquota privilegiada de 10% a sociedade civil para prestação de serviços profissionais, independentemente de se saber se todos os sócios exerciam a profissão que constituía o fim da sociedade. Por sua vez, o acórdão apontado como divergente considerou igualmente razoável, mais que razoável, a interpretação contrária, isto é, a de que, para o gozo daquela prerrogativa, todos os sócios deviam exercer a profissão correspondente ao serviço prestado para a sociedade. Entre tais arestos, registra-se, pois, flagrante antagonismo: um sustenta que assiste direito da sociedade à alíquota privilegiada; outro assevera que a sociedade não tem direito de pagar o imposto com base nessa alíquota. Estava-se, assim, diante de interpretações divergentes, embora os respectivos acórdãos as definissem como razoáveis.

Diante disso, perguntava o Ministro Antonio Neder: "Onde se acha nisso o razoável?" Ao que o Ministro Moreira Alves respondeu: "[...] quando declaro que uma interpretação é razoável, nem por isso estou declarando que outra interpretação, sobre o mesmo dispositivo, também não possa ser razoável. *A razoabilidade de uma não implica, necessariamente, a desarrazoabilidade da outra.* Ora, se as duas decisões, com base nos elementos constantes dos autos, consideram que eram razoáveis decisões divergentes, não posso dizer que aquelas sejam contraditórias entre si. O que é contraditório entre si são as conclusões, não do Supremo Tribunal Federal, mas dos tribunais das instâncias ordinárias. O STF não tomou partido na divergência, mas apenas ficou na declaração de que, pela Súmula 400, não podia conhecer dos recursos, por se tratar, em ambos os casos, de interpretação razoável" (grifei).

O Ministro Cordeiro Guerra, entrando na discussão, perguntou: "Mas, se as duas são antagônicas e ambas são razoáveis: qual a melhor?". Em resposta, o Ministro Moreira Alves disse: "Quando entramos em divergência, a minha interpretação, para mim, é razoável. Uma terceira pessoa que declara que ambas as opiniões são razoáveis não entra em contradição, pois não emitiu juízo sobre a veracidade – que esta, sim, é única – de qualquer delas". Mais adiante, asseverou: "Cada uma das Turmas aplicou a mesma Súmula 400. Nenhuma delas entrou em divergência com a outra, porque duas interpretações contrárias podem ser razoáveis. *A verdade é uma só: a razoabilidade não*" (grifei).

Depois de intensa discussão, o Supremo Tribunal Federal conheceu e recebeu os embargos de divergência. Mais tarde, em 16 de março de 1982, muda a orientação da 2ª Turma da Corte, passando a não conhecer de embargos dessa natureza, prevalecendo, então, a posição do Ministro Moreira Alves, que esclareceu: "Sr. Presidente, com satisfação que, neste caso, se evidencia tinha eu razão, embora vencido, quando sustentei, no Plenário desta Corte, que, se uma Turma deste Tribunal considera razoável uma interpretação dada a certa lei, e a outra Turma, em outro recurso, tem como razoável outra interpretação atribuída à mesma lei, *não estão ambas as Turmas em divergência entre si, pois a razoabilidade, ao contrário da certeza, não se caracteriza por ser exclusiva, motivo por que interpretações diversas de um mesmo dispositivo legal podem ser, simultaneamente, razoáveis*" (grifei).

Outro julgado importante é datado de 12 de junho de 1974, decidindo o Plenário do Supremo Tribunal Federal, por meio do voto do Ministro Luiz Gallotti, proferido nos Embargos ao RE 75.952: "Podem considerar-se razoáveis duas interpretações opostas da mesma lei, sem que, com isso, exista contradição nas duas opiniões. Haveria, se aceitas as

Cap. 4 · O MODELO DE JURISDIÇÃO CONSTITUCIONAL NO BRASIL | **435**

duas teses, como correspondendo à verdadeira ou melhor interpretação. Mesmo afastada essa objeção, porque aceitá-la seria permitir que duas decisões contraditórias da Justiça local viessem a ser mantidas afinal pela Corte Suprema, os embargos não cabem, pois o caso presente é diverso do que foi julgado pelo acórdão trazido a confronto".

Destarte, e com todas as críticas que se possam fazer acerca do conteúdo dessa súmula no que se relaciona ao problema do acesso à justiça, é possível tirar algumas lições da discussão. Com efeito, o próprio Supremo Tribunal reconhece, explicitamente, a complexidade que envolve o problema interpretativo, a ponto de admitir que duas interpretações (contraditórias) acerca da mesma lei podem ser razoáveis. No fundo, o Supremo Tribunal reconheceu que o suporte fático e as demais circunstâncias que cercam o julgamento de um caso são fundamentais para a fixação de determinado sentido a um texto. O mesmo texto pode dar azo a duas normas, pois! Em face disso, parece irrazoável entender que uma decisão em sede de interpretação conforme a Constituição ou em declaração parcial de inconstitucionalidade sem redução de texto (naquilo que estabelece como o residual, isto é, o seu efeito inverso) possa ter efeito vinculante, impedindo, assim, outras interpretações acerca do texto normativo.

Conceder efeito vinculante a um sentido, construindo-se um sentido petrificado (ponto fixo de sentido),[195] é desconsiderar outras possibilidades hermenêuticas do sistema. Não se pode deixar de referir que interpretar é sempre um ato de aplicação. Um texto só adquire sentido no seu contexto (é a noção de ser-em da ontologia fundamental). Ou seja, à luz da ontologia fundamental (e, portanto, da Crítica Hermenêutica do Direito, que nasce dessa matriz teórica), o ser é sempre o ser de um ente, e o ente só é no seu ser (naquele ser, portanto, naquele sentido). Torna-se recorrente a questão da diferença ontológica, pela qual não se pode separar a questão de direito da questão de fato, tese desenvolvida à saciedade por Castanheira Neves. Do mesmo modo, não se pode separar legalidade de constitucionalidade, essência de aparência etc. O efeito vinculante, por ser metafísico nas hipóteses em que não ocorre nadificação (nulidade da lei a partir da retirada de sua eficácia do sistema), alça esse sentido – vinculante – a uma universalidade de sentido, como se um sentido pudesse pairar sobre a(s) coisa(s), enfim, como se houvesse um sentido entificado à disposição do sujeito, para ser acoplado a partir de um processo cognoscente, aos entes (textos, fatos, coisas em geral) "dispersos" no mundo.

Por tudo isso, é desaconselhável – hermeneuticamente – conceder efeito vinculante de sentidos positivos dados aos textos normativos, porque esse sentido (declaração de constitucionalidade, sentença que rejeita uma ação de inconstitucionalidade, a interpretação conforme e o residual da nulidade parcial sem redução de texto), ao vincular/obrigar o restante do sistema jurídico, provoca o congelamento (entificação do ser) de todos os demais sentidos que exsurgem do processo hermenêutico, impedindo o aparecer da singularidade dos casos. Ora, os casos concretos (como se costuma nominá-los) estão ali como tais; se se lhes tira o caráter de significado singular, ocorre uma

---

[195] Repita-se que somente pode ter efeito vinculante a decisão que diz respeito àquele sentido abduzido do sistema.

de-significação, a partir de uma desvivência do mundo, relegando-se a um resto, ao abismo do *Dasein*. Afinal, a própria dogmática jurídica não apregoa que, no processo de interpretação do direito, sempre devemos levar em conta o caso concreto? Pois esse caso concreto, vingando o efeito vinculante nos moldes em que se abstratalizam as ementas e os dispositivos das decisões, ficará obnubilado pela petrificação de sentido produzido pelo efeito vinculante.[196] A hermenêutica jurídica volta, assim, à pré-modernidade! O enunciado vinculativo torna-se uma espécie de "dado" (ou, se quisermos, retornamos ao "mito do dado").

4.4.1.9 *Mecanismos vinculantes num paradigma de (in)coerência (s)e(m) integridade*

O Código de Processo Civil de 2015 inaugurou, entre outros elementos, a assim denominada "emenda *streckiana*". Foi a partir da luta da Crítica Hermenêutica do Direito que, primeiro, retirou-se o "*livre convencimento*" (art. 371) e, depois – e não menos importante –, foi introduzida, de forma positivada, a exigência de *coerência e integridade*[197] (art. 926). O paradoxo surge logo na sequência: é exatamente a partir do artigo seguinte, art. 927, que o legislador optou por trazer mais direta e expressamente à tona os (então) *mecanismos vinculantes* do sistema jurídico brasileiro. É no art. 927 que se fala em enunciados de súmulas, que se fala em "precedentes",[198] que se fala na obrigação que têm os Tribunais e juízes de observar esses mecanismos todos. Por que classifico isso como um paradoxo? Exatamente porque, quando se tem coerência e integridade, não há que se falar em mecanismos vinculantes da forma como estes existem no ordenamento brasileiro. Por uma série de fatores: *(i)* temos um sistema de *civil law,* no qual, por razões tão óbvias que são quase autoexplicativas, o que há de vinculante não é a súmula, a decisão, o enunciado, o precedente, mas *a(s) lei(s) a que esses todos se referem; (ii)* o respeito à coerência e à integridade já, de pronto, resolve(ria) aquilo que a atribuição de efeito vinculante às "teses" tribunalícias tem como sua razão de ser; notadamente, a estabilidade decisória, a previsibilidade, a segurança jurídica; e, somando-se esses dois elementos, temos que; *(iii)* uma vez *positivado* – exatamente porque o Brasil é um país na tradição do *civil law,* e porque *a lei* é o que há de vinculante numa democracia –, o ideal de coerência e integridade simplesmente *deve* ser respeitado, por uma questão *deontológica.* A lei exige, e o Direito é uma questão de respeito à lei.

---

[196] Como assevera Vattimo, o pensamento hermenêutico é o único que realmente pode satisfazer a exigência de "alteridade", que movia a própria metafísica ocidental. Cf. Vattimo, Gianni. *Introdução a Heidegger.* Lisboa: Edições 70, 1987. p. 145.

[197] Para uma explicação conceitual, ver Streck, Lenio Luiz. *Dicionário de hermenêutica*: quarenta temas fundamentais da teoria do direito à luz da crítica hermenêutica do direito. Belo Horizonte: Casa do Direito, 2017. p. 33-36.

[198] Aspas propositais, na medida em que os "precedentes" brasileiros em nada se assemelham ao precedente legítimo do *common law.* Tenho reforçado esse ponto em vários escritos; por todos, ver Streck, Lenio Luiz. *Precedentes judiciais e hermenêutica*: o sentido da vinculação no CPC/2015. Salvador: JusPodivm, 2018.

Cap. 4 · O MODELO DE JURISDIÇÃO CONSTITUCIONAL NO BRASIL | **437**

O que isso tudo quer dizer? Sintetizo, mas começo minha síntese por um quarto elemento:

(iv) respeitar as exigências da integridade, por vezes, é *antitético a uma aplicação mecânica de mecanismos vinculantes.* Da soma de todos esses quatro fatores por mim elencados, meu ponto torna-se muito simples: não apenas o respeito à coerência e à integridade do ordenamento *dispensam* a atribuição de efeito vinculante a enunciados produto dos Tribunais e das Cortes Superiores e Supremas (para usar os termos dos precedentalistas), a atribuição própria desse efeito pode *contrariar* as exigências que a integridade impõe. Por uma razão muito simples: coerência e integridade é uma questão de respeito à lei interpretada sob sua melhor luz; a decisão judicial íntegra e coerente é aquela que se mantém fiel às exigências que o Direito impõe em uma democracia, e essas exigências impõem ao intérprete os limites colocados pela tradição jurídica. Muito mais do que uma rigidez interpretativa; aliás, pelo contrário. Aplicação mecânica, seja de leis, de *rationes decidendi,* de enunciados, de teses, de súmulas, seja do que for, é ignorar que a integridade está para muito além de uma rigidez ainda atrelada a um paradigma que não se abriu à facticidade. Veja-se: O que é isto – o Direito? É um fenômeno interpretativo; e porque interpretativo, é um fenômeno que se insere em uma dada tradição. Atribuir efeito vinculante, ou pretender fazê-lo, a "teses" que exsurgem da atividade decisória dos Tribunais, e (pretender) exigir uma aplicação subsequente por parte dos tribunais ditos "inferiores" é *desexistencializar* o Direito. Esse é o ponto.

Sendo muito didático: imagine um juiz, uma juíza, diante de um caso que lhe chega em sua jurisdição. Trata-se de um (suposto) *easy case*; ou seja, o sistema jurídico aponta a uma decisão que parece ser de fácil acesso. Digamos que a solução a que o sistema aponta exsurge de um enunciado de tese. Fácil, certo? Aplica-se a tese e pronto, resolvido está. Será mesmo? Será que é assim tão simples? Quais são as circunstâncias do caso? Mais: relacionada a essas circunstâncias, como fica a relação entre o enunciado da tese em questão e o dispositivo de lei a que se refere? O que era um *easy case* já não mais parece assim tão *easy* – e mostra por que essa distinção é uma falácia epistêmica.

Pergunto: se um juiz tem responsabilidade política, e tem, como se dá o exercício dessa responsabilidade que lhe é atribuída pelo próprio cargo que ocupa? Por intermédio de uma aplicação cega de teses que, pré-prontas, colocam-se como respostas antes mesmo que as perguntas apareçam? Ou por meio de uma interpretação construtiva, a partir da qual o intérprete é quem intermedia a relação entre o "caso concreto" e o contexto institucional do qual ele passa a fazer parte? Responsabilidade política, quero dizer, não é uma questão de responder antes que a pergunta seja feita; é abrir-se à pergunta colocada e buscar a resposta correta – que será, sim, a que o Direito diz ser correta.

Só que a resposta correta não cai do céu. A resposta correta, a *busca* pela resposta correta, é uma atividade interpretativa na qual o intérprete faz a mediação entre a facticidade e a realidade institucional. E é exatamente por isso que não se trata de dizer qualquer coisa sobre qualquer coisa, e é por essa razão que não se trata – muito pelo contrário! – de dizer que o juiz é livre para decidir como quer. O juiz não é livre para decidir como quer; é livre, isso sim, de uma (equivocada, e equivocada porque *impossível*) proibição de interpretar. Só que ele está vinculado; e vinculado não a um enunciado pré-aplicável. Porque sobre esse enunciado, sim, é possível dizer qualquer coisa.

438 | JURISDIÇÃO CONSTITUCIONAL • *Lenio Luiz Streck*

O juiz está vinculado à lei, e estar vinculado à lei, *num paradigma de coerência e integridade*, é fazer a mediação entre o existencial e o institucional; é aplicar a resposta correta, que será correta porque adequada às exigências *da tradição*: uma tradição que constrói o jurídico e o moral, uma tradição que traz subjacente a si própria os princípios de uma comunidade política. Interpretar é, portanto, uma questão de princípio. E respeitar a lei é uma questão de *ajuste institucional.* Essa é a expressão-chave a partir da qual fica claro por que *as exigências de coerência e integridade, respeitadas, vinculam* – tornando a ideia de mecanismos vinculantes *desnecessária* e, no limite, *problemática.*

Dou um passo atrás para tornar isso tudo mais claro. Não é difícil imaginar por que defino os mecanismos vinculantes como a pretensão de respostas antes das perguntas: são enunciados que se pretendem aplicáveis *ex ante,* dado que – supostamente – aplicáveis a casos posteriores. Só que vejam: se as respostas vêm antes das perguntas, assim que essas perguntas surgirem, essas respostas podem estar *erradas*. E a aplicação de respostas erradas *contraria as exigências da integridade*. E, por essa razão, não se encaixam em nossa prática jurídica; *porque é a nossa prática jurídica que diz que se deve respeitar a coerência e a integridade do sistema.* Não há nada mais contrário ao ideal de coerência e integridade do que a repetição de erros pretéritos simplesmente porque o Tribunal que errou tinha o condão de atribuir efeito *vinculante* ao próprio erro.

Mas prometi dar um passo atrás. *O que é isto – a integridade?* A integridade, diretamente relacionada à ideia de coerência – e é por isso que elas andam juntas –, no Direito, é uma questão de tratar o fenômeno como uma atividade *pública, institucional, interpretativa*; e, sendo o fenômeno jurídico uma atividade dessa natureza, a demanda de integridade no Direito é uma questão de respeito a esses elementos próprios, de modo a – utilizando-me da bela analogia de Dworkin, o grande mestre por trás do Direito como integridade – conceber a atividade decisória como uma atividade institucional que exige a construção do Direito como se fosse um romance em cadeia: cada juiz é um novo autor responsável por um novo capítulo. Com mecanismos vinculantes, isso é impossível: o romance estaria encerrado no primeiro capítulo. Só que disso não se segue que não há qualquer autoridade na tradição, e que qualquer juiz, na ausência de mecanismos vinculantes, está livre para agir como bem entender: exatamente por que inserido numa prática institucional *em cadeia*, ele deve decidir de modo a guardar *coerência* com tudo aquilo que foi escrito antes dele. Um enunciado vinculante encerra o romance na primeira página; coerência e integridade exigem de cada autor a construção de uma história que faça sentido com relação aos seus próprios princípios, que seguem tomando forma na medida em que desenvolvidos.

Um mecanismo que se pretende vinculante diz: é isso; aplique e pronto. Uma espécie de realismo jurídico diz: juiz, faça o que quiser; nada disso faz sentido mesmo. Contra tudo isso, o ideal de coerência e integridade dirá: juiz, interprete todos esses elementos institucionais sob a melhor luz que o Direito permite, e, em meio a esse processo, aplique-os de forma a respeitar a facticidade daquilo que lhe vem à frente. O juiz agirá com integridade na medida em que sua decisão for capaz de refletir adequadamente o seu compromisso com a coerência da prática institucional em que ele está inserido – com o Direito. E guardar coerência com o Direito exige respeito aos seus princípios próprios, e não uma vinculação mecanicista às respostas pretensamente vinculantes que surgem de cima para baixo.

Cap. 4 • O MODELO DE JURISDIÇÃO CONSTITUCIONAL NO BRASIL | **439**

Dou um exemplo muito claro: a Constituição consagra o princípio da presunção de inocência. Não só isso: também o faz o Código de Processo Penal, em consonância com a própria Lei Maior. Só que isso tudo está para muito além de meras palavras: é o nosso paradigma jurídico inaugurado em 1988 – um paradigma de garantias – que aponta à presunção de inocência. Contrariando tudo isso – e, assim, contrariando toda a lógica do ordenamento (obviamente então desrespeitando as demandas impostas pela integridade) –, o Supremo Tribunal Federal diz: "é possível prender o réu antes do trânsito em julgado". Essa tese está errada. Por uma razão óbvia: *o direito brasileiro consagra a presunção da inocência,* e, no direito brasileiro, a presunção da inocência, da forma como colocada, *exige o trânsito em julgado para que o réu seja preso* (excetuada, por óbvio, a hipótese de prisão cautelar). E essa tese errada *vincula*? Mesmo errada? O que deve ser vinculante num sistema jurídico que assume para si próprio o respeito ao ideal da integridade? Os princípios constitucionais que exsurgem da tradição, ou um enunciado que exsurge de um julgamento baseado em argumentos muito claramente extrajurídicos? Essa é a questão, e esse é o paradoxo no qual o direito brasileiro conseguiu mergulhar sozinho.

Mas há uma saída. E a saída está na integridade. Integridade é respeitar os princípios que sustentam cada dispositivo de lei, cada código... e, então, cada enunciado, cada tese, cada decisão pretérita. Porque sim, é óbvio que o Supremo tem um papel importante e suas decisões devem ser consideradas. É óbvio que um sistema jurídico deve garantir um mínimo grau de previsibilidade aos jurisdicionados. Mas não existe maior segurança jurídica que a certeza de que a atividade decisória será exercida num contexto de respeito aos princípios da tradição jurídico-institucional. Não há melhor maneira de respeitar a lei do que a interpretar à (melhor) luz dos princípios que lhe dão forma. *Não há vinculação mais autêntica que respeitar as demandas e as exigências a que deve atender aquele que respeita o ideal de coerência e a integridade do Direito.*

4.5 MODULAÇÃO DE EFEITOS

4.5.1 A origem do fenômeno e sua recepção em *terrae brasilis*

O art. 27 da Lei 9.868/1999, especificamente ao tratar do julgamento do mérito da ADI e da ADC, estabeleceu que, "ao declarar a inconstitucionalidade de lei ou ato normativo, e tendo em vista razões de segurança jurídica ou de excepcional interesse social, poderá o Supremo Tribunal Federal, por maioria de dois terços de seus membros, restringir os efeitos daquela declaração ou decidir que ela só tenha eficácia a partir de seu trânsito em julgado ou de outro momento que venha a ser fixado".

Assim, a depender do caso a ser tratado, estar-se-á diante de uma espécie de "inconstitucionalidade por tempo certo" ou "inconstitucionalidade interrompida", de modo a quebrar a antiga tradição da atribuição de efeito *ex tunc* às decisões advindas do controle concentrado. Se o instituto for utilizado discricionariamente/arbitrariamente, de modo a desrespeitar o "excepcional interesse social" e a "segurança jurídica", poderá acarretar (como acarreta, de fato) uma série de problemas.

Como é cediço, a eficácia *ex tunc* (nas ações diretas de inconstitucionalidade) é uma herança do sistema norte-americano, onde o efeito de declaração de inconstitucionalidade, desde a origem, tem o condão de nulificar a lei desde o seu nascedouro. Isso porque, ao se declarar uma inconstitucionalidade, na verdade, aponta-se para algo que sempre existiu. Ou seja, o efeito é declaratório, e não constitutivo. Por isso, a lei, se contrária à Constituição, é nula desde o nascedouro, sendo que qualquer efeito a ela reconhecido seria concebido como uma provisória ou parcial suspensão da Constituição.[199]

Não se pode deixar de referir que a doutrina inspirada em Kelsen, prevalecente na Constituição da Áustria, por exemplo, sempre entendeu que a inconstitucionalidade de uma lei é uma nulidade relativa. Na verdade, o Tribunal Constitucional da Áustria detém ampla margem de discrição para dispor sobre as consequências jurídicas de suas decisões. Ele tanto pode estabelecer que a lei não é mais aplicável a outros processos ainda não cobertos pela coisa julgada (art. 140, VII, 2º período), ou fixar prazo de até um ano, dentro do qual se mostra legítima a aplicação da lei (art. 140, V e VII).[200] Neste contexto, uma lei é constitucional até que o órgão encarregado de pronunciar a inconstitucionalidade assim se manifeste. Por isso, a eficácia será *ex nunc*. No Brasil, por sua vez, seguindo a doutrina estadunidense, berço da eficácia *ex tunc* (onde a expressão "lei inconstitucional" configurava até mesmo uma *contradictio in terminis* – afinal, "*the inconstitucional statute is not law at all*"), ficou pacificado que a inconstitucionalidade não se constitui, mas se declara (logo, sempre existiu).

Muito embora a possibilidade de modulação de efeitos seja, no Brasil, uma inovação que vem causando surpresa, não se pode esquecer que, mesmo nos Estados Unidos, de onde derivou o efeito *ex tunc* adotado pela sistemática brasileira, passou-se a admitir, após a Grande Depressão, a necessidade de se estabelecerem limites à declaração de inconstitucionalidade. Assim, a *Supreme Court* vem considerando, em diversos casos, o problema proposto pela eficácia retroativa de juízos de inconstitucionalidade a propósito de processos criminais, pois, se as leis nunca existiram, todas as condenações com base nessa lei seriam nulas.[201] Portanto, não há uma posição linear ou ortodoxa que aponte para o fato de que o efeito *ex tunc* seja do *judicial review* norte-americano e o *ex nunc* do sistema continental-europeu.

---

[199] Cf. Mendes Gilmar Ferreira; Martins, Ives Gandra da Silva. *Controle concentrado de constitucionalidade*: comentários à Lei n. 9.868, de 10.11.1999. 2. ed. São Paulo: Saraiva, 2005. p. 466.

[200] Cf. Mendes, Gilmar. A declaração de inconstitucionalidade sem a pronúncia de nulidade da lei na jurisprudência da Corte Constitucional alemã. *Revista de Informação Legislativa*, Brasília, n. 188, p. 63.

[201] Um exemplo de aplicação no Brasil ocorreu quando o STF declarou, *incidenter tantum*, a inconstitucionalidade do artigo da Lei 8.072/1990 (hoje derrogado) que estabelecia a vedação de progressão de regime. Na declaração, o Tribunal deixou assentado, por exemplo, que a inconstitucionalidade do dispositivo não geraria direito à indenização (efeitos civis), procedimento denominado de modulação ou manipulação de efeitos – HC 82.959/SP. Ver, em especial, voto-vista do Ministro Gilmar Mendes. Muito embora a decisão do STF tenha apenas eficácia *inter partes* – e tal questão hoje é discutida na Corte –, seu evidente caráter paradigmático orientou a posição que defendeu a modulação dos efeitos, em especial para que o HC 82.959 não gerasse um número considerável de demandas de indenização por "erro judiciário" (no caso, a aplicação de uma lei inconstitucional).

Cap. 4 • O MODELO DE JURISDIÇÃO CONSTITUCIONAL NO BRASIL | **441**

A primeira controvérsia que incitou esta questão nos Estados Unidos foi Mapp *v.* Ohio, julgado em 1961, no qual Dolree Mapp foi condenado por deter a posse de material com conteúdo obsceno e lascivo, violando o que posto no § 2905.84, do *Ohio's Revised Code.*[202] As provas para tal condenação foram obtidas quando se conduziu investigação policial nas dependências da residência do acusado, sem a verificação de orientação judicial para tanto, com o que a Suprema Corte, de forma contrária ao que decidido pela primeira instância, declarou que a regra de exclusão, constante da 4ª Emenda da Constituição, proibitiva da utilização de provas obtidas ilegalmente perante as cortes federais, estender-se-ia às cortes estaduais. Este caso superou o que posto no Wolf *v.* Colorado, julgado em 1949, no qual se decidiu que a regra de exclusão não deveria ser aplicada às cortes estaduais, ou seja, dizendo que estas poderiam fazer uso de provas obtidas ilegalmente para condenação de acusados.[203]

Evidentemente que muitos dos casos similares julgados entre Wolf *v.* Colorado e Mapp *v.* Ohio, após o advento deste último, ofereceram petições de *habeas corpus*, com o intuito de assegurar aplicação retroativa do último precedente. Neste ponto se fez importante a fixação do entendimento de que o precedente firmado em Mapp *v.* Ohio possuía como objetivo desestimular ações ilegais da polícia nas investigações levadas a cabo nos Estados, de modo a proteger a privacidade das vítimas e promover a uniformidade das condutas jurídicas de órgãos federais e estaduais. Portanto, se houvesse a aplicação retroativa dos efeitos da decisão, seria atingida a confiança depositada na decisão proferida em Wolf *v.* Colorado, atingindo-se de forma decisiva a segurança jurídica.

Por sua vez, no caso Linkletter *v.* Walker, julgado em 1965, onde se buscava a aplicação retroativa do que decidido em Mapp *v.* Ohio, a Suprema Corte apontou que a Constituição não proibiria nem exigiria o efeito retroativo, de modo que este deveria ser decidido e aplicado caso a caso.[204]

Assim, é possível verificar que, no próprio nascedouro da doutrina da nulidade das leis inconstitucionais, acabou-se por implantar a modulação de efeitos, exatamente para garantir direitos que seriam violados com a aplicação de efeitos retroativos, por completa quebra de presunção de constitucionalidade após a declaração de inconstitucionalidade.

Em termos de direito continental europeu, o Tribunal Constitucional da Alemanha passou a adotar, em 1954, a chamada decisão de apelo (*Appellentscheidung*), que lhe outorgava a possibilidade de afirmar que a lei se encontrava em processo de inconstitucionalização, recomendando ao legislador as correções necessárias. Ao lado da declaração de inconstitucionalidade (nulidade) prevista no § 78 da Lei do *Bundesverfassungsgericht* e do apelo ao legislador, o Tribunal desenvolveu a declaração de incompatibilidade ou declaração de

---

[202] United States Supreme Court. Jurisprudência disponível em: http://supreme.justia.com/cases/federal/us/367/643/case.html#T1. Acesso em: 02 jun. 2017.

[203] United States Supreme Court. Jurisprudência disponível em: http://supreme.justia.com/cases/federal/us/338/25/case.html. Acesso em: 02 jun. 2017.

[204] United States Supreme Court. Jurisprudência disponível em: http://supreme.justia.com/cases/federal/us/381/618/. Acesso em: 02 jun. 2017. A análise deste caso também é feita por ABBOUD, Georges. *Jurisdição constitucional e direitos fundamentais*. São Paulo: Ed. RT, 2011. p. 284.

inconstitucionalidade sem a pronúncia de nulidade (*Unvereinbarkeitserklärung*), prevista no § 31 (2), 2º e 3º períodos, da Lei do *Bundesverfassungsgericht*.[205]

Ainda, Bachof relata que, muito embora em regra o Tribunal Constitucional da Alemanha praticasse a tese de que os efeitos das declarações de inconstitucionalidade deveriam ser *ex tunc*, o tempo demonstrou que a nulidade conduzia em muitos casos a consequências indesejáveis. Por exemplo: se uma lei prevê a atribuição de prestações a diferentes grupos de pessoas, não considerando, todavia, com violação do princípio constitucional da igualdade, um grupo mais vasto de cidadãos, a declaração de nulidade dessa lei teria como consequência que daí em diante nenhum tipo de prestação poderia ser pago. Outro exemplo: se for declarada nula uma lei que determinou a fusão de várias comunas numa só, isso significará que a nova comuna não chegou a ser instituída de modo juridicamente eficaz – ela pura e simplesmente não existe. É certo que continuarão, então, a subsistir as antigas comunas, mas como os seus órgãos, em regra, já não se mantêm, estas outras comunas já não podem atuar. A declaração da nulidade da lei teria como consequência, pois, uma completa incapacidade de agir da Administração.

Para evitar essas consequências, os tribunais constitucionais começaram por se abster, de quando em vez, de declarar como inconstitucionais – e, portanto, nulas – determinadas leis, embora a rigor o devessem ter feito. Recorrendo a construções muitas vezes pouco convincentes, procuraram mostrar que uma lei "ao tempo ainda não era inconstitucional", mas viria a tornar-se tal, se o legislador não estabelecesse com rapidez outra regulamentação. Mais tarde, os tribunais superaram essa orientação e passaram a decidir que a lei em causa era inconstitucional, mas que a inconstitucionalidade não produzia em todos os casos a consequência de nulidade: antes o tribunal tinha competência para determinar que a lei, embora inconstitucional, continuasse em vigor durante certo tempo, para dar ao legislador oportunidade de eliminar a violação da Constituição.[206]

Em Portugal, por sua vez, a Constituição consagrou a fórmula segundo a qual, quando a segurança jurídica, razões de equidade ou interesse público de excepcional relevo o exigirem, poderá o Tribunal Constitucional fixar os efeitos da inconstitucionalidade ou da ilegalidade com alcance mais restrito do que o previsto em geral – art. 282º (4) (observe-se, aqui, a semelhança do art. 27 da Lei 9.868/1999 com o dispositivo português). Jorge Miranda não se mostra contrário a esse dispositivo. Assim, para ele, "a fixação dos efeitos da inconstitucionalidade destina-se a adequá-los às situações da vida, a ponderar o seu alcance e a mitigar uma excessiva rigidez que pudesse comportar, destina-se a evitar que, para fugir a consequências demasiado gravosas da declaração, o Tribunal Constitucional viesse a não decidir pela ocorrência de inconstitucionalidade; é uma válvula de segurança da própria finalidade e da efetividade do sistema de fiscalização".[207]

---

[205] Cf. Mendes, Gilmar F. Processo e julgamento da ação direta de inconstitucionalidade e da ação declaratória de constitucionalidade perante o Supremo Tribunal Federal: uma proposta de projeto de lei. *Revista Jurídica Virtual*, n. 6, p. 4, out./nov. 1999.

[206] Cf. Bachof, Oto. Estado de direito e poder político. *Boletim da Faculdade de Direito de Coimbra*, v. LVI, Coimbra, Coimbra Ed., 1996. p. 16-17.

[207] Cf. Miranda, Jorge. *Manual*, op. cit., t. II.

Cap. 4 • O MODELO DE JURISDIÇÃO CONSTITUCIONAL NO BRASIL | **443**

Vale registrar que o Tribunal Constitucional da República Portuguesa tem corriqueiramente aplicado essa fórmula. Com efeito, veja-se o Acórdão 24/83, em que o TC declarou inconstitucionais certas normas regulamentares que estabeleciam o pagamento, por parte de usuários dos serviços de saúde, de uma certa quantia fixa por embalagem de cada especialidade farmacêutica. No entanto, tendo em atenção a conveniência de evitar qualquer perturbação financeira ou no bom funcionamento dos serviços que essa decisão pudesse originar, entendeu o TC de restringir os seus efeitos, decidindo que não haveria eficácia retroativa.[208] Agregue-se o recente Acórdão 437/2000, no qual o TC de Portugal declarou a inconstitucionalidade com força obrigatória geral da norma do art. 16º, n. 4, do DL 215-B/75, de 30 de abril, na parte em que atribui ao sindicato o direito de exigir do trabalhador, que dele se desfilie, o pagamento de quotização referente aos três meses seguintes à comunicação da desfiliação, por violação do art. 55º, n. 2, *b*, da Constituição, restringindo os efeitos da inconstitucionalidade, de forma que só se produzam a partir da publicação da mesma declaração, salvo em relação às quantias não pagas ou com pagamento impugnado.

Outro país que abriu mão da ortodoxia representada pela eficácia retroativa da declaração de inconstitucionalidade foi a Espanha. Conforme noticia García de Enterría,[209] a publicação no Boletim Oficial do Estado de 2 de março de 1989 da famosa sentença 45/1989, de 20 de fevereiro, sobre inconstitucionalidade do sistema de liquidação conjunta de imposto de renda da "unidade familiar" matrimonial, permite aos juristas uma reflexão pausada sobre esta importante decisão do Tribunal Constitucional, objeto já de múltiplos comentários. Com efeito, aduz o mestre espanhol, mais importante que o mérito da decisão é a inovação que dela exsurge, por meio da determinação dos efeitos da inconstitucionalidade, que a decisão remete para o futuro, não permitindo reabrir discussões acerca dos casos anteriores.

Assim, seja por influência das transformações ocorridas no constitucionalismo norte-americano, seja por tomar como exemplo as experiências europeias, em especial a portuguesa (já que o dispositivo que prevê a possibilidade de modular os efeitos na Constituição brasileira é muito similar ao que existe na de Portugal), o Brasil vem seguindo esta tendência. Portanto, cumpre analisar o modo de compreender a inserção deste novo instituto, considerando os avanços trazidos pelo art. 27 da Lei 9.868/1999.

4.5.2 Questões relevantes acerca da modulação

Um dos aspectos mais relevantes sobre a introdução deste instituto diz respeito ao modo de compreender os efeitos da declaração de inconstitucionalidade, que, tradicionalmente, diz respeito à diferenciação entre nulidade e anulabilidade. Nesse sentido, a modulação dos efeitos tem como pano de fundo a superação desta dicotomia (nulidade e anulabilidade),

---

[208] Cf. Araújo, Antonio de; Cardoso da Costa, Joaquim Pedro. *Efeitos temporais das decisões de inconstitucionalidade* (Nota de jurisprudência constitucional). Lisboa, 2000. Na mesma linha, os Acórdãos 92/84, 91/85, 92/85, 144/85, 80/86, 82/86, 272/86, 206/87, 209/87, 451/87, 76/88, 77/88, 157/88, 168/88, 267/88, 170/90, 246/90, 308/90, 93/92, 347/92, 151/93, 231/94, 637/95, 866/96, 1203/96.

[209] Cf. García de Enterría, Eduardo. La doctrina prospectiva en la declaración de ineficacia de las leyes inconstitucionales. *Revista de Direito Público*, n. 92, out./dez. 1989. p. 14.

JURISDIÇÃO CONSTITUCIONAL · *Lenio Luiz Streck*

que passa a ser considerada insuficiente para fundamentar as atuais decisões proferidas em sede de controle de constitucionalidade, pela necessidade de se dar ênfase à análise da validade da lei. Ou seja, em outros termos, deixou-se de averiguar se a nulidade decorrente de inconstitucionalidade seria *ab initio* (e na imensa maioria das vezes é), para privilegiar o modo pelo qual a *sentença constitucional* declara a inconstitucionalidade da prescrição normativa, retirando-lhe eficácia, sendo este – a *sentença constitucional* – o modo de ligar a invalidez com a eficácia, conforme precisamente aponta Georges Abboud.[210]

Contudo, para que seja analisada a repercussão da modulação dos efeitos no âmbito do controle de constitucionalidade brasileiro, não basta referir que os efeitos da declaração de inconstitucionalidade passam a ser observados a partir da ideia de *sentença constitucional* como mecanismo para sua delimitação. É preciso, na verdade, fazer uma rigorosa análise de como compreender esta noção de *"sentença constitucional delimitadora de efeitos"*. É nesse sentido que, junto com Georges Abboud, afirmo que a modulação não pode ser uma janela (a mais) para a discricionariedade, exatamente porque foi criada com o intuito de promover o Estado Democrático de Direito e tornar possível a garantia aos direitos fundamentais, o que se apresenta em contradição com uma decisão discricionária de definição dos efeitos da inconstitucionalidade.[211]

Este é exatamente o ponto mais importante: a modulação de efeitos não pode representar uma abertura interpretativa dada ao Judiciário, para que este delimite de forma arbitrária (discricionária) os efeitos da decisão de inconstitucionalidade. Nesse sentido, as críticas que possam ser realizadas em relação a tal tema não se direcionam ao instituto da modulação (isto é, diretamente a sua criação, a sua incorporação ao sistema constitucional brasileiro), mas aos requisitos, aos critérios verificadores da possibilidade da modulação e, para além disso, ao modo como essa será "realizada", que não pode ficar ao alvedrio do julgador, que deve restar atrelado a "pesadas correntes" hermenêuticas, que, ao mesmo tempo, autorizam e o obrigam a empreender a modulação dos efeitos da decisão de inconstitucionalidade com o fito de garantir e promover os direitos fundamentais.[212]

Nessa linha, um dos primeiros passos para entender a questão é estabelecer que uma coisa é a concessão de efeito *ex nunc* às decisões em sede de controle concentrado de constitucionalidade; *outra é especificar, para além do efeito* ex nunc *ou para aquém do efeito* ex tunc, *outra data para a eficácia da decisão de pronúncia de nulidade.* Veja-se que, para Gilmar Mendes e Ives Gandra Martins, tal alternativa (a modulação de efeitos) não é maléfica, pois, mesmo com a crescente consolidação da teoria da nulidade da lei inconstitucional, não houve impedimento da adoção de uma declaração de inconstitucionalidade heterodoxa, que permitia a vigência de normatização contrária à Constituição, com o fito de proteger "excepcional

---

[210] Cf. Abboud, Georges. *Jurisdição constitucional*, op. cit., p. 262-263.

[211] Idem, p. 280-283.

[212] Para Emílio P. Meyer, por exemplo, uma declaração de inconstitucionalidade tem como natureza dos seus efeitos temporais a *retroatividade, em decorrência da violação que o material inconstitucional representa a supremacia da Constituição*. Sendo a afetação desta natureza apenas levada a cabo em situações de extrema necessidade (contingencialmente). – cf. Meyer, Emílio. *A decisão no controle de constitucionalidade*. São Paulo: Método, 2008.

Cap. 4 · O MODELO DE JURISDIÇÃO CONSTITUCIONAL NO BRASIL | **445**

interesse social" e garantir a "segurança jurídica", o que apenas pode ocorrer se se privilegiar a Constituição como um todo, evidentemente: "A aceitação do princípio da nulidade da lei inconstitucional não impede, porém, a nosso ver, que se reconheça a possibilidade de adoção, entre nós, de uma declaração de inconstitucionalidade alternativa. É o que demonstra a experiência do direito comparado acima referida. Ao revés, a adoção de uma decisão alternativa é inerente ao modelo de controle de constitucionalidade amplo, que exige, ao lado da tradicional decisão de perfil cassatório com eficácia retroativa, também decisões de conteúdo outro, que não importem, necessariamente, na eliminação direta e imediata da lei do ordenamento".[213]

Esta possibilidade de modular os efeitos ganha força em razão da insuficiência que o mero modelo de nulidade possui em face do atual perfil do Estado, que se erigiu sob a égide de uma Constituição transformadora e dirigente, que faz com que o controle de constitucionalidade não possa mais ter a mera função de assecuratório dos direitos fundamentais como direitos de defesa (*Abwehrrecht*), devendo ser capaz de garantir prestações positivas. Esta é a tônica das Constituições dirigentes, indubitavelmente ainda vigentes nos países periféricos como *terrae brasilis*, que não realizaram as promessas da modernidade, com o que a Constituição passa a ser fundamento de validade de todo o ordenamento e conformadora de toda a atividade político-estatal, de modo que a jurisdição constitucional se transforma em verdadeira condição de possibilidade do Estado Democrático de Direito.

A modulação de efeitos deve ser utilizada como meio assecuratório de que direitos fundamentais não sejam atingidos em razão dos ordinários efeitos de uma decisão de declaração de inconstitucionalidade.[214] Exatamente por isso, a decisão que determina a incidência da modulação não pode se fundar em discricionariedades, conforme já venho pontuando há mais de uma década. O consequencialismo não pode servir de balizamento para a modulação de efeitos da decisão de inconstitucionalidade, dado que, sob este prisma, o direito constitucional jamais conseguirá sustentar a proteção e promoção dos direitos fundamentais, exatamente pelo seu caráter de individuais, mas que beneficiam a coletividade. Ademais, se a modulação pode se basear em argumentos consequencialistas *lato sensu*, estar-se-ia a institucionalizar o julgamento com base em políticas e não por princípios (para essa discussão, remeto o leitor ao meu *Verdade e consenso*, em especial o posfácio). Por isso, não é possível concordar com a aplicação do "princípio" da proporcionalidade, por exemplo, nos termos de uma ponderação entre a supremacia constitucional e razões de segurança jurídica ou excepcional interesse público. Nesse caso, o uso da "proporcionalidade" não passa de um álibi teórico para a "escolha" de qualquer possibilidade e para sustentar ações pragmaticistas.

---

[213] Cf. MENDES, Gilmar Ferreira; MARTINS, Ives Gandra da Silva, op. cit., p. 484.

[214] Sobre o tema da modulação dos efeitos e sua relação com os direitos fundamentais, Georges Abboud afirma que: "há duas perspectivas que a modulação de efeitos das decisões proferidas em sede de controle de constitucionalidade não pode perder: a) a impossibilidade de que o interesse público constitua fundamento jurídico para realização de uma modulação de efeitos benéfica ao Estado, Poder Público, em específico se esta for capaz de restringir direitos fundamentais; e b) a vedação em realizar-se a modulação de efeitos com fundamento único e exclusivo em argumentos consequencialistas, ou seja, decisões de política – cf. ABBOUD, Georges. *Jurisdição constitucional*, op. cit., p. 272.

Se tomássemos o consequencialismo como norte decisório, como seria possível defender a concessão de um medicamento muito caro a um cidadão que efetivamente necessitasse dele em face do "prejuízo" que seria causado aos cofres do Estado?[215] Não seria possível aceitar que o Estado fosse condenado em uma ação de reparação vultosa pelo mesmo motivo, além do que seria possível justificar uma desapropriação sem qualquer contrapartida ao particular, exatamente em razão do benefício que seria gerado para a coletividade pela incorporação do bem expropriado ao Estado sem o dispêndio de qualquer valor.

De todo modo, é evidente que, para esse tipo de decisão, é necessário levar em conta uma série de padrões interpretativos, principalmente no tocante à confrontação "liberdade--igualdade". Há que se ter cuidado para que a igualdade não seja suplantada pela liberdade, nos precisos termos discutidos por Dworkin em seu *A virtude soberana*. Como sempre, faz-se importante a coerência do direito, conforme tanto ressalta Dworkin, que pode ser aferida por meio de simples perguntas, criação de hipóteses como estas, com o fito de verificar se o raciocínio jurídico posto em teste se mostra aplicável a todas as situações análogas de forma indiscriminada.

É evidente que toda decisão que entenda por modular efeitos de uma declaração de inconstitucionalidade deve indicar de forma expressa quais os fundamentos para tanto. O critério interesse social demanda sedimentada justificação por parte do intérprete que realizará a modulação de efeitos, devidamente aportada na promoção de direitos fundamentais. E mais: a situação não é diferente quando se fala no critério da segurança jurídica, isto é, a modulação deve ocorrer sempre que a declaração de inconstitucionalidade provida de efeitos ordinários for capaz de desestabilizar situações jurídicas que possuíam expectativa de continuidade diante da Constituição, ou seja, que eram eivadas de presunção de constitucionalidade, mesmo que já quebrantada.

Exemplo de modulação dos efeitos é o da ADI 2.240/BA, que tratou da inconstitucional criação do Município de Luís Eduardo Magalhães, no Estado da Bahia, que obteve como resultado a declaração de inconstitucionalidade sem pronúncia de nulidade, em face de todas as legítimas relações jurídicas que já haviam se estabelecido em decorrência da criação do ente federativo, as quais deveriam ser cumpridas, sob pena de violação da segurança jurídica e do excepcional interesse social.[216] No caso, o STF expressamente privilegiou a segurança jurídica decorrente dos compromissos derivados das ações do Município de Luís Eduardo Magalhães, no Estado da Bahia, o qual, mesmo criado de forma irregular, nos seus 6(seis) anos de existência fática acabou por gerar obrigações e expectativas para uma infinidade de pessoas, que não poderiam ser prejudicadas por ter confiado na presunção de constitucionalidade do advento do surgimento do ente federativo, quando determinou a declaração de inconstitucionalidade do ato normativo de sua criação, mas que apenas teria sua nulidade "instituída" após 24 (vinte e quatro) meses. Por fim, pelas

---

[215] Admitindo-se, para esta hipótese, que não se comprovasse que haveria a violação de direitos fundamentais de outros cidadãos, especialmente equiparáveis, com a concessão do falado medicamento.

[216] Importante notar que em momento algum se falou em interesse público como sendo interesse do Estado, de modo a sobrepujar o interesse social, dos cidadãos, destinatários dos direitos fundamentais.

Cap. 4 · O MODELO DE JURISDIÇÃO CONSTITUCIONAL NO BRASIL | **447**

mesmas razões, a controversa Emenda Constitucional 57/2008 acabou por reconhecer a criação irregular de diversos municípios, entre eles Luís Eduardo Magalhães.

Outro exemplo digno de registro refere-se ao julgamento pelo Supremo Tribunal Federal das ADIs 4.357 e 4.425, que tratavam do regime especial de pagamentos de precatórios estabelecido pela EC 62/2009, a qual foi declarada parcialmente inconstitucional, sendo os efeitos da decisão modulados. No caso, diante da ampla disciplina dos efeitos da modulação, considerada pelo Ministro Marco Aurélio como ato de legislador positivo, ocorreu forte debate quanto aos limites dela.

Numa aproximação com essa lógica, vale a pena referir o acirramento das discussões sobre a "teoria do fato consumado". Tem-se verificado entendimentos jurisprudenciais contrários à sua aplicação nas instâncias inferiores. Para uma análise recente dessa questão no STF, veja-se o "caso Vanusa" (RE 608.482/RN).[217]

4.5.2.1 *Modulação de efeitos e segurança jurídica, ou o que fazer com uma eficácia "duradoira" de uma cautelar em ADI?*

Um caso emblemático sobre modulação de efeitos ainda pende de resposta da Suprema Corte. Trata-se da ADI 2332/DF, que discutiu a constitucionalidade de medida provisória que, dentre outros temas, alterou para 6% o percentual de juros compensatórios nas desapropriações por utilidade pública e interesse social, bem como criou condições para sua incidência. Observe-se: a MP foi editada em 1997 (com posteriores reedições) e é o primeiro ato legislativo a regulamentar a matéria. Antes disso, a fixação do índice era jurisprudencial, por meio da Súmula 618 do Supremo Tribunal Federal, determinando a aplicação de 12%.

A particularidade do ato impugnado (medidas provisórias reeditadas antes da EC 32/01), o transcurso do tempo (17 anos de tramitação) e a reversão da medida cautelar concedida (da inconstitucionalidade à constitucionalidade), aliados à omissão do acórdão sobre os efeitos da decisão, tornam o julgamento dessa ADI um caso *sui generis*.

Em 2001, o plenário do STF concedeu medida cautelar, estabelecendo *que a MP era inconstitucional* e mantendo a aplicação do parâmetro anterior, a Súmula 618 (12%). Depois dessa decisão, o STJ – Superior Tribunal de Justiça – passou a aplicar o entendimento e a própria Suprema Corte continuou aplicando a referida Súmula em sede de controle difuso. Eis, então, a peculiaridade do caso: em 2018 – ou seja, 17 anos depois e com outra composição –, o STF decide de modo radicalmente oposto ao que fora decidido na medida cautelar, *julgando, no mérito, constitucional a Medida Provisória*.

---

[217] Sobre as diferentes ponderações realizadas nos votos dos ministros, confrontadas com o método alexyano original, veja-se: DALLA BARBA, Rafael Giorgio. *A (in)transparência dos direitos fundamentais*: das origens aos limites da teoria discursiva em Robert Alexy. Dissertação (Mestrado em Direito Público) – Programa de Pós-Graduação em Direito, Universidade do Vale do Rio dos Sinos (UNISINOS). São Leopoldo, 2017. p. 95-105. Disponível em: http://www.repositorio.jesuita.org.br/bitstream/handle/UNISINOS/6653/Rafael%20Giorgio%20Dalla%20Barba_.pdf?sequence=1&isAllowed=y. Acesso: 10 out. 2017.

448 | JURISDIÇÃO CONSTITUCIONAL • *Lenio Luiz Streck*

Não se pode esquecer de que estamos diante de situações jurídicas que se consolidaram a partir do entendimento do Supremo Tribunal Federal no próprio julgamento da ADI. Isto é, ao conceder a liminar, o Tribunal produziu norma jurídica – como já dizia Hans Kelsen –, Judiciário produz norma jurídica. Na medida em que a liminar concedida é uma norma jurídica, está apta a produzir efeitos. Afinal, cautelar é adiantamento de sentido. E, de fato, essa norma (decorrente da medida cautelar) produziu, por longos 17 anos, efeitos. Portanto, afetar as relações jurídicas constituídas de boa-fé sob os efeitos da liminar colocaria em xeque a própria autoridade do Tribunal. Agregue-se à complexidade do caso o fato de que a Medida Provisória e as suas reedições nunca foram convertidas em lei. Isso significa que, caso o Supremo Tribunal Federal determine a retroatividade da decisão de constitucionalidade, *seus* efeitos serão equivalentes ao de conversão da medida provisória em lei, tendo em vista o longo período de trâmite da ADI.

Se assim acontecer, será a MP mais longeva da história. Ou seja, por mais que as MP's anteriores à limitação constitucional para reedições estejam protegidas pela regra da perpetuidade (EC 32/2001), a atribuição de efeitos *ex tunc* produzirá a imposição judicial de um parâmetro cuja deliberação política foi suprimida da esfera pública pela própria demora no julgamento da ADI.

Portanto, a discussão do que ocorre na aludida ADI é transcendente. Trata da preservação (ou não) da segurança jurídica, do interesse social, do caráter normativo da liminar, da autoridade do Supremo Tribunal Federal, da temporalidade de medidas provisórias e do adequado manuseio do controle de constitucionalidade.

São todos fundamentos jurídicos suficientes para o afastamento da regra da retroatividade? Eis a indagação. Fazendo uma anamnese do problema, o que se percebe é: uma ADI com provimento da cautelar produziu uma declaração de **inconstitucionalidade** em relação ao novo parâmetro (MP – que passa a não valer) e, simultaneamente, uma declaração de **constitucionalidade** em relação ao que já vinha sendo aplicado (no caso, a Súmula 618).

Isto é, exemplificadamente: a lei A estava vigente e válida; veio a Lei B (por exemplo, via Medida Provisória) para invalidar a Lei A; por ADI, o STF concede cautelar para tornar válida, de novo, a Lei A (no caso, a Súmula 618). Corolário lógico: vale a antiga Lei, agora sob o manto de validade advindo da decisão cautelar. Isto quer dizer que, com a decisão liminar na ADI 2332, o direito vigente e válido passou a ser outro, não mais o previsto na Medida Provisória. Ou seja, o direito previsto na Medida Provisória, objeto da liminar, foi tornado, cautelarmente, nulo, írrito, nenhum.

O que aconteceu é que (i) foi posto (a palavra "posto" aqui é no sentido de "direito posto por uma autoridade legítima" – lembrando o sentido de *autorictas non veritas facit legis*) um *direito novo* pela Medida Provisória. Porém, (ii) com a cautelar, o STF pôs outro direito, "ressuscitando aquele direito que havia sido anulado". Em filosofia, dir-se-ia: a MP nadificou uma norma; veio a cautelar que nadificou a nadificação, exsurgindo aquilo que fora nadificado. Nadificar o nada faz surgir o que já existia. Assim, posto o direito de volta por meio da cautelar, esse passa a valer até o dia em que é revogado. Se, no julgamento do mérito, dezessete anos depois, o STF vier a dizer que a Medida Provisória é que estava escorreita e a cautelar fora indevida, parece evidente que esse vácuo não pode ser preenchido por uma repristinação de efeitos.[218] É disso que se trata.

Veja-se a complexidade. Trata-se efetivamente de algo inusitado no âmbito da jurisdição constitucional. Caberia modulação de efeitos em declaração de constitucionalidade? A resposta rápida é negativa, visto que se presume a constitucionalidade das normas. Todavia, é aqui que aparece o novo: existe uma exceção que justifica a atribuição de efeitos *ex nunc*. Trata-se das hipóteses em que a declaração de constitucionalidade for precedida de juízo de cognição sumária no sentido da inconstitucionalidade da norma. Esse é o ponto.

Aqui devemos buscar socorro e guarida na teoria do direito: decisão judicial é também norma jurídica. É dever ser. Desde Kelsen, sabemos que norma jurídica é o sentido objetivo de um ato de vontade dirigido à conduta de outrem. Assim, se o Supremo Tribunal decidiu – ainda que por cautelar – que a Medida Provisória era inconstitucional, essa decisão é norma jurídica "como sentido objetivo de um ato de vontade dirigida à conduta de todos os brasileiros".

Em termos de teoria do direito e da Constituição, o Supremo Tribunal, ao conceder a cautelar, imputou (*autorictas!*). É como se tivesse legislado. Se o direito, ao fim e ao cabo, em uma democracia constitucional, é aquilo que o Tribunal Constitucional diz que é, *então a decisão liminar vale até o dia em que for revogada*. E, à toda evidência, exatamente por ter valido até a decisão de mérito, a nova decisão jamais pode produzir efeitos *ex tunc*. Seria o Supremo Tribunal decidindo contra si mesmo. Portanto, como referido acima, dê-se o nome que se der (modulação de efeitos ou simples atribuição de efeitos), o caso é que a única coisa que parece ser contraditória ao Direito é que a decisão de mérito tenha efeito *ex tunc*.

É possível afirmar, nesse ponto, com base na mais abalizada doutrina jus-filosó-fica-constitucional (de Kelsen a Canotilho, passando pela melhor doutrina brasileira), que a decisão liminar do STF produziu norma vigente, válida e eficaz. As perguntas que surgem são: nesses 17 anos, como fica a segurança jurídica? E a boa-fé? E a proibição de repristinação?

Mas vou mais longe, para não ficar apenas com a doutrina acima esposada. Como ponto de partida, penso a questão a partir da moralidade do Direito. Na década de 1960, Lon Fuller desenvolveu condições específicas que o ato legal e, no geral, o próprio ordenamento legal precisam cumprir para que sejam considerados como Direito. Trata-se de condições necessárias para a existência do próprio Direito, inerente a qualquer processo jurídico, de criação e de aplicação de leis. Vejam os leitores como são interessantes esses oito princípios[219] que envolvem não somente a criação das regras, mas também as tomadas de decisões das autoridades:

---

[218] Nesse exato sentido, a posição de Jorge Lavocat Galvão, em texto publicado na *Revista Consultor Jurídico* (ConJur – Modulação dos juros compensatórios nas desapropriações). Disponível em: https://www.conjur.com.br/2020-fev-29/inconstitucionalidade-juros-compensatorios-desapropriacoes Acesso em: 05 ago. 2022.

[219] Ver LORENZONI, Pietro Cardial; DIAS, Giovanna. Reflexões sobre os limites das decisões judiciais e administrativas. Disponível em: https://www.conjur.com.br/2020-nov-21/diario-classe-reflexoes--limites-decisoes-judiciais-administrativas. Acesso em: 05 ago. 2022.

1) as regras precisam ter um caráter de *generalidade,* ou seja, devem ser aplicadas e direcionadas a todos, contrapondo-se às decisões *ad hoc*;

2) as regras devem ser revestidas de *publicidade,* ou seja, devem estar sob conhecimento dos cidadãos, para que se tenham condições de cumprimento;

3) é inadmissível a retroatividade, para que as pessoas possam confiar nas normas vigentes, de forma que elas devem possuir *prospectividade*;

4) deve haver *clareza,* ou seja, as regras produzidas precisam estar linguisticamente dispostas de maneira compreensível, para que possam ser inteligíveis pelo cidadão;

5) precisam possuir *consistência,* não sendo contraditórias entre si;

6) a *perfectibilidade* também é importante, para que não sejam emitidas regras que exijam dos cidadãos ações impossíveis de concretizar, ou ações as quais eles não possuam poder para concretizar;

7) deve haver uma relativa *durabilidade*, estando as regras estáveis através do tempo; e, por fim,

8) precisa haver *congruência*, ou seja, uma harmonia entre as regras que são criadas e publicadas e a sua aplicação por parte das instituições.

Aqui, os "postulados" 1, 3, 6, 7 e 8 parecem ausentes nessa discussão do STF. Lembro, ademais, que essas questões já estavam presentes em clássicos da filosofia e do Direito, como, por exemplo, São Tomás de Aquino. Quando o frade escreve sobre as características para algo ser compreendido como Direito, ele encontra elementos básicos muito próximos aos propostos por Fuller. Questões como *prospectividade, não contradição e estabilidade* estão expostas na Suma Teológica.

Apesar dos mais de 700 anos que separam os dois autores, percebe-se que eles encontram requisitos comuns para algo ser considerado como autêntico Direito. Dentre esses, está a prospectividade, que é consubstanciada na vedação da retroatividade, a coerência, forte na não contradição, e a estabilidade, compreendida como o poder-dever das regras perdurarem no tempo de forma estável.

Esses três princípios da moralidade interna do Direito – para abordarmos o conceito proposto por Fuller – iluminam o significado da segurança jurídica. Afinal, como construir segurança jurídica se as decisões políticas e jurídicas retroagem no tempo *como se esse não existisse*, impossibilitando preparação, ação ou previsão dos sujeitos a elas? De novo: norma jurídica é o sentido objetivo de um ato de vontade dirigido a todos os brasileiros (que acreditaram que nesses dezessete anos havia um determinado permissivo legal).

Como concretizar segurança jurídica se as decisões são incoerentes, impossibilitando o planejamento dos cidadãos que a ela estão submetidos? Como possibilitar segurança jurídica se o Direito é instável?

A resposta já nos foi dada por Vaughan no caso Thomas *v.* Sorrell em 1677, recordada por Fuller, no capítulo que trata sobre as oito formas de errar na construção jurídica, qual seja: "*law which a man cannot obey, nor act according to it, is void and no law: and it is impossible to obey contradictions, or act according to them*" (À lei que o homem não

Cap. 4 · O MODELO DE JURISDIÇÃO CONSTITUCIONAL NO BRASIL | **451**

pode obedecer ou agir de acordo com ela é nula e não é Direito, e é impossível obedecer a contradições ou agir conforme elas).

Para algo, efetivamente, ser Direito, precisa cumprir certos requisitos. Dentre estes, está, de forma inarredável, a coerência, a estabilidade e a prospectividade. No caso, os três requisitos ficariam violados pelo Supremo Tribunal Federal na decisão de mérito da ADI 2332, acaso não se afaste a retroatividade. Eis a pergunta: de que modo a decisão – que entende pela constitucionalidade da MP com aplicação dos efeitos da constitucionalidade de forma *ex tunc* – convive coerentemente com a decisão cautelar, que entendeu pela inconstitucionalidade da MP e suspendeu os seus efeitos por 17 anos? Nesse período existiu o quê? A resposta é de Kelsen: existiu uma norma com *eficácia duradoira* (para ser fiel à tradução de João Baptista Machado da *Teoria Pura do Direito*).

Outra indagação: como ilidir a fundamentação da decisão judicial em medida cautelar? Se a explicação for, simplesmente, pela alteração da composição dos membros da Corte, estamos diante de um grave equívoco.

Há uma evidente necessidade de se compreender a exigência jurídica de atribuição de efeito *ex nunc à* decisão pela constitucionalidade, mantendo-se hígidos os efeitos e as decisões tomadas sob a égide da decisão cautelar.

Desse modo, com todos esses elementos complexos, a referida ADI é um caso exemplar para discussão do conceito de segurança jurídica e da própria boa-fé de que fala o Código de Processo Civil nas decisões judiciais. Com isso, parece razoável afirmar que a declaração de constitucionalidade da norma liminarmente considerada inconstitucional torna obrigatória a atribuição de efeitos *ex nunc*. Se forem atribuídos efeitos *ex tunc*, estaremos longe da resposta adequada à Constituição.

4.5.3 Modulação de efeitos no controle difuso e no controle concentrado

Diante da concepção de modulação de efeitos da declaração de inconstitucionalidade, devidamente fundada na proteção e promoção dos direitos fundamentais, que exclui discricionariedades (entendido o conceito no plano da hermenêutica aqui trabalhada), não parece haver sentido em restringir sua aplicação apenas ao controle concentrado, especialmente sob a alegação de que a previsão consta apenas do art. 27 da Lei 9.868/1999, que disciplina o processamento e julgamentos das ADIs e ADCs, especialmente em face das raízes históricas de sua manifestação no direito estadunidense, acima expostas. Importante asseverar que em tal modelo de controle de constitucionalidade, sempre difuso, até o julgamento do apontado caso Linkletter *v.* Walker, negava-se a possibilidade de modulação dos efeitos da decisão de inconstitucionalidade, mas isso ocorria até 1965, ou seja, há quase cinquenta anos![220]

Importante frisar que a modulação de efeitos não é de aceitação pacífica nos EUA. Bom exemplo disso é o caso Harper *v.* Virginia Department of Taxation, julgado pela Suprema Corte em 1993, quando se decidiu pela prevalência da *Blackstone Theory*, que

---

[220] United States Supreme Court. Jurisprudência disponível em: http://supreme.justia.com/cases/federal/us/509/86/case.html. Acesso em: 02 jun. 2017.

propala que a irretroatividade, ou a modulação como um todo, era decorrência direta de odioso ativismo judicial, ofensivo à regra do *stare decisis*, sendo típica dos atos legislativos e não dos atos judiciários. Mesmo assim, após o julgamento do caso Harper *v.* Virginia Department of Taxation, a Suprema Corte voltou a afirmar a possibilidade de modulação, dessa vez no caso United States *v.* Johnson,[221] mesmo que com bases diversas das utilizadas no caso Linkletter *v.* Walker, mas destacadamente antidiscricionárias.

Tal posicionamento é compartilhado por Nelson Nery Jr. e Gilmar Mendes,[222] todos fundados na inescusável garantia dos direitos fundamentais. Em *terrae brasilis*, o STF tem admitido, recentemente, a modulação de efeitos em processos afetos ao controle incidental de constitucionalidade, o que fica assente em dois julgados que destacamos. O primeiro deles é a decisão proferida em decorrência do AgRg em AI 627.770,[223] de relatoria do Ministro Joaquim Barbosa, que aponta que a modulação temporal dos efeitos da declaração de inconstitucionalidade no controle difuso, de idêntica forma ao que ocorre no concentrado, pressupõe inequívoca excepcionalidade que apenas se justifica pelo risco à segurança jurídica e/ou ao relevante interesse social. Diante disso, em matéria tributária, não bastaria ao sujeito ativo, no caso o Estado, alegar que a destinação dos valores arrecadados seria para fins públicos, o que claramente diferencia interesse público de interesse social, de modo a incorporar a diversidade entre interesse público primário e secundário, além de admitir abertamente a aplicação da modulação de efeitos não apenas para o controle difuso, mas tendo-a como aplicável ao juízo de recepção de normatizações pretéritas à Constituição, colacionando diversos outros julgados nesse sentido.

O segundo julgado que se mostra pertinente mencionar é o derivado do RE 197.917, de relatoria do Ministro Maurício Corrêa, no qual se firmou que, em face da excepcional situação tratada nos autos, justificava-se a modulação dos efeitos da "declaração de nulidade", com seus ordinários efeitos *ex tunc*, o que acabaria por resultar em grave ameaça para todo o sistema legislativo, visto que se tratava da necessidade de diminuição do número de vereadores da Câmara Municipal do Município de Mira Estrela-SP, em face da contrariedade estabelecida no art. 6º da sua Lei Orgânica, que não obedeceu à proporção estabelecida no art. 29, IV, *a*, da CF. O ordinário julgamento de procedência implicaria uma redução do número de vereadores, por meio da decretação de extinção dos mandatos que tivessem ultrapassado o número constitucionalmente estabelecido, bem como implicaria vício dos atos legislativos praticados por eles, caso não ocorrida a modulação dos efeitos da decisão.

Por isso, especificamente em decorrência do extenso voto proferido pelo Ministro Gilmar Mendes (que expressamente menciona a aplicação da modulação de efeitos nas decisões proferidas pelo controle difuso, realizando uma verdadeira reconstrução histórico-teórica

---

[221] United States Supreme Court. Jurisprudência disponível em: http://supreme.justia.com/cases/federal/us/333/10/case.html. Acesso em: 02 jun. 2017.

[222] MENDES, Gilmar Ferreira. Limitação de efeitos no sistema difuso e a aplicação do art. 27 da Lei 9.868/1999: algumas notas. In: MACHADO, Felipe Daniel Amorim; OLIVEIRA, Marcelo Andrade Cattoni de (org.). *Constituição e processo*: a contribuição do processo ao constitucionalismo democrático brasileiro. Belo Horizonte: Del Rey, 2009. n. 4, p. 34-36, e n. 5, p. 37.

[223] AI 627770-AgRg.

Cap. 4 · O MODELO DE JURISDIÇÃO CONSTITUCIONAL NO BRASIL | **453**

do instituto, que, diversamente do que entendido por nós, conclui que o "relevante interesse social", como parâmetro para a modulação de efeitos, acabaria por ser a tradução de uma ponderação entre princípios que fizesse prevalecer ou que privilegiasse o indigitado "relevante interesse social", que poderia se manifestar de diversas formas/princípios, como se um "superprincípio" fosse, possibilitando discricionariedade e decisionismos, como já asseverei em diversas outras obras),222 modularam-se os efeitos da decisão de inconstitucionalidade, determinando-se efeitos *pro futuro*, de modo que não fosse atingida a produção legislativa já ocorrida, dada a inconstitucionalidade *ab initio* constatada.

4.6 A INCONSTITUCIONALIDADE SUPERVENIENTE

A partir da discussão da ADI 2 e da questão de ordem oposta na ADI 438, o Supremo Tribunal passou a não admitir aquilo que se convencionou chamar de inconstitucionalidade superveniente. Em outras palavras, lei anterior à Constituição não pode ser declarada inconstitucional. Resta, neste caso, tão somente a discussão da matéria no plano do controle difuso de constitucionalidade.

Com efeito, na referida ADI 2, o Supremo Tribunal, por maioria de oito votos contra três, firmou jurisprudência contra o cabimento da aludida inconstitucionalidade superveniente, isto é, passou a não conhecer de ações que tratavam de inconstitucionalidades de leis anteriores à Constituição de 1988.[224] A maioria sustentou a tese de que lei anterior à Constituição é revogada pelo princípio da recepção das normas, ou seja, em sendo a Constituição o novo fundamento de validade do sistema, todas as normas anteriores que com ela tiverem incompatibilidade carecem de validade. Esse já era o magistério de Victor Nunes Leal, que sustentava que o conflito que se estabelece entre lei ordinária anterior e a nova Constituição é tipicamente um conflito de normas no tempo: a norma anterior considera-se revogada pela promulgação da norma posterior com ela incompatível. Pouco importa que, na hipótese, a norma posterior não tenha apenas esse caráter de norma posterior, mas seja também uma norma superior do ponto de vista hierárquico.

A razão para se considerar como caso de revogação parece clara: o vício de inconstitucionalidade importa nulidade da lei. A lei que ofende a Constituição é como se não existisse, e a sua nulidade resulta da incompetência do órgão que a edita, já que o legislador ordinário não tem poder para emendar a Constituição. Mas se a norma constitucional, com a qual a norma legal ordinária é incompatível, for posterior a esta, então não era incompetente o órgão que promulgou a norma legal, porque ao tempo de sua promulgação o legislador ordinário não exorbitara de sua competência: como a norma questionada não era incompatível com a Constituição vigente na época, não pertencia ela à competência do legislador constituinte, mas justamente à competência do legislador ordinário que a decretou. Nessas condições, perguntava Nunes Leal, como é possível considerar que uma lei seja válida até o momento da promulgação do novo texto constitucional e daí por diante se considere nula ou inexistente?

---

[224] Isso até o advento da Lei 9.882/1999, quando passou a ser possível o ajuizamento da "arguição de descumprimento de preceito fundamental".

454 | JURISDIÇÃO CONSTITUCIONAL • *Lenio Luiz Streck*

Se nulidade houvesse, essa nulidade atingiria a lei desde o seu nascimento, e conse-quentemente deveriam ser desfeitas todas as relações jurídicas constituídas sob a sua égide. Mas tal não acontece. As relações jurídicas que se constituíram ao amparo da norma em questão até o momento de ser promulgado o novo texto constitucional com ela incom-patível são plenamente válidas e subsistentes. Desse momento em diante é que a lei deixa de operar, mas não por motivo de nulidade. E sempre que uma lei opere validamente até determinado momento e daí por diante deixe de operar em virtude de expedição de uma nova norma, o fenômeno jurídico que temos é o da revogação, pouco importando que a norma nova seja de categoria igual ou superior à da norma anterior.[225]

O fundamento da posição de Nunes Leal e, portanto, dos votos a favor da impossi-bilidade da inconstitucionalidade superveniente, repousa em Kelsen, para quem grande parte da velha ordem jurídica "permanece válida, dentro do marco da nova ordem que se impôs". Entretanto, diz o mestre de Viena, a frase "permanece válida" não oferece uma descrição adequada do fenômeno. O que não muda é apenas o conteúdo de tais normas, mas se altera a sua razão de validez. Se certas leis promulgadas sob a égide da Constituição anterior "continuam sendo válidas" sob a Constituição nova, isso é possível porque a nova Constituição lhes confere validez, seja expressa, seja tacitamente. O fenômeno é um caso de recepção, porque a nova ordem recebe a "velha" lei.

Muito embora a clareza do pensamento kelseniano, no sentido de que a nova ordem constitucional constitui novo *topos* de validade, sendo que velhas leis podem ser adotadas (ou não) pela nova ordem, o Ministro Sepúlveda Pertence, que liderou a minoria, buscou também no pensamento kelseniano a sustentação de sua tese a favor da possibilidade da declaração formal da inconstitucionalidade de leis anteriores à Constituição. Diz o Ministro, no alentado voto, que, na prática, leis anteriores à Constituição são novadas, deixando de ser as mesmas, citando, para tanto, magistério de Jorge Miranda.

Especificamente, diz Pertence: "Escuse-me o Tribunal a digressão teórica. Ela me pareceu necessária para firmar que, na perspectiva da nova ordem constitucional, sejam as normas recebidas, porque compatíveis, sejam as normas repelidas, porque inconciliáveis com a lei fundamental, superveniente, todo o direito ordinário anterior, enfim, é tratado como se a data de sua vigência fosse a mesma da Constituição, tanto quanto esta o rece-ba, quanto o repila. Sublinhe-se a observação de Kelsen de que é a nova ordem que 'põe em vigor', quando as recebe, as normas de conteúdo idêntico às preexistentes. Daí ser a recepção um procedimento abreviado de legislação".

Observa-se, pois, que *o mesmo argumento kelseniano foi usado em favor das duas teses*. De um lado, a tese majoritária argumentou no sentido de que leis anteriores, em sendo incompatíveis com o novo fundamento de validade, perdem sua validade pelo fenômeno da revogação tácita, por estarem rechaçadas pela nova ordem. É que, com o advento de uma Constituição, todo o direito existente torna-se direito novo. Entretanto, os textos legais anteriores que se contrapuserem ao novo fundamento de validade devem

---

[225] Cf. LEAL, Victor Nunes. Leis complementares da Constituição. *RDA* VII, p. 379-390, constante do voto minoritário do Ministro Sepúlveda Pertence.

Cap. 4 · O MODELO DE JURISDIÇÃO CONSTITUCIONAL NO BRASIL | **455**

ser expungidos pelo fenômeno da não recepção. De outro lado, a tese minoritária susten-tou-se no argumento de que todos os textos "velhos", no advento da nova Constituição, tornam-se "textos novos", como se tivessem sido editados na data do novo texto consti-tucional. *Não me parece a melhor interpretação do pensamento de Kelsen.* Ao contrário do que argumentou o Ministro Pertence, e em que pese a erudição de seu voto, o dizer de Kelsen aponta para o contrário, isto é, justamente no momento – data da edição da nova Constituição – em que os "velhos textos" se transmudam "em textos novos" é que ocorre o fenômeno da recepção ou não. É ali, *naquele momento*, que, no fenômeno da "novação", alguns textos recebem o manto protetor do novo direito e outros não.

Nesse contexto, é relevante referir a diferença necessária que deve existir entre "texto" e "norma", entre "vigência" e "validade". Em primeiro lugar, a norma é sempre o resultado da interpretação de um texto.[226] Como bem assevera Müller, o texto normativo não con-tém imediatamente a norma – esta é construída pelo intérprete no decorrer do processo de concretização do direito.[227] Na norma há sempre uma adição/atribuição de sentido (*Sinngebung*), donde resulta até mesmo sem sentido a discussão norte-americana entre interpretativistas e não interpretativistas (tem-se a impressão de que os interpretativistas ainda estão inseridos na hermenêutica clássica, de cunho objetificante, como se o texto tivesse um sentido-em-si-mesmo). Em segundo lugar, com Ferrajoli é relevante lembrar que um texto legal tem sempre dois âmbitos: vigência e validade, onde a validade tem predominância sobre a vigência. Dito de outro modo, um texto legal pode ser vigente, mas pode não ser válido. A validez é aferida por meio da interpretação que se faz da Constituição. Ora, qualquer texto normativo, embora vigente, anterior à Constituição ou não, somente terá validade se a sua norma (a norma, como dito, sempre é o resultado da interpretação de um texto) for compatível com a Constituição.

Parece evidente, por exemplo, que, se até mesmo um determinado dispositivo da Constituição de 1988 tiver a mesma redação da Constituição derrogada, a norma (ou seja, a interpretação do texto que a originou) decorrente desse texto não será (e não poderá ser) a mesma que a anterior, na vigência da Constituição de antanho. Dito de outro modo: interpretações de dispositivos constitucionais da Constituição anterior agora eventualmen-te repetidos não poderão ter o mesmo sentido sob a vigência da nova Constituição pela

---

[226] Com Eros Roberto Grau, faço a distinção entre texto (jurídico) e norma (jurídica). Isso porque o texto, preceito ou enunciado normativo é alográfico. Não se completa com o sentido que lhe imprime o legislador. Somente estará completo quando o sentido que ele expressa é produzido pelo intérprete, como nova forma de expressão. Assim, o sentido *expressado* pelo texto já é algo novo, diferente do *texto*. É a norma. A interpretação do direito faz a conexão entre o aspecto geral do *texto* normativo e a sua aplicação particular, ou seja, opera sua *inserção no mundo da vida*. As normas resultam sempre da interpretação. E a ordem jurídica, em seu valor histórico concreto, é um conjunto de interpretações, ou seja, um conjunto de normas. O conjunto das disposições (textos, enunciados) é uma *ordem jurídica* apenas *potencialmente*, é um *conjunto de possibilidades*, um *conjunto de normas potenciais*. O significado (ou seja, a norma) é o resultado da tarefa interpretativa – ver, para tanto, GRAU, Eros Roberto. *La doble desestruturacción*. Barcelona: Bosch, 1998. p. 67 e ss. (grifos do autor). Também ver STRECK, L. L. *Hermenêutica jurídica e(m) crise*, op. cit.

[227] Cf. MÜLLER, Friedrich. *Juristische Methodik*. 5. ed. Berlin: Duncker & Humblot, 1993. p. 169.

simples razão de que há um novo fundamento de validade, a começar pela principiologia da Constituição e de seu núcleo político (relação de pertinência).[228]227 O que dizer, então, de textos legais infraconstitucionais editados na vigência do *ancien régime*? Mesmo compatíveis, não terão a mesma dicção que tinham sob a égide do texto constitucional anterior. Se incompatíveis, a toda evidência estão inexoravelmente não recepcionados, portanto, revogados,[229] rechaçados.

Aspecto relevante que vem sendo debatido no Supremo Tribunal Federal diz respeito à (im)possibilidade de modulação dos efeitos das decisões sobre normas anteriores à Constituição. Ou seja, modulação em caso de não recepção/revogação da norma anterior. Nesse ponto há duas posições distintas: a da 2ª Turma, plasmada em acórdão da lavra do Ministro Celso de Mello, e a do Ministro Gilmar Mendes. Vejamos:

> "IPTU. Recurso do Município que busca a aplicação, no caso, da técnica da modulação dos efeitos temporais da declaração de inconstitucionalidade. Impossibilidade, pelo fato de o Supremo Tribunal Federal não haver proferido decisão de inconstitucionalidade pertinente ao ato estatal questionado. Julgamento da Suprema Corte que se limitou a formular, na espécie, mero juízo negativo de recepção. Não recepção e inconstitucionalidade: noções conceituais que não se confundem. Recurso do Município improvido. Recurso de agravo interposto por contribuintes. Pretendida imposição de multa. Ausência de intuito procrastinatório. Atitude maliciosa que não se presume. Inaplicabilidade do art. 18 do CPC. Recurso dos contribuintes improvido. 1. Considerações sobre o valor do ato inconstitucional. Os diversos graus de invalidade do ato em conflito com a constituição: ato inexistente? Ato nulo? Ato anulável (com eficácia *ex tunc* ou com eficácia *ex nunc*)? Formulações teóricas. O *status quaestionis* na jurisprudência do Supremo Tribunal Federal. 2. Modulação temporal dos efeitos da decisão de inconstitucionalidade: técnica inaplicável quando se tratar de juízo negativo de recepção de atos pré-constitucionais. A declaração de inconstitucionalidade reveste-se, ordinariamente, de eficácia *ex tunc* (*RTJ* 146/461- 462, *RTJ* 164/506-509), retroagindo ao momento em que editado o ato estatal reconhecido inconstitucional pelo Supremo Tribunal Federal. O Supremo Tribunal Federal tem reconhecido, excepcionalmente, a possibilidade de proceder à modulação ou limitação temporal dos efeitos da declaração de inconstitucionalidade, mesmo quando proferida, por esta Corte, em sede de controle difuso. Precedente: RE 197.917/SP. Revela-se inaplicável, no entanto, a teoria da limitação temporal dos efeitos,

---

[228] Nesse sentido, veja interessante decisão do Superior Tribunal de Justiça: "ICM. Art. 25 da Lei Estadual 6.485/1972. Declaração de inconstitucionalidade. Arts. 480 e 481 do CPC. I. A declaração de inconstitucionalidade pelo Plenário do Tribunal permite a sua aplicação pela Câmara quando se tratar de mesma lei. Contudo, *in casu*, o Pleno decretara a inconstitucionalidade do art. 25 da Lei Estadual 6.485/1972 à luz da Constituição Federal anterior, *não da atual*, o que impunha, tratando-se de novo enfoque constitucional, novamente, o prévio pronunciamento do Pleno para que a aludida Câmara pudesse vir a declarar a inconstitucionalidade. II. Recurso provido, com remessa dos autos ao Pretório Excelso" (REsp 6.775-0/RS, rel. Min. José de Jesus Lima, 2ª T., *DJ* 13.12.1993, p. 27426).

[229] Registre-se a ADI 596.230.540, julgada pelo TJRS: "Ação direta de inconstitucionalidade de preceito de lei municipal dispondo sobre proventos de aposentadoria de servidor público do Município. Lei anterior à Constituição vigente. Extinção do processo por impossibilidade jurídica do pedido, por tratar-se de hipótese de revogação implícita da norma de hierarquia inferior".

Cap. 4 · O MODELO DE JURISDIÇÃO CONSTITUCIONAL NO BRASIL | **457**

se e quando o Supremo Tribunal Federal, ao julgar determinada causa, nesta formular juízo negativo de recepção, por entender que certa lei pré-constitucional mostra-se materialmente incompatível com normas constitucionais a ela supervenientes. A não recepção de ato estatal pré-constitucional, por não implicar a declaração de sua inconstitucionalidade – mas o reconhecimento de sua pura e simples revogação (*RTJ* 143/355, *RTJ* 145/339) –, descaracteriza um dos pressupostos indispensáveis à utilização da técnica da modulação temporal, que supõe, para incidir, dentre outros elementos, a necessária existência de um juízo de inconstitucionalidade. Inaplicabilidade, ao caso em exame, da técnica da modulação dos efeitos, por tratar-se de diploma legislativo que, editado em 1984, não foi recepcionado, no ponto concernente à norma questionada, pelo vigente ordenamento constitucional".[230]

Veja-se o posicionamento do Ministro Gilmar Mendes, defendendo a possibilidade de modulação dos efeitos de norma pré-constitucional, lançado no voto-vista no AI-AgRg 582.280/RJ, rel. Min. Celso de Mello, acima citado:

"No caso presente, não se cuida de inconstitucionalidade originária decorrente do confronto entre a Constituição e norma superveniente, mas de contraste entre lei anterior e norma constitucional posterior, circunstância que a jurisprudência do STF classifica como de não recepção. É o que possibilita que se indague se poderia haver modulação de efeitos também na declaração de não recepção, por parte do STF. [...] Entendo que o alcance no tempo de decisão judicial determinante de não recepção de direito pré-constitucional pode ser objeto de discussão. E os precedentes citados comprovam a assertiva. Como demonstrado, há possibilidade de se modularem os efeitos da não recepção de norma pela Constituição de 1988, conquanto que juízo de ponderação justifique o uso de tal recurso de hermenêutica constitucional. Não obstante, não vislumbro justificativa que ampare a pretensão do agravante, do ponto de vista substancial, e no caso presente, bem entendido. Na discussão travada nos autos, apontou-se a não recepção de norma tributária, que suscitou lançamento e cobrança de exação, indevidamente exigida. Alguns elementos fáticos devem informar a decisão. Entendo que a arguição deduzida pelo agravante se fez a destempo. É que o interessado poderia ter manejado embargos de declaração, quando do julgamento originário em 18 de novembro de 2003, postulando a modulação agora pretendida. E não o fez. Não há indicação objetiva de repercussão financeira eventualmente sofrida pela municipalidade. O acórdão do Tribunal de Justiça do Rio de Janeiro é de 18 de novembro de 2003. O recurso extraordinário foi protocolado em 18 de maio de 2004. O agravo foi protocolado pelo interessado por volta de 1º de setembro do mesmo ano de 2004; é de se presumir que a distância temporal não qualifica aspecto fático que justifique modulação dos efeitos de não recepção, como pretendido pelo agravante. E o que é mais importante, as decisões do STF contrárias à forma como o Município do Rio de Janeiro lançava e cobrava o IPTU são de 31 de março e de 7 de dezembro de 2000 (RR EE 248.892 e 265.907). Assim, declaro a não recepção das normas de IPTU do Município do Rio de Janeiro, aqui questionadas, com base nos precedentes citados, e não outorgo efeitos meramente prospectivos à referida não recepção, porque não tenho como demonstrada a repercussão econômica, a gravíssima lesão à ordem

---

[230] RE-AgRg 353.508/RJ. No mesmo sentido: AI-AgRg 582.280/RJ.

público ou à segurança jurídica, bem como a qualquer outro princípio constitucional relevante para o caso. Reitero, porém, que, diferentemente do que restou assentado pelo eminente Ministro relator Celso de Mello, no presente caso, o meu entendimento é no sentido da plena compatibilidade técnica para modulação de efeitos com a declaração de não recepção de direito ordinário pré-constitucional pelo Supremo Tribunal Federal. Nesses termos, com essas considerações adicionais, nego provimento ao agravo".

A questão da possibilidade de modulação de efeitos de direito pré-constitucional vai depender de cada caso. Por exemplo, se o Supremo Tribunal Federal decidir futuramente – e há repercussão geral já autorizada – que a reincidência não foi recepcionada pela Constituição de 1988. Parece evidente que os efeitos serão *ex nunc*, pela total impossibilidade de retornar a decisão no tempo.

Não há dúvida, assim, que a Constituição brasileira de 1988 deve ser entendida como ruptura, como marco demarcatório para a exsurgência do novo e sepultamento do velho. Há, pois, um novo começo. Os textos infraconstitucionais, que povoam a tradição dos juristas, devem dar lugar a novas normas, na medida em que estas deverão ter o sentido atribuído com fundamento no texto constitucional, que será o divisor de águas entre o velho e o novo.

Em termos de controle de constitucionalidade fora do âmbito da arguição de descumprimento de preceito fundamental (ADPF), visto que, em se tratando de ação direta de inconstitucionalidade, o Supremo Tribunal – e, portanto, os demais Tribunais de Justiça dos Estados – não conhece de ações que apontem nesse sentido, tenho que, em sendo levantada a questão da inconstitucionalidade de uma lei anterior junto a um órgão fracionário de Tribunal em sede de controle difuso, torna-se dispensável a suscitação do incidente, isso porque, se a assim denominada inconstitucionalidade superveniente se resolve pela revogação (teoria do rechaço), então é porque não pode ser declarada formalmente inconstitucional.[231]

De qualquer sorte, a Lei 9.882/1999 trouxe novidades nessa área. Com efeito, consoante o inciso I do parágrafo único do art. 1º, caberá arguição de descumprimento de preceito fundamental quando for relevante o fundamento da controvérsia constitucional sobre lei ou ato normativo federal, estadual ou municipal, *incluídos os anteriores à Constituição*, o que significa dizer que, em sendo a ADPF uma forma de controle concentrado, exsurge no horizonte uma forma de expungir, em tese, do ordenamento brasileiro leis ou atos normativos não recepcionados pela atual Constituição.[232]

---

[231] Nesse sentido é a posição do Supremo Tribunal Federal, *v.g.*, por meio da decisão proferida no RE 198.627-5-RN: "Recurso extraordinário. Acórdão que determinou a liberação de saldo de correntista de instituição financeira em liquidação extrajudicial. Alegada violação aos arts. 97 e 5º, II, XXII, e 192 da CF. Inexistência de violação do art. 97 da CF, porquanto não declarada a inconstitucionalidade de lei [...]" (rel. Min. Ilmar Galvão).

[232] Note-se, ainda, que o STF vem admitindo a existência de repercussão geral de vários recursos extraordinários que discutem a recepção, ou não, de dada norma. Por exemplo: RE 658.312-RG/SC; RE 630.898-RG/RS; e RE 602.381-RG/AL.

Cap. 4 · O MODELO DE JURISDIÇÃO CONSTITUCIONAL NO BRASIL | 459

4.7 REFORMA CONSTITUCIONAL E CONTROLE DE CONSTITUCIONALIDADE

A toda evidência, todo processo de reforma constitucional está sujeito a reexame por meio do controle de constitucionalidade. Com efeito, se os dispositivos constitucionais, produtos do processo constituinte originário, estão imunes a esse controle, não havendo, por isso, normas constitucionais inconstitucionais,[233] os demais dispositivos incluídos no texto da Constituição, a partir de um processo de reforma (processo constituinte derivado), podem padecer do vício de inconstitucionalidade. Aliás, não há novidade nesse aspecto, tendo o Supremo Tribunal Federal até mesmo declarado inconstitucional uma emenda constitucional por violação a princípios implícitos da Lei Maior.

O que importa discutir, então, são os limites do poder de reforma do poder constituinte derivado. Há três categorias de limitações: formais, que dizem respeito ao procedimento necessário para a consecução da reforma do Texto Magno; circunstanciais, decorrentes de situações de gravidade ou anormalidade institucionais – art. 60, § 1º); e materiais, que podem ser explícitas e implícitas.[234] Os próprios limites formais podem ser confundidos com os limites materiais, quando do exame do seu conteúdo (sentido e alcance).

Na divisão entre Constituições rígidas e flexíveis, a Constituição brasileira se enquadra entre as primeiras, o que se depreende do art. 60 e parágrafos do texto permanente, somente podendo ser emendada por votos de três quintos de cada Casa do Congresso, em dois turnos. Isso exatamente para proteger os valores consagrados e – como assinala Bonavides – tornar difícil qualquer alteração no Texto, justamente para evitar que paixões momentâneas, interesses episódicos ou convicções minoritárias deformem o quadro normativo básico que emergiu do pronunciamento do poder constituinte originário. Somente uma robusta convicção generalizada sobre tema específico – debatido tão amplamente que crie verdadeiro "clima constituinte" – poderá levar o Congresso a proceder à emenda, prudentemente, sem ligeireza ou pressa.[235] Lamentavelmente, a expressiva maioria das emendas já aprovadas não passou por esse processo de discussão/maturação. Muitas delas foram aprovadas de forma açodada, mediante processos – alguns deles – que ficaram sob aguda suspeição acerca de sua legitimidade/idoneidade, como é o caso da emenda constitucional que permitiu a reeleição do Presidente da República.

A par de toda essa especialíssima forma que deve ser observada no que se refere às alterações constitucionais, a Constituição estabelece, no § 4º do art. 60, aquilo que se convencionou denominar de cláusulas pétreas, consideradas vedações explícitas de reforma:

---

[233] Ver, nesse sentido, AGRA, Walber de Moura. *Fraudes à Constituição: um atentado ao poder reformador*. Porto Alegre: Fabris, 2000. p. 206 e ss. Ainda, DANTAS, Ivo. *Constituição: teoria e prática*. Rio de Janeiro: Renovar, 1994. v. 1, p. 50 e ss.

[234] Nesse sentido, consultar AGRA, Walber de Moura. *Fraudes à Constituição*, op. cit., p. 170 e ss.: "As limitações formais (art. 60, I, II, III e §§ 2º, 3º e 5º) e circunstanciais (art. 60, § 1º) são expressas ou explícitas. Registre-se que não há, na atual ordem constitucional, limitações temporais, somente registradas na Constituição de 1824 (as regras do art. 3º do ADCT não são consideradas como limitações temporais pela maioria da doutrina)".

[235] Cf. BONAVIDES, Paulo. *Política e Constituição: os caminhos da democracia*. Rio de Janeiro: Forense, 1985.

"§ 4º Não será objeto de deliberação a proposta de emenda constitucional tendente a abolir:

I – a forma federativa de Estado;

II – o voto direto, secreto, universal e periódico; III – a separação dos Poderes;

IV – os direitos e garantias individuais."

Ao lado dessas vedações explícitas, há o que se pode denominar de vedações implícitas ou limites implícitos do poder de reforma, classificados por Souza Sampaio em quatro categorias: as relativas aos direitos fundamentais, as concernentes ao titular do poder constituinte, as referentes ao titular do poder reformador e as relativas ao processo da própria emenda constitucional.[236] Já Hauriou fala de uma "superlegalidade constitucional", que compreende, também, os princípios superiores à Constituição escrita, sendo característico dos princípios existir e valer sem texto escrito.[237] Canotilho acentua que a ideia de limitação do poder de revisão não pode se divorciar das "conexões de sentido" captadas no texto constitucional. Dessa forma, os limites materiais devem encontrar um mínimo de recepção no texto constitucional, ou seja, devem ser "limites textuais implícitos". Alerta, no entanto, que, ao se aceitarem limites imanentes deduzidos a partir do *telos* constitucional, então terá de se exigir que esses limites não sejam meros "postulados", mas autênticas imposições da Constituição, verdadeiros limites impostos pela *Wille der Verfassung*, isto é, pela vontade da Constituição.[238]

Os limites implícitos decorrem do núcleo político da Constituição, das conexões de sentido da Constituição entendida a partir do paradigma do Estado Democrático de Direito. A materialidade da Constituição, compreendida a partir de sua principiologia, em que o núcleo essencial está assentado nos direitos fundamentais, na noção de Estado Social e na democracia, assim como a obrigação do cumprimento das promessas da modernidade, será o limite material/implícito do poder de reforma constitucional. Por isso, Jorge Miranda acentua que as cláusulas pétreas da Constituição não objetivam a proteção dos dispositivos constitucionais em si, mas, sim, dos dispositivos constantes no texto, não podendo estes ser esvaziados por uma reforma constitucional.[239]

É absolutamente correta a assertiva de Miranda. Não fosse assim, o poder de reforma seria ilimitado, conspurcando-se o processo constituinte originário e a noção de Constituição enquanto explicitação da vontade originária constante do pacto fundante.

Nesse ponto adquire fundamental importância a cláusula implícita de proibição de retrocesso social, que deve servir de piso hermenêutico para novas conquistas. Mais e além de todos os limites materiais, implícitos ou explícitos, esse princípio deve regular qualquer processo de reforma da Constituição. Nenhuma emenda constitucional, por mais que

---

[236] Cf. SAMPAIO, Nelson de Souza. *O poder de reforma constitucional*. São Paulo: Ed. RT, 1987.

[237] Cf. HAURIOU, Maurice. *Principios de derecho público y constitucional*. 2. ed. Trad. Carlos Ruiz del Castillo. Madrid: Instituto Editorial Reus, 1927.

[238] Cf. CANOTILHO, J. J. Gomes. *Direito constitucional*, op. cit.

[239] Cf. MIRANDA, Jorge. *Manual*, op. cit., t. II, p. 155.

Cap. 4 · O MODELO DE JURISDIÇÃO CONSTITUCIONAL NO BRASIL | **461**

formalmente lícita, pode ocasionar retrocesso social. Essa cláusula paira sobre o Estado Democrático de Direito como garantidora de conquistas. Ou seja, a Constituição, além de apontar para o futuro, assegura as conquistas já estabelecidas.[240] Por ser um princípio, tem aplicação na totalidade do processo aplicativo do direito.

Veja-se, neste ponto, o texto do Código Civil de 2002, que, pela demora ocorrida no processo de aprovação, provoca, em alguns pontos, indevido retrocesso. Na mesma linha, calha citar como exemplo a maioridade penal: seria inconstitucional uma emenda que objetivasse reduzir a idade penal de 18 anos prevista no texto constitucional de 1988.[241] Há um patamar conquistado pela proposta civilizatória ínsita ao Estado Democrático de Direito. Do mesmo modo, não pode vingar uma emenda constitucional que vise expungir da Constituição a autonomia administrativa do Poder Judiciário e seu poder de iniciativa de leis ou a autonomia do Poder Legislativo ou do Ministério Público, uma vez que isso iria de encontro ao que se pode chamar de *imanência temática originária com o núcleo político da Constituição*. Alterações dessa ordem seriam "aniquiladoras da identidade de uma ordem constitucional histórico-concreta", expressão cunhada por Hesse. Observe-se que a extensão dos limites implícitos encontra guarida no art. 5º, § 2º, que estabelece que "os direitos e garantias expressos nesta Constituição não excluem outros decorrentes do regime e dos princípios por ela adotados". Ou seja, se os direitos e garantias previstos no art. 5º são cláusulas pétreas, eles não se esgotam naquele elenco.

É evidente que, inexoravelmente, sempre estaremos em face de um problema de cunho hermenêutico, representado pelo alcance do significado de cláusulas pétreas e pela definição (atribuição de sentido) do que seja "limites implícitos" ou "limites materiais". A adjudicação de sentido a ser feita a tais conceitos indeterminados dependerá do jogo de forças que se estabelece na sociedade. Adquire importância ímpar, nesse contexto, aquilo que se pode denominar de pré-compreensão (pré-juízos) acerca do sentido de Constituição. Reconheço, neste ponto, um acentuado déficit histórico em nosso País, que conspira, quotidianamente, em favor do enfraquecimento das condições de possibilidade do estabelecimento de uma tradição que aponte para um adequado entendimento acerca da matéria.[242] A "baixa constitucionalidade", âncora da inefetividade da Constituição, constituiu-se (e ainda constitui) em importante obstáculo para a compreensão do Estado

---

[240] Ver, nesse sentido, STRECK, Lenio. *Hermenêutica jurídica e(m) crise*, op. cit., p. 54-55.

[241] Nesse sentido, dissertação de mestrado que orientei no PPGD-Unisinos: TERRA, Eugênio Couto. *A idade penal mínima como cláusula pétrea e a proteção do estado democrático de direito contra o retrocesso social*. São Leopoldo, 2001.

[242] No plano hermenêutico, é necessário advertir para o fato de que "cláusulas pétreas" não têm o mesmo significado de "cláusulas petrificadas". Um sentido não pode ficar congelado no tempo. Um texto sofre mutações histórico-temporais. Desse modo, parece correta a assertiva de CANOTILHO, no prefácio da recente edição de seu *Constituição dirigente e vinculação do legislador*, op. cit., quando diz que "as cláusulas de irreversibilidade garantem apenas a intocabilidade dos regimes materiais, mas não petrificam preceitos constitucionais concretos respeitantes a determinadas matérias; as cláusulas materiais expressas de irreversibilidade só devem considerar-se como respeitantes ao núcleo de identidade quando tiverem correspondência no próprio texto da Constituição e disserem inequivocamente respeito à própria 'essência' da Constituição".

Democrático de Direito, naquilo que essa noção representou nos países que se fortaleceram no segundo pós-guerra por meio da ideia de força normativa da Constituição.

Insisto, pois, na necessidade de uma resistência constitucional, enquanto compromisso ético do jurista. A busca do acontecer (*Ereignen*) da Constituição é tarefa que se impõe aos juristas preocupados com a concretização dos valores constitucionais. A revolução copernicana pela qual passou o direito constitucional não foi tornada visível no imaginário dos juristas. O texto da Constituição, desvelado no momento constituinte, foi, logo após, entulhado/obnubilado. A resultante desse processo é uma compreensão meramente ôntica do fenômeno da Constituição. A Constituição tem sido apreendida pelo pensamento dogmático em seu sentido (meramente) ôntico-existencial. É necessário que se a compreenda no seu sentido ontológico-existencial. Há que se ter um devido "cuidado" (*Sorge*) com a Constituição, para compreendê-la no sentido de constituir.

É esse sentido de constituir que possibilita(rá) a construção das condições de possibilidade de uma teoria constitucional que supere a tradição inautêntica, que, como se pode perceber, não tem conseguido, de um lado, nem alavancar a concretização dos direitos sociais-fundamentais previstos na Constituição e, de outro, tampouco construir barreiras para evitar a retaliação do seu texto, por meio de dezenas de emendas.

Ora, não parece muito difícil entender que a Constituição de 1988 abraçou a ideia de Estado Social,[243] que está alicerçado nos comandos que apontam para a sua realização, por meio de dispositivos que estabelecem a justiça social, a dignidade da pessoa humana, a erradicação da pobreza, das desigualdades regionais etc., assim como de outros mecanismos de sustentação desses objetivos, como os dispositivos que asseguram a busca dos recursos pelo Estado e que asseguram a intervenção na economia.

Ao lado disso, além do apreciável elenco de direitos individuais, sociais e coletivos, o texto constitucional cuidadosamente especifica os mecanismos institucionais aptos a efetivar esses direitos, que vão desde a ação popular até a arguição de descumprimento de preceito fundamental, passando pelo mandado de injunção, a ação de inconstitucionalidade por omissão, enfim, uma gama de institutos que devem ser compreendidos como fazendo parte de uma sistematicidade que não pode ser rompida por processos reformistas *ad hoc*.

---

[243] É exatamente nesse sentido que Sarlet vai dizer que "não há como negligenciar o fato de que nossa Constituição consagra a ideia de que constituímos um Estado Democrático e Social de Direito, o que transparece claramente em boa parte dos princípios fundamentais, especialmente no art. 1º, I a III, e art. 3º, I, III e IV. Com base nessas breves considerações, verifica-se, desde já, a íntima vinculação dos direitos fundamentais sociais com a concepção de Estado da nossa Constituição. Não resta qualquer dúvida de que o princípio do Estado Social, bem como os direitos fundamentais sociais integram os elementos essenciais, isto é, a identidade de nossa Constituição, razão pela qual já se sustentou que os direitos sociais (assim como os princípios fundamentais) poderiam ser considerados – mesmo não estando expressamente previstos no rol das 'cláusulas pétreas' – autênticos limites materiais, implícitos à reforma constitucional. Poder-se-á argumentar, ainda, que a expressa previsão de um extenso rol de direitos sociais no título dos direitos fundamentais seria, na verdade, destituída de sentido, caso o constituinte, ao mesmo tempo, tivesse outorgado a estes direitos proteção jurídica diminuída" – cf. Sarlet, Ingo W. *A eficácia dos direitos fundamentais*. 2. ed. rev. e atual. Porto Alegre: Livraria do Advogado, 2001; 6. ed. 2006; 11. ed. 2012. p. 366.

Cap. 4 · O MODELO DE JURISDIÇÃO CONSTITUCIONAL NO BRASIL | **463**

Há que se dar razão, pois, a Ingo Sarlet,[244] quando diz que é correto afirmar "que a construção de uma teoria dos limites implícitos à reforma constitucional apenas pode ser efetuada à luz de determinada ordem constitucional (isto é, do direito constitucional positivo), no sentido de que as limitações implícitas deveriam ser deduzidas diretamente da Constituição, considerando-se especialmente os princípios cuja abolição ou restrição poderia implicar a ruptura da própria ordem constitucional. Na medida em que diretamente extraídos de uma Constituição concreta, aos limites materiais implícitos pode ser atribuída a mesma força jurídica dos limites expressos, razão pela qual asseguram à Constituição, aos menos em princípio, o mesmo nível de proteção".

Entretanto, releva notar que, em existindo um baixo nível de efetividade da Constituição e um grande número de emendas já aprovadas, muitas delas violadoras dos limites implícitos, tais circunstâncias já denotam, por si sós, a falta de uma adequada teoria constitucional e a ausência de uma teoria que trate dos limites implícitos de reforma. De qualquer sorte, como já referido, fazendo coro novamente com Sarlet, a construção de uma teoria acerca dos limites implícitos de reforma é condição de possibilidade para uma adequada compreensão acerca do futuro da Constituição brasileira.

O sucesso de uma teoria desse porte vai depender da compreensão que temos e venhamos a ter do fenômeno da Constituição (fenômeno aqui entendido no duplo sentido heideggeriano: o que de si não se manifesta é condição de possibilidade do que aparece e pode-ser-levado a mostrar-se) e da jurisdição constitucional. Para tanto, os pré-juízos que a comunidade jurídica tem sobre tal problemática devem ser devidamente postos-em-causa e compreendidos "como" pré-juízos, sob pena de se transformarem em um grave prejuízo para o futuro do constitucionalismo brasileiro.

A avaliação do problema deve ser rigorosa. Se a Constituição de 1988 estabeleceu um núcleo político fundamental, parece evidente que essa relação de pertinência temática não pode ser destruída por emendas incompatíveis[245] com os objetivos do pacto fundador. Também deve receber o epíteto de inconstitucional qualquer tentativa de revisão geral da Constituição (por uma nova Assembleia Constituinte), isso porque o processo constituinte originário especificou apenas uma possibilidade, prevista no Ato das Disposições Constitucionais Transitórias, que foi realizada em 1993-1994. A comunidade jurídica deve, assim, repudiar com veemência PECs (propostas de emendas constitucionais) como a de n. 554-A/1997, considerada, com enorme propriedade por Paulo Bonavides, como

---

[244] Idem, p. 356.

[245] Nesse exato sentido, Hesse vai dizer que é perigosa para a força normativa da Constituição a tendência para a revisão constitucional sob a alegação de suposta e inarredável necessidade política. Cada reforma constitucional expressa a ideia de que, efetiva ou aparentemente, atribui-se maior valor às exigências de índole fática do que à ordem normativa vigente. Os precedentes aqui são, por isso, particularmente preocupantes. A frequência das reformas constitucionais abala a confiança na sua inquebrantabilidade, delimitando a sua força normativa. A estabilidade constitui condição fundamental da eficácia da Constituição – cf. HESSE, Konrad. *A força normativa da Constituição.* Trad. Gilmar Ferreira Mendes. Porto Alegre: Fabris, 1991. p. 22.

uma "ameaça de destruição do Estado Constitucional".[246] Mais do que isso, enquanto não forem resgatadas as promessas da modernidade previstas explícita e implicitamente no texto constitucional, não há falar em rompimento com esse eixo temático. E o rigor vai mais além: na medida em que, mesmo apenas em parte, alguns dos desideratos constitucionais forem atendidos/cumpridos, nenhuma emenda pode provocar um retrocesso. É sobre essas perspectivas que devemos construir uma teoria que trate dos limites materiais ao poder de reforma.

Muito bem explicitada essa impossibilidade de alteração constitucional que altere o núcleo político fundamental da Constituição no voto do Ministro Ricardo Lewandowski na ADI 3.685 (que tratou da constitucionalidade da EC 52/2006, que buscou acabar com a verticalização das coligações partidárias em razão do caráter nacional dos partidos políticos, estabelecida pelo TSE por meio de uma resolução), quando aponta para a utilização de meio aparentemente legal/constitucional buscando consecução de finalidade ilícita/inconstitucional, que se verificou no caso em razão de a EC 52/2006 violar, de forma implícita, o art. 16 da Constituição, que aponta para a "anualidade das regras eleitorais" e homenageia a necessária segurança para o exercício dos direitos políticos e da democracia, consequentemente.[247]

Em seu voto, o Ministro Lewandowski mencionou o "desvio de poder constituinte" (*détournement de pourvoir*), originariamente tratado pelos publicistas franceses, ou seja, a utilização de meio aparentemente legal, com vistas a atingir fim ilegal, o que também acaba por consubstanciar o que a doutrina alemã chama de "atalhamento da Constituição" ou *Verfassunsbeseitigung*. Tudo serviu para demonstrar que uma emenda constitucional, por mais que possa vir a constituir-se como parte integrante da Constituição originária, não pode contrariar esta e seu núcleo fundamental, com fundamento essencial no que posto em seu art. 60, § 4º.[248]

---

[246]   Eis o teor da Proposta de Emenda: "Art. 1º Ao Ato das Disposições Constitucionais Transitórias da Constituição Federal de 1988 é acrescentado o seguinte artigo: 'Art. 75. Os Membros da Câmara dos Deputados e do Senado Federal reunir-se-ão unicameralmente em Assembleia Nacional Constituinte, livre e soberana, no dia 1º de fevereiro de 1999, na sede do Congresso Nacional. § 1º O Presidente do Supremo Tribunal Federal instalará a Assembleia Nacional Constituinte e dirigirá a sessão de eleição de seu Presidente. § 2º Os trabalhos constituintes ficarão restritos aos arts. 14, 16, 21 a 24, 27, 30, 145 a 162 e conexos da Constituição Federal. § 3º Para efeito do disposto no parágrafo anterior, considerar-se-á matéria conexa a norma constitucional comum àqueles dispositivos, isoladamente ou combinados, em requerimento subscrito por um terço e aprovado por três quintos dos membros da Assembleia. § 4º A Assembleia Nacional Constituinte será dissolvida em 31 de dezembro de 1999, salvo se a maioria absoluta de seus membros decidir prorrogá-la, por uma única vez, por prazo determinado não superior a noventa sessões. § 5º As Emendas à Constituição, decorrentes do disposto neste artigo, serão promulgadas depois da aprovação de seu texto em dois turnos de discussão e votação, pela maioria absoluta dos Membros da Assembleia Nacional Constituinte. § 6º No dia 4 de outubro de 1998, por plebiscito, o eleitorado decidirá sobre a atribuição, aos Membros do Congresso Nacional, dos poderes constituintes de que trata este artigo'".

[247]   ADI 3.685.

[248]   Idem.

Cap. 4 · O MODELO DE JURISDIÇÃO CONSTITUCIONAL NO BRASIL | **465**

4.8 O CONTROLE DE CONSTITUCIONALIDADE, OS TRATADOS INTERNACIONAIS E AS LEIS ESTRANGEIRAS

4.8.1 O problema da recepção dos tratados internacionais

Parece não haver dúvida acerca da natureza constitucional que assumem os tratados internacionais que tratam de direitos humanos fundamentais, isso mesmo em relação aos anteriores à EC 45/2004 (que introduziu o § 3º ao art. 5º), até porque o novo parágrafo padeceria de inconstitucionalidade se excluísse da categoria de direitos fundamentais aqueles decorrentes de tratados anteriores a sua vigência. Com efeito, é explícita a Constituição brasileira – em sua redação originária – ao estabelecer, no art. 5º, § 2º, que "os direitos e garantias expressos nesta Constituição não excluem outros decorrentes do regime e dos princípios por ela adotados, ou dos tratados internacionais em que a República Federativa do Brasil seja parte". De pronto, com Piovesan, é necessário dizer que, "se não se tratasse de matéria constitucional, ficaria sem sentido tal previsão",[249] que não foi alterada pela EC 45/2004. Do texto constitucional exsurge, assim, a previsão de que as disposições acerca dos direitos humanos fundamentais não podem se esgotar na dicção da própria Constituição. Os avanços estabelecidos em tratados devem ser incorporados à materialidade constitucional. Mais do que isso, a Constituição recepciona os tratados internacionais, desde que eles não representem retrocesso social.

O citado § 3º, conforme Ingo Sarlet, para além de reforçar (pelo menos no que diz respeito ao direito constitucional positivo) a corrente distinção entre direitos humanos e direitos fundamentais a partir de seu respectivo plano de reconhecimento e proteção jurídico-positiva, acabou por inserir no texto constitucional uma norma (no caso, uma regra do tipo procedimental, em primeira linha) dispondo sobre a forma de incorporação ao direito interno dos tratados em matéria de direitos humanos, que, interpretada em sintonia com o já mencionado art. 5º, § 2º (de acordo com o qual os direitos e garantias expressos na Constituição não excluem outros decorrentes do regime e dos princípios e os previstos em tratados internacionais), pode ser compreendida como assegurando – *em princípio e em sendo adotado tal procedimento* – a condição de direitos formalmente e materialmente fundamentais aos direitos consagrados no plano das convenções internacionais.[250]

Uma das principais controvérsias que vem surgindo com o advento da EC 45 é sobre o *status* atual dos tratados (anteriores) sobre direitos humanos, isto é, aqueles aprovados como decreto legislativo. Sarlet afirma ser questionável o entendimento de que os tratados já incorporados teriam sido recepcionados com força de emenda constitucional, isso porque "não há como aplicar nesse caso o argumento da recepção quando se trata de procedimentos legislativos distintos, ainda que haja compatibilidade material, como se fosse possível transmudar um decreto legislativo aprovado por maioria simples do Congresso Nacional

---

[249] Cf. PIOVESAN, Flávia. *Direitos humanos e o direito constitucional internacional.* 4. ed. São Paulo: Max Limonad, 2000. p. 56.

[250] SARLET, Ingo W. A abertura material do catálogo constitucional dos direitos fundamentais e os tratados internacionais em matéria de direitos humanos. In: SCHÄFER, Jairo (org.). *Temas polêmicos do constitucionalismo contemporâneo.* Florianópolis: Conceito, 2007. p. 207-245.

em emenda que exige uma maioria reforçada de três quintos dos votos, sem considerar os demais limites das emendas à Constituição. [...] há quem defenda que os tratados internacionais (que já são materialmente constitucionais e, portanto, conforme ainda será objeto de maior desenvolvimento, *já possuem hierarquia constitucional* por força do próprio art. 5º, § 2º, da CF!) também poderão ser formalmente constitucionais, caso forem aprovados, a qualquer momento, pelo procedimento reforçado instituído pelo art. 5º, § 3º".[251]

Muito embora existam posições em contrário,[252] o § 3º parece estar na linha de fortalecer/robustecer, no plano formal, a hierarquia material dos tratados incorporados pelo procedimento mais rigoroso das emendas.[253]

O STF, em decisão histórica, entendeu majoritariamente que os tratados sobre direitos humanos anteriores à EC 45/2004 têm caráter supralegal. Eis o que delineado pela Corte:

> "O Min. Gilmar Mendes no que respeita à atribuição de *status* supralegal aos tratados internacionais de direitos humanos subscritos pelo Brasil, afirmou terem estes hierarquia constitucional. No ponto, destacou a existência de três distintas situações relativas a esses tratados: 1) os tratados celebrados pelo Brasil (ou aos quais ele aderiu), e regularmente incorporados à ordem interna, em momento anterior ao da promulgação da CF/1988, revestir-se-iam de índole constitucional, haja vista que formalmente recebidos nessa condição pelo § 2º do art. 5º da CF; 2) os que vierem a ser celebrados por nosso País (ou aos quais ele venha a aderir) em data posterior à da promulgação da EC 45/2004, para terem natureza constitucional, deverão observar o *iter* procedimental do § 3º do art. 5º da CF; 3) aqueles celebrados pelo Brasil (ou aos quais nosso País aderiu), entre a promulgação da CF/1988 e a superveniência da EC 45/2004, assumiriam caráter materialmente constitucional, porque essa hierarquia jurídica teria sido transmitida por efeito de sua inclusão no bloco de constitucionalidade."[254]

> "Em conclusão de julgamento, o Tribunal concedeu *habeas corpus* em que se questionava a legitimidade da ordem de prisão, por 60 dias, decretada em desfavor do paciente que, intimado a entregar o bem do qual era depositário, não adimplira a obrigação contratual – v. *Informativos* 471, 477 e 498. Entendeu-se que a circunstância de o Brasil haver subscrito o Pacto de São José da Costa Rica, que restringe a prisão civil por dívida ao descumprimento inescusável de prestação alimentícia (art. 7º, 7), conduz à inexistência de balizas visando à eficácia do que previsto no art. 5º, LXVII, da CF ("não haverá prisão civil por dívida, salvo a do responsável pelo inadimplemento voluntário e inescusável de obrigação alimentícia e a do depositário infiel"). Concluiu-se, assim, que, com a introdução do aludido Pacto no ordenamento jurídico nacional, restaram derrogadas as normas estritamente legais definidoras da custódia do depositário infiel. Prevaleceu, no julgamento, por fim, a tese do *status* de supralegalidade da referida Convenção, inicialmente defendida pelo Min. Gilmar Mendes no julgamento do RE 466.343/SP, abaixo

---

[251] Idem.

[252] Nesse sentido, por exemplo, Tavares, André Ramos. *Reforma do Judiciário no Brasil pós-88: (des)estruturando a justiça. Comentários completos* à *Emenda Constitucional 45/2004*. São Paulo: Saraiva, 2005.

[253] Nesse sentido ver Sarlet, Ingo W. A abertura material do catálogo constitucional, op. cit., p. 216.

[254] RE 466.343/SP (RE 466.343).

Cap. 4 · O MODELO DE JURISDIÇÃO CONSTITUCIONAL NO BRASIL | **467**

relatado. Vencidos, no ponto, os Ministros Celso de Mello, Cezar Peluso, Ellen Gracie e Eros Grau, que a ela davam a qualificação constitucional, perfilhando o entendimento expendido pelo primeiro no voto que proferira nesse recurso. O Min. Marco Aurélio, relativamente a essa questão, se absteve de pronunciamento."[255]

Importante mencionar que com o novo procedimento introduzido pelo § 3º os tratados sobre direitos humanos passam a integrar, de forma inequívoca,[256] o chamado "bloco de constitucionalidade" (representando um alargamento no parâmetro – formal e material – de controle de constitucionalidade).

Deve-se dizer, junto com Sarlet, que o novo procedimento é de caráter cogente e não meramente opcional:

> "[...] tendo em mente que a introdução do novo § 3º teve por objetivo (ao menos, cuida-se da interpretação mais afinada com a *ratio* e o *telos* do § 2º) resolver – ainda que remanescentes alguns problemas – de modo substancial o problema da controvérsia sobre a hierarquia dos tratados em matéria de direitos humanos, antes incorporados por decreto legislativo, e assegurar aos direitos neles consagrados um *status* jurídico diferenciado, compatível com sua fundamentalidade, poder-se-á sustentar que, a partir da promulgação da EC 45, a incorporação desses tratados deverá ocorrer pelo processo mais rigoroso das reformas constitucionais. Quanto à objeção de que com isso se estaria a dificultar a incorporação dos tratados e convenções em matéria de direitos humanos (lembre-se que há os que sustentam até mesmo a dispensa de qualquer ato formal de incorporação para além da ratificação), há como revidar com o argumento de que, além de assegurar aos direitos dos tratados pelo menos uma hierarquia constitucional equivalente às normas constitucionais do tipo derivado (para usar a terminologia mais habitual), resta enrobustecida a legitimação desses direitos, o que, por sua vez, concorre para a sua maior força normativa – em suma, para uma pretensão de eficácia e efetividade reforçadas –, indispensável também para reforçar a posição do nosso País em face da comunidade internacional. [...] não se está evidentemente a dizer que os direitos previstos nos tratados já incorporados antes da EC 45 não estejam jusfundamentalmente protegidos, visto que, embora não possam ser objeto de direito por uma emenda (de vez que materialmente constitucionais e pelo fato de as emendas serem instrumentos de mudança formal da Constituição, exigindo, portanto, sempre alguma alteração no plano textual), reclamam proteção contra limitações e retrocessos de toda ordem, por conta de seu núcleo essencial e da incidência dos demais limites às limitações de direitos fundamentais, no que couber".[257]

De todo o exposto, parece não haver maiores controvérsias sobre a impossibilidade de supressão de referidos tratados sobre direitos humanos (atuais e futuros – equivalentes às emendas), ainda que por nova emenda constitucional (art. 60, § 4º). Assim, da leitura

---

[255] HC 87.585/TO.

[256] Isso porque os tratados sobre direitos humanos anteriores, segundo considerável parte da doutrina – por serem materialmente fundamentais –, já integravam o bloco de constitucionalidade.

[257] SARLET, Ingo W. A abertura material do catálogo constitucional, op. cit., p. 219-220.

468 | JURISDIÇÃO CONSTITUCIONAL • Lenio Luiz Streck

da Constituição é possível compreender que os tratados internacionais que tratam da proteção de direitos humanos fundamentais têm hierarquia constitucional, e os demais tratados assumem força de lei ordinária (infraconstitucional), circunstância que exsurge da interpretação conjunta do art. 5º, § 2º, e do art. 102, III, *b*, da Lei Maior.

Refira-se, entretanto, que esse último dispositivo deu azo à interpretação no sentido de que os tratados internacionais, *lato sensu*, e as leis federais passaram a ter a mesma hierarquia jurídica, sendo aplicável, destarte, o princípio de que "lei posterior revoga lei anterior que com ela seja incompatível". Aliás, desde 1977 o Supremo Tribunal Federal trilha por esse caminho, a partir do julgamento do RE 80.004. Celso Albuquerque Mello, secundado por Piovesan e Cançado Trindade, alude que essa interpretação é equivocada, porque viola até mesmo a Convenção de Viena sobre Direito dos Tratados (1969), que não admite o término de tratado por mudança de direito superveniente,[258] posição reforçada com o advento da EC 45.

O Supremo Tribunal Federal, quando do julgamento de *habeas corpus* que visava liberar cidadão preso civilmente em face de dívidas (depositário infiel), acabou ratificando a tese já tomada anteriormente ao advento da Constituição de 1988, posição que só agora foi alterada.[259] No caso em pauta, a parte invocava a vigência e eficácia do art. 7º, 7, do Pacto de San José da Costa Rica,[260] que assevera que *nadie será detenido por deudas*. A votação não foi unânime, ficando vencidos os Ministros Marco Aurélio, Carlos Veloso e Sepúlveda Pertence.

De qualquer sorte, ficou estabelecido no acórdão:

> "Inexiste, na perspectiva do modelo constitucional vigente no Brasil, qualquer precedência ou primazia hierárquico-normativa dos tratados ou convenções internacionais sobre o direito positivo interno, sobretudo em face das cláusulas inscritas no texto da Constituição da República, eis que a ordem normativa externa não se superpõe, em hipótese alguma, ao que prescreve a Lei Fundamental da República. [...] a ordem constitucional vigente no Brasil não pode sofrer interpretação que conduza ao reconhecimento de que

---

[258] Cf. MELLO, Celso D. Albuquerque. *Curso de direito internacional público*. 6. ed. Rio de Janeiro: Freitas Bastos, 1979. p. 69; PIOVESAN, Flávia. *Direitos humanos*, op. cit., p. 83; CANÇADO TRINDADE, Antonio Augusto. *A proteção internacional dos direitos humanos: fundamentos jurídicos e instrumentos básicos*. São Paulo: Saraiva, 1991.

[259] Nesse sentido, veja-se o importante RE 466.343-1/SP.

[260] Sobre as implicações do Pacto de San José da Costa Rica, consultar GOMES, Luis Flávio. A questão da obrigatoriedade dos tratados e convenções no Brasil: particular enfoque da Convenção Americana sobre Direitos Humanos. *RT*, n. 710, p. 21-31, dez. 1994; idem, *Direito de apelar em liberdade: conforme a Constituição Federal e a Convenção Americana sobre Direitos Humanos*. São Paulo: Ed. RT, 1994. Sobre a hierarquia dos tratados internacionais e a prisão por dívida, o STF modificou a sua posição. Ver, neste sentido, o precedente do julgamento do HC 96.772/SP, pelo qual é revogada a Súmula 619 do STF ("A prisão do depositário judicial pode ser decretada no próprio processo em que se constitui o encargo, independentemente da propositura de ação de depósito"), afirmando que não mais subsiste, no sistema normativo brasileiro, a prisão civil por infidelidade depositária, independentemente da modalidade de depósito. Por este julgado, é atribuída hierarquia constitucional às convenções internacionais em matéria de direitos humanos.

Cap. 4 · O MODELO DE JURISDIÇÃO CONSTITUCIONAL NO BRASIL | **469**

o Estado brasileiro, mediante convenção internacional, ter-se-ia interditado a possibilidade de exercer, no plano interno, a competência institucional que lhe foi outorgada expressamente pela própria Constituição da República. A circunstância de o Brasil haver aderido ao Pacto de São José da Costa Rica – cuja posição, no plano da hierarquia das fontes jurídicas, situa-se no mesmo nível de eficácia e autoridade das leis ordinárias internas – não impede que o Congresso Nacional, em tema de prisão civil por dívida, aprove legislação comum instituidora desse meio excepcional de coerção processual [...]. Os tratados internacionais não podem transgredir a normatividade emergente da Constituição, pois, além de não disporem de autoridade para restringir a eficácia jurídica das cláusulas constitucionais, não possuem força para conter ou para delimitar a esfera de abrangência normativa dos preceitos inscritos no texto da Lei Fundamental. [...] Diversa seria a situação, se a Constituição do Brasil – à semelhança do que hoje estabelece a Constituição argentina, no texto emendado pela Reforma Constitucional de 1994 (art. 75, n. 22) – houvesse outorgado hierarquia constitucional aos tratados celebrados em matéria de direitos humanos. [...] Parece-me irrecusável, no exame da questão concernente à primazia das normas de direito internacional público sobre a legislação interna ou doméstica do Estado brasileiro, que não cabe atribuir, por efeito do que prescreve o art. 5º, § 2º, da Carta Política, um inexistente grau hierárquico das convenções internacionais sobre o direito positivo interno vigente no Brasil, especialmente sobre as prescrições fundadas em texto constitucional, sob pena de essa interpretação inviabilizar, com manifesta ofensa à supremacia da Constituição – que expressamente autoriza a instituição da prisão civil por dívida em duas hipóteses extraordinárias (CF, art. 5º, LXVII) –, o próprio exercício, pelo Congresso Nacional, de sua típica atividade político-jurídica consistente no desempenho da função de legislar. [...] A indiscutível supremacia da ordem constitucional brasileira sobre os tratados internacionais, além de traduzir um imperativo que decorre de nossa própria Constituição (art. 102, III, *b*), reflete o sistema que, com algumas poucas exceções, tem prevalecido no plano do direito comparado".[261]

Posição contrária é defendida por Piovesan e Cançado Trindade, dentre outros autores. Registre-se que, para Piovesan, conferir grau hierárquico constitucional aos tratados de direitos humanos, com a observância do princípio da prevalência da norma mais favorável, é interpretação que se situa em absoluta consonância com a ordem constitucional de 1988, bem como com sua racionalidade e principiologia. Trata-se de interpretação que está em harmonia com os princípios prestigiados pelo sistema jurídico de 1988, em especial com a dignidade humana – que é pressuposto do sistema constitucional.[262]

Importa referir, ainda, que a posição do Supremo Tribunal Federal não teve influência no Superior Tribunal de Justiça. Com efeito, o STJ, reunido em Corte Especial, em acórdão

---

[261] Em posição contrária, há diversas decisões em segundo grau de jurisdição. Ver, para tanto, Ap 613.053-8, TASP; Ap 601.880-4/SP, 1ª Câmara, 16.09.1996, rel. Juiz Elliot Ackel; tb. STJ, HC 3.545-3/DF, rel. Min Adhemar Maciel. Observe-se o relevante posicionamento – minoritário, é verdade – do Ministro Carlos Veloso, no julgamento do RE 243.613, de 19.02.1999: "A prisão do devedor-fiduciante é uma violência à Constituição e ao Pacto de San José da Costa Rica, que está incorporado ao direito interno". Consultar PIOVESAN, Flávia. *Direitos humanos*, op. cit., p. 85-115.

[262] Cf. PIOVESAN, Flávia. *Direitos humanos*, op. cit., p. 86.

470 | JURISDIÇÃO CONSTITUCIONAL · *Lenio Luiz Streck*

relatado pelo Ministro Rui Rosado de Aguiar, firmou posição no sentido de que "não cabe a prisão civil do devedor que descumpre contrato garantido por alienação fiduciária".[263]

Em apertada síntese, é possível afirmar que, em tendo os tratados internacionais que tratam da proteção aos direitos humanos *status* de norma constitucional, prevaleçam, a toda evidência, sobre texto legislativo infraconstitucional interno e até mesmo com relação ao texto constitucional brasileiro (exemplo disso é o Pacto de San José da Costa Rica, que inova a ordem constitucional – muito embora a posição em contrário assumida pelo Supremo Tribunal Federal, circunstância que não tem inibido a que juízes e tribunais rejeitem a possibilidade de prisão civil por dívidas!). Como se trata de normas que visam à proteção dos direitos humanos, eventuais conflitos devem ser sopesados e resolvidos em favor de uma posição que leve em conta exatamente uma interpretação que esteja em consonância com a doutrina dos direitos humanos. É preciso entender que os direitos previstos nos tratados internacionais somente podem ter o condão de aprimorar a proteção dos direitos humanos e jamais provocar retrocessos. De outra banda, em se tratando de tratados outros, estes se incorporam ao nosso direito como direito infraconstitucional, devendo as antinomias daí exsurgentes ser resolvidas do mesmo modo como se solvem os problemas hermenêuticos quotidianamente.

Concordo, finalmente, com José Carlos de Magalhães, quando afirma que a antiga posição do Supremo Tribunal Federal – e dos demais tribunais que firmaram a mesma posição – pode vir a ensejar a responsabilidade internacional do Brasil, sujeitando-o ao procedimento previsto no art. 48 e ss. do Pacto. Afinal, nos termos do art. 44, "qualquer pessoa ou grupo de pessoas, ou entidade não governamental legalmente reconhecida em um ou mais Estados-membros da Organização, pode apresentar à Comissão petições que contenham denúncias ou queixas de violação desta Convenção por um Estado-Parte". Se não houver solução amistosa, a Comissão fará recomendações pertinentes e fixará prazo dentro do qual o Estado deve tomar as medidas que lhe competirem para remediar a situação e decidirá, ultrapassado tal prazo, pelo voto da maioria, se as medidas foram tomadas e, em caso positivo, se foram adequadas, decidindo, ainda, se publica ou não seu relatório (art. 51). Poderá ainda a Comissão recomendar ao País que se abstenha de dar cumprimento à ordem judicial de prisão civil por dívida, de depositário infiel, ou, caso esta se tenha verificado, que proceda às reparações pertinentes à vítima. Não se poderá alegar, neste caso, diz Magalhães, que a soberania nacional foi invadida, por ter o Brasil, por decisão da cúpula de seu Judiciário, desrespeitado Convenção por ele soberanamente firmada.[264]

Aliás, pode-se referir, aqui, que o descumprimento do Pacto pelo Brasil pode ensejar, pelos seus nacionais, a devida desobediência civil. Afinal, se uma Convenção internacional, na qual consta explicitamente a proibição de prisão por dívidas, foi ratificada soberanamente pelo parlamento brasileiro, parece razoável entender que todo aquele atingido por

---

[263] *DJ* 28.02.2000; ver, também, *DJU* 08.03.2000, p. 102, Seção I.

[264] Cf. MAGALHÃES, José Carlos de. *O Supremo Tribunal e o direito internacional: uma análise crítica.* Porto Alegre: Livraria do Advogado, 2002. p. 96 e ss.

Cap. 4 · O MODELO DE JURISDIÇÃO CONSTITUCIONAL NO BRASIL | **471**

prisão dessa espécie pode invocar a seu favor o direito de desobediência civil em face de o próprio Estado estar violando mandamento relativo aos direitos humanos.

Nesse contexto, importante noticiar a mudança de posição do STF em relação à prisão do depositário infiel (no caso de alienação fiduciária em garantia), que pode ser verificada pela leitura do *Informativo* 449, conforme, aliás, pode ser verificado:

> "Alienação fiduciária e depositário infiel – 1. O Tribunal iniciou julgamento de recurso extraordinário no qual se discute a constitucionalidade da prisão civil do depositário infiel nos casos de alienação fiduciária em garantia (DL 911/1969: 'Art. 4º Se o bem alienado fiduciariamente não for encontrado ou não se achar na posse do devedor, o credor poderá requerer a conversão do pedido de busca e apreensão, nos mesmos autos, em ação de depósito, na forma prevista no Capítulo II, do Título I, do Livro IV, do Código de Processo Civil'). O Min. Cezar Peluso, relator, negou provimento ao recurso, por entender que a aplicação do art. 4º do DL 911/1969, em todo o seu alcance, é inconstitucional. Afirmou, inicialmente, que entre os contratos de depósito e de alienação fiduciária em garantia não há afinidade, conexão teórica entre dois modelos jurídicos, que permita sua equiparação. Asseverou, também, não ser cabível interpretação extensiva à norma do art. 153, § 17, da EC 1/69 – que exclui da vedação da prisão civil por dívida os casos de depositário infiel e do responsável por inadimplemento de obrigação alimentar – nem analogia, sob pena de se aniquilar o direito de liberdade que se ordena proteger sob o comando excepcional. Ressaltou que, à lei, só é possível equiparar pessoas ao depositário com o fim de lhes autorizar a prisão civil como meio de compeli-las ao adimplemento de obrigação, quando não se deforme nem deturpe, na situação equiparada, o arquétipo do depósito convencional, em que o sujeito contrai obrigação de custodiar e devolver. [...] Em seguida, o Min. Gilmar Mendes acompanhou o voto do relator, acrescentando aos seus fundamentos que os tratados internacionais de direitos humanos subscritos pelo Brasil possuem *status* normativo supralegal, o que torna inaplicável a legislação infraconstitucional com eles conflitante, seja ela anterior ou posterior ao ato de ratificação, e que, desde a ratificação, pelo Brasil, sem qualquer reserva, do Pacto Internacional dos Direitos Civis e Políticos (art. 11) e da Convenção Americana sobre Direitos Humanos – Pacto de San José da Costa Rica (art. 7º, 7), não há mais base legal para a prisão civil do depositário infiel. Aduziu, ainda, que a prisão civil do devedor-fiduciante viola o princípio da proporcionalidade, porque o ordenamento jurídico prevê outros meios processuais-executórios postos à disposição do credor-fiduciário para a garantia do crédito, bem como em razão de o DL 911/1969, na linha do que já considerado pelo relator, ter instituído uma ficção jurídica ao equiparar o devedor-fiduciante ao depositário, em ofensa ao princípio da reserva legal proporcional. Após os votos dos Ministros Cármen Lúcia, Ricardo Lewandowski, Joaquim Barbosa, Carlos Britto e Marco Aurélio, que também acompanhavam o voto do relator, pediu vista dos autos o Min. Celso de Mello. RE 466.343/SP, rel. Min. Cezar Peluso, 22.11.2006".

Veja-se também, a respeito, o RE 349.703/RS e o HC 90.172/SP, no qual a Corte também afastou a possibilidade de prisão do depositário judicial.

Registre-se, ainda, que o Tribunal concluiu o julgamento do HC 87.585/TO, afetado ao Plenário pela 1ª Turma, no qual se questiona a legitimidade/possibilidade jurídica de

472 | JURISDIÇÃO CONSTITUCIONAL • *Lenio Luiz Streck*

ordem de prisão, por 60 dias, decretada em desfavor do paciente que, intimado a entregar o bem do qual era depositário, não adimplira a obrigação contratual:

> "Sustenta-se, na espécie, a insubsistência da custódia, sob a alegação de que esta contrariaria a EC 45/2004, no que endossados tratados e convenções internacionais sobre direitos humanos, haja vista que a subscrição, pelo Brasil, da Convenção Americana sobre Direitos Humanos – Pacto de São José da Costa Rica impossibilitaria a prisão do depositário infiel – v. *Informativo*
>
> 471. O Min. Marco Aurélio, relator, deferiu o *writ* para afastar do cenário jurídico a ordem de prisão decretada contra o paciente. Entendeu que a circunstância de o Brasil haver subscrito o Pacto de São José da Costa Rica, que restringe a prisão civil por dívida ao descumprimento inescusável de prestação alimentícia, conduziria à inexistência de balizas visando à eficácia do que previsto no art. 5º, LXVII, da CF, dispositivo este não autoaplicável, porquanto dependente de regulamentação, por texto legal, acerca dessa prisão, inclusive quanto ao seu período. Concluiu, assim, que, com a introdução do aludido Pacto no ordenamento jurídico nacional, restaram derrogadas as normas estritamente legais definidoras da custódia do depositário infiel. Ademais, ressaltou que, no caso, o paciente não tentara furtar-se ao pagamento de seu débito, formulando, até mesmo, propostas de acordo com a credora, todas rejeitadas.
>
> [...]
>
> Em conclusão de julgamento, o Tribunal concedeu *habeas corpus* em que se questionava a legitimidade da ordem de prisão, por 60 dias, decretada em desfavor do paciente que, intimado a entregar o bem do qual era depositário, não adimplira a obrigação contratual – v. *Informativos* 471, 477 e 498. Entendeu-se que a circunstância de o Brasil haver subscrito o Pacto de São José da Costa Rica, que restringe a prisão civil por dívida ao descumprimento inescusável de prestação alimentícia (art. 7º, 7), conduz à inexistência de balizas visando à eficácia do que previsto no art. 5º, LXVII, da CF ('Não haverá prisão civil por dívida, salvo a do responsável pelo inadimplemento voluntário e inescusável de obrigação alimentícia e a do depositário infiel').
>
> Concluiu-se, assim, que, com a introdução do aludido Pacto no ordenamento jurídico nacional, restaram derrogadas as normas estritamente legais definidoras da custódia do depositário infiel. Prevaleceu, no julgamento, por fim, a tese do *status* de supralegalidade da referida Convenção, inicialmente defendida pelo Min. Gilmar Mendes no julgamento do RE 466.343/SP, abaixo relatado. Vencidos, no ponto, os Ministros Celso de Mello, Cezar Peluso, Ellen Gracie e Eros Grau, que a ela davam a qualificação constitucional, perfilhando o entendimento expendido pelo primeiro no voto que proferira nesse recurso. O Min. Marco Aurélio, relativamente a essa questão, se absteve de pronunciamento."[265]

4.8.2 O controle de constitucionalidade de leis estrangeiras

Ao lado da importante questão suscitada pela aplicação dos tratados internacionais no Brasil, outra discussão importante deve ser colocada, que diz respeito ao controle da

---

[265] HC 87.585.

Cap. 4 · O MODELO DE JURISDIÇÃO CONSTITUCIONAL NO BRASIL | **473**

constitucionalidade das leis estrangeiras pelo Judiciário brasileiro. Autores como Luis Roberto Barroso sustentam que o controle deve ser feito nos moldes em que se faria no país de origem. Daí que, em se tratando de leis originárias de países onde não há controle, o Poder Judiciário brasileiro não poderia exercitar o controle.[266] Para Jorge Miranda, nenhum tribunal pode aplicar leis estrangeiras contrárias à Constituição do seu Estado, desde que também não possa aplicar normas nacionais em idênticas circunstâncias. A inconstitucionalidade, de todo modo, deve ser evidente.[267] Opinião contrária expressa Zeno Veloso, para quem o juiz do foro não tem competência para introduzir, considerar e resolver uma alegação de inconstitucionalidade da lei estrangeira, emitindo um juízo de adequação entre ela e a respectiva Constituição estrangeira.[268]

Tenho que a razão está com os que sustentam a possibilidade de o juiz brasileiro apreciar a constitucionalidade da lei estrangeira à luz da Constituição e da Constituição do país de origem. Com efeito, a Constituição do Estado não pode conviver, mesmo que momentaneamente, com uma lei com ela incompatível. Claro que, com relação à Constituição de origem, a apreciação somente pode ser feita se no país de origem existirem formas/mecanismos de controle jurisdicional de constitucionalidade. Em nenhuma das hipóteses há, evidentemente, a declaração de inconstitucionalidade, e, sim, o órgão judiciário deixa de aplicar a referida lei (ou porque viola a própria Constituição do país de origem, ou porque viola a Constituição brasileira).

Nesse ponto, torna-se relevante trazer à baila o Processo de Extradição 417,[269] no qual o Supremo Tribunal Federal entendeu pelo não cabimento do controle de constitucionalidade de uma lei estrangeira (no caso, da Argentina). Nesse julgamento, muito embora o STF tenha trilhado por caminho contrário, dois votos minoritários merecem uma profunda reflexão. Assim, do voto Ministro Rezek lê-se:

> "Meu voto, com a devida vênia do eminente Ministro relator, conhece dos embargos e os recebe. Serei muito breve na explicação das razões deste voto.
>
> O Tribunal desprezou, no acervo legal produzido pelo Governo argentino, a lei revocatória da anistia, por entender que não cabe a uma casa legislativa declarar inconstitucional e, em nome do vício de inconstitucionalidade, derrubar ato anterior do próprio parlamento.
>
> O embargante não diz que não se examinou neste Plenário a questão do alcance da Lei de Anistia sobre o extraditando. Mas a defesa sustentou, dentro do processo de extradição, que os arts. 2º e 3º da dita Lei de Anistia, estabelecendo restrições tópicas, e em nome dos quais se poderia defender a tese de que a Lei não se aplica ao extraditando

---

[266] Cf. BARROSO, Luís Roberto. *Interpretação e aplicação da Constituição*. São Paulo: Saraiva, 1996. p. 36.

[267] Cf. MIRANDA, Jorge. *Manual*, op. cit., t. II, p. 307.

[268] Cf. VELOSO, Zeno. *Controle jurisdicional de* constitucionalidade. Belo Horizonte: Del Rey, 2000. p. 378.

[269] "Extradição. Embargos declaratórios. Omissão inexistente. No âmbito de sua competência, a Corte examinou a aplicação da lei argentina de anistia, julgando não alcançar o extraditando. Questão estranha ao seu julgamento. Embargos declaratórios rejeitados" (Extr 417 – República Argentina, Tribunal Pleno, rel. Min. Oscar Corrêa).

Mário Firmenich, eram inconstitucionais, em razão do princípio constitucional argentino que impõe a generalidade da anistia desde que idênticos os delitos. O princípio reinante no direito constitucional argentino, e aqui levantado, é o seguinte: a anistia não é necessariamente irrestrita; ela pode alcançar determinados delitos e não outros; pode pretender privilegiar determinadas ações e não outras. Mas, desde que preparada para cobrir determinada categoria de infrações à lei penal, a anistia não pode desigualar os beneficiários em nome de fatores estranhos à tipicidade, como a questão de saber se fulano está, ou não, no território argentino, se fulano manifestou-se, ou não, no sentido de abjurar sua conduta política anterior. Os embargos apresentam jurisprudência argentina recente nesse sentido – no sentido da crítica aos arts. 2º e 3º da Lei de Anistia, por inconstitucionalidade.

Sobre esse ponto, Sr. Presidente, parece-me evidente que o Tribunal não se manifestou. Esta a razão pela qual conheço dos embargos. Acolho-os em nome da mesma jurisprudência, por entender que o Supremo Tribunal Federal brasileiro não está impedido de examinar a questão constitucional argentina. Afinal, esta Casa o fez no próprio caso Firmenich. Quando ignoramos a lei revocatória da anistia – uma lei editada pelo Congresso argentino –, não o fizemos, naturalmente, em nome da Constituição brasileira: fizemo-lo por entender que temos o direito, no escrutínio amplo da tipicidade, de verificar se a anistia beneficia ou não o extraditando; para que, em caso afirmativo, declaremos impunível sua conduta. Assim, conhecendo dos embargos por entender que o Tribunal, efetivamente, não examinou esse tópico da defesa, eu os recebo, eis que, a meu ver, a questão constitucional argentina é tema sujeito à análise do foro da extradição; sendo que o argumento está corretamente deduzido nos embargos declaratórios – tal como o fora antes, na defesa – e deve motivar o indeferimento da extradição."

Já o Ministro Soarez Muñoz considerou ineficaz a lei posterior que revogou a anistia, e ineficaz também o artigo da Lei da Anistia que estabelecia restrições ao benefício:

"Sr. Presidente, nesta altura, está devidamente esclarecido que o acórdão incidiu em omissão, uma vez que não apreciou uma das alegações deduzidas na defesa do extraditando. Alegou ele que a lei concessiva da anistia era inconstitucional, no que diz respeito àqueles dispositivos que dela excetuavam determinados cidadãos argentinos, porque a Constituição Federal argentina prevê expressamente que a anistia deve ser geral. E citou, a propósito, jurisprudência e opinião da doutrina.

Esse fundamento não foi apreciado pelo acórdão e por nenhum dos votos que constituíram a maioria. De minha parte, fiz declaração de voto e enfrentei dois argumentos contrários à concessão da extradição: o de que os crimes são de natureza política e o de que a anistia, tal como fora concedida, não favorecia o extraditando, já que ele se encontrava na situação prevista no art. 2º da respectiva lei, que excluía do benefício aqueles argentinos que não se achassem no país em determinada época. Para que a extradição fosse concedida, mister seria que esses dois argumentos fossem vencidos. Como já disse, venci o primeiro argumento, porque vi a predominância do delito de natureza comum, embora o crime fosse político, em algumas de suas facetas, e afastei o segundo, em face daquelas restrições que a lei estatuiu, ao conceder a anistia.

No que diz respeito à lei posterior, que havia revogado a anistia, entendi que era ela ineficaz, visto que, uma vez concedida a anistia, não era mais possível revogá-la. Ora,

Cap. 4 · O MODELO DE JURISDIÇÃO CONSTITUCIONAL NO BRASIL | **475**

se assim entendi com relação à lei revocatória, não vejo razão para me omitir no que diz respeito à arguida inconstitucionalidade da lei, enquanto restringe aquilo que a Constituição Federal estabelece de maneira imperativa, que deve ser geral. A Constituição argentina determina que a anistia deve ser geral, isto é, não pode ser concedida anistia restrita. Se a lei desrespeitou a Lei Maior, é ineficaz.

Não estou declarando a inconstitucionalidade da lei. Estou apenas, afastando-a do caso concreto. Não preciso fazer nenhuma comunicação à Corte argentina, como não faz o juiz singular, quando afasta uma lei inconstitucional. A lei continua em vigor; ela é apenas arredada no caso concreto. Eu a afasto. Afasto-a, como já afastei a lei revocatória.

Assim, como a anistia que foi concedida só podia ser geral, reformulo meu voto, acompanhando integralmente o eminente Ministro Francisco Rezek, para receber os embargos e indeferir a extradição."

Essa posição do Supremo Tribunal foi alterada, conforme assevera Barroso. De fato, o STF, já na vigência da Constituição de 1988, examinou pedido de extradição[270] de um brasileiro naturalizado, acusado de envolvimento em tráfico ilícito de entorpecentes, tendo o Estado requerente (Itália), com quem o Brasil não mantinha tratado de extradição,[271] apresentado promessa de reciprocidade, à revelia do art. 26 da Constituição italiana, que impede o oferecimento de reciprocidade. Nesse caso, o STF declarou inválida a promessa de reciprocidade da Itália, em face de sua própria Constituição.[272]

Recentemente, a Corte modificou sua posição sobre a possibilidade de extradição de estrangeiro condenado à prisão perpétua. No caso, o relator Ministro Celso de Mello invocou a Constituição brasileira para negar o pedido: "Extradição e prisão perpétua: necessidade de prévia comutação, em pena temporária (máximo de 30 anos), da pena de prisão perpétua. Revisão da jurisprudência do Supremo Tribunal Federal, em obediência à Declaração Constitucional de Direitos (CF, art. 5º, XLVII, *b*). A extradição somente será deferida pelo Supremo Tribunal Federal, tratando-se de fatos delituosos puníveis com prisão perpétua, se o Estado requerente assumir, formalmente, quanto a ela, perante o Governo brasileiro, o compromisso de comutá-la em pena não superior à duração máxima admitida na lei penal do Brasil (CP, art. 75), eis que os pedidos extradicionais – considerado o que dispõe o art. 5º, XLVII, *b*, da Constituição da República, que veda as sanções penais de caráter perpétuo – *estão necessariamente sujeitos à autoridade hierárquico-normativa da Lei Fundamental brasileira.* Doutrina. Novo entendimento derivado da revisão, pelo Supremo Tribunal Federal, de sua jurisprudência em tema de extradição passiva".[273]

---

[270] Sobre o tratado de extradição, o STF entende não ser lei de caráter penal e, por isso, não aplica ao caso o princípio da irretroatividade: "Extradição. Lei ou tratado. Aplicabilidade imediata. As normas extradicionais, legais ou convencionais, não constituem lei penal, não incidindo, em consequência, a vedação constitucional de aplicação a fato anterior da legislação penal menos favorável" (Extr 864, rel. Min. Sepúlveda Pertence, j. 18.06.2003, *DJ* 29.08.2003).

[271] O Brasil já possui tal Tratado. Vide caso Battisti.

[272] Cf. Barroso, Luís Roberto. *Interpretação e aplicação da Constituição*, op. cit., p. 41; e Veloso, Zeno. *Controle jurisdicional de constitucionalidade*, op. cit., p. 373-374.

[273] Cf. Extr 855.

4.9 A AÇÃO DIRETA DE INCONSTITUCIONALIDADE NOS ESTADOS--MEMBROS

Cada Estado-membro está autorizado a instituir mecanismos próprios de controle de constitucionalidade de leis estaduais e municipais antitéticas às Constituições Estaduais. Nesse sentido, o art. 125, § 2º, da Constituição Federal estabelece: "Cabe aos Estados a instituição de representação de inconstitucionalidade de leis ou atos normativos estaduais e municipais em face da Constituição Estadual, vedada a atribuição da legitimação para agir a um único órgão".[274]

De acordo com essa regra, os Estados-membros estabeleceram em suas Constituições a ação direta de inconstitucionalidade,[275] com a legitimação simétrica ao art. 103 da CF. Alguns Estados, como o Rio Grande do Sul e São Paulo, chegaram a incluir no texto das respectivas Constituições a possibilidade de os Tribunais de Justiça, por seus Órgãos Especiais, apreciarem não somente a constitucionalidade das leis municipais e estaduais em face da Constituição Estadual, mas, também, das leis municipais incompatíveis com a Constituição Federal, tese que foi rechaçada de plano pelo Supremo Tribunal Federal, mediante a concessão de medida cautelar nas ADIs 409 e 374, respectivamente.

Com isso, ficava a descoberto a verificabilidade da incompatibilidade das leis e atos normativos municipais com a Constituição Federal, em face da não previsão de o STF poder julgar ações diretas de inconstitucionalidade de leis municipais em face da Constituição Federal.[276] De qualquer sorte, como se poderá perceber mais adiante, parte considerável do texto das Constituições Estaduais repetiu matéria constante na Constituição Federal. Além disso, a previsão constante no art. 125, *caput*, no sentido de que "os Estados organizarão sua Justiça, observados os princípios estabelecidos nesta Constituição", abria uma apreciável perspectiva de que, em havendo incompatibilidade de uma lei municipal com um princípio da Constituição Federal, a competência transplantava-se para o Tribunal de Justiça. Nos primeiros anos de vigência das Constituições Estaduais, estabeleceu-se a polêmica, mormente a partir de preliminares de incompetência dos Tribunais deduzidas pelos Governos Estaduais e pelos Municípios. Afinal, se havia matéria nas Constituições Estaduais que era de repetição obrigatória, então não precisaria sequer ter sido repetida e, portanto, qualquer afronta deveria ser, sempre, com a Constituição Federal.

---

[274] Na ADI 558-9-MC, rel. Sepúlveda Pertence, o STF entendeu constitucional o art. 162 da CERJ, que estabelece vários legitimados para a representação de inconstitucionalidade. Tal artigo – registre-se – não guarda simetria com o art. 103 da CF (a CERJ coloca como legitimados, por exemplo, o Procurador-Geral do Estado e o Defensor Público Geral do Estado). Parece que se adotou a interpretação segundo a qual um dos objetivos do Texto Constitucional foi ampliar o rol de legitimados para a representação de inconstitucionalidade, afastando-se da ideia de "estrita simetria" nesse ponto.

[275] No Estado do Rio Grande do Sul, foram ajuizadas, nos dez primeiros anos (1989-1999), 1.483 ações diretas de inconstitucionalidade. Ver, para tanto, SOUZA, Nelson Oscar. Controle de constitucionalidade do juízo de primeiro grau à Suprema Corte. *Palestras – Cursos de atualização para magistrados*. Porto Alegre: Ajuris, 2001. p. 307 e ss.

[276] Com o advento da Lei 9.882/1999, tornou-se possível, por ADPF, o controle de constitucionalidade concentrado pelo STF de leis municipais em face da Constituição Federal.

No dizer do Ministro Sepúlveda Pertence, vencido na discussão que redundou na pacificação da matéria a partir da Rcl 383/SP, como se verá mais adiante, na distinção entre normas constitucionais que imitam a disciplina constitucional federal (e cuja autonomia resulta da autonomia dos Estados) e normas constitucionais estaduais que reproduzem normas constitucionais federais obrigatórias a todos os níveis da Federação (e cuja eficácia existiria independentemente dessa reprodução), a reprodução das normas dessa segunda espécie "em termos estritamente jurídicos é ociosa", o que implica dizer que "só aparentemente são normas estaduais", mas verdadeiramente, por não poderem inovar na ordem jurídica, "sequer são normas jurídicas".

A partir do entendimento jurisprudencial do Supremo Tribunal no sentido do cabimento, junto aos Tribunais de Justiça dos Estados, de ações diretas de inconstitucionalidade de leis municipais incompatíveis com a Constituição Federal, em matéria que as Constituições Estaduais repetem da Constituição Federal, alargou-se sobremodo o controle de constitucionalidade afeto aos tribunais estaduais, podendo-se acrescentar que a tese do Supremo Tribunal alcança também as normas estaduais que ferem a Constituição Federal, mas que, pelo fato de a Constituição Estadual repetir o texto da Constituição Federal (por imitação ou por repetição obrigatória), não encontra mais óbice para que seja apreciada essa lei estadual junto ao Tribunal estadual, questão que pode acarretar, inclusive, a tramitação paralela de ações, questões essas que serão examinadas a seguir. Desse modo, várias hipóteses de controle de constitucionalidade no âmbito dos Estados-membros podem ser elencadas:

4.9.1 Lei estadual incompatível com a Constituição do Estado

É a hipótese mais simples que ocorre. Os Estados-membros são autônomos para se organizarem, e, portanto, estabelecerem suas próprias Constituições. Além disso, há um leque de competências estaduais previsto na Constituição Federal. Evidentemente que podem existir dispositivos das Constituições dos Estados-membros incompatíveis com a Constituição Federal,[277] hipótese em que o Supremo Tribunal será competente para apreciar a matéria em ação direta e na via do controle difuso. Também ocorrerão hipóteses de leis estaduais incompatíveis somente com a Constituição Federal, quando, do mesmo modo,

---

[277] A compatibilização dos textos constitucionais dos Estados-membros pressupõe a obediência ao todo principiológico da Constituição Federal, às cláusulas pétreas (portanto, aos direitos fundamentais) e, especialmente, conforme dispõe o art. 34, VII, da CF, aos princípios ditos "sensíveis", a saber: a) forma republicana, sistema representativo e regime democrático; b) direitos da pessoa humana; c) autonomia municipal; d) prestação de contas da administração pública, direta e indireta; e) aplicação do mínimo exigido da receita resultante de impostos estaduais, compreendida a proveniente de transferências, na manutenção e desenvolvimento do ensino, cujo descumprimento poderá resultar em intervenção federal. Veja-se que, em se tratando de violação de princípios sensíveis, afigura-se a hipótese de intervenção, nos termos da CF. No caso dos Estados, para assegurar a observância dos princípios previstos na CE ou para prover a execução de lei, de ordem ou de decisão judicial (art. 35, IV, da CF), cabe a intervenção estadual nos Municípios. Sobre o tema, o STF editou a Súmula 637: "Não cabe recurso extraordinário contra acórdão de Tribunal de Justiça que defere pedido de intervenção estadual em Município".

competente será a Corte Maior. Ocorrendo hipótese de lei estadual que se confronte com o texto magno estadual, competente será o órgão especial do Tribunal de Justiça que, mediante *quorum* de maioria absoluta, poderá declarar a inconstitucionalidade da lei ou do ato normativo.

Necessitando os Estados-membros respeitar os princípios constitucionais previstos na Lei Maior, não há como os Estados-membros deixarem de cumprir simetricamente com a sistemática adotada pela Constituição Federal no âmbito da separação de poderes, iniciativa de leis, processo legislativo etc.

Desse modo, decidiu o Supremo Tribunal Federal que "não é possível, no âmbito dos Estados-membros, subtrair a competência privativa do Chefe do Poder Executivo para o desencadeamento do processo legislativo em matérias que, na Constituição Federal, submetem-se a essa formalidade. Parece óbvio que, aplicável aos Estados o princípio da independência e separação de poderes, por força do art. 125 da Carta Federal, e supondo-se ele um 'modelo' de cada Poder (dado, obviamente, naquela Carta) que o caracterize e viabilize como tal, é inconcebível, à luz do 'modelo' federal, um Poder Executivo despido desta marcante e relevantíssima prerrogativa, que, de resto, se liga de alguma forma à sua atribuição de administrar".[278]

Isso vale para o processo legislativo *stricto sensu*, como, por exemplo, para as emendas a projetos de lei de iniciativa privativa do Chefe do Poder Executivo, aplicando, *in totum*, o previsto no art. 61 da Constituição Federal, matéria, aliás, repetida nas Constituições Estaduais.

Apreciando ação direta de inconstitucionalidade proposta pelo Estado do Rio Grande do Sul, decidiu o Supremo Tribunal: "Tratando-se de projeto de lei de iniciativa privativa do Chefe do Poder Executivo, não pode o Poder Legislativo assinar-lhe prazo para o exercício dessa prerrogativa sua. Não havendo aumento de despesa, o Poder Legislativo pode emendar projeto de iniciativa privativa do Chefe do Poder Executivo, mas esse poder não é ilimitado, não se estendendo ele a emendas que não guardem estreita pertinência com o objeto do projeto encaminhado ao Legislativo pelo Executivo e que digam respeito à matéria que também é da iniciativa privativa daquela autoridade. Ação julgada procedente".[279]

Por adequação dos Municípios a essa sistemática, qualquer violação no plano da formulação das leis municipais importará em violação da Constituição Estadual, por ofensa ao princípio da separação dos poderes e do dispositivo que estabelece a iniciativa das leis. Agregue-se que a sanção não supre vícios de iniciativa de leis, matéria que de há muito está consolidada nos Tribunais.[280] Do mesmo modo, emenda constitucional não pode invadir a

---

[278] Cf. *RTJ* 151/419. Tb. VELOSO, Zeno. *Controle jurisdicional de constitucionalidade*, op. cit., p. 335.

[279] Cf. ADI 546-4.

[280] Veja nesse sentido: "Ação direta de inconstitucionalidade. Prefeito que clama pela declaração da inconstitucionalidade de lei que sancionou. Disposição inserida pelo Legislativo a projeto de lei oriundo do Executivo. Efeito retroativo com repercussões em orçamentos encerrados. Não é a sanção do Prefeito que convalida lei inconstitucional. Matéria de ordem pública que não pode ficar sujeita às injunções políticas do momento. Se a emenda agregada pelo Legislativo acarreta aumento de despesa, há vício de iniciativa. Inconstitucionalidade declarada" (ADI 594.033.599 – TJRS).

Cap. 4 · O MODELO DE JURISDIÇÃO CONSTITUCIONAL NO BRASIL | **479**

esfera de iniciativa reservada ao Chefe do Poder Executivo – caso contrário, haveria burla ao processo democrático, quando maiorias parlamentares retirariam do Chefe do Poder Executivo a possibilidade de veto a projetos de leis.[281]

4.9.2   Lei municipal incompatível com a Constituição Estadual

A solução que se apresenta é a mesma da hipótese de lei estadual incompatível pura e simplesmente com o texto da Constituição Estadual, questão que se resolve mediante arguição de inconstitucionalidade perante o Tribunal de Justiça do Estado-membro. A legitimidade está prevista nos textos das Constituições Estaduais, que vai desde o Procurador-Geral de Justiça até os Prefeitos Municipais (no caso das leis municipais), passando pelos outros vários legitimados, em linha similar ao que ocorre em sede de Constituição Federal no que tange à legitimidade para proposição de ação direta de inconstitucionalidade junto ao Supremo Tribunal Federal. Todo processo segue a sistemática prevista para o julgamento das ações diretas de inconstitucionalidade junto ao STF, com cabimento de liminar (e suas consequências, consoante a Lei 9.868/1999), a ouvida obrigatória do Procurador-Geral de Justiça e o *quorum* mínimo de maioria absoluta para declaração da inconstitucionalidade da lei municipal.

Esse assunto possui desdobramentos, como se verá a seguir, na medida em que, aqui, se está tratando de mera violação de lei municipal em face de preceitos da Constituição do Estado-membro, que não traduzam princípios e cuja matéria não esteja simplesmente repetida na Constituição Estadual. Ou seja, preceitos que não tratam de matéria objeto da Constituição Federal e simplesmente repetida na Constituição Estadual.

4.9.3   Lei municipal incompatível com preceitos da Constituição Federal

Nesse caso, ocorre a impossibilidade de solução no plano do controle concentrado por meio de ADI, em face da impossibilidade de o STF apreciar esse tipo de inconstitucionalidade, consoante *silêncio eloquente* da Constituição Federal, ao não prever tal possibilidade. Entretanto, releva registrar que, não obstante estar essa matéria absolutamente pacificada na doutrina e na jurisprudência, ainda há tentativas de ver o STF apreciar inconstitucionalidade de lei municipal em face da Constituição Federal.

A propósito, cite-se a ADI 2.172/RS: "Controle abstrato de constitucionalidade. Ação direta. Ilegitimidade ativa de Prefeito Municipal. Impossibilidade jurídica de fiscalização normativa abstrata de lei municipal contestada em face da Constituição Federal. Os Prefeitos Municipais e os Municípios – mesmo que se trate de impugnação *in abstracto* de leis estaduais ou federais contestadas em face da Constituição da República – não dispõem de legitimidade ativa para o ajuizamento da ação direta de inconstitucionalidade perante o Supremo Tribunal Federal, eis que são de direito estrito as hipóteses previstas no rol taxativo

---

[281]   Na prática, se uma maioria parlamentar detiver *quorum* para aprovar emenda constitucional, também deterá *quorum* suficiente para derrubar veto de Chefe do Poder Executivo a determinado projeto de lei ordinária ou complementar. A solução, de qualquer modo, será o questionamento da lei ou da emenda constitucional, via ação direta de inconstitucionalidade.

constante no art. 103 da Carta Política. Precedentes. O sistema constitucional brasileiro não permite o controle normativo abstrato de leis municipais, quando contestadas em face da Constituição Federal. A fiscalização de constitucionalidade das leis e atos normativos municipais, nos casos em que estes venham a ser questionados em face da Carta da República, somente se legitima em se tratando de controle incidental (método difuso). Desse modo, inexiste, no ordenamento positivo brasileiro, a ação direta de inconstitucionalidade de lei municipal, quando impugnada *in abstracto* em face da Constituição Federal".

4.9.3.1 *A incidência da arguição de descumprimento de preceito fundamental na colmatação da "lacuna"*

Por outro lado, importa referir que a Lei 9.882/1999 veio para resolver, em determinadas circunstâncias, essa lacuna (para alguns) ou essa omissão voluntária (para outros) do texto constitucional, de não prever possibilidade de arguição de inconstitucionalidade de lei municipal em face da Constituição Federal pelo Supremo Tribunal Federal. Com efeito, o art. 1º, parágrafo único, I, da Lei 9.882/1999 estabelece que caberá também arguição de descumprimento de preceito fundamental "*quando for relevante o fundamento da controvérsia constitucional sobre lei ou ato normativo federal, estadual ou municipal, incluídos os anteriores a Constituição*". Isso não significa que qualquer lei municipal, pelo simples fato de ser inconstitucional em face da Constituição Federal, possa, agora, ter a sua validade constitucional questionada junto ao Supremo Tribunal via ADPF. Como se poderá verificar em capítulo específico, a ADPF tem caráter supletivo, cabível somente quando não há outras formas de solver a controvérsia, de forma que, em existindo, por exemplo, possibilidade de recurso extraordinário, o manejo da ADPF fica, a princípio, descartado, a menos que exista, sobre a citada lei municipal, controvérsia cuja relevância possibilite a aplicação do artigo da lei.

4.9.4 Lei municipal incompatível com matéria de repetição obrigatória pelas Constituições Estaduais: a vinculação dos princípios da Constituição Federal

Esta matéria, a toda evidência, tem gerado controvérsias. De pronto, cabe a advertência de Veloso, no sentido de que não há hierarquia entre as leis emanadas da União, dos Estados-membros e dos Municípios, *sendo falso o entendimento de que a lei federal prevalece*, em qualquer caso, sobre a lei estadual e esta sobre a lei municipal, tudo se resumindo, pois, a uma questão de competência, de atuação dentro da respectiva órbita de atribuições, questão a ser dirimida de acordo com os arts. 21 a 24 da Constituição Federal.[282] Quando, entretanto, a lei municipal confrontar matéria de repetição/obediência pelos Estados-membros, é possível o manejo da ação direta de inconstitucionalidade junto ao Tribunal de Justiça local. Afinal, se a norma é de repetição obrigatória e se os Estados-membros devem obediência aos princípios da Constituição Federal, sua reprodução ou não nas Constituições Estaduais é irrelevante, o que, entretanto, não retira a possibilidade da apreciação pelo Tribunal de Justiça, pela exata razão de que a violação

---

[282] Cf. Veloso, Zeno. *Controle jurisdicional de constitucionalidade*, op. cit., p. 352.

Cap. 4 • O MODELO DE JURISDIÇÃO CONSTITUCIONAL NO BRASIL | **481**

também se estabelece em face das cartas estaduais. Sobre o assunto, a Reclamação 383 tornou-se paradigmática, estabelecendo um novo marco no entendimento do Supremo Tribunal Federal a respeito da matéria, passando a admitir que os Tribunais locais apreciem ações de inconstitucionalidade que versem sobre leis municipais incompatíveis com princípios constitucionais, explícita ou implicitamente previstos na Constituição Estadual:

> "Reclamação com fundamento na preservação da competência do Supremo Tribunal Federal. Ação direta de inconstitucionalidade proposta perante Tribunal de Justiça na qual se impugna lei municipal sob a alegação de ofensa a dispositivos constitucionais estaduais que reproduzem dispositivos constitucionais federais de observância obrigatória pelos Estados. Eficácia jurídica desses dispositivos constitucionais estaduais. Jurisdição constitucional dos Estados-membros.
>
> Admissão de propositura da ação direta de inconstitucionalidade perante o Tribunal de Justiça local, com possibilidade de recurso extraordinário se a interpretação da norma constitucional estadual, que reproduz a norma constitucional federal de observância obrigatória pelos Estados, contrariar o sentido e o alcance desta.
>
> Reclamação conhecida, mas julgada improcedente."[283]

No mesmo sentido, a Reclamação 337/ES, rel. Ministro Paulo Brossard:

> "Inconstitucionalidade por ofensa à Constituição Federal. Arguição *in abstrato*, por meio de ação direta perante o Tribunal de Justiça. O nosso sistema constitucional não admite o controle concentrado de constitucionalidade de lei ou ato normativo municipal em face da Constituição Federal; nem mesmo perante o Supremo Tribunal Federal, que tem como competência precípua a sua guarda, art. 102.
>
> O único controle de constitucionalidade de lei e de ato normativo municipal em face da Constituição Federal que se admite é o difuso, exercido *incidenter tantum*, por todos os órgãos do Poder Judiciário, quando do julgamento de cada caso concreto.
>
> Hipótese excepcional de controle concentrado de lei municipal. Alegação de ofensa à norma constitucional estadual que reproduz dispositivo constitucional federal de observância obrigatória pelos Estados. Competência de Tribunal de Justiça Estadual, com possibilidade de recurso extraordinário para o Supremo Tribunal Federal. Precedentes: Rcl 383/SP e REMC 161.390/AL."

Com mais especificidade ainda foi o julgamento proferido em agravo regimental, onde o Supremo Tribunal Federal assentou que, "em se tratando de acórdão proferido em ação direta de inconstitucionalidade de ato normativo municipal e decidido em face de dispositivo da Constituição do Estado-membro, só é cabível, em princípio, recurso extraordinário para a anulação do acórdão recorrido por vício formal ou de competência constitucional, como, quanto ao primeiro, a falta de fundamentação, ou, excepcionalmente, por vício material, quando a ação foi julgada em face de princípio cuja reprodução se tenha de fazer

---

[283]   O tema voltou a ser enfrentado pelo STF nos autos da Rcl 4.432, de 27.09.2006, rel. Min. Gilmar Mendes, mantendo-se o posicionamento da Rcl 383. Vide, também, o julgamento da Rcl 10.500-AgRg/SP, rel. Min. Celso de Mello, *DJe* 29.09.2011.

exatamente no teor do existente na Constituição Federal, e se sustenta que a interpretação dada ao dispositivo constitucional estadual que a contém é diversa da que esta Corte deu ou dará ao correspondente na Carta Magna Federal. E essa limitação se explica porque, no primeiro caso, se fiscaliza o respeito à Constituição da República, sem que esta Corte venha a julgar o mérito da ação direta que se situa no âmbito da competência estadual; e, no segundo, em face da ampla fundamentação em que se baseia a jurisprudência que se firmou nesta Corte, a partir do julgamento da Reclamação 383, e que permite que este Tribunal mantenha a decisão de mérito recorrida ou a reforma".

No Tribunal de Justiça do Rio Grande do Sul, vários precedentes apontam para a possibilidade de o Tribunal local apreciar a constitucionalidade de lei municipal incompatível com princípios constitucionais. Para tanto, o art. 8º (em São Paulo, art. 74 da CE), interpretado em conjunto com o art. 125, § 2º, da CF, fornece o necessário sustentáculo jurídico para firmar a competência do Tribunal de Justiça:

> "Ação direta de inconstitucionalidade. Preliminar de incompetência do Tribunal de Justiça para exercer o controle de constitucionalidade perante a Constituição Federal. Rejeição da preliminar de incompetência, dado que nos casos se cuida de examinar a constitucionalidade frente à Constituição Estadual. Preliminar de 'inexistência' de controle direto de lei municipal em contraste com a Constituição Federal. Preliminar rejeitada. Interpretação do art. 102, I, *a*, da CF. Tal dispositivo deixa claro que, em face da estrutura federativa do País, ficou ressalvado ao Judiciário dos Estados o controle, em tese, da constitucionalidade das leis municipais, frente à Constituição Estadual. Na vigência da Constituição anterior, este Tribunal de Justiça se dava por competente para conhecer de representação em tese de lei municipal em face da Constituição Estadual (*RJTJRGS* 114/187). Preliminar de suspensão do feito, em face da liminar concedida pelo Supremo Tribunal Federal na ADI 409-9. Rejeita-se tal preliminar, dado que a liminar concedida pelo STF importou apenas na suspensão da expressão 'e a Constituição Federal', constante na letra *d*, do inciso III, do art. 95 da Constituição Estadual, permanecendo plenamente eficaz a primeira parte do dispositivo, assim redigida: '*A ação direta de inconstitucionalidade de lei ou ato normativo estadual perante esta Constituição, e municipal perante esta* [...].'"[284]

> "Constitucional. Ação direta de inconstitucionalidade. 1. Compete ao Tribunal de Justiça, a teor do art. 125, § 2º, da CF, julgar ação direta de inconstitucionalidade cujo objeto é lei municipal, em face de dispositivo da Constituição Estadual, ainda que o último reproduza o texto da Carta Federal. Precedente do Supremo Tribunal Federal. Preliminar rejeitada. 2. O art. 13, V, da CE/1989 veda que a lei municipal autorize a promoção, pelo homem, da rinha de galo, ou seja, promova brutalidade animal fora de seu hábitat e normalidade, que é uma das tantas formas assumidas pela crueldade humana contra outras espécies. Ação direta julgada procedente."[285]

> "Ação direta de inconstitucionalidade. Lei Orgânica municipal. Município de Chuí exigindo maioria dos membros da Câmara Municipal de Vereadores para a criação de comissões parlamentares de inquérito. Inconstitucionalidade de tal exigência frente

---

[284] ADI 591.001.367.
[285] ADI 598.104.586.

Cap. 4 • O MODELO DE JURISDIÇÃO CONSTITUCIONAL NO BRASIL | **483**

às Constituições Federal e Estadual. A exigência de *quorum* qualificado – maioria dos membros da Câmara de Vereadores – para a criação de comissões parlamentares de inquérito afronta os dispositivos das Constituições Federal e Estadual que tratam da matéria – 1/3 dos componentes dos respectivos Legislativos. Observância obrigatória desse limite mínimo, pelos Municípios. Inconstitucional é a lei que não o observa. Ação julgada procedente, com votos vencidos."[286]

Pacífica, pois, a possibilidade de discutir a constitucionalidade de lei municipal que contraste matéria da Constituição Federal de repetição obrigatória nos Estados, enquadrando-se, nesse caso, a observação obrigatória, pelos Estados e Municípios, dos princípios constantes na Carta Magna. Desse modo, violando uma lei municipal um princípio constitucional da Constituição Federal, violada estará também a Constituição do Estado, pela exata razão de que esta deve obedecer aos princípios da Constituição Federal. Há, entretanto, limites a serem respeitados, conforme verificaremos a seguir.

Antes de o Supremo Tribunal Federal fixar posição (Rcl 383) sobre a matéria (possibilidade de os Tribunais de Justiça apreciarem inconstitucionalidades de leis municipais confrontantes com normas da Constituição Federal em matéria de repetição obrigatória), havia a discussão acerca da diferença entre normas repetidas pela Constituição Estadual, por imitação (a expressão é do Ministro Sepúlveda Pertence), cuja competência decorre da autonomia dos Estados, e normas de repetição obrigatória, cuja eficácia decorreria independentemente de sua reprodução ou não nas Constituições Estaduais.

Contrastando essa posição, o Ministro Moreira Alves assevera, na Rcl 383/SP, que a Constituição Federal, no § 2º do art. 125, estabelece, sem restrições, que o parâmetro de aferição da inconstitucionalidade, nessas ações diretas, é a Constituição Estadual. Ora, a se fazer a restrição feita pelo eminente Ministro Sepúlveda Pertence, ter-se-á que não só, praticamente, se reduzirá a quase nada – dada a amplitude da abrangência das normas constitucionais federais obrigatórias aos diversos níveis de governo da Federação – como também desaparecerá um dos casos em que a Constituição Federal admite a intervenção pelo Estado nos Municípios situados em seu território: o do inc. IV do art. 35 da CF. A prevalecer a tese de que as normas estaduais de reprodução dos preceitos obrigatórios da Carta Magna Federal não são normas jurídicas também estaduais, mas exclusivamente federais, e estando todos os princípios constitucionais sensíveis previstos na CF, a intervenção no Município, que se faz também por meio de representação de inconstitucionalidade pelo parâmetro da Constituição Estadual, ou não se poderá fazer, porque as normas de reprodução são ociosas e sem qualquer eficácia, ou – ilogicamente – poderá ser feita, controlando-se, por via dela, a constitucionalidade das leis municipais em face de todos os princípios contidos na Constituição Estadual (inclusive os federais obrigatórios inocuamente reproduzidos) e por ela tidos como sensíveis. Note-se, ademais, que, tanto para a representação de inconstitucionalidade interventiva quanto para a ADI, no âmbito estadual, o inc. IV do art. 35 e o § 2º do art. 125, ambos da CF, estabeleceram como parâmetro a Constituição Estadual, sem qualquer distinção com relação às normas nela contidas. Por outro lado, se se fizer essa distinção, para

---

[286] ADI 597.247.188.

se excluir do âmbito da ação direta de inconstitucionalidade estadual a impugnação das leis municipais ou estaduais (ambas estão sujeitas aos princípios obrigatórios da CF que se dirigem aos Estados e aos Municípios, não obstante suas autonomias), em face dos preceitos de reprodução (não os de imitação) da Constituição Estadual, ter-se-á de subverter princípios que decorrem da natureza mesma da ADI e da reclamação, desfigurando-se uma e outra, sem qualquer razão que o imponha.[287]

De acordo com a tese do Ministro Moreira Alves, acolhida pelo Supremo Tribunal Federal, é petição de princípio dizer que as normas das Constituições Estaduais que reproduzem, formal ou materialmente, princípios constitucionais federais obrigatórios, para todos os níveis de governo na Federação, são inócuas, e, por isso mesmo, não são normas jurídicas estaduais, até por não serem jurídicas, já que jurídicas, e por isso eficazes, são as normas da Constituição Federal reproduzidas, razão por que não se pode fazer, com base nelas, no âmbito estadual, ação direta de inconstitucionalidade, inclusive, por identidade de razão, que tenha finalidade interventiva. As normas estaduais, mesmo que repetitivas, não são normas secundárias que correm necessariamente à sorte de normas primárias, como sucede com o regulamento, que caduca quando a lei regulamentada é revogada. Em se tratando de norma ordinária de reprodução ou de norma constitucional estadual da mesma natureza, por terem eficácia no seu âmbito de atuação, se a norma constitucional federal reproduzida for revogada, elas, por terem eficácia no seu âmbito de atuação, persistem como normas jurídicas que nunca deixaram de ser. Os princípios reproduzidos, que, enquanto vigentes, se impunham obrigatoriamente por força apenas da CF, quando revogados, permanecem, no âmbito da aplicação das leis ordinárias federais ou constitucionais estaduais, graças à eficácia jurídica delas resultante.[288]

Na continuação, acentua o Ministro que, na Constituição alemã (art. 31), há o princípio genérico de que o direito federal tem prioridade sobre o direito estadual. Em face disso, o Tribunal Constitucional, em decisão de 29 de janeiro de 1974, decidiu que esse princípio não se aplicava às normas constitucionais e que, portanto, quando uma norma local cuja constitucionalidade poderia ser examinada em face de uma Constituição de um Estado ou da Constituição da República, por conterem ambas normas de igual conteúdo, o controle de constitucionalidade (que lá é sempre concentrado) poderia ser provocado perante o Tribunal Constitucional Estadual ou perante o *Bundesverfassungsgericht*, havendo, portanto, dúplice garantia constitucional, conforme o parâmetro invocado na provocação. Nesse sentido, a observação de Michel Fromont: "Aparentemente parece supérfluo resolver o conflito entre duas normas de conteúdo idêntico. Isso é exato no plano do fundo do direito, mas não sobre o das competências jurisdicionais. Com efeito, se a disposição constitucional do Estado continua em vigor, ela poderá ser invocada em apoio de um processo levado ao Tribunal Constitucional desse Estado. Ao contrário, se ela deixa de estar em vigor, ela não mais pode ser invocada diante desse Tribunal e então só a regra federal de mesmo conteúdo pode ser invocada, mas ela não poderá sê-lo senão diante da Corte Federal. A primeira solução tem

---

[287] Cf. voto do Ministro Moreira Alves, na Rcl 383/SP.

[288] Idem.

Cap. 4 · O MODELO DE JURISDIÇÃO CONSTITUCIONAL NO BRASIL | **485**

a vantagem de não privar as jurisdições constitucionais dos Estados de uma parte de seus contenciosos (porque as Constituições dos Estados contêm numerosas disposições idênticas às da Lei Fundamental)".

No caso brasileiro, aduz o Ministro Moreira Alves, tem-se, assim, que as normas que a Constituição Federal, explícita ou implicitamente, impõem à observância do Estado devem ser transplantadas (normas de reprodução) para as Constituições Estaduais, ao passo que as outras podem, ou não, ser copiadas (normas de imitação) por estas. E é óbvio que esse transplante não se faria necessário se essas normas de reprodução fossem inócuas, por não serem sequer jurídicas.[289] São elas eficazes também no ordenamento jurídico estadual, permitindo, obviamente, que aí atuem como normas estaduais, nos limites da competência dos Estados de aplicá-las e fazê-las respeitar.[290]

4.9.5 Consequências das decisões prolatadas pelos Tribunais Estaduais

4.9.5.1 *Decisão de procedência ou de improcedência da ação direta de inconstitucionalidade de lei municipal ou estadual*

Nas hipóteses aqui tratadas – matéria de repetição obrigatória pelos Estados-membros –, sempre caberá recurso extraordinário ao Supremo Tribunal Federal, que, como guardião último da constitucionalidade, dará a palavra definitiva acerca da interpretação da Constituição Federal. Isso está assentado na jurisprudência do Supremo Tribunal Federal, que entende que a decisão tomada em recurso extraordinário interposto contra acórdão de Tribunal de Justiça em representação de inconstitucionalidade de lei municipal frente à Constituição do Estadual (CF, art. 125, § 2º) tem eficácia *erga omnes*, por se tratar de controle concentrado, ainda que a via do recurso extraordinário seja própria do controle difuso, eficácia essa que se estende a todo o território nacional.[291]

4.9.5.2 *Decisão de improcedência da ação direta de inconstitucionalidade de lei municipal ou estadual, sem a interposição de recurso extraordinário ao Supremo Tribunal Federal*

No caso de trânsito em julgado da decisão de improcedência da ADI estadual, tal decisão, embora tenha eficácia *erga omnes* no plano do Estado-membro, a toda evidência não produz efeito vinculante ao Supremo Tribunal Federal, sendo possível o reexame da questão pelo STF em sede de controle difuso ou até mesmo em sede de controle concentrado de constitucionalidade, na hipótese de lei estadual, inclusive com base nos mesmos princípios que serviram para a reprodução.

---

[289] É o caso clássico do Preâmbulo da Constituição. Nesse sentido, veja-se o seguinte julgado: "Preâmbulo da Constituição: não constitui norma central. Invocação da proteção de Deus: não se trata de norma de reprodução obrigatória na Constituição Estadual, não tendo força normativa" (ADI 2.076, rel. Min. Carlos Velloso, j. 15.08.2002, *DJ* 08.08.2003).

[290] Idem.

[291] RE 187.142/RJ, rel. Min. Ilmar Galvão, j. 13.08.1998.

4.9.5.3 Decisão de procedência da ação direta de inconstitucionalidade de lei municipal ou estadual, sem a interposição de recurso extraordinário ao Supremo Tribunal Federal

Tal decisão implica a retirada do texto normativo do ordenamento estadual ou municipal, com efeito *ex tunc* e *erga omnes*, no âmbito do Estado-membro. Nesse caso, a matéria não poderá ser reapreciada pelo Supremo Tribunal Federal, nem em sede de controle difuso nem no controle concentrado (no caso de lei estadual). A razão desse aparente paradoxo deve-se ao fato de que, em sendo a ação julgada procedente, a lei é expungida do sistema, não podendo ser reavivada depois de transitada em julgado.[292] Evidentemente que se está a tratar de leis municipais e estaduais que se enquadram no âmbito da repetição de matéria e contrariedade a princípios constitucionais federais. Na hipótese de declaração de inconstitucionalidade de um ato normativo estadual ou municipal, cuja competência refoge ao tribunal estadual, e esta decisão transitada em julgado, sempre haverá a possibilidade de interposição de reclamação ou de arguição de descumprimento de preceito fundamental.

4.9.6 A opção que pode ser feita entre a competência do Supremo Tribunal e o Tribunal do Estado-membro – A hipótese de tramitação de ações paralelas

Pode-se afirmar, assim, que, na hipótese de matéria de reprodução obrigatória, a ação direta tanto pode ser proposta junto ao Tribunal de Justiça como junto ao Supremo Tribunal Federal, sendo que, na hipótese da opção pelo Tribunal estadual, caberá recurso extraordinário para o STF. Assim, por exemplo, a ação direta de inconstitucionalidade proposta pelo Governador do Estado de Minas Gerais junto ao Supremo Tribunal, visando a suspender o art. 4º e parágrafos da Lei estadual 13.054/1998, que, resultante de emenda parlamentar, criou quadro suplementar de assistente jurídico penitenciário, por violação ao art. 63, I, da CF, poderia ter sido proposta junto ao Tribunal de Justiça de Minas Gerais, por violação da Constituição Estadual. No caso, mesmo que a matéria não estivesse re-produzida na Constituição Mineira, a ação direta seria possível, porque a matéria relativa à separação de poderes e à iniciativa de leis se reveste de principiologia que não pode ser ignorada por Estado-membro.

Exemplo similar advém do julgamento da ADI 1.070/MS, na qual o Supremo Tribunal Federal considerou procedente a ação ajuizada pelo Governador do Estado do Mato Grosso do Sul, declarando, em consequência, a inconstitucionalidade, no § 2º do art. 1º da LC Estadual 66/1992, da expressão que garantia aos procuradores da Defensoria Pública um piso remuneratório não "inferior a sete" vezes o menor vencimento, a qualquer título, da tabela de referência do Poder Executivo. O Tribunal entendeu caracterizada a inconsti-cionalidade formal por ofensa ao art. 63, I, da Constituição Federal ("Não será admitido aumento da despesa prevista: I – nos projetos de iniciativa exclusiva do Presidente da República"), dado que a mencionada expressão é resultante de emenda parlamentar, e de

---

[292] Idem.

Cap. 4 • O MODELO DE JURISDIÇÃO CONSTITUCIONAL NO BRASIL | **487**

inconstitucionalidade material por violação do art. 37, XVIII, da CF, que veda a vinculação de vencimentos para efeito de remuneração do pessoal do serviço público.[293]

No caso, todas as Constituições dos Estados repetem a fórmula de que não se admite aumento de despesa em projetos de iniciativa exclusiva do Poder Executivo. Logo, como bastava o fundamento da inconstitucionalidade formal para fulminar o aludido dispositivo, a ação direta de inconstitucionalidade poderia ter sido intentada junto ao Tribunal de Justiça do Estado do Mato Grosso do Sul, competente também para resolver a matéria.

Claro que essa circunstância, em face da pluralidade de legitimados que possui a ação direta de inconstitucionalidade, pode redundar na tramitação paralela de ações diretas de inconstitucionalidade, uma junto ao Tribunal do Estado e outra junto ao Supremo Tribunal Federal, ambas versando sobre a mesma norma estadual impugnada. Isso é perfeitamente possível, mormente em matéria que trate do princípio da separação dos poderes e matéria de iniciativa legislativa. A respeito do tema, o Ministro Moreira Alves, em voto proferido na Rcl 386/SC, acentua que, nesses casos, basta que se faça uma construção com base em dois princípios jurídicos aplicáveis à espécie: o da primazia da Constituição Federal (e, consequentemente, o da primazia de sua guarda) e o da prejudicialidade total ou parcial do julgamento do STF com relação ao dos Tribunais de Justiça. Se não houver tramitação paralela, e em sendo a ação direta proposta apenas perante o Tribunal estadual, a decisão dará margem a recurso extraordinário. Em caso específico de tramitação paralela, esse controle far-se-á *a priori*, com o que a propositura da ação direta perante o STF acarretará o impedimento ou a suspensão do processamento da ADI junto ao Tribunal de Justiça. Assim, se a lei estadual for declarada inconstitucional pelo STF, a eficácia *erga omnes* impor-se-á ao Tribunal local, ficando lá a ação sem objeto; se a norma estadual for declarada constitucional pelo STF, a ação proposta no Tribunal não perde seu objeto, mas o exame de constitucionalidade por parte daquele Tribunal fica restrito, apenas, aos preceitos constitucionais estaduais que não são reproduzidos obrigatoriamente da Constituição Federal.[294]

4.9.7 O problema da delimitação dos limites das competências

De qualquer sorte, é preciso referir que não é possível fazer *tabula rasa* acerca da matéria, isto é, não será possível afirmar que toda e qualquer lei municipal (e estadual) poderá ter sua constitucionalidade apreciada pelos Tribunais de Justiça, em sede de controle de constitucionalidade, sob pena de se transferir toda a jurisdição do Supremo Tribunal para as Cortes Estaduais.

Dito de outro modo: se é verdade que as normas constitucionais que encerram princípios presumem-se implícitas nas Constituições Estaduais e nas Leis Orgânicas Municipais, é também verdade que haverá de se fazer uma certa classificação na matéria. Em filosofia, costuma-se dizer que *se tudo é, nada é!*

---

[293] Cf. *Informativo* 222 do STF.
[294] Idem. Nesse sentido, veja-se, ainda, a Pet 2.701-AgRg.

JURISDIÇÃO CONSTITUCIONAL • *Lenio Luiz Streck*

Assim, se todas as leis municipais devem obedecer ao texto constitucional, e se este deve obediência à Carta Magna, não haverá lei municipal que escapará da possibilidade do controle a ser feito pelos Tribunais dos Estados, com o que os Tribunais de Justiça dos Estados substituirão o Supremo Tribunal Federal no exame das inconstitucionalidades de leis municipais (e, quiçá, de leis estaduais), tornando inócuo o entendimento do STF já expressado nas ADIs 409/RS e 374/SP, que vedou a possibilidade de os Tribunais de Justiça apreciarem arguições de inconstitucionalidade de leis municipais em face da Constituição Federal.[295] Isso parece óbvio.

A dúvida que se estabelece é: quais os preceitos constitucionais que são de repetição obrigatória pelas Constituições Estaduais? Quais os princípios que podem servir de sustentáculo para que ocorra o deslocamento da competência do STF para o Tribunal de Justiça? Veja-se, por exemplo, a hipótese de um Município estabelecer, por lei municipal, a possibilidade de editar medidas provisórias. Será competente o Tribunal para apreciar a ação direta de inconstitucionalidade? Nesse caso, parece que a violação é da Constituição Federal, não sendo possível enquadrar a matéria em "violação de princípios" da Constituição Federal.

Veja-se, entretanto, nesse aspecto, o acórdão proferido pelo Tribunal de Justiça de São Paulo:

> "Ação direta de inconstitucionalidade. Medida provisória. Edição por prefeito municipal. Inconstitucionalidade. Medidas provisórias editadas pelo prefeito de Indaiatuba,

---

[295] Recentemente, o STF deu provimento a recurso extraordinário em que se contestava, por via de ação direta perante o tribunal local, legislação estadual versando sobre matéria de competência legislativa da União. No caso, a Corte considerou que o TJSP, ao apreciar a questão de forma concentrada, usurpou a competência do STF para apreciar a matéria. Nesse sentido, o *Informativo* 442: "Com base na jurisprudência da Corte no sentido de que o controle concentrado de constitucionalidade, no âmbito dos Estados-membros, tem como parâmetro a Constituição Estadual, nos termos do § 2º do art. 125 da CF ('Cabe aos Estados a instituição de representação de inconstitucionalidade de leis ou atos normativos estaduais ou municipais em face da Constituição Estadual, vedada a atribuição da legitimação para agir a um único órgão'), a Turma deu provimento ao recurso extraordinário interposto contra acórdão do Tribunal de Justiça do Estado de São Paulo que, *em ação direta*, declarara a inconstitucionalidade de dispositivos da Lei Orgânica do Município de Assis e do Regimento Interno da Câmara Municipal que dispõem sobre o processo de apuração de crimes comuns e infrações político-administrativas praticadas por prefeito. Considerou-se que a conclusão pela competência exclusiva da União para legislar sobre infrações penais decorreria da interpretação do disposto no art. 22, I, da CF e não do simples exame da Constituição Estadual, que não fora violada diretamente. Assim, entendeu-se que o Tribunal *a quo*, ao reconhecer a inconstitucionalidade das normas impugnadas, usurpara a competência do STF. Por fim, asseverou-se não se tratar de hipótese de controle de constitucionalidade estadual em relação à norma federal de reprodução obrigatória pela unidade federativa, como decorrência do princípio da simetria, porquanto os artigos contestados não guardam relação direta com o aludido art. 22, I, da CF, alegadamente afrontado pela norma municipal. RE provido para anular o acórdão, de maneira que outro seja proferido, se for o caso, limitando-se o exame de eventual inconstitucionalidade de normas municipais aos parâmetros estabelecidos na Constituição Estadual. Precedentes citados: ADI 347/SP; ADI 409/RS; RE 421256/SP".

versando sobre matéria tributária, posteriormente convertidas em lei. Hipótese em que, a teor dos arts. 62 e 84, XXVI, da Constituição da República, somente podem ser editadas pelo Chefe do Executivo Federal. Impossibilidade de o prefeito editá-las em face da não previsão pela Constituição Estadual nem pela Lei Orgânica do Município. Aplicação dos arts. 29 da CF e 144 da CE. Representação acolhida, a fim de declarar-se a inconstitucionalidade das referidas medidas e das leis municipais nas quais aquelas foram convertidas, a fim de preservar-se o princípio constitucional por independência e harmonia dos poderes. Art. 2º da Constituição da República".[296]

Na hipótese, como o preceito violado era o da Constituição Federal, o Tribunal invocou os princípios da legalidade e o da anterioridade da lei tributária. Cabe referir que o princípio da legalidade, se tiver o condão de transferir a competência do Supremo Tribunal Federal para o Tribunal local, poderá sempre ser invocado, até porque, de fato, "ninguém será obrigado a fazer ou deixar de fazer alguma coisa senão em virtude de lei". Ora, em sendo cabível a aplicação do princípio, qualquer lei municipal ou estadual, incompatível com algum preceito da Constituição Federal, estará incompatível com a Constituição Estadual. Repetindo: se tudo é, nada é.

Já em outro julgamento (ADI 14.291), o mesmo Tribunal não conheceu de ação direta de inconstitucionalidade que visava a infirmar o art. 22, *caput*, da Lei Orgânica do Município de Araçatuba, que dispunha sobre a duração do mandato da mesa diretora. Nesse caso, entendeu o Tribunal paulista que a matéria era afeta somente à Constituição Federal, sendo impossível a aplicação do art. 74 da Constituição do Estado.

Outro exemplo interessante advém do julgamento da ADI 2.292/MA, que tratava de matéria relacionada à reeleição para mesa de Assembleia Legislativa. Nesse caso, entendeu o Supremo Tribunal Federal que "o art. 57, § 4º, da CF, que veda a recondução dos membros das mesas das Casas Legislativas federais para os mesmos cargos na eleição imediatamente subsequente, não é de reprodução obrigatória nas Constituições Estaduais". Os Estados podem, pois, estabelecer reeleição para as mesas legislativas, questão que fica subsumida na autonomia da unidade federada.

Observa-se, assim, o problema hermenêutico acerca da definição da fronteira que separa a matéria. No caso de uma lei municipal que invade a esfera da competência da União para legislar, por exemplo, sobre matéria de direito penal, sendo, pois, o dispositivo violado o do art. 22 da CF, será possível invocar um princípio para deslocar a competência do Supremo Tribunal Federal para o Tribunal de Justiça, já que não há na Constituição do Estado a repetição dessa matéria? Nesse caso, entendo impossível o deslocamento da competência para o Tribunal do Estado. O preceito que estabelece a competência para legislar se esgota em si mesmo.

Aliás, seria inconstitucional se em um dispositivo da Constituição de um Estado-membro constasse que "é da competência privativa da União legislar sobre direito civil, comercial, penal, processual, eleitoral, agrário, marítimo, aeronáutico, espacial e do

---

[296]   ADI 11.643-0, TJSP.

trabalho". Além disso, não há como invocar um princípio posto na Constituição Estadual especificamente como "substituto" da força normativa do art. 22 da CF.[297]

Tudo está a indicar, pois, que nenhuma matéria ligada à competência privativa da União para legislar pode ser deslocada para o âmbito dos Estados, até porque é o Supremo Tribunal o guardião da interpretação da Constituição Federal. Qual o sentido de o Tribunal de Justiça de um Estado-membro declarar que determinada lei é da competência privativa da União? Já no caso de uma lei municipal ou estadual que colida com o princípio da proporcionalidade ou da razoabilidade (no caso do Rio Grande do Sul, há previsão expressa do princípio da razoabilidade na Constituição Estadual), parece ser perfeitamente viável o manejo da ação direta de inconstitucionalidade, pelas características do princípio, desde que haja uma regra (preceito) relacionada ao aludido princípio, conforme já explicitado em espaço próprio, quando tratei da invocação desses "princípios" no âmbito do controle de constitucionalidade (item 3.5, em especial, 3.5.1).

E uma lei municipal que assegure estabilidade no emprego aos servidores celetistas que possuem contrato de trabalho celebrado com o Município, antes de 05.10.1988, pode ter sua constitucionalidade arguida perante o Tribunal de Justiça, por ofensa a dispositivo que estabelece a obrigatoriedade do concurso público, se a norma violada é das disposições transitórias da CF? Nesse caso, a resposta conduz para a impossibilidade de se intentar ação direta de inconstitucionalidade junto ao Tribunal estadual, uma vez que os preceitos previstos nas Disposições Transitórias tratam de matéria específica, não se traduzindo, neles, qualquer princípio de abrangência nacional, a menos que se conduza a fundamentação para outro dispositivo da Constituição, que, ao mesmo tempo, possa estar sendo violado pelo ato normativo em causa. As Disposições Transitórias possuem características próprias, esgotando-se quando do implemento de seu desiderato. Aliás, especificamente com relação à estabilidade, o art. 19 esgota a matéria, inclusive explicitando as implicações acerca da estabilidade dos servidores municipais e estaduais.[298]

A questão, fundamentalmente, reside, pois, na compreensão do que sejam matéria de repetição obrigatória e matéria de imitação e os princípios aplicáveis, que possibilitam a transmutação da competência do controle no plano federal para o plano dos

---

[297] Nesse sentido, o Tribunal de Justiça do RS (ADI 7000177667) julgou inconstitucional lei do Município de Nonoai que autorizava "criação e exposição de aves de raça – galos de rinha", porque dispunha sobre matéria contravencional. No caso, carecia o Tribunal de competência para apreciar a matéria, uma vez que se tratava de lei municipal que afrontava tão somente a Constituição Federal. Entretanto, a questão não assume relevância, uma vez que o Tribunal também fundamentou a decisão no art. 13, V, da Carta Estadual, que dispõe sobre o dever do Município de promover proteção ambiental, coibindo práticas que provoquem extinção de espécies ou submetam os animais a crueldade.

[298] Neste sentido: "Agravo regimental em recurso extraordinário. 2. Controle de constitucionalidade. Declaração de inconstitucionalidade, pelo Tribunal de origem, de lei municipal em face da Constituição Estadual. Matéria de reprodução obrigatória. Constituição Federal. Cabimento de recurso extraordinário. 3. Vício de iniciativa. Lei decorrente de projeto de autoria parlamentar que altera atribuições de órgãos da Administração Pública atrai vício de reserva de iniciativa, porquanto essa matéria está inserida entre aquelas cuja deflagração do processo legislativo é exclusiva do Poder Executivo. 4. Agravo regimental a que se nega provimento" (RE 586050-AgRg/AC).

Cap. 4 · O MODELO DE JURISDIÇÃO CONSTITUCIONAL NO BRASIL | **491**

Estados-membros. Releva anotar, com Raul Machado Horta,[299] que "a tarefa do constituinte limita-se a inserir aquelas normas no ordenamento constitucional do Estado, por um processo de transplantação. A norma de reprodução não é, para os fins da autonomia do Estado-membro, simples norma de imitação, frequentemente encontrada na elaboração constitucional. As normas de imitação exprimem a cópia de técnicas ou de institutos, por influência da sugestão exercida pelo modelo superior. As normas de reprodução decorrem do caráter compulsório da norma constitucional superior, enquanto a norma de imitação traduz a adesão voluntária do constituinte a uma determinada disposição constitucional. A dosagem das normas que vão ser reproduzidas pela Constituição do Estado constitui aspecto de fundamental importância na organização federativa. As normas centrais, que partem da Constituição Federal, não podem absorver o terreno da auto-organização do Estado-membro e devem coexistir com as normas constitucionais autônomas da auto--organização. A conversão da Constituição Federal em Constituição total – a *Gesammt-verfassung*, na terminologia de Hans Kelsen – subverteria a natureza do Estado Federal".

É razoável afirmar, assim, que as normas de reprodução obrigatória são aquelas que dizem com o núcleo do Estado federativo, traduzidas pelos princípios contidos no art. 34, como a forma de democracia representativa, com partidos políticos que devem ter âmbito nacional (vedada, portanto, a criação de partidos regionais/estaduais), o "regime presidencialista" (sendo vedado, portanto, que o Estado-membro estabeleça regime de governo parlamentarista), o respeito aos direitos da pessoa humana, o respeito à autonomia municipal, as decorrências desses princípios, como a separação de poderes (próprio do regime republicano) e a aplicação simétrica das normas que regem o regime de separação de poderes (iniciativa de leis, competências do Poder Executivo, funcionamento do Poder Legislativo), assim como os preceitos constantes nos arts. 25 a 28 (onde a Constituição trata "Dos Estados Federados") e nos arts. 29 a 31 (nos quais é tratada a matéria atinente aos Municípios),[300] que também devem ser observados pelas Constituições dos Estados--membros.

Observe-se, assim, que os princípios podem ser descobertos/desvelados a partir de uma análise do próprio texto constitucional, como, por exemplo, a questão do *quorum* necessário para as deliberações a serem tomadas pelas assembleias legislativas e pelas câmaras de vereadores. Não há determinação específica na Constituição Federal quanto a esse aspecto, uma vez que a Constituição apenas regula a matéria no âmbito da Câmara dos Deputados. Entretanto, é matéria de reprodução/obediência por parte dos

---

[299] Cf. HORTA, Raul Machado. Poder constituinte do Estado-membro. *RDP*, n. 88/10.

[300] A exceção aqui é a fixação dos critérios para estabelecer o número de vereadores, que é preceito constitucional federal, descabendo ADI junto aos Tribunais Estaduais. Sobre o tema, ver o RE 197.917/SP, rel. Min. Maurício Corrêa. Com efeito, no julgamento deste recurso, o Tribunal entendeu inconstitucional o parágrafo único do art. 6º da Lei Orgânica 226, de 1990, do Município de Mira Estrela/SP – caso da proporcionalidade do número de vereadores –, determinando, no entanto, que se respeitasse o mandato dos atuais vereadores, atribuindo-se efeito *pro futuro* à decisão (*DJ* 07.05.2004).

Estados-membros, porque está ínsita no princípio da democracia representativa, constante no art. 34 da Constituição Federal.

Igualmente não há dispositivo constitucional federal que estabeleça que não pode haver aumento de despesa nos projetos de iniciativa privativa do Governador do Estado ou do Prefeito Municipal. No entanto, tal matéria, repetida ou não nas Constituições Estaduais, deve ser respeitada, porque decorre da democracia representativa e do regime republicano adotado no Brasil.

Há, por outro lado, matérias que se esgotam por si sós, não sendo possível o seu estabelecimento em textos constitucionais de Estados-membros, como, por exemplo, a matéria da competência para legislar, quando exclusiva da União e naquilo que a Constituição estabelece que é do Estado-membro e do Município. É a Constituição Federal que estabelece as competências, sendo vedada a extensão ou restrição da matéria. Assim, se um ato normativo estadual ou municipal extrapola os limites da competência prevista na Constituição Federal, não pode tal matéria ser examinada em sede de controle concentrado pelos tribunais dos Estados-membros.

Por outro lado, há matérias que, caso reproduzidas, são absolutamente despiciendas, como, por exemplo, o princípio da legalidade, previsto no art. 5º, II, da CF. Tal princípio não pode servir de panaceia para abarcar a transferência de competência em matéria de controle de constitucionalidade pelo simples fato de que qualquer lei, ao ser inconstitucional, antes disso estará ferindo, como já dito, o princípio da legalidade. Ao lado desse princípio, deve haver o manejo de outros preceitos ou princípios ensejadores da violação da Constituição Federal, que possam ser enquadrados como matéria de repetição obrigatória ou até mesmo de imitação.

Cabe ressaltar que, quando a Constituição Federal estabelece que os Estados se organizam e se regem pelas Constituições e leis que adotarem, observados os princípios desta Constituição, isso não significa que a violação de qualquer princípio enseje a passagem da competência, no plano do controle de constitucionalidade, do STF para o Tribunal local. Como exemplo, podem-se citar os princípios do direito adquirido, da coisa julgada e do ato jurídico perfeito (muito embora, nesse caso – reconheça-se –, o Supremo Tribunal Federal tenha sustentado que a violação não é da CF, e sim da Lei de Introdução às normas do Direito Brasileiro). Não parece que possa ser proposta inconstitucionalidade de lei municipal ou estadual em face da Constituição do Estado sob o fundamento da violação de um desses princípios.

Nesse ponto calha trazer à baila o voto do Ministro Gilmar Mendes na Rcl 4.432/TO, de 27.09.2006, onde é analisada a jurisprudência do STF sobre o tema, que se resumia na controvérsia de saber se proposições jurídicas remissivas constantes das Constituições Estaduais configuram parâmetro normativo idôneo para o efeito de se proceder, em face delas, ao controle da legitimidade de leis ou atos normativos estaduais ou municipais perante os Tribunais de Justiça dos Estados. Assim, diante da hipótese de a norma constitucional estadual não possuir conteúdo próprio, por não revelar sentido normativo autônomo, tratou-se da possibilidade ou não de se impugnar por meio de ação direta, perante Tribunal de Justiça, lei ou ato normativo local por violação ao princípio da isonomia previsto na

Constituição Federal e ao qual, segundo aquela proposição remissiva genérica, a Constituição do Estado-membro faz referência.

Previamente o STF enfrentou a questão no julgamento do RE 213.120/BA, diante de norma remissiva constante da Constituição do Estado da Bahia (art. 149). Na ocasião, o Tribunal entendeu que tal norma não poderia figurar como parâmetro de controle de constitucionalidade perante o Tribunal de Justiça estadual. Porém, esse posicionamento foi superado no julgamento da Rcl 733/BA, na qual o Tribunal, por unanimidade de votos, seguiu o voto do Ministro Ilmar Galvão, relator, no sentido de que as normas pertencentes à Constituição Estadual, que remetem à disciplina de determinada matéria na Constituição Federal, podem servir de parâmetro de controle abstrato de constitucionalidade no âmbito estadual.

No caso, tratava-se do art. 5º, *caput*, da Constituição do Estado do Piauí. Sobre o acerto desse novo posicionamento do Tribunal, diz Léo Leoncy:[301] "Em face de tal decisão (proferida no RE 213.120), convém perguntar se o uso de normas remissivas pelo constituinte estadual, para disciplinar determinada matéria que em outras normas elaboradas pelo constituinte federal já teve sua disciplina amplamente formulada, inviabiliza a defesa processual daquelas, em controle abstrato, perante o Tribunal de Justiça. Para resolver essa questão, é preciso desenvolver um pouco mais a noção de norma jurídica remissiva. A remissão por meio de proposições jurídicas é um recurso técnico-legislativo de que o legislador se vale para evitar repetições incômodas. Proposições jurídicas dessa natureza remetem, tendo em vista um elemento da previsão normativa ou a consequência jurídica, para outra proposição jurídica. Daí por que tais proposições são consideradas como proposições jurídicas incompletas. Consideradas isoladamente, tais proposições carecem de maior significado, apenas o adquirindo em união com outras proposições jurídicas. Daí se afirmar que as proposições jurídicas incompletas são apenas partes de outras proposições normativas. Para Larenz, 'todas as proposições deste gênero são frases gramaticalmente completas, mas são, enquanto proposições jurídicas, incompletas'. Não obstante, tais normas são válidas e são tidas como direito vigente, recebendo sua força constitutiva, fundamentadora de consequências jurídicas, quando em conexão com outras proposições jurídico-normativas. Esse caráter incompleto das proposições jurídicas remissivas remete ainda a uma outra classificação doutrinária".

Nesse sentido, outra dicotomia que merece atenção é a relativa às normas autônomas e às normas não autônomas ou dependentes, "consoante valem por si, contêm todos os elementos de uma norma jurídica, ou somente valem se/quando integradas ou conjugadas com outras". Uma proposição autônoma "basta-se a si própria, tem nos seus termos todos os elementos necessários para a definição do seu alcance normativo", o que não ocorre com uma proposição não autônoma, que "não contém todos esses elementos", devendo ser conexionada com outra proposição jurídica "para que o comando que nela se contém fique completo".

---

[301] LEONCY, Léo. *Controle de constitucionalidade estadual*. São Paulo: Saraiva, 2007.

Assim, possível afirmar que apenas as normas materiais seriam normas autônomas, porquanto as normas remissivas, por carecerem dos elementos de outra norma jurídica com a qual ganhariam sentido se e quando conjugadas, constituem-se, em última análise, em normas não autônomas ou dependentes. A norma constitucional estadual de remissão, na condição de norma dependente, toma de empréstimo um determinado elemento da norma constitucional federal remetida, não se fazendo completa senão em combinação com este componente normativo externo ao texto da Constituição Estadual.

Essa circunstância, todavia, não retira a força normativa das normas constitucionais estaduais de remissão, que, uma vez conjugadas com as normas às quais se referem, gozam de todos os atributos de uma norma jurídica. Com isso, se uma norma estadual ou municipal viola ou não uma proposição constitucional estadual remissiva, é circunstância que apenas se saberá após a combinação entre norma remissiva e norma remetida, que é o que vai determinar o alcance normativo do parâmetro de controle a ser adotado. Entretanto, uma vez determinado esse alcance, a anulação da norma estadual ou municipal por violação a tal parâmetro nada mais é do que uma consequência da supremacia da Constituição Estadual no âmbito do Estado-membro. Assim, se as proposições remissivas constantes das diversas Constituições Estaduais, apesar de seu caráter dependente e incompleto, mantêm sua condição de proposições jurídicas, não haveria razão para se lhes negar a condição de parâmetro normativo idôneo para se proceder, em face delas, ao controle abstrato de normas perante os Tribunais de Justiça. Essa parece ser a tese subjacente ao entendimento adotado pelo Plenário do Supremo Tribunal Federal, que, no julgamento da Rcl 733, por unanimidade de votos, seguiu a orientação do Ministro Ilmar Galvão, no sentido de que as normas constitucionais estaduais remissivas à disciplina de determinada matéria prevista na Constituição Federal constituem parâmetro idôneo de controle no âmbito local. Portanto, tal qual o entendimento adotado na Rcl 383 para as hipóteses de normas constitucionais estaduais que reproduzem dispositivos da Constituição Federal, também as normas constitucionais estaduais de caráter remissivo podem compor o parâmetro de controle das ações diretas de inconstitucionalidade perante o Tribunal de Justiça estadual.

Percebe-se aqui, mais uma vez, que nem todos os princípios, embora devam ser obedecidos/respeitados pelas Constituições dos Estados-membros, têm o condão de estabelecer a competência dos tribunais estaduais. Uma coisa é a obrigação federativa de as Constituições Estaduais, nos seus textos, seguirem o Texto Magno – nem poderia ser diferente; outra é entender que os princípios a serem respeitados transformem o texto constitucional estadual em uma Constituição Federal derivada.

É importante ter em vista, como já referido anteriormente, que os princípios constitucionais nada mais são do que os antigos princípios gerais do direito, agora traduzidos para a versão *plus* normativa alcançada a partir da noção de Estado Democrático de Direito. Uma questão, porém, é comum a ambos: a relevante questão de que estes não têm um conceito definido (dificuldade, aliás, que deve ser estendida aos conceitos jurídicos em geral). Alguns doutrinadores sustentam que os princípios correspondem a normas de direito natural, verdades jurídicas universais e imutáveis (*sic*), inspiradas no sentido de equidade;[302] Maria Helena Diniz[303] vai dizer que os princípios gerais de direito são decorrentes de normas do ordenamento jurídico, ou seja, dos subsistemas normativos, e derivados de ideias políticas, sociais e jurídicas; já para Paulo de Barros Carvalho,[304] os princípios "são máximas que se alojam na Constituição ou que se despregam das regras do ordenamento positivo, derramando-se por todo ele. Conhecê-las é pressuposto indeclinável para a compreensão de qualquer subdomínio normativo".

De qualquer sorte, não há, no plano da doutrina constitucional, por exemplo, alguém que tenha pretendido verbalizar um elenco de princípios em *numerus clausus*. Basta ver, para tanto, que podem ser elencados princípios que vão desde o da efetividade da Constituição até o princípio acusatório, passando pelo da razoabilidade, da proporcionalidade, da proibição de retrocesso social etc., todos construídos hermeneuticamente a partir de outros princípios, como o do Estado Democrático de Direito e sua proposta civilizatória, que por sua vez está assentado no princípio de que há um núcleo político da Constituição que deve ser obedecido. Os princípios não são super-regras. Portanto, princípios e regras não estão cindidos estruturalmente, como pretendem, por exemplo, os adeptos das teorias argumentativas. Princípios são deontológicos. Eles funcionam no código lícito-ilícito, como diz Habermas. Os princípios não são valores, conforme explicito amiúde em *Verdade e consenso*. Princípios não se aplicam sem regras; e as regras não se aplicam sem um ou mais princípios. Os princípios são a densificação significativa da regra.

Além de tudo isso, persiste outra adversidade, consistente na dificuldade de estipular o que é princípio e o que é preceito. Mais ainda, não se pode olvidar a necessária diferenciação entre preceitos constitucionais e preceitos fundamentais, conceito que exsurge, por exemplo, do próprio instituto da arguição de descumprimento de preceito fundamental (ADPF). Nesse caso, parece razoável afirmar que preceitos fundamentais são todos aqueles que dizem respeito aos direitos fundamentais, razão do próprio Estado Democrático de Direito. Todos os direitos fundamentais podem ser considerados preceitos fundamentais; entretanto, nem todos os preceitos fundamentais são enquadráveis no catálogo dos direitos fundamentais.

Desse modo, exemplificadamente, o princípio da liberdade religiosa é mais um preceito fundamental que um verdadeiro "princípio". Assim, a violação por uma lei municipal ou estadual desse dispositivo da Constituição Federal não enseja o manejo da ação direta de inconstitucionalidade junto ao Tribunal de Justiça, se a matéria não estiver repetida na Constituição do Estado. Antes disso, é caso para arguição de descumprimento de preceito fundamental, que também é mecanismo de controle de constitucionalidade.

Mesmo caso seria o de uma lei que estipulasse a obrigação de o jornalista revelar a fonte da informação, em contrariedade ao "princípio" do acesso à livre informação e

---

[302] Cf. MELO, José Eduardo Soares de. *Interpretação e integração da legislação tributária*. São Paulo: Saraiva, 1994. p. 178.

[303] Cf. DINIZ, Maria Helena. *Compêndio de introdução à ciência do direito*. São Paulo: Saraiva, 1993; 16. ed. 2004.

[304] Cf. CARVALHO, Paulo de Barros. *Curso de direito tributário*. São Paulo: Saraiva, 1985.

ao "princípio" do sigilo da fonte. Se a matéria não estivesse prevista na Constituição do Estado, parece desarrazoado pensar em intentar uma ação junto ao Tribunal de Justiça, sob a invocação de que tais "princípios" teriam sido violados, e, como a Constituição do Estado deve obedecer aos princípios da Constituição Federal, haveria a transferência de competência. Não se afiguraria correto tal raciocínio. Trata-se, pois, de preceitos fundamentais, e não de princípios, como em tantos outros casos que poderiam, aqui, ser arrolados, bastando, para tal, fazer uma análise do art. 5º da Constituição Federal. Esse parece ser um aspecto importante para encontrar um ponto de apoio na presente discussão. Não se podem confundir princípios, cujo conceito é absolutamente vago e ambíguo, com preceitos fundamentais constantes no Texto Maior. Daí a própria arguição de descumprimento de preceito fundamental prever, na hipótese de não existirem outros meios para solver a controvérsia, a possibilidade do uso desse (novo) mecanismo de controle de constitucionalidade.

De tais reflexões é possível sustentar que não é qualquer matéria que pode ser imitada pelo constituinte estadual pela simples razão de que, caso fosse reproduzida toda a Constituição Federal, excluídas as especificidades da União, sempre (ou quase sempre) os atos normativos municipais ou estaduais poderiam ser inquinados como inconstitucionais em face do Texto Maior do Estado-membro. Não pode, por exemplo, o Estado-membro estipular cláusulas pétreas, por imitação ao art. 60 da CF; tampouco pode estabelecer a possibilidade de medidas provisórias no Estado-membro, o que demonstra, desde já, os limites das regras de imitação; igualmente seria inconstitucional uma disposição constante na Constituição do Estado que viesse a "imitar" o constante no § 4º do art. 86 da CF, no sentido de que "o Governador do Estado, na vigência de seu mandato, não pode ser responsabilizado por atos estranhos ao exercício de suas funções", alegando "simetria" com a Carta Federal. Ou, ainda, a Constituição do Estado repetir as hipóteses pelas quais a União poderá nele intervir. Enfim, vai longe o número de matérias que estão vedadas à imitação, devendo ser feita uma análise a partir do sentido que assume o texto constitucional – enquanto conceito de Estado Federativo –, e das autorizações de competências que o próprio texto constitucional estabelece.

4.10 A TESE DO "ESTADO DE COISAS INCONSTITUCIONAL" NA ADPF 347

4.10.1 O que é isto – o Estado de coisas inconstitucional (no Brasil)?

O "estado de coisas inconstitucional" é uma tese professada pela Corte Constitucional da Colômbia na *Sentencia de Unificación* 559 de 1997, quando esta declarou que o descumprimento da obrigação do Estado com os direitos previdenciários dos professores dos municípios de María La Baja e Zembrano era generalizado, alcançando um número amplo e indeterminado além dos que instauraram a demanda, e que a falha não poderia ser atribuível a um único órgão, mas a toda estrutura estatal. De lá para cá, a Corte declarou o "estado de coisas inconstitucional" também na *Sentencia de Tutela* 153 de 1998, diante da massiva violação dos direitos humanos aos presos nas penitenciárias de Bogotá e Bellavista de Medellín, ordenando a elaboração de um plano de construção e reparação das unidades carcerárias, além de determinar que a Administração Pública providenciasse

Cap. 4 • O MODELO DE JURISDIÇÃO CONSTITUCIONAL NO BRASIL | **497**

recursos orçamentários para investimento em presídios, diante da absoluta ausência de políticas voltadas para minimizar a situação de desamparo da população carcerária. Também o "estado de coisas inconstitucional" foi declarado na Sentencia T – 025 de 2005, em que a Corte reconheceu a omissão de diversos atores estatais a respeito do deslocamento forçado de pessoas em decorrência das ações violentas das organizações paramilitares (FARC). Nesse caso, determinou ao Poder Público que fossem formuladas novas políticas públicas, leis e um marco regulatório eficiente.

Em linhas gerais, seriam 03 (três) pressupostos para decretação do "estado de coisas inconstitucional": (a) Constatação de um quadro não simplesmente de proteção deficiente, mas de violação massiva e generalizada de direitos fundamentais que afeta a um número amplo de pessoas; (b) Omissão reiterada das autoridades públicas no cumprimento de suas obrigações de defesa e promoção dos direitos fundamentais, gerando uma falha estrutural a ponto de ocorrer violação sistemática dos direitos fundamentais; (c) A superação de violação de direitos fundamentais exigir a expedição de remédios e ordens dirigidas não apenas a um órgão, mas a uma pluralidade deles, de modo que uma decisão simples (daquelas do arsenal tradicional da jurisdição constitucional) não é suficiente.

Os pedidos, requeridos em sede de tutela antecipada, foram os seguintes: a) Determinar a todos os juízes e tribunais que, em cada caso de decretação ou manutenção de prisão provisória, motivem expressamente as razões que impossibilitam a aplicação das medidas cautelares alternativas à privação de liberdade, previstas no art. 319 do Código de Processo Penal; b) Reconhecer a aplicabilidade imediata dos arts. 9.3 do Pacto dos Direitos Civis e Políticos e 7.5 da Convenção Interamericana de Direitos Humanos, determinando a todos os juízes e tribunais que passem a realizar audiências de custódia, no prazo máximo de 90 dias, de modo a viabilizar o comparecimento do preso perante a autoridade judiciária em até 24 horas contadas do momento da prisão; c) Determinar ao Conselho Nacional de Justiça que coordene um ou mais mutirões carcerários, de modo a viabilizar a pronta revisão de todos os processos de execução penal em curso no país que envolvam a aplicação de pena privativa de liberdade; d) Impor o imediato descontingenciamento das verbas existentes no Fundo Penitenciário Nacional – FUNPEN, e vede à União Federal a realização de novos contingenciamentos, até que se reconheça a superação do *estado de coisas inconstitucional* do sistema prisional brasileiro.

Já em pedido definitivo da ação foi no sentido de a) Determinar ao Governo Federal que elabore e encaminhe ao STF, no prazo máximo de 3 meses, um plano nacional ("Plano Nacional") visando à superação do *estado de coisas inconstitucional* do sistema penitenciário brasileiro, dentro de um prazo de 3 anos; b) Submeter o Plano Nacional à análise do Conselho Nacional de Justiça, da Procuradoria Geral da República, da Defensoria Geral da União, do Conselho Federal da Ordem dos Advogados do Brasil, do Conselho Nacional do Ministério Público, e de outros órgãos e instituições que queiram se manifestar sobre o mesmo, além de ouvir a sociedade civil, por meio da realização de uma ou mais audiências públicas; c) Após a deliberação sobre o Plano Nacional, determinar ao governo de cada Estado e do Distrito Federal que formule e apresente ao STF, no prazo de 3 meses, um plano estadual ou distrital, que se harmonize com o Plano Nacional homologado, e que contenha metas e propostas específicas para a superação do estado de coisas inconstitucional na respectiva unidade federativa, no prazo máximo de 2 anos. Cada plano estadual ou distrital deve tratar, no mínimo, de todos os aspectos referidos no item supra, e conter previsão dos recursos necessários para a implementação das suas propostas, bem como a definição de um cronograma para a efetivação das mesmas; d) Submeter os planos estaduais e distrital à análise do Conselho Nacional de Justiça, da Procuradoria Geral da República, do Ministério Público da respectiva unidade federativa, da Defensoria Geral da União, da Defensoria Pública do ente federativo em questão, do Conselho Seccional da OAB da unidade federativa, e de outros órgãos e instituições que queiram se manifestar. Submetê-los, ainda, à sociedade civil local, em audiências públicas a serem realizadas nas capitais dos respectivos entes federativos, podendo a Corte, para tanto, delegar a realização das diligências a juízes auxiliares, ou mesmo a magistrados da localidade, nos termos do art. 22, II, do Regimento Interno do STF.

O Supremo Tribunal deferiu a cautelar para determinar aos juízes e tribunais que, observados os artigos 9.3 do Pacto dos Direitos Civis e Políticos e 7.5 da Convenção Interamericana de Direitos Humanos, realizem, em até 90 dias, audiências de custódia, viabilizando o comparecimento do preso perante a autoridade judiciária no prazo máximo de 24 horas, contados do momento da prisão; em relação à alínea "h", por maioria e nos termos do voto do Relator, deferiu a cautelar para determinar à União que libere o saldo acumulado do Fundo Penitenciário Nacional para utilização com a finalidade para a qual foi criado, abstendo-se de realizar novos contingenciamentos. O Tribunal, por maioria, deferiu a proposta do Ministro Roberto Barroso, ora reajustada, de concessão de cautelar de ofício para que se determine à União e aos Estados, e especificamente ao Estado de São Paulo, que encaminhem ao Supremo Tribunal Federal informações sobre a situação prisional.

4.10.2 Estado de coisas inconstitucional e ativismo judicial – Uma relação necessária

Não é com dificuldade que no Brasil basta que uma ideia política cuja reivindicação seja agradável, dúctil e que todos possam facilmente se colocar a seu favor para que se torne uma tese jurídica a ser defendida implacavelmente como objeto de ação constitucional. Assim surgiu o Estado de Coisas Inconstitucional (ECI) para julgamento no Supremo Tribunal Federal, por meio da ADPF 347, intensificando ainda mais a penetração ativista no Direito brasileiro. Aliás, o próprio título da tese, por uma capacidade de poder abarcar "qualquer coisa" dentro dela, já pode ser questionado. Se a Constituição não é uma carta de intenções, o Brasil é um país inconstitucional, na tese de quem defende a possibilidade de se adotar a tese do ECI. É só confrontar os dispositivos primordiais da Constituição, em seu artigo 3º, com a realidade social.

Articulistas se colocaram a favor da tese, sustentando que o ECI funcionaria como uma "senha de acesso" da Corte à "tutela estrutural", ainda que reconheça que o Supremo Tribunal apenas "afirmará a necessidade urgente que o Congresso e Executivo estabeleçam essas políticas, inclusive de natureza orçamentária".[305] Ora, se o STF não desenha as

---

[305] CAMPOS, Carlos Alexandre de Azevedo. Devemos temer o "estado de coisas inconstitucional"? *Consultor Jurídico*, São Paulo, 15 out. 2015. Disponível em: http://www.conjur.com.br/2015-out-15/carlos-campos-devemos-temer-estado-de-coisas-inconstitucional. Acesso em: 18 out. 2015.

Cap. 4 • O MODELO DE JURISDIÇÃO CONSTITUCIONAL NO BRASIL | **499**

políticas públicas e só reconhece por meio do ECI sua "tutela estrutural" (*sic*), é aí mesmo que reside o problema: os alemães inventaram o apelo ao legislador (*Appellentscheidung*), que se dá nos casos de declaração de inconstitucionalidade sem pronúncia de nulidade. A diferença é que, na tese alemã há parametricidade legal-constitucional, e não uma "questão estruturante", como o estado dos presídios. Sendo verdadeira essa tese do ECI, a palavra "estruturante" será um guarda-chuva debaixo do qual será colocado tudo o que o intérprete quiser e permitir, desde os presídios ao salário mínimo. Haverá escolha. Mas, em uma democracia quem faz escolhas é o Poder Executivo, e não o Judiciário. Ainda que possa haver teses intermediárias, como a de José Ribas Vieira,[306] o ponto central nessa discussão é o de que as políticas públicas ou, se quisermos, as promessas incumpridas da Constituição não estão à disposição do Poder Judiciário.

Cada vez temos de dar razão à advertência de Hirsch sobre a *juristocracy*.[307] Aliás, o ECI com o tempo será um enunciado performático. A simples evocação será motivo para que se reconheça qualquer tipo de demanda por inconstitucionalidade ao Judiciário. Assim é possível perguntar: como demonstrei que todos os tribunais estaduais em maior ou menor grau usam a tese da inversão do ônus da prova em matéria criminal,[308] isso não seria um ECI? E a rejeição da insignificância por parte de tribunais e em parte pelo próprio STF e em parte pelo STJ também não é inconstitucional? Podemos imputar a esse "estado de coisas" o adjetivo de "inconstitucional"?

O modo com que a noção de ECI foi construída pressupõe uma leitura dualista da tensão entre fatos e normas, desconsiderando que o problema da eficácia do Direito, sobretudo após o giro linguístico, não pode ser mais tratado como um problema de dicotomia entre norma e realidade, um verdadeiro ranço jusnaturalista, sob pena de se agravar ainda mais o problema que por meio da crítica se pretende denunciar. Não há, portanto, um suposto "abismo" entre norma e realidade, mas uma construção normativa e hermenêutica. Afinal, a compreensão da realidade dos "fatos" faz parte do próprio processo de concretização

---

[306] Os autores são favoráveis ao instituto do ECI – como foi decidido na Colômbia –, mas criticam a decisão liminar do STF brasileiro. Isso porque, conforme os autores, a decisão do nosso tribunal foi "mandatória e monológica" e fez refletir um "profundo alheamento em relação à necessária construção de uma jurisdição supervisora e de sentenças estruturantes, em frontal contraste com a jurisprudência da CCC. Para os autores, a doutrina e a jurisprudência brasileiras não recepcionaram bem a tese colombiana, pois, ao não considerar a premente necessidade de promover um profundo redesenho institucional – não apenas do processo decisório do STF, mas também de nossa política pública carcerária, a partir da criação de novos mecanismos de participação deliberativa, de monitoramento e controle social –, acaba por esvaziá-la. Eles concluem dizendo que a proposta do ECI é válida, dando razão à "doutrina e jurisprudência colombianas, ao reforçar que o referido instituto contribui para o necessário fortalecimento da democracia deliberativa na práxis do *sistema justiça* (*sic*), assim como para a implementação efetiva de direitos fundamentais historicamente sonegados pela inércia estatal" –Disponível em: http://jota.info/estado-de-coisas-fora-lugar. Acesso em: 18 out. 2015.

[307] Remeto os leitores para meu artigo STF e o Pomo de Ouro. Disponível em: http://www.conjur.com.br/2012-jul-12/senso-incomum-stf-contramajoritarismo-pomo-ouro. Acesso em: 18 out. 2015.

[308] STRECK, Lenio Luiz. A presunção da inocência e a impossibilidade do ônus da prova em matéria criminal: os tribunais estaduais contra o STF. *Revista Jurídica do Ministério Público*, v. 1, p. 201-219, 2015.

de sentido da norma, no sentido de Friedrich Müller;[309] não sendo, portanto, uma mera circunstância externa ao processo hermenêutico de interpretação e aplicação do Direito, uma simples limitação a uma suposta realização plena da normatividade da norma.

O objeto do controle de constitucionalidade são normas jurídicas, e não os objetos sob os quais elas incidem. Não se pode declarar as "coisas" inconstitucionais, mas tão somente as normas que prescrevem, autorizam ou proíbem determinada conduta fática. Do contrário, poder-se-ia declarar inconstitucional a própria natureza, como a poluição marinha, as estradas esburacadas, os presídios, etc. Com a tese do "estado de coisas inconstitucional", podemos perguntar: por que o STF não declara a pobreza inconstitucional, estipulando o salário mínimo para R$ 10.000? Por essa lógica, estaria terminado o problema da desigualdade social etc.

Como advertem os professores Di Giorgi, Campilongo e Faria, "invocar o ECI pode causar mais dificuldades à eficácia da Constituição do que se imagina. Basta fazer um exercício lógico, empregando o conceito de ECI a ele mesmo. Se assim estão as 'coisas' – e, por isso, a ordem jurídica é ineficaz e o acesso à Justiça não se concretiza –, por que não decretar a inconstitucionalidade da Constituição e determinar o fechamento dos tribunais?."[310]

Sigo com os professores[311] quando demonstram que a consequência da declaração de um ECI ameaça o princípio da separação dos Poderes, além de ser paradoxal: a) Se, por exemplo, 51% dos deputados forem acusados de corrupção, o STF declarará o ECI, ordenando o fechamento do Congresso ou atribuirá a política a outros órgãos?; b) Qual a competência de uma Corte Suprema para "compensar a incompetência" do sistema político? Ela pode compensar a inércia dos outros Poderes com sua competência altiva? Quem controlaria a correção jurídica do decreto (político) de ECI? Teria a Corte competência para compensar sua própria incompetência?; c) O reconhecimento de um ECI é jurídico ou político? Que sanção prevê? Persistindo a inércia, o que faz a Corte? Determina a prisão dos inertes? Mas que ilicitude praticaram? Omissão? Indenizarão os prejudicados? Ressarcidos os danos, a inércia subsistirá?; d) Por que o povo teria confiança política nos juízes e desconfiaria da capacidade dos políticos? Por que acataria o poder político dos juízes como substituto do poder convencional do sistema político? Ou seja, negar-se-ia consenso à inércia política convencional com a paradoxal ativação de um novo polo – a Corte Suprema? O que garante que a nova política também não será inerte?

Aliás, podemos até fazer uma ironia com a ponderação de interesses de Philip Heck para desautorizar o ECI: a rigor, a "ponderação dos interesses" propriamente dita e a decisão política de conformá-los na lei mediante uma determinada equação de conformidade política são ações legislativas, jamais judiciárias – salvo nas hipóteses de completa ausência

---

[309] MÜLLER, Friedrich. *Teoria estruturante do direito*. Trad. Peter Naumann. São Paulo: Ed. RT, 2008. p. 197.

[310] DE GIORGI, Raffaele; FARIA, José Eduardo; CAMPILONGO, Celso. *Opinião: Estado de coisas inconstitucional. Estadão*, São Paulo, 19 set. 2015. Disponível em: http://opiniao.estadao.com.br/noticias/geral,estado-de-coisas-inconstitucional,1000000043. Acesso em: 18 out. 2015.

[311] Idem, ibidem.

de referências.[312] Sob a perspectiva da "decisão judicial dos casos concretos", tarefa do juiz, o "ponderar" está no sentido de "adequar", uma adequação de uma ponderação já feita pelo legislador aos contornos de um caso concreto que não fora previsto, seja em razão de lacunas, seja em razão de novos fatos sociais. Tudo isso aponta para o fato de que a escolha dos juristas brasileiros foi pela terceirização de seus direitos e sua cidadania ao Judiciário.

---

[312] Os limites da tarefa criativa não são o ponto mais claro da Jurisprudência de Interesses, sendo, ao contrário, alvo de muitas críticas. Embora seja ressaltada a vinculação ao legislador, admite uma escala gradativa de discricionariedade à medida em que se constata cláusulas gerais, lacunas (no sentido clássico de ausência de lei que regula determinada situação) e, inclusive, omissões do legislador quanto a interesses da comunidade dignos de proteção – Cf. Castanheira Neves, Antonio. Jurisprudência dos interesses. In: *Digesta*: escritos acerca do Direito, do pensamento jurídico, da sua metodologia e outros. Coimbra: Coimbra Editora, 1995. v. II, p. 234.

Capítulo 5

AÇÃO DECLARATÓRIA DE CONSTITUCIONALIDADE (ADC), AÇÃO DE INCONSTITUCIONALIDADE POR OMISSÃO (ADO) E ARGUIÇÃO DE DESCUMPRIMENTO DE PRECEITO FUNDAMENTAL (ADPF): AS INOVAÇÕES NO SISTEMA DE CONTROLE DE CONSTITUCIONALIDADE CONCENTRADO BRASILEIRO PÓS-1988 E A "PRECEDENTALIZAÇÃO" NO DIREITO PROCESSUAL BRASILEIRO

5.1 A AÇÃO DECLARATÓRIA DE CONSTITUCIONALIDADE (ADC)

5.1.1 Breve histórico do surgimento da ação declaratória de constitucionalidade

Atribuir efeito vinculante às decisões dos tribunais superiores e mais especialmente às decisões do Supremo Tribunal Federal é desejo antigo de setores importantes da comunidade jurídica brasileira. Assim, malgrado as tentativas de criação da vincularidade quando da edição do Código de Processo Civil de 1973, o assunto ganhou contornos de grande relevância política no final do ano de 1991, quando o então Presidente da República Fernando Collor de Mello elaborou o chamado "emendão constitucional", que compreendia um conjunto de emendas constitucionais visando a uma reforma tributária e previdenciária e à introdução de duas novas ações judiciais: a primeira consistia na possibilidade de o Supremo Tribunal Federal declarar a constitucionalidade de leis e atos normativos federais, sendo as decisões vinculativas para toda a administração pública; a segunda consistia na possibilidade de o Superior Tribunal de Justiça julgar ação de interpretação de lei federal e estadual, tendo igualmente tais decisões efeito vinculante para o restante do sistema jurídico. Diante de forte reação da imprensa, dos juristas e dos meios políticos, o Presidente Collor desistiu da ideia.

Com o *impeachment* desse Presidente, e consequente alteração substancial da realidade política do País, o assunto voltou a discussão por meio de emenda constitucional patrocinada pelo Presidente da República Itamar Franco. Destarte, no esforço de garantir a coesão dos meios políticos necessária à criação de um "ajuste fiscal", foi discutida, votada e promulgada a Emenda Constitucional 3, publicada no *Diário Oficial* de 18.03.1993. Sem dúvida, esta é a *ratio* da citada emenda.[1]

---

[1] Desse modo, a legislação e os atos normativos federais que serão objeto da ADC devem ser posteriores à criação da ADC pela EC 3, de 17.03.1993.

Entre os vários pontos modificados e criados no texto constitucional, que vão desde a autorização para a instituição do imposto provisório sobre movimentação ou transmissão de valores e créditos até a eliminação do adicional ao imposto de renda, de competência dos Estados, passando pela revogação do art. 156, foi instituída uma ação de âmbito constitucional sem precedentes no direito comparado. Com efeito, no art. 102 de nossa Constituição foi acrescentada à competência do Supremo Tribunal Federal, no inciso I, alínea *a*, a ação declaratória de constitucionalidade de lei ou ato normativo federal, passando o parágrafo único do mesmo artigo a asseverar que "as decisões definitivas de mérito, proferidas pelo Supremo Tribunal Federal, nas ações declaratórias de constitucionalidade de lei ou ato normativo federal, produzirão eficácia contra todos e efeito vinculante, relativamente aos demais órgãos do Poder Judiciário e do Poder Executivo".[2] Além disso, ao art. 103 foi acrescentado o § 4º, dispondo que "a ação declaratória de constitucionalidade poderá ser proposta pelo Presidente da República, pela Mesa do Senado Federal, pela Mesa da Câmara dos Deputados ou pelo Procurador-Geral da República".[3]

Desde logo, pelo inusitado da proposta e pela rapidez na tramitação, surgiram importantes indagações acerca da natureza jurídica da ação e da sua própria constitucionalidade.

O jurista Ives Gandra Martins foi o idealizador da ação declaratória de constitucionalidade. Quando o então governo Collor enviou ao Congresso Nacional projeto de emenda constitucional, coube ao tributarista paulista encontrar uma fórmula "para evitar mal maior". Sua proposta, em substituição à emenda do Presidente Collor, previa um amplo debate, permitindo que, no prazo regulamentar para que o Ministério Público se pronunciasse, todas as entidades com legitimidade para propor a ação direta de inconstitucionalidade pudessem ingressar na lide processual, contestando os fundamentos da ação, na qualidade de assistentes. Na oportunidade, combatendo a avocatória proposta no "emendão" do Presidente Collor, e justificando o novo instrumento processual por ele concebido, afirmou: "Manifesto-me, hoje, contra a emenda constitucional que pretende reintroduzir a avocatória. Entendo, todavia, que o controle real da constitucionalidade não pode ficar apenas nas ações diretas de inconstitucionalidade por omissão, ou contra ato ou lei, maculados pelo vício maior no universo jurídico. Há necessidade de uma ação de contrapartida, isto é, uma ação declaratória de constitucionalidade, cuja titularidade

---

[2] Com o advento da EC 45/2004 – denominada Reforma do Poder Judiciário –, o § 2º do art. 102 passou a ter a seguinte redação: "As decisões definitivas de mérito, proferidas pelo Supremo Tribunal Federal, nas ações diretas de inconstitucionalidade e nas ações declaratórias de constitucionalidade, produzirão eficácia contra todos e efeito vinculante, relativamente aos demais órgãos do Poder Judiciário e à administração pública direta e indireta, nas esferas federal, estadual e municipal".

[3] De acordo com a EC 45/2004, que revogou o § 4º do art. 103 da CF/88, a legitimidade para a propositura da ADC passou a ser a mesma da ADI, nos termos do art. 103. "Podem propor a ação direta de inconstitucionalidade e a ação declaratória de constitucionalidade: I – o Presidente da República; II – a Mesa do Senado Federal; III – a Mesa da Câmara dos Deputados; IV – a Mesa de Assembleia Legislativa ou da Câmara Legislativa do Distrito Federal; V – o Governador de Estado ou do Distrito Federal; VI – o Procurador-Geral da República; VII – o Conselho Federal da Ordem dos Advogados do Brasil; VIII – partido político com representação no Congresso Nacional; IX – confederação sindical ou entidade de classe de âmbito nacional".

Cap. 5 • AÇÃO DECLARATÓRIA DE CONSTITUCIONALIDADE, AÇÃO DE INCONSTITUCIONALIDADE POR OMISSÃO | **505**

para proposição seria de todas as pessoas elencadas no art. 103 da Constituição Federal, que cuida das ações diretas de inconstitucionalidade".

Entre as vantagens de tal proposta sobre a avocatória, segundo o mesmo autor, militam: a) a competência do Supremo Tribunal Federal seria originária, e não decorrência; b) os motivos de sua proposição seriam "jurídicos", e não "políticos"; c) não haveria interferência direta nas decisões de primeira instância suspendendo sua eficácia, mas decisão definitiva sobre a questão suscitada; d) em questões polêmicas, a uniformização far-se-ia com rapidez, ofertando-se ao cidadão e ao Estado uma interpretação definitiva.

Disse, ainda, o citado jurista que foi apenas para evitar que o Supremo Tribunal pudesse inibir o prosseguimento de qualquer ação em instância inferior, não por motivos políticos (não jurídicos), mas fáticos, de acordo "com um governo que não se notabilizou por respeitar a lei, é que ofertei proposta intermediária, em que: a) o Governo deveria mostrar a juridicidade de sua pretensão; b) no prazo regulamentar para o Ministério Público falar, todas as entidades com legitimidade ativa para a ação direta de constitucionalidade poderiam entrar no processo, contestando os fundamentos da ação; c) o Supremo Tribunal Federal, ao conceder a liminar, deveria justificar os fundamentos jurídicos de sua postura exegética; d) a eficácia *erga omnes* e efeito vinculante só ocorreriam quando da decisão final, servindo, pois, a liminar como mero sinalizador do pensamento inicial da Suprema Corte".

A proposta, assim concebida, foi encampada pelo senador Roberto Campos e pela Comissão de Reforma Tributária do Governo Collor. Com a queda do Presidente Collor, o tema da reforma tributária foi retomado, culminando com a aprovação da já citada EC 3, resultado de substitutivo de autoria do deputado Benito Gama, com perfil bem diverso da proposição original.

Várias vozes se levantaram contra a inovação constitucional. A expressiva maioria dos doutrinadores aduziu ser inconstitucional a nova ação. O próprio Ives Gandra,[4] ao ver que sua criação foi "desvirtuada", tratou, imediatamente, de se livrar do "filho bastardo": "Considero ser de manifesta inconstitucionalidade tal emenda. Ao ter sugerido este tipo de ação para atalhar o perigo da avocatória, vi, infelizmente, minha proposta adulterada pelo eminente amigo e deputado Benito Gama, *em cuja concepção não tive qualquer participação*. Resisto a qualquer 'investigação de paternidade'. Este filho bastardo não é meu, apesar de ter adotado o constituinte o mesmo nome que daria ao filho que não gerei".

Além disso, Gandra sustenta que a força vinculante atribuída pela nova redação do art. 103 à decisão que reconheça a constitucionalidade da lei ou do ato federal por essa via retira, dos demais órgãos do Judiciário e do próprio Supremo Tribunal Federal, a legitimidade ativa para deflagrar novo julgamento a respeito, impedindo que questões individuais sejam suscitadas ou subam à superior instância, pois estarão sumariamente decididas, sem o exaurimento do devido processo legal e sem o exercício da ampla defesa e do contraditório.

---

4   Cf. MARTINS, Ives Gandra da Silva; MENDES, Gilmar Ferreira (org.). *Ação declaratória de constitucionalidade*. São Paulo: Saraiva, 1994. p. 123.

506 | JURISDIÇÃO CONSTITUCIONAL • *Lenio Luiz Streck*

Uma das críticas mais contundentes foi feita pelo jurista Marcelo Figueiredo,[5] que assegura não passar a declaratória de "uma avocatória travestida, diante dos efeitos produzidos". Além disso, diz o autor, com a introdução da ação declaratória de constitucionalidade, atritou-se o princípio da separação de poderes, e, de consequência, a competência do Legislativo. A nova previsão desfigura a ideia e a função do Poder Legislativo, órgão naturalmente vocacionado a apreciar previamente a constitucionalidade. Em uma palavra, tal como vazada a ação declaratória, é autorizado o intérprete a obter a seguinte leitura global da ação: declarar a constitucionalidade, nos moldes previstos na ação, é, em última análise, legislar. Instaura-se uma espécie de "dependência" entre Legislativo e Judiciário, pois aquele fará a lei sob condição; aguarda-se a chancela, o crivo do Judiciário. Acaso a possibilidade não fere o equilíbrio de Poderes?

Fazendo coro com as críticas à nova ação, Greco[6] sustenta que o ponto mais relevante a ser considerado "está ligado à determinação de seu efeito vinculante para o Judiciário em geral ou às instâncias inferiores. Este efeito vinculante a meu ver extermina a função jurisdicional enquanto tal. Assim é, pois implica retirar de todos os demais órgãos do Poder Judiciário a aptidão para formar um convencimento diverso daquele contido na decisão de mérito proferida na ação declaratória ou direta. Ou seja, nenhum juiz ou tribunal poderá decidir contrariamente ao que decorrer do processo concentrado de interpretação e declaração de constitucionalidade".

Logo após a promulgação da EC 3, a Ordem dos Advogados do Brasil reuniu vários juristas para apreciar a matéria, concluindo todos pela inconstitucionalidade da nova ação, pelos seguintes motivos: a) trata-se de ação sem réu; b) haveria violação do princípio do devido processo legal (art. 5º, LIV), dos princípios da ampla defesa, abrangendo o contraditório (art. 5º, LV), e do acesso à justiça (art. 5º, XXXV), sendo, pois, violadas as cláusulas pétreas da Constituição (art. 60, § 4º, IV); c) não estaria sendo respeitado o princípio da separação dos poderes (art. 60, § 4º, III); d) estaria sendo eliminado o princípio do duplo grau de jurisdição e da recorribilidade das decisões judiciais.

A controvérsia assumiu tamanha relevância a ponto de a AMB – Associação dos Magistrados Brasileiros –, por meio do advogado Ives Gandra da Silva Martins, ingressar, junto ao Supremo Tribunal Federal, com ação direta de inconstitucionalidade contra a ação declaratória de constitucionalidade. A ação não foi conhecida pela Suprema Corte por entender, por maioria de 7 votos contra 3, que a entidade congregadora de magistrados não tinha legitimidade para a propositura da ação.[7] Entendeu o Supremo Tribunal Federal

---

[5]   Cf. Figueiredo, Marcelo. A ação declaratória de constitucionalidade: inovação infeliz e inconstitucional. In: Martins, Ives Gandra da Silva; Mendes, Gilmar Ferreira (org.). *Ação declaratória de constitucionalidade*. São Paulo: Saraiva, 1994. p. 169.

[6]   Cf. Greco, Marco Aurélio. Ação declaratória de constitucionalidade. In: Martins, Ives Gandra da Silva; Mendes, Gilmar Ferreira (org.). *Ação declaratória de constitucionalidade*. São Paulo: Saraiva, 1994. p. 131.

[7]   Esta EC 3, de 1993, foi julgada constitucional pelo STF: "Tramitação da ação declaratória de constitucionalidade. Incidente que se julga no sentido da constitucionalidade da EC 3, de 1993, no tocante à ação declaratória de constitucionalidade" (ADC 1 QO, rel. min. Moreira Alves, j. 27.10.1993, *DJ* de 16.06.1995).

Cap. 5 · AÇÃO DECLARATÓRIA DE CONSTITUCIONALIDADE, AÇÃO DE INCONSTITUCIONALIDADE POR OMISSÃO | **507**

que a Associação dos Magistrados Brasileiros teria legitimidade para discutir vencimentos da magistratura – por dizer respeito à discussão desse tema exclusivamente a interesses de seus associados –, mas não teria legitimidade para discutir a violação de cláusula pétrea, atingindo garantias e direitos individuais, nem sua própria competência jurisdicional, na medida em que tal matéria transcendia o exclusivo interesse dos julgadores de todo o País.

Porém, pela importância do tema, o Ministro Moreira Alves, relator da matéria, anexou o pedido da Associação dos Magistrados Brasileiros aos autos da Ação Declaratória de Constitucionalidade 1, que tratava do tributo conhecido como Cofins, para ser julgado como "questão de ordem". Depois de ampla discussão, concluíram os ministros, por maioria de votos, pela constitucionalidade da parte da Emenda 3, que introduziu a ação declaratória de constitucionalidade. Votaram pela constitucionalidade os Ministros Moreira Alves, Ilmar Galvão, Francisco Rezek, Néri da Silveira, Octávio Gallotti, Paulo Brossard e Carlos Velloso. Pela inconstitucionalidade votou somente o Ministro Marco Aurélio. Os votos vencedores basearam-se nos argumentos a seguir expostos:

1. A improcedência dos ataques com relação à cláusula pétrea relativa aos direitos e garantias individuais é evidente em face de os instrumentos pelos quais se realiza o controle concentrado de constitucionalidade dos atos normativos – e a ação declaratória de constitucionalidade é um deles – terem a natureza de processos objetivos que visam ao interesse genérico de defesa da Constituição em seu sentido mais amplo, e aos quais, por essa natureza mesma, não se aplicam os preceitos constitucionais que dizem respeito exclusivamente a processos subjetivos (*inter partes*) para a defesa concreta de interesses de alguém juridicamente protegidos.

2. Além disso, se o acesso ao Judiciário sofresse qualquer arranhão por se afastar, nos casos concretos, a possibilidade de utilização do controle difuso de constitucionalidade para se arguir a inconstitucionalidade, ou não, de um ato normativo já objeto de decisão de mérito, extensível a todos, por qualquer dos instrumentos do controle concentrado em abstrato, esse arranhão decorreria da adoção do próprio controle concentrado, e não exclusivamente da instituição de um de seus instrumentos, como o é a ação declaratória de constitucionalidade.

3. Por outro lado, qualquer que seja o sentido que se dê ao princípio constitucional do *due process of law* não é ele violado pela ADC. É também inteiramente improcedente a alegação de que a ADC converteria o Judiciário em legislador, tornando-o órgão consultivo dos Poderes Executivo e Legislativo. Essa alegação não atenta para a circunstância de que, visando a ADC à preservação da presunção de constitucionalidade do ato normativo, é ínsito a essa ação, para se caracterizar o interesse objetivo de agir por parte dos legitimados para sua propositura, que preexista controvérsia que ponha em risco essa presunção, e, portanto, controvérsia judicial no exercício do controle difuso de constitucionalidade, por ser esta que caracteriza inequivocamente esse risco. Não há, em síntese, qualquer violação ao princípio da separação dos Poderes.

O Ministro Francisco Rezek, ao enfrentar a questão relacionada à alegada violação do princípio da separação dos poderes, depois de tecer críticas a tribunais de justiça rebeldes, que, muitas vezes, se recusam a adotar a jurisprudência do Supremo Tribunal Federal, aduziu: "De modo que me pergunto: faz sentido não ser vinculante uma decisão da Suprema Corte do País? Não estou falando, naturalmente, de fatos concretos, cada um com seu perfil, reclamando o esforço hermenêutico da lei pelo juiz que conhece as características próprias do caso. Estou me referindo a hipóteses de pura análise jurídica. Tem alguma seriedade a ideia de que se devam fomentar decisões expressivas de rebeldia? A que serve isso? Onde está o interesse público em que esse tipo de política prospere? Vejo como sábio e bem-vindo aquilo que diz o § 2º do art. 102, por força da Emenda n. 3, e a única coisa que lamento é que isso não tenha sido, desde o início, a regra pertinente à ação direta declaratória de inconstitucionalidade".

Mesmo caminho seguiu a manifestação do Ministro Paulo Brossard, para quem o efeito vinculante é uma medida de utilidade que o legislador entendeu oportuno adotar: "É uma medida de utilidade porque, por essa ou aquela razão, acontece entre nós o que não acontece em outros países de diferente tradição histórica e jurídica, em que uma decisão de Tribunal Superior, não pela lei, mas pela teoria do *stare decisis*, se faz respeitável e respeitada. Não há lei que determine o respeito a um acórdão da Suprema Corte; respeita-se porque é da Suprema Corte. Entre nós, por esta ou por aquela razão, durante decênios se controverte sobre um tema, e não chega a termo o dissenso".

O único voto dissonante partiu do Ministro Marco Aurélio Mello. Segundo seu voto, antes do pedido de vista dos autos, já aludia que tinha seríssimas dúvidas quanto à constitucionalidade do efeito vinculante relativamente ao Poder Judiciário, principalmente porque a Constituição de 1988, repetindo, sem a possibilidade de a lei impor condição, o que se continha na Carta de 1969, assegura o acesso ao Judiciário sem peia e objetivando lograr provimento emitido à luz da livre convicção do magistrado. A Emenda 3, assim, pergunta, não conflita com o inciso IV, § 4º, do art. 60 da Magna Carta? Até que ponto, continua indagando o Ministro, o surgimento de mais um instrumental conducente ao controle concentrado de constitucionalidade, com peculiar força vinculante, faz-se ao mundo jurídico em conflito com a citada regra constitucional? Para o Ministro Marco Aurélio, a simples criação de mais uma ação, além da já prevista (Ação Direta de Inconstitucionalidade – ADI), acaba por solapar direitos e garantias individuais que asseguram o acesso ao Judiciário e a tramitação do pedido, considerado o devido processo legal, no que tem como apanágios o contraditório, a ampla defesa e o deslinde da demanda ao sabor da formação humanística e profissional do órgão competente para o julgamento da demanda, sem as peias decorrentes de decisão, ainda que emanada da Corte mais alta, em processo do qual o cidadão não participou. Concluindo, assevera que a nova ação é inconstitucional também porque se mostra com efeitos que superam os da criticada avocatória e que tinha como estigma o fato de ter sido criada na vigência na Carta de 1969. Com a ação declaratória e o efeito vinculante, as lides em andamento são apanhadas, e aí os desfechos respectivos decorrerão de simples e obrigatória observância do que decidido em processo diverso, sem dele terem participado os verdadeiramente interessados, conclui o Ministro.

Nessa linha, a ADC, no âmbito do controle concentrado e abstrato de constitucionalidade, visa à declaração de constitucionalidade de lei ou de ato normativo federal, a fim de sanar a incerteza acerca da conformidade (ou não) do texto normativo com o texto e o contexto da Constituição. A ADC, portanto, é uma ação específica advinda do Poder Constituinte Derivado que completa o sistema de controle de constitucionalidade brasileiro.

Cap. 5 · AÇÃO DECLARATÓRIA DE CONSTITUCIONALIDADE, AÇÃO DE INCONSTITUCIONALIDADE POR OMISSÃO | 509

5.1.2 A Lei 9.868/1999 e a ação declaratória de constitucionalidade

A latere do debate doutrinário que se travou acerca desta ação, surgiu a Lei 9.868/1999, que estabeleceu regras para o processamento das ações diretas de inconstitucionalidade e declaratórias de constitucionalidade junto ao Supremo Tribunal Federal.

5.1.2.1 A legitimação

O art. 13 estabelece os legitimados para a propositura da ADC, que já constavam no texto da EC 3: o Presidente da República, a Mesa da Câmara dos Deputados, a Mesa do Senado Federal e o Procurador-Geral da República. De pronto, pode-se pôr em causa a limitação do rol dos legitimados, que ficou aquém da legitimação prevista para a ação direta de inconstitucionalidade. Esse questionamento ganha importância a partir da redação do art. 23 da Lei, que estabelece o duplo efeito para as ações diretas de inconstitucionalidade e declaratória de constitucionalidade. Afinal, se uma ação declaratória de constitucionalidade, julgada improcedente, tem os mesmos efeitos que os da ação direta de inconstitucionalidade, *não há razão para restringir a legitimidade com relação à ADC.*

Talvez sensibilizado por tal argumentação, o constituinte derivado editou a EC 45/2004, tornando idêntica a legitimidade para a propositura da ADC e ADI. Nesse sentido, o art. 103: "Podem propor a ação direta de inconstitucionalidade e a ação declaratória de constitucionalidade: I – o Presidente da República; II – a Mesa do Senado Federal; III – a Mesa da Câmara dos Deputados; IV – a Mesa de Assembleia Legislativa ou da Câmara Legislativa do Distrito Federal; V – o Governador de Estado ou do Distrito Federal; VI – o Procurador-Geral da República; VII – o Conselho Federal da Ordem dos Advogados do Brasil; VIII – partido político com representação no Congresso Nacional; IX – confederação sindical ou entidade de classe de âmbito nacional".

5.1.2.2 Os requisitos para a propositura: a arguição de relevância

Os requisitos da petição inicial vêm regulados no art. 14, ganhando relevância o inciso III, que estabeleceu a exigência de controvérsia judicial relevante sobre a aplicação da disposição objeto da ação declaratória. Desse modo, ao contrário do que ocorre com a ação direta de inconstitucionalidade, em que não há necessidade de comprovação da existência de controvérsia, na ação declaratória de constitucionalidade torna-se imprescindível a demonstração de anterior controvérsia. *Mutatis mutandis*, é a mesma exigência constante no art. 1º, parágrafo único, I, da Lei 9.882/1999, que regulamentou a arguição de descumprimento de preceito fundamental.

Assim, muito embora a Lei 9.868/1999 estabeleça a ambivalência da ADC com a ADI, existem nítidas diferenças entre as ações. Tal exigência se impõe, sob pena da ação declaratória de constitucionalidade transformar-se em uma ação de controle preventivo de constitucionalidade, mecanismo não previsto pelo legislador constituinte de 1988, e que, nas Constituições da Espanha e de Portugal, é reservada para situações especiais. Agregue-se, por relevante, que, em face do caráter avocatório que a ADC assume, como se verá mais adiante, a não exigência de controvérsia anterior acabaria por descaracterizar o sistema de controle de constitucionalidade brasileiro. No fundo, a exigência do inciso III do art. 14 repristina a antiga arguição de relevância, que vigorava anteriormente à Constituição de 1988.

A petição inicial inepta, não fundamentada e manifestamente improcedente, será liminarmente indeferida pelo relator, decisão da qual cabe agravo, na forma do art. 15, parágrafo único, da Lei. Assim como ocorre com a ação direta de inconstitucionalidade, não se admite a desistência da ação declaratória de constitucionalidade, conforme art. 16 da Lei. O art. 18 da Lei veda a admissão de terceiros no processo. A oitiva do Procurador-Geral da República é obrigatória, devendo ele se pronunciar no prazo de quinze dias, como emana do art. 19 da Lei. Em caso de necessidade de esclarecimento de matéria ou circunstância de fato ou de notória insuficiência das informações existentes nos autos, o relator poderá requisitar informações adicionais, designar perito ou comissão de peritos para que emita parecer sobre a questão ou fixar data para, em audiência pública, ouvir depoimentos de pessoas com experiência e autoridade na matéria, como se observa do § 1º do art. 20 da Lei. Trata-se, aqui, do mesmo modo como na parte em que a Lei regula a ação direta de inconstitucionalidade, de uma inovação no sistema brasileiro. Inspirada no direito norte-americano, a Lei estabeleceu a figura do *amicus curiae*.[8] Assim, é extremamente louvável a providência, uma vez que, bem aplicado o dispositivo, proporcionará uma abertura no terreno da interpretação constitucional.

Por outro lado, poderá o relator também solicitar informações aos Tribunais Superiores, aos Tribunais federais e aos Tribunais estaduais acerca da aplicação do texto de lei ou do ato normativo federal questionado no âmbito de sua jurisdição. Essa previsão da Lei tem ligação umbilical com o cumprimento do requisito da relevância da anterior controvérsia, condição de possibilidade para a propositura da ADC, de acordo com o § 2º do art. 20 da Lei.

São exemplos recentes:

a) ADC 41 (movida pelo Conselho Federal da OAB): buscava a declaração de constitucionalidade da Lei Federal 12.990/2014, a chamada Lei de Cotas para o serviço público federal. Em junho de 2017, o Plenário do STF, por unanimidade, reconheceu a validade desta lei, tendo o Ministro Barroso como seu relator, que fixou a seguinte tese de julgamento: "É constitucional a reserva de 20% das vagas oferecidas nos concursos públicos para provimento de cargos efetivos e empregos públicos no âmbito da administração pública direta e indireta. É legítima a utilização, além da autodeclaração, de critérios subsidiários de heteroidentificação desde que respeitada a dignidade da pessoa humana e garantidos o contraditório e a ampla defesa". A ADPF 186, que discutiu o sistema de cotas para universidades públicas, foi diversas vezes referida na fundamentação do julgamento da ADC 41. O Relator do processo, Ministro Roberto Barroso, levantou a possibilidade de se estender essa interpretação da lei para além do momento de ingresso nas carreiras, aplicando-se à toda vida funcional dos servidores cotistas, influenciando promoções e remoções. Seu posicionamento foi acolhido por alguns, como os Ministros Fachin e Luiz

---

[8] Registre-se que a atuação *auxiliar* de entidades na condição de *amicus curiae* não tem natureza jurídica de intervenção de terceiros, instituto típico de processos onde se discutem direitos de cariz individual (ADI 3.494, rel. Min. Gilmar Mendes, decisão monocrática, j. 22.02.2006, *DJ* 08.03.2006), representando um nítido "fator de pluralização e de legitimação do debate constitucional" (ADI 2.321-MC).

Cap. 5 • AÇÃO DECLARATÓRIA DE CONSTITUCIONALIDADE, AÇÃO DE INCONSTITUCIONALIDADE POR OMISSÃO | 511

Fux, mas, corretamente, rejeitado pela maioria dos Ministros, sob o fundamento de que "a lei é clara ao restringir a sua aplicação ao momento em que o cargo é provido por concurso público" (Ministro Toffoli) e "porque esses concursos internos, eles têm critérios específicos aqui; têm critérios que a Constituição também determina de antiguidade e merecimento" (Ministro Alexandre de Moraes). Além disso, o próprio Ministro Barroso aquiesceu que "Em verdade, o Ministro Fux mencionou, de fato, a questão da promoção, mas ela sequer foi pedida, tanto na inicial quanto em memoriais. Portanto, eu estou de acordo".

b) ADCs 43 (Conselho Federal da OAB) e 44 (PEN – Partido Ecológico Nacional): objetivavam a declaração de constitucionalidade do art. 283 do CPP, buscando afastar a possibilidade da execução antecipada da pena antes do trânsito em julgado da sentença penal condenatória. Sobre o desfecho das ADCs 43 e 44, o STF produziu controvertida e combatida decisão majoritária.[9]

Em 2018, o STF publicou o acórdão das ações que pedem a declaração de constitucionalidade do art. 283 do CPP, proibindo a execução da pena de prisão antes do trânsito em julgado. O Plenário julgou apenas a medida cautelar nas duas ações, e negou o pedido. Manteve, portanto, a situação como estava antes do ajuizamento dos processos. Posteriormente, um recurso foi interposto em face dessa decisão, tendo sido negado.

Outra questão que merece ser referida é que, no ano de 2015, por meio do julgamento da ADI 5.316 (que discutia a EC 88/2015, chamada "PEC da Bengala", que objetivava mudar de 70 para 75 anos a idade para aposentadoria compulsória), o STF admitiu a possibilidade de cumulação entre ADC e ADI em uma única demanda de controle concentrado.[10] Cabe ressaltar que o STF, na ADC 33, entendeu pela possibilidade de julgamento conjunto da ADC com as ADINs se houver relação de dependência lógica entre os objetos das ações, com a ADC podendo "beneficiar-se da instrução levada a efeito nas ADIs e transformou o exame da medida cautelar em julgamento de mérito".[11]

Em 2019, o STF, na ADC 60, ao julgar a constitucionalidade do art. 218 da Resolução Normativa 414/2010 da ANEEL (transferência de ativos de iluminação pública para os Municípios), entendeu que: (i) o "objeto das ações concentradas na jurisdição constitucional

---

[9] Vejam, entre tantos que escrevi, meu texto no *Conjur* (07.10.2016), disponível em: [http://www.conjur.com.br/2016-out-07/streck-stf-presuncao-inocencia-interpretacao-conforme].

[10] Cf. *Informativo* 786, verificar também a EC 122/2022.

[11] Ementa do acórdão da ADC 33: "Ação Declaratória de Constitucionalidade. Medida Cautelar. 2. Julgamento conjunto com as ADIs 4.947, 5.020 e 5.028. 3. Relação de dependência lógica entre os objetos das ações julgadas em conjunto. Lei Complementar 78/1993, Resolução/TSE 23.389/2013 e Decreto Legislativo 424/2013, este último objeto da ação em epígrafe. 4. O Plenário considerou que a presente ADC poderia beneficiar-se da instrução levada a efeito nas ADIs e transformou o exame da medida cautelar em julgamento de mérito. 5. Impossibilidade de alterar-se os termos de lei complementar, no caso, a LC 78/1993, pela via do decreto legislativo. 6. Ausência de previsão constitucional para a edição de decretos legislativos que visem a sustar atos emanados do Poder Judiciário. Violação à separação dos poderes. 7. O DL 424/2013 foi editado no mês de dezembro de 2013, portanto, há menos de 1 (um) ano das eleições gerais de 2014. Violação ao princípio da anterioridade eleitoral, nos termos do art. 16 da CF/88. 8. Inconstitucionalidade formal e material do Decreto Legislativo 424/2013. Ação Declaratória de Constitucionalidade julgada improcedente".

brasileira, além das espécies normativas primárias previstas no art. 59 da Constituição Federal, engloba a possibilidade de controle de todos os atos revestidos de indiscutível conteúdo normativo e autônomo";[12] (ii) a "Resolução Normativa 414/2010, com a redação dada pela Resolução Normativa 479/2012, ambas editadas pela Agência Nacional de Energia Elétrica (ANEEL), não detém caráter normativo autônomo, pois extrai seu fundamento de validade da Lei 9.427/1996, do Decreto-lei 3.763/1941 e do Decreto 41.019/1957, o que demandaria prévio controle de legalidade"; (iii) somente é possível receber a ADC como ADPF se houver controvérsia constitucional relevante; (iv) no caso analisado, "o conteúdo do ato normativo em análise afeta um universo delimitado de destinatários, o que não tem o condão de desencadear o controle abstrato desta SUPREMA CORTE sobre o tema, sob pena de tornar-se uma nova instância recursal para todos os julgados dos tribunais superiores e inferiores".

Percebe-se com o julgado da ADC 60 que o STF ratificou como requisito para a ADC que:

a) O texto legislativo ou o ato normativo federal seja indiscutivelmente autônomo, ou seja, o confronto do ato normativo ou da lei federal deve ser direto com a Constituição, sem depender de prévia análise de legislação federal, como no caso da ADC 60. No julgado, o STF exemplificou os atos normativos autônomos:

Assim, quando a circunstância evidenciar que o ato encerra um dever-ser e veicula, autonomamente, em seu conteúdo, enquanto manifestação subordinante de vontade, uma prescrição destinada a ser cumprida pelos órgãos destinatários (KELSEN, Hans. *Teoria geral das normas*. Porto Alegre: Fabris, 1986. p. 2-6), deverá ser considerado, para efeito de controle de constitucionalidade, como ato normativo impugnável, tais como decretos presidenciais autônomos (por exemplo: CF, art. 84, incisos VI e XII) ou decretos que tenham extravasado o poder regulamentar do chefe do Executivo, invadindo matéria reservada à lei (ADI 3.664, Rel. Min. Cezar Peluso, Pleno, *DJ* de 21.09.2011; ADI 2.950 AgR, Rel. Min. Marco Aurélio, Rel. p/ Acórdão Min. Eros Grau, Pleno, *DJ* de 09.02.2007); atos normativos do Conselho Nacional de Justiça (ADC 12 MC, Rel. Min. Carlos Britto, Pleno, *DJ* de 1º.09.2006) e do Conselho Nacional do Ministério Público (ADPF 482, de minha relatoria, decisão monocrática publicada em 04.10.2017); ou, ainda, de previsões regimentais de tribunais que, claramente, ostentem caráter normativo e autônomo (ADI 3.544, Rel. Min. Edson Fachin, Pleno, *DJ* de 08.08.2017; ADI 4.108 MC, Rel. Min. Ellen Gracie, Pleno, *DJ* de 06.03.2009).

b) Esta autonomia não pode advir de fundamento de validade nascido de legislação federal, o que ensejaria prévio controle de legalidade, isto é, não se admite ADC por "inconstitucionalidade indireta ou reflexa, reveladora de mera crise de legalidade, insuscetível de ferir parâmetro de controle situado no texto da Constituição Federal" (ADC 60).

---

[12] CASTANHEIRA NEVES, A. *O problema da constitucionalidade dos assentos*. Coimbra: Coimbra, 1994.

Cap. 5 · AÇÃO DECLARATÓRIA DE CONSTITUCIONALIDADE, AÇÃO DE INCONSTITUCIONALIDADE POR OMISSÃO | **513**

c) A controvérsia constitucional deve ser relevante para fins de fungibilidade com a ADPF, cuja *ratio* extraída da ADC 60, entendida como aquela que abarca destinatários não delimitados, pois o conteúdo normativo não pode atingir destinatários delimitados, o que transformaria a ADC em um recurso de decisões judiciais de Tribunais superiores e inferiores e o STF em uma instância recursal de tais Tribunais.

Destaca-se que o Min. Gilmar Mendes, em seu voto na ADC 60, divergiu do Min. Rel. Alexandre de Moraes, sobre o sentido de controvérsia constitucional relevante para fins de cabimento da ADC 60. Isso porque entendeu que Tribunais Nacionais estavam julgando de forma absolutamente oposta o art. 218 da Resolução Normativa 414/2010 da ANEEL, sempre com base em fundamentos constitucionais.

Dessa maneira, o Min. Gilmar Mendes afirmou que:

> "Nessa conjuntura, registro que são múltiplas as formas de manifestação do estado de incerteza quanto à legitimidade da norma, requisito de admissibilidade especial da ação declaratória de constitucionalidade.
>
> A insegurança poderá resultar de pronunciamentos contraditórios da jurisdição ordinária sobre a constitucionalidade de determinada disposição. Assim, se a jurisdição ordinária, por meio de diferentes órgãos, passar a afirmar a inconstitucionalidade de determinada lei, poderão os órgãos legitimados, se estiverem convencidos de sua constitucionalidade, provocar o STF para que ponha termo à controvérsia instaurada. Da mesma forma, pronunciamentos contraditórios de órgãos jurisdicionais diversos sobre a legitimidade da norma poderão criar o estado de incerteza imprescindível para a instauração da ação declaratória de constitucionalidade.
>
> A exigência quanto à configuração de controvérsia judicial ou de controvérsia jurídica associa-se não só à ameaça ao princípio da presunção de constitucionalidade – esta independe de um número quantitativamente relevante de decisões de um e de outro lado –, mas também, e sobretudo, à invalidação prévia de uma decisão tomada por segmentos expressivos do modelo representativo. A generalização de decisões contrárias a uma decisão legislativa não inviabiliza – antes recomenda – a propositura da ação declaratória de constitucionalidade. É que a situação de incerteza, na espécie, decorre não da leitura e da aplicação contraditória de normas legais pelos vários órgãos judiciais, mas da controvérsia ou dúvida que se instaura entre os órgãos judiciais, que de forma quase unívoca adotam uma dada interpretação, e os órgãos políticos responsáveis pela edição do texto normativo.
>
> É fácil ver, pois, que o estabelecimento de uma comparação quantitativa entre o número de decisões judiciais num ou noutro sentido, com o objetivo de qualificar o pressuposto de admissibilidade da ação declaratória de constitucionalidade, contém uma leitura redutora e equivocada do sistema de controle abstrato na sua dimensão positiva.
>
> Parece elementar que se comprove a existência de controvérsia sobre a aplicação da norma em sede de ação declaratória de constitucionalidade, até mesmo para evitar a instauração de processos de controle de constitucionalidade antes mesmo de qualquer discussão sobre eventual aplicação da lei.
>
> A questão afeta a aplicação do princípio de separação dos Poderes em sua acepção mais ampla. A generalização de medidas judiciais contra uma dada norma nulifica comple-

tamente a presunção de constitucionalidade do ato normativo questionado e coloca em xeque a eficácia da decisão legislativa. A ação declaratória seria o instrumento adequado para a solução desse impasse jurídico-político, permitindo que os órgãos legitimados provoquem o STF com base em dados concretos, e não em simples disputa teórica.

Assim, a exigência de demonstração de controvérsia judicial há de ser entendida, nesse contexto, como atinente à existência de controvérsia jurídica relevante, capaz de afetar a presunção de legitimidade da lei e, por conseguinte, a eficácia da decisão legislativa.

Ora, diante dessas ponderações, resta evidente a existência da controvérsia judicial constitucional necessária ao cabimento da presente ADC".

O Min. Gilmar Mendes trouxe fundamentos confirmadores do entendimento de que a controvérsia judicial relevante acerca da aplicação de lei ou de ato normativo federal se concretiza pela divergência entre decisões judiciais sobre a constitucionalidade ou a inconstitucionalidade da lei ou do ato normativo federal a ser submetido ao controle via ADC. Tal divergência judicativa deve gerar incerteza quanto à constitucionalidade da aludida lei ou do ato normativo federal, sendo certo que a divergência é qualitativa e não quantitativa, pois não importa se são muitos ou poucos julgados que geram tal divergência. Importa saber se a divergência pode ensejar um "grave comprometimento do sistema de direito positivo vigente no país".[13]

Não obstante isso, o Min. Gilmar Mendes e o Min. Marco Aurélio ficaram vencidos e prevaleceu o entendimento do Min. Alexandre de Moraes, que invocou julgados anteriores do STF, inclusive da lavra do Min. Gilmar Mendes (RE 922.068), no sentido de que "as questões envolvendo a transferência de Ativo Imobilizado em Serviço – AIS, na forma do art. 218 da Resolução 414/2010 da Aneel, não comporta afronta direta à Constituição Federal, sendo necessária a análise da legislação – seria ofensa reflexa".

Em 2020, o STF julgou a ADC 58, na qual se discutiu a constitucionalidade. Índices de correção dos depósitos recursais e dos débitos judiciais na Justiça do Trabalho, tendo deferido a medida cautelar determinando-se "a suspensão do julgamento de todos os processos em curso no âmbito da Justiça do Trabalho que envolvam a aplicação dos arts. 879, § 7, e 899, § 4º, da CLT, com a redação dada pela Lei 13.467/2017, e o art. 39, *caput* e § 1º, da Lei 8.177/1991".

No julgamento de mérito da ADC 58, o STF ratificou os parâmetros "quanto à configuração de controvérsia judicial ou de controvérsia jurídica para conhecimento das Ações Declaratórias de Constitucionalidade (ADC)", ou seja, a controvérsia judicial "associa-se não só à ameaça ao princípio da presunção de constitucionalidade – esta independe de um número quantitativamente relevante de decisões de um e de outro lado –, mas também, e sobretudo, à invalidação prévia de uma decisão tomada por segmentos expressivos do modelo representativo". Nessa senda, o STF decidiu pela parcial procedência da ADC 58 e das ADIs:

---

[13] Cf. LEITE, Fábio Carvalho. Ação declaratória de constitucionalidade: expectativa, realidade e algumas propostas. *Sequência*. Florianópolis, n. 69, dez. 2014. Disponível em: https://www.scielo.br/j/seq/a/zQShfMJmD3F4wrQBrhNswpf/abstract/?lang=pt. Acesso em: 13 jul. 2022.

Cap. 5 • AÇÃO DECLARATÓRIA DE CONSTITUCIONALIDADE, AÇÃO DE INCONSTITUCIONALIDADE POR OMISSÃO | **515**

"O Supremo Tribunal Federal declarou a inconstitucionalidade do art. 1º-F da Lei 9.494/1997, com a redação dada pela Lei 11.960/2009, decidindo que a TR seria insuficiente para a atualização monetária das dívidas do Poder Público, pois sua utilização violaria o direito de propriedade. Em relação aos débitos de natureza tributária, a quantificação dos juros moratórios segundo o índice de remuneração da caderneta de poupança foi reputada ofensiva à isonomia, pela discriminação em detrimento da parte processual privada (ADI 4.357, ADI 4.425, ADI 5.348 e RE 870.947-RG – tema 810). 3. A indevida utilização do IPCA-E pela jurisprudência do Tribunal Superior do Trabalho (TST) tornou-se confusa ao ponto de se imaginar que, diante da inaplicabilidade da TR, o uso daquele índice seria a única consequência possível. A solução da Corte Superior Trabalhista, todavia, lastreia-se em uma indevida equiparação da natureza do crédito trabalhista com o crédito assumido em face da Fazenda Pública, o qual está submetido a regime jurídico próprio da Lei 9.494/1997, com as alterações promovidas pela Lei 11.960/2009. 4. A aplicação da TR na Justiça do Trabalho demanda análise específica, a partir das normas em vigor para a relação trabalhista. A partir da análise das repercussões econômicas da aplicação da lei, verifica-se que a TR se mostra inadequada, pelo menos no contexto da Consolidação das Leis Trabalhistas (CLT), como índice de atualização dos débitos trabalhistas. 5. Confere-se interpretação conforme a Constituição ao art. 879, § 7º, e ao art. 899, § 4º, da CLT, na redação dada pela Lei 13.467, de 2017, definindo-se que, até que sobrevenha solução legislativa, deverão ser aplicados à atualização dos créditos decorrentes de condenação judicial e à correção dos depósitos recursais em contas judiciais na Justiça do Trabalho os mesmos índices de correção monetária e de juros vigentes para as hipóteses de condenações cíveis em geral (art. 406 do Código Civil), à exceção das dívidas da Fazenda Pública que possuem regramento específico (art. 1º-F da Lei 9.494/1997, com a redação dada pela Lei 11.960/2009), com a exegese conferida por esta Corte na ADI 4.357, ADI 4.425, ADI 5.348 e no RE 870.947-RG (tema 810). 6. Em relação à fase extrajudicial, ou seja, a que antecede o ajuizamento das ações trabalhistas, deverá ser utilizado como indexador o IPCA-E acumulado no período de janeiro a dezembro de 2000. A partir de janeiro de 2001, deverá ser utilizado o IPCA-E mensal (IPCA-15/IBGE), em razão da extinção da UFIR como indexador, nos termos do art. 29, § 3º, da MP 1.973-67/2000. Além da indexação, serão aplicados os juros legais (art. 39, *caput*, da Lei 8.177, de 1991). 7. Em relação à fase judicial, a atualização dos débitos judiciais deve ser efetuada pela taxa referencial do Sistema Especial de Liquidação e Custódia – SELIC, considerando que ela incide como juros moratórios dos tributos federais (arts. 13 da Lei 9.065/1995; 84 da Lei 8.981/1995; 39, § 4º, da Lei 9.250/1995; 61, § 3º, da Lei 9.430/1996; e 30 da Lei 10.522/2002). A incidência de juros moratórios com base na variação da taxa SELIC não pode ser cumulada com a aplicação de outros índices de atualização monetária, cumulação que representaria *bis in idem*. 8. A fim de garantir segurança jurídica e isonomia na aplicação do novo entendimento, fixam-se os seguintes marcos para modulação dos efeitos da decisão: (i) são reputados válidos e não ensejarão qualquer rediscussão, em ação em curso ou em nova demanda, incluindo ação rescisória, todos os pagamentos realizados utilizando a TR (IPCA-E ou qualquer outro índice), no tempo e modo oportunos (de forma extrajudicial ou judicial, inclusive depósitos judiciais) e os juros de mora de 1% ao mês, assim como devem ser mantidas e executadas as sentenças transitadas em julgado que expressamente adotaram, na sua fundamentação ou no dispositivo, a TR (ou o IPCA-E) e os juros de mora de 1% ao mês; (ii) os processos em curso que estejam sobrestados na

516 | JURISDIÇÃO CONSTITUCIONAL · *Lenio Luiz Streck*

fase de conhecimento, independentemente de estarem com ou sem sentença, inclusive na fase recursal, devem ter aplicação, de forma retroativa, da taxa Selic (juros e correção monetária), sob pena de alegação futura de inexigibilidade de título judicial fundado em interpretação contrária ao posicionamento do STF (art. 525, §§ 12 e 14, ou art. 535, §§ 5º e 7º, do CPC). 9. Os parâmetros fixados neste julgamento aplicam-se aos processos, ainda que transitados em julgado, em que a sentença não tenha consignado manifestação expressa quanto aos índices de correção monetária e taxa de juros (omissão expressa ou simples consideração de seguir os critérios legais). 10. Ação Declaratória de Constitucionalidade e Ações Diretas de Inconstitucionalidade julgadas parcialmente procedentes".

O debate alinhavado nas ADCs 58 e 60 reforça a necessidade de as decisões serem fundamentadas ao ponto que permita que o jurisdicionado possa saber as razões públicas pelas quais sua postulação jurídica foi acolhida ou rejeitada, bem como pelo fato de o STF ter explicitado o conteúdo dos requisitos para o cabimento da ADC. Nessa linha, mesmo implicitamente, o julgamento das ADCs 58 e 60 reforçou a necessidade de o STF efetivar a estabilidade, a coerência e a integridade postas no art. 926 do CPC, não obstante existam críticas quanto à existência da ADC, ação sem precedente no Direito Comparado, como se verificará nos itens subsequentes.

5.1.2.3 *A manifestação de outros órgãos ou entidades interessadas na matéria objeto de ação declaratória de constitucionalidade*

Examinando a Lei 9.868/1999, verifica-se que no art. 7º, § 2º, é permitido ao relator, considerando a relevância da matéria e a representatividade dos postulantes, admitir, por despacho irrecorrível, a manifestação de outros órgãos ou entidades. Estranhamente, o mesmo texto constava do § 2º do art. 18,[14] que trata da ação declaratória de constitucionalidade, com a diferença de que foi vetado. Ou seja, para a ação direta de inconstitucionalidade, admite-se a oitiva de terceiros interessados; para a ação declaratória, não. Ora, se ambas as ações têm caráter dúplice, como sustentam setores da

---

[14] A respeito veja-se o julgamento das ADIs 2.154 e 2.258 – ainda não concluídos: "ADI e Lei 9.868/1999 – 2. [...] o Min. Sepúlveda Pertence, relator, afastou a arguição de inconstitucionalidade parcial por omissão que seria resultante do veto do Presidente da República aos arts. 17 e 18, §§ 1º e 2º, da Lei 9.868/1999, os quais previam a ciência, por publicação de edital no Diário da Justiça e no Diário Oficial, da propositura da ADC, e possibilitavam que os legitimados para a ADI nela interviessem. O relator afirmou que a alegação de que o veto opusera embargos à conversão em lei da possibilidade de intervenção, implicando afronta à garantia constitucional do contraditório e da ampla defesa, fora superada pela decisão do Tribunal no julgamento da ADC 1 QO/DF (*DJU* 16.06.1995), na qual se concluíra pela constitucionalidade da instituição da ADC pela EC 3/1993, mesmo sem facultar a referida intervenção, ao fundamento de ser esta desnecessária, tendo em conta a possibilidade de propositura da ADI contra a mesma norma pelos seus legitimados, com a reunião dos processos para julgamento conjunto. Assim, o veto não inovara na ordem jurídica, mas mantivera o *statu quo ante*, que o STF legitimara. Quanto a esse tópico, a Min. Cármen Lúcia pediu vista dos autos. ADI 2.154/DF e ADI 2.258/DF, rel. Min. Sepúlveda Pertence, 14.02.2007 (ADI 2.154) (ADI 2.258)" – cf. *Informativo* 456.

Cap. 5 · AÇÃO DECLARATÓRIA DE CONSTITUCIONALIDADE, AÇÃO DE INCONSTITUCIONALIDADE POR OMISSÃO | **517**

doutrina, e conforme está assentado no art. 24 (a ação direta de inconstitucionalidade é uma ação declaratória de mão trocada), é muito difícil compreender as razões para esse tratamento diferenciado.

De qualquer sorte, na medida em que, nas razões do veto ao § 2º do art. 18 da Lei 9.868/1999, que tratava exatamente da admissão de outros órgãos e entidades interessadas na matéria objeto de ação declaratória de constitucionalidade, o Presidente da República expressamente admitiu a possibilidade de o Poder Judiciário fazer uma interpretação corretiva/adequativa da Lei, "por meio de interpretação sistemática", para, assim, passar "também a admitir no processo da ação declaratória a abertura processual prevista para a ação direta no § 2º do art. 7º", tudo está a indicar que não haverá problema com relação à extensão desse direito aos terceiros em sede de ação declaratória de constitucionalidade. Embora a estranheza causada pelas razões do veto, uma vez que mais fácil teria sido sancionar o dispositivo, tenho que a admissão da manifestação de órgãos ou entidades deverá exsurgir de uma interpretação conforme a Constituição, a partir de uma decisão aditiva.

5.1.2.4 Da medida cautelar em ação declaratória de constitucionalidade

O art. 21 da Lei estabelece que o Supremo Tribunal Federal, por decisão da maioria absoluta de seus membros, poderá deferir pedido de medida cautelar na ação declaratória de constitucionalidade, consistente na determinação de que os juízes e os Tribunais suspendam o julgamento dos processos que envolvam a aplicação da lei ou do ato normativo objeto da ação até seu julgamento definitivo. O mérito da ação deverá ser julgado no prazo de cento e oitenta dias, sob pena de a cautelar perder sua eficácia.

De pronto, cabe registrar que a possibilidade de medida cautelar em ação declaratória de constitucionalidade não encontra guarida no texto da Constituição. Com efeito, o art. 102, § 2º, da Constituição, com a redação da EC 3/1993, deixava claro que "as decisões definitivas de mérito, proferidas pelo Supremo Tribunal Federal, nas ações declaratórias de constitucionalidade de lei ou ato normativo federal, produzirão eficácia contra todos e efeito vinculante, relativamente aos demais órgãos do Poder Judiciário e ao Poder Executivo.

A atual redação do parágrafo também está nesse sentido: "§ 2º As decisões definitivas de mérito, proferidas pelo Supremo Tribunal Federal, nas ações diretas de inconstitucionalidade e nas ações declaratórias de constitucionalidade, produzirão eficácia contra todos e efeito vinculante, relativamente aos demais órgãos do Poder Judiciário e à administração pública direta e indireta, nas esferas federal, estadual e municipal".

Muito embora a matéria esteja pacificada no Supremo Tribunal Federal (desde o julgamento da ADC 4 MC/DF, *DJU* 21.05.1999) e a própria Lei 9.868/1999[15] tenha insti-

---

[15] Sobre o tema veja-se o julgamento das ADIs 2.154 e 2.258 – ainda não concluídos: "ADI e Lei 9.868/1999 – 5. No que concerne ao art. 21 da Lei 9.868/1999, que permite que o STF defira o pedido de medida cautelar na ADC, determinando aos juízes e tribunais que suspendam o julgamento dos processos que envolvam a aplicação da lei ou ato normativo objeto da ação até seu julgamento definitivo, o Tribunal, também por maioria, julgou improcedente o pedido formulado. Reportando--se aos fundamentos da solução adotada no julgamento da ADC 4-MC/DF (*DJU* 21.05.1999) para

518 | JURISDIÇÃO CONSTITUCIONAL · *Lenio Luiz Streck*

tucionalizado prática anterior da Corte Maior, é necessário registrar, por amor e absoluta fidelidade à hermenêutica, que, no caso, há uma afronta ao texto da emenda constitucional que introduziu a ADC no direito brasileiro. Ora, o texto da emenda constitucional trata de "decisões definitivas de mérito", com a clara preocupação de que, em se tratando de uma ação com tamanha repercussão no mundo jurídico, somente a decisão de mérito poderia vincular o sistema. A própria ação declaratória de constitucionalidade, por si só, como especificado em momento anterior, já se apresenta como um paradoxo, pela simples razão de que a constitucionalidade de uma lei se presume. Não há, por sinal, precedentes no direito comparado. A possibilidade de declarar que a lei é constitucional em sede de liminar aumenta – dramaticamente – o grau de perplexidade. De qualquer sorte, há uma questão que não pode ser olvidada (mas que, na prática, tem sido, sim, esquecida): a força normativa da Constituição. Se o texto constitucional não previu a possibilidade de concessão de liminar, não poderia o legislador ordinário ir além do texto.

Em verdade, o texto legislativo ordinário, ao estabelecer tal possibilidade, alterou a Constituição. Ou seja, o texto do art. 21 da Lei 9.868/1999 é, na prática, uma "emenda constitucional". Ora, o processo de atribuição de sentido, em qualquer interpretação, encontra limites na textura da Constituição. Há um significado de base nos textos que se mantêm, e esse significado de base não permite interpretação que avance para além do explicitado.

Parece evidente que, com isso, a concessão de cautelar está vedada, no mínimo naquilo que diz respeito ao efeito vinculante. A vedação torna-se mais clara ainda pela simples razão de que uma cautelar, sem efeito vinculante, em sede de declaração de constitucionalidade, torna sem sentido a própria declaração em sede de cautelar.

E não se diga que, em se admitindo cautelar em ação direta de inconstitucionalidade, e em sendo esta uma ação declaratória de mão trocada, nada obsta a que se confira também à ação declaratória a possibilidade de concessão de cautelar com efeito vinculante.

Uma coisa é a retirada da eficácia do ato normativo, que, em regra tem efeito *ex nunc*, e no qual a decisão de mérito tem eficácia *ex tunc*, com a ressalva prevista no art. 27 da Lei 9.868/1999; outra coisa é a concessão de cautelar na ação declaratória, cujos efeitos

---

deferimento parcial do pedido de medida cautelar nela formulado, por ser essa solução similar ao dispositivo questionado, afastou-se a alegação de ofensa ao princípio do juiz natural, ao entendimento de que esse preceito, ao contrário, tem por objetivo assegurar a eficácia da futura decisão do STF, que – em se tratando da análise de constitucionalidade ou não de lei ou ato normativo – é o juízo natural da questão. Além disso, aduziu-se que a norma não remete o julgamento da causa do juiz para o STF, mas apenas a questão da constitucionalidade que a este cabe decidir com eficácia *erga omnes* e efeito vinculante. Enfatizou-se, ainda, que, apesar de o mecanismo cautelar questionado implicar a paralisação do curso do processo e, nele, do poder de controle difuso da constitucionalidade, de que disporia de regra o juiz da causa, tratar-se-ia de uma resultante do sistema brasileiro de controle de normas. Vencido, quanto a esse tópico, o Min. Marco Aurélio, que julgava procedente o pleito por vislumbrar ofensa à garantia do livre acesso ao Judiciário (CF, art. 5º, XXXV). Após, relativamente ao art. 27 da Lei 9.868/1999, o julgamento foi suspenso por falta de *quorum*. ADI 2.154/DF e ADI 2.258/DF, rel. Min. Sepúlveda Pertence, 14.02.2007 (ADI 2.154) (ADI 2.258)" – cf. *Informativo* 456.

Cap. 5 • AÇÃO DECLARATÓRIA DE CONSTITUCIONALIDADE, AÇÃO DE INCONSTITUCIONALIDADE POR OMISSÃO | **519**

obviamente somente podem ser *ex tunc* (muito embora o Supremo Tribunal conceda as cautelares em ADC com efeito *ex nunc*).[16-17]

Mais do que isso, há nítidas diferenças entre a ação direta de inconstitucionalidade e a ação declaratória de constitucionalidade, o que se pode notar pelos legitimados (isso antes do advento da EC 45/2004, conforme visto acima), pelo requisito da arguição de relevância e pelos efeitos. De observar que o Ministro Marco Aurélio[18] tem posição contrária à possibilidade de o Supremo Tribunal conceder cautelares em ações declaratórias de constitucionalidade, em face de este tipo de ação ter efeito vinculante.

Nessa linha, há que se indagar: negada a medida cautelar em ação declaratória de constitucionalidade, isso poderia significar que a lei é "meio constitucional" ou "quase inconstitucional"? São questões que apontam para a absoluta impropriedade da possibilidade de concessão de cautelar em sede de ação declaratória de constitucionalidade. Não fosse por outros motivos, sempre é possível invocar o mais importante deles, isto é, o texto da emenda que introduziu a ação no direito brasileiro.

Ainda antes do advento da Lei 9.868/1999, o debate acerca da ação declaratória de constitucionalidade e seus efeitos no sistema jurídico veio à baila, em face do julgamento da ADC 4, pelo Supremo Tribunal Federal.

Com efeito, a ADC proposta pelo Presidente da República, pela Mesa do Senado e pela Mesa da Câmara dos Deputados teve por objeto o art. 1º da Lei 9.494/1997, assim vazado: "Aplica-se à tutela antecipada prevista nos arts. 273 e 461 do Código de Processo Civil o disposto nos arts. 5º e seu parágrafo único e 7º da Lei 4.348, de 26 de junho de 1964, no art. 1º e seu § 4º da Lei 5.021, de 9 de junho de 1966, e nos arts. 1º, 3º e 4º da Lei 8.347, de 30 de junho de 1992".

Por maioria de votos, vencidos integralmente os Ministros Marco Aurélio e Carlos Velloso e, parcialmente, o Ministro José Néri da Silveira, o Plenário do Supremo Tribunal deferiu, em parte, o pedido de medida cautelar, para suspender, com eficácia *ex nunc* e com efeito vinculante, até final julgamento da ação, a prolação de qualquer decisão sobre pedido de tutela antecipada contra a Fazenda Pública, que tenha por pressuposto a constitucionalidade ou inconstitucionalidade do art. 1º da Lei 9.494, de 10.09.1997, sustando, ainda, com a mesma eficácia, os efeitos futuros dessas decisões antecipatórias já proferidas contra a Fazenda Pública. Observe-se, aqui, o caráter avocatório da ação declaratória de constitucionalidade.

Registre-se, entretanto, que o STF vem dando interpretação restrita ao julgamento da ADC 4. Nesse sentido, o Ministro Celso de Mello, na Rcl 1.053/RS, esclarece que o Judiciário, em tema de antecipação de tutela contra o Poder Público, somente não pode

---

[16]   Por exemplo, na Reclamação 53.743, julgada monocraticamente em 29.06.2022, o Min. Gilmar Mendes entendeu, com base na ADC 4, que "o pedido de medida cautelar, para suspender, com eficácia *ex nunc* e com efeito vinculante, até final julgamento da ação".

[17]   Muito embora conceda o efeito *ex nunc* quando do deferimento das cautelares, os efeitos da decisão retroagem, atingindo processos em andamento (daí seu caráter "avocatório").

[18]   Ver *Informativos* do STF 166 e 171.

520 | JURISDIÇÃO CONSTITUCIONAL • *Lenio Luiz Streck*

deferi-la nas hipóteses que importem em: (a) reclassificação ou equiparação de servidores públicos; (b) concessão de aumento ou extensão de vantagens pecuniárias; (c) outorga ou acréscimo de vencimentos; (d) pagamento de vencimentos e vantagens pecuniárias a servidor público ou (e) esgotamento, total ou parcial, do objeto da ação, desde que tal ação diga respeito, exclusivamente, a qualquer das matérias acima referidas.[19]

Registro também o julgamento do AI 547.758/RS, em que o Estado do Rio Grande do Sul insurgia-se por meio de RE contra a concessão, em tutela antecipada, mantida pelo TJRS, de medicamento excepcional, sob fundamento de que o art. 196 da CF, embora incumba ao Poder Público velar pela implementação de políticas sociais, "não pode converter-se em promessa constitucional inconsequente, sob pena de o Poder Público, fraudando justas expectativas nele depositadas pela coletividade, substituir, de maneira ilegítima, o cumprimento de seu impostergável dever, por um gesto irresponsável de infidelidade governamental ao que determina a própria Lei Fundamental do Estado".[20]

Refira-se, ainda, o julgamento de outras ações declaratórias de constitucionalidade, como a de n. 3, que considerou procedente ação proposta pelo Procurador-Geral da República para, com força vinculante, eficácia *erga omnes* e efeito *ex tunc*, declarar a constitucionalidade do art. 15, § 1º, I e II, e § 3º, da Lei 9.424/1996, que dispõe sobre a contribuição social do salário-educação previsto no § 5º do art. 212 da CF (EC 14/1996),[21] a ADC 5, pela qual o STF deferiu liminar, com eficácia *ex nunc* e efeito vinculante, para suspender, até decisão final da ação, a prolação de qualquer decisão, assim como os efeitos de todas as decisões não transitadas em julgado e de todos os atos normativos que digam respeito à legitimidade constitucional, eficácia e aplicação dos arts. 1º, 3º e 5º da Lei 9.534/1997,

---

[19] No mesmo voto, o Ministro Celso de Mello refere doutrina de Fadel, Sergio Sahione. *Antecipação da tutela no processo civil.* São Paulo: Dialética, 1998. p. 85 e ss. – que, após destacar que as restrições legais ao deferimento da tutela antecipatória apenas enfatizam o fato "de ser inquestionável o seu cabimento" contra o Poder Público (pois, "caso contrário não haveria necessidade de a norma legal restringir o que estaria explicitamente proibido ou vedado"), assinala que as limitações impostas pela Lei 9.494/1997 (art. 1º) apenas alcançam as ações, propostas contra a Fazenda Pública, que impliquem "pagamentos a servidores públicos com a incorporação, em folha de pagamento, de vantagens funcionais vencidas, equiparações salariais ou reclassificações".

[20] "Paciente com neoplasia maligna cerebral. Glioblastoma multiforme. Pessoa destituída de recursos financeiros. Direito à vida e à saúde. Fornecimento gratuito de medicamentos de uso necessário, em favor de pessoa carente. Dever constitucional do Estado (cf. arts. 5º, *caput*, e 196). Precedentes (STF). O direito público subjetivo à saúde representa prerrogativa jurídica indisponível assegurada à generalidade das pessoas pela própria Constituição da República (art. 196). Traduz bem jurídico constitucionalmente tutelado, por cuja integridade deve velar, de maneira responsável, o Poder Público, a quem incumbe formular – e implementar – políticas sociais e econômicas que visem a garantir, aos cidadãos, o acesso universal e igualitário à assistência médico-hospitalar. O caráter programático da regra inscrita no art. 196 da Carta Política – que tem por destinatários todos os entes políticos que compõem, no plano institucional, a organização federativa do Estado brasileiro – não pode converter-se em promessa constitucional inconsequente, sob pena de o Poder Público, fraudando justas expectativas nele depositadas pela coletividade, substituir, de maneira ilegítima, o cumprimento de seu impostergável dever, por um gesto irresponsável de infidelidade governamental ao que determina a própria Lei Fundamental do Estado. Precedentes do STF.

[21] Cf. *Informativo STF* 173.

Cap. 5 · AÇÃO DECLARATÓRIA DE CONSTITUCIONALIDADE, AÇÃO DE INCONSTITUCIONALIDADE POR OMISSÃO | **521**

que prevê a gratuidade do registro civil de nascimento, do assento de óbito, bem como da primeira certidão respectiva;[22] a ADC 9, que envolvia o racionamento de energia, teve o deferimento do provimento liminar para suspender os arts. 14 e 18 da MP 2.152, com efeitos *ex tunc,* como também ocorreu com o deferimento do provimento liminar na ADC 12, que tratou dos casos de nepotismo, para suspender os efeitos da Resolução 07 do CNJ.

5.1.2.5 Da decisão de mérito na ação declaratória de constitucionalidade: o problema do efeito vinculante decorrente da "ambivalência" constante do art. 24 da Lei 9.868/1999

Neste ponto, a Lei 9.868/1999 tratou em um mesmo capítulo da ação direta de inconstitucionalidade e da ação declaratória de constitucionalidade.[23] O art. 22 estabelece que a decisão, em qualquer das ações, exige a presença na sessão de no mínimo oito Ministros. Efetuado o julgamento, proclamar-se-á a constitucionalidade ou a inconstitucionalidade da disposição ou da norma impugnada se num ou noutro sentido tiverem se manifestado pelo menos seis Ministros, quer se trate de ação direta de inconstitucionalidade ou de ação declaratória de constitucionalidade (art. 23). Proclamada a constitucionalidade, julgar-se-á improcedente a ação direta ou procedente eventual ação declaratória; e, proclamada a inconstitucionalidade, julgar-se-á procedente a ação direta ou improcedente eventual ação declaratória (art. 24).

A discussão da ambivalência das ações diretas de inconstitucionalidade e da ação declaratória de constitucionalidade deveria ter sido mais aprofundada. Se uma é o inverso da outra e não há dúvida acerca da validade da ação direta de inconstitucionalidade, a questão é de se saber o porquê da necessidade de uma expressa ação declaratória.

O assunto parece estar encerrado. De todo modo, vale registrar que um dos argumentos mais fortes utilizados pelos defensores da constitucionalidade da ação declaratória de constitucionalidade é a de que ela é exatamente o oposto da ação direta de inconstitucionalidade, questão que ficou explicitada no art. 24 da Lei 9.868/1999. Creio que a questão não é tão simples assim, até porque não há previsão desse tipo de ação em qualquer ordenamento do mundo. O que existe é a discussão dos efeitos que exsurgem da rejeição da decisão em sede de ação direta de inconstitucionalidade. Não é a mesma coisa, portanto, falar em efeito inverso e a previsão de uma ação específica para declarar a constitucionalidade. Tal circunstância não tem sido devidamente esclarecida no Brasil.

Para registro acadêmico-histórico, lembro que, em Portugal, por exemplo, as decisões improcedentes decorrentes das ações diretas de inconstitucionalidade assumem tão somente uma feição de "não declaração de inconstitucionalidade"; na Suíça, assumem um "caráter puramente negativo", não passando disso, pois. Na Espanha, Itália, Bélgica, Irlanda e Áustria, os provimentos denegatórios em ação direta de inconstitucionalidade (ou as decisões denegatórias em sede de recursos constitucionais) são simplesmente caracterizados como "negação de provimento" da ação ou do recurso.

---

22   Cf. *Informativo STF* 171.

23   Remeto o leitor para o item retro que trata da ação direta de inconstitucionalidade, que complementa a análise acerca do assunto, pela exata razão de que a Lei 9.868/1999 estabeleceu a ambivalência dos efeitos de ambas as ações (ADI e ADC).

Em qualquer das duas variantes, o que os Tribunais não pronunciam é uma declaração "positiva" da "constitucionalidade" da lei ou do ato normativo questionado: o correspondente juízo só de maneira "indireta" poderá resultar da decisão. Especificamente, na Áustria, a rejeição de um pedido de controle de normas apenas reveste força de caso julgado relativamente às dúvidas em concreto manifestadas sobre a constitucionalidade da lei. Assim, a rejeição, embora a sua publicação não tenha eficácia geral, cria efeito de caso julgado não apenas em relação ao requerente, mas também quanto a terceiros. Em contrapartida, outras dúvidas quanto à constitucionalidade de uma lei, ainda não formuladas perante o VfGH (Tribunal Constitucional) num pedido de apreciação de lei ou regulamento, podem ser apresentadas a todo tempo perante o VfGH num outro processo respeitante à mesma norma. A força do caso julgado da decisão de rejeição em processo de apreciação de uma lei ou de um regulamento não impede, assim, uma reapreciação pelo Tribunal Constitucional quando forem apresentadas novas dúvidas ainda não apreciadas sobre a sua constitucionalidade. Na Espanha, a lei prevê que as declarações de negação de provimento produzam um "efeito preclusivo" relativamente à apreciação do mesmo problema de constitucionalidade; na Bélgica, as decisões de rejeição de um recurso de constitucionalidade, no controle abstrato, são obrigatórias para os tribunais no que respeitam à questão decidida.[24]

Há, entretanto, situações e ordenamentos em que essa declaração positiva de conformidade constitucional ou de não inconstitucionalidade tem lugar com mais ênfase. Assim acontece no controle preventivo dos ordenamentos irlandês e francês (mas já não no controle preventivo português).[25] Como informa Medeiros, no direito tedesco, que tem sido utilizado para sustentar a tese da possibilidade de dar efeito vinculante às decisões advindas da ambivalência da ADI-ADC, a força de lei vale, indiscutivelmente, para as decisões de inconstitucionalidade, não sendo, entretanto, pacífico que a mesma conclusão se aplique às decisões de não inconstitucionalidade. Há quem sustente que a declaração da validade de uma norma, ainda que tenha força de caso julgado *inter partes* e efeito vinculante, não tem eficácia *erga omnes*, não impedindo os particulares que não foram partes no anterior processo de questionar ulteriormente a constitucionalidade da norma (Klaus Vogel). E, em 1993, chegou a ser proposto, sem sucesso, limitar no art. 31, abs. 2, a força de lei às decisões que declaram a nulidade ou a incompatibilidade de uma norma com a Lei Fundamental (Mauz/Schmidt-Bleibtreu/F.Klein/Ulsamer). Outros autores, ao revés, admitem que essas decisões também beneficiam com força de lei (ou de força de caso julgado *erga omnes*). Só que, mesmo de acordo com esse entendimento, os limites temporais do caso julgado relativizam a vinculação (Hans Brox). Com efeito, nesse domínio, o *Bundesverfassungsgericht* reconhece amplamente a existência de limites temporais à vinculação adveniente da

---

[24] Cf. CARDOSO DA COSTA, José Manuel M. A justiça constitucional no quadro das funções do Estado, op. cit., p. 41 e ss.; OBERNDORFER, Peter. A justiça constitucional no quadro das funções estaduais, op. cit., p. 170 e ss.

[25] Como delineado no decorrer da obra, o controle preventivo português não admite efeito vinculante da decisão que, em sede de fiscalização preventiva, dá azo a uma decisão de não pronúncia de constitucionalidade. Ou seja, essa decisão de não pronúncia não impede, formal e materialmente, que, mais tarde, essa mesma lei venha a ter pronunciada a sua inconstitucionalidade.

Cap. 5 · AÇÃO DECLARATÓRIA DE CONSTITUCIONALIDADE, AÇÃO DE INCONSTITUCIONALIDADE POR OMISSÃO | **523**

declaração de constitucionalidade anteriormente proferida (Jochen Frowein).[26] Registre-se, desse modo, que, assim como não é nem um pouco pacífica a tese do efeito vinculante nas decisões em sede de interpretação conforme no direito alienígena – questão que já foi explicitada anteriormente –, também não é pacífica a ambivalência (efeito inverso) da declaração de inconstitucionalidade nos países europeus.

Não há dúvida, pois, que as decisões que declaram a inconstitucionalidade – em sede de controle concentrado pelo Supremo Tribunal Federal – devem ter efeito vinculante, questão que não recebe exceção em nenhum país.[27] Afinal, a retirada da validade de uma lei não permite que essa mesma lei volte a ser aplicada ou até mesmo venha a ser reproduzida pelo legislador. A exceção que se põe à reprodução do texto decorre da temporalidade. Ou seja, não há como contestar que as decisões em sede de ação direta de inconstitucionalidade vinculem o sistema como um todo.

Pode-se admitir, também, embora com seríssimas ressalvas hermenêuticas, que a decisão de ação declaratória de constitucionalidade tenha esse mesmo efeito. O que é difícil de admitir é que a ação declaratória, mormente em sede de cautelar, tenha o condão de avocar todos os processos em andamento. Essa prerrogativa não consta no texto constitucional. Mais do que isso: se admitido o fato de que, consoante o art. 21 da Lei 9.868/1999, em sede de ação declaratória de constitucionalidade, e cautelarmente, todos os processos possam ser suspensos, e em havendo a ambivalência entre a ADI e a ADC,

---

[26] Consultar MEDEIROS, Rui. *A decisão de inconstitucionalidade*, op. cit., p. 775, citando VOGEL, Klaus. Rechtkraft und Gesetzeskraft der Entscheidungen des Bundesverfassungsgerichts. *Bundesverfassungsgericht und Grundgesetz I.* Tübingen: Mohr, 1976. p. 614 e ss.; MAUZ/SCHMIDT-BLEIBTREU/F.KLEIN/ULSAMER, op. cit., p. 26; BROX, Hans. Zur Zulässigkeit der erneuten Überprüfung einer Norm durch das Bundesverfassungsgericht. *Festschrift für Willi Geiger zum 65. Geburtstag.* Tübingen: Mohr, 1974. p. 698-699; FROWEIN, Jochen. Änderungen der Rechtsprechung des Bundesverfassungsgerichts als Rechtsproblem. *DÖV*, 1971, p. 794-795.

[27] Em posição contrária, Alexandre Freitas Câmara entende que as decisões de mérito proferidas nos processos de controle direto da constitucionalidade, instaurados por força do ajuizamento de ADI ou de ADC, não possuem eficácia vinculante. O sistema processual brasileiro faz com que se produza coisa julgada *erga omnes* nos processos de controle direto da constitucionalidade das leis e atos normativos. Esse sistema, segundo Câmara, é incompatível com a eficácia vinculante dos precedentes. Tais decisões ficam cobertas pela *auctoritas rei judicatae*, que se produz *erga omnes*, e é só – cf. CÂMARA, Alexandre Freitas. A coisa julgada no controle direto de constitucionalidade. In: SARMENTO, Daniel (org.). *O controle de constitucionalidade e a Lei 9.868/1999.* Rio de Janeiro: Lumen Juris, 2001. p. 3-20. Concordo com o autor no que se refere aos efeitos da ação declaratória de constitucionalidade, que não pode ter efeito vinculante, pelas mesmas razões que uma decisão de interpretação conforme a Constituição não pode ter esse efeito. *Entretanto, discordo de Alexandre Câmara no que concerne aos efeitos da ADI.* Tenho que toda decisão que declara a inconstitucionalidade de uma lei traz ínsita – porque lhe é imanente – a eficácia vinculante. A decisão que declara a inconstitucionalidade do ato normativo nulifica esse ato, isto é, hermeneuticamente ocorre um processo de nadificação do texto. Não existindo mais o texto – sem entrar, porque não é necessário, uma vez que não altera a problemática, a questão relacionada à modalização dos efeitos produzidos pelo art. 27 da nova Lei –, esta não pode mais ser aplicada. Se o for, o remédio deve ser a reclamação. Ou seja, decisão que pronuncie a inconstitucionalidade de uma lei deve ter caráter obrigatório pela simples razão de que é impossível aplicar uma lei que não mais existe no mundo jurídico.

qual a razão de não conceder o mesmo efeito em decisão cautelar a ser proferida em ação direta de inconstitucionalidade? É evidente que essa sobrevalorização da ação declaratória decorre das próprias razões de sua implantação e, antes da EC 45/2004, do número restrito de legitimados.

De efetivo, tem-se que a possibilidade de suspensão dos processos decorre de um dos objetivos da ADC, que é evitar/abreviar litígios sobre certas leis federais ou atos normativos federais – geralmente que o Poder Público considera constitucionais. A razão de ser de tal possibilidade, sem enveredar para aspectos mais críticos, reside num dos requisitos da ADC, segundo a Lei 9.868/1999, que é a existência de controvérsia relevante no Poder Judiciário, requisito inexistente na ADI. Se a controvérsia é requisito para a admissão da ADC, eventual medida cautelar, para se justificar, deverá versar sobre a controvérsia judicial. A controvérsia é requisito objetivo para a admissão da ADC. É que, para se admitir que uma lei federal ou ato normativo federal que já tem presunção de constitucionalidade tenha tal presunção confirmada pelo STF, deve haver um perigo, um abalo para a "ordem jurídica", consistente na controvérsia. Superado esse obstáculo (de admissão), o critério de julgamento é igual ao da ADI, e por isso a ambivalência. Descritivamente, é essa a questão. De todo modo, não deixa de ser curiosa a necessidade de se ter um mecanismo para, até mesmo de forma cautelar, "afirmar" algo que é a regra de uma lei votada democraticamente: a sua constitucionalidade.

O sistema brasileiro acaba sendo extremamente complexo, como se a cada vez o Estado viesse a se proteger mais de "seus inimigos". Esses mecanismos todos foram criados nitidamente para resguardar o interesse público. À primeira vista, isso deve ser elogiado, se vislumbrarmos a problemática a partir de um Estado promovedor, típico do Estado Providência. Ocorre que a Constituição brasileira avança para além dos pressupostos interventivos da fórmula mais tradicional de *welfare state*. Trata-se de um Estado Democrático de Direito, um *plus* em relação ao Estado Social.

Assim, admitida pela Lei 9.868/1999 a possibilidade de efeito vinculante e eficácia (efeito) *erga omnes* em sede de ação direta de inconstitucionalidade e em ação declaratória de constitucionalidade, o estranhável são os efeitos reversos. Como já se viu à saciedade, não é absolutamente pacífica no direito comparado a possibilidade de que uma decisão de rejeição (não pronúncia) de inconstitucionalidade tenha os mesmos efeitos de uma ação de pronúncia de nulidade da lei, havendo países que rejeitem essa possibilidade.

Desse modo, embora se possa aceitar – com reservada cautela e ressalvas de índole constitucional – que a decisão de rejeição de ação declaratória de constitucionalidade se transforme em declaração de inconstitucionalidade, é razoável afirmar que se torna problemático aceitar que, em sede de ação direta de inconstitucionalidade, a decisão de rejeição se transforme em uma decisão declaratória de constitucionalidade. Por outro lado, entendo ser de discutível constitucionalidade que a decisão de rejeição da ação direta de inconstitucionalidade possa ter os efeitos pretendidos pelo art. 28 da Lei 9.868/1999.

Por isso, a interpretação desse dispositivo exige uma reflexão cuidadosa. Em tese, muito embora a absoluta anomalia representada pela ação declaratória de constitucionalidade em nosso direito, incompatível com o sistema de controle de constitucionalidade adotado explicitamente pelo constituinte de 1988, além de não ter qualquer respaldo na

Cap. 5 • AÇÃO DECLARATÓRIA DE CONSTITUCIONALIDADE, AÇÃO DE INCONSTITUCIONALIDADE POR OMISSÃO | **525**

tradição constitucional comparada, poder-se-ia aceitar que, julgada improcedente a ação declaratória de constitucionalidade, disso defluiria que a lei é inconstitucional.[28]

Não se torna mais possível, pois, continuar a aplicar uma lei que o Supremo Tribunal Federal afirmou, em composição plenária, que é inconstitucional. O problema surge quando uma ação direta de inconstitucionalidade é julgada improcedente. Pelo conteúdo do art. 28 da Lei 9.868/1999, deve-se entender que tal decisão declara o ato normativo constitucional. Ora, como já referido, há uma nítida diferença entre a ADC e a ADI. A improcedência de uma ação direta de inconstitucionalidade não pode ter o condão de ser equiparada a uma declaração de constitucionalidade feita nos moldes próprios que assume a ação declaratória, uma vez que, enquanto para a ADI não se exige a prova de controvérsia anterior, na ADC, a exigência da comprovação da relevância dá a essa um feitio bem diferenciado.

Não fosse assim, bastaria que se propusesse uma ação direta de inconstitucionalidade que, fadada (de antemão) ao insucesso, alcançaria o efeito inverso, isto é, de uma declaração de constitucionalidade, mesmo sem a existência de qualquer controvérsia relevante. Esse é um dos graves problemas que exsurgem da assim denominada "ambivalência" existente entre as ações diretas de inconstitucionalidade e declaratórias de constitucionalidade. Desse modo, é absolutamente razoável afirmar que o efeito vinculante de que fala a Lei em seus diversos dispositivos não se aplica aos casos de ação direta de inconstitucionalidade julgada improcedente, sendo aconselhável que o Supremo Tribunal Federal, nesse caso, faça uma interpretação restritiva dos arts. 24 e 28, parágrafo único, da Lei 9.868/1999.

Mas não foi isso que fez o Supremo Tribunal Federal. Com efeito, em julgamento realizado no dia 6 de novembro de 2002, o Tribunal enfrentou a problemática relaciona-da ao dúplice efeito da ADC e da ADI e o respectivo efeito vinculante. De fato, assim se pronunciou o STF:

> "1. Concluindo o julgamento de questão de ordem em agravo regimental interposto contra decisão do Min. Maurício Corrêa, relator – que não conhecera de reclamação ajuizada pelo Município de Turmalina-SP em que se pretendia ver respeitada a decisão proferida pelo STF na ADI 1.662/SP por falta de legitimidade ativa *ad causam* do reclamante –, o Tribunal, por maioria, decidiu que todos aqueles que forem atingidos por decisões contrárias ao entendimento firmado pelo STF no julgamento de mérito proferido em ação direta de inconstitucionalidade sejam considerados como parte legítima para a propositura de reclamação, e declarou a constitucionalidade do parágrafo único do art. 28 da Lei 9.868/1999.
>
> Considerou-se que a ADC consubstancia uma ADI com sinal trocado e, tendo ambas caráter dúplice, seus efeitos são semelhantes. Vencidos os Ministros Moreira Alves, Ilmar Galvão e Marco Aurélio, que declaravam a inconstitucionalidade do mencionado dispo-sitivo por ofensa ao princípio da separação de Poderes (Lei 9.868/1999, art. 28, parágrafo único: 'A declaração de constitucionalidade ou de inconstitucionalidade, inclusive a interpretação conforme a Constituição e a declaração parcial de inconstitucionalidade

---

[28] Admite-se, *ad argumentandum tantum*, essa questão, uma vez que, insisto, considero a ação decla-ratória de constitucionalidade absolutamente anômala, incompatível com o sistema de controle de constitucionalidade adotado nos principais países do mundo.

sem redução de texto, têm eficácia contra todos e efeito vinculante em relação aos órgãos do Poder Judiciário e à Administração Pública federal, estadual e municipal').[29]

2. Prosseguindo no julgamento do agravo regimental acima mencionado, o Tribunal, por maioria, a ele deu provimento para determinar o processamento da reclamação ajuizada em face do desrespeito à decisão de mérito da ADI 1.662/SP, assentando a legitimidade do requerente. O Tribunal, por maioria, reservou-se para examinar, quando necessário para o julgamento da causa, a questão sobre a extensão do efeito vinculante às medidas liminares em ação direta de inconstitucionalidade. Vencidos, parcialmente, os Ministros Maurício Corrêa, Ellen Gracie e Carlos Velloso, que proviam o agravo para assentar legitimidade e também o não cabimento da reclamação quando em jogo o descumprimento de medida liminar deferida em ação direta de inconstitucionalidade e a possibilidade de o próprio relator julgar a reclamação. Vencido, totalmente, o Min. Marco Aurélio, que desprovia o agravo por entender que o Município agravante não é parte legítima para ajuizar reclamação, já que o ato objeto da ADI 1.662/SP foi editado pelo TST e o ato que se impugna é do TRT."[30]

Como se pode perceber, o Supremo Tribunal Federal não alcançou unanimidade na apreciação da matéria do dúplice efeito e do efeito vinculante. Votaram pela inconstitucionalidade os Ministros Marco Aurélio, Moreira Alves e Ilmar Galvão, considerando que a previsão legislativa de efeito vinculante ofendia o princípio da separação de poderes. Com razão os Ministros que votaram vencidos. Se o efeito vinculante já por si é problemático, devendo ser admitido apenas para decisões que declaram a inconstitucionalidade de um texto jurídico (porque nulificam/nadificam aquela disposição legal), a conjugação do efeito vinculante com o efeito reverso ou dúplice das ADIs e ADCs (a rejeição de uma ADI transforma-se em uma ADC e a rejeição da ADC transforma-se em uma ADI) é ainda mais grave.

Nesse sentido, pela proximidade do sistema de controle de constitucionalidade de Portugal com o do Brasil, uma vez que em ambos os países o controle é misto (concentrado e difuso), calha trazer à colação o pensamento de Canotilho,[31] na recente edição de seu *Teoria da constituição*, na parte destinada às "sentenças de rejeição de inconstitucionalidade".

Com efeito, diz o mestre de Pinhal que "a decisão do Tribunal Constitucional pode ser uma sentença de 'rejeição' ou de 'acolhimento' do pedido de declaração de inconstitucionalidade. A Constituição regula expressamente os efeitos das sentenças de 'acolhimento', mas não contém preceito algum sobre os efeitos das sentenças de rejeição da inconstitucionalidade. Do articulado constitucional não se deduzem elementos suficientes para a configuração, como caso julgado, da sentença de rejeição. Não há, pois, que equiparar as decisões do Tribunal Constitucional que declarem a inconstitucionalidade de uma norma com as decisões que não a *declaram*. Estas não têm, por conseguinte, efeito preclusivo, pois não impedem que o mesmo ou outro requerente venha de novo a solicitar ao TC a apreciação da constitucionalidade da norma anteriormente não declarada inconstitucional. A solução é, de resto, a única defensável quando se coloca o problema em termos jurídico-constitucionais e jurídico-dogmáticos. Desde logo, enquanto a declaração de

---

[29]   Rcl (AgRg-QO) 1.880/SP, rel. Min. Maurício Corrêa, 06.11.2002.

[30]   Rcl (AgRg-QO) 1.880/SP, rel. Min. Maurício Corrêa, 07.11.2002.

[31]   Cf. Canotilho, J. J. Gomes. *Direito constitucional e teoria da Constituição*, op. cit., p. 993-994.

Cap. 5 · AÇÃO DECLARATÓRIA DE CONSTITUCIONALIDADE, AÇÃO DE INCONSTITUCIONALIDADE POR OMISSÃO | **527**

inconstitucionalidade determina a nulidade *ipso jure*, eliminando a possibilidade de recursos por via incidental, a '*não não declaração*' carece de quaisquer efeitos purgativos, sendo admissível a repropositura de uma ação direta (fiscalização abstrata) por outras entidades, constitucionalmente legitimadas, e a interposição de recursos em via incidental. Por outro lado, a fiscalização abstrata de normas não tem qualquer caráter contraditório nem supõe um 'efeito concreto' submetido a julgamento, motivo pelo qual não se pode falar, em rigor, de força de caso julgado da decisão de não declaração; mesmo no caso de declaração de inconstitucionalidade, a questão não pode ser novamente apreciada sobretudo pelo fato de que as normas deixaram de vigorar (Ac. TC 85/85). A decisão de não declaração constitui, deste modo, uma interpretação da norma conforme a Constituição, o que não impede vir o tribunal, em momentos posteriores, por via de controlo abstrato ou através de recursos por incidente defender outra interpretação da norma em debate".

De forma incisiva, Canotilho atinge o cerne da controvérsia, ressaltando um ponto que não deve ser olvidado, que é o da vinculação do ordenamento jurídico português e do brasileiro ao sistema romano-germânico: "Se uma decisão de não declaração de inconstitucionalidade tivesse força de caso julgado, significaria isso que se estava a consagrar, entre nós, a regra do *stare decisis* ou da vinculação a precedentes judiciais, regra esta estranha ao nosso direito e só admissível quando estabelecida através de processos constitucionalmente reconhecidos".

Demonstrando a firmeza da tese, o também português Nunes de Almeida[32] vai dizer que, ao contrário das decisões de pronúncia de inconstitucionalidade, "as decisões de não inconstitucionalidade apenas fazem *caso julgado formal*, porquanto nem sequer têm força de caso julgado material, na medida em que não impedem que o mesmo requerente volte a solicitar ao Tribunal a apreciação da constitucionalidade da norma anteriormente não declarada inconstitucional. Com efeito, o Tribunal tem afirmado sem equívocos que 'as únicas decisões capazes de precludirem a possibilidade de nova apreciação judicial da constitucionalidade de uma norma são as que, sendo proferidas em sede de fiscalização abstrata sucessiva, declaram a sua inconstitucionalidade' (ac. TC 66/84) e que, 'no caso de acórdãos que não se pronunciam pela inconstitucionalidade, o Tribunal não fica impedido de voltar a pronunciar-se sobre a mesma matéria, quer o acórdão tenha sido produzido em fiscalização preventiva, quer também o tenha sido em fiscalização sucessiva'".

Em arremate, o mesmo autor sustenta que "tais afirmações assentam na convicção de que tal decorre diretamente da natureza do controlo da constitucionalidade, que consiste em apreciar e declarar (ou não) a inconstitucionalidade, e não em declarar a constitucionalidade, e de que, por isso, as únicas decisões do Tribunal em matéria de controlo da constitucionalidade que impedem que a questão venha a ser novamente apreciada são as que, em fiscalização sucessiva abstrata, declarem a inconstitucionalidade; mas aí pela simples razão de que então as normas deixam de vigorar, desaparecendo, portanto, a possibilidade de virem a ser de novo fiscalizadas".

---

[32] Cf. NUNES DE ALMEIDA, Luis. A justiça constitucional no quadro das funções do Estado. *Boletim do Ministério da Justiça* (separata), Lisboa, Gabinete de Documentação e Direito Comparado, 1987, p. 134.

Agregue-se, por fim, que, no plano hermenêutico, há uma nítida diferença entre declarar a nulidade de uma lei, isto é, retirá-la do ordenamento, e declarar que essa mesma lei é válida. Os âmbitos são distintos. A expunção da lei impedirá a reconstrução, de qualquer modo, do texto nulificado, questão que não encontra resistência em qualquer sistema jurídico. Embora possa o Tribunal ter rejeitado um dos sentidos atribuídos à lei, a nulificação da lei tem caráter expunsivo. Nada resta da lei no sistema. O mesmo não acontece na sentença que rejeita a inconstitucionalidade. Por isso, há que se ressaltar que, quando o Tribunal rejeita a inconstitucionalidade, recusa um determinado sentido atribuído na ação pelo autor. É cediço que um texto normativo admite vários sentidos, que surgem em contextos diversos. Afastar esse sentido significa dizer, tão somente, que a lei não é inconstitucional por aquele fundamento.

Contrariamente a isso, esse fundamento não pode abarcar, automaticamente, de forma vinculativa, como decisão invertida, os demais sentidos que esse texto possui, até porque o texto normativo infraconstitucional pode ser confrontado com outros dispositivos da Constituição. Como bem assevera Canotilho, ao se referir ao problema das decisões de não provimento de inconstitucionalidade nos recursos constitucionais, os textos normativos podem ser inconstitucionais sob outros pontos de vista não considerados pelo Tribunal, porque sobre esses não incidiu qualquer dedução em juízo, com o que, em consequência, o texto normativo se torna suscetível de vir a ser considerado inconstitucional por outros motivos e pode até acontecer que, sobre idêntica questão, o Tribunal proceda, noutros casos, ao reexame dos argumentos, concluindo pela irregularidade dos preceitos constitucionais, julgados, num primeiro momento, conformes com a Constituição.[33]

Não se olvide que um texto normativo tem presunção de constitucionalidade. Daí a importância da interpretação conforme a Constituição. Uma declaração de constitucionalidade, mormente exsurgente de uma decisão *contrario sensu* em sede de rejeição de ação direta de inconstitucionalidade, terá o condão de impedir, dali para frente, o uso da interpretação conforme e a nulidade parcial sem redução de texto.

Dito de outro modo, a Lei 9.868/1999 incide em uma contradição, ao admitir, expressamente, a possibilidade de interpretação conforme a Constituição e a nulidade parcial sem redução de texto, e, ao mesmo tempo, impõe a ambivalência das ações diretas de inconstitucionalidade e declaratórias de constitucionalidade. Parece que o anseio de produzir fórmulas para desafogar o sistema do excesso de demandas produziu certa ilogicidade no próprio sistema.

Repita-se, por derradeiro, a pergunta que não quer calar: se há uma ambivalência entre ambas as ações, e se uma é o reverso da outra, por que a necessidade da criação da ação declaratória? Se se permitir, aqui, um raciocínio lógico, pode-se dizer que, se de uma afirmação se pode tirar uma negação, é ela que é "ambivalente"; já duas coisas que, positiva e negativamente, chegam às mesmas conclusões, ou são desnecessárias ou são coisas diferentes; ou, de outro modo, e dizendo a mesma coisa, se uma proposição afirma algo de forma negativa, e, no seu reverso, a afirma positivamente, é porque é uma coisa só; não

---

[33] Cf. Canotilho, J. J. Gomes. *Direito constitucional e teoria da Constituição*, op. cit., p. 974.

Cap. 5 · AÇÃO DECLARATÓRIA DE CONSTITUCIONALIDADE, AÇÃO DE INCONSTITUCIONALIDADE POR OMISSÃO | **529**

há necessidade, pois, de duas coisas que afirmem e neguem a mesma coisa. Se, entretanto, de fato há duas, uma não pode ser o reverso da outra pela simples razão de que uma não é a outra. É preciso dizer mais?

5.1.3 Síntese da problemática gerada pelo efeito vinculante constante na ADC, na decisão que rejeita a ADI, na interpretação conforme e na nulidade parcial sem redução de texto. A eficácia *erga omnes* e a coisa julgada (formal e material)

De tudo o que foi dito, é possível afirmar que – *lato sensu* – há dois tipos de decisões em sede de controle concentrado de constitucionalidade: as *decisões de* acolhimento (parcial ou total) de inconstitucionalidade e as decisões de rejeição de inconstitucionalidade (parcial ou total). As decisões de acolhimento, de um modo ou de outro, declaram a inconstitucionalidade do texto: as de acolhimento total, nadificam o texto; as de acolhimento parcial quantitativas, nadificam parte do texto legal (nulidade parcial com redução de texto); as decisões de acolhimento parcial qualitativas expungem um dos sentidos do texto, sem, no entanto, alterá-lo formalmente (nulidade parcial sem redução de texto). Já as decisões de não acolhimento (rejeição) da inconstitucionalidade são decisões que, de um modo ou de outro, positivam o texto no sistema, a partir de uma norma emanada pelo Tribunal. Enquadram-se nesse contexto as decisões de interpretação conforme a Constituição, as decisões que rejeitam a inconstitucionalidade em sede de controle preventivo (por exemplo, no direito português), as decisões que declaram a constitucionalidade de um texto (é o caso da ADC brasileira, único no mundo), as decisões que rejeitam, *stricto sensu*, as ações diretas de inconstitucionalidade (Lei 9.868/1999) e as decisões decorrentes de simples não pronúncia de inconstitucionalidade e as de apelo ao legislador (direito alemão, seguido em vários países). Não discuto aqui a decisão de rejeição em sede da anômala, exótica e inconstitucional ADC, pelas razões já expostas anteriormente. Tal decisão, conforme a Lei 9.868/1999, pelo seu caráter ambivalente, transforma uma ADC rejeitada em uma ADI.

Discutiu-se, no decorrer destas reflexões, o alcance e os efeitos de tais decisões. É hora de um breve complemento. Mais do que isso, resta refletir acerca da aplicabilidade/importação de teses advindas do direito alienígena para o direito brasileiro, em face de suas peculiaridades. De pronto, é necessário referir que a questão do efeito vinculante – transformado no Brasil em panaceia para a cura dos males da disfuncionalidade do sistema – não tem sequer uma definição clara em relação à diferenciação com as noções de eficácia/efeito *erga omnes*, força de caso julgado e força obrigatória de lei, por exemplo, bem como a relação recíproca/complementar que existe entre tais noções. Mais do que isso, a ideia do efeito vinculante enfrenta outro problema: o que é vinculativo? Essa questão já foi abordada anteriormente.

Parece não restar dúvida, de todo modo – e isso já deixei assentado à exaustão anteriormente –, que o efeito vinculante se aplica às decisões que, de alguma maneira, acolhem um pedido de declaração de inconstitucionalidade. Tais decisões têm "força de lei", e o ato do Tribunal tem eficácia *erga omnes* (*Allgemeinenwirkung*). Há, pois, efeitos gerais, em face de o ato normativo ter sido expungido/nulificado/nadificado. É o que se chama de "competência rejeitativa" (*Verwerfungskompetenz*) do Tribunal habilitado para declarar a inconstitucionalidade de uma norma. Concordando com Rui Medeiros[34], pode-se dizer até mesmo que o caráter objetivo ínsito aos processos de controle concentrado não tem o condão de impedir a aplicação da figura do caso julgado material à decisão que expunge o texto normativo do sistema.

Por isso, a declaração de inconstitucionalidade tem "força obrigatória geral". Todos os órgãos e agentes públicos (*lato sensu*) estão vinculados, devendo conformar-se com o sentido nulificado do texto, isso porque, sobre o nada, nada pode ser dito e nada se pode fazer. Além disso, a força obrigatória geral (que nada mais é do que a eficácia *erga omnes*, que pode ser denominada também de efeito vinculante *lato sensu*)[35] vale também em relação aos particulares que não podem contestar jurisdicionalmente a decisão do Tribunal ou buscar uma decisão que envolva um juízo sobre a constitucionalidade ou aplicabilidade da lei incompatível com o sentido da declaração de inconstitucionalidade.

É nesse sentido que Medeiros vai dizer que a eficácia *erga omnes* da declaração de inconstitucionalidade tem plena razão de ser. A força obrigatória geral pretende, no fundo, atribuir à declaração força ou vinculatividade paralela à da norma controlada (Karl August Bettermann). A força obrigatória geral da declaração de inconstitucionalidade é uma consequência do objeto da declaração: a norma contém uma regulamentação geral e abstrata, e, por isso, a consequente declaração de inconstitucionalidade deve atingir as mesmas situações e pessoas abrangidas pela norma em causa (Norbert Wischermann, Detlef Merten e Hermann Kerbusch). Daí que, acrescenta o professor lusitano, mesmo quando se fala, ainda que impropriamente, em força de lei, há quem sublinhe justamente que a declaração de inconstitucionalidade tem o valor, não já da norma constitucional que serve de parâmetro – força de lei não é força de Constituição (Pestalozza) –, mas, sim, da norma que é objeto de apreciação, e, por isso, a sua posição pode variar.[36] Tenho, assim, que não resta dúvida em relação ao fato de que a eficácia *erga omnes* da decisão que declara a inconstitucionalidade é perfeitamente compatível com a tese da "autoridade de caso julgado".

De acrescentar que, no confronto da discussão sobre o efeito vinculante e da força obrigatória geral de decisão que declara a inconstitucionalidade de um texto normativo, parece razoável sustentar que não adquire importância a motivação utilizada pelo Tribunal para expungir o texto do sistema. Isso porque ocorreu a "nadificação". Não se fala, neste caso, de motivos determinantes. Para esse propósito, remeto o leitor à discussão acerca das peculiaridades do sistema romano-germânico em relação às do *common law*, que se utiliza dos precedentes, exatamente por não possuir mecanismos de controle concentrado de constitucionalidade. Além disso, em termos hermenêuticos, é preciso lembrar que um texto sempre se refere a algo. Logo, a própria expunção desse texto inexoravelmente terá relação com os entes (que não estão dispersos no mundo, sem o ser) aos quais se refere.

---

[34] Cf. MEDEIROS, Rui. *A decisão de inconstitucionalidade*, op. cit., p. 769-770.

[35] O efeito vinculante obriga os tribunais e a administração, gerando, pois, uma eficácia *erga omnes stricto sensu*; já a eficácia *erga omnes* é um efeito vinculante *lato sensu*, porque atinge inclusive os particulares.

[36] Cf. MEDEIROS, Rui. *A decisão de inconstitucionalidade*, op. cit., p. 800-801.

Cap. 5 · AÇÃO DECLARATÓRIA DE CONSTITUCIONALIDADE, AÇÃO DE INCONSTITUCIONALIDADE POR OMISSÃO | 531

Em síntese: o texto expungido, por não gerar mais efeitos, torna irrelevante a discussão acerca das motivações que geraram o processo de nadificação.

Outra discussão tem relação com a vinculação ou não do legislador à decisão que declara a inconstitucionalidade do texto normativo. Tenho que, à luz da hermenêutica aqui utilizada como matriz teórica, essa vinculação não se sustenta.[37] Com efeito, assim como a positivação de um texto não pode ter efeito vinculante, porque destemporaliza, e, portanto, petrifica o sentido positivado, do mesmo modo até mesmo a nulificação do texto não pode, eternamente, vincular o legislador. As alterações sociais (sempre histórico-temporais) podem produzir circunstâncias (contingências) que levem à conclusão de que um texto, hoje inconstitucional *in totum* – uma vez reproduzido pelo legislador tempos depois –, possa a ser considerado compatível com a Constituição.

Como já referido, hermeneuticamente tem-se que o tempo é o nome do ser. O tempo é condição de possibilidade para conhecer. Assim, se um texto normativo hoje é considerado constitucional (não podendo igualmente esse sentido ser eternizado, sendo possível seu questionamento, questão aceita, inclusive, por Gilmar Mendes), uma declaração de inconstitucionalidade também não pode vincular *ad eternum* o Poder Legislativo. Concordo inteiramente com Medeiros,[38] quando afirma que "a impossibilidade de renovação do ato colocaria o legislador numa posição de clara subalternidade em face do Tribunal Constitucional. A aceitação deste limite negativo à atuação do legislador transformaria a relação bilateral Constituição-lei numa relação trilateral Constituição-sentença-lei, em que o parâmetro positivo da Constituição seria mediado pela declaração jurisdicional de inconstitucionalidade. E, como se isso não bastasse, afastaria o legislador, legitimado democraticamente, do processo de interpretação e atuação da Constituição".

É evidente, por outro lado, que a possibilidade de o legislador aprovar uma lei já declarada inconstitucional vai depender, explícita e especificamente, de mudanças sociais, nas quais o processo de mutação constitucional apareça de forma muito bem materializada. Nesse ponto, assume lugar cimeiro a necessidade da construção de uma

---

[37] Nesse sentido veja-se recente decisão do STF: "Reclamação. Pretendida submissão do Poder Legislativo ao efeito vinculante que resulta do julgamento, pelo Supremo Tribunal Federal, dos processos de fiscalização abstrata de constitucionalidade. Inadmissibilidade. Consequente possibilidade de o legislador editar lei de conteúdo idêntico ao de outro diploma legislativo declarado inconstitucional, em sede de controle abstrato, pela Suprema Corte. Inviabilidade de utilização, nesse contexto, do instrumento processual da reclamação como sucedâneo de recursos e ações judiciais em geral. Reclamação não conhecida. O efeito vinculante e a eficácia contra todos (*erga omnes*), que qualificam os julgamentos que o Supremo Tribunal Federal profere em sede de controle normativo abstrato, incidem, unicamente, sobre os demais órgãos do Poder Judiciário e os do Poder Executivo, não se estendendo, porém, em tema de produção normativa, ao legislador, que pode, em consequência, dispor, em novo ato legislativo, sobre a mesma matéria versada em legislação anteriormente declarada inconstitucional pelo Supremo, ainda que no âmbito de processo de fiscalização concentrada de constitucionalidade, sem que tal conduta importe em desrespeito à autoridade das decisões do STF. Doutrina. Precedentes. Inadequação, em tal contexto, da utilização do instrumento processual da reclamação" (Rcl 5.442-MC/PE).

[38] Idem.

tradição jurídico-constitucional eivada de autenticidade (no sentido gadameriano), que informe a comunidade jurídico-política acerca da possibilidade dessa "reapreciação de validade". Não se pode olvidar que o Poder Legislativo está subordinado à Constituição. Mais ainda, alterações na composição das Cortes Constitucionais acarretam – e isso é frequente – mudanças nos posicionamentos, mormente quando a maioria que declarou a inconstitucionalidade não foi acachapante. Além disso, os Tribunais podem errar e sofrer injunções de vários matizes, sem considerar que os Tribunais não estão vinculados aos seus próprios precedentes.[39] O mesmo raciocínio, e isso parece elementar, é válido para as decisões que rejeitem a inconstitucionalidade, que não podem sequer vincular os demais órgãos do Judiciário, nem – conforme já referido – o próprio Tribunal Maior.

Eis aqui uma diferença fundamental entre as decisões que acolhem a inconstitucionalidade e as que a desacolhem: as primeiras fazem coisa julgada material; as segundas têm força meramente de coisa julgada formal, não impedindo sequer que o mesmo requerente solicite novamente a apreciação da inconstitucionalidade do texto normativo anteriormente "declarado" (*sic*) constitucional. Duas razões podem ser elencadas em favor dessa tese, a partir das lições de Rui Medeiros, Miguel Galvão Teles, Ferreira de Almeida e García de Enterría: primeiro, a eficácia geral da declaração de constitucionalidade impediria que,

---

[39] Interessante exemplo disso é a alteração do entendimento do STF sobre sua competência em matéria de *habeas corpus*, contrário, inclusive, ao enunciado da Súmula 690, atualmente cancelada ("Compete originariamente ao Supremo Tribunal Federal o julgamento de *habeas corpus* contra decisão de Turma Recursal de Juizados Especiais Criminais"). Veja-se os seguintes julgados: "Tendo em vista que o Supremo Tribunal Federal, modificando sua jurisprudência, assentou a competência dos Tribunais de Justiça estaduais para julgar *habeas corpus* contra ato de Turmas Recursais dos Juizados Especiais, impõe-se a imediata remessa dos autos à respectiva Corte local para reinício do julgamento da causa, ficando sem efeito os votos já proferidos. Mesmo tratando-se de alteração de competência por efeito de mutação constitucional (nova interpretação à Constituição Federal), e não propriamente de alteração no texto da Lei Fundamental, o fato é que se tem, na espécie, hipótese de competência absoluta (em razão do grau de jurisdição), que não se prorroga. Questão de ordem que se resolve pela remessa dos autos ao Tribunal de Justiça do Distrito Federal e dos Territórios, para reinício do julgamento do feito" (HC 86.009-QO); "Quanto ao pedido de análise do aduzido cerceamento de defesa em sede de *habeas corpus*, ressalto que a Súmula 690/STF não mais prevalece a partir do julgamento pelo Pleno do HC 86834/SP, relatado pelo Rel. Ministro Marco Aurélio (DJ em 9.3.2007), no qual foi consolidado o entendimento de que compete ao Tribunal de Justiça ou ao Tribunal Regional Federal, conforme o caso, julgar *habeas corpus* impetrado contra ato praticado por integrantes de Turmas Recursais de Juizado Especial" (ARE 676.275 AgR, rel. Min. Gilmar Mendes, 2ª Turma, j. 12.6.2012, *DJe* 01.8.2012); "*Habeas corpus*: conforme o entendimento firmado a partir do julgamento do HC 86.834 (Pl, 23.6.06, Marco Aurélio, Inf. 437), que implicou o cancelamento da Súmula 690, compete ao Tribunal de Justiça julgar *habeas corpus* contra ato de Turma Recursal dos Juizados Especiais do Estado" (HC 90.905 AgR, rel. Min. Sepúlveda Pertence, 1ª Turma, j. 10.04.2007, *DJe* 11.05.2007); "Competência – *Habeas corpus* – Definição. A competência para o julgamento do *habeas corpus* é definida pelos envolvidos – paciente e impetrante. Competência – *Habeas corpus* – Ato de Turma Recursal. Estando os integrantes das Turmas Recursais dos juizados especiais submetidos, nos crimes comuns e nos de responsabilidade, à jurisdição do Tribunal de Justiça ou do Tribunal Regional Federal, incumbe a cada qual, conforme o caso, julgar os *habeas* impetrados contra ato que tenham praticado" (HC 86834, rel. Min. Marco Aurélio, Tribunal Pleno, j. 23.08.2006, *DJ* 09.03.2007).

Cap. 5 · AÇÃO DECLARATÓRIA DE CONSTITUCIONALIDADE, AÇÃO DE INCONSTITUCIONALIDADE POR OMISSÃO | **533**

por uma evolução da interpretação das regras constitucionais, resultante da transformação das circunstâncias e das concepções e porventura da própria alteração da mentalidade do tribunal, se repusesse o problema da validade de normas já anteriormente apreciadas. Ou seja, se o Tribunal Constitucional pudesse declarar a conformidade do texto normativo com a Constituição, estaria a tornar estáticos e rígidos normativos abertos à variação do devir e cujas previsões e estatuições se adequam ou se desadequam com a mudança natural das coisas. A atribuição de força obrigatória geral à declaração de constitucionalidade dificultaria, assim, uma interpretação constitucional evolutiva – capaz de adaptar o texto da Constituição às situações históricas mutáveis e susceptível de atender a toda a riqueza inventiva da casuística. O segundo argumento, que não pode ser superado por via dos limites objetivos (identidade da causa de pedir) e temporais do caso julgado (cláusula *rebus sic stantibus*), diz respeito ao fato de que a atribuição de eficácia *erga omnes* à decisão de rejeição de inconstitucionalidade conferiria ao Tribunal, cujas decisões não podem ser corrigidas por nenhum outro órgão, o poder incontrolável de decidir infalivelmente sobre a constitucionalidade da lei, tornando-se um árbitro irresponsável da vida do Estado e dono, em vez de servo, da Constituição. De forma contundente, Medeiros acrescenta um argumento avassalador: se a declaração de constitucionalidade tivesse força obrigatória geral, uma decisão do Tribunal Constitucional que concluísse erradamente pela conformidade à Constituição de uma determinada norma envolveria, inevitavelmente, uma alteração da Constituição, uma vez que a decisão teria o valor da norma constitucional que serviu de parâmetro e só poderia ser corrigida por emenda constitucional.[40] A recusa de atribuição de eficácia *erga omnes* à decisão de não inconstitucionalidade permite, pelo contrário, remediar, por meio de nova decisão, os possíveis erros precedentemente cometidos na apreciação da constitucionalidade pelo Tribunal Constitucional.[41]

Em face desses argumentos – fortes, firmes e consistentes – contrários ao efeito vinculante e à força obrigatória geral nas decisões de não pronúncia de inconstitucionalidade, apenas acrescento que cresce a importância da hermenêutica e da necessidade de uma teoria da decisão. No direito brasileiro, em face de uma *realjuridik*, a tese da vinculação das decisões afirmativas *lato sensu* de constitucionalidade já é vitoriosa. Como venho referindo, no plano de um direito calcado na coerência e na integridade, a vinculação

---

[40]   O mesmo argumento vale para as súmulas "vinculantes" editadas pelo Supremo Tribunal Federal, que, ao redefinirem o texto constitucional, impõem à Nação uma alteração constitucional, passível de ser corrigida apenas por emenda constitucional. Nesse sentido, ver STRECK, L. L. *Súmulas no direito brasileiro*, op. cit.

[41]   Ver, nesse sentido, MEDEIROS, Rui. *A decisão de inconstitucionalidade*, op. cit., p. 836-837, referindo a doutrina de NUNES DE ALMEIDA, Luis. A justiça constitucional no quadro das funções do Estado, op. cit., p. 133; TELES, Miguel Galvão. A concentração da competência para o conhecimento jurisdicional da inconstitucionalidade das leis. *O Direito*. Lisboa, 1971, p. 209; ALMEIDA, J. M. Ferreira de. *A justiça constitucional no quadro das funções do Estado vista à luz das espécies, conteúdo e efeitos das decisões sobre a constitucionalidade das normas jurídicas*. Lisboa: Tribunal Constitucional, 1987. p. 72; GARCÍA DE ENTERRÍA, Eduardo. *La constitución como norma*, op. cit., p. 141-142; ENGELHARDT, Dieter. Das richterliche Prüfungsrecht im modernen Verfassungsstaat. *JöR*, 1959, p. 136; e RUGGERI, Antonio. *Storia di un "falso" – L'efficacia inter partes delle sentenze di regetto della Corte Constituzionalle*. Milano: Giuffrè, 1990. p. 41 e ss.

534 | JURISDIÇÃO CONSTITUCIONAL • *Lenio Luiz Streck*

de uma decisão à outra é decorrência da *applicatio*. Isto é, sempre se está em face de um efeito hermeneuticamente vinculante. Entretanto, nos moldes em que se coloca o efeito vinculante na dogmática jurídica, ocorre a cisão entre o dispositivo e a facticidade. E nisso reside o problema aqui apontado.

5.2 A AÇÃO DE INCONSTITUCIONALIDADE POR OMISSÃO (ADO)

Inovação da Constituição de 1988, o art. 103, § 2º, estabeleceu que, "declarada a inconstitucionalidade por omissão de medida para tornar efetiva norma constitucional, será dada ciência ao Poder competente para a adoção das providências necessárias e, em se tratando de órgão administrativo, para fazê-lo em trinta dias". Os legitimados são os mesmos da ação direta de inconstitucionalidade. A regulamentação sobre a admissibilidade, o procedimento, o cabimento de medida cautelar e a decisão em sede de ADO ocorreu apenas em 2009, quando promulgada a Lei 12.063 (de 27.10.2009), que inseriu os artigos 12-A a 12-H na Lei 9.868, que disciplina a ADI e ADC. Os Estados-membros podem prever em suas Constituições e o Distrito Federal em sua Lei Orgânica esse tipo de ação.[42]

Ao lado do mandado de injunção, a ação de inconstitucionalidade por omissão foi festejada como importante instituto para fazer valer os direitos previstos na Constituição. Sua ineficácia deita raízes em razões semelhantes às que levaram à derrocada do mandado de injunção, em que pese a posição do STF sobre o MI, especialmente a partir do caso envolvendo servidores públicos, tenha sido bastante alterada. De qualquer modo, isso não pode surpreender, porque ambos os institutos nascem sob o paradigma do constitucionalismo dirigente do pós-guerra, estando explicitados, formalmente, nas Constituições do Brasil e de Portugal.[43]

De pronto, é necessário fazer uma distinção entre o mandado de injunção e a inconstitucionalidade por omissão. Aliás, a confusão entre os conceitos dos institutos também pode ser adicionada à causa de sua inefetividade. A tese de que o mandado de injunção não passa de uma ação de inconstitucionalidade por omissão subsidiária surgiu logo após

---

[42] Muito embora prevista pela Constituição do Estado do Rio Grande do Sul, a consulta ao *site* do TJRS dá conta de apenas cinco ações propostas e julgadas até abril de 2001, sendo todas improvidas ou não conhecidas. Mais recentemente, há notícias de outras ações propostas e julgadas, mas sem nenhum efeito prático, como, *v.g.*, em 07.11.2011, a parcial procedência da ADI 70039368634, julgada pelo Tribunal Pleno do TJRS, rel. Des. Genaro José Baroni Borges, resultando na seguinte decisão: "Cuidando-se de normas de eficácia limitada, a depender de atos legislativos ulteriores em ordem a que o direito nelas previsto se efetive na prática, a mora importa inconstitucionalidade por omissão, a ensejar ação direta (CF, art. 103, § 2º). Ao reconhecer a inconstitucionalidade por omissão, descabe ao Poder Judiciário determinar providência ou fixar prazo para a edição do ato normativo, em respeito ao princípio da separação dos poderes (CF, art. 2º)".

[43] A Constituição de Portugal estabelece, no art. 283º: "1. A requerimento do Presidente da República, do Provedor de Justiça, com fundamento em violação de direitos das regiões autônomas, dos presidentes das assembleias legislativas regionais, o Tribunal Constitucional aprecia e verifica o não cumprimento da Constituição por omissão das medidas legislativas para tornar exequíveis as normas constitucionais. 2. Quando o Tribunal Constitucional verificar a existência de inconstitucionalidade por omissão, dará disso conhecimento ao órgão legislativo competente".

Cap. 5 · AÇÃO DECLARATÓRIA DE CONSTITUCIONALIDADE, AÇÃO DE INCONSTITUCIONALIDADE POR OMISSÃO | **535**

o advento da Constituição, por meio do jurista J. J. Calmon de Passos, e ganhou força no âmbito da doutrina e da jurisprudência constitucional. Segundo essa posição, o julgamento do mandado de injunção via a expedição de norma regulamentadora do dispositivo constitucional dependente de regulamentação, tendo, por consequência, o mesmo objeto da ação de inconstitucionalidade por omissão, na esteira do dispositivo no art. 103, § 2º, da Carta.

É nesse sentido que Passos sustenta a sua tese: "Observa-se que o mandado de injunção pressupõe a existência de uma questão de inconstitucionalidade por omissão e que a inconstitucionalidade por omissão envolve, apenas, o inadimplemento do órgão público competente para regulamentar o preceito constitucional, e somente por isso, não o inadimplemento do sujeito obrigado na relação jurídica substancial (seja ele sujeito obrigado na relação jurídica substancial, seja ele sujeito público ou privado). [...] Conclui-se, portanto, que o mandado de injunção *pressupõe uma lide* em que o direito constitucional já foi certificado, mas falta, para sua satisfação, a edição da norma constitucional. Ela será obtida para satisfação do direito no caso concreto e *no respectivo processo*, mediante o mandado de injunção".[44]

Embora sem falar explicitamente na ação de inconstitucionalidade por omissão, Helly Lopes Meirelles concordou com a posição de Passos, ao dizer que o mandado de injunção é executado por meio de comunicação ao poder, órgão ou autoridade competente para cumpri-la, nos termos indicados na decisão judicial. Na execução, portanto, o impetrado deverá atender ao decidido, expedindo a norma regulamentadora. Ou seja, para Meirelles, essa comunicação equivale à ordem de execução do julgado.[45]

É importante ressaltar que a tese da subsidiariedade do mandado de injunção à inconstitucionalidade por omissão obteve guarida tanto no Supremo Tribunal Federal como no Superior Tribunal de Justiça, o que se pode constatar, *v.g.*, por meio do julgamento no Superior Tribunal de Justiça do MI 27, com o seguinte pronunciamento: "Mandado de injunção. Falta de norma regulamentadora. [...] O benefício da aposentadoria proporcional, criado pelo art. 202, III, § 1º, da CF, só pode ser concedido pela autarquia *quando o Congresso Nacional criar lei regulamentadora*. Se a Previdência Social já encaminhou ao Poder Legislativo os projetos indicados pelo art. 59 do ADCT, não pode ser apontada como responsável pela inexistência da norma regulamentadora".[46]

Em sede de Corte Constitucional, por outro lado, vale a pena transcrever parte do despacho do Ministro Octavio Gallotti, acolhendo, na íntegra, parecer do Ministério Público Federal, mandando arquivar o MI 57, por meio do qual uma cidadã requeria suprimento judicial, via *mandamus*, do art. 7º, XXI, da Constituição Federal (aviso prévio proporcional ao tempo de serviço), pendente de regulamentação. Depois de citar a jurisprudência dominante naquela Corte, no sentido de que o mandado de injunção nem

---

44 Cf. Calmon de Passos, José Joaquim. *Mandado de segurança coletivo, mandado de injunção, habeas data, constituição e processo*. Rio de Janeiro: Forense, 1989. p. 134-135.

45 Meirelles, Hely Lopes. *Mandado de segurança, ação popular, ação civil pública, mandado de injunção, habeas data*. São Paulo: Ed. RT, 1988. p. 140.

46 STJ, MI 27, rel. Min. José Cândido, j. 14.12.1989, *DJ* 53, p. 1929, 19.03.1990.

autoriza o Judiciário a suprir a omissão legislativa, com a edição do ato, nem lhe permite ordenar o ato concreto para a satisfação do direito reclamado, o parecer ingressa na seara da inconstitucionalidade por omissão: "*In hoc casu*, a impetrante não persegue a declaração da inconstitucionalidade por omissão normativa: ao contrário, preocupa-se tão somente em obter, de imediato, ato concreto de satisfação do direito reclamado, para o que é inidônea a via processual do mandado de injunção, a teor do art. 5º, LXXI, da Constituição".[47]

Já autores como José Afonso da Silva contrapuseram-se a essa tese. Com efeito, para Silva, a tese da inserção do mandado de injunção no âmbito da inconstitucionalidade por omissão é equívoca e absurda (*sic*), arrolando, nessa linha, três argumentos:

> "1º – não tem sentido a existência de dois institutos com o mesmo objetivo e, no caso, de efeito duvidoso, porque o legislador não fica obrigado a legislar;
>
> 2º – o constituinte, em várias oportunidades na elaboração constitucional, negou ao cidadão legitimidade para a ação de inconstitucionalidade por omissão – por que teria ele que fazê-lo por vias transversas?
>
> 3º – absurda mormente porque o impetrante de mandado de injunção, para satisfazer seu direito (que o moveu a recorrer ao Judiciário), precisaria percorrer duas vias: *uma*, a do mandado de injunção, para obter a regulamentação que poderia não vir, especialmente se ela dependesse de lei, pois o Legislativo não pode ser constrangido a legislar; admitindo que obtenha a regulamentação que será genérica, impessoal, abstrata, vale dizer, por si, não satisfatória de direito concreto; *a segunda* via é que, obtida a regulamentação, teria ainda de reivindicar sua aplicação em seu favor, que, em sendo negada, o levaria outra vez ao Judiciário para concretizar seu interesse, agora por outra ação, porque o mandado de injunção não caberia."[48]

Vale ressaltar, ainda na mesma linha, que, não obstante existir semelhança entre mandado de injunção e inconstitucionalidade por omissão, no sentido de que ambos visam, de um modo ou de outro, dar efetividade aos enunciados normativos constitucionais, ressentida da ausência de legislação integradora, há uma série de diferenças entre os dois dispositivos constitucionais.

Assim, enquanto o mandado de injunção tem por objeto tornar viável o exercício de um direito fundamental, a inconstitucionalidade por omissão visa à efetividade de um enunciado normativo constitucional. Qualquer pessoa humana ou jurídica está legitimada a promover a ação injuntiva; já a inconstitucionalidade por omissão só pode ser requerida pelas figuras arroladas nos incisos I a IX do art. 103 da Carta. Por outro lado, o mandado de injunção será julgado por qualquer tribunal ou juízo, federal ou estadual, ao passo que a inconstitucionalidade por omissão é da competência exclusiva do Supremo Tribunal Federal. Outra diferença fundamental reside no tipo de decisão a ser proferida pelo Judiciário: no mandado de injunção, a sentença constitui um direito; na inconstitucionalidade por omissão, a decisão tem caráter declaratório.

---

[47] MI 57-3/RR, rel. Min. Octávio Gallotti, j. 28.05.1990, *DJ* 106, p. 5025-5026, 04.06.1990.

[48] Cf. Silva, José Afonso da. *Curso de direito constitucional positivo*. 12. ed. São Paulo: Malheiros, 1998. p. 389.

Cap. 5 • AÇÃO DECLARATÓRIA DE CONSTITUCIONALIDADE, AÇÃO DE INCONSTITUCIONALIDADE POR OMISSÃO | **537**

Importa referir, de qualquer sorte, que a jurisprudência do Supremo Tribunal Federal vinha apontando para a ineficácia da ação de inconstitucionalidade por omissão. Veja-se, por exemplo, a ADO 889-7, que tratava da omissão constante no art. 23 do ADCT.[49] Outra, mais recente, proposta pelo Partido dos Trabalhadores, diz respeito à não observância por parte do Poder Executivo do dispositivo constante no art. 37, X, da CF, que assegura aos servidores públicos a revisão anual de sua remuneração. Foi requerida a estipulação de prazo para remessa de proposta legislativa ao Congresso Nacional para a revisão da remuneração desde 5 de junho de 1999. No voto do relator, lê-se: "Registre-se, inicialmente, que as questões relativas à existência, ou não, de ação, pretensão e interesse de agir, levantadas como preliminar pelo requerido, não são cabíveis em ação direta de inconstitucionalidade, tendo em vista o caráter objetivo do controle abstrato de normas. Nesse sentido, o parecer da douta Procuradoria-Geral da República: 'A alegação de ausência de interesse de agir, porque o requerente não detinha 'pretensão' no momento do ajuizamento desta ação, não parece possa ser acolhida. É que, conforme orientação desse colendo Supremo Tribunal Federal, 'o interesse de agir, se é categoria a que se queira atribuir pertinência ao processo objetivo de controle abstrato de normas, nele há de reduzir-se à existência e à vigência ou subsistência de efeitos da lei questionada, bastantes a caracterizar a necessidade de sua inconstitucionalidade.'"[50]

No que concerne ao mérito, anote-se, preliminarmente, que o Supremo Tribunal Federal, no julgamento do MS 22.439, rel. Min. Maurício Corrêa, sessão de 15.05.1996, analisou controvérsia relacionada com a regra contida no art. 37, X, da Constituição Federal, em sua redação original, que dispunha que a revisão geral da remuneração dos servidores públicos, sem distinção de índices entre servidores públicos civis e militares, far-se-á sempre na mesma data.

---

[49] A jurisprudência indexada no *site* do STF dá conta de que poucas ações de inconstitucionalidade por omissão tiveram êxito. Com efeito, trata-se da ADO 889-7, que tratou da omissão do art. 23, parágrafo único, do ADCT, que estabelecia que "até que se edite o regulamento do art. 21, XVI, da Constituição, os atuais ocupantes do cargo de censor federal continuarão exercendo funções com este compatíveis no Departamento de Polícia Federal, observadas as disposições constitucionais", constando no parágrafo único que a referida lei deveria dispor sobre o aproveitamento dos censores federais, nos termos do citado artigo. A alegação foi no sentido de que as Leis 8.069/1990 e 8.490/1992 e o Decreto 761/1993, em regulamentação ao art. 21, XVI, deixaram de cumprir a regra do parágrafo único do art. 23 do ADCT, por força do qual deveriam necessariamente dispor sobre o aproveitamento dos censores federais. Por votação unânime, o STF julgou procedente a ação, para declarar a omissão do Poder Executivo no encaminhamento do projeto, dando-se ciência ao Exmo. Sr. Presidente da República, a fim de que fossem adotadas as providências necessárias (*DJ* 22.04.1994). Tem-se também o exemplo recente da Ação Direta de Inconstitucionalidade por Omissão (ADO) 25 em que o Plenário do Supremo Tribunal Federal (STF), julgou procedente a ação e fixou prazo de 12 meses para que o Congresso Nacional edite lei complementar regulamentando os repasses de recursos da União para os estados e o Distrito Federal em decorrência da desoneração das exportações do Imposto sobre Circulação de Mercadorias e Serviços (ICMS). De acordo com a decisão, se ainda não houver lei regulando a matéria quando esgotado o prazo, caberá ao Tribunal de Contas da União (TCU) fixar regras de repasse e calcular as cotas de cada um dos interessados.

[50] ADI 733/MG.

Em face da ação, o STF entendeu que:

"o mencionado dispositivo constitucional não se referia à data-base dos servidores, mas, sim, à unicidade de índices e data da revisão geral de remuneração extensiva aos servidores civis e militares, não tendo nenhuma relação com a época em que se daria a revisão ou mesmo sua periodicidade.

Naquela oportunidade, adotei, na companhia dos eminentes Ministros Marco Aurélio e Carlos Velloso, posição distinta da tomada pela maioria, expressa no seguinte trecho do voto então proferido: 'Não vejo, nesse dispositivo, uma norma que tenha por efeito exclusivo assentar que a revisão da remuneração dos servidores deverá ser feita, de maneira paritária, entre servidores públicos, civis e militares, em termos de índices e de oportunidade. Na verdade, contém ele um imperativo lógico, pressuposto da apontada paridade de tratamento entre servidores civis e militares, consistente em que os vencimentos dos servidores em geral deverão ser periodicamente atualizados, em face da perda do poder aquisitivo da moeda'.

É que a despesa pública, como um todo, em face dos efeitos da inflação, tem a expressão de seu real valor necessariamente ajustado à nova realidade monetária, não sendo razoável admitir-se que a despesa de pessoal, que é uma parcela da despesa pública, não deva merecer idêntico tratamento, ainda que de forma periódica. Daí a exigência de fixação da chamada 'data-base' para a revisão dos vencimentos dos servidores públicos que, não sem razão, de ordinário tem recaído no mês de janeiro, quando se inicia o ano orçamentário, prática que tem sido rigorosamente observada, entre nós, mesmo quando, em face da elevação dos índices inflacionários, se tem tornado inevitável a concessão de reajustamentos no correr do exercício, os quais, entretanto, são levados à compensação na 'data-base'.

A revisão periódica dos vencimentos dos servidores do Estado constitui, portanto, obrigação irrecusável para a Administração Pública que, no âmbito federal, tem à frente a autoridade impetrada, como supremo administrador da despesa pública, mesmo porque, na forma do art. 61, § 1º, II, é o detentor de competência privativa para a iniciativa de leis disciplinadoras da espécie.

Dessa forma, fica evidente que o texto constitucional, em sua nova redação, explicitou o que este Relator teve por subentendido no texto original, ou seja, a obrigatoriedade de revisão geral anual da remuneração dos servidores da União, providência que implica a edição de lei específica, de iniciativa privativa do Presidente da República, como previsto no art. 61, § 1º, II, *a*, do texto constitucional.

Tornou-se extreme de dúvida, portanto, incumbir ao Chefe do Poder Executivo o cumprimento do imperativo constitucional, enviando, a cada ano, ao Congresso Nacional, projeto de lei que disponha sobre a matéria. Ocorre, entretanto, como destacado na inicial, que até o presente momento, embora quase três anos tenham decorrido desde a edição da EC 19/1998 e, consequentemente, da categórica norma do art. 37, X – e não obstante o fenômeno da inflação se tenha feito sentir, ininterruptamente, durante todo o período –, não se registrou o necessário desfecho, de parte do Palácio do Planalto, de nenhum processo legislativo destinado a tornar efetiva a indispensável revisão geral dos vencimentos dos servidores da União.

Patente, assim, a alegada mora legislativa, de responsabilidade do Presidente da República, que justificou o ajuizamento da presente ação direta de inconstitucionalidade por omissão.

Cap. 5 • AÇÃO DECLARATÓRIA DE CONSTITUCIONALIDADE, AÇÃO DE INCONSTITUCIONALIDADE POR OMISSÃO | **539**

> A fixação de prazo, como se vê, só tem cabimento em se cuidando de providência a cargo de órgão administrativo, o que não se verifica no presente caso, posto não se enquadrar nas atribuições administrativas do Chefe do Executivo iniciativa que, caracterizadora de ato de Poder, desencadeia processo legislativo (cf. Manoel Gonçalves Ferreira Filho, *Do processo legislativo*, p. 202).
>
> Meu voto, portanto, julga procedente, em parte, a presente ação, para o fim tão somente de, declarando-o em mora no cumprimento do disposto no art. 37, X, da Constituição Federal; determinar que ao Presidente da República seja dada ciência desta decisão."

Os limites da decisão do Supremo Tribunal Federal, *in casu*, são os limites constitucionais da ação de inconstitucionalidade por omissão. Ou seja, a fixação de prazo somente tem sentido quando a omissão disser respeito a um órgão administrativo. De qualquer sorte, a decisão do Supremo Tribunal assume relevância porque escancara a omissão do Poder Executivo. Embora não tenha caráter cogente, a decisão funciona como denúncia do descumprimento da Constituição.

Não se pode deixar de registrar que a jurisprudência da Corte vem avançando em matéria de instrumentos de colmatação das lacunas do texto constitucional, caracterizadoras da chamada "síndrome de inefetividade das normas constitucionais". Prova disso é o julgamento da recente ADI por Omissão 3.682/MT, em que o STF fixou prazo para que o Legislativo edite a lei complementar a que alude o art. 18, § 4º, da CF. Nesse sentido o *Informativo* 466, de 11.05.2007:

> "O Tribunal, por unanimidade, julgou procedente pedido formulado em ação direta de inconstitucionalidade por omissão ajuizada pela Assembleia Legislativa do Estado de Mato Grosso, para reconhecer a mora do Congresso Nacional em elaborar a lei complementar federal a que se refere o § 4º do art. 18 da CF, na redação dada pela EC 15/1996, e, por maioria, estabeleceu o prazo de 18 meses para que este adote todas as providências legislativas ao cumprimento da referida norma constitucional.
>
> [...]
>
> Quanto ao mérito, salientou-se que, considerado o lapso temporal de mais de 10 anos, desde a data da publicação da EC 15/1996, à primeira vista seria evidente a inatividade do legislador em relação ao cumprimento do dever constitucional de legislar (CF, art. 18, § 4º – norma de eficácia limitada). Asseverou-se, entretanto, que não se poderia afirmar uma total inércia legislativa, haja vista os vários projetos de lei complementar apresentados e discutidos no âmbito das Casas Legislativas. Não obstante, entendeu-se que a *inertia deliberandi* (discussão e votação) também poderia configurar omissão passível de vir a ser reputada morosa, no caso de os órgãos legislativos não deliberarem dentro de um prazo razoável sobre o projeto de lei em tramitação. Aduziu-se que, na espécie, apesar dos diversos projetos de lei apresentados, restaria configurada a omissão inconstitucional quanto à efetiva deliberação da lei complementar em questão, sobretudo tendo em conta a pletora de Municípios criados mesmo depois do advento da EC 15/1996, com base em requisitos definidos em antigas legislações estaduais, alguns declarados inconstitucionais pelo Supremo, ou seja, uma realidade quase que imposta por um modelo que, adotado pela aludida emenda constitucional, ainda não teria sido implementado em toda sua plenitude em razão da falta da lei complementar a que alude o mencionado dispositivo constitucional.

[...]

Afirmou-se, ademais, que a decisão que constata a existência de omissão constitucional e determina ao legislador que empreenda as medidas necessárias à colmatação da lacuna inconstitucional constitui sentença de caráter nitidamente mandamental, que impõe, ao legislador em mora, o dever, dentro de um prazo razoável, de proceder à eliminação do estado de inconstitucionalidade, e que, em razão de esse estado decorrente da omissão poder ter produzido efeitos no passado, faz-se mister, muitas vezes, que o ato destinado a corrigir a omissão inconstitucional tenha caráter retroativo. Considerou-se que, no caso, a omissão legislativa inconstitucional produzira evidentes efeitos durante o longo tempo transcorrido desde o advento da EC 15/1996, no qual vários Estados-membros legislaram sobre o tema e diversos Municípios foram efetivamente criados, com eleições realizadas, poderes municipais estruturados, tributos recolhidos, ou seja, toda uma realidade fática e jurídica gerada sem fundamento legal ou constitucional, mas que não poderia ser ignorada pelo legislador na elaboração da lei complementar federal. Em razão disso, concluiu-se pela fixação de um parâmetro temporal razoável – 18 meses – para que o Congresso Nacional edite a lei complementar federal reclamada, a qual deverá conter normas específicas destinadas a solver o problema dos Municípios já criados. Vencidos os Ministros Marco Aurélio e Sepúlveda Pertence que, na linha da jurisprudência da Corte, limitavam-se a declarar a mora legislativa, não fixando prazo."[51]

Em face desse julgado e dos MIs 712 e 670, parece estar o Supremo Tribunal Federal acolhendo as inúmeras críticas da doutrina sobre os rumos que o mandado de injunção e a ação direta de inconstitucionalidade por omissão tinham tomado na Corte. Não por acaso em 2016 foi promulgada a Lei 13.300, objetivando, justamente, regulamentar o mandado de injunção (MI), previsto no art. 5º, inciso LXXI da Constituição. Antes disso, era utilizado, por analogia, as leis do mandado de segurança. Uma das novidades dessa lei foi esclarecer que o MI pode ser utilizado no caso de ausência parcial de norma regulamentadora que torne inviável o exercício de direitos, o que não está textualmente exposto na CF, bem como trazer a figura do MI coletivo já em seu art. 1º.

Interessante nessa discussão que envolve ADO e MI é observar que o STF conseguiu agregar mais um elemento de complexidade: no ano de 2015, no julgamento da ADPF 347, que objetivava discutir as más condições do sistema prisional brasileiro, "importou" a tese colombiana do "Estado de Coisas Inconstitucional" (ECI) para justificar a intervenção judicial diante de uma omissão do poder público, impondo uma obrigação concreta, tema que será aprofundado mais adiante (item 5.3, que versa sobre a ADPF). Isso faz parte de uma tendência de expansão dos poderes jurisdicionais do STF para além do que a Constituição (já) prevê. Para o momento, o que importa perceber é que, em certa medida, ADO, MI e ECI são elementos que de algum modo se conectam (pela ideia de omissão, inércia do poder público), mas que devem ser diferenciados (ou, até mesmo, não admitidos, como é o caso do ECI).

Para finalizar, não se pode deixar de registrar que existem dezenas de outros dispositivos constitucionais que não estão sendo cumpridos pelos poderes públicos. Ações de

---

[51] ADI 3.682/MT.

Cap. 5 · AÇÃO DECLARATÓRIA DE CONSTITUCIONALIDADE, AÇÃO DE INCONSTITUCIONALIDADE POR OMISSÃO | 541

inconstitucionalidade por omissão poderiam funcionar como uma alavanca para a discussão da concretização da Constituição. Não é o que tem acontecido, entretanto. Como já referido, problemas semelhantes aos ocorridos com o mandado de injunção levaram a ADO a uma morte prematura, tendência que só atualmente, quase trinta e cinco anos após a promulgação da Constituição, começa a ser revertida. A quase total ineficácia da ação de inconstitucionalidade por omissão corria na contramão da relevante circunstância de que esse instituto é produto de um novo conceito de constitucionalismo, umbilicalmente ligado à concepção intervencionista e ao *plus* normativo que assume o direito (constitucional) no Estado Democrático de Direito.

Dito de outro modo, foi para evitar que o legislador ordinário e o Poder Executivo descumprissem os direitos previstos no pacto constituinte que foi elaborada essa fórmula de inconstitucionalidade do não fazer. Para ser mais claro, se na tradição liberal a inconstitucionalidade tem uma feição de simples retirada do mundo jurídico de textos incompatíveis com a Constituição, o advento do Estado Social de Direito e seu sucedâneo, o Estado Democrático de Direito, proporciona o surgimento de um outro tipo de inconstitucionalidade, *aquele proveniente da inércia dos poderes públicos.* Trata-se de um mecanismo que corre paralelo ao princípio que contrapõe o texto constitucional contra maiorias eventuais, indo, entretanto, mais longe: em vez de servir de defesa contra investidas de maiorias parlamentares eventuais ou não, a inconstitucionalidade por omissão tem a função de compelir o Poder Executivo e instar o legislador a fazer aquilo que, embora estipulado no texto da Constituição, não deseja fazer, de forma total ou parcial. A inconstitucionalidade por omissão visa proteger a força normativa da Constituição, estabelecendo barreiras contra um não atuar que, sendo produto de uma decisão política, tem consequências jurídicas (a inconstitucionalidade).

A inconstitucionalidade por omissão é, pois, um remédio, ainda que sem poder coativo, para o enfrentamento das inércias legislativas (e do Poder Executivo, quando se tratar de medida administrativa). Essa inércia/omissão, no dizer de Canotilho, significa não fazer aquilo a que estava constitucionalmente obrigado. Tal omissão, para ganhar significado autônomo e relevante, deve conexionar-se com uma exigência constitucional de ação, não bastando o simples dever geral de legislar para dar fundamento a uma omissão constitucional. As omissões derivam desde logo do não cumprimento de imposição constitucional legiferante em sentido estrito, ou seja, do não cumprimento de enunciados normativos que, de forma permanente e concreta, vinculam o legislador à adoção de medidas legislativas concretizadoras da Constituição.

Em consequência, é necessário separar omissões legislativas resultantes de violação de preceitos constitucionais concretamente impositivos do não cumprimento da Constituição derivado na não atuação de normas-fim ou normas-tarefa, abstratamente impositivas. Como exemplo, cita o caso da atualização do salário mínimo (art. 59, 2, *a*, da Constituição portuguesa), a criação de um serviço nacional de saúde, universal, geral, tendencialmente gratuito (art. 64, 2, *a*), ou a criação de uma rede nacional de assistência materno-infantil e de uma rede nacional de creches (art. 67, 2, *b*). O mesmo autor refere, ainda, a necessidade de diferenciar as imposições constitucionais (que são determinações permanentes e concretas) das ordens de legislar, que se traduzem, em geral, em imposições únicas de emanação de uma ou várias leis necessárias à criação de uma nova instituição ou à adaptação das velhas leis a uma nova ordem constitucional.[52] No caso brasileiro, pode-se citar o caso da Defensoria Pública, ainda não criada em alguns Estados da Federação.

Fernandez Rodriguez concebe a omissão vulneradora do texto constitucional como a falta de desenvolvimento por parte do Poder Legislativo, durante um tempo excessivamente longo, dos enunciados normativos constitucionais de obrigatório e concreto desenvolvimento, de forma tal que se impede sua eficaz aplicação. De um lado, há uma inatividade; de outro, uma inconstitucionalidade. O caráter normativo da Constituição, a vinculatividade da obra do poder constituinte, a função transformadora que trazem ínsitos os textos constitucionais contemporâneos e a existência de um determinado tipo de normas da Constituição (os deveres/encargos do legislador) são poderosos argumentos jurídicos para defender a introdução em um ordenamento jurídico da ação de inconstitucionalidade por omissão. Como postulado geral, é admissível que a necessidade de desenvolvimento constitucional, tributário em grande parte da qualidade normativa e suprema da Constituição, tem o condão de remover a imprescindível liberdade de conformação do legislador. Ou seja, questões econômicas, políticas, enfim, naquilo que se relacionam com os direitos sociais, devem estar presentes na hora de fiscalizar/constatar a existência concreta de uma possível omissão contrária à Constituição.[53]

Atualizando o debate, em 2017, dois principais assuntos estiveram em pauta em relação a ADO: *a.* o ajuizamento da ADO pelo Partido da República (PR) em julho, objetivando a regulamentação da comercialização de armas de fogo no Brasil; e *b.* o julgamento da ADO 31, ajuizada em 2015 pelo governador do Maranhão, Flávio Dino, pela qual se questionava a omissão do Congresso em regular, via lei complementar, o imposto sobre grandes fortunas, previsto no art. 153, inciso VII, da Constituição Federal (CF). A ADO 31 foi extinta sem resolução de mérito, sob fundamento de que os governadores, para que possam ajuizar ações em sede de controle de concentrado, devem demonstrar pertinência temática.

Outro caso interessante foi aquele retratado na ADO 25, tendo em vista a ausência de regulamentação legislativa da Lei Complementar 87/1996 (Lei Kandir), que trata da isenção de ICMS e da compensação aos Estados e ao DF por tal isenção sobre as exportações de produtos primários e semielaborados. A regulamentação legislativa somente ocorreu após o julgamento da ADO, pois o STF declarou a mora do Estado.[54]

---

[52]   Cf. MIRANDA, Jorge. *Manual*, op. cit., v. II, p. 522.

[53]   Cf. RODRIGUEZ, José Julio Fernandez. *La inconstitucionalidad por omisión*. Madrid: Civitas, 1998. p. 450-451.

[54]   A Ementa do julgado é: "Ação Direta de Inconstitucionalidade por Omissão. 2. Federalismo fiscal e partilha de recursos. 3. Desoneração das exportações e a Emenda Constitucional 42/2003. Medidas compensatórias. 4. Omissão inconstitucional. Violação do art. 91 do Ato das Disposições Constitucionais Transitórias (ADCT). Edição de lei complementar. 5. Ação julgada procedente para declarar a mora do Congresso Nacional quanto à edição da Lei Complementar prevista no art. 91 do ADCT, fixando o prazo de 12 meses para que seja sanada a omissão. Após esse prazo, caberá ao Tribunal de Contas da União, enquanto não for editada a lei complementar: a) fixar o valor do montante total a ser transferido anualmente aos Estados-membros e ao Distrito Federal,

Cap. 5 · AÇÃO DECLARATÓRIA DE CONSTITUCIONALIDADE, AÇÃO DE INCONSTITUCIONALIDADE POR OMISSÃO | **543**

O prazo de 12 meses para a regulamentação da lei não foi observado pelo Congresso Nacional, com o STF tendo prorrogado, em fevereiro de 2019, o prazo por mais doze meses. Além disso, o STF constituiu "uma comissão especial de representantes da União e dos Estados a fim de se chegar a um consenso. Em maio de 2020, o acordo foi celebrado entre as partes e homologado pelo STF, cuja "contrapartida que os entes federados deveriam desistir das ações judiciais protocoladas na Corte para cobrar as perdas da Lei Kandir, que foi transformada no Projeto de Lei Complementar (PLP) 133/2020, espelhando a proposta acordada. 1 Nessa linha, a regulamentação legislativa do tema ocorreu com a Lei 14.114/2020".[55]

Outro exemplo relevante é a ADO 56, manejada pelo Partido Rede Sustentabilidade em 2020, com o objetivo de declarar a "mora legislativa do Poder Público referente à fixação de renda mínima ao trabalhador durante a pandemia da covid-19. O requerente postula a concessão de renda emergencial básica, no valor de R$ 300 *per capita*, pelo período de 6 meses, aos trabalhadores afetados pela pandemia. Acontece que a Lei 13.982/2020 já estabeleceu auxílio emergencial no valor de R$ 600, pelo período de 3 meses, aos trabalhadores que preencham os requisitos determinados pela lei. Não há, portanto, interesse em agir na presente ADO" (STF – ADO 56. Pleno. Rel. Min. Marco Aurélio. Publ. 22.09.2020).

5.2.1 Omissões totais e parciais. A colmatação da omissão por meio da interpretação conforme a Constituição

A omissão inconstitucional pode ser total ou parcial. No primeiro caso, há uma inércia total do órgão responsável pela emanação do ato legislativo ou administrativo propiciador dos direitos constitucionais. Como já dito, não são todos os enunciados normativos constitucionais que possibilitam o manejo da ação de inconstitucionalidade por omissão. De pronto, todos os enunciados normativos constitucionais denominados de eficácia limitada são passíveis da ação. De outro lado, há enunciados normativos constitucionais que estabelecem um claro dever de ação do Estado, como é o caso do art. 208 da Constituição e de tantos mais que poderiam ser arrolados. Mas se a omissão total ou absoluta é mais fácil de detectar, não se pode descuidar da importância que assume, dia a dia, a inconstitucionalidade por omissão parcial. Com efeito, tão importante é que, por vezes, confunde-se com inconstitucionalidade por ação. Ou seja, como bem explica Jorge Miranda, algumas omissões parciais implicam, desde logo, inconstitucionalidade por ação, por violação do princípio da igualdade, sempre que acarretem um tratamento mais favorável ou desfavorável prestado a certas pessoas ou a certas categorias de pessoas,

---

considerando os critérios dispostos no art. 91 do ADCT; b) calcular o valor das quotas a que cada um deles fará jus, considerando os entendimentos entre os Estados-membros e o Distrito Federal realizados no âmbito do Conselho Nacional de Política Fazendária CONFAZ" (ADO 25, Rel. Min. Gilmar Mendes, Tribunal Pleno, j. 30.11.2016, Processo Eletrônico *DJe*-182, Divulg. 17.08.2017, Public. 18.08.2017).

55 Cf. FROTA, Pablo Malheiros da Cunha; ROSA, Jesus Alexsandro Alves. Razões para a inefetividade da ADO no Direito brasileiro. *Revista eletrônica CONJUR*. Disponível em: https://www.conjur.com. br/2021-mai-08/diario-classe-razoes-inefetividade-ado-direito-brasileiro. Acesso em: 18 jul. 2022.

e não a todas as que, estando em situação idêntica ou semelhante, deveriam também ser contempladas do mesmo modo pela lei. É então que, reagindo contra o arbítrio, mais se propicia a intervenção dos tribunais a declararem inconstitucionais os textos legais que contenham essas omissões ou, eventualmente, a estenderem ou a reduzirem o seu âmbito.

A inconstitucionalidade por omissão parcial se caracteriza quando existe lei sobre um tema, mas ela é insuficiente para efetivar os direitos e os deveres postos na Constituição. A omissão parcial pode ser entendida como: (i) *propriamente dita*, na qual a lei existe, mas não efetiva adequadamente o que determina a Constituição, como é o caso do art. 7º, IV, da CF/88 (salário-mínimo), cuja lei regulamentadora é inefetiva no que tange ao emanado pelo texto constitucional; (ii) *relativa,* em que a lei existe e efetiva o ditame constitucional de forma adequada, todavia não atinge a integralidade dos destinatários, como no exemplo do art. 37, X, da CF 88, se houver uma lei ou ato normativo que majorasse a remuneração de parte dos servidores públicos e não dos demais que se encontravam na mesma situação.[56]

Nessa linha, entre tantos exemplos que traduzem o papel corretivo/aditivo dos tribunais quando ocorrem omissões constitucionais parciais,[57] calha trazer a lume a interessante discussão que ocorreu por ocasião da entrada em vigor da Lei 9.140/1995, que estabeleceu o

---

[56] Cf. FERNANDES, Bernardo Gonçalves. *Curso de direito constitucional*. 14. Ed. São Paulo: JusPodivm, 2022, p. 1436. Veja a ADI 1.458.

[57] A proximidade daquilo que se denomina de omissões inconstitucionais (parciais ou totais) com a violação do princípio da igualdade é inegável. Veja-se, nesse ponto, o tratamento dado ao princípio da igualdade nos seguintes acórdãos do TC de Portugal: "O princípio da igualdade, consagrado no art. 13º da Constituição da República Portuguesa, impõe que se dê tratamento igual ao que for essencialmente igual e que se trate diferentemente o que for essencialmente diferente. Na verdade, o princípio da igualdade, entendido como limite objetivo da discricionariedade legislativa, não veda à lei a adopção de medidas que estabeleçam distinções. Todavia, proíbe a criação de medidas que estabeleçam distinções discriminatórias, isto é, desigualdades de tratamento materialmente não fundadas ou sem qualquer fundamentação razoável, objectiva e racional. O princípio da igualdade, enquanto princípio vinculativo da lei, traduz-se numa ideia geral de proibição do arbítrio (cf., quanto ao princípio da igualdade, entre outros, os Acórdãos 186/90, 187/90, 188/90, 1186/96 e 353/98, publicados no Diário da República, respectivamente, de 12 de setembro de 1990, 12 de fevereiro de 1997, e o último, ainda inédito)" (Acórdão 409/99, *DR*, Série II, de 10.03.1999). No Acórdão 245/00 (*DR*, Série II, de 03.11.2000) salientou-se: "Tem, de há muito, vindo a afirmar este Tribunal que é 'sabido que o princípio da igualdade, entendido como limite objectivo da discricionariedade legislativa, não veda à lei a realização de distinções. Proíbe-lhe, antes, a adopção de medidas que estabeleçam distinções discriminatórias – e assumem, desde logo, este carácter as diferenciações de tratamento fundadas em categorias meramente subjectivas, como são as indicadas, exemplificativamente, no n. 2 do art. 13º da Lei Fundamental –, ou seja, desigualdades de tratamento materialmente infundadas, sem qualquer fundamento razoável (*vernünftiger Grund*) ou sem qualquer justificação objectiva e racional. Numa expressão sintética, o princípio da igualdade, enquanto princípio vinculativo da lei, traduz-se na ideia geral de proibição do arbítrio (*Wilkürverbot*)" (cf., entre muitos outros, Acórdão 1.186/96, publicado no *DR*, Série II, de 12.02.1997); ou dito ainda de outra forma, o "princípio da igualdade [...] impõe se dê tratamento igual ao que for essencialmente igual e se trate diferentemente o que diferente for. Não proíbe as distinções de tratamento, se materialmente fundadas; proíbe, isso sim, a discriminação, as diferenciações arbitrárias ou irrazoáveis, carecidas de fundamento racional" (*v.g.*, Ac. 1188/96, op. cit., Série II, de 13.02.1997).

Cap. 5 • AÇÃO DECLARATÓRIA DE CONSTITUCIONALIDADE, AÇÃO DE INCONSTITUCIONALIDADE POR OMISSÃO | **545**

pagamento de indenizações às pessoas perseguidas pelo regime militar no Brasil.[58] No art. 4º da citada Lei, constou a criação de Comissão Especial para proceder ao reconhecimento de pessoas que, por terem participado, ou por terem sido acusadas de participação, em atividades políticas, no período de 2 de setembro de 1961 a 15 de agosto de 1979, tenham falecido, por causas não naturais, em dependências policiais ou assemelhadas. Ocorreu, *in casu*, que os guerrilheiros Carlos Lamarca e Carlos Mariguella, para citar apenas dois exemplos, foram mortos pelas forças da repressão em situação que nem de longe poderia ensejar um enquadramento no conceito de "dependências policiais" e tampouco seria possível sustentar que a rua onde morreu Mariguella ou o sertão da Bahia, onde morreu Lamarca, são lugares que se assemelhassem (*sic*) a prisões. Parece até mesmo que era pouco recomendável que se fosse buscar a intenção do legislador (até porque, tudo indica, a intenção era exatamente deixar esses casos "limites" fora do âmbito das indenizações). No âmbito da dogmática jurídica surgiram vários estudos, sustentando "intrassistematicamente" que o conceito de "assemelhados" abrangeria "qualquer lugar onde ocorreram as mortes". Essa tese, por todas as razões de ordem semântica, teve dificuldades de transitar. A toda evidência, o problema hermenêutico que se apresentou não poderia ser solvido a partir de uma simples "analogia", dando à expressão "assemelhados" um sentido que mais a aproximasse do "justo para o caso concreto" (*sic*). Estava-se, pois, diante de um problema que, nos limites da dogmática jurídica (sentido comum teórico), suscitava duas soluções: negar o benefício, com fundamento em que a lei não contemplou as hipóteses de sinistros ocorridos fora da prisão ou lugares assemelhados à prisão, ou conceder o benefício, com fundamento em interpretação "analógica".

Na verdade, essa era a contradição secundária da questão – a questão principal residia em uma questão constitucional. Antes de tudo, é primordial referir que o que estava por detrás da Lei 9.140/1995 era a confissão do Estado brasileiro de, num período *determinado, ter agido contra o Estado de Direito*. Isso exsurge da leitura do preâmbulo da lei, em que o Estado brasileiro reconhece como mortas pessoas desaparecidas em razão de participação, ou acusação de participação, em atividades políticas, no período de 2 de setembro de 1961 a 15 de agosto de 1979. Esse reconhecimento por parte do Estado também é feito em relação às pessoas que, por terem participado, ou por terem sido acusadas de participação em atividades políticas, no mesmo período constante no preâmbulo da Lei, tenham falecido, por causas não naturais, em dependências policiais ou assemelhadas. Em consequência, tal premissa – reconhecimento do Estado – passa a servir como *holding* para qualquer interpretação que venha a ser feita dos dispositivos, isoladamente ou em conjunto. Como corolário, tem-se a segunda *ratio*, qual seja a de que as pessoas mortas pelo Estado brasileiro, ao lutarem contra o Estado, fizeram-no exercitando o seu direito de resistência, exatamente porque o Estado atuou à margem do direito. Não existisse tal direito e o Estado não teria, agora, reconhecido sua ação ilegal durante o período especificado no preâmbulo da Lei em tela, questão que é repetida no art. 4º, I, *b*. Aliás, a Lei 9.140/1995 só adquire sentido se entendida sob essa ótica.

---

[58] Sobre o assunto, consultar Streck, Lenio Luiz. O "caso Mariguella" e a Lei 9.140/95: a apreensão do sentido e o sentido da apreensão. *Discursos Sediciosos*, Rio de Janeiro: Instituto Carioca de Criminologia, ano 1, n. 2, p. 53-56, 2º sem. 1996.

Como decorrência lógica, é possível afirmar que, para ele, Estado, todas as pessoas que participaram ou foram acusadas de participação política no período entre 1961 e 1979 e que morreram por causas não naturais em dependências policiais ou assemelhadas foram mortas fora dos limites do Estado de Direito. Ou seja, com isso, torna-se secundária a discussão do alcance da expressão "ou assemelhadas". Melhor dizendo, vingasse a tese da exclusão dos benefícios para Lamarca e Mariguella, estar-se-ia a admitir que o Estado só agiu à margem do direito dentro das prisões. E, consequentemente, *contrario sensu*, fora das dependências policiais ou (*sic*) assemelhadas, teria agido de acordo com a lei. É este, enfim, exatamente o ponto nodal da controvérsia, porque a contradição principal não reside na exegese, simplista, do alcance da expressão "ou assemelhadas" do art. 4º, I, *b*, da Lei, mas, sim, no alcance da Lei em relação à atuação do Estado fora ou dentro dos limites do Estado de Direito. Assim, a questão deve ser deslocada do âmbito da interpretação infraconstitucional para o âmbito constitucional. Relevante referir, ainda, que a questão assume contornos constitucionais. Com efeito, se a lei determina o pagamento de indenização a um determinado número de pessoas que ofereceram resistência ao regime então vigente, e dentro desse círculo algumas delas são excluídas por esta Lei, inexoravelmente estaremos diante de uma omissão legislativa relativa, por violação ao art. 5º da Lei Maior brasileira. Isto é, a vingar a tese de que a expressão "ou assemelhadas" se refere a prisões, é certo concluir que a lei diferenciou as pessoas mortas ou desaparecidas *dentro* das dependências policiais das pessoas mortas ou desaparecidas fora desses casos. Ora, na medida em que todas elas pertencem ao elenco das pessoas que ofereceram resistência ao regime, não pode(ria) o legislador fazer tal discriminação. Assim, se interpretarmos literalmente a expressão "ou assemelhadas" como sendo qualquer local similar "a prisão", a conclusão lógica é que, com essa leitura, o dispositivo se torna inconstitucional.

Por conseguinte, em uma interpretação conforme a Constituição (*verfassungskonforme Auslegung*), todas as pessoas pertencentes ao círculo acima mencionado terão de ser alcançadas pela indenização estatal. Destarte, com essa interpretação conforme a Constituição, corrige-se a eventual omissão legislativa relativa,[59] preservando-se a literalidade do texto da Lei. Isso não é novidade em nosso direito. Na verdade, muito embora não tenhamos no Brasil o recurso para acionar a inconstitucionalidade por omissão relativa, como no direito estrangeiro (*v.g.*, na Alemanha a *Verfassungsbeschwerde*), o Supremo Tribunal Federal se tem valido, não raras vezes, do importantíssimo mecanismo da *verfassungskonforme Auslegung* emprestada do direito alemão. No caso em discussão, com uma interpretação conforme a Constituição, facilmente se chegará à conclusão de que, para preservação do princípio da igualdade traduzido pelo art. 5º da Carta Magna, a única leitura possível – portanto, conforme a Constituição – será a de que a expressão "e assemelhadas" *não* pode ser entendida

---

[59] A propósito do assunto, consultar HECK, Luís Afonso. *O Tribunal Constitucional Federal e o desenvolvimento dos princípios constitucionais*. Porto Alegre: Fabris, 1995. p. 144, onde explica que "há omissão relativa quando, embora o legislador tenha sido ativo, a regulação promulgada mostre lacunas em razão das quais um determinado grupo populacional ficou desconsiderado". Com ela é violado o art. 3º, alínea 1, da Lei Fundamental ("Todas as pessoas são, diante da lei, iguais") – BVerFGE6, 257 (257 – diretiva, 264): 15, 46 (60).

Cap. 5 • AÇÃO DECLARATÓRIA DE CONSTITUCIONALIDADE, AÇÃO DE INCONSTITUCIONALIDADE POR OMISSÃO | **547**

como "similitude de dependência prisional ou policial *lato sensu*". Caso contrário, ocorrerá a violação do princípio constitucional da igualdade. Despiciendo lembrar que o art. 5º da Constituição Federal, plasmando o princípio da igualdade de todos perante a lei, é dirigido sobretudo ao legislador, que dele não poderá arredar um milímetro, sob pena de incorrer em inconstitucionalidade comissiva ou omissiva. Daí que todas as normas que o legislador ordinário vá construir terão, necessária e obrigatoriamente, de se submeter ao princípio constitucional da igualdade, além da relevante circunstância de que a lei deve ser razoável e obedecer à devida proporcionalidade.

Há, pois, uma fronteira muito tênue entre a inconstitucionalidade por omissão parcial e a violação que o parcial cumprimento da Constituição. Nesse contexto, busco socorro em Canotilho, ao acentuar que, na doutrina mais recente,[60] salienta-se a possibilidade de omissão legislativa pelo não cumprimento da obrigação do legislador em melhorar ou corrigir as normas de prognose (= prognóstico, previsão) incorretas ou defasadas perante circunstâncias supervenientes. A omissão consiste agora não na ausência total ou parcial da lei, mas na falta de adaptação ou aperfeiçoamento das leis existentes. Essa carência ou déficit de aperfeiçoamento das leis assumirá particular relevo jurídico-constitucional quando, da falta de "melhorias" ou "correções", resultem consequências gravosas para a efetivação de direitos fundamentais.[61]

Dito de outro modo, mais do que o problema gerado por omissões totais ou parciais, se está, quotidianamente, em face de um problema com dimensões muito maiores, decorrente da constante defasagem das leis e da falta de sua correção, proporcionadas pela ausência de uma adequada filtragem hermenêutico-constitucional das normas infraconstitucionais. Com base nisso, considerável número de enunciados normativos constitucionais padece de inconstitucionalidade parcial, porque seu déficit em relação ao sentido da Constituição acarreta, dia a dia, violação aos direitos fundamentais. Basta, para tanto, examinar os dispositivos constitucionais que regulamentam o salário-mínimo, o acesso ao ensino fundamental, obrigatório e gratuito, o que estabelece que a assistência social será prestada a quem dela necessitar, o que institui a garantia de um salário-mínimo à pessoa portadora de deficiência e à pessoa idosa que comprovem não possuir meios de prover à própria manutenção etc.[62]

5.2.2 Efeitos das decisões na ADO

Como visto, no caso de *omissão total*, o STF tem entendido que a mora legislativa enseja a imputação e a ciência ao Poder Legislativo competente para que a supra, nos termos do art. 103, § 2º, da CF/88, do art. 12-H da Lei 12.063/2009 e do art. 22 da Lei 9.868/1999, como verificado na ADO 25.

---

[60] Cf. BADURA, B. Die verfassungsrechtliche Pflicht, op. cit., p. 483; STETTNER, R. Die Verplichtung des Gesetzgeben zu erneutem Tätigwerden bei fehlerhaften Prognosen. *DVBI*, 1982, p. 1123.

[61] Cf. CANOTILHO, J. J. Gomes. *Direito constitucional*, op. cit., p. 1004-1005.

[62] Cabe destacar que não cabe ADO se a omissão for por ato de ato concreto, como decidiu o STF na ADI 1698.

No caso dos órgãos administrativos, o art. 103, § 2º, da CF/88 estipula prazo de 30 (trinta) dias para que tal mora seja suprida, porém o art. 12-H, § 1º, da Lei 12.063/2009 permite que em "caso de omissão imputável a órgão administrativo, as providências deverão ser adotadas no prazo de 30 (trinta) dias, ou em prazo razoável a ser estipulado excepcionalmente pelo Tribunal, tendo em vista as circunstâncias específicas do caso e o interesse público envolvido".

E se o órgão administrativo competente não cumprir com o prazo elastecido pelo art. 12-H, § 1º, da Lei 12.063/2009? Incorrerá em crime de responsabilidade por descumprimento da CF/88.[63]

Ao Poder Legislativo, contudo, não há prazo para o suprimento da omissão. Contudo, o STF, na ADI 3.682 e na ADO 25, estabeleceu um prazo para sanar tal omissão, rompendo com a postura tradicionalmente adotada de imputação e ciência ao Poder Legislativo.

No caso da ADO 26 (criminalização da homofobia e da transfobia), o STF acolheu uma tese concretista direta.[64] Isso porque conferiu eficácia geral, com efeito vinculante, da decisão na ADO para: "I – Até que sobrevenha lei emanada do Congresso Nacional destinada a implementar os mandados de criminalização definidos nos incisos XLI e XLII do art. 5º da Constituição da República, as condutas homofóbicas e transfóbicas, reais ou supostas, que envolvem aversão odiosa à orientação sexual ou à identidade de gênero de alguém, por traduzirem expressões de racismo, compreendido este em sua dimensão social, ajustam-se, por identidade de razão e mediante adequação típica, aos preceitos primários de incriminação definidos na Lei 7.716, de 08.01.1989, constituindo, também, na hipótese de homicídio doloso, circunstância que o qualifica, por configurar motivo torpe (Código Penal, art. 121, § 2º, I, "in fine"); II – A repressão penal à prática da homotransfobia não alcança nem restringe ou limita o exercício da liberdade religiosa, qualquer que seja a denominação confessional professada, a cujos fiéis e ministros (sacerdotes, pastores, rabinos, mulás ou clérigos muçulmanos e líderes ou celebrantes das religiões afro-brasileiras, entre outros) é assegurado o direito de pregar e de divulgar, livremente, pela palavra, pela imagem ou por qualquer outro meio, o seu pensamento e de externar suas convicções de acordo com o que se contiver em seus livros e códigos sagrados, bem assim o de ensinar segundo sua orientação doutrinária e/ou teológica, podendo buscar e conquistar prosélitos e praticar os atos de culto e respectiva liturgia, independentemente do espaço, público ou privado, de sua atuação individual ou coletiva, desde que tais manifestações não configurem discurso de ódio, assim entendidas aquelas exteriorizações que incitem a discriminação, a hostilidade ou a violência contra pessoas em razão de sua orientação sexual ou de sua identidade de gênero; III – O conceito de racismo, compreendido em sua dimensão social, projeta-se para além de aspectos estritamente biológicos ou fenotípicos, pois resulta, enquanto manifestação de poder, de uma construção de índole histórico-cultural motivada pelo objetivo de justificar a desigualdade e destinada ao controle ideológico, à dominação política, à subjugação social e à negação da alteridade, da dignidade e da humanidade daqueles que,

---

[63] Cf. FERNANDES, Bernardo Gonçalves. *Curso de direito constitucional,* op. cit., p. 1438.

[64] Cf. FERNANDES, Bernardo Gonçalves. *Curso de direito constitucional,* op. cit., p. 1440.

Cap. 5 • AÇÃO DECLARATÓRIA DE CONSTITUCIONALIDADE, AÇÃO DE INCONSTITUCIONALIDADE POR OMISSÃO | **549**

por integrarem grupo vulnerável (LGBTI+) e por não pertencerem ao estamento que detém posição de hegemonia em uma dada estrutura social, são considerados estranhos e diferentes, degradados à condição de marginais do ordenamento jurídico, expostos, em consequência de odiosa inferiorização e de perversa estigmatização, a uma injusta e lesiva situação de exclusão do sistema geral de proteção do direito".

Críticas podem ser feitas no caso da ADO 26 se houve aplicação analógica de tipo penal previsto na Lei 7.716/1989 ou mesmo formulação de tipo penal ou cominação de sanção penal via decisão judicial em controle concentrado em ADO ou se o STF não extrapolou sua competência judicativa. É incontroverso que há uma tendência, para dizer o mínimo, de vinculação dos efeitos da ADO nos casos de omissão legislativa total.

Nas hipóteses de *omissão parcial*, se a lei for insuficiente, ela contraria a CF/88 e é tida por inconstitucional, a jungir de algum modo a ADI e a ADO por omissão parcial, o que enseja a declaração de nulidade da lei ou do ato normativo, na forma do art. 12-H, § 2º, da Lei 12.063/2009. O STF, porém, vem entendendo que existem hipóteses de declaração de inconstitucionalidade sem decretação de nulidade por, no caso concreto, agravar a situação de inconstitucionalidade (ADI 4717, 875, ADI 1987, ADI 2727 e ADI 3243).

Desse modo, é muito importante que os efeitos atribuídos à ADO sejam muito bem pensados em cada decisão, até porque o art. 12-F da Lei 12.063/2009 admite a concessão de medida cautelar em ADO, inclusive para antecipar a declaração de mora do Poder Público, como ocorreu na ADO 24 (mora legislativa para elaborar lei de defesa do usuário de serviços públicos).

5.3 A ARGUIÇÃO DE DESCUMPRIMENTO DE PRECEITO FUNDAMENTAL (ADPF)

A arguição de descumprimento de preceito fundamental (ADPF), prevista no art. 102, § 1º, da CF, é uma forma *sui generis* de controle de constitucionalidade. Isso porque, conforme o art. 10, § 3º, da Lei 9.882/1999, de 03.12.1999, que regulamentou a ADPF, *as decisões em sede de arguição de descumprimento têm eficácia contra todos e efeito vinculante, com o que pode ser enquadrada, a toda evidência, no rol dos mecanismos de controle concentrado.* Aliás, isso fica nítido nas razões de veto ao inciso II, art. 2º, que dava acesso a qualquer pessoa para interpor a ADPF, *in verbis*: "A admissão de um acesso individual e irrestrito é incompatível com o controle concentrado de legitimidade dos atos estatais – modalidade em que se insere o instituto regulado pelo projeto de lei sob exame".

Por outro lado, como ela pode ser suscitada em sede de qualquer ação judicial, também guarda – de certo modo – rasgos do controle difuso de constitucionalidade.[65] Frise-se, ademais, que o projeto de lei que deu origem à Lei 9.882/1999 foi aprovado com a previsão de amplo acesso individual do cidadão à jurisdição constitucional.

---

[65] Nesse sentido a afirmação do Ministro Gilmar Mendes: "[...] a ADPF configura modalidade de integração entre os modelos de perfil difuso e concentrado no Supremo Tribunal Federal" (ADPF 33).

5.3.1 A arguição de descumprimento de preceito fundamental (ADPF): o longo período sem regulamentação

Passados 11 anos desde a promulgação da Constituição, somente no dia 3 de dezembro de 1999, foi editada lei regulamentando esse dispositivo. Desde o advento da Constituição até a edição da lei regulamentadora, a falta de regulamentação foi utilizada como argumento para o não conhecimento, e, portanto, rejeição, das arguições de descumprimento intentadas junto ao Supremo Tribunal.

Todas as arguições de descumprimento ajuizadas junto ao Supremo Tribunal Federal no período esbarraram no argumento da falta de regulamentação por lei ordinária. Ou seja, nas ocasiões em que o STF foi instado a se pronunciar acerca do tema, este determinou o arquivamento das ações, não as conhecendo.

A primeira manifestação do Supremo Tribunal data do ano de 1993, quando do julgamento de agravo regimental em agravo de instrumento. Na ocasião, a Corte Maior assim se manifestou: "A previsão do parágrafo único do art. 102 da Constituição Federal tem eficácia jungida a lei regulamentadora. A par deste aspecto, por si só suficiente a obstaculizar a respectiva observância, não se pode potencializar a arguição a ponto de colocar-se em plano secundário as regras alusivas ao próprio extraordinário, ou seja, o preceito não consubstancia forma de suprir-se deficiência do quadro indispensável a conclusão sobre a pertinência do extraordinário".[66]

Em outra ocasião, em julgamento proferido no dia 7 de fevereiro de 1996, na apreciação de agravo regimental em mandado de segurança advindo do Estado do Pará, a Suprema Corte dele não conheceu. Na oportunidade, o impetrante do mandado de segurança inconformou-se com o arquivamento de plano do *mandamus*, propondo um agravo regimental. Sustentou o agravante que o STF era competente para o julgamento do mandado de segurança. Para tanto, tratando-se de violação de seus direitos fundamentais, invocou o dispositivo que trata da arguição de descumprimento de preceito fundamental.

Deixou assentado o STF que, além da falta de regulamentação do dispositivo, a arguição de descumprimento, tal como concebida pelo legislador constituinte, "deverá assumir, no plano processual, a forma de ação especial, destinada, na especificidade de sua função jurídica, a ampliar a 'jurisdição constitucional da liberdade a ser exercida pelo [...] Pretório Excelso', [...] à semelhança do *Verfassungsbeschwerde* instituído em 1951 pelo ordenamento positivo vigente na República Federal da Alemanha, sem qualquer conotação, no entanto, com o remédio constitucional do mandado de segurança, ainda que ambos sejam instrumentos vocacionados à tutela de direitos e garantias fundamentais".[67]

Dias após, em julgamento realizado em 1º de maio de 1996, igualmente o STF não conheceu de agravo regimental, em face de discussão acerca de um decreto de intervenção em município do Estado de Tocantins, quando ficou assim ementado: "O § 1º da art. 102 da Constituição Federal de 1988 é bastante claro, ao dispor: 'A arguição de descumprimento de

---

[66] Cf. AI 145.860-AgRg.

[67] Cf. MS 22.427-AgRg.

Cap. 5 • AÇÃO DECLARATÓRIA DE CONSTITUCIONALIDADE, AÇÃO DE INCONSTITUCIONALIDADE POR OMISSÃO | **551**

preceito fundamental, decorrente desta Constituição, será apreciada pelo Supremo Tribunal Federal, na forma da lei'. Vale dizer, enquanto não houver lei, estabelecendo a forma pela qual será apreciada a arguição de descumprimento de preceito fundamental, decorrente da Constituição, o STF não pode apreciá-la. Até porque sua função precípua é de guarda da Constituição (art. 102, *caput*). E é esta que exige lei para que sua missão seja exercida em casos como esse. Em outras palavras: trata-se de competência cujo exercício ainda depende de lei. Também não compete ao STF elaborar lei a respeito, pois essa é missão do Poder Legislativo (art. 48 e ss. da CF). E nem se trata aqui de mandado de injunção, mediante o qual se pretenda compelir o Congresso Nacional a elaborar a lei de que trata o § 1º do art. 102, se é que se pode sustentar o cabimento dessa espécie de ação, com base no art. 5º, LXXI, visando a tal resultado, não estando, porém, *sub judice*, no feito, esta questão".[68]

O julgamento mais importante, entretanto, decorreu de ação interposta pelo ex--Presidente da República Fernando Collor de Mello. Neste caso, o ex-Presidente invocou o descumprimento de preceito fundamental em face da perda de seus direitos políticos pelo período de oito anos decorrentes do processo de *impeachment* a que foi submetido pelo Congresso Nacional. O então Presidente da República renunciou ao cargo antes do término do processo. Mesmo assim, o processo continuou. Inconformado com a retirada de seus direitos políticos, ingressou com mandado de segurança junto ao Supremo Tribunal Federal, não obtendo sucesso. Na ação interposta, alegou que houve descumprimento de preceitos fundamentais.

O STF assim decidiu a questão: "O Tribunal, acolhendo proposta do Min. Moreira Alves, entendeu não ser aplicável ao caso o disposto no art. 40 do RISTF ('Para completar *quorum* no Plenário, em razão de impedimento ou licença superior a três meses, o Presidente do Tribunal convocará Ministro licenciado, ou, se impossível, Ministro do Tribunal Federal de Recursos'), à vista do impedimento dos Ministros Nelson Jobim, Maurício Corrêa e Sydney Sanches, bem como da suspeição do Min. Marco Aurélio. Continuando o julgamento, o Tribunal, resolvendo questão de ordem suscitada pelo Min. Néri da Silveira, relator, negou trânsito à petição em que se postula seu conhecimento como arguição, prevista no art. 102, § 1º, da CF ('A arguição de descumprimento de preceito fundamental, decorrente desta Constituição, será apreciada pelo Supremo Tribunal Federal, na forma da lei'), adotando-se, para tanto, o rito da ação cível originária, ou seu conhecimento e procedência como revisão criminal, com vistas à declaração, em qualquer das hipóteses, de nulidade da pena imposta ao arguente pelo Senado – perda do cargo de Presidente da República –, como órgão judiciário, em razão de sua prévia renúncia ao mandato de Presidente. Fundou-se a decisão no fato de não ser autoaplicável o disposto no § 1º do art. 102 da CF. O preceito demanda lei regulamentadora. Quanto à possibilidade de se acolher o pedido como revisão criminal, ponderou-se ser esta ação própria ao reexame de casos criminais julgados pelo Tribunal e não decisão proferida pelo Senado da República. Precedentes citados: AgRgMS 22.427/PA, *DJU* 15.03.1960, e AgRgPet 1.140, *DJU* 31.05.1960

---

68   Cf. Pet 1.140-AgRg.

[sobre o "Caso Collor", v. publicações do STF: *Impeachment*. Brasília: Imprensa Nacional, 1996; e *RTJ* 162, v. 1]".[69]

Tenho que essa posição do Supremo Tribunal Federal – no sentido do referido dispositivo não autoaplicável – desviava do sentido material da Constituição, sendo incompatível com o Estado Democrático de Direito. De qualquer sorte, *a latere* do que foi decidido pelo Supremo Tribunal Federal, é necessário – por dever doutrinário e por amor ao debate – que se questionem as razões que levaram o Supremo Tribunal a não dar eficácia à ação de descumprimento de preceito fundamental. Não parece que a falta de norma regulamentadora fosse fundamento razoável (e suficiente) para negar eficácia a esse importante instituto de proteção dos direitos fundamentais. Como no mandado de injunção, remédio criado para combater a ineficácia de normas que tratam de preceitos fundamentais, e que foi, por muito tempo, tornado ineficaz pelo Supremo Tribunal, parece que, no caso da arguição de descumprimento de preceito fundamental, ineficaz por falta de norma regulamentadora, *o mesmo paradoxo se estabeleceu.* Daí a pergunta: é possível, na vigência do Estado Democrático de Direito, havendo remédios (constitucionais) contra a ineficácia de normas (por falta de regulamentação, como o mandado de injunção) e contra a inefetividade do sistema jurídico (falta de regulamentação sanável pela ação de inconstitucionalidade por omissão), continuarmos a não aplicar um dispositivo que tem, precipuamente, o escopo de proteger o cidadão contra os abusos do poder e a violação de seus direitos humanos-fundamentais?

Parece que a questão hermenêutica mais complicada exsurgiu da expressão "na forma da lei": afinal de contas, a lei regulamentadora era condição de possibilidade para o conhecimento e processamento pelo STF da arguição de descumprimento ou a lei de que fala o texto constitucional diz respeito à enumeração dos preceitos fundamentais passíveis de arguição junto ao Tribunal Maior? Estivesse correta a segunda hipótese, estar-se-ia admitindo que os preceitos fundamentais são enumeráveis em *numerus clausus*.[70] Observe-se que o § 90, 1, da Lei sobre o Tribunal Constitucional Federal Alemão estabelece que qualquer pessoa pode propor o recurso constitucional com a alegação de estar sendo violada, pelo Poder Público, em algum dos seus direitos fundamentais ou em algum dos seus direitos contidos nos arts. 20, alínea 4, 33, 38, 101, 103 e 104 da Lei Fundamental. Ocorre que o núcleo relativo aos direitos fundamentais está preservado. No caso brasileiro, a dicção do dispositivo, desde sempre, apontava para a proteção, via arguição de descumprimento, dos direitos fundamentais decorrentes da Constituição.

Tudo estava a indicar que, não obstante esse problema acerca da interpretação da expressão "na forma da lei", ainda assim, em sendo caso de deferimento da ação (arguição), o Supremo Tribunal Federal não poderia se furtar a examiná-lo e de o deferir. Isso porque existem outros procedimentos que poderiam ser aplicados analogicamente à citada ação. Não se pode olvidar, como já referido, que é extremamente paradoxal que um instituto

---

[69] Cf. Pet-QO 1.365.

[70] O próprio STF reconhece a dificuldade de definir o que seja preceito fundamental, conforme pode ser visto no voto do Ministro Gilmar Mendes na ADPF 33-MC.

Cap. 5 • AÇÃO DECLARATÓRIA DE CONSTITUCIONALIDADE, AÇÃO DE INCONSTITUCIONALIDADE POR OMISSÃO | **553**

feito para salvaguardar os direitos fundamentais permanecesse ineficaz por mais de 11 anos pela ausência de uma norma regulamentadora, ausência essa que, por si só, já fundamenta a própria arguição de descumprimento de preceito fundamental. Dito de outro modo, a falta de regulamentação, considerada como causa da ineficácia do instituto, já violava, frontalmente, por si, a Constituição.

Antes da ação interposta pelo ex-Presidente Collor, o Ministério da Justiça criou uma comissão de especialistas[71] com o fito de elaborar estudos e anteprojeto de lei que disciplinassem a arguição de descumprimento de preceito fundamental. De frisar que junto ao parlamento já tramitava, desde março de 1997, o Projeto de Lei 2.872, de autoria da Dep. Sandra Starling, com o seguinte teor:

> "Art. 1º Caberá reclamação de parte interessada ao Supremo Tribunal Federal, mediante pedido de um décimo dos membros da Câmara dos Deputados ou do Senado, quando ocorrer descumprimento de preceito fundamental do texto constitucional, em face de interpretação ou aplicação dos regimentos internos das respectivas Casas, ou comum, no processo legislativo de elaboração de normas previstas no art. 59 da Constituição.
>
> Parágrafo único. Aplicar-se-ão, no que couberem à reclamação prevista neste artigo, as disposições dos arts. 13 a 18 da Lei 8.038, de 28 de maio de 1990."

Ao projeto da Deputada Starling foi aposto um substitutivo, de autoria do Deputado Prisco Viana, que, na sua quase totalidade, se assemelhava ao anteprojeto da Comissão de Especialistas designada pelo Ministro da Justiça. O anteprojeto da Comissão, de 13 artigos, não apresentava, pois, sensíveis diferenças com a lei que acabou sendo aprovada pelo Parlamento. De elogiar, de pronto, que, em ambos (anteprojeto e substitutivo Prisco Viana), constava a possibilidade de qualquer pessoa lesada ou ameaçada em decorrência de ato do poder público ingressar com arguição de descumprimento de preceito fundamental, dispositivo que, infelizmente, recebeu veto do Poder Executivo, que ainda pende de exame pelo Parlamento.

5.3.2 A arguição de descumprimento fundamental e o direito estrangeiro

Para uma melhor compreensão do problema, faz-se necessária uma incursão no direito comparado, uma vez que o dispositivo em tela é inovador na história constitucional brasileira, sem qualquer precedente nas Constituições anteriores. Por isso, desde logo, a pergunta que se impõe é: estariam as raízes do dispositivo brasileiro na Lei Fundamental da Alemanha, mais especialmente no art. 93, alínea 1, n. 4, introduzido pela Décima Nona Lei Modificadora, de 29 de janeiro de 1969, que estabelece o recurso constitucional (*Verfassungsbeschwerde*) individual? A doutrina brasileira divergiu a respeito do tema. José Afonso da Silva respondeu afirmativamente, acrescentando que a lei de que fala o dispositivo brasileiro poderia vir a ter a importância da Lei de 17.04.1951 da República

---

[71] A Comissão foi instituída mediante a Portaria 572, de 04.07.1997, publicada no *Diário Oficial da União*, tendo os seguintes integrantes: Celso Ribeiro Bastos, Gilmar Ferreira Mendes, Arnoldo Wald, Ives Gandra Martins e Oscar Dias Corrêa.

Federal da Alemanha, que instituiu o *Verfassungsbeschwerde*.[72] Na mesma linha, Pinto Ferreira[73] e Celso Bastos.[74] Agregue-se que o próprio Supremo Tribunal Federal, na apreciação do AgRg no MS 22.427-5, deu a entender que a arguição de descumprimento de preceito fundamental (ADPF) guarda semelhança com o *Verfassungsbeschwerde* alemão. Tais opiniões, entretanto, não são compartilhadas por autores como Celso Agrícola Barbi, que entendeu *não existir no direito comparado instituto do mesmo tipo*;[75] e Gilmar Ferreira Mendes, que, comparando o modelo constitucional alemão com o nosso, acentua que "a existência de processos diversos ressalta uma importante diferença entre as duas Cortes de uma perspectiva processual. *A ordem constitucional brasileira não conhece processos como o conflito entre órgãos* (Organstreitigkeit) *nem instrumento com múltiplas funções como o recurso constitucional* (Verfassungsbeschwerde)".[76]

Muito embora a aludida controvérsia, o entendimento acerca do funcionamento do instituto do *Verfassungsbeschwerde* pode trazer importantes contributos para a discussão em tela. Com efeito, antes da Décima Nona Lei Modificadora, a competência do Tribunal Constitucional Federal (*Bundesverfassungsgericht*) para decidir acerca do citado recurso era proveniente do art. 90 da Lei sobre o Tribunal Constitucional Federal, apoiado no art. 93, alínea 2, da Lei Fundamental,[77] *funcionando o recurso alemão como um instrumento constitucional extraordinário, apto a afastar ofensas aos direitos fundamentais perpetrados pelo Poder Público.*

É necessário deixar claro que os pressupostos do *Verfassungsbeschwerde* estão elencados no art. 90 da Lei sobre o Tribunal Constitucional Federal, constando no inciso I que "qualquer pessoa pode propor o recurso constitucional no Tribunal Constitucional Federal com a alegação de estar sendo violada, pelo Poder Público, em alguns dos seus direitos fundamentais ou em alguns dos seus direitos contidos no art. 20, alínea 4, arts. 33, 38, 101, 103 e 104, da Lei Fundamental".

Assim, no direito alemão, o recurso constitucional (*Verfassungsbeschwerde*) pode ser interposto por uma pessoa (natural ou jurídica) junto ao *Bundesverfassungsgericht* (Tribunal Constitucional) toda vez que ocorrer a violação de um direito constitucional. Ou seja, o *Verfassungsbeschwerde* é um recurso extraordinário, apto a levar ao Tribunal Constitucional a violação de direitos fundamentais. Mais do que isso, a Lei do Tribunal Constitucional da Alemanha autoriza o Tribunal, em processo de *Verfassungsbeschwerde*, a incorporar a proibição de reiteração da medida considerada inconstitucional na parte dispositiva da decisão (art. 95, I, 2).

---

[72] Cf. SILVA, José Afonso da. *Curso de direito constitucional positivo*, op. cit., p. 530 e ss.

[73] Cf. FERREIRA, Pinto. Os remédios constitucionais na Lei Magna brasileira de 1988. *Direito constitucional*. Brasília: Consulex, 1998.

[74] Cf. BASTOS, Celso R.; MARTINS, Ives Gandra da Silva. *Comentários à Constituição do Brasil*. São Paulo: Saraiva, 1997. v. IV, p. 234.

[75] Cf. BARBI, Celso Agrícola. Supremo Tribunal Federal. Funções na Constituição Federal de 1988. *RT*, São Paulo, n. 656, p. 18 e ss., jun. 1990.

[76] Cf. MENDES, Gilmar F. *Jurisdição constitucional*, op. cit., p. 304.

[77] Nesse sentido, ver HECK, Luís Afonso. *O Tribunal Constitucional Federal*, op. cit., p. 139 e ss.; MENDES, Gilmar F. *Jurisdição constitucional*, op. cit., p. 14 e ss.

Cap. 5 · AÇÃO DECLARATÓRIA DE CONSTITUCIONALIDADE, AÇÃO DE INCONSTITUCIONALIDADE POR OMISSÃO | **555**

Como se vê, em face da Lei Fundamental alemã, qualquer pessoa tem legitimidade para promover um recurso constitucional. A violação de um direito, passível de recurso, pode advir de ação ou de omissão. A grande maioria dos recursos constitucionais é proposta contra decisões judiciais. De frisar, por relevante, que o *Bundesverfassungsgericht* não é instância de revisão. A formação do processo, a fixação e apreciação do fato típico, a interpretação do direito ordinário e a sua aplicação ao caso concreto são questões dos tribunais para isso competentes. O Tribunal Constitucional também não verifica se essas decisões são corretas do ponto de vista do direito ordinário. A fundamentação da sentença, por exemplo, não se presta ao exame por meio do *Verfassungsbeschwerde*, ou seja, o controle feito pelo Tribunal Constitucional se limita à não observância dos direitos fundamentais, é dizer, a verificação sobre se os tribunais violaram, na interpretação e aplicação do assim chamado direito ordinário, o direito constitucional e, especialmente, se desprezaram a proibição de arbitrariedade (art. 3º, I, da Lei Fundamental).[78]

Importante notar, ainda, que, em conformidade com o § 90, alínea 2, frase 1, da Lei sobre o Tribunal Constitucional da Alemanha, e com o art. 94, alínea 2, frase 2, da Lei Fundamental, o esgotamento prévio das vias judiciais é um dos mais importantes pressupostos processuais do recurso constitucional. Entretanto, o § 90, alínea 2, frase 2, admite também que o Tribunal Constitucional pode considerar essa exigência quando o recurso constitucional é de significado geral ou se suceder ao promovente um prejuízo grave e irreparável, caso ele seja remetido primeiro à via judicial.[79]

Assim, muito embora o recurso constitucional alemão possa estar mais próximo do recurso extraordinário brasileiro, é razoável afirmar que *existem alguns elementos comuns entre esse recurso e a arguição de descumprimento de preceito fundamental*. Com efeito, observa-se que, assim como ocorre no direito alemão, o recurso extraordinário brasileiro somente admite o exame de questões de direito constitucional. Uma diferença (relevante) entre o recurso extraordinário e o *Verfassungsbeschwerde* decorre do fato de que este admite, por exceção, *que se desconsidere a exigência do esgotamento das vias judiciais*, enquanto aquele exige que a causa tenha sido decidida, definitivamente, em única ou última instância, questão que será examinada mais adiante, com mais especificidade.

Mesmo que a arguição de descumprimento de preceito fundamental brasileiro não guarde essa similitude *stricto sensu* com o recurso constitucional do direito alemão, é importante que se retirem lições do instituto tedesco. Dito de outro modo, assim como ocorre no direito alemão por meio do recurso constitucional, a arguição de descumprimento de preceito fundamental prevista na Constituição do Brasil é instrumento relevante de proteção dos direitos fundamentais.

Entra, aqui, a importância da noção de Estado Democrático de Direito, que, por agregar o conjunto de conquistas da modernidade, nas três dimensões que possuem os direitos fundamentais, constitui, na revolução paradigmática proporcionada pelo novo

---

[78] Cf. HECK, Luís Afonso. O recurso constitucional na sistemática jurisdicional-constitucional alemã. *Revista de Informação Legislativa*, ano 31, n. 124, p. 116 e ss., out.-dez. 1994.

[79] Idem.

constitucionalismo do pós-guerra, um verdadeiro *plus* normativo, no interior do qual o direito é gerido pelo próprio direito, e onde o Estado deve, na sua organização, respeitar a conformação dos direitos sociais e fundamentais. Esse *plus* normativo, basicamente, ancora-se tanto no conceito "democrático", como na necessidade do respeito aos direitos fundamentais, donde a realização desses direitos se torna condição de possibilidade para a própria caracterização da democracia. Os mecanismos de realização dos direitos fundamentais assumem lugar cimeiro no contexto do constitucionalismo do Estado Democrático de Direito.

Por isso, preocupado com a realização dos direitos fundamentais, o constituinte de 1988 estabeleceu um conjunto de mecanismos aptos a garantir a efetivação dos direitos, dentro da perspectiva de que a Constituição é texto constituidor da organização da sociedade, protegendo inclusive contra decisões parlamentares de maiorias (eventuais ou não). Isso fica absolutamente visível a partir do exame do § 1º do art. 5º, pelo qual "as normas definidoras dos direitos e garantias fundamentais têm aplicação imediata", além do estabelecimento das cláusulas pétreas no art. 60, § 4º, constituindo, em seguida, um conjunto de institutos aptos a garantir efetividade, até mesmo, na eventual inércia do legislador e dos poderes públicos.

Tem-se, pois, a ação direta de inconstitucionalidade, a ação de inconstitucionalidade por omissão e os amplos institutos conhecidos como ações constitucionais (mandado de injunção, ação popular, *habeas data*, *habeas corpus*, mandado de segurança, individual e coletivo), somando-se, a isso, o controle difuso de constitucionalidade, que possibilita amplo processo de filtragem hermenêutico-constitucional. Como corolário, colocou o constituinte à disposição da cidadania a arguição de descumprimento de preceito fundamental decorrente da Constituição, instrumento equiparável ao recurso de amparo espanhol e ao recurso constitucional tedesco.

É nesse contexto que deve ser analisado o novo instituto: se o Estado Democrático de Direito é um *plus* normativo em relação às duas formas anteriores de Estado de Direito (Liberal e Social), a arguição de descumprimento de preceito fundamental é um *plus* normativo em relação aos institutos de proteção aos direitos fundamentais previstos pelo texto constitucional.

5.3.3 Os avanços e os recuos da Lei 9.882/1999

5.3.3.1 Da (in)constitucionalidade do parágrafo único do art. 1º da Lei 9.882/1999 – Aplicação da verfassungskonforme Auslegung

Para alguns autores, o parágrafo único do art. 1º da Lei 9.882/1999 distanciou-se do texto constitucional (art. 102, § 1º, da CF), uma vez que o legislador ordinário, por equiparação legal, também considerou como descumprimento de preceito fundamental qualquer controvérsia constitucional relevante sobre lei ou ato normativo federal, estadual ou municipal, incluídos os anteriores à Constituição. O legislador ordinário utilizou-se de manobra para ampliar, irregularmente, as competências constitucionais do Supremo Tribunal Federal, que, conforme jurisprudência e doutrina pacíficas, somente podem ser fixadas pelo Texto Magno – manobra esta eivada de flagrante inconstitucionalidade, pois

Cap. 5 · AÇÃO DECLARATÓRIA DE CONSTITUCIONALIDADE, AÇÃO DE INCONSTITUCIONALIDADE POR OMISSÃO | **557**

deveria ser precedida de emenda à Constituição.[80] Essa mesma tese foi encampada pela Ordem dos Advogados do Brasil, na ADI 2.231-8/DF.

Não vislumbro a inconstitucionalidade nos termos propostos. Com efeito, como ficará mais claro no seguimento, o inciso I do parágrafo único do art. 1º apenas estendeu as possibilidades de utilização da arguição de descumprimento de preceito fundamental. Ao contrário do entendimento de alguns juristas, penso que a ADPF é, sim, uma forma de controle concentrado[81] de constitucionalidade. Por isso, o exame de atos normativos (federais, estaduais ou municipais, inclusive os anteriores à Constituição) que afrontem preceitos fundamentais e sobre os quais exista controvérsia relevante pode ser objeto do instituto em tela.[82]

Entretanto, é bom lembrar que o aludido dispositivo (inciso I do parágrafo único do art. 1º da Lei 9.882/1999) necessita de correção interpretativa para que seja adequado a uma melhor dicção constitucional. A primeira delas diz com a necessidade de excluir de sua aplicação controvérsia constitucional concretamente já posta em juízo, como, aliás, bem procedeu o Ministro José Néri da Silveira, relator da ADI 2.231. Caso contrário, a ADPF poderia ser transformada em instrumento de avocação de processos, o que nem de longe tem respaldo no sistema constitucional adotado a partir de 1988. A segunda correção à norma do inciso I do parágrafo único do art. 1º pode ser feita por meio da utilização do mecanismo da interpretação conforme a Constituição (*verfassungskonforme Auslegung*). Parece óbvio que, em tratando o aludido inciso I de controvérsia constitucional que verse sobre lei ou ato normativo federal, estadual ou municipal, incluídos os anteriores à Constituição, esta somente pode dizer respeito às hipóteses de descumprimento de preceito

---

[80]   Ver, para tanto, MORAES, Alexandre de. *Direito constitucional*. 7. ed. São Paulo: Atlas, 2000. p. 614.

[81]   O STF vislumbra a ADPF como instrumento de controle concentrado. Nesse sentido: "Compete ao Supremo Tribunal Federal o juízo acerca do que se há de compreender, no sistema constitucional brasileiro, como preceito fundamental. Cabimento da arguição de descumprimento de preceito fundamental. Necessidade de o requerente apontar a lesão ou ameaça de ofensa a preceito fundamental, e este, efetivamente, ser reconhecido como tal, pelo Supremo Tribunal Federal. Arguição de descumprimento de preceito fundamental como instrumento de defesa da Constituição, em controle concentrado" (ADPF-QO 1).

[82]   Nessa linha a ADPF 33: "Existência de ADI contra a Lei 9.882/1999 não constitui óbice à continuidade do julgamento de arguição de descumprimento de preceito fundamental ajuizada perante o Supremo Tribunal Federal. [...] Cabimento de arguição de descumprimento de preceito fundamental para solver controvérsia sobre legitimidade de lei ou ato normativo federal, estadual ou municipal, inclusive anterior à Constituição (norma pré-constitucional). Requisito de admissibilidade implícito relativo à relevância do interesse público presente no caso. [...] ADPF configura modalidade de integração entre os modelos de perfil difuso e concentrado no Supremo Tribunal Federal. Revogação da lei ou ato normativo não impede o exame da matéria em sede de ADPF, porque o que se postula nessa ação é a declaração de ilegitimidade ou de não recepção da norma pela ordem constitucional superveniente. Eventual cogitação sobre a inconstitucionalidade da norma impugnada em face da Constituição anterior, sob cujo império ela foi editada, não constitui óbice ao conhecimento da arguição de descumprimento de preceito fundamental, uma vez que nessa ação o que se persegue é a verificação da compatibilidade, ou não, da norma pré-constitucional com a ordem constitucional superveniente".

fundamental. Desse modo, a arguição será cabível quando houver controvérsia instalada acerca de descumprimento de preceito fundamental, descumprimento este acarretado por uma lei municipal, estadual ou federal, inclusive as anteriores à Constituição. Não é qualquer controvérsia que ensejará a ADPF – somente a que disser respeito ao descumprimento de preceito fundamental. Por isso, utilizando a fórmula da interpretação conforme, dir-se-á que o inciso I do parágrafo único do art. 1º da Lei 9.882/1999 somente é constitucional se entendido no sentido de que a controvérsia constitucional diga respeito ao descumprimento de preceito fundamental.

Sobre o conceito de "controvérsia constitucional" calha trazer à colação trecho do voto do Ministro Gilmar Mendes na ADPF 33: "A possibilidade de incongruências hermenêuticas e confusões jurisprudenciais decorrentes dos pronunciamentos de múltiplos órgãos pode configurar uma ameaça a preceito fundamental (pelo menos, ao da segurança jurídica), o que também está a recomendar uma leitura compreensiva da exigência aposta à lei da arguição, de modo a admitir a propositura da ação especial toda vez que uma definição imediata da controvérsia mostrar-se necessária para afastar aplicações erráticas, tumultuárias ou incongruentes, que comprometam gravemente o princípio da segurança jurídica e a própria ideia de prestação judicial efetiva. Ademais, a ausência de definição da controvérsia – ou a própria decisão prolatada pelas instâncias judiciais – poderá ser a concretização da lesão a preceito fundamental. Em um sistema dotado de órgão de cúpula, que tem a missão de guarda da Constituição, a multiplicidade ou a diversidade de soluções pode constituir-se, por si só, em uma ameaça ao princípio constitucional da segurança jurídica e, por conseguinte, em uma autêntica lesão a preceito fundamental".[83]

5.3.3.2 A exigência do esgotamento de todos os meios para o saneamento do ato lesivo: outra necessária correção por meio de interpretação conforme a Constituição

Outro ponto restritivo consta no § 1º do art. 4º, que exige o esgotamento de todos os meios para o saneamento do ato lesivo. Com efeito, em face da redação do dispositivo, não se torna desarrazoado afirmar que a exigência que a lei regulamentadora faz do esgotamento das vias judiciárias pode tornar a ADPF inócua e desnecessária, uma vez que existe o recurso extraordinário como meio de levar as discussões acerca da violação da Constituição até a instância máxima, que é o STF.[84] Aqui, a lição do direito alemão poderia

---

[83] ADPF 33-MC. Veja-se, por exemplo, a seguinte decisão: "Verifica-se, ainda, que o requerente é pessoa física, não relacionada dentre as autoridades e entidades legitimadas pelo art. 103, *caput*, da Carta Federal c/c o art. 2º, I, da Lei 9.882/1999. Ante o exposto, visto que o autor não é titular da *legitimatio ad causam* ativa, nego seguimento ao pedido e determino o seu arquivamento" (ADPF 20).

[84] Sobre o tema, o STF entende que os meios a serem esgotados para que se admita a ADPF são aqueles do controle concentrado: "Princípio da subsidiariedade (art. 4º, § 1º, da Lei 9.882/1999): inexistência de outro meio eficaz de sanar a lesão, compreendido no contexto da ordem constitucional global, como aquele apto a solver a controvérsia constitucional relevante de forma ampla, geral e imediata. *A existência de processos ordinários e recursos extraordinários não deve excluir, a priori, a utilização da arguição de descumprimento de preceito fundamental, em virtude da feição marcadamente objetiva dessa ação*" (ADPF 33). "O Min. Sepúlveda Pertence, também acompanhando o voto do relator, mas ressalvando a tese de que só o cabimento de um processo objetivo outro obstaria a utilização da

Cap. 5 • AÇÃO DECLARATÓRIA DE CONSTITUCIONALIDADE, AÇÃO DE INCONSTITUCIONALIDADE POR OMISSÃO | **559**

– e ainda pode – ser aproveitada, mormente em face do que dispõe o § 90, alínea 2, frase 2, da Lei sobre o *Bundesverfassungsgericht*, no qual se permite desconsiderar a exigência do esgotamento das vias judiciais. Ou seja, na Alemanha a exceção surge quando o recurso constitucional é de significado geral ou suceder ao impetrante um prejuízo grave e irreparável, caso ele seja remetido, inicialmente, à via judicial.

Aqui, mais uma vez buscando inspiração no direito alemão e no espanhol, torna-se imperativo que o Supremo Tribunal faça uma interpretação conforme a Constituição (*verfassungskonforme Auslegung*), permitindo que, em determinadas circunstâncias, não se torne exigível o esgotamento das vias judiciárias. Pensar o contrário é esvaziar esse importante instituto, além de estabelecer uma leitura metafísica dele, obstaculizando o aparecer da singularidade. Afinal, hermenêutica é (sempre) aplicação, é (sempre) concretização.

Assim, em face desse processo hermenêutico, torna-se razoável afirmar, a partir da redação da lei regulamentadora, que a arguição de descumprimento de preceito fundamental (ADPF) é, efetivamente, um *remédio supletivo* para os casos em que não caiba ação direta de inconstitucionalidade (ADI). Desse modo, em sede de jurisdição constitucional, poderão agora ser questionados atos normativos (regulamentos, resoluções, por exemplo) que, anteriormente, não eram suscetíveis – conforme a jurisprudência predominante do STF – de enquadramento na via da ação direta de inconstitucionalidade (ADI).

Registrem-se, a propósito, alguns exemplos de matérias em que o STF tem entendido não caber ação direta de inconstitucionalidade, que, no meu entender, poderão, agora, ser questionadas por meio de ação de arguição de descumprimento de preceito fundamental: ADI 1.640-7, na qual ficou estabelecido que a lei orçamentária, por ser um ato político, não comporta ação direta de inconstitucionalidade;[85] ADI 2.057, pela qual ficou assentado que emenda parlamentar de reajuste de percentuais de Lei de Diretrizes Orçamentárias (LDO) que implique transferência de recursos entre Poderes do Estado tipifica ato de efeito concreto; ADI 1.292, que tratou de incompatibilidade de lei complementar com o art. 169 da CF, ficando estabelecida a impossibilidade do confronto de norma orçamentária

---

ADPF, entendeu ser patente a relevância da controvérsia constitucional e que apenas uma medida extrema, como a utilizada, com efeitos *erga omnes* e eficácia vinculante, seria capaz de reparar a lesão ocorrida ou obviar a ameaça identificada" (ADPF 54-QO). No mesmo sentido: ADPF 47-MC. Registre-se, todavia, o seguinte julgado aparentando entendimento diverso: "Ouçam-se, previamente, em ordem sucessiva, no prazo de 05 (cinco) dias cada um, os eminentes Advogado-Geral da União e Procurador-Geral da República (Lei 9.882/1999, art. 5º, § 2º), que deverão pronunciar-se não apenas sobre a postulação cautelar ora deduzida, mas, também, sobre a pertinência desta arguição de descumprimento de preceito fundamental, bem assim sobre a eventual incidência, na espécie, do princípio da subsidiariedade (*RTJ* 184/373-374, *RTJ* 189/395-396, itens 7 e 8, *v.g.*). A questão pertinente à admissibilidade da arguição de descumprimento, examinada em face do que dispõe o art. 4º, § 1º, da Lei 9.882/1999, resulta da circunstância – processualmente relevante – de que se revela possível, no plano das relações de consumo, o ajuizamento de ações coletivas (CDC, art. 51, § 4º, c/c o art. 81, parágrafo único, o art. 82 e o art. 83), aptas a viabilizar a efetiva proteção processual do consumidor" (ADPF 113-MC).

85   Trata-se de regra em matéria de ADI que, todavia, foi excepcionada pela Corte: "Mostra-se adequado o controle concentrado de constitucionalidade quando a lei orçamentária revela contornos abstratos e autônomos, em abandono ao campo da eficácia concreta" (ADI 2.925).

com o *caput* do art. 169, sem apreciação de matéria de fato – circunstância bastante para inviabilizar ADI. Parece não restar dúvida que, nesses casos, a ADPF se configura como o remédio cabível.[86]

O mesmo raciocínio vale para as resoluções ou regulamentações expedidas pelas agências reguladoras. Ou seja, como assevera Gilmar Mendes, não sendo admitida a utilização de ações diretas de constitucionalidade ou de inconstitucionalidade,[87] isto é, não se verificando meio apto para solver a controvérsia constitucional relevante de forma ampla, geral e imediata, há de se entender possível a utilização da ADPF. É o que ocorre,

---

[86] Há entendimento do STF inadmitindo o manejo de ADPF em face de veto do Poder Executivo: "Compete ao Supremo Tribunal Federal o juízo acerca do que se há de compreender, no sistema constitucional brasileiro, como preceito fundamental. Cabimento da arguição de descumprimento de preceito fundamental. Necessidade de o requerente apontar a lesão ou ameaça de ofensa a preceito fundamental, e este, efetivamente, ser reconhecido como tal, pelo Supremo Tribunal Federal. Arguição de descumprimento de preceito fundamental como instrumento de defesa da Constituição, em controle concentrado. O objeto da arguição de descumprimento de preceito fundamental há de ser 'ato do Poder Público' federal, estadual, distrital ou municipal, normativo ou não, sendo, também, cabível a medida judicial 'quando for relevante o fundamento da controvérsia sobre lei ou ato normativo federal, estadual ou municipal, incluídos os anteriores à Constituição'. Na espécie, a inicial aponta como descumprido, por ato do Poder Executivo municipal do Rio de Janeiro, o preceito fundamental da 'separação de poderes', previsto no art. 2º da Lei Magna da República de 1988. O ato do indicado Poder Executivo municipal é veto aposto a dispositivo constante de projeto de lei aprovado pela Câmara Municipal da Cidade do Rio de Janeiro, relativo ao IPTU. No processo legislativo, o ato de vetar, por motivo de inconstitucionalidade ou de contrariedade ao interesse público, e a deliberação legislativa de manter ou recusar o veto, qualquer que seja o motivo desse juízo, compõem procedimentos que se hão de reservar à esfera de independência dos poderes políticos em apreço. Não é, assim, enquadrável, em princípio, o veto, devidamente fundamentado, pendente de deliberação política do Poder Legislativo – que pode, sempre, mantê-lo ou recusá-lo –, no conceito de 'ato do Poder Público', para os fins do art. 1º da Lei 9.882/1999. Impossibilidade de intervenção antecipada do Judiciário – eis que o projeto de lei, na parte vetada, não é lei, nem ato normativo –, poder que a ordem jurídica, na espécie, não confere ao Supremo Tribunal Federal, em via de controle concentrado. Arguição de descumprimento de preceito fundamental não conhecida, porque não admissível, no caso concreto, em face da natureza do ato do Poder Público impugnado" (ADPF 1-QO).

[87] Nesse sentido importante mencionar que o STF acabou por admitir uma espécie de fungibilidade entre ADPF e ADI, como medida de economia processual, mas desde que preenchidos os requisitos exigidos para a ação direta. Se preponderasse o formalismo em tal questão, bastaria ao legitimado, no dia seguinte, protocolar a antiga ADPF rejeitada como ADI, com simples modificação da nomenclatura. Veja-se o seguinte julgado: "Questão de ordem em arguição de descumprimento de preceito fundamental. Portaria 156, de 05.05.2005, da Secretaria Executiva da Fazenda do Estado do Pará. Fixação, para fins de arrecadação de ICMS, de novo valor de preço mínimo de mercado interestadual para o produto carvão vegetal. Arts. 150, I, II e V, 152 e 155, § 2º, I e XII, todos da Constituição Federal. O ato normativo impugnado é passível de controle concentrado de constitucionalidade pela via da ação direta. Precedente: ADI 349, rel. Min. Marco Aurélio. Incidência, no caso, do disposto no art. 4º, § 1º, da Lei 9.882/1999. Questão de ordem resolvida com o aproveitamento do feito como ação direta de inconstitucionalidade, ante a perfeita satisfação dos requisitos exigidos à sua propositura (legitimidade ativa, objeto, fundamentação e pedido), bem como a relevância da situação trazida aos autos, relativa a conflito entre dois Estados da Federação" (ADPF 72-QO).

Cap. 5 · AÇÃO DECLARATÓRIA DE CONSTITUCIONALIDADE, AÇÃO DE INCONSTITUCIONALIDADE POR OMISSÃO | **561**

aliás, nos casos relativos ao controle de legitimidade do direito pré-constitucional e do direito municipal em face da Constituição Federal e nas controvérsias sobre direito pós--constitucional já revogado ou cujos efeitos já se exauriram. Nesses casos, em face do não cabimento da ADI, não há como deixar de reconhecer a admissibilidade da ADPF. Acrescenta, ainda, Mendes que também será possível a ADPF em pretensão de ver declarada a constitucionalidade de lei estadual ou municipal que tenha sua legitimidade questionada em instâncias inferiores. Tendo em vista o objeto restrito da ação declaratória de constitucionalidade (ADC), não há como cogitar, aqui, de meio eficaz para solver de forma ampla, geral e imediata eventual controvérsia instaurada.

Na hipótese prevista pelo art. 11 da Lei 9.882/1999,[88] a problemática é similar ao que dispõe o art. 27 da Lei 9.868/1999.[89]

5.3.3.3 *Arguição de descumprimento de preceito fundamental: forma de controle difuso e concentrado*

Apesar dos problemas que a lei apresenta, importa ressaltar que a arguição de descumprimento de preceito fundamental se coloca – como direito de acesso à jurisdição constitucional – ao lado e como complemento do mandado de injunção, da ação de inconstitucionalidade por omissão e dos próprios mecanismos de controle de constitucionalidade. Isso porque, enquanto o mandado de injunção é remédio contra a ineficácia de normas não regulamentadas, podendo/devendo o Poder Judiciário suprir, no caso concreto, o direito não realizado, a arguição de descumprimento objetiva compelir o Poder Público a se abster de realizar um ato abusivo e violador do Estado.

No que se relaciona ao controle de constitucionalidade *stricto sensu*, releva notar que a arguição de descumprimento de preceito fundamental abrange a ambivalência própria do sistema misto de controle de constitucionalidade vigorante no Brasil, isto é, ao mesmo tempo em que é uma ação autônoma (art. 1º, *caput*, da Lei 9.882/1999), é também mecanismo apto a provocar incidentalmente a constitucionalidade de leis ou atos normativos difusamente (art. 1º, parágrafo único, I).

Releva notar que a ação veio preencher antiga lacuna existente em nosso sistema, ao permitir que o STF examine a constitucionalidade de atos normativos anteriores à Constituição de 1988 (inconstitucionalidade superveniente). Como se sabe, a partir do julgamento das ADIs 2 e 438, o STF passou a firmar posição no sentido de não aceitar

---

[88] "Ao declarar a inconstitucionalidade de lei ou ato normativo, no processo de arguição de descumprimento de preceito fundamental, e tendo em vista razões de segurança jurídica ou de excepcional interesse social, poderá o Supremo Tribunal Federal, por maioria de dois terços de seus membros, restringir os efeitos daquela declaração ou decidir que ela só tenha eficácia a partir de seu trânsito em julgado ou de outro momento que venha a ser fixado."

[89] Veja-se a seguinte manifestação do STF a respeito: "No tocante ao art. 11, o Min. Néri da Silveira votou pelo indeferimento da medida cautelar por considerar que, cuidando-se de processo de natureza objetiva, *não há norma constitucional que impeça o legislador ordinário de autorizar o STF a restringir, em casos excepcionais, por razões de segurança jurídica, os efeitos de suas decisões*" (ADI 2.231-MC, destaque nosso).

ações de inconstitucionalidade de leis anteriores à Constituição. Agora, pelo disposto no inciso I do parágrafo único do art. 1º da Lei, também os atos normativos anteriores à Constituição são passíveis de declaração de inconstitucionalidade. Também será possível que se intente arguição de descumprimento de preceito fundamental preventivamente. Afinal, o art. 1º da Lei 9.882/1999 estabelece que a ADPF terá por objeto evitar ou reparar lesão. Ou seja, o sistema passa a admitir não somente a modalidade repressiva, mas também a modalidade preventiva de controle de atos que possam colocar em xeque preceitos fundamentais da Constituição.

De qualquer sorte, em face das peculiaridades que revestem a arguição no seu caráter incidental, tudo está a indicar que a sede privilegiada da ADPF é mesmo o controle concentrado. É nessa direção que apontam as ações intentadas até este momento junto ao Supremo Tribunal Federal, podendo ser arroladas algumas delas, como a ADPF 4, que buscava desconstituir a MP 2.019/2000, que fixou o valor do salário mínimo, julgada prejudicada a ação pela perda do objeto, em razão da edição de normas posteriores alterando o valor do salário mínimo; a ADPF 1, ajuizada contra ato do Prefeito do Rio de Janeiro, por ter aposto veto parcial, de forma imotivada, a projeto de lei aprovado pela Câmara Municipal, elevando o valor do IPTU, que não foi conhecida sob o argumento de que o veto não se enquadra no conceito de ato de poder público de que fala o art. 1º da Lei 9.882/1999; e a ADPF 3, proposta pelo Governador do Ceará, contra ato do Tribunal de Justiça daquele Estado que deferira o pagamento de gratificações em "cascata", a qual não foi conhecida sob o fundamento de que não foi cumprido o § 1º do art. 4º da Lei 9.882/1999 (esgotamento de todos os meios aptos a solver o conflito).[90] Com os anos que se passaram, já temos condições de dizer que a ADPF tem caráter de controle concentrado.

É importante registrar que há uma diferença entre aquilo que se pode denominar de arguição de descumprimento de preceito fundamental autônoma, que se aproxima da modalidade de controle abstrato de constitucionalidade, e a forma incidental de manejo da ADPF. Assim, no primeiro caso, é preciso tão somente comprovar a inexistência de outros meios para solver a controvérsia (com os necessários aportes hermenêuticos que essa questão merece, já especificados anteriormente); no segundo caso, a essa exigência agrega-se a comprovação da relevância da questão. Mas, mais do que a comprovação da relevância, há que estar provada a violação de preceito fundamental. Como bem assevera André Tavares:

> "[...] não poderia haver a criação de uma arguição de descumprimento de preceito fundamental quando houvesse não o descumprimento de um preceito fundamental, como quer a Constituição, mas, sim, uma simples relevância do fundamento de controvérsia instaurada, à margem de qualquer referência a preceito fundamental. Isso equivaleria a criar uma ação absolutamente nova, de competência originária do Supremo Tribunal, sob o manto da arguição. Essa interpretação, que deve ser de pronto afastada, parece reavivar a já repudiada avocatória, e levaria à consideração positiva acerca da inconstitucionalidade do preceito em análise".[91]

---

[90]   Nesse sentido, ver *Informativos do STF* 195, 176 e 189.

[91]   Cf. TAVARES, André R. *Tratado da arguição de descumprimento de preceito fundamental*, op. cit., p. 294.

Cap. 5 · AÇÃO DECLARATÓRIA DE CONSTITUCIONALIDADE, AÇÃO DE INCONSTITUCIONALIDADE POR OMISSÃO | **563**

Não basta, pois, que haja relevante controvérsia – o que é necessário demonstrar, como ponto principal, é que a controvérsia tenha por base a discussão acerca de violação de preceito fundamental.

Mais ainda, releva anotar que o dispositivo constante no parágrafo único do art. 1º da Lei 9.882/1999, ao estabelecer a possibilidade do controle incidental de constitucionalidade, merece uma cuidadosa apreciação. Com efeito, diz o dispositivo: *"Caberá também arguição de descumprimento de preceito fundamental: I – quando for relevante o fundamento da controvérsia constitucional sobre lei ou ato normativo federal, estadual ou municipal, incluídos os anteriores à Constituição"*.

Esse dispositivo traz implicitamente a possibilidade de os efeitos da ADPF atingirem processos em curso. Por isso, é aconselhável que seja examinado em conjunto com o § 3º do art. 5º da mesma Lei, que nitidamente introduz o efeito avocatório em sede de ADPF, questão que vem repetida no art. 21 da Lei 9.868/1999.

Exatamente nesse sentido o Ministro Néri da Silveira, em seu voto na ADI 2.231/DF,[92] entendeu que tal possibilidade somente poderia ser autorizada por emenda constitucional, e não via legislação ordinária. Por isso, seu voto foi no sentido de dar ao texto interpretação conforme à Constituição Federal, a fim de excluir de sua aplicação controvérsias constitucionais concretamente já postas em juízo. Consequentemente, o Ministro Néri também votou pelo deferimento da liminar para suspender a eficácia do § 3º do art. 5º, por estar relacionado com a arguição incidental em processos em concreto[93].

5.3.3.4 *A medida cautelar em sede de arguição de descumprimento de preceito fundamental: o efeito avocatório – a impossibilidade de avocação sponte sua do STF e a inconstitucionalidade de eventual lei que autorize a suspensão e remessa de processos ao STF pelos demais tribunais*

A possibilidade de concessão de cautelar em sede de ADPF, com o consequente alcance (e suspensão) de todos os processos em andamento que tenham relação com a matéria objeto da arguição, foi amplamente discutida,[94] a exemplo de outros dispositivos das Leis

---

[92] No momento, o processo está no gabinete do Ministro Dias Toffoli.

[93] "A liminar poderá consistir na determinação de que juízes e tribunais suspendam o andamento de processo ou os efeitos de decisões judiciais, ou de qualquer outra medida que apresente relação com a matéria objeto da arguição de descumprimento de preceito fundamental, salvo se decorrentes da coisa julgada" – ADI-MC 2.231/DF, rel. Min. José Neri da Silveira.

[94] Há opiniões na Corte no sentido da conveniência e aplicabilidade da medida: "A Lei 9.882, de 1999, prevê a possibilidade de concessão de medida liminar na arguição de descumprimento, mediante decisão da maioria absoluta dos membros do Tribunal. Em caso de extrema urgência ou de perigo de lesão grave, ou ainda durante o período de recesso, a liminar poderá ser concedida pelo relator *ad referendum* do Tribunal Pleno (art. 5º e § 1º). A lei autoriza o relator a deferir a audiência tanto da autoridade responsável pela edição do ato quanto as do Procurador-Geral da República e do Advogado-Geral da União (art. 5º, § 2º). Além da possibilidade de decretar a suspensão direta do ato impugnado, admite-se na cautelar prevista para a arguição de descumprimento a determinação de que os juízes e tribunais suspendam o andamento de processo ou os efeitos de decisões judiciais ou de qualquer outra medida que guarde relação com a matéria discutida na ação (art. 5º, § 3º),

564 | JURISDIÇÃO CONSTITUCIONAL • *Lenio Luiz Streck*

9.882/1999 e 9.868/1999. Aparentemente, nada haveria a objetar. Aliás, seria inconcebível um instituto de tamanha relevância sem previsão expressa de possibilidade de concessão de medida cautelar. Entretanto, e isso parece óbvio, o problema não está na possibilidade de concessão de cautelar, e sim no efeito que essa cautelar poderá ter no sistema jurídico.

Com efeito:

> "Art. 5º O Supremo Tribunal Federal, por decisão da maioria absoluta de seus membros, poderá deferir pedido de medida liminar na arguição de descumprimento de preceito fundamental.
>
> § 1º Em caso de extrema urgência ou perigo de lesão grave, ou, ainda, em período de recesso, poderá o relator conceder a liminar, *ad referendum* do Tribunal Pleno.
>
> [...]
>
> § 3º A liminar poderá consistir na determinação de que juízes e tribunais suspendam o andamento de processo ou os efeitos de decisões judiciais, ou de qualquer outra medida que apresente relação com a matéria objeto da arguição de descumprimento de preceito fundamental, salvo se decorrentes da coisa julgada."[95-96]

---

tal como requerido. Confere-se, assim, ao Tribunal um poder cautelar expressivo, impeditivo da consolidação de situações contra a possível decisão definitiva que venha a tomar. Nesse aspecto, a cautelar da ação de descumprimento de preceito fundamental assemelha-se à disciplina conferida pela Lei 9.868, de 1999, à medida liminar na ação declaratória de constitucionalidade (art. 21). Dessa forma, a liminar passa a ser também um instrumento de economia processual e de uniformização da orientação jurisprudencial" (ADPF 33-MC, voto do Ministro Gilmar Mendes).

[95] Embora reconhecendo a pendência de julgamento da ADI 2.231, o STF já concedeu medida cautelar aplicando o referido artigo: "Iniciado o julgamento do pedido cautelar na sessão do dia 30 de agosto de 2001, o Pleno do Supremo Tribunal Federal houve por bem adiar sua apreciação, até o julgamento da ADI 2.231-9/DF, distribuída ao eminente Ministro Néri da Silveira. Resta evidente, contudo, o risco de dano irreparável ou de difícil reparação e o fundado receio de que, antes do julgamento deste processo, ocorra grave lesão ao direito do requerente, em virtude das ordens de pagamento e de sequestro de verbas públicas, desestabilizando-se as finanças do Estado de Alagoas. Ante tais circunstâncias, com base no art. 5º, § 1º, da Lei 9.882/1999, defiro, *ad referendum* do Tribunal Pleno, o pedido cautelar e determino a suspensão da vigência dos arts. 353 a 360 do Regimento Interno do Tribunal de Justiça do Estado de Alagoas, de 30.04.1981, e, em consequência, ordeno seja sustado o andamento de todas as reclamações ora em tramitação naquela Corte e demais decisões que envolvam a aplicação dos preceitos ora suspensos e que não tenham ainda transitado em julgado, até o julgamento final desta arguição" (ADPF 10). O Supremo, entretanto, referendou o entendimento da lei no sentido da impossibilidade de suspensão de processos quando o objeto da arguição decorrer de coisa julgada: "É, pois, expressa a disposição que ressalva do alcance de eventual liminar os efeitos de decisão judicial coberta por *res iudicata*, que, como garantia constitucional, é invulnerável até a lei superveniente (art. 5º, XXXVI, da Constituição da República) e, *a fortiori*, a outra decisão jurisdicional, tirante, em matéria civil, a hipótese de rescisória. É, aliás, o que já decidiu a Corte, em cautelar na ADPF 10: '[...] com base no art. 5º, § 1º, da Lei 9.882/1999, defiro, *ad referendum* do Tribunal Pleno, o pedido de cautelar e [...] ordeno seja sustado o andamento de todas as reclamações ora em tramitação naquela Corte e demais decisões que envolvam a aplicação dos preceitos ora suspensos e que não tenham ainda transitado em julgado, até o final desta arguição' (rel. Min. Maurício Corrêa, *DJ* 13.09.2001). No caso, o arguente pede suspensão liminar da eficácia de decisões recobertas pela qualidade da coisa julgada, como se colhe ao sítio eletrônico da Justiça paraibana,

Cap. 5 · AÇÃO DECLARATÓRIA DE CONSTITUCIONALIDADE, AÇÃO DE INCONSTITUCIONALIDADE POR OMISSÃO | **565**

Este dispositivo tem redação semelhante à do art. 21 da Lei 9.868/1999:

> "O Supremo Tribunal Federal, por decisão da maioria absoluta de seus membros, poderá deferir pedido de medida cautelar na ação declaratória de constitucionalidade, consistente na determinação de que os juízes e os Tribunais suspendam o julgamento dos processos que envolvam a aplicação da lei ou do ato normativo objeto da ação até seu julgamento definitivo."[97]

Dois dispositivos tratando, pois, do mesmo "efeito avocatório". De registrar que tais dispositivos nada mais são do que a repristinação de antigas tentativas do Poder Executivo de instituir a figura do "incidente de inconstitucionalidade *per saltum*", que constava no substitutivo Jairo Carneiro de Reforma do Judiciário (art. 107, § 5º), que tinha a seguinte redação:

> "Suscitada, em determinado processo, questão relevante sobre a constitucionalidade de lei ou ato normativo federal, estadual ou municipal, incluídos os anteriores à Constituição, e concorrendo os pressupostos do art. 98, § 1º, o Supremo Tribunal Federal, a requerimento dos órgãos ou entes referidos no *caput* deste artigo, poderá processar o incidente e *determinar a suspensão do processo*, a fim de proferir decisão com efeito vinculante exclusivamente sobre a matéria constitucional."

Com relação ao Projeto Carneiro, Ada Pellegrini Grinover fazia uma contundente crítica a esse ponto. Para ela, o incidente *per saltum*:

> "[...] além de não compatibilizar-se sistematicamente com os critérios brasileiros, que já preveem duas modalidades de controle da constitucionalidade, a introdução do incidente, com remessa da questão ao Supremo, parece tender a servir exclusivamente aos interesses da Fazenda Pública, através da legitimação do Advogado-Geral da União. Se os legitimados podem ingressar com ação direta, por que razão suscitariam o incidente, que ainda depende, para apreciação, do poder discricionário do próprio Supremo Tribunal Federal? A nova modalidade não se coaduna com o controle concentrado por ação direta, representando uma superfetação e configurando mais um elemento complicador num sistema que necessitaria de simplificação. Ou bem se mantém a ação direta, ou bem se parte para sua substituição pelo incidente de constitucionalidade, que passaria então a acarretar a obrigatoriedade da suspensão prejudicial do processo em andamento. Não há como contemplar, lado a lado, as duas fórmulas. *Mas sejamos sinceros: o intuito do dispositivo é claramente o de uma avocatória disfarçada.*"

---

de modo que não pode ser ouvido a respeito. E, quanto a suspensão de 'qualquer outra medida em tramitação na Justiça paraibana que apresente relação com a matéria objeto desta arguição de descumprimento de preceito fundamental', não se lhe encontram, neste juízo prévio e sumário, os requisitos indispensáveis à concessão de tutela provisória" (ADPF 67-MC).

[96] Mais recentemente, a questão da suspensão de processos em curso foi enfrentada pelo Pleno na ADPF 79.

[97] Em alguns casos, o STF, em homenagem à celeridade processual, tem deixado de suspender o processo e passado a aplicar ao caso concreto o que decidido na cautelar. Por exemplo, Rcl 5.758/SP.

JURISDIÇÃO CONSTITUCIONAL · Lenio Luiz Streck

Mais ainda, segundo Grinover, esse dispositivo, que acolhe a técnica da inconstitucionalidade diferida própria do sistema alemão, se de um lado é positivo, do outro abre a brecha para certa tolerância para com a inconstitucionalidade, podendo favorecer indevidamente, uma vez mais, a Fazenda Pública (pense-se, por exemplo, na inconstitucionalidade de tributos, em que a declaração poderá surtir efeitos somente a partir da coisa julgada). Considero interessante a possibilidade de declaração da inconstitucionalidade *ex nunc*, mas seria indispensável fixar-lhe parâmetros.

Tenho, pois, que são válidas as críticas da professora paulista a ambos os dispositivos, razão pela qual a elas adiro plenamente. Trata-se de uma nítida avocatória, incompatível com os ditames do Estado Democrático de Direito. Trata-se, pois, de uma vinculação indevida do sistema às decisões individuais, além da supressão de instâncias, ferindo a cláusula do devido processo legal. Ambos os dispositivos são anômalas construções, contraditórias com o sistema de controle de constitucionalidade introduzido pela Constituição de 1988.

Mais do que isso, a previsão "avocatória" do art. 5º coloca-se em contradição com o próprio instituto da arguição de descumprimento de preceito fundamental, que, ao contrário do que determina o art. 5º da Lei 9.882/1999 (e o art. 21 da Lei 9.868/1999), serve para a realização de direitos fundamentais e para impedir que sejam solapados pelo Poder Público. Ou seja, de instrumento de anteparo contra os Poderes Públicos, a ação de descumprimento foi transformada em instrumento de viabilização de ações governamentais.

Tenho, assim, que a previsão constante no § 3º do art. 5º, bem como o dispositivo previsto no art. 1º, parágrafo único, I, da Lei 9.882/1999 e o art. 21 da Lei 9.868/1999, são todos inconstitucionais, na exata medida em que os efeitos da apreciação de inconstitucionalidade (via ADPF, ADI ou ADC) atingem processos em andamento. Observe-se que o Ministro Néri da Silveira, relator da ADI 2.231, além de dar interpretação conforme ao art. 1º, parágrafo único, I, da Lei 9.882/1999,[98] a fim de excluir as controvérsias constitucionais concretamente já postas em juízo, também votou pelo deferimento da liminar para suspender a eficácia do § 3º do art. 5º, por estar relacionado com a arguição incidental em processos em concreto[99].

Sem dúvida, razão assiste ao Ministro-relator da aludida ação direta de inconstitucionalidade. O efeito avocatório é vedado pela Constituição, naquilo que se extrai da noção de Estado Democrático de Direito. Há flagrante violação da cláusula do devido processo legal, além de os dispositivos (tanto o art. 1º, parágrafo único, I, quando atinge processos em andamento, quanto o § 3º do art. 5º, porque explicitamente introduz o efeito avocatório) se mostrarem em desacordo com o sistema de controle de constitucionalidade adotado

---

[98] "Caberá também arguição de descumprimento de preceito fundamental: I – quando for relevante o fundamento da controvérsia constitucional sobre lei ou ato normativo federal, estadual ou municipal, incluídos os anteriores à Constituição."

[99] "A liminar poderá consistir na determinação de que juízes e tribunais suspendam o andamento de processo ou os efeitos de decisões judiciais, ou de qualquer outra medida que apresente relação com a matéria objeto da arguição de descumprimento de preceito fundamental, salvo se decorrentes da coisa julgada".

Cap. 5 · AÇÃO DECLARATÓRIA DE CONSTITUCIONALIDADE, AÇÃO DE INCONSTITUCIONALIDADE POR OMISSÃO | **567**

pelo Brasil.[100] Na medida em que o controle é misto, a convalidação do efeito avocatório elimina as especificidades próprias do controle difuso de constitucionalidade, aproximando o nosso sistema do sistema de controle de constitucionalidade alemão, conforme explicitado no decorrer destas reflexões.

Agregue-se que a problemática relacionada ao efeito avocatório constante nos arts. 1º, parágrafo único, I, e 5º, § 3º, da Lei 9.982/1999 e no art. 21 da Lei 9.868/1999 é semelhante à que deflui da EC 3, que instituiu a ação declaratória de constitucionalidade. Nesse sentido, consoante o voto vencido do Ministro Marco Aurélio quando do julgamento que discutiu a constitucionalidade da ADC, tal ação é inconstitucional também porque se mostra com efeitos que superam os da criticada avocatória, que tinha como estigma o fato de ter sido criada na Carta de 1969. Com a ADC e o efeito vinculante, as lides em andamento são apanhadas, e aí os desfechos respectivos decorrerão de simples e obrigatória observância do que decidido em processo diverso, sem dele terem participado os verdadeiramente interessados.

Não é demais trazer à baila a opinião de Ives Gandra Martins acerca da EC 3:

> "Considero ser de manifesta inconstitucionalidade tal emenda. Ao ter sugerido este tipo de ação para atalhar o perigo da avocatória, vi, infelizmente, minha proposta adulterada pelo eminente amigo e deputado Benito Gama, *em cuja concepção não tive qualquer participação*. Resisto a qualquer 'investigação de paternidade'. Este filho bastardo não é meu, apesar de ter adotado o constituinte o mesmo nome que daria ao filho que não gerei."

Além disso, Gandra sustenta que:

> "[...] a força vinculante atribuída pela nova redação do art. 103 à decisão que reconheça a constitucionalidade da lei ou do ato federal por essa via retira, dos demais órgãos do Judiciário e do próprio Supremo Tribunal Federal, a legitimidade ativa para deflagrar novo julgamento a respeito, impedindo que questões individuais sejam suscitadas ou subam à superior instância, pois estarão sumariamente decididas, sem o exaurimento do devido processo legal e sem o exercício da ampla defesa e do contraditório".

Observa-se, assim, que o problema fulcral que envolve tais dispositivos é o efeito avocatório que provocam, que é absolutamente incompatível com o sistema de controle de constitucionalidade adotado no Brasil. De ressaltar que, estranhamente, o art. 21 da Lei 9.868/1999 apenas se refere ao efeito avocatório em sede de ADC, donde se pode concluir que a mesma *ratio* subjaz à redação do § 3º do art. 5º da Lei 9.882/1999. Trata-se, destarte,

---

[100] Não se deve esquecer que nenhuma apreciação de questão prejudicial – e a questão de constitucionalidade sempre o é – decidida incidentalmente no bojo de um processo faz coisa julgada nem pode fazê-lo. A eficácia decorrente da pronúncia de inconstitucionalidade, nos casos incidentais, é sempre intraprocessual. Ora, em havendo uma decisão que tem o condão de repercutir, de imediato, em processos em andamento (e a redação do aludido § 3º do art. 5º é taxativa a esse respeito), parece evidente que a decisão de um determinado caso transcende a outros. Isso é o que se chama de efeito avocatório. Repita-se: *não há, na verdade, avocação de processos em andamento; o que há é o efeito avocatório sobre os demais processos em andamento.*

568 | JURISDIÇÃO CONSTITUCIONAL · *Lenio Luiz Streck*

nitidamente de dispositivos que visam salvaguardar "atos considerados constitucionais", e não "atos considerados inconstitucionais".

Como se pôde perceber no decorrer destas reflexões, os efeitos de decisões positivas (portanto, de não declaração de inconstitucionalidade) são diversos dos efeitos de decisões negativas (que *nadificam* o texto). Veja-se, nesse sentido, a absoluta e peremptória rejeição a possíveis efeitos vinculantes e *erga omnes* de decisões negatórias de inconstitucionalidade feita pela doutrina europeia. Despiciendo, novamente, cansar o leitor com a diferença existente entre uma decisão que nulifica uma lei e a que rejeita tal nulificação: a primeira é vinculante por si só; já a segunda não produz efeitos vinculantes e *erga omnes*, podendo até mesmo a (in)constitucionalidade dessa lei ser reexaminada pelo Tribunal Constitucional.

Acrescente-se, por diligência, na hipótese de o voto do relator na ADI 2.231 não prevalecer, que se está a falar, aqui, do *efeito avocatório* ínsito à ADPF, e não da possibilidade de o Supremo Tribunal Federal, *sponte sua*, avocar causas que tramitam em outros tribunais. Ou seja, efeito avocatório não é o mesmo que possibilidade de avocar. É evidente que o STF não tem esse poder; aliás, nenhum tribunal pode iniciar processos ou procedimentos, dependendo sempre de provocação. As únicas "exceções" que se estabelecem são a da suscitação de incidente de inconstitucionalidade por órgão fracionário, que independe da provocação da parte ou do Ministério Público, cujo procedimento fica restrito ao tribunal no qual o processo está tramitando, e a do recurso de ofício (caso, por exemplo, de concessão de mandado de segurança), disposição, aliás, de discutível constitucionalidade.

O que não se poderá admitir, por outro lado, é que um tribunal, *sponte sua*, faça a provocação do Supremo Tribunal, para que este julgue a questão de inconstitucionalidade. Nesse caso, estar-se-ia imitando o que ocorre no controle de constitucionalidade da Alemanha e da Espanha, para citar dois exemplos. Se isso viesse a ocorrer no Brasil, haveria o solapamento do atual modelo de controle difuso de constitucionalidade, que tem especificidades próprias. Por isso, há que se indagar: poderia o legislador ordinário, mediante lei, estabelecer essa possibilidade de suscitação/remessa da questão constitucional relevante, discutida incidentalmente em uma ação, para ser resolvida pelo Supremo Tribunal Federal, para os fins do § 3º do art. 5º da Lei 9.882/1999? A resposta deve ser negativa.[101]

Com efeito, o sistema jurídico brasileiro albergado pela Constituição é o difuso. A suspensão de processos, com remessa *per saltum* para o Tribunal Constitucional, é característica de sistemas que não adotam o controle difuso, como Alemanha, Espanha, Áustria. Só esse argumento já deveria ser suficiente para, até mesmo, inquinar de inconstitucionalidade o § 3º em questão. Por isso, nem de longe se poderá admitir que, por meio de lei (ou por criação jurisprudencial) possa ocorrer a suspensão de processos em sede de tribunal, com a consequente remessa ao Supremo Tribunal para resolver a controvérsia. Ou seja, com a redação atual da lei, o STF, por liminar em sede de arguição de descumprimento

---

[101] Em sentido contrário pensa André Ramos Tavares, que considera legítima a possibilidade de edição de lei nesse sentido. Ver, para tanto, TAVARES, André Ramos. Arguição de descumprimento de preceito fundamental: aspectos essenciais do instituto na Constituição e na lei. In: TAVARES, André Ramos; ROTHENBURG, Walter Claudius (org.). *Arguição de descumprimento de preceito fundamental: análise à luz da Lei 9.882/1999*. São Paulo: Atlas, 2001. p. 39 e ss.

Cap. 5 · AÇÃO DECLARATÓRIA DE CONSTITUCIONALIDADE, AÇÃO DE INCONSTITUCIONALIDADE POR OMISSÃO | **569**

de preceito fundamental, poderá determinar a suspensão de processos que tramitam em outros tribunais. Tal questão, conforme já referido, já coloca em xeque o sistema de controle de constitucionalidade vigorante no Brasil, que é, ao mesmo tempo, concentrado e difuso. Consequentemente, seria ir longe demais admitir que os próprios tribunais pudessem, *sponte sua*, suspender os processos e provocar a atuação do Supremo Tribunal Federal. Seria, pois, o canto de cisne do sistema de controle difuso de constitucionalidade.

5.3.3.5   A (in)constitucionalidade do art. 10, caput e § 3º, da Lei 9.882/1999

Os dispositivos em questão estão assim redigidos:

> "Art. 10. Julgada a ação, far-se-á comunicação às autoridades ou órgãos responsáveis pela prática dos atos questionados, fixando-se as condições e o modo de interpretação e aplicação do preceito fundamental.
>
> [...]
>
> § 3º A decisão terá eficácia contra todos e efeito vinculante relativamente aos demais órgãos do Poder Público."

A fixação de condições e o modo de interpretação e aplicação do preceito fundamental de que fala o *caput* do art. 10 da Lei não encontram similar na jurisdição constitucional contemporânea. De pronto, é preciso ter claro que, em se admitindo que a arguição de descumprimento de preceito fundamental é instrumento de controle difuso e concentrado de constitucionalidade, é dentro desse universo jurídico que o instituto deve ser tratado.

Consequentemente, julgada a arguição, a interpretação já estará dada à *quaestio juris*. O modo de interpretação e as condições (*sic*) para o cumprimento do preceito fundamental fazem parte, intrinsecamente, da decisão do Supremo Tribunal Federal. Nesse caso, parece ter havido uma exagerada preocupação do legislador ordinário na ânsia de (bem) regulamentar o *writ* constitucional. Desse modo, antes de a fixação das condições e o modo de interpretação e aplicação serem consequência do julgamento da ação, são elas a sua condição de possibilidade. Havendo um pleito, no caso, uma ADPF, esta obrigatoriamente versará sobre o descumprimento de um determinado preceito (fundamental) da Constituição.

O preceito fundamental será o parâmetro, caso contrário, a ação não terá objeto. No julgamento da arguição, o STF apreciará o alcance da violação do aludido preceito fundamental. Logo, o julgado não versará sobre as condições e o modo de interpretação e aplicação do preceito fundamental, mas, sim, sobre como um determinado ato do Poder Público, dispositivo ou determinada lei ocasionaram o descumprimento do preceito fundamental paramétrico.

Não cabe, pois, ao Supremo Tribunal Federal funcionar como legislador, fixando as condições em que o preceito fundamental deverá ser cumprido, nem tampouco lhe cabe fixar o modo como este deve ser interpretado e como deve ser aplicado. Houve evidente infelicidade na redação do dispositivo. Não se pode confundir o mandado de injunção, que é remédio supletivo para a falta de regulamentação de dispositivos constitucionais que tratem de garantias de direitos individuais e sociais, com a arguição de descumprimento de preceito fundamental. No primeiro caso, na falta de norma regulamentadora, o STF poderá editar a regulamentação (muito embora assim não tenha entendido o Pretório Excelso, com o que esvaziou o aludido *writ of injunction*); no segundo, cabe ao Supremo Tribunal dizer, fazendo controle de constitucionalidade (difuso ou concentrado), se um determinado preceito fundamental está ou não sendo descumprido. As decisões do STF, em sede de ADPF, não podem ser transformadas em atos legislativos *stricto sensu*, com o que estará afrontando o princípio da divisão de Poderes da República.

Em que pesem todas essas advertências, em 2015, no julgamento da ADPF 347 (proposta pelo PSOL), abrindo discussão acerca da situação do sistema prisional brasileiro, o STF, evocando a tese colombiana de caracterização de um "estado de coisas inconstitucionais", deferiu a cautelar em relação aos seguintes pedidos da ADPF: *a.* determinar aos juízes e tribunais que, observados os artigos 9.3 do Pacto dos Direitos Civis e Políticos e 7.5 da Convenção Interamericana de Direitos Humanos, realizem, em até 90 dias, audiências de custódia, viabilizando o comparecimento do preso perante a autoridade judiciária no prazo máximo de 24 horas, contados do momento da prisão; e *b.* determinar à União que libere o saldo acumulado do Fundo Penitenciário Nacional para utilização com a finalidade para a qual foi criado, abstendo-se de realizar novos contingenciamentos. O Tribunal, por maioria, deferiu, ainda, a proposta do Ministro Roberto Barroso, ora reajustada, de concessão de cautelar de ofício para que se determine à União e aos Estados, e especificamente ao Estado de São Paulo, que encaminhem ao Supremo Tribunal Federal informações sobre a situação prisional.

Se a tese do ECI for compatível com o avançado sistema de constitucionalidade brasileiro, diante de um "Brasil real", que contrasta com as intenções constitucionais, qualquer situação pode ser albergada, desde os presídios ao salário mínimo. Ou seja, assumindo o ECI, o Brasil poderia ser considerado um país inconstitucional, diante do descompasso entre as promessas da Constituição e sua efetividade. Esta é a questão: qual será a estrutura a ser inconstitucionalizada? Sabemos que, em uma democracia, quem faz escolhas é o Executivo, eleito para fazer políticas públicas. Judiciário não escolhe.

Temo que, com o tempo, a simples evocação do ECI seja motivo para que se reconheça qualquer tipo de demanda por inconstitucionalidade ao Judiciário. O que não é inconstitucional? Imaginemos os Estados da federação demandados por uma enxurrada de ações. Sim, o STF poderá dizer que só a ele compete julgar o ECI. Mas, até lá, como segurar os demais atores jurídicos? Como segurar as demandas sociais? De novo, pense-se no caso do remédio para câncer não aprovado pela Anvisa e motivo de inúmeras decisões judiciais. Despiciendo dizer – e sou insuspeito pela defesa que faço da jurisdição constitucional – que, ressalvados os excessos, é, sim, dever do Poder Judiciário garantir o cumprimento da lei, independentemente do nome, bonito ou feio, adequado ou inadequado, que a uma situação de descumprimento da lei se tenha dado. Pois a Constituição e a lei são para serem cumpridas. Só que existe uma coisa chamada política, eleições, parlamento, orçamento, enfim, coisas que fazem parte de uma democracia, sem falar do lugar em que vivemos: um país periférico e com um presidencialismo de coalizão. Ou seja, com a crítica ao ECI não estou negando a importância do Judiciário para o cumprimento da Constituição (ele é seu guardião). Se fosse assim, estaríamos acabando com a ideia de controle de constitucionalidade, com a autonomia funcional do Judiciário e outras tantas prerrogativas que

Cap. 5 • AÇÃO DECLARATÓRIA DE CONSTITUCIONALIDADE, AÇÃO DE INCONSTITUCIONALIDADE POR OMISSÃO | **571**

dão os contornos à nossa jovem construção de Estado Constitucional de Direito. Sou um defensor do cumprimento da Constituição; e, quando o Judiciário assim o faz, também sou seu defensor. Por um motivo óbvio: defender a Constituição significa defender a democracia. Mas, atenção. É por isso mesmo que me permito dizer: o objeto do controle de constitucionalidade são normas jurídicas, e não a realidade empírica – vista de forma cindida – sob a qual elas incidem. Portanto, minha discordância é com o modo como a noção de ECI foi construída. Receio pela banalização que ela pode provocar.

Encerradas as críticas sobre a (desnecessária e ativista) assimilação da tese do ECI, outro ponto do art. 10 que suscitou discussão foi a previsão de seu § 3º, estabelecendo que a decisão terá eficácia contra todos e efeito vinculante[102] relativamente aos demais órgãos do Poder Público. Aqui novamente se tem o problema do efeito vinculante. No caso, parece razoável que uma decisão que determine o cumprimento de um preceito fundamental tenha eficácia contra todos e seu efeito atinja todos, indistintamente. Há uma diferença entre uma decisão afirmativa de uma determinada interpretação de uma lei (na hipótese de uma interpretação conforme a Constituição) e uma afirmação acerca do cumprimento que deve ser dado a um preceito até então descumprido. No primeiro caso, estar-se-ia congelando para o futuro todas as possíveis hipóteses de aplicação, mormente em um sistema jurídico como o brasileiro, que continua apostando em verbetes "plenipotenciá-rios", que se independizam dos casos concretos. No segundo caso – ADPF – não há um julgamento com esse sentido objetivo. Ele é específico acerca do descumprimento de um determinado preceito, que, após a decisão, deverá ser implementado. A única hipótese de não cumprimento da decisão em sede de ADPF é a demonstração – hermenêutica – de que a decisão não tem relação com a situação concreta. Se via ADPF se disse que a união estável se equipara a casamento, a ADPF não alcança a adoção de filhos, que deve ser objeto de outra discussão.

5.3.3.6 *De como o efeito avocatório não encontrou guarida na Constituição de 1988*

Há que se referir, ademais, que *o poder avocatório não foi previsto pela Constituição de 1988*. Ao contrário, ao disponibilizar um amplo acesso à justiça mediante os mais diversos institutos, o constituinte cuidou de evitar que o texto constitucional fosse esvaziado por

---

[102] Sobre a (in)constitucionalidade de efeito vinculante na ADPF, mesmo se considerando que o atual texto constitucional, modificado pela EC 45/2004, somente atribui tal efeito à ADI e à ADC, o Ministro Néri da Silveira (na época do voto somente a ADC, por força da EC 3/1993, era dotada de efeito vinculante) entendeu não haver afronta à Constituição: "Quanto ao art. 10, *caput* e § 3º, o Min. Néri da Silveira, relator, proferiu voto no sentido de *indeferir* a liminar, por entender que *o efeito vinculante não tem natureza constitucional, podendo o legislador ordinário disciplinar a eficácia das decisões judiciais, especialmente porque a CF remete expressamente à lei a disciplina da ADPF* (CF, art. 102, § 1º)". Em síntese, o Ministro Néri da Silveira considerou que, à primeira vista, a Lei 9.882/1999 é constitucional na parte em que cuida do processo de natureza objetiva, e que a suspensão cautelar dos dispositivos por ele mencionados não esvaziaria a lei em sua íntegra. O Ministro Sepúlveda Pertence, salientando que é relator de duas ações diretas (2.154/DF e 2.558/DF) que têm questões em comum com a presente ação, pediu vista dos autos. O processo ainda está sob discussão, sendo admitido *amicus curiae* (ADI 2.231-MC).

políticas que colocassem em risco a própria efetivação desses direitos. Há, pois, nitidamente, um núcleo político na Constituição que aponta para o acesso à justiça.

Torna-se absolutamente incongruente que, no bojo de um instituto que deveria funcionar como um legítimo "direito de amparo", tenha sido forjado um mecanismo que coloca em xeque o próprio sistema de controle de constitucionalidade. Como bem alerta Grinover, *ou bem se mantém o controle direto de constitucionalidade ou se substitui pelo incidente de inconstitucionalidade.*

Em linha similar, Binenbojm vai dizer que, muito embora tenha sido anunciado como um instrumento de proteção dos direitos fundamentais do cidadão, inspirado no recurso constitucional alemão e no recurso de amparo espanhol, a verdade é que a arguição brasileira, tal como regulamentada pela Lei 9.882/1999, sobretudo após os vetos presidenciais ao projeto aprovado pelo Congresso Nacional, "ficou mais para avocatória do que para ação constitucional do cidadão".[103] Agregue-se o veemente protesto feito pelo Dep. Jarbas Lima, por ocasião da apreciação do Projeto de Lei 2.960/1997, do qual resultou a citada Lei 9.882/1999. Disse o parlamentar que, em realidade, a previsão contida no art. 21 do projeto – que de cautelar nada possui – pretende instituir, às avessas, o chamado incidente de constitucionalidade *per saltum* na via do controle difuso, ou seja, a famigerada "avocatória" que a Assembleia Nacional Constituinte de 1988 rejeitou sem hesitações. Nunca é demais repetir.

Jorge Miranda, examinando o controle difuso de constitucionalidade português, na fiscalização concreta, mediante recurso, pelo Tribunal Constitucional, ao abrigo do art. 280°, alerta que a decisão somente produz efeitos na questão concreta levada a julgamento. Mesmo sendo uma interpretação conforme, esta somente tem efeito para aquele caso, ou seja, no processo em causa.[104] E Canotilho vai dizer que, no regime português, como o juiz da causa aplica ou desaplica as leis, de acordo com os princípios do sistema difuso, e como em Portugal não há a regra do *stare decisis* do sistema americano (vinculação aos precedentes dos tribunais superiores), haveria uma grande diversidade de juízos se não se estabelecesse um modo de uniformização por meio do sistema concentrado. Nota-se, porém – alerta –, que este processo de declaração de inconstitucionalidade com base em controle incidental não é automático. Em termos processuais, trata-se de um novo processo de fiscalização abstrata sucessiva, o que aponta para uma nova apreciação da questão pelo Tribunal Constitucional (art. 82° da Lei do TC).

A apreciação da questão da constitucionalidade não é, porém, deixada à total discricionariedade do Tribunal Constitucional. Só deixará de ser feita se não houver interesse jurídico relevante na apreciação do pedido. Compreende-se que, se não houver um interesse jurídico com "conteúdo prático apreciável", é injustificado o processo de generalização de eficácia. Se a generalização da eficácia das decisões proferidas em controle concreto não é obrigatória nem automática, o mesmo já não se pode dizer relativamente à obrigatoriedade

---

[103] Cf. BINENBOJM, Gustavo. *A nova jurisdição constitucional brasileira*. Rio de Janeiro: Renovar, 2001. p. 189.

[104] Cf. MIRANDA, Jorge. *Manual*, op. cit., t. II, p. 269.

Cap. 5 · AÇÃO DECLARATÓRIA DE CONSTITUCIONALIDADE, AÇÃO DE INCONSTITUCIONALIDADE POR OMISSÃO | **573**

ou não da declaração, uma vez que o Tribunal Constitucional tenha chegado à conclusão da inconstitucionalidade. Ou seja, em Portugal o controle difuso somente tem o condão de vincular o caso concreto, sendo que há um mecanismo que tem a função de fazer com que esse efeito seja levado a todo o sistema. Essa "uniformização" só ocorre em casos relevantes e enseja uma nova apreciação pelo Tribunal Constitucional.[105]

Ou seja, como já explicitado anteriormente, o mestre português sempre tem alertado para o fato de que em Portugal não há a regra do *stare decisis*, razão pela qual há que se ter especial cuidado com a vinculatividade das decisões, questão que já deixei assentada no ponto relativo ao propalado efeito vinculante da interpretação conforme a Constituição e da decisão que rejeita ação direta de inconstitucionalidade, efeitos esses rejeitados por Miranda e Canotilho.

Do mesmo modo, é possível dizer que no Brasil também não vigora qualquer regra que estabeleça o regime do *stare decisis* próprio do *common law*. Aliás, interpretações equivocadas sobre a ideia de coerência e integridade (ou, até mesmo, de estabilidade na jurisprudência), previstas no CPC/2015, defendem uma espécie de *commonlização do direito* brasileiro, o que repudio veementemente. Assim, como se pode perceber, *há várias maneiras de burlar a ausência desse instituto entre nós*, como é o caso da vinculatividade da interpretação conforme, da própria decisão em ação declaratória de constitucionali-dade (sem precedente no mundo), das decisões denegatórias em sede de ação direta de inconstitucionalidade e, mais especificamente, o efeito vinculante e avocatório que têm as cautelares deferidas em sede de ação declaratória de constitucionalidade e na arguição de descumprimento de preceito fundamental.

Parece, assim, que, ao ser deferida a liminar na ADPF ou na ADC, e em sendo os juízes obrigados a suspender os processos, há, além da violação do devido processo legal, com a supressão de instância, uma indevida vinculação de todas as causas a um precedente, sem que a lei estabeleça a necessidade de que o Supremo Tribunal obedeça àquilo que no *common law* se denomina de princípio da similitude. Mais do que isso, decidido o mérito da ADPF ou da ADC, no sentido da confirmação da medida cautelar, todos os processos são arrancados de suas instâncias.

Não se desconhece que a ideia matriz ensejadora da redação do art. 21 da Lei 9.868/1999 e do art. 5º da Lei 9.882/1999 está fundada no direito alemão. Ocorre que o sistema de controle tedesco possui relevantes diferenças do nosso, a começar pelo fato de que, na Alemanha, assim como na Áustria e na Espanha, o juiz ou o Tribunal de origem não pode declarar a inconstitucionalidade de uma lei. Quando um magistrado ou um Tribunal, nesses países, se defrontar com uma inconstitucionalidade, remete-a para o Tri-bunal Constitucional, ficando suspensa a causa até julgamento da inconstitucionalidade, à absoluta semelhança do que ocorre no interior dos Tribunais brasileiros, quando órgão fracionário se inclina pela inconstitucionalidade (questão prejudicial), remetendo-a, *per saltum*, ao órgão pleno do tribunal.

---

[105] Cf. Canotilho, J. J. Gomes. *Direito constitucional e teoria da Constituição*, op. cit., p. 995.

JURISDIÇÃO CONSTITUCIONAL · *Lenio Luiz Streck*

Portanto, não se podem confundir dois sistemas com tais diferenças. Mesmo na Alemanha, não há previsão de medida liminar em declaração de constitucionalidade, nos moldes idealizados no Brasil. E também lá o recurso constitucional (*Verfassungsbeschwerde*) não tem o condão de avocar processos. Assim, não podem ser colocados como semelhantes os incidentes de inconstitucionalidade da Alemanha e do Brasil, a não ser que se os compare no plano dos Tribunais brasileiros, naquilo que, como se sabe, corresponde ao nosso sistema difuso. E é nesse ponto que reside o problema: *a importação, em parte, do incidente de inconstitucionalidade alemão choca-se com a base do sistema misto de controle de constitucionalidade praticado no Brasil.* Ou isso, ou se estará extinguindo o sistema de controle difuso no Brasil. Está-se, assim, diante de norma de discutível constitucionalidade, porque violadora do devido processo legal e do acesso à justiça, problema semelhante ao que ocorre com a ação declaratória de constitucionalidade.

5.3.3.7 Os efeitos da arguição de descumprimento de preceito fundamental

De outra banda, cabe registrar a possibilidade de o Supremo Tribunal atribuir efeito *ex nunc*[106] à decisão em ação de arguição de preceito fundamental, por maioria de dois terços, na hipótese de existirem razões de segurança jurídica e excepcional interesse social,[107] diferentemente, nesse sentido, das decisões em recurso constitucional dirigido contra uma lei pelo Tribunal Constitucional alemão. Lá, quando a decisão é dirigida contra uma lei, o Tribunal declara essa lei nula, tendo, pois, caráter declaratório, com efeito *ex tunc*. Cabem aqui as mesmas observações feitas retro ao dispositivo da Lei 9.868/1999, que regulamentou os efeitos da ação direta de inconstitucionalidade e da ação declaratória de constitucionalidade, às quais remeto o leitor.

5.3.3.8 O objeto da ADPF: o descumprimento de preceitos fundamentais

Especial dificuldade exsurgiu da conceituação do significado da expressão "preceitos fundamentais decorrentes desta Constituição". O Supremo Tribunal Federal reconhece a dificuldade de definir o que seja "preceito fundamental", conforme pode ser visto do seguinte trecho do voto do Ministro Gilmar Mendes na ADPF 33, quando diz:

---

[106] Sobre a validade do art. 11 há a manifestação do Ministro Néri da Silveira, relator da ADI 2.231: "No tocante ao art. 11, o Min. Néri da Silveira votou pelo indeferimento da medida cautelar por considerar que, cuidando-se de processo de natureza objetiva, não há norma constitucional que impeça o legislador ordinário autorizar o STF a restringir, em casos excepcionais, por razões de segurança jurídica, os efeitos de suas decisões" (ADI 2.231-MC).

[107] A questão dos "efeitos temporais das decisões de inconstitucionalidade" – e a ADPF é um mecanismo de controle de constitucionalidade – não representa novidade. Com efeito, observa-se que a Constituição da República Portuguesa estabelece que "quando a segurança jurídica, razões de equidade ou interesse público de excepcional relevo, que deverá ser fundamentado, o exigirem, poderá o Tribunal Constitucional fixar os efeitos da inconstitucionalidade ou da ilegalidade com alcance mais restrito do que o previsto nos nos 1 e 2" (art. 282º).

Cap. 5 · AÇÃO DECLARATÓRIA DE CONSTITUCIONALIDADE, AÇÃO DE INCONSTITUCIONALIDADE POR OMISSÃO | **575**

> "É muito difícil indicar, *a priori*, os preceitos fundamentais da Constituição passíveis de lesão tão grave que justifique o processo e o julgamento da arguição de descumprimento. Não há dúvida de que alguns desses preceitos estão enunciados, de forma explícita, no texto constitucional. Assim, ninguém poderá negar a qualidade de preceitos fundamentais da ordem constitucional aos direitos e garantias individuais (art. 5º, dentre outros). Da mesma forma, não se poderá deixar de atribuir essa qualificação aos demais princípios protegidos pela cláusula pétrea do art. 60, § 4º, da Constituição, quais sejam a forma federativa de Estado, a separação de Poderes e o voto direto, secreto, universal e perió-dico. Por outro lado, a própria Constituição explicita os chamados 'princípios sensíveis', cuja violação pode dar ensejo à decretação de intervenção federal nos Estados-membros (art. 34, VII). É fácil ver que a amplitude conferida às cláusulas pétreas e a ideia de uni-dade da Constituição (*Einheit der Verfassung*) acabam por colocar parte significativa da Constituição sob a proteção dessas garantias. [...] O efetivo conteúdo das 'garantias de eternidade' somente será obtido mediante esforço hermenêutico. Apenas essa atividade poderá revelar os princípios constitucionais que, ainda que não contemplados expres-samente nas cláusulas pétreas, guardam estreita vinculação com os princípios por elas protegidos e estão, por isso, cobertos pela garantia de imutabilidade que delas dimana. Os princípios merecedores de proteção, tal como enunciados normalmente nas chamadas 'cláusulas pétreas', parecem despidos de conteúdo específico. Essa orientação, consagrada por esta Corte para os chamados 'princípios sensíveis', há de se aplicar à concretização das cláusulas pétreas e, também, dos chamados 'preceitos fundamentais.'"

José Afonso da Silva diz que "preceitos fundamentais" não é expressão sinônima de "princípios fundamentais". É mais ampla, abrangendo estes e todas as prescrições que dão o sentido básico do regime constitucional, como são, por exemplo, as que apontam para a autonomia dos Estados e do Distrito Federal e especialmente as designativas de direitos e garantias fundamentais.[108]

Levando em conta os objetivos do Estado Democrático de Direito, já discutidos anteriormente, a atribuição de sentido que se pode fazer à expressão "preceitos funda-mentais" caminha na direção de que tais direitos são aqueles reconhecidos ou outorgados e protegidos pelo direito constitucional interno de cada Estado.[109] Designam-se por textos

---

[108] Cf. SILVA, José Afonso. *Curso de direito constitucional positivo*, op. cit., p. 530.

[109] Nesse sentido, ver SARLET, Ingo W. *A eficácia dos direitos fundamentais*, op. cit., p. 31 e ss. Sobre direitos fundamentais, consultar também MIRANDA, Jorge. *Direitos fundamentais: introdução geral*. Lisboa: AAFDL, 1999. Permito-me discordar, aqui, da assertiva de André Ramos Tavares, quando diz, no seu *Tratado da arguição de preceito fundamental* (op. cit., p. 115), que "a tarefa de identificar, topicamente, todos os preceitos constitucionais fundamentais, dentro desse contexto geral, caberá precipuamente ao Supremo Tribunal Federal, na condição de órgão que dita a última palavra em questões constitu-cionais, por meio de sua percuciente análise e atenção à constante evolução valorativa". Com efeito, a meu sentir, a tarefa de identificar e atribuir sentido aos "preceitos fundamentais" de que fala a ADPF, antes de ser do Supremo Tribunal Federal, é da comunidade científica, a quem cabe construir as con-dições de possibilidade para uma adequada interpretação do dispositivo constitucional. Não podemos olvidar que, exatamente pela falta de uma teoria constitucional e de uma teoria do Estado adequadas, a Constituição brasileira (ainda) não aconteceu. A Constituição não é o que o Supremo Tribunal diz que é, como acredita certa teoria jurídica. É verdade que o Supremo Tribunal diz a última palavra

normativos designadores de direitos fundamentais aqueles que envolvem todos os preceitos constitucionais destinados ao reconhecimento, garantia ou conformação constitutiva de direitos fundamentais.

Interessante notar o trecho do voto do Min. Fachin na ADPF 572: "E, na esteira da jurisprudência desta Corte, compete ao Supremo Tribunal Federal o juízo acerca do que se há de compreender, no sistema constitucional brasileiro, como preceito fundamental e, diante da vocação da Constituição de 1988 de reinstaurar o Estado Democrático de Direito, fundado na 'dignidade da pessoa humana' (CR, art. 1º, III), a liberdade pessoal e a garantia do devido processo legal, e seus corolários, assim como o princípio do juiz natural, são preceitos fundamentais. Por fim, a subsidiariedade exigida para o cabimento da ADPF resigna-se com a ineficácia de outro meio e, aqui, nenhum outro parece, de fato, solver todas as alegadas violações decorrentes da instauração e das decisões subsequentes".

Diante dessa dificuldade de cunho hermenêutico, ínsito a qualquer processo de atribuição/adjudicação de sentido a novos conceitos constitucionais, tenho que, de todo modo, não há como discordar de Gilmar Mendes, quando afirma que "ninguém poderá negar a qualidade de preceitos fundamentais aos direitos e garantias individuais (art. 5º, entre outros). Da mesma forma, não se poderá deixar de atribuir essa qualificação aos demais princípios protegidos pela cláusula pétrea do art. 60, § 4º, da Constituição: o princípio federativo, a separação dos poderes, o voto direto, universal e secreto".[110]

Por outro lado, entendo que melhor seria que o constituinte, em vez de ter escrito "arguição de descumprimento de preceito fundamental decorrente desta Constituição", tivesse promulgado o texto com a seguinte redação: "*A arguição decorrente de descumprimento de preceito fundamental...*". Com isso, teríamos evitado a confusão acerca do que seja "preceito fundamental '*decorrente*' desta Constituição".

De qualquer sorte, não é desarrazoado afirmar que a ADPF se apresenta como um *plus* em relação ao modelo de controle de constitucionalidade (concentrado misto com difuso) vigorante em nosso sistema jurídico.

---

sobre o sentido da Constituição. Entretanto, o STF somente o faz em face de uma intersubjetividade linguística que se instaura na sociedade. O Supremo Tribunal, ao atribuir sentido a um texto, não o faz a partir da subjetividade de cada um dos julgadores, ou seja, a partir do *cogito* de cada um dos ministros. Há uma situação hermenêutica em que cada um está inserido. Cada um falará a partir de seu modo de ser no mundo, de sua faticidade, de sua historicidade. Há todo um conjunto de pré--juízos que conformam a pré-compreensão do intérprete. É do interior dessa tradição que o jurista falará, devendo suspender seus zelosos pré-juízos, para realizar uma fusão de horizontes. Por isso, a Constituição não é (e hermeneuticamente não pode ser) o que o Supremo Tribunal disser que ela é. A Constituição é um todo constituído pela tradição jurídica. Ocorre que, em sendo a tradição dominada por pré-juízos inautênticos, o resultado que exsurgirá certamente não será aquele que aponta para uma otimização do texto compromissário e dirigente da Constituição de 1988. Veja-se, por exemplo, o sentido atribuído pelo Supremo Tribunal ao mandado de injunção.

[110] Cf. Mendes, Gilmar Ferreira. Arguição de descumprimento de preceito fundamental: parâmetro de controle e objeto. In: Tavares, André Ramos; Rothenburg, Walter Claudius (org.). *Arguição de descumprimento de preceito fundamental: análise à luz da Lei 9.882/1999.* São Paulo: Atlas, 2001. p. 128.

Cap. 5 • AÇÃO DECLARATÓRIA DE CONSTITUCIONALIDADE, AÇÃO DE INCONSTITUCIONALIDADE POR OMISSÃO | **577**

Com efeito, enquanto a ação direta de inconstitucionalidade e a ação declaratória de constitucionalidade têm a finalidade de expungir do sistema jurídico qualquer inconstitucionalidade decorrente de lei ou ato normativo que confronte qualquer dispositivo da Constituição, e o recurso extraordinário (RE) se apresenta como o remédio para levar ao Supremo Tribunal toda e qualquer violação da Constituição em sede de controle difuso e sempre no curso de uma ação, a arguição de descumprimento representa a possibilidade de submeter ao Supremo Tribunal – de forma direta (como ação autônoma, cuja legitimação para propositura é a mesma da ADI) e incidentalmente, no curso de uma ação – as violações dos preceitos fundamentais previstos na Constituição.

Dito de outro modo, não teria sentido um dispositivo constitucional que tivesse o mesmo objetivo dos demais existentes. Registre-se, por relevante, que o dispositivo que regula a arguição de descumprimento é específico ao falar da violação (descumprimento) de preceitos fundamentais, ao passo que a ação direta de inconstitucionalidade e a ação declaratória de constitucionalidade se referem às violações genéricas do sistema.

Do mesmo modo, o recurso extraordinário igualmente se refere às violações de quaisquer normas constitucionais. Dessa maneira, ao contrário do *Verfassungsbeschwerde* do direito alemão e do próprio recurso de amparo do direito espanhol,[111] que, em regra, decorrem de uma ação judicial, por se tratar de recursos, *a arguição de descumprimento do direito brasileiro vai mais além*, ao proporcionar o direito de o cidadão buscar, por intermédio de representação feita ao Procurador-Geral da República, diretamente no Supremo Tribunal o remédio contra as violações/descumprimentos dos preceitos fundamentais.

Lamentavelmente, o instituto da arguição de descumprimento de preceito fundamental perdeu parcela significativa de seu potencial de efetividade jurídica, em face do veto aposto ao inciso II do art. 2º da Lei 9.882/1999, que estabelecia direito de o cidadão intentar a ADPF junto ao Supremo Tribunal Federal, diretamente e sem intermediários. Não se pode olvidar que a ADPF, fruto do constituinte originário, teve o escopo de ser, desde o início, contrariamente à ação direta de inconstitucionalidade – que tem legitimidade restringida conforme o art. 103 e efeito *erga omnes* –, uma ação de cidadania, de caráter individual, concedendo ao cidadão o direito de pleitear diretamente à Suprema Corte o seu direito, quando este estiver sendo colocado em xeque por violação de algum preceito fundamental.

Se o constituinte originário não restringiu a legitimidade, qual o fundamento para estabelecer, agora, essa restrição? Não se olvide que o legislador ordinário aprovou a legitimidade do cidadão para pleitear diretamente a ADPF.

5.4 PRECEDENTES E SUA CONFIGURAÇÃO JURÍDICA NO DIREITO BRASILEIRO

Uma definição simples da palavra precedente já é capaz de, ao menos, indicar seu significado no Direito até mesmo àqueles que não participam da prática do jogo de linguagem.

---

[111] O art. 44, *a*, da Constituição da Espanha exige, como requisito para o recurso de amparo, "que se hayan agotado todos los recursos utilizables dentro de la vía judicial".

Na linguagem ordinária, *precedente* é entendido enquanto uma ação, situação, acontecimento, um *fato* pretérito e paradigmático que, exatamente porque paradigmático, serve de razão, modelo, de *referência* para o futuro.

No mesmo sentido, no Direito, um *precedente,* instituto tradicional e típico dos países sob o *common law,* é uma decisão judicial pretérita que acaba por ter relevância em casos subsequentes, servindo de referência na decisão desses casos.

Há, naturalmente, uma série de nuances com relação ao papel dos precedentes no Direito. Há diferentes níveis, diferentes graus, há maior ou menor força de seu papel vinculante ou persuasivo, há diversas maneiras a partir das quais se interpreta o instituto.

Essa é a primeira razão pela qual é importante abordar o *precedente,* enquanto verbete em um Dicionário voltado à Teoria do Direito.

A *segunda* razão pela qual a presença do verbete é relevante é o tratamento que parte da doutrina brasileira confere ao instituto dos precedentes no Brasil, especialmente após a sanção do Novo, já não mais tão novo, Código de Processo Civil de 2015. O Código dispõe, em seu art. 927, que "[…] os juízes e os tribunais observarão I – as decisões do Supremo Tribunal Federal em controle concentrado de constitucionalidade; II – os enunciados de súmula vinculante; III – os acórdãos em incidente de assunção de competência ou de resolução de demandas repetitivas e em julgamento de recursos extraordinário e especial repetitivos; IV – os enunciados das súmulas do Supremo Tribunal Federal em matéria constitucional e do Superior Tribunal de Justiça em matéria infraconstitucional; V – a orientação do plenário ou do órgão especial aos quais estiverem vinculados".

Mais à frente, em seu § 5º, o dispositivo menciona que os tribunais devem dar publicidade a seus *precedentes.*

É bem verdade que o art. 927 do CPC de 2015 propõe a obrigatoriedade de observância de uma série de mecanismos, materializados nos enunciados de súmulas, nas *teses* dos Tribunais Superiores. Também é verdade que, em um de seus parágrafos, o artigo inaugura a figura dos *precedentes.*

Qual foi a conclusão de parcela da doutrina brasileira? A de que *(i)* o CPC/2015 aproxima o Brasil e, portanto, seu sistema de *civil law,* do *common law;* e que *(ii)* os provimentos elencados no art. 927 são considerados, *a priori* e, "de forma simplificada", como "precedente". A conclusão disso, para parte da doutrina, aponta à noção de precedentes vinculantes no Brasil, compreendidos como "entendimentos que firmam orientações gerais obrigatórias para o futuro".[112] É o que se depreende do RE 655.265/DF de relatoria do Min. Luiz Fux, com redação do Min. Edson Fachin, que "introduz" o *stare decisis.* Em referência expressa, direta, a Daniel Mitidiero – que é quem, ao lado de Luiz Guilherme Marinoni, Sergio Arenhart e do próprio Min. Barroso, personifica a doutrina *precedentalista* no Brasil –, o acórdão dispõe que nosso sistema teria adotado a regra do *stare decisis,* que "densifica a segurança jurídica e promove a liberdade e a igualdade em uma ordem jurídica que se serve de uma perspectiva lógico-argumentativa da interpretação". Ainda

---

[112] MELLO, Patrícia Perrone Campos; BARROSO, Luís Roberto. Trabalhando com uma nova lógica: a ascensão dos precedentes no Direito brasileiro. *Revista da AGU,* v. 15, n. 3. p. 9-52, jul./set. 2016.

Cap. 5 · AÇÃO DECLARATÓRIA DE CONSTITUCIONALIDADE, AÇÃO DE INCONSTITUCIONALIDADE POR OMISSÃO | **579**

segundo o autor, "o papel do precedente é de reduzir o âmbito de equivocidade inerente ao Direito, viabilizando a sua maior cognoscibilidade [...]"[113].

Nesse sentido, a tese precedentalista brasileira sustenta que os precedentes brasileiros são compreendidos como "razões generalizáveis extraídas da justificação das decisões" e que – atenção – "emanam *exclusivamente* das Cortes Supremas e *são sempre obrigatórios*"[114]. Ainda, essa parcela da doutrina entende que os *precedentes,* uma vez que *vinculantes,* são "entendimentos que firmam orientações gerais obrigatórias para o futuro"[115]. Disso surgem algumas perguntas. Os precedentes, no *common law,* são entendimentos que firmam orientações para o futuro? Podemos tratar precedentes, instrumentos vinculantes e súmulas, todos esses elementos, como se fossem todos mecanismos voltados para pré-ordenar o direito aplicável em casos futuros?

5.4.1 O *stare decisis* no *common law*

Enquanto na prática forense dos países do *common law* grande parte das discussões de advogados e juízes estão ao redor da rotulação de um argumento como *ratio* ou como *dictum,*[116] no Brasil, o problema da identificação da *ratio decidendi* de uma decisão – e, portanto, do seu elemento de vinculação – costuma ser objeto de apropriação pelo próprio Tribunal que proferiu referida decisão.

Em linhas gerais, *obiter dicta* são aqueles argumentos utilizados pelos juízes, ou mesmo comentários *en passant,* que são "[...] prescindível[eis] para o deslinde da controvérsia". Não há muitos problemas até aí. A *ratio decidendi,* por sua vez, é o que "[...] constitui a essência da tese jurídica suficiente para decidir o caso concreto".[117]

Evidentemente, a *ratio decidendi* inaugura um problema complexo; tanto é que a questão da identificação da *ratio decidendi* é algo que a doutrina do *common law* já debateu muito (e ainda debate). Não por menos, Neil MacCormick[118] reconhece que a identificação da *ratio* configura a maior dificuldade de se obter um entendimento claro acerca da doutrina do precedente; dificuldade que "confunde" os pensadores jurídicos. Não apenas a *ratio* é, por vezes, de difícil separação do que é *dictum,* às vezes *sequer é possível localizá-la.*[119]

---

[113] MITIDIERO, Daniel. *Cortes Superiores e Cortes Supremas:* do Controle à interpretação, da jurisprudência ao precedente. São Paulo: Revista do Tribunais, 2017.

[114] MARINONI, Luiz Guilherme; MITIDIERO, Daniel; ARENHART, Sérgio Cruz. *O Novo Processo Civil.* São Paulo: Revista dos Tribunais, 2015. p. 611.

[115] BARROSO, Luís Roberto. *Curso de direito constitucional contemporâneo:* os conceitos fundamentais e a construção do novo modelo. 7. ed. São Paulo: Saraiva, 2017. p. 160-161 e p. 235-248.

[116] LOPES FILHO, Juraci Mourão. *Os precedentes judiciais no constitucionalismo brasileiro contemporâneo.* Salvador: JusPodivm, 2016. p. 166.

[117] CRUZ E TUCCI, José Rogério. *Precedente judicial como fonte do Direito.* São Paulo: RT, 2004. p. 175-177; DUXBURY, Neil. *The Nature and Authority of Precedent.* op. cit., 2008. p. 67.

[118] MACCORMICK, Neil. *Argumentação Jurídica e Teoria do Direito.* São Paulo: Martins Fontes, 2006.

[119] DUXBURY, Neil. *The Nature and Authority of Precedent.* op. cit., p. 69 e 71.

JURISDIÇÃO CONSTITUCIONAL • *Lenio Luiz Streck*

Diante disso, como se poderia falar em *precedentes* em um contexto no qual a *ratio* já nasce como *tese* do Tribunal que "lança" o "precedente"?

Se, no *common law,* a questão toda passa fundamentalmente pela identificação da *ratio decidendi* pelo tribunal subsequente, não é sem razão que, nos sistemas anglo-saxões, há uma série de posições diferentes sobre o tema. Goodhart (1930), por exemplo, propõe que a *ratio decidendi* seja determinada a partir da verificação dos fatos, tratados como fundamentais ou materiais pelo juiz. Algumas das visões que divergem dessa proposta, por exemplo, dizem que ela é falha por não levar devidamente em consideração alguns elementos que podem ter influenciado a decisão do juiz, como a relação do caso em questão com outros casos passados.[120] Mesmo assim, e muito embora tenha sido desenvolvida há vários anos, a teoria de Goodhart ainda é considerada por muitos juízes ao decidirem casos em Cortes norte-americanas.[121] Cabe, ainda, dizer que Arthur Goodhart – que, segundo Duxbury,[122] verdadeiramente mereceria "um prêmio" por ser pioneiro em "atacar construtivamente" o problema da *ratio decidendi* – desenvolveu sua teoria de forma a contrapor os realistas jurídicos norte-americanos, para quem a identificação da *ratio* e, portanto, toda a lógica do precedente seria mera ilusão.[123]

A proposta de Goodhart, apesar de pioneira, passou longe de solucionar o debate. Além de ter sido, como vimos, alvo de algumas críticas – vide, a título de exemplo, as de Julius Stone para quem a ideia de Goodhart, de insistir em dedicar atenção à escolha de fatos materiais feita pelo juiz, não seria satisfatória uma vez que cada um desses fatos pode ser declarado em diferentes níveis de generalização, podendo levar a uma solução distinta para o caso –, não foi a única visão a adquirir relevância sobre o tema.

Uma versão bastante diferente daquela de Goodhart foi a de Eugene Wambaugh,[124] para quem a *ratio decidendi* deve ser uma regra identificável a partir do elemento da decisão, sem o qual o caso em questão deveria ter sido decidido de outra maneira, distinta da que foi. É o chamado "teste de Wambaugh".[125] Alguns autores, como Allen,[126] apesar de não adotarem o teste, concedem que a *ratio decidendi* é um elemento necessário à decisão.

Wambaugh não foi o único. J. L. Montrose, por exemplo, também ofereceu uma contraposição à teoria de Goodhart, ao dispor que sua tese de identificação da *ratio*, atrelada demasiadamente aos fatos do caso, acarretava a hipótese de a decisão proferida pelo juiz fosse ignorada pelas cortes responsáveis por julgar casos subsequentes.[127] A. W.

---

[120] Cross, Rupert. *Precedent in English Law.* Oxford: Clarendon Press, 1977. p. 67.

[121] Duxbury, Neil. *The Nature and Authority of Precedent.* op. cit., p. 84.

[122] Duxbury, Neil. *The Nature and Authority of Precedent.* op. cit., p. 80.

[123] Ross, Alf. *Direito e justiça.* São Paulo: Edições Profissionais Ltda, 2000. p. 85-92.

[124] Wambaugh, Eugene. *The Study of Cases:* a Course of Instruction in Reading and Stating Reported Cases. 2. ed. Boston: Little, Brown & Co., 1894. p. 17-21.

[125] Duxbury, Neil. *The Nature and Authority of Precedent.* op. cit., p. 76.

[126] Allen, Carleton Kemp. *Law in the Making.* 3. ed. Oxford: Clarendon Press, 1939. p. 227.

[127] Goodhart, Arthur L. Determining the ratio decidendi of a case. *The Yale Law Journal,* v. 40, n. 2, p. 161-183, dez. 1930.

Cap. 5 • AÇÃO DECLARATÓRIA DE CONSTITUCIONALIDADE, AÇÃO DE INCONSTITUCIONALIDADE POR OMISSÃO | **581**

B. Simpson,[128] por outro lado, dizia que a tese de Goodhart era incapaz de dizer algo para além da concepção clássica da *ratio decidendi*, que dispunha, genericamente, que a *ratio* vinculante é extraída dos "princípios" da decisão.

A conclusão é nítida: ainda que não tenha havido qualquer consenso, e embora a discussão acerca do que constitui a *ratio decidendi* de um caso seja, em certa medida, indeterminada, evidentemente, em nenhum desses entendimentos é possível equiparar a *ratio* de um caso a uma tese generalizante, enunciada pelo Tribunal previamente com esse fim. Como vimos, pois, eis aí uma clara – e importantíssima – distinção entre o *stare decisis* do *common law* e o "precedente" brasileiro.

Há coisas muito simples. Um precedente – ou seja, o nome que se dê a um enunciado com pretensão generalizante – não *nasce* para vincular. Ele obriga contingencialmente (dimensão da integridade). Um precedente não nasce precedente, torna-se.[129]

5.4.2 Os problemas filosóficos subjacentes ao precedentalismo brasileiro

Nesse sentido, a tentativa de transformar um instituto que se forma como tal a partir da atividade interpretativa dos tribunais subsequentes em um sistema de teses abstratas proferidas pelos Tribunais Superiores, parece muito claro que o discurso precedentalista, *primeiro*, incorre na tentativa de buscar respostas antes das perguntas, e, *segundo*, preten-de-se a solução para eventuais problemas interpretativos. Cada uma dessas propostas está relacionada à outra. As *teses*, em *tese*, surgem como respostas prontas que solucionam de antemão os problemas que ainda não surgiram.

Pois vejamos: Heidegger e Gadamer – ou seja, a filosofia hermenêutica e a hermenêu-tica filosófica – bem diriam que uma proposição não é o lugar da verdade; ao contrário, *a verdade é o lugar da proposição*. Essa questão é igualmente muito bem trabalhada por Ernildo Stein.

Isso quer dizer que, no plano dos paradigmas filosóficos, o *enunciado*, a *tese* do *pre-cedente* (do tipo preconizado pela comunidade jurídica) não pode ser o lugar da verdade. E mais: a verdade de que falo é, ainda, uma verdade *fundamentada*, para a qual se tem *critérios* através dos quais será possível dizê-la ou não. Afinal, então, como se pode fazer, ou mesmo pretender fazer, proposições "adivinhatórias", prospectivas? Como posso até mesmo buscar verdades correspondenciais se nem *sequer explicito o que exatamente desejo fazer corresponder*? Isso é sempre contingencial. Ora, é a facticidade. Não é difícil, assim, perceber que, desprendida do contexto em que se insere, a proposição – seja ela proposta por meio de enunciado ou precedente – é vazia. É um conceito sem coisa. Tópica sem tópica.

---

[128] SIMPSON, Alfred W. Brian. Determining the ratio decidendi of a case. *Modern Law Review*, v. 21, n. 2, p. 155-160, mar. 1958.

[129] STRECK, Lenio Luiz. Precedentes judiciais e hermenêutica: o sentido da vinculação no CPC/2015. 3. ed. São Paulo: JusPodivm, 2021; FROTA, Pablo Malheiros da Cunha. Precedente vinculativo e persuasivo e a *ratio decidendi*. *Revista eletrônica CONJUR*. Disponível em: https://www.conjur.com. br/2021-fev-13/diario-classe-precedente-vinculativo-persuasivo-ratio-decidendi. Acesso em: 18 jul. 2022.

Stein sempre lembra, bem, que não é a realidade que é contraditória; os nossos *discursos sobre a realidade* é que são contraditórios. É por isso que temos de ter cuidado para não confundir a estrutura dos nossos discursos com a estrutura da realidade. Como dizia Heráclito: o *logos* das coisas é um; o dos filósofos, enquanto *intérpretes*, outro. A simetria entre os dois logos será sempre ideal. Ou ilusória. Veja-se o personagem Roquentin, de *La Nausée* (*A náusea*), de Sartre, que entende que a realidade, para que pudesse ser descrita, já deveria possuir as próprias estruturas da própria linguagem. Ao buscar a essência nas palavras, Roquentin descobre que sua linguagem metafísica é incapaz de dar conta do espaço inevitável que existe entre as palavras e as coisas; a náusea de Roquentin é agravada quando ele insiste, e socorremo-nos novamente em Heidegger, que o homem é o mestre da linguagem, quando, em verdade, *é a linguagem o mestre do homem*.

Ou seja, a pretensão de isomorfia é ilusória. Impossível. Ora, quando um conjunto de pessoas *propõe* algo, através de um enunciado ou um precedente, propõem nada senão uma tentativa de se chegar a um conjunto de palavras capaz de abarcar o mundo e conferir-lhe um sentido último – o ponto, e, portanto, a inevitável contradição, é que isso é feito sem que se saiba, contudo, *de que mundo se trata*. Em analogia a Gadamer,[130] lembremos que não se pode dizer algo sobre o mundo antes que se deixe *que o mundo diga algo.* Um sujeito *propõe.* De que lugar? Qual é a fundamentação (no caso, do enunciado ou do precedente)? Uma outra palavra ou um conjunto de palavras. Uma analítica que se autofunda.

Sem se darem conta, os adeptos das "Cortes de Precedentes" no Brasil querem uma volta às cartografias pré-explicativas do mundo. Só que a partir de Heidegger, Gadamer e Stein, pode-se dizer que a verdade *é necessariamente transcendental* – e, vejam, para além de um sentido *kantiano*. Esse *destranscendentalizar* do fenômeno enuncialista-precedentalista é dar um passo atrás, para que se possa dar *mais um passo atrás*: é um retorno ao sujeito *moderno* que valida uma busca por segurança nas cartografias do *pré-moderno*. Os precedentes e os enunciados representam um retorno ao sujeito que objetifica a realidade que, por sua vez, deseja retornar ao assujeitamento das cartografias que pretendem conter a completude do mundo em si. A mixagem de paradigmas superados das metafísicas em seu sentido ontoteológico moderna e clássica opera mais uma vez.

5.4.3   Questões persistentes

São incompatibilidades institucionais e problemas filosóficos como esse que deixam a tese precedentalista carente de respostas a perguntas que venho levantando ao longo dos últimos anos, e estão em minha obra sobre a matéria (STRECK, 2018). Perguntei, ainda pergunto, algumas coisas que não podem ser olvidadas:

Se a base dos precedentes é o *common law*, sabemos bem como ele funciona? Se não é o *common law*, então por qual motivo buscam os precedentalistas importar componentes desse sistema?

---

[130]   GADAMER, Hans-Georg. *Verdade e método II*: complementos e índices. 2. ed. Petrópolis: Vozes, 2002. p. 405.

Cap. 5 • AÇÃO DECLARATÓRIA DE CONSTITUCIONALIDADE, AÇÃO DE INCONSTITUCIONALIDADE POR OMISSÃO | 583

Mesmo que se diga que não se trata de tentar seguir o *common law*, ainda assim, trata-se de um *sistema* – ou a *tentativa* de um "sistema". Logo, será aplicável e aplicado para todos os ramos do Direito (trabalho, administrativo, penal etc.)?

Sigo: se sustentamos a primazia dos precedentes, por que não *explicamos* à comunidade jurídica que, no *common law*, não se constroem precedentes para servirem de "teses" ou "leis" para o futuro, como vimos aqui? Isso não deve ficar claro?

Mais: se a base *não* é o *common law*, mas um sistema *brasileiro* de "precedentes", como explicar que o Judiciário se substitui ao legislador? Como dizer que o precedente é vinculante, e não a lei a que se refere o precedente no caso concreto? Como explicar que o genuíno precedente não se estabelece como solução para enfrentamento de litigiosidade repetitiva ou para fixação de teses em abstrato?

Há mais problemas sem resposta. Como pode o precedentalismo pretender uma solução para o problema da interpretação se um precedente também é texto a ser interpretado? De que modo, pois, pretende-se justificar a tese de que, no plano da teoria, é possível dizer que o texto é um equívoco (ou possui equivocidade) e o Judiciário é que dará o sentido correto a partir de uma *pré*-interpretação, que depois será vinculante para o sistema? Como explicar, então, que, em uma democracia, uma lei não vincula…, mas uma tese vincula?

Qual será a diferença entre uma *tese,* feita, por exemplo, em um RE ou HC, e uma Súmula Vinculante – que *não é precedente* (lembremos: uma Súmula Vinculante não é considerada precedente nem pelo Código de Processo Civil; ela é vinculante porque é aprovada por 8 ministros do STF e pode ser revogada e, não fosse por nada, tem guarida no texto da CF)?

Ademais: se, conforme dizem alguns processualistas, a tese já contiver os sentidos (pré-interpretação), por que outros processualistas dizem que as teses serão *gerais* e *abstratas*? E se assim não o for, em que medida falar que "o precedente tem uma dimensão objetiva" e que a sua *ratio decidendi* é a universalização das razões necessárias e suficientes da justificação judicial, no contexto jurídico brasileiro, é diferente de equipará-lo a uma tese?

Em suma: precedentes são teses gerais e abstratas? Não. Temos precedentes *à la common law* ou temos um "sistema" *sui generis*? Com certeza, não temos precedentes à la *common law*. Nem mesmo temos um "sistema de precedentes". As demais respostas podem ser encontradas em meu *Precedentes judiciais e hermenêutica: o sentido da vinculação no CPC/2015 (2018).*

POST SCRIPTUM
O FUTURO DA JURISDIÇÃO CONSTITUCIONAL[1]

A tão falada crise das democracias contemporâneas tem renovado o debate sobre a jurisdição constitucional. Novos problemas são diagnosticados, demandando teorias que possam guiar ajustes fundamentados nos desenhos institucionais. "Instituições importam" parece ter virado um mote universal nas ciências sociais. E, de fato, elas importam, como inúmeras pesquisas têm demonstrado.

Por outro lado, a (bem-vinda) atualização nos termos do debate corre o risco de desprezar rico conhecimento acumulado sobre o que "é" e sobre como "*deveria ser*" uma decisão judicial, no plano interpretativo.

Há diferentes maneiras de se pensar em instituições e o direito não pode correr o risco de se ver colonizado por perspectivas institucionais puramente políticas ou economicistas, que desprezem o seu elemento de legitimação substantiva dos julgamentos. Atualizações e renovações de debates, ideias e teorias devem sempre levar em conta a boa tradição em que se assentam, que servem de paradigma para tudo aquilo que vem depois. Numa analogia com o papel da lógica no *Tractatus* de Wittgenstein, a teoria do direito não é aquilo sobre o que as teses e proposições jurídicas específicas falam – ela é condição de possibilidade para que teses e proposições jurídicas possam falar sobre alguma coisa. Nada é tão prático quanto uma boa teoria.

Neste capítulo, busca-se oferecer um panorama destes debates sobre o futuro da jurisdição constitucional, analisando criticamente as principais posições e tomando partido na sua disputa. Para atingir esse objetivo, procede-se da seguinte maneira:

1) diagnosticam-se alguns dos problemas jurídicos relacionados às disfuncionalidades nos países democráticos;

2) identificam-se as mudanças institucionais defendidas nesse período;

3) discute-se como seria a jurisdição constitucional adequada aos problemas que diagnosticamos, correlacionando esse debate sobre novos arranjos institucionais ao estado da arte sobre teorias da interpretação; e

4) encerra-se com um balanço e perspectivas sobre o futuro da jurisdição constitucional – sempre de modo tal que esteja amparado e ancorado no paradigma e nos alicerces filosóficos que estruturam a abordagem e as reflexões propostas nesta obra. Não há grau zero. O leitor que me acompanha até aqui já percebeu as premissas aqui presentes, como deve ser.

---

[1] Parte do texto deste capítulo aparece em artigo publicado em coautoria com Ziel Ferreira Lopes (no prelo).

1. OS PROBLEMAS JURÍDICOS NA CRISE DAS DEMOCRACIAS

Na vasta literatura atual sobre a crise das democracias, parece haver uma grande convergência: não estamos mais na era dos simples golpes de Estado *manu militari.*[2] As democracias passaram a ser ameaçadas a partir de dentro, em processos de erosão das instituições causados por suas próprias dinâmicas sociais, radicalizadas a ponto de se tornarem tóxicas.

Ou seja: os desacordos inerentes à convivência numa sociedade plural deixam de ser bem canalizados institucionalmente para uma disputa regrada, e começam a corroer os termos que estabilizavam a disputa. Vivemos a era dos predadores internos.

Nesse ponto, ganha cada vez mais importância o conceito de "polarização afetiva"[3] (o aumento de desafeto entre grupos rivais), usado pelos cientistas políticos para estabelecer uma distinção quanto ao mais conhecido fenômeno da "polarização ideológica".

Na polarização afetiva, em vez de uma divergência nas ideias – teoricamente abordável por uma troca de argumentos racionais –, tem-se uma separação entre grupos marcada pela busca de identificação interna em relação ao grupo a que se pertence e de negação externa do grupo rival.

Esse tipo de fenômeno, de alto teor emocional, leva a uma radicalização crescente na qual ocorre adesão ou rejeição automática a posições, conforme elas sejam vistas como típicas do grupo aliado ou do grupo rival. As posições se tornam impermeáveis a argumentos racionais, podendo até se radicalizar ainda mais diante deles, num processo compensatório típico da dissonância cognitiva.

Cabe registrar que, para a ocorrência da polarização, não é necessário que os dois lados da disputa radicalizem de igual modo. Com efeito, as pesquisas empíricas têm apontado nesse momento para uma polarização assimétrica por parte de setores ligados à extrema-direita na maior parte do mundo, inclusive no Brasil.[4]

A polarização afetiva se torna muito maior do que a ideológica, a reboque do fenômeno da guerra cultural, na medida em que coloca pautas moralistas no centro das disputas públicas, e vincula sua imposição ao resto da comunidade como necessárias à sobrevivência de grupos conservadores, em termos de uma ameaça existencial. Dessa maneira, não pode haver troca de argumentos racionais ou negociação política com outros grupos. Há disputa, mas não há debate.

A isso, somo ainda a fragmentação ética tão bem denunciada por MacIntyre. Vivemos a era do emotivismo, *ainda que o emotivismo seja falso.* Explico: o emotivismo é uma teoria metaética segundo a qual proposições morais em nada se diferem de outras expressões

---

[2] Representando bem esses diagnósticos: LEVITSKY, Steven; ZIBLATT, Daniel. *How Democracies Die*: What History Reveals About Our Future. New York: Crown, 2018.

[3] IYENGAR, S.; SOOD, G.; LELKES, Y. *Affect, Not Ideology*: A Social Identity Perspective on Polarization. Public Opinion Quarterly, v. 76, n. 3, p. 405-431, set. 2012.

[4] FUKS, Mario; MARQUES, Pedro. Afeto ou ideologia: medindo polarização política no Brasil. *In*: ENCONTRO DA ABCP, 12., 2020, João Pessoa. *Anais eletrônicos* [...], João Pessoa, Universidade Federal da Paraíba, 2020. p. 1-15.

meramente emocionais; juízos éticos ou estéticos não seriam, assim, passíveis de verificação, uma vez que *completamente subjetivos*. E o emotivismo, em todo seu ceticismo, não é uma boa explicação acerca da natureza da moralidade. O ponto é que, hoje, *comportamo-nos como se emotivistas fôssemos todos*. Nossa cultura moral está baseada num equívoco, diria MacIntyre. Neste ponto, corretamente.

No plano da teoria da democracia, isso torna atual o diagnóstico pessimista de um Carl Schmitt sobre a política ser uma disputa na lógica amigo-inimigo. Com todas as devidas ressalvas ao que defendia esse autor, mesmo pensadores democratas e de esquerda[5] fazem concessão, hoje, ao acerto descritivo do que pregava Schmitt, sendo a deliberação racional muito mais frágil para guiar as democracias do que sonhavam pensadores como Jürgen Habermas e John Rawls. Não surpreende, pois, a emergência de novos schmittianismos, de direita e até à esquerda.

No plano da teoria do direito, todo esse quadro intensifica um diagnóstico que já havia sido feito por Cass Sunstein[6] nos anos 1990 sobre os problemas que afetavam o debate jurídico, especialmente a jurisdição constitucional: o aumento dos desacordos e o refluxo social (*backlash*) causado por decisões judiciais progressistas bem-intencionadas, mas que – pelo modo ambicioso e paternalista como muitas vezes foram tomadas – terminaram inflamando o debate público e levando a uma reação política destrutiva, sobretudo para os grupos vulneráveis que se tentou inicialmente proteger.

Deve-se registrar a existência de perspectivas mais otimistas, tanto sobre os efeitos positivos do papel desempenhado pela Suprema Corte (como a de Ronald Dworkin[7]), quanto sobre o papel construtivo dos desacordos (como a de Robert Post e Reva Siegel[8]). Nesse sentido, Dworkin relaciona o compromisso à tomada de decisões judiciais à coerência de princípio, argumento que sustenta a legitimidade democrática dos tribunais no proferimento de decisões em casos moralmente controversos. Por outro lado, Post e Siegel defendem que os desacordos representam um fator hermeneuticamente positivo que, por incentivarem um rompimento – a partir da moralidade crítica – com valores sociais e compreensões assimétricas, resultariam no engajamento dos cidadãos ao ideário constitucional.[9] Tais argumentos deram lugar a um estimulante debate acadêmico com Sunstein a respeito do tema, especialmente sobre como calibrar a atuação da Suprema Corte para obter os melhores resultados, levando em conta essas circunstâncias. A validade do debate

---

[5]   MOUFFE, Chantal. Deliberative democracy or agonistic pluralism? *Social Research,* v. 66, n. 3, p. 745-758, set./dez. 1999. Disponível em: https://www.jstor.org/ stable/ pdf/40971349.pdf?seq=1. Acesso em: 05 mar. 2020.

[6]   Os problemas são mencionados em vários textos esparsos da época, aparecendo sistematizados já em: SUNSTEIN, Cass. *The Partial Constitution.* Harvard University Press, 1993.

[7]   DWORKIN, Ronald. *A justiça de toga.* Trad. Jefferson Luiz Camargo. São Paulo: Martins Fontes, 2010. p. 71-107.

[8]   POST, Robert; SIEGEL, Reva B. Roe Rage: democratic constitutionalism and backlash. *Harvard Civil Rights-Civil Liberties Law Review.* New Haven, v. 42, p. 373-434, 2007. Disponível em: https://law. yale.edu/sites/default/files/documents/pdf/Faculty/Siegel_RoeRageDemocratic.

[9]   Defendendo essa visão: BERNSTS, Luísa. *Contrapúblicos interpretativos:* respostas corretas às respostas em Direito. São Paulo: JusPodivm, 2022.

JURISDIÇÃO CONSTITUCIONAL • *Lenio Luiz Streck*

continua e aumenta de importância, conforme os problemas diagnosticados parecem se agravar, chegando agora à derrubada do precedente estabelecido em *Roe v. Wade* (1973) por uma Suprema Corte pós-Trump. O impacto desse refluxo está ocorrendo também em nosso Supremo Tribunal Federal e os próximos movimentos de polarização discursiva se mostrarão com o impacto das nomeações para a Corte, feitas pelo atual presidente, que reproduz as estratégias trumpistas.

O bom liberal Raymond Aron dizia que instabilidade constitucional é sintoma de doença. Acrescento que a centralidade de uma Suprema Corte nos debates políticos também. Isso não é dizer que não se deve discutir decisões judiciais, nomeações etc. O que não pode é ser normal que se façam enquetes do tipo "você é contra ou a favor da presunção de inocência". Emotivismo jurídico.

Tradicionalmente, os juristas gostam de ver o debate jurídico como algo distinto da mera disputa de poder. Sob esse prisma, a jurisdição constitucional seria uma instância reflexiva para a sociedade, na qual os conflitos seriam enfrentados como questões de justiça, decididas por argumentos de princípio, diferentemente da barganha política admissível no Executivo e no Legislativo.[10]

Contrariando essa visão mais idealizada, os novos movimentos sociais podem fortalecer o argumento de que o direito seria, afinal, também uma disputa de poder que não se resolve por critérios racionais distintos da política. O próprio direito seria, sob essa visão mais pessimista (ou realista), parte da política. Proliferam-se conceitos como: legalismo autocrático,[11] constitucionalismo abusivo,[12] *constitutional hardball*[13] etc. Todos apontam para um uso politicamente orientado do direito que compromete a democracia. A necessidade de controlar esse processo terá influência fundamental nas respostas institucionais que muitos autores têm defendido, pensando num direito adequado a essa nova era do dissenso.

2.   OS NOVOS ARRANJOS INSTITUCIONAIS EM DEMOCRACIAS DIVIDIDAS

Partindo dos problemas jurídicos apontados, há várias mudanças institucionais sendo defendidas. A mais radical e famosa no debate sobre teoria do direito é a abolição do *judicial review*. A tese não é nova, sendo defendido por historiadores americanos que

---

[10]   Pense-se aqui no tribunal como fórum de princípios, para Dworkin (DWORKIN, Ronald. *Uma questão de princípio*. São Paulo: Martins Fontes, 2005. p. 41-104), ou na ideia de que ele exerce uma representação argumentativa, para Alexy (ALEXY, Robert. *Constitucionalismo discursivo*. Trad. Luís Afonso Heck. Porto Alegre: Livraria do Advogado Editora, 2007). Contra isso, Jeremy Waldron acusa a maioria dos juristas de superestimarem o Judiciário e subestimarem o Legislativo quanto à capacidade de fazer um debate sobre direitos (WALDRON, Jeremy. *A dignidade da legislação*. São Paulo: Martins Fontes, 2003).

[11]   SCHEPPELE, Kim Lane. Autocratic Legalism. *The University of Chicago Law Review*, v. 85, 2018, p. 545-583.

[12]   LANDAU, David. Abusive Constitutionalism. *Davis Law Review*. Florida State University College of Law, Public Law Research Paper, v. 189, n. 646, abr. 2013.

[13]   TUSHNET, Mark. Constitutional Hardball. *The John Marshall Law Review*, v. 37, p. 523-553, 2003.

a competência construída pela Suprema Corte em Marbury *vs.* Madison contrariava frontalmente o que pretendiam os *Founding Fathers*.[14]

Atualmente, essa tese é sustentada com grande sofisticação por autores como Jeremy Waldron,[15] sob o argumento básico de que o Judiciário não seria a melhor instância para resolver desacordos profundos da sociedade. Isso seria criar uma discussão pseudojurídica sobre dilemas que são fundamentalmente de moralidade pública, transferindo para nove cabeças iluminadas (caso dos Estados Unidos da América) o que seria nossa responsabilidade como sociedade discutir e resolver. Deveríamos assumir o ônus democrático de enfrentar esses problemas pelas vias institucionais adequadas, num debate público que tende a ser muito mais qualificado e a produzir aprendizado social duradouro.

Waldron cita exemplos bem-sucedidos de seu país natal, a Nova Zelândia, cuja solução legislativa a favor dos direitos reprodutivos das mulheres foi superior à que resultou de ativismos judiciais em outros países. Permitam-me aqui a brincadeira: é muito fácil confiar no Parlamento e na saúde democrática da Nova Zelândia. De todo modo, dessa perspectiva, o argumento que apela para um papel contramajoritário desempenhado pelas Cortes incorreria em uma falácia, ao ignorar que os tribunais também decidem por maioria, por sinal, fazendo a contagem de votos numa amostragem muito menor da população do que um Parlamento o faria.

Outra possível mudança institucional é aquela que não defende a abolição total, mas um enfraquecimento significativo da jurisdição constitucional, através de um compartilhamento dessa competência com outros Poderes.

Nesse plano, temos o fenômeno de uma nova interação entre Poderes da República, os famosos "diálogos institucionais".[16] O fenômeno origina-se da experiência canadense, onde a Carta de Direitos criou um arranjo no qual as capacidades decisórias não se achavam suficientemente alocadas num só Poder. Diante disso, a Suprema Corte passou a construir uma prática decisória colaborativa junto ao Executivo e Legislativo, de modo que grandes decisões eram tomadas em mais de uma rodada, em caráter incremental e mediante diálogo entre os Poderes.

Em menor escala, práticas análogas ocorreram nos EUA, no âmbito da execução dos chamados litígios estruturais, nos quais a Suprema Corte americana teria optado em alguns casos por deixar pontos em aberto de suas decisões, para serem resolvidos pelos atores políticos mais diretamente ligados à sua concretização.[17]

---

[14] KRAMMER, Larry. *The people themselves*: Popular Constitutionalism and Judicial Review. Oxford University Press, 2004.

[15] WALDRON, Jeremy. The core of the case against judicial review. *Yale Law Journal*, n. 115, p. 1346-1406, 2006.

[16] HOGG, Peter W.; BUSHELL, Allison A. The charter dialogue between courts and legislatures (or perhaps the Charter of Rights Isn't such a bad thing after all). *Osgoode Hall Law Journal*, v. 35, n. 1, p. 81, mar./jun., 1997.

[17] FISS, Owen. The Supreme Court 1978 term – foreword: forms of justice. *Harvard Law Review*, v. 93, p. 1-58, 1979.

JURISDIÇÃO CONSTITUCIONAL • Lenio Luiz Streck

Tais experiências bem-sucedidas se transformaram num modelo normativo, muitas vezes idealizado ou invocado de modo retórico – sem que houvesse verdadeira decisão compartilhada – para legitimar o que se denominou no Brasil de "ativismo dialógico".[18]

Ainda nesse plano, cabe mencionar a ascensão nos EUA do *Administrative State*, que já se faz sentir também na Europa e, ainda timidamente, no processo de agencificação do direito administrativo brasileiro. Embora teoricamente ligadas ao Executivo, Agências Administrativas com cada vez mais autonomia se erigem como uma espécie de quarto Poder a combinar competências típicas de todos os outros: elas administram, regulamentam e julgam questões das mais diversas, o que nos EUA vai das ferrovias aos direitos civis.

Diante da maior capacidade institucional e maior legitimidade política – já que tais agências contam com corpos técnicos altamente preparados, além de processos de representação e participação popular –, a Suprema Corte dos EUA já consolidou uma doutrina de deferência ao realizar o *judicial review* sobre o que elas decidiram, no famoso caso *Chevron v. Natural Resources Defence Council* (1984). Por outro lado, não se deve minimizar as críticas a tal arranjo, sobretudo considerando os riscos de captura dessas agências por *players* do mercado.

No Brasil, as agências ainda não gozam do mesmo poder que em outros países, mas tendem a aumentar sua importância no desenvolvimento das instituições locais, sobretudo pela complexificação dos processos regulatórios e também do novo papel que o Estado contemporâneo tem assumido em relação ao domínio econômico.

Para além das agências, nota-se a difusão de teses tendentes a repensar a estrutura da Administração Pública, rumo a todo um desenho mais policêntrico.[19] No que diz respeito à jurisdição constitucional, coloca-se o debate sobre a possibilidade de seu exercício Executivo.

Embora minimizada pela doutrina tradicional, a necessidade de que se faça um controle de legalidade – que hoje não pode ser facilmente desconectado da Constituição – leva a impasses diante dos quais o gestor teme ser penalizado por não aplicar a lei ou por aplicá-la em desarmonia com a Constituição.

A possibilidade de acionar o Supremo Tribunal Federal para controlar essa constitucionalidade, além de não estar presente em todos os casos – como o dos municípios, já que prefeitos não são legitimados para o controle de constitucionalidade concentrado –, esbarra também nos limites operacionais de uma Corte já completamente sobrecarregada e que demora a dar direcionamento sobre casos práticos que demandam respostas imediatas.

---

[18] Criticando essas distorções: TASSINARI, C.; LOPES, Z. F. Os diálogos institucionais são o remédio para o ativismo judicial? *Consultor Jurídico*. São Paulo, p. 1, 19 maio 2018. NEVES, I. F.; LOPES, Z. F. Desafios aos diálogos institucionais no Brasil: o papel do STF na relação entre Poderes. In: O direito entre o caos e a desconstrução. *Sociology of Law*. Canoas/RS: UNILASSALLE, v. 1, p. 1256-1265, 2018; LOPES, Z. F. O minimalismo poderia melhorar as relações entre Judiciário e Legislativo? In: O direito na sociedade tecnológica. *Anais Sociology of Law*. Canoas/RS: Unilassale, v. 1, p. 2508-2529, 2019.

[19] BINENBOJM, Gustavo. *Uma teoria do direito administrativo*: direitos fundamentais, democracia e constitucionalização. 2. ed. Rio de Janeiro: Renovar, 2008. p. 257-317.

Sem afastar aqui a revisão judicial na qual será dada a última palavra, cabe perguntar: a interpretação da Constituição deveria ser um monopólio do STF? Não poderia/deveria a Administração Pública realizar tal controle (como já faz em relação à legalidade), sujeito à revisão judicial?[20]

Há, é claro, pressões menos técnicas pela quebra desse monopólio. Uma delas é a frequente tentativa de submeter as decisões do Supremo a uma espécie de referendo ou controle pelo Legislativo, submetendo assim o debate jurídico ao político.

O ponto passa a ser: qual o critério de legitimidade capaz de oferecer esse "ponto de parada" à mudança de arranjos institucionais. Ou seria tudo apenas uma questão de comparar empiricamente desempenhos, sob perspectiva quantitativa, na alocação de competências decisórias? Esse é o ponto para o qual nossa discussão deve convergir.

Nesse sentido, a teoria do direito, a teoria constitucional, enfim, a doutrina deve vir a exercer seu papel de constrangimento – deve ser constrangida a exercer seu papel de constrangimento – e auxiliar na construção, robusta, de critérios e padrões sólidos de legitimidade e *accountability*. Criteriologia é a palavra, amparada em uma boa dose reflexiva de filosofia no direito: para além de (má) abstração metafísica, dispensando uma mera (e péssima) teoria política do poder. Critérios teóricos que nos permitam estabelecer o que é a prática, à luz daquilo que ela deve ser. Sem politicagens rasteiras, sem comparações empíricas que não dizem nada. O empirismo não é uma teoria empírica, já dizia o filósofo.

3. A NOVA JURISDIÇÃO CONSTITUCIONAL: RELACIONANDO MUDANÇA INSTITUCIONAL E TEORIAS DA INTERPRETAÇÃO

A jurisdição constitucional não é um fato da natureza. Tampouco é uma necessidade conceitual das democracias constitucionais,[21] como o provam diferentes arranjos concretos e funcionais, na Inglaterra, na Nova Zelândia etc. Existem diferentes maneiras de se estabelecer um guardião da Constituição. E, certamente, esse debate será enriquecido por comparações entre o desempenho institucional de diferentes arranjos, informado por pesquisas empíricas. Informado, diga-se. Sem empirismo que se pretende autônomo e externo desde um ponto arquimediano, à parte, fora do tempo e do lugar e sem justificação teórica.

Assim, o ponto mínimo que se espera avançar aqui é que esse debate não ocorre num vácuo de teorias da interpretação judicial, não evita discussões sobre justiça e legitimidade das decisões e não precisa assumir uma postura moralmente não cognitivista.[22] A teoria importa. Séculos de filosofia não foram para nada.

---

[20] Argumentos e reflexões levantadas por: ABBOUD, Georges. *Processo constitucional brasileiro*. 4. ed. São Paulo: Revista dos Tribunais, 2020. p. 1253-1306.

[21] Discordando aqui de: ADLER, Matthew; DORF, Michael. C. Constitutional Existence Conditions and Judicial Review. *Virginia Law Review*, v. 89, n. 6, p. 1105-1202, out. 2003.

[22] Para os fins dessa discussão, não cognitivismo moral pode ser definido como a posição que tende a negar a possibilidade de conhecimento sobre questões do plano do dever-ser, negar a aptidão para esse tipo de conhecimento ser do tipo verdadeiro/falso e negar a possibilidade de que sua veracidade ou falsidade sejam racionalmente demonstradas a outras pessoas.

Afinal, por mais que algumas soluções institucionais defendidas para o problema dos desacordos busquem contornar a dimensão substantiva sobre legitimidade, ela torna a aparecer em perguntas como: deve-se igualar todo debate jurídico ao debate político, transferindo quaisquer controvérsias sobre direitos nas Cortes para a arena eleitoral? Ou, em outras palavras: decisões judiciais devem ser fundamentadas por argumentos corretos ou incorretos avaliados por juristas ou são mera questão de escolha?

Mais: como construir padrões teóricos, epistêmicos, epistemologicamente responsáveis, que se tornam assim práticos, para que possamos avaliar a correção e a incorreção de nossas respostas jurídicas? É neste *gap* que se inserem obras como esta, afinal.

A resposta tende a ser que há limites quanto ao que se pode transferir do direito para a política, porque as respostas jurídicas envolvem uma questão de certo ou errado que difere das escolhas políticas, sendo mais bem avaliadas no âmbito de um tribunal. Por maior que seja a desconfiança com relação aos juízes, não se registra uma corrente jurídica expressiva que defenda o fim do direito e do Judiciário como um todo.

O "ponto de parada" para os cortes na jurisdição parece ser inescapavelmente de ordem substantiva. Acredito em uma dimensão de justiça distinta da política, que é contemplada pelo argumento jurídico. E esse tipo de crença compartilhada gera efeitos concretos, determinando a maneira como nos relacionamos em sociedade, levando-nos progressivamente dos ordálios aos julgamentos fundados em provas e aplicação de leis democraticamente elaboradas. Discutem se há progresso na filosofia. Há progresso no direito. E esse progresso está diretamente relacionado, sem que isso seja paradoxal, àquele que sempre foi seu papel. Hobbes é a inversão, é o ponto fora da curva, não é a regra. Se direito é simplesmente comando do soberano, já não é mais direito.

Isso, obviamente, não põe a perder o debate sobre arranjos institucionais, mas nos leva a realizá-lo sem ignorar o debate sobre o que se espera da interpretação jurídica. Com efeito, juristas defensores de uma teoria da interpretação cética sobre a correção de juízos principiológicos tenderão a defender a abolição da jurisdição constitucional, e admitirão a realocação das competências decisórias para outras instituições com maior representatividade ou melhor corpo técnico. Já defensores de teorias da interpretação, altamente confiantes na capacidade dos juízes de asserirem verdades morais, tenderão a uma visão extremamente expansionista da jurisdição constitucional, negando-a a quaisquer outras instituições. Entre os dois extremos, há muitas teorias interpretativas possíveis e muitos arranjos institucionais com elas compatíveis.

Uma visão moderada pode defender a jurisdição sem colocar os juízes como seres com um acesso privilegiado a verdades morais,[23] mas apenas como profissionais mais treinados no uso do argumento de princípio para a resolução de casos concretos, manejando leis,

---

[23] A crítica a esse acesso privilegiado é um ponto importante para: WALDRON, Jeremy. Judges as moral reasoners. *International Journal of Constitutional Law*, v. 7, n. 1, p. 2-24, jan. 2009. Disponível em: https://doi.org/10.1093/icon/mon035. Acesso em: 25 fev. 2020.

POST SCRIPTUM | **593**

precedentes e doutrinas a partir de critérios como coerência.[24] Essa tese reconhece os limites cognitivos e motivacionais dos juízes, sem ignorar o progresso social ocorrido desde que se submeteram os antigos soberanos absolutistas a controles por Cortes independentes.

Justificada minimamente tal posição interpretativa, dela se poderiam extrair algumas consequências institucionais. Vejamos.

> (i) É desejável que esses desacordos jurídicos de fundo moral sejam apropriados pelo debate público e suas instituições representativas e participativas, mas eles também serão necessariamente enfrentados pelos tribunais no plano da efetivação de direitos, que não são autoevidentes e moralmente neutros;
>
> (ii) tais desacordos podem ser resolvidos racionalmente pelas Cortes, a partir de critérios como coerência principiológica, cuja participação bem fundamentada pode ajudar a promover a deliberação democrática;
>
> (iii) o controle de constitucionalidade realizado por uma Corte Suprema apresenta vantagens significativas, se comparado ao desempenhado por outras instituições meramente políticas;
>
> (iv) esse controle não deve se fechar ao benefício de diálogos e práticas decisórias cooperativas com outras instituições, que podem incrementar sua qualidade deliberativa;
>
> (v) as Cortes podem exercer a deferência em relação à capacidade técnica ou a legitimidade política de outras instituições, se elas superarem a Suprema Corte na qualidade dos argumentos apresentados, fomentando uma troca pública de argumentos, em vez de uma disputa politiqueira por competências;
>
> (vi) há vantagens em estender esse diálogo sobre a interpretação constitucional para outros centros de decisão, no âmbito dos julgamentos realizados pela Administração Pública, desde que minimizados em seu risco político por dependerem de pareceres técnicos de órgãos jurídicos – por exemplo, precisando, o chefe do Executivo, de um parecer da procuradoria para fazer tal controle – e sujeitos à revisão final pelo Judiciário.[25]

Cabe aqui uma nota final sobre alguns modelos interpretativos que voltaram a estar em voga atualmente, sobretudo no debate sobre jurisdição constitucional: o originalismo

---

[24] Sunstein conclui pela superioridade da atuação dos juízes profissionais, justificada nesses termos, em pesquisa empírica comparando a atuação de juris e de juízes profissionais. Avaliando seus resultados (e com grande honestidade intelectual), cogita que a teoria de Dworkin retrate melhor o que ocorre na prática jurídica americana do que seu próprio modelo decisório. SUNSTEIN, Cass R.; KAHNEMAN, Daniel; RITOV, Ilana; SCHKADE, David. Predictably incoherent judgments. *Stanford Law Review*, v. 54, p. 1156-1157, 2002. Disponível em: http://chicagounbound.uchicago.edu/cgi/viewcontent.cgi?article=12414&context=journalarticles. Acesso em: 10 dez. 2017.

[25] Defendendo essa visão: ABBOUD, Georges. *Processo constitucional brasileiro*. 4. ed. São Paulo: Revista dos Tribunais, 2020. p. 1253-1306. TOMAZ DE OLIVEIRA, Rafael; STRECK, Lenio Luiz. Fiscalização da constitucionalidade não é vedada ao Conselho Nacional de Justiça. *Consultor Jurídico*, São Paulo, 30 ago. 2014.

e o textualismo/formalismo.[26] Tais modelos se propõem a restringir significativamente a jurisdição constitucional, sem que seja necessária uma mudança institucional.

Textualismo é a tese interpretativa segundo a qual textos jurídicos devem ser lidos e aplicados com base estrita no significado ordinário das palavras do texto (voltarei aos problemas disso.) Originalismo, de algum modo, é uma espécie de textualismo, mas no sentido de que o texto deve ser interpretado de acordo com o significado/sentido original pretendido por seus autores. Interpretemos a Constituição de acordo com aquilo que queriam os Pais Fundadores.

Com relação ao originalismo, é sintomática sua ressurreição por juristas ligados à extrema direita, servindo justamente à desconstrução de uma série de direitos de grupos minoritários. Ao defenderem o sentido público original dos textos legais, não o fazem por uma teoria sincera da interpretação, mas por estratégia política em que se busca retornar a um passado no qual o direito protegia privilégios de uma parcela da sociedade. Mesmo se tomado a sério, como teoria da interpretação sincera, o originalismo tem dificuldades de se justificar. Defender o retorno ao sentido público original de textos legais, num país com recente histórico escravagista, pode gerar resultados aberrantes, mesmo para os setores mais radicais da direita.

Já o debate sobre textualismo/formalismo tende a ser mais sofisticado. Essa teoria já não é mais defendida nas bases de um essencialismo do sentido, mas numa versão mais prática, como uma simples preferência pelo sentido superficial dos textos, evitando-se tanto quanto possível especulações interpretativas obscuras. É o modelo preferido por Jeremy Waldron,[27] por redirecionar a resolução dos desacordos morais para o Legislativo.

Também era a preferência de Adrian Vermeule,[28] fundamentado numa análise institucional. Seria o modelo interpretativo mais adequado à: (i) "capacidade institucional" do Judiciário – inferior a outras instituições, por exemplo, para avaliar impactos regulatórios ou pesquisar históricos legislativos; e (ii) os "efeitos sistêmicos" das decisões – por facilitar a coordenação das decisões entre vários juízes, algo que seria inviável, por exemplo, com vários juízes fazendo análises econômicas do direito por conta própria. Existem várias evidências, critérios e argumentos para se disputar nessas comparações que não caberiam nesse espaço.

O contra-argumento central que vale reafirmar aqui é lançado por Ziel Ferreira Lopes:[29] falar que o juiz deve parar diante do significado superficial do texto não evita o debate

---

[26] STRECK, Lenio L. O que é isto – textualismo e originalismo? O que é, afinal, interpretar? *Revista Eletrônica Consultor Jurídico*, São Paulo, p. 1-4, 30 jun. 2022.

[27] Com ressalvas, diga-se. É possível dizer de Waldron que se trata de um textualista interpretativo, com aportes dworkinianos. Ver WALDRON, Jeremy. *Law and disagreement*. New York: Oxford University Press, 1991. Ver também MORBACH, Gilberto. *Entre positivismo e interpretativismo, a terceira via de Waldron*. 2. ed. Salvador: JusPodivm, 2021.

[28] VERMEULE, Adrian. *Judging under uncertainty*: an institutional theory of legal interpretation. Cambridge: Harvard University Press, 2006.

[29] FERREIRA LOPES, Ziel. *Onde habita o juiz Hércules?* Uma aproximação entre teorias da interpretação e questões institucionais. 2020. Tese (Doutorado em Direito). Universidade do Vale do Rio dos Sinos, São Leopoldo, 2020. p. 246.

hermenêutico, já que esse ponto não é autoevidente. Defensores de teorias hermenêuticas também não defenderão ir além do ponto necessário ao esclarecimento do sentido da norma aplicável ao caso concreto. Identificá-lo é justamente a tarefa do intérprete para a qual se buscam oferecer critérios, o que o textualismo se recusa deliberadamente a fazer. A análise institucional dos modelos interpretativos não pode simplesmente evitar o problema básico da interpretação.

É possível, contudo, considerar variantes institucionais na comparação entre modelos interpretativos sem tomar a questão do sentido por autoevidente. É o que busca fazer o minimalismo de Cass Sunstein.[30] Embora defenda que os juízes decidam tanto quanto possível de modo raso (evitando princípios demasiadamente abstratos) e estreito (evitando abarcar a análise de vários casos ao mesmo tempo), não chega ao ponto de tomar o sentido como algo fixável superficialmente no texto. Mais do que isso, admite que em vários casos tal postura minimalista deve ser abandonada, em prol de uma decisão maximalista, em cenários nos quais a interpretação for confiável e o Judiciário se saia bem na promoção de direitos, se comparado aos demais Poderes.

O debate com Dworkin foi uma ótima oportunidade para aparar as arestas de sua posição. Dworkin[31] vai bem ao lembrar que o que determina quando podemos parar de interpretar é o próprio caso, o que Sunstein admite.[32] Analisando esse debate, Lopes[33] chega a defender uma combinação entre os modelos desses dois autores, tomando o integracionismo de Dworkin por base e lançando mão de heurísticas decisórias catalogadas por Sunstein, que buscam apenas deflacionar o debate tanto quanto possível, evitando a necessidade da escalada justificadora rumo a princípios mais abstratos.

Aqui, ainda, uma observação que acrescento: o textualismo vira voluntarismo quando encontra os limites naturais de uma tese que diz pretender ignorar tudo o que está para além do significado ordinário do texto, exceto quando produz "resultados absurdos". O que é significado ordinário? O que é "resultado absurdo"? Voltamos à questão da construção dos critérios. Voltamos ao papel da teoria, ao papel da doutrina, da boa dogmática.

Afinal, a complexidade que advém da combinação entre as dimensões institucional e hermenêutica do debate sobre jurisdição constitucional pode nos levar a transcender o tradicional debate sobre autores e admitir cada vez mais os modelos combinados. Esta pode vir a se estabelecer como uma agenda comunitária, para a qual serão necessários

---

[30] SUNSTEIN, Cass. *Legal reasoning and political conflict*. 2. ed. New York: Oxford University Press, 2018; SUNSTEIN, Cass. *One case at a time*: judicial minimalism on the Supreme Court. Cambridge: Harvard University Press, 1999.

[31] DWORKIN, Ronald. *A justiça de toga*. Trad. Jefferson Luiz Camargo. São Paulo: Martins Fontes, 2010. p. 71-107.

[32] SUNSTEIN, Cass R. From theory to practice. Order of the coif lecture: response. *Arizona State Law Journal*, v. 29, p. 389-404, 1997. Disponível em: http://chicagounbound.uchicago.edu/cgi/viewcontent.cgi?article=12283&context=journal_articles. Acesso em: 10 dez. 2017.

[33] FERREIRA LOPES, Ziel. *Onde habita o juiz Hércules?* Uma aproximação entre teorias da interpretação e questões institucionais. 2020. Tese (Doutorado em Direito). Universidade do Vale do Rio dos Sinos, São Leopoldo, 2020. p. 178-196.

pesquisadores de diferentes áreas contribuindo para a coleta de evidências e a formulação de critérios interteóricos para avaliá-las. Neste empreendimento coletivo, o papel de uma crítica hermenêutica das instituições não será reivindicar a última palavra, mas vigiar o solo interpretativo no qual a disputa é travada.

4. BALANÇO E PERSPECTIVAS

A crise das democracias parte de um novo processo de desestabilização das relações sociais. Em vez dos golpes militares, uma erosão motivada pelo acirramento dos conflitos políticos que as instituições democráticas visavam a canalizar para resolução deliberativa. A polarização de caráter afetivo atinge também os desacordos jurídicos que eram objeto da jurisdição constitucional, dificultando seu debate racional pelas Cortes e levando a uma percepção de que não se distinguiria de uma pura disputa de poder. Além disso, o caráter assimétrico da polarização (maior no sentido de uma radicalização de direita) leva a um violento refluxo com relação a decisões judiciais de importância histórica em defesa de minorias.

Em resposta a tais dilemas, as instituições vêm se transformando. Cada vez mais, aposta-se numa diluição da função das Cortes, e uma defesa do aumento da importância de outras instituições que supostamente teriam maior capacidade técnica e maior legitimidade política para resolver desacordos jurídicos de grande apelo político-moral. Alguns autores defendem a própria abolição da jurisdição constitucional, em prol de arranjos onde vige a supremacia do Parlamento. Outros defendem seu enfraquecimento, por vias como os diálogos institucionais, abertura das Cortes à atuação de outros Poderes em litígios estruturais, deferência a Agências Reguladoras e controle de constitucionalidade pela Administração Pública.

Cada uma das mudanças mencionadas tem rendido vasta literatura acadêmica. Sem descer a tais pormenores, esse *post scriptum* focou num ponto central: como as mudanças institucionais devem dialogar com o debate interpretativo sobre o que se espera de uma decisão judicial. Defendeu-se aqui que o argumento jurídico manejado pelas Cortes contempla uma dimensão de justiça distinta da escolha política, de modo que a jurisdição constitucional – embora não seja uma necessidade conceitual ou um fato da natureza – apresenta vantagens sobre modelos que igualam essas instâncias de debate. Isso pode ser feito ao mesmo tempo que se reconhece o benefício de um modelo dialógico, no qual a Corte não detenha monopólio interpretativo, mas possa se abrir (e ser deferente, quando for o caso) aos contributos argumentativos de outras instituições. Indo além, reconheceu-se a importância da dimensão institucional do debate sobre jurisdição constitucional, desde que isso não leve a uma supressão artificial da dimensão interpretativa que a questão envolve.

BIBLIOGRAFIA

ABBOUD, Georges. *Direito constitucional pós-moderno*. São Paulo: Revista dos Tribunais, 2021.

ABBOUD, Georges. *Jurisdição constitucional e direitos fundamentais*. São Paulo: Ed. RT, 2011.

ABBOUD, Georges. *Processo constitucional brasileiro*. 5. ed. São Paulo: Revista dos Tribunais, 2021.

ABRANCHES, Sérgio. *Presidencialismo de coalizão*. Raízes e evolução do modelo político brasileiro. São Paulo: Companhia das Letras, 2018.

ADORNO, Sérgio. *Os aprendizes do poder: o bacharelismo liberal na política brasileira*. Rio de Janeiro: Paz e Terra, 1988.

ADLER, Matthew; DORF, Michael. C. Constitutional Existence Conditions and Judicial Review. *Virginia Law Review*, v. 89, n. 6, out. 2003, p. 1105-1202.

AGRA, Walber de Moura. *Fraudes à Constituição: um atentado ao poder reformador*. Porto Alegre: Fabris, 2000.

ALEXY, Robert. *Constitucionalismo discursivo*. Trad. Luís Afonso Heck. Porto Alegre: Livraria do Advogado Editora, 2007.

ALEXY, Robert. *Teoria dos direitos fundamentais*. Trad. Virgílio A. Silva. São Paulo: Malheiros, 2008.

ALLEN, Carleton Kemp. *Law in the Making*. 3. ed. Oxford: Clarendon Press, 1939.

ALMEIDA, Carlos Ferreira de. *Introdução ao direito comparado*. 2. ed. Coimbra: Almedina, 1998.

ALMEIDA, J. M. Ferreira de. *A justiça constitucional no quadro das funções do Estado vista à luz das espécies, conteúdo e efeitos das decisões sobre a constitucionalidade das normas jurídicas*. Lisboa: Tribunal Constitucional, 1987.

ALMEIDA, Paulo Roberto (Org.). *A Constituição contra o Brasil*: ensaios de Roberto Campos sobre a constituinte e a Constituição de 1988. São Paulo: LVM Editora, 2018.

ALVES, José. *Direito constitucional brasileiro*. São Paulo: Bushatsky, 1973.

AMEAL, João. *História de Portugal*. Porto: Tavares Martins, 1968.

ARAÚJO, Antonio de; CARDOSO DA COSTA, Joaquim Pedro. *Efeitos temporais das decisões de inconstitucionalidade* (Nota de jurisprudência constitucional). Lisboa, 2000.

ARAÚJO, Antonio de; CARDOSO DA COSTA, Joaquim Pedro. Relatório português. *III Conferência da Justiça Constitucional da Ibero-América, Portugal e Espanha*. Lisboa: Tribunal Constitucional, 1999.

ARAÚJO, Luis Alberto David de; SERRANO JR., Vidal. *Curso de direito constitucional*. 10. ed. São Paulo: Saraiva, 2006.

ASSIS, Araken de. *Cumprimento da sentença*. Rio de Janeiro: Forense, 2010.

BACHOF, Oto. Estado de direito e poder político. *Boletim da Faculdade de Direito de Coimbra*, v. LVI, Coimbra, Coimbra Ed., 1996.

BADURA, B. Die verfassungsrechtliche Pflicht des gesetzgebenden Parlaments zur Nachbesserung von Gesetz. *Staatsorganisation and Staatsfunktion im Wandel – Festschrift für K. Eichenberger*. Basel: Helbing & Lichtenhahn, 1982.

BAKER, J. H. *An introduction to English legal history*. 2. ed. London: Butterworths, 1979.

BAKER, J. H. *An Introduction to English Legal History*. 4. ed. Londres: Butterworth's, 2002.

BAKER, J. H. The Common Lawyers and the Chancery: 1616. In: BAKER, J. H. *The Legal Profession and the Common Law: Historical Essays*. Londres: Hambledon, 1986.

BAKER, J. H. *The Oxford History of the Laws of England.* Oxford: Oxford University Press, 2003.

BALEEIRO, Aliomar. *Constituições brasileiras.* Brasília: Senado Federal, 2000. v. 2 – 1891.

BALEEIRO, Aliomar. *O Supremo Tribunal Federal, esse outro desconhecido.* Rio de Janeiro: Forense, 1968.

BALEEIRO, Aliomar; LIMA SOBRINHO, A. J. Barbosa. *Constituições brasileiras.* Brasília: Senado Federal/Centro de Estudos Estratégicos/Escola da Administração Fazendária, 2001. v. V.

BALL, David T. *The historical origins of judicial review, 1536-1803: the duty to resist tyranny.* Lewiston: The Elwin Mellen Press, 1950.

BALLE, José Maria Lafuente. *La judicialización de la interpretación constitucional.* Madrid: Colex, 2000.

BANDEIRA DE MELLO, Oswaldo Aranha. *A teoria das constituições rígidas.* São Paulo: Bushatsky, 1980.

BARACHO, José Alfredo de Oliveira. As especificidades e os desafios democráticos do processo constitucional. In: SAMPAIO, José Adercio Leite; CRUZ, Álvaro Ricardo de Souza (org.). *Hermenêutica e jurisdição constitucional.* Belo Horizonte: Del Rey, 2001.

BARACHO, José Alfredo de Oliveira. *Processo constitucional.* Rio de Janeiro: Forense, 1984.

BARBALHO, João. *Constituição Federal brasileira: comentários.* Rio de Janeiro: Briguiet, 1902.

BARBI, Celso Agrícola. Supremo Tribunal Federal. Funções na Constituição Federal de 1988. *RT*, São Paulo, n. 656, jun. 1990.

BARBOSA, Rui. *Escritos e discursos seletos.* Rio de Janeiro: Nova Aguilar, 1997.

BARROS, Suzana Toledo de. *O princípio da proporcionalidade e o controle de constitucionalidade de leis restritivas de direitos fundamentais.* Brasília: Brasília Jurídica, 2000.

BARROS, Tomás de. *Sumário de história de Portugal.* Porto: Educação Nacional Ed., 1948.

BARROSO, Luís Roberto. *Interpretação e aplicação da Constituição.* São Paulo: Saraiva, 1996.

BASTOS, Aurélio Wander. *Introdução à teoria do direito.* Rio de Janeiro: Liber Juris, 1992.

BASTOS, Aurélio Wander. Para a compreensão de Sieyès: notas e fragmentos sobre a história da França feudal. In: SIEYÈS, Emmanuel Joseph. *A constituinte burguesa: qu'est-ce que le Tiers État?* Rio de Janeiro: Liber Juris, 1986.

BASTOS, Celso R.; MARTINS, Ives Gandra da Silva. *Comentários à Constituição do Brasil.* São Paulo: Saraiva, 1997. v. IV.

BEARD, Charles A. *A Suprema Corte e a Constituição.* Trad. Paulo Moreira da Silva. 2. ed. Rio de Janeiro: Forense, 1938.

BEARD, Charles A.; BEARD, Mary R. *A basic history of the United States.* Philadelphia: New Home, 1944.

BÉGUIN, Jean-Claude. *Le contrôle de la constitutionnalité des lois en République Fédérale d'Allemagne.* Paris: Economica, 1982.

BELAUNDE, Domingo García. La jurisdicción constitucional en Peru. In: BELAUNDE, Domingo García; SEGADO, Francisco Fernandez (orgs.). *La jurisdicción constitucional en Iberoamerica.* Madrid: Dykinson, 1997.

BELLO, Enzo. *A cidadania no constitucionalismo latino-americano.* Caxias do Sul: Educs, 2013.

BENDA, Ernst; KLEIN, Eckard. *Lehrbuch des Verfassungsprozessrechts.* Heidelberg: Müller, 1991.

BENETI, Sidnei Agostinho. O processo na Suprema Corte dos Estados Unidos. In: *O judiciário e a Constituição.* São Paulo: Saraiva, 1994.

BERMAN, Harold J. *Aspectos do direito americano.* Trad. Janine Yvone Ramos Peres e Arlete Pastos Centurion. Rio de Janeiro: Forense, 1963.

BERMUDES, Sérgio. Arguição de relevância da questão federal. *Enciclopédia Saraiva do Direito.* São Paulo: Saraiva, 1978. v. 7.

BERNAL PULIDO, Carlos. *El principio de proporcionalidad y los derechos fundamentales.* Madrid: Centro de Estudios Políticos y Constitucionales, 2002.

BERNSTS, Luísa. *Contrapúblicos interpretativos*: respostas corretas às respostas em Direito. São Paulo: JusPodivm, 2022.

BINENBOJM, Gustavo. *A nova jurisdição constitucional brasileira*. Rio de Janeiro: Renovar, 2001.

BINENBOJM, Gustavo. *Uma teoria do direito administrativo*: direitos fundamentais, democracia e constitucionalização. 2. ed. Rio de Janeiro: Renovar, 2008.

BITTENCOURT, Lucio. *O controle jurisdicional da constitucionalidade das leis*. Rio de Janeiro: Forense, 1949.

BOCANEGRA, Raul Sierra. *El valor de las sentencias del Tribunal Constitucional*. Madrid: Instituto de Estúdios de la Administración Local, 1982.

BOGS, Harald. *Die verfassungskonforme Auslegung von Gesetzen – Unter besonderer Berücksichtigung der Rechtsprechung des Bundesverfassungsgerichts*. Stuttgard/Berlin/Köln/Mainz: Kolhammer, 1966.

BONAVIDES, Paulo. A constituinte e a Constituição. In: BONAVIDES, Paulo ; ANDRADE, Paes de. *História constitucional do Brasil*. 3. ed. Rio de Janeiro: Paz e Terra, 1991.

BONAVIDES, Paulo. *Curso de direito constitucional*. São Paulo: Malheiros, 2001.

BONAVIDES, Paulo. *Política e constituição: os caminhos da democracia*. Rio de Janeiro: Forense, 1985.

BONAVIDES, Paulo. *Teoria do estado*. 3. ed. São Paulo: Malheiros, 1995.

BONAVIDES, Paulo; ANDRADE, Paes de. *História constitucional do Brasil*. Brasília: OAB, 2002.

BONFIM, Edson Rocha. *Recurso especial: prequestionamento, interpretação razoável, valoração jurídica da prova*. Belo Horizonte: Del Rey, 1992.

BORGES, Marcos Afonso. Alterações do Código de Processo Civil oriundas da Lei 9.756, de 17 de dezembro de 1998. *RePro*, n. 94/7-8, 1999.

BOSCO, Francisco. *O diálogo possível*. Por uma reconstrução do debate público brasileiro. São Paulo: Todavia, 2022.

BOURDIEU, Pierre; PASSERON, Jean Claude. *A reprodução: elementos para uma teoria do sistema de ensino*. São Paulo: Francisco Alves, 1975.

BOUZART, Gabriel. El control constitucional – Un estudio comparativo. *Fundamentos y alcances del control judicial de constitucionalidad*. Madrid: Centro de Estudios Constitucionales, 1991.

BRANDÃO, Fabrício dos Reis. *Coisa julgada*. São Paulo: MP, 2005.

BRANDÃO, Paulo de Tarso. *Ações constitucionais:* novos direitos e acesso à justiça. Florianópolis: OAB/SC, 2006.

BRITO, Mário de. Sobre as decisões interpretativas do Tribunal Constitucional. *Revista do RMP*, 1995.

BROX, Hans. Zur Zulässigkeit der erneuten Überprüfung einer Norm durch das Bundesverfassungsgericht. *Festschrift für Willi Geiger zum 65. Geburstag*. Tübingen: Mohr, 1974.

BRÜNNECK, Alexander V. *Verfassungsgerichtbarkeit in den westlichen Demokratien*. Baden-Baden: Nomos, 1992.

BUENO, Paulo Eduardo. O crime de porte irregular de arma de fogo e a questão do bem jurídico. *Revista Jurídica*, São Paulo, jul. 1999.

BUZAID, Alfredo. A ação direta de declaração de inconstitucionalidade no direito brasileiro. *Revista Forense*, Rio de Janeiro: Forense, n. 179, 1958.

CAENEGEM, R. C. *The Birth of the English Common Law*. 2. ed. Cambridge: Cambridge University Press, 1988.

CALMON, Pedro. *Curso de direito constitucional brasileiro*. Rio de Janeiro: Freitas Bastos, 1937.

CALMON DE PASSOS, José Joaquim. *Mandado de segurança coletivo, mandado de injunção,* habeas data, *constituição e processo*. Rio de Janeiro: Forense, 1989.

CALMON DE PASSOS, José Joaquim. Súmula vinculante. *Doutrina*, Rio de Janeiro, ID, n. 4, 1997.

CÂMARA, Alexandre Freitas. A coisa julgada no controle direto de constitucionalidade. In: Sarmento, Daniel (org.). *O controle de constitucionalidade e a Lei 9.868/1999*. Rio de Janeiro: Lumen Juris, 2001.

CAMPOS, Carlos Alexandre de Azevedo. Devemos temer o "estado de coisas inconstitucional"? *Consultor Jurídico*, São Paulo, 15 out. 2015. Disponível em: http://www.conjur.com.br/2015-out-15/carlos--campos-devemos-temer-estado-coisas-inconstitucional. Acesso em: 18 out. 2015.

CANAS, Vitalino. *Introdução às decisões de provimento do Tribunal Constitucional*. Lisboa: Cognitio, 1994.

CANÇADO Trindade, Antonio Augusto. *A proteção internacional dos direitos humanos: fundamentos jurídicos e instrumentos básicos*. São Paulo: Saraiva, 1991.

CANOTILHO, J. J. Gomes. *Direito constitucional e teoria da Constituição*. 4. ed. Coimbra: Almedina, 2001; 5. ed. 2002; 7. ed. 2005.

CANOTILHO, J. J. Gomes. *Constituição dirigente e vinculação do legislador*. Coimbra: Coimbra Editora, 1982.

CANOTILHO, J. J. Gomes; MENDES, Gilmar; STRECK, Lenio Luiz; SARLET, Ingo W. (org.). *Comentários a Constituição do Brasil*. São Paulo/Coimbra: Saraiva/Almedina, 2013.

CANOTILHO, J. J. Gomes; MENDES, Ferreira Gilmar; SARLET, Ingo Wolfgang; STRECK, Lenio Luiz; LEONCY, Léo Ferreira. *Comentários à Constituição do Brasil*. 2. ed. São Paulo: Saraiva Educação, 2018.

CAPPELLETTI, Mauro. *O controle judicial de constitucionalidade das leis no direito comparado*. Trad. Aroldo Plinio Gonçalves. Porto Alegre: Fabris, 1984.

CARBONELL, Miguel (ed.). *Neoconstitucionalismo(s)*. Madrid: Trotta, 2003.

CARDOSO da Costa, José Manuel M. A justiça constitucional no quadro das funções do Estado. *Justiça constitucional e espécies, conteúdo e efeitos das decisões sobre a constitucionalidade das normas*. Lisboa: Tribunal Constitucional, 1987.

CARNELUTTI, Francesco. Profilo dei raporti tra diritto e processo. *Rivista di Diritto Processuale*, v. 35, n. 4, p. 539-550, 1960.

CARPIZO, Jorge; DÍAZ, José Ramon Cossió; FIX-ZAMUDIO, Héctor. La jurisdicción constitucional en México. In: BELAUNDE, Domingo García; SEGADO, Francisco Fernandez (org.). *La jurisdicción constitucional en Iberoamerica*. Madrid: Dykinson, 1997.

CARVALHO, Paulo de Barros. *Curso de direito tributário*. São Paulo: Saraiva, 1985.

CARVALHO, Salo de. Reincidência e antecedentes criminais: abordagem crítica desde o marco garantista. *Revista de Estudos Criminais*, Porto Alegre, ITEC, n. 1, 2001.

CARVALHO FILHO, José dos Santos. *A evolução da jurisdição constitucional na França*. Disponível em: http://www.conjur.com.br/2013-jun-15/observatorio-constitucional-historico-perspectivas-juris-dicao-constitucional-franca#autores. Acesso em: 17 jun. 2013.

CARVALHO FILHO, José dos Santos. *Ação civil pública*. 3. ed. Rio de Janeiro: Lumen Juris, 2001.

CASALINI, Brunella. Soberania popular, governo da lei e governo dos juízes nos Estados Unidos da América. In: COSTA, Pietro; ZOLO, Danilo (org.). *O estado de direito: história, teoria e crítica*. Trad. Carlo Alberto Dastoli. São Paulo: Martins Fontes, 2006.

CASTANHEIRA Neves, Antonio. Jurisprudência dos interesses. In: *Digesta*: escritos acerca do Direito, do pensamento jurídico, da sua metodologia e outros. Coimbra: Coimbra Editora, 1995. v. II.

CELSO, Afonso. *Oito anos de parlamento*. Brasília: Senado Federal, 1998.

CERQUEIRA, Marcello. *A Constituição na história: origem e reforma – Da Revolução Inglesa de 1640 à crise do Leste Europeu*. 2. ed. Rio de Janeiro: Revan, 2006.

CLÈVE, Clèmerson Merlin. *A fiscalização abstrata da constitucionalidade no direito brasileiro*. São Paulo: Ed. RT, 1995.

COELHO, João Gilberto Lucas. O processo constituinte. In: GURAN, Milton. *O processo constituinte: 1987-1988*. Brasília, UnB, 1988; *Anais da Assembleia Nacional Constituinte*. Brasília, Senado Federal, 1987.

COELHO, Sacha Calmon Navarro. Da impossibilidade jurídica de ação rescisória de decisão anterior à declaração de constitucionalidade pelo STF no direito tributário. *RT*, São Paulo: Ed. RT, CDTFP 15/2000, 2000.

BIBLIOGRAFIA | 601

COLLIER, Charles W. Precedent and Legal Authority: A Critical History. *Wisconsin Law Review*, Madison, n. 771, 1988.

COOLEY, Thomas M. *A treatise on the constitutional limitations*. New York: Little, Brown, 1878.

CORAO, Carlos M. Ayala. La jurisdicción constitucional en Venezuela. In: BELAUNDE, Domingo García; SEGADO, Francisco Fernandez (org.). *La jurisdicción constitucional en Iberoamerica*. Madrid: Dykinson, 1997.

CORRÊA, Oscar Dias. *O Supremo Tribunal Federal, corte constitucional do Brasil*. Rio de Janeiro: Forense, 1987.

CORWIN, Edward S. *The Constitution of the United States: analysis and interpretation*. Washington D.C.: U.S. Printing Office, 1953.

COSTA, Edgard. *Os grandes julgamentos do STF: 1892 a 1962*. Rio de Janeiro: Civilização Brasileira, 1964.

COSTA, Emília Viotti da. *O Supremo Tribunal Federal e a construção da cidadania*. 2. ed. São Paulo: Unesp, 2006.

COSTA, Mário Júlio de Almeida. *História do direito português*. 3. ed. Coimbra: Almedina, 2000. CROSS, Rupert. *Precedent in English Law*. Oxford: Clarendon Press, 1977.

CROSS, Rupert. *Statutory interpretation*. London: ButteRworths, 1976.

CRUZ E TUCCI, José Rogério. *Precedente judicial como fonte do Direito*. São Paulo: RT, 2004.

CUETO RUA, Julio. *El common law*. Buenos Aires: La Ley, 1957.

CUETO RUA, Julio. La ley en el mundo contemporáneo. *Anuário de Filosofia Jurídica y Social*, Buenos Aires, Abeledo-Perrot, n. 6, 1986.

D'ORAZIO, Giustino. *Soggetto privato e processo constituzionale italiano*. Torino: Giappichelli, 1992.

DALLA BARBA, Rafael Giorgio. *Nas fronteiras da argumentação*: a discricionariedade judicial na teoria discursiva de Robert Alexy. Salvador: JusPodivm, 2016.

DALLA BARBA, Rafael Giorgio. *A (in)transparência dos direitos fundamentais*: das origens aos limites da teoria discursiva em Robert Alexy. Dissertação (Mestrado em Direito Público) – Programa de Pós--Graduação em Direito, Universidade do Vale do Rio dos Sinos (UNISINOS). São Leopoldo, 2017. p. 95-105. Disponível em: http://www.repositorio.jesuita.org.br/bitstream/handle/UNISINOS/6653/Rafael%20Giorgio%20Dalla% 20Barba_.pdf?sequence=1&isAllowed=y. Acesso em: 10 out. 2017.

DANTAS, Ivo. *Constituição: teoria e prática*. Rio de Janeiro: Renovar, 1994. v. 1.

DASTUR, Françoise. *Heidegger e a questão do tempo*. Lisboa: Instituto Piaget, 1997.

DAVID, René; JAUFFRET-SPINOSI, Camile. *Les grands systèmes de droit contemporains*. 9. ed. Paris: Dalloz, 1988.

DAVID, René; JAUFFRET-SPINOSI, Camile. *Os grandes sistemas de direito contemporâneo*. Trad. Hermínio Carvalho. São Paulo: Martins Fontes, 1986.

DELLA GIUSTINA, Vasco. *Leis municipais e seu controle constitucional pelo Tribunal de Justiça*. Porto Alegre: Livraria do Advogado, 2001.

DI GIORGI, Raffaele; FARIA, José Eduardo; CAMPILONGO, Celso. Opinião: Estado de coisas inconstitucional. *Estadão*, São Paulo, 19 set. 2015. Disponível em: http://opiniao.estadao.com.br/noticias/geral,estado-de-coisas-inconstitucional,10000000043. Acesso em: 18 out. 2015.

DIDIER JR., Fredie; BRAGA, Paulo Sarno; OLIVEIRA, Rafael. *Curso de direito processual civil*. Salvador: JusPodivm, 2007. v. 2.

DINIZ, Maria Helena. *Compêndio de introdução à ciência do direito*. São Paulo: Saraiva, 1993; 16. ed. 2004.

DUXBURY, Neil. *The Nature and Authority of Precedent*. Cambridge: Cambridge University Press, 2008.

DWORKIN, Ronald. *Law's empire*. London: Fontana, 1986.

DWORKIN, Ronald. *O império do direito*: uma questão de princípio. Trad. Jefferson Luiz Camargo. São Paulo: Martins Fontes, 2001; 2. ed. 2003.

DWORKIN, Ronald. *Uma questão de princípio*. São Paulo: Martins Fontes, 2005.

DWORKIN, Ronald. *A justiça de toga*. Trad. de Jefferson Luiz Camargo. São Paulo: Martins Fontes, 2010.

EISENBERG, Melvin Aron. *The Nature of the Common Law*. Harvard: Harvard University Press, 1991.

ENGELHARDT, Dieter. Das richterliche Prüfungsrecht im modernen Verfassungsstaat. *JöR*, 1959.

FADEL, Sergio Sahione. *Antecipação da tutela no processo civil*. São Paulo: Dialética, 1998.

FALCÓN, Javier Pardo. *El consejo constitucional francés*. Madrid: Centro de Estudios Constitucionales, 1990.

FAORO, Raimundo. *Os donos do poder*. Formação do patronato político brasileiro. São Paulo: Globo, 2012.

FARNSWORTH, E. Allan. *Introdução ao sistema jurídico dos Estados Unidos*. Trad. Antonio Carlos Diniz de Andrada. Rio de Janeiro: Forense, 1963.

FAVOREU, Louis. Los tribunales constitucionales. In: BELAUNDE, Domingo García; SEGADO, Francisco Fernandez (org.). *La jurisdicción constitucional en Iberoamerica*. Madrid: Dykinson, 1997.

FERNANDES, Bernardo Gonçalves. *Curso de direito constitucional*. 14. ed. São Paulo: JusPodivm, 2022.

FERREIRA, Pinto. Os remédios constitucionais na Lei Magna brasileira de 1988. *Direito constitucional*. Brasília: Consulex, 1998.

FERREIRA LOPES, Ziel. *Onde habita o juiz Hércules?* Uma aproximação entre teorias da interpretação e questões institucionais. 2020. Tese (Doutorado em Direito) – Universidade do Vale do Rio dos Sinos, São Leopoldo, 2020.

FERREIRA, Rafael. *Internacionalização da Constituição:* diálogo hermenêutico, perguntas adequadas e bloco de constitucionalidade. Rio de Janeiro: Lumen Juris, 2016.

FERREIRA, Waldemar Martins. *História do direito constitucional brasileiro*. São Paulo: Max Limonad, 1954.

FIGUEIREDO, Marcelo. A ação declaratória de constitucionalidade: inovação infeliz e inconstitucional. In: MARTINS, Ives Gandra da Silva; MENDES, Gilmar Ferreira (org.). *Ação declaratória de constitucionalidade*. São Paulo: Saraiva, 1994.

FIORAVANTI, Maurizio. *Los derechos fundamentales*. Madrid: Trotta, 1998.

FISHER, Louis. Introduction. In: LEVY, Leonard W.; KARST, Kenneth L.; MAHONEY, Dennis J. (org.). *Judicial power and the Constitution – Selections from the Encyclopedia of the American Constitution*. New York: Macmillan, 1990.

FISS, Owen. The Supreme Court 1978 term – foreword: forms of justice. *Harvard Law Review*. Instrumentos processuais de defesa coletiva. *Boletim de Direito Administrativo*, São Paulo, NDJ, n. 1, 1993.

FORSYTH, Christopher (ed.). *Judicial review and the Constitution*. Oxford: Hart, 2000.

FREIRE, Felisbello. *História constitucional da República dos Estados Unidos do Brasil*. Brasília: UnB, 1983.

FREITAS, Vladimir Passos de. Os resultados da nova Suprema Corte no Reino Unido. *Consultor Jurídico*, 2013. Disponível em: http://www.conjur.com.br/2013-mar-03/segunda-leitura-resultados-suprema-corte-reino-unido. Acesso em: 11 out. 2017.

FRIEDMAN, Lawrence M. *A history of American law*. 2. ed. New York: Simon & Simon, 1985.

FRIEDRICH, Carl. *Teoría y realidad de la organización democrática*. Trad. Vicente Herrero. México: Fondo de Cultura Económico, 1946.

FROTA, Pablo Malheiros da Cunha. Precedente vinculativo e persuasivo e a *ratio decidendi*. *Revista eletrônica CONJUR*. Disponível em: https://www.conjur.com.br/2021-fev-13/diario-classe-precedente-vinculativo-persuasivo-ratio-decidendi. Acesso em: 18 jul. 2022.

FROTA, Pablo Malheiros da Cunha; ROSA, Jesus Alexsandro Alves. Razões para a inefetividade da ADO no Direito brasileiro. *Revista eletrônica CONJUR*. Disponível em: https://www.conjur.com.br/2021-mai-08/diario-classe-razoes-inefetividade-ado-direito-brasileiro. Acesso em: 18 jul. 2022.

FROWEIN, Jochen. Änderungen der Rechtsprechung des Bundesverfassungsgerichts als Rechtsproblem. *DÖV*, 1971.

FUKS, Mario; MARQUES, Pedro. *Afeto ou ideologia*: medindo polarização política no Brasil. In: Encontro da ABCP, 12, Anais eletrônicos. João Pessoa: Universidade Federal da Paraíba, 2020.

BIBLIOGRAFIA | 603

GADAMER, Hans-Georg. *Wahrheit und Methode – Ergänzungen Register. Hermeneutik II.* Tübingen: Mohr, 1990.

GADAMER, Hans-Georg. *Wahrheit und Methode – Grundzüge einer philosophischen Hermeneutik I.* Tübingen: Mohr, 1990.

GADAMER, Hans-Georg. *Verdad y método.* Salamanca: Sígueme, 1994.

GADAMER, Hans-Georg. *Verdade e método* – traços fundamentais de uma hermenêutica filosófica. Trad. Flávio Paulo Meurer. 3. ed. Petrópolis: Editora Vozes, 1999.

GADAMER, Hans-Georg. *Verdade e método II*: complementos e índices. 2. ed. Petrópolis: Vozes, 2002.

GALLICCHIO, Eduardo G. Esteva. La jurisdicción constitucional en Uruguay. In: BELAUNDE, Domingo García; SEGADO, Francisco Fernandez (org.). *La jurisdicción constitucional en Iberoamerica.* Madrid: Dykinson, 1997.

GALVÃO, Jorge Octávio Lavocat. Modulação dos juros compensatórios nas desapropriações. *Conjur.* Disponível em: https://www.conjur.com.br/2020-fev-29/inconstitucionalidade-juros-compensatorios-desapropriacoes. Acesso em: 5 ago. 2022.

GARCÍA DE ENTERRÍA, Eduardo. *La constitución como norma y el tribunal constitucional.* Madrid: Civitas, 1982.

GARCÍA DE ENTERRÍA, Eduardo. La doctrina prospectiva en la declaración de ineficacia de las leyes inconstitucionales. *Revista de Direito Público*, n. 92, p. 5, out.-dez. 1989.

GARCIA, Dínio de Santis. Efeito vinculante dos julgados da corte suprema e dos tribunais superiores. *RT*, São Paulo: Ed. RT, n. 734, 1996.

GARCÍA-PELAYO, Manuel. *Derecho constitucional comparado.* Madrid: Alianza, 1999.

GILMORE, Grant. *As eras do direito americano.* Rio de Janeiro: Forense Universitária, 1978.

GIOVANNELLI, Adriano. Alcune considerazioni sul modello della Verfassungsgerichtsbarkeit kelseniana, nel contexto del dibattito sulla funzione "politica" della Corte Constituzionale. *Scritti su la giustizia constituzionale in onore di Vezio Crisafulli, I.* Padova: Cedam, 1985.

GIOVANNELLI, Adriano. *Direito de apelar em liberdade: conforme a Constituição Federal e a Convenção Americana sobre Direitos Humanos.* São Paulo: Ed. RT, 1994.

GOMES DA SILVA, Nuno J. Espinosa. *História do direito português: fontes do direito.* Lisboa: Fundação Calouste Gulbenkian, 2000.

GOMES, Luis Flávio. A questão da obrigatoriedade dos tratados e convenções no Brasil: particular enfoque da Convenção Americana sobre Direitos Humanos. *RT*, São Paulo: Ed. RT, n. 710, p. 21-31, dez. 1994.

GOODHART, Arthur L. Determining the ratio decidendi of a case. *The Yale Law Journal*, v. 40, n. 2, p. 161-183, dez. 1930.

GRAU, Eros Roberto. *La doble desestructuración y la interpretación del derecho.* Barcelona: Bosch, 1998.

GRECO, Marco Aurélio. Ação declaratória de constitucionalidade. In: MARTINS, Ives Gandra da Silva; MENDES, Gilmar Ferreira (org.). *Ação declaratória de constitucionalidade.* São Paulo: Saraiva, 1994.

GREENAWALT, Kent. Reflections on Holding and Dictum. *Journal of Legal Education*, v. 39, n. 03, set. 1989, p. 431-442.

GUEDES, Jefferson Carús; PÁDUA, Thiago Aguiar de. O paraíso dos conceitos jurídicos do jurista alemão Rudolf Von Jhering (parte 1). *Consultor Jurídico,* São Paulo, 2017. Disponível em: http://www.conjur.com.br/2017-fev-13/paraiso-conceitosjuridicos-alemao-rudolf-von-jhering-parte. Acesso em: 18 fev. 2017.

GUEDES, Jefferson Carús; PÁDUA, Thiago Aguiar de. O paraíso dos conceitos jurídicos do jurista alemão Rudolf Von Jhering (parte 2). *Consultor Jurídico,* São Paulo, 2017. Disponível em: http://www.conjur.com.br/2017-fev-20/direito-civil-atual-paraiso-conceitos-juridicosjurista-alemao-rudolf-von-jhering-parte#_ednref5. Acesso em: 20 fev. 2017.

JURISDIÇÃO CONSTITUCIONAL · *Lenio Luiz Streck*

GUERRA FILHO, Willis Santiago. Pós-modernismo, pós-positivismo e o direito como filosofia. In: Oliveira Jr., José Alcebíades de (org.). *O poder das metáforas: homenagem aos 35 anos de docência de Luis Alberto Warat*. Porto Alegre: Livraria do Advogado, 1998.

GUNTHER, Gerald. *John Marshall's defense of McCulloch v. Maryland 8-11*. Stanford: Stanford University Press, 1969.

GUSY, Christoph. *Parlamentarischer Gesetzgeber und Bundesverfassungsgericht*. Berlin: Duncker & Humblot, 1985.

HANSFORD, Thomas G.; SPRINGS II, James F. *The politics of precedent in the U.S. Supreme Court*. Princeton: Princeton University Press, 2006.

HAKE, Edward. *Epiekeia: A Dialogue on Equity in Three Parts*. New Haven: Yale Law Library, 1953.

HARB, Benjamin Miguel. La jurisdicción constitucional en Argentina. In: BELAUNDE, Domingo García; SEGADO, Francisco Fernandez (org.). *La jurisdicción constitucional en Iberoamerica*. Madrid: Dykinson, 1997.

HART, Herbert. *O conceito de direito*. 2. ed. Lisboa: Fundação Calouste Gulbenkian, 1994.

HAURIOU, Maurice. *Principios de derecho público y constitucional*. 2. ed. Trad. Carlos Ruiz del Castillo. Madrid: Instituto Editorial Reus, 1927.

HECK, Luís Afonso. O recurso constitucional na sistemática jurisdicional-constitucional alemã. *Revista de Informação Legislativa*, ano 31, n. 124, out.-dez. 1994.

HECK, Luís Afonso. *O Tribunal Constitucional Federal e o desenvolvimento dos princípios constitucionais*. Porto Alegre: Fabris, 1995.

HEIDEGGER, Martin. *Conferências e escritos filosóficos*. Trad. e notas Ernildo Stein. São Paulo: Nova Cultural, 1989.

HEIDEGGER, Martin. *Conferências e escritos filosóficos*. Trad. e notas: Ernildo Stein. São Paulo: Nova Cultural, 1989.

HEIDEGGER, Martin. *Identität und Differenz*. Pfüllingen: Günther Neske, 1986.

HEIDEGGER, Martin. *Introdução à filosofia*. São Paulo: Martins Fontes, 2008.

HEIDEGGER, Martin. *Ser e tempo*. 5. ed. Petrópolis: Vozes, 1995. v. 1 e 2.

HEIDEGGER, Martin. *Unterwegs zur Sprache*. Pfüllingen: Günther Neske, 1979.

HEKMAN, Susan J. *Hermenêutica e sociologia do conhecimento*. Lisboa: Edições 70, 1986.

HESSE, Konrad. *A força normativa da Constituição*. Trad. Gilmar Ferreira Mendes. Porto Alegre: Fabris, 1991.

HESSE, Konrad. *Escritos de derecho constitucional*. Madrid: Centro de Estudios Constitucionales, 1983; 2. ed. 1992.

HITTERS, Juan Carlos. La jurisdicción constitucional en Argentina. In: BELAUNDE, Domingo García; SEGADO, Francisco Fernandez (org.). *La jurisdicción constitucional en Iberoamerica*. Madrid: Dykinson, 1997.

HOGG, Peter W.; BUSHELL, Allison A. The charter dialogue between courts and legislatures (or perhaps the Charter of Rights Isn't such a bad thing after all). *Osgoode Hall Law Journal, [S. l.],* v. 35, n. 1, mar./jun. 1997, p. 81.

HOLMES, O. W. *O direito comum: as origens do direito anglo-americano*. Trad. J. L. Melo. Rio de Janeiro: O Cruzeiro, 1967.

HOMMERDING, Adalberto. *Teoría de la legislación y derecho como integridad*. Curitiba: Juruá, 2012.

HORTA, Raul Machado. *Direito constitucional*. Belo Horizonte: Del Rey, 2002.

HORTA, Raul Machado. Poder constituinte do Estado-membro. *RDP*, n. 88/10.

BIBLIOGRAFIA | **605**

IYENGAR, S.; SOOD, G.; LELKES, Y. *Affect, Not Ideology*: *A Social Identity Perspective on Polarization*. Public Opinion Quarterly, v. 76, n. 3, set. 2012, p. 405-431.

JACOBSON, Artur J.; SCHLINK, Bernhard. *A jurisprudence of crisis*. Berkeley: University of California, 2000.

JAMES, Philip S. *Introduction to English law*. 4. ed. London: Butterworth, 1959.

JAUREGUI, Carlos. *Generalidades y peculiaridades del sistema legal inglés*. Buenos Aires: Depalma, 1990.

JELLINEK, Georg. *Teoría general del Estado*. Ciudad de México: Fondo de Cultura Económica, 2000.

JELLINEK, Georg. *Verfassungsänderung und Verfassungswandlung*. Berlin: Häring, 1906.

JENNINGS, W. I. *A constituição inglesa*. Brasília: UnB, 1983.

JESUS, Damásio E. de. *Código Penal anotado*. São Paulo: Saraiva, 1991.

KERSTENETZKY, Celia Lessa. *O estado do bem-estar na idade da razão*. A reinvenção do estado social no mundo contemporâneo. Rio de Janeiro: 2012.

KIRALFY, A. K. R. *The English legal system*. London: Sweet & Maxwel, 1973.

KOERNER, Andrei. *Judiciário e cidadania na Constituição da República brasileira*. São Paulo: Hucitec, 1998.

KOSELLECK, Reinhart. *Crítica e crise: uma contribuição à patogênese do mundo burguês*. Trad. Luciana Villas-Boas Castelo-Branco. Rio de Janeiro: UERJ, 2000.

KRAMMER, Larry. *The people themselves*: Popular Constitutionalism and Judicial Review. Oxford University Press, 2004.

KRYGIER, Martin. Tempering power. In: ADAMS, Maurice; BALLIN, Ernst Hirsch; MEUWESE, Anne. (eds.). *Bridging Idealism and Realism in Constitutionalism and the Rule of Law*. Cambridge: Cambridge University Press, 2016.

LAMOND, GRANT. Precedent and analogy in legal reasoning. In: ZALTA, Edward N. (ed.). The *Stanford Encyclopedia of Philosophy*. Spring 2016 ed. Stanford: Metaphysics Research Lab, Stanford University, 2011. Disponível em: https://plato.stanford.edu/archives/spr2016/entries/legal-reas-prec/.

LA PERGOLA, Antonio. La constitución como fuente suprema del derecho. In: *División de poderes y interpretación: hacía una teoría de la praxis constitucional*. Edición e prólogo Antonio Lopez Pina. Madrid: Tecnos, 1987.

LACLAU, Martin. Los supuestos del pensamiento jurídico en los países de habla inglesa. *Anuario de Filosofía Jurídica y Social*, Asociación Argentina de Derecho Comparado, Buenos Aires, Abeledo-Perrot, 1983.

LAFUENTE BALLE, José Maria. *La judicialización de la interpretación constitucional*. Madrid: Colex, 2000.

LANDAU, David. Abusive Constitutionalism. *Davis Law Review*, n. 189, 2013. FSU College of Law, Public Law Research Paper n. 646.

LEAL, Victor Nunes. *Coronelismo, enxada e voto*. 5. ed. São Paulo: Alfa-Omega, 1986.

LEAL, Victor Nunes. Leis complementares da Constituição. *RDA* VII.

LEÃO, Sinaida de Gregório. Da inconstitucionalidade do artigo 557 do Código de Processo Civil. *Revista Doutrina*, Rio de Janeiro, ID, n. 12, org. James Tubenchlak, 2001.

LEITE, Fábio Carvalho. Ação declaratória de constitucionalidade: expectativa, realidade e algumas propostas. *Sequência*. Florianópolis, n. 69, dez. 2014. Disponível em: https://www.scielo.br/j/seq/a/zQShfMJmD3F4wrQBrhNswpf/abstract/?lang=pt. Acesso em: 13 jul. 2022.

LEONCY, Léo. *Controle de constitucionalidade estadual*. São Paulo: Saraiva, 2007.

LESSA, Pedro. *Reforma constitucional*. Rio de Janeiro: Brasileira Lux, 1925.

LEVITSKY, Steven; ZIBLATT, Daniel. *How Democracies Die*: What History Reveals About Our Future. New York: Crown, 2018.

LIEBMAN, Enrico Tullio. Diritto costituzionale e processo civile. *Rivista di Diritto Processuale*, Padova, v. VII, parte I, p. 327-332, 1952.

LIPKIN, Robert Justin. *Constitutional revolutions: pragmatism and the role of judicial review in American constitutionalism.* Durham: Duke University Press, 2000.

LLEWELLYN, K. N. A realistic jurisprudence, the next step. In: CHRISTIE, G. *Jurisprudence. Texts and readings on the philosophy of law.* Saint-Paul: Thomson West, 1973.

LLEWELLYN, K. N. *My philosophy of law.* Boston: Hein, 1941.

LLOYD, Denis. *A ideia de lei.* Trad. Álvaro Cabral. São Paulo: Martins Fontes, 1985.

LOBATO, Anderson Cavalcanti. Para uma nova compreensão do sistema misto de controle de constitucionalidade: a aceitação do controle preventivo. *Revista de Informação Legislativa*, Brasília, Senado Federal, ano 31, n. 124, out.-dez. 1994.

LOBBAN, Michael; PATTARO, Enrico. *A Treatise of Legal Philosophy and General Jurisprudence.* A History of the Philosophy of Law in The Common Law World, 1600-1900. Nova York: Springer, 2016. v. 8.

LOBO, Jorge. O sistema jurídico americano: a crescente importância da legislação e o especial significado da decisão judicial. *Revista dos Tribunais*, São Paulo: Ed. RT, n. 654, 1991.

LOCKE, John. *Segundo tratado sobre o governo civil.* São Paulo: Abril Cultural, 1983 (coleção Os Pensadores).

LOPES, José Reinaldo Lima. *O direito na história.* São Paulo: Max Limonad, 1999.

LOPES, José Reinaldo Lima. *O Oráculo de Delfos: o Conselho de Estado no Brasil Império.* São Paulo: Saraiva, 2010.

LORENZONI, Pietro Cardia. *Jurisdição Constitucional de Crise*: análise e proposta hermenêuticas para a jurisdição constitucional extraordinária brasileira. Tese (Doutorado em Direito) – Universidade do Vale do Rio dos Sinos. Programa de Pós-Graduação em Direito. São Leopoldo, 2022. Orientador: Prof. Dr. Lenio Luiz Streck.

LOSANO, Mário G. *Os grandes sistemas jurídicos.* Lisboa: Presença, 1979.

LOSANO, Mário G. *Os grandes sistemas jurídicos.* Introdução aos sistemas jurídicos europeus e extraeuropeus. Trad. Marcela Varejão. São Paulo: Martins Fontes, 2007.

LOURENÇO, Rodrigo Lopes. *Controle da constitucionalidade à luz da jurisprudência do STF.* Rio de Janeiro: Forense, 1999.

MacCORMICK, Neil. *Legal reasoning and legal theory.* Oxford: Oxford University Press, 1978.

MacCORMICK, Neil. *Argumentação Jurídica e Teoria do Direito.* São Paulo: Martins Fontes, 2006.

MACHADO, Antônio Carlos Marcondes. Arguição de relevância: a competência para o seu exame. O ulterior conhecimento do recurso extraordinário. *RePro*, ano XI, n. 42, abr.-jun. 1986.

MACIEL, Adhemar Ferreira. Apontamentos sobre o judiciário americano. In: TEIXEIRA, Sálvio de Figueiredo (org.). *O Judiciário e a Constituição.* São Paulo: Saraiva, 1994.

MAGALHÃES, José Carlos de. *O Supremo Tribunal e o direito internacional: uma análise crítica.* Porto Alegre: Livraria do Advogado, 2002.

MAGALHÃES JÚNIOR, Raimundo. *A vida turbulenta de José do Patrocínio.* Rio de Janeiro: Sabiá, 1969.

MARINONI, Luiz Guilherme. *Sobre a chamada "relativização" da coisa julgada material.* Disponível em: http://www.professormarinoni.com.br/artigos.php. Acesso em: 20 nov. 2012.

MARINONI, Luiz Guilherme; SARLET, Ingo W.; MITIDIERO, Daniel. *Curso de direito constitucional.* São Paulo: Ed. RT, 2012.

MARINONI, Luiz Guilherme; MITIDIERO, Daniel; ARENHART, Sérgio Cruz. *O Novo Processo Civil.* São Paulo: Revista dos Tribunais, 2015.

MARSHALL, Geoffrey. What is Binding in a Precedent. In: MacCORMICK, Neil; SUMMERS, Robert S. GOODHART, Arthur L. (orgs.). *Interpreting Precedents.* Nova York: Routledge, 2016.

MARTÍNEZ DALMAU, Rubén; VICIANO PASTOR, Roberto. El nuevo constitucionalismo latino-americano: fundamentos para una construcción doctrinal. *Revista General de Derecho Público Comparado*, n. 9, 2011.

BIBLIOGRAFIA | 607

Martínez Dalmau, Rubén; Viciano Pastor, Roberto. *Se puede hablar de un nuevo constitucionalismo latinoamericano como corriente doctrinal sistematizada?* Ponencia presentada no VIII Congreso Mundial de la Asociación Internacional de Derecho Constitucional, Universidad Nacional Autónoma de México, dez. 2010.

Martins, Ives Gandra da Silva; Mendes, Gilmar Ferreira (org.). *Ação declaratória de constitucionalidade.* São Paulo: Saraiva, 1994.

Mason, Anthony. Judicial independence and separation of powers – Some problems old and new. *The University of New South Wales Law Journal*, v. 13, n. 2, 1990.

Mathíot, André. La Cour Suprême aujourd'hui. *Pouvoirs – Revue Française d'Études Constitutionnelles et Politiques*, Paris, n. 29, 1984.

Matteucci, Nicola. *Organización del poder y libertad: historia del constitucionalismo moderno.* Madrid: Trotta, 1998.

Mauz, Theodor et al. *Bundesverfassungsgerichtsgesetz – Kommentar 16.* Ergänzungslieferung Stand, März 1998. München: Beck, 1995.

Maxwel, Kenneth. O ecletismo de Pombal. *Folha de S.Paulo*, Caderno Mais, 29 jul. 2001.

Mazzei, Rodrigo. *Reforma do CPC.* São Paulo: Ed. RT, 2006.

Mazzilli, Hugo N. *O inquérito civil.* São Paulo: Saraiva, 2000.

Medeiros, Rui. *A decisão de inconstitucionalidade.* Lisboa: Universidade Católica, 2000.

Meirelles, Hely Lopes. *Mandado de segurança, ação popular, ação civil pública, mandado de injunção, habeas data.* São Paulo: Ed. RT, 1988.

Mello, Celso D. Albuquerque. *Curso de direito internacional público.* 6. ed. Rio de Janeiro: Freitas Bastos, 1979.

Mello, Patrícia Perrone Campos; Barroso, Luís Roberto. Trabalhando com uma nova lógica: a ascensão dos precedentes no Direito brasileiro. *Revista da AGU*, v. 15, n. 3. p. 9-52, jul./set. 2016.

Melo, José Eduardo Soares de. *Interpretação e integração da legislação tributária.* São Paulo: Saraiva, 1994.

Mendes, Gilmar Ferreira. A declaração de inconstitucionalidade sem a pronúncia de nulidade da lei na jurisprudência da Corte Constitucional alemã. *Revista de Informação Legislativa*, Brasília, n. 188, p. 63.

Mendes, Gilmar Ferreira. Arguição de descumprimento de preceito fundamental: parâmetro de controle e objeto. In: Tavares, André Ramos; Rothenburg, Walter Claudius (org.). *Arguição de descumprimento de preceito fundamental: análise à luz da Lei 9.882/1999.* São Paulo: Atlas, 2001.

Mendes, Gilmar Ferreira. Considerações sobre o papel do Procurador-Geral da República no controle abstrato de normas sob a Constituição de 1967/69: proposta de releitura. *Brasília*, Brasília, ano 34, n. 135, jul.-set. 1997. Disponível em: http://www.gilmarmendes.org.br/index.php. Acesso em: 10 dez. 2012.

Mendes, Gilmar Ferreira. Controle de constitucionalidade: hermenêutica constitucional e revisão de fatos e prognoses legislativos pelo órgão judicial. *Revista Jurídica Virtual*, n. 8, jan. 2000.

Mendes, Gilmar Ferreira. *Direitos fundamentais e controle de constitucionalidade.* São Paulo: Instituto Brasileiro de Direito Constitucional, 1999.

Mendes, Gilmar Ferreira. *Jurisdição constitucional.* São Paulo: Saraiva, 1999; 5. ed., 2009; 6. ed. 2014.

Mendes, Gilmar Ferreira. Limitação de efeitos no sistema difuso e a aplicação do art. 27 da Lei 9.868/1999: algumas notas. In: Machado, Felipe Daniel Amorim; Oliveira, Marcelo Andrade Cattoni de (org.). *Constituição e processo: a contribuição do processo ao constitucionalismo democrático brasileiro.* Belo Horizonte: Del Rey, 2009. n. 4, p. 34-36, e n. 5, p. 37.

Mendes, Gilmar Ferreira. *Moreira Alves e o controle de constitucionalidade no Brasil.* São Paulo: Saraiva, 2004.

MENDES, Gilmar Ferreira. Processo e julgamento da ação direta de inconstitucionalidade e da ação declaratória de constitucionalidade perante o Supremo Tribunal Federal: uma proposta de projeto de lei. *Revista Jurídica Virtual*, n. 6, out.-nov. 1999.

MENDES, Gilmar Ferreira; BRANCO, Paulo Gustavo Gonet. *Curso de direito constitucional.* 12 ed. rev. e atual. São Paulo: Saraiva, 2017.

MENDES, Gilmar Ferreira; BRANCO, Paulo Gustavo Gonet; STRECK, Lenio Luiz. Comentário ao art. 102 da Constituição. In: MENDES, Gilmar Ferreira; BRANCO, Paulo Gustavo Gonet; STRECK, Lenio Luiz; CANOTILHO, J. J. Gomes; SARLET, Ingo W. (org.). *Comentários à Constituição do Brasil.* São Paulo/Coimbra: Saraiva/Almedina, 2013.

MENDES, Gilmar Ferreira; MARTINS, Ives Gandra da Silva. *Controle concentrado de constitucionalidade: comentários à Lei n. 9.868, de 10.11.1999.* 2. ed. São Paulo: Saraiva, 2005.

MERÊA, Paulo. A solução tradicional da colonização portuguesa no Brasil. *História da colonização portuguesa no Brasil*, edição monumental comemorativa do 1º centenário da Independência do Brasil II, Porto, 1923.

MERQUIOR, José Guilherme. *O liberalismo: antigo e moderno.* Rio de Janeiro: Nova Fronteira, 1991.

MEYER, Emílio. *A decisão no controle de constitucionalidade.* São Paulo: Método, 2008.

MIRABETE, Julio F. *Código Penal interpretado.* São Paulo: Atlas, 1999.

MIRANDA, Jorge. Controlo de constitucionalidade em Portugal. *La jurisdicción constitucional en Iberoamérica.* Madrid: Dykinson, 1997.

MIRANDA, Jorge. *Direitos fundamentais: introdução geral.* Lisboa: AAFDL, 1999.

MIRANDA, Jorge. *Manual de direito constitucional.* Coimbra: Coimbra Editora, 1996. t. I e II.

MIRANDA, Jorge. *O constitucionalismo liberal luso-brasileiro.* Lisboa: Comissão Nacional para as Comemorações dos Descobrimentos Portugueses, 2001.

MIRANDA, Jorge. O Tribunal Constitucional em 1998. Separata da revista *O Direito*, ano 130, 1998.

MITIDIERO, Daniel. *Curso de direito constitucional.* São Paulo: Ed. RT, 2012.

MITIDIERO, Daniel. *Cortes Superiores e Cortes Supremas:* do Controle à interpretação, da jurisprudência ao precedente. São Paulo: Revista do Tribunais, 2017.

MORAES, Alexandre de. *Direito constitucional.* 7. ed. São Paulo: Atlas, 2000.

MORAIS, Fausto Santos. *Ponderação e arbitrariedade:* a inadequada recepção de Alexy pelo STF. Salvador: JusPodivm, 2016.

MOTTA, Francisco José Borges. *Levando o direito a sério: uma crítica hermenêutica ao protagonismo judicial.* 2. ed. Porto Alegre: Livraria do Advogado, 2012.

MOUFFE, Chantal. Deliberative democracy or agonist pluralism? *Social Research,* v. 66, n. 3, p. 745-758, set./dez. 1999. Disponível em: https://www.jstor.org/ stable/ pdf/40971349.pdf?seq=1. Acesso em: 5 mar. 2020.

MÜLLER, Friedrich. *Juristische Methodik.* 5. ed. Berlin: Duncker & Humblot, 1993.

MÜLLER, Friedrich. *Teoria estruturante do Direito.* Trad. Peter Naumann. São Paulo: Ed. RT, 2008; 3. ed. 2011.

MUÑOZ, Eduardo Cifuentes. La jurisdicción constitucional en Colombia. In: BELAUNDE, Domingo García; SEGADO, Francisco Fernandez (org.). *La jurisdicción constitucional en Iberoamerica.* Madrid: Dykinson, 1997.

NASCIMENTO, Carlos Valder do (coord.). *Coisa julgada inconstitucional.* 3. ed. Rio de Janeiro: América Jurídica, 2003.

NEQUETE, Lenine. *O escravo na jurisprudência: Magistratura e ideologia no Segundo Reinado.* Porto Alegre: Tribunal de Justiça, 1988.

NEQUETE, Lenine. *O Poder Judiciário no Brasil a partir da Independência. II – República.* Porto Alegre: Sulina, 1973.

BIBLIOGRAFIA | **609**

Nery Jr., Nelson. *Princípios do processo na Constituição*. 10. ed. São Paulo: Ed. RT, 2010.

Nery Jr., Nelson; Nery, Rosa Maria de Andrade. *Constituição Federal comentada e legislação constitucional*. 3. ed. São Paulo: Ed. RT, 2012.

Nery Jr., Nelson; Nery, Rosa Maria de Andrade. *Código do Processo Civil comentado e legislação civil extravagante em vigor*. São Paulo: Ed. RT, 1999.

Nery Jr., Nelson; Nery, Rosa Maria de Andrade. *Constituição Federal comentada e legislação constitucional*. 3. ed. São Paulo: RT, 2012.

Neves, Antonio Castanheira. *O instituto dos assentos e a função jurídica dos supremos tribunais*. Coimbra: Coimbra Editora, 1983.

Niebuhr, Joel de Menezes. *O novo regime constitucional da medida provisória*. São Paulo: Dialética, 2001.

Nobre, Marcos. *Imobilismo em movimento*. Da abertura democrática ao governo Dilma. São Paulo: Companhia das Letras, 2013.

Nunes, José de Castro. *Teoria e prática do Poder Judiciário*. Rio de Janeiro: Forense, 1943.

Nunes de Almeida, Luis. A justiça constitucional no quadro das funções do Estado. *Boletim do Ministério da Justiça* (separata), Lisboa, Gabinete de Documentação e Direito Comparado, 1987.

Nunes de Almeida, Luis. O Tribunal Constitucional e o conteúdo, a vinculatividade e os efeitos das suas decisões. In: Coelho, M. Baptista (org.). *Portugal: o sistema político e constitucional*. Lisboa: Instituto de Ciências Sociais/Universidade de Lisboa, 1987.

O'Donnell, Guillermo. *Reflexões sobre os estados burocrático-autoritários*. São Paulo: Vértice, 1987.

Oberndorfer, Peter. A justiça constitucional no quadro das funções estaduais. *Justiça constitucional e espécies, conteúdo e efeitos das decisões sobre a constitucionalidade das normas jurídicas*. Lisboa: Tribunal Constitucional, 1987.

Oliveira, Marcelo A. Cattoni de. *Devido processo legislativo*. Belo Horizonte: Mandamentos, 2001.

Oliveira, Marcelo A. *Processo constitucional*. 2. ed. Belo Horizonte: Pergamum, 2012.

Oliveira, Rafael Tomaz de. *Decisão judicial e o conceito de princípio: a hermenêutica e a (in)determinação do direito*. Porto Alegre: Livraria do Advogado, 2008.

Osborn. *A concise law dictionary*. London: Sweet & Maxwel, 1964.

Ost, François; Van de Kerchove, Michel. *Jalons pour une théorie critique du droit*. Bruxelles: Facultés Universitaires Saint-Louis, 1987.

Paulson, Stanley L. Hans Kelsen's earliest legal theory: critical constructivism. *The Modern Law Review*, v. 59, n. 6, p. 797-812, 1996.

Pegoraro, Lucio. *La justicia constitucional: una perspectiva comparada*. Madrid: Dykinson, 2004.

Pereira, Anthony. *Ditadura e repressão: o autoritarismo e o Estado de direito no Brasil, no Chile e na Argentina*. São Paulo: Paz e Terra, 2010.

Pilatti, Adriano. *A constituinte de 1987-1988: progressistas, conservadores, ordem econômica e regras do jogo*. Rio de Janeiro: Lumen Juris, 2008.

Pinto, Nelson Luis. *Recurso especial para o Superior Tribunal de Justiça*. São Paulo: Malheiros, 1992.

Piovesan, Flávia. *Direitos humanos e o direito constitucional internacional*. 4. ed. São Paulo: Max Limonad, 2000.

Pizzorusso, Alessandro. La motivazione delle decisioni della Corte Constituzionale: comandi o consigli? *RTDP*, 1963.

Poletti, Ronaldo. *Constituições brasileiras*. Brasília: Senado Federal/Centro de Estudos Estratégicos/ Escola da Administração Fazendária, 2001. v. III – 1934.

Poletti, Ronaldo. *O controle da constitucionalidade das leis*. Rio de Janeiro: Forense, 1998.

Pollock, Sir Frederick; Maitland, F. W. *The History of English Law Before the Time of Edward I*. 2. ed. Cambridge: Cambridge University Press, 1968.

PORTO, Sérgio Gilberto. *Coisa julgada civil.* 3. ed. São Paulo: Ed. RT, 2006.

PORTO, Walter Costa. *O voto no Brasil.* 2. ed. Rio de Janeiro: Top Books, 2002.

POST, Robert; SIEGEL, Reva B. *Roe Rage*: democratic constitutionalism and backlash. Harvard Civil Rights-Civil Liberties Law Review, New Haven, v. 42, p. 373-434, 2007. Disponível em: https://law.yale.edu/sites/default/files/documents/pdf/Faculty/Siegel_RoeRageDemocratic.

POSTEMA, Gerald J. Classical Common Law Jurisprudence (Part II). In: *Oxford University Commonwealth Law Journal*, v. 03, n. 01, 2003, p. 01-28.

PRÜM, Hans Paul. *Verfassung und Methodik.* Berlin: Duncker & Humblot, 1977.

QUECEDO, Manuel Pulido. *La ley del Tribunal Constitucional anotada con jurisprudencia.* Madrid: Civitas, 1995.

RAN, Hirschl. *Towards juristocracy: the origins and consequences of the new constitutionalism.* Cambridge: Harvard University Press, 2004.

RANGEL, Paulo Castro. *Repensar o poder judicial: fundamentos e fragmentos.* Porto: Universidade Católica, 2001.

RE, Edward D. *Stare decisis.* Trad. Ellen Gracie Northfleet. *Revista Jurídica*, Porto Alegre: Síntese, n. 198, 1994.

REVORIO, Francisco Javier Diaz. *La constitución como orden abierto.* Madrid: Estudios Ciencias Jurídicas, 1997.

RIBEIRO, Gustavo Enrique Zacharias. A justiça constitucional do Chile sob a óptica democrática. In: TAVARES, André Ramos (org.). *Justiça constitucional e democracia na América Latina.* Belo Horizonte: Fórum, 2008.

ROCHA, Carmen Lúcia Antunes da. *Constituição e constitucionalidade.* Belo Horizonte: Lê, 1991.

ROCHA, Leonel Severo. *A democracia em Rui Barbosa. O projeto político liberal-racional.* Rio de Janeiro: Liber Juris, 1995.

RODAS, Sérgio. Para aumentar celeridade, Toron sugere substituir recursos para a defesa por HC. *Revista Eletrônica Consultor Jurídico.* Disponível em: https://www.conjur.com.br/2022-abr-14/alberto-toron-sugere-substituir-recursos-defesa-hc. Acesso em: 14 jun. 2022.

RODRIGUES, José Honório. *A assembleia constituinte de 1823.* Petrópolis: Vozes, 1974.

RODRIGUES, José Honório. *Conciliação e reforma no Brasil: um desafio histórico-político.* Rio de Janeiro: Civilização Brasileira, 1965.

RODRIGUES JR., Otávio Luiz. A Reforma da Câmara dos Lordes chega ao seu clímax. *Consultor Jurídico*, São Paulo, 2012. Disponível em: http://www.conjur.com.br/2012-ago-15/direito-comparado-reforma-camara-lordes-chega-climax/.

RODRIGUES JR., Otávio Luiz. Parlamento britânico aprova lei de reforma da câmara dos lordes. Consultor Jurídico, São Paulo, 2014. Disponível em: http://www.conjur.com.br/2014-jul-16/direito-comparado-parlamento-britanico-aprova-lei-reforma-camara-lordes.

RODRIGUES, Lêda Boechat. *A Corte Suprema e o direito constitucional americano.* Rio de Janeiro: Civilização Brasileira, 1992.

RODRIGUES, Lêda Boechat. *História do Supremo Tribunal Federal: defesa das liberdades civis.* 2. ed. Rio de Janeiro: Civilização Brasileira, 1991.

RODRIGUES, Lêda Boechat. Notícia bibliográfica. *A natureza do processo e a evolução do direito.* 2. ed. Rio de Janeiro: Editora Nacional de Direito, 1956.

RODRIGUEZ, José Julio Fernandez. *La inconstitucionalidad por omisión.* Madrid: Civitas, 1998.

ROGÉRIO, Nuno. *A lei fundamental da República Federal da Alemanha: ensaio e anotações de Nuno Rogério.* Coimbra: Coimbra Editora, 1996.

ROSEN, Jeffrey. *The Supreme Court: the personalities and rivalries that defined America.* New York: Holt, 2007.

BIBLIOGRAFIA | **611**

Ross, Alf. *Direito e justiça*. São Paulo: Edições Profissionais Ltda, 2000.

Rossi, Júlio César. *Precedente à brasileira*: a jurisprudência vinculante no CPC e no Novo CPC. São Paulo: Atlas, 2015.

Rousseau, Dominique. *Droit du contentieux constitutionnel*. Paris: Montchrestien, 1993.

Rousseau, Dominique. *La justice constitutionnelle en Europe*. Paris: Montchrestien, 1992.

Ruggeri, Antonio. *Storia di un "falso" – L'efficacia inter partes delle sentenze di regetto della Corte Constituzionalle*. Milano: Giuffrè, 1990.

Saldanha, Antonio Vasconcelos de. *As capitanias do Brasil: antecedentes, desenvolvimento e extinção de um fenômeno atlântico*. Lisboa: Comissão Nacional para as Comemorações dos Descobrimentos Portugueses, 2001.

Sampaio, José Adércio Leite. *A Constituição reinventada pela jurisdição constitucional*. Belo Horizonte: Del Rey, 2002.

Sampaio, José Adércio Leite. As sentenças intermediárias de constitucionalidade e o mito do legislador negativo. In: Sampaio, José Adércio Leite ; Cruz, Álvaro Ricardo de Souza (org.). *Hermenêutica e jurisdição constitucional*. Belo Horizonte: Del Rey, 2001.

Sampaio, Nelson de Souza. *O poder de reforma constitucional*. São Paulo: Ed. RT, 1987.

Sanches, Sydney. *Arguição de relevância da questão federal*. Brasília: Instituto Tancredo Neves, 1988.

Santana, Isaías José de. A justiça constitucional na Bolívia. In: Tavares, André Ramos (org.). *Justiça constitucional e democracia na América Latina*. Belo Horizonte: Fórum, 2008.

Sarlet, Ingo W. A abertura material do catálogo constitucional dos direitos fundamentais e os tratados internacionais em matéria de direitos humanos. In: Schäfer, Jairo (org.). *Temas polêmicos do constitucionalismo contemporâneo*. Florianópolis: Conceito, 2007.

Sarlet, Ingo W. *A eficácia dos direitos fundamentais*. 2. ed. rev. e atual. Porto Alegre: Livraria do Advogado, 2001; 6. ed. 2006; 11. ed. 2012.

Sarlet, Ingo W. Constituição e proporcionalidade: o direito penal e os direitos fundamentais entre proibição de excesso e de insuficiência. *Revista de Estudos Criminais*, Sapucaia do Sul: NotaDez, ano 3, n. 12, 2003.

Scarman, Lorde Leslie. *O direito inglês: a nova dimensão*. Porto Alegre: Fabris, 1978.

Scheppele, Kim Lane. Autocratic Legalism. *The University of Chicago Law Review*, v. 85, 2018, p. 545-583.

Schwartz, Bernard. *Direito constitucional americano*. Trad. Carlos Nayfeld. Rio de Janeiro: Forense, 1966.

Schwartz, Bernard. The law and its development: civil and common law systems compared. *Revista de Direito Civil*, v. 6, 1978.

Schwarcz, Lilia Moritz; Starling, Heloisa Murgel. *Brasil*: uma biografia. São Paulo: Companhia das Letras, 2015.

Schwartz, Stuart. *Burocracia e sociedade colonial no Brasil*. São Paulo: Perspectiva, 1979.

Scofield, Robert G. Goodhart's Concession: Defending Ratio Decidendi From Logical Positivism and Legal Realism in the First Half of the twentieth Century. *The King's College Law Journal*, v. 16, 2005.

Segado, Francisco Fernández. Jurisdicción constitucional en España. *Direito constitucional*. Brasília: Consulex, 1998.

Segado, Francisco Fernández. Evolución histórica y modelos de control constitucional. *Revista Pensamiento Constitucional*, Lima. v. 4. n. 4, 1997 p. 384 e ss.

Séroussi, Roland. *Introdução ao direito inglês e norte-americano*. São Paulo: Landy, 2001.

Sesma, Iturralde Victoria. *El precedente en el common law*. Madrid: Civitas, 1995.

Silva, Clarissa Sampaio. A efetividade do processo como um direito fundamental: o papel das tutelas cautelar e antecipativa. In: Guerra Filho, Willis (coord.). *Dos direitos humanos aos direitos fundamentais*. Porto Alegre: Livraria do Advogado, 1997.

SILVA, José Afonso da. *Curso de direito constitucional positivo*. 12. ed. São Paulo: Malheiros, 1998.

SILVA, José Afonso da. *O mandado de injunção e o habeas data*. São Paulo: Ed. RT, 1989.

SILVA, Virgílio Afonso da. O proporcional e o razoável. *Revista dos Tribunais* 798 (2002).

SIMON, Helmut. Die verfassungskonforme Gesetzesaulegung, *EuGRZ*, 1974.

SIMON, Helmut. La jurisdicción constitucional. In: BENDA, MAIHOFER, VOGEL, HESSE, HEIDE. *Manual de derecho constitucional*. 2. ed. Madrid: Marcial Pons, 2001.

SIMONSEN, Roberto. *História econômica do Brasil: 1500-1820*. São Paulo: Companhia Editora Nacional, 1937.

SIMPSON, Alfred W. Brian. Determining the ratio decidendi of a case. *Modern Law Review*, v. 21, n. 2, mar. 1958, p. 155-160.

SKOURIS, Wassilios. *Teilnichtigkeit von Gesetz*. Berlin: Duncker & Humblot, 1973.

SODRÉ, A. Moniz. *O Poder Judiciário na reforma constitucional*. São Paulo: Acadêmica, 1929.

STONE, Julius. The ratio of the ratio decidendi. *The Modern Law Review*, Oxford, v. 22, n. 06. nov. 1959, p. 597-620.

SOUZA, Nelson Oscar. Controle de constitucionalidade do juízo de primeiro grau à Suprema Corte. *Palestras – Cursos de atualização para magistrados*. Porto Alegre: Ajuris, 2001.

STEIN, Ernildo. *A questão do método na filosofia. Um estudo do modelo heideggeriano*. Porto Alegre: Movimento, 1983.

STEIN, Ernildo. *Aproximações sobre hermenêutica*. Porto Alegre: Edipucrs, 1996.

STEIN, Ernildo. *Diferença e metafísica: ensaios sobre a desconstrução*. Porto Alegre: Edipucrs, 2000.

STEIN, Ernildo. *Pensar é pensar a diferença*. Ijuí: Unijuí, 2002.

STEIN, Ernildo. *Racionalidade e existência*. Porto Alegre: L&PM, 1988.

STEIN, Ernildo. *Seis ensaios sobre ser e tempo*. Petrópolis: Vozes, 1990.

STETTNER, R. Die Verplichtung des Gesetzgeben zu erneutem Tätigwerden bei fehlerhaften Prognosen. *DVBI*, 1982.

STRECK, Lenio Luiz. *A decisão de um ministro do STF pode valer como medida provisória?* Disponível em: http://www.conjur.com.br/2014-dez-04/senso-incomum-decisao-ministro-stf-valer-medi-da-provisoria]

STRECK, Lenio Luiz. A hermenêutica diante da relação "regra-princípio" e o exemplo privilegiado do crime de porte de arma. *Revista Brasileira de Ciências Criminais*, v. 98, p. 241-266, 2012.

STRECK, Lenio Luiz. A presunção da inocência e a impossibilidade do ônus da prova em matéria criminal: os tribunais estaduais contra o STF. *Revista Jurídica do Ministério Público*, v. 1, p. 201-219, 2015.

STRECK, Lenio Luiz. *Diálogos com Lenio Streck*: Hermenêutica, jurisdição e decisão. 2. ed. Porto Alegre: Livraria do Advogado, 2020.

STRECK, Lenio Luiz. *Dicionário de hermenêutica*: cinquenta temas fundamentais da teoria do direito à luz da crítica hermenêutica do direito. 2. ed. Belo Horizonte: Casa do Direito, 2021.

STRECK, Lenio Luiz. *Dicionário de hermenêutica*: quarenta temas fundamentais da teoria do direito à luz da crítica hermenêutica do direito. Belo Horizonte: Casa do Direito, 2017.

STRECK, Lenio Luiz. Do pan-principiologismo à concepção hipossuficiente de princípio – Dilemas da crise do direito. *Revista de Informação Legislativa*, v. 194, p. 7-21, 2012.

STRECK, Lenio Luiz. *Hermenêutica jurídica e(m) crise*: uma exploração hermenêutica da construção do Direito. 11. ed. Porto Alegre: Livraria do Advogado, 2013.

STRECK, Lenio Luiz. O "caso Mariguella" e a Lei 9.140/95: a apreensão do sentido e o sentido da apreensão. *Discursos Sediciosos*, Rio de Janeiro: Instituto Carioca de Criminologia, ano 1, n. 2, 2ª sem. 1996, 1996.

BIBLIOGRAFIA | **613**

Streck, Lenio Luiz. O crime de porte de arma à luz da principiologia constitucional e do controle de constitucionalidade. *Revista ITEC*, Porto Alegre, n. 1, 2001.

Streck, Lenio Luiz. O que é isto – textualismo e originalismo? O que é, afinal, interpretar? *Revista Eletrônica Consultor Jurídico*, São Paulo, 30 jun. 2022.

Streck, Lenio Luiz. *O mandado de injunção no direito brasileiro: análise crítica*. Rio de Janeiro: Edições Trabalhistas, 1991.

Streck, Lenio Luiz. *O que é isto: decido conforme a minha consciência?* 6. ed. rev. e atual. Porto Alegre: Livraria do Advogado, 2017.

Streck, Lenio Luiz. O que é isto – textualismo e originalismo? O que é, afinal, interpretar? *Revista Conjur*. Disponível em: https://www.conjur.com.br/2022-jun-30/senso-incomum-isto-textualismo-originalismo-afinal-interpretar.

Streck, Lenio Luiz. *Precedentes judiciais e hermenêutica:* o sentido da vinculação no CPC/2015 . Salvador: JusPodivm, 2018; 3. ed. São Paulo: JusPodivm, 2021.

Streck, Lenio Luiz. *Súmulas no direito brasileiro – Eficácia, função e poder:* a ilegitimidade do efeito vinculante. 2. ed. Porto Alegre: Livraria do Advogado, 1998.

Streck, Lenio Luiz. Supremo e a presunção de inocência: interpretação conforme a quê? *Consultor Jurídico*, São Paulo. Disponível em: http://www.conjur.com.br/2016-out-07/streck-stf-presuncao-inocencia-interpretacao-conforme, 2016.

Streck, Lenio Luiz. *Tribunal do Júri: símbolos e rituais.* 4. ed. Porto Alegre: Livraria do Advogado, 2001.

Streck, Lenio Luiz. *30 anos da CF em 30 julgamentos:* uma radiografia do STF. Rio de Janeiro: Forense, 2018.

Streck, Lenio Luiz. *Verdade e consenso:* Constituição, hermenêutica e teorias discursivas. 6. ed. rev., mod. e ampl. São Paulo: Saraiva, 2017.

Streck, Lenio Luiz; Abboud, Georges. *O que é isto: o precedente judicial e as súmulas vinculantes?* 3. ed. Porto Alegre: Livraria do Advogado, 2015.

Streck, Lenio Luiz; Cattoni, Marcelo; Barreto Lima, Martonio. A nova compreensão do STF sobre o controle difuso de constitucionalidade: mutação constitucional e limites da legitimidade da jurisdição constitucional. *Revista da Faculdade Mineira de Direito*, Belo Horizonte, v. 10, p. 37-58, 2007.

Streck, Lenio Luiz; Morais, José Luiz Bolzan de. *Ciência política e teoria do Estado.* 8. ed. Porto Alegre/RS: Livraria do Advogado, 2014.

Streck, Lenio Luiz; Nunes, Dierle; Cunha, Leonardo Carneiro da (Org.); Freire, Alexandre. (Coord.). *Comentários ao Código de Processo Civil.* 2. ed. São Paulo: Saraiva, 2017.

Streck, Lenio Luiz; Oliveira, Fábio Côrrea Souza de. Um direito constitucional comum latino-americano – Por uma teoria geral do novo constitucionalismo latino-americano. *Revista do Instituto de Hermenêutica Jurídica (RIHJ) – Doutrina*, Belo Horizonte, ano 10, n. 11, jan.-jun. 2012.

Streck, Lenio Luiz; Raatz, Igor. A teoria dos precedentes à brasileira entre o solipsismo judicial e o positivismo jurisprudencialista – ou "de como o mundo (não) é um brechó". *Revista de Processo*, v. 41, p. 379-411, 2016.

Streck, Lenio Luiz; Raatz, Igor. O dever de fundamentação das decisões judiciais sob o olhar da crítica hermenêutica do direito. *Revista Opinião Jurídica*, Fortaleza, v. 15, p. 160-179, 2017.

Streck, Lenio Luiz; Raatz, Igor; Morbach, Gilberto. Desmistificando o positivismo de Jeremy Bentham: sua codificação utilitarista e a rejeição ao stare decisis como autorização para errar por último. *Revista Brasileira de Direito Processual*, Belo Horizonte, ano 25, n. 99, jul.-set. 2017.

Streck, Lenio Luiz; Schäfer, Maria Luiza. *Direito penal e Constituição: o lado esquecido dos direitos fundamentais.* Porto Alegre: Livraria do Advogado, 2009.

Streck, Lenio Luiz; Trindade, André Karam (org.). *Garantismo, hermenêutica e (neo)constitucionalismo: um debate com Luigi Ferrajoli.* Porto Alegre: Livraria do Advogado, 2012.

STRECK, Lenio Luiz; RAATZ, Igor; DIETRICH, William Galle. O que o processo civil precisa aprender com a linguagem? *Revista Brasileira de Direito IMED*, v. 13, p. 317-335, 2017.

STRECK, Lenio Luiz; RAATZ, Igor; DIETRICH, William Galle. Sobre um possível diálogo entre a crítica hermenêutica do direito e a teoria dos standards probatórios: notas sobre valoração probatória em tempos de intersubjetividade. *Novos Estudos Jurídicos* (Online), v. 22, p. 390-419, 2017.

SUNSTEIN, Cass. From theory to practice. Order of the coif lecture: response. *Arizona State Law Journal*, v. 29, 1997, p. 389-404. Disponível em: http://chicagounbound.uchicago.edu/cgi/viewcontent. cgi?article= 12283&context=journal_articles. Acesso em: 10 dez. 2017.

SUNSTEIN, Cass. *Legal reasoning and political conflict*. 2. ed. New York: Oxford University Press, 2018.

SUNSTEIN, Cass. *One case at a time*: judicial minimalism on the Supreme Court. Cambridge: Harvard University Press, 1999.

SUNSTEIN, Cass. *The Partial Constitution*. Harvard University Press, 1993.

SUNSTEIN, Cass; KAHNEMAN, Daniel; RITOV, Ilana; SCHKADE, David. Predictably incoherent judgments. *Stanford Law Review*, v. 54, 2002, p. 1156-1157. Disponível em: http:// chicagounbound.uchicago. edu/cgi/viewcontent.cgi?article= 12414&context=journal_articles. Acesso em: 10 dez. 2017.

SWEET, Alex Stone. *Governing with judges*: constitutional politics in Europe. Oxford: Oxford University Press, 2000.

TALAMINI, Eduardo. Embargos à execução de título judicial eivado de inconstitucionalidade (CPC, art. 741, parágrafo único). In: DIDIER JR., Fredie (org.). *Relativização da coisa julgada: enfoque crítico*. Salvador: JusPodivm, 2004.

TAMELLO, Ilmar. La *ratio decidendi* et la règle de droit. In: PERELMAN, C. H. *Travaux du Centre National de Recherches de Logique*. Bruxelles: Bruylant, 1978.

TASSINARI, Clarissa. *Jurisdição e ativismo judicial*: limites da atuação do judiciário. Porto Alegre: Livraria do Advogado, 2013.

TASSINARI, C.; LOPES, Z. F. Os diálogos institucionais são o remédio para o ativismo judicial? *Consultor Jurídico*, São Paulo, maio 2018. NEVES, I. F.; LOPES, Z. F. Desafios aos diálogos institucionais no Brasil: o papel do STF na relação entre Poderes. In: *Sociology of Law*, 2018, Canos. O direito entre o caos e desconstrução. Canoas: UNILASSALLE, 2018. v. 1. p. 1256-1265. LOPES, Z. F. O minimalismo poderia melhorar as relações entre Judiciário e Legislativo? In: *Anais Sociology of Law*. O Direito na sociedade tecnológica. Canoas/RS: Unilassale, 2019. v. 1. p. 2508-2529.

TATE, C. Neal; JACKSON, Donald W. *Comparative judicial review and public policy*. Westport: Greenwood Press, 1992.

TATE, C. Neal; VALLINDER, Torbjörn. The global expansion of judicial power: the judicialization of politics. In: TATE, C. Neal (org.). *The global expansion of judicial power*. New York: New York University Press, 1995.

TAUNAY, Afonso de E. *O Senado do Império*. Brasília: Senado Federal, 1978.

TAVARES, André Ramos. Arguição de descumprimento de preceito fundamental: aspectos essenciais do instituto na Constituição e na lei. In: TAVARES, André Ramos ; ROTHENBURG, Walter Claudius (org.). *Arguição de descumprimento de preceito fundamental: análise à luz da Lei 9.882/1999*. São Paulo: Atlas, 2001.

TAVARES, André Ramos. *Reforma do Judiciário no Brasil pós-88: (des)estruturando a justiça. Comentários completos à Emenda Constitucional 45/2004*. São Paulo: Saraiva, 2005.

TAVARES, André Ramos. *Tratado da arguição de descumprimento de preceito fundamental*. São Paulo: Saraiva, 2001.

TELES, Miguel Galvão. A concentração da competência para o conhecimento jurisdicional da inconstitucionalidade das leis. *O Direito*, Lisboa, 1971.

BIBLIOGRAFIA | **615**

TERRA, Eugênio Couto. *A idade penal mínima como cláusula pétrea e a proteção do estado democrático de direito contra o retrocesso social.* Dissertação de mestrado, Unisinos, São Leopoldo, 2001.

TOMAZ DE OLIVEIRA, Rafael; STRECK, Lenio Luiz. Fiscalização da constitucionalidade não é vedada ao Conselho Nacional de Justiça. *Consultor Jurídico*, São Paulo, ago. 2014.

TORNAGHI, Helio. O mandado de injunção no Brasil. *Anais do Seminário sobre os Novos Direitos Fundamentais na Constituição brasileira.* Rio de Janeiro: Cepad, 1988.

TREMPS, Pablo. *Tribunal constitucional y poder judicial.* Madrid: Centro de Estudios Constitucionales, 1985.

TRIBE, Laurence H. *American constitutional law.* 2. ed. New York: The Foundation Press, 1988; 3. ed. 2000.

TRIBE, Laurence H.; DORF, Michael. *Hermenêutica constitucional.* Belo Horizonte: Del Rey, 2007. v. 8.

TRIPOLI, César. *História do direito brasileiro.* São Paulo: Ed. RT, 1936.

TROCKER, Nicolò. Le omissioni del legislatore e la tutela giurisdizionale dei diritti di liberta. *Archivio Giurídico*, 1970.

TROCKER, Nicolò. *Processo civile e constituzione.* Milano: Giuffrè, 1974.

TUSHNET, Mark. Constitutional Hardball. *The John Marshall Law Review*, v. 37, p. 523-553, 2003.

UPRIMNY Yepes, Rodrigo. Las transformaciones constitucionales recientes en América Latina: tendencias y desafíos. In: GARAVITO, César Rodríguez. *El derecho en América Latina.* Buenos Aires: Siglo Veintiuno, 2011.

VATTIMO, Gianni. *Introdução a Heidegger.* Lisboa: Edições 70, 1987.

VELOSO, Zeno. *Controle jurisdicional de constitucionalidade.* Belo Horizonte: Del Rey, 2000.

VERDÚ, Pablo Lucas. *Curso de derecho político.* Madrid: Tecnos, 1984.

VERMEULE, Adrian. *Judging under uncertainty*: an institutional theory of legal interpretation. Cambridge: Harvard University Press, 2006.

VIANA, J. F. Oliveira. *O ocaso do império.* Rio de Janeiro: José Olympio Editora, 1959.

VIANNA, Luiz Werneck; BURGOS, Marcelo. Revolução processual do direito e democracia progressiva. In: VIANNA, Luiz Werneck (org.). *A democracia e os três poderes no Brasil.* Belo Horizonte/Rio de Janeiro: UFMG/IUPERJ/FAPERJ, 2002.

VIEIRA, Oscar Vilhena. *A Constituição e sua reserva de justiça.* São Paulo: Malheiros, 1998.

VILLALIBRE, Modesto Bercaino. *La revolución filosófica de Martin Heidegger.* Madrid: Biblioteca Nueva, 2001.

VOGEL, Klaus. Rechtkraft und Gesetzeskraft der Entscheidungen des Bundesverfassungsgerichts. *Bundesverfassungsgericht und Grundgesetz I.* Tübingen: Mohr, 1976.

VOGEL, Klaus. *Verfassungsrechtsprechung zum Steuerrecht.* Berlin: De Gruyter, 1999.

VON MUTIUS, Albert. Allgemeine Bindungswirkung verfassungkonformeer Gesetzesinterpretation durch das Bundesverfassungsgericht? *Verwaltungs Archiv*, 1976.

WALDRON, Jeremy. *Law and disagreement.* New York: Oxford University Press, 1991.

WALDRON, Jeremy. *A dignidade da legislação.* São Paulo: Martins Fontes, 2003.

WALDRON, Jeremy. The core of the case against judicial review. *Yale Law Journal*, n. 115, 2006.

WALDRON, Jeremy. Judges as moral reasoners. *International Journal of Constitutional Law*, v. 7, n. 1, p. 2-24, jan. 2009. Disponível em: https://doi.org/10.1093/icon/mon035. Acesso em: 25 fev. 2020.

WAMBIER, Teresa Arruda Alvim; MEDINA, José Miguel Garcia. *O dogma da coisa julgada: hipóteses de relativização.* São Paulo: Ed. RT, 2003.

WAMBAUGH, Eugene. *The Study of Cases:* a Course of Instruction in Reading and Stating Reported Cases. 2. ed. Boston: Little, Brown & Co., 1894.

WEFFORT, Francisco Côrrea. *O populismo na política brasileira.* Rio de Janeiro: Paz e Terra, 2003.

WEHLING, Arno; Wehling, Maria José. Cultura jurídica e julgados do Tribunal da Relação do Rio de Janeiro: a invocação da boa razão e o uso da doutrina – Uma amostragem. In: SILVA, Maria Beatriz Nizza da (coord.). *Cultura portuguesa na Terra de Santa Cruz*. Lisboa: Estampa, 1998.

WILLOUGHBY, Westel Woodbury. *The constitutional law of the United States*. New York: Baker, Voorhis, 1910. v. 1.

WISCHERMANN, Norbert. *Rechtskraft und Bindungswirkung*. Berlin: Duncker & Humblot, 1979.

WOLFE, Christopher. *Judicial activism: bulwark of freedom or precarious security?* New York: Rowman & Littlefield, 1997.

WOLFE, Christopher. *La transformación de la interpretación constitucional*. Madrid: Civitas, 1991.

WOLFE, Christopher. *The rise of modern judicial review: from constitutional interpretation to judge-made law*. New York: Rowman & Littlefield, 1994.

ZAGREBELSKY, Gustavo. *La giustizia constituzionale*. Bologna: Mulino, 1977. p. 185.

ZAVASCKI, Teori Albino. Inexigibilidade de sentenças inconstitucionais. In: DIDIER JR., Fredie (org.). *Relativização da coisa julgada: enfoque crítico*. 2. ed. Salvador: JusPodivm, 2006.

ZEIDLER, Wolfgang. A justiça constitucional no quadro das funções do Estado. *Justiça constitucional e espécies, conteúdo e efeitos das decisões sobre a constitucionalidade das normas*. Lisboa: Tribunal Constitucional, 1987.